黑龙江统计年鉴

HEILONGJIANG STATISTICAL YEARBOOK

2013

(总第27期NO.27)

黑　龙　江　省　统　计　局
国家统计局黑龙江调查总队
编
HEILONGJIANG PROVINCIAL BUREAU OF STATISTICS
SURVEY ORGANIZATION OF HEILONGJIANG OF NBS

图书在版编目（CIP）数据

黑龙江统计年鉴. 2013 : 汉英对照 / 黑龙江省统计局, 国家统计局黑龙江调查总队编. -- 北京 : 中国统计出版社, 2013.8

ISBN 978-7-5037-6925-2

Ⅰ. ①黑… Ⅱ. ①黑… ②国… Ⅲ. ①统计资料－黑龙江省－2013－年鉴－汉、英 Ⅳ. ①C832.35-54

中国版本图书馆CIP数据核字(2013)第196116号

黑龙江统计年鉴—2013

作　　者/ 黑龙江省统计局　国家统计局黑龙江调查总队

责任编辑/ 佘竞雄　安　静

封面设计/ 哈尔滨雪枫林广告有限公司

出版发行/ 中国统计出版社

地　　址/ 北京市丰台区西三环南路甲6号　邮政编码/100073

电　　话/ 邮购（010）63376909　书店（010）68783171

网　　址/ http://csp.stats.gov.cn

印　　刷/ 哈尔滨兰迪商务印刷有限公司

经　　销/ 新华书店

开　　本/ 890mm×1240mm　1/16

字　　数/ 1400 千字

印　　张/ 40.25

版　　别/ 2013年8月第1版

版　　次/ 2013年8月第1次印刷

定　　价/ 438元

本书附同版本CD-ROM一张，光盘内容以书面文字为准。

中国统计版图书，如有印装错误，本社发行部负责调换。

《黑龙江统计年鉴—2013》编委会和编辑工作人员

Heilongjiang Statisitcal Yearbook-2013 EDITORIAL BOARD AND STAFF

编委会

Editorial Board

编辑部

Editorial Staff

编辑人员（按姓氏笔划排序）

Editorial Staff (in order of strokes of Chinese surname)

编辑说明

一、《黑龙江统计年鉴—2013》是一部全面反映黑龙江省经济和社会发展状况的资料性工具书。本书系统收录了全省及各市（地）、县2012年经济和社会各方面的统计数据，以及历史重要年份的主要统计数据。

二、全书主体共分18部分：1.综合；2.国民经济核算；3.人口、就业人员和职工工资；4.固定资产投资；5.对外经济贸易；6.资源与环境；7.能源；8.财政、金融和保险；9.价格指数；10.人民生活；11.城市概况；12.农业；13.工业；14.建筑业；15.运输和邮电；16.国内贸易和旅游业；17.教育与科技；18.文化、体育、卫生和社会服务。同时附录四个部分：1.各县（市）主要指标；2.各类开发区情况；3.东北三省一区国民经济主要指标；4.新旧行业分类对照表。各部分附有主要统计指标解释。

三、资料中使用的度量衡单位均采用国际统一标准的计量单位。

四、本年鉴的资料大部分来自年度统计报表，部分数据来自抽样调查和专业部门年报，部分专业历史数据和资料来源口径有调整，请留意表中注释。

五、附录中的县域经济指标为各县（市）上报数，未做逐级核对，仅供参考。

六、由于数据来源和计算方法不同，一些指标分地区数据相加不等于全省数，请使用时注意。部分合计数或相对数因单位取舍不同而产生的计算误差均未做调整。

七、本年鉴中，各地区数据表增加了省直管试点绥芬河市和抚远县数据，未加特别说明的，则牡丹江不包含绥芬河数据，佳木斯不包含抚远县数据。

八、本年鉴中的符号使用说明："空格"表示该项数据不详或数据太小，不足本表计量单位；"#"表示其中主要项。

PREFACE

Ⅰ. *Heilongjiang Statistical Yearbook—2013* is an annual statistics publication, which covers very comprehensive data in 2012 and some selected data series in historically important years at provincial levels and local levels of cities, regions, and counties directly under the provincial government and therefore, reflects various aspects of social and economic development of Heilongjiang.

Ⅱ. The book contains the following 18 parts, 1. General Survey; 2. Nationd Accourts; 3. Population, Employment and Wages; 4. Investment in Fixed Assets; 5. Foreign Trade and Economic Cooperation; 6. Resources and Environment; 7. Energy; 8. Finance, Banking and Insurance; 9. Price Indices; 10. People' s Living Conditions; 11. General Survey of Cities; 12. Agriculture; 13. Industry; 14. Construction; 15. Transport, Postal and Telecommunication Services; 16. Domestic Trade and Tourism; 17. Education, Science and Technoloyy; 18. Culture, Sports, Public Health and Social Services; 1. Main Indicators of Counties; 2. General Survey of All Development Areas; 3. Main National Economic and Social Development Indicators of Liaoning, Jilin, Inner Mongolia and Heilongjiang Province; 4. Industrial Classification of the National Economy Old and New Comparison Table. In addition, explanatory notes on main statistical indicators are provided at the end of each part.

Ⅲ. The units of measurement used in this book are internationally standard measurement units.

Ⅳ. The major data sources of this publication are obtained from annual statistical reports, and some from sample surveys and professional departments. Statistical coverage of some professional historical data has adjusted. Please attention to explanatory notes in charts.

Ⅴ. Some statistical data gathering from regions are not the same as total of province. Please attention to use. Statistical discrepancies due to rounding are not adjusted in this yearbook.

Ⅵ. Economic indicators in appendix are statistical data of county. The data are not checked from level. It is reference only.

Ⅶ. In this yearbook, regional data table added Suifenhe city and Fuyuan County data ,without special instructions, Mudanjiang does not include the data of Suifenhe, Jia Musi contains no data of Fuyuan County.

Ⅷ. Notations used in this yearbook:

" (Blank) " indicates that the data not available or the figure is not large enough to be measured with the smallest unit in the table; " # " indicates the major items of the total.

篇目索引

SUBJECT INDEX

耕地

黑龙江省是中国耕地面积最大的省份，是世界著名的三大黑土带之一。

全省人均耕地面积居全国第一位。

- 耕地面积2007年1183.8万公顷
- 人均耕地面积2007年0.3公顷

Heilongjiang province has the largest area of cultivated land among the provinces in China,Heilongjiang province lies in one of the largest blackland of the world.The cultivated land per capita list the first in China.

粮食

黑龙江省粮食生产能力已突破5000万吨，跃居全国首位，是中国重要的商品粮基地。

- 粮食产量2012年 5761.3万吨。

Heilongjiang province is also important base commercial grain,the production capacity of which was exceeded 50,000,000 tons and ranks first in the country.

大豆

黑龙江省大豆种植面积和产量居全国首位。

- 大豆播种面积2012年260.0万公顷
- 大豆产量2012年463.4万吨

The sown areas and yidld of soybean in Heilongjiang are standing number one in China

特色黑龙江

绿色食品

黑龙江省绿色食品监控面积、获得标识认证的产品数量均居全国第一位。

- 绿色食品认证数量2012年1640个
- 绿色食品种植面积2012年6720万亩

The supervising area and the number of certificated products of green food in Heilongjiang also stand the first in China.

草原

黑龙江省草原面积约433万公顷，优质的牧草为畜牧业发展提供了丰厚的天然条件,全省牛奶和乳制品产量均居全国第二位。

- 奶牛数量2012年202.2万头
- 乳制品产量2012年185.7万吨
- 牛奶产量2012年559.9万吨

The provincial' s grassland area is about 4,330,000 hectares,and the high-quality grazing provide rich natural condition for the development of the stock raising.The prodction of milk and dairy products list the second in China.

旅游资源

黑龙江省冰雪旅游资源堪称中国之最。

- 亚布力是亚洲最大的滑雪场。
- 镜泊湖是中国最大的高山堰塞湖;
- 五大连池被誉为“天然火山博物馆”

The resources of ice-and-snow in Heilongjiang are praised the best of all in China.Yabuli skiing site is the biggest in Asia.Jingpohu lake is the largest mountain-and-wei stuffing lake in China.Wudalianchi is praised as the natural volcano museum.

原油

黑龙江省原油产量居全国第一，大庆油田是全国最大的油田,累计提供原油21.5亿吨。

- 原油产量2012年4001.5万吨

The Daqing Oil Field is the largest oil field in China and the production of crude oil list the first in China.

森林

黑龙江省境内大、小兴安岭是中国最大的林区，全省森林覆盖率45.7%。其中红松、落叶松是国内少有的珍贵树种。

- 森林蓄积量2012年17.2亿立方米
- 森林面积2012年2080万公顷

The forest-coverage rate of Heilongjiang is 45.7%.The Daxinganling and Xiaoxinganling in this terrritory are the largest forest region.The red pine and larch which live in it are both rare tree species.

地区生产总值(亿元)

Gross Domestic Product (100 million yuan)

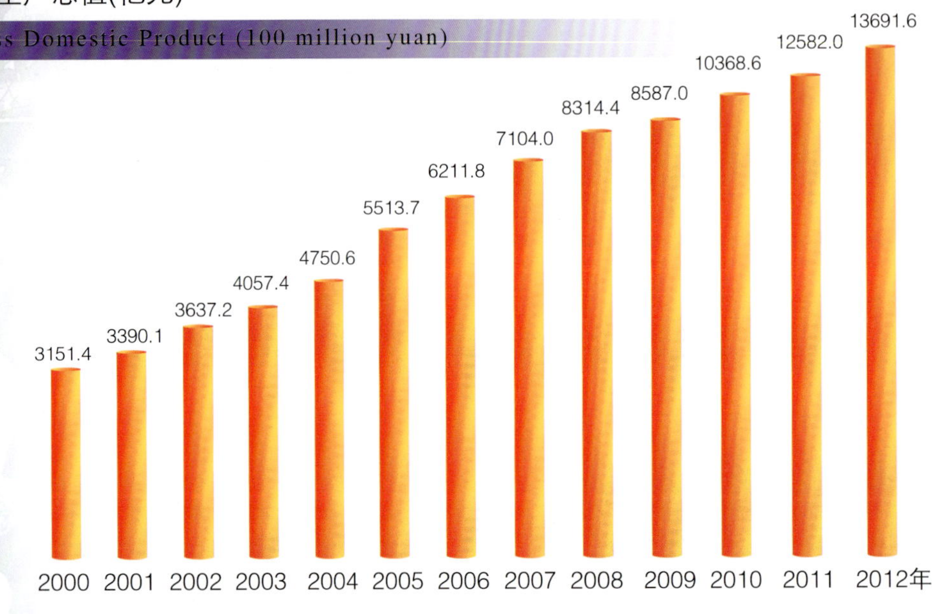

黑龙江的一天(2012年)

Selected Indicators Average daily Social and Economic Activities of Heilongjiang province (2012)

黑

- 地区生产总值37.51亿元 GDP 3751 million yuan
- 粮食产量1578万吨 Yield of Grain 157844 tons
- 原油产量10.96万吨 Yield of Crude Oil109630 tons
- 原煤产量23.79万吨 Yield of Coal 237901 tons
- 钢材产量1.67万吨 Yield of steel 16718 tons
- 汽车产量268辆 Yield of motor 268 unit
- 发电量2.31亿千瓦小时 Electricity 231 million kwh
- 牛奶产量1.53万吨 Yield of milk 15342 tons
- 乳制品产量0.51万吨 Yield of dairy product 5088 tons
- 肉类产量0.59万吨 Yield of meat 5923 tons
- 全社会固定资产投资26.8亿元 Total investment in fixed assets 2680 million yuan
- 进出口总额10362万美元 Total exports and imports 103.62 million USD
- 进口总额3956万美元 Total imports 39.56 million USD
- 出口总额6408万美元 Total exports 64.08 million USD
- 社会消费品零售总额15.04亿元 Total retail sale of cunsumer goods 1504 million yuan
- 旅游收入3.56亿元 Earnings from tourism 356 million yuan
- 邮电业务总量8904万元 Business volume of post and telecommun ications service 89.04 million yuan
- 公共财政收入3.19亿元 Financial revenue 319 million yuan
- 公共财政支出8.69亿元 Financial expenditures 869 million yuan
- 金融机构各项存款增加额5.47亿元 Every deposit total value of financial institution 547 million yuan
- 居民储蓄增加额3.07亿元 Savings deposit of rural and urban residents 307 million yuan
- 三项专利批准数55.5件 Number of three types of patent applications granted 55.5 units
- 出生人口767人 Born in people 767 persons
- 死亡人口633人 Dead population 633 persons
- 能源消费量27.5万吨标准煤 Energy consumption 275115 ton of SCE

人均地区生产总值(元)

Per capita GDP(yuan)

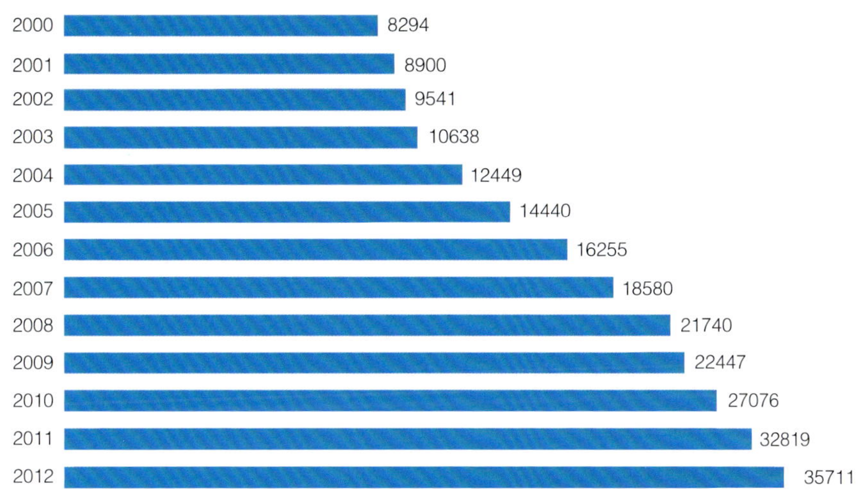

地区生产总值三次产业构成 (%)

Composition of GDP (%)

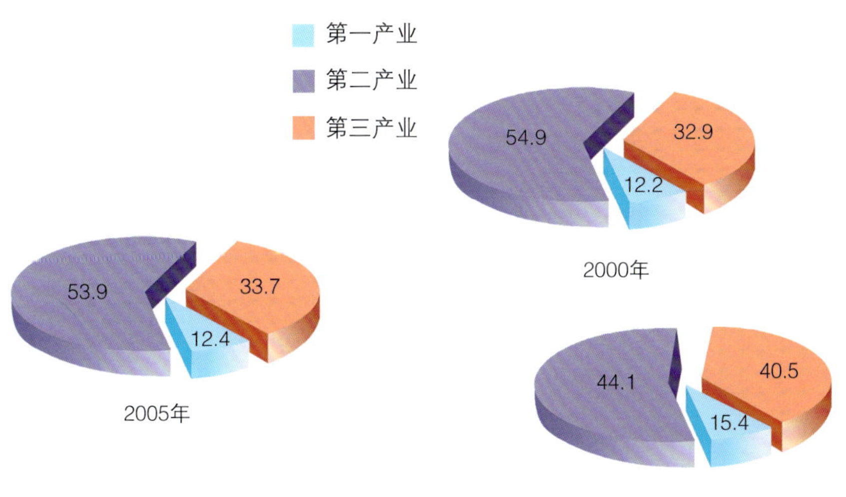

地区生产总值中非公有制经济占比重 (%)

Non-poblic economy take GDP proportion of the scale (%)

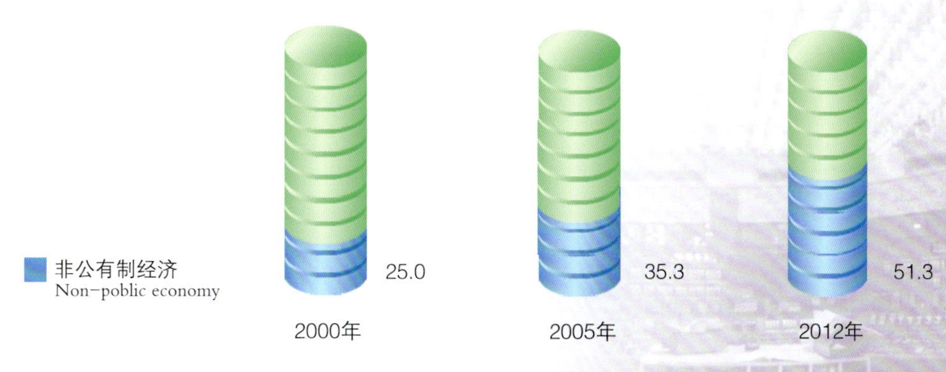

人口总数(万人)

Population (10000 persons)

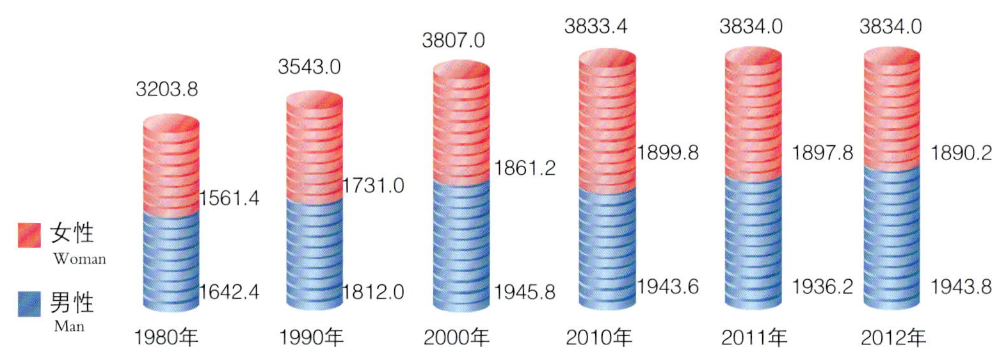

就业人数及三次产业构成(%)

Number of employees by industry(%)

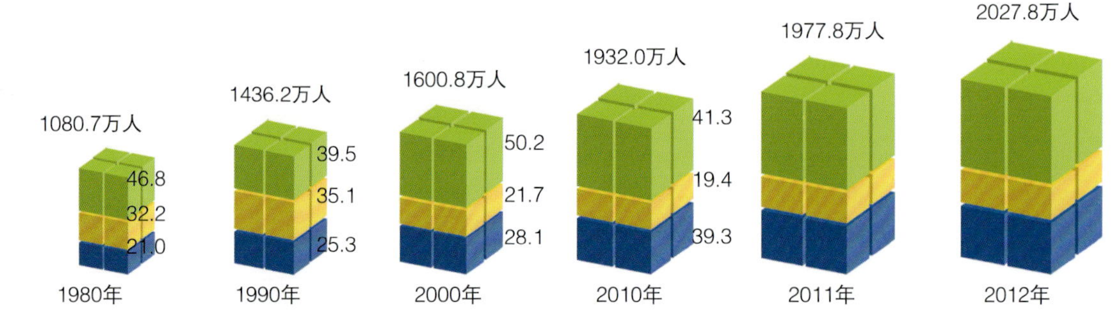

城镇非私营单位就业人员平均工资(元)

Average wage of Employed Persons In Urban Non-private Units(yuan)

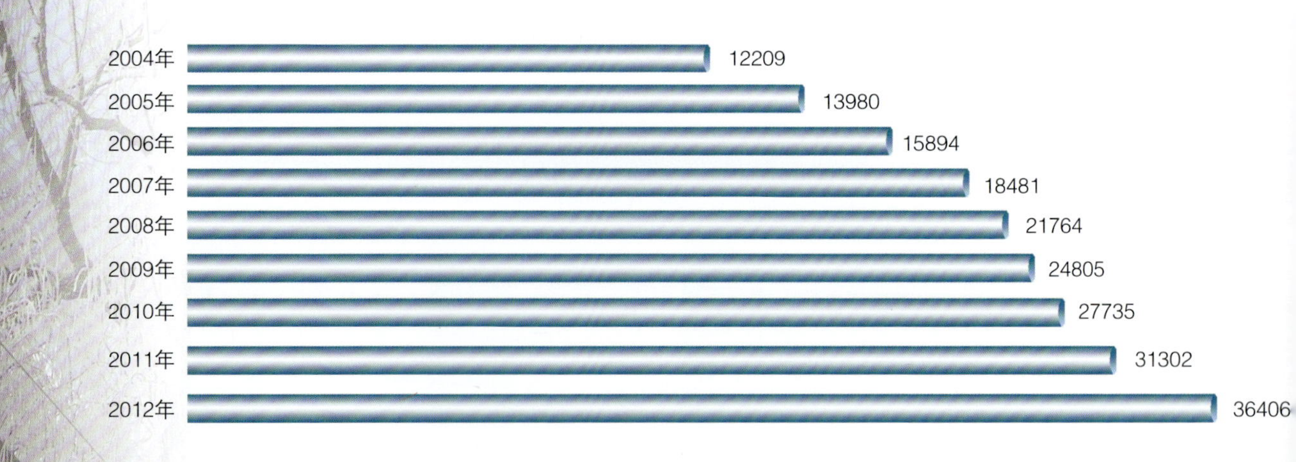

数字黑龙江

粮食产量(万吨)

Yield of grain (10000 tons)

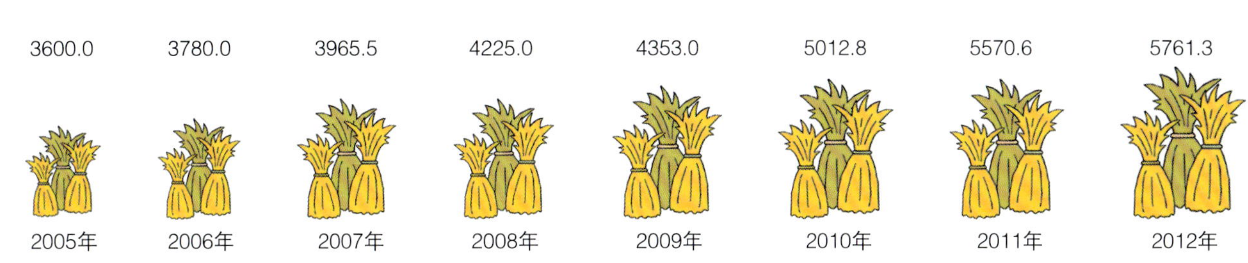

畜牧业产值(亿元)

Gross output value of animal husbandry (100 million yuan)

原油产量 (万吨)

Yield of crude oil (10000 tons)

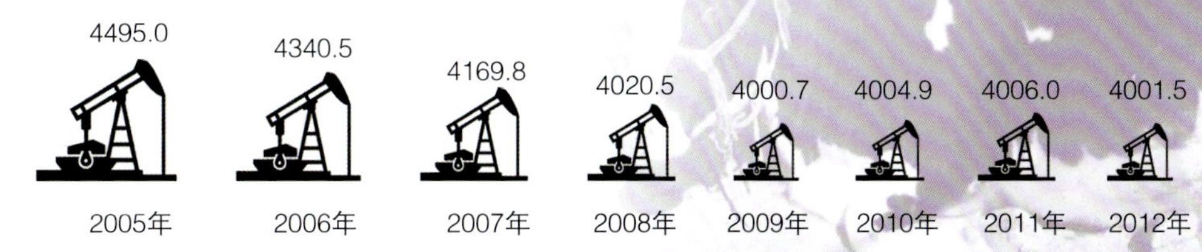

规模以上工业企业个数按企业规模构成(%)

Structure of industry enterprises number above scale by Size of Enterprises(%)

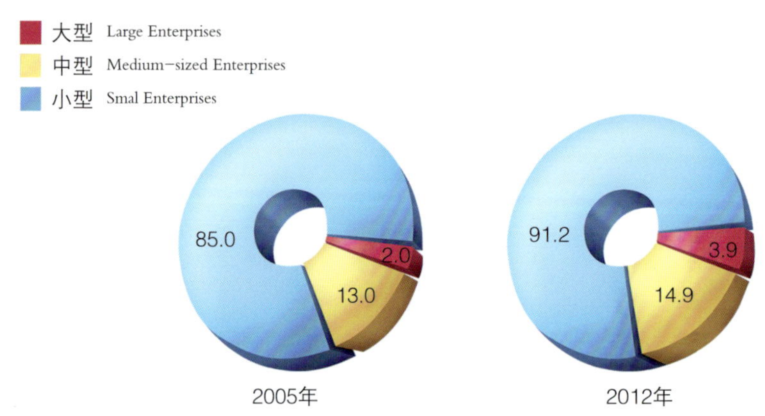

规模以上工业增加值(亿元)

Value-added of industry above scale (100 million yuan)

2005年	2006年	2007年	2008年	2009年	2010年	2011年	2012年
2154.6	2564.3	2854.7	3444.8	2905.5	4003.5	4808.6	4759.9

规模以上工业企业产值(亿元)

Gross industrial output value above scale (100 million yuan)

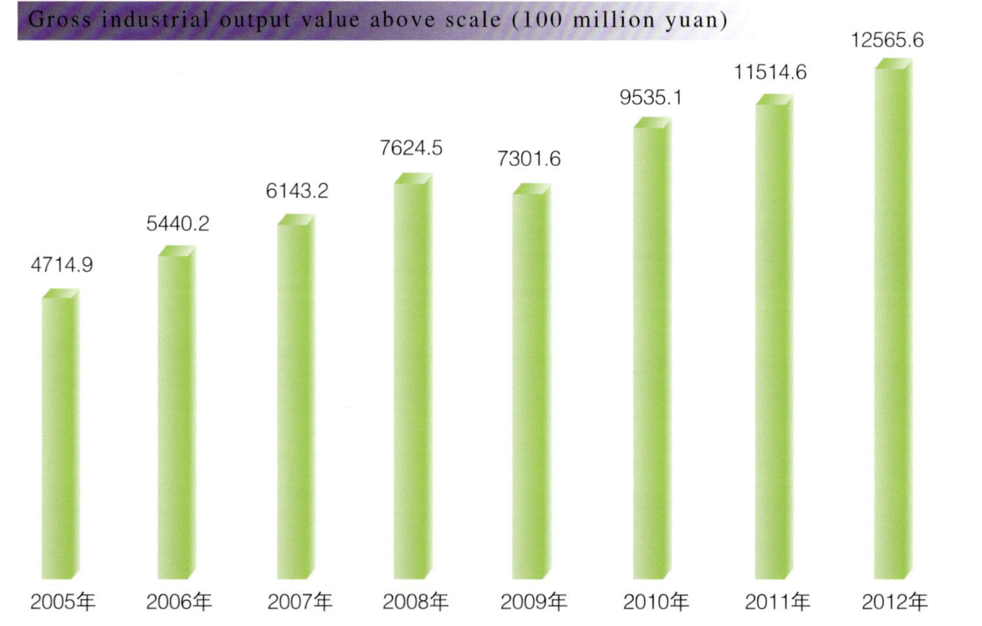

数字黑龙江

四大主导产业占规模以上工业总产值比重 (%)

Four major industries take the above total industrial output value proportion of the scale (%)

规模以上工业总产值轻重工业构成 (%)

Structure of gross output value of industry grouped by light & heavy industries (%)

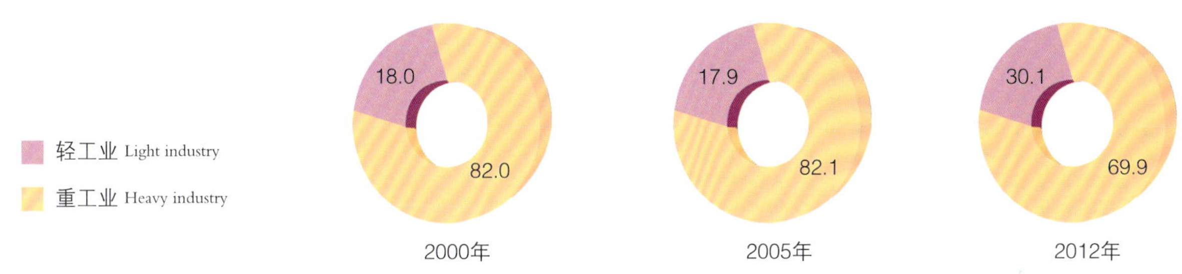

规模以上工业利税(亿元)

Total per-tax profits of industry enterprises above scale (100 million yuan)

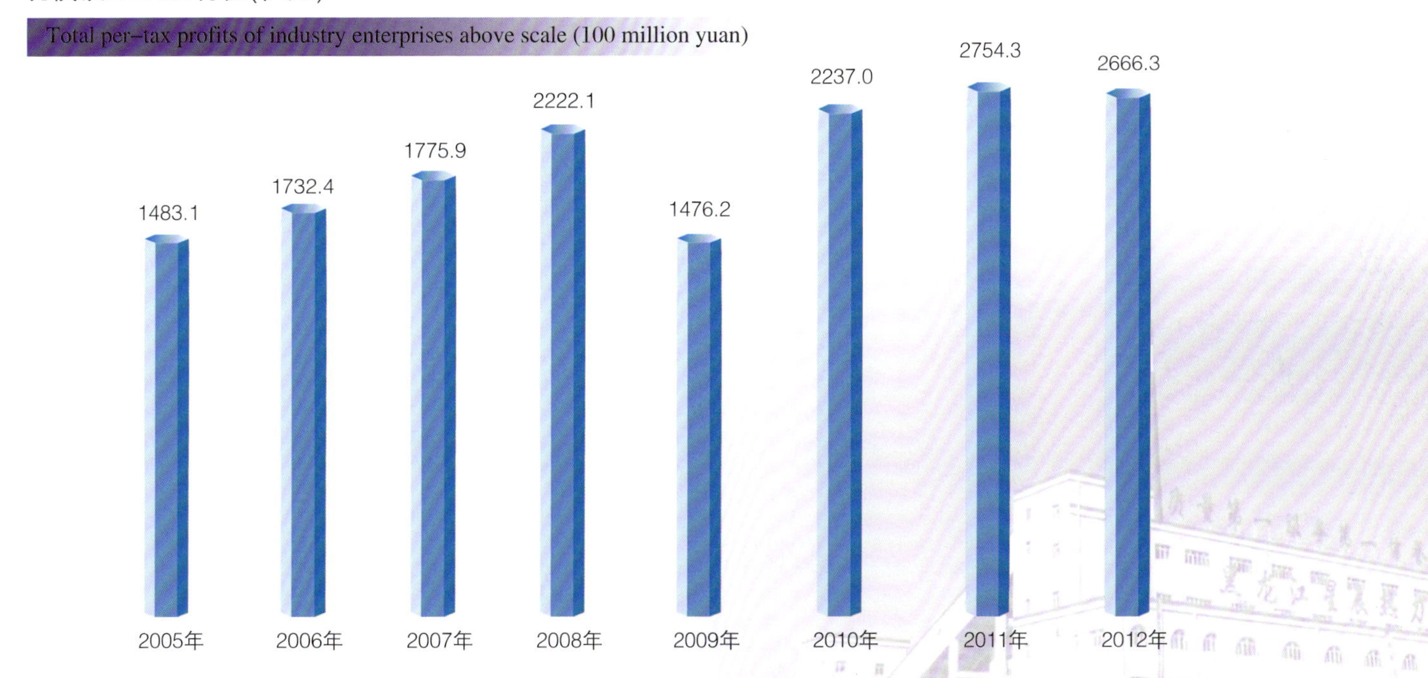

全社会固定资产投资总额(亿元)
Total investment in fixed assets (100 million yuan)

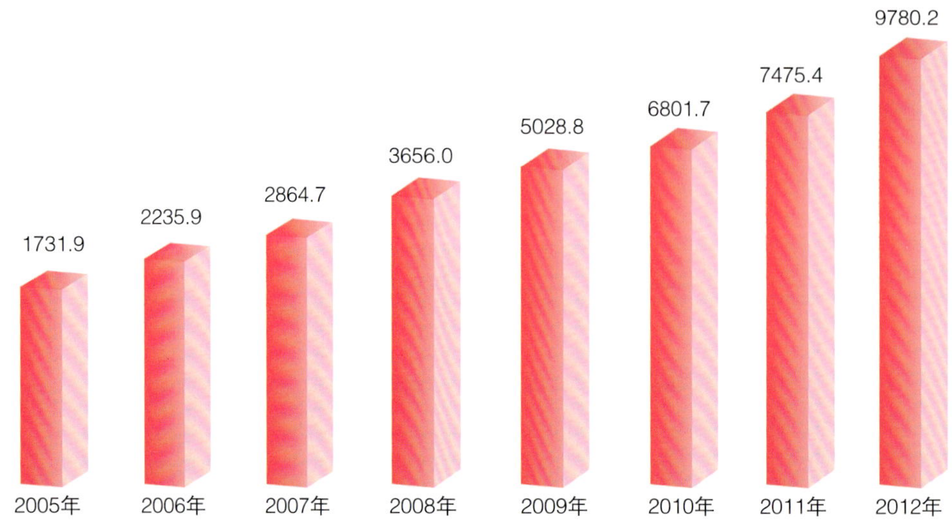

民间投资比重(%)
Proportion of individual investment (%)

亿元以上投资项目数(个)
Number of investment in fixed assets of the project of more than 100 million yuan (unit)

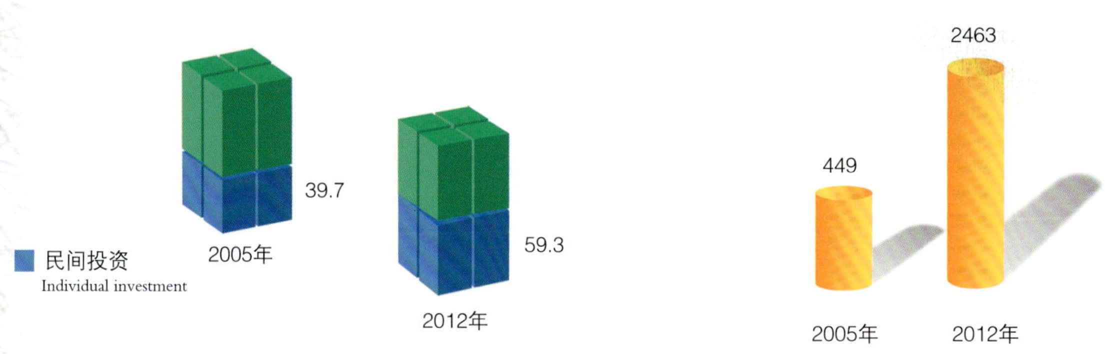

商品房销售面积(万平方米)
Floor space sold (10000 sq.m)

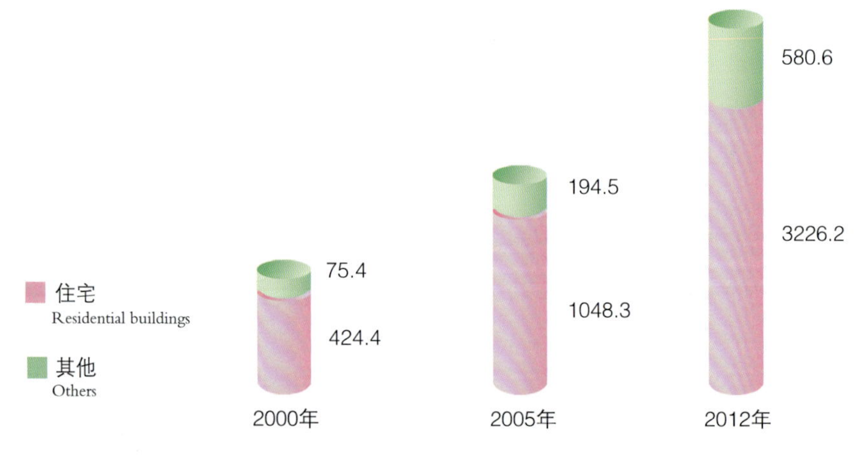

数字黑龙江

社会消费品零售总额(亿元)
Total retail sale of consumer goods (100 million yuan)

限额以上批零贸易企业热销商品零售量
Sales of hot goods of enterprise above designated size in wholesale and retail trade

进出口总额(亿美元)
Total value of imports and exports (USD 100 million)

进出口构成 (%)
Structure of total imports and exports (%)

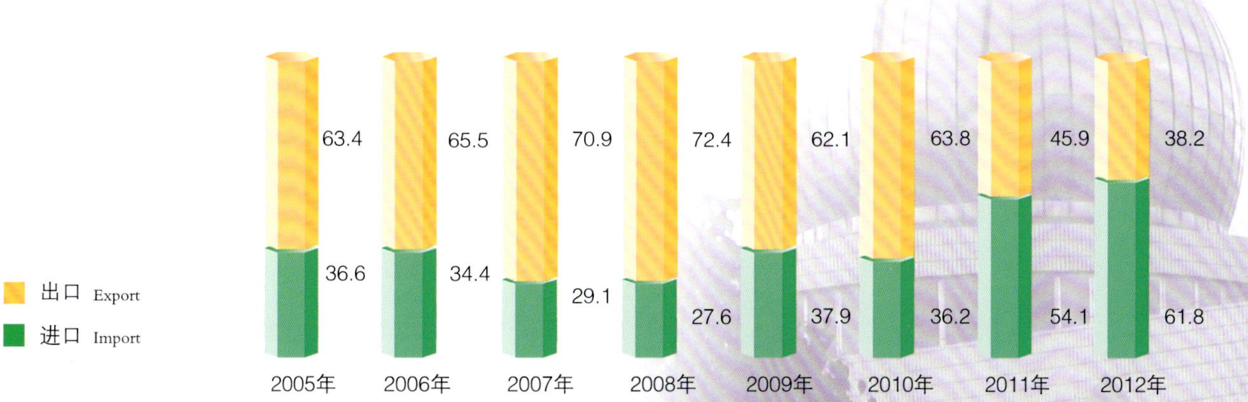

外贸依存度(%)

The foreign trade depending on degree (%)

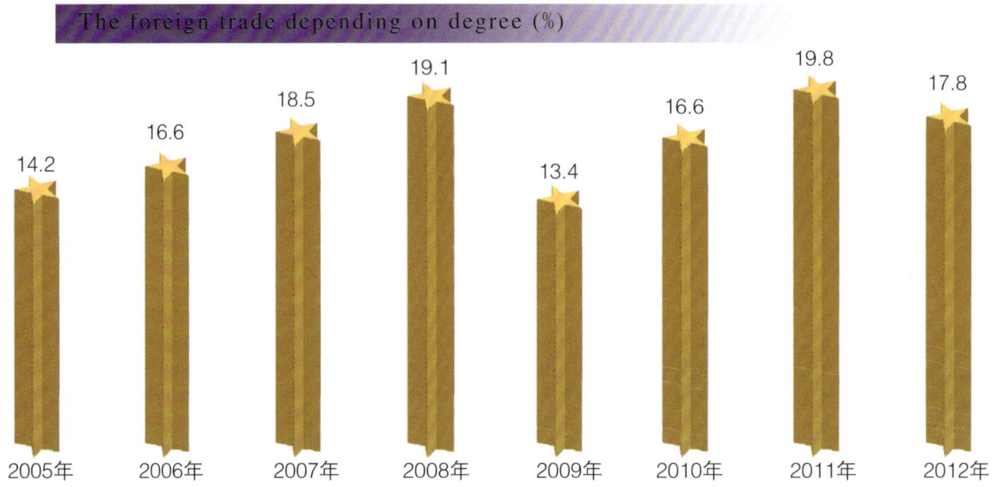

主要贸易伙伴占进出口总额的比重(%)

Proportion of principal prade partner to total exports (%)

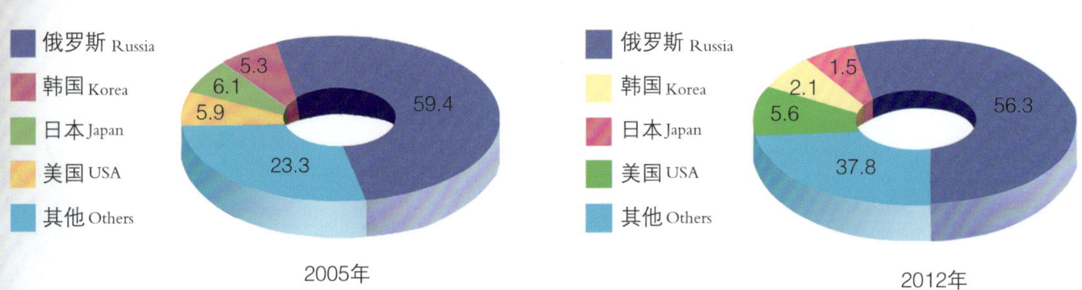

R&D经费内部支出总额(亿元)

Intramural expenditure on R&D (100 million yuan)

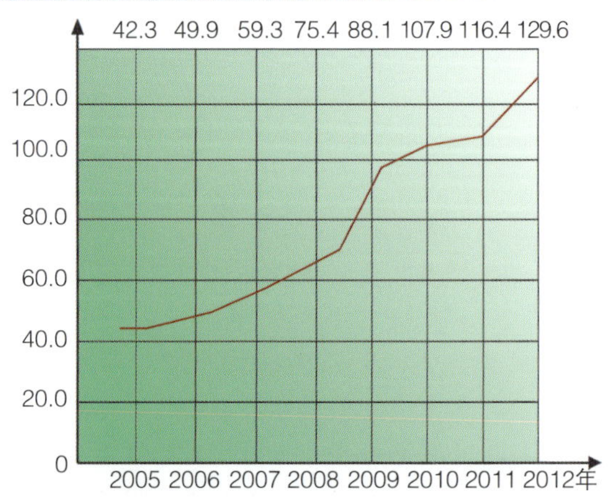

三项专利授权数(件)

Number of patent applications certified (item)

城镇居民人均可支配收入(元)

Annual per capita disposable income of urban households (yuan)

农村居民人均纯收入(元)

Annual per capita net income of rural households (yuan)

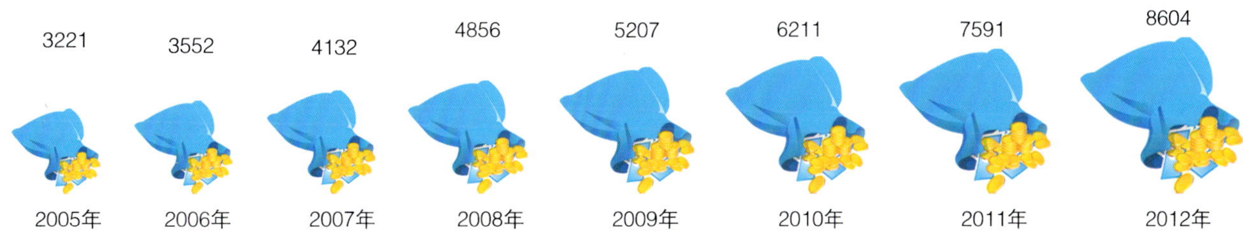

城镇居民消费结构(%)

Urban Resident's Consumption Composition (%)

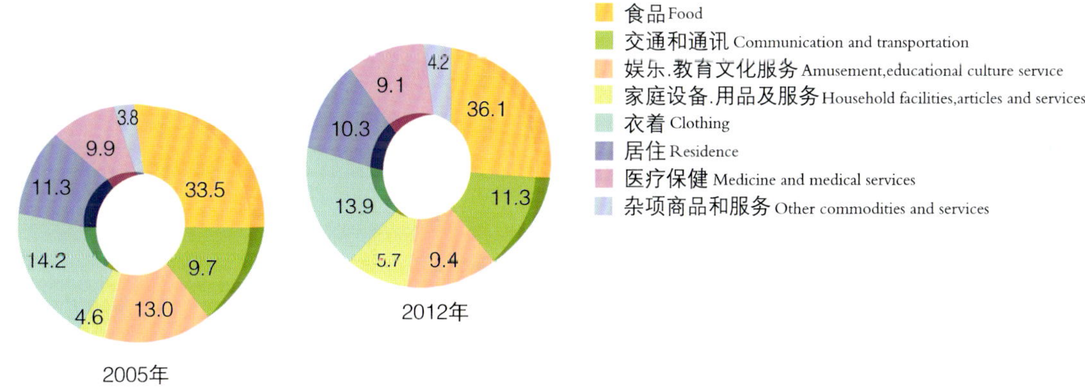

农村居民消费结构(%)

Rural Resident's Consumption Composition (%)

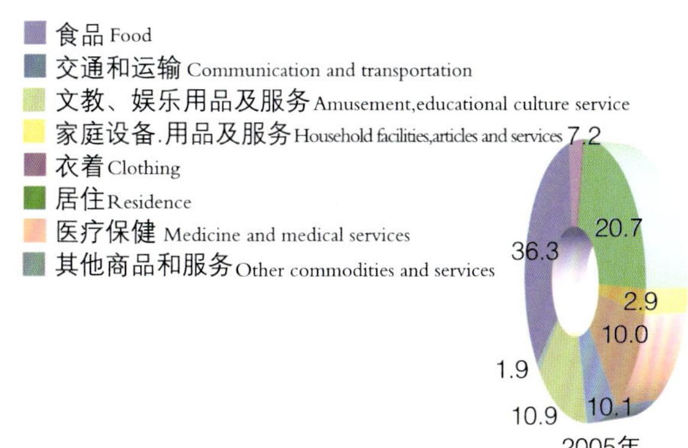

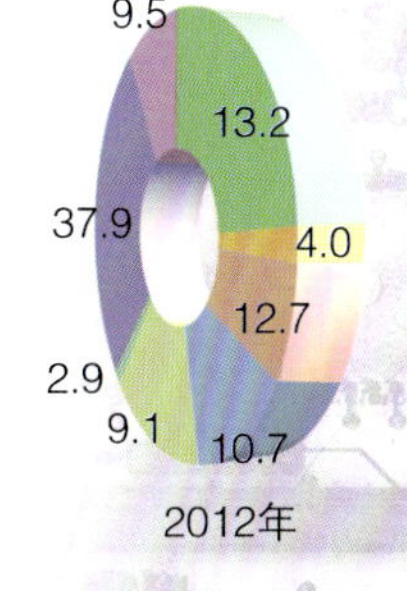

城镇居民恩格尔系数 (%)

Engle coefficient of urban households (%)

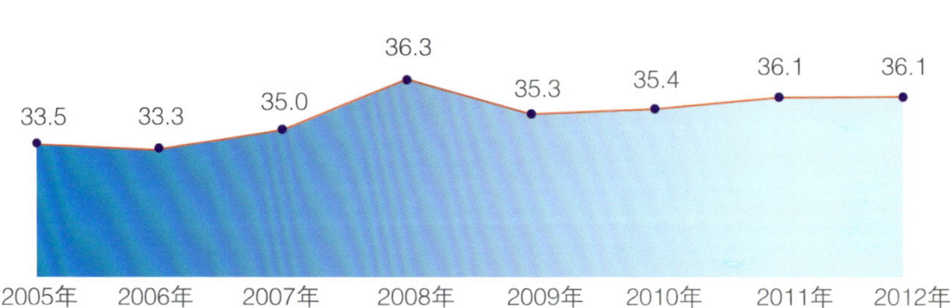

农村居民恩格尔系数 (%)

Engle coefficient of rural households (%)

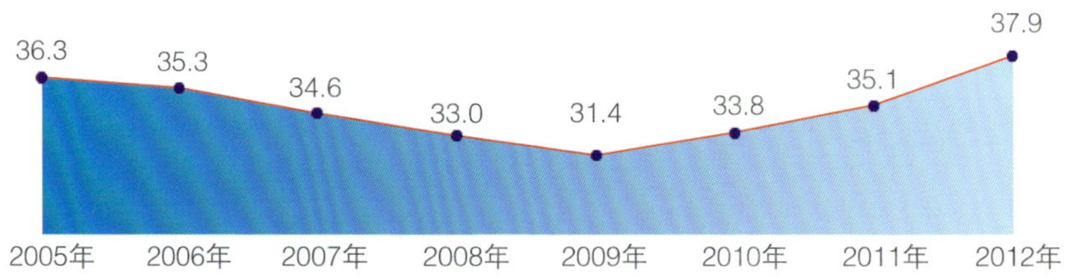

城镇居民人均住房建筑面积(平方米)

Per capita gross floor space of urban residents (sq.m)

农村居民人均住房面积 (平方米)

Per capita gross floor space of rural residents (sq.m)

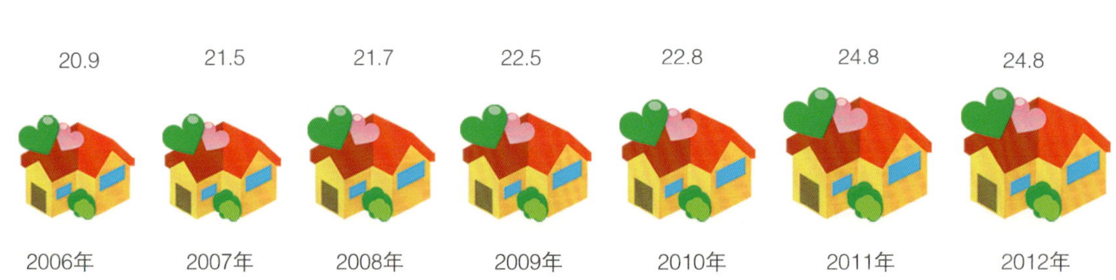

目　录

CONTENTS

第一篇　综合

CHAPTER 1 GENERAL SURVERY

第二篇　国民经济核算

CHAPTER 2 NATIONAL ACCOUNTS

第三篇　人口、就业人员和职工工资

CHAPTER 3 POPULATION，EMPLOYMENT AND WAGES

第四篇 固定资产投资

CHAPTER 4 INVESTMENT IN FIXED ASSETS

第五篇 对外经济贸易

CHAPTER 5 FOREIGN TRADE AND ECONOMIC COOPERATION

第六篇 资源与环境

CHAPTER 6 RESOURCES AND ENVIRONMENT

第七篇 能源

CHAPTER 7 ENERGY

第八篇　财政、金融和保险

CHAPTER 8 FINANCE，BANKING AND INSURANCE

第九篇　价格指数

CHAPTER 9　PRICE INDICES

第十篇　人民生活

CHAPTER 10　PEOPLE'S LIVING CONDITIONS

第十一篇　城市概况

CHAPTER 11　GENERAL SURVEY OF CITIES

第十二篇 农 业

CHAPTER 12 AGRICULTURE

第十三篇　工　业

CHAPTER 13　INDUSTRY

第十四篇　建 筑 业

CHAPTER 14 CONSTRUCTION

第十五篇　运输和邮电

CHAPTER 15 TRANSPORT, POSTAL AND TELECOMMUNICATION SERVICES

第十六篇　国内贸易和旅游业

CHAPTER 16　DOMESTIC TRADE AND TOURISM

第十七篇　教育与科技

CHAPTER 17　EDUCATION, SCIENCE AND TECHNOLOGY

第十八篇 文化、体育、卫生和社会服务

CHAPTER 18 CULTURE, SPORTS, PUBLIC HEALTH AND SOCIAL SERVICES

附录Ⅰ 各县、市主要指标(2012年)

附录Ⅱ 各类开发区情况

APPENDIX Ⅱ GENERAL SURVEY OF ALL DEVELOPMENT AREAS

附录Ⅲ 东北三省一区国民经济主要指标(2012年)

附录Ⅳ 新旧行业分类对照表

INDUSTRIAL CLASSIFICATION OF THE NATIONAL ECONOMY OLD AND NEW COMPARISON TABLE

第一篇　综　合

CHAPTER 1 GENERAL SURVERY

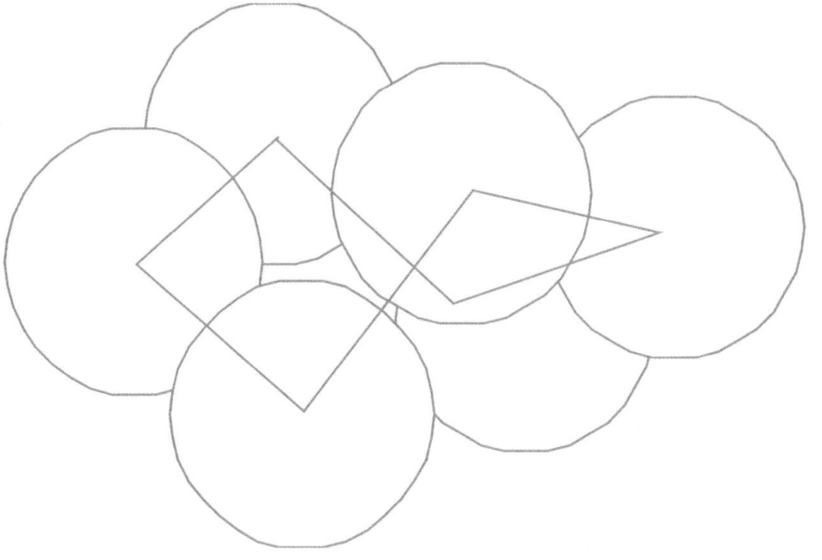

资料整理：安 静　陈 宇　高 健

1-1 行政区划 (2012年)

DIVISIONS OF ADMINISTRATIVE AREAS (2012)

单位：个 (unit)

地 市	Prefecture and City at Prefecture Level	市、地辖区 Districts Under the Jurisdiction of Citities (Prefecture)	县级市 Cities at County Level	县、自治县 County, Autonomous Couties	镇 Towns	民族镇 Ethnic Towns	乡 Township	民族乡 Ethnic Community Township	城市街道办事处 Cities Street Communities	村民委员会 Village Board	自然屯 Natural Tun	社区居委会 Neighborhood community
合 计	**Total**	**68**	**18**	**46**	**474**	**11**	**354**	**55**	**384**	**9079**	**34623**	**2718**
哈 尔 滨	Harbin	8	3	7	111	3	54	15	106	1885	9529	799
齐齐哈尔	Qiqihar	7	1	8	62	3	52	6	37	1259	7356	258
鸡 西	Jixi	6	2	1	23		19	4	29	459	1625	142
鹤 岗	Hegang	6		2	11		8	2	32	218	328	122
双 鸭 山	Shuangyashan	4		4	21		19	2	24	482	690	124
大 庆	Daqing	5		4	30		25	3	29	481	2509	189
伊 春	Yichun	15	1	1	9		9	1	30	204	364	198
佳 木 斯	Jiamusi	4	2	4	38		29	4	28	977	1164	236
七 台 河	Qitaihe	3		1	9		6	2	22	220	130	98
牡 丹 江	Mudanjiang	4	4	2	42	2	7	3	24	887	1100	265
黑 河	Heihe	1	2	3	25		33	7	11	598	1369	70
绥 化	Suihua	1	3	6	69	3	84	4	6	1329	8393	179
大兴安岭	Daxinganling	4		3	24		9	2	6	80	66	38

1-1 续表1 CONTINUED

地 区	Region	县级市	City at County Level	县	County	区	District
哈尔滨市	**Harbin City**	双城市	Shuangcheng	宾 县	Binxian	道里区	Daoli
		尚志市	Shangzhi	方正县	Fangzheng	南岗区	Nangang
		五常市	Wuchang	依兰县	Yilan	道外区	Daowai
				巴彦县	Bayan	松北区	Songbei
				木兰县	Mulan	香坊区	Xiangfang
				通河县	Tonghe	平房区	Pingfang
				延寿县	Yanshou	呼兰区	Hulan
						阿城区	Acheng
齐齐哈尔市	**Qiqihar City**	讷河市	Nehe	龙江县	Longjiang	龙沙区	Longsha
				依安县	Yian	建华区	Jianhua
				泰来县	Tailai	铁锋区	Tiefeng
				甘南县	Gannan	昂昂溪区	Angangxi
				富裕县	Fuyu	富拉尔基区	Fularji
				克山县	Keshan	碾子山区	Nianzishan
				克东县	Kedong	梅里斯达斡尔族区	Meilisi Daur Nationality District
				拜泉县	Baiquan		
鸡西市	**Jixi City**	密山市	Mishan	鸡东县	Jidong	鸡冠区	Jiguan
		虎林市	Hulin			恒山区	Hengshan
						城子河区	Chengzihe
						滴道区	Didao
						梨树区	Lishu
						麻山区	Mashan
鹤岗市	**Hegang City**			绥滨县	Suibin	向阳区	Xiangyang
				萝北县	Luobei	工农区	Gongnong
						南山区	Nanshan
						兴安区	Xingan
						东山区	Dongshan
						兴山区	Xingshan

1-1 续表2 CONTINUED

地 区	Region	县级市	City at County Level	县	County	区	District
双鸭山市	Shuangyashan City			集贤县	Jixian	尖山区	Jianshan
				友谊县	Youyi	岭东区	Lingdong
				宝清县	Baoqing	宝山区	Baoshan
				饶河县	Raohe	四方台区	Sifangtai
大庆市	Daqing City			林甸县	Lindian	萨尔图区	Sartu
				肇源县	Zhaoyuan	龙凤区	Longfeng
				肇州县	Zhaozhou	让胡路区	Ranghulu
				杜尔伯特蒙古族自治县	Durbote Mongolia Natio-nality Autonomous	红岗区	Honggang
						大同区	Datong
伊春市	Yichun City	铁力市	Tieli	嘉荫县	Jiayin	伊春区	Yichun
						南岔区	Nancha
						友好区	Youhao
						西林区	Xilin
						翠峦区	Cuiluan
						新青区	Xinqing
						美溪区	Meixi
						金山屯区	Jinshantun
						乌马河区	Wumahe
						汤旺河区	Tangwanghe
						乌伊岭区	Wuyiling
						五营区	Wuying
						带岭区	Dailing
						上甘岭区	Shangganling
						红星区	Hongxing
佳木斯市	Jiamusi City	同江市	Tongjiang	桦南县	Huanan	向阳区	Xiangyang
		富锦市	Fujin	桦川县	Huachuan	前进区	Qianjin
				汤原县	Tangyuan	东风区	Dongfeng
				抚远县	Fuyuan	郊 区	Suburb
七台河市	Qitaihe City			勃利县	Boli	新兴区	Xinxing
						桃山区	Taoshan
						茄子河区	Qiezihe
牡丹江市	Mudanjiang City	绥芬河市	Suifenhe	东宁县	Dongning	东安区	Dongan
		海林市	Hailin	林口县	Linkou	阳明区	Yangming
		宁安市	Ningan			爱民区	Aimin
		穆棱市	Muling			西安区	Xian
黑河市	Heihe City	北安市	Beian	嫩江县	Nenjiang	爱辉区	Aihui
		五大连池市	Wudalianchi	逊克县	Xunke		
				孙吴县	Sunwu		
绥化市	Suihua City	安达市	Anda	望奎县	Wangkui	北林区	Beilin
		肇东市	Zhaodong	兰西县	Lanxi		
		海伦市	Hailin	青冈县	Qinggang		
				庆安县	Qingan		
				明水县	Mingshui		
				绥棱县	Suiling		
大兴安岭地区	Daxinganling Prefecture			呼玛县	Huma	新林区	Xinlin
				塔河县	Tahe	呼中区	Huzhong
				漠河县	Mohe	松岭区	Songling
						加格达奇区	Jiagedaqi

1-2 各部门机构数

GRASS-ROOTS UNIT IN VARIOUS SECTORS

单位：个 (unit)

部 门	Sector	机构数 Grass-roots Units 2011	2012	2012年比上年增长(%) Growth Rate in 2012 over 2011(%)
农村基层单位	**Rural Grassroots Units**			
乡政府	Township Governments	863	863	持平
镇政府	Town Governments	449	460	2.4
村民委员会	Village Committees	8997	8997	持平
乡村户数(万户)	Numbers of Rural Households(10000 households)	512	514	0.3
农垦系统农牧场	**Farms and Pastures of Land Reclamation System**	**113**	**113**	**持平**
规模以上工业企业	**Industrial Enterprises above Designated Size**	**3377**	**3911**	**15.8**
内资企业	Domestic Funded Enterprises	3148	3677	16.8
国有企业	State-owned Industry	215	223	3.7
集体企业	Collective-owned Industry	89	95	6.7
股份合作企业	Cooperative Enterprises	40	49	22.5
联营企业	Joint Ownership Enterprises	4	3	-25.0
有限责任公司	Limited Liability Corporations	1025	1247	21.7
股份有限公司	Share Holding Enterprises	201	197	-2.0
私营企业	Private Enterprises	1503	1758	17.0
港、澳、台商投资企业	Enterprises with Funds from Hong Kong, Macao and Taiwan	65	66	1.5
外商投资企业	Foreign Funded Enterprises	164	168	2.4
建筑企业	**Construction Enterprises and Units**	**2020**	**2038**	**0.9**
内资企业	Domestic Funded Enterprises	2014	2031	0.8
国有企业	State-owned Industry	177	179	1.1
集体企业	Collective-owned Industry	144	143	-0.7
股份合作企业	Cooperative Enterprises	7	8	14.3
联营企业	Joint Ownership Enterprises	2	4	100.0
有限责任公司	Limited Liability Corporations	785	798	1.7
股份有限公司	Share Holding Enterprises	88	95	8.0
私营企业	Private Enterprises	798	792	-0.8
港、澳、台商投资企业	Enterprises with Funds from Hong Kong, Macao and Taiwan	2	2	持平
外商投资企业	Foreign Funded Enterprises	4	5	25.0
限上批零贸易业企业	**Enterprise above Designated Size in Wholesale and Retail Trade**	**1638**	**1929**	**17.8**
限上住宿和餐饮业企业	**Enterprise above Designated Size inHotels and Catering Services**	**492**	**488**	**-0.8**
外商投资企业	**Enterprise of Foreign-Funded**	**5426**	**5039**	**-7.1**
中外合资	Joint Ventures	761	890	17.0
中外合作	Cooperative Operation	88	97	10.2
外资企业	Foreign Investment	139	142	2.2
教育(所)	**Education (unit)**			
普通高等学校	Regular Institutions of Higher Education	78	79	1.3
成人高等学校	Adult Education Schools	19	26	36.8
中等专业学校	Specialized Secondary Schools	75	73	-2.7
成人中等专业学校	Secondary Schools for Adults	163	163	持平
普通中学	Regular Secondary Schools	2092	2043	-2.3
#高 中	#Senior Secondary Schools	411	398	-3.2
职业中学	Vocational Secondary Schools	161	154	-4.3
技工学校	Vestibule Schools	133	134	0.8
小 学	Primary Schools	5620	4834	-14.0
幼儿园	Kingergartens	4504	4796	6.5

1-2 续表 CONTINUED

单位：个 (unit)

部　门	Sector	机构数 Grass-roots Units		2012年比上年增长(%) Growth Rate in 2012 over 2011(%)
		2011	2012	
科学研究与开发机构数(个)	Number of R&D Institutions(unit)	228	226	-0.9
文化事业机构	**Cultural Establishments**	**2372**	**2373**	**0.04**
艺术事业	Art Institutions	140	136	-2.9
图书馆	Library	107	106	-0.9
群众文化	Mass Cultural Establishments	1652	1641	-0.7
艺术教育	Arts Education Establishments	6	6	持平
其他文化	Others	467	484	3.6
博物馆	**Museums**	**103**	**104**	**1.0**
文物机构	**Cultural Relic Establishments**	**102**	**103**	**1.0**
广播、电视	**Broadcasting and Television**			
广播电台（座）	Radio Stations(unit)	14	14	持平
电视台（座）	Television Stations(unit)	15	15	持平
出版、发行事业	**Publishing and Distribution Establishments**			
出版单位	Publishing Houses	422	420	-0.5
书刊印刷厂	Printing Houses	173	177	2.3
书　店	Book Stores	99	99	持平
卫生事业	**Health Care**			
#医　院	#Hospitals	911	994	9.1
疗养院	Sanatoriums	4	3	-25.0
县（区）社区卫生服务站	Sanitation snd Service Agencies of Community of County	779	776	-0.4
卫生院	Health Cares	966	1000	3.5
县（区）卫生所、医务室	Institutions of Sanitation of County	1688	1464	-13.3
门诊部	Clinics	141	298	111.3
县（区）诊所	Cliniques of County	3474	3613	4.0
急救中心	First-aid Centers	13	14	7.7
采供血机构	Institutions of Pick and Supply Blood	26	27	3.8
妇幼保健院(所、站)	Institutes of Maternity and Child	150	146	-2.7
专科疾病防治院(所、站)	Specialized Disease Prevention and Treatment Institutes	109	112	2.8
疾病预防控制中心	Diseases Prevent and control Centers	188	174	-7.4
卫生监督所	Medical Supervise Institutions	156	153	-1.9
医学科学研究机构	Research Institutes of Medical Sciences	12	10	-16.7
社会福利	**Social Welfare Establishments**			
社会福利事业单位	Social Welfare Institutions	731	712	-2.6
社会福利企业单位	Social Welfare Enterprises	569	639	12.3
收容遣送站	Collecting and Repatriation Units	82	82	持平
殡葬事业单位	Funeral and Interment Institutions	147	153	4.1

1-3 法人单位数(2012年)

NUMBER OF CORPORATE UNITS (2012)

单位：个 (unit)

地区	Region	总计 Total	农、林、牧、渔业 Agriculture, Forestry, Animal Husbandry and Fishery	采矿业 Mining	制造业 Manufacturing	电力、燃气及水的生产供应业 Production and Supply of Electricity, Gas and Water	建筑业 Construction	交通运输仓储及邮政业 Transport, Storage and Post
全 省	**Total**	**189471**	**6119**	**2435**	**31276**	**1283**	**8132**	**4272**
哈尔滨	Harbin	75058	2157	315	12776	287	4199	1711
齐齐哈尔	Qiqihar	16531	676	77	2866	152	427	401
鸡 西	Jixi	6277	127	465	834	47	193	91
鹤 岗	Hegang	3492	74	183	466	23	106	54
双鸭山	Shuangyashan	6637	196	299	895	64	246	131
大 庆	Daqing	19117	456	153	3101	122	868	367
伊 春	Yichun	4786	157	83	895	61	164	74
佳木斯	Jiamusi	13360	454	96	1883	113	449	333
七台河	Qitaihe	3463	20	365	440	26	75	38
牡丹江	Mudanjiang	14154	368	203	3115	170	654	236
黑 河	Heihe	6015	473	76	497	54	128	159
绥 化	Suihua	11630	263	30	2237	54	258	353
大兴安岭	Daxinganling	4131	503	68	424	29	146	120
农垦总局	ARB	2622	139	21	667	67	156	57
绥芬河	Suifenhe	1557	7		158	9	40	123
抚 远	Fuyuan	641	49	1	22	5	23	24

注：本表国民经济行业分类采用《国民经济行业分类（GB/T 4754—2002）》(下同)。
Note: The national economy industry classification uses the"national economy industry classification(GB/T 4754-2002)" (the same below).

1-3 续表1 CONTINUED

单位：个 (unit)

地区	Region	信息传输、计算机服务和软件业 Information Transmission, Computer Services and Software	批发和零售业 Wholesale and Retail Trades	住宿和餐饮业 Hotels and Catering Services	金融业 Financial Intermediation	房地产业 Real Estate	租赁和商务服务业 Leasing and Business Services	科学研究技术服务和地质勘查业 Scientific Research, Technical Service and Geologic Prospecting
全 省	**Total**	**3406**	**48186**	**2492**	**1625**	**6920**	**11790**	**6853**
哈尔滨	Harbin	1816	21408	1090	597	2950	6924	3367
齐齐哈尔	Qiqihar	198	3833	197	131	476	752	536
鸡 西	Jixi	21	1238	75	46	194	152	122
鹤 岗	Hegang	25	582	31	42	238	80	74
双鸭山	Shuangyashan	157	1254	54	60	252	249	179
大 庆	Daqing	554	6617	234	169	692	1164	797
伊 春	Yichun	43	511	79	56	126	177	68
佳木斯	Jiamusi	92	3908	138	140	456	654	400
七台河	Qitaihe	31	518	38	46	89	111	90
牡丹江	Mudanjiang	146	3294	289	148	503	706	407
黑 河	Heihe	102	1312	93	51	215	161	140
绥 化	Suihua	25	1763	72	48	401	223	396
大兴安岭	Daxinganling	121	419	57	49	105	234	143
农垦总局	ARB	50	667	21	8	71	53	89
绥芬河	Suifenhe	24	685	19	32	106	122	26
抚 远	Fuyuan	1	177	5	2	46	28	19

1-3 续表2 CONTINUED

单位：个 (unit)

地区	Region	水利、环境和公共设施管理业 Management of Water Conservancy, Environment and Public Facilities	居民服务和其他服务业 Services to Households and Other Services	教育 Education	卫生、社会保障和社会福利业 Sanitation, Social Security and Social Welfare	文化、体育和娱乐业 Culture, Sports and Entertainment	公共管理和社会组织 Public Management and Social Organization
全 省	**Total**	**1668**	**3709**	**7781**	**4897**	**2036**	**34591**
哈尔滨	Harbin	561	2239	2467	1114	812	8268
齐齐哈尔	Qiqihar	180	236	792	625	168	3808
鸡 西	Jixi	81	69	315	244	76	1887
鹤 岗	Hegang	28	52	189	119	49	1077
双鸭山	Shuangyashan	66	54	282	305	69	1825
大 庆	Daqing	159	396	743	316	163	2046
伊 春	Yichun	48	33	225	113	45	1828
佳木斯	Jiamusi	99	188	707	473	111	2666
七台河	Qitaihe	57	35	205	132	45	1102
牡丹江	Mudanjiang	129	186	465	359	136	2640
黑 河	Heihe	65	75	245	245	96	1828
绥 化	Suihua	120	68	735	578	135	3871
大兴安岭	Daxinganling	39	50	168	113	95	1248
农垦总局	ARB	21	12	185	130	17	191
绥芬河	Suifenhe	7	14	25	13	12	135
抚 远	Fuyuan	8	2	33	18	7	171

1-4 按地区和行业门类分组的产业活动单位数(2012年)

NUMBER OF INDUSTRIAL ACTIVITIES UNITS BY SECTOR AND REGION (2012)

单位：个 (unit)

地区	Region	总计 Total	农、林、牧、渔业 Agriculture, Forestry, Animal Husbandry and Fishery	采矿业 Mining	制造业 Manufacturing	电力、燃气及水的生产供应业 Production and Supply of Electricity, Gas and Water	建筑业 Construction	交通运输仓储及邮政业 Transport, Storage and Post
全 省	**Total**	**245523**	**7921**	**2626**	**32134**	**2902**	**9223**	**6918**
哈尔滨	Harbin	90249	2318	318	13090	653	4757	2344
齐齐哈尔	Qiqihar	23178	698	80	2967	345	490	770
鸡 西	Jixi	8777	207	502	890	126	240	282
鹤 岗	Hegang	4979	95	214	484	45	116	117
双鸭山	Shuangyashan	9175	269	310	947	240	316	272
大 庆	Daqing	22225	464	171	3160	171	981	492
伊 春	Yichun	6945	394	84	922	157	176	192
佳木斯	Jiamusi	17595	505	97	1908	184	528	516
七台河	Qitaihe	4463	21	437	450	71	78	74
牡丹江	Mudanjiang	18215	508	204	3155	242	679	454
黑 河	Heihe	8466	628	81	512	124	138	255
绥 化	Suihua	18279	272	30	2254	257	286	562
大兴安岭	Daxinganling	5466	626	71	451	85	187	227
农垦总局	ARB	4873	853	25	763	180	185	187
绥芬河	Suifenhe	1726	9		159	9	40	136
抚 远	Fuyuan	912	54	2	22	13	26	38

1-4 续表1 CONTINUED

单位：个 (unit)

地区	Region	信息传输、计算机服务和软件业 Information Transmission, Computer Services and Software	批发和零售业 Wholesale and Retail Trades	住宿和餐饮业 Hotels and Catering Services	金融业 Financial Intermediation	房地产业 Real Estate	租赁和商务服务业 Leasing and Business Services	科学研究技术服务和地质勘查业 Scientific Research, Technical Service and Geologic Prospecting
全 省	**Total**	**6309**	**58877**	**3029**	**7767**	**7380**	**12885**	**7938**
哈尔滨	Harbin	2551	24932	1360	2217	3128	7370	3654
齐齐哈尔	Qiqihar	631	4698	228	912	530	859	609
鸡 西	Jixi	218	1802	93	449	220	192	155
鹤 岗	Hegang	84	919	38	213	253	92	136
双鸭山	Shuangyashan	360	1766	76	382	274	279	207
大 庆	Daqing	643	7111	263	667	740	1241	851
伊 春	Yichun	155	709	101	304	147	215	131
佳木斯	Jiamusi	356	5030	158	470	466	732	490
七台河	Qitaihe	55	657	43	174	102	121	94
牡丹江	Mudanjiang	328	3793	313	572	538	743	525
黑 河	Heihe	227	1538	107	306	226	193	261
绥 化	Suihua	364	3364	85	675	407	269	463
大兴安岭	Daxinganling	196	660	82	236	112	279	170
农垦总局	ARB	89	973	54	83	82	115	124
绥芬河	Suifenhe	34	692	22	77	107	144	36
抚 远	Fuyuan	18	233	6	30	48	41	32

1-4 续表2 CONTINUED

单位：个 (unit)

地区	Region	水利、环境和公共设施管理业 Management of Water Conservancy, Environment and Public Facilities	居民服务和其他服务业 Services to Households and Other Services	教 育 Education	卫生、社会保障和社会福利业 Sanitation, Social Security and Social Welfare	文化、体育和娱乐业 Culture, Sports and Entertainment	公共管理和社会组织 Public Management and Social Organization
全 省	**Total**	**2162**	**4009**	**14371**	**11538**	**2407**	**45127**
哈尔滨	Harbin	620	2354	4213	2668	881	10821
齐齐哈尔	Qiqihar	264	260	2300	1423	204	4910
鸡 西	Jixi	114	81	334	434	90	2348
鹤 岗	Hegang	50	54	222	278	63	1506
双鸭山	Shuangyashan	83	62	386	450	89	2407
大 庆	Daqing	191	420	1355	473	178	2653
伊 春	Yichun	79	47	274	489	77	2292
佳木斯	Jiamusi	131	196	926	1503	130	3269
七台河	Qitaihe	57	37	251	403	54	1284
牡丹江	Mudanjiang	171	215	890	1199	176	3510
黑 河	Heihe	106	82	453	460	123	2646
绥 化	Suihua	144	75	2306	1299	173	4994
大兴安岭	Daxinganling	47	58	172	160	109	1538
农垦总局	ARB	86	50	209	243	34	538
绥芬河	Suifenhe	8	15	26	29	17	166
抚 远	Fuyuan	11	3	54	27	9	245

1-5 按地区和行业门类分组的单产业法人单位数(2012年)

NUMBER OF SINGLE INDUSTRIAL CORPORATE UNITS BY SECTOR AND REGION (2012)

单位：个 (unit)

地 区	Region	总 计 Total	农、林、牧、渔业 Agriculture, Forestry, Animal Husbandry and Fishery	采矿业 Mining	制造业 Manufacturing	电力、燃气及水的生产供应业 Production and Supply of Electricity, Gas and Water	建筑业 Construction	交通运输仓储及邮政业 Transport, Storage and Post
全 省	**Total**	**180242**	**5875**	**2384**	**30827**	**1158**	**7860**	**4120**
哈尔滨	Harbin	72464	2137	313	12575	262	4016	1673
齐齐哈尔	Qiqihar	15197	655	75	2811	133	408	370
鸡 西	Jixi	5878	123	456	820	41	188	80
鹤 岗	Hegang	3203	70	179	457	18	103	52
双鸭山	Shuangyashan	6186	191	294	877	59	234	125
大 庆	Daqing	18575	452	151	3083	114	860	359
伊 春	Yichun	4307	132	82	872	48	162	67
佳木斯	Jiamusi	12885	447	96	1869	107	439	325
七台河	Qitaihe	3267	19	345	436	22	73	35
牡丹江	Mudanjiang	13459	358	203	3091	167	649	224
黑 河	Heihe	5491	466	72	476	44	124	154
绥 化	Suihua	10921	257	30	2220	43	249	348
大兴安岭	Daxinganling	3888	483	66	404	24	138	111
农垦总局	ARB	2436	31	21	657	63	155	57
绥芬河	Suifenhe	1505	6		158	9	39	118
抚 远	Fuyuan	580	48	1	21	4	23	22

1-5 续表1 CONTINUED

单位：个 (unit)

地 区	Region	信息传输、计算机服务和软件业 Information Transmission, Computer Services and Software	批发和零售业 Wholesale and Retail Trades	住宿和餐饮业 Hotels and Catering Services	金融业 Financial Intermediation	房地产业 Real Estate	租赁和商务服务业 Leasing and Business Services	科学研究技术服务和地质勘查业 Scientific Research, Technical Service and Geologic Prospecting
全 省	**Total**	**3310**	**46898**	**2421**	**1256**	**6754**	**11587**	**6685**
哈尔滨	Harbin	1790	20997	1047	529	2874	6833	3317
齐齐哈尔	Qiqihar	187	3680	194	93	456	726	514
鸡 西	Jixi	15	1165	74	23	189	145	114
鹤 岗	Hegang	21	547	30	28	232	78	62
双鸭山	Shuangyashan	152	1189	54	36	247	239	175
大 庆	Daqing	549	6553	227	135	677	1141	791
伊 春	Yichun	37	469	78	30	119	166	63
佳木斯	Jiamusi	88	3809	135	123	452	649	391
七台河	Qitaihe	28	503	38	27	85	108	90
牡丹江	Mudanjiang	141	3216	285	117	491	697	383
黑 河	Heihe	98	1276	91	27	213	157	129
绥 化	Suihua	18	1602	72	20	398	222	391
大兴安岭	Daxinganling	113	390	52	32	101	228	137
农垦总局	ARB	48	652	21	4	71	53	86
绥芬河	Suifenhe	24	682	18	31	104	118	24
抚 远	Fuyuan	1	168	5	1	45	27	18

1-5 续表2 CONTINUED

单位：个 (unit)

地 区	Region	水利、环境和公共设施管理业 Management of Water Conservancy, Environment and Public Facilities	居民服务和其他服务业 Services to Households and Other Services	教 育 Education	卫生、社会保障和社会福利业 Sanitation, Social Security and Social Welfare	文化、体育和娱乐业 Culture, Sports and Entertainment	公共管理和社会组织 Public Management and Social Organization
全 省	**Total**	**1595**	**3659**	**7082**	**4397**	**1984**	**30390**
哈尔滨	Harbin	549	2216	2273	1003	798	7262
齐齐哈尔	Qiqihar	158	230	654	568	162	3123
鸡 西	Jixi	73	66	305	226	74	1701
鹤 岗	Hegang	25	52	176	100	47	926
双鸭山	Shuangyashan	61	54	266	294	67	1572
大 庆	Daqing	156	387	718	302	161	1759
伊 春	Yichun	44	32	215	92	43	1556
佳木斯	Jiamusi	96	186	658	417	108	2490
七台河	Qitaihe	56	35	193	114	44	1016
牡丹江	Mudanjiang	127	185	415	309	131	2270
黑 河	Heihe	63	74	215	230	90	1492
绥 化	Suihua	118	68	596	493	133	3643
大兴安岭	Daxinganling	36	48	166	102	91	1166
农垦总局	ARB	20	11	182	123	17	164
绥芬河	Suifenhe	6	13	24	9	11	111
抚 远	Fuyuan	7	2	26	15	7	139

1-6 按地区和行业门类分组的多产业法人单位数(2012年)

NUMBER OF MULTI-INDUSTRIAL CORPORATE UNITS BY SECTOR AND REGION (2012)

单位：个 (unit)

地 区	Region	总 计 Total	农、林、牧、渔业 Agriculture, Forestry, Animal Husbandry and Fishery	采矿业 Mining	制造业 Manufacturing	电力、燃气及水的生产供应业 Production and Supply of Electricity, Gas and Water	建筑业 Construction	交通运输仓储及邮政业 Transport, Storage and Post
全 省	**Total**	**9229**	**244**	**51**	**449**	**125**	**272**	**152**
哈尔滨	Harbin	2594	20	2	201	25	183	38
齐齐哈尔	Qiqihar	1334	21	2	55	19	19	31
鸡 西	Jixi	399	4	9	14	6	5	11
鹤 岗	Hegang	289	4	4	9	5	3	2
双鸭山	Shuangyashan	451	5	5	18	5	12	6
大 庆	Daqing	542	4	2	18	8	8	8
伊 春	Yichun	479	25	1	23	13	2	7
佳木斯	Jiamusi	475	7		14	6	10	8
七台河	Qitaihe	196	1	20	4	4	2	3
牡丹江	Mudanjiang	695	10		24	3	5	12
黑 河	Heihe	524	7	4	21	10	4	5
绥 化	Suihua	709	6		17	11	9	5
大兴安岭	Daxinganling	243	20	2	20	5	8	9
农垦总局	ARB	186	108		10	4	1	
绥芬河	Suifenhe	52	1				1	5
抚 远	Fuyuan	61	1		1	1		2

1-6 续表1 CONTINUED

单位：个 (unit)

地 区	Region	信息传输、计算机服务和软件业 Information Transmission, Computer Services and Software	批发和零售业 Wholesale and Retail Trades	住宿和餐饮业 Hotels and Catering Services	金融业 Financial Intermediation	房地产业 Real Estate	租赁和商务服务业 Leasing and Business Services	科学研究技术服务和地质勘查业 Scientific Research, Technical Service and Geologic Prospecting
全 省	**Total**	**96**	**1288**	**71**	**369**	**166**	**203**	**168**
哈尔滨	Harbin	26	411	43	68	76	91	50
齐齐哈尔	Qiqihar	11	153	3	38	20	26	22
鸡 西	Jixi	6	73	1	23	5	7	8
鹤 岗	Hegang	4	35	1	14	6	2	12
双鸭山	Shuangyashan	5	65		24	5	10	4
大 庆	Daqing	5	64	7	34	15	23	6
伊 春	Yichun	6	42	1	26	7	11	5
佳木斯	Jiamusi	4	99	3	17	4	5	9
七台河	Qitaihe	3	15		19	4	3	
牡丹江	Mudanjiang	5	78	4	31	12	9	24
黑 河	Heihe	4	36	2	24	2	4	11
绥 化	Suihua	7	161		28	3	1	5
大兴安岭	Daxinganling	8	29	5	17	4	6	6
农垦总局	ARB	2	15		4			3
绥芬河	Suifenhe		3	1	1	2	4	2
抚 远	Fuyuan		9		1	1	1	1

1-6 续表2 CONTINUED

单位：个 (unit)

地 区	Region	水利、环境和公共设施管理业 Management of Water Conservancy, Environment and Public Facilities	居民服务和其他服务业 Services to Households and Other Services	教 育 Education	卫生、社会保障和社会福利业 Sanitation, Social Security and Social Welfare	文化、体育和娱乐业 Culture, Sports and Entertainment	公共管理和社会组织 Public Management and Social Organization
全 省	**Total**	**73**	**50**	**699**	**500**	**52**	**4201**
哈尔滨	Harbin	12	23	194	111	14	1006
齐齐哈尔	Qiqihar	22	6	138	57	6	685
鸡 西	Jixi	8	3	10	18	2	186
鹤 岗	Hegang	3		13	19	2	151
双鸭山	Shuangyashan	5		16	11	2	253
大 庆	Daqing	3	9	25	14	2	287
伊 春	Yichun	4	1	10	21	2	272
佳木斯	Jiamusi	3	2	49	56	3	176
七台河	Qitaihe	1		12	18	1	86
牡丹江	Mudanjiang	2	1	50	50	5	370
黑 河	Heihe	2	1	30	15	6	336
绥 化	Suihua	2		139	85	2	228
大兴安岭	Daxinganling	3	2	2	11	4	82
农垦总局	ARB	1	1	3	7		27
绥芬河	Suifenhe	1	1	1	4	1	24
抚 远	Fuyuan	1		7	3		32

1-7 按地区和行业门类分组的多产业法人所属产业活动单位数(2012年)

NUMBER OF MULTI-INDUSTRIAL ACTIVITIES UNITS OF CORPORATION BY SECTOR AND REGION (2012)

单位：个 (unit)

地 区	Region	总 计 Total	农、林、牧、渔业 Agriculture, Forestry, Animal Husbandry and Fishery	采矿业 Mining	制造业 Manufacturing	电力、燃气及水的生产供应业 Production and Supply of Electricity, Gas and Water	建筑业 Construction	交通运输仓储及邮政业 Transport, Storage and Post
全 省	**Total**	**65281**	**2046**	**242**	**1308**	**1744**	**1363**	**2798**
哈尔滨	Harbin	17785	181	5	515	391	741	671
齐齐哈尔	Qiqihar	7981	43	5	156	212	82	400
鸡 西	Jixi	2899	84	46	70	85	52	202
鹤 岗	Hegang	1776	25	35	27	27	13	65
双鸭山	Shuangyashan	2989	78	16	70	181	82	147
大 庆	Daqing	3650	12	20	77	57	121	133
伊 春	Yichun	2639	262	2	50	109	14	125
佳木斯	Jiamusi	4708	58	1	39	77	89	191
七台河	Qitaihe	1196	2	92	14	49	5	39
牡丹江	Mudanjiang	4756	150	1	64	75	30	230
黑 河	Heihe	2976	162	9	37	80	14	101
绥 化	Suihua	7358	15		34	214	37	214
大兴安岭	Daxinganling	1578	143	5	47	61	49	116
农垦总局	ARB	2437	822	4	106	117	30	130
绥芬河	Suifenhe	221	3		1		1	18
抚 远	Fuyuan	332	6	1	1	9	3	16

1-7 续表1 CONTINUED

单位：个 (unit)

地 区	Region	信息传输、计算机服务和软件业 Information Transmission, Computer Services and Software	批发和零售业 Wholesale and Retail Trades	住宿和餐饮业 Hotels and Catering Services	金融业 Financial Intermediation	房地产业 Real Estate	租赁和商务服务业 Leasing and Business Services	科学研究技术服务和地质勘查业 Scientific Research, Technical Service and Geologic Prospecting
全 省	**Total**	**2999**	**11980**	**608**	**6511**	**626**	**1298**	**1253**
哈尔滨	Harbin	761	3935	313	1688	254	537	337
齐齐哈尔	Qiqihar	444	1018	34	819	74	133	95
鸡 西	Jixi	203	637	19	426	31	47	41
鹤 岗	Hegang	63	372	8	185	21	14	74
双鸭山	Shuangyashan	208	577	22	346	27	40	32
大 庆	Daqing	94	558	36	532	63	100	60
伊 春	Yichun	118	241	23	274	28	49	68
佳木斯	Jiamusi	268	1221	23	347	14	83	99
七台河	Qitaihe	27	154	5	147	17	13	4
牡丹江	Mudanjiang	187	577	28	455	47	46	142
黑 河	Heihe	129	262	16	279	13	36	132
绥 化	Suihua	346	1762	13	655	9	47	72
大兴安岭	Daxinganling	83	270	30	204	11	51	33
农垦总局	ARB	41	321	33	79	11	62	38
绥芬河	Suifenhe	10	10	4	46	3	26	12
抚 远	Fuyuan	17	65	1	29	3	14	14

1-7 续表2 CONTINUED

单位：个 (unit)

地 区	Region	水利、环境和公共设施管理业 Management of Water Conservancy, Environment and Public Facilities	居民服务和其他服务业 Services to Households and Other Services	教 育 Education	卫生、社会保障和社会福利业 Sanitation, Social Security and Social Welfare	文化、体育和娱乐业 Culture, Sports and Entertainment	公共管理和社会组织 Public Management and Social Organization
全 省	**Total**	**567**	**350**	**7289**	**7141**	**423**	**14735**
哈尔滨	Harbin	71	138	1940	1665	83	3559
齐齐哈尔	Qiqihar	106	30	1646	855	42	1787
鸡 西	Jixi	41	15	29	208	16	647
鹤 岗	Hegang	25	2	46	178	16	580
双鸭山	Shuangyashan	22	8	120	156	22	835
大 庆	Daqing	35	33	637	171	17	894
伊 春	Yichun	35	15	59	397	34	736
佳木斯	Jiamusi	35	10	268	1086	22	777
七台河	Qitaihe	1	2	58	289	10	268
牡丹江	Mudanjiang	44	30	475	890	45	1240
黑 河	Heihe	43	8	238	230	33	1154
绥 化	Suihua	26	7	1710	806	40	1351
大兴安岭	Daxinganling	11	10	6	58	18	372
农垦总局	ARB	66	39	27	120	17	374
绥芬河	Suifenhe	2	2	2	20	6	55
抚 远	Fuyuan	4	1	28	12	2	106

1-8 按登记注册类型分组的法人单位数和产业活动单位数 (2012年)

NUMBERS OF CORPORATE UNITS AND INDUSTRIAL ACTIVITIES UNITS OF BY REGISTER TYPE (2012)

单位：个 (unit)

项 目	Item	法人单位数 Unit Number of Legal Person	产业活动单位数 Unit Number of Industry Activity
合 计	**Total**	**189471**	**245523**
内资企业	**Domestic Funded Enterprises**	**188492**	**243426**
国有	State-owned Enterprises	37430	70200
集体	Collective-owned Enterprises	4858	10150
股份合作	Cooperative Enterprises	2058	3320
联营企业	Joint Ownership Enterprises	408	610
国有联营	State Joint Ownership Enterprises	42	95
集体联营	Collective Joint Ownership Enterprises	115	153
国有与集体联营	State-Collective Joint Ownership Enterprises	38	45
其他联营	Other Joint Ownership Enterprises	213	317
有限责任公司	Limited Liability Corporations	24986	28520
国有独资公司	State-owned Proprietorship	244	403
其他有限责任公司	Other Limited Liability Corporations	24742	28117
股份有限公司	Share Holding Enterprises	5112	8892
私营企业	Private Enterprises	82711	87154
私营独资	Private Proprietorship	27849	29453
私营合伙	Private Partnership	3041	3146
私营有限责任公司	Private Limited Liability Corporations	47201	49581
私营股份有限公司	Private Share Holding Enterprises	4620	4974
其他企业	Others	30929	34580
港澳台商投资企业	**Enterprises with Funds from Hong Kong,Macao and Taiwan**	**329**	**613**
与港澳台资合资经营	Joint Ventures with Hong Kong,Macao and Taiwan	154	232
与港澳台资合作经营	Cooperative Operation with Hong Kong,Macao and Taiwan	18	21
港澳台商独资经营	Individual Proprietorship of Hong Kong,Macao and Taiwan	133	287
港澳台商投资股份有限公司	Share Holding Enterprises with Funds from Hong Kong, Macao and Taiwan	21	70
其他港、澳、台商投资	Others	3	3
外商投资	**Foreign Funded Enterprises**	**650**	**1484**
中外合资经营	Joint Ventures	292	447
中外合作经营	Cooperative Operation	38	47
外资企业	Foreign Investment	273	770
外商投资股份有限公司	Foreign Funded Share Holding Enterprises	46	217
其他外商投资	Others	1	3

1-9 按人口平均的主要工农业产品产量

PER CAPITA MAIN FARM PRODUCE AND INDUSTRIAL PRODUCTS

年 份 Year	粮豆薯 (千克) Grain (kg)	油 料 (千克) Oil-bearing Crops (kg)	猪牛羊肉 (千克) Pork, Beef and Mutton (kg)	牛 奶 (千克) Cow Milk (kg)	水产品 (千克) Aquatic Products (kg)	木 材 (立方米) Timber (cu. m)	钢 (千克) Steel (kg)	原 煤 (吨) Coal (ton)	原 油 (吨) Crude Oil (ton)	发电量 (千瓦时) Electricity (kwh)
1978	476.4	2.8	10.3	4.4	0.7	0.50	17.6	1.20	1.62	347
1980	459.0	7.5	11.6	3.9	0.6	0.51	16.5	1.33	1.62	405
1985	420.2	8.5	9.4	12.9	2.0	0.50	22.7	1.87	1.65	559
1990	655.7	4.9	13.0	28.8	4.2	0.43	27.0	2.34	1.58	837
1991	608.1	4.3	14.3	31.6	4.6	0.38	28.0	2.39	1.56	889
1992	658.9	6.1	14.8	33.5	5.0	0.35	32.7	2.34	1.55	966
1993	659.7	4.4	14.5	30.8	5.2	0.34	34.5	1.99	1.54	1027
1994	705.3	4.3	16.9	30.3	5.7	0.34	30.3	2.10	1.53	1044
1995	703.2	5.4	19.1	32.9	6.9	0.30	25.4	2.15	1.52	1052
1996	820.2	4.5	25.1	35.9	7.8	0.35	22.7	2.21	1.51	1105
1997	830.2	4.9	26.8	37.6	8.6	0.31	23.6	2.02	1.50	1158
1998	799.7	4.5	29.8	37.8	9.5	0.25	21.0	1.89	1.49	1127
1999	812.8	10.4	31.6	37.8	9.6	0.22	20.5	1.65	1.44	1088
2000	670.0	11.5	33.1	40.6	10.1	0.18	23.4	1.31	1.40	1123
2001	696.2	9.5	35.3	49.6	10.6	0.17	24.2	1.34	1.35	1150
2002	771.6	13.9	38.8	61.9	11.0	0.16	37.8	1.54	1.32	1205
2003	658.7	11.7	43.9	78.8	11.0	0.20	43.4	1.74	1.27	1277
2004	821.6	12.1	53.3	98.1	11.3	0.16	47.4	1.87	1.22	1295
2005	942.8	15.9	63.5	115.3	11.7	0.20	60.8	1.90	1.18	1561
2006	989.1	16.5	67.3	120.5	8.7	0.20	82.5	2.07	1.14	1654
2007	1037.1	13.1	49.4	123.9	9.0	0.20	114.1	2.09	1.09	1782
2008	1104.7	7.5	63.3	151.8	9.3	0.23	111.5	2.14	1.05	1881
2009	1137.9	7.4	40.9	138.2	10.0	0.20	147.9	2.29	1.05	1879
2010	1309.0	7.2	43.2	144.3	10.4	0.20	147.8	2.42	1.05	2022
2011	1453.1	6.1	43.8	141.7	9.3	0.11	155.6	2.29	1.04	2149
2012	1502.7	5.9	47.0	146.1	11.8	0.10	159.2	2.26	1.04	2199

注：2005、2006年钢产量为粗钢产量。
Note:In 2005,2006 the output of steel is crude steel.

1-10 国民经济和社会发展总量与速度指标

部　门	Item	总量指标 2000
人口、就业(万人)	**Population and Employment(10000 persons)**	
总人口	Population at Year-end	3807.0
男性人口	Male	1945.8
女性人口	Female	1861.2
市镇人口	Urban	1977.4
乡村人口	Rural	1829.6
就业人员数	Employment	1600.8
#城镇就业人员	#Urban Employed Persons	722.8
城镇登记失业人数	Registered Unemployed in Urban Areas	25.3
国民核算(亿元)	**National Accounting(100 million yuan)**	
地区生产总值	Gross Domestic Product	3151.4
第一产业	Primary Industry	383.2
第二产业	Secondary Industry	1731.7
第三产业	Tertiary Industry	1036.6
人均地区生产总值(元)	Per Capita GDP(yuan)	8294
固定资产投资(亿元)	**Investment in Fixed Assets(100 million yuan)**	
全社会固定资产投资	Total Investment in Fixed Assets	859.2
#国有单位	#State-Owned Units	449.8
集体单位	Collective-Owned Units	35.9
个体经济	Individuals	90.8
能源(万吨标准煤)	**Energy(10000 tons of SCE)**	
能源生产总量	Total Energy Production	11494
能源消费总量	Total Energy Consumption	5663
财政、金融(亿元)	**Public Finance and Banking(100million yuan)**	
公共财政收入	General Budgetary Financial Revenue	185.3
公共财政支出	General Budgetary Financial Expenditure	381.9
金融机构各项存款	Deposits of National Banking System	3333.4
金融机构各项贷款	Loans of National Banking System	3145.1
价格指数(上年=100)	**Price Indices (preceding year=100)**	
居民消费价格总指数	General Consumer Price Index	98.3
商品零售价格总指数	General Retail Price Index	97.8
农业生产资料价格指数	Price Index for Means of Agricultural Production	98.6
工业生产者购进价格指数	Producer Price Index for Industrial Products	108.6
工业生产者出厂价格指数	Producer Price Index for Industrial Products	122.9
农　业	**Agriculture**	
乡村劳动力(万人)	Number of Rural Laborers(10000persons)	913.2
主要农产品产量(万吨)	Output of Major Farm Products(10000 tons)	
粮豆薯	Grain	2545.5
#水　稻	#Rice	1042.2
玉　米	Corn	790.8
大　豆	Soja	450.1
薯　类	Tubers	81.8

PRINCIPAL ECONOMIC AND SOCIAL INDICATORS AND THEIR GROWTH RATES

Aggregate Data				速度指标（%） Indices and Growth Rates (%)				
2005	2010	2011	2012	指数（2012年为以下各年） Index(2012 as percentage of the following years)				年均增长 Average Annual Growth Rate
				2000	2005	2010	2011	2001-2012
3820.0	3833.4	3834.0	3834.0	100.7	100.4	100.0	100.0	0.06
1933.1	1943.6	1936.2	1943.8	99.9	100.6	100.0	100.4	-0.01
1886.9	1889.8	1897.8	1890.2	101.6	100.2	100.0	99.6	0.1
2028.4	2133.7	2166.2	2181.5	110.3	107.5	102.2	100.7	0.8
1791.6	1699.7	1667.8	1652.5	90.3	92.2	97.2	99.1	-0.8
1748.9	1932.0	1977.8	2027.8	126.7	115.9	105.0	102.5	2.0
799.9	942.6	988.6	1039.3	143.8	129.9	110.3	105.1	3.1
31.3	36.2	35.0	41.3	163.2	131.9	114.0	118.0	4.2
5513.7	10368.6	12582.0	13691.6	360.3	217.7	123.5	110.0	11.3
684.6	1302.9	1701.5	2113.7	221.1	154.5	113.1	106.5	6.8
2971.7	5025.2	5962.4	6037.6	396.3	228.3	124.6	110.3	12.2
1857.4	4040.6	4918.1	5540.3	361.0	225.9	125.6	110.8	11.3
14440	27076	32819	35711	357.8	217.2	123.5	110.1	11.2
1731.7	6801.7	7475.4	9780.2			171.0	130.0	
754.6	2660.6	2831.5	3121.5				110.2	
21.1	115.1	57.9	77.9				134.5	
288.6	454.7	357.3	373.1				104.4	
13756	13140	12641	12640	110.0	91.9	96.2	100.0	0.8
7620	9667	10062	10042	177.3	131.8	103.9	99.8	4.9
318.2	755.6	997.5	1163.2	627.6	365.5	153.9	116.6	16.5
787.8	2253.3	2794.1	3171.5	830.5	402.6	140.8	113.5	19.3
6135.1	12835.7	14328.4	16326.6	489.8	266.1	127.2	113.9	14.2
3658.5	7230.5	8548.5	9906.7	315.0	270.8	137.0	115.9	10.0
101.2	103.9	105.8	103.2					
100.4	103.1	104.5	102.2					
108.6	105.6	110.2	107.8					
111.8	114.5	111.1	98.8					
116.7	115.0	112.0	100.0					
950.1	989.4	989.2	988.5	108.2	104.0	99.9	99.9	0.7
3600.0	5012.8	5570.6	5761.3	226.3	160.0	114.9	103.4	7.0
1172.5	1843.9	2062.1	2171.2	208.3	185.2	117.8	105.3	6.3
1379.5	2324.4	2675.8	2887.9	365.2	209.3	124.2	107.9	11.4
748.0	585.0	541.3	463.4	103.0	62.0	79.2	85.6	0.2
85.3	126.2	134.7	134.0	163.8	157.1	106.2	99.5	4.2

1-10 续表1

部 门	Item	总量指标 2000
油 料	Oil-bearing Crops	43.8
麻 类	Fiber Crops	18.7
甜 菜	Beet roots	254.8
烟 叶	Tobacco	9.6
瓜 果	Fruits	319.4
奶 类	Milk	156.5
水产品	Aquatic Products	38.2
木材(万立方米)	Timber(10000 cu.m)	691.5
工 业	**Industry**	
工业总产值(亿元)	Gross Industrial Output Value(100 million yuan)	2460.9
轻工业	Light Industry	442.5
重工业	Heavy Industry	2018.4
工业增加值	Value-added of Industry(100 million yuan)	1213.0
利税总额(亿元)	Total Per-tax Profits(100 million yuan)	835.4
#利润总额	#Profits	564.9
主要工业产品产量	Output of Major Industrial Products	
原煤(万吨)	Coal(10000 tons)	4974.4
原油(万吨)	Crude Oil(10000 tons)	5306.7
天然气(亿立方米)	Natural Gas(100 million cu.m)	23.0
水泥(万吨)	Cement(10000 tons)	903.7
成品钢材(万吨)	Steel Products(10000 tons)	76.3
汽车(万辆)	Automobile(10000 unit)	13.4
发电量(亿千瓦时)	Electricity(100 million kwh)	426.7
建筑业	**Construction**	
建筑业总产值(亿元)	Gross Output Value(100 million yuan)	334.1
房屋建筑施工面积(万平方米)	Floor Space of Buildings under Construction(10000 sq.m)	2962.6
房屋建筑竣工面积(万平方米)	Floor Space of Buildings Completed(10000 sq.m)	1886.9
运输和邮电	**Transportation**	
货运量(万吨)	Freight Traffic(10000 tons)	57213
铁 路	Railways	12959
公 路	Highways	39685
水 运	Waterways	788
空 运	Civil Aviation	1.7
管 道	Pipelines	3779
客运量(万人)	Passenger Traffic(10000 persons)	49806
铁 路	Railways	9819
公 路	Highways	39864
水 运	Waterways	45
空 运	Civil Aviation	78
邮政业务总量(亿元)	Business Volume of Post(100 million yuan)	10.5
函件(万件)	Number of Letters Delivered(10000 pieces)	9114
报刊期发数(万份)	Number of Newspapers and Magazines(10000 pieces)	240
电信业务总量(亿元)	Business Volume of Telecommunications(100 million yuan)	156.6
年末市内电话(万户)	Local(Urban)Telephone Subscribers at Year-end(10000 subscribers)	387.9
年末乡村电话(万户)	Number of Rural Telephones Subscribers at Year-end(10000 subscribers)	99.0
移动电话用户(万户)	Number of Mobile Telephone Subscribers(10000 subscribers)	315.8

CONTINUED

Aggregate Data				速度指标（%） Indices and Growth Rates (%)				
2005	2010	2011	2012	指数（2012年为以下各年） Index(2012 as percentage of the following years) 2000	2005	2010	2011	年均增长 Average Annual Growth Rate 2001-2012
60.6	27.5	23.3	22.5	51.4	37.1	81.8	96.6	-5.4
36.1	2.2	1.2	1.0	5.3	2.8	45.5	83.3	-21.7
155.0	175.0	275.0	273.0	107.1	176.1	156.0	99.3	0.6
7.4	9.6	8.5	9.7	101.0	131.1	101.0	114.1	0.1
306.4	233.0	225.6	211.8	66.3	69.1	90.9	93.9	-3.4
444.2	558.8	550.4	565.0	361.0	127.2	101.1	102.7	11.3
44.6	40.0	35.7	45.3	118.5	101.5	113.3	126.9	1.4
764.1	770.0	422.4	371.7	53.8	48.6	48.3	88.0	-5.0
4714.9	9535.1	11514.6	12565.6				109.1	14.6
842.4	2421.5	3125.8	3787.4				121.2	19.6
3872.5	7113.6	8388.7	8778.2				104.6	13.0
2154.6	4003.5	4808.6	4759.9			125.4	110.5	12.1
1483.1	2237.0	2754.3	2666.3			124.8	96.8	10.2
1067.1	1248.8	1446.7	1338.6			119.2	96.6	7.5
7253.4	9265.5	8780.1	8683.4			104.4	101.7	4.8
4495.0	4004.9	4006.0	4001.5			持平	持平	-2.3
24.4	30.0	31.0	33.7			112.6	108.5	3.2
1113.3	3507.2	4213.9	3872.9			113.6	92.3	12.9
232.3	566.0	596.6	610.2			108.0	102.5	18.9
26.6	24.8	18.2	9.8			34.7	53.9	-2.6
596.0	774.5	823.8	843.1			109.5	102.5	5.8
572.9	1769.7	2029.2	2374.0	710.6	414.4	134.1	117.0	17.8
4467.7	7171.0	8905.0	8563.0	289.0	191.7	119.4	96.2	9.2
2249.7	3620.0	4438.0	4341.0	230.1	193.0	119.9	97.8	7.2
64612	61950	66449	68450	119.6	105.9	110.5	103.0	1.5
15959	17463	17378	16170	124.8	101.3	92.6	93.0	1.9
44376	40582	44420	47465	119.6	107.0	117.0	106.9	1.5
1301	1015	1118	1175	149.1	90.3	115.8	105.1	3.4
4.2	7.6	8.2	9.2	539.6	218.4	120.7	111.9	15.1
2972	2883	3525	3631	96.1	122.2	125.9	103.0	-0.3
55619	47612	51262	53353	107.1	95.9	112.1	104.1	0.6
8251	10468	10604	10380	105.7	125.8	99.2	97.9	0.5
46808	36001	39424	41551	104.2	88.8	115.4	105.4	0.3
240	292	312	329	731.1	137.1	112.7	105.4	18.0
320	851	923	1093	1401.4	342.1	128.4	118.5	24.6
23.7	34.6	25.5	28.2	268.6	119.0	81.5	110.6	8.6
13010	9305	7772	7058	77.4	54.2	75.8	90.8	-2.1
386	368	446	607	252.9	157.2	165.1	136.1	8.0
323.1	776.4	277.6	296.8	189.5	91.9	38.2	106.9	5.5
810.2	620.4	608.0	594.3	153.2	73.4	95.8	97.7	3.6
271.9	193.1	185.4	181.7	183.5	66.8	94.1	98.0	5.2
1132.3	2243.0	2566.0	2663.9	843.5	235.3	118.8	103.8	19.4

1-10 续表2

部 门	Item	总量指标 2000
国内贸易和旅游	**Domestic Trade and Tourism**	
社会消费品零售总额(亿元)	Total Retail Sales of Consumer Goods(100 million yuan)	1094.0
国际旅游人数(万人)	Number of Tourists from Abroad(10000 persons)	55.2
国际旅游外汇收入(万美元)	Foreign Exchange Earnings from Tourism(USD 10000)	18905
对外经济贸易	**Foreign Trade**	
进出口总额(万美元)	Total Exports and Imports(USD 10000)	298620
出口额	Exports	145101
进口额	Imports	153519
实际利用外资额(万美元)	Total Amount of Foreign Capital Actually Used (USD 10000)	110359
#外商直接投资	#Direct Foreign Investments	83085
教育、科技、文化	**Education, Science and Technology and Culture**	
在校学生数(万人)	Students Enrollment (10000 persons)	
普通高等学校	Institutions of Higher Education	20.0
中等专业学校	Specialized Secondary Schools	11.5
普通中学	Regular Secondary Schools	248.7
小 学	Primary Schools	283.1
专任教师数(万人)	Full-time Teachers (10000 persons)	
普通高等学校	Institutions of Higher Education	1.62
中等专业学校	Specialized Secondary Schools	0.74
普通中学	Regular Secondary Schools	14.44
小 学	Primary Schools	19.3
研究与发展经费支出(亿元)	Expenditures on Research and Development(100 million yuan)	13.6
授权专利数(件)	Total Patent Applications Certified(item)	2252
技术市场成交额(亿元)	Volume of Transaction in Technical Markets(100 million yuan)	15.2
电视节目制作时间(小时)	Time for TV Programs Production(hour)	21266
出版图书(万册)	Number of Books Published(10000 copies)	9944
出版杂志(万册)	Number of Magazines Issued(10000 copies)	7919
出版报纸(万份)	Number of Newspapers Issued(10000 copies)	73571
人民生活	**People's Livelihood**	
城镇非私营单位就业人员平均工资(元)	Average Wage of Employed Persons In Urban Non-private Units(yuan)	
城镇居民人均可支配收入(元)	Per Capita Annual Disposable Income of Urban Households(yuan)	4913
农民人均纯收入(元)	Per Capita Net Income of Rural Residents(yuan)	2148
城乡居民储蓄存款余额(亿元)	Outstanding Amount of Saving Deposits in Urban and Rural Areas(100 million yuan)	2286
人均储蓄存款(元)	Per Capita Balance of Saving Deposit(yuan)	6003
城市人均住房建筑面积(平方米)	Per Capita Gross Floor Space of Urban Residents(sq. m)	17.2
农村人均住房面积(平方米)	Per Capita Gross Floor Space of Rural Residents(sq. m)	18.3
卫 生	**Public Health**	
卫生机构(个)	Health Institutions(unit)	8038
卫生机构床位(万张)	Beds of Health Institutions(10000 unit)	12.0
卫生技术人员(万人)	Medical Technical Personnel(10000 persons)	17.1
市政建设	**City Construction**	
自来水供应量(亿立方米)	Volume of Tap Water Supply(100 million cu. m)	15.4
下水道长度(公里)	Length of Sewer Pipelines(km)	4877
人工煤气供气量(万立方米)	Volume of Coal Gas Supply(10000 cu. m)	30347
液化石油气供应量(万吨)	Volume of Liquefied Petroleum Gas Supply(10000 tons)	19.9
公共交通车辆总数(辆)	Total Number of Public Buses and Trolley Buses(unit)	9314
铺装道路长度(公里)	Length of Paved Roads(km)	8286
园林绿地面积(公顷)	Green Areas(hectare)	33768
清运垃圾(万吨)	Volume of Garbage Disposal(10000 tons)	918

CONTINUED

Aggregate Data				速度指标（%） Indices and Growth Rates (%)				
				指数（2012年为以下各年） Index(2012 as percentage of the following years)				年均增长 Average Annual Growth Rate
2005	2010	2011	2012	2000	2005	2010	2011	2001-2012
1773.8	4039.2	4750.1	5491.0	501.9	309.6	135.9	115.6	14.4
82.2	172.4	206.5	207.6	376.4	252.7	120.4	100.5	11.7
34043	76250	91762	83548	441.9	245.4	109.6	91.0	13.2
957216	2550382	3851290	3782146	1266.5	395.1	148.3	98.2	23.6
607202	1628176	1767264	1443614	994.9	237.7	88.7	81.7	21.1
350014	922207	2084026	2338532	1523.3	668.1	253.6	112.2	25.5
152202	275851	345694	399140	361.7	262.2	144.7	115.5	11.3
144690	266151	324804	389996	469.4	269.5	146.5	120.1	13.8
54.0	71.9	71.1	70.5	351.6	130.5	98.0	99.1	11.0
9.8	11.9	11.9	12.1	104.5	123.2	101.4	101.0	0.4
228.0	190.8	184.5	181.7	73.0	79.7	95.2	98.4	-2.6
220.4	188.0	187.5	186.8	66.0	84.7	99.4	99.6	-3.4
3.51	4.42	4.48	4.54	281.1	129.5	102.8	101.4	9.0
0.32	0.42	0.43	0.42	57.2	129.7	100.3	96.8	-4.5
14.32	14.22	15.54	15.80	109.4	110.4	111.2	101.7	0.8
16.3	15.1	13.4	12.9	66.7	78.9	85.1	95.8	-3.3
42.3	107.9	116.4	129.6	953.1	306.6	120.1	111.3	20.7
2906	6803	12236	20261	899.7	697.2	297.8	165.6	20.1
14.3	53.4	62.1	100.5	659.5	704.8	188.3	161.9	17.0
47647	81482	97669	108144	508.5	227.0	132.7	110.7	14.5
5938	7420	8284	6353	63.9	107.0	85.6	76.7	-3.7
3503	5253	5502	5640	71.2	161.0	107.4	102.5	-2.8
71410	78219	79234	78997	107.4	110.6	101.0	99.7	0.6
	27735	31302	36406			131.3	116.3	
8273	13857	15696	17760	361.5	214.7	128.2	113.1	11.3
3221	6211	7591	8604	400.6	267.1	138.5	113.3	12.3
4079	7255	8147	9269	405.6	227.3	127.8	113.8	12.4
10677	18944	21252	24176	402.7	226.4	127.6	113.8	12.3
22.0	25.7	26.4	29.0	168.6	131.8	112.8	109.8	4.4
20.4	22.8	24.8	24.8	135.5	121.6	108.8	99.9	2.6
8326	8938	8656	8836	109.9	106.1	98.9	102.1	0.8
12.0	16.0	16.5	17.8	148.1	148.8	111.5	107.8	3.3
15.1	18.9	23.6	24.1	140.9	160.1	127.9	102.2	2.9
12.0	16.4	15.2	15.2	98.6	126.7	92.7	100.0	-0.1
5918	7504	8294	9376	192.2	158.4	124.9	113.0	5.6
40199	7587	8040	8185	27.0	20.4	107.9	101.8	-10.3
22.9	22.0	21.1	20.6	103.5	90.0	93.7	97.7	0.3
10648	16939	17706	18171	195.1	170.7	107.3	102.6	5.7
9318	10090	10629	11128	134.3	119.4	110.3	104.7	2.5
51415	69581	72166	73820	218.6	143.6	106.1	102.3	6.7
1027	782	651	710	77.4	69.2	90.7	109.1	-2.1

1-11 国民经济和社会发展结构指标

STRUCTURAL INDICATORS ON NATIONAL ECONOMIC AND SOCIAL DEVELOPMENT

单位：%　　(%)

指　标	Item	2000	2010	2011	2012
人口、就业	**Population and Employment**				
人口性别结构	Sexual Structure				
男	Male	51.1	50.7	50.5	50.7
女	Female	48.9	49.3	49.5	49.3
人口城乡结构	Structure of Urban and Rural Population				
城　镇	Urban	51.9	55.7	56.5	56.9
乡　村	Rural	48.1	44.3	43.5	43.1
国民核算	**National Accounting**				
地区生产总值产业结构	Structure of Gross Domestic Product				
第一产业	Primary Industry	12.2	12.6	13.5	15.4
第二产业	Secondary Industry	55.0	50.2	50.3	44.1
第三产业	Tertiary Industry	32.9	37.2	36.2	40.5
固定资产投资	**Investment in Fixed Assets**				
城乡结构	Structure of Urban and Rural				
城镇投资	Urban		92.4	93.4	93.2
农村投资	Rural		7.6	6.6	6.8
登记注册类型结构	Structure of Registration Status				
国　有	State-Owned	52.4	39.1	37.9	31.9
集　体	Collective-Owned	4.2	1.7	0.8	0.8
个　体	Individuals	9.8	6.7	0.6	3.8
其　他	Others	33.6	52.5	45.5	63.5
资金来源结构	Structure of Source of Funds				
国家预算内投资	State Budgetary Appropriation	4.7	5.4	5.1	4.6
国内贷款	Domestic Loans	17.3	7.8	6.4	4.4
债　券	Bonds	2.5	0.3	0.1	0.3
利用外资	Foreign Investment	2.5	0.5	0.3	0.3
自　筹	Fundraising	57.1	76.5	76.6	78.9
其他投资	Others	16.0	9.5	11.5	11.6
能　源	**Energy**				
能源生产总量结构	Structure of Total Energy Production				
原　煤	Coal	30.9	51.1	52.4	49.1
原　油	Petroleum Crude Oil	66.0	44.1	42.8	45.2
天然气	Natural Gas	2.7	3.1	3.1	3.5
水　电	Hydropower	0.4	0.6	0.4	0.6
风　电	Wind Power		1.1	1.3	1.6
能源消费总量结构	Structure of Total Energy Consumption				
原　煤	Coal	57.8	67.4	68.0	68.4
原　油	Petroleum Crude Oil	37.0	26.2	25.6	25.2
天然气	Natural Gas	4.3	4.1	4.1	3.6
水　电	Hydropower	0.9	0.9	0.6	0.7
风　电	Wind Power		1.4	1.7	2.0

1-11 续表1 CONTINUED

单位：% (%)

指 标	Item	2000	2010	2011	2012
农 业	**Agriculture**				
农林牧渔业总产值结构	Structure of Gross Output Value of Farming, Forestry, Animal Husbandry and Fishery				
农 业	Farming	66.3	54.0	55.9	58.6
林 业	Forestry	2.9	3.8	3.4	3.4
牧 业	Animal Husbandry	28.1	38.1	36.9	34.2
渔 业	Fishery	2.7	2.1	1.8	2.0
农林牧渔服务业	Svice Industry of Farming, Forestry, Animal Husbandry and Fishery		2.1	1.9	1.9
工 业	**Industry**				
工业总产值结构	Structure of Gross Output Value of Industry				
国有及国有控股工业	State-owned and State Holding Majority Shares Enterprises	84.2	57.9	56.3	51.4
其他工业	Others	15.8	42.1	43.7	48.6
工业总产值轻重工业结构	Structure of Gross Output Value of Industry Grouped by Light & Heavy Industry				
轻工业	Light Industry	18.0	25.4	27.1	30.1
重工业	Heavy Industry	82.0	74.6	72.9	69.9
交通运输业	**Transportation**				
货运量结构	Structure of Freight Traffic				
铁 路	Railways	22.7	28.2	26.2	23.6
公 路	Highways	69.4	65.5	66.8	69.3
水 运	Waterways	1.4	1.6	1.7	1.7
管道输油(气)	Pipelines	6.6	4.7	5.3	5.3
客运量结构	Structure of Passenger Traffic				
铁 路	Railways	19.7	22.0	20.7	19.5
公 路	Highways	80.0	75.6	76.9	77.9
水 运	Waterways	0.1	0.6	0.6	0.6
民用航空	Civil Aviation	0.1	1.8	1.8	2.0

1-11 续表2 CONTINUED

单位：%　　(%)

指　标	Item	2000	2010	2011	2012
国内贸易	**Domestic Trade**				
社会消费品零售总额	Total Retail Sale of Consumer Goods				
地区结构	Structure of Location of Retailers				
城　镇	City		88.8	88.8	87.7
乡　村	Under County Level		11.2	11.2	12.3
行业结构	Structure of Sector				
批发零售贸易业	Wholesale and Retail Trade		87.7	87.6	87.4
餐饮业	Catering Trade		12.3	12.4	12.6
其　他	Others				
商品类别结构	Structure of Type of Goods				
食品类	Food	44.4	38.8	39.4	38.6
衣着类	Clothing	21.2	19.5	19.6	19.1
用品类	Articles	30.2	35.7	35.2	36.3
燃料类	Fuels	4.2	5.9	5.8	6.0
对外经济贸易	**Foreign Trade**				
进出口总额结构	Structure of Total Exports and Imports				
出　口	Exports	48.6	63.8	45.9	38.2
进　口	Imports	51.4	36.2	54.1	61.8
国际旅游	**International Tourism**				
国际游客人数结构	Structure of Tourists				
外国人	Foreigners	91.5	95.6	95.8	93.8
港澳台同胞	Compatriots form Hong Kong, Macao and Taiwan	8.5	4.4	4.2	6.2
教　育	**Education**				
在校学生结构	Structure of Students Enrollment				
大学生	College and University Students	3.5	18.7	18.8	19.0
中学生	Secondary School Students	47.2	45.7	45.3	45.0
小学生	Primary School Students	49.3	35.6	35.9	36.0
专任教师结构	Full-time Teachers by Type				
普通高等学校	College and Universities	4.4	12.1	12.4	12.6
中等学校	Secondary Schools	43.4	46.6	50.6	43.8
小　学	Primary Schools	52.3	41.3	37.1	35.7
人民生活	**People's Lifelihood**				
城镇居民消费结构	Consumption Structure of Urban Residents				
食品类	Food	38.4	35.4	36.1	36.1
衣着类	Clothing	13.3	15.1	14.0	13.9
居　住	Residence	9.4	10.6	9.8	10.3
用品及其他	Articles for Daily Use and Others	38.9	39.0	40.1	39.7
农村居民消费结构	Consumption Structure of Rural Residents				
食品类	Food	44.3	33.8	35.1	37.9
衣着类	Clothing	6.8	8.8	8.9	9.5
居　住	Residence	19.7	18.1	15.5	13.2
用品及其他	Articles for Daily Use and Others	29.1	39.3	40.5	39.4

注：自2010年起社会消费品零售总额按地区结构执行新分组。
Note: Since 2010, Total Retail Sale of Consumer Goods implement the new group by region.

1-12 国民经济和社会发展比例与效益指标
INDICATORS ON PROPORTIONS AND EFFICIENCY IN NATIONAL ECONOMIC AND SOCIAL DEVELOPMENT

指　标	Item	2000	2010	2011	2012
人口、就业	**Population and Employment**				
出生率(‰)	Birth Rate(‰)	9.43	7.35	6.99	7.30
死亡率(‰)	Death Rate(‰)	5.50	5.83	5.92	6.03
自然增长率(‰)	Natural Growth Rate(‰)	3.93	1.52	1.07	1.27
每一就业人员负担人口(含本人)(人)	Dependency Ratio (including the labour self)(person)	2.38	1.98	1.94	1.89
城镇登记失业率(%)	Unemployment Rate in Urban Areas(%)	3.30	4.27	4.38	4.15
国民核算	**National Accounting**				
三次产业增加值比例(第一产业=100)	Ratio of Value-added by Type of Industry (Value added in primary industry=100)				
第二产业	Secondary Industry	451.9	399.4	372.1	285.6
第三产业	Tertiary Industry	270.5	296.4	267.4	262.1
固定资产投资	**Investment in Fixed Assets**				
全社会固定资产投资相当于GDP比例(%)	Proportion of Investment in Fixed Assets to GDP(%)	27.3	65.6	59.4	71.4
全社会固定资产交付使用率(%)	Rate of Fixed Assets Completed and Put Into Use(%)	82.5	71.1	70.6	69.3
全社会房屋建筑竣工率(%)	Rate of Total Floor Space of Buildings Completed in Construction(%)	73.3	48.0	37.3	37.0
能　源	**Energy**				
能源生产弹性系数	Elasticity Ratio of Energy Production	-1.05	0.01	0.11	持平
能源消费弹性系数	Elasticity Ratio of Energy Consumption	-1.35	0.55	0.67	0.53
财　政	**Public Finance**				
公共财政收入相当于GDP比例(%)	Proportion of General Budgetary Financial Revenue to GDP(%)	5.9	7.3	7.9	8.5
公共财政支出相当于GDP比例(%)	Proportion of General Budgetary Financial Expenditure to GDP(%)	12.1	21.7	22.2	23.2
金　融	**Finance**				
金融机构存款增加额相当于GDP比例(%)	Increaseing Deposits as Percentage of GDP(%)	10.0	17.5	11.9	14.6
金融机构贷款增加额相当于GDP比例(%)	Increaseing Loans as Percentage of GDP(%)	1.3	12.0	10.5	9.9
百元存款相应的贷款(元)	Loans to Per 100 yuan Deposits(yuan)	94.4	56.3	59.7	60.7
农　业	**Agriculture**				
农业从业者人均农产品产量(千克)	Per Capita Agricultural Output of Agricultural practitioners(kg)				
粮豆薯	Grain	3420	7363	8221	8634
油　料	Oil-bearing Crops	58.8	40.4	34.4	33.7
亚　麻	Flax	24.2	3.2	1.8	1.3
甜　菜	Beet Roots	342.3	257.0	405.8	405.9
烤　烟	Flue-Cured Tobacco	10.9	12.5	11.5	13.1
水产品	Aquatic Products	51.3	58.7	52.6	67.9
工　业	**Industry**				
总资产贡献率(%)	Ratio of Industrial Output Value(%)		22.1	23.8	21.0
资产负债率(%)	Assets-Liability Ratio(%)	58.1	55.2	56.2	57.4
成本费用利润率(%)	Ratio of Profits to Industrial Cost(%)	31.4	15.2	15.0	12.3
产品销售率(%)	Proportion of Products Sold(%)	98.1	97.2	97.2	97.5

1-12 续表 CONTINUED

指 标	Item	2000	2010	2011	2012
建筑业	**Construction**				
技术装备率(元/人)	Value of Machinery per Laborer(yuan/person)	10478	7771	8514	9228
动力装备率(千瓦/人)	Power of Machines per Laborer(kw/person)	7.1	3.4	4.0	3.6
产值利税率(%)	Ratio of Pre-tax Profit to Gross Output Value(%)	4.0	10.1	6.5	5.6
全员劳动生产率（按总产值计算，元/人)	Overall Labor Productivity(in terms of Gross Output Value, yuan/person)	51580	183394	220377	272229
运输和邮电	**Transportation**				
货运量弹性系数	Elasticity of Freight Traffic	0.14	0.96	0.96	0.94
客运量弹性系数	Elasticity of Passenger Traffic	0.32	0.96	0.96	0.95
铁路网密度(公里/万平方公里)	Railway Density(km/10000 sq. km)	120.4	124.3	128.2	132.6
公路网密度(公里/万平方公里)	Highway Density(km/10000 sq. km)	1108	3347	3421	3504
铁路货运密度(万吨公里/公里)	Railway Freight Traffic Density(10000 ton/km)	1315	1821	1873	1729
公路货运密度(万吨公里/公里)	Highway Freight Traffic Density(10000 ton/km)	32.2	50.2	54.2	58.4
电话普及率(部/百人)	Access to Telephones (set/100 persons)	22.0	80.0	87.4	94.7
国内贸易和旅游	**Domestic Trade and Tourism**				
人均消费品零售额(元)	Per Capita Retail Sales of Consumer Goods(yuan)	2879	10548	12390	14322
每一国际游客花费（美元）	Per Capita Expenditure of International Tourists(USD)	342.7	442.2	444.3	402.4
对外经济贸易	**Foreign Trade**				
进出口总额相当于GDP比例(%)	Proportion of Total Imports & Exports to GDP(%)	7.8	16.6	19.8	17.8
实际利用外资占签订利用外资额比例(%)	Proportion of Foreign Capital for Utilization by Signed Contracts or Agreements(%)	101.7	93.4	98.2	102.3
教育、科技、文化	**Education, Science and Technology and Culture**				
学龄儿童入学率(%)	Rate of School-age Children Enrollment(%)	98.8	99.1	99.8	99.8
小学升学率(%)	Rate of Graduates of Primary Schools Entering Junior Secondary Schools(%)	95.9	99.9	99.8	99.7
学校教师负担系数(%)	Student-teacher Ratio(in percentage)(%)				
高等学校	Colleges and Universities	12.4	16.3	15.9	15.5
中等学校	Secondary Schools	16.9	13.9	12.4	12.0
小 学	Primary Schools	14.7	12.4	13.9	14.5
教育支出相当于GDP比例(%)	Expenditures for Operating Expenses of Education as Percentage of GDP(%)	1.55	2.89	2.97	3.98
研究与发展经费相当于GDP比例(%)	R&D Expenditures as Percentage of GDP(%)	0.43	1.05	0.93	0.95
人民生活	**People's Livelihood**				
城镇居民家庭恩格尔系数(%)	Engel's Coefficient of Urban Households(%)	38.4	35.4	36.1	36.1
农村居民家庭恩格尔系数(%)	Engel's Coefficient of Rural Households(%)	44.3	33.8	35.1	37.9
卫生及其他	**Health Care and Others**				
每万人拥有卫生技术人员(人)	Number of Doctors per 10000 Persons(person)	45.0	49.3	49.9	51.4
每万人拥有卫生机构床位(张)	Number of Hospital Beds per 10000 Persons(unit)	31.6	41.8	43.1	46.5
离婚率(‰)	Divorce Rate(‰)	3.9	7.3	7.9	8.2
城市人口用水普及率(%)	Coverage Rate of Urban Population with Access to Tap Water(%)	74.7	89.1	90.8	94.1
城市燃气普及率(%)	Coverage Rate of Urban Population with Access to Tap Gas (%)	59.3	88.8	81.4	83.4
城市人均公园绿地面积(平方米)	Per Capita Public Green Areas(sq. m)	5.4	11.8	11.5	11.8

1-13 平均每天主要社会经济活动

SELECTED INDICATORS ON AVERAGE DAILY SOCIAL AND ECONOMIC ACTIVITIES

指　标	Item	2000	2005	2010	2011	2011
每天创造的财富	**Daily Production**					
地区生产总值(亿元)	Gross Domestic Product(100 million yuan)	8.63	15.11	28.41	34.47	37.51
第一产业	Primary Industry	1.05	1.88	3.57	4.66	5.79
第二产业	Secondary Industry	4.74	8.14	13.77	16.34	16.54
工　业	Industry	4.29	7.39	12.14	14.34	14.36
建筑业	Construction	0.45	0.75	1.63	1.99	2.18
第三产业	Tertiary Industry	2.84	5.09	11.07	13.47	15.18
公共财政收入(亿元)	General Budgetary Financial Revenue (100 million yuan)	0.51	0.87	2.07	2.73	3.19
公共财政支出(亿元)	General Budgetary Financial Expenditure (100 million yuan)	1.05	2.16	6.17	7.66	8.69
粮豆薯(万吨)	Grain(10000 tons)	6.97	9.86	13.73	15.26	15.78
#水　稻	#Rice	2.86	3.21	5.05	5.65	5.95
玉　米	Corn	2.17	3.78	6.37	7.33	7.91
大　豆	Soja	1.23	2.05	1.60	1.48	1.27
薯　类	Tuber	0.22	0.23	0.35	0.37	0.37
油料(吨)	Oil-bearing Crops(ton)	1200	1660	753	638	616
麻类(吨)	Fiber Crops(ton)	512	989	60	33	27
甜菜(吨)	Beet roots(ton)	6981	4247	4795	7534	7479
烟叶(吨)	Tobacco(ton)	263	203	263	233	266
瓜类(吨)	Melon and Fruits(ton)	8751	8395	6384	6181	5803
水产品(吨)	Aquatic Products(ton)	1047	1222	1095	977	1241
原煤(万吨)	Coal(10000 tons)	13.63	19.87	25.38	24.06	23.79
原油(万吨)	Crude Oil(10000 tons)	14.54	12.32	10.97	10.98	10.96
天然气(亿立方米)	Natural Gas(100 million cu.m)	0.06	0.07	0.08	0.08	0.09
水泥(万吨)	Cement(10000 tons)	2.48	3.05	9.61	11.54	10.61
粗钢(万吨)	Crude Steel(10000 tons)	0.24	0.68	1.79	1.83	1.91
成品钢材(万吨)	Steel Products(10000 tons)	0.21	0.64	1.55	1.63	1.67
汽车(辆)	Automobile(unit)	367	729	679	498	268
发电量(亿千瓦时)	Electricity(100 million kwh)	1.17	1.63	2.12	2.26	2.31
每天消费量	**Daily National Consumption**					
最终消费(亿元)	Final Consumption Expenditure(100 million yuan)	4.33	7.29	15.30	18.05	19.89
居民消费	Resident Consumption	3.23	5.04	9.57	11.17	12.19
政府消费	Government Consumption Expenditure	1.10	2.25	5.73	6.88	7.71
一次能源消费量(万吨标准煤)	Energy Consumption(10000 tons of SCE)	15.52	20.77	26.48	27.57	27.51
社会消费品零售总额(亿元)	Total Retail Sales of Consumer Goods (100 million yuan)	3.00	4.86	11.07	13.01	15.04

1-13 续表 CONTINUED

指　标	Item	2000	2005	2010	2011	2012
每天其他经济活动	**Other Daily Economic Activities**					
资本形成总额(亿元)	Gross Capital Formation(100 million yuan)	2.71	5.37	15.43	18.87	22.31
固定资本形成	Fixed Capital Formation	2.53	4.90	14.82	18.08	21.44
存货增加	Changes in Stock	0.18	0.47	0.60	0.79	0.88
竣工住宅面积(万平方米)	Floor Space Completed of Residential Buildings(10000 sq.m)	7.07	7.35	14.18	12.63	11.22
农村个人住宅竣工面积(万平方米)	Private Buildings Completed in Rural Areas(10000 sq.m)	1.75	1.70	2.66	2.59	2.41
客运量(万人)	Passenger Traffic(10000 persons)	136.5	152.4	130.4	140.4	146.2
货运量(万吨)	Freight Traffic(10000 tons)	156.7	177.0	169.7	182.1	187.5
居民新增储蓄额(亿元)	Outstanding Amount of Savings Deposit(100 million yuan)	0.46	1.35	2.26	2.45	3.07
进出口额(万美元)	Total Value of Imports and Exports(USD 10000)	818	2623	6988	10551	10362
出　口	Total Exports	398	1664	4461	4842	3956
进　口	Total Imports	421	959	2527	5710	6408
实际利用外资额(万美元)	Foreign Capital Actually Used(USD 10000)	302	417	756	947	1093
国际旅游人数(人)	Number of Tourists from Abroad(person)	1511	2251	4724	5658	5688
国际旅游外汇收入(万美元)	Foreign Exchange Earnings(USD 10000)	51.8	93.3	208.9	251.4	228.9
人口和社会活动	**Population and Social Activities**					
出生人口(人)	Births(person)	982	823	772	734	767
死亡人口(人)	Deaths(person)	573	544	528	622	633
结婚(对)	Marriages(couple)	597	626	846	911	947
离婚(对)	Divorces(couple)	205	263	383	414	429
发表科技论文(篇)	Scientific and Technological Papers(piece)		56.0	110.2	125.8	114.9
出版科技著作(种)	Scientific and Technological Composing(kind)		2.0	2.5	4.4	4.1
成交技术合同(件)	Number of Technical Contracts Completed(piece)	27.08	5.59	5.44	5.25	7.59
技术市场成交额(万元)	Transaction Value on Technical Market(10000 yuan)	417	391	1462	1701	2753
批准专利(件)	Number of Patent Applications Certified(item)	6.17	7.96	18.64	33.52	55.51
公共图书馆流通人次(万人次)	Circulation of Public Libraries(10000 person-times)	1.67	1.38	1.70	1.90	2.29
印刷图书(万册)	Printed Copies of Books(10000 copies)	27.2	16.3	20.3	22.7	17.4
印刷杂志(万册)	Printed Copies of Magazines(10000 copies)	21.7	9.6	14.4	15.1	15.5
印刷报纸(万份)	Printed Copies of Newspaper(10000 copies)	201.6	195.6	214.3	217.1	216.4
诊疗人次(万人次)	Total Number of Patients Treated(10000 person-times)	12.09	12.02	20.35	29.00	32.35
入院人数(万人)	Hospital Admissions(10000 patients)	0.41	0.55	1.02	1.01	1.16
工业废水排放量(万吨)	Volume of Industry Waste Water Discharged(10000 tons)	144	124	107	121	160
废气排放量(亿标立方米)	Total Volume of Waste Gas Emission(100 million cu.m)	11.9	14.4	27.7	28.4	28.6
工业固体废物产生量(万吨)	Volume of Industrial Solid Wastes Produced(10000 tons)	7.38	8.79	14.81	16.48	17.29
清运垃圾(万吨)	Volume of Garbage Disposal(10000 tons)	2.51	3.08	2.14	1.78	1.95
受理劳动争议案件(件)	Number of Labor Dispute Cases Accepted(piece)	7.81	16.81	24.99	19.67	20.76
劳动争议结案案件(件)	Number of Labor Dispute Cases Settled(piece)	7.99	16.63	24.75	19.05	20.89

主要统计指标解释

行政区划 指国家对行政区域的划分。根据有关法规规定，我国的行政区域划分如下：(1)全国分为省、自治区、直辖市；(2)省、自治区分为自治州、县、自治县、市；(3)自治州分为县、自治县、市；(4)县、自治县分为乡、民族乡、镇；(5)直辖市和较大的市分为区、县；(6)国家在必要时设立的特别行政区。

平均增长速度 平均增长速度表明社会经济现象在一个较长的时期内逐期平均增长变化的程度，它不能根据各个环比增长速度直接求得，但与平均发展速度之间存在着一定的数量关系：平均增长速度＝平均发展速度－1。

平均发展速度是一种根据环比发展速度计算的序时平均数,由于各时期对比的基础不同，所以计算平均发展速度不能采用一般的序时平均数的计算方法，计算方法分为水平法和累计法。水平法，又称几何平均法，即将环比发展速度按连乘法用几何平均数公式计算。累计法，也称方程法，根据一段时期内各年发展水平总和与基期水平的关系，列出方程式计算平均发展速度。水平法着重考虑最后一年所达到的发展水平；累计法着重考虑整个时期累计发展水平的总量。

本《年鉴》内所列的平均增长速度，除固定资产投资用“累计法”计算外，其余均用“水平法”计算。从某年到某年平均增长速度的年份，均不包括基期年在内。如建国四十三年以来的平均增长速度是以1949年为基期计算的，则写为1950-1992年平均增长速度，其余类推。

国民经济行业分类 自2012年定期报表开始使用新的《国民经济行业分类》（GB/T4754-2011）。该分类是由国家统计局组织修订，经国家质量监督检验检疫总局和国家标准化管理委员会批准发布，并于2011年11月1日起实施。这次修订是在2002年分类标准的基础上，参照联合国2007年颁布的《国际标准产业分类》（ISIC Rev. 4）进行的。修订后的《国民经济行业分类》（GB/T4754-2011）共有门类20个，大类96个，中类432个，小类1094个。

企业(单位)登记注册类型 是以在工商行政管理机关登记注册的各类企业为划分对象，以工商行政管理部门对企业登记注册的类型为依据，将企业登记注册类型分为内资企业、港澳台商投资企业和外商投资企业三大类。内资企业包括国有企业、集体企业、股份合作企业、联营企业、有限责任公司、股份有限公司、私营公司和其他企业；港澳台商投资企业和外商投资企业分别包括合资经营企业、合作经营企业、独资经营企业和股份有限公司。对不在工商行政管理部门进行登记注册的行政机关、事业单位和社会团体，主要按其经费来源和管理方式进行划分。

国有企业 指企业全部资产归国家所有，并按《中华人民共和国企业法人登记管理条例》规定登记注册的非公司制的经济组织。不包括有限责任公司中的国有独资公司。

集体企业 指企业资产归集体所有，并按《中华人民共和国企业法人登记管理条例》规定登记注册的经济组织。

股份合作企业 指以合作制为基础，由企业职工共同出资入股，吸收一定比例的社会资产投资组建，实行自主经营，自负盈亏，共同劳动，民主管理，按劳分配与按股分红相结合的一种集体经济组织。

联营企业 指两个及两个以上相同或不同所有制性质的企业法人或事业单位法人，按自愿、平等、互利的原则，共同投资组成的经济组织。联营企业包括国有联营企业、集体联营企业、国有与集体联营企业和其他联营企业。

有限责任公司 指根据《中华人民共和国公司登记管理条例》规定登记注册，由两个以上、五十个以下的股东共同出资，每个股东以其所认缴的出资额对公司承担有限责任，公司以其全部资产对其债务承担责任的经济组织。有限责任公司包括国有独资公司以及其他有限责任公司。

股份有限公司 指根据《中华人民共和国公司登记管理条例》规定登记注册，其全部注册资本由等额股份构成并通过发行股票筹集资本，股东以其认购的股份对公司承担有限责任，公司以其全部资产对其债务承担责任的经济组织。

私营企业 指由自然人投资设立或由自然人控股，以雇佣劳动为基础的营利性经济组织。包括按照《公司法》、《合伙企业法》、《私营企业暂行条例》规定登记注册的私营有限责任公司、私营股份有限公司、私营合伙企业和私营独资企业。

其他企业 指上述企业之外的其他内资经济组织。

与港澳台商合资经营企业 指港澳台地区投资者与内地企业依照《中华人民共和国中外合资经营企业法》及有关法律的规定，按合同规定的比例投资设立、分享利润和分担风险的企业。

与港澳台商合作经营企业 指港澳台地区投资者与内地企业依照《中华人民共和国中外合作经营企业法》及有关法律的规定，依照合作合同的约定进行投资或提供条件设立、分配利润和分担风险的企业。

港澳台商独资经营企业 指依照《中华人民共和国外资企业法》及有关法律的规定，在内地由港澳台地区投资者全额投资设立的企业。

港澳台商投资股份有限公司 指根据国家有关规定，经原外经贸部依法批准设立，其中港、澳、台商的股本占公司注册资本的比例达25% 以上的股份有限公司。凡其中港、澳、台商的股本占公司注册资本的比例小于25%的，属于内资企业中的股份有限公司。

中外合资经营企业 指外国企业或外国人与中国内地企业依照《中华人民共和国中外合资经营企业法》及有关法律的规定，按合同规定的比例投资设立、分享利润和分担风险的企业。

中外合作经营企业 指外国企业或外国人与中国内地企业依照《中华人民共和国中外合作经营企业法》及有关法律的规定，依照合作合同的约定进行投资或提供条件设立、分配利润和分担风险的企业。

外资企业 指依照《中华人民共和国外资企业法》及有关法律的规定，在中国内地由外国投资者全额投资设立的企业。

外商投资股份有限公司 指根据国家有关规定，经原外经贸部依法批准设立，其中外资的股本占公司注册资本的比例达25% 以上的股份有限公司。凡其中外资股本占公司注册资本的比例小于25%的，属于内资企业中的股份有限公司。

行政机关、事业单位和社会团体 参照企业登记注册类型，主要按其经费来源和管理方式划分。具体规定如下：

⑴行政机关：包括国家机关和政党机关，原则上均列为“国有”。但有特殊规定的，如供销社等，则列为“集体”。

⑵事业单位：包括经国家机构编制部门和有关业务主管部门批准成立的各类事业单位，不包括实行企业化管理的事业单位。事业单位的划分办法如下：

①由国家财政预算拨款或列入财政预算外资金管理以及经费主要来源于国有主管部门或国有上级单位的事业单位，列为“国有”。

②经费主要来源于集体单位的事业单位，列为“集体”。

③公民个人(或个人合伙)开办的事业单位，列为“私营”。

④上述以外的其他事业单位，如果其经费来源不明确，按管理方式进行归类。

⑶社会团体：包括经民政部门批准成立以及未纳入社会团体管理条例范围的工会、妇联等各类社会团体。社会团体的划分办法如下：

①未纳入民政部社会团体管理条例范围的工会、妇联、共青团、青联、工商联、科协、侨联等社会团体，国家拨款设立的基金会或基金管理组织以及经费主要来源于国有业务主管部门或国有上级单位的社会团体，列为“国有”。

②经费主要来源于集体单位的社会团体，列为“集体”。

③公民个人(或个人合伙)开办的社会团体，划为“私营”。

④上述以外的其他社会团体，如果其经费来源不明确，改按管理方式进行归类。

Explanatory Notes on Main Statistical Indicators

Divisions of Administrative Areas refers to the division of administrative areas by the State. The relative laws stipulate that 1) the whole country is divided into provinces, autonomous regions and municipalities directly under the Central Government; 2) provinces and autonomous regions are further divided into autonomous prefectures, counties, autonomous counties and cities; 3) autonomous prefectures are further divided into counties, autonomous counties and cities; 4) counties and autonomous counties are further divided into townships, ethnic townships and towns; 5) municipalities directly under the Central Government and large cities are divided into districts and counties, 6) the State shall, when necessary, establish special administrative regions.

Average Annual Growth Rate shows the average growth rate of social and economic development during a longer period. It can not be directly calculated by chain based growth rate. The relation is:

Average Annual Growth Rate = Average Speed of Development - 1

Average speed of development is the time series average of speed which calculated by chain based. Because the reference bases during the different periods are not same, average speed of development can not be calculated by the general method. Level approach and accumulative approach for calculating average speed of development rate are applied. The "level approach", or the method of calculating the geometric average, is derived by the formula of geometric average of the chain-based speeds of development, or comparing the level of the last year of the interval with that of the beginning year; the other is called the "accumulative approach" or the "algebraic average", "equation" method, which is derived by the summation of the actual figure of each year in the interval divided by the figure in the base year. The level approach focuses on the level of the last year, while the accumulative approach emphasizes the aggregate development in the duration.

The average annual growth rates listed in the Yearbook are calculated by the level approach except for the growth rate of investment in fixed assets. The base year is not listed in the duration for which average annual growth rates are computed. For instance, the average annual growth rate of the 43 years since 1949 is shown as the average annual growth rate of 1950-1992 without showing the base year 1949.

Industrial Classification of the National Economy The new Industrial Classification of the National Economy (GB/T 4754-2011) is introduced starting from the compilation of 2012 annual statistics. The revision, based on the 2002 classification, was organized by the National Bureau of Statistics taking into consideration of the International Standards of the Industrial Classification of All Economic Activities (ISIC/Rev.4) of the United Nations enacted in 2007 The new Classification was promulgated by the National Administration of Quality Supervision, Inspection and Quarantine and SAC on November 1, 2011. The revised version of the Industrial Classification of the National Economy (GB/T 4754-2011) is composed of 20 major divisions, 96 divisions, 432 major groups and 1094 groups,.

Registration Status of Enterprises Enterprises are classified into 3 categories, namely domestic-funded enterprises, enterprises with investment from Hong Kong, Macau and Taiwan, and enterprises with foreign investment, according to the registration status of an enterprise in industrial and commercial administration agencies. Domestic-funded enterprises include State-owned enterprises, collective-owned enterprises, cooperative enterprises, joint ownership enterprises, limited liability corporations, share-holding corporations Ltd., private enterprises and other enterprises. Included in the enterprises with investment from Hong Kong, Macau and Taiwan and enterprises with foreign investment are joint-venture enterprises, cooperative enterprises, sole investment enterprises and share-holding corporations Ltd. For government agencies, institutions and social organizations which are not registered in industrial and commercial administration agencies, they are classified mainly by their sources of funding and manner of management.

State-owned Enterprises refer to non-corporation economic units where the entire assets are owned by the State and which have been registered in accordance with the Regulation of the People' s Republic of China on the Management of Registration of Corporate Enterprises. Not included from this category are solely State-funded corporations in the limited liability corporations.

Collective-owned Enterprises refer to economic units where the assets are owned collectively and which have been registered in accordance with the Regulation of the People' s Republic of China on the Management of Registration of Corporate Enterprises.

Cooperative Enterprises refer to a form of collective economic units (enterprises) where capitals come mainly from employees as their shares, with certain proportion of capital from the outside, where production is organized on the basis of independent operation, independent accounting for profits and losses, joint work, democratic management, and a distribution system that integrates remuneration according to work with dividend according to capital share.

Joint Ownership Enterprises refer to economic units established by two or more corporate enterprises or corporate institutions of the same or different ownership, through joint investment on the basis of voluntary participation, equality, and mutual benefits. They include State joint ownership enterprises; collective joint ownership enterprises; joint State-collective enterprises; and other joint ownership enterprises.

Limited Liability Corporations refer to economic units established with investment from 2-50 investors and registered in accordance with the Regulation of the People' s Republic of China on the Management of Registration of Corporations, each investor bearing limited liability to the corporation depending on its share of investment, and the corporation bearing liability to its debt to the maximum of its total assets. Limited liability corporations include solely State-funded limited liability corporations and other limited liability corporations.

Share-holding Corporations Ltd. refer to economic units registered in accordance with the Regulation of the People' s Republic of China on the Management of Registration of Corporations, with total registered capital divided into equal shares and raised through issuing stocks. Each investor bears limited liability to the corporation depending on the holding of shares, and the corporation bears liability to its debt to the maximum of its total assets.

Private Enterprises refer to profit-making economic units invested and established by natural persons, or controlled by natural persons using employed labour. Included in this category are private limited liability corporations, private share-holding corporations Ltd., private partnership enterprises and private-funded enterprises registered in accordance with the Company Law, the Law on Partnership Business and Interim Regulations on Private Enterprises .

Other Domestic-funded Enterprises refer to domestic-funded economic units other than those mentioned above.

Joint Venture Enterprises with Funds from Hong Kong, Macau and Taiwan are enterprises established by investors from Hong Kong, Macau and Taiwan with enterprises in the mainland of China in accordance with the Law of the People' s Republic of China on Sino-foreign Equity Joint Ventures and other relevant laws, where the establishment of the investment and the sharing of profits and risks are stipulated under joint venture contracts.

Cooperative Enterprises with Funds from Hong Kong, Macau and Taiwan established by investors from Hong Kong, Macau and Taiwan with enterprises in the mainland of China in accordance with the Law of the People' s Republic of China on Sino-foreign Contractual Joint Venture and other relevant laws, where the investment or provision of facilities and the sharing of profits and risks are stipulated under cooperative contracts.

Enterprises with Sole (exclusive) Investment from Hong Kong, Macau and Taiwan refer to enterprises established in the mainland of China with exclusive investment from investors from Hong Kong, Macau and Taiwan in accordance with the Law of the People' s Republic of China on Wholly Foreign-owned Enterprises and other relevant laws.

Share-holding Corporations Ltd. with Investment from Hong Kong, Macau and Taiwan refer to share-holding corporations Ltd. established with the approval from the former Ministry of Foreign Trade and Economic Relations in line with relevant State regulations, where the share of investment from Hong Kong, Macau or Taiwan businessmen exceeds 25% of the total registered capital of the corporation. In case the share of investment from Hong Kong, Macau or Taiwan is less than 25% of the total registered capital, the enterprise is to be classified as domestic-funded share-holding corporation Ltd.

Joint Venture Enterprises with Foreign Investment refer to enterprises jointly established by foreign enterprises or foreigners with enterprises in the mainland of China in accordance with the Law of the People' s Republic of China on Sino-foreign Equity Joint Ventures and other relevant laws, where the sharing of investment, profits and risks is stipulated under contract.

Cooperative Enterprises with Foreign Investment refer to enterprises jointly established by foreign enterprises or foreigners with enterprises in the mainland of China in accordance with the Law of the People' s Republic of China on Sino-foreign Contractual Joint Venture and other relevant laws, where the investment or provision of facilities and the sharing of profits and risks are stipulated under cooperative contracts.

Enterprises with Sole (exclusive) Foreign Investment refer to enterprises established in the mainland of China with exclusive investment from foreign investors in accordance with the Law of the People' s Republic of China on Wholly Foreign-owned Enterprises and other relevant laws.

Share-holding Corporations Ltd. with Foreign Investment refer to share-holding corporations Ltd. established with the approval from the former Ministry of Foreign Trade and Economic Relations in line with relevant State regulations, where the share of investment from foreign investors exceeds 25% of the total registered capital of the corporation. In case the share of foreign investment is less than 25% of the total registered capital, the enterprise is to be classified as domestic-funded share-holding corporation Ltd.

Government Agencies, Institutions and Social Organizations are classified into the following categories by source of funds and manner of management taking reference of the registration status of enterprises:

(1) Government agencies: include State and party agencies, classified in principle as State-owned. There are exceptions, such as supply and marketing cooperatives which are classified as collective-owned.

(2) Institutions: include institutions of various types established with the approval by organization and staffing departments of the government, but exclude institutions where enterprise management system is introduced. Institutions are further classified as follows:

(a) Institutions for which their main budgets are from government budget appropriations or extra-budget funds, or allocated from the budget of their competent government agencies. Such institutions are classified as state-owned.

(b) Institutions for which their budget mainly come from collective units. Such institutions are classified as collective-owned.

(c) Social institutions established by individual or a group of citizens, which are classified as private.

(d) Institutions other than those mentioned above for which their sources of budget are not clear. Such institutions are classified by the manner of management.

(3) Social organizations: include social organizations established with the approval from the Ministry of Civil Affairs, and organizations that are not covered by social organization management regulations such as trade unions, women' s federations etc.. Social organizations are further classified as follows:

(a) Social organizations that are not covered by social organization management regulations of the Ministry of Civil Affairs such as trade unions, women federations, communist youth leagues, youth associations, industrial and commerce associations, scientist associations, overseas Chinese associations, etc., foundations and fund management organizations established with funds from the state, and social organizations whose funds mainly come from the budget of their competent government agencies. Such institutions are classified as State-owned.

(b) Social organizations for which their budget mainly come from collective units. Such institutions are classified as collective-owned.

(c) Social organizations established by individual or a group of citizens, which are classified as private.

(d) Social organizations other than those mentioned above for which their sources of budget are not clear. Such organizations are classified by the manner of management.

第二篇　国民经济核算

CHAPTER 2 NATIDNAL ACCOUNTS

资料整理：高晓洁　陆 阳　刘 波

2-1 地区生产总值

GROSS DOMESTIC PRODUCT

年　份 Year	地　区生产总值(亿元) Gross Domestic Product (100 million yuan)	第一产业 Primary Industry	第二产业 Secondary Industry	工　业 Industry	建筑业 Construction	第三产业 Tertiary Industry	#交通运输仓储邮电通信业 Transport, Post & Telecommunication Services	#批发零售贸易餐饮业 Wholesale, Retail Trade & Catering Services	人均地区生产总值(元) Per Capita GDP (yuan)
1952	26.0	11.9	7.9	7.0	0.9	6.2	1.6	2.5	238
1953	32.0	12.9	10.7	9.3	1.4	8.4	2.1	3.4	278
1954	36.7	15.0	13.1	11.5	1.6	8.5	2.1	3.1	300
1955	38.2	16.6	12.1	10.6	1.6	9.4	2.3	3.7	297
1956	42.2	18.0	13.2	11.4	1.8	11.1	2.5	4.2	308
1957	44.4	17.2	15.0	13.4	1.6	12.3	2.7	4.4	307
1958	61.6	18.2	29.7	26.9	2.9	13.7	3.5	5.4	405
1959	73.5	17.4	38.1	34.7	3.4	18.0	5.3	6.5	453
1960	80.5	11.7	48.1	43.6	4.5	20.7	6.5	6.6	461
1961	54.2	10.9	25.5	23.3	2.1	17.8	4.7	5.0	292
1962	54.6	14.5	23.1	21.2	1.9	17.0	4.5	4.8	288
1963	61.8	17.9	28.1	25.2	3.0	15.8	3.6	4.1	320
1964	68.2	16.8	33.0	29.4	3.6	18.3	4.4	5.4	339
1965	78.9	19.6	40.1	36.4	3.7	19.1	4.8	5.5	377
1966	92.1	23.3	48.6	44.1	4.5	20.2	5.6	5.6	426
1967	90.9	26.0	45.1	41.0	4.1	19.9	5.3	5.5	409
1968	88.9	25.2	44.5	40.6	3.9	19.2	5.3	5.4	386
1969	101.0	24.4	55.9	51.0	4.9	20.7	6.4	5.7	422
1970	111.2	25.6	64.0	58.5	5.6	21.6	6.9	5.7	448
1971	115.6	25.9	66.7	60.9	5.8	23.0	7.4	5.6	449
1972	115.7	27.5	64.6	59.1	5.5	23.6	7.1	5.5	433
1973	123.5	30.1	69.3	63.9	5.4	24.1	7.2	5.5	446
1974	131.4	32.6	73.6	67.8	5.8	25.3	7.6	5.7	460
1975	141.5	33.4	81.6	74.8	6.8	26.5	8.5	6.2	484
1976	144.2	33.9	85.0	79.2	5.8	25.3	7.6	5.6	482
1977	155.7	38.0	92.1	86.2	5.9	25.7	7.7	5.7	511
1978	174.8	41.0	106.6	100.6	6.1	27.2	9.6	5.0	564
1979	187.2	44.3	113.9	107.3	6.6	29.0	11.0	5.7	594
1980	221.0	55.3	131.1	122.5	8.6	34.7	12.2	6.5	694
1981	228.3	57.8	132.4	122.6	9.8	38.1	11.9	8.5	709
1982	248.4	63.8	140.8	127.3	13.5	43.9	13.4	7.2	762
1983	276.9	78.9	150.7	135.4	15.3	47.3	14.9	7.2	841
1984	318.3	86.0	175.0	154.9	20.1	57.3	16.9	9.9	959
1985	355.0	77.1	205.1	180.9	24.2	72.9	20.1	15.3	1062
1986	400.8	92.7	212.6	187.0	25.6	95.5	24.7	17.8	1189
1987	454.6	90.7	261.6	231.9	29.7	102.3	26.4	20.7	1335
1988	552.0	94.3	295.7	258.6	37.1	162.1	36.3	47.4	1602
1989	630.6	93.9	345.5	307.0	38.5	191.2	40.5	50.4	1808
1990	715.2	160.3	362.7	323.9	38.8	192.2	34.5	48.0	2028
1991	822.3	148.3	413.3	369.5	43.8	260.7	46.0	79.9	2310
1992	959.7	167.0	493.1	440.0	53.1	299.6	49.2	97.4	2672
1993	1198.4	198.4	649.7	580.4	69.3	350.2	56.9	113.6	3306
1994	1604.9	305.2	850.4	764.3	86.1	449.3	70.7	144.8	4390
1995	1991.4	371.2	1048.6	949.1	99.5	571.6	86.4	174.6	5402
1996	2370.5	444.2	1270.5	1160.0	110.5	655.8	104.1	197.3	6382
1997	2667.5	460.2	1432.9	1304.9	128.0	774.4	143.2	231.1	7133
1998	2774.4	429.1	1482.3	1332.0	150.3	863.0	160.1	246.6	7375
1999	2866.3	377.2	1556.7	1399.9	156.8	932.4	170.0	255.7	7578
2000	3151.4	383.2	1731.7	1566.4	165.3	1036.6	213.3	317.4	8294
2001	3390.1	435.6	1773.4	1592.0	181.3	1181.2	262.8	344.8	8900
2002	3637.2	474.2	1843.6	1650.8	192.8	1319.4	302.4	377.1	9541
2003	4057.4	504.8	2084.7	1874.8	209.9	1467.9	330.5	412.3	10638
2004	4750.6	593.3	2487.0	2242.3	244.7	1670.3	377.1	462.9	12449
2005	5513.7	684.6	2971.7	2696.3	275.4	1857.4	331.6	509.7	14440
2006	6211.8	750.1	3365.3	3049.0	316.3	2096.4	352.0	561.9	16255
2007	7104.0	915.4	3695.6	3326.9	368.7	2493.0	412.1	635.4	18580
2008	8314.4	1088.9	4319.8	3866.5	453.3	2905.7	434.0	778.4	21740
2009	8587.0	1154.3	4060.7	3549.7	511.0	3372.0	433.6	968.4	22447
2010	10368.6	1302.9	5025.2	4429.3	595.8	4040.6	486.0	1189.7	27076
2011	12582.0	1701.5	5962.4	5234.6	727.8	4918.1	568.8	1508.8	32819
2012	13691.6	2113.7	6037.6	5240.7	797.0	5540.3	598.8	1706.5	35711

注：1. 本表按当年价格计算。
2. 2005年数据执行新的国民经济行业分类，第一产业中增加了农、林、牧、渔服务业，交通运输仓储邮电通信业改为交通运输、仓储和邮政业， 批发零售贸易餐饮业调整为批发和零售业、住宿和餐饮业（下同）。
3. 表中数据为全国第二次经济普查衔接修订后的数据（下同）。
4. 按照国家统计局核算制度要求，2010年之后第二产业中工业增加值以及第三产业增加值最终核实数据进行了衔接和调整。

Note: a) Data in value terms in this table are calculated at current prices.
b) Since 2005, the new category standard of national economy industry is implemented, the relative service industry is newly added to farming, forestry, annimal husbandry and fishery, transport, storage, post & telecommunication services industry is changed transport, storage and post, the accommadition is changed to wholesale, retail trade & catering services (the same as following tables).
c) Data in the table have been adjusted according to the results of the second national economic census (the same as following tables).
d) According to National Bureau of Statistics Accounting System requirements, after 2010, the Value-added of Industry in the Secondary Industry and the Tertiary Industry final verification data have been convergence and adjustment.

2-2 地区生产总值构成

COMPOSITION OF GROSS DOMESTIC PRODUCT

单位：%　　　　(%)

年 份 Year	地 区 生产总值 Gross Domestic Product	第一产业 Primary Industry	第二产业 Secondary Industry			第三产业 Tertiary Industry		
				工 业 Industry	建筑业 Construction		#交通运输仓储邮电通信业 Transport, Post & Telecommunication Services	#批发零售贸易餐饮业 Wholesale, Retail Trade & Catering Services
1952	100.0	45.8	30.4	26.9	3.5	23.8	6.2	9.6
1953	100.0	40.3	33.4	29.1	4.4	26.3	6.6	10.6
1954	100.0	40.9	35.7	31.3	4.4	23.2	5.7	8.4
1955	100.0	43.5	31.7	27.7	4.2	24.6	6.0	9.7
1956	100.0	42.7	31.3	27.0	4.3	26.3	5.9	10.0
1957	100.0	38.7	33.8	30.2	3.6	27.7	6.1	9.9
1958	100.0	29.5	48.2	43.7	4.7	22.2	5.7	8.8
1959	100.0	23.7	51.8	47.2	4.6	24.5	7.2	8.8
1960	100.0	14.5	59.8	54.2	5.6	25.7	8.1	8.2
1961	100.0	20.1	47.0	43.0	3.9	32.8	8.7	9.2
1962	100.0	26.6	42.3	38.8	3.5	31.1	8.2	8.8
1963	100.0	29.0	45.5	40.8	4.9	25.6	5.8	6.6
1964	100.0	24.6	48.4	43.1	5.3	26.8	6.5	7.9
1965	100.0	24.8	50.8	46.1	4.7	24.2	6.1	7.0
1966	100.0	25.3	52.8	47.9	4.9	21.9	6.1	6.1
1967	100.0	28.6	49.6	45.1	4.5	21.9	5.8	6.1
1968	100.0	28.3	50.1	45.7	4.4	21.6	6.0	6.1
1969	100.0	24.2	55.3	50.5	4.9	20.5	6.3	5.6
1970	100.0	23.0	57.6	52.6	5.0	19.4	6.2	5.1
1971	100.0	22.4	57.7	52.7	5.0	19.9	6.4	4.8
1972	100.0	23.8	55.8	51.1	4.8	20.4	6.1	4.8
1973	100.0	24.4	56.1	51.7	4.4	19.5	5.8	4.5
1974	100.0	24.8	56.0	51.6	4.4	19.3	5.8	4.3
1975	100.0	23.6	57.7	52.9	4.8	18.7	6.0	4.4
1976	100.0	23.5	58.9	54.9	4.0	17.5	5.3	3.9
1977	100.0	24.4	59.2	55.4	3.8	16.5	4.9	3.7
1978	100.0	23.5	61.0	57.6	3.5	15.6	5.5	2.9
1979	100.0	23.7	60.8	57.3	3.5	15.5	5.9	3.0
1980	100.0	25.0	59.3	55.4	3.9	15.7	5.5	2.9
1981	100.0	25.3	58.0	53.7	4.3	16.7	5.2	3.7
1982	100.0	25.7	56.7	51.2	5.4	17.7	5.4	2.9
1983	100.0	28.5	54.4	48.9	5.5	17.1	5.4	2.6
1984	100.0	27.0	55.0	48.7	6.3	18.0	5.3	3.1
1985	100.0	21.7	57.8	51.0	6.8	20.5	5.7	4.3
1986	100.0	23.1	53.0	46.7	6.4	23.8	6.2	4.4
1987	100.0	20.0	57.5	51.0	6.5	22.5	5.8	4.6
1988	100.0	17.1	53.6	46.8	6.7	29.4	6.6	8.6
1989	100.0	14.9	54.8	48.7	6.1	30.3	6.4	8.0
1990	100.0	22.4	50.7	45.3	5.4	26.9	4.8	6.7
1991	100.0	18.0	50.3	44.9	5.3	31.7	5.6	9.7
1992	100.0	17.4	51.4	45.8	5.5	31.2	5.1	10.1
1993	100.0	16.6	54.2	48.4	5.8	29.2	4.7	9.5
1994	100.0	19.0	53.0	47.6	5.4	28.0	4.4	9.0
1995	100.0	18.6	52.7	47.7	5.0	28.7	4.3	8.8
1996	100.0	18.7	53.6	48.9	4.7	27.7	4.4	8.3
1997	100.0	17.3	53.7	48.9	4.8	29.0	5.4	8.7
1998	100.0	15.5	53.4	48.0	5.4	31.1	5.8	8.9
1999	100.0	13.2	54.3	48.8	5.5	32.5	5.9	8.9
2000	100.0	12.2	55.0	49.7	5.2	32.9	6.8	10.1
2001	100.0	12.8	52.3	47.0	5.3	34.8	7.8	10.2
2002	100.0	13.0	50.7	45.4	5.3	36.3	8.3	10.4
2003	100.0	12.4	51.4	46.2	5.2	36.2	8.1	10.2
2004	100.0	12.5	52.4	47.2	5.2	35.2	7.9	9.7
2005	100.0	12.4	53.9	48.9	5.0	33.7	6.0	9.2
2006	100.0	12.1	54.2	49.1	5.1	33.7	5.7	9.0
2007	100.0	12.9	52.0	46.8	5.2	35.1	5.8	8.9
2008	100.0	13.1	52.0	46.5	5.5	34.9	5.2	9.4
2009	100.0	13.4	47.3	41.3	6.0	39.3	5.0	11.3
2010	100.0	12.6	48.4	42.7	5.7	39.0	4.7	11.5
2011	100.0	13.5	47.4	41.6	5.8	39.1	4.5	12.0
2012	100.0	15.4	44.1	38.3	5.8	40.5	4.4	12.5

2-3 地区生产总值指数(上年=100)

INDICES OF GROSS DOMESTIC PRODUCT (PRECEDING YEAR=100)

年 份 Year	地区生产总值 Gross Domestic Product	第一产业 Primary Industry	第二产业 Secondary Industry	工 业 Industry	建筑业 Construction	第三产业 Tertiary Industry	人均地区生产总值 Per Capita GDP
1953	110.3	98.4	137.1	133.9	161.4	120.8	104.6
1954	110.4	106.1	128.6	130.3	118.6	102.9	104.1
1955	106.7	111.1	95.9	94.8	103.6	109.0	101.3
1956	106.5	95.8	122.3	122.1	123.6	115.7	100.0
1957	108.5	106.8	110.8	114.7	113.5	109.1	102.6
1958	140.5	133.4	175.9	178.7	153.7	114.1	133.7
1959	119.0	93.3	125.0	126.1	115.0	128.9	104.5
1960	108.2	66.1	123.9	123.3	130.6	113.3	92.6
1961	58.3	74.8	43.4	43.9	38.2	70.4	54.9
1962	98.0	120.6	89.1	101.5	106.5	93.2	102.8
1963	115.2	121.9	117.4	113.6	157.0	103.6	113.0
1964	114.6	100.5	115.4	116.1	109.3	115.2	110.2
1965	115.4	116.7	121.5	123.8	102.9	104.6	110.8
1966	116.6	118.7	121.1	121.1	120.6	105.7	113.1
1967	101.4	111.6	92.6	92.9	91.1	97.9	98.5
1968	97.5	96.9	98.7	98.9	96.5	96.9	94.3
1969	109.5	96.9	125.6	125.7	124.5	107.3	105.3
1970	110.1	110.9	121.4	121.5	120.9	108.5	110.7
1971	102.5	100.3	103.0	102.9	103.6	105.7	98.8
1972	99.1	85.8	106.0	106.3	103.3	108.4	95.4
1973	106.3	109.3	107.4	108.1	99.8	99.4	102.7
1974	106.6	108.2	106.1	106.1	106.6	104.9	103.4
1975	107.6	110.2	109.4	110.3	99.1	98.6	105.0
1976	101.0	94.5	105.5	105.9	100.2	101.3	98.9
1977	108.2	111.9	108.3	108.8	101.3	101.6	106.1
1978	111.1	105.3	118.2	119.1	105.2	100.6	109.2
1979	103.0	92.9	108.6	108.5	110.9	103.7	101.4
1980	110.0	112.1	108.1	107.2	122.8	113.3	108.7
1981	103.8	102.8	103.8	102.9	117.1	105.3	102.7
1982	106.6	107.8	104.8	102.4	135.3	111.0	105.3
1983	108.6	124.5	102.1	101.4	108.1	102.8	107.5
1984	111.1	102.0	116.2	114.5	131.2	113.7	110.3
1985	106.0	87.4	112.3	111.9	115.3	120.0	105.2
1986	103.5	117.9	91.9	91.6	94.1	120.5	102.7
1987	108.6	95.5	114.3	115.2	107.6	112.6	107.5
1988	108.6	97.6	101.6	100.2	112.3	138.5	107.4
1989	106.3	89.6	111.2	112.6	101.4	110.8	105.0
1990	105.8	141.8	97.4	97.7	94.7	97.7	104.6
1991	106.6	91.9	110.7	111.6	103.7	113.1	105.6
1992	106.5	105.8	106.4	106.4	107.3	107.0	105.5
1993	107.4	104.3	108.7	108.3	111.7	107.6	106.5
1994	108.4	107.2	108.8	109.0	107.7	108.6	107.5
1995	109.2	106.8	110.2	110.0	111.9	109.0	108.3
1996	110.2	110.8	110.5	110.2	112.3	109.3	109.4
1997	110.0	106.2	110.1	109.5	115.0	112.7	109.3
1998	108.3	99.0	110.0	108.6	120.1	111.5	107.6
1999	107.5	103.0	107.6	107.5	107.9	109.9	106.9
2000	108.2	96.8	109.8	110.0	109.0	111.8	107.7
2001	109.3	106.9	110.0	109.8	112.6	108.8	109.0
2002	110.2	107.2	110.9	111.2	108.5	110.2	110.2
2003	110.2	102.4	111.9	112.2	109.2	110.1	110.1
2004	111.7	112.2	112.9	113.0	112.1	109.3	111.6
2005	111.6	108.7	112.6	112.9	110.1	110.8	111.5
2006	112.1	108.5	112.9	112.9	112.4	112.4	112.1
2007	112.0	104.1	112.0	112.2	110.5	114.8	111.9
2008	111.8	108.2	111.9	112.2	109.8	112.6	111.7
2009	111.4	105.2	113.1	112.5	118.9	110.7	111.4
2010	112.7	106.2	114.5	115.0	109.3	111.8	112.6
2011	112.3	106.2	113.0	113.3	111.1	113.4	112.2
2012	110.0	106.5	110.3	110.5	108.4	110.8	110.1

注：本表按可比价格计算。
Note: The indices in this table are calculated at constant prices.

2-4 地区生产总值指数(1978=100)

INDICES OF GROSS DOMESTIC PRODUCT (1978=100)

年份 Year	地区生产总值 Gross Domestic Product	第一产业 Primary Industry	第二产业 Secondary Industry	工业 Industry	建筑业 Construction	第三产业 Tertiary Industry	人均地区生产总值 Per Capita GDP
1952	20.2	46.1	8.1	6.6	11.3	30.1	59.6
1953	22.3	45.4	11.1	8.9	18.2	36.3	62.4
1954	24.6	48.1	14.3	11.5	21.6	37.4	64.9
1955	26.3	53.5	13.7	10.9	22.4	40.8	65.8
1956	28.0	51.2	16.8	13.4	27.6	47.2	65.8
1957	30.4	54.7	18.6	15.3	31.4	51.5	67.5
1958	42.7	73.0	32.7	27.4	48.2	58.7	90.2
1959	50.8	68.1	40.9	34.5	55.4	75.7	94.2
1960	55.0	45.0	50.6	42.6	72.4	85.7	87.3
1961	32.0	33.7	22.0	18.7	27.7	60.4	47.9
1962	31.4	40.6	19.6	19.0	29.5	56.3	49.2
1963	36.2	49.5	23.0	21.6	46.2	58.3	55.7
1964	41.5	49.7	26.5	25.0	50.5	67.1	61.3
1965	47.9	58.0	32.2	31.0	52.0	70.2	67.9
1966	55.8	68.9	39.0	37.5	62.7	74.2	76.8
1967	56.6	76.9	36.1	34.9	57.1	72.7	75.7
1968	55.2	74.5	35.7	34.5	55.1	70.4	71.3
1969	60.4	72.2	44.8	43.3	68.7	75.6	75.1
1970	66.5	80.1	54.4	52.7	83.0	82.0	83.1
1971	68.2	80.3	56.0	54.2	86.0	86.7	82.1
1972	67.6	68.9	59.4	57.6	88.8	93.9	78.3
1973	71.8	75.3	63.8	62.3	88.6	93.4	80.4
1974	76.5	81.5	67.7	66.1	94.5	98.0	83.1
1975	82.4	89.8	74.0	72.9	93.6	96.6	87.3
1976	83.2	84.9	78.1	77.2	93.8	97.8	86.3
1977	90.0	95.0	84.6	84.0	95.1	99.4	91.6
1978	100.0	100.0	100.0	100.0	100.0	100.0	100.0
1979	103.0	92.9	108.6	108.5	110.9	103.7	101.4
1980	113.3	104.1	117.4	116.3	136.2	117.5	110.3
1981	117.6	107.1	121.9	119.7	159.5	123.7	113.2
1982	125.4	115.4	127.7	122.6	215.8	137.3	119.2
1983	136.1	143.7	130.4	124.3	233.2	141.2	128.2
1984	151.3	146.6	151.5	142.3	306.0	160.5	141.4
1985	160.3	128.1	170.1	159.2	352.8	192.6	148.8
1986	165.9	151.0	156.4	145.9	332.0	232.1	152.7
1987	180.2	144.2	178.7	168.0	357.3	261.3	164.2
1988	195.7	140.8	181.6	168.4	401.2	362.0	176.3
1989	208.0	126.1	201.9	189.6	406.8	401.1	185.1
1990	220.1	178.8	196.7	185.2	385.3	391.8	193.7
1991	234.6	164.3	217.7	206.7	399.5	443.2	206.1
1992	249.8	173.8	231.7	219.9	428.7	474.2	217.3
1993	268.3	181.3	251.8	238.2	478.8	510.2	231.5
1994	290.9	194.4	274.0	259.6	515.7	554.1	248.7
1995	317.5	207.6	301.9	285.6	577.1	604.0	269.2
1996	350.0	230.1	333.6	314.7	648.0	660.1	294.5
1997	385.1	244.3	367.3	344.6	745.2	743.9	321.9
1998	416.8	241.9	404.0	374.2	895.0	829.4	346.3
1999	448.1	249.2	434.7	402.3	965.7	911.5	370.2
2000	484.7	241.2	477.3	442.4	1052.5	1019.1	398.6
2001	529.8	257.8	525.0	485.8	1185.1	1108.8	434.6
2002	583.8	276.4	582.3	540.2	1285.8	1221.9	478.9
2003	643.4	283.0	651.5	606.1	1404.1	1345.3	527.7
2004	718.7	317.5	735.6	684.8	1574.0	1470.4	588.9
2005	802.1	345.2	828.5	773.1	1733.1	1628.6	656.6
2006	899.2	374.5	935.4	872.8	1948.0	1830.5	736.0
2007	1007.1	390.0	1047.8	979.0	2152.5	2101.0	823.9
2008	1125.9	422.0	1172.5	1098.4	2363.4	2365.7	920.3
2009	1254.3	443.8	1325.7	1235.7	2810.1	2619.8	1025.2
2010	1413.6	471.5	1517.6	1421.1	3070.8	2928.2	1154.4
2011	1587.5	500.7	1714.9	1610.1	3411.7	3320.6	1295.2
2012	1746.3	533.2	1891.5	1779.2	3698.3	3679.2	1426.0

注：本表按可比价格计算。
Note: The indices in this table are calculated at constant prices.

2-5 第三产业增加值、构成和指数

VALUE-ADDED AND ITS COMPOSITION AND ITS INDICES OF THE TERTIARY INDUSTRY

年　份	Year	2008	2009	2010	2011	2012
增加值(亿元)	**Value-added (100 million yuan)**					
第三产业	Tertiary Industry	2905.7	3372.0	4040.6	4918.1	5540.3
#交通运输、仓储和邮政业	#Transport,Storage and Post	434.0	433.6	486.0	568.8	598.8
批发和零售业	Wholesale and Retail Trades	610.5	757.4	935.9	1199.8	1339.1
住宿和餐饮业	Hotels and Catering Services	167.9	211.0	253.8	309.0	367.4
金融业	Financial Intermediation	177.4	227.5	304.6	370.8	485.1
房地产业	Real Estate	244.5	301.2	391.9	492.1	522.3
构成(%)	**Composition (%)**					
第三产业	Tertiary Industry	100.0	100.0	100.0	100.0	100.0
#交通运输、仓储和邮政业	#Transport,Storage and Post	14.9	12.9	12.0	11.6	10.8
批发和零售业	Wholesale and Retail Trades	21.0	22.5	23.2	24.4	24.2
住宿和餐饮业	Hotels and Catering Services	5.8	6.3	6.3	6.3	6.6
金融业	Financial Intermediation	6.1	6.7	7.5	7.5	8.8
房地产业	Real Estate	8.4	8.9	9.7	10.0	9.4
指数(上年=100)	**Indices (preceding year=100)**					
第三产业	Tertiary Industry	112.6	110.7	111.8	113.4	110.8
#交通运输、仓储和邮政业	#Transport,Storage and Post	104.0	101.7	108.3	107.9	108.6
批发和零售业	Wholesale and Retail Trades	119.5	116.5	112.6	119.8	110.3
住宿和餐饮业	Hotels and Catering Services	106.2	113.5	113.0	114.6	112.7
金融业	Financial Intermediation	106.1	123.6	121.3	114.4	126.6
房地产业	Real Estate	101.8	109.8	117.5	122.6	101.9

2-6 分行业增加值

VALUE-ADDED BY SECTOR

单位：亿元 (100 million yuan)

年 份	Year	2008	2009	2010	2011	2012
地区生产总值	**Total**	**8314.4**	**8587.0**	**10368.6**	**12582.0**	**13691.6**
第一产业	Primary Industry	1088.9	1154.3	1302.9	1701.5	2113.7
农、林、牧、渔业	Agriculture, Forestry, Animal Husbandry and Fishery	1088.9	1154.3	1302.9	1701.5	2113.7
第二产业	Secondary Industry	4319.8	4060.7	5025.2	5962.4	6037.6
工 业	Industry	3866.4	3549.7	4429.3	5234.6	5240.7
采矿业	Mining	2347.2	1494.9	1953.7	2493.6	2406.6
制造业	Manufacturing	1318.8	1835.9	2224.7	2457.3	2503.1
电力、燃气及水的生产和供应业	Production and Supply of Electricity, Gas and Water	200.5	218.9	250.9	283.7	330.9
建筑业	Construction	453.3	511.0	595.8	727.8	797.0
第三产业	Tertiary Industry	2905.7	3372.0	4040.6	4918.1	5540.3
交通运输、仓储和邮政业	Transport, Storage and Post	434.0	433.6	486.0	568.8	598.8
信息传输、计算机服务和软件业	Information Transmission, Computer Services and Software	158.6	161.3	183.7	215.7	221.6
批发和零售业	Wholesale and Retail Trades	610.5	757.4	935.9	1199.8	1339.1
住宿和餐饮业	Hotels and Catering Services	167.9	211.0	253.8	309.0	367.4
金融业	Financial Intermediation	177.4	227.5	304.6	370.8	485.1
房地产业	Real Estate	244.5	301.2	391.9	492.1	522.3
租赁和商务服务业	Leasing and Business Services	99.2	112.9	123.8	141.1	159.8
科学研究、技术服务和地质勘查业	Scientific Research, Technical Services and Geologic Prospecting	70.6	84.6	103.7	120.7	135.8
水利、环境和公共设施管理业	Management of Water Conservancy, Environment and Public Facilities	26.4	34.7	41.4	55.0	59.8
居民服务和其他服务业	Services to Households and Other Services	116.1	137.9	176.4	253.9	276.5
教 育	Education	296.3	331.9	391.5	460.5	506.0
卫生、社会保障和社会福利业	Health, Social Security and Social Welfare	147.9	182.8	199.6	215.9	268.1
文化、体育和娱乐业	Culture, Sports and Entertainment	45.6	65.3	76.8	92.9	109.9
公共管理和社会组织	Public Management and Social Organizations	310.7	330.0	371.3	422.0	490.3

注：本表国民经济行业分类采用《国民经济行业分类（GB/T 4754—2002）》。
Note: The national economy industry classification uses the "national economy industry classification(GB/T 4754-2002) ".

2-7 全省三次产业对经济增长贡献率

SHARE OF THE CONTRIBUTIONS OF THE THREE STRATA OF INDUSTRY TO THE INCREASE OF THE GDP

单位：% (%)

年 份 Year	地区生产总值 Gross Domestic Product	第一产业 Primary Industry	第二产业 Secondary Industry			第三产业 Tertiary Industry
				工 业 Industry	建筑业 Construction	
2000	100.0	-5.1	74.6	66.8	7.8	30.5
2001	100.0	11.7	59.3	50.2	9.1	29.0
2002	100.0	10.9	58.6	52.8	5.8	30.5
2003	100.0	3.6	65.5	59.2	6.3	30.9
2004	100.0	14.4	61.5	54.5	7.0	24.1
2005	100.0	8.3	62.1	57.5	4.6	29.6
2006	100.0	8.7	57.0	51.9	5.1	34.3
2007	100.0	4.1	54.3	49.9	4.4	41.6
2008	100.0	7.8	55.1	51.0	4.1	37.1
2009	100.0	4.9	62.3	54.2	8.1	32.8
2010	100.0	5.0	62.9	59.1	3.8	32.1
2011	100.0	6.3	51.3	46.1	5.2	42.4
2012	100.0	7.6	50.1	45.3	4.8	42.3

注：三次产业贡献率指各产业增加值增量与GDP增量之比。
Note: Share of the contributions of the three strata of industry to the increase of the GDP refers to the proportion of the increment of the value-added of each industry to the increment of GDP.

2-8 三次产业对地区生产总值增长的拉动

CONTRIBUTION OF THE THREE STRATA OF INDUSTRY TO GDP GROWTH

单位：百分点 (percentage points)

年 份 Year	地区生产总值 Gross Domestic Product	第一产业 Primary Industry	第二产业 Secondary Industry			第三产业 Tertiary Industry
				工 业 Industry	建筑业 Construction	
2000	8.2	-0.4	6.1	5.5	0.6	2.5
2001	9.3	1.1	5.5	4.7	0.8	2.7
2002	10.2	1.1	6.0	5.4	0.6	3.1
2003	10.2	0.4	6.7	6.0	0.6	3.2
2004	11.7	1.7	7.2	6.4	0.8	2.8
2005	11.6	1.0	7.2	6.7	0.5	3.4
2006	12.1	1.1	6.9	6.3	0.6	4.1
2007	12.0	0.5	6.5	6.0	0.5	5.0
2008	11.8	0.9	6.5	6.0	0.5	4.4
2009	11.4	0.6	7.1	6.2	0.9	3.7
2010	12.7	0.6	8.0	7.5	0.5	4.1
2011	12.3	0.8	6.3	5.7	0.6	5.2
2012	10.0	0.8	5.0	4.5	0.5	4.2

注：三次产业拉动指GDP增长速度与各产业贡献率之乘积。
Note: Contribution of the three strata of industry to GDP growth refers to the growth rate of GDP multiplied by the contribution share of every industry.

2-9 各地区生产总值、构成和指数(2012年)

GROSS DOMESTIC PRODUCT AND ITS COMPOSITION AND ITS INDICES BY REGION (2012)

项 目 地 区	Item Region	地 区 生产总值 Gross Domestic Product	第一产业 Primary Industry	第二产业 Secondary Industry	工 业 Industry	建筑业 Construction	第三产业 Tertiary Industry	#交通运输仓储和邮政业 Transport, Post and Telecommunication Services	#批发和零售业、住宿和餐饮业 Wholesale, Retail Trade & Catering Services	人均地区生产总值(元) Per Capita GDP (yuan)
绝对数(亿元)	**Absolute Figure (100 million yuan)**									
哈尔滨	Harbin	4550.2	506.8	1638.9	1127.9	510.9	2404.6	262.8	710.7	45810
齐齐哈尔	Qiqihar	1176.1	284.8	439.3	411.9	27.4	452.0	87.8	140.4	22139
鸡 西	Jixi	582.3	165.2	238.3	228.4	9.9	178.9	28.5	49.4	31076
鹤 岗	Hegang	358.2	105.5	167.8	161.4	6.5	84.9	7.3	26.3	32968
双鸭山	Shuangyashan	565.4	184.9	258.0	241.4	16.6	122.6	19.3	27.8	37490
大 庆	Daqing	4001.1	154.2	3235.9	3157.4	78.5	610.9	29.1	220.5	142067
伊 春	Yichun	260.0	91.6	87.9	73.8	14.1	80.5	9.0	17.2	20686
佳木斯	Jiamusi	668.3	201.7	172.5	146.6	25.9	294.1	50.9	91.2	27774
七台河	Qitaihe	298.9	30.6	174.0	169.9	4.1	94.3	13.3	33.0	32308
牡丹江	Mudanjiang	981.1	188.4	422.6	377.7	44.9	370.0	43.3	119.1	37001
黑 河	Heihe	366.1	182.6	62.6	50.3	12.2	120.9	11.4	23.8	18892
绥 化	Suihua	1063.5	428.1	285.7	245.9	39.8	349.8	66.8	109.7	18474
大兴安岭	Daxinganling	147.7	59.7	29.9	22.3	7.6	58.1	9.8	23.4	28739
绥芬河	Suifenhe	111.7	0.6	15.3	13.6	1.6	95.8	9.3	62.5	96158
抚 远	Fuyuan	47.2	34.7	3.4	2.3	1.0	9.2	0.6	2.9	40030
构成(%)	**Composition (%)**									
哈尔滨	Harbin	100.0	11.1	36.0	24.8	11.2	52.9	5.8	15.6	
齐齐哈尔	Qiqihar	100.0	24.2	37.4	35.0	2.3	38.4	7.5	11.9	
鸡 西	Jixi	100.0	28.4	40.9	39.2	1.7	30.7	4.9	8.5	
鹤 岗	Hegang	100.0	29.4	46.9	45.0	1.8	23.7	2.0	7.3	
双鸭山	Shuangyashan	100.0	32.7	45.6	42.7	2.9	21.7	3.4	4.9	
大 庆	Daqing	100.0	3.9	80.9	78.9	2.0	15.2	0.7	5.5	
伊 春	Yichun	100.0	35.2	33.8	28.4	5.4	31.0	3.4	6.6	
佳木斯	Jiamusi	100.0	30.2	25.8	21.9	3.9	44.0	7.6	13.6	
七台河	Qitaihe	100.0	10.2	58.2	56.8	1.4	31.6	4.5	11.0	
牡丹江	Mudanjiang	100.0	19.2	43.1	38.5	4.6	37.7	4.4	12.1	
黑 河	Heihe	100.0	49.9	17.1	13.8	3.3	33.0	3.1	6.5	
绥 化	Suihua	100.0	40.2	26.9	23.1	3.7	32.9	6.3	10.3	
大兴安岭	Daxinganling	100.0	40.4	20.2	15.1	5.1	39.3	6.6	15.8	
绥芬河	Suifenhe	100.0	0.6	13.7	12.2	1.5	85.7	8.3	56.0	
抚 远	Fuyuan	100.0	73.5	7.1	4.9	2.2	19.4	1.4	6.2	
指数(上年=100)	**Indices (preceding year=100)**									
哈尔滨	Harbin	110.0	109.2	110.9	108.3	118.3	109.4	103.1	109.3	109.9
齐齐哈尔	Qiqihar	108.0	111.1	106.6	106.2	114.6	107.8	115.3	103.1	108.9
鸡 西	Jixi	113.6	113.4	116.7	116.9	112.3	109.2	104.3	111.5	114.6
鹤 岗	Hegang	113.5	110.4	116.8	117.1	109.5	110.5	107.7	111.2	113.7
双鸭山	Shuangyashan	113.5	109.0	118.6	119.8	101.6	108.6	106.0	108.7	114.0
大 庆	Daqing	110.0	111.0	109.8	109.9	105.3	111.0	106.8	107.7	109.7
伊 春	Yichun	112.7	116.3	110.4	112.0	101.5	112.0	104.3	109.5	113.5
佳木斯	Jiamusi	113.8	113.8	120.1	121.4	111.5	110.0	110.6	109.9	114.7
七台河	Qitaihe	108.3	107.4	109.3	109.5	95.7	106.2	105.4	108.1	108.5
牡丹江	Mudanjiang	114.1	115.7	115.5	116.1	109.7	111.8	108.8	115.0	114.5
黑 河	Heihe	113.0	117.1	114.7	115.0	113.5	107.0	105.0	107.0	113.0
绥 化	Suihua	112.3	110.9	121.1	124.3	104.1	107.6	108.1	110.8	113.2
大兴安岭	Daxinganling	113.9	114.6	98.5	94.5	111.5	122.3	104.0	148.4	115.0
绥芬河	Suifenhe	119.2	106.8	113.4	114.5	103.9	120.3	117.1	121.7	131.4
抚 远	Fuyuan	112.7	116.5	100.3	107.5	86.9	104.9	105.1	108.3	112.0

注：本表绝对数按当年价格计算，指数按可比价格计算。
Note: Absolute Figure in this table are calculated at current prices, the indices are calculated at constant prices.

2-10 支出法地区生产总值

GROSS DOMESTIC PRODUCT BY EXPENDITURE APPROACH

单位：亿元　　　　　　(100 million yuan)

年　份 Year	地　区 生产总值 Gross Domestic Product by Expenditure Approach	#最终消费 Final Consumption Expenditure	居民消费 Households Consumption Expenditure	农村居民 Rural Households	城镇居民 Urban Households	政府消费 Government Consumption Expenditure	#资本形成总额 Gross Capital Formation	固定资本形成总额 Gross Fixed Capital Formation	存货增加 Changes in Inventories
1978	174.8	103.2	93.8	35.5	58.3	9.4	41.2	26.9	14.3
1979	187.2	112.2	101.4	39.5	61.8	10.8	45.2	28.6	16.6
1980	221.0	132.3	119.5	50.0	69.6	12.7	48.0	38.0	10.0
1981	228.3	140.7	131.7	56.9	74.8	9.0	57.2	46.6	10.6
1982	248.4	145.3	135.6	59.4	76.2	9.7	77.3	62.1	15.2
1983	276.9	157.9	145.7	65.6	80.1	12.2	93.5	70.8	22.6
1984	318.3	180.3	164.7	69.6	95.1	15.7	108.9	87.0	21.8
1985	355.0	209.2	190.4	74.7	115.7	18.8	136.2	109.9	26.3
1986	400.8	227.2	205.2	80.1	125.0	22.0	164.2	121.6	42.6
1987	454.6	261.6	229.8	91.3	138.5	31.8	181.8	138.6	43.2
1988	552.0	331.2	284.9	103.7	181.2	46.2	209.8	159.5	50.2
1989	630.6	390.0	328.1	116.2	211.9	61.9	235.4	157.0	78.3
1990	715.2	405.5	335.7	115.1	220.7	69.8	272.8	169.3	103.6
1991	822.3	450.4	369.2	121.7	247.5	81.2	280.1	196.2	83.9
1992	959.7	501.2	413.6	126.9	286.7	87.6	338.6	246.2	92.4
1993	1198.4	603.9	495.5	139.2	356.3	108.4	431.4	335.0	96.4
1994	1604.9	805.4	666.6	187.5	479.1	138.8	566.2	435.7	130.5
1995	1991.4	1081.3	895.3	261.2	634.1	185.9	724.5	558.8	165.7
1996	2370.5	1245.4	996.2	278.0	718.2	249.1	867.0	653.6	213.4
1997	2667.5	1313.6	1022.9	275.7	747.1	290.8	918.3	724.4	193.9
1998	2774.4	1364.1	1035.6	261.6	773.9	328.5	1097.4	865.3	232.0
1999	2866.3	1431.2	1068.1	245.2	822.9	363.0	961.2	859.1	102.1
2000	3151.4	1580.0	1179.9	291.1	888.8	400.1	989.2	922.4	66.8
2001	3390.1	1752.3	1269.6	302.6	967.1	482.7	1125.7	1046.8	78.9
2002	3637.2	1872.3	1340.4	310.4	1030.0	531.9	1316.9	1152.9	164.0
2003	4057.4	2076.3	1494.9	311.0	1183.9	581.4	1312.4	1261.3	51.1
2004	4750.6	2304.1	1604.1	336.5	1267.6	700.0	1669.6	1509.9	159.7
2005	5513.7	2660.8	1841.3	434.7	1406.6	819.5	1958.7	1788.7	170.0
2006	6211.8	2961.2	1964.8	455.5	1509.3	996.4	2334.8	2232.0	102.8
2007	7104.0	3533.9	2308.3	549.8	1758.5	1225.6	3036.9	2877.8	159.1
2008	8314.4	4297.7	2728.9	671.7	2057.2	1568.8	3849.1	3655.3	193.8
2009	8587.0	4850.2	3030.4	743.0	2287.4	1819.8	4516.3	4483.5	32.8
2010	10368.6	5585.7	3492.9	815.6	2677.4	2092.8	5630.8	5410.5	220.3
2011	12582.0	6586.7	6586.7	993.5	3081.8	2511.3	6887.5	6599.3	288.2
2012	13691.6	7260.5	4447.8	1070.0	3377.7	2812.7	8143.7	7824.1	319.6

注：按照国家要求，2007—2010年居民消费数据有所调整.
Note: Households Consumption Expenditure data of 2007 - 2010 has been adjusted in accordance with national requirements.

2-11 支出法地区生产总值构成

COMPOSITION OF GROSS DOMESTIC PRODUCT BY EXPENDITURE APPROACH

单位：% (%)

年份 Year	地区生产总值 Gross Domestic Product by Expenditure Approach	#最终消费 Final Consumption Expenditure	居民消费 Households Consumption Expenditure	农村居民 Rural Households	城镇居民 Urban Households	政府消费 Government Consumption Expenditure	#资本形成总额 Gross Capital Formation	固定资本形成总额 Gross Fixed Capital Formation	存货增加 Changes in Inventories
1978	100.0	59.0	53.7	20.3	33.4	5.4	23.6	15.4	8.2
1979	100.0	59.9	54.2	21.1	33.0	5.8	24.1	15.3	8.9
1980	100.0	59.9	54.1	22.6	31.5	5.8	21.7	17.2	4.5
1981	100.0	61.6	57.7	24.9	32.8	3.9	25.1	20.4	4.6
1982	100.0	58.5	54.6	23.9	30.7	3.9	31.1	25.0	6.1
1983	100.0	57.0	52.6	23.7	28.9	4.4	33.8	25.6	8.2
1984	100.0	56.6	51.7	21.9	29.9	4.9	34.2	27.3	6.8
1985	100.0	58.9	53.6	21.0	32.6	5.3	38.4	31.0	7.4
1986	100.0	56.7	51.2	20.0	31.2	5.5	41.0	30.3	10.6
1987	100.0	57.5	50.5	20.1	30.5	7.0	40.0	30.5	9.5
1988	100.0	60.0	51.6	18.8	32.8	8.4	38.0	28.9	9.1
1989	100.0	61.8	52.0	18.4	33.6	9.8	37.3	24.9	12.4
1990	100.0	56.7	46.9	16.1	30.9	9.8	38.1	23.7	14.5
1991	100.0	54.8	44.9	14.8	30.1	9.9	34.1	23.9	10.2
1992	100.0	52.2	43.1	13.2	29.9	9.1	35.3	25.7	9.6
1993	100.0	50.4	41.3	11.6	29.7	9.0	36.0	28.0	8.0
1994	100.0	50.2	41.5	11.7	29.9	8.6	35.3	27.1	8.1
1995	100.0	54.3	45.0	13.1	31.8	9.3	36.4	28.1	8.3
1996	100.0	52.5	42.0	11.7	30.3	10.5	36.6	27.6	9.0
1997	100.0	49.2	38.3	10.3	28.0	10.9	34.4	27.2	7.3
1998	100.0	49.2	37.3	9.4	27.9	11.8	39.6	31.2	8.4
1999	100.0	49.9	37.3	8.6	28.7	12.7	33.5	30.0	3.6
2000	100.0	50.1	37.4	9.2	28.2	12.7	31.4	29.3	2.1
2001	100.0	51.7	37.5	8.9	28.5	14.2	33.2	30.9	2.3
2002	100.0	51.5	36.9	8.5	28.3	14.6	36.2	31.7	4.5
2003	100.0	51.2	36.8	7.7	29.2	14.3	32.3	31.1	1.3
2004	100.0	48.5	33.8	7.1	26.7	14.7	35.1	31.8	3.4
2005	100.0	48.3	33.4	7.9	25.5	14.9	35.5	32.5	3.0
2006	100.0	47.7	31.7	7.4	24.4	16.0	37.6	35.9	1.7
2007	100.0	49.7	32.5	7.7	24.5	17.2	42.7	40.5	2.2
2008	100.0	51.7	32.8	8.1	24.7	18.8	46.3	44.0	2.3
2009	100.0	56.5	35.3	8.6	26.7	21.2	52.6	52.2	0.4
2010	100.0	53.9	33.7	7.9	25.8	20.2	54.3	52.2	2.1
2011	100.0	52.4	32.4	7.9	24.5	20.0	54.7	52.4	2.3
2012	100.0	53.0	32.5	7.8	24.7	20.5	59.5	57.2	2.3

2-12 最终消费和资本形成总额指数(上年=100)

INDICES OF FINAL CONSUMPTION EXPENDITURE AND GROSS CAPITAL FORMATION (PRECEDING YEAR=100)

年 份 Year	最终消费 Final Consumption Expenditure	居民消费 Households Consumption Expenditure	农业居民 Rural Households	非农业居民 Urban Households	政府消费 Government Consumption Expenditure	资本形成总额 Gross Capital Formation	#固定资本形成总额 Gross Fixed Capital Formation
1978	99.8	106.3	105.0	107.1	61.7	149.4	112.3
1979	106.6	105.9	110.2	103.4	113.3	108.2	105.0
1980	111.3	111.3	121.5	104.9	111.3	105.9	131.9
1981	104.3	108.0	111.7	105.3	69.4	117.0	120.9
1982	100.4	100.2	101.9	98.9	104.6	133.6	131.7
1983	106.5	105.3	108.7	102.6	123.2	117.4	111.5
1984	109.3	107.4	102.0	111.8	133.0	115.7	117.7
1985	104.3	104.0	101.9	106.1	114.7	112.6	112.7
1986	105.5	105.4	103.8	106.1	98.9	113.8	104.8
1987	104.7	102.6	102.2	104.2	128.6	110.3	114.0
1988	105.4	102.8	101.2	105.4	125.0	111.4	111.0
1989	106.3	105.5	102.9	101.5	103.7	107.2	108.5
1990	106.6	106.4	105.2	107.3	107.8	105.4	102.0
1991	106.6	105.8	102.8	107.4	109.8	96.6	107.8
1992	105.6	107.3	106.0	108.0	98.0	109.4	110.1
1993	104.6	103.5	102.0	104.2	110.0	106.4	110.3
1994	106.9	107.7	107.2	108.0	103.0	108.2	110.0
1995	123.5	124.6	113.8	115.0	118.5	112.1	111.3
1996	107.1	105.2	105.1	105.3	116.0	113.7	113.1
1997	103.3	100.8	98.1	102.0	114.0	109.0	115.0
1998	104.1	101.7	98.8	103.0	113.1	117.2	118.5
1999	108.3	106.4	96.9	110.4	115.0	88.1	99.6
2000	112.7	109.1	108.3	109.4	112.1	98.9	105.8
2001	109.1	106.6	102.6	108.0	116.3	113.8	113.4
2002	107.6	106.6	104.3	107.3	110.5	117.1	109.9
2003	109.4	109.9	102.3	114.3	108.0	97.1	106.9
2004	108.0	104.9	106.3	104.6	116.1	122.1	115.0
2005	113.2	112.1	120.6	110.0	115.7	114.2	115.4
2006	109.2	104.6	102.2	105.4	119.3	116.6	122.2
2007	113.3	111.6	113.7	110.9	116.7	124.4	123.3
2008	115.5	112.5	114.9	111.7	121.1	116.5	116.6
2009	112.8	111.1	111.4	111.0	115.9	120.0	125.6
2010	111.8	112.4	105.5	114.6	110.6	118.5	114.7
2011	111.2	109.9	113.8	108.7	113.4	114.1	114.1
2012	106.9	105.8	105.1	106.1	108.6	118.0	118.3

注：本表按可比价格计算。
Note: The indices in this table are calculated at constant prices.

2-13 最终消费和资本形成总额指数 (1978=100)

INDICES OF FINAL CONSUMPTION EXPENDITURE AND GROSS CAPITAL FORMATION (1978=100)

年份 Year	最终消费 Final Consumption Expenditure	居民消费 Households Consumption Expenditure			政府消费 Government Consumption Expenditure	资本形成总额 Gross Capital Formation	#固定资本形成总额 Gross Fixed Capital Formation
			农业居民 Rural Households	非农业居民 Urban Households			
1979	106.6	105.9	110.2	103.4	113.3	108.2	105.0
1980	118.6	117.9	133.9	108.5	126.1	114.6	138.5
1981	123.7	127.3	149.6	114.2	87.5	134.1	167.4
1982	124.2	127.6	152.4	113.0	91.5	179.1	220.5
1983	132.3	134.3	165.7	115.9	112.8	210.3	245.9
1984	144.6	144.2	169.0	129.6	150.0	243.3	289.4
1985	150.8	150.0	172.2	137.5	172.0	273.9	326.2
1986	159.1	158.1	178.7	145.9	170.2	311.7	341.8
1987	166.6	162.2	182.7	152.0	218.8	343.9	389.7
1988	175.6	166.8	184.8	160.2	273.5	383.1	432.5
1989	185.3	171.6	187.6	166.1	293.2	415.6	410.0
1990	197.5	182.6	197.3	178.3	316.1	438.1	418.2
1991	210.5	193.2	202.9	191.4	347.0	423.2	450.9
1992	222.3	207.3	215.0	206.8	340.1	462.9	496.4
1993	232.5	214.6	219.3	215.4	374.1	492.6	547.5
1994	248.6	231.1	235.1	232.7	385.3	533.0	602.3
1995	307.0	287.9	267.6	267.6	456.6	597.4	670.3
1996	328.8	302.9	281.2	281.8	529.7	679.3	758.1
1997	339.6	305.3	275.9	287.4	603.8	740.4	871.8
1998	353.6	310.5	272.6	296.0	682.9	867.8	1033.1
1999	382.9	330.4	264.1	326.8	785.4	764.5	1029.0
2000	431.5	360.5	286.0	357.5	880.4	756.2	1088.6
2001	470.8	384.3	293.5	386.1	1023.9	860.6	1234.5
2002	506.6	409.6	306.1	414.3	1131.4	1007.7	1356.7
2003	554.2	450.2	313.1	473.6	1221.9	978.5	1450.4
2004	598.6	472.2	332.8	495.3	1418.6	1194.7	1667.9
2005	677.6	529.3	401.4	544.8	1641.3	1364.3	1924.8
2006	739.9	553.6	410.2	574.2	1958.1	1590.8	2352.1
2007	838.3	617.8	466.4	636.8	2285.1	1979.0	2900.1
2008	968.2	695.0	535.9	711.3	2767.2	2305.5	3381.5
2009	1092.2	772.2	597.7	789.5	3207.2	2766.6	4247.2
2010	1221.1	867.9	629.8	904.8	3547.1	3278.4	4871.5
2011	1357.9	953.8	716.7	983.5	4022.4	3740.7	5558.4
2012	1451.6	1009.1	753.3	1043.5	4368.3	4414.0	6575.6

注：本表按可比价格计算。

Note: The indices in this table are calculated at comparable prices.

2-14 各地区最终消费、资本形成总额和指数(2012年)

FINAL CONSUMPTION EXPENDITURE,GROSS CAPITAL FORMATION AND THEIR INDICES BY REGION (2012)

项目 地区	Item Region	最终消费 Final Consumption Expenditure	居民消费 Households Consumption Expenditure	农业居民 Rural Households	非农业居民 Urban Households	政府消费 Government Consumption Expenditure	资本形成总额 Gross Capital Formation	#固定资本形成总额 Gross Fixed Capital Formation
绝对数	**Absolute Figure**							
(亿元)	**(100 million yuan)**							
哈尔滨	Harbin	1917.7	1268.9	310.4	958.6	648.7	2638.8	2408.6
齐齐哈尔	Qiqihar	638.8	537.5	239.0	298.6	101.3	664.1	594.3
鸡西	Jixi	307.3	261.9	74.1	187.8	45.3	355.4	275.7
鹤岗	Hegang	172.0	130.9	13.7	117.2	41.1	181.8	150.0
双鸭山	Shuangyashan	201.7	157.3	28.6	128.7	44.5	400.1	382.8
大庆	Daqing	570.6	459.0	88.3	370.7	111.6	1662.5	1483.6
伊春	Yichun	182.8	152.9	7.9	145.1	29.9	163.2	152.7
佳木斯	Jiamusi	322.1	236.2	89.2	147.1	85.9	348.7	323.6
七台河	Qitaihe	146.6	102.5	24.9	77.6	44.0	150.4	147.5
牡丹江	Mudanjiang	462.0	295.2	87.0	208.2	166.8	619.6	594.2
黑河	Heihe	201.3	131.8	43.9	87.8	69.5	150.1	139.1
绥化	Suihua	600.6	503.6	308.4	195.3	97.0	459.7	400.3
大兴安岭	Daxinganling	73.5	53.5	3.9	49.6	20.0	74.3	76.3
绥芬河	Suifenhe	28.7	15.3	1.4	13.9	13.5	91.7	85.5
抚远	Fuyuan	23.5	12.4	5.9	6.5	11.1	22.5	18.1
指数	**Indices**							
(上年=100)	**(preceding year=100)**							
哈尔滨	Harbin	107.9	109.5	108.9	109.7	105.0	111.4	111.5
齐齐哈尔	Qiqihar	106.6	107.7	107.8	107.7	101.1	130.3	120.6
鸡西	Jixi	108.7	108.5	110.5	107.8	109.7	127.8	133.2
鹤岗	Hegang	108.8	108.0	107.5	108.1	111.5	117.2	114.2
双鸭山	Shuangyashan	104.6	104.1	103.4	104.2	106.4	120.2	121.4
大庆	Daqing	112.6	115.3	113.5	115.7	103.1	116.0	115.5
伊春	Yichun	116.3	118.4	114.3	118.6	106.6	123.7	133.6
佳木斯	Jiamusi	106.7	106.6	112.0	103.5	107.0	122.1	123.2
七台河	Qitaihe	109.5	109.4	109.0	109.5	109.8	122.1	122.3
牡丹江	Mudanjiang	118.9	113.3	104.7	117.4	130.6	119.1	118.8
黑河	Heihe	111.5	110.5	109.9	110.7	113.4	115.5	115.7
绥化	Suihua	110.1	111.2	111.0	111.5	105.8	115.0	115.3
大兴安岭	Daxinganling	111.1	107.2	100.8	107.7	123.4	115.5	123.3
绥芬河	Suifenhe	91.0	74.3	126.6	71.3	122.0	133.0	148.6
抚远	Fuyuan	114.9	115.6	118.8	112.8	114.2	110.7	111.0

2-15 居民消费水平

HOUSEHOLD CONSUMPTION

年 份 Year	绝对数（元） Value (yuan)			城乡居民水平对比（农村居民=1） Urban/Rural Consumption Ratio (Rural Households=1)	指数（上年=100） Index (preceding year=100)			指数 Index (1978=100)		
	全省居民 All Households	农村居民 Rural Households	城镇居民 Urban Households		全省居民 All Households	农村居民 Rural Households	城镇居民 Urban Households	全省居民 All Households	农村居民 Rural Households	城镇居民 Urban Households
1978	302	177	534	3.02				100.0	100.0	100.0
1980	375	249	591	2.38	109.9	121.9	101.8	114.7	133.5	101.9
1985	569	372	866	2.33	113.3	102.4	119.3	152.6	172.2	131.5
1990	952	621	1319	2.12	105.2	101.5	109.2	172.8	190.3	155.1
1991	1037	664	1434	2.16	104.9	104.0	104.1	181.3	197.9	161.5
1992	1152	701	1610	2.30	106.4	107.3	104.7	192.9	212.3	169.1
1993	1367	779	1939	2.49	102.6	103.4	101.0	197.9	219.5	170.8
1994	1823	1065	2528	2.37	106.8	108.8	104.7	211.4	238.8	178.8
1995	2429	1509	3243	2.15	113.7	115.7	111.5	240.4	276.3	199.4
1996	2682	1619	3597	2.22	104.4	105.9	103.1	251.0	292.6	205.6
1997	2735	1599	3709	2.32	100.1	97.7	101.1	251.3	285.9	207.9
1998	2753	1510	3813	2.53	101.1	98.4	102.2	254.1	281.3	212.5
1999	2824	1412	4021	2.85	105.8	96.7	109.5	268.8	272.0	232.7
2000	3105	1594	4504	2.83	108.6	102.9	113.5	291.9	279.9	264.1
2001	3333	1661	4867	2.93	106.4	102.8	107.2	310.6	287.7	283.1
2002	3516	1713	5149	3.01	106.5	105.0	106.5	330.8	302.1	301.5
2003	3919	1720	5903	3.43	109.9	95.6	114.0	363.5	288.8	343.7
2004	4212	1864	6321	3.39	104.8	106.5	104.3	380.9	307.6	358.5
2005	4822	2419	6958	2.88	112.1	121.2	109.4	427.0	372.8	392.2
2006	5141	2552	7410	2.90	104.5	102.9	104.6	446.2	383.6	410.2
2007	6037	3106	8564	2.76	111.5	114.7	110.0	497.5	440.0	451.2
2008	7135	3873	9842	2.54	112.5	117.2	109.8	559.7	515.7	495.4
2009	7922	4360	10784	2.47	111.1	113.4	109.4	621.8	584.8	542.0
2010	9121	4794	12578	2.62	112.3	105.7	114.2	698.3	616.3	619.0
2011	10634	5898	14347	2.43	109.8	115.0	107.7	766.7	708.7	666.7
2012	11601	6445	15538	2.41	105.8	106.6	104.8	811.2	755.5	698.7

注：2003年起计算居民消费水平用的分城乡人口数为抽样调查数据，以前为公安部门的户籍人口数。
Note:The data of population are obtained from police annual report forms in the calculation of household consumption before 2003. From 2003 the data of population are obtained by spot check.

2-16 全省非公有制经济主要指标

PRINCIPAL GROSS INDICES OF NON-PUBLIC ECONOMIC

单位：亿元、个、人　　　　(100 million yuan, unit, person)

地　区	Region	总产出 Total Output	增加值 Value Added	第一产业 Primary Industry	第二产业 Secondary Industry	第三产业 Tertiary Industry	单位数 Number of Units	从业人员数 Employed Persons
2004		4395.9	1600.0	242.0	644.3	713.7	1813730	5695972
2005		5649.1	1948.0	267.4	751.1	929.5	1786275	5506066
2006		6652.4	2340.0	288.8	929.0	1122.2	1772938	5228549
2007		8512.8	2841.8	303.0	1148.1	1390.7	1833059	5682662
2008		10140.1	3481.3	401.9	1476.5	1602.9	1856218	5968151
2009		10356.9	4019.0	463.8	1625.2	1930.0	1937617	6875095
2010		14294.4	4972.2	545.9	2230.0	2196.3	2076690	7154627
2011		17534.3	6303.3	696.4	2861.6	2745.3	2082299	7415800
2012		19726.1	7026.0	781.2	3208.3	3036.5	2077592	7456429
哈尔滨	Harbin	6863.4	2461.3	153.3	1025.5	1282.5	360002	2054008
齐齐哈尔	Qiqihar	1488.7	570.1	87.4	252.9	229.8	225827	730288
鸡　西	Jixi	622.0	212.6	17.5	120.7	74.4	92450	290919
鹤　岗	Hegang	357.7	102.0	2.5	61.3	38.2	30552	137236
双鸭山	Shuangyashan	713.1	234.1	7.0	185.6	41.5	46842	151119
大　庆	Daqing	2122.6	915.1	46.3	454.8	414.0	322989	835015
伊　春	Yichun	334.6	113.5	22.3	66.1	25.1	79428	320903
佳木斯	Jiamusi	957.2	295.5	55.1	107.4	133.0	193464	604835
七台河	Qitaihe	463.4	200.1	9.6	129.2	61.3	37019	138049
牡丹江	Mudanjiang	2533.9	703.7	34.8	352.9	316.0	158486	658558
黑　河	Heihe	241.8	92.7	10.4	31.6	50.7	108173	200781
绥　化	Suihua	1621.8	582.8	178.5	215.3	189.0	262338	937869
大兴安岭	Daxinganling	124.5	51.4	4.4	17.0	30.0	16579	56187
农垦总局	ARB	1281.4	491.1	152.1	188.0	151.0	143443	340662
绥芬河	Suifenhe	342.2	95.8	0.2	16.0	79.6	11110	35364
抚　远	Fuyuan	37.6	11.6	4.2	2.8	4.6	4974	15320

注:1. 非公有制统计范围为私营企业、个体经营户、非国有和非国有控股及非集体经济的各类企业、公司，以及港澳台商投资企业和外商投资企业。

2. 佳木斯市数据中包含抚远县,牡丹江市数据中包含绥芬河市.

Note:1. Non-public ownership system statistics scope for private enterprise, individual dealer, non-state-owned and non-state-owned holding and non-collective economy each kind of enterprise, company, as well as Hong-Kong, Macao and Taiwan business investment enterprise and foreign investment enterprise.

2. The data of Mudanjiang include Suifenhe, Jia Musi data include Fuyuan.

主要统计指标解释

地区生产总值(GDP) 指按市场价格计算的一个国家(或地区)所有常住单位在一定时期内生产活动的最终成果。地区生产总值有三种表现形态，即价值形态、收入形态和产品形态。从价值形态看，它是所有常住单位在一定时期内生产的全部货物和服务价值超过同期投入的全部非固定资产货物和服务价值的差额，即所有常住单位的增加值之和；从收入形态看，它是所有常住单位在一定时期内创造并分配给常住单位和非常住单位的初次收入之和；从产品形态看，它是所有常住单位在一定时期内最终使用的货物和服务价值减去货物和服务进口价值。在实际核算中，地区生产总值有三种计算方法，即生产法、收入法和支出法。三种方法分别从不同的方面反映地区生产总值及其构成。

三次产业 三产业的划分是世界上较为常用的产业结构分类，但各国的划分不尽一致。我国的三次产业划分是：

第一产业是指农业、林业、畜牧业、渔业。

第二产业是指采矿业，制造业，电力、煤气及水的生产和供应业，建筑业。

第三产业是指除第一、二产业以外的其他行业。

支出法地区生产总值 是从最终使用的角度反映一个国家(或地区)一定时期内生产活动最终成果的一种方法，包括最终消费支出、资本形成总额及货物和服务净出口三部分。计算公式为：

支出法地区生产总值=最终消费支出+资本形成总额+货物和服务净出口

最终消费支出 指常住单位为满足物质、文化和精神生活的需要，从本国经济领土和国外购买的货物和服务的支出。它不包括非常住单位在本国经济领土内的消费支出。最终消费支出分为居民消费支出和政府消费支出。

居民消费支出 指常住住户在一定时期内对于货物和服务的全部最终消费支出。居民消费支出除了直接以货币形式购买的货物和服务的消费支出外，还包括以其他方式获得的货物和服务的消费支出，即所谓的虚拟消费支出。居民虚拟消费支出包括如下几种类型：单位以实物报酬及实物转移的形式提供给劳动者的货物和服务；住户生产并由本住户消费了的货物和服务，其中的服务仅指住户的自有住房服务和付酬的家庭雇员提供的家庭和个人服务；金融机构提供的金融媒介服务。

政府消费支出 指政府部门为全社会提供的公共服务的消费支出和免费或以较低的价格向居民住户提供的货物和服务的净支出，前者等于政府服务的产出价值减去政府单位所获得的经营收入的价值，后者等于政府部门免费或以较低价格向居民住户提供的货物和服务的市场价值减去向住户收取的价值。

资本形成总额 指常住单位在一定时期内获得减去处置的固定资产和存货的净额，包括固定资本形成总额和存货增加两部分。

固定资本形成总额 指常住单位在一定时期内获得的固定资产减处置的固定资产的价值总额。固定资产是通过生产活动生产出来的，且其使用年限在一年以上、单位价值在规定标准以上的资产，不包括自然资产。可分为有形固定资本形成总额和无形固定资本形成总额。有形固定资本形成总额包括一定时期内完成的建筑工程、安装工程和设备工器具购置(减处置)价值，以及土地改良、新增役、种、奶、毛、娱乐用牲畜和新增经济林木价值。无形固定资本形成总额包括矿藏的勘探、计算机软件等获得减处置。

Explanatory Notes on Main Statistical Indicators

Gross Domestic Product (GDP) refers to the final products at market prices produced by all resident units in a country (or a region) during a certain period of time. Gross domestic product is expressed in three different perspectives, namely value, income, and products respectively. GDP in its value perspective refers to the total value of all goods and services produced by all resident units during a certain period of time, minus the total value of input of goods and services of the nature of non-fixed assets; in other words, it is the sum of the value-added of all resident units. GDP from the perspective of income includes the primary income created by all resident units and distributed to resident and non-resident units. GDP from the perspective of products refers to the value of all goods and services for final demand by all resident units minus the imports of goods and services during a given period of time. In the practice of national accounting, gross domestic product is calculated from three approaches, namely production approach, income approach and expenditure approach, which reflect gross domestic product and its composition from different angles.

Three Strata of Industry Classification of economic activities into three strata of industry is a common practice in the world, although the grouping varies to some extent from country to country. In China economic activities are categorized into the following three strata of industry:

Primary industry refers to agriculture, forestry, animal husbandry and fishery .

Secondary industry refers to mining and quarrying, manufacturing, production and supply of electricity, water and gas, and construction.

Tertiary industry refers to all other economic activities not included in the primary or secondary industries.

Depreciation of Fixed Assets refers to the depreciation of fixed assets in a given period, drawn in accordance with the stipulated depreciation rate for the purpose of compensating the wear-and-tear loss of the fixed assets or the depreciation of fixed assets imputed in accordance with the stipulated unified depreciation rate in the national economic accounting system. It reflects the value of transfer of the fixed assets in the production of the current period. The depreciation of fixed assets in various enterprises and institutions managed as enterprises refers to the depreciation expenses actually drawn. In government agencies and institutions not managed as enterprises which do not draw the depreciation expenses, as well as for the houses of residents, the depreciation of fixed assets is the imputed depreciation, which is calculated in accordance with the stipulated unified depreciation rate. In principle, the depreciation of fixed assets should be calculated on the basis of the re-purchased value of the fixed assets. However, currently the conditions in China do not facilitate the revaluation of all the fixed assets. Therefore, only the above-mentioned methods can be adopted at present.

Operating Surplus refers to the balance of the value added created by the resident units after deducting the labourers remuneration, net taxes on production and the depreciation of fixed assets. It is equivalent to the business profit of the enterprises plus subsidies to production, but the wages and welfare expenses paid from the profits should be deducted.

GDP by Expenditure Approach refers to the method of measuring the final results of production activities of a country (region) during a given period from the perspective of final uses. It includes final consumption expenditure, gross capital formation and net export of goods and services. The formula for computation is.:

GDP by expenditure approach = final consumption expenditure + gross capital formation + net export of goods and services

Final Consumption Expenditure refers to the total expenditure of resident units for purchases of goods and services from both the domestic economic territory and abroad to meet the needs of material, cultural and spiritual life. It does not include the expenditure of non-resident units on consumption in the economic territory of the country. The final consumption expenditure is broken down into household consumption expenditure and government consumption expenditure.

Household Consumption Expenditure refers to the total expenditure of resident households on the final consumption of goods and services. In addition to the consumption of goods and services bought by the households directly with money, the household consumption expenditure also includes expenditure on goods and services obtained by the households in other ways, i.e. the so-called imputed consumption expenditure, which includes the following: (a) the goods and services provided to households by employers in the form of payment in kind and transfer in kind; (b) goods and services produced and consumed by the households themselves, in which the services refer to the owner-occupied housing and services offered by payed family employees; (c) financial intermediate services provided by financial institution.

Government Consumption Expenditure refers to the consumption expenditure spent for the provision of public services provided by the government to the whole country and the net expenditure on the goods and services provided by the government to households free of charge or at reduced prices. The former equals to the output value of the government services minus the value of operating income obtained by the government departments. The latter equals to the market value of the goods and services provided by the government free of charge or at reduced prices to the households minus the value received by the government from the households.

Gross Capital Formation refers to the fixed assets acquired less disposals and the net value of inventory, thus including gross fixed capital formation and changes in inventories.

Gross Fixed Capital Formation refers to the value of acquisitions less those disposals of fixed assets during a given period. Fixed assets are the assets produced through production activities with unit value above a specified amount and which could be used for over one year. Natural assets are not included. Gross fixed capital formation can be categorized into total tangible fixed capital formation and total intangible fixed capital formation. Total tangible fixed capital formation includes the value of the construction projects and installation projects completed and the equipment, apparatus and instruments purchased (less those disposed) as well as the value of land improved, the value of draught animals, breeding stock and animals for milk, for wool and for recreational purposes and the newly increased forest with economic value. Total intangible fixed capital formation includes the prospecting of minerals and the acquisition of computer software minus the disposal of them.

第三篇　人口、就业人员和职工工资

CHAPTER 3 POPULATION.EMPLOYMENT AND WAGES

资料整理：魏　瑨　崔赫男　曹夏茵

3-1 人口和就业基本情况

POPULATION AND EMPLOYMENT

指　标	Item	2008	2009	2010	2011	2012
人　口	**Population**					
总人口(万人)	Total Population(10000 persons)	3825.0	3826.0	3833.4	3834.0	3834.0
男	Male	1933.2	1943.6	1943.6	1936.2	1943.8
女	Female	1891.8	1882.4	1889.8	1897.8	1890.2
城　镇	Urban	2119.0	2123.4	2133.7	2166.2	2181.5
乡　村	Rural	1706.0	1702.6	1699.7	1667.8	1652.5
性别比(女性=100)	Sex Ratio(Female=100)	102.2	103.3	102.8	102.0	102.8
出生率(‰)	Birth Rate(‰)	7.91	7.48	7.35	6.99	7.30
死亡率(‰)	Death Rate(‰)	5.68	5.42	5.83	5.92	6.03
自然增长率(‰)	Natural Growth Rate(‰)	2.23	2.06	1.52	1.07	1.27
就　业	**Employment**					
就业人员合计(万人)	Total Number of Employed Persons(10000 persons)	1852.4	1877.0	1932.0	1977.8	2027.8
城镇就业人员	Urban Employed Persons	886.1	898.8	942.6	988.6	1039.3
国有单位	State-owned Units	318.3	334.4	332.4	333.6	335.4
集体单位	Collective-owned Units	30.6	29.1	22.0	16.1	15.3
其他单位	Units of Other Types of Ownership	126.2	105.6	105.6	116.5	120.2
私营单位	Private Units	108.5	112.0	147.7	145.1	158.7
个　体	Self-employed Individuals	302.6	317.7	334.9	377.3	409.7
乡村就业人员	Rural Employed Persons	966.3	978.2	989.4	989.2	988.5
城镇登记失业人数(万人)	Number of Registered Unemployed Persons in Urban Areas(10000 persons)	32.1	31.4	36.2	35.0	41.3
城镇登记失业率(%)	Registered Unemployment Rate in Urban Areas(%)	4.23	4.27	4.27	4.38	4.15
城镇非私营单位就业人员平均工资(元)	Average Wage of Employed Persons In Urban Non-private Units(yuan)	21764	24805	27735	31302	36406
国有单位	State-owned Units	21549	25635	28374	31693	36814
集体单位	Collective-owned Units	13088	16190	19594	24712	28762
私营单位	Private Units		15367	16924	19429	21753
其他单位	Other Units	24391	24631	27469	31200	36378

3-2 年末人口数

TOTAL POPULATION AT YEAR-END

单位：万人、% (10000 persons,%)

年 份 Year	总人口 Total Population	按性别分 By Sex				按城乡分 By Residence			
		男 Male		女 Female		城镇 Urban		乡村 Rural	
		人口数 Population	比 重 Proportion	人口数 Population	比 重 Proportion	人口数 Population	比 重 Proportion	人口数 Population	比 重 Proportion
1952	1110.5	599.5	54.0	511.0	46.0	319.8	28.8	790.7	71.2
1953	1189.7	646.4	54.3	543.3	45.7	378.9	31.8	810.8	68.2
1954	1250.2	676.2	54.1	574.0	45.9	416.7	33.3	833.5	66.7
1955	1321.2	714.2	54.1	607.0	45.9	433.8	32.8	887.4	67.2
1956	1418.2	770.9	54.4	647.3	45.6	496.0	35.0	922.2	65.0
1957	1478.5	796.8	53.9	681.7	46.1	545.1	36.9	933.4	63.1
1958	1563.7	842.2	53.9	721.5	46.1	587.1	37.5	976.6	62.5
1959	1682.0	908.1	54.0	773.9	46.0	741.9	44.1	940.1	55.9
1960	1807.1	973.4	53.9	833.7	46.1	877.6	48.6	929.5	51.4
1961	1897.1	1018.4	53.7	878.7	46.3	900.1	47.4	997.0	52.6
1962	1893.5	1001.8	52.9	891.7	47.1	811.2	42.8	1082.3	57.2
1963	1972.0	1041.0	52.8	931.0	47.2	796.0	40.4	1176.0	59.6
1964	2053.3	1078.7	52.5	974.6	47.5	811.5	39.5	1241.8	60.5
1965	2133.9	1116.8	52.3	1017.1	47.7	805.6	37.8	1328.3	62.2
1966	2188.6	1143.9	52.3	1044.7	47.7	822.2	37.6	1366.4	62.4
1967	2258.9	1179.6	52.2	1079.3	47.8	842.0	37.3	1416.9	62.7
1968	2343.4	1218.8	52.0	1124.6	48.0	867.2	37.0	1476.2	63.0
1969	2440.8	1264.7	51.8	1176.1	48.2	865.9	35.5	1574.9	64.5
1970	2522.6	1306.9	51.8	1215.7	48.2	907.3	36.0	1615.3	64.0
1971	2627.2	1361.6	51.8	1265.6	48.2	936.7	35.7	1690.5	64.3
1972	2723.4	1409.7	51.8	1313.7	48.2	1007.3	37.0	1716.1	63.0
1973	2818.6	1459.4	51.8	1359.2	48.2	1034.0	36.7	1784.6	63.3
1974	2894.0	1496.6	51.7	1397.4	48.3	1059.1	36.6	1834.9	63.4
1975	2958.1	1528.7	51.7	1429.4	48.3	1078.8	36.5	1879.3	63.5
1976	3019.4	1558.3	51.6	1461.1	48.4	1093.7	36.2	1925.7	63.8
1977	3072.5	1585.3	51.6	1487.2	48.4	1118.2	36.4	1954.3	63.6
1978	3129.6	1614.2	51.6	1515.4	48.4	1122.9	35.9	2006.7	64.1
1979	3168.7	1629.2	51.4	1539.5	48.6	1181.4	37.3	1987.3	62.7
1980	3203.8	1642.4	51.3	1561.4	48.7	1232.7	38.5	1971.1	61.5
1981	3239.3	1660.3	51.3	1579.0	48.7	1275.3	39.4	1964.0	60.6
1982	3281.1	1677.9	51.1	1603.2	48.9	1309.4	39.9	1971.7	60.1
1983	3306.0	1692.0	51.2	1614.0	48.8	1356.8	41.0	1949.2	59.0
1984	3331.0	1706.0	51.2	1625.0	48.8	1398.0	42.0	1933.0	58.0
1985	3357.0	1718.2	51.2	1638.8	48.8	1440.5	42.9	1916.5	57.1
1986	3385.0	1733.6	51.2	1651.4	48.8	1485.3	43.9	1899.7	56.1
1987	3424.0	1753.0	51.2	1671.0	48.8	1536.0	44.9	1888.0	55.1
1988	3466.0	1774.4	51.2	1691.6	48.8	1589.9	45.9	1876.1	54.1
1989	3510.0	1796.6	51.2	1713.4	48.8	1646.5	46.9	1863.5	53.1
1990	3543.0	1812.0	51.1	1731.0	48.9	1699.2	48.0	1843.8	52.0
1991	3575.0	1827.5	51.1	1747.5	48.9	1753.2	49.0	1821.8	51.0
1992	3608.0	1844.0	51.1	1764.0	48.9	1809.1	50.1	1798.9	49.9
1993	3640.0	1861.1	51.1	1778.9	48.9	1866.2	51.3	1773.8	48.7
1994	3672.0	1873.0	51.0	1799.0	49.0	1924.9	52.4	1747.1	47.6
1995	3701.0	1887.5	51.0	1813.5	49.0	1985.9	53.7	1715.1	46.3
1996	3728.0	1901.3	51.0	1826.7	49.0	2007.5	53.8	1720.5	46.2
1997	3751.0	1912.0	51.0	1839.0	49.0	2021.8	53.9	1729.2	46.1
1998	3773.0	1923.5	51.0	1849.5	49.0	2037.4	54.0	1735.6	46.0
1999	3792.0	1933.2	51.0	1858.8	49.0	2055.3	54.2	1736.7	45.8
2000	3807.0	1945.8	51.1	1861.2	48.9	1977.4	51.9	1829.6	48.1
2001	3811.0	1948.2	51.1	1862.8	48.9	1996.2	52.4	1814.8	47.6
2002	3813.0	1953.0	51.2	1860.0	48.8	2004.5	52.6	1808.5	47.4
2003	3815.0	1940.4	50.9	1874.6	49.1	2006.3	52.6	1808.7	47.4
2004	3816.8	1937.8	50.8	1879.0	49.2	2014.5	52.8	1802.3	47.2
2005	3820.0	1933.1	50.6	1886.9	49.4	2028.4	53.1	1791.6	46.9
2006	3823.0	1942.5	50.8	1880.5	49.2	2045.3	53.5	1777.7	46.5
2007	3824.0	1931.1	50.5	1892.9	49.5	2061.1	53.9	1762.9	46.1
2008	3825.0	1933.2	50.5	1891.8	49.5	2119.0	55.4	1706.0	44.6
2009	3826.0	1943.6	50.8	1882.4	49.2	2123.4	55.5	1702.6	44.5
2010	3833.4	1943.6	50.7	1889.8	48.3	2133.7	55.7	1699.7	44.3
2011	3834.0	1936.2	50.5	1897.8	49.5	2166.2	56.5	1667.8	43.5
2012	3834.0	1943.8	50.7	1890.2	49.3	2181.5	56.9	1652.5	43.1

3-3 人口出生率、死亡率、自然增长率

BIRTH RATE, DEATH RATE AND NATURAL GROWTH RATE OF POPULATION

单位：‰ (‰)

年 份 Year	全省 Provincial			市 City			县 County		
	出生率 Birth Rate	死亡率 Death Rate	自然增长率 Natural Growth Rate	出生率 Birth Rate	死亡率 Death Rate	自然增长率 Natural Growth Rate	出生率 Birth Rate	死亡率 Death Rate	自然增长率 Natural Growth Rate
1957	36.59	10.45	26.14	48.33	9.50	38.83	33.01	10.74	22.27
1962	35.46	8.62	26.84	38.94	8.08	30.86	33.79	8.87	24.92
1965	40.38	8.00	32.38	40.11	6.08	34.03	40.47	8.67	31.80
1970	34.80	5.81	28.99	30.78	5.21	25.57	36.04	6.00	30.04
1975	21.98	5.43	16.55	16.21	5.11	11.10	23.70	5.53	18.17
1978	16.84	4.68	12.16	14.12	4.91	9.21	17.64	4.61	13.03
1980	13.49	4.86	8.63	11.74	4.77	6.97	14.07	4.89	9.18
1985	15.04	4.76	10.28	13.39	5.22	8.17	16.86	3.86	13.00
1990	18.11	6.35	11.76	15.43	5.92	9.51	20.71	6.79	13.92
1991	15.89	5.70	10.19	12.30	5.42	6.88	17.05	5.73	11.32
1992	16.25	6.12	10.13	12.88	5.40	7.48	17.65	6.55	11.10
1993	15.90	5.52	10.38	15.37	5.88	9.49	16.10	5.65	10.45
1994	15.15	5.47	9.68	14.91	5.06	9.85	15.39	6.18	9.21
1995	13.23	5.33	7.90	12.09	5.30	6.79	13.72	5.34	8.38
1996	12.40	5.05	7.35	12.28	5.02	7.26	12.43	5.06	7.37
1997	12.02	5.17	6.85	11.46	5.02	6.44	12.91	5.35	7.56
1998	11.68	5.32	6.36	10.24	4.67	5.57	13.31	6.07	7.25
1999	10.55	5.49	5.06	9.56	4.68	4.87	11.23	5.86	5.37
2000	9.43	5.50	3.93	8.76	4.94	3.82	10.11	6.10	4.01
2001	8.48	5.49	2.99	7.56	5.31	2.25	9.44	5.82	3.62
2002	7.98	5.44	2.54	7.30	5.29	2.01	9.12	5.61	3.51
2003	7.48	5.45	2.03	5.80	4.60	1.20	9.30	6.40	2.90
2004	7.27	5.45	1.82	5.15	3.97	1.18	9.53	7.02	2.51
2005	7.87	5.20	2.67	5.81	4.74	1.07	10.57	5.80	4.77
2006	7.57	5.18	2.39	5.82	4.86	0.96	9.18	4.90	4.28
2007	7.88	5.39	2.49	6.25	4.89	1.36	9.85	6.02	3.83
2008	7.91	5.68	2.23	6.94	5.77	1.17	9.21	5.55	3.66
2009	7.48	5.42	2.06	6.55	5.40	1.15	8.76	5.54	3.22
2010	7.35	5.83	1.52	6.45	5.36	1.09	7.78	5.98	1.80
2011	6.99	5.92	1.07	6.58	5.57	1.01	7.59	6.33	1.26
2012	7.30	6.03	1.27	6.52	5.21	1.31	8.27	7.06	1.21

3-4 人口年龄构成和抚养比

AGE COMPOSITION AND DEPENDENCY RATIO OF POPULATION

年 份 Year	人口数 (万人) Total Population (10000 persons)	0-14岁 Aged 0-14	15-64岁 Aged 15-64	65岁及以上 Aged 65 and over	总抚养比(%) Gross Dependency Ratio(%)	少年儿童抚养比 Children Dependency Ratio	老人人口抚养比 Old Dependency Ratio
1985	3357.0	1053.8	2175.1	128.0	54.3	48.5	5.9
1986	3385.0	1020.7	2230.6	133.7	51.8	45.8	6.0
1987	3424.0	993.4	2305.5	125.0	48.5	43.1	5.4
1988	3466.0	931.3	2403.4	131.3	44.2	38.7	5.5
1989	3510.0	957.1	2412.1	140.9	45.5	39.7	5.8
1990	3543.0	944.3	2463.7	135.0	43.8	38.3	5.5
1991	3575.0	990.9	2438.9	145.2	46.6	40.6	6.0
1992	3608.0	984.6	2474.0	149.4	45.8	39.8	6.0
1993	3640.0	881.6	2613.3	145.1	39.3	33.8	5.6
1994	3672.0	869.1	2649.9	153.1	38.6	32.8	5.8
1995	3701.0	868.1	2663.5	169.5	38.9	32.6	6.4
1996	3728.0	802.0	2732.5	193.5	36.4	29.4	7.1
1997	3751.0	798.9	2757.0	195.1	36.1	29.0	7.1
1998	3773.0	776.0	2800.5	196.5	34.7	27.7	7.0
1999	3792.0	778.1	2808.5	205.3	35.0	27.7	7.3
2000	3807.0	719.1	2876.0	211.7	32.4	25.0	7.4
2001	3811.0	699.0	2882.0	230.0	32.2	24.3	8.0
2002	3813.0	648.2	2922.3	242.5	30.5	22.2	8.3
2003	3815.0	604.3	2957.1	253.6	29.0	20.4	8.6
2004	3816.8	555.0	3002.6	259.2	27.1	18.5	8.6
2005	3820.0	563.7	2966.5	289.8	28.8	19.0	9.8
2006	3823.0	536.4	2979.3	307.4	28.3	18.0	10.3
2007	3824.0	501.3	2978.5	344.2	28.4	16.8	11.6
2008	3825.0	481.6	2990.4	353.0	27.9	16.1	11.8
2009	3826.0	464.1	2999.2	362.7	27.6	15.5	12.1
2010	3833.4	458.5	3056.0	318.9	25.4	15.0	10.4
2011	3834.0	453.6	3054.2	326.3	25.5	14.9	10.7
2012	3834.0	452.0	3041.1	340.9	26.1	14.9	11.2

3-5 按年龄和性别分人口数

POPULATION BY AGE AND SEX

年龄	Age	合计 Total			男 Male			女 Female		
		2005	2010	2012	2005	2010	2012	2005	2010	2012
人口数 (万人)	**Population (10000 persons)**									
总 计	**Total**	**3820.0**	**3833.4**	**3834.0**	**1932.9**	**1943.6**	**1943.8**	**1887.1**	**1889.8**	**1890.2**
0-4岁	Age 0-4	151.3	137.4	139.4	79.5	72.1	73.1	71.8	65.3	66.3
5-9岁	Age 5-9	178.8	149.1	150.9	92.4	77.8	78.7	86.4	71.3	72.2
10-14岁	Age 10-14	233.8	169.1	161.7	121.1	87.8	84.1	112.7	81.3	77.6
15-19岁	Age 15-19	280.4	225.1	181.0	144.8	114.6	92.1	135.6	110.5	88.9
20-24岁	Age 20-24	234.5	332.0	241.7	117.7	166.6	121.3	116.8	165.4	120.5
25-29岁	Age 25-29	276.6	281.8	257.5	140.2	142.0	129.8	136.4	139.7	127.7
30-34岁	Age 30-34	388.9	306.7	300.6	196.6	156.6	153.5	192.3	150.0	147.0
35-39岁	Age 35-39	413.3	395.1	347.2	210.5	202.7	178.2	202.8	192.3	169.0
40-44岁	Age 40-44	391.2	400.6	435.8	197.5	206.3	224.4	193.7	194.3	211.4
45-49岁	Age 45-49	324.3	366.5	406.1	163.9	186.7	206.8	160.4	179.9	199.3
50-54岁	Age 50-54	301.8	302.7	319.6	150.4	153.2	161.7	151.4	149.5	157.9
55-59岁	Age 55-59	212.4	268.2	322.7	103.5	132.9	160.0	108.9	135.2	162.7
60-64岁	Age 60-64	142.9	182.1	228.9	68.8	89.3	113.5	74.1	92.8	115.4
65-69岁	Age 65-69	126.4	115.5	124.1	63.0	55.4	59.5	63.4	60.1	64.6
70-74岁	Age 70-74	87.1	97.5	104.8	44.3	47.7	51.2	42.8	49.8	53.6
75-79岁	Age 75-79	47.4	59.3	63.8	25.2	29.8	32.0	22.2	29.5	31.7
80-84岁	Age 80-84	21.4	30.1	32.3	10.2	15.2	16.3	11.2	14.9	16.0
85-89岁	Age 85-89	5.8	11.0	11.8	2.6	5.3	5.7	3.2	5.7	6.2
90岁及以上	Age 90 and Over	1.7	3.8	4.1	0.7	1.7	1.8	1.0	2.1	2.3
构成(%)	**Composition(%)**									
总 计	**Total**	**100.0**	**100.0**	**100.0**	**100.0**	**100.0**	**100.0**	**100.0**	**100.0**	**100.0**
0-4岁	Age 0-4	4.0	3.6	3.6	4.1	3.7	3.8	3.8	3.5	3.5
5-9岁	Age 5-9	4.7	3.9	3.9	4.8	4.0	4.0	4.6	3.8	3.8
10-14岁	Age 10-14	6.1	4.4	4.2	6.2	4.5	4.3	6.0	4.3	4.1
15-19岁	Age 15-19	7.3	5.9	4.7	7.5	5.9	4.7	7.2	5.8	4.7
20-24岁	Age 20-24	6.1	8.7	6.3	6.1	8.6	6.2	6.2	8.8	6.4
25-29岁	Age 25-29	7.3	7.4	6.7	7.2	7.3	6.7	7.2	7.4	6.8
30-34岁	Age 30-34	10.2	8.0	7.8	10.2	8.1	7.9	10.2	7.9	7.8
35-39岁	Age 35-39	10.8	10.3	9.1	10.9	10.4	9.2	10.7	10.2	8.9
40-44岁	Age 40-44	10.2	10.5	11.4	10.2	10.6	11.5	10.2	10.3	11.2
45-49岁	Age 45-49	8.5	9.6	10.6	8.5	9.6	10.6	8.5	9.5	10.5
50-54岁	Age 50-54	7.9	7.9	8.3	7.8	7.9	8.3	8.0	7.9	8.4
55-59岁	Age 55-59	5.6	7.0	8.4	5.4	6.8	8.2	5.8	7.2	8.6
60-64岁	Age 60-64	3.7	4.7	6.0	3.6	4.6	5.8	3.9	4.9	6.1
65-69岁	Age 65-69	3.3	3.0	3.2	3.3	2.8	3.1	3.4	3.2	3.4
70-74岁	Age 70-74	2.3	2.5	2.7	2.3	2.5	2.6	2.2	2.6	2.8
75-79岁	Age 75-79	1.2	1.5	1.7	1.3	1.5	1.6	1.2	1.6	1.7
80-84岁	Age 80-84	0.6	0.8	0.8	0.5	0.8	0.8	0.6	0.8	0.8
85-89岁	Age 85-89	0.2	0.3	0.3	0.1	0.3	0.3	0.2	0.3	0.3
90岁及以上	Age 90 and Over		0.1	0.1		0.1	0.1	0.1	0.1	[illegible]

3-6 各地区年末人口数(2012年)

POPULATION AT YEAR-END BY REGION (2012)

单位：万人，%　　　　(10000 persons, %)

地　区	Region	总人口 Total Population	按性别分 By Sex				非农业人口 Non-agricultural Population		农业人口 Agricultural Population	
			男 Male		女 Female					
			人口数 Population	比　重 Proportion	人口数 Population	比　重 Proportion	人口数 Population	比　重 Proportion	人口数 Population	比　重 Proportion
哈尔滨	Harbin	993.5	501.5	50.5	492.0	49.5	478.9	48.2	514.6	51.8
齐齐哈尔	Qiqihar	559.1	283.2	50.6	275.9	49.4	199.2	35.6	359.9	64.4
鸡　西	Jixi	185.9	93.5	50.3	92.4	49.7	118.8	63.9	67.2	36.1
鹤　岗	Hegang	108.5	54.4	50.1	54.1	49.9	87.6	80.8	20.9	19.2
双鸭山	Shuangyashan	150.4	75.9	50.4	74.5	49.6	96.7	64.3	53.7	35.7
大　庆	Daqing	281.7	140.9	50.0	140.8	50.0	144.7	51.4	137.0	48.6
伊　春	Yichun	124.1	62.0	50.0	62.1	50.0	107.7	86.8	16.4	13.2
佳木斯	Jiamusi	239.4	121.0	50.5	118.5	49.5	119.9	50.1	119.5	49.9
七台河	Qitaihe	92.4	47.8	51.8	44.5	48.2	54.4	58.9	37.9	41.1
牡丹江	Mudanjiang	259.6	130.3	50.2	129.3	49.8	142.6	55.0	116.9	45.0
黑　河	Heihe	172.8	87.7	50.7	85.1	49.3	98.9	57.2	73.9	42.8
绥　化	Suihua	577.0	292.9	50.8	284.1	49.2	153.9	26.7	423.1	73.3
大兴安岭	Daxinganling	51.1	25.9	50.6	25.2	49.4	44.5	87.0	6.7	13.0
绥芬河	Suifenhe	6.8	3.4	50.1	3.4	49.9	5.7	83.2	1.1	16.8
抚　远	Fuyuan	8.7	4.5	51.3	4.2	48.7	5.3	60.7	3.4	39.3

注：本表根据公安年报计算(下表同)。
Note: Data in this table are calculated in accordance with police annual report forms. The same as next table.

3-7 各地区人口出生率、死亡率、自然增长率

BIRTH RATE, DEATH RATE AND NATURAL GROWTH RATE BY REGION

单位：‰　　　　(‰)

地　区	Region	出生率 Birth Rate			死亡率 Death Rate			自然增长率 Natural Growth Rate		
		2009	2010	2011	2009	2010	2011	2009	2010	2011
哈尔滨	Harbin	8.47	8.67	8.28	4.35	5.45	5.61	4.12	3.21	2.67
齐齐哈尔	Qiqihar	9.51	10.02	8.51	4.45	14.36	4.46	5.06	-4.33	4.05
鸡　西	Jixi	6.55	6.75	5.91	5.29	11.53	6.14	1.26	-4.78	-0.23
鹤　岗	Hegang	5.99	6.13	5.86	6.17	7.20	6.11	-0.17	-1.07	-0.25
双鸭山	Shuangyashan	7.01	6.64	6.23	6.72	6.26	4.99	0.29	0.38	1.23
大　庆	Daqing	9.53	9.32	8.59	3.38	13.04	3.95	6.15	-3.72	4.63
伊　春	Yichun	5.51	6.09	4.98	6.85	8.62	7.25	-1.34	-2.53	-2.28
佳木斯	Jiamusi	8.93	8.51	7.57	4.68	5.94	7.24	4.24	2.57	0.33
[illegible]	Qitaihe	11.14	8.96	7.90	4.85	4.92	4.71	6.29	4.04	3.19
[illegible]	[illegible]iang	5.53	8.46	6.66	3.55	8.37	7.95	1.99	0.09	-1.29
[illegible]	[illegible]	8.05	8.58	7.04	5.38	8.64	5.05	2.67	-0.06	1.98
[illegible]	[illegible]	10.12	11.88	9.03	4.66	7.96	6.74	5.46	3.92	2.29
[illegible]	[illegible]	5.37	5.08	4.67	6.28	6.08	6.51	-0.92	-1.00	-1.84

3-8 各行业年末就业人数(2000－2002年)

NUMBER OF EMPLOYED PERSONS AT YEAR-END BY SECTOR (2000－2002)

单位：万人 (10000 persons)

行　业	Sectors	2000	2001	2002
总　计	**Total**	**1600.8**	**1592.6**	**1603.1**
农林牧渔业	Agriculture, Forestry, Animal Husbandry and Fishery	808.5	808.3	811.0
采掘业	Mining and Quarrying	77.5	73.9	70.2
制造业	Manufacturing	185.7	181.5	178.8
电力、煤气及水的生产和供应业	Production and Supply of Electricity, Gas and Water	14.4	14.6	15.5
建筑业	Construction	69.6	68.7	74.0
地质勘查和水利管理业	Geological Prospecting and Water Conservancy	5.7	5.4	5.7
交通运输、仓储及邮电通信业	Transport, Storage, Postal and Telecommunication Services	67.8	67.3	67.5
批发零售贸易餐饮业	Wholesale and Retail Trades and Catering Services	164.5	169.0	165.4
金融保险业	Finance and surance	11.5	11.6	11.8
房地产业	Real Estate	4.8	5.1	6.1
社会服务业	Social Services	43.3	41.5	56.5
卫生体育和社会福利事业	Health Care, Sports and Social Welfare	18.8	18.7	18.5
教育、文化艺术和广播电视业	Education, Culture and Arts, Radio, Film and Television	51.1	50.9	50.3
科学研究和综合技术服务业	Scientific Research and Polytechnic Services	4.4	4.5	4.5
国家机关、政党机关和社会团体	Government Agencies, Party Agencies and Social Organizations	39.1	38.0	35.1
其他行业	Others	33.9	33.6	32.3

注：本表采用《国民经济行业分类》(GB/T 4754-94)标准。
Note:It is Used《Industrial Classification of the National Economy》(GB/T 4754-94)

3-9 各行业年末就业人数(2003－2010年)

NUMBER OF EMPLOYED PERSONS AT YEAR-END BY SECTOR (2003－2010)

单位：万人 (10000 persons)

行　业	Sectors	2003	2004	2005
总　计	**Total**	**1614.0**	**1681.1**	**1748.9**
农林牧渔业	Agriculture, Forestry, Animal Husbandry and Fishery	827.7	812.1	804.4
采矿业	Mining	39.1	45.4	50.3
制造业	Manufacturing	181.7	191.2	189.4
电力、煤气及水的生产和供应业	Production and Supply of Electricity, Gas and Water	15.6	17.7	19.0
建筑业	Construction	80.4	101.7	108.0
交通运输、仓储及邮政业	Transport, Storage and Post	69.3	69.2	69.5
信息传输、计算机服务和软件业	Information Transmission, Computer Services and Software	6.3	9.9	11.2
批发和零售业	Wholesale and Retail Trade	133.5	150.6	158.2
住宿和餐饮业	Hotels and Catering Services	34.0	56.8	60.9
金融业	Financial Intermediation	12.2	12.4	14.4
房地产业	Real Estate	4.6	6.7	7.7
租赁和商务服务业	Leasing and Business Services	6.4	19.3	28.8
科学研究、技术服务和地质勘查业	Scientific Research, Technical Service and Geologic Prospecting	9.2	10.4	11.0
水利、环境和公共设施管理业	Management of Water Conservancy, Environment and Public Facilities	8.0	13.9	10.0
居民服务和其他服务业	Services to Households and Other Services	58.4	35.7	62.5
教　育	Education	60.4	57.0	71.2
卫生、社会保障和社会福利业	Health, Social Security and Social Welfare	22.8	24.5	23.1
文化、体育和娱乐业	Culture, Sports and Entertainment	6.3	7.2	7.0
公共管理和社会组织	Public Management and Social Organization	38.1	39.3	42.3

注：本表采用《国民经济行业分类》(GB/T 4754-2002)标准。
Note:It is Used《Industrial Classification of the National Economy》(GB/T 4754-2002)

3-9 续表1 CONTINUED

单位：万人 (10000 persons)

行 业	Sectors	2006	2007	2008
总 计	**Total**	**1784.1**	**1827.6**	**1852.4**
农林牧渔业	Agriculture, Forestry, Animal Husbandry and Fishery	806.1	798.7	803.8
采矿业	Mining	55.4	56.1	54.3
制造业	Manufacturing	189.0	199.3	192.4
电力、煤气及水的生产和供应业	Production and Supply of Electricity, Gas and Water	18.1	18.5	18.7
建筑业	Construction	112.5	121.3	119.7
交通运输、仓储及邮政业	Transport, Storage and Post	70.8	72.5	75.8
信息传输、计算机服务和软件业	Information Transmission, Computer Services and Software	15.6	17.5	17.4
批发和零售业	Wholesale and Retail Trade	167.5	183.0	190.9
住宿和餐饮业	Hotels and Catering Services	62.0	66.2	76.3
金融业	Financial Intermediation	15.1	15.3	14.7
房地产业	Real Estate	13.1	10.8	9.4
租赁和商务服务业	Leasing and Business Services	17.1	19.8	22.0
科学研究、技术服务和地质勘查业	Scientific Research, Technical Service and Geologic Prospecting	11.3	12.1	13.9
水利、环境和公共设施管理业	Management of Water Conservancy, Environment and Public Facilities	11.4	11.8	11.7
居民服务和其他服务业	Services to Households and Other Services	45.8	50.7	59.9
教 育	Education	86.1	85.6	79.9
卫生、社会保障和社会福利业	Health, Social Security and Social Welfare	35.7	36.2	36.9
文化、体育和娱乐业	Culture, Sports and Entertainment	8.0	8.6	9.4
公共管理和社会组织	Public Management and Social Organization	43.6	43.6	45.3

3-9 续表2 CONTINUED

单位：万人 (10000 persons)

行 业	Sectors	2009	2010
总 计	**Total**	**1877.0**	**1932.0**
农林牧渔业	Agriculture, Forestry, Animal Husbandry and Fishery	811.7	798.6
采矿业	Mining	51.8	50.7
制造业	Manufacturing	187.1	173.8
电力、煤气及水的生产和供应业	Production and Supply of Electricity, Gas and Water	18.7	20.5
建筑业	Construction	128.9	129.4
交通运输、仓储及邮政业	Transport, Storage and Post	74.5	75.2
信息传输、计算机服务和软件业	Information Transmission, Computer Services and Software	21.1	24.1
批发和零售业	Wholesale and Retail Trade	192.1	203.9
住宿和餐饮业	Hotels and Catering Services	73.8	80.2
金融业	Financial Intermediation	16.0	17.2
房地产业	Real Estate	11.8	12.2
租赁和商务服务业	Leasing and Business Services	24.0	30.8
科学研究、技术服务和地质勘查业	Scientific Research, Technical Service and Geologic Prospecting	15.1	17.7
水利、环境和公共设施管理业	Management of Water Conservancy, Environment and Public Facilities	12.8	15.6
居民服务和其他服务业	Services to Households and Other Services	61.2	96.8
教 育	Education	84.2	88.5
卫生、社会保障和社会福利业	Health, Social Security and Social Welfare	38.9	42.2
文化、体育和娱乐业	Culture, Sports and Entertainment	9.1	9.1
公共管理和社会组织	Public Management and Social Organization	44.2	45.5

3-10 三次产业年末就业人数

NUMBER OF EMPLOYED PERSONS AT YEAR-END BY THREE STRATA OF INDUSTRY

地 区 Region	就业人员数（万人） Number of Employed Persons (10000 persons)					构 成（%） Composition (%)			
	合 计 Total	第一产业 Primary Industry	第二产业 Secondary Industry	#工业 Industry	第三产业 Tertiary Industry	第一产业 Primary Industry	第二产业 Secondary Industry	#工业 Industry	第三产业 Tertiary Industry
1952	376.8	279.0	53.1	44.8	44.7	74.0	14.1	11.9	11.9
1957	449.9	302.2	80.3	67.1	67.4	67.2	17.8	14.9	15.0
1962	543.3	326.2	118.6	101.2	98.5	60.0	21.8	18.6	18.1
1965	598.8	348.3	129.8	105.9	120.7	58.2	21.7	17.7	20.2
1970	725.4	416.2	184.8	163.7	124.4	57.4	25.5	22.6	17.1
1975	881.4	491.3	244.0	213.9	146.1	55.7	27.7	24.3	16.6
1978	1006.9	530.0	294.5	253.6	182.4	52.6	29.2	25.2	18.1
1980	1080.7	505.6	348.0	304.6	227.1	46.8	32.2	28.2	21.0
1985	1289.6	531.5	451.9	373.6	306.2	41.2	35.0	29.0	23.7
1990	1436.2	568.7	504.7	437.8	362.8	39.6	35.1	30.5	25.3
1991	1481.9	565.8	530.0	458.6	386.1	38.2	35.8	30.9	26.1
1992	1483.4	545.5	540.1	464.4	397.8	36.8	36.4	31.3	26.8
1993	1500.2	572.6	535.2	460.4	392.4	38.2	35.7	30.7	26.2
1994	1515.2	557.5	535.9	459.8	421.8	36.8	35.4	30.3	27.8
1995	1543.1	567.5	529.8	453.9	445.8	36.8	34.3	29.4	28.9
1996	1557.8	559.3	534.8	455.9	463.7	35.9	34.3	29.3	29.8
1997	1647.6	582.0	511.5	433.8	554.1	35.3	31.0	26.3	33.6
1998	1700.0	826.5	386.7	316.3	486.8	48.6	22.7	18.6	28.6
1999	1654.2	807.9	375.9	305.7	470.4	48.8	22.7	18.5	28.4
2000	1600.8	803.7	347.3	277.7	449.8	50.2	21.7	17.3	28.1
2001	1592.6	804.6	338.7	270.0	449.3	50.5	21.3	17.0	28.2
2002	1603.1	807.6	338.5	264.4	456.9	50.4	21.1	16.5	28.5
2003	1614.0	827.7	316.9	236.5	469.4	51.3	19.6	14.7	29.1
2004	1681.1	812.1	356.0	236.6	513.0	48.3	21.2	14.1	30.5
2005	1748.9	804.4	366.7	258.7	577.8	46.0	21.0	14.8	33.0
2006	1784.1	806.1	374.9	262.4	603.1	45.2	21.0	14.7	33.8
2007	1827.6	798.7	395.2	273.8	633.7	43.7	21.6	15.0	34.7
2008	1852.4	803.8	385.1	265.3	663.5	43.4	20.8	14.3	35.8
2009	1877.0	811.7	386.5	257.6	678.7	43.2	20.6	13.7	36.2
2010	1932.0	798.6	374.4	245.1	759.0	41.3	19.4	12.7	39.3

注：1.1998年起从业人员中不含城镇单位离岗职工；乡村劳动力与农业普查数据衔接后，第一产业变化较大，故与以前年份不可比。
2.2003-2010年采用《国民经济行业分类》（GB/T 4754-2002）标准，三次产业的划分有所调整，相关的历史数据未作调整。

Note: a) Since 1998, the number of employed persons has excluded off-post staff and workers in urban units;rural employed persons has been adjusted in accordance with the data obtained from general investigation of agriculture, as a result, the data of primary industry employed persons are not comparable with the data of the previous years

b) From 2003 to 2010, it is used《Industrial Classification of the National Economy》(GB/T 4754-2002), accordingly the division of industry will change, the relevant historical data have not been ajusted.

3-11 分城乡就业人数

单位：万人、人

行　业 地　区	Sector Region	合计 Total
	2005	1748.9
	2006	1784.1
	2007	1827.6
	2008	1852.4
	2009	1877.0
	2010	1932.0
	2011	1977.8
	2012	2027.8
按行业分	**By Sector**	
农、林、牧、渔业	Agriculture, Forestry, Animal Husbandry and Fishery	
采矿业	Mining	
制造业	Manufacturing	
电力、热力、燃气及水的生产和供应业	Production and Supply of Electric,Heat,Gas and Water	
建筑业	Construction	
批发和零售业	Wholesale and Retail Trade	
交通运输、仓储及邮政业	Transport, Storage and Post	
住宿和餐饮业	Hotels and Catering Services	
信息传输、软件和信息技术服务业	Information Transmission, Software and IT Services	
金融业	Financial Intermediation	
房地产业	Real Estate	
租赁和商务服务业	Leasing and Business Services	
科学研究和技术服务业	Scientific Research and Technical Services	
水利、环境和公共设施管理业	Management of Water Conservancy, Environment and Public Facilities	
居民服务、修理和其他服务业	Services to Households,Repair and Other Services	
教　育	Education	
卫生、社会工作	Health and Social Work	
文化、体育和娱乐业	Culture, Sports and Entertainment	
公共管理、社会保障和社会组织	Public Management,Social Securities and Social Organization	
国际组织	International Organizations	
按地区分	**By Region**	
哈尔滨	Harbin	
齐齐哈尔	Qiqihar	
鸡　西	Jixi	
鹤　岗	Hegang	
双鸭山	Shuangyashan	
大　庆	Daqing	
伊　春	Yichun	
佳木斯	Jiamusi	
七台河	Qitaihe	
牡丹江	Mudanjiang	
黑　河	Heihe	
绥　化	Suihua	
大兴安岭	Daxinganling	
农垦总局	ARB	
绥芬河	Suifenhe	
抚　远	Fuyuan	
哈尔滨铁路局	Haerbin Railway Bureau	

注：2004年起城镇就业人员中增加灵活就业人员。
Note:Urban employed persons included the person who obtain employment flexibly.

NUMBER EMPLOYED PERSONS AT YEAR-END IN URBAN AND RURAL AREAS

（10000 persons, person）

城 镇 Urban Areas							乡 村 Rural Areas
小计 Subtotal	国有单位 State-owned Units	集体单位 Collective-owned Units	私营单位 Private Enterprises	城镇个体 Urban Self-employed Individuals	#灵活就业 Obtain Employment Flexibly	其他单位 Units of Other Types of Ownership	
799.9	314.1	38.4	77.5	232.0	123.0	137.8	949.0
839.7	313.6	36.5	82.8	260.4	149.1	146.4	944.3
878.2	319.0	32.9	92.5	283.2	167.7	150.6	949.4
886.1	318.3	30.6	108.5	302.6	182.2	126.1	966.3
898.8	334.4	29.1	112.0	317.7	189.6	105.6	978.2
942.6	332.4	22.0	147.7	334.9	188.7	105.6	989.4
988.6	333.6	16.1	145.1	377.3	201.9	116.5	989.2
1039.3	335.4	15.3	158.7	409.7	195.0	120.2	988.5
1226755	923644	1678	32595	261533	224646	7305	
501351	184829	13859	17281	70801	68727	214581	
1167580	145416	40565	277948	256174	127105	447477	
206736	113756	1189	13713	35692	35061	42386	
665442	142808	37494	120871	188366	182701	175903	
2155710	57246	10153	573182	1423518	255571	91611	
547055	235375	2750	64976	225990	80166	17964	
617190	21634	2636	66012	505577	228638	21331	
152694	24755	211	51350	40239	21407	36139	
185321	58142	20706	6844	18360	18335	81269	
152205	22451	1424	71330	22341	18825	34659	
332642	32865	4014	146366	137399	100856	11998	
205974	109663	1656	76753	10295	7608	7607	
165483	94414	3835	6163	57158	56902	3913	
767319	40531	1411	44789	678673	380687	1915	
488206	463587	2674	1667	16986	16587	3292	
275347	202402	6233	2542	62968	58191	1202	
101763	40368	341	12416	46957	30214	1681	
479028	440351	535		38142	38142		
2985070	761475	60162	622517	1132892	223729	408024	
737713	174367	18285	103032	312853	95425	129176	
521819	89951	5346	43005	289118	204817	94399	
383809	106249	10807	62737	181664	125993	22352	
305682	76766	5416	27199	134436	81492	61865	
1003818	448563	13103	200460	261892	98709	79800	
573667	161929	8129	74408	300121	237149	29080	
558499	126836	7747	75281	319075	183379	29560	
279989	40342	4224	41238	102680	66243	91505	
620589	145118	4454	186648	212310	86807	72059	
347638	99172	3299	46396	182502	113013	16269	
697442	185181	10303	32207	389300	233324	80451	
239345	80356	916	27764	121114	89612	9195	
919725	677615	781	29706	137701	103479	73922	
34175	6691	226	10190	12639	3701	4429	
17720	6525	166	4010	6872	3497	147	
167101	167101						

3-12 年末城镇私营和个体就业人数

NUMBER OF EMPLOYED PERSONS IN URBAN PRIVATE ENTERPRISES AND SELF-EMPLOYED INDIVIDUALS AT YEAR-END

单位：人 (person)

年份 地区	Year Region	总计 Total	农、林、牧、渔业 Agriculture, Forestry, Animal Husbandry and Fishery	采矿业 Mining	制造业 Manufacturing	电力、热力、燃气及水的生产和供应业 Production and Supply of Electric, heat, Gas and Water	建筑业 Construction	批发和零售业 Wholesale and Retail Trades
2012		**5683967**	**294128**	**88082**	**534122**	**49405**	**309237**	**1996700**
哈尔滨	Harbin	1755409	27396	2305	114883	3244	55485	837543
齐齐哈尔	Qiqihar	415885	18946	5177	58952	2982	16629	172592
鸡西	Jixi	332123	24438	21514	20873	3004	20373	85374
鹤岗	Hegang	244401	13260	16997	33416	1657	15821	62687
双鸭山	Shuangyashan	161635	7522	5473	13377	3862	8305	43599
大庆	Daqing	462352	15125	6859	38739	502	23035	192259
伊春	Yichun	374529	64451	4748	49473	5006	33352	65550
佳木斯	Jiamusi	394356	9556	3361	41560	9122	14669	129853
七台河	Qitaihe	143918	1382	13894	5597	718	6412	37159
牡丹江	Mudanjiang	398958	13406	4176	52890	7342	23377	131529
黑河	Heihe	228898	15000	1168	14161	1450	17853	68421
绥化	Suihua	421507	14304	232	60563	7589	51860	99569
大兴安岭	Daxinganling	148878	28499	1694	11585	1182	9630	22723
农垦总局	ARB	167407	40467	447	16180	1456	11322	30349
绥芬河	Suifenhe	22829	35	11	1741		314	12201
抚远	Fuyuan	10882	341	26	132	289	800	5292

3-12 续表1 CONTINUED

单位：人 (person)

年份 地区	Year Region	交通运输仓储和邮政业 Transport, Storage and Post	住宿和餐饮业 Hotels and Catering Services	信息传输、软件和信息技术服务业 Information Transmission, Software and IT Softwares	金融业 Financial Intermediation	房地产业 Real Estate	租赁和商务服务业 Leasing and Business Services	科学研究和技术服务业 Scientific Research and Technical Service
2012		**290966**	**571589**	**91589**	**25204**	**93671**	**283765**	**87048**
哈尔滨	Harbin	122151	128709	30854	3446	25798	105281	48497
齐齐哈尔	Qiqihar	12854	40118	7271	1336	5114	8317	3450
鸡西	Jixi	16310	48279	1861	1757	7120	14831	1436
鹤岗	Hegang	11763	25738	2938	1408	5611	14944	561
双鸭山	Shuangyashan	11454	19220	3549	647	4436	5315	972
大庆	Daqing	15650	50422	10299	662	7003	29245	18333
伊春	Yichun	14393	35681	4470	1597	4607	16896	2250
佳木斯	Jiamusi	8440	54646	4449	7231	5751	16068	6552
七台河	Qitaihe	3282	23478	2407	468	4030	1502	637
牡丹江	Mudanjiang	13186	50122	12564	1081	9899	30551	1311
黑河	Heihe	11351	27141	5679	1183	3159	9882	1061
绥化	Suihua	36789	30874	2347	3888	5924	20081	357
大兴安岭	Daxinganling	7662	18491	1596	171	2204	6959	682
农垦总局	ARB	3021	16012	1143	107	1919	1941	900
绥芬河	Suifenhe	1781	1810	154	211	617	1105	29
抚远	Fuyuan	879	848	8	11	479	847	20

3-12 续表2 CONTINUED

单位：人 (person)

年 份 地 区	Year Region	水利、环境和公共设施管理业 Management of Water Conservancy, Environment and Public Facilities	居民服务、修理和其他服务业 Services to Households Repair and Other Services	教 育 Education	卫生和社会工作 Health and Social Work	文化、体育和娱乐业 Culture, Sports and Entertainment	公共管理、社会保障和社会组织 Public Management Social Securities and Social Organization
2012		**63321**	**723462**	**18653**	**65510**	**59373**	**38142**
哈尔滨	Harbin	3850	229244	459	5483	10377	404
齐齐哈尔	Qiqihar	2049	39393	988	3035	3036	13646
鸡 西	Jixi	5236	49540	834	4518	3173	1652
鹤 岗	Hegang	1733	22773	1455	4259	3180	4200
双鸭山	Shuangyashan	3207	17019	1750	7730	2518	1680
大 庆	Daqing	5964	42181	97	712	4322	943
伊 春	Yichun	9395	36290	4040	9487	7090	5753
佳木斯	Jiamusi	9007	47558	2680	16068	5099	2686
七台河	Qitaihe	5089	34614	835	1884	455	75
牡丹江	Mudanjiang	3851	32468	384	3838	5218	1765
黑 河	Heihe	3434	38564	3589	2271	1534	1997
绥 化	Suihua	639	72421	596	1915	10715	844
大兴安岭	Daxinganling	5383	24097	523	2796	2022	979
农垦总局	ARB	4110	34910	385	1116	510	1112
绥芬河	Suifenhe	373	1662	29	378	99	279
抚 远	Fuyuan	1	728	9	20	25	127

3-13 各地区年末城镇非私营单位就业人数

NUMBER OF EMPLOYMENT IN URBAN NON-PRIVATE UNITS AT YEAR-END BY REGION

单位：人 (person)

年 份 地 区	Year Region	总 计 Total	农、林、牧、渔业 Agriculture, Forestry, Animal Husbandry and Fishery	采矿业 Mining	制造业 Manufacturing	电力、热力、燃气及水的生产和供应业 Production and Supply of Electric, heat, Gas and Water	建筑业 Construction
2012		**4709834**	**932627**	**413269**	**633458**	**157331**	**356205**
哈尔滨	Harbin	1229661	62977	7304	255460	42639	137678
齐齐哈尔	Qiqihar	321828	5564	414	93405	15597	23323
鸡 西	Jixi	189696	13620	68677	12548	7944	10143
鹤 岗	Hegang	139408	9534	76413	1791	3720	2086
双鸭山	Shuangyashan	144047	9096	48024	5640	6553	2508
大 庆	Daqing	541466	3023	117678	79749	27054	63022
伊 春	Yichun	199138	103642	2651	24620	6569	8302
佳木斯	Jiamusi	164143	22635	577	14940	7098	11572
七台河	Qitaihe	136071	4662	74787	10299	2243	5304
牡丹江	Mudanjiang	221631	42094	6343	40488	11633	5693
黑 河	Heihe	118740	28768	4770	4588	6377	2714
绥 化	Suihua	275935	13363	2586	48068	7515	27357
大兴安岭	Daxinganling	90467	48964	2279	3172	4398	2731
农垦总局	ARB	752318	562395	766	35247	7346	38118
绥芬河	Suifenhe	11346	92		1053	458	1088
抚 远	Fuyuan	6838	1585		22	187	
哈尔滨铁路局	Harbin Railway Bureau	167101	613		2368		14566

3-13 续表1 CONTINUED

单位：人 (person)

年 份 地 区	Year Region	批发和零售业 Wholesale and Retail Trades	交通运输仓储和邮政业 Transport, Storage and Post	住宿和餐饮业 Hotels and Catering Services	信息传输、软件和信息技术服务业 Information Transmission, Software and IT Softwares	金融业 Financial Intermediation	房地产业 Real Estate	租赁和商务服务业 Leasing and Business Services
2012		**159010**	**256089**	**45601**	**61105**	**160117**	**58534**	**48877**
哈尔滨	Harbin	71588	49639	26758	26310	56232	30831	15645
齐齐哈尔	Qiqihar	9516	10936	890	4378	16762	5167	2250
鸡 西	Jixi	5331	5321	312	2523	7689	877	347
鹤 岗	Hegang	1983	3427	335	1126	4436	499	38
双鸭山	Shuangyashan	4559	6620	290	2245	5477	1472	896
大 庆	Daqing	20796	15969	3252	7284	13511	7953	392
伊 春	Yichun	1882	3368	659	2749	4309	602	501
佳木斯	Jiamusi	9652	7225	1109	2469	7304	850	1390
七台河	Qitaihe	1279	2725	118	1293	4060	626	1045
牡丹江	Mudanjiang	4663	9058	1133	3152	15557	1338	1713
黑 河	Heihe	2536	8995	938	708	5122	1068	496
绥 化	Suihua	12277	9373	1269	1881	11736	5061	1637
大兴安岭	Daxinganling	1589	1830	717	1657	2634	382	707
农垦总局	ARB	7361	4111	2113	3190	4217	1113	6714
绥芬河	Suifenhe	439	485	197	30	854	463	194
抚 远	Fuyuan	19	265	50		159	127	41
哈尔滨铁路局	Haerbin Railway Bureau	3540	116742	5461	110	58	105	14871

3-13 续表2 CONTINUED

单位：人 (person)

年 份 地 区	Year Region	科学研究和技术服务业 Scientific Research and Technical Service	水利、环境和公共设施管理业 Management of Water Conservancy, Environment and Public Facilities	居民服务、修理和其他服务业 Services to Households Repair and Other Services	教 育 Education	卫生和社会工作 Health and Social Work	文化、体育和娱乐业 Culture, Sports and Entertainment	公共管理、社会保障和社会组织 Public Management Social Securities and Social Organization
2012		**118926**	**102162**	**43857**	**469553**	**209837**	**42390**	**440886**
哈尔滨	Harbin	42454	33760	4797	168099	69084	17988	110418
齐齐哈尔	Qiqihar	6160	11791	775	46731	24147	3393	40629
鸡 西	Jixi	1198	4699	298	16493	6458	1992	23226
鹤 岗	Hegang	524	4333	151	9806	4933	1164	13109
双鸭山	Shuangyashan	1304	4100	259	14062	5246	1490	24206
大 庆	Daqing	48176	4378	27985	40864	19433	4758	36189
伊 春	Yichun	1609	2137	109	12751	7086	1076	14516
佳木斯	Jiamusi	2968	5556	424	24899	12017	1829	29629
七台河	Qitaihe	1307	1979	152	7913	3210	848	12221
牡丹江	Mudanjiang	2828	4468	390	26687	15274	2421	26698
黑 河	Heihe	1842	3587	252	13630	6813	1292	24244
绥 化	Suihua	3599	7729	751	54218	18236	2282	46997
大兴安岭	Daxinganling	1234	1532	20	4922	1693	573	9433
农垦总局	ARB	1965	11322	1497	25208	14882	766	23987
绥芬河	Suifenhe	118	534		1284	648	74	3335
抚 远	Fuyuan	33	257		1522	381	141	2049
哈尔滨铁路局	Haerbin Railway Bureau	1607		5997	464	296	303	

3-14 各地区年末国有单位就业人数
NUMBER OF EMPLOYMENT IN STATE-OWNED UNITS AT YEAR-END BY REGION

单位：人 (person)

年 份 地 区	Year Region	总 计 Total	农、林、牧、渔业 Agriculture, Forestry, Animal Husbandry and Fishery	采矿业 Mining	制造业 Manufacturing	电力、热力、燃气及水的生产和供应业 Production and Supply of Electric, heat, Gas and Water	建筑业 Construction	批发和零售业 Wholesale and Retail Trades
2012		**3354237**	**923644**	**184829**	**145416**	**113756**	**142808**	**57246**
哈尔滨	Harbin	761475	60747	6483	81650	30298	59384	12653
齐齐哈尔	Qiqihar	174367	5499	122	4595	5770	1323	4420
鸡 西	Jixi	89951	13536	4156	927	6594	1267	3381
鹤 岗	Hegang	106249	9157	50639	311	2675	651	1723
双鸭山	Shuangyashan	76766	9061	2194	449	3744	340	2321
大 庆	Daqing	448563	2957	114275	34699	24510	48308	10122
伊 春	Yichun	161929	102804	1911	4079	5062	1221	934
佳木斯	Jiamusi	126836	22558	78	2486	5396	4583	3570
七台河	Qitaihe	40342	4662	499	781	999	777	882
牡丹江	Mudanjiang	145118	42094	161	2571	6954	2325	2107
黑 河	Heihe	99172	23840	330	1697	4946	342	2293
绥 化	Suihua	185181	13080	2173	2808	6971	3550	4752
大兴安岭	Daxinganling	80356	48964	1808	119	4020	687	595
农垦总局	ARB	677615	562395		5872	5647	3484	3838
绥芬河	Suifenhe	6691	92					98
抚 远	Fuyuan	6525	1585		4	170		17
哈尔滨铁路局	Haerbin Railway Bureau	167101	613		2368		14566	3540

3-14 续表1 CONTINUED

单位：人 (person)

年 份 地 区	Year Region	交通运输仓储和邮政业 Transport, Storage and Post	住宿和餐饮业 Hotels and Catering Services	信息传输、软件和信息技术服务业 Information Transmission, Software and IT Softwares	金融业 Financial Intermediation	房地产业 Real Estate	租赁和商务服务业 Leasing and Business Services	科学研究和技术服务业 Scientific Research and Technical Service
2012		**235375**	**21634**	**24755**	**58142**	**22451**	**32865**	**109663**
哈尔滨	Harbin	38384	8364	7471	21591	11810	3939	34654
齐齐哈尔	Qiqihar	8841	186	2887	6146	1837	1991	5740
鸡 西	Jixi	3983	135	33	1161	518	314	1052
鹤 岗	Hegang	3038	335	958	3023	483	22	524
双鸭山	Shuangyashan	5878	218		1596	427	546	1297
大 庆	Daqing	15255	1720	4520	6801	4181	273	48118
伊 春	Yichun	3278	358	926	1858	93	313	1519
佳木斯	Jiamusi	6678	599	1311	1227	537	645	2903
七台河	Qitaihe	1820	100	416	1437	245	151	1272
牡丹江	Mudanjiang	6932	164	1435	1329	225	1043	2615
黑 河	Heihe	8889	728	513	3309	240	419	1837
绥 化	Suihua	9300	671	1406	5358	1039	1009	3496
大兴安岭	Daxinganling	1742	420	584	1421	198	679	1179
农垦总局	ARB	4084	2097	2155	1615	468	6573	1774
绥芬河	Suifenhe	266	28	30	212		63	51
抚 远	Fuyuan	265	50			45	14	25
哈尔滨铁路局	Haerbin Railway Bureau	116742	5461	110	58	105	14871	1607

3-14 续表2 CONTINUED

单位：人 (person)

年 份 地 区	Year Region	水利、环境和公共设施管理业 Management of Water Conservancy, Environment and Public Facilities	居民服务、修理和其他服务业 Services to Households Repair and Other Services	教 育 Education	卫生和社会工作 Health and Social Work	文化、体育和娱乐业 Culture, Sports and Entertainment	公共管理、社会保障和社会组织 Public Management Social Securities and Social Organization
2012		**94414**	**40531**	**463587**	**202402**	**40368**	**440351**
哈尔滨	Harbin	28566	1937	162394	64726	16031	110393
齐齐哈尔	Qiqihar	10210	553	46673	23577	3393	40604
鸡 西	Jixi	4699	293	16493	6382	1992	23035
鹤 岗	Hegang	4333	151	9791	4228	1164	13043
双鸭山	Shuangyashan	3433	259	14062	5245	1490	24206
大 庆	Daqing	4367	27915	40864	18731	4758	36189
伊 春	Yichun	2137	87	12751	7024	1058	14516
佳木斯	Jiamusi	5556	403	24899	12017	1813	29577
七台河	Qitaihe	1979	130	7913	3210	848	12221
牡丹江	Mudanjiang	4453	390	26567	14689	2421	26643
黑 河	Heihe	3579	247	13630	6797	1292	24244
绥 化	Suihua	7715	652	54170	17876	2279	46876
大兴安岭	Daxinganling	1299	20	4922	1693	573	9433
农垦总局	ARB	11297	1497	25208	14882	742	23987
绥芬河	Suifenhe	534		1264	648	70	3335
抚 远	Fuyuan	257		1522	381	141	2049
哈尔滨铁路局	Haerbin Railway Bureau		5997	464	296	303	

3-15 各地区年末城镇集体单位就业人数

NUMBER OF EMPLOYMENT IN URBAN COLLECTIVE-OWNED UNITS AT YEAR-END BY REGION

单位：人 (person)

年 份 地 区	Year Region	总 计 Total	农、林、牧、渔业 Agriculture, Forestry, Animal Husbandry and Fishery	采矿业 Mining	制造业 Manufacturing	电力、热力、燃气及水的生产和供应业 Production and Supply of Electric, heat, Gas and Water	建筑业 Construction
2012		**153364**	**1678**	**13859**	**40565**	**1189**	**37494**
哈尔滨	Harbin	60162	125		21206	507	13656
齐齐哈尔	Qiqihar	18285	1	35	5378	166	5103
鸡 西	Jixi	5346	42	964	1380		455
鹤 岗	Hegang	10807	377	7375	557		269
双鸭山	Shuangyashan	5416	11	112	832		1014
大 庆	Daqing	13103	16	1229	4044		4124
伊 春	Yichun	8129	838	79	4626		1510
佳木斯	Jiamusi	7747	77	33	501	27	4029
七台河	Qitaihe	4224		2624	75		480
牡丹江	Mudanjiang	4454		1408	332	358	541
黑 河	Heihe	3299			225		1613
绥 化	Suihua	10303	191		1121	131	3899
大兴安岭	Daxinganling	916			16		587
农垦总局	ARB	781			272		214
绥芬河	Suifenhe	226					
抚 远	Fuyuan	166					

3-15 续表1 CONTINUED

单位：人 (person)

年份 地区	Year Region	批发和零售业 Wholesale and Retail Trades	交通运输仓储和邮政业 Transport, Storage and Post	住宿和餐饮业 Hotels and Catering Services	信息传输、软件和信息技术服务业 Information Transmission, Software and IT Softwares	金融业 Financial Intermediation	房地产业 Real Estate	租赁和商务服务业 Leasing and Business Services
2012		**10153**	**2750**	**2636**	**211**	**20706**	**1424**	**4014**
哈尔滨	Harbin	4055	998	2211	23	4227	355	1746
齐齐哈尔	Qiqihar	1197	505	122		3574	64	134
鸡西	Jixi	407	367	72		1367		17
鹤岗	Hegang	172	332			907	16	16
双鸭山	Shuangyashan	281	70	72		1636	557	192
大庆	Daqing	1208		15		1574	127	25
伊春	Yichun	108	42	83	120	556		65
佳木斯	Jiamusi	802	250			1328		613
七台河	Qitaihe	37	49			412	14	511
牡丹江	Mudanjiang	202	84	9	12	1085	16	10
黑河	Heihe	156	6	30	56	1091	46	55
绥化	Suihua	1528			22	2025	213	617
大兴安岭	Daxinganling					297	16	
农垦总局	ARB					295		
绥芬河	Suifenhe		47			173		6
抚远	Fuyuan					159		7

3-15 续表2 CONTINUED

单位：人 (person)

年份 地区	Year Region	科学研究和技术服务业 Scientific Research and Technical Service	水利、环境和公共设施管理业 Management of Water Conservancy, Environment and Public Facilities	居民服务、修理和其他服务业 Services to Households Repair and Other Services	教育 Education	卫生和社会工作 Health and Social Work	文化、体育和娱乐业 Culture, Sports and Entertainment	公共管理、社会保障和社会组织 Public Management Social Securities and Social Organization
2012		**1656**	**3835**	**1411**	**2674**	**6233**	**341**	**535**
哈尔滨	Harbin	1597	1776	1254	2599	3482	320	25
齐齐哈尔	Qiqihar		1428	54		499		25
鸡西	Jixi	3		5		76		191
鹤岗	Hegang				15	705		66
双鸭山	Shuangyashan	7	631			1		
大庆	Daqing			39		702		
伊春	Yichun			22		62	18	
佳木斯	Jiamusi	25		10				52
七台河	Qitaihe			22				
牡丹江	Mudanjiang				12	330		55
黑河	Heihe			5		16		
绥化	Suihua	24			48	360	3	121
大兴安岭	Daxinganling							
农垦总局	ARB							
绥芬河	Suifenhe							
抚远	Fuyuan							

3-16 各地区年末其他单位就业人数

NUMBER OF EMPLOYMENT IN URBAN OTHER UNITS AT YEAR-END BY REGION

单位：人 (person)

年 份 地 区	Year Region	总 计 Total	农、林、牧、渔业 Agriculture, Forestry, Animal Husbandry and Fishery	采矿业 Mining	制造业 Manufacturing	电力、热力、燃气及水的生产和供应业 Production and Supply of Electric, heat, Gas and Water	建筑业 Construction	批发和零售业 Wholesale and Retail Trades
	2012	**1202233**	**7305**	**214581**	**447477**	**42386**	**175903**	**91611**
哈尔滨	Harbin	408024	2105	821	152604	11834	64638	54880
齐齐哈尔	Qiqihar	129176	64	257	83432	9661	16897	3899
鸡 西	Jixi	94399	42	63557	10241	1350	8421	1543
鹤 岗	Hegang	22352		18399	923	1045	1166	88
双鸭山	Shuangyashan	61865	24	45718	4359	2809	1154	1957
大 庆	Daqing	79800	50	2174	41006	2544	10590	9466
伊 春	Yichun	29080		661	15915	1507	5571	840
佳木斯	Jiamusi	29560		466	11953	1675	2960	5280
七台河	Qitaihe	91505		71664	9443	1244	4047	360
牡丹江	Mudanjiang	72059		4774	37585	4321	2827	2354
黑 河	Heihe	16269	4928	4440	2666	1431	759	87
绥 化	Suihua	80451	92	413	44139	413	19908	5997
大兴安岭	Daxinganling	9195		471	3037	378	1457	994
农垦总局	ARB	73922		766	29103	1699	34420	3523
绥芬河	Suifenhe	4429			1053	458	1088	341
抚 远	Fuyuan	147			18	17		2

3-16 续表1 CONTINUED

单位：人 (person)

年 份 地 区	Year Region	交通运输仓储和邮政业 Transport, Storage and Post	住宿和餐饮业 Hotels and Catering Services	信息传输、软件和信息技术服务业 Information Transmission, Software and IT Softwares	金融业 Financial Intermediation	房地产业 Real Estate	租赁和商务服务业 Leasing and Business Services	科学研究和技术服务业 Scientific Research and Technical Service
	2012	**17964**	**21331**	**36139**	**81269**	**34659**	**11998**	**7607**
哈尔滨	Harbin	10257	16183	18816	30414	18666	9960	6203
齐齐哈尔	Qiqihar	1590	582	1491	7042	3266	125	420
鸡 西	Jixi	971	105	2490	5161	359	16	143
鹤 岗	Hegang	57		168	506			
双鸭山	Shuangyashan	672		2245	2245	488	158	
大 庆	Daqing	714	1517	2764	5136	3645	94	58
伊 春	Yichun	48	218	1703	1895	509	123	90
佳木斯	Jiamusi	297	510	1158	4749	313	132	40
七台河	Qitaihe	856	18	877	2211	367	383	35
牡丹江	Mudanjiang	2042	960	1705	13143	1097	660	213
黑 河	Heihe	100	180	139	722	782	22	5
绥 化	Suihua	73	576	475	4353	3809	11	79
大兴安岭	Daxinganling	88	297	1073	916	168	28	55
农垦总局	ARB	27	16	1035	2307	645	141	191
绥芬河	Suifenhe	172	169		469	463	125	67
抚 远	Fuyuan					82	20	8

3-16 续表2 CONTINUED

单位：人 (person)

年份 地区	Year Region	水利、环境和公共设施管理业 Management of Water Conservancy, Environment and Public Facilities	居民服务、修理和其他服务业 Services to Households Repair and Other Services	教育 Education	卫生和社会工作 Health and Social Work	文化、体育和娱乐业 Culture, Sports and Entertainment	公共管理、社会保障和社会组织 Public Management Social Securities and Social Organization
2012		**3913**	**1915**	**3292**	**1202**	**1681**	
哈尔滨	Harbin	3418	1606	3106	876	1637	
齐齐哈尔	Qiqihar	153	168	58	71		
鸡西	Jixi						
鹤岗	Hegang						
双鸭山	Shuangyashan	36					
大庆	Daqing	11	31				
伊春	Yichun						
佳木斯	Jiamusi		11			16	
七台河	Qitaihe						
牡丹江	Mudanjiang	15		108	255		
黑河	Heihe	8					
绥化	Suihua	14	99				
大兴安岭	Daxinganling	233					
农垦总局	ARB	25				24	
绥芬河	Suifenhe	20				4	
抚远	Fuyuan						

3-17 年末分行业女性单位就业人员 (2012年,不含私营单位)

NUMBER OF FEMALE EMPLOYED PERSONS AT YEAR-END BY SCTOR (2012,Excluding Private)

行业	Sectors	女性单位就业人员（万人） Number of Female Employed Persons (10000 persons)	占单位就业人员比重（%） Proportion of Female Employed Persons to Total (%)
总计	**Total**	**165.0**	**35.0**
农、林、牧、渔业	Agriculture, Forestry, Animal Husbandry and Fishery	33.4	35.8
采矿业	Mining	8.6	20.9
制造业	Manufacturing	20.8	32.8
电力、热力、燃气及水的生产和供应业	Production and Supply of Electric,Heat,Gas and Water	4.4	28.0
建筑业	Construction	5.7	16.1
批发和零售业	Wholesale and Retail Trade	6.8	42.9
交通运输、仓储及邮政业	Transport, Storage and Post	6.1	23.8
住宿和餐饮业	Hotels and Catering Services	2.3	51.4
信息传输、软件和信息技术服务业	Information Transmission, Software and IT Services	2.6	42.1
金融业	Financial Intermediation	7.2	44.9
房地产业	Real Estate	1.8	31.2
租赁和商务服务业	Leasing and Business Services	1.7	33.8
科学研究和技术服务业	Scientific Research and Technical Services	3.3	27.8
水利、环境和公共设施管理业	Management of Water Conservancy, Environment and Public Facilities	3.7	36.2
居民服务、修理和其他服务业	Services to Households,Repair and Other Services	2.1	47.4
教育	Education	26.1	55.6
卫生、社会工作	Health and Social Work	13.0	61.9
文化、体育和娱乐业	Culture, Sports and Entertainment	1.8	41.8
公共管理、社会保障和社会组织	Public Management,Social Securities and Social Organization	13.6	30.8
国际组织	International Organizations		

3-18 各地区年末按登记注册类型分城镇单位就业人数

NUMBER OF EMPLOYMENT IN URBAN UNITS AT YEAR-END BY REGISTRATION STATUS

单位：人 (person)

年 份 地 区	Year Region	城镇单位就业人数 Number of Urban Employed Persons	国有单位 State-owned Units	集体单位 Urban Collective-owned Units	其他单位 Units of Other Types of Ownership	内 资 Domestic Funded Units	股份合作 Cooperative Units
2012		**6296632**	**3354237**	**153364**	**1202233**	**1090386**	**83149**
哈尔滨	Harbin	1852178	761475	60162	408024	358091	66457
齐齐哈尔	Qiqihar	424860	174367	18285	129176	114918	1267
鸡 西	Jixi	232701	89951	5346	94399	90977	376
鹤 岗	Hegang	202145	106249	10807	22352	21298	275
双鸭山	Shuangyashan	171246	76766	5416	61865	60965	594
大 庆	Daqing	741926	448563	13103	79800	67555	2988
伊 春	Yichun	273546	161929	8129	29080	26808	1200
佳木斯	Jiamusi	239424	126836	7747	29560	24280	3956
七台河	Qitaihe	177309	40342	4224	91505	91159	833
牡丹江	Mudanjiang	408279	145118	4454	72059	65501	1770
黑 河	Heihe	165136	99172	3299	16269	15472	285
绥 化	Suihua	308142	185181	10303	80451	73357	1618
大兴安岭	Daxinganling	118231	80356	916	9195	7892	174
农垦总局	ARB	782024	677615	781	73922	67854	1341
绥芬河	Suifenhe	21536	6691	226	4429	4147	7
抚 远	Fuyuan	10848	6525	166	147	112	8
哈尔滨铁路局	Haerbin Railway Bureau	167101	167101				

3-18 续表 CONTINUED

单位：人 (person)

年 份 地 区	Year Region	联 营 Joint Ownership Units	有限责任公司 Limited Liability Corporations	股份有限公司 Share-Holding Corporations Ltd.	其 他 Others	港澳台商投资 Units of Funds from Hong Kong, Macao & Taiwan	外商投资 Foreign Funded Units	私营单位 Private Units
2012		**8336**	**711175**	**281302**	**6424**	**37373**	**74474**	**1586798**
哈尔滨	Harbin	7371	180976	102265	1022	18890	31043	622517
齐齐哈尔	Qiqihar	202	83245	30032	172	3013	11245	103032
鸡 西	Jixi		81051	9550		1078	2344	43005
鹤 岗	Hegang		20404	619		635	419	62737
双鸭山	Shuangyashan		6439	53932		900		27199
大 庆	Daqing		35853	27694	1020	5267	6978	200460
伊 春	Yichun	125	22595	2849	39	890	1382	74408
佳木斯	Jiamusi	220	15497	4509	98	1053	4227	75281
七台河	Qitaihe		85687	4188	451	5	341	41238
牡丹江	Mudanjiang	22	44890	18179	640	3150	3408	186648
黑 河	Heihe		11145	4042		326	471	46396
绥 化	Suihua	72	60596	10820	251	1833	5261	32207
大兴安岭	Daxinganling	8	6315	1309	86		1303	27764
农垦总局	ARB	234	53873	9770	2636	305	5763	29706
绥芬河	Suifenhe		2607	1524	9	10	272	10190
抚 远	Fuyuan	82	2	20		18	17	4010
哈尔滨铁路局	Haerbin Railway Bureau							

3-19 按行业分城镇非私营单位就业人员劳动报酬总额

TOTAL LABOR REMUNERATION OF EMPLOYED PERSONS IN URBAN NON-PRIVATE UNITS BY SECTOR

单位：亿元、万元 (100 million yuan, 10000 yuan)

年 份 地 区	Year Region	总 计 Total	农、林、牧、渔业 Agriculture, Forestry, Animal Husbandry and Fishery	采矿业 Mining	制造业 Manufacturing	电力、热力、燃气及水的生产和供应业 Production and Supply of Electric, heat, Gas and Water	建筑业 Construction	批发和零售业 Wholesale and Retail Trades
2012		**1732.6**	**186.8**	**204.3**	**235.4**	**73.1**	**144.2**	**52.7**
哈尔滨	Harbin	49450673	1036561	227838	10049157	2225882	5441447	2540774
齐齐哈尔	Qiqihar	10728079	103475	11317	3274915	639281	645424	258587
鸡 西	Jixi	7120110	287153	3042182	379321	368368	367744	139342
鹤 岗	Hegang	5415920	148246	3346263	42236	182941	88540	62524
双鸭山	Shuangyashan	5243046	167710	2215529	117810	276515	86040	132251
大 庆	Daqing	29837219	63387	7902051	4376999	1564896	3001783	677282
伊 春	Yichun	4659204	1632729	90370	721951	234935	243565	58136
佳木斯	Jiamusi	5918148	442235	7627	508318	330392	620053	261423
七台河	Qitaihe	4908737	68274	2842252	275993	100962	140968	56368
牡丹江	Mudanjiang	7626240	787536	281559	1155436	546159	405483	178641
黑 河	Heihe	3664589	444001	198935	111560	272759	121190	62161
绥 化	Suihua	7550245	153216	186000	1188221	174178	919067	265579
大兴安岭	Daxinganling	2658635	1084264	68644	84331	177956	115196	48777
农垦总局	ARB	18059301	12192755	14070	1101574	198652	1482356	241502
绥芬河	Suifenhe	456828	2207		27882	14735	27240	21313
抚 远	Fuyuan	223023	32610		261	5463		443
哈尔滨铁路局	Haerbin Railway Bureau	9739412	32172		118481		714981	260136

3-19 续表1 CONTINUED

单位：人 (person)

年 份 地 区	Year Region	交通运输仓储和邮政业 Transport, Storage and Post	住宿和餐饮业 Hotels and Catering Services	信息传输、软件和信息技术服务业 Information Transmission, Software and IT Softwares	金融业 Financial Intermediation	房地产业 Real Estate	租赁和商务服务业 Leasing and Business Services	科学研究和技术服务业 Scientific Research and Technical Service
2012		**113.7**	**13.9**	**30.7**	**87.8**	**18.4**	**18.1**	**66.2**
哈尔滨	Harbin	1677099	799678	1398498	3607068	1042630	565480	2027729
齐齐哈尔	Qiqihar	284307	20463	211601	760367	128286	51070	235117
鸡 西	Jixi	169679	5277	116800	393749	25523	9156	40211
鹤 岗	Hegang	88958	9265	41231	242722	14207	1030	17221
双鸭山	Shuangyashan	153851	7226	96796	307923	49886	25889	49709
大 庆	Daqing	722101	99377	443113	763367	256871	10241	3483270
伊 春	Yichun	87552	12575	106771	218332	15058	8980	56630
佳木斯	Jiamusi	156002	23824	107482	401159	26171	37032	121184
七台河	Qitaihe	77964	2904	63395	219036	20252	19550	44296
牡丹江	Mudanjiang	291491	29294	165482	701895	41044	45622	122311
黑 河	Heihe	279403	30549	20379	286646	24230	13653	66206
绥 化	Suihua	203560	22785	77187	449551	121240	36754	104684
大兴安岭	Daxinganling	52002	14499	74714	148677	9759	32704	50261
农垦总局	ARB	82555	49047	134600	209141	40445	130947	92674
绥芬河	Suifenhe	16340	4657	688	49736	12987	3722	3660
抚 远	Fuyuan	6278	960		17132	3350	1149	1017
哈尔滨铁路局	Harbin Railway Bureau	7022435	254535	9970	5141	8417	815215	105974

3-19 续表2 CONTINUED

单位：亿元、万元 (100 million yuan, 10000 yuan)

年份 地区	Year Region	水利、环境和公共设施管理业 Management of Water Conservancy, Environment and Public Facilities	居民服务、修理和其他服务业 Services to Households Repair and Other Services	教育 Education	卫生和社会工作 Health and Social Work	文化、体育和娱乐业 Culture, Sports and Entertainment	公共管理、社会保障和社会组织 Public Management Social Securities and Social Organization
2012		**24.3**	**19.0**	**185.9**	**82.6**	**15.3**	**160.2**
哈尔滨	Harbin	1011096	150607	7395952	3121011	682485	4449681
齐齐哈尔	Qiqihar	241210	20051	1586047	771970	91308	1393283
鸡西	Jixi	90224	8001	613492	218940	61746	783202
鹤岗	Hegang	77912	4648	372958	179149	40008	455861
双鸭山	Shuangyashan	92228	8688	521497	165849	50213	717436
大庆	Daqing	147870	1329454	1921190	1048987	210560	1814420
伊春	Yichun	48665	2644	427896	208935	34651	448829
佳木斯	Jiamusi	124619	14654	1091090	545885	60819	1038179
七台河	Qitaihe	44538	3639	336554	121055	25968	444769
牡丹江	Mudanjiang	109798	13786	1064759	544831	82921	1058192
黑河	Heihe	67554	6442	541098	238035	44677	835111
绥化	Suihua	160098	16190	1595138	509151	60029	1307617
大兴安岭	Daxinganling	30307	706	197697	69055	22217	376869
农垦总局	ARB	158955	25923	770135	457873	35593	640504
绥芬河	Suifenhe	14520		64311	32180	3199	157451
抚远	Fuyuan	8201		56016	12322	5330	72491
哈尔滨铁路局	Haerbin Railway Bureau		297709	32059	18085	22225	21877

3-20 各地区城镇非私营单位就业人员平均工资

AVERAGE WAGE OF EMPLOYED PERSONS IN URBAN NON-PRIVATE UNITS BY REGION

单位：元 (yuan)

年份 地区	Year Region	总计 Total	在岗职工（含劳务派遣） Staff and Workers	农、林、牧、渔业 Agriculture, Forestry, Animal Husbandry and Fishery	采矿业 Mining	制造业 Manufacturing	电力、热力、燃气及水的生产和供应业 Production and Supply of Electric, heat, Gas and Water	建筑业 Construction
2012		**36406**	**38598**	**20830**	**49530**	**36787**	**46604**	**32089**
哈尔滨	Harbin	39450	40720	19022	31032	38966	51906	30397
齐齐哈尔	Qiqihar	32514	33052	18617	27806	34495	40930	21601
鸡西	Jixi	37486	38307	23372	44061	30561	46992	31482
鹤岗	Hegang	38976	39205	16968	43876	23168	49712	32805
双鸭山	Shuangyashan	35257	37223	17760	42703	20618	43051	26104
大庆	Daqing	54556	55945	21422	67647	54435	57750	42886
伊春	Yichun	24350	24439	17080	32922	29288	35742	28002
佳木斯	Jiamusi	33936	34611	19658	13196	33838	44866	28606
七台河	Qitaihe	37360	37682	14392	40137	26548	45234	29479
牡丹江	Mudanjiang	33318	34487	19855	44494	28591	47111	24117
黑河	Heihe	30688	30943	16111	40352	24969	42073	27197
绥化	Suihua	26952	27128	12998	70749	25980	25247	25423
大兴安岭	Daxinganling	30024	30283	23686	33501	24767	40741	26145
农垦总局	ARB	24070	27232	22036	18911	28269	27400	37168
绥芬河	Suifenhe	38965	40387	23989		26205	32817	18812
抚远	Fuyuan	32977	32980	20458		11864	29214	
哈尔滨铁路局	Harbin Railway Bureau	57897	58257	52483		49162		49190

3-20 续表1 CONTINUED

单位：元 (yuan)

年份 地区	Year Region	批发和零售业 Wholesale and Retail Trades	交通运输仓储和邮政业 Transport, Storage and Post	住宿和餐饮业 Hotels and Catering Services	信息传输、软件和信息技术服务业 Information Transmission, Software and IT Softwares	金融业 Financial Intermediation	房地产业 Real Estate	租赁和商务服务业 Leasing and Business Services
2012		**33028**	**44616**	**30504**	**50042**	**55849**	**31379**	**36599**
哈尔滨	Harbin	35122	34079	30095	53642	66021	34225	36389
齐齐哈尔	Qiqihar	26852	26162	21360	47455	45791	24628	22932
鸡西	Jixi	26653	31645	16859	46349	51626	29303	25575
鹤岗	Hegang	32346	26049	27574	36715	54902	28471	27105
双鸭山	Shuangyashan	28459	23510	24832	42944	57182	31573	29353
大庆	Daqing	33464	45016	29843	58551	57897	33490	27164
伊春	Yichun	30695	26499	19228	37916	51725	25696	18105
佳木斯	Jiamusi	27536	21520	21958	42249	55233	30116	26603
七台河	Qitaihe	43866	29454	25034	49373	54869	32044	18762
牡丹江	Mudanjiang	38734	32840	25924	52368	45936	25119	26114
黑河	Heihe	23789	31031	31789	28784	57135	23298	27920
绥化	Suihua	21891	21769	18055	41035	38400	21696	22466
大兴安岭	Daxinganling	34374	29513	20983	45117	56790	24644	46521
农垦总局	ARB	32360	20665	24090	42866	49724	43536	18327
绥芬河	Suifenhe	48771	32680	23285	22933	57900	27869	18156
抚远	Fuyuan	24611	23425	19200		107748	30455	28024
哈尔滨铁路局	Haerbin Railway Bureau	64502	60290	46440	91468	87136	79406	54031

3-20 续表2 CONTINUED

单位：元 (yuan)

年份 地区	Year Region	科学研究和技术服务业 Scientific Research and Technical Service	水利、环境和公共设施管理业 Management of Water Conservancy, Environment and Public Facilities	居民服务、修理和其他服务业 Services to Households Repair and Other Services	教育 Education	卫生和社会工作 Health and Social Work	文化、体育和娱乐业 Culture, Sports and Entertainment	公共管理、社会保障和社会组织 Public Management Social Securities and Social Organization
2012		**57107**	**23666**	**42918**	**39994**	**39712**	**36117**	**36472**
哈尔滨	Harbin	51156	30093	31475	45584	45436	37880	40433
齐齐哈尔	Qiqihar	38305	20548	24970	33772	32147	26753	34383
鸡西	Jixi	33315	19229	26849	37150	33881	30997	33712
鹤岗	Hegang	32865	17457	30781	38034	37518	34371	34788
双鸭山	Shuangyashan	38091	22583	34614	37030	31986	33565	29937
大庆	Daqing	72453	33745	46967	47279	54445	44347	50658
伊春	Yichun	35152	22901	24710	33597	29891	32174	31014
佳木斯	Jiamusi	40570	22393	34480	43733	45880	33234	34947
七台河	Qitaihe	34022	22092	23941	42500	38676	30372	36904
牡丹江	Mudanjiang	43403	24126	38083	40437	36434	33735	40437
黑河	Heihe	35962	19423	26081	38395	35459	34526	34769
绥化	Suihua	29250	20687	21644	29493	28071	26271	27941
大兴安岭	Daxinganling	43291	19952	32091	40093	40789	39183	40054
农垦总局	ARB	47869	13438	18268	29409	30783	47081	26439
绥芬河	Suifenhe	32105	27191		50282	50597	43230	47183
抚远	Fuyuan	30818	30151		36684	33575	36759	36797
哈尔滨铁路局	Haerbin Railway Bureau	62669		47497	66651	60892	73837	80430

3-21 城镇非私营单位就业人员平均工资（2012年）

AVERAGE WAGE OF EMPLOYED PERSONS IN URBAN NON-PRIVATE UNITS (2012)

单位：元 (yuan)

行业	Sectors	全部单位 Total	国有单位 State-owned Units	集体单位 Urban Collective-owned Units	其他单位 Others
总计	**Total**	**36406**	**36814**	**28762**	**36378**
按隶属关系分组	**Grouped by Jurisdiction of Management**				
中央	Central		57011		
省	Provincial		27747		
地区	Prefectural(Cities at Prefectural level)		38341		
县及县以下	County and Under County level		32303		
其他	Others		36490		
按企业、事业、机关分组	**Grouped by Enterprises,Institutions and Agencies**				
企业	Enterprises	36413	37042	28762	36391
#地方	#Local		26589		
事业	Institutions	36100	36202	28829	24861
#地方	#Local		35475		
机关	Agencies & Organizations	37231	37269	26818	
#地方	#Local		37125		
按行业分组	Grouped by Sector				
农、林、牧、渔业	Agriculture, Forestry, Animal Husbandry and Fishery	20830	20910	12565	13278
采矿业	Mining	49530	60327	36227	41206
制造业	Manufacturing	36787	44812	24237	35341
电力、热力、燃气及水的生产和供应业	Production and Supply of Electric,Heat,Gas and Water	46604	48945	30908	40753
建筑业	Construction	32089	36449	26995	30080
批发和零售业	Wholesale and Retail Trade	33028	39393	18964	30633
交通运输、仓储及邮政业	Transport, Storage and Post	44616	45456	19816	37328
住宿和餐饮业	Hotels and Catering Services	30504	34203	30409	26724
信息传输、软件和信息技术服务业	Information Transmission, Software and IT Services	50042	47875	14275	51756
金融业	Financial Intermediation	55849	65325	44901	51717
房地产业	Real Estate	31379	33821	24210	30150
租赁和商务服务业	Leasing and Business Services	36599	38762	24488	34605
科学研究和技术服务业	Scientific Research and Technical Services	57107	58468	42921	41152
水利、环境和公共设施管理业	Management of Water Conservancy, Environment and Public Facilities	23666	23028	16660	45819
居民服务、修理和其他服务业	Services to Households,Repair and Other Services	42918	44469	21286	25439
教育	Education	39994	40042	38992	33966
卫生、社会工作	Health and Social Work	39712	39980	32497	31931
文化、体育和娱乐业	Culture, Sports and Entertainment	36117	36416	31381	29838
公共管理、社会保障和社会组织	Public Management,Social Securities and Social Organization	36472	36490	21572	
国际组织	International Organizations				

3-22 各地区国有单位就业人员平均工资

AVERAGE WAGE OF EMPLOYED PERSONS IN STATE-OWNED UNITS BY REGION

单位：元 (yuan)

年 份 地 区	Year Region	总 计 Total	农、林、牧、渔业 Agriculture, Forestry, Animal Husbandry and Fishery	采矿业 Mining	制造业 Manufacturing	电力、热力、燃气及水的生产和供应业 Production and Supply of Electric, heat, Gas and Water	建筑业 Construction	批发和零售业 Wholesale and Retail Trades
2012		**36814**	**20910**	**60327**	**44812**	**48945**	**36449**	**39393**
哈尔滨	Harbin	40559	18883	31258	39078	54223	30335	51378
齐齐哈尔	Qiqihar	33235	18678	20033	27383	49031	19648	32906
鸡 西	Jixi	33725	23411	41042	35679	49459	25409	29697
鹤 岗	Hegang	41149	16100	50399	11434	43918	13693	34629
双鸭山	Shuangyashan	30068	17741	27878	22758	35999	19798	29925
大 庆	Daqing	57949	21337	69044	66116	58357	48886	35687
伊 春	Yichun	22960	17223	28153	24600	38844	20117	44677
佳木斯	Jiamusi	34491	19700	13051	36536	47744	23816	38111
七台河	Qitaihe	35093	14392	18703	31133	34196	27144	51757
牡丹江	Mudanjiang	34197	19855	42021	32733	60055	19897	56423
黑 河	Heihe	31615	17712	34264	27174	43304	31192	24202
绥 化	Suihua	27199	12932	72116	20231	25843	22962	20599
大兴安岭	Daxinganling	30188	23686	33488	26961	41929	32306	50099
农垦总局	ARB	23004	22036		52918	25040	29777	24364
绥芬河	Suifenhe	47044	23989					80173
抚 远	Fuyuan	31188	20458		18500	24789		25500
哈尔滨铁路局	Haerbin Railway Bureau	57897	52483		49162		49190	64502

3-22 续表1 CONTINUED

单位：元 (yuan)

年 份 地 区	Year Region	交通运输仓储和邮政业 Transport, Storage and Post	住宿和餐饮业 Hotels and Catering Services	信息传输、软件和信息技术服务业 Information Transmission, Software and IT Softwares	金融业 Financial Intermediation	房地产业 Real Estate	租赁和商务服务业 Leasing and Business Services	科学研究和技术服务业 Scientific Research and Technical Service
2012		**45456**	**34203**	**47875**	**65325**	**33821**	**38762**	**58468**
哈尔滨	Harbin	30991	32291	49803	74882	34091	39523	52967
齐齐哈尔	Qiqihar	26041	20070	39924	65493	28393	23052	38630
鸡 西	Jixi	36808	19154	32939	57358	29311	25772	33275
鹤 岗	Hegang	26188	27574	34688	61036	28992	34636	32865
双鸭山	Shuangyashan	23840	24186		56235	37632	27367	38158
大 庆	Daqing	45562	40081	63924	63097	40565	25295	72513
伊 春	Yichun	26681	21184	51381	55626	34409	20768	35966
佳木斯	Jiamusi	21740	20598	57580	81791	26574	38988	40867
七台河	Qitaihe	32957	23816	39078	66566	30766	33067	34069
牡丹江	Mudanjiang	34848	27543	40531	63325	29269	29053	44744
黑 河	Heihe	31205	35389	31699	67331	25263	27229	35991
绥 化	Suihua	21759	16346	25817	43491	21436	22989	29175
大兴安岭	Daxinganling	30349	21659	37722	66901	24960	47741	43298
农垦总局	ARB	20590	24111	40241	32977	34539	16441	50802
绥芬河	Suifenhe	45205	30964	22933	73170		19238	51184
抚 远	Fuyuan	23425	19200			33244	37143	31080
哈尔滨铁路局	Haerbin Railway Bureau	60290	46440	91468	87136	79406	54031	62669

3-22 续表2 CONTINUED

单位：元 (yuan)

年份 地区	Year Region	水利、环境和公共设施管理业 Management of Water Conservancy, Environment and Public Facilities	居民服务、修理和其他服务业 Services to Households Repair and Other Services	教育 Education	卫生和社会工作 Health and Social Work	文化、体育和娱乐业 Culture, Sports and Entertainment	公共管理、社会保障和社会组织 Public Management Social Securities and Social Organization
2012		**23028**	**44469**	**40042**	**39980**	**36416**	**36490**
哈尔滨	Harbin	28191	41949	45896	46069	38917	40436
齐齐哈尔	Qiqihar	22011	25735	33795	32288	26753	34392
鸡西	Jixi	19229	27116	37150	33927	30997	33863
鹤岗	Hegang	17457	30781	38064	38848	34371	34903
双鸭山	Shuangyashan	23743	34614	37030	31990	33565	29937
大庆	Daqing	33782	47031	47279	55583	44347	50658
伊春	Yichun	22901	25224	33597	29980	32201	31014
佳木斯	Jiamusi	22393	35480	43733	45880	32898	34938
七台河	Qitaihe	22092	23238	42500	38676	30372	36904
牡丹江	Mudanjiang	24149	38083	40528	36529	33735	40444
黑河	Heihe	19436	25748	38395	35468	34526	34769
绥化	Suihua	20670	23482	29502	28178	26271	27961
大兴安岭	Daxinganling	20803	32091	40093	40789	39183	40054
农垦总局	ARB	13428	18268	29409	30783	46398	26439
绥芬河	Suifenhe	27191		50719	50597	44471	47183
抚远	Fuyuan	30151		36684	33575	36759	36797
哈尔滨铁路局	Haerbin Railway Bureau		47497	66651	60892	73837	80430

3-23 各地区城镇集体单位就业人员平均工资

AVERAGE WAGE OF EMPLOYED PERSONS IN URBAN COLLECTIVE-OWNED UNITS BY REGION

单位：元 (yuan)

年份 地区	Year Region	总计 Total	农、林、牧、渔业 Agriculture, Forestry, Animal Husbandry and Fishery	采矿业 Mining	制造业 Manufa-cturing	电力、热力、燃气及水的生产和供应业 Production and Supply of Electric, heat, Gas and Water	建筑业 Construction
2012		**28762**	**12565**	**36227**	**24237**	**30908**	**26995**
哈尔滨	Harbin	30802	16845		23868	34750	33056
齐齐哈尔	Qiqihar	18085	10000	11086	13962	36512	13569
鸡西	Jixi	32374	22095	31233	26964		30619
鹤岗	Hegang	31498	36526	30728	29675		34695
双鸭山	Shuangyashan	31630	14091	36697	23486		27992
大庆	Daqing	32981	17000	45824	43962		28253
伊春	Yichun	21564	3089	18949	23990		26000
佳木斯	Jiamusi	26087	7377	10939	13158	13778	26028
七台河	Qitaihe	39489		41939	17493		28773
牡丹江	Mudanjiang	33263		55636	21362	28216	20741
黑河	Heihe	29248			5876		24145
绥化	Suihua	20621	10796		15261	18832	20045
大兴安岭	Daxinganling	26360			16622		24771
农垦总局	ARB	39402			22844		39813
绥芬河	Suifenhe	48655					
抚远	Fuyuan	104705					

3-23 续表1 CONTINUED

单位：元　　　　　　　　　　(yuan)

年份 地区	Year Region	批发和零售业 Wholesale and Retail Trades	交通运输仓储和邮政业 Transport, Storage and Post	住宿和餐饮业 Hotels and Catering Services	信息传输、软件和信息技术服务业 Information Transmission, Software and IT Softwares	金融业 Financial Intermediation	房地产业 Real Estate	租赁和商务服务业 Leasing and Business Services
2012		**18964**	**19816**	**30409**	**14275**	**44901**	**24210**	**24488**
哈尔滨	Harbin	25682	19796	32786	12565	54983	23055	28622
齐齐哈尔	Qiqihar	10504	18683	18730		34906	18484	24679
鸡西	Jixi	20492	15924	14486		52224		22588
鹤岗	Hegang	16692	25967			44925	12750	16750
双鸭山	Shuangyashan	11725	16036	26831		50347	27064	39214
大庆	Daqing	20130		13600		31141	11882	36200
伊春	Yichun	11685	16762	13457	9942	28129		10754
佳木斯	Jiamusi	11970	25016			47078		13984
七台河	Qitaihe	24694	12000			68580	39071	20537
牡丹江	Mudanjiang	12688	13612	18875	27833	52926	31375	38125
黑河	Heihe	16873	12833	10800	21357	45795	16348	36698
绥化	Suihua	13199			22955	29912	27836	21735
大兴安岭	Daxinganling					34581	34133	
农垦总局	ARB					54203		
绥芬河	Suifenhe		14447			59024		22833
抚远	Fuyuan					107748		35571

3-23 续表2 CONTINUED

单位：元　　　　　　　　　　(yuan)

年份 地区	Year Region	科学研究和技术服务业 Scientific Research and Technical Service	水利、环境和公共设施管理业 Management of Water Conservancy, Environment and Public Facilities	居民服务、修理和其他服务业 Services to Households Repair and Other Services	教育 Education	卫生和社会工作 Health and Social Work	文化、体育和娱乐业 Culture, Sports and Entertainment	公共管理、社会保障和社会组织 Public Management Social Securities and Social Organization
2012		**16660**	**21286**	**38992**	**32497**	**31381**	**21572**	
哈尔滨	Harbin	23190	21600	39685	36118	31475	26840	
齐齐哈尔	Qiqihar	9507	12815		26302		20920	
鸡西	Jixi		11200		30066		15471	
鹤岗	Hegang			18000	29927		12136	
双鸭山	Shuangyashan	14804			14000			
大庆	Daqing		18486		20603			
伊春	Yichun		22727		19903	30556		
佳木斯	Jiamusi		13700				40075	
七台河	Qitaihe		28091					
牡丹江	Mudanjiang			16640	45267		37268	
黑河	Heihe		42200		31625			
绥化	Suihua			19167	22803	26333	20025	
大兴安岭	Daxinganling							
农垦总局	ARB							
绥芬河	Suifenhe							
抚远	Fuyuan							

3-24 各地区城镇其他单位就业人员平均工资

AVERAGE WAGE OF EMPLOYED PERSONS IN URBAN OTHER UNITS BY REGION

单位：元 (yuan)

年份 地区	Year Region	总计 Total	农、林、牧、渔业 Agriculture, Forestry, Animal Husbandry and Fishery	采矿业 Mining	制造业 Manufacturing	电力、热力、燃气及水的生产和供应业 Production and Supply of Electric, heat, Gas and Water	建筑业 Construction	批发和零售业 Wholesale and Retail Trades
2012		**36378**	**13278**	**41206**	**35341**	**40753**	**30080**	**30633**
哈尔滨	Harbin	38850	22590	29254	41040	46596	29836	32136
齐齐哈尔	Qiqihar	33528	13578	33940	36172	36133	23856	24883
鸡西	Jixi	41335	13524	44471	30572	34625	32730	21651
鹤岗	Hegang	32000		29433	23042	64380	38696	19523
双鸭山	Shuangyashan	41601	28800	43329	19880	52718	25373	29155
大庆	Daqing	40076	32000	33312	45314	51962	25174	32869
伊春	Yichun	32520		48265	32046	25262	30747	17424
佳木斯	Jiamusi	34508		13379	34151	35661	38137	22689
七台河	Qitaihe	38286		40227	26254	54129	29793	26986
牡丹江	Mudanjiang	31770		41206	28442	27965	26536	25493
黑河	Heihe	25669	9003	40793	25302	38059	26647	24927
绥化	Suihua	27233	25804	63414	26620	18049	26916	25158
大兴安岭	Daxinganling	29338		33556	24773	28240	23435	22987
农垦总局	ARB	33034		18911	24038	35057	38090	40799
绥芬河	Suifenhe	27270			26205	32817	18812	39693
抚远	Fuyuan	30388			10389	76500		17500

3-24 续表1 CONTINUED

单位：元 (yuan)

年份 地区	Year Region	交通运输仓储和邮政业 Transport, Storage and Post	住宿和餐饮业 Hotels and Catering Services	信息传输、软件和信息技术服务业 Information Transmission, Software and IT Softwares	金融业 Financial Intermediation	房地产业 Real Estate	租赁和商务服务业 Leasing and Business Services	科学研究和技术服务业 Scientific Research and Technical Service
2012		**37328**	**26724**	**51756**	**51717**	**30150**	**34605**	**41152**
哈尔滨	Harbin	46884	28581	55217	60990	34527	36515	43855
齐齐哈尔	Qiqihar	29289	22372	61313	33996	22631	19145	33806
鸡西	Jixi	17085	15514	46527	50159	29292	24750	34027
鹤岗	Hegang	19175		48238	36470			
双鸭山	Shuangyashan	21243		42944	62889	31720	24057	
大庆	Daqing	33019	17663	49223	59066	26286	29894	19130
伊春	Yichun	22833	18201	32820	54565	24053	15231	21400
佳木斯	Jiamusi	13576	23634	23870	50574	35846	24724	31250
七台河	Qitaihe	23209	31667	54237	44523	32615	10833	32286
牡丹江	Mudanjiang	26378	25706	62430	43617	24397	21626	26844
黑河	Heihe	16743	20267	20861	26320	23097	19773	25200
绥化	Suihua	23000	19837	86080	36084	21457	15364	32759
大兴安岭	Daxinganling	13602	20075	49167	47963	23525	17107	43145
农垦总局	ARB	34091	21375	48712	61052	51493	112000	21068
绥芬河	Suifenhe	16871	22035		50713	27869	17449	17723
抚远	Fuyuan					28523	19000	30000

3-24 续表2 CONTINUED

单位：元 (yuan)

年 份 地 区	Year Region	水利、环境和公共设施管理业 Management of Water Conservancy, Environment and Public Facilities	居民服务、修理和其他服务业 Services to Households Repair and Other Services	教 育 Education	卫生和社会工作 Health and Social Work	文化、体育和娱乐业 Culture, Sports and Entertainment	公共管理、社会保障和社会组织 Public Management Social Securities and Social Organization
2012		**45819**	**25439**	**33966**	**31931**	**29838**	
哈尔滨	Harbin	49450	26537	34757	36005	28887	
齐齐哈尔	Qiqihar	27007	26232	15018	26099		
鸡 西	Jixi						
鹤 岗	Hegang						
双鸭山	Shuangyashan	33917					
大 庆	Daqing	24176	17667				
伊 春	Yichun						
佳木斯	Jiamusi		16636			71375	
七台河	Qitaihe						
牡丹江	Mudanjiang	17200		23394	19624		
黑 河	Heihe	14000					
绥 化	Suihua	30000	9596				
大兴安岭	Daxinganling	15253					
农垦总局	ARB	18000				67917	
绥芬河	Suifenhe	19667				21500	
抚 远	Fuyuan						

3-25 各地区城镇私营单位就业人员平均工资

AVERAGE WAGE OF EMPLOYED PERSONS IN URBAN PRIVATE UNITS BY REGION

单位：元 (yuan)

年 份 地 区	Year Region	总 计 Total	农、林、牧、渔业 Agriculture, Forestry, Animal Husbandry and Fishery	采矿业 Mining	制造业 Manufa-cturing	电力、热力、燃气及水的生产和供应业 Production and Supply of Electric, heat, Gas and Water	建筑业 Construction
2012		**21753**	**16960**	**25327**	**22133**	**20606**	**24127**
哈尔滨	Harbin	22247	18429	19291	20715	24221	25185
齐齐哈尔	Qiqihar	17023	11215	19147	18770	16090	19896
鸡 西	Jixi	21325	12188	30668	20209	21679	22051
鹤 岗	Hegang	22817		30685	17758	26129	21897
双鸭山	Shuangyashan	25841	11842	27465	31659	18332	22474
大 庆	Daqing	22610	11900	21342	25178	20577	23202
伊 春	Yichun	18436	15867	17168	18275	17860	25941
佳木斯	Jiamusi	21996	21259	16020	23831	23835	21910
七台河	Qitaihe	19037	9412	18818	21790	17193	21328
牡丹江	Mudanjiang	20724	21846	25133	21115	16768	23823
黑 河	Heihe	16554	9981	16018	15346	17857	28760
绥 化	Suihua	21763		22810	22966		21509
大兴安岭	Daxinganling	19883	18428	30076	17688	24266	26209
农垦总局	ARB	25134		26917	25128	21955	23147
绥芬河	Suifenhe	22136			31014	30750	19000
抚 远	Fuyuan	27136			24644	35583	25940

3-25 续表1 CONTINUED

单位：元　　　　　　　　　　　　　　　　　　　　　　　　　　　　　　　　　　　　(yuan)

年 份 Year 地 区 Region		批发和零售业 Wholesale and Retail Trades	交通运输仓储和邮政业 Transport, Storage and Post	住宿和餐饮业 Hotels and Catering Services	信息传输、软件和信息技术服务业 Information Transmission, Software and IT Softwares	金融业 Financial Intermediation	房地产业 Real Estate	租赁和商务服务业 Leasing and Business Services
2012		**21883**	**20160**	**19201**	**24169**	**25286**	**21659**	**17817**
哈尔滨	Harbin	22063	21010	20406	27386	33905	21589	18373
齐齐哈尔	Qiqihar	17219	10806	14788	15439	16056	16438	12416
鸡　西	Jixi	21914	13354	15766	14885	12932	14658	13656
鹤　岗	Hegang	23014	9515	13707	18000		24501	21951
双鸭山	Shuangyashan	16406	15000	17140	16927	23333	23203	18991
大　庆	Daqing	18797	20910	21490	18274	24150	24180	18142
伊　春	Yichun	18227	15826	17944	19362	16680	16737	14315
佳木斯	Jiamusi	19016	24098	20823	16905	19511	16951	22088
七台河	Qitaihe	13910	9222	14331	15770	21016	15840	9064
牡丹江	Mudanjiang	18947	18403	20059	20795	21739	25513	14147
黑　河	Heihe	13243	8755	11293	16449	13948	8569	17071
绥　化	Suihua	16154	15917	17622	16098	16400	19392	15389
大兴安岭	Daxinganling	20941	10593	16425	16732	9500	18480	16912
农垦总局	ARB	17315		25657			30123	22767
绥芬河	Suifenhe	26281	18000	18714	21793	13205	20304	19425
抚　远	Fuyuan	19600		25913	18000		28647	24000

3-25 续表2 CONTINUED

单位：元　　　　　　　　　　　　　　　　　　　　　　　　　　　　　　　　　　　　(yuan)

年 份 Year 地 区 Region		科学研究和技术服务业 Scientific Research and Technical Service	水利、环境和公共设施管理业 Management of Water Conservancy, Environment and Public Facilities	居民服务、修理和其他服务业 Services to Households Repair and Other Services	教 育 Education	卫生和社会工作 Health and Social Work	文化、体育和娱乐业 Culture, Sports and Entertainment	公共管理、社会保障和社会组织 Public Management Social Securities and Social Organization
2012		**28047**	**17068**	**15659**	**20862**	**21135**	**16878**	**15000**
哈尔滨	Harbin	29031	19250	14724	24526	19220	18612	
齐齐哈尔	Qiqihar	17825	13427	12355	16252	17135	12504	
鸡　西	Jixi	12110		13453	20049	22078	18424	
鹤　岗	Hegang			17939	19222			
双鸭山	Shuangyashan	17203	13900	18811	21601	20247	13556	15000
大　庆	Daqing	23005	15167	18959	17072	23581	13213	
伊　春	Yichun	12000	9971	14312	14143	22220	14333	
佳木斯	Jiamusi	22271	30000	21901	27190	12609		
七台河	Qitaihe	10140	11902	12526	12444		8718	
牡丹江	Mudanjiang	25863	17795	16795	21125	25230	20075	
黑　河	Heihe	26307	11530	15259		13090	9880	
绥　化	Suihua	19000		15103	32729	34040		
大兴安岭	Daxinganling	19904	6604	22148	12000	16059	13967	
农垦总局	ARB	66485	16643	43108	12857			
绥芬河	Suifenhe	16810	13000	14385	18000		15600	
抚　远	Fuyuan	19400		20437				

主要统计指标解释

人口数　指一定时点、一定地区范围内有生命的个人总和。

年度统计的年末人口数指每年12月31日24时的常住人口数。年度统计的全国人口总数内未包括香港、澳门特别行政区和台湾省以及海外华侨人数。

城镇人口和乡村人口　城镇人口是指居住在城镇范围内的全部常住人口；乡村人口是除上述人口以外的全部常住人口。

出生率(又称粗出生率)　指在一定时期内(通常为一年)一定地区的出生人数与同期内平均人数(或期中人数)之比，用千分率表示。本资料中的出生率指年出生率，其计算公式为

$$出生率=\frac{年出生人数}{年平均人数}\times 1000‰$$

式中：出生人数指活产婴儿，即胎儿脱离母体时(不管怀孕月数)，有过呼吸或其他生命现象。年平均人数指年初、年底人口数的平均数，也可用年中人口数代替。

死亡率(又称粗死亡率)　指在一定时期内(通常为一年)一定地区的死亡人数与同期内平均人数(或期中人数)之比，用千分率表示。本资料中的死亡率指年死亡率，其计算公式为：

$$死亡率=\frac{年死亡人数}{年平均人数}\times 1000‰$$

人口自然增长率　指在一定时期内(通常为一年)人口自然增加数(出生人数减死亡人数)与该时期内平均人数(或期中人数)之比，用千分率表示。计算公式为：

$$人口自然增长率=\frac{本年出生人数-本年死亡人数}{年平均人数}\times 100\% \quad =人口出生率-人口死亡率$$

总抚养比　也称总负担系数。指人口总体中非劳动年龄人口数与劳动年龄人口数之比。通常用百分比表示。说明每100名劳动年龄人口大致要负担多少名非劳动年龄人口。用于从人口角度反映人口与经济发展的基本关系。计算公式为：

$$GDR=\frac{P_{0\sim14}+P_{65^+}}{P_{15\sim64}}\times 100\%$$

其中：GDR为总抚养比；

$P_{0\sim14}$为0～14岁少年儿童人口数；

P_{65+}为65岁及65岁以上的老年人口数；

$P_{15\sim64}$为15～64岁劳动年龄人口数。

老年人口抚养比　也称老年人口抚养系数。指某一人口中老年人口数与劳动年龄人口数之比。通常用百分比表示。用以表明每100名劳动年龄人口要负担多少名老年人。老年人口抚养比是从经济角度反映人口老化社会后果的指标之一。计算公式为：

$$ODR=\frac{P_{65^+}}{P_{15\sim64}}\times 100\%$$

其中：ODR为老年人口抚养比；

P_{65+}为65岁及65岁以上的老年人口数；

$P_{15\sim64}$为15～64岁的劳动年龄人口数。

少年儿童抚养比 也称少年儿童抚养系数。指某一人口中少年儿童人口数与劳动年龄人口数之比。通常用百分比表示。以反映每100名劳动年龄人口要负担多少名少年儿童。计算公式为：

$$CDR=\frac{P_{0\sim14}}{P_{15\sim64}}\times100\%$$

其中：CDR为少年儿童抚养比；

$P_{0\sim14}$为0～14岁少年儿童人口数；

$P_{15\sim64}$为15～64岁劳动年龄人口数。

经济活动人口 指在16周岁及以上，有劳动能力，参加或要求参加社会经济活动的人口。包括就业人员和失业人员。

就业人员 指在16周岁及以上，从事一定社会劳动并取得劳动报酬或经营收入的人员。这一指标反映了一定时期内全部劳动力资源的实际利用情况，是研究我国基本国情国力的重要指标。

单位就业人员 指在各级国家机关、政党机关、社会团体及企业、事业单位中工作，取得工资或其他形式的劳动报酬的全部人员。包括在岗职工、再就业的离退休人员、民办教师以及在各单位中工作的外方人员和港澳台方人员、兼职人员、借用的外单位人员和第二职业者。不包括离开本单位仍保留劳动关系的职工。各单位的就业人员反映了各单位实际参加生产或工作的全部劳动力。

城镇私营和个体就业人员 城镇私营就业人员指在工商管理部门注册登记，其经营地址设在县城关镇(含县城关镇)以上的私营企业就业人员，包括私营企业投资者和雇工。城镇个体就业人员指在工商管理部门注册登记，并持有城镇户口或在城镇长期居住，经批准从事个体工商经营的就业人员，包括个体经营者和在个体工商户劳动的家庭帮工和雇工。

国有单位 指资产归国家所有的经济组织。包括按《中华人民共和国企业法人登记管理条例》规定登记注册的非公司制的经济组织，以及中央、地方各级国家机关、事业单位和社会团体。

集体单位 指生产资料归集体所有，并按《中华人民共和国企业法人登记管理条例》规定登记注册的经济组织。

其他单位 包括股份合作单位、联营单位、有限责任公司、股份有限公司、港澳台商投资单位以及外商投资单位等其他登记注册类型单位。

在岗职工 指在本单位工作并由单位支付工资的人员，以及有工作岗位，但由于学习、病伤产假等原因暂未工作，仍由单位支付工资的人员。

工资总额 指各单位在一定时期内直接支付给本单位全部职工的劳动报酬总额。工资总额的计算原则应以直接支付给职工的全部劳动报酬为根据。各单位支付给职工的劳动报酬以及其他根据有关规定支付的工资，不论是计入成本的还是不计入成本的，不论是按国家规定列入计征奖金税项目的，还是未列入计征奖金税项目的，不论是以货币形式支付的还是以实物形式支付的，均包括在工资总额内。

平均工资 指企业、事业、机关单位的就业人员在一定时期内平均每人所得的货币工资额。它表明一定时期职工工资收入的高低程度，是反映就业人员工资水平的主要指标。计算公式为：

$$\text{平均工资}=\frac{\text{报告期实际支付的全部职工工资总额}}{\text{报告期全部职工平均人数}}$$

城镇登记失业人员 指有非农业户口，在一定的劳动年龄内(16周岁至退休年龄)，有劳动能力，无业而要求就业，并在当地就业服务机构进行求职登记的人员。

城镇登记失业率 城镇登记失业人员与城镇单位就业人员(扣除使用的农村劳动力、聘用的离退休人员、港澳台及外方人员)、城镇单位中的不在岗职工、城镇私营业主、个体户主、城镇私营企业和个体就业人员、城镇登记失业人员之和的比。计算公式为：

$$\text{城镇登记失业率}=\frac{\text{城镇登记失业人数}}{[(\text{城镇单位就业人员}-\text{使用的农村劳动力}-\text{聘用的离退休人员}-\text{聘用的港澳台及外方人员})+\text{不在岗职工}+\text{城镇私营业主}+\text{城镇个体户主}+\text{城镇私营企业及个体就业人员}+\text{城镇登记失业人数}]\times 100\%}\times 100\%$$

Explanatory Notes on Main Statistical Indicators

Total Population refers to the total number of people alive at a certain point of time within a given area.

The annual statistics on total population is taken at midnight, the 31st of December, not including residents in Taiwan province, Hong Kong and Macao and Chinese national residing abroad.

Urban Population and Rural Population Urban population refers to all people residing in cities and towns, while rural population refers to population other than urban population.

Birth Rate (or Crude Birth Rate) refers to the ratio of the number of births to the average population (or mid-period population) during a certain period of time (usually a year), expressed in ‰. Birth rate in the chapter refers to annual birth rate. The following formula is used:

$$\text{Birth Rate} = \frac{\text{Number of Births}}{\text{Annual Average Population}} \times 1000‰$$

Number of births in the formula refers to live births, i.e. when a baby has breathed or showed any vital phenomena regardless of the length of pregnancy.

Annual average population is the average of the number of population at the beginning of the year and that at the end of the year. Sometimes it is substituted by the mid-year population.

Death Rate (or Crude Death Rate) refers to the ratio of the number of deaths to the average population (or mid-period population) during a certain period of time (usually a year), expressed in ‰. Death rate in the chapter refers to annual death rate. The following formula is used:

$$\text{Death Rate} = \frac{\text{Number of Deaths}}{\text{Annual Average Population}} \times 1000‰$$

Natural Growth Rate of Population refers to the ratio of natural increase in population (number of births minus number of deaths) in a certain period of time (usually a year) to the average population (or mid-period population) of the same period, expressed in ‰. The following formula is applied:

$$\begin{matrix}\text{Natural Growth}\\ \text{Rate of Population}\end{matrix} = \frac{\text{Number of Births - Number of Deaths}}{\text{Annual Average Population}} \times 1000‰$$

Natural Growth Rate of Population = Birth Rate-Death Rate

Gross Dependency Ratio also called gross dependency coefficient, refers to the ratio of non-working-age population to the working-age population, express in %. Describing in general the number of non-working-age population that every 100 people at working ages will take care of, this indicator reflects the basic relation between population and economic development from the demographic perspective. The gross dependency ratio is calculated with the following formula:

$$GDR = \frac{P_{0\sim14} + P_{65^+}}{P_{15\sim64}} \times 100\%$$

Where: GDR is the gross dependency ratio,

P0-14 is the population of children aged 0-14,

P65+ is the elderly population aged 65 and over, and

P15-64 is the working-age population aged 15-64.

Old Dependency Ratio also called old dependency coefficient, refers to the ratio of the elderly population to the working-age population, express in %. It describes the number of the elderly population that every 100 people at working ages will take care of. Old dependency ratio is one of the indicators reflecting the social implication of population aging from the economic perspective. The old dependency ratio is calculated with the following formula:

$$ODR = \frac{P_{65^+}}{P_{15\text{-}64}} \times 100\%$$

Where: ODR is the old dependency ratio,

P65+ is the elderly population aged 65 and over, and

P15-64 is the working-age population aged 15-64.

Children Dependency Ratio also called children dependency coefficient, refers to the ratio of the children population to the working-age population, express in %. It describes the number of children population that every 100 people at working ages will take care of. The children dependency ratio is calculated with the following formula:

$$CDR = \frac{P_{0\text{-}14}}{P_{15\text{-}64}} \times 100\%$$

Where: CDR is the children dependency ratio,

P0-14 is the children population aged 0-14, and

P15-64 is the working-age population aged 15-64

Economically Active Population refers to the population aged 16 and over who are capable of working, are participating in or willing to participate in economic activities, including employed persons and unemployed persons.

Employed Persons refer to persons aged 16 and over who are engaged in gainful employment and thus receive remuneration payment or earn business income. This indicator reflects the actual utilization of total labour force during a certain period of time and is often used for the research on China' s economic situation and national power.

Persons Employed in Various Units refer to all the persons working in government agencies of various levels, political and party organizations, social organizations, enterprises and institutions, and receiving wages or other forms of payment. They include fully-employed staff and workers, re-employed retirees, teachers in the schools run by the local people, foreigners and Chinese compatriots from Hong Kong, Macao, and Taiwan working in various units, part-time employees, employees of other units working temporarily at current posts, and employees holding the second job, but do not include persons who have left their working units while keeping their labour contract (employment relation) unchanged. This indicator reflects the total number of laborers actually engaged in production or other operations in various units.

Persons Employed in Private Enterprises and Self-Employed Individuals in Urban Areas Persons employed in private enterprises refer to the persons employed in the private enterprises which have been registered at the departments of industrial and commercial administration for which the business operation are situated at a county town (i.e. a town where the county government is located), or at urban areas with administrative hierarchy higher than a county town. The self-employed individuals in urban areas refer to persons who hold the certificates of residence in urban areas or have resided in the urban areas for a long time and have been registered at the departments of industrial and commercial administration and approved to be engaged in individual industrial or commercial business, including self-employed persons as well as helpers and hired labourers who work in individual households.

State-owned Units refer to economic units whose assets are owned by the state, including non-corporation units registered according to Regulation of the People' s Republic of China on the Registration of Enterprises and Corporations, state organs, institutions and social organizations at the central-level and local levels.

Collective-owned Units refer to economic units registered according to Regulation of the People' s Republic of China on the Registration of Enterprises and Corporations where the means of production are collectively owned.

Units of Other Types of Ownership refer to units registered with other types of ownership, including cooperative units, joint ownership units, limited liability corporations, share holding corporations, units funded by entrepreneurs from Hong Kong, Macao, and Taiwan, and foreign- funded units.

Employed Staff and Workers refer to persons who work in, and receive wages from their working units, including persons who have their work posts but are temporarily absent from work for reasons of study or on sick, injury or maternal leave and still receive wages from their working units.

Total Wage Bill refers to the total remuneration payment to staff and workers in various units during a certain period of time. The calculation of total wage bill is based on the total remuneration payment to the staff and workers. Therefore, all the wages and salaries and other payments to staff and workers are included in the total wage bill regardless of sources, reckoning the cost of production or not, category, listing as items of premium taxation or not, and forms, paying in cash or in kind.

Average Wage refers to the average wage in money terms per person during a certain period of time for staff and workers in enterprises, institutions, and government agencies, which reflects the general level of wage income during a certain period of time and is calculated as follows:

$$\text{Average Wage} = \frac{\text{Total Wage Bill of Staff and Workers at Reference Time}}{\text{Average Number of Staff and Workers at Reference Time}}$$

Registered Unemployed Persons in Urban Areas refer to the persons with non-agricultural household registration at certain working ages (16 years old to retirement age), who are capable of working, unemployed and willing to work, and have been registered at the local employment service agencies to apply for a job.

Registered Unemployment Rate in Urban Areas refers to the ratio of the number of the registered unemployed persons to the sum of the number of persons employed in various units (minus the employed rural labour force, re-employed retirees, and Hong Kong, Macao, Taiwan or foreign employees), laid-off staff and workers in urban units, owners of private enterprises in urban areas, owners of self-employed individuals in urban areas, employees of private enterprises in urban areas, employee of self-employed individuals in urban areas, and the registered unemployed persons in urban areas. The formula is as follows:

$$\text{Registered unemployment rate in urban areas} = \frac{\text{number of registered urban unemployed persons}}{\begin{array}{c}\text{number of persons employed in urban units} - \text{employed rural labour force} \\ - \text{re-employed retirees} - \text{Hong Kong, Macao, Taiwan or foreign employees} \\ + \text{laid-off staff and workers} + \text{owners of urban private enterprises} \\ + \text{owners of urban self-employed individuals} + \text{employees of urban private enterprises} \\ + \text{employees of urban self-employed individuals} + \text{registered unemployed persons in urban areas}\end{array}} \times 100\%$$

第四篇　固定资产投资

CHAPTER 4 INVESTMENT IN FIXED ASSETS

资料整理：赵春贵　冯　瑞　刘　妍

4-1 全社会固定资产投资

TOTAL INVESTMENT IN FIXED ASSETS

单位：亿元　　　　　　　　　　　　　　　　　　(100 million yuan)

年份 Year	投资总额 Total Investment	国有经济 State-owned Units	集体经济 Collective-owned Units	个体经济 Self-employed Individual	其他经济 Others	城镇投资 Urban Investment	#房地产开发 Real Estate Development	农村投资 Rural Investment
1978	27.0	25.5	0.2	1.3		27.0		
1979	26.9	26.6	0.3			26.9		
1980	38.5	37.9	0.6			38.5		
“六五”时期合计 The Period of Sixth Five-Year Plan	**382.1**	**321.3**	**23.2**	**37.7**		**338.2**		**43.9**
1981	47.0	39.3	3.6	4.2		42.6		4.4
1982	62.9	53.5	5.8	3.6		56.2		6.7
1983	71.9	65.4	4.6	1.9		68.7		3.2
1984	88.5	73.9	3.5	11.1		76.7		11.8
1985	111.8	89.2	5.7	16.9		94.0		17.8
“七五”时期合计 The Period of Seventh Five-Year Plan	**745.4**	**612.9**	**34.2**	**98.1**		**652.8**		**92.6**
1986	123.6	101.5	7.2	14.8		107.6		16.0
1987	140.3	115.5	7.9	16.9		123.2		17.1
1988	160.6	132.1	8.0	20.4		142.1		18.5
1989	158.0	129.2	5.6	23.2		138.7		19.3
1990	162.9	134.6	5.5	22.8		141.2	6.3	21.7
“八五”时期合计 The Period of Eighth Five-Year Plan	**1655.2**	**1384.3**	**52.8**	**142.2**	**76.0**	**1513.2**	**113.7**	**142.0**
1991	189.6	162.6	5.9	21.2		168.2	8.9	21.4
1992	244.2	215.9	6.8	21.6		223.3	19.9	20.9
1993	328.6	290.7	9.3	19.8	8.7	308.1	31.5	20.5
1994	405.3	335.2	14.7	29.3	26.1	374.1	26.3	31.2
1995	487.5	379.9	16.1	50.3	41.2	439.5	27.1	48.0
“九五”时期合计 The Period of Ninth Five-Year Plan	**3685.2**	**2577.8**	**150.9**	**404.0**	**552.6**	**3292.0**	**319.3**	**393.2**
1996	568.6	427.6	32.3	59.5	49.3	501.7	29.3	66.9
1997	669.9	531.0	23.3	69.0	46.6	601.1	45.2	68.8
1998	801.6	606.5	28.1	95.2	71.8	712.8	58.7	88.8
1999	785.9	562.9	31.3	89.5	102.2	702.1	82.0	83.8
2000	859.2	449.8	35.9	90.8	282.7	774.3	104.1	84.9
“十五”时期合计 The Period of Tenth Five-Year Plan	**6415.9**	**2983.7**	**216.8**	**838.0**	**2377.4**	**5716.9**	**937.9**	**699.0**
2001	972.9	524.7	42.1	110.1	296.0	881.9	147.1	91.0
2002	1055.7	531.2	47.7	99.7	377.1	928.2	145.8	127.5
2003	1190.7	563.0	49.9	125.2	452.6	1055.0	163.3	135.7
2004	1464.7	610.2	56.0	214.4	584.1	1275.9	214.1	188.8
2005	1731.9	754.6	21.1	288.6	667.6	1575.9	267.6	156.0
“十一五”时期合计 The Period of Eleventh Five-Year Plan	**20586.6**	**8339.3**	**263.3**	**1687.2**	**10296.8**	**18994.4**	**2550.5**	**1592.2**
2006	2235.9	910.5	20.5	216.8	1088.1	2040.3	321.3	195.6
2007	2864.2	1177.6	34.5	277.4	1374.7	2621.8	382.3	242.4
2008	3656.0	1521.7	45.3	347.7	1741.3	3354.8	439.9	301.2
2009	5028.8	2068.9	47.9	390.6	2521.4	4695.8	563.9	333.0
2010	6801.7	2660.6	115.1	454.7	3571.3	6281.7	843.1	520.0
“十二五”时期合计 The Period of Twelfth Five-Year Plan								
2011	7475.4	2831.5	57.9	357.3	3404.7	6981.7	1227.6	493.7
2012	9780.2	3121.5	77.9	373.1	6207.7	9111.4	1535.8	669.2

注：1995-1996年，除房地产投资、农村集体投资、个人投资以外，投资统计的起点为5万元；自1997年起，除房地产投资、农村集体投资、个人投资以外，投资统计的起点由5万元提高到50万元；自2011年起，除房地产投资、农村个人投资外，固定资产投资的统计起点由50万元提高至500万元；城镇固定资产投资数据发布口径改为固定资产投资（不含农户），固定资产投资（不含农户）等于原口径的城镇固定资产投资加上农村企事业组织的项目投资（以下有关各表同）。

Note: From 1995 to 1996, the cut-off point of projects of investment was 50 000 yuan, except statistics on real estate, rural collective and individual investment;Since 1997, the cut-off point had changed from 50 000 yuan to 500 000 yuan, except real estate, rural collective and personal investment; Since 2011, the cut-off point has changed from 500 000 yuan to 5 million yuan, published coverage of investment in fixed assets in urban area changed into investmentin fixed assets(excluding rural households) which included investment in urban area and investment in rural enterprises(units). The same applies to the tables following.

4-2 全社会固定资产投资和房屋建筑面积

TOTAL INVESTMENT IN FIXED ASSETS AND FLOOR SPACE OF BUILDINGS

指　标	Item	2011	2012
全社会固定资产投资总额(亿元)	**Total Investment(100 million yuan)**	**7475.4**	**9780.2**
#住　宅	#Residential Buildings	1378.1	1469.6
固定资产投资总额(不含农户)(亿元)	**Total Investment(ExcLuding Famn Households) (100 million yuan)**	7157.9	9375.4
按登记注册类型分	**Grouped by Registration Status**		
内　资	Domestic Capital	6968.8	9157.4
国　有	State-Owned Units	2831.5	3121.5
集　体	Collective-Owned Units	57.9	77.9
股份合作	Cooperative	34.3	31.2
联　营	Joint	23.7	41.3
国有独资公司	State-owned Companies	132.3	222.4
其他有限责任公司	Limited Liability	1974.9	2688.1
股份有限公司	Share-holding	544.4	622.9
私　营	Private	1165.7	1860.2
其　他	Others	204.3	491.7
港澳台商投资	Funds from Hong Kong, Macao and Taiwan	55.7	53.0
外商投资	Foreign Funded	92.0	111.3
个体经营	Self-employed	41.2	53.8
按隶属关系分	**Grouped By Jurisdiction of Management**		
中　央	Central Investment	849.0	810.2
地　方	Local Investment	6309.0	8565.2
按控股情况分	**By Situation of Holdings**		
国有控股	State-holding	3371.1	3688.8
集体控股	Collective-holding	211.5	275.6
私人控股	Private-holding	3079.9	4539.7
港澳台商控股	Hong Kong, Macao and Taiwan-holding	39.7	45.3
外商控股	Foreign-holding	70.4	60.6
其他	Others	385.2	765.4
按构成分	**Grouped by Compositipon of Funds**		
建筑安装工程	Construction and Installation	5024.3	6577.0
设备工器具购置	Purchase of Equipment and Instruments	1386.0	2040.1
其他费用	Others	747.6	758.3
按产业分	**Grouped by Sector**		
第一产业	Primary Industry	448.0	545.8
第二产业	#Industry	3195.1	4317.5
#工　业	Secondary Industry	2943.7	4141.6
第三产业	Tertiary Industry	3514.9	4512.1
按建设性质分	**Grouped by Type of Construction**		
#新　建	#New Construction	2614.1	3695.2
扩　建	Expansion	1221.3	1589.6
改建和技术改造	Reconstruction	1632.1	1804.7
本年新增固定资产(亿元)	**Newly Increased Fixed Assets(100 million yuan)**	**4736.9**	**6455.1**
固定资产交付使用率(%)	**Rate of Projects of Fixed Assets Completed and Put Into Use(%)**	**66.2**	**68.9**
房屋施工面积(万平方米)	**Floor Space of Buildings under Construction(10000 sq.m)**	**20687.4**	**24223.9**
#住　宅	#Residential Buildings	13282.2	13323.1
房屋竣工面积(万平方米)	**Floor Space of Buildings Completed(10000 sq.m)**	**7078.1**	**7279.7**
#住　宅	#Residential Buildings	4610.5	4096.3
房屋竣工价值(亿元)	**Cost of Buildings Completed(100 million yuan)**	**1177.3**	**1460.0**
#住　宅	#Residential Buildings	691.8	703.3
到位资金(亿元)	**Funds Available(100 million yuan)**	**7855.6**	**10087.1**
施工项目个数(个)	**Number of Projects Under Construction(unit)**	**8721**	**12109**
#本年新开工	#Started This Year	7096	9710

4-3 固定资产投资资金来源(不含农户)

FUNDS SOURCES OF INVESTMENT IN FIXED ASSETS(Excluding Farm Households)

单位：亿元　(100 million yuan)

年份 Year 地区 Region	合计 Total	按资金来源分 By Sources of Funds					
		国家预算内资金 State Budget	国内贷款 Domestic Loans	债券 Bond	利用外资 Foreign Investment	自筹资金 Self-raising Funds	其他资金 Others
2011	8023.1	412.8	510.3	9.1	22.9	6145.3	922.7
2012	10434.9	476.2	453.7	27.2	28.5	8141.0	1308.3
哈尔滨 Harbin	4127.7	183.6	204.0		13.5	3095.7	630.9
齐齐哈尔 Qiqihar	735.6	14.8	41.4		2.5	605.7	71.1
鸡西 Jixi	299.3	18.9	19.8		0.6	225.8	34.2
鹤岗 Hegang	261.3	13.7	15.2	5.4		186.6	40.4
双鸭山 Shuangyashan	514.8	26.5	1.7			449.1	37.2
大庆 Daqing	1407.9	30.5	12.0			1201.8	163.7
伊春 Yichun	238.2	41.7	0.6	0.1	0.4	187.3	8.1
佳木斯 Jiamusi	466.4	18.9	35.7		3.8	369.7	38.4
七台河 Qitaihe	169.2	6.4	5.2			116.9	40.7
牡丹江 Mudanjiang	733.8	38.8	41.6	6.6	2.3	523.3	121.3
黑河 Heihe	233.2	11.3	4.5			210.7	6.7
绥化 Suihua	648.8	5.4	3.5			617.9	21.9
大兴安岭 Daxinganling	71.8	14.1	2.3			48.5	6.9
不分地区 Not Classified by Region	418.2	43.9	64.4	15.0	5.6	208.5	80.8
绥芬河 Suifenhe	93.1		1.7			87.3	4.0
抚远 Fuyuan	15.8	7.6				6.3	1.8

4-4 按行业分固定资产投资及新增固定资产(不含农户) (2012年)

INVESTMENT IN FIXED ASSETS AND NEWLY INCREASED FIXED ASSETS BY SECTOR (Excluding Farm Households) (2012)

单位：万元 (10000 yuan)

指　标	Item	投资额 Investment	新增固定资产 Newly Increased Fixed Assets	固定资产交付使用率(%) Rate of Projects of Fixed Assets Completed and Put into Use(%)
总　计	**Total**	**93754447**	**64551112**	**68.9**
农、林、牧、渔业	**Agriculture, Forestry, Animal Husbandry and Fishery**	**5463575**	**4602406**	**84.2**
农业	Farming	2637972	2146979	81.4
林业	Forestry	283066	273683	96.7
畜牧业	Animal Husbandry	1105070	963212	87.2
渔业	Fishery	61306	378887	618.0
农、林、牧、渔服务业	Services in Support of Agriculture	1376161	1180645	85.8
采矿业	**Mining and Quarrying**	**6019715**	**5431510**	**90.2**
煤炭开采和洗选业	Mining and Washing of Coal	2078556	1691541	81.4
石油和天然气开采业	Extraction of Petroleum and Natural Gas	3125470	3078416	98.5
黑色金属矿采选业	Mining and Processing of Ferrous Metals Ores	135476	120856	89.2
有色金属矿采选业	Mining and Processing of Non-ferrous Metal Ores	117410	126890	108.1
非金属矿采选业	Mining and Processing of Nonmetal Ores	331079	264155	79.8
开采辅助活动	Mining Auxiliary Activities	224924	142852	63.5
其他采矿业	Mining of Other Ores	6800	6800	100.0
制造业	**Manufacturing**	**30218138**	**23166807**	**76.7**
农副食品加工业	Processing of Food from Agricultural Products	4912056	3675084	74.8
食品制造业	Manufacture of Foods	1350420	898447	66.5
酒、饮料和精制茶制造业	Manufacture of Wine, soft drinks and refined tea	1404674	927027	66.0
烟草制品业	Manufacture of Tobacco	83974	29232	34.8
纺织业	Manufacture of Textile	262283	222193	84.7
纺织服装和服饰业	Manufacture of Textile and Apparel	178872	150681	84.2
皮革毛皮羽毛(绒)及其制品业	Manufacture of Leather, Furs, Feather and Related Products and Footwear	64040	36690	57.3
木材加工及木竹藤棕草制品业	Processing of Timber, Manufacture of Wood, Bamboo, Rattan, Palm and Straw Products	1938143	1619867	83.6
家具制造业	Manufacture of Furniture	571307	412862	72.3
造纸及纸制品业	Manufacture of Paper and Paper Products	429772	363608	84.6
印刷业和记录媒介的复制	Manufacture of Printing and Record Medium Reproduction	266590	229624	86.1
文教体育用品制造业	Manufacture of Articles for Culture, Education and Sports Activities	182676	155201	85.0
石油加工、炼焦及核燃料加工业	Processing of Petoleum, Coking, Processing of Nuclear Fuel	1009762	1671710	165.6
化学原料及化学制品制造业	Manufacture of Raw Chemical Materials and Chemical Products	1703714	1206352	70.8
医药制造业	Manufacture of Medicines	970991	618863	63.7
化学纤维制造业	Manufacture of Chemical Fibers	69352	54300	78.3
橡胶和塑料制品业	Manufacture of Rubber and Plastics	917207	692325	75.5
非金属矿物制品业	Manufacture of Non-metallic Mineral Products	3129794	2571175	82.2
黑色金属冶炼及压延加工业	Smelting and Pressing of Ferrous Metals	690008	438159	63.5
有色金属冶炼及压延加工业	Smelting and Pressing of Non-ferrous Metals	955742	652745	68.3
金属制品业	Manufacture of Metal Products	1056466	769189	72.8
通用设备制造业	Manufacture of General Purpose Machinery	1979411	1691397	85.4
专用设备制造业	Manufacture of Special Purpose Machinery	2602465	1924389	73.9
汽车制造业	Manufacture of Automotive	1505798	787796	52.3
铁路、船舶、航空航天等制造业	Manufacture of Railroad, Marine, Aerospace and Other Transportation Equipment	282075	173730	61.6
电气机械及器材制造业	Manufacture of Electrical Machinery and Equipment	873577	594252	68.0
计算机、通信和其他电子设备制造业	Manufacture of Computers, Communication and Other Electronic Equipment	329963	221860	67.2
仪器仪表制造业	Manufacture of Measuring Instruments	89888	68617	76.3
其他制造业	Other Manufacturing	148190	137654	92.9
废弃资源综合利用业	Comprehensive Utilization of Waste Resources Industry	142363	85985	60.4
金属制品、机械和设备修理业	Metal Products, Machinery and Equipment Repair Industry	116565	85793	73.6
电力、热力、燃气及水的生产和供应业	**Production and Supply of Electric Power,heat,Gas and Water**	**5172429**	**3173387**	**61.4**
电力、热力的生产和供应业	Production and Supply of Electric Power and Heat Power	4260434	2336066	54.8
燃气生产和供应业	Production and Supply of Gas	596913	568544	95.2
水的生产和供应业	Production and Supply of Water	315082	268777	85.3
建筑业	**Construction**	**1759540**	**1146120**	**65.1**
房屋建筑业	Housing Building Construction	605649	317945	52.5
土木工程建筑业	Civil Engineering Construction	763426	515534	67.5
建筑安装业	Construction Installation	157609	143709	91.2
建筑装饰和其他建筑业	Construction Decoration and Other Construction	232856	168932	72.5

4-4 续表 CONTINUED

单位：万元 (10000 yuan)

指　标	Item	投资额 Investment	新增固定资产 Newly Increased Fixed Assets	固定资产交付使用率(%) Rate of Projects of Fixed Assets Completed and Put into Use(%)
批发和零售业	**Wholesale and Retail Trades**	**3295527**	**2389180**	**72.5**
批发业	Wholesale Trade	2026775	1506657	74.3
零售业	Retail Trade	1268752	882523	69.6
交通运输、仓储和邮政业	**Traffic, Transport, Storage and Post**	**4986195**	**3713156**	**74.5**
铁路运输业	Transport Via Railway	814027	210516	25.9
道路运输业	Transport Via Road	3097178	2866907	92.6
水上运输业	Water Transport	8605	5502	63.9
航空运输业	Air Transport	19113	1258	6.6
管道运输业	Transport Via Pipeline	61868	56694	91.6
装卸搬运和运输代理业	Loading, Unloading, Portage and Other Transport Services	308312	139108	45.1
仓储业	Storage	646677	404929	62.6
邮政业	Post	30415	28242	92.9
住宿和餐饮业	**Hotels and Catering Services**	**915207**	**652469**	**71.3**
住宿业	Hotels	633362	441953	69.8
餐饮业	Catering Services	281845	210516	74.7
信息传输、软件和信息技术服务业	**Information Transmission, Computer Services and Software**	**1245876**	**312880**	**25.1**
电信、广播电视和卫星传输服务业	Telecom & Other Information Transmission Services	790536	139125	17.6
互联网和相关服务业	Computer Services	71328	16868	23.6
软件和信息技术服务业	Software Industry	384012	156887	40.9
金融业	**Financial Intermediation**	**316281**	**165443**	**52.3**
货币金融业	Monetary and Financial Industry	184802	145464	78.7
资本市场业	Capital Markets Industry	10450	4800	45.9
保险业	Insurance	7100	1000	14.1
其他金融业	Others	113929	14179	12.4
房地产业	**Real Estate**	**19268699**	**10844111**	**56.3**
租赁和商务服务业	**Leasing and Business Services**	**841930**	**548033**	**65.1**
租赁业	Leasing	86643	82708	95.5
商务服务业	Business Services	755287	465325	61.6
科学研究和技术服务业	**Scientific Research and Technical Services**	**834711**	**586864**	**70.3**
研究与试验发展	Research and Experimental Development	224535	134702	60.0
专业技术服务业	Professional Technical Services	298097	202522	67.9
科技交流和推广服务业	Services of Science and Technology Exchanges and Promotion	312079	249640	80.0
水利、环境和公共设施管理业	**Management of Water Conservancy, Environment and Public Facilities**	**7887384**	**4023524**	**51.0**
水利管理业	Management of Water Conservancy	2098788	745994	35.5
生态保护和环境治理业	Ecological Protection and Environmental Management Industry	151363	97510	64.4
公共设施管理业	Management of Public Facilities	5637233	3180020	56.4
居民服务和其他服务业	**Services to Households and Other Services**	**456053**	**325125**	**71.3**
居民服务业	Services to Households	116915	106547	91.1
机动车、电子产品和日用产品修理业	Motor Vehicles, Electronics and Household Goods Repair Industry	167513	161628	96.5
其他服务业	Other Services	171625	56950	33.2
教育	**Education**	**1033727**	**798067**	**77.2**
卫生和社会工作	**Health and Social Work**	**785696**	**542121**	**69.0**
卫生	Health	702631	484451	68.9
社会工作	Social Work	83065	57670	69.4
文化、体育和娱乐业	**Culture, Sports and Entertainment**	**1357254**	**697467**	**51.4**
新闻出版业	Journalism and Publishing Activities	11972	4021	33.6
广播、电视、电影和影视录音制作业	Broadcasting, Movies, Television and Video Recording Production Industry	46132	31253	67.7
文化艺术业	Cultural and Art Activities	474202	253070	53.4
体育	Sports Activities	273248	280124	102.5
娱乐业	Entertainment	551700	128999	23.4
公共管理和社会组织	**Public Management and Social Organization**	**1896510**	**1432442**	**75.5**
中国共产党机关	Organs of Communist Party of China	4425	4200	94.9
国家机构	Government Agencies	1542687	1093819	70.9
人民政协和民主党派	People's Political Consultative Conference and Democratic Parties	4500	4500	100.0
社会保障	Social Security	15513	17637	113.7
群众团体、社会团体和其他成员组织	Non-Governmental Organizations, Social Organizations and Other Members Organizations	240054	233158	97.1
基层群众自治组织	Grass Roots Self-governing Organizations	89331	79128	88.6
国际组织	**International Organizations**			

4-5 按行业、建设性质和构成分固定资产投资及施工、投产项目个数(不含农户)(2012年)

单位：万元

指　标	Item	投资额 Investment	#新　建 New Construction	#扩　建 Expansion
总　计	**Total**	**93754447**	**36952401**	**15895847**
农、林、牧、渔业	**Agriculture, Forestry, Animal Husbandry and Fishery**	**5463575**	**2803564**	**993806**
农业	Farming	2637972	1243114	334413
林业	Forestry	283066	191874	29605
畜牧业	Animal Husbandry	1105070	710417	322701
渔业	Fishery	61306	25417	17680
农、林、牧、渔服务业	Services in Support of Agriculture	1376161	632742	289407
采矿业	**Mining and Quarrying**	**6019715**	**1077710**	**945234**
煤炭开采和洗选业	Mining and Washing of Coal	2078556	765675	508247
石油和天然气开采业	Extraction of Petroleum and Natural Gas	3125470	33407	200782
黑色金属矿采选业	Mining and Processing of Ferrous Metals Ores	135476	38855	61842
有色金属矿采选业	Mining and Processing of Non-ferrous Metal Ores	117410	91863	6100
非金属矿采选业	Mining and Processing of Nonmetal Ores	331079	130660	156663
开采辅助活动	Mining Auxiliary Activities	224924	17250	4800
其他采矿业	Mining of Other Ores	6800		6800
制造业	**Manufacturing**	**30218138**	**13221395**	**8012614**
农副食品加工业	Processing of Food from Agricultural Products	4912056	2294188	1672939
食品制造业	Manufacture of Foods	1350420	697531	431360
酒、饮料和精制茶制造业	Manufacture of Wine, soft drinks and refined tea	1404674	755342	396489
烟草制品业	Manufacture of Tobacco	83974	33742	34090
纺织业	Manufacture of Textile	262283	127549	96700
纺织服装和服饰业	Manufacture of Textile and Apparel	178872	100272	62900
皮革毛皮羽毛(绒)及其制品业	Manufacture of Leather, Furs, Feather and Related Products and Footwear	64040	17900	31740
木材加工及木竹藤棕草制品业	Processing of Timber, Manufacture of Wood, Bamboo, Rattan, Palm and Straw Products	1938143	509388	979947
家具制造业	Manufacture of Furniture	571307	320794	110454
造纸及纸制品业	Manufacture of Paper and Paper Products	429772	151257	144061
印刷业和记录媒介的复制	Manufacture of Printing and Record Medium Reproduction	266590	83785	22820
文教体育用品制造业	Manufacture of Articles for Culture, Education and Sports Activities	182676	62134	83532
石油加工、炼焦及核燃料加工业	Processing of Petoleum, Coking, Processing of Nuclear Fuel	1009762	365759	306651
化学原料及化学制品制造业	Manufacture of Raw Chemical Materials and Chemical Products	1703714	742900	427577
医药制造业	Manufacture of Medicines	970991	469066	218836
化学纤维制造业	Manufacture of Chemical Fibers	69352	41760	17000
橡胶和塑料制品业	Manufacture of Rubber and Plastics	917207	453678	280236
非金属矿物制品业	Manufacture of Non-metallic Mineral Products	3129794	1667104	810215
黑色金属冶炼及压延加工业	Smelting and Pressing of Ferrous Metals	690008	118249	232243
有色金属冶炼及压延加工业	Smelting and Pressing of Non-ferrous Metals	955742	653930	65271
金属制品业	Manufacture of Metal Products	1056466	437701	262139
通用设备制造业	Manufacture of General Purpose Machinery	1979411	471357	301021
专用设备制造业	Manufacture of Special Purpose Machinery	2602465	1032540	591327
汽车制造业	Manufacture of Automotive	1505798	627179	102386
铁路、船舶、航空航天等制造业	Manufacture of Railroad, Marine, Aerospace and Other Transportation Equipment	282075	125400	38681
电气机械及器材制造业	Manufacture of Electrical Machinery and Equipment	873577	473291	116696
计算机、通信和其他电子设备制造业	Manufacture of Computers, Communication and Other Electronic Equipment	329963	112354	56930
仪器仪表制造业	Manufacture of Measuring Instruments	89888	64019	
其他制造业	Other Manufacturing	148190	98320	22439
废弃资源综合利用业	Comprehensive Utilization of Waste Resources Industry	142363	67269	68814
金属制品、机械和设备修理业	Metal Products, Machinery and Equipment Repair Industry	116565	45637	27120
电力、热力、燃气及水的生产和供应业	**Production and Supply of Electric Power,heat,Gas and Water**	**5172429**	**3145608**	**1123583**
电力、热力的生产和供应业	Production and Supply of Electric Power and Heat Power	4260434	2551980	925206
燃气生产和供应业	Production and Supply of Gas	596913	466550	101062
水的生产和供应业	Production and Supply of Water	315082	127078	97315
建筑业	**Construction**	**1759540**	**861778**	**248715**
房屋建筑业	Housing Building Construction	605649	430109	27500
土木工程建筑业	Civil Engineering Construction	763426	352990	198796
建筑安装业	Construction Installation	157609	9200	11419
建筑装饰和其他建筑业	Construction Decoration and Other Construction	232856	69479	11000

INVESTMENT IN FIXED ASSETS BY SECTOR,TYPE OF CONSTRUCTION AND COMPOSITION OF FUNDS NUMBER OF CONSTRUCTION PROJECTS AND UNDER CONSTRUCTION AND PUT INTO USE (Excluding Rural Households)(2012)

(10000 yuan)

#改　建 Reconstruction	建筑安装工程投资 Construction and Installation	设备工器具购置 Purchase of Equipment and Instruments	其他费用 Others	施工项目(个) Number of Projects under Construction (unit)	#新开工 Number of Projects Started This Year	全部建成投产项目(个) Number of Projects Completed and Put into Use(unit)	项目建成投产率(%) Rate of Construction Projects Completed and Put into Use(%)
18047417	**65769862**	**20401151**	**7583434**	**12109**	**9710**	**8592**	**71.0**
1146800	**4441955**	**802363**	**219257**	**1426**	**1318**	**1240**	**87.0**
782751	2340301	232328	65343	718	685	639	89.0
33710	224527	11529	47010	68	54	53	77.9
60450	863008	181010	61052	282	259	255	90.4
18209	38826	9525	12955	24	21	18	75.0
251680	975293	367971	32897	334	299	275	82.3
3807544	**4186527**	**1497440**	**335748**	**557**	**384**	**375**	**67.3**
765868	1315872	679444	83240	413	269	272	65.9
2891281	2521497	427135	176838	9	5	5	55.6
33779	78967	42173	14336	19	12	12	63.2
19447	70237	36933	10240	18	13	11	61.1
24547	153300	135561	42218	87	74	69	79.3
72622	43754	173094	8076	9	9	4	44.4
	2900	3100	800	2	2	2	100.0
5415875	**17330329**	**11208243**	**1679566**	**4745**	**3691**	**3178**	**67.0**
789023	3337507	1311226	263323	921	778	648	70.4
158416	852373	450452	47595	226	174	144	63.7
190748	936571	390282	77821	219	168	134	61.2
6642	64026	18398	1550	10	8	6	60.0
27234	167387	83648	11248	44	34	29	65.9
15700	112791	56901	9180	30	25	20	66.7
9800	42665	19660	1715	19	13	13	68.4
271308	1323643	552700	61800	453	412	349	77.0
92913	349370	195067	26870	97	76	59	60.8
96628	211069	185951	32752	59	43	36	61.0
59641	99428	146190	20972	35	23	27	77.1
4765	115683	57047	9946	35	35	30	85.7
305077	586987	344797	77978	61	32	33	54.1
482275	922567	689283	91864	232	174	165	71.1
155026	612402	294052	64537	126	78	72	57.1
10592	33136	29494	6722	7	3	4	57.1
101914	536465	318241	62501	155	119	101	65.2
408806	1772461	1197223	160110	624	478	444	71.2
299626	338341	296716	54951	55	38	37	67.3
201638	584272	248678	122792	57	39	44	77.2
129525	562131	448329	46006	168	134	109	64.9
319975	712835	1195131	71445	235	161	154	65.5
526502	1355367	1134863	112235	419	324	269	64.2
376765	620897	733800	151101	124	92	65	52.4
73672	118210	142059	21806	35	18	11	31.4
137633	481582	347722	44273	141	96	78	55.3
115694	183053	137322	9588	47	33	26	55.3
3320	45951	42638	1299	13	7	8	61.5
19181	92140	49348	6702	40	27	31	77.5
6280	92697	45187	4479	31	26	18	58.1
19556	66322	45838	4405	27	23	14	51.9
813981	**2852049**	**2087260**	**233120**	**589**	**428**	**395**	**67.1**
710960	2175738	1882660	202036	399	290	274	68.7
20797	445047	132246	19620	68	43	43	63.2
82224	231264	72354	11464	122	95	78	63.9
253255	**1227921**	**473299**	**58320**	**329**	**282**	**225**	**68.4**
11852	436333	150157	19159	77	61	38	49.4
149713	637553	89129	36744	202	176	149	73.8
35971	43125	113373	1111	13	13	11	84.6
55719	110910	120640	1306	37	32	27	73.0

4-5 续表

单位：万元

指　标	Item	投资额 Investment	#新　建 New Construction	#扩　建 Expansion
批发和零售业	**Wholesale and Retail Trades**	**3295527**	**1587233**	**462880**
批发业	Wholesale Trade	2026775	907027	268951
零售业	Retail Trade	1268752	680206	193929
交通运输、仓储和邮政业	**Traffic, Transport, Storage and Post**	**4986195**	**2833139**	**791493**
铁路运输业	Transport Via Railway	814027	655888	35236
道路运输业	Transport Via Road	3097178	1452141	605443
水上运输业	Water Transport	8605	7348	1257
航空运输业	Air Transport	19113	19113	
管道运输业	Transport Via Pipeline	61868	36376	
装卸搬运和运输代理业	Loading, Unloading, Portage and Other Transport Services	308312	195936	70135
仓储业	Storage	646677	457292	79422
邮政业	Post	30415	9045	
住宿和餐饮业	**Hotels and Catering Services**	**915207**	**406678**	**170785**
住宿业	Hotels	633362	348937	128832
餐饮业	Catering Services	281845	57741	41953
信息传输、软件和信息技术服务业	**Information Transmission, Computer Services and Software**	**1245876**	**341038**	**387123**
电信、广播电视和卫星传输服务业	Telecom & Other Information Transmission Services	790536	118211	375884
互联网和相关服务业	Computer Services	71328	52230	5425
软件和信息技术服务业	Software Industry	384012	170597	5814
金融业	**Financial Intermediation**	**316281**	**176612**	**45993**
货币金融业	Monetary and Financial Industry	184802	62902	38993
资本市场业	Capital Markets Industry	10450	4800	5500
保险业	Insurance	7100	7100	
其他金融业	Others	113929	101810	1500
房地产业	**Real Estate**	**19268699**	**2539720**	**301859**
租赁和商务服务业	**Leasing and Business Services**	**841930**	**285016**	**217790**
租赁业	Leasing	86643	3550	65220
商务服务业	Business Services	755287	281466	152570
科学研究和技术服务业	**Scientific Research and Technical Services**	**834711**	**354614**	**38850**
研究与试验发展	Research and Experimental Development	224535	87587	33200
专业技术服务业	Professional Technical Services	298097	124664	3150
科技交流和推广服务业	Services of Science and Technology Exchanges and Promotion	312079	142363	2500
水利、环境和公共设施管理业	**Management of Water Conservancy, Environment and Public Facilities**	**7887384**	**4100625**	**1271847**
水利管理业	Management of Water Conservancy	2098788	642004	493772
生态保护和环境治理业	Ecological Protection and Environmental Management Industry	151363	92600	22030
公共设施管理业	Management of Public Facilities	5637233	3366021	756045
居民服务和其他服务业	**Services to Households and Other Services**	**456053**	**152710**	**127206**
居民服务业	Services to Households	116915	26855	21700
机动车、电子产品和日用产品修理业	Motor Vehicles, Electronics and Household Goods Repair Industry	167513	49287	36379
其他服务业	Other Services	171625	76568	69127
教育	**Education**	**1033727**	**604932**	**108092**
卫生和社会工作	**Health and Social Work**	**785696**	**352326**	**97854**
卫生	Health	702631	299186	84149
社会工作	Social Work	83065	53140	13705
文化、体育和娱乐业	**Culture, Sports and Entertainment**	**1357254**	**1037544**	**89910**
新闻出版业	Journalism and Publishing Activities	11972	6000	451
广播、电视、电影和影视录音制作业	Broadcasting, Movies, Television and Video Recording Production Industry	46132	22809	7323
文化艺术业	Cultural and Art Activities	474202	327810	20186
体育	Sports Activities	273248	215237	26488
娱乐业	Entertainment	551700	465688	35462
公共管理和社会组织	**Public Management and Social Organization**	**1896510**	**1070159**	**460213**
中国共产党机关	Organs of Communist Party of China	4425		
国家机构	Government Agencies	1542687	960569	270746
人民政协和民主党派	People's Political Consultative Conference and Democratic Parties	4500		
社会保障	Social Security	15513	7997	2991
群众团体、社会团体和其他成员组织	Non-Governmental Organizations, Social Organizations and Other Members Organizations	240054	31610	176745
基层群众自治组织	Grass Roots Self-governing Organizations	89331	69983	9731
国际组织	**International Organizations**			

CONTINUED

(10000 yuan)

#改 建 Reconstruction	建筑安装工程投资 Construction and Installation	设备工器具购置 Purchase of Equipment and Instruments	其他费用 Others	施工项目(个) Number of Projects under Construction (unit)	#新开工 Number of Projects Started This Year	全部建成投产项目(个) Number of Projects Completed and Put into Use(unit)	项目建成投产率(%) Rate of Construction Projects Completed and Put into Use(%)
585950	**2207724**	**924937**	**162866**	**476**	**401**	**327**	**68.7**
288508	1209147	741837	75791	258	211	177	68.6
297442	998577	183100	87075	218	190	150	68.8
1195190	**3963684**	**553427**	**469084**	**564**	**442**	**385**	**68.3**
92430	546304	132378	135345	13	5	5	38.5
920500	2558496	272533	266149	333	266	242	72.7
	8605			5	1	3	60.0
	11446	667	7000	4	4	1	25.0
20350	58868	3000		9	7	7	77.8
42241	257948	40709	9655	54	45	33	61.1
99149	494803	101263	50611	139	109	88	63.3
20520	27214	2877	324	7	5	6	85.7
242941	**717300**	**155879**	**42028**	**173**	**149**	**116**	**67.1**
127833	537373	63162	32827	112	91	68	60.7
115108	179927	92717	9201	61	58	48	78.7
396186	**497311**	**652709**	**95856**	**79**	**59**	**56**	**70.9**
284057	312396	475803	2337	35	26	23	65.7
1456	28891	23804	18633	6	6	5	83.3
110673	156024	153102	74886	38	27	28	73.7
69083	**221687**	**38574**	**56020**	**46**	**38**	**37**	**80.4**
69083	142958	27274	14570	37	32	31	83.8
	9300	150	1000	2	1	1	50.0
	5350	1000	750	2	2	1	50.0
	64079	10150	39700	5	3	4	80.0
498240	**16142773**	**265424**	**2860502**	**562**	**422**	**408**	**72.6**
225311	**668820**	**140283**	**32827**	**121**	**106**	**87**	**71.9**
4980	34392	50651	1600	16	16	15	93.8
220331	634428	89632	31227	105	90	72	68.6
185577	**487240**	**323631**	**23840**	**104**	**88**	**84**	**80.8**
42820	134912	84351	5272	30	23	23	76.7
84663	185678	110019	2400	44	37	34	77.3
58094	166650	129261	16168	30	28	27	90.0
2364702	**6456413**	**339364**	**1091607**	**1184**	**982**	**831**	**70.2**
939421	1724621	56329	317838	257	203	192	74.7
24271	124422	22351	4590	53	41	33	62.3
1401010	4607370	260684	769179	874	738	606	69.3
111979	**309107**	**122614**	**24332**	**109**	**93**	**79**	**72.5**
61335	92477	22256	2182	40	36	30	75.0
33802	85588	76055	5870	39	31	31	79.5
16842	131042	24303	16280	30	26	18	60.0
189090	**843071**	**137888**	**52768**	**332**	**276**	**248**	**74.7**
165130	**548490**	**210345**	**26861**	**150**	**93**	**95**	**63.3**
154530	489021	196839	16771	121	71	75	62.0
10600	59469	13506	10090	29	22	20	69.0
207111	**947982**	**342124**	**67148**	**149**	**109**	**101**	**67.8**
5521	8810		3162	4	3	1	25.0
8000	33132	10000	3000	8	5	4	50.0
125678	417515	31607	25080	62	47	47	75.8
29032	260310	11802	1136	37	27	24	64.9
38880	228215	288715	34770	38	27	25	65.8
173472	**1719479**	**125347**	**51684**	**414**	**349**	**325**	**78.5**
4200	1625	2800		1	1	1	100.0
131343	1392320	104353	46014	298	245	222	74.5
4500	4500			1	1	1	100.0
3782	14813		700	11	8	8	72.7
22430	222005	16169	1880	78	70	73	93.6
7217	84216	2025	3090	25	24	20	80.0

4-6 按行业、隶属关系、登记注册类型和控股情况分固定资产投资(不含农户)(2012年)

单位：万元

指　标	Item	投资额 Investment
总　计	**Total**	**93754447**
农、林、牧、渔业	**Agriculture, Forestry, Animal Husbandry and Fishery**	**5463575**
农业	Farming	2637972
林业	Forestry	283066
畜牧业	Animal Husbandry	1105070
渔业	Fishery	61306
农、林、牧、渔服务业	Services in Support of Agriculture	1376161
采矿业	**Mining and Quarrying**	**6019715**
煤炭开采和洗选业	Mining and Washing of Coal	2078556
石油和天然气开采业	Extraction of Petroleum and Natural Gas	3125470
黑色金属矿采选业	Mining and Processing of Ferrous Metals Ores	135476
有色金属矿采选业	Mining and Processing of Non-ferrous Metal Ores	117410
非金属矿采选业	Mining and Processing of Nonmetal Ores	331079
开采辅助活动	Mining Auxiliary Activities	224924
其他采矿业	Mining of Other Ores	6800
制造业	**Manufacturing**	**30218138**
农副食品加工业	Processing of Food from Agricultural Products	4912056
食品制造业	Manufacture of Foods	1350420
酒、饮料和精制茶制造业	Manufacture of Wine, soft drinks and refined tea	1404674
烟草制品业	Manufacture of Tobacco	83974
纺织业	Manufacture of Textile	262283
纺织服装和服饰业	Manufacture of Textile and Apparel	178872
皮革毛皮羽毛(绒)及其制品业	Manufacture of Leather, Furs, Feather and Related Products and Footwear	64040
木材加工及木竹藤棕草制品业	Processing of Timber, Manufacture of Wood, Bamboo, Rattan, Palm and Straw Products	1938143
家具制造业	Manufacture of Furniture	571307
造纸及纸制品业	Manufacture of Paper and Paper Products	429772
印刷业和记录媒介的复制	Manufacture of Printing and Record Medium Reproduction	266590
文教体育用品制造业	Manufacture of Articles for Culture, Education and Sports Activities	182676
石油加工、炼焦及核燃料加工业	Processing of Petoleum, Coking, Processing of Nuclear Fuel	1009762
化学原料及化学制品制造业	Manufacture of Raw Chemical Materials and Chemical Products	1703714
医药制造业	Manufacture of Medicines	970991
化学纤维制造业	Manufacture of Chemical Fibers	69352
橡胶和塑料制品业	Manufacture of Rubber and Plastics	917207
非金属矿物制品业	Manufacture of Non-metallic Mineral Products	3129794
黑色金属冶炼及压延加工业	Smelting and Pressing of Ferrous Metals	690008
有色金属冶炼及压延加工业	Smelting and Pressing of Non-ferrous Metals	955742
金属制品业	Manufacture of Metal Products	1056466
通用设备制造业	Manufacture of General Purpose Machinery	1979411
专用设备制造业	Manufacture of Special Purpose Machinery	2602465
汽车制造业	Manufacture of Automotive	1505798
铁路、船舶、航空航天等制造业	Manufacture of Railroad, Marine, Aerospace and Other Transportation Equipment	282075
电气机械及器材制造业	Manufacture of Electrical Machinery and Equipment	873577
计算机、通信和其他电子设备制造业	Manufacture of Computers, Communication and Other Electronic Equipment	329963
仪器仪表制造业	Manufacture of Measuring Instruments	89888
其他制造业	Other Manufacturing	148190
废弃资源综合利用业	Comprehensive Utilization of Waste Resources Industry	142363
金属制品、机械和设备修理业	Metal Products, Machinery and Equipment Repair Industry	116565
电力、热力、燃气及水的生产和供应业	**Production and Supply of Electric Power, heat, Gas and Water**	**5172429**
电力、热力的生产和供应业	Production and Supply of Electric Power and Heat Power	4260434
燃气生产和供应业	Production and Supply of Gas	596913
水的生产和供应业	Production and Supply of Water	315082
建筑业	**Construction**	**1759540**
房屋建筑业	Housing Building Construction	605649
土木工程建筑业	Civil Engineering Construction	763426
建筑安装业	Construction Installation	157609
建筑装饰和其他建筑业	Construction Decoration and Other Construction	232856

INVESTMENT IN FIXED ASSETS BY SECTOR ,JURISDICTION OF MANAGEMENT AND REGISTRATION STATUS (Excluding Farm Households) (2012)

(10000 yuan)

中　央 Central Investment	地　方 Local Investment	内　资 Domestic Funds	港澳台商投资 Funds from Hong Kong, Macao and Taiwan	外商投资 Foreign Funded	个体经营 Individuals Economy	#国有控股 State-holding	#集体控股 Collective-holding
8102464	**85651983**	**91574172**	**529526**	**1112847**	**537902**	**36887727**	**2755649**
47529	**5416046**	**5287376**	**2000**	**10710**	**163489**	**2928629**	**270744**
42589	2595383	2569862			68110	1760988	105019
	283066	283066				263413	1040
	1105070	1036988	2000	10710	55372	98817	125451
	61306	37992			23314	23306	1776
4940	1371221	1359468			16693	782105	37458
3103508	**2916207**	**5980077**	**3100**		**36538**	**3839376**	**59047**
51800	2026756	2067823			10733	647585	43347
2855634	269836	3122370	3100			2963716	
	135476	135476				2480	
	117410	117410				12503	
	331079	305274			25805	7418	15700
196074	28850	224924				205674	
	6800	6800					
766699	**29451439**	**29313174**	**215106**	**459409**	**230449**	**3778264**	**739931**
6540	4905516	4688934	117525	28145	77452	417729	132367
	1350420	1264303	363	75891	9863	100166	88122
1105	1403569	1355402	1713	34422	13137	101306	44522
12500	71474	83974				45442	
	262283	251983		3000	7300		
	178872	177372			1500	500	
	64040	64040				1000	2500
	1938143	1913703		6500	17940	96057	16982
	571307	571307				45114	3618
	429772	367202	35100	14200	13270	60200	19411
	266590	266590				4785	24019
	182676	182676				17706	5511
328204	681558	1009762				368873	4580
47151	1656563	1659574	28126	6150	9864	428750	12925
4440	966551	863737	9741	97513		183535	8852
	69352	69352					
	917207	910020		892	6295	10330	19025
54320	3075474	3056881	5400	18008	49505	316376	50314
	690008	679100		10908		163491	64745
9617	946125	955742				29630	9367
45	1056421	1043066		8852	4548	35296	16650
39129	1940282	1957768	8963	4740	7940	250265	52254
88754	2513711	2479023	2303	110804	10335	283143	116218
29449	1476349	1503075	10	2713		363592	28909
103845	178230	242285	3700	36090		157604	
	873577	873577				143559	10120
7500	322463	327220	2162	581		54794	8345
	89888	89888				24447	575
34100	114090	148190				49550	
	130363	128863			1500	3900	
	116565	116565				21124	
1152068	**4020361**	**5130123**	**36416**	**5890**		**2748294**	**120866**
1151212	3109222	4234509	21335	4590		2458281	104064
	596913	587251	8362	1300		80720	13494
856	314226	308363	6719			209293	3308
36085	**1723455**	**1731745**		**24395**	**3400**	**920897**	**65867**
32100	573549	605649				280247	16358
3985	759441	735631		24395	3400	556639	39909
	157609	157609				15699	9600
	232856	232856				68312	

4-6 续表

单位：万元

指　标	Item	投资额 Investment
批发和零售业	**Wholesale and Retail Trades**	**3295527**
批发业	Wholesale Trade	2026775
零售业	Retail Trade	1268752
交通运输、仓储和邮政业	**Traffic, Transport, Storage and Post**	**4986195**
铁路运输业	Transport Via Railway	814027
道路运输业	Transport Via Road	3097178
水上运输业	Water Transport	8605
航空运输业	Air Transport	19113
管道运输业	Transport Via Pipeline	61868
装卸搬运和运输代理业	Loading, Unloading, Portage and Other Transport Services	308312
仓储业	Storage	646677
邮政业	Post	30415
住宿和餐饮业	**Hotels and Catering Services**	**915207**
住宿业	Hotels	633362
餐饮业	Catering Services	281845
信息传输、软件和信息技术服务业	**Information Transmission, Computer Services and Software**	**1245876**
电信、广播电视和卫星传输服务业	Telecom & Other Information Transmission Services	790536
互联网和相关服务业	Computer Services	71328
软件和信息技术服务业	Software Industry	384012
金融业	**Financial Intermediation**	**316281**
货币金融业	Monetary and Financial Industry	184802
资本市场业	Capital Markets Industry	10450
保险业	Insurance	7100
其他金融业	Others	113929
房地产业	**Real Estate**	**19268699**
租赁和商务服务业	**Leasing and Business Services**	**841930**
租赁业	Leasing	86643
商务服务业	Business Services	755287
科学研究和技术服务业	**Scientific Research and Technical Services**	**834711**
研究与试验发展	Research and Experimental Development	224535
专业技术服务业	Professional Technical Services	298097
科技交流和推广服务业	Services of Science and Technology Exchanges and Promotion	312079
水利、环境和公共设施管理业	**Management of Water Conservancy, Environment and Public Facilities**	**7887384**
水利管理业	Management of Water Conservancy	2098788
生态保护和环境治理业	Ecological Protection and Environmental Management Industry	151363
公共设施管理业	Management of Public Facilities	5637233
居民服务和其他服务业	**Services to Households and Other Services**	**456053**
居民服务业	Services to Households	116915
机动车、电子产品和日用产品修理业	Motor Vehicles, Electronics and Household Goods Repair Industry	167513
其他服务业	Other Services	171625
教育	**Education**	**1033727**
卫生和社会工作	**Health and Social Work**	**785696**
卫生	Health	702631
社会工作	Social Work	83065
文化、体育和娱乐业	**Culture, Sports and Entertainment**	**1357254**
新闻出版业	Journalism and Publishing Activities	11972
广播、电视、电影和影视录音制作业	Broadcasting, Movies, Television and Video Recording Production Industry	46132
文化艺术业	Cultural and Art Activities	474202
体育	Sports Activities	273248
娱乐业	Entertainment	551700
公共管理和社会组织	**Public Management and Social Organization**	**1892010**
中国共产党机关	Organs of Communist Party of China	4425
国家机构	Government Agencies	1542687
人民政协和民主党派	People's Political Consultative Conference and Democratic Parties	
社会保障	Social Security	15513
群众团体、社会团体和其他成员组织	Non-Governmental Organizations, Social Organizations and Other Members Organizations	240054
基层群众自治组织	Grass Roots Self-governing Organizations	89331
国际组织	**International Organizations**	

CONTINUED

(10000 yuan)

中 央 Central Investment	地 方 Local Investment	内 资 Domestic Funds	港澳台商投资 Funds from Hong Kong, Macao and Taiwan	外商投资 Foreign Funded	个体经营 Individuals Economy	#国有控股 State-holding	#集体控股 Collective-holding
	3295527	**3202404**	**74857**		**18266**	**198884**	**204912**
	2026775	2011551	10724		4500	111349	162737
	1268752	1190853	64133		13766	87535	42175
870172	**4116023**	**4929633**	**9086**	**47476**		**3731079**	**50573**
739832	74195	814027				773990	9485
123023	2974155	3097178				2639887	9280
	8605	8605				2045	
	19113	19113				18363	
1317	60551	61868				54567	
	308312	308312				35051	3700
6000	640677	590115	9086	47476		187126	28108
	30415	30415				20050	
	915207	**859098**	**31100**	**2500**	**22509**	**226591**	**46284**
	633362	591295	27550	2500	12017	190431	24254
	281845	267803	3550		10492	36160	22030
669632	**576244**	**1208090**	**9833**	**24960**	**2993**	**768307**	
664226	126310	752750	9833	24960	2993	727144	
1456	69872	71328				8611	
3950	380062	384012				32552	
	316281	**316281**				**185460**	**22069**
	184802	184802				87560	21600
	10450	10450					
	7100	7100					
	113929	113929				97900	469
809916	**18458783**	**18961900**	**141598**	**151642**	**13559**	**5964310**	**600039**
4870	**837060**	**837110**		**4820**		**298294**	**102194**
	86643	86643					28320
4870	750417	750467		4820		298294	73874
42477	792234	831251	1590		1870	325854	2980
33054	191481	224535				95380	
9423	288674	294637	1590		1870	139764	
	312079	312079				90710	2980
291523	**7595861**	**7857746**		**9000**	**20638**	**6727800**	**391819**
9799	2088989	2098788				1805845	216413
	151363	151363				108509	2685
281724	5355509	5607595		9000	20638	4813446	172721
	456053	**447627**			**8426**	**227514**	**13009**
	116915	111489			5426	68731	890
	167513	164513			3000	53873	12119
	171625	171625				104910	
123781	**909946**	**1017771**	**840**	**10001**	**5115**	**845291**	**21711**
27591	**758105**	**780196**	**4000**		**1500**	**678860**	**7640**
27591	675040	698631	4000			636774	7640
	83065	81565			1500	42086	
30370	**1326884**	**993660**		**362044**	**1550**	**778355**	**9921**
	11972	11972				7500	451
	46132	46132				40812	
30370	443832	474202				462614	
	273248	273248				190819	6870
	551700	188106		362044	1550	76610	2600
126243	**1765767**	**1884410**			**7600**	**1711168**	**26043**
	4425	4425				4425	
126243	1416444	1542687				1454308	9900
	15513	15513				15513	
	240054	232454			7600	209897	4007
	89331	89331				27025	12136

4-7 按构成和建设性质分固定资产投资(不含农户)

INVESTMENT IN FIXED ASSETS BY COMPOSITION OF FUNDS AND TYPE OF CONSTRUCTION (Excluding Farm Households)

单位：亿元 (100 million yuan)

年份 Year 地区 Region	投资额 Total Investment	按构成分 By Composition of Funds			按建设性质分 By Type of Construction		
		建筑安装工程 Construction and Installation	设备、工器具购置 Purchase of Equipment and Instruments	其他费用 Others	#新建 New Construction	#扩建 Expansion	#改建 Reconstruction
2011	7157.9	5024.4	1386.0	747.5	2614.1	1221.3	1632.1
2012	9375.4	6577.0	2040.1	758.3	3695.2	1589.6	1804.7
哈尔滨 Harbin	3502.6	2252.8	829.5	420.3	1079.0	439.7	647.4
齐齐哈尔 Qiqihar	677.3	454.9	178.6	43.9	193.9	251.5	121.5
鸡西 Jixi	277.5	207.7	51.8	18.0	157.6	24.7	64.1
鹤岗 Hegang	195.2	132.8	54.1	8.3	93.4	46.8	41.8
双鸭山 Shuangyashan	438.8	330.6	96.5	11.8	272.3	109.0	31.1
大庆 Daqing	1375.5	1048.6	228.4	98.5	520.1	90.8	496.5
伊春 Yichun	218.1	182.2	31.2	4.7	158.2	10.6	19.4
佳木斯 Jiamusi	369.0	264.5	82.9	21.6	184.5	64.6	40.0
七台河 Qitaihe	163.5	119.9	31.4	12.2	84.3	10.6	51.8
牡丹江 Mudanjiang	697.3	509.1	141.4	46.8	272.8	156.6	136.2
黑河 Heihe	213.9	175.3	24.5	14.2	151.1	14.7	17.9
绥化 Suihua	572.8	401.7	158.5	12.7	229.3	234.2	4.1
大兴安岭 Daxinganling	80.1	69.7	8.4	2.0	27.2	9.9	16.5
不分地区 Not Classified by Region	492.9	353.4	103.0	36.5	242.3	87.2	109.0
绥芬河 Suifenhe	85.3	61.6	19.2	4.5	14.7	38.9	7.2
抚远 Fuyuan	15.3	12.2	0.8	2.3	14.5		0.3

4-8 各地区按行业分固定资产投资(不含农户)

INVESTMENT IN FIXED ASSETS BY REGION AND SECTOR (Excluding Farm Households)

单位：万元 (10000 yuan)

年份 地区	Year Region	总计 Total	农、林、牧、渔业 Agriculture, Forestry, Animal Husbandry and Fishery	采矿业 Mining	制造业 Manufacturing	电力、热力、燃气及水的生产和供应业 Production and Supply of Electric, heat, Gas and Water	建筑业 Construction	批发和零售业 Wholesale and Retail Trades
2012		**93754447**	**5463575**	**6019715**	**30218138**	**5172429**	**1759540**	**3295527**
哈尔滨	Harbin	35026277	1501224	250784	10939160	1075617	547221	1563950
齐齐哈尔	Qiqihar	6773473	456020	79662	3295512	360455	18793	146545
鸡西	Jixi	2775408	70458	618341	889163	164037	203582	30901
鹤岗	Hegang	1952488	26709	200512	900980	186347	4336	152098
双鸭山	Shuangyashan	4388182	278979	861044	1450307	300186	233590	182867
大庆	Daqing	13755055	959092	3247808	250983	1251253		274676
伊春	Yichun	2181102	100115	24846	662472	127481	103102	
佳木斯	Jiamusi	3690400	142020	75420	1261861	431911		389514
七台河	Qitaihe	1635161	53718	267317	502856	73805	37068	18623
牡丹江	Mudanjiang	6973000	372735	253570	2331802	265187	547591	243798
黑河	Heihe	2139463	157873	84225	747304	77450	7929	98400
绥化	Suihua	5728302	154062	17461	3492484	172968		170030
大兴安岭	Daxinganling	800759	15868	31445	117246	53749	13005	10610
不分地区	Not Classified by Region	4929059	1170484	7280	422180	629483	26323	11905
绥芬河	Suifenhe	853294			613828			1610
抚远	Fuyuan	153024	4218			2500	17000	

4-8 续表 1 CONTINUED

单位：万元 (10000 yuan)

年份 地区	Year Region	交通运输仓储和邮政业 Transport, Storage and Post	住宿和餐饮业 Hotels and Catering Services	信息传输、软件和信息技术服务业 Information Transmission, Software and IT Softwares	金融业 Financial Intermediation	房地产业 Real Estate	租赁和商务服务业 Leasing and Business Services	科学研究和技术服务业 Scientific Research and Technical Service
2012		**4986195**	**915207**	**1245876**	**316281**	**19268699**	**841930**	**834711**
哈尔滨	Harbin	1487379	414314	458385	125055	9009238	575154	582995
齐齐哈尔	Qiqihar	178502	25100	17095	3910	1564898	70798	11200
鸡西	Jixi	239540	7300	3900		436076		3400
鹤岗	Hegang	123992	5400			222027		378
双鸭山	Shuangyashan	195016	28695	4350	2100	395657	1550	3789
大庆	Daqing	401002	96826	168309	135463	2720127	94068	94602
伊春	Yichun	48327	123417		14874	654024	14352	
佳木斯	Jiamusi	134064	87261	2815	12100	794530	18500	
七台河	Qitaihe	27664	6922	13693		135497	760	1980
牡丹江	Mudanjiang	322339	19700	30643	13890	1190513	12252	82588
黑河	Heihe	195657	16400	773	500	501390	3550	6550
绥化	Suihua	316507	14130		7000	1036047	24000	31670
大兴安岭	Daxinganling	84531	24623	3035	469	272676	11200	410
不分地区	Not Classified by Region	1132067	7550	542228	920	194481	1666	13549
绥芬河	Suifenhe	17274	31100	650		136273	10700	
抚远	Fuyuan	82334	6469			5245	3380	1600

4-8 续表 2 CONTINUED

单位：万元 (10000 yuan)

年份 Year / 地区 Region	水利、环境和公共设施管理业 Management of Water Conservancy, Environment and Public Facilities	居民服务、修理和其他服务业 Services to Households Repair and Other Services	教育 Education	卫生和社会工作 Health and Social Work	文化、体育和娱乐业 Culture, Sports and Entertainment	公共管理、社会保障和社会组织 Public Management Social Securities and Social Organization
2012	**7887384**	**456053**	**1033727**	**785696**	**1357254**	**1892010**
哈尔滨 Harbin	3677642	190017	624787	533819	357419	1107617
齐齐哈尔 Qiqihar	220174	43241	6862	22999	22900	228807
鸡西 Jixi	15085	982	10048	3543	67285	11767
鹤岗 Hegang	51269	57097	6049	2657	1550	11087
双鸭山 Shuangyashan	273184	12040	57204	19702	38000	49922
大庆 Daqing	757555	64551	86779	63143	610470	138348
伊春 Yichun	187690		10548	7390	34207	68257
佳木斯 Jiamusi	183893	30512	16252	400	51309	58038
七台河 Qitaihe	415638	10171	16773	9555	3035	40086
牡丹江 Mudanjiang	1015609	15826	69925	59180	78170	47682
黑河 Heihe	106961	12490	18889	12872	15306	74944
绥化 Suihua	187368	10743	42335	11087	10300	30110
大兴安岭 Daxinganling	115533	2900	5306	4196	24084	9873
不分地区 Not Classified by Region	623218	5483	53665	33234	42111	11232
绥芬河 Suifenhe	29597		8305	1919	1108	930
抚远 Fuyuan	26968					3310

4-9 各地区固定资产投资建设总规模(不含农户)

TOTAL INVESTMENT IN FIXED ASSETS OF CONSTRUCTION BY REGION (Excluding Rural Households)

单位：亿元 (100 million yuan)

地区 Region	建设总规模 Total Investment in Construction	在建总规模 Total Investment in Projects under Construction	在建净规模 Net Investment in Projects under Construction
2012	**21478.2**	**14191.1**	**6973.6**
哈尔滨 Harbin	8150.2	5312.4	2522.1
齐齐哈尔 Qiqihar	1254.1	738.1	307.9
鸡西 Jixi	584.2	425.9	143.0
鹤岗 Hegang	557.1	413.6	225.5
双鸭山 Shuangyashan	1013.1	636.4	352.4
大庆 Daqing	2635.0	1458.2	740.7
伊春 Yichun	497.8	282.1	161.5
佳木斯 Jiamusi	921.8	700.3	341.7
七台河 Qitaihe	322.5	192.6	62.6
牡丹江 Mudanjiang	1781.2	1308.3	767.8
黑河 Heihe	450.9	254.9	128.3
绥化 Suihua	1497.0	1032.3	676.5
大兴安岭 Daxinganling	209.6	147.8	65.8
不分地区 Not Classified by Region	1370.2	1133.2	412.8
绥芬河 Suifenhe	163.8	89.3	44.7
抚远 Fuyuan	69.6	65.6	20.3

4-10 国有单位固定资产投资

INVESTMENT IN FIXED ASSETS OF STATE-OWNED UNITS

指　标	Item	2008	2009	2010	2011	2012
投资总额(亿元)	**Total Investment (100 million yuan)**	**1521.7**	**2062.5**	**2637.9**	**2831.5**	**3121.5**
#住　宅	#Residential Buildings	156.5	253.7	237.3	376.7	340.0
按构成分	**Grouped by Compositipon of Funds**					
建筑安装工程	Construction and Installation	1023.6	1503.9	1938.1	2235.3	2449.3
设备、工器具购置	Purchase of Equipment and Instruments	291.5	318.7	360.2	339.7	428.9
其他费用	Others	206.6	239.8	339.6	256.5	243.3
按隶属关系分	**Grouped By Jurisdiction of Management**					
中　央	Central Investment	452.5	394.2	543.3	658.3	773.5
地　方	Local Investment	1069.2	1668.3	2094.6	2173.2	2348.0
按建设性质分	**Grouped by Type of Construction**					
#新　建	#New Construction	458.7	711.0	817.6	1177.6	1393.7
扩　建	Expansion	315.2	412.0	422.5	363.4	465.9
改　建	Reconstruction	525.5	713.8	1136.1	1036.0	930.0
按行业分	**Grouped by Sector**					
农、林、牧、渔业	Agriculture, Forestry, Animal Husbandry and Fishery	66.6	127.6	137.7	273.5	288.6
采矿业	Mining	77.5	138.0	352.5	390.8	344.9
制造业	Manufacturing	115.2	166.1	183.3	185.5	234.0
电力、热力、燃气及水的生产和供应业	Production and Supply of Electric, heat, Gas and Water	174.4	147.7	225.8	165.6	245.5
建筑业	Construction	20.1	25.6	77.7	139.6	88.9
批发和零售业	Wholesale and Retail Trade	8.1	11.7	8.5	14.3	18.4
交通运输、仓储及邮政业	Transport, Storage and Post	339.4	548.1	528.9	398.5	366.7
住宿和餐饮业	Hotels and Catering Services	3.6	7.1	4.8	15.2	22.3
信息传输、软件和信息技术服务业	Information Transmission, Software and IT Services	146.6	117.5	46.7	63.1	73.9
金融业	Financial Intermediation	0.5	2.6	2.8	1.4	14.4
房地产业	Real Estate	113.4	166.9	229.4	415.4	356.5
租赁和商务服务业	Leasing and Business Services	1.1	3.2	22.8	38.4	26.7
科学研究和技术服务业	Scientific Research and Technical Services	21.8	53.6	17.3	15.0	32.6
水利、环境和公共设施管理业	Management of Water Conservancy, Environment and Public Facilities	201.7	266.6	491.8	436.2	588.3
居民服务、修理和其他服务业	Services to Households, Repair and Other Services	2.6	3.5	4.0	4.6	21.1
教　育	Education	53.1	72.3	59.6	63.6	84.2
卫生、社会工作	Health and Social Work	50.0	50.7	51.1	54.2	67.9
文化、体育和娱乐业	Culture, Sports and Entertainment	23.1	13.5	13.9	38.0	75.3
公共管理、社会保障和社会组织	Public Management, Social Securities and Social Organization	102.9	140.0	179.3	118.6	171.0
国际组织	International Organizations					
新增固定资产(亿元)	**Newly Increased Fixed Assets (100 million yuan)**	**987.0**	**1347.5**	**1659.7**	**1935.5**	**2198.4**
固定资产交付使用率(%)	**Rate of Projects of Fixed Assets Completed and Put Into Use** (%)	**64.9**	**65.3**	**62.9**	**68.4**	**70.4**
房屋建筑面积(万平方米)	**Floor Space of Buildings (10000 sq.m)**					
施工面积	Floor Space under Construction	2397.5	3870.2	5117.6	6035.2	5740.8
竣工面积	Floor Space Completed	1288.4	2162.4	1989.0	2615.5	2226.8
#住　宅	#Residential Buildings	708.4	1444.7	1068.1	1854.3	1466.8

4-11 按构成和建设性质分的国有单位固定资产投资

INVESTMENT IN FIXED ASSETS OF STATE-OWNED UNITS BY COMPOSITION OF FUNDS AND TYPE OF CONSTRUCTION

单位：亿元 (100 million yuan)

年份 Year 地区 Region	投资总额 Total Investment	按构成分 By Compositipon of Funds				按建设性质分 By Type of Construction		
		#住宅 Residential Buildings	建筑安装工程 Construction and Installation	设备、工器具购置 Purchase of Equipment and Instruments	其他费用 Others	#新建 New Construction	#扩建 Expansion	#改建 Recon-struction
1981	40.6	7.9	29.1	10.2	1.3	14.3	13.4	11.9
1982	53.5	9.0	39.0	11.5	3.0	13.0	16.3	23.7
1983	65.4	8.7	43.8	17.2	4.4	20.4	27.3	17.1
1984	72.7	8.5	48.9	19.6	4.2	17.0	39.3	12.4
1985	89.2	12.4	58.8	25.1	5.3	18.6	52.2	10.5
1986	101.1	11.6	63.0	30.2	7.9	24.3	55.6	14.9
1987	115.5	11.4	72.1	34.0	9.5	28.7	15.4	64.5
1988	132.1	11.8	82.2	37.4	12.5	29.0	76.5	20.7
1989	129.2	12.0	85.0	35.3	8.9	23.4	81.0	18.3
1990	134.6	14.8	93.2	32.3	9.1	19.7	85.7	17.7
1991	162.6	19.9	109.2	39.0	14.4	20.3	104.1	22.9
1992	215.9	33.9	144.2	49.9	21.8	38.5	121.6	27.6
1993	290.7	54.9	209.1	53.1	28.6	52.5	164.0	30.9
1994	335.2	56.0	233.5	69.8	32.0	60.7	199.8	32.5
1995	379.9	59.9	249.2	99.5	31.2	72.1	226.5	37.6
1996	427.6	57.6	280.6	107.1	39.8	91.9	239.3	39.9
1997	531.0	63.9	355.4	127.0	48.6	143.5	299.4	38.4
1998	606.5	91.9	399.3	154.8	52.4	137.6	354.7	41.2
1999	562.9	90.4	397.8	118.9	46.2	128.9	296.9	53.1
2000	449.8	98.1	311.2	92.3	46.3	186.0	142.5	45.2
2001	524.7	88.6	380.4	87.0	57.3	169.7	220.1	60.8
2002	531.2	46.7	341.4	134.5	55.2	208.0	180.7	65.9
2003	563.0	56.1	371.0	129.5	62.5	243.5	186.2	60.6
2004	610.2	50.3	400.9	130.9	78.4	235.2	209.1	84.3
2005	754.6	52.7	458.3	189.0	107.3	289.4	182.8	187.5
2006	910.5	40.3	592.0	205.9	112.6	370.9	240.2	190.8
2007	1177.6	87.1	783.7	255.1	138.8	372.4	271.2	360.9
2008	1521.7	156.5	1023.6	291.5	206.6	401.6	231.5	371.0
2009	2062.5	253.7	1503.9	318.7	239.8	711.0	412.0	713.8
2010	2637.9	237.3	1938.1	360.2	339.6	817.6	422.5	1136.1
2011	2831.5	376.8	2235.3	339.7	256.5	1177.6	363.4	1036.0
2012	3121.5	340.0	2449.3	428.9	243.3	1393.7	465.9	930.0
哈尔滨 Harbin	950.9	64.3	687.0	137.7	126.2	490.9	134.6	209.5
齐齐哈尔 Qiqihar	129.4	32.1	110.9	13.4	5.1	40.1	37.6	27.6
鸡西 Jixi	86.3	12.3	73.3	10.7	2.3	51.8	6.7	24.7
鹤岗 Hegang	41.9	3.0	38.7	2.5	0.7	19.0	18.8	3.6
双鸭山 Shuangyashan	58.4		55.4	2.8	0.2	49.9	1.1	7.5
大庆 Daqing	783.2	72.1	622.4	113.7	47.1	170.7	54.2	463.7
伊春 Yichun	101.9	18.4	95.5	5.6	0.8	78.2	6.4	3.5
佳木斯 Jiamusi	69.2	8.4	63.6	4.1	3.8	38.7	18.2	1.5
七台河 Qitaihe	65.2	31.0	57.3	6.9	1.0	43.8	2.3	17.0
牡丹江 Mudanjiang	174.7	13.9	141.3	19.2	16.4	95.0	30.1	43.9
黑河 Heihe	86.6	3.5	74.5	8.8	3.4	65.0	8.6	5.1
绥化 Suihua	57.5	2.8	49.3	7.1	1.1	21.8	32.3	0.8
大兴安岭 Daxinganling	53.2	18.6	49.5	2.7	1.0	10.3	6.1	14.0
不分地区 Not Classified by Region	437.1	59.4	309.8	93.8	33.5	214.3	85.2	106.9
绥芬河 Suifenhe	12.2	0.1	9.9		0.2	2.1	10.0	0.6
抚远 Fuyuan	13.9	0.2	10.9		0.7	2.3	13.9	

4-12 城镇集体单位固定资产投资

INVESTMENT IN FIXED ASSETS OF URBAN COLLECTIVE-OWNED UNITS

指　标	Item	2008	2009	2010	2011	2012
投资总额(万元)	**Total Investment (10000 yuan)**	**275238**	**479053**	**422206**	**578962**	**778802**
#住　宅	#Residential Buildings	43097	73830	91221	97441	72114
按构成分	**Grouped by Compositipon of Funds**					
建筑安装工程	Construction and Installation	179763	317242	313016	397190	494814
设备、工器具购置	Purchase of Equipment and Instruments	81853	138840	83883	163172	251021
其他费用	Others	13622	22971	25307	18600	32967
按建设性质分	**Grouped by Type of Construction**					
#新　建	#New Construction	56502	159600	43043	178764	132602
扩　建	Expansion	64989	70535	113269	154276	222160
改　建	Reconstruction	93440	186485	154326	91432	237976
按行业分	**Grouped by Sector**					
农、林、牧、渔业	Agriculture, Forestry, Animal Husbandry and Fishery	19180	52334	64272	98728	169688
采矿业	Mining	11164	18220	22380	8718	4600
制造业	Manufacturing	97359	118895	98478	158332	179935
电力、热力、燃气及水的生产和供应业	Production and Supply of Electric, heat, Gas and Water	3970	43637	20343	16153	19740
建筑业	Construction	20976	2820	18044	39696	37442
批发和零售业	Wholesale and Retail Trade	26315	39888	8100	31390	77877
交通运输、仓储及邮政业	Transport, Storage and Post	15418	39721	49147	19810	24148
住宿和餐饮业	Hotels and Catering Services		4600		2500	19050
信息传输、软件和信息技术服务业	Information Transmission, Software and IT Services		410	5640	2920	
金融业	Financial Intermediation	1650	1250	2255		5329
房地产业	Real Estate	13134	57705	93445	110017	87289
租赁和商务服务业	Leasing and Business Services		11480			41920
科学研究和技术服务业	Scientific Research and Technical Services		9800		4600	
水利、环境和公共设施管理业	Management of Water Conservancy, Environment and Public Facilities	1716	15605	17960	20049	63592
居民服务、修理和其他服务业	Services to Households, Repair and Other Services	700	950	3870	5500	13009
教　育	Education		3971	4218	372	4300
卫生、社会工作	Health and Social Work	1690	4152			7640
文化、体育和娱乐业	Culture, Sports and Entertainment	5932	1146	736		2600
公共管理、社会保障和社会组织	Public Management, Social Securities and Social Organization	56034	52469	13318	60177	20643
国际组织	International Organizations					
新增固定资产(万元)	**Newly Increased Fixed Assets (100 million yuan)**	**269423**	**434886**	**341886**	**568362**	**710219**
固定资产交付使用率(%)	**Rate of Projects of Fixed Assets Completed and Put Into Use (%)**	**97.9**	**90.8**	**81.0**	**98.2**	**91.2**
房屋建筑面积(万平方米)	**Floor Space of Buildings (10000 sq.m)**					
施工面积	Floor Space under Construction	68.0	119.1	103.6	124.4	110.4
竣工面积	Floor Space Completed	51.0	85.0	40.3	86.8	48.5
#住　宅	#Residential Buildings	25.0	41.6	15.9	101.3	6.4

4-13 城镇集体单位固定资产投资和房屋建筑面积

INVESTMENT IN FIXED ASSETS OF URBAN COLLECTIVE-OWNED UNITS AND FLOOR SPACE OF BUILDINGS

年份 Year 地区 Region	投资总额（万元）Total Investment (10000 yuan)		按构成分 By Compositipon of Funds			房屋建筑面积（万平方米）Floor Space of Buildings(10000 sq.m)			
		#住宅 Residential Buildings	建筑安装工程 Construction and Installation	设备、工器具购置 Purchase of Equipment and Instruments	其他费用 Others	施工面积 Floor Space under Construction	#住宅 Residential Buildings	竣工面积 Floor Space Completed	#住宅 Residential Buildings
1985	24422	3624	14081	9734	607	84.4		49.1	17.2
1986	26286	4844	13478	11347	1461	69.6		48.5	21.6
1987	31009	3478	16844	12961	1204	71.3		42.1	14.6
1988	38470	4295	23509	13610	1351	77.3		50.7	14.5
1989	27443	3215	16000	10383	1060	48.7		36.4	8.0
1990	14901	3355	9200	5050	651	32.2		23.4	9.6
1991	19644	4326	13226	5628	790	33.2		23.2	7.7
1992	27348	3809	18066	7725	1557	39.2		12.4	8.4
1993	36234	8505	25263	9270	1701	45.9	16.8	30.6	12.4
1994	37943	9674	24876	11235	1832	46.1	23.0	22.2	12.2
1995	80383	42731	69568	7811	3004	110.4	75.9	48.7	33.4
1996	153184	26079	89305	46887	16992	117.0	64.9	58.8	31.6
1997	71734	32817	52749	9503	9482	112.1	63.5	59.2	38.8
1998	73167	27470	59595	8791	4781	114.7	65.1	58.2	38.0
1999	94523	41077	65603	17196	11724	118.5	79.3	67.5	46.6
2000	123128	56958	97651	12918	12559	177.4	111.4	112.3	70.7
2001	170679	101806	137620	11670	21389	177.9	123.7	59.8	38.9
2002	74493	25653	59986	9416	5091	80.7	42.9	66.6	35.4
2003	70587	33098	50088	12004	8495	89.1	43.3	68.0	45.1
2004	65462	22744	57315	5372	2775	64.9	38.0	35.9	19.9
2005	58472	9614	39072	16380	3020	37.0	13.9	21.0	8.0
2006	71040	14750	50788	14093	6159	46.7	22.1	30.6	14.8
2007	192067	82785	140448	34904	16715	88.5	77.1	68.6	59.8
2008	275238	43097	179763	81853	13622	67.8	38.0	51.0	25.4
2009	479053	73830	317242	138840	22971	119.1	60.3	85.0	41.6
2010	422206	91221	313016	83883	25307	103.6	71.5	40.3	15.9
2011	578962	97441	397190	163172	18600	124.3	83.0	108.1	79.2
2012	778802	72114	494814	251021	32967	110.4	8.9	48.5	6.4
哈尔滨 Harbin	397561	9500	202269	165666	29626	14.5	3.5	7.3	1.0
齐齐哈尔 Qiqihar	144231		88630	54525	1076	25.5		21.0	
鸡西 Jixi	2226		2226			3.2		1.3	
鹤岗 Hegang	18100		2653	15447		0.04			
双鸭山 Shuangyashan									
大庆 Daqing	69445		65445	3000	1000	2.0		2.0	
伊春 Yichun	54304	54304	54304			45.3			
佳木斯 Jiamusi	6841		6341		500	0.3		0.3	
七台河 Qitaihe	10955		4220	6340	395				
牡丹江 Mudanjiang	63895	2500	57642	6043	210	14.5	3.0	14.1	3.0
黑河 Heihe	4410	2100	4410			0.8	0.7	0.8	0.7
绥化 Suihua	115		15		100				
大兴安岭 Daxinganling	6719	3710	6659		60	4.4	1.7	1.7	1.7
不分地区 Not Classified by Region									
绥芬河 Suifenhe									
抚远 Fuyuan									

4-14 农村非农户固定资产投资

INVESTMENT IN FIXED ASSETS OF RURAL NON-PEASANT HOUSEHOLD

年 份 Year	投资额（万元） Total Investment (10000 yuan)	农、林、牧、渔业 Agriculture, Forestry, Animal Husbandry and Fishery	工 业 Industry	建筑业 Construction	地质勘查业、水利管理业 Geological Prospecting and Management of Water Conservancy	运 输 邮电业 Transport, Post & Telecommunications	批发和零售贸易、餐饮业 Wholesale and Retail Trades & Catering Services	卫生、社会福利业 Health, Social Welfare
1990	40278	13283	8663	112		857		1584
1991	39782	15782	7994	75		168		1267
1992	40719	10491	14650	167		316		56
1993	56893	14665	20469	233		442		118
1994	70239	12137	34131	387	3470	2436	5015	1364
1995	80187	13872	38987	441	3881	2782	5725	1556
1996	169329	29294	82294	847	8128	5757	12530	3217
1997	161008	38400	77360		7376	1680	5002	2980
1998	208056	49621	99964		9531	2171	6465	3851
1999	218100	55613	96017	5541	9500	3010	6635	2425
2000	236000	6723	123417	48178		3331	593	3253
2001	250000	29857	96248	26743	7297	5387	9409	5749
2002	402000	48010	154767	43003	11734	8662	15130	9244
2003	428000	51838	265687	24722	3686	10090	2571	10000
2004	495000	54892	310000	18783	16275	10419	5419	3240
2005	152692	21990	87909	28	5217	4524	9651	5679
2006	134057	10894	49050	8831	295	19136	2345	1043
2007	153093	23024	74310	1521		7925	2465	1841
2008	177562	27947	53904	27489		27178	2200	
2009	165403	47821	41822	16412		27390	1705	1600
2010	2033621	488758	377532	135761	156317	254894	42895	2275
2011	1762634	580180	645250	60564	61694	55795	23806	8659

4-14 续表1 CONTINUED

年 份 Year	文化、教育事业 Education, Culture and Arts	社 会 服务业 Social Services	科学研究和综合技术服务业 Scientific Research and Polytechnic Services	其他行业 Others	新增固定资产（万元） Newly Increased Fixed Assets (10000 yuan)	房屋建筑面积（万平方米） Floor Space of Buildings (10000 sq.m) 施工面积 Floor Space under Construction	竣工面积 Floor Space Completed	#住宅 Residential Buildings
1990	12966			2813	40278	112	75	
1991	6876			7620	39782	56	56	
1992	7780			7259	40719	84	51	
1993	10870			10096	56893	37	18	
1994	10276	332		691	66769	59	58	
1995	11731	379		833	76226	65	63	
1996	24722		847	1693	149259	128	112	20
1997	25778		810	1622	141924	126	121	23
1998	33310		1047	2096	183396	163	157	29
1999	36004	258	989	2108	199259	172	160	30
2000	8914	4754		36837	215600	186	173	39
2001	26288	5731	139	37152	230000	190	180	42
2002	42271	9215	224	59740	369840	310	270	65
2003	2956	1038	19	55393	413000	230	225	61
2004	50046	3080	2	22844	494120	266	260	70
2005	10410	44		7240	146195	95	93	15
2006	13981	200	570	27712	139435	66	59	40
2007	1590	100		40317	120674	35	22	8
2008	300		1000	37544	110721	50	42	28
2009	1473			27180	144349	56	36	24
2010	29372	7728	1100	538089	1794136	832	733	473
2011	25364			301322	1554189	434	343	188

注：非农户投资2010年以前先试点后，2010年全省推开，所以增加较多，与历史不可比。
Note:Non-peasant household investment were the experiment site before 2010, the province opened in 2010, therefore, increasing more inconsistent with the history.

4-14 续表2 CONTINUED

单位：万元 (10000 yuan)

指　标	Item	2012
投资额	**Total Investment**	**3499359**
按行业分类	**Grouped by Sector**	
农、林、牧、渔业	Agriculture, Forestry, Animal Husbandry and Fishery	1193817
采矿业	Mining	159840
制造业	Manufacturing	1028315
电力、热力、燃气及水的生产和供应业	Production and Supply of Electric,heat,Gas and Water	255247
建筑业	Construction	57845
批发和零售业	Wholesale and Retail Trade	73127
交通运输、仓储和邮政业	Transport, Storage and Post	85900
住宿和餐饮业	Hotels and Catering Services	17081
信息传输、软件和信息技术服务业	Information Transmission, Software and IT Services	4584
金融业	Financial Intermediation	
房地产业	Real Estate	274563
租赁和商务服务业	Leasing and Business Services	14098
科学研究和技术服务业	Scientific Research and Technical Services	4989
水利、环境和公共设施管理业	Management of Water Conservancy, Environment and Public Facilities	220610
居民服务、修理和其他服务业	Services to Households,Repair and Other Services	9680
教育	Education	29815
卫生和社会工作	Health and Social Work	8498
文化、体育和娱乐业	Culture, Sports and Entertainment	10464
公共管理、社会保障和社会组织	Public Management,Social Securities and Social Organization	50886
国际组织	International Organizations	
新增固定资产	**Newly Increased Fixed Assets**	**286.2**
房屋建筑面积（万平方米）	**Floor Space of Buildings (10000 sq.m)**	**607.2**
施工面积	Floor Space under Construction	152.2
竣工面积	Floor Space Completed	301.0
#住宅	#Residential Buildings	146.1

4-15 农村农户固定资产投资和建房情况

INDIVIDUAL INVESTMENT IN FIXED ASSETS AND BUILDINGS CONSTRUCTION IN RURAL PEASANT HOUSEHOLDS

年 份 Year	投资额（万元） Total Investment (10000 yuan)	#竣工房屋投资 Investment in Buildings Completed	#住 宅 Residential Buildings	#购置生产性固定资产投资 Investment In Productive Fixed Assets	竣工房屋建筑面积（万平方米） Floor Space of Buildings Completed (10000 sq. m)	#住 宅 Residential Buildings	竣工房屋造 价（元/平方米） Cost of Buildings Completed (yuan/sq. m)	#住 宅 Residential Buildings
1985	145350	58235	58209	87115	865.3	865.3	67.3	67.3
1986	113848	49658	24832	64190	684.0	570.3	72.6	43.5
1987	123706	46499	37711	77207	633.5	549.0	73.4	68.7
1988	143122	56196	44660	86926	670.6	527.9	83.8	84.6
1989	164362	59644	54720	104718	625.2	570.0	95.6	96.0
1990	176780	107240	99670	69540	1006.0	931.5	106.6	107.0
1991	175187	106282	78296	68905	1043.0	689.0	101.9	113.6
1992	168431	73315	68145	95116	613.0	501.0	119.6	136.0
1993	147695	48258	43922	99437	314.0	259.0	153.7	169.6
1994	241567	83780	75021	143886	496.6	391.7	168.7	191.5
1995	400000	141183	137985	237412	819.4	646.3	172.3	213.5
1996	499293	321333	317260	144447	1078.3	969.9	298.0	327.1
1997	526784	270961	267301	163526	826.1	719.4	328.0	371.6
1998	680000	349770	345046	211088	982.5	795.4	356.0	433.8
1999	620000	318908	314109	192462	816.8	675.2	390.4	465.2
2000	613000	315407	297884	259000	801.6	637.6	393.8	497.2
2001	660000	320000	305000	260000	803.1	638.2	398.5	477.9
2002	873000	423000	403000	344000	998.2	790.1	396.6	488.2
2003	929000	429000	405000	367000	1000.2	810.1	428.9	499.9
2004	1393000	445389	414680	450870	1038.2	819.5	429.0	506.0
2005	1407874	300538	293445	637090	788.7	620.1	381.1	473.2
2006	1821789	524740	471127	817732	756.1	673.4	694.0	699.6
2007	2270526	645255	574562	865642	892.0	720.0	723.0	798.0
2008	2833858	811558	747667	969793	1052.1	937.4	771.0	798.0
2009	3165470	861177	767915	1300581	1076.9	955.9	799.7	803.3
2010	3167097	892971	818479	1365179	1086.0	969.6	822.3	844.1
2011	3174647	917505	806478	1202375	1055.0	945.0	869.7	853.4
2012	3193014	846586	673273	1452329	951.0	879.0	890.2	766.0

4-16 新增主要产品生产能力

NEWLY INCREASED PRODUCTION CAPACITY OF MAJOR PRODUCTION

指　标	Item	2009	2010	2011	2012
原煤开采(万吨/年)	Coal Mining(10000 tons/year)	716.0	1279.1	1310.5	2466.0
洗煤(万吨/年)	Coal Washing(10000 tons/year)	3697	1244	1287	1397
焦炭(万吨/年)	Coke(10000 tons/year)	438	405	203	119
天然原油开采(万吨/年)	Petroleum Extraction(10000 tons/year)	384.1	572.5	387.3	394.6
天然气开采(亿立方米/年)	Extraction of Petroleum and Natural Gas(100 million cu.m/year)	1.8	1.0	1.0	2.0
石油加工:	Oil processing		11.5		
蒸馏设备能力(处理万吨/年)	Power of Distillation Equipment(treatment 10000 tons/year)	0.2			210.0
裂化设备能力(处理万吨/年)	Power of Cracking Equipment((treatment 10000 tons/year)	20.0	2.0	10.0	25.0
催化重整设备能力(万吨/年)	Power of Catalytic Reforming Equipment(10000 tons/year)			6.0	
加氢精制设备能力(处理万吨/年)	Power of Hydrotreating Equipment((treatment 10000 tons/year)	86.5	0.6	0.3	
铁矿开采(原矿)(万吨/年)	Iron Ore Mining(10000 tons/year)	119.0	240.0	261.2	255.3
生铁(万吨/年)	Pig Iron(10000 tons/year)	54.4	48.0		
炼钢(万吨/年)	Steel-making(10000 tons/year)	0.3			35.0
连铸坯(万吨/年)	Casting Billet(10000 tons/year)				
铁合金(折标万吨/年)	Iron Alloy(standard 10000 tons/year)				1.1
铜采矿(原矿)(万吨/年)	Copper Ore Mining(10000 tons/year)			0.7	0.5
铜冶炼(吨/年)	Copper Smelting(ton/year)	6000			202
铅锌采矿(原矿)(万吨/年)	Plumbum/Zinc Ore Mining(10000 tons/year)		3.0		
铝加工(吨/年)	Aluminum Fabrication(ton/year)	53.0	512.8	1.0	13007.0
黄金(公斤/年)	Gold(kg/year)		350.0	308.0	1089.1
发电机组容量(万千瓦)	Dynamotor Capacities(10000 kw)	257.4	196.5	164.3	189.4
水力发电(万千瓦)	Hydraulic Power(10000 kw)	0.2	4.8	12.8	82.3
火力发电(万千瓦)	Fire Power(10000 kw)	65.1	71.0	86.1	46.8
其他发电(万千瓦)	Other Power(10000 kw)	192.1	120.7	65.4	60.3
输电线路长度(11万伏及以上)(公里)	Length of Transmission Line(110000 volts and over)(km)	455.1	673.0	419.2	443.2
水泥(万吨/年)	Cement(10000 tons/year)	462.0	494.3	554.6	383.4
平板玻璃(万重量箱/年)	Plate Glass(10000 Weight-box/year)		51	20	67
石墨及炭素制品(吨/年)	Graphite and Carbon Products(ton/year)	4072	5955	920	32550
木材(万立方米/年)	Wood(10000 cu.m/year)			20.0	

4-16 续表 CONTINUED

指　标	Item	2009	2010	2011	2012
农用氮、磷、钾化学肥料(吨/年)	Nitrogen, Phosphate and Potash Fertilizer(ton/year)	327200	455700	240756	540237
氮肥(吨/年)	Nitrogen Fertilizer(ton/year)	198250	263050	222450	367743
磷肥(吨/年)	Phosphate Fertilizer(ton/year)	96950	102300	12205	91331
钾肥(吨/年)	Potash Fertilizer(ton/year)	32000	90350	6101	81163
化学农药原药(吨/年)	Chemical Pesticides(ton/year)	7557	11588	3590	11850
塑料树脂及共聚物(吨/年)	Plastic Colophony and Polymer(ton/year)	59602	83001	65969	259950
轮胎外胎(万条/年)	Inner Tube(10000 units/year)	1.2			
轿车制造(万辆/年)	Cars(10000 units/year)	3	10	1	
化学纤维(万吨/年)	Chemical Fiber(10000 tons/year)	0.06	0.40	0.38	0.88
#合成纤维	#Synthesis Fiber		0.1		0.6
毛纺锭(锭)	Wool Spindles(10000 units)				
酒(万吨/年)	Liquor(10000 tons/year)	20.57	30.45	24.22	52.73
啤　酒	Beer	5.3	21.4	6.9	34.0
白　酒	Distilled Spirit	15.00	9.05	16.91	18.65
其他酒	Other Alcohols	0.27		0.41	0.08
卷烟(万箱/年)	Cigarettes(10000 boxes/year)				
机制纸浆(万吨/年)	Machine-made Pulp(10000tons/year)	2.1	11.4	3.0	2.0
房间空气调节器(万台/年)	Air-conditioner(10000units/year)				
新建铁路主线正线交付运营里程(公里)	Main Line Length of Newly-built and Operating Railway(km)	38.6	28.1	201.9	75.0
新建公路(公里)	Length of New Highways(km)	4545.5	2068.1	1976.2	1514.0
#高速公路	#Expressway	168.7	30.0	586.8	107.3
改建公路(公里)	Length of Reconstructed Highways(km)	16262.6	9432.2	1878.0	2022.4
#高速公路	#Expressway	288.2	64.3	97.0	
新建独立公路桥梁(延长米)	Newly-built Highway Bridge(meter)	24760.0	27425.0	5003.0	13425.7
新建独立公路桥梁(座)	Newly-built Highway Bridge(unit)	22	53	4	30
新(扩)建港口码头(年吞吐量:万吨)	Newly-built or Expanded Ports(Annual Handling Capacity:10000tons)	10	300	110	20
新(扩)建客、货运站(个)	Newly-built or expanded conveyance station(unit)	27	17	14	8
新(扩)建客、货运站(平方米)	Newly-built or expanded conveyance station(sq.m)	55465	39467	69554	24563
城市自来水供水能力(万吨/日)	Tap Water Supply Capacity(10000 tons/day)	192.3	22.0	15.7	9.4
城市污水处理能力(万吨/日)	Sewage Treatment Capacity(10000 tons/day)	118.6	266.6	34.4	34.3

4-17 房地产开发企业主要指标

MAIN INdICATORS OF ENTERPRISES FOR REAL ESTATE DEVELOPMENT

指　标	Item	2008	2009	2010	2011	2012
企业个数(个)	**Number of Enterprises(unit)**	**1589**	**1576**	**1890**	**2157**	**2134**
内资	Domestic Funded	1547	1534	1848	2113	2092
#国有	#State-owned Enterprises	102	101	97	88	78
集体	Collective-owned Enterprises	11	7	9	6	4
港、澳、台投资	Enterprises with Funds from Hong Kong, Macao and Taiwan	23	25	23	25	23
外商投资	Foreign Funded	19	17	19	19	17
从业人员期末人数(万人)	**Final Number of Employed Persons (10000 persons)**	**3.57**	**3.39**	**4.03**	**4.77**	**4.64**
内资企业	Domestic Funded	3.49	3.31	3.94	4.68	4.56
#国有	#State-owned Enterprises	0.32	0.29	0.34	0.46	0.26
集体	Collective-owned Enterprises	0.02	0.04	0.04	0.01	0.03
港、澳、台投资企业	Enterprises with Funds from Hong Kong, Macao and Taiwan	0.03	0.04	0.04	0.05	0.05
外商投资企业	Foreign Funded	0.05	0.04	0.05	0.04	0.03
本年土地购置面积(万平方米)	**Land Space Purchased This Year(10000 sq.m)**	**871.0**	**833.3**	**1174.3**	**1860.7**	**929.9**
本年完成投资(亿元)	**Investment Completed This Year(100 million yuan)**	**439.9**	**563.9**	**843.1**	**1227.6**	**1535.8**
#住宅	#Residential Buildings	306.6	442.5	657.5	947.9	1122.5
资金来源小计(亿元)	**Sources of Funds(100 million yuan)**	**462.5**	**679.0**	**1050.4**	**1601.1**	**1711.0**
#国内贷款	#Domestic Loans	29.5	73.8	48.9	62.0	87.6
自筹资金	Self-raising Fund	314.6	360.6	651.4	1087.1	1104.1
其他资金	Others	117.1	242.1	348.6	448.6	519.3
房屋建筑面积(万平方米)	**Floor Space of Buildings(10000 sq.m)**					
施工面积	Floor Space under Construction	3611.1	4521.3	7532.9	12122.9	13485.0
#住宅	#Residential Buildings	2906.7	3692.7	6107.4	9662.9	10472.0
#本年新开工面积	#Floor Space Started This Year	2241.1	2995.6	5021.4	7274.2	5074.3
竣工面积	Floor Space Completed	1404.7	1888.3	2645.8	3231.3	3245.7
商品房销售面积(万平方米)	**Floor Space of Commercialized Buildings Sold (10000 sq.m)**	**1486.6**	**2017.0**	**2720.9**	**3397.8**	**3806.8**
#住宅	#Residential Buildings	1286.6	1751.2	2385.7	2919.1	3226.2
实收资本合计(亿元)	**Total Capital Held(100 million yuan)**	**407.0**	**413.6**	**547.0**	**808.7**	**892.5**
资产负债率(%)	**Ratio of Liabilities to Assets(%)**	**64.9**	**68.1**	**71.1**	**72.4**	**60.9**
主营业务收入(亿元)	**Revenue from Principle Business (100 million yuan)**	**344.0**	**515.0**	**675.6**	**841.9**	**986.4**

4-18 房地产开发企业个数

NUMBER OF ENTERPRISES FOR REAL ESTATE DEVELOPMENT

单位：个 (unit)

年 份 地 区	Year Region	合计 Total	国 有 State-owned Enterprises	集 体 Collective-owned Enterprises	股 份 有限公司 Share-holding Corporations Ltd.	港澳台商投 资 Enterprises with Funds from Hong Kong, Macao and Taiwan	外商投资 Foreign Funded Enterprises	其 他 Others
	1995	295	183	24	44	30	9	5
	2000	439	170	32	71	25	9	132
	2001	483	152	32	79	23	8	189
	2002	606	142	24	111	23	18	288
	2003	776	144	21	131	25	17	438
	2004	1009	118	15	137	23	12	704
	2005	1050	124	7	170	21	17	711
	2006	1214	127	6	144	24	18	895
	2007	1320	117	7	137	25	18	1016
	2008	1589	102	11	145	23	19	1289
	2009	1576	101	7	133	25	17	1293
	2010	1890	97	9	164	23	19	1578
	2011	2157	88	6	165	25	19	1854
	2012	2134	78	4	144	23	17	1868
哈尔滨	Harbin	866	44	1	32	14	13	762
齐齐哈尔	Qiqihar	178	7		9	1		161
鸡 西	Jixi	117	5		5			107
鹤 岗	Hegang	79	1		4		1	73
双鸭山	Shuangyashan	66		1	3	1		61
大 庆	Daqing	157	5		3	1	1	147
伊 春	Yichun	44	1	1	1			41
佳木斯	Jiamusi	88	4		1		1	82
七台河	Qitaihe	29	1		1			27
牡丹江	Mudanjiang	196	3		21	5		167
黑 河	Heihe	66	1		8	1		56
绥 化	Suihua	166	3		32			131
大兴安岭	Daxinganling	22		1	4			17
绥芬河	Suifenhe	31			19			12
抚 远	Fuyuan	6						6

4-19 房地产开发企业从业人员数

NUMBER OF EMPLOYED PERSONS IN ENTERPRISES FOR REAL ESTATE DEVELOPMENT

单位：人 (person)

年份 Year 地区 Region	合计 Total	国有 State-owned Enterprises	集体 Collective-owned Enterprises	股份有限公司 Share-holding Corporations Ltd.	港澳台商投资 Enterprises with Funds from Hong Kong, Macao and Taiwan	外商投资 Foreign Funded Enterprises	其他 Others
1995	15473	11541	724	1005	785	320	1098
2000	23058	10756	858	5055	504	229	5656
2001	23792	9752	997	3624	521	198	8700
2002	25486	4710	623	5085	568	457	14043
2003	27465	4029	679	4302	307	385	17763
2004	33076	4199	403	5489	379	472	22134
2005	30169	4253	90	4278	318	611	20619
2006	29933	3554	151	3323	389	597	21919
2007	33353	3258	153	3097	414	562	25869
2008	35664	3195	211	3098	313	533	28314
2009	33929	2932	354	3402	366	388	26487
2010	40308	3420	398	3223	359	463	32445
2011	47678	4588	137	4633	490	434	37396
2012	46396	2639	325	2840	466	308	39818
哈尔滨 Harbin	17721	956	3	510	223	208	15821
齐齐哈尔 Qiqihar	3216	157		250			2809
鸡西 Jixi	1646	81		59			1506
鹤岗 Hegang	1729	65		69			1595
双鸭山 Shuangyashan	1858		41	69	70		1678
大庆 Daqing	5092	1067		365	17	60	3583
伊春 Yichun	1061	13	265	9			774
佳木斯 Jiamusi	2125	143		7		10	1965
七台河 Qitaihe	590	12		17			561
牡丹江 Mudanjiang	3928	41		390	126		3371
黑河 Heihe	1764	4		125	30		1605
绥化 Suihua	3811	30		536			3245
大兴安岭 Daxinganling	212		16	35			161
绥芬河 Suifenhe	644			392		30	222
抚远 Fuyuan	169						169

4-20 房地产开发企业的土地开发、购置及投资规模

LAND DEVELOPMENT,PURCHASE AND INVESTMENT SCALE OF ENTERPRISES FOR REAL ESTATE DEVELOPMENT

年 份 Year 地 区 Region	本年购置土地面积（平方米）Land Space Purchased This Year (sq. m)	实际需要的总投资（万元）Total Investment Actually Needed (10000 yuan)	开始建设累计完成投资（万元）Accumulative Investment Actually Completed Since Starting of Construction (10000 yuan)	全部建成尚需投资（万元）Further Investment Required for the Completion of Construction (10000 yuan)
1995	2064	1366222	754008	612214
2000	2564674	2202002	1575893	626109
2001	2177103	2861880	2024592	837288
2002	3892116	3543170	2102119	1441051
2003	4943627	3903147	2447840	1455307
2004	5691027	5892072	3350300	2541772
2005	6925485	6823703	4089993	2733710
2006	6197941	8014573	5415257	2599316
2007	7043255	9580358	6590127	2990231
2008	8709744	11266041	7434679	3831362
2009	8333122	15162888	10451311	4711577
2010	11743040	23411233	14348207	9063026
2011	18606548	40598254	21536691	19061563
2012	9299142	51698029	31809107	19888922
哈尔滨 Harbin	3346304	28715779	17429862	11285917
齐齐哈尔 Qiqihar	895701	2611294	1809373	801921
鸡　西 Jixi	411766	866781	552965	313816
鹤　岗 Hegang	437034	577284	326259	251025
双鸭山 Shuangyashan	375692	814714	662738	151976
大　庆 Daqing	1891690	7524794	4201563	3323231
伊　春 Yichun	12993	461555	307784	153771
佳木斯 Jiamusi	539034	2127988	1269998	857990
七台河 Qitaihe	78009	396410	334232	62178
牡丹江 Mudanjiang	830846	3825665	2104659	1721006
黑　河 Heihe	196776	433688	305839	127849
绥　化 Suihua	120740	2192809	1723786	469023
大兴安岭 Daxinganling		166058	92649	73409
绥芬河 Suifenhe	110548	389295	282035	107260
抚　远 Fuyuan	19929	36936	31171	5765

4-21 房地产开发完成投资额

ACTUALLY COMPLETED INVESTMENT OF ENTERPRISES FOR REAL ESTATE

单位：万元 (10000 yuan)

年份 Year 地区 Region	本年完成投资额 Investment Completed This Year	按构成分 By Use of Funds			
		建筑安装工程 Construction and Installation	设备、工器具购置 Purchase of Equipment and Instrument	其他费用 Others	#土地购置 Land Purchase
1995	473651	417508	8318	47825	30988
2000	1040979	782764	14412	243803	83939
2001	1470839	1173669	25869	271301	109197
2002	1457937	1021700	23967	412270	238993
2003	1632806	1140727		461438	265734
2004	2140702	1589430	66980	484292	302887
2005	2676332	2106481	47981	521870	324360
2006	3213152	2607672	32091	573389	220157
2007	3823651	2838824	56278	928549	466463
2008	4398563	3041451	57241	1299871	896126
2009	5639170	4272536	63859	1302775	743112
2010	8431198	6752877	88864	1589457	906816
2011	12275672	10060375	106728	2108569	1530448
2012	15358438	12635375	124052	2599011	1509508
哈尔滨 Harbin	7720153	5907995	92017	1720141	859373
齐齐哈尔 Qiqihar	1041284	924248	5646	111390	65021
鸡西 Jixi	290830	257964	1229	31637	20698
鹤岗 Hegang	121896	111054	1488	9354	2294
双鸭山 Shuangyashan	224335	210418	2480	11437	9738
大庆 Daqing	2390401	1974910	3688	411803	387955
伊春 Yichun	162252	160380		1872	1317
佳木斯 Jiamusi	770615	694120	100	76395	28796
七台河 Qitaihe	135497	114753		20744	11539
牡丹江 Mudanjiang	972979	840410	8594	123975	80806
黑河 Heihe	197381	181233	3579	12569	7424
绥化 Suihua	964595	931762	3201	29632	13811
大兴安岭 Daxinganling	35851	35726		125	
绥芬河 Suifenhe	130643	109366		21277	19482
抚远 Fuyuan	5245	4963	10	272	272

4-22 房地产开发建设按工程用途分的投资和新增固定资产

ACTUALLY COMPLETED INVESTMENT OF ENTERPRISES FOR REAL ESTATE BY USE AND NEWLY INCREASED FIXED ASSETS

单位：万元　　(10000 yuan)

年份 Year 地区 Region	按工程用途分的投资额 By Use of Projects				新增固定资产 Newly Increased Fixed Assets
	住宅 Residential Buildings	办公楼 Office Buildings	商品营业用房 House for Business Use	其他 Others	
1995	532679	49827	145167	91880	679863
2000	712644	35691	162186	130458	961671
2001	1016457	42330	254384	157668	1274384
2002	771661	76021	276203	334052	904095
2003	886210	63710	351126	331760	1067546
2004	1397332	80734	451728	262031	1351368
2005	1748422	82290	461665	383955	1572296
2006	2476493	59546	472631	204482	1907823
2007	2796442	64450	505361	457398	2426086
2008	3065870	35325	566332	731036	2052819
2009	4425157	91569	699868	422576	3657239
2010	6575367	109197	1053409	693225	5517655
2011	9478981	166726	1446218	1183747	6769528
2012	11225245	269161	2183563	1680469	8246658
哈尔滨 Harbin	5301145	210634	1209740	998634	3329649
齐齐哈尔 Qiqihar	858018	5336	112019	65911	718885
鸡西 Jixi	232838	1980	26817	29195	126244
鹤岗 Hegang	95254	105	12535	14002	91199
双鸭山 Shuangyashan	161369	135	53023	9808	364581
大庆 Daqing	1849862	11532	248666	280341	1193771
伊春 Yichun	148037	58	10991	3166	159224
佳木斯 Jiamusi	594216	11370	121904	43125	634260
七台河 Qitaihe	113770	1830	12995	6902	118357
牡丹江 Mudanjiang	694291	11152	138608	128928	383765
黑河 Heihe	145175	650	36459	15097	163500
绥化 Suihua	755620	7064	151295	50616	704717
大兴安岭 Daxinganling	19215	100	11879	4657	34173
绥芬河 Suifenhe	90318	70	20670	19585	31754
抚远 Fuyuan	3614	235	1186	210	17688

4-23 房地产开发企业的资金来源

CAPITAL SOURCE OF ENTERPRISES FOR REAL ESTATE DEVELOPMENT

单位：万元 (10000 yuan)

年份 地区	Year Region	本年资金来源合计 Total Funds the Year	上年末结余资金 A Balance at End of Previous Year	本年资金来源小计 Sources of Funds	国家预算内资金 State Budget	国内贷款 Domestic Loans	利用外资 Foreign Investment	自筹资金 Self-raising Fund	其他资金 Others
	1995	752630	39319	713311	4021	147930	3010	276685	281665
	2000	957753	38734	919019	1000	182528	10543	362915	362033
	2001	1385794	60016	1325778		159546	420	566232	599580
	2002	1415734	97988	1317746	4570	236117	6233	618710	452116
	2003	1721670	113689	1607981	350	260166	4050	870635	472780
	2004	2246559	151780	2094779	2300	183776	54912	1092193	761598
	2005	2844133	163416	2680717		178057	35300	1362272	1105088
	2006	3585481	148891	3436590		331881	39073	1859085	1206551
	2007	4288367	220609	4067758		261860	18718	2436261	1350919
	2008	5009858	385031	4624827		294758	13771	3145679	1170619
	2009	7271208	480773	6790435		737899	25877	3605959	2420700
	2010	11430442	926816	10503626		488956	15000	6513529	3486141
	2011	17685735	1675059	16010676		619884	33500	10870814	4486478
	2012	19633386	2522968	17110418		876365	165	11040675	5193213
哈尔滨	Harbin	10909971	1863981	9045990		753119	165	4802312	3490394
齐齐哈尔	Qiqihar	928790	60966	867824		18655		599401	249768
鸡西	Jixi	461816	25201	436615		658		303282	132675
鹤岗	Hegang	242648	38976	203672		2660		164810	36202
双鸭山	Shuangyashan	347884	69455	278429		7152		204084	67193
大庆	Daqing	2658659	138277	2520382		33900		1947224	539258
伊春	Yichun	169317	6456	162861		2670		147822	12369
佳木斯	Jiamusi	779981	29254	750727		1300		668508	80919
七台河	Qitaihe	147536	7205	140331		3000		103476	33855
牡丹江	Mudanjiang	1080039	120819	959220		46880		577721	334619
黑河	Heihe	239429	27787	211642		5094		175920	30628
绥化	Suihua	1245171	96188	1148983				1104379	44604
大兴安岭	Daxinganling	40374	8717	31657		210		30667	780
绥芬河	Suifenhe	176010		176010		400		151461	24149
抚远	Fuyuan	11170	1296	9874				9874	

4-24 房地产开发建设房屋施工面积

FLOOR SPACE OF BUILDINGS UNDER CONSTRUCTION OF REAL ESTATE DEVELOPMENT

单位：平方米　　(sq. m)

年份 地区	Year Region	施工房屋建筑面积 Floor Space of Buildings Under Construction	#新开工 Started This Year	住宅 Residential Buildings	办公楼 Office Buildings	商业营业用房 House for Business Use	其他 Others
	1995	11187155	7273868	8268285	630728	2065737	752630
	2000	14513563	8473110	10995283	535182	2640151	957753
	2001	17685892	9172691	13612689	611730	3164906	1385794
	2002	15895856	8685336	11647486	812504	2924268	1415734
	2003	19000320	11104078	13111334	792962	4154636	1721670
	2004	22550629	11931656	15830527	800083	5014827	2246559
	2005	26304651	14851141	19226052	934958	4894991	2844133
	2006	31064526	17477365	24271325	711888	4622027	3585481
	2007	33017345	18340732	26363154	437141	4780785	4288367
	2008	36111387	22410734	29066535	401381	4528881	5009858
	2009	45213490	29955500	36926884	586070	5078374	7271208
	2010	75328812	50214326	61074452	752647	8622671	11430442
	2011	121229416	72742236	96628625	1220343	13710366	17685735
	2012	134849706	50743456	104719594	1776618	15699880	19633386
哈尔滨	Harbin	54823258	17794686	40938826	1290450	6328970	10909971
齐齐哈尔	Qiqihar	9770554	4633428	7809104	36602	1033811	928790
鸡西	Jixi	3865061	1631779	3187342	35884	339832	461816
鹤岗	Hegang	2024227	521109	1829234	1260	145843	242648
双鸭山	Shuangyashan	3473325	688729	2815488	7636	535371	347884
大庆	Daqing	18776902	7746354	15026938	21801	1892717	2658659
伊春	Yichun	1652537	829154	1526641	2734	90062	169317
佳木斯	Jiamusi	8191925	3265822	6554544	176108	1010866	779981
七台河	Qitaihe	1326498	685691	1118916	21714	113623	147536
牡丹江	Mudanjiang	13631000	5588188	10086018	82770	1704978	1080039
黑河	Heihe	2581576	1471597	1913345	7102	517242	239429
绥化	Suihua	11478815	4625120	9626270	54941	1498978	1245171
大兴安岭	Daxinganling	473705	64545	328898		94005	40374
绥芬河	Suifenhe	1385865	514274	872816	2000	257550	176010
抚远	Fuyuan	192306	20456	139386	6620	35010	11170

4-25 房地产开发建设房屋竣工面积和造价

FLOOR SPACE OF BUILDINGS COMPLETED AND THEIR COST IN REAL ESTATE DEVELOPMENT

年份 地区	Year Region	竣工房屋建筑面积(平方米) Floor Space of Buildings Completed (sq. m)	住宅 Residential Buildings	办公楼 Office Buildings	商业营业用房 House for Bussiness Use	其他 Others	竣工房屋造价(元/平方米) Cost of Buildings Completed (yuan/sq. m)	#住宅 Residential Buildings
	1995	5474196	4288778	195416	889600	100402	897	820
	2000	8278630	6293041	365015	1428150	192424	905	819
	2001	10138189	8283706	218061	1472774	163648	944	914
	2002	8035908	6398979	229070	1209003	198856	929	873
	2003	8834762	6590471	257897	1573139	413255	984	906
	2004	11132574	8323312	231200	2222841	355221	1051	956
	2005	13050250	10394472	272514	1847289	535975	1089	1044
	2006	13981158	11535031	305411	1619101	521615	1230	1184
	2007	15956174	12448764	272726	2540478	694206	1404	1034
	2008	14047031	11600798	126015	1773934	546284	1195	1122
	2009	18882802	15754595	181325	1942761	1004121	1548	1495
	2010	26458267	21989911	242769	3032968	1192619	1718	1677
	2011	32313443	25979788	219545	4344276	1769834	1661	1650
	2012	32457265	26462053	285203	3402487	2307522	1977	1942
哈尔滨	Harbin	10674333	8759646	70877	804477	1039333	2168	2123
齐齐哈尔	Qiqihar	3760692	3086829	18840	410671	244352	1717	1717
鸡西	Jixi	634127	527073	6300	65287	35467	1749	1745
鹤岗	Hegang	487338	460925	1260	18783	6370	1559	1513
双鸭山	Shuangyashan	1494569	1278168	642	171388	44371	2213	2193
大庆	Daqing	4752342	3805369	2654	548151	396168	2114	2067
伊春	Yichun	460273	370967	2734	61324	25248	1770	1764
佳木斯	Jiamusi	3264780	2613815	59120	463948	127897	1545	1544
七台河	Qitaihe	616609	561076		39962	15571	1919	1907
牡丹江	Mudanjiang	1833837	1391108	63830	218058	160841	1858	1793
黑河	Heihe	733784	606159	4702	75956	46967	1990	1922
绥化	Suihua	3009607	2452667	48990	413877	94073	1648	1625
大兴安岭	Daxinganling	118622	83012		15424	20186	2388	2303
绥芬河	Suifenhe	126931	72591		40556	13784	2265	2214
抚远	Fuyuan	98990	81992		16998		1671	1600

4-26 按用途分商品房屋销售面积

FL;OOR SPACE OF COMMERCIALIZED BUILDINGS SOLD BY USE

单位：平方米 (sq. m)

年份 地区	Year Region	商品房屋销售面积 Floor Space of Commercialized Buildings Sold	住宅 Residential Buildings	#别墅、高档公寓 Villas, High-grade Apartments	办公楼 Office Buildings	商业营业用房 House for Business Use	其他 Others
	1995	3513834	2946888	11621	94633	430949	41364
	2000	4998452	4244271	156915	106813	585997	61371
	2001	5946410	4906264	84552	182549	763290	94307
	2002	6924691	5743325	99919	131366	968783	81217
	2003	8146447	6731129	22275	146593	1154425	114300
	2004	9846508	7900508	46261	127929	1562776	255295
	2005	12428124	10482603	72356	290082	1382206	273233
	2006	14827148	12985068	180519	204711	1411379	225990
	2007	17092455	15185671	837951	114405	1436368	356011
	2008	14865665	12866198	258154	89502	1593543	316422
	2009	20169765	17512157	575101	194221	1922128	541259
	2010	27209459	23856799	518243	83786	2347388	921486
	2011	33977745	29191147	198249	79085	3603816	1103697
	2012	38068231	32262165	229540	242575	4108684	1454807
哈尔滨	Harbin	11683245	10053406	149936	105679	1019787	504373
齐齐哈尔	Qiqihar	2823472	2114665		4993	472165	231649
鸡西	Jixi	1141914	1037560		13918	50203	40233
鹤岗	Hegang	281105	252147		378	10587	17993
双鸭山	Shuangyashan	1071164	897580		642	140103	32839
大庆	Daqing	5263111	4434232	44193	52810	616743	159326
伊春	Yichun	498501	445729			49248	3524
佳木斯	Jiamusi	1623135	1360790			229700	32645
七台河	Qitaihe	348506	328474	4627		9604	10428
牡丹江	Mudanjiang	2350284	2051778	18093	3554	178418	116534
黑河	Heihe	1541463	1270186		12416	162088	96773
绥化	Suihua	8789027	7442061	12691	47911	1133307	165748
大兴安岭	Daxinganling	63296	43519		274	14951	4552
绥芬河	Suifenhe	250805	206486			12097	32222
抚远	Fuyuan	18936	15832			2204	900

4-27 按用途分商品房屋销售额

TOTAL SALE OF COMMERCIALIZED BUILDINGS BY USE

单位：万元 (10000 yuan)

年份 Year 地区 Region	商品房屋销售额 Floor Space of Commercialized Buildings Sold	住宅 Residential Buildings	#别墅、高档公寓 Villas, High-grade Apartments	办公楼 Office Buildings	商业营业用房 House for Business Use	其他 Others
2004	1873625	1315782	12204	36577	450912	70354
2005	2608815	1963185	30667	119489	452856	73285
2006	3255377	2642682	58552	70609	473964	68122
2007	4224086	3575076	143480	29895	511022	108093
2008	4209652	3399086	139762	25092	689934	95540
2009	6536890	5370482	323094	80446	875396	210566
2010	10119482	8330469	318940	35809	1367963	385241
2011	13573379	10819917	162007	38358	2238139	476965
2012	15482979	12019303	214318	138229	2645351	680096
哈尔滨 Harbin	6417657	5108436	168074	87124	963723	258374
齐齐哈尔 Qiqihar	955392	632217		1371	223984	97820
鸡西 Jixi	382089	337064		4175	24969	15881
鹤岗 Hegang	85985	74197		378	6689	4721
双鸭山 Shuangyashan	340008	236831		128	88589	14460
大庆 Daqing	2369241	1873781	29127	21466	395764	78230
伊春 Yichun	118849	99822			17521	1506
佳木斯 Jiamusi	511062	373601			122624	14837
七台河 Qitaihe	127114	115434	1928		5653	6027
牡丹江 Mudanjiang	799971	628593	8188	1740	115691	53947
黑河 Heihe	453936	312867		3055	102844	35170
绥化 Suihua	2612175	1965041	7001	18764	549721	78649
大兴安岭 Daxinganling	16965	10340		28	5106	1491
绥芬河 Suifenhe	96906	69951			10030	16925
抚远 Fuyuan	5731	4738			723	270

4-28 各地区房地产开发企业主要经济指标

MAIN INDICATORS OF REAL ESTATE DEVELOPMENT BY REGION

单位：万元 (10000 yuan)

年份 地区	Year Region	资产总计 Total Assets	负债合计 Total Liabilities	所有者权益合计 Owners' Equity	主营业务收入 Revenue from Principal Business	主营业务成本 Cost of Principal Business	利润总额 Total Profits
	2005	7638744	5708433	1930311	1935485	1653916	31628
	2006	9346277	6663943	2682334	2519647	2013278	320243
	2007	11532354	8641649	2890705	3224432	2563256	259949
	2008	14624206	9494495	5129711	3439803	2739794	258924
	2009	18613889	12677221	5936668	5149500	4093066	453941
	2010	25874201	18398317	7475884	6755674	5322608	649961
	2011	43470000	31489751	11980249	8419015	6287589	890654
	2012	71072452	43317095	27755357	9863946	7787222	610619
哈尔滨	Harbin	50463593	29602930	20860663	3314739	2660363	7373
齐齐哈尔	Qiqihar	2833724	1774192	1059532	661366	504961	66101
鸡西	Jixi	958466	553522	404944	137837	115765	-10507
鹤岗	Hegang	501736	297568	204169	120970	82061	14556
双鸭山	Shuangyashan	547679	461815	85864	115788	94957	-4470
大庆	Daqing	8993205	6055038	2938168	1826518	1415792	217880
伊春	Yichun	375354	255024	120330	103544	87591	4462
佳木斯	Jiamusi	1256088	885345	370742	665806	490688	79444
七台河	Qitaihe	383801	268427	115374	136772	101427	18517
牡丹江	Mudanjiang	2388797	1741386	647412	559453	436862	28361
黑河	Heihe	460473	191212	269261	352858	284760	32825
绥化	Suihua	886176	468825	417350	1615140	1307718	140922
大兴安岭	Daxinganling	57122	28395	28727	7772	5355	326
绥芬河	Suifenhe	613032	431664	181367	97497	77172	6277
抚远	Fuyuan	7968	3872	4096	7755	5684	-191

4-29 按不同分组分房地产开发企业投资完成情况 (2012年)

单位：万元

项 目	Item	计划总投资 Total Investment Planed	累计完成投资 Accumulated Investment Completed	本年完成投资 Investment Completed This Year
总 计	**Total**	**51698029**	**31809107**	**15358438**
按登记注册类型分组	**By Status of Registration**			
内资企业	Domestic Funded	49601158	30675238	15068198
#国有企业	#State-owned Enterprises	3958137	2369228	1347972
集体企业	Collective-owned Enterprises	69062	66104	57804
股份合作企业	Cooperative Enterprises	80100	76100	70100
国有联营企业	State Joint Ownership Enterprises			
国有独资公司	State Sole funded Corporations	2296224	1504364	831295
其他有限责任公司	Other Limited Liability Corporations	23818907	14095364	7017738
股份有限公司	Share-holding Corporations Limited	2925740	2226913	749145
私营独资企业	Private-funded Enterprises	524898	337353	197967
私营合伙企业	Private Partnership Enterprises	26203	23788	2973
私营有限责任公司	Private Limited Liability Corporations	14453774	9296469	4416691
私营股份有限公司	Private Share-holding Corporations Limited	1182703	511448	310582
其他企业	Other Enterprises	207834	126921	53271
港澳台商投资企业	Enterprises with Funds from Hong Kong, Macao and Taiwan	688901	378275	138598
与港澳台商合资经营企业	Joint-ventures Enterprises	271921	211384	77954
与港澳台商合资合作经营企业	Cooperative Enterprises			
港澳台商独资经营企业	Enterprises with Sole Investment	416980	166891	60644
港澳台商投资股份有限公司	Share-holding Corporations Ltd.			
外商投资企业	Foreign Funded Enterprises	1407970	755594	151642
中外合资经营企业	Joint-venture Enterprises	332970	303513	101707
中外合作经营企业	Cooperation Enterprises			
外资企业	Enterprises with Sole Funds	1075000	452081	49935
外商投资股份有限公司	Share-holding Corporations Ltd.			
按控股情况分组	**By Share-holding**			
国有控股	State-owned Enterprises	11281077	6723984	3694987
集体控股	Collective-owned Enterprises	1333004	1009148	525489
私人控股	Private Share-holding	30031192	19512013	9324963
港澳台商控股	Enterprise swith Funds from Hong Kong, Macao and Taiwan	666421	319324	137484
外商控股	Foreign Funded Enterprises	1897970	1072117	227806
其他	Others	6488365	3172521	1447709
按资质等级分组	**By Qualification Grade**			
一级	First Grade	3680807	1953777	1054107
二级	Second Grade	14260700	9741277	3962056
三级	Third Grade	17199932	11807592	5242148
四级	Fourth Grade	874568	710974	339664
暂定	Interim	13222602	6494394	3927428
其他	Others	2459420	1101093	833035
按隶属关系分组	**By Jurisdiction of Management**			
中央	Central	2409454	1326600	727130
省	Province	3332614	1809492	556081
地区	District	10337980	6627825	3219823
县及县以下	County and Under County Level	7831112	5079365	3161733
其他	Others	27786869	16965825	7693671

INVESTMENT ACTUALLY COMPLETED BY ENTERPRISES FOR REAL ESTATE DEVELOPMENT BY DIFFERENT GROUPING (2012)

(10000 yuan)

住　宅 Residential Buildings	#别墅、高档公寓 Villas, High-grade Apartments	办公楼 Office Buildings	商业营业用房 Houses for Business Use	其　他 Others	本年新增固定资产 Newly Increased Fixed Assets This Year	本年资金小　计 Total Funds
11225245	**221446**	**269161**	**2183563**	**1680469**	**8246658**	**17110418**
11008279	197880	249351	2157453	1653115	8049780	16674667
1143141	15400	8276	40645	155910	551392	1218535
56304			950	550	54304	58204
38720		3800	17609	9971	21100	70100
628326	24436	7251	95515	100203	156419	622659
5022901	49927	129506	1139999	725332	3917224	7861381
578696	3480	8009	105191	57249	595043	880672
161310	16396	2154	27505	6998	94916	224008
2684			287	2	15250	1927
3071618	74221	84102	696611	564360	2478731	5188916
251394	14020	6253	25401	27534	114848	457387
42545			6480	4246	50553	75505
92456	1890	19810	16602	9730	102491	237864
48625		19780	5060	4489	80991	166687
43831	1890	30	11542	5241	21500	71177
124510	21676		9508	17624	94387	197887
74739			9496	17472	51705	91199
49771	21676		12	152	42682	106688
2937385	53001	72997	223890	460715	1158655	3251006
360055	2111	7935	89792	67707	344167	632306
6810730	123582	140858	1402336	971039	5800746	10967151
97809	1890	19810	11982	7883	54000	160391
182459	22982		11935	33412	102163	279961
836807	17880	27561	443628	139713	786927	1819603
808753	15245	55945	46231	143178	127718	938476
2885299	49256	51798	547481	477478	2435724	4135801
3938368	91271	83263	619982	600535	3404576	6125629
262884	140	1910	50873	23997	358645	382168
2617836	62607	75994	842371	391227	1392507	4582950
712105	2927	251	76625	44054	527488	945394
590966	786	48	11043	125073	167058	730755
457958	2051	8881	37308	51934	279098	745744
2411606	58536	82980	386380	338857	1864640	2879978
2304937	1430	23406	538980	294410	1284205	3430273
5459778	158643	153846	1209852	870195	4651657	9323668

4-30 按不同分组分房地产开发企业商品房销售情况 (2012年)

项 目	Item	商品房销售面积（平方米）Floor Space of Commercialized Buildings Sold (sq. m)	住 宅 Residential Buildings
总 计	**Total**	**38068231**	**32262165**
按登记注册类型分组	**By Status of Registration**		
内资企业	Domestic Funded	37449299	31705464
#国有企业	#State-owned Enterprises	1957497	1822607
集体企业	Collective-owned Enterprises	70700	70700
股份合作企业	Cooperative Enterprises	474027	381495
国有联营企业	State Joint Ownership Enterprises		
国有独资公司	State Sole funded Corporations	355014	329483
其他有限责任公司	Other Limited Liability Corporations	20338232	17198143
股份有限公司	Share-holding Corporations Limited	3334578	2823966
私营独资企业	Private-funded Enterprises	602990	482567
私营合伙企业	Private Partnership Enterprises	73662	64318
私营有限责任公司	Private Limited Liability Corporations	9130232	7528656
私营股份有限公司	Private Share-holding Corporations Limited	853164	766145
其他企业	Other Enterprises	259203	237384
港澳台商投资企业	Enterprises with Funds from Hong Kong, Macao and Taiwan	277523	238129
与港澳台商合资经营企业	Joint-ventures Enterprises	117933	99314
与港澳台商合资合作经营企业	Cooperative Enterprises		
港澳台商独资经营企业	Enterprises with Sole Investment	159590	138815
港澳台商投资股份有限公司	Share-holding Corporations Ltd.		
外商投资企业	Foreign Funded Enterprises	341409	318572
中外合资经营企业	Joint-venture Enterprises	99350	78526
中外合作经营企业	Cooperation Enterprises	4888	2875
外资企业	Enterprises with Sole Funds	237171	237171
外商投资股份有限公司	Share-holding Corporations Ltd.		
按控股情况分组	**By Share-holding**		
国有控股	State-owned Enterprises	5171573	4882530
集体控股	Collective-owned Enterprises	1746966	1405376
私人控股	Private Share-holding	29191704	24182161
港澳台商控股	Enterprise swith Funds from Hong Kong, Macao and Taiwan	219393	188166
外商控股	Foreign Funded Enterprises	396478	370440
其他	Others	1342117	1233492
按资质等级分组	**By Qualification Grade**		
一级	First Grade	957732	928072
二级	Second Grade	7323425	6282154
三级	Third Grade	19844129	16779475
四级	Fourth Grade	2245991	1827009
暂定	Interim	6780080	5624168
其他	Others	916874	821287
按隶属关系分组	**By Jurisdiction of Management**		
中央	Central	568222	568026
省	Province	1078704	969405
地区	District	5865651	5111025
县及县以下	County and Under County Level	13534296	11288766
其他	Others	17021358	14324943

SALE OF COMMERCIALIZED BUILDINGS BY ENTERPRISES FOR REAL ESTATE DEVELOPMENT BY DIFFERENT GROUPING (2012)

办公楼 Office Buildings	商业营业用房 Houses for Business Use	其 他 Others	商品房销售额（万元） Total Sale of Commercialized Buildings Sold (10000 yuan)	住 宅 Residential Buildings	办公楼 Office Buildings	商业营业用房 Houses for Business Use	其他 Others
242575	**4108684**	**1454807**	**15482979**	**12019303**	**138229**	**2645351**	**680096**
232123	4070219	1441493	15071868	11675060	130704	2598956	667148
	79692	55198	696679	635847		35574	25258
			13542	13542			
280	75848	16404	219095	175243	300	38515	5037
20	25476	35	197321	176126	15	21162	18
141898	2407678	590513	8079681	6178434	80929	1526013	294305
	443092	67520	1126278	840762		254783	30733
1411	82742	36270	196796	140479	615	41943	13759
	9344		34845	23104		11741	
88514	881400	631662	4146375	3179613	48845	635394	282523
	51872	35147	279491	242216		26385	10890
	13075	8744	81765	69694		7446	4625
10452	24769	4173	190072	148080	7525	31284	3183
10452	8167		98848	77960	7525	13363	
	16602	4173	91224	70120		17921	3183
	13696	9141	221039	196163		15111	9765
	13696	7128	70057	50666		15111	4280
		2013	7429	1944			5485
			143553	143553			
20	178988	110035	2269227	2104582	15	106460	58170
9261	252428	79901	743514	549928	4630	152372	36584
221923	3569803	1217817	11426199	8455626	125451	2290005	555117
10452	16602	4173	127693	99064	7525	17921	3183
	16506	9532	253485	226181		17333	9971
919	74357	33349	662861	583922	608	61260	17071
	28450	1210	372569	354240		17773	556
55514	591587	394170	3580679	2885052	33452	449944	212231
75461	2309723	679470	7349088	5741389	33104	1281510	293085
15984	269644	133354	615333	430343	5025	126635	53330
95616	856395	203901	3106903	2203680	66648	735122	101453
	52885	42702	458407	404599		34367	19441
20	141	35	245864	245591	15	240	18
9906	57057	42336	551208	472634	5210	53270	20094
12773	623161	118692	2502311	2058578	6801	377074	59858
74887	1836125	334518	4802493	3476064	26846	1147888	151695
144989	1592200	959226	7381103	5766436	99357	1066879	448431

4-31 按不同分组分房地产开发企业主要财务指标 (2012年)

单位：万元

项　目	Item	资产总计 Total Assets	流动资产合计 Total Working Capitals	固定资产原价 Original Value of Fixed Assets	累计折旧 Accumulated depreciation
总　计	**Total**	**71072452**	**48510527**	**1514501**	**331451**
按登记注册类型分组	**By Status of Registration**				
内资企业	Domestic Funded	69009023	46858735	1364149	284775
#国有企业	#State-owned Enterprises	4571531	3879276	115438	30771
集体企业	Collective-owned Enterprises	16817	11977	4143	1698
股份合作企业	Cooperative Enterprises	40527	29392	2400	1246
国有联营企业	State Joint Ownership Enterprises				
国有独资公司	State Sole funded Corporations	22901081	6402631	134015	25305
其他有限责任公司	Other Limited Liability Corporations	22410829	19576403	556094	86111
股份有限公司	Share-holding Corporations Limited	2518035	2079554	118878	27343
私营独资企业	Private-funded Enterprises	572628	418980	48294	4006
私营合伙企业	Private Partnership Enterprises	90963	77773	2673	511
私营有限责任公司	Private Limited Liability Corporations	14491299	13225743	336043	97114
私营股份有限公司	Private Share-holding Corporations Limited	902580	799377	37829	4412
其他企业	Other Enterprises	492733	357631	8343	6258
港澳台商投资企业	Enterprises with Funds from Hong Kong, Macao and Taiwan	915749	822830	66533	21965
与港澳台商合资经营企业	Joint-ventures Enterprises	584797	536597	40577	17861
与港澳台商合资合作经营企业	Cooperative Enterprises				
港澳台商独资经营企业	Enterprises with Sole Investment	294748	277937	3577	1722
港澳台商投资股份有限公司	Share-holding Corporations Ltd.	36186	8286	22371	2379
外商投资企业	Foreign Funded Enterprises	1147681	828962	83818	24712
中外合资经营企业	Joint-venture Enterprises	392123	374072	5831	1413
中外合作经营企业	Cooperation Enterprises	12080	12020	133	76
外资企业	Enterprises with Sole Funds	743479	442869	77855	23223
外商投资股份有限公司	Share-holding Corporations Ltd.				
按控股情况分组	**By Share-holding**				
国有控股	State-owned Enterprises	33788150	15653535	433827	68311
集体控股	Collective-owned Enterprises	1442361	1186400	77894	16595
私人控股	Private Share-holding	27145339	23974922	776062	181499
港澳台商控股	Enterprise swith Funds from Hong Kong, Macao and Taiwan	859656	784600	37492	9672
外商控股	Foreign Funded Enterprises	1744679	1415571	84064	24854
其他	Others	6092269	5495498	105163	30519
按资质等级分组	**By Qualification Grade**				
一级	First Grade	3745712	3630719	46730	17194
二级	Second Grade	20124623	18200865	515871	145889
三级	Third Grade	37409216	18621790	600502	136130
四级	Fourth Grade	602464	452069	28905	4293
暂定	Interim	7542818	6163813	128558	14248
其他	Others	1647618	1441270	193935	13697
按隶属关系分组	**By Jurisdiction of Management**				
中央	Central	2044833	1997018	42025	10000
省	Province	2895938	2225375	25136	14775
地区	District	31799965	13788209	497979	90572
县及县以下	County and Under County Level	6422720	5366649	192400	38670
其他	Others	27908996	25133276	756961	177435

MAIN FINANCIAL INDICATORS BY ENTERPRISES OF REAL ESTATE DEVELOPMENT BY DIFFERENT GROUPING (2012)

(10000 yuan)

实收资本 Paidin Capital	主营业务收入 Revenue from Principal Business	土地转让收入 Land Transferred Revenue	商品房屋销售收入 Sales Revenue of Commercial Houses	房屋出租收入 Revenue from Houses Leasing	其他收入 Other Revenue	主营业务成本 Cost of Principal Business	主营业务税金及附加 Taxes and Other Charges on Principal Business	主营业务利润 Profits of Principal Business	利润总额 Total Profits
8925428	**9863946**	**53161**	**9555357**	**41243**	**214185**	**7787222**	**741449**	**531278**	**610619**
8457592	9635748	52861	9334693	34417	213777	7626320	720410	517418	596709
508889	664832	1638	539023	2706	121466	557101	37216	34228	45606
6889	25154		25154			23250	934	830	565
6418	16759		15079		1680	15268	1010	164	164
694893	163629		140857	188	22584	126568	11014	11515	64528
3808862	5020374	38215	4922813	15654	43693	3870661	383024	389486	398814
430692	812377	7	801937	966	9467	665265	39247	59047	60348
76661	272481	7122	256797	8458	104	214445	23567	15874	15486
29417	19903		19340	552	11	16514	1255	376	376
2575689	2391159	3452	2377794	4910	5002	1946576	201662	-7072	-1872
146130	137706	2428	133300	970	1009	115522	13230	-6713	-6593
173053	111375		102600	14	8761	75152	8252	19682	19287
257772	62764	300	56652	5473	340	44658	9660	-8650	-8760
183424	40456		36887	3390	180	29799	7729	-5665	-5790
57403	22217	300	19759	1998	160	14847	1926	-1780	-1762
16745	81		6	75		4	5	-1205	-1205
210065	165434		164012	1353	68	116244	11378	22510	22670
59275	47964		47964			31241	2708	7288	7189
5000	48282		48282			36497	217	11203	11203
145790	69187		67766	1353	68	48506	8453	4019	4279
2204355	1598596	1638	1438083	3826	155049	1257857	115153	124277	189854
232337	328384	130	315811	840	11604	264179	20124	14599	16128
4901945	7031674	46222	6923550	27179	34723	5598905	527256	375204	385717
251649	60294	300	56652	3002	340	44650	9522	-8642	-8730
314185	182334		180913	1353	68	128307	12839	22131	22292
1020958	662663	4872	640349	5042	12402	493324	56556	3708	5358
365042	722915		722391	204	321	553009	40673	61483	65728
2391670	2651663	827	2610942	11408	28486	2036353	197046	170107	213589
3841126	4524994	28182	4423686	16732	56393	3603474	371942	214217	239259
132750	465295	16352	447447	1079	418	390914	35612	15458	15792
1551412	1233714	7801	1092632	10904	122378	1009049	85337	28652	32763
643428	265364		258259	915	6190	194424	10839	41361	43489
63755	376054		373324		2731	327814	23533	2758	8341
242838	388317		386828	654	835	296941	31157	33751	36180
2379419	1875636	11726	1801784	13078	49047	1340859	168612	228872	281787
988825	2371073	17223	2225755	1550	126544	1900841	145743	176451	182503
5250591	4852866	24212	4767666	25960	35028	3920767	372403	89447	101809

4-32 按不同分组分房地产开发企业土地购置及建设房屋面积(2012年)

单位：平方米

项　目	Item	企业数（个）Number of Enterprises (unit)	本年购置土地面积 Land Space Pending Development
总　计	**Total**	**2134**	**9299142**
按登记注册类型分组	**By Status of Registration**		
内资企业	Domestic Funded	2094	9169547
#国有企业	#State-owned Enterprises	78	184932
集体企业	Collective-owned Enterprises	4	
股份合作企业	Cooperative Enterprises	6	
国有联营企业	State Joint Ownership Enterprises		
国有独资公司	State Sole funded Corporations	11	11000
其他有限责任公司	Other Limited Liability Corporations	955	4259828
股份有限公司	Share-holding Corporations Limited	144	909091
私营独资企业	Private-funded Enterprises	42	159720
私营合伙企业	Private Partnership Enterprises	8	
私营有限责任公司	Private Limited Liability Corporations	741	3381751
私营股份有限公司	Private Share-holding Corporations Limited	78	201148
其他企业	Other Enterprises	27	62077
港澳台商投资企业	Enterprises with Funds from Hong Kong, Macao and Taiwan	23	67095
与港澳台商合资经营企业	Joint-ventures Enterprises	10	67095
与港澳台商合资合作经营企业	Cooperative Enterprises		
港澳台商独资经营企业	Enterprises with Sole Investment	10	
港澳台商投资股份有限公司	Share-holding Corporations Ltd.	2	
外商投资企业	Foreign Funded Enterprises	17	62500
中外合资经营企业	Joint-venture Enterprises	8	62500
中外合作经营企业	Cooperation Enterprises	1	
外资企业	Enterprises with Sole Funds	8	
外商投资股份有限公司	Share-holding Corporations Ltd.		
按控股情况分组	**By Share-holding**		
国有控股	State-owned Enterprises	151	626313
集体控股	Collective-owned Enterprises	79	252176
私人控股	Private Share-holding	1675	5805050
港澳台商控股	Enterprise swith Funds from Hong Kong, Macao and Taiwan	22	137919
外商控股	Foreign Funded Enterprises	19	62500
其他	Others	188	2415184
按资质等级分组	**By Qualification Grade**		
一级	First Grade	19	
二级	Second Grade	331	1384180
三级	Third Grade	1179	2612832
四级	Fourth Grade	166	197699
暂定	Interim	394	4810488
其他	Others	45	293943
按隶属关系分组	**By Jurisdiction of Management**		
中央	Central	10	
省	Province	86	491063
地区	District	322	1427306
县及县以下	County and Under County Level	379	1485771
其他	Others	1337	5895002

LAND PURCHASE AND FLOOR SPACE OF BUIDINGS DEVELOPED BY ENTERPRISES FOR REAL ESTATE DEVELOPMENT BY DIFFERENT GROUPING (2012)

(sq. m)

施工房屋面积 Floor Space of Buildings under Construction	本年新开工面积 Floor Space Started This Year	竣工房屋面积 Floor Space of Buildings Completed	竣工房屋价值（万元） Value of Buildings Completed (10000 yuan)	从业人员期末人数(人) Find Number of Employed Persons (person)
134849706	**50743456**	**32457265**	**6415407**	**46396**
131591434	49673812	31743021	6225308	45622
10527066	3675712	2342352	523818	2639
515513	452541			325
463493	73593	73593	20006	59
4595129	1122579	483360	134763	661
61503049	22658139	15516119	2952241	21735
9441339	4867890	1953887	422140	2840
2072065	1098817	478902	85738	748
119589		47551	15020	124
38165116	14146192	10071061	1950774	14414
3198336	1179581	591710	91912	1426
744338	371835	184486	28896	651
1563403	474147	410980	101361	466
845251	310512	320364	80991	131
718152	163635	90616	20370	300
				32
1694869	595497	303264	88738	308
693738	386730	177728	51705	65
				8
1001131	208767	125536	37033	235
26160673	8219322	4257489	928549	5286
5154585	2003509	1012877	221587	2197
89772914	34606734	24920476	4745285	33133
1416103	530713	205808	52870	469
2521650	627462	332831	95352	414
9823781	4755716	1727784	371764	4897
7457495	1490482	416574	101688	1680
32380206	9720597	8192873	1833934	11159
55973846	20257726	14460971	2778113	22639
4544260	1807195	1990346	325249	2923
28872149	14425218	5449268	1000383	7125
5621750	3042238	1947233	376040	870
5602054	1390886	583258	167058	786
5791476	1855973	1094296	214664	1499
27890579	8521129	6028585	1407494	8363
27729109	13605164	6511257	1078189	8799
67836488	25370304	18239869	3548002	26949

4-33 四大主导产业建设施工项目个数 (2012年)

NUMBER OF CONSTRUCTION PROJECTS UNDER CONSTRUCTION OF FOUR LEADING INDUSTRY (2012)

单位：个 (unit)

指　标	Item	合计 Total	国有 State-Owned Units	外资 Foreign Funded Enterprises	其他 Others
总　计	**Total**	**12109**	**4565**	**73**	**7471**
装备工业	**Equipment Industry**	**1209**	**72**	**15**	**1122**
金属制品业	Manufacture of Metal Products	168	11	1	156
金属制品、机械和设备修理业	Metal Products, Machinery and Equipment Repair Industry	27	3		24
通用设备制造业	Manufacture of General Purpose Machinery	235	10		225
专用设备制造业	Manufacture of Special Purpose Machinery	419	15	8	396
汽车制造业	Manufacture of Automotive	124	7	3	114
铁路、船舶、航空航天和其他运输设备制造业	Manufacture of Railroad, Marine, Aerospace and Other Transportation Equipment	35	11	2	22
电气机械及器材制造业	Manufacture of Electrical Machinery and Equipment	141	11		130
计算机、通信和其他电子设备制造业	Manufacture of Computers,Communication and Other Electronic Equipment	47	2	1	44
仪器仪表制造业	Manufacture of Measuring Instrument	13	2		11
石化工业	**Petrochemical Industry**	**455**	**37**	**5**	**413**
石油加工、炼焦及核燃料加工业	Processing of Petroleum, Coking, Processing of Nuclear Fuel	61	18		43
化学原料及化学制品制造业	Manufacture of Chemical Raw Material and Chemical Products	232	14	2	216
化学纤维制造业	Manufacture of Chemical Fiber	7			7
橡胶和塑料制品业	Manufacture of Rubber and Plastics	155	5	3	147
能源工业	**Energy Industry**	**898**	**274**	**2**	**622**
煤炭开采和洗选业	Mining and Washing of Coal	413	22		391
石油和天然气开采业	Extraction of Petroleum and Natural Gas	9	2		7
电力、热力的生产和供应业	Production and Supply of Electric Power and Heat Power	399	237	1	161
燃气生产和供应业	Production and Distribution of Gas	68	8	1	59
开采辅助活动	Mining Auxiliary Activities	9	5		4
食品工业	**Food Industry**	**1366**	**92**	**17**	**1257**
农副食品加工业	Processing of Food from Agricultural Products	921	72	6	843
食品制造业	Manufacture of Foods	226	12	5	209
酒、饮料和精制茶制造业	Manufacture of Beverage	219	8	6	205

4-34 四大主导产业建设投产项目个数(2012年)

NUMBER OF CONSTRUCTION PROJECTS PUT INTO USE OF FOUR LEADING INDUSTRY(2012)

单位：个　　(unit)

指　标	Item	合计 Total	国有 State-Owned Units	外资 Foreign Funded Enterprises	其他 Others
总　计	**Total**	**8592**	**3345**	**35**	**5212**
装备工业	**Equipment Industry**	**734**	**29**	**3**	**702**
金属制品业	Manufacture of Metal Products	109	2		107
金属制品、机械和设备修理业	Metal Products, Machinery and Equipment Repair Industry	14	1		13
通用设备制造业	Manufacture of General Purpose Machinery	154	5		149
专用设备制造业	Manufacture of Special Purpose Machinery	269	6	3	260
汽车制造业	Manufacture of Automotive	65	1		64
铁路、船舶、航空航天和其他运输设备制造业	Manufacture of Railroad, Marine, Aerospace and Other Transportation Equipment	11	5		6
电气机械及器材制造业	Manufacture of Electrical Machinery and Equipment	78	7		71
计算机、通信和其他电子设备制造业	Manufacture of Computers, Communication and Other Electronic Equipment	26	1		25
仪器仪表制造业	Manufacture of Measuring Instrument	8	1		7
石化工业	**Petrochemical Industry**	**303**	**20**	**3**	**280**
石油加工、炼焦及核燃料加工业	Processing of Petroleum, Coking, Processing of Nuclear Fuel	33	13		20
化学原料及化学制品制造业	Manufacture of Chemical Raw Material and Chemical Products	165	7	2	156
化学纤维制造业	Manufacture of Chemical Fiber	4			4
橡胶和塑料制品业	Manufacture of Rubber and Plastics	101		1	100
能源工业	**Energy Industry**	**598**	**205**	**1**	**392**
煤炭开采和洗选业	Mining and Washing of Coal	272	11		261
石油和天然气开采业	Extraction of Petroleum and Natural Gas	5	2		3
电力、热力的生产和供应业	Production and Supply of Electric Power and Heat Power	274	183	1	90
燃气生产和供应业	Production and Distribution of Gas	43	7		36
开采辅助活动	Mining Auxiliary Activities	4	2		2
食品工业	**Food Industry**	**926**	**59**	**7**	**860**
农副食品加工业	Processing of Food from Agricultural Products	648	47	4	597
食品制造业	Manufacture of Foods	144	8	2	134
酒、饮料和精制茶制造业	Manufacture of Beverage	134	4	1	129

4-35 四大主导产业建设本年完成投资(2012年)

ACTUALLY COMPLETED INVESTMENT OF FOUR LEADING INDUSTRY(2012)

单位：万元 (10000 yuan)

指　标	Item	合计 Total	国有 State-Owned Units	外资 Foreign Funded Enterprises	其他 Others
总　计	**Total**	**30489690**	**7279943**	**315170**	**22894577**
装备工业	**Equipment Industry**	**8836208**	**568595**	**163780**	**8103833**
金属制品业	Manufacture of Metal Products	1056466	35296	8852	1012318
金属制品、机械和设备修理业	Metal Products, Machinery and Equipment Repair Industry	116565	13924		102641
通用设备制造业	Manufacture of General Purpose Machinery	1979411	97896	4740	1876775
专用设备制造业	Manufacture of Special Purpose Machinery	2602465	91540	110804	2400121
汽车制造业	Manufacture of Automotive	1505798	171661	2713	1331424
铁路、船舶、航空航天和其他运输设备制造业	Manufacture of Railroad, Marine, Aerospace and Other Transportation Equipment	282075	68789	36090	177196
电气机械及器材制造业	Manufacture of Electrical Machinery and Equipment	873577	51822		821755
计算机、通信和其他电子设备制造业	Manufacture of Computers,Communication and Other Electronic Equipment	329963	15720	581	313662
仪器仪表制造业	Manufacture of Measuring Instrument	89888	21947		67941
石化工业	**Petrochemical Industry**	**3700035**	**475161**	**7042**	**3217832**
石油加工、炼焦及核燃料加工业	Processing of Petroleum, Coking, Processing of Nuclear Fuel	1009762	344620		665142
化学原料及化学制品制造业	Manufacture of Chemical Raw Material and Chemical Products	1703714	120211	6150	1577353
化学纤维制造业	Manufacture of Chemical Fiber	69352			69352
橡胶和塑料制品业	Manufacture of Rubber and Plastics	917207	10330	892	905985
能源工业	**Energy Industry**	**10286297**	**5681851**	**5890**	**4598556**
煤炭开采和洗选业	Mining and Washing of Coal	2078556	271669		1806887
石油和天然气开采业	Extraction of Petroleum and Natural Gas	3125470	2953634		171836
电力、热力的生产和供应业	Production and Supply of Electric Power and Heat Power	4260434	2179198	4590	2076646
燃气生产和供应业	Production and Distribution of Gas	596913	71676	1300	523937
开采辅助活动	Mining Auxiliary Activities	224924	205674		19250
食品工业	**Food Industry**	**7667150**	**554336**	**138458**	**6974356**
农副食品加工业	Processing of Food from Agricultural Products	4912056	399841	28145	4484070
食品制造业	Manufacture of Foods	1350420	61994	75891	1212535
酒、饮料和精制茶制造业	Manufacture of Beverage	1404674	92501	34422	1277751

4-36 四大主导产业新增固定资产(2012年)

NEWLY INCREASED FIXED ASSETS OF FOUR LEADING INDUSTRY(2012)

单位：万元 (10000 yuan)

指 标	Item	合计 Total	国有 State-Owned Units	外资 Foreign Funded Enterprises	其他 Others
总 计	**Total**	**23259687**	**6323396**	**88538**	**16847753**
装备工业	**Equipment Industry**	**6317023**	**211302**	**27136**	**6078585**
金属制品业	Manufacture of Metal Products	769189	9785		759404
金属制品、机械和设备修理业	Metal Products, Machinery and Equipment Repair Industry	85793	8049		77744
通用设备制造业	Manufacture of General Purpose Machinery	1691397	48953	4740	1637704
专用设备制造业	Manufacture of Special Purpose Machinery	1924389	19786	22396	1882207
汽车制造业	Manufacture of Automotive	787796	12211		775585
铁路、船舶、航空航天和其他运输设备制造业	Manufacture of Railroad, Marine, Aerospace and Other Transportation Equipment	173730	47219		126511
电气机械及器材制造业	Manufacture of Electrical Machinery and Equipment	594252	46961		547291
计算机、通信和其他电子设备制造业	Manufacture of Computers, Communication and Other Electronic Equipment	221860	8220		213640
仪器仪表制造业	Manufacture of Measuring Instrument	68617	10118		58499
石化工业	**Petrochemical Industry**	**3624687**	**1449328**	**6245**	**2169114**
石油加工、炼焦及核燃料加工业	Processing of Petroleum, Coking, Processing of Nuclear Fuel	1671710	1375117		296593
化学原料及化学制品制造业	Manufacture of Chemical Raw Material and Chemical Products	1206352	74211	6150	1125991
化学纤维制造业	Manufacture of Chemical Fiber	54300			54300
橡胶和塑料制品业	Manufacture of Rubber and Plastics	692325		95	692230
能源工业	**Energy Industry**	**7817419**	**4289028**	**4590**	**3523801**
煤炭开采和洗选业	Mining and Washing of Coal	1691541	100882		1590659
石油和天然气开采业	Extraction of Petroleum and Natural Gas	3078416	2953634		124782
电力、热力的生产和供应业	Production and Supply of Electric Power and Heat Power	2336066	1019177	4590	1312299
燃气生产和供应业	Production and Distribution of Gas	568544	80283		488261
开采辅助活动	Mining Auxiliary Activities	142852	135052		7800
食品工业	**Food Industry**	**5500558**	**373738**	**50567**	**5076253**
农副食品加工业	Processing of Food from Agricultural Products	3675084	317378	27376	3330330
食品制造业	Manufacture of Foods	898447	43445	13191	841811
酒、饮料和精制茶制造业	Manufacture of Beverage	927027	12915	10000	904112

主要统计指标解释

全社会固定资产投资　是以货币形式表现的在一定时期内全社会建造和购置固定资产的工作量以及与此有关的费用的总称。该指标是反映固定资产投资规模、结构和发展速度的综合性指标，又是观察工程进度和考核投资效果的重要依据。全社会固定资产投资按登记注册类型可分为国有、集体、个体、联营、股份制、外商、港澳台商、其他等。

城镇固定资产投资　指城镇各种登记注册类型的企业、事业、行政单位及个体户进行的计划总投资(或实际需要总投资)500万元及500万元以上的建设项目投资。县城及以上区域内发生的投资，县及县以上各级政府及主管部门直接领导、管理的建设项目和企业事业单位的投资均为城镇固定资产投资。

固定资产投资（不含农户）　包含原口径的城镇固定资产投资加上农村企事业组织项目投资，该口径自2011年起开始使用。

房地产开发投资　指各种登记注册类型的房地产开发法人单位统一开发的包括统代建、拆迁还建的住宅、厂房、仓库、饭店、宾馆、度假村、写字楼、办公楼等房屋建筑物和配套的服务设施，土地开发工程（如道路、给水、排水、供电、供热、通讯、平整场地等基础设施工程）和土地购置的投资；不包括单纯的土地开发和交易活动。

建设总规模　是指在报告期内所有施工项目的计划总投资。

在建总规模　是指在报告期末所有在建项目的计划总投资。

在建净规模　是指报告期末所有在建项目建成投产尚需的投资总量。

在建净规模＝在建总规模－未投产项目（期末在建）累计完成投资。

固定资产投资的资金来源　根据固定资产投资的资金来源不同，分为国家预算资金、国内贷款、利用外资、自筹资金和其他资金。

(1)国家预算资金　国家预算包括一般预算、政府性基金预算、国有资本经营预算和社保基金预算。各类预算中用于固定资产投资的资金全部作为国家预算资金填报，其中一般预算中用于固定资产投资的部分包括基建投资、车购税、灾后恢复重建基金和其他财政投资。各级政府债券也应归入国家预算资金。

(2)国内贷款　指报告期内向银行及非银行金融机构借入的各种国内借款，包括银行利用自有资金及吸收存款发放的贷款、上级主管部门拨入的国内贷款、国家专项贷款（包括煤代油贷款、劳改煤矿专项贷款等），地方财政专项资金安排的贷款、国内储备贷款、周转贷款等。

(3)利用外资　指报告期收到的用于固定资产建造和购置的境外资金(包括设备、材料、技术在内)。包括对外借款(外国政府贷款、国际金融组织贷款、出口信贷、外国银行商业贷款、对外发行债券和股票)、外商直接投资、外商其他投资(包括利用外商投资收益在国内进行固定资产再投资活动的资金)。不包括我国自有外汇资金(国家外汇、地方外汇、留成外汇、调剂外汇和国内银行自有资金发放的外汇贷款等)。计算利用外资时，需要折算成人民币，折算时所使用的外汇汇率按现汇汇率计算，即按报告期末的汇率计算。

(4)自筹资金　指固定资产投资单位在报告期收到的，由各企、事业单位筹集用于固定资产投资的资金，包括各类企事业单位的自有资金和从其他单位筹集的用于固定资产投资的资金，但不包括各类财政性资金、从各类金融机构借入资金和国外资金。

(5)其他资金　指在报告期收到的除以上各种资金之外的用于固定资产投资的资金，包括社会集资、个人资金、无偿捐赠的资金及其他单位拨入的资金等。

固定资产投资按国民经济行业分　根据建设项目建成投产后的主要产品种类或主要用途及社会经济活动种类来划分，不能根据项目单位本身的行业类别来划分。如果项目投产后有几种产品，应根据主要产品来确定行业类别。一般情况下，一个建设项目只能属于一种国民经济行业。

固定资产投资按隶属关系分　是按建设单位或企业、事业、行政单位的主管上级机关确定的。

（1）中央　是指中共中央、人大常委会和国务院各部、委、局、总公司以及直属机构直接领导的建设项目和企业、事业、行政单位。这些单位的固定资产投资计划由国务院各部门直接编制和下达，统一组织或委托下级实施。包括有中央垂直管理的部门（如国家统计局各级调查队）和中央直属企业、事业单位（如工商银行、中国电信、中国石油）等。

（2）地方　是由省（自治区、直辖市）、地区（州、盟、省辖市）、县（旗、县级市）三级政府及业务主管部门直接领导和管理的建设项目、企业、事业、行政单位。地方项目还包括不隶属以上各级政府及主管部门的建设项目和企业、事业单位，如外商投资企业和无主管部门的企业等。

固定资产投资按建设性质分　按整个建设项目情况来确定。建设项目的性质一般分为新建、扩建、改建和技术改造、单纯建造生活设施、迁建、恢复、单纯购置。房地产开发单位、农户投资不划分建设性质。

(1)新建　指从无到有“平地起家”开始建设的项目。现有企业、事业、行政单位投资的项目一般不属于新建。但如有的单位原有基础很小，经过建设后新增的固定资产价值超过该企业、事业、行政单位原有固定资产价值（原值）三倍以上的，也应作为新建。

(2)扩建　指在厂内或其他地点，为扩大原有产品的生产能力(或效益)或增加新的产品生产能力，而增建的生产车间(或主要工程)、分厂、独立的生产线的企业、事业单位。行政、事业单位在原单位增建业务性用房(如学校增建教学用房、医院增建门诊部、病房等)也作为扩建。

现有企、事业单位为扩大原有主要产品生产能力或增加新的产品生产能力，增建一个或几个主要生产车间(或主要工程)、分厂，同时进行一些更新改造工程的，也应作为扩建。

(3)改建和技术改造　指现有企业、事业单位对原有设施进行技术改造或更新(包括相应配套的辅助性生产、生活福利设施）的建设项目。改建项目包括现有企业、事业单位为适应市场变化的需要，而改变企业的主要产品种类(如军工企业转民产品等）的建设项目，原有产品生产作业线由于各工序(车间)之间能力不平衡，为填平补齐充分发挥原有生产能力而增建不增加本企业主要产品设计能力的车间的建设项目。技术改造是指企业、事业单位在现有基础上，用先进的技术代替落后的技术，用先进的工艺和装备代替落后的工艺和装备，以改变企业落后的技术经济面貌，实现以内涵为主的扩大再生产，达到提高产品质量、促进产品更新换代、节约能源、降低消耗、扩大生产规模、全面提高社会经济效益的目的。技术改造具体包括以下内容：机器设备和工具的更新改造；生产工艺改革、节约能源和原材料的改造；厂房建筑和公共设施的改造；保护环境进行的“三废”治理改造；劳动条件和生产环境的改造等。

固定资产投资按构成分

(1)建筑工程　指各种房屋、建筑物的建造工程，又称建筑工作量。这部分投资额必须兴工动料，通过施工活动才能实现，是固定资产投资额的重要组成部分。

(2)安装工程　指各种设备、装置的安装工程，又称安装工作量。

在安装工程中，不包括被安装设备本身价值。

(3)设备工具器具购置　指建设单位或企、事业单位购置或自制的，达到固定资产标准的设备、工具、器具的价值。新建单位及扩建单位的新建车间，按照设计或计划要求购置或自制的全部设备、工具、器具，不论是否达到固定资产标准均计入“设备工具器具购置”中。

(4)其他费用　指在固定资产建造和购置过程中发生的，除上述几项内容以外的各种应分摊计入固定资产的费用。

施工项目个数　是指本年正式进行过建筑或安装施工活动的建设项目个数。包括本年新开工项目，以前年度开工跨入本年继续施工项目，本年全部建成投产项目、以前年度全部停缓建在本年恢复施工的项目，本年进行过施工又在本年内全部停缓建的项目。施工项目个数可以反映一定时期固定资产投资的实际规模，与同期全部建成投产项目个数相比，可以从建设速度的角度反映固定资产投资的效果。

投产项目个数 指报告期内按设计文件规定建成主体工程和相应配套的辅助设施，形成生产能力或工程效益，经过验收合格，并且已正式投入生产或交付使用的建设项目。

新增生产能力(或工程效益) 指通过固定资产投资活动而增加的设计能力(或工程效益)。主要指标包括建设规模、本年施工规模、自开始建设累计新增生产能力(或工程效益)、本年新增生产能力(或工程效益)等。

建设规模 指建设项目或工程设计文件中规定的全部设计能力(或工程效益)。包括已经建成投产和尚未建成投产的工程的生产能力(或工程效益)。

本年施工规模 指报告期内施工的单项工程（或更新改造项目）的设计能力(或工程效益)，包括报告期以前已开工跨入本年继续施工的工程的设计能力和报告期新开工工程的设计能力。也包括报告期内建成投产或报告期施工后又停缓建的单项工程设计能力。不包括在报告期以前建成投产或已经停、缓建的工程，以及报告期内尚未正式开工的工程的设计能力。

自开始建设累计新增生产能力(或工程效益) 指自开始建设至本年底止建成投产的全部单项工程累计新增生产能力(或工程效益)。

本年新增生产能力(或工程效益) 指在本年度内按照新增生产能力(或工程效益)的计算条件和标准，实际建成投入生产或交付使用的生产能力(或工程效益)。

房屋施工面积 指报告期内施工的全部房屋建筑面积。包括本期新开工的面积、上期跨入本期继续施工的房屋建筑面积、上期停缓建在本期恢复施工的房屋建筑面积、本期竣工的房屋建筑面积以及本期施工后又停缓建的房屋建筑面积。多层建筑应填各层建筑面积之和。

房屋竣工面积 指在报告期内房屋建筑按照设计要求已经全部完工，达到住人和使用条件，经验收鉴定合格或达到竣工验收标准，可正式移交使用的各栋房屋建筑面积的总和。

新增固定资产 是指已经完成建造和购置过程，并已交付生产或使用单位的固定资产的价值，包括已经建成投入生产或交付使用的工程投资和达到固定资产标准的设备、工具、器具的投资及有关应摊入的费用。该指标是表示固定资产投资成果的价值指标，也是反映建设进度，计算固定资产投资效果的重要指标。

项目建成投产率 指一定时期内全部建成投产项目个数与同期施工项目个数的比率。该指标是从建设单位建设速度的角度反映投资效果的指标。

固定资产交付使用率 指一定时期新增固定资产与同期完成投资额的比率。该指标是反映固定资产动用速度，衡量建设过程中宏观投资效果的综合指标。由于新增固定资产是较长时期内形成的结果，而投资额则是当年完成的，因此，该指标一般适宜于反映较长时期内固定资产的动用情况。

商品房销售面积 指报告期内出售商品房屋的合同总面积(即双方签署的正式买卖合同中所确定的建筑面积)。由现房销售面积和期房销售面积两部分组成。

商品房销售额 指报告期内出售商品房屋的合同总价款(即双方签署的正式买卖合同中所确定的合同总价)。该指标与商品房销售面积同口径，由现房销售额和期房销售额两部分组成。

Explanatory Notes on Main Statistical Indicators

Total Investment in Fixed Assets in the Whole Country refers to the volume of activities in construction and purchases of fixed assets of the whole country and related fees, expressed in monetary terms during the reference period. It is a comprehensive indicator which shows the size, structure and growth of the investment in fixed assets, providing a basis for observing the progress of construction projects and evaluating results of investment. Total investment in fixed assets in the whole country includes, by type of ownership, the investment by State-owned units, collective-owned units, joint ownership units, share-holding units, private units, individuals as well as investments by entrepreneurs from Hong Kong, Macao and Taiwan, foreign investors and others.

Urban Investment in Fixed Assets refers to construction projects involving a total planned investment of 500,000 yuan and over by enterprises of various types of ownership, institutions, administrative units and individuals in urban areas, investment in real estate development. In other words, all investments that take place in county towns and urban areas, investment in construction projects under the direct leadership and management of government agencies at and above county levels and investments by enterprises and institutions at and above county levels are covered in urban investment in fixed assets.

Investment in Fixed Assets (Excluding Rural Households) refers to the urban investment in fixed assets under the previous statistical coverage plus project investments by rural enterprises and institutions.

Investment in Real Estate Development refers to investment by real estate development companies, commercialized buildings construction companies and other real estate development units of various types of ownership in the construction of buildings, such as residential buildings, factory buildings, warehouses, hotels, guesthouses, holiday villages, office buildings, and the complementary service facilities and land development projects, such as roads, water supply, water drainage, power supply, heating supply, telecommunications, land leveling and other infrastructural projects. It does not include activities in pure land transactions.

Total Size of Construction refers to the planned total investment for all construction projects during the reference period.

Total Size of Investment in Projects under Construction refers to the planned total investment of all projects under construction at the end of the reference period.

Net Size of Investment in Projects under Construction refers to the outstanding requirement of investment of all projects under construction at the end of the reference period.

Net size of investment in projects under construction= Total size of investment - Accumulated completed investment of projects under construction

Sources of Funds for Investment in Fixed Assets are categorized as funds from the State budget, domestic loans, foreign investment, self-raised funds, and others, depending on the sources of investment.

(1) Fund from the State budget: State budget consists of general budget, government fund budget, operation budget of state-owned assets and social security fund budget. Funds for investment in fixed

assets from various budgets are reported as fund from the state budget, of which, the general budget utilized on fixed assets investment includes investment on infrastructure construction, vehicle purchase tax, post-disaster restoration and reconstruction funds and other financial investment. Government bonds at all levels should also be included.

(2) Domestic loans refer to loans of various forms borrowed by investing units from banks and non-bank financial institutions during the reference period for the purpose of investment in fixed assets, including loans issued by banks and by non-bank financial institutions.

(3) Foreign investment refers to overseas funds received during the reference period for the construction and purchase of investment in fixed assets (covering equipment, materials and technology), including foreign borrowings (loans from foreign governments and international financial institutions, export credit, commercial loans from foreign banks, issue of bonds and stocks overseas), foreign direct investment and other foreign investments (including funds from foreign direct investment income that are reinvested in fixed assets domestically). Excluded from this category is capital in foreign exchanges owned by China (foreign exchanges owned by the central and local governments, foreign exchanges retained by enterprises, foreign exchanges by enterprises through the regulating mechanism, loans in foreign exchanges issued by the Bank of China with its own fund, etc.). In calculating the utilization of foreign capital, foreign currencies are converted into Chinese Renminbi applying the current exchange rate, which is the exchange rate at the end of the reference period. .

(4) Self-raised funds refer to funds for investment in fixed assets received during the reference period by investing units, including investment in fixed assets using own funds of various enterprises and institutions or funds raised from other units other than financial funds, funds borrowed from financial institutions and overseas funds. (5) Others refer to funds for investment in fixed assets received from sources other than those listed above, including funds raised from individuals and through donations, and funds transferred from other units.

Investment in Fixed Assets by Sector The classification of construction projects by sector is determined by the major products or the purpose of the projects when they are put into production or use, and by the nature of their social economic activities, instead of being determined by industrial classification of the project enterprises. The project will be classified according to major product if there are several kinds of products yielded, In general, one project can only be classified into one sector.

Investment in Fixed Assets by Jurisdiction of Management refers to the classification of investment by the competent authorities under which investment is made by construction units, enterprises, institutions or administrative units.

(1) Central investment refers to the investment in projects or by enterprises, institutions or administrative units which are under the direct leadership and management of the State Council and of the national commissions, ministries, agencies and State-owned large corporations. Various ministries and departments of the State Council prepare and implement plans through unified organization or lower-level commissions, which include departments direct under central government (i.e. survey offices at all level of the National Bureau of Statistics) and enterprises and institutions directly under central government (like the Industrial and Commercial Bank of China, China Telecom and China National Petroleum Corporation)..

(2) Local investment refers to the investment in projects or by enterprises, institutions or administrative units which are under the direct leadership and management of departments under the provincial, prefecture and county governments. Also included are projects by foreign-invested enterprises and enterprises without competent managing authorities.

Investment in Fixed Assets by Type of Construction Construction projects in general can be classified, by the type of construction, into new construction, expansion, reconstruction and technical transformation, purely construction of living facilities, moving, restoration and purely purchasing. However, investment by type of construction is not applied to investment by real-estate development units and investment by rural households.

(1) New construction in general refers to construction projects, which start from scratch. The existing projects invested by enterprises, institutions and administrative agencies cannot be classified as new construction. In case the size of the existing unit is quite small, and the value of newly added fixed assets is more than three times of the original value, the expansion will be considered as new construction.

(2) Expansion refers to construction of new production workshop, branch factory or independent production line within a factory or in other locations, for the purpose of increasing the production capacity (or improving efficiency) or adding new production capacity by enterprises and institutions. Newly constructed accommodation for the operation of institutions and administrative organizations (such as newly constructed buildings for teaching in schools, buildings for clinics or wards in hospitals, etc.) are also classified as expansion.

Also included in expansion are investments by existing enterprises or institutions in building major production line(s) or branch factory (ies) along with some work on innovation, for the purpose of expanding the production capacity of original products or producing new products.

(3) Reconstruction and technical transformation refers to construction projects by existing enterprises or institutions in innovation or technical transformation of the old facilities (including auxiliary production equipment and welfare facilities). Also considered as reconstruction is the construction of new workshops by the existing enterprises or institutions to change the variety of products to meet the market demand (such as the production of civil products by defence industries), or to bring the designed production capacity into full play through a more balanced production process on production lines. Technical transformation refers to replacement of old technology or equipment by new technology or equipment, in order to expand the reproduction through improvement of technology contents in production, to improve product quality, to promote new products, to save energy, to reduce consumption, to expand the production scale and to improve overall social-economic efficiency. Contents of technical transformation include: updating of machinery, equipment and tools; reforming production process by using energy or materials saving technology; construction of factory workshops and transformation of public facilities; treatment transformation of "three wastes" (waste gas, waste water and industrial residue) aiming at environmental protection; improvement of working conditions and environment, etc.

Investment in Fixed Assets by Structure

(1) Construction refers to the construction of houses and buildings, also known as work volume of

construction. This part of investment can only be achieved through construction activities, it is the major component of the total investment in fixed assets.

(2) Installation refers to the installation of various kinds of equipment and instruments, also known as work volume of installation.

The value of equipment installed itself is not included in the value of installation projects.

(3) Purchase of equipment and instruments refers to the total value of equipment, tools, and instruments purchased or self-produced which come up to the cut-off point for fixed assets by the construction units or investing enterprises or institutions. Equipment, tools and instruments purchased or self-produced for new workshops by newly established or expanded units are categorized as "purchase of equipment and instruments" no matter whether they come up to the cut-off point for fixed assets.

(4) Other expenses refer to expenses arising during the construction or purchase of fixed assets other than those mentioned above.

Number of Projects under Construction refer to number of all projects with actual construction or installation activities in current year, including newly started projects, projects started previously and extended into the current year, projects completed and put into operation in current year, projects suspended previously and resumed in current year, and projects started this year but suspended or postponed in current year. The number of projects under construction can reflect the actual size of investment in fixed assets during a given period, and when compared with the number of projects completed and put into use during the same period, it demonstrates the results of investment in fixed assets from the angle of the speed of the construction.

Number of Projects Put into Use refer to projects have completed the main construction and correspondent auxiliary facilities in accordance with the design documents, resulting in forming production capacity (efficiency) and have been checked and accepted after relevant tests, and have been formally delivered for use.

Newly Increased Production Capacity (or Project Efficiency) refers to the increase in design capacity (or project efficiency) through investment in fixed assets. The main indicators include: construction scale, scale of projects under construction in current year, the accumulated newly increased production capacity (project efficiency) since the start of the projects and the newly increased production capacity (project efficiency) of current year.

Construction Scale refers to the total designed production capacity (project efficiency) of the construction projects in accordance with the design document, including those have been put into operation and those that have not been completed.

Scale of Projects under Construction in Current Year refers to the designed production capacity (project efficiency) of a single project (or renovation project) under construction in the reference period, including the designed production capacity of projects that have been started previously and still under construction in the current year, the newly started projects, and projects that have been completed and put into operation in the reference period or those have been started but suspended or postponed in the reference period. Projects that have been completed and put into operation, suspended or postponed before the reference period, and projects that have not been officially started in the reference period are not included.

The Accumulated Newly Increased Production Capacity (project efficiency) since the Start of the Projects refers to the accumulated newly increased production capacity of all the single projects which have been put into use from the beginning of the projects till the end of current year.

The Newly Increased Production Capacity (project efficiency) of Current Year refers to the production capacity (project efficiency) that has been completed and put into operation in current year according to the calculation conditions and standards on newly increased production capacity (project efficiency).

Floor Space under Construction refers to the total floor space of all the buildings in the reference period,, including floor space of newly started buildings during the reference period, floor space of construction extended form the previous period to the reference period, floor space of construction suspended or postponed in the previous period and resumed in the reference period, floor space of construction completed in the reference period, and floor space of construction started and then suspended or postponed in the reference period.

Floor Space Completed refers to the floor space of all buildings completed in the reference period, which have been appraised and accepted or come up to the designed standards and have been put into use.

Newly Increased Fixed Assets refer to the value of fixed assets that has completed the construction and purchase, and has been delivered to the production or owner units, including investment in projects that have been completed and put into operation in current year and the investment in equipment, tools and appliance that meet the standard of fixed assets and fees that should be apportioned. This is an indicator that demonstrates the results of investment in fixed assets in monetary terms, and an important indicator to reflect the speed of construction and to calculate the efficiency of investment.

Rate of Construction Projects Completed and Put into Use refers to the ratio of the number of construction projects completed and put into use in a certain period of time to the number of projects under construction in the same period. This reflects the investment efficiency from the perspective of the speed of projects construction.

Rate of Projects of Fixed Assets Completed and Put into Operation refers to the ratio of the newly increased fixed assets to the total investment made in the same period. This is a comprehensive indicator reflecting the speed of the employment of fixed assets and the investment efficiency at the macro-level. As the newly increase fixed assets is the result of a long period while the investment is completed in the current year, this indicator is expected to be used to reflect the employment of fixed assets over a long period of time.

Area of Commercialized Housing Sold refers to total contracted area of commercialized housing (i.e. area of floor space as designated in the formal contracts signed by both sides) during the reference time. It constitutes floor space of completed housing and floor space of future housing.

Value of Commercialized Housing Sold refers to the total contracted value (i.e. value of sales/purchase for selling/purchase of commercialized housing as designated in the contract signed by both sides) during the reference time. This indicator has the same coverage as the area of commercialized housing sold, which constitutes floor space of completed housing and floor space of housing yet to be completed.

第五篇　对外经济贸易

CHAPTER 5　FOREIGN TRADE AND ECONOMIC COOPERATION

资料整理：张莹娣

5-1 对外经济贸易基本情况

FOREIGN TRADE ECONOMIC COOPERATION

指　标	Item	2009	2010	2011	2012
进出口总额(亿美元)	**Total Value of Imports and Exports (USD 100 million)**	**162.2**	**255.0**	**385.1**	**378.2**
出　口	Total Exports	100.8	162.8	176.7	144.4
进　口	Total Imports	61.4	92.2	208.4	233.9
差　额	Balance	39.3	70.6	-31.7	-89.5
对外签订利用外资协议项目(个)	**Number of Projects for Utilization of Foreign Capital in the Signed Agreements (unit)**	**169**	**149**	**131**	**98**
#对外借款	#Foreign Loans	11	2		
外商直接投资	Foreign Direct Investments	158	147	131	98
对外签订利用外资协议额(亿美元)	**Total Amount of Foreign Capital to be Utilized in the Signed Agreements(USD 100 million)**	**33.2**	**30.7**	**35.2**	**39.0**
#对外借款	#Foreign Loans	7.7	2.0		
外商直接投资	Foreign Direct Investments	25.5	28.7	35.2	39.0
实际利用外资额(亿美元)	**Total Amount of Foreign Investment Actually Used (USD 100 million)**	**25.1**	**27.6**	**34.6**	**39.9**
#对外借款	#Foreign Loans	1.5	1.0	2.1	0.9
外商直接投资	Foreign Direct Investments	23.6	26.6	32.5	39.0
外商投资企业基本情况	**Registered Foreign-funded Enterprises**				
外商投资企业单位数(个)	Number of Registered Enterprises(unit)	5957	5814	5426	5039
外商投资企业投资总额(亿美元)	Total Investment(USD 100 million)	180.5	196.2	209.4	222.5
注册资本(亿美元)	Registered Capital (USD 100 million)	108.7	120.5	122.5	127.9
#外　方	#Capital from Foreign Partners	80.8	90.7	92.3	94.5

注：进出口总额1993年以前为对外贸易经济合作厅数据，1993年起为哈尔滨海关数据，未包括石油出口业务（下同）。
Note: The data of total value of imports and exports were provided by Department of Foreign Trade and Economic Cooperation prior to 1993. Since 1994, the data were provided by Harbin CIQ expecting exports of petroleum. The same as following tables.

5-2 进出口总额

TOTAL VALUE OF IMPORTS AND EXPORTS

年 份 Year	人民币(亿元) (RMB 100 million yuan)				美元(亿元) (USD 100 million)			
	进出口总额 Total Value of Imports and Exports	出口总额 Total Exports	进口总额 Total Imports	进出口差额 Balance	进出口总额 Total Value of Imports and Exports	出口总额 Total Exports	进口总额 Total Imports	进出口差额 Balance
1957	2.6	2.6			0.8	0.8		
1965	0.6	0.6			0.2	0.2		
1970	0.5	0.5			0.2	0.2		
1975	1.3	1.3			0.7	0.7		
1978	0.8	0.8			0.5	0.5		
1979	1.2	1.2			0.7	0.7		
1980	1.9	1.5	0.5	1.0	1.3	1.0	0.3	0.7
1981	2.7	2.3	0.4	1.8	1.6	1.3	0.3	1.1
1982	3.8	3.3	0.5	2.9	2.0	1.7	0.2	1.5
1983	6.5	5.4	1.1	4.3	3.3	2.7	0.5	2.2
1984	10.0	7.9	2.1	5.8	4.3	3.4	0.9	2.5
1985	15.0	12.1	2.9	9.3	5.1	4.1	1.0	3.2
1986	28.0	21.2	6.7	14.5	8.1	6.2	2.0	4.2
1987	35.8	30.2	5.6	24.6	9.6	8.1	1.5	6.6
1988	46.2	34.9	11.3	23.6	12.4	9.4	3.0	6.3
1989	53.2	38.7	14.5	24.2	14.1	10.3	3.9	6.4
1990	71.4	52.0	19.4	32.6	14.9	10.9	4.1	6.8
1991	107.4	73.3	34.1	39.2	20.2	13.8	6.4	7.4
1992	158.9	101.0	57.9	43.1	28.8	18.3	10.5	7.8
1993	190.1	97.2	92.9	4.3	33.0	16.9	16.1	0.7
1994	209.1	107.0	102.1	4.9	24.3	12.4	11.8	0.6
1995	199.3	97.4	101.9	-4.5	23.9	11.7	12.2	-0.5
1996	203.6	90.0	113.7	-23.7	24.5	10.8	13.7	-2.9
1997	204.2	108.4	95.8	12.6	24.6	13.1	11.6	1.5
1998	166.4	75.0	91.4	-16.4	20.1	9.1	11.0	-2.0
1999	181.4	78.7	102.7	-24.1	21.9	9.5	12.4	-2.9
2000	247.2	120.1	127.1	-7.0	29.9	14.5	15.4	-0.8
2001	280.2	133.4	146.7	-13.2	33.9	16.1	17.7	-1.6
2002	360.1	164.7	195.3	-30.6	43.5	19.9	23.6	-3.7
2003	441.2	237.5	203.6	33.9	53.3	28.7	24.6	4.1
2004	562.0	304.6	257.4	47.2	67.9	36.8	31.1	5.7
2005	783.9	497.2	286.7	210.5	95.7	60.7	35.0	25.7
2006	1025.2	672.8	352.4	320.5	128.6	84.4	44.2	40.2
2007	1315.5	933.0	382.5	550.5	173.0	122.7	50.3	72.4
2008	1590.4	1150.8	438.9	711.9	229.0	165.7	63.2	102.5
2009	1108.0	688.6	419.4	268.5	162.2	100.8	61.4	39.3
2010	1726.2	1102.1	624.1	477.9	255.0	162.8	92.2	70.6
2011	2487.3	1141.3	1346.0	-204.7	385.1	176.7	208.4	-31.7
2012	2442.7	932.7	1510.7	-578.1	378.2	144.4	233.9	-89.5

5-3 海关进出口总额

TOTAL VALUE OF IMPORTS AND EXPORTS (CUSTOMS STATISTICS)

单位：万美元 (USD 10000)

指 标	Item	进出口总额 Total Value of Imports and Exports				
		2008	2009	2010	2011	2012
总 额	**Total**	**2289860**	**1622107**	**2550382**	**3851290**	**3782146**
一般贸易	General Trade	1494926	1024429	1780608	2958313	2747141
国家间、国际组织无偿援助和赠送	Donation of Countries and International	4	3	9	19	17
其他境外捐赠物资	Others Donation of Overseas Chinese		7	28	1	3
补偿贸易	Compensation Trade					
来料加工装配贸易	Processing and Assembling with Customer's Materials	27015	28530	32072	23585	21673
进料加工贸易	Processing and Assembling with Import Materials	53916	55564	40446	43759	55153
边境小额贸易	Little Amount Trade on the Borders	556681	347572	501833	644626	781881
对外承包工程出口货物	Export Goods of Contracted Projects with Foreign Countries or Territories	19458	50153	83382	92021	38646
外商投资企业作为投资进口的设备、物品	Import Equipments and Goods of Foreign-Funded Enterprises	4718	2456	2008	1286	2888
易货贸易	Barter Trade	40	15	7	2	
保税监管场所进出境货物	Inbound and Outbound Goods in Bonded Supervision Places	1798	11349	39815	23603	43094
其 他	Others	131306	102028	70175	64075	91650

5-3 续表 CONTINUED

单位：万美元 (USD 10000)

指 标	Item	出口总额 Total Exports				
		2008	2009	2010	2011	2012
总 额	**Total**	**1657389**	**1007614**	**1628176**	**1767264**	**1443614**
一般贸易	General Trade	1109844	579665	1108255	1250601	886248
国家间、国际组织无偿援助和赠送	Donation of Countries and International				19	17
其他境外捐赠物资	Others Donation of Overseas Chinese			6	1	2
补偿贸易	Compensation Trade					
来料加工装配贸易	Processing and Assembling with Customer's Materials	13778	16191	19310	13441	12951
进料加工贸易	Processing and Assembling with Import Materials	41516	46985	32658	32335	41464
边境小额贸易	Little Amount Trade on the Borders	341639	212648	309978	311731	366719
对外承包工程出口货物	Export Goods of Contracted Projects with Foreign Countries or Territories	19458	50153	83382	92021	38646
外商投资企业作为投资进口的设备、物品	Import Equipments and Goods of Foreign-Funded Enterprises					
易货贸易	Barter Trade	40	15	7	2	
保税监管场所进出境货物	Inbound and Outbound Goods in Bonded Supervision Places	212	578	5017	3912	7265
其 他	Others	130903	101378	69563	63200	90302

5-4 海关分国家(地区)进出口总额

TOTAL VALUE OF IMPORTS AND EXPORTS BY COUNTRIES AND TERRITORIES(CUSTOMS STATISTICS)

单位：万美元 (USD 10000)

国家（地区）	Countries(Territories)	进出口总额 Total Value of Imports and Exports		出口总额 Total Exports		进口总额 Total Imports	
		2011	2012	2011	2012	2011	2012
总　额	**Total**	**3851290**	**3782146**	**1767264**	**1443614**	**2084026**	**2338532**
亚　洲	**Asia**	**826425**	**778862**	**604820**	**479959**	**221606**	**298903**
阿富汗	Afghanistan	10	21	10	21		
巴　林	Bahrain	1716	2684	1716	2684		
孟加拉国	Bangladesh	4604	4931	4604	4931		
不　丹	Bhutan	3	91	3	91		
文　莱	Brunei	521	1564	521	1564		
缅　甸	Myanmar	2765	1862	2765	1862		
柬埔寨	Cambodia	1113	667	1113	667		
塞浦路斯	Cyprus	332	408	332	408		
朝　鲜	DPRK						
中国香港	Hong Kong, China	20437	19243	20091	19016	346	227
印　度	India	105710	56671	105592	56313	118	358
印度尼西亚	Indonesia	34830	34484	32032	32198	2799	2287
伊　朗	Iran	11777	4409	11734	4170	43	239
伊拉克	Iraq	34170	27549	23652	10355	10518	17194
以色列	Israel	9956	5568	9558	4869	398	699
日　本	Japan	68857	56437	44852	37242	24005	19194
约　旦	Jordan	1729	2741	1729	2741		
科威特	Kuwait	41993	10034	1512	2834	40481	7201
老　挝	Laos	686	375	686	375		
黎巴嫩	Lebanon	2348	2006	2348	1988		18
中国澳门	Macao, China	10006	807	10006	807		
马来西亚	Malaysia	70811	45637	43762	44653	27049	985
马尔代夫	Maldives	195	50	195	50		
蒙　古	Mongolia	14969	12941	14422	12918	547	22
尼泊尔	Nepal	38	1089	38	1089		
阿　曼	Oman	20671	41524	914	1772	19757	39752
巴基斯坦	Pakistan	15597	11914	15574	11864	23	50
巴勒斯坦	Palestine	13	11	13	11		
菲律宾	Philippines	14028	7763	13775	7472	253	290
卡塔尔	Qatar	1545	13918	1538	1323	7	12595
沙特阿拉伯	Saudi Arabia	85682	155518	18754	11384	66929	144134
新加坡	Singapore	18858	29856	17747	28913	1111	943
韩　国	Republic of Korea	85553	77458	77488	69145	8065	8313
斯里兰卡	Sri Lanka	6524	1816	6523	1815	1	1
叙利亚	Syria	5404	1291	5404	1289		2
泰　国	Thailand	16285	21916	12929	12558	3355	9358
土耳其	Turkey	11143	6429	10983	6154	160	275
阿拉伯联合酋长国	United Arab Emirates	37448	33950	27417	18473	10031	15477
也门共和国	Arab Republic of Yemen	970	3533	970	2052		1481
越　南	Viet Nam	13412	13052	13341	13004	72	48
中国台湾	Taiwan, China	16710	12097	14323	9007	2387	3090
东帝汶	East Timor	15	17	15	17		
哈萨克斯坦	Kazakhstan	3157	10578	2677	2607	480	7971
吉尔吉斯	Kirghizia	441	342	441	340		2
塔吉克斯坦	Tadzhikistan	893	828	893	828		
土库曼斯坦	Turkmenistan	775	399	775	399		
乌兹别克斯坦	Uzbekistan	2899	786	2889	764	10	23

注：亚洲差额部分为政策性进出口。
Note: The part balance of Asian is policy imports and exports.

5-4 续表1 CONTINUED

单位：万美元 (USD 10000)

国家（地区）	Countries(Territories)	进出口总额 Total Value of Imports and Exports		出口总额 Total Exports		进口总额 Total Imports	
		2011	2012	2011	2012	2011	2012
非 洲	**Africa**	**206689**	**201614**	**73787**	**69546**	**132902**	**132069**
阿尔及利亚	Algeria	5040	4228	5040	4228		
安哥拉	Angola	70309	93179	1166	3576	69143	89603
贝　宁	Benin	3528	1201	3524	1187	4	14
博茨瓦那	Botswana	67	46	67	46		
喀麦隆	Cameroon	776	996	776	996		
加那利群岛	Canaries Archipelago	4		4			
佛得角	Cape Verde	6	91	6	91		
中　非	Central Africa	1		1			
塞卜泰（休达）	Ceuta	1	1	1	1		
乍　得	Chad	54	1500	54	1500		
科摩罗	Comoro	17	42	17	42		
刚　果	Congo	52987	30074	191	111	52795	29963
吉布提	Djibouti	374	632	374	632		
埃　及	Egypt	10955	4450	10879	4428	77	21
赤道几内亚	Eq. Guinea	320	12015	320	285		11730
埃塞俄比亚	Ethiopia	497	436	332	288	166	148
加　蓬	Gabon	126	347	126	347		
冈比亚	Gambian	108	103	108	103		
加　纳	Ghana	3236	5428	3236	5428		
几内亚	Guinea	1007	762	1007	762		
几内亚(比绍)	Guinea	1		1			
科特迪瓦	Cote D'Ivoir	197	392	197	392		
肯尼亚	Kenya	2343	2463	2310	2429	33	35
利比里亚	Liberia	46	39	46	39		
利比亚	Libya	396	576	396	576		
马达加斯加	Madagascar	321	153	279	124	42	29
马拉维	Malawi	17	504	17	504		
马　里	Mali	249	121	249	106		15
毛里塔尼亚	Mauritania	195	45	195	45		
毛里求斯	Mauritius	353	649	353	649		
摩洛哥	Morocco	6989	2252	6989	2252		
莫桑比克	Mozambique	2859	1830	2858	1768	1	62
纳米比亚	Namibia	105	135	105	135		
尼日尔	Niger	277	19	277	19		
尼日利亚	Nigeria	6072	8660	6072	8660		
留尼汪	Reunion	44	44	44	44		
卢旺达	Rwanda	10	1	10	1		
圣多美和普林西比	Sao Tome and Purin		2		2		
塞内加尔	Senegal	636	1205	634	1141	3	64
塞舌尔	Seychelles	5	7	5	7		
塞拉利昂	Sierra Leone	28	43	28	43		
索马里	Somalia	25	25	25	25		
南　非	South Africa	13715	17163	13586	17112	129	51
苏　丹	Sudan	6130	2610	6002	2494	129	116
坦桑尼亚	Tanzania	1814	1749	1651	1635	164	114
多　哥	Togo	2991	3563	2979	3497	13	66
突尼斯	Tunisia	554	788	531	752	22	37
乌干达	Uganda	128	410	120	410	8	
布基纳法索	Burkina Faso	11	6	11	6		
刚果（金）	Congo	10509	235	337	235	10172	
赞比亚	Zambia	112	169	112	169		
津巴布韦	Zimbabwe	83	51	81	51	2	
莱索托	Lesotho	6	1	6	1		
厄立特里亚	Eritrea	7	13	7	13		
马约特岛	Ma Yuete Island	46	158	46	158		
南苏丹共和国	Republic of South Sultan		9		9		
非洲其他国家(地区)	other						

5-4 续表2 CONTINUED

单位：万美元 (USD 10000)

国家（地区）	Countries(Territories)	进出口总额 Total Value of Imports and Exports		出口总额 Total Exports		进口总额 Total Imports	
		2011	2012	2011	2012	2011	2012
欧　洲	**Europe**	**2252927**	**2377709**	**710263**	**677181**	**1542664**	**1700528**
比利时	Belgium	23984	12845	20567	11330	3416	1515
丹　麦	Denmark	2217	2516	1508	1686	710	830
英　国	United Kingdom	43236	31328	39481	24537	3755	6791
德　国	Germany	92547	57191	64971	33346	27576	23845
法　国	France	34284	23601	21189	10654	13095	12947
爱尔兰	Ireland	7373	4679	667	626	6705	4053
意大利	Italy	26921	15119	20280	10117	6641	5001
卢森堡	Luxemburg	15	824	7	148	7	676
荷　兰	Netherlands	48004	31339	44968	28500	3036	2839
希　腊	Greece	1214	1499	1185	1499	29	
葡萄牙	Portugal	2536	2707	2536	2688		20
西班牙	Spain	24174	12472	22956	10362	1218	2111
阿尔巴尼亚	Albania	145	109	145	109		
安道尔	Andorra		11		10		1
奥地利	Austria	1595	2483	861	304	733	2179
保加利亚	Bulgaria	987	774	981	773	6	2
芬　兰	Finland	1898	2485	1418	1720	480	765
直布罗陀	Gibraltar		10		10		
匈牙利	Hungary	158	668	146	176	12	492
冰　岛	Iceland	11	22	8		3	22
列支敦士登	Liechtenstein						
马耳他	Malta	5017	2625	5017	2625		
摩纳哥	Monaco	22	121	22	121		
挪　威	Norway	1053	1848	952	1575	101	273
波　兰	Poland	7011	8127	6458	7342	553	785
罗马尼亚	Romania	2040	1418	1709	1262	331	156
瑞　典	Sweden	4797	5466	2793	1788	2004	3678
瑞　士	Switzerland	3861	4700	422	722	3439	3977
爱沙尼亚	Estonia	306	149	292	149	14	
拉脱维亚	Latvia	430	386	397	378	33	7
立陶宛	Lithuania	597	529	568	519	29	10
格鲁吉亚	Georgia	291	98	283	95	8	3
亚美尼亚	Armenia	142	198	102	119	40	79
阿塞拜疆	Azerbaijan	248	94	149	92	99	2
白俄罗斯	Byelorussia	3325	2961	540	535	2785	2426
摩尔多瓦	Moldova	35	122	26	13	9	109
俄罗斯联邦	Russia	1898618	2130921	434702	515584	1463916	1615337
乌克兰	Ukraine	7622	11430	6926	2952	696	8478
斯洛文尼亚共和国	Republic of Slovenia	2402	925	2379	900	23	25
克罗地亚共和国	Republic of Croatia	601	352	579	339	22	13
捷克共和国	Republic of Czech	1959	2027	898	1000	1062	1027
斯洛伐克共和国	Republic of Slovakia	1002	364	960	319	42	45
前南马其顿	FYROM	41	12	9	3	32	9
波斯尼亚--黑塞哥维那	Bosnia and Herzegovina	21	2	21	2		
法罗群岛	Faroe Islands		30				30
塞尔维亚	Serbia	131	134	129	134	2	
黑山	Montenegro	57	15	57	15		

5-4 续表3 CONTINUED

单位：万美元 (USD 10000)

国家（地区）	Countries(Territories)	进出口总额 Total Value of Imports and Exports		出口总额 Total Exports		进口总额 Total Imports	
		2011	2012	2011	2012	2011	2012
拉丁美洲	**Latin America**	**135106**	**141209**	**81983**	**66263**	**53124**	**74946**
安提瓜和巴布达	Antigua and Barbuda		1		1		
阿根廷	Argentina	10543	12417	9876	6896	668	5522
阿鲁巴岛	Arubaisland		24		24		
巴哈马	Bahamas	203	150	203	150		
巴巴多斯	Barbados	8	63	8	63		
伯利兹	Belize	63	12	63	12		
多民族玻利维亚国	Bolivia	33	51	33	51		
巴　西	Brazil	72279	85352	20150	17242	52129	68109
智　利	Chile	9956	9769	9856	9169	100	599
哥伦比亚	Colombia	2601	1829	2601	1806		23
多米尼克	Dominica	4	3	4	3		
哥斯达黎加	Costa Rica	456	280	456	279		1
古　巴	Cuba	297	1380	297	1293		87
库腊索岛	Curacao		5		5		
多米尼加共和国	Dominican Republic	294	179	294	178		
厄瓜多尔	Ecuador	463	1794	463	1794		
格林纳达	Grenada	1	21	1	21		
瓜德罗普岛	Guadeloupe		3		3		
危地马拉	Guatemala	417	308	417	308		
圭亚那	Guyana	81	535	29	519	52	16
海　地	Haiti	73	76	73	76		
洪都拉斯	Honduras	174	2582	174	2582		
牙买加	Jamaica	1041	969	1041	969		
马提尼克岛	Martinique	3		3			
墨西哥	Mexico	9804	6332	9733	6218	71	114
尼加拉瓜	Nicaragua	34	64	34	64		
巴拿马	Panama	16336	7712	16336	7712		
巴拉圭	Paraguay	561	479	561	479		
秘　鲁	Peru	4435	5427	4372	5019	64	408
波多黎各	Puerto Rico	105	53	105	53		
圣卢西亚	Saint Lucia	4	36	4	36		
圣马丁岛	SintMaarten	120		120			
萨尔瓦多	Salvador		97		96		
苏里南	Surinam	103	117	103	117		
特立尼达和多巴哥	Trinidad and Tobago	65	46	65	46		
乌拉圭	Uruguay	2075	1528	2035	1462	39	66
委内瑞拉	Venezuela	2459	1514	2459	1514		
荷属安地列斯群岛	Netherlands Antilles		1		1		
英属维尔京群岛	British Virgin Islands	13		13			
北美洲	**North America**	**375482**	**233482**	**263603**	**119123**	**111880**	**114359**
加拿大	Canada	32438	21994	23390	13958	9048	8036
美　国	United States	343045	211480	240213	105165	102832	106315
格陵兰	Kalaallit Nunaat		8				8
百慕大群岛	Bermuda						
大洋洲	**Oceania**	**54660**	**49232**	**32809**	**31534**	**21851**	**17698**
澳大利亚	Australia	43316	37152	25853	29179	17463	7972
库克群岛	Cook Islands	1		1			
斐　济	Fiji	84	156	84	156		
新喀里多尼亚	New Gredonia	31	38	31	38		
瓦努阿图	Venoato	10	23	8	23	2	
新西兰	New Zealand	10728	11209	6342	1485	4386	9724
诺福克岛	Norfolk Island		3		3		
巴布亚新几内亚	Papua New Guinea	429	328	429	328		
社会群岛	Social archipelago	5		5			
所罗门群岛	Solomon Islands	19	22	19	22		
汤　加	Tonga	24	73	24	73		
萨摩亚	Samoa	7	119	7	119		
基里巴斯	Kiribati		52		52		
图瓦卢	Tuvalu		51		51		
帕劳共和国	Republic of Palau		2		1		1
法属波利尼西亚	French Polynesia	6	3	6	3		
大洋洲其他国家(地区)	Other						

5-5 海关主要商品出口数量和金额

MAIN EXPORT COMMODITIES IN VOLUME AND VALUE (CUSTOMS STATISTICS)

指 标	Item	数 量 Volume		金额（万美元） Value (USD 10000)	
		2011	2012	2011	2012
牛肉(吨)	Beef(ton)	2891	748	1443	477
猪肉(吨)	Pork(ton)	1655	849	633	348
冻鸡(吨)	Frozen Chicken(ton)		25		6
水海产品(吨)	Aquatic Products(ton)	7367	17158	871	1981
谷物及谷物粉(万吨)	Cereals and Cereals Flour(10000 tons)	5	4	3047	3092
#稻谷和大米	#Paddy and Rice	4	4	2871	2988
蔬菜(万吨)	Vegetables(10000 tons)	33	26	18112	15483
鲜、干水果及坚果(万吨)	Fruits and Nuts(10000 tons)	17	17	12112	14116
食用油籽(万吨)	Seeds of Edible Oil(10000 tons)	2	4	1719	3278
食用植物油(吨)	Edible Vegetable Oil(ton)	20810	21226	2762	3354
烘焙花生(吨)	Baked Peanuts (ton)	438	351	74	69
辣椒干(吨)	Dried Capsicum(ton)	1469	2898	342	817
番茄酱(吨)	Ketchup(ton)	48	36	9	5
蘑菇罐头(吨)	Canned Mushroom(ton)	1508	1382	259	278
啤酒(万升)	Beer(10000 liters)	179	264	143	219
肠衣(吨)	Casings(ton)	1599	1573	1598	1395
填充用羽毛、羽绒(吨)	Feathers and Dawn for Stuffing(ton)	55	68	175	268
中药材及中式成药(吨)	Medical Materials(ton)	2041	2239	1289	1464
烤烟(吨)	Flue-cured Tobacco(ton)	3681	2882	1504	1270
肥料(吨)	Chemical Fertilizers,Manufactured(Actual Weight)(ton)	402034	257269	17938	10559
锯材(立方米)	Wood Sawn (cu.m)	40585	30840	3244	2619
胶合板及类似多层板(立方米)	Plywood and Similar Products(cu.m)	44706	47312	4445	4302
印刷品(吨)	Printed Matter(ton)	4792	3375	4843	2578
生丝(吨)	Raw Silk(ton)	1	1	9	4
黏土及其他耐火矿物(吨)	Saggars and Other Fire-resistant Mineral(ton)	705542	424105	7994	6078
煤及褐煤(万吨)	Coal and Lignite(10000 tons)	3	0.4	863	96
成品油(吨)	Refined Oil(ton)	5880	4745	813	665
石蜡(吨)	Paraffin Wax(ton)	32400	36328	4963	5118
医药品(吨)	Medical and Pharmaceutical Products(ton)	4932	5611	12988	11190
新的充气橡胶轮胎(万条)	Rubber Tyres(10000 units)	75	64	1613	1256
家用或装饰用木制品(吨)	Wood for Household Use or Decorate(ton)	62500	57820	4737	4378
纸及纸板(吨)	Paper and Paperboard(ton)	31032	17289	6307	4013
纺织纱线、织物及制品	Yarns, Fabrics and Products			55482	94107
棉纱线(吨)	Cotton Yarn(ton)	1492	1758	307	361
丝织物	Silk Fabrics			40	110
毛纺机织物(万米)	Wool Textile(10000 meters)			98	76
棉机织物(万米)	Cotton Textile(10000 meters)			333	321
亚麻及苎麻机织物(万米)	Textile of Flax and Ramee(10000 meters)	1873	1534	5202	4469
地 毯(万平方米)	Carpets (10000 sq.m)	336	223	1716	1297
塑料编织袋(万条)	Bags of PP or PE Strip(10000 items)	28177	32271	3850	5239
水泥及水泥熟料(吨)	Cement and Cement Clinker(ton)	110200	98091	910	812
花岗岩石材及制品(吨)	Granite Material and Products(ton)	170661	146835	6821	3927
平板玻璃(万平方米)	Plate Glass(10000 sq.m)	763	761	2452	2113
玻璃制品	Glass Products			21281	10135
生铁及镜铁(吨)	Pig Iron and Spiegeleisen(ton)	49	90	4	7
钢材(吨)	Rolled Steel(ton)	532320	485342	50051	43074
未锻造的铜及铜材(吨)	Unwrought Copper and Copper(ton)	1666	749	1184	570
未锻造的铝及铝材(吨)	Unwrought Aluminum and Aluminous Material(ton)	12245	6448	4047	2326
钢铁或铜制标准紧固件(吨)	Iron and Steel Nails, Bolts, etc.(ton)	28687	11778	5019	2344
不锈钢厨具、餐具等家用器皿(吨)	Household Utensils Made of Stainless Steel(ton)	3465	679	526	249

5-5 续表 CONTINUED

指　标	Item	数　量 Volume		金额（万美元） Value (USD 10000)	
		2011	2012	2011	2012
餐桌、厨房及其他家用搪瓷(吨)	Enamelware (Table, Kitchen, etc.)(ton)	100	167	24	43
手用或机用工具(吨)	Hand Tools and Tools for Machines(ton)	17921	9408	6450	4965
电扇(万台)	Fans(10000 sets)	7	9	633	335
纺织机械及零件	Textile Machinery			980	777
电子计算器(万台)	Electric Calculator(10000 sets)	778	291	1575	631
自动数据处理设备及其部件(万台)	ADP Equipments(10000 units)	1302	739	4804	4815
自动数据处理设备的零件(吨)	Hardwares of ADP Equipments(ton)	907	473	2788	735
轴承(万套)	Axletrees(10000 units)	1601	1297	2975	2200
电动机及发电机(万台)	Electric Motors and Generators(10000 sets)	62	1	2231	983
静止式变流器(万个)	Static Converters(10000 units)	5668	2300	6311	6893
蓄电池(万个)	Electric Accumulators(10000 units)	50	117	3204	2999
扬声器(万个)	Loudspeakers(10000 units)	25	10	155	364
录、放像机(万台)	Video Tape Recorders(10000 sets)	19	22	457	498
声音录制或重放设备(万台)	Sound Recording Apparatus(10000 sets)	3	2	30	26
收音设备(万台)	Radio Equipment(10000 sets)	344	291	2142	2810
录放音、像机及唱机的零附件(吨)	Parts of Tape Recorders and Phonograph(ton)			903	512
印刷电路(万块)	Printed Circuits(10000 sets)	349	430	122	159
通断保护电路装置及零件(吨)	Electrical Apparatus for Switching or Protecting Electrical Circuits(ton)			1729	2617
二极管及类似半导体器件(万个)	Diodes and Hardwares Resembled Semiconductors(10000 units)	10036	1736	561	509
集成电路(万个)	Integrated Circuits(10000 sets)	3548	1841	599	270
电线和电缆(吨)	Electrical wires and Cables(ton)	2084	1949	1461	1851
汽车(包括整套散件)(辆)	Vehicles(including complete Spare Parts)(cars)	43088	23976	30668	40649
汽车零件	Parts of Motor Vehicles			14138	13041
摩托车及自行车的零件	Parts of Motorcycles and Bicycles			6119	3934
手表(万只)	Wrist Watches(10000 units)	2259	627	3538	1369
医疗仪器及器械	Medical Instruments and Appliances			1255	878
日用钟(万只)	Clocks(10000 units)	666	413	3212	2490
家具及其零件	Furniture			72749	70536
床垫、寝具及类似品	Mattresses, Bedclothing and Similar Articles			4774	4202
灯具、照明装置及类似品	Lamps and Lanterns, Lighting Sets and Similar Articles			32402	24396
箱包及类似容器	Bags and similar containers			122883	71973
服装及衣着附件	Garments and Affix of Clothing			283693	235134
#织物制服装	#Knitted and Crocheted Garments			238983	170363
皮革服装(万件)	Leather Garments(10000 pairs)	57	102	2010	3468
裘皮服装(吨)	Furry Garments(ton)	9	13	614	712
皮革手套(万双)	Leather Gloves(10000 pairs)	641	995	1520	3075
织物制手套(万双)	Knitted and Crocheted Gloves(10000 pairs)	7804	7872	3571	3790
织物制袜子(万双)	Knitted and Crocheted Stockings(10000 pairs)	14696	14870	6969	8187
帽类(万个)	Headgear(10000 units)		6778	8915	12993
鞋类	Footwear			102000	107894
#鞋(万双)	#Shoes(10000 pairs)	12109	10040	57420	61494
塑料制品(吨)	Plastic Articles(ton)	74262	50928	62591	39428
玩具	Toys			350	307
游戏机(万台)	Machinery for Games(10000 sets)	199	79	4892	1938
圣诞用品(吨)	Articles for Christmas Day(ton)	9105	4305	20673	3984
足球、篮球、排球(万个)	Footballs, Basketballs and Volleyballs(10000 units)	481	250	2794	1027
伞(万把)	Umbrellas(10000 units)	702	526	3170	2994
柳编结品(吨)	Wickerwork(ton)	881	605	194	196
农产品	Farm Produce			79861	80109
机电产品	Mechanical and Electrical Products			527760	439044
高新技术产品	High and New-tech Products			27460	26942

5-6 海关主要商品进口数量和金额
MAIN IMPORT COMMODITIES IN VOLUME AND VALUE (CUSTOMS STATISTICS)

指　标	Item	数　量 Volume		金额（万美元） Value (USD 10000)	
		2011	2012	2011	2012
冻鱼(吨)	Frozen Fishes(ton)	805	9590	105	1003
鲜、干水果及坚果(吨)	Fresh, Dried Fruit and Nuts(ton)	2788	6217	455	1983
粮食(万吨)	Grain(10000 tons)	209	220	115855	129396
谷物及谷物粉(吨)	Cereals and Cereal Powder(ton)	100371	101585	3736	3116
大麦(吨)	Barley(ton)	99683	91502	3540	2598
大豆(吨)	Soybean(ton)	1967345	2081095	111519	125769
酒类(万升)	Alcohol(10000 liters)	194	279	440	545
啤酒(万升)	Beer(10000 liters)	135	165	99	131
葡萄酒(万升)	Wine(10000 liters)	59	111	341	401
饲料用鱼粉(吨)	Feeding Fishmeal(ton)	1006	3995	122	555
天然橡胶(包括胶乳)(吨)	Caoutchouc(ton)	1265	302	579	107
合成橡胶(包括胶乳)(吨)	Synthetic Rubber(ton)	26038	36823	9690	12034
原木(万立方米)	Logs(10000 cu.m)	570	430	90562	60335
锯材(万立方米)	Wood Sawn(10000 cu.m)	148	139	36321	31472
纸浆(吨)	Paper Pulp(ton)	290959	365449	22700	21964
铁矿砂及其精矿(万吨)	Iron Ore and Concentrates(10000 tons)	564	572	90184	66829
锰矿砂及其精矿(吨)	Manganese Ores(ton)	541		12	
煤及褐煤(万吨)	Coal and Lignite(10000 tons)	66	211	12228	21084
原油(万吨)	Crude Oil(10000 tons)	1751	1974	1421525	1646173
成品油(万吨)	Petroleum Products Refined(10000 tons)	73	82	53493	59429
苯乙烯(吨)	Styrene(ton)	5078	3323	640	413
医药品(吨)	Pharmaceutical Products(ton)	67	28	343	159
肥料(万吨)	Manufactured Fertilizers(10000 tons)	73	142	29429	60690
聚合物油漆及清漆(吨)	Polymer Paint or Varnish(ton)	183	81	82	45
初级形状的塑料(吨)	Plastic in Primary Form(ton)	34940	23918	5849	3276
纸及纸板(吨)	Paper and Paperboard(ton)	57030	54691	4187	3489
涂布纸(吨)	Coated paper(ton)	787	554	99	81
棉机织物(万米)	Cotton Textiles(10000 meters)			5	29
合成纤维长丝机织物(万米)	Synthetic Fibers Silk Knit Goods(10000 meters)	68	250	103	294
服装及衣着附件	Apparel and Clothing Accessories			1153	4949
玻璃纤维(吨)	Fiberglass(ton)	3516	2512	393	247
废钢(吨)	Scrap Steel(ton)	12272	8828	563	503
钢坯及粗锻件(吨)	Billet and Crude Forgings(ton)		0.2		1
钢材(吨)	Rolled Steel(ton)	41844	37190	7203	6735
钢铁制标准坚固件(吨)	Steely Nails, Bolts, etc.(ton)	294	238	475	456
未锻造的铜及铜材(吨)	Unwrought Copper and Copper(ton)	1191	815	1122	829
未锻造的铜(吨)	Unwrought Copper(ton)	405	418	188	183
铜材(吨)	Rolled Copper(ton)	786	397	934	646

5-6 续表 CONTINUED

指　标	Item	数　量 Volume		金额（万美元） Value (USD 10000)	
		2011	2012	2011	2012
未锻造的铝及铝材(吨)	Unwrought Aluminum and Aluminum(ton)	768	373	231	194
未锻造的铝(吨)	Unwrought Aluminum(ton)	570	233	103	42
铝材(吨)	Aluminum(ton)	199	139	128	152
钢铁或铝制结构及其部件(吨)	Steel and Aluminum Structure or Parts(ton)	5	232	8	187
活塞式内燃机的零件(吨)	Parts of Gas Engine with Piston(ton)	36	255	103	304
液泵及液体提升机(台)	Liquid Pumps and Machines with Liquid Exaltation(set)	4980	3996	702	450
非家用型水的过滤、净化机(台)	Depurative Machineries or Filters for Water(set)	919	217	266	312
饮料及液体食品罐装设备(台)	Canned Beverages and Liquid Food Equipmen(set)	13	9	1716	1033
机械提升搬运设备及零件	Portage, Load and Unload Equipment and Accessories with Machine Exaltation			687	734
建筑及采矿用机械及零件	Construction and Mining Machinery and Parts			539	768
食品加工机械及零件	Food Processing Machinery and Parts			821	164
制造纸及制品用机械及零件	Paper and Related Products Manufacturing Machinery and Parts			1734	1234
印刷、装订机械及零件	Printing, Bookbinding Machinery and Parts			672	151
纺织机械及零件	Textile Machinery and Parts			106	379
金属加工机床(台)	Machine Tools for Processing Metals(set)	946	375	10489	6063
金属轧机及零件	Metal Rolling Mill and Accessories			282	990
橡胶或塑料加工机械及零件	Rubber or Plastic Processing Machinery and Parts			353	697
型模及金属铸造用型箱(吨)	Models and Patterns(ton)			269	597
阀门(万套)	Valves(10000 sets)	10	5	6723	7628
自动数据处理设备及其部件(台)	ADP Equipments(set)	33020	442	533	328
自动数据处理设备的零件(吨)	Parts of ADP Equipments(ton)	12	0.02	792	3
电动机及发电机(台)	Electric Motors and Generators(set)	2457	2071	1035	1060
变压、整流、电感器及零件	Transformers, Rectifiers, Inductances and Accessories			955	1892
无线电导航雷达及遥控设备(台)	Radio Navigation Radar and Remote Control Equipment	21	38	18	22
电容器(吨)	Capacitors(ton)	17	22	84	90
电阻器(吨)	Resistors(ton)	2	1	44	27
印刷电路(块)	Printed Circuit(unit)		122		1
通断保护电路装置及零件(吨)	On-off Protection Circuit Devices and Components(ton)			239	272
二极管及类似半导体器件(万个)	Diode and Similar Semiconductor Devices(10000 units)	1229	47	248	46
集成电路(万个)	Integrated Circuit(10000 units)	2750	1601	1319	835
电缆和电线(吨)	Electrical wires and Cables(ton)	112	114	295	362
汽车(包括整套散件)(辆)	Vehicles(including the package parts)(car)	49	56	356	406
汽车零件	Parts of Motor Vehicles			940	1311
航空器零件(吨)	Parts of Aircraft(ton)	5	9	250	656
医疗仪器及器械	Medical Instruments and Equipments			5749	10436
计量检测分析自控仪器具	Detection and Analysis of the Measurement Apparatus with Automatic Control			12360	12128
塑料制品(吨)	Plastic Articles(ton)	155	183	202	198
农产品	Farm Produce			137608	157752
机电产品	Mechanical and Electrical Products			112267	130180
高新技术产品	High and New-tech Products			40632	47650

5-7 各地区进出口总额

TOTAL VALUE OF IMPORT AND EXPORT BY REGION

单位：万美元 (USD 10000)

地 区	Region	进出口总额 Total Value of Imports and Exports		出口总额 Total Exports		进口总额 Total Imports		进出口差额 Balance	
		2011	2012	2011	2012	2011	2012	2011	2012
全 省	**Total**	**3851290**	**3782146**	**1767264**	**1443614**	**2084026**	**2338532**	**-316761**	**-894918**
省直企业	Enterprises Directly under Province	925754	515891	273767	46269	651987	469622	-378220	-423353
哈尔滨	harbin	490877	462857	214362	155061	276515	307797	-62153	-152736
齐齐哈尔	Qiqihar	102888	82056	57294	63546	45594	18510	11700	45036
鸡 西	Jixi	92349	107953	70009	94857	22340	13097	47669	81760
鹤 岗	Hegang	11172	12962	10929	12899	243	63	10686	12836
双鸭山	Shuangyashan	130690	120164	112837	103841	17853	16324	94984	87517
大 庆	Daqing	215896	280881	54546	38962	161350	241919	-106804	-202957
伊 春	Yichun	34785	34805	12192	11752	22594	23054	-10402	-11302
佳木斯	Jiamusi	365151	248872	300988	100043	64164	148828	236824	-48785
七台河	Qitaihe	9268	10006	8914	7987	354	2019	8560	5968
牡丹江	Mudanjiang	1042256	414020	397862	317957	644393	96062	-246531	221895
黑 河	Heihe	328338	380644	245066	252324	83272	128320	161794	124004
绥 化	Suihua	13151	16288	7276	11866	5875	4422	1401	7444
大兴安岭	Daxinganling	88714	180639	1222	466	87492	180174	-86270	-179708
绥芬河	Suifenhe		852189		174216		677974		-503758
抚 远	Fuyuan		61918		51569		10349		41220

5-8 各地区外商直接投资情况

DIRECT FOREIGN INVESTMENT BY REGION

地 区	Region	项 目（个） Number of Projects (unit)			合同外资（万美元） Contract Value (USD 10000)			实际外资（万美元） Used Value (USD 10000)		
		2010	2011	2012	2010	2011	2012	2010	2011	2012
全 省	**Total**	**147**	**131**	**98**	**287110**	**352006**	**390017**	**266151**	**324804**	**389996**
省直企业	Enterprises Directly under Province	1			5	-833	-672			
哈尔滨	harbin	81	76	55	137739	164922	212530	133046	159938	190002
齐齐哈尔	Qiqihar	11	5	4	33527	18670	23153	22802	29016	34832
鸡 西	Jixi	5	4	1	9203	9365	5705	6660	8400	10100
鹤 岗	Hegang		1	2	1894	375	5944	3320	4438	5201
双鸭山	Shuangyashan	2		3	2139	43449	4429	2701	3339	3939
大 庆	Daqing	14	15	6	29936	33746	48715	34587	42209	50307
伊 春	Yichun	6	4	5	8431	2320	4694	3730	4809	5676
佳木斯	Jiamusi	3	4	5	10082	21982	17085	11300	15080	18228
七台河	Qitaihe	1	2	1	1950	5777	2314	1390	1337	2826
牡丹江	Mudanjiang	13	11	4	28348	25269	35218	24384	29264	33963
黑 河	Heihe	3	4	3	10168	14251	14796	10004	12012	13843
绥 化	Suihua	6	3	8	12185	9069	11166	10644	13007	15101
大兴安岭	Daxinganling	1	2		1504	3645	2346	1583	1955	2346
其 它	Other									
绥芬河	Suifenhe			1			2594			3632
抚 远	Fuyuan									

5-9 利用外资额

AMOUNT OF UTILIZATION OF FOREIGN CAPITAL AND FOREIGN INVESTMENT

单位：个、万美元　　　　(unit, USD 10000)

年　份 Year	总　计　Total			对外借款　Foreign Loans		
	项　目 Number of Projects	合同金额 Contracted Value	实际使用额 Used Value	项　目 Number of Projects	合同金额 Contracted Value	实际使用额 Used Value
1985	53	9169	1747	8	4951	249
1986	52	4389	4987	5	2641	2409
1987	46	11291	4558	5	3332	2597
1988	97	15949	9860	11	5328	3553
1989	90	9952	15347	4	861	11050
1990	89	4100	11777	2	788	7102
1991	256	16517	6462	6	3484	4148
1992	928	56177	10516	5	1655	99
1993	1727	121653	29969	13	22317	7007
1994	726	106265	49054	13	47281	14241
1995	867	160160	74994	18	54693	23458
1996	545	77627	78725	12	5988	22034
1997	407	88757	103537	27	30052	30052
1998	278	89866	87009	28	34370	34370
1999	331	122651	111309	18	29414	29414
2000	281	108557	110359	21	27274	27274
2001	269	118800	115114	27	29000	29000
2002	199	141404	123656		29100	29100
2003	258	165283	128772	28	25800	25800
2004	286	197366	144546	6	20907	20907
2005	272	215776	152202	6	18252	7512
2006	251	261030	174901	11	39800	4100
2007	242	295757	216908	2	22800	8400
2008	170	402686	265642	10	66700	10900
2009	169	331852	250900	11	76700	14700
2010	149	307439	275851	2	20329	9700
2011	131	352006	345694			20890
2012	98	390017	399140			9144

5-9 续表　CONTINUED

单位：个、万美元　　　　(unit, USD 10000)

年　份 Year	外商直接投资　Direct Foreign Investment			外商其他投资　Other Foreign Investment		
	项　目 Number of Projects	合同金额 Contracted Value	实际使用额 Used Value	项　目 Number of Projects	合同金额 Contracted Value	实际使用额 Used Value
1985	36	2946	226	9	1272	1272
1986	22	900	1730	25	848	848
1987	28	6646	1192	13	1313	769
1988	49	5836	3913	37	4785	2394
1989	60	4723	2312	26	4368	1985
1990	79	2869	2534	8	443	2141
1991	245	11841	1905	5	1192	409
1992	920	54355	10250	3	167	167
1993	1710	99000	22626	4	336	336
1994	708	58401	34230	5	583	583
1995	843	98799	44868	6	6668	6668
1996	531	69789	54841	2	1850	1850
1997	380	58705	73485			
1998	250	55496	52639			
1999	313	93237	81895			
2000	260	81283	83085			
2001	242	89800	86114			
2002	199	112304	94556			
2003	230	139483	102972			
2004	280	176459	123639			
2005	266	197524	144690			
2006	240	221230	170801			
2007	240	272957	208508			
2008	160	335986	254742			
2009	158	255152	236200			
2010	147	287110	266151			
2011	131	352006	324804			
2012	98	390017	389996			

5-10 按行业分外商直接投资情况 (2012年)

FOREIGN DIRECT INVESTMENT BY SECTOR (2012)

单位：万美元 (USD 10000)

行业	Sector	项目数（个）Number of Projects (unit)	外商直接投资额 Direct Foreign Investment	#合资经营 Joint Ventures Enterprises	#合作经营 Cooperative Operation Enterprises	#外资企业 Foreign Investment Enterprises	#外资股份制 Share-holding
总计	**Total**	**98**	**389996**	**11789**	**3716**	**45482**	**4516**
农、林、牧、渔业	Farming, Forestry, Animal Husbandry and Fishery	6	5760	3616		1138	
采矿业	Mining	1	41296			916	
制造业	Manufacturing	35	199784	5458	3131	22784	1088
电力、燃气及水的生产和供应业	Production and Distribution of Electricity,Gas and Water	5	36665		247	4211	
建筑业	Construction						
交通运输、仓储和邮政业	Traffic,Transport, Storage and Post		26				
信息传输、计算机服务和软件业	Information Transfer, Computer Services and Software	4	5236	6		200	
批发零售业	Wholesale and Retail Trade	20	25159	1519	50	9015	3428
住宿和餐饮业	Accommodation and Restaurants	6	3338	1185		1500	
金融业	Banking business	2	30278				
房地产业	Real Estate	3	31819			3251	
租赁和商务服务业	Tenancy and Business Services	10	5705			47	
科学研究、技术服务和地质勘查业	Scientific Research, Technical Service and Geologic Perambulation	3	293	5	288		
水利、环境和公共设施管理业	Management of Water Conservancy, Environment and Public Establishment	1	2050			2050	
居民服务和其他服务业	Resident Services and Other Services	2	2217				
教育	Education						
卫生、社会保障和社会福利业	Sanitation, Social Security and Social Welfare						
文化、体育和娱乐业	Culture, Sports and Entertainment		370			370	

5-11 各国家(地区)外商直接投资额 (2012年)

DIRECT FOREIGN INVESTMENT BY COUNTRY (TERRITORY) (2012)

单位：个、万美元　　(unit, USD 10000)

国　别（地区）	Country (Territory)	外商直接投资合计 Direct Foreign Investment		#合资经营 Joint Ventures Enterprises		#合作经营 Cooperative Operation Enterprises		#外资企业 Foreign Investment Enterprises	
		项　目 Number of Projects	投资额 Investment	项　目 Number of Projects	投资额 Investment	项　目 Number of Projects	投资额 Investment	项　目 Number of Projects	投资额 Investment
总　计	**Total**	**98**	**389996**	**39**	**11789**	**3**	**3716**	**54**	**45482**
亚　洲	**Asia**	**66**	**279774**	**23**	**5479**	**3**	**3591**	**38**	**27875**
中国香港	Hong Kong, China	40	223134	17	5384	3	3344	19	23173
中国澳门	Macao	1	266					1	
中国台湾	Taiwan, China	3	3384	1	31			2	1027
文　莱	Brunei	1						1	
新加坡	Singapore	6	28253	1	17			5	3221
泰　国	Thailand		160						
朝　鲜	Republic of Korea	1		1					
印　度	India		152						152
日　本	Japan	6	1739	1	31			5	252
韩　国	Korea	7	22687	2	16		247	5	50
土耳其	Turkey								
以色列	Israel	1							
非　洲	**Africa**	**2**	**2234**	**1**	**1046**			**1**	
毛里求斯	Mauritius	1	2234	1	1046				
埃塞俄比亚	Ethiopia	1						1	
欧　洲	**Europe**	**15**	**20403**	**6**	**499**		**6**	**9**	**581**
英　国	United Kingdom		7960		170				32
德　国	Germany	1	2070	1	70				
法　国	France	1	1332					1	372
意大利	Italy	1		1					
比利时	Belgium								
丹　麦	Denmark	1		1					
荷　兰	Netherlands		2426		211				
爱尔兰	Ireland		920						
瑞　士	Switzerland		3830						
挪　威	Norway		154						154
摩尔多瓦	Moldova		48		48				
捷克	Czekh	1		1					
俄罗斯	Russia	9	1663	1			6	8	23
乌克兰	Ukraine	1		1					
拉丁美洲	**Latin America**	**3**	**31789**	**2**	**1031**			**1**	**6068**
巴　西	Brazil		1275						
开曼群岛	Cayman Islands	1	1386					1	368
维尔京群岛	Virgin Is.	2	29129	2	1031				5700
北美洲	**North America**	**6**	**21688**	**5**	**34**		**101**	**1**	**1115**
加拿大	Canada	1	1715	1	30		51		
美　国	United States	5	19973	4	4		50	1	1115
大洋洲	**Oceania**	**2**	**7814**	**2**	**2272**		**18**		**150**
澳大利亚	Australia	1	5542	1			18		150
瓦努阿图	Vanuatu		1155		1155				
新西兰	New Zealand		217		217				
萨摩亚	Samoa	1	900	1	900				
创业投资公司投资	Venture capital companies		1428		1428				
投资性公司投资	**Investment Company**	**6**	**24865**					**6**	**9693**

5-12 外商投资企业个数和投资额(2012年)

NUMBER OF ENTERPRISE AND INVESTMENT OF FOREIGN-FUNDED (2012)

项　目	Item	企业数（个） Number of Enterprise (unit)	投资总额（万美元） Total Investment (USD 10000)	注册资本（万美元） Registered Capital (USD 10000)	#外方 Foreign Partner
全　省	**Total**	**5039**	**2224677**	**1278848**	**945091**
按企业类别分组	**Grouped by Status**				
中外合资	Equity Joint Venture	890	663271	330294	180363
中外合作	Contractural Joint Venture	97	47040	27281	18047
外商合资	Joint-Venture Enterprises	142	53888	28467	28467
外国法人独资	Wholly-owned Foreign Corporation	823	478762	250306	250306
外国非法人经济组织独资	Unincorporated Foreign-owned Economic Organizations				
外国自然人独资	Foreign-owned Natural	316	16094	13023	13023
台港澳与外国投资者合资	Taiwan, Hong Kong and Macao Joint Venture with Foreign Investors	5	3779	1457	1457
台港澳与境内合资	Taiwan, Hong Kong and Macao Joint Venture with the Territory	909	384436	238418	118155
台港澳与境内合作	Taiwan, Hong Kong and Macao Cooperation with the Territory	83	86126	56614	49984
台港澳合资	Taiwan, Hong Kong and Macao Joint Venture	29	15231	7636	7636
台港澳法人独资	Corporate-owned Taiwan, Hong Kong and Macao	1485	379417	234005	234005
台港澳非法人经济组织独资	Taiwan, Hong Kong and Macao-owned Economic Organizations, Unincorporated				
台港澳自然人独资	Taiwan, Hong Kong and Macao-owned Natural	64	13176	8518	8518
中外合资，上市	Sino-foreign Joint Venture, Listed	15	36423	36423	9218
中外合资，未上市	Sino-foreign Joint Venture, No Listed	125	39727	39259	21742
外商合资，上市	Foreign Joint Venture, Listed	1			
外商合资，未上市	Foreign Joint Venture, No Listed	1			
台港澳与外国投资者合资,上市	Taiwan, Hong Kong and Macao Joint Venture with Foreign Investors,Listed	2			
台港澳与外国投资者合资,未上市	Taiwan, Hong Kong and Macao Joint Venture with Foreign Investors,No Listed				
台港澳与境内合资,上市	Taiwan, Hong Kong and Macao Joint Venture with the Territory , Listed	19			
台港澳与境内合资,未上市	Taiwan, Hong Kong and Macao Joint Venture with the Territory ,No Listed	17	6675	6516	3539
台港澳合资,上市	Taiwan, Hong Kong and Macao Joint Venture, Listed				
台港澳合资,未上市	Taiwan, Hong Kong and Macao Joint Venture, No Listed	1	632	632	632
其他企业	Other Enterprises	15			
按行业分组	**Grouped by Sector**				
农林牧渔业	Agriculture, Forestry, Animal Husbandry and Fishery	97	107249	68017	60025
采矿业	Mining	12	12857	11096	10689
制造业	Manufacturing	1215	1144943	642567	470670
电力、燃气及水的生产和供应业	Production and Supply of Electricity, Gas and Water	73	264687	127597	64326
建筑业	Construction	83	19640	15162	10662
交通运输、仓储和邮政业	Transport, Storage and Post	45	17924	9801	8253
信息传输、计算机服务和软件业	Information Transmission, Computer Services and Software	1726	28237	12467	11143
批发和零售业	Wholesale and Retail Trades	692	84900	54720	48325
住宿和餐饮业	Hotels and Catering Services	382	61586	32130	26042
金融业	Financial Intermediation	132	16453	9789	8695
房地产业	Real Estate	95	241488	150217	98365
租赁和商务服务业	Leasing and Business Services	263	83581	53402	47908
科学研究、技术服务和地质勘查业	Scientific Research, Technical Service and Geologic Prospecting	114	64407	44573	40220
水利、环境和公共设施管理业	Management of Water Conservancy, Environment and Public Facilities	17	13052	8765	7510
居民服务和其他服务业	Services to Households and Other Services	57	16176	13373	10898
教　育	Education	2	12	12	12
卫生、社会保障和社会福利业	Health, Social Security and Social Welfare	5	12789	5533	3869
文化、体育和娱乐业	Culture, Sports and Entertainment	29	34697	19627	17479
其　他	Others				

主要统计指标解释

货物进出口总额　指实际进出我国国境的货物总金额。包括对外贸易实际进出口货物，来料加工装配进出口货物，国家间、联合国及国际组织无偿援助物资和赠送品，华侨、港澳台同胞和外籍华人捐赠品，租赁期满归承租人所有的租赁货物，进料加工进出口货物，边境地方贸易及边境地区小额贸易进出口货物(边民互市贸易除外)，中外合资企业、中外合作经营企业、外商独资经营企业进出口货物和公用物品，到、离岸价格在规定限额以上的进出口货样和广告品(无商业价值、无使用价值和免费提供出口的除外)，从保税仓库提取在中国境内销售的进口货物，以及其他进出口货物。该指标可以观察一个国家在对外贸易方面的总规模。我国规定出口货物按离岸价格统计，进口货物按到岸价格统计。

商品经营单位所在地进、出口额　指在所在地海关注册登记的有进出口经营权的企业实际进、出口额。

商品目的地进口额和商品货源地出口额　目的地进口额指进口货物的消费、使用或最终抵运地的实际进口额；货源地出口额指出口货物的产地或原始发货地的实际出口额。

外商直接投资　是指外国投资者在我国境内通过设立外商投资企业、合伙企业、与中方投资者共同进行石油资源的合作勘探开发以及设立外国公司分支机构等方式进行投资。

外国投资者可以用现金、实物、无形资产、股权等投资，还可以用从外商投资企业获得的利润进行再投资。

外商其他投资　指除对外借款和外商直接投资以外的各种利用外资的形式。包括企业在境内外股票市场公开发行的以外币计价的股票发行价总额，国际租赁进口设备的应付款，补偿贸易中外商提供的进口设备、技术、物料的价款，加工装配贸易中外商提供的进口设备、物料的价款。

对外直接投资　指我国企业、团体等(简称境内投资主体）在国外及港澳台地区以现金、实物、无形资产等方式投资，并以控制国(境)外企业的经营管理权为核心的经济活动。对外直接投资的内涵主要体现在一经济体通过投资于另一经济体而实现其持久利益的目标。

对外承包工程　指我国境内企业法人或者其他经济组织按照国际通行做法，在国外及港澳台地区承揽、实施工程建设项目的勘察、设计、施工、监理、设备材料采购、安装调试、工程咨询、工程管理等经营活动。

对外劳务合作　指我国境内企业法人与国（境）外允许招收或雇用外籍劳务人员的公司、中介机构或私人雇主签订合同，并按合同约定的条件有组织地招聘、选拔、派遣我国公民到国（境）外为外方雇主提供劳务服务并进行管理的经济活动。

Explanatory Notes on Main Statistical Indicators

Total Import and Export of Goods refer to the real value of commodities imported and exported across the border of China. They include the actual imports and exports through foreign trade, imported and exported goods under the processing and assembling trades and materials, supplies and gifts as aid given gratis between governments and by the United Nations and other international organizations, and contributions donated by overseas Chinese, compatriots in Hong Kong and Macao and Chinese with foreign citizenship, leasing commodities owned by tenant at the expiration of leasing period, the imported and exported commodities processed with imported materials, commodities trading in border areas (excluding mutual exchange goods), the imported and exported commodities and articles for public use of the Sino-foreign joint ventures, cooperative enterprises and ventures with sole foreign investment. Also included is import or export of samples and advertising goods for which CIF or FOB value are beyond the permitted ceiling (excluding goods of no trading or use value and free commodities for export), imported goods sold in China from bonded warehouses and other imported or exported goods. The indicator of the total imports and exports at customs can be used to observe the total size of external trade in a country. In accordance with the stipulation of the Chinese government, imports are calculated at CIF, while exports are calculated at FOB.

Import or Export Value by Location of China's Foreign Trade Managing Units refers to actual value of imports and exports carried out by corporations which have been registered by the local Customs house and are vested with right to run import export business.

Import Value of Commodities by Place of Destination and Export Value of Commodities by Place of Origin in China The former indicator refers to the value of import commodities of the places of their consumption, utilization or the places of their final destination. The latter indicator refers to the value of export commodities of the places of their origin or the places of the commodities dispatched.

Foreign Direct Investment refers to foreign investment in China through the establishment of foreign invested enterprises, cooperative exploration and development of petroleum resources with domestic investors and the establishment of branch organizations of foreign enterprises.

Foreign investment can be made in forms of cash, physical investment, technical know-how and reinvestment of the foreign enterprises with the profits gained from the investment.

Other Foreign Investment refers to all forms of utilization of foreign capitals other than foreign borrowings and foreign direct investment. It includes the total value of stock shares in foreign currencies issued by enterprises at domestic or foreign stock exchanges, rent payable for the imported equipment through international leasing arrangement, cost of imported equipment, technology and materials provided by foreign counterparts in compensation trade and processing and assembly trade.

Overseas Direct Investment refers to investment made by domestic enterprises and organizations (referred to as domestic investors) in foreign countries and Hong Kong SAR, Macao SAR and Taiwan province in forms of cash, physical investment and intangible assets, and the economic activities centring on operation and management of those enterprises are under the control of domestic investors. The content of overseas direct investment mainly reflects one economic entity by investing in another economic entity to achieve its goal of lasting interest.

Overseas Contracted Project refers to in accordance with the international common practice, domestic corporates or other economic organizations contract and implement construction projects in foreign countries, Hong Kong SAR, Macao SAR and Taiwan province including reconnaissance, design, construction, supervision, purchasing of equipment and materials, installation and testing, engineering consulting and project management.

Overseas Labour Services refer to domestic corporates which signed contracts with overseas corporations, intermediary agencies and private employers which are allowed to recruit or hire foreign labour forces, they will send Chinese citizens to go abroad to provide labour services to foreign employers through organized recruitment and selection according to the signed contracts and relevant management activities.

第六篇　资源与环境

CHAPTER 6 RESOURCES AND ENVIRONMENT

资料整理：安　静　张雅楠

6-1 自然状况
NATURAL CONDITIONS

指　标	Item	2009	2010	2011	2012
土地状况	**Territory**				
土地总面积(万平方公里)	Total Land Area(10000 sq. km)	45.4	45.4	45.3	45.3
土地总面积构成(%)	Structure of Total Land Area(%)				
山　地	Mountains	24.7	24.7	24.7	24.7
丘　陵	Hills	35.8	35.8	35.8	35.8
平　原	Plains	37.0	37.0	37.0	37.0
水面及其他	Water-area and Others	2.5	2.5	2.5	2.5
林木资源情况	**Forest Resources**				
森林面积(万公顷)	Forest Area(10000 hectares)	2053	2053	2080	2080
森林覆盖率(%)	Forest-coverage Rate(%)	45.2	45.2	45.7	45.7
活立木总蓄积量(亿立方米)	Total Standing Stock Volume(100 million cu. m)	16.5	16.5	17.6	17.6
森林蓄积量(亿立方米)	Stock Volume of the Forest(100 million cu. m)	15.5	15.5	17.2	17.2
水利资源(亿立方米)	**Water Resources (100 million cu.m)**				
水资源总量	Total Amount of Water Resources	989.6	853.5	629.5	841.4
#地表水资源量	#Surface Water Resources	845.6	725.3	512.5	695.7
地下水资源量	Groundwater Resources	313.5	277.9	237.2	289.8
人均水资源量(立方米/人)	Per Capita Water Resources (cu. m/person)	2586.5	2228.0	1642.0	2194.6
气　候	**Climate**				
年平均气温(摄氏度)	Annual Average Temperature(℃)	3.0	3.0	3.7	3.3
年平均相对湿度(%)	Annual Average Relative Humidity(%)	63.8	67.8	66.5	72.1
年降水量(毫米)	Annual Precipitation(mm)	653.8	610.9	442.7	706.4
年日照时数(小时)	Annual Sunshine Hours(hours)	2411.0	2383.0	2507.9	2443.8
自然保护区个数(个)	Reserve Number(unit)	197	201	211	212
#国家级	#National	23	23	24	28
省级	Provincial			88	85
市级	Municipal				31
自然保护区面积(万公顷)	Nature Reserve area (10000 hectares)	620.0	636.0	652.0	654.0

注：1. 气候数据来自省气象台；林业数据来自省林业厅；水利数据来自省水文局；矿产资源数据来自省国土资源厅。
　　2. 由于土地测量的坐标系统和面积计算方法变化，所以全省土地总面积略有变化。

Note: 1. The data of climate come from Observatory of Herlongjiang Province, the data of forest come from Forest Department of Herlongjiang resources come from Hydrographic Department of Herlongjiang Province, the data of mineral resources come from Heilongjiang Provincial Department of Land & Resources.
2. Due to the land survey of coordinate system and area computation method change, the province's total land area has a slight change.

6-2 主要矿产资源

MAJOR MINERAL RESOURCES

指　标	Item	2009	2010	2011	2012
矿产资源储量	**Reserves of Mineral Resources**				
煤炭(亿吨)	Coal(100 million tons)	217.0	217.8	195.2	197.5
铁矿(矿石亿吨)	Iron(Ore, 100 million tons)	3.73	3.72	3.58	3.57
铜矿(铜万吨)	Copper(Metal, 10000 tons)	377.9	379.2	424.2	424.3
铅矿(万吨)	Lead(Metal, 10000 tons)	51.9	57.9	56.0	57.6
锌矿(万吨)	Zinc(Metal, 10000 tons)	165.2	180.1	189.6	191.0
镁矿(万吨)	Magnesium(10000 tons)	891.3	891.3	891.3	891.3
镍矿(吨)	Nickel(ton)	20319	20319	21612	21612
钨矿(WO3)(万吨)	Tungsten(WO3, 10000 tons)	19.46	19.46	18.90	18.90
矽线石(万吨)	Fibrolite(100 million tons)	715.5	757.7	755.7	757.4
熔剂用灰岩(万吨)	Limestone for Flux(10000 tons)	2779.5	2719.6	2719.6	2649.9
冶金用白云岩(万吨)	Dolomite for Metallurgy(10000 tons)	3653	3653	3653	3653
铸型用砂(万吨)	Placer for Mould(10000 tons)	1039.9	1039.9	1039.9	1039.9
耐火粘土(万吨)	Refractory Clay(10000 tons)	1534	1534	1534	1534
硫铁矿(万吨)	Pyrite Ore(10000 tons)	325.1	325.1	305.7	251.4
化肥用蛇纹岩(万吨)	Serpentinite for Chemical Fertilizer(10000 tons)	7880	7880	7880	7880
泥炭(万吨)	Peat(10000 tons)	2877	2877	2877	2877
磷矿石(万吨)	Phosphorite(10000 tons)	4305	4305	4255	4255
长石(万吨)	Feldspar(10000 tons)	17558	17558	17558	17558
陶瓷土(万吨)	Pottery Clay(10000 tons)	3612	3612	3612	3612
玻璃用砂(万吨)	Gritstone for Glass(10000 tons)	1591	1591	1591	1591
玻璃用脉石英(万吨)	Vein Quartz for Glass(10000 tons)	709.6	709.6	709.6	799.5
玻璃用大理岩(万吨)	Marble for Glass(10000 tons)	2820	2820	2820	2820
水泥配料用粘土(万吨)	Clay for Cement Industry(10000 tons)	11212.5	11212.5	11212.5	11212.5
水泥用大理岩(亿吨)	Marble for Cement(100 million tons)	14.6	15.6	15.3	15.2
膨润土(万吨)	Bentonite(10000 tons)	14595	14595	14595	14595
饰面用花岗岩(万立方米)	Granite for Facing(10000 cu.m)	5285	5284	5279	5271
火山灰(万吨)	Pozzolana(10000 tons)	4948	4948	4948	4948
饰面用大理岩(万立方米)	Marble for Facing(10000 cu.m)	668	668	668	668
石墨(万吨)	Graphite(10000 tons)	11353.6	11356.6	11225.0	11218.7
沸石(万吨)	Zeolite(10000 tons)	11908	11908	11908	11908
颜料黄土(万吨)	Sienna(10000 tons)	192	192	192	192
铸石用玄武岩(万吨)	Basalt for Casting(10000 tons)	11112	11112	11112	11112
岩棉用玄武岩(万吨)	Basalt for Artificial Asbestos(10000 tons)	7274	7274	7274	7274
珍珠岩(万吨)	Perlite(10000 tons)	2938	2938	2938	2938

6-3 主要城市(区)平均气温(2012年)

MONTHLY AVERAGE TEMPERATURE OF MAJOR CITIES(2012)

单位：摄氏度　　　　(℃)

月份	Month	哈尔滨 Harbin	齐齐哈尔 Qiqihar	北林 Beilin	大庆 Daqing	加格达奇 Jiagedaqi	爱辉 Aihui	伊春 Yichun	佳木斯 Jiamusi	鸡西 Jixi	牡丹江 Mudanjiang	鹤岗 Hegang	双鸭山 Shuangyashan	七台河 Qitaihe
年平均	**Annual Average**	**4.6**	**3.6**	**3.7**	**4.4**	**-0.9**	**0.4**	**1.1**	**3.1**	**3.9**	**4.2**	**3.3**	**4.5**	**3.8**
1 月	Jan.	-18.3	-20.4	-20.1	-18.4	-26.8	-26.0	-25.4	-22.1	-18.2	-18.6	-19.1	-18.9	-18.9
2 月	Feb.	-12.4	-14.2	-14.5	-13.0	-20.7	-19.2	-18.7	-14.9	-13.4	-13.5	-14.4	-12.9	-13.4
3 月	Mar.	-3.3	-3.8	-4.2	-3.1	-10.4	-9.9	-7.0	-4.8	-4.4	-3.8	-5.4	-3.9	-4.4
4 月	Apr.	7.8	7.4	6.6	7.4	2.8	4.0	4.2	6.3	5.9	6.9	5.3	7.1	6.3
5 月	May	16.4	15.8	15.8	16.2	11.7	13.9	12.9	15.2	14.7	15.4	14.7	15.6	14.8
6 月	June	21.3	21.1	21.0	21.0	18.1	20.8	19.2	20.4	19.2	19.9	20.2	21.1	19.6
7 月	July	23.9	23.9	23.4	23.9	21.0	21.7	21.4	22.1	22.1	23.0	21.4	22.9	22.3
8 月	Aug.	21.8	22.0	21.2	22.0	17.2	19.2	19.4	21.1	21.1	21.1	21.2	22.2	21.3
9 月	Sept.	16.4	14.9	15.8	16.3	11.3	12.5	13.5	15.1	15.9	16.2	14.7	16.3	15.9
10月	Oct.	6.4	5.4	5.4	6.1	0.2	1.1	3.5	5.0	5.5	5.7	4.8	6.4	5.6
11月	Nov.	-5.2	-7.6	-6.4	-5.8	-12.5	-11.0	-7.6	-6.0	-4.3	-3.6	-5.8	-4.7	-4.8
12月	Dec.	-19.4	-21.4	-19.7	-19.5	-22.1	-22.2	-22.5	-19.8	-17.5	-18.0	-18.5	-17.7	-18.5
春季	Spring	7.0	6.5	6.1	6.8	1.4	2.7	3.4	5.6	5.4	6.2	4.9	6.3	5.6
夏季	Summer	22.3	22.3	21.9	22.3	18.8	20.6	20.0	21.2	20.8	21.3	20.9	22.1	21.1
秋季	Fall	5.9	4.2	4.9	5.5	-0.3	0.9	3.1	4.7	5.7	6.1	4.6	6.0	5.6
冬季	Winter	-16.7	-18.7	-18.1	-17.0	-23.2	-22.5	-22.2	-18.9	-16.4	-16.7	-17.3	-16.5	-16.9
最高	Highest	9.8	9.1	8.8	9.3	6.5	6.7	7.9	8.8	9.2	10.2	8.2	9.1	9.2
最低	Lowest	-0.3	-1.5	-1.0	-0.1	-7.1	-5.0	-5.0	-2.6	-0.8	-0.9	-1.0	0.4	-1.3

6-4 主要城市(区)平均相对湿度(2012年)

MONTHLY AVERAGE RELATIVE HUMIDITY OF MAJOR CITIES(2012)

单位：% (%)

月份	Month	哈尔滨 Harbin	齐齐哈尔 Qiqihar	北林 Beilin	大庆 Daqing	加格达奇 Jiagedaqi	爱辉 Aihui	伊春 Yichun	佳木斯 Jiamusi	鸡西 Jixi	牡丹江 Mudan-jiang	鹤岗 Hegang	双鸭山 Shuang-yashan	七台河 Qitaihe
年平均	**AnnualAverage**	**67**	**63**	**67**	**64**	**66**	**71**	**74**	**68**	**66**	**65**	**64**	**64**	**67**
1 月	Jan.	64	66	64	61	64	71	70	66	62	62	57	60	64
2 月	Feb.	51	49	53	49	58	66	67	59	54	53	50	51	56
3 月	Mar.	59	43	56	50	54	58	61	58	58	57	51	53	58
4 月	Apr.	47	44	49	47	48	53	61	51	48	47	50	45	47
5 月	May	54	50	54	51	61	58	67	58	59	54	57	58	59
6 月	June	74	72	76	76	79	73	80	72	71	66	71	67	71
7 月	July	77	78	77	78	83	84	83	79	77	72	80	74	76
8 月	Aug.	75	66	75	69	75	76	81	75	74	76	70	70	73
9 月	Sept.	79	74	76	72	69	79	87	84	80	80	81	81	81
10月	Oct.	68	65	69	66	67	77	74	69	68	69	61	62	68
11月	Nov.	81	77	79	77	76	83	82	79	74	73	71	75	79
12月	Dec.	77	70	75	74	63	72	74	68	69	66	64	66	72
春季	Spring	53	46	53	49	54	56	63	56	55	53	53	52	55
夏季	Summer	75	72	76	74	79	78	81	75	74	71	74	70	73
秋季	Fall	76	72	75	72	71	80	81	77	74	74	71	73	76
冬季	Winter	64	62	64	61	62	70	70	64	62	60	57	59	64

6-5 主要城市(区)降水量(2012年)

MONTHLY PRECIPITATION OF MAJOR CITIES(2012)

单位：毫米　　　　(millimeters)

月份	Month	哈尔滨 Harbin	齐齐哈尔 Qiqihar	北林 Beilin	大庆 Daqing	加格达奇 Jiagedaqi	爱辉 Aihui	伊春 Yichun	佳木斯 Jiamusi	鸡西 Jixi	牡丹江 Mudan-jiang	鹤岗 Hegang	双鸭山 Shuang-yashan	七台河 Qitaihe
合计	**Total**	**740.8**	**563.1**	**835.7**	**604.3**	**432.5**	**622.3**	**797.3**	**770.3**	**499.0**	**674.5**	**720.0**	**699.2**	**517.8**
1 月	Jan.		0.6	0.2	0.1	1.8	0.5	3.3	1.2			1.2	0.9	0.4
2 月	Feb.	1.7	0.3	1.7	1.5	3.4	9.1	3.7	5.0	5.4	4.7	1.0	4.5	5.3
3 月	Mar.	19.9	10.8	23.0	17.5	6.4		23.9	25.0	8.6	15.1	21.9	23.5	9.9
4 月	Apr.	38.1	8.4	28.7	13.9	22.5	19.7	44.8	23.6	28.8	35.8	35.6	38.4	27.3
5 月	May	28.8	25.7	37.7	26.7	51.7	14.4	33.3	43.2	17.9	23.0	46.4	87.2	27.0
6 月	June	154.7	70.9	140.0	129.8	106.4	142.4	139.2	78.3	102.9	87.8	115.6	55.5	92.0
7 月	July	129.9	259.5	252.1	238.3	117.3	146.0	198.9	206.5	78.3	144.4	164.4	158.0	71.4
8 月	Aug.	214.7	5.0	190.7	45.4	16.2	36.6	145.0	106.3	43.3	126.2	101.2	47.5	41.9
9 月	Sept.	81.9	106.3	80.8	42.2	47.9	146.0	122.6	185.3	136.7	143.6	105.9	169.8	159.7
10月	Oct.	25.3	37.0	33.2	57.4	37.2	71.2	46.5	20.8	43.8	54.9	29.7	24.3	36.0
11月	Nov.	32.1	24.5	37.8	20.8	11.9	24.1	20.4	59.9	21.2	24.6	79.2	74.5	33.8
12月	Dec.	13.7	14.1	9.8	10.7	9.8	12.3	15.7	15.2	12.1	14.4	17.9	15.1	13.1
春季	Spring	86.8	44.9	89.4	58.1	80.6	34.1	102.0	91.8	55.3	73.9	103.9	149.1	64.2
夏季	Summer	499.3	335.4	582.8	413.5	239.9	325.0	483.1	391.1	224.5	358.4	381.2	261.0	205.3
秋季	Fall	139.3	167.8	151.8	120.4	97.0	241.3	189.5	266.0	201.7	223.1	214.8	268.6	229.5
冬季	Winter	15.4	15.0	11.7	12.3	15.0	21.9	22.7	21.4	17.5	19.1	20.1	20.5	18.8

6-6 主要城市(区)日照时数(2012年)
SUNSHINE HOURS OF MAJOR CITIES(2012)

单位：小时 (hours)

月份	Month	哈尔滨 Harbin	齐齐哈尔 Qiqihar	北林 Beilin	大庆 Daqing	加格达奇 Jiagedaqi	爱辉 Aihui	伊春 Yichun	佳木斯 Jiamusi	鸡西 Jixi	牡丹江 Mudan-jiang	鹤岗 Hegang	双鸭山 Shuang-yashan	七台河 Qitaihe
合计	**Total**	**1773.8**	**2462.4**	**2382.7**	**2354.1**	**2642.2**	**2318.3**	**1798.9**	**2107.8**	**2329.8**	**2265.9**	**2218.6**	**2587.0**	**2083.8**
1 月	Jan.	125.9	177.0	192.2	183.2	197.8	184.1	132.4	171.5	206.6	190.9	193.2	200.3	177.6
2 月	Feb.	178.9	228.3	204.0	216.1	226.0	212.2	142.7	195.4	203.3	196.8	189.7	193.6	180.0
3 月	Mar.	176.3	238.2	206.4	220.4	264.1	269.2	163.9	188.8	190.6	213.9	209.2	235.3	180.1
4 月	Apr.	183.0	229.6	217.5	216.9	248.7	211.4	157.2	183.7	230.3	219.3	193.3	256.1	217.3
5 月	May	230.5	223.6	264.6	226.1	229.7	234.0	228.3	252.6	251.5	253.8	243.3	291.6	228.5
6 月	June	167.5	159.4	225.7	198.0	224.4	194.3	201.1	178.7	224.3	203.7	205.7	276.1	195.4
7 月	July	135.7	208.0	217.7	195.2	243.3	187.3	160.4	184.8	194.4	226.8	170.7	226.7	194.2
8 月	Aug.	203.8	291.7	281.6	267.7	292.5	238.5	217.5	231.9	229.5	211.0	249.8	267.4	218.4
9 月	Sept.	155.8	200.9	175.3	185.0	224.7	181.5	106.5	113.0	162.1	145.9	144.2	180.8	140.2
10月	Oct.	152.5	199.8	168.1	184.3	190.3	145.5	131.6	166.6	189.8	174.4	175.8	180.3	166.1
11月	Nov.	37.3	141.8	104.0	117.3	152.0	132.1	80.8	108.5	107.8	86.6	127.6	123.3	74.0
12月	Dec.	26.6	164.1	125.6	143.9	148.7	128.2	76.5	132.3	139.6	142.8	116.1	155.5	112.0
春季	Spring	589.8	691.4	688.5	663.4	742.5	714.6	549.4	625.1	672.4	687.0	645.8	783.0	625.9
夏季	Summer	507.0	659.1	725.0	660.9	760.2	620.1	579.0	595.4	648.2	641.5	626.2	770.2	608.0
秋季	Fall	345.6	542.5	447.4	486.6	567.0	459.1	318.9	388.1	459.7	406.9	447.6	484.4	380.3
冬季	Winter	331.4	569.4	521.8	543.2	572.5	524.5	351.6	499.2	549.5	530.5	499.0	549.4	469.6

6-7 主要河流基本情况(2012年)

MAJOR RIVERS(2012)

名　称	River	流域面积(平方公里) Drainage Area(sq. km)	河长(公里) Length(km)	年径流量(亿立方米) Annual Flow(100 million cu. m)
呼玛河	Humahe River	31197	524	52.44
逊毕拉河	Xunbilahe River	15739	279	26.21
穆棱河	Mulinghe River	18136	834	17.84
挠力河	Naolihe River	22495	596	24.80
呼兰河	Hulanhe River	31424	523	58.76
蚂蚁河	Ant River	10547	341	24.03
汤旺河	Tangwanghe River	20557	509	71.75

6-8 各地区水资源状况(2012年)

WATER RESOURCES BY DIVISIONS OF ADMINISTRATIVE AREAS(2012)

单位：百万立方米　　(1000000 cu. m)

地　区	Region	水资源总　量 Total Water Resources Volume	地表水资源量 Total Surface Water Resources Volume	地下水资源量 Total Ground Water Resources Volume
全　省	**Total**	**84141.4**	**69568.7**	**28980.6**
哈尔滨	Harbin	11458.5	9919.3	3704.0
齐齐哈尔	Qiqihar	5950.3	2945.1	3981.1
鸡　西	Jixi	3922.1	2846.8	1690.3
鹤　岗	Hegang	3782.9	3176.9	1057.0
双鸭山	Shuangyashan	3455.9	2794.3	1179.4
大　庆	Daqing	1724.4	480.0	1679.3
伊　春	Yichun	10608.9	10474.7	1926.5
佳木斯	Jiamusi	5207.7	3658.5	2358.3
七台河	Qitaihe	818.8	690.5	199.3
牡丹江	Mudanjiang	9214.0	9085.3	1644.7
黑　河	Heihe	11742.9	9320.6	4185.7
绥　化	Suihua	6534.1	4573.0	2789.6
大兴安岭	Daxinganling	9720.9	9603.6	2585.4

6-9 各地区土地面积
LAND AREA IN THE REGION

地 区	Region	总面积(平方公里) Total Land Area(sq. km)
全 省	**Total**	**452538**
哈尔滨	Harbin	53076
齐齐哈尔	Qiqihar	42255
鸡 西	Jixi	22494
鹤 岗	Hegang	14665
双鸭山	Shuangyashan	22051
大 庆	Daqing	21205
伊 春	Yichun	32800
佳木斯	Jiamusi	32470
七台河	Qitaihe	6190
牡丹江	Mudanjiang	38827
黑 河	Heihe	66862
绥 化	Suihua	34873
大兴安岭	Daxinganling	64768

注：本表中总面积为土地总面积，不包括行政管辖区加格达奇区 1358.5796平方公里和松岭区 16801.7817平方公里）
Note: The total area of this table is land area, excluding the administrative jurisdiction Jiagedaqi(1358.5796 square kilometers) and Chung Ling(16801.7817 square kilometers).

6-10 各地区污染物排放总量情况(2012年)
TOTAL EMISSION VOLUME OF POLLUTANTS BY REGION (2012)

项 目	Item	废水排放量（万吨）Volume of Waste Water Discharged (10000 tons)	化学需氧量COD排放量（吨）Chemical Oxygen Demand COD Emissions (ton)	氨氮排放量（吨）Ammonia-Nitrogen Emissions (ton)	二氧化硫排放量（吨）Emission Volume of Sulphur Dioxide(ton)	氮氧化物排放量（吨）Emission Volume of Nitrogen Oxide(ton)	烟（粉）尘排放量（吨）Emission Volume of Smoke(powder) Dust(ton)
全 省	**Total**	**162589.2**	**1498750.7**	**92754.4**	**514299.7**	**780612.6**	**699273.9**
哈尔滨	Harbin	40049.8	314687.8	22802.4	112758.0	150179.0	143123.6
齐齐哈尔	Qiqihar	26295.7	235419.0	12244.0	83313.7	117718.0	132403.1
鸡 西	Jixi	9780.2	40572.8	3564.8	28435.5	30224.4	77391.5
鹤 岗	Hegang	7308.7	28017.0	2369.0	19670.0	39886.0	32640.1
双鸭山	Shuangyashan	6431.2	50794.5	3541.2	34589.1	54424.5	45620.3
大 庆	Daqing	15401.0	145112.3	5887.8	57140.0	98895.0	38378.0
伊 春	Yichun	6097.5	41375.5	3959.9	17450.0	18298.0	17047.9
佳木斯	Jiamusi	6986.3	63075.0	4982.1	21315.6	41752.8	49409.3
七台河	Qitaihe	5408.5	19251.6	2088.9	20394.0	36604.0	23860.3
牡丹江	Mudanjiang	9672.0	51218.1	5168.1	33462.2	64667.7	47597.5
黑 河	Heihe	4485.3	41127.5	2623.7	24491.0	15514.0	15603.8
绥 化	Suihua	13689.0	272079.5	12066.7	24626.1	71016.0	15601.4
大兴安岭	Daxinganling	2886.9	16224.0	1274.8	16644.0	12359.0	30628.0
农垦总局	ARB	7076.2	173162.9	9657.2	16107.4	27252.2	23648.0
省直辖县级行政区划	Province Administered County-level Division	1021.1	6633.3	523.9	3903.0	1822.0	6321.2
绥芬河	Suifenhe	735.0	2371.4	280.4	2616.0	1365.0	3981.3
抚 远	Fuyuan	286.1	4261.9	243.4	1287.0	457.0	2339.9

6-11 “三废”排放治理情况

DISCHARGE AND TREATMENT OF WASTE WATER, WASTE GAS AND SOLID WASTES

项　目	Item	2009	2010	2011	2012
工业废水	**Industrial Waste Water**				
工业废水排放量(万吨)	Volume of Industrial Waste Water Discharged(10000 tons)	34188	38921	44072	58350
直接排入环境的	Directly Into the Environment	32750	36342	33055	52921
排入污水处理厂的	Discharged Into the Sewage Treatment Plant	1438	2579	11017	5429
化学需氧量COD排放量(万吨)	Chemical Oxygen Demand COD Emissions(10000 tons)	11.2	11.2	10.2	9.8
氨氮排放量(万吨)	Ammonia - Nitrogen Emissions(10000 tons)	0.7	0.5	0.6	0.6
工业废气	**Waste Gas**				
工业废气排放量(亿立方米)	Emission Volume of Industrial Waste Gas(100 million cu.m)	9977	10111	10377	10445
二氧化硫排放量(万吨)	Emission Volume of Sulphur Dioxide(10000 tons)	41.9	41.7	41.5	39.7
氮氧化物排放量(万吨)	Emission Volume of Nitrogen Oxide(10000 tons)	36.1	38.5	48.5	48.1
烟（粉）尘排放量(万吨)	Emission Volume of Smoke(powder) Dust(10000 tons)	42.0	35.4	42.0	45.0
工业固体废物	**Industrial Solid Wastes**				
工业固体废物产生量(万吨)	Volume of Industrial Solid Wastes Produced(10000 tons)	5275	5405	6017	6313
工业固体废物综合利用量(万吨)	Volume of Industrial Solid Wastes Utilized(10000 tons)	3810	4169	4139	4642
工业固体废物处置量(万吨)	Volume of Industrial Solid Wastes Treated(10000 tons)	513	445	643	810
工业固体废物贮存量(万吨)	Volume of Industrial Solid Wastes Accumulated(10000 tons)	994	835	1308	920
危险废物产生量(万吨)	Hazardous Waste Generated Volume(10000 tons)	17.0	15.8	19.6	21.3
危险废物综合利用量(万吨)	Comprehensive Utilization Amount of Hazardous Waste(10000 tons)	6.1	6.9	3.7	4.3
危险废物处置量(万吨)	Hazardous Waste Disposal Volume(10000 tons)	11.3	10.8	15.2	17.0
危险废物贮存量(吨)	Hazardous Waste Storage Capacity(ton)	28.7	109.8	5999.0	1392.3
工业污染治理	**Pollution Treatment**				
投资来源总额(万元)	Total Funds Grouped by Source(10000 yuan)	99318	49494	114979	39287
排污费补助	Subsidy of Pollution Charges	984	40	106	12
政府其他补助	Other Government Subsidy	3704	3865	4167	2177
企业自筹	Enterprise Self-provides	94631	45589	110706	37098
#银行贷款	#Bank loan	28547		4111	227
投资完成总额(万元)	Total Funds by Use(10000 yuan)	99318	49494	115787	39287
治理废水	Treatment of Waste Water	45333	25339	24086	7350
治理废气	Treatment of Waste Gas	50109	16884	87452	27661
治理固体废物	Treatment of Solid Wastes	755		694	2501
治理噪声	Noise Abatement				
治理其他	Others	3121	7272	3555	1776
本年竣工项目数(个)	Number of Complwted Projects in The Year(unit)	117	49	64	56

6-12 工业污染排放和处理利用情况(2012年)

类 别	Category	汇总工业企业数（个）Number of Industrial Enterprises (unit)	工业废水排放量（万吨）Volume of Industrial Waste Water Discharged (10000 tons)	直接排入环境的 Directly Into the Environment	排入污水处理厂的 Discharged Into the Sewage Treatment Plant
重点调查企业	**Key Survey Enterprises**	**1926**	**55712.6**	**50631.2**	**5081.4**
农、林、牧、渔服务业	Agricultural, Forestry, Animal Husbandry and Fishery Services	2			
煤炭开采和洗选业	Mining and Washing of Coal	178	13033.0	13033.0	
石油和天然气开采业	Extraction of Petroleum and Natural Gas	20	565.2	564.5	0.689
黑色金属矿采选业	Mining and Processing of Ferrous Metal Ores	11	272.7	272.7	
有色金属矿采选业	Mining and Processing of Non-Ferrous Metal Ores	12	103.9	103.0	0.854
非金属矿采选业	Mining and Processing of Nonmetal Ores	32			
开采辅助活动	Mining Support Activities	7	0.828	0.828	
农副食品加工业	Processing of Food from Agricultural Products	334	4773.9	4328.6	445.4
食品制造业	Manufacture of Foods	134	3040.0	2449.0	591.1
酒、饮料和精制茶制造业	Manufacture of Wine, Soft Drinks and Refined Tea	125	2822.9	2107.5	715.4
烟草制品业	Manufacture of Tobacco	6	102.0	87.7	14.3
纺织业	Manufacture of Textile	20	200.1	111.9	88.2
皮革、毛皮、羽毛及其制品和制鞋业	Leather, Fur, Feathers and Its Process and System Footwear	3	23.98	23.98	
木材加工和木、竹、藤、棕、草制品业	Processing of Timber, Manufacture of Wood, Bamboo, Rattan, Palm, and Straw Products	63	63.4	38.8	24.7
家具制造业	Manufacture of Furniture	11	8.0	8.0	
造纸和纸制品业	Manufacture of Paper and Paper Products	47	5293.3	5201.8	91.4
印刷和记录媒介复制业	Printing, Reproduction of Recording Media	6	5.93	1.93	4.00
文教、工美、体育和娱乐用品制造业	Manufacture of Culture and Education, Arts and Crafts, Sports and Recreation Supplies	2	0.038	0.038	
石油加工、炼焦和核燃料加工业	Processing of Petroleum, Coking, Processing of Nuclear Fuel	37	6974.2	5820.7	1153.5

DISCHARGE AND TREATMENT OF INDUSTRIAL POLLUTION (2012)

工业废水中化学需氧量排放量(吨) Emission Volume of Industrial Waste Water Chemical Oxygen Demand COD (ton)	工业废水中氨氮排放量(吨) Emission Volume of Industrial Waste Water Ammonia - Nitrogen (ton)	工业废气排放量(亿立方米) Emission Volume of Industrial Waste Gas (100 million cu. m)	工业废气中二氧化硫产生量(吨) Volume of Industrial Waste Gas Sulphur Dioxide Produced (ton)	工业废气中二氧化硫排放量(吨) Emission Volume of Industrial Waste Gas Sulphur Dioxide (ton)	工业废气中氮氧化物产生量(吨) Volume of Industrial Waste Gas Nitrogen Oxide Produced (ton)	工业废气中氮氧化物排放量(吨) Emission Volume of Industrial Waste Gas Nitrogen Oxide (ton)
87681.3	**5417.4**	**10444.6**	**536923.0**	**361570.1**	**457901.1**	**450584.1**
		16.6	12.8	12.8	58.0	58.0
11140.6	69.3	120.0	6176.2	6176.2	2785.7	2785.7
903.3	63.7	12.1	591.2	591.2	1456.4	1456.4
221.8	19.0	3.15	186.4	186.4	99.6	99.6
56.6	0.06	1.66	140.6	139.6	85.2	85.2
		5.63	248.9	248.9	138.3	138.3
0.952	0.008	2.99	138.9	138.9	284.1	284.1
27573.4	1279.9	163.4	7614.2	7611.2	5527.8	5527.8
4774.6	399.2	61.7	3990.5	3598.6	2311.2	2311.2
10111.0	469.8	70.0	5736.0	5341.8	2559.7	2559.7
160.6	12.4	4.46	267.1	257.1	122.5	122.5
475.9	17.0	19.8	1207.1	1207.1	1037.2	1037.2
646.0	7.33	0.34	18.5	18.5	11.2	11.2
1743.0	94.8	27.4	1267.4	1267.4	626.6	626.6
5.27	0.41	2.96	225.3	225.3	82.0	82.0
14851.9	225.1	125.0	4806.5	4061.8	6953.5	6953.5
5.95	0.46	0.57	29.75	29.75	16.22	16.22
0.044		0.060	2.930	2.930	1.705	1.705
2677.1	1183.4	657.4	29822.3	20050.7	16450.5	15450.5

6-12 续表1

类 别	Category	汇总工业企业数（个）Number of Industrial Enterprises (unit)	工业废水排放量（万吨）Volume of Industrial Waste Water Discharged (10000 tons)	直接排入环境的 Directly Into the Environment	排入污水处理厂的 Discharged Into the Sewage Treatment Plant
化学原料和化学制品制造业	Manufacture of Raw Chemical Materials and Chemical Products	76	4707.4	4683.4	24.0
医药制造业	Manufacture of Medicines	74	1860.9	840.5	1020.3
化学纤维制造业	Manufacture of Chemical Fibers	2	13.4		13.4
橡胶和塑料制品业	Manufacture of Rubber and Plastic Products	7	153.8	153.5	0.30
非金属矿物制品业	Manufacture of Non-metallic Mineral Products	168	60.1	55.3	4.79
黑色金属冶炼和压延加工业	Smelting and Pressing of Ferrous Metals	13	1237.1	1236.8	0.37
有色金属冶炼和压延加工业	Smelting and Pressing of Non-ferrous Metals	7	207.4	19.0	188.4
金属制品业	Manufacture of Metal Products	30	27.1	20.1	6.98
通用设备制造业	Manufacture of General Purpose Machinery	22	117.2	17.9	99.3
专用设备制造业	Manufacture of Special Purpose Machinery	26	1418.1	1367.1	50.9
汽车制造业	Manufacture of Automotive	11	92.7	38.1	54.6
铁路、船舶、航空航天和其他运输设备制造业	Manufacture of Railways, Shipbuilding, Aerospace and Other Transportation Equipment	14	357.9	194.5	163.4
电气机械和器材制造业	Manufacture of Electrical Machinery and Equipment	8	32.5	7.76	24.7
计算机、通信和其他电子设备制造业	Manufacture of Computer, Communications and Other Electronic Equipment	2			
仪器仪表制造业	Manufacture of Instrument	1	1.44		1.44
其他制造业	Other Manufacture	10	75.1	67.0	8.04
金属制品、机械和设备修理业	Metal Products, Machinery and Equipment Repair Industry	3	12.4		12.4
电力、热力生产和供应业	Production and Supply of Electric Power and Heat Power	400	8038.8	7760.4	278.5
燃气生产和供应业	Production and Supply of Gas	2	15.9	15.9	

CONTINUED

工业废水中化学需氧量排放量(吨) Emission Volume of Industrial Waste Water Chemical Oxygen Demand COD (ton)	工业废水中氨氮排放量(吨) Emission Volume of Industrial Waste Water Ammonia - Nitrogen (ton)	工业废气排放量(亿立方米) Emission Volume of Industrial Waste Gas (100 million cu. m)	工业废气中二氧化硫产生量(吨) Volume of Industrial Waste Gas Sulphur Dioxide Produced (ton)	工业废气中二氧化硫排放量(吨) Emission Volume of Industrial Waste Gas Sulphur Dioxide (ton)	工业废气中氮氧化物产生量(吨) Volume of Industrial Waste Gas Nitrogen Oxide Produced (ton)	工业废气中氮氧化物排放量(吨) Emission Volume of Industrial Waste Gas Nitrogen Oxide (ton)
4535.3	619.5	191.0	21548.1	18506.5	9378.5	9378.5
2627.6	251.1	80.6	5703.5	4778.1	2994.0	2994.0
7.34	1.47	4.45	230.8	72.8	228.6	228.6
124.1	6.33	11.9	843.1	433.2	605.2	605.2
84.6	8.26	919.4	8923.8	8923.5	33034.9	32926.9
923.6	330.8	1551.2	26155.0	26155.0	8040.6	8040.6
145.7	9.88	70.4	816.1	681.5	235.4	235.4
28.3	1.76	2.63	117.0	117.0	59.7	59.7
269.3	21.0	8.66	136.2	136.2	82.0	82.0
1017.1	129.1	77.0	1284.6	1284.6	878.6	878.6
40.0	3.07	14.7	425.5	216.7	275.9	275.9
257.3	62.4	31.3	1387.8	1055.1	1013.8	1013.8
26.5	0.13	10.7	131.6	131.6	60.4	60.4
		0.07	4.42	4.42	1.91	1.91
1.05	0.12	0.15	6.91	6.91	3.98	3.98
56.7	6.48	11.0	415.5	235.2	369.0	369.0
5.05	0.44	1.82	106.4	96.4	47.0	47.0
2166.4	123.7	6135.2	404628	245993	358992	352783
17.5		27.2	1575.9	1575.9	991.9	991.9

6-12 续表2

类 别	Category	工业废气中烟（粉）尘产生量(吨) Produced Volume of Industrial Waste Gas Smoke (powder) Dust (ton)	工业废气中烟（粉）尘排放量(吨) Emission Volume of Industrial Waste Gas Smoke(powder) Dust (ton)	一般工业固体废物产生量(万吨) Volume of Industrial Solid Wastes Produced (10000 tons)
重点调查企业	**Key Survey Enterprises**	**16767957.2**	**419039.0**	**5892.2**
农、林、牧、渔服务业	Agricultural,Forestry,Animal Husbandry and Fishery Services	110.0	110.0	0.60
煤炭开采和洗选业	Mining and Washing of Coal	59625.9	8828.1	1288.9
石油和天然气开采业	Extraction of Petroleum and Natural Gas	2482.8	363.8	0.54
黑色金属矿采选业	Mining and Processing of Ferrous Metal Ores	644.6	237.9	223.8
有色金属矿采选业	Mining and Processing of Non-Ferrous Metal Ores	627.6	185.7	199.7
非金属矿采选业	Mining and Processing of Nonmetal Ores	1241.0	166.4	341.4
开采辅助活动	Mining Support Activities	969.8	128.2	91.9
农副食品加工业	Processing of Food from Agricultural Products	135968.9	15508.8	115.0
食品制造业	Manufacture of Foods	73770.1	4874.3	22.3
酒、饮料和精制茶制造业	Manufacture of Wine, Soft Drinks and Refined Tea	107230.4	4106.5	47.5
烟草制品业	Manufacture of Tobacco	1686.2	512.4	1.19
纺织业	Manufacture of Textile	25047.7	702.0	4.82
皮革、毛皮、羽毛及其制品和制鞋业	Leather, Fur, Feathers and Its Process and System Footwear	608.3	14.4	0.16
木材加工和木、竹、藤、棕、草制品业	Processing of Timber,Manufacture of Wood, Bamboo, Rattan,Palm, and Straw Products	18778.3	3101.1	6.97
家具制造业	Manufacture of Furniture	861.4	451.8	0.31
造纸和纸制品业	Manufacture of Paper and Paper Products	45700.8	3790.7	22.2
印刷和记录媒介复制业	Printing,Reproduction of Recording Media	245.8	41.3	0.20
文教、工美、体育和娱乐用品制造业	Manufacture of Culture and Education,Arts and Crafts, Sports and Recreation Supplies	20.5	20.5	0.02
石油加工、炼焦和核燃料加工业	Processing of Petroleum, Coking, Processing of Nuclear Fuel	381015.4	22753.7	321.2

CONTINUED

一般工业固体废物综合利用量(万吨) Volume of Industrial Solid Wastes Utilized (10000 tons)	一般工业固体废物处置量(万吨) Volume of Industrial Solid Wastes Treated (10000 tons)	一般工业固体废物贮存量(万吨) Volume of Industrial Solid Wastes Accumulated (10000 tons)	一般工业固体废物倾倒丢弃量(万吨) Volume of Industrial Solid Wastes Discarded (10000 tons)	危险废物产生量(吨) Hazardous Waste Generated Volume (ton)	危险废物综合利用量(吨) Comprehensive Utilization Amount of Hazardous Waste (ton)	危险废物处置量(吨) Hazardous Waste Disposal Volume (ton)	危险废物贮存量(吨) Hazardous Waste Storage Capacity (ton)
4296.4	**782.8**	**872.9**	**0.0044**	**213280.7**	**42048.9**	**169931.3**	**1392.3**
0.60							
954.4	201.1	165.9		145.9	145.9		
0.27	0.27			19364	19364		
102.8	23.2	97.8		0.01		0.01	
149.7	10.0	40.0					
101.3	0.30	239.8					
0.20	91.7						
108.7	5.11	1.23		2001.3	0.40	2000.9	
21.1	1.26			15.9	1.63	14.3	
50.9	0.88			11.2	2.18	8.97	
1.06	0.13			0.09	0.09		
4.79	0.03						
0.16	0.001			1.30		1.30	
6.93	0.044						
0.10	0.21	0.001					
22.4	0.19	0.010					
0.20							
0.02							
292.4	28.4	0.341		8349.2	4141.1	4231.7	46.4

6-12 续表3

类 别	Category	工业废气中烟（粉）尘产生量(吨) Produced Volume of Industrial Waste Gas Smoke (powder) Dust (ton)	工业废气中烟（粉）尘排放量(吨) Emission Volume of Industrial Waste Gas Smoke(powder) Dust (ton)	一般工业固体废物产生量(万吨) Volume of Industrial Solid Wastes Produced (10000 tons)
化学原料和化学制品制造业	Manufacture of Raw Chemical Materials and Chemical Products	513705.1	10052.1	200.6
医药制造业	Manufacture of Medicines	73711.7	3042.8	13.1
化学纤维制造业	Manufacture of Chemical Fibers	751.6	105.0	0.70
橡胶和塑料制品业	Manufacture of Rubber and Plastic Products	17723.8	1130.3	1.78
非金属矿物制品业	Manufacture of Non-metallic Mineral Products	3100907.8	42113.5	73.4
黑色金属冶炼和压延加工业	Smelting and Pressing of Ferrous Metals	648626.3	16169.2	278.6
有色金属冶炼和压延加工业	Smelting and Pressing of Non-ferrous Metals	25221.4	1396.8	3.40
金属制品业	Manufacture of Metal Products	2545.8	258.8	0.65
通用设备制造业	Manufacture of General Purpose Machinery	1440.7	381.3	6.45
专用设备制造业	Manufacture of Special Purpose Machinery	13948.5	2039.2	25.7
汽车制造业	Manufacture of Automotive	9276.2	378.9	2.91
铁路、船舶、航空航天和其他运输设备制造业	Manufacture of Railways, Shipbuilding, Aerospace and Other Transportation Equipment	20741.4	1702.8	18.2
电气机械和器材制造业	Manufacture of Electrical Machinery and Equipment	2625.0	118.3	0.64
计算机、通信和其他电子设备制造业	Manufacture of Computer, Communications and Other Electronic Equipment	1.70	1.70	0.02
仪器仪表制造业	Manufacture of Instrument	33.9	4.37	0.03
其他制造业	Other Manufacture	10451.9	573.1	1.53
金属制品、机械和设备修理业	Metal Products, Machinery and Equipment Repair Industry	513.4	148.6	0.53
电力、热力生产和供应业	Production and Supply of Electric Power and Heat Power	11462346.2	272285.8	2570.7
燃气生产和供应业	Production and Supply of Gas	6749.4	1239.3	4.56

CONTINUED

一般工业固体废物综合利用量(万吨) Volume of Industrial Solid Wastes Utilized (10000 tons)	一般工业固体废物处置量(万吨) Volume of Industrial Solid Wastes Treated (10000 tons)	一般工业固体废物贮存量(万吨) Volume of Industrial Solid Wastes Accumulated (10000 tons)	一般工业固体废物倾倒丢弃量(万吨) Volume of Industrial Solid Wastes Discarded (10000 tons)	危险废物产生量(吨) Hazardous Waste Generated Volume (ton)	危险废物综合利用量(吨) Comprehensive Utilization Amount of Hazardous Waste (ton)	危险废物处置量(吨) Hazardous Waste Disposal Volume (ton)	危险废物贮存量(吨) Hazardous Waste Storage Capacity (ton)
183.9	16.0	0.72	0.004	159705.2	9393.1	150113.6	200.0
12.5	0.60			5514.3	5201.6	312.8	
0.70							
1.78				131.5		89.1	54.0
46.3	27.1			1.64	0.18	1.46	
249.6	19.4	9.61		2305.0	1337.4	944.4	23.3
3.09	0.30			81.2	80.2	1.04	
0.64	0.01			131.8	126.8	2.99	2.10
6.24	0.21			2000.1	178.0	1822.1	
13.6	12.1			1538.9	70.1	411.5	1066.1
2.69	0.22			398.6	7.09	391.5	
18.1	0.08			588.7	97.5	491.2	
0.64	0.20			1911.3	1876.3	34.5	0.50
0.02							
0.03	0.00						
1.42	0.11			8980.3	4.12	8976.2	
0.53				81.9		81.9	
1932.2	343.6	317.4		21.3	21.3		
4.56							

主要统计指标解释

径流量 指在一定时段内通过河流某一过水断面的水量，用以反映一个国家或地区水资源的丰歉程度。计算公式为：

径流量=降水量-蒸发量

流域 每条河流都有自己的干流和支流，干支流共同组成这条河流的水系。每条河流都有自己的集水区域，这个集水区域就称为该河流的流域。

矿产资源 矿产资源指由地质作用形成的，具有利用价值的，呈固态、液态、气态的自然资源，是社会生产发展的重要物质基础。目前我国已发现矿种有170多种，按其特点和用途，可分为能源矿产(如煤炭、石油、天然气、地热)、金属矿产(如铁矿、锰矿、铜矿、铅矿、铝土矿)、非金属矿产(如金刚石、石灰岩、粘土)和水气矿产(如地下水、矿泉水、二氧化碳气)四大类。其中：金属矿产按其物质成份和性质又可分为：黑色金属矿产、有色金属矿产、贵金属矿产、稀有金属矿产、稀土金属矿产、分散元素金属矿产六类。

矿产基础储量 基础储量是查明矿产资源的一部分。它能满足现行采矿和生产所需的指标要求，是控制的、探明的并通过可行性或预可行性研究认为属于经济的、边界经济的部分，用未扣除设计、采矿损失的数量表示。

平均气温 气温指空气的温度，我国一般以摄氏度为单位表示。气象观测的温度表是放在离地面约1.5米处通风良好的百叶箱里测量的，因此，通常说的气温指的是离地面1.5米处百叶箱中的温度。计算方法：月平均气温是将全月各日的平均气温相加，除以该月的天数而得。年平均气温是将12个月的月平均气温累加后除以12而得。

相对湿度 指空气中实际水气压与当时气温下的饱和水气压之比。其统计方法与气温相同。

降水量 指从天空降落到地面的液态或固态(经融化后)水，未经蒸发、渗透、流失而在地面上积聚的深度。计算方法：月降水量是将全月各日的降水量累加而得。年降水量是将12个月的月降水量累加而得。

日照时数 指太阳实际照射地面的时数。其计算方法与降水量相同。

水资源总量 指当地降水形成的地表和地下产水总量，即地表径流量与降水入渗补给量之和。

地表水资源量 指河流、湖泊以及冰川等地表水体中可以逐年更新的动态水量，即天然河川径流量。

地下水资源量 指地下饱和含水层逐年更新的动态水量，即降水和地表水入渗对地下水的补给量。

地表水与地下水重复计算量 指地表水和地下水相互转化的部分，即天然河川径流量中的地下水排泄量和地下水补给量中来源于地表水的入渗补给量。

供水总量 指各种水源为用水户提供的包括输水损失在内的毛水量。

地表水源供水量 指地表水体工程的取水量，按蓄、引、提、调四种形式统计。从水库、塘坝中引水或提水，均属蓄水工程供水量；从河道或湖泊中自流引水的，无论有闸或无闸，均属引水工程供水量；利用扬水站从河道或湖泊中直接取水的，属提水工程供水量；跨流域调水指水资源一级区或独立流域之间的跨流域调配水量，不包括在蓄、引、提水量中。

地下水源供水量 指水井工程的开采量，按浅层淡水、深层承压水和微咸水分别统计。城市地下水源供水量包括自来水厂的开采量和工矿企业自备井的开采量。

其他水源供水量 包括污水处理再利用、集雨工程、海水淡化等水源工程的供水量。

用水总量 指各类用水户取用的包括输水损失在内的毛水量。

农业用水 指农田灌溉用水、林果地灌溉用水、草地灌溉用水和鱼塘补水。

工业用水 指工矿企业在生产过程中用于制造、加工、冷却、空调、净化、洗涤等方面的用水，按新水取用量计，不包括企业内部的重复利用水量。

生活用水 包括城镇生活用水和农村生活用水。城镇生活用水由居民用水和公共用水（含第三产业及建筑业等用水）

组成；农村生活用水除居民生活用水外，还包括牲畜用水在内。

生态环境补水　仅包括人为措施供给的城镇环境用水和部分河湖、湿地补水，而不包括降水、径流自然满足的水量。

一般工业固体废物产生量　系指未被列入《国家危险废物名录》或者根据国家规定的危险废物鉴别标准（GB5085）、固体废物浸出毒性浸出方法（GB5086）及固体废物浸出毒性测定方法（GB／T 15555）鉴别方法判定不具有危险特性的工业固体废物。计算公式是：

一般工业固体废物产生量=（一般工业固体废物综合利用量－其中：综合利用往年贮存量）+一般工业固体废物贮存量+（一般工业固体废物处置量－其中：处置往年贮存量）+一般工业固体废物倾倒丢弃量

一般工业固体废物综合利用量　指报告期内企业通过回收、加工、循环、交换等方式，从固体废物中提取或者使其转化为可以利用的资源、能源和其他原材料的固体废物量（包括当年利用的往年工业固体废物累计贮存量）。如用作农业肥料、生产建筑材料、筑路等。综合利用量由原产生固体废物的单位统计。

一般工业固体废物处置量　指报告期内企业将工业固体废物焚烧和用其他改变工业固体废物的物理、化学、生物特性的方法，达到减少或者消除其危险成分的活动，或者将工业固体废物最终置于符合环境保护规定要求的填埋场的活动中，所消纳固体废物的量。

一般工业固体废物贮存量　指报告期内企业以综合利用或处置为目的，将固体废物暂时贮存或堆存在专设的贮存设施或专设的集中堆存场所内的量。专设的固体废物贮存场所或贮存设施必须有防扩散、防流失、防渗漏、防止污染大气、水体的措施。

一般工业固体废物倾倒丢弃量　指报告期内企业将所产生的固体废物倾倒或者丢弃到固体废物污染防治设施、场所以外的量。

危险废物产生量　指当年全年调查对象实际产生的危险废物的量。危险废物指列入国家危险废物名录或者根据国家规定的危险废物鉴别标准和鉴别方法认定的，具有爆炸性、易燃性、易氧化性、毒性、腐蚀性、易传染性疾病等危险特性之一的废物。按《国家危险废物名录》（环境保护部、国家发展和改革委员会2008部令第1号）填报。

危险废物综合利用量　指当年全年调查对象从危险废物中提取物质作为原材料或者燃料的活动中消纳危险废物的量。包括本单位利用或委托、提供给外单位利用的量。

危险废物处置量　指报告期内企业将危险废物焚烧和用其他改变工业固体废物的物理、化学、生物特性的方法，达到减少或者消除其危险成分的活动，或者将危险废物最终置于符合环境保护规定要求的填埋场的活动中，所消纳危险废物的量。处置量包括处置本单位或委托给外单位处置的量。

危险废物贮存量　指将危险废物以一定包装方式暂时存放在专设的贮存设施内的量。专设的贮存设施指对危险废物的包装、选址、设计、安全防护、监测和关闭等符合《危险废物贮存污染控制标准》（GB18597-2001）等相关环保法律法规要求，具有防扩散、防流失、防渗漏、防止污染大气和水体措施的设施。

危险废物倾倒丢弃量　指报告期内企业将所产生的危险废物未按规定要求处理处置的量。

生活垃圾清运量　指报告期收集和运送到各生活垃圾处理厂(场)和生活垃圾最终消纳点的生活垃圾数量。生活垃圾指城市日常生活或为城市日常生活提供服务的活动中产生的固体废物以及法律行政规定的视为城市生活垃圾的固体废物。包括：居民生活垃圾、商业垃圾、集市贸易市场垃圾、街道清扫垃圾、公共场所垃圾和机关、学校、厂矿等单位的生活垃圾。

生活垃圾无害化处理率　指报告期生活垃圾无害化处理量与生活垃圾产生量的比率。在统计上，由于生活垃圾产生量不易取得，可用清运量代替。计算公式为：

$$\begin{array}{c}\text{生活垃圾无}\\\text{害化处理率}\end{array}=\frac{\text{生活垃圾无害化处理量}}{\text{生活垃圾产生量}}\times 100\%$$

森林面积　包括郁闭度0.2以上的乔木林地面积和竹林面积，国家特别规定的灌木林地面积，农田林网以及村旁、路旁、水旁、宅旁林木的覆盖面积。

森林覆盖率 以行政区域为单位的森林面积占区域土地总面积的百分比。计算公式为：

$$森林覆盖率(\%) = \frac{森林面积}{土地总面积} \times 100\%$$

活立木总蓄积量 指一定范围内土地上全部树木蓄积的总量，包括森林蓄积、疏林蓄积、散生木蓄积和四旁树蓄积。

森林蓄积量 指一定森林面积上存在着的林木树干部分的总材积。

自然保护区 指为了保护自然环境和自然资源，促进国民经济的持续发展，将一定面积的陆地和水体划分出来，并经各级人民政府批准而进行特殊保护和管理的区域个数。根据保护对象，自然保护区分为自然生态系统类、野生生物类、自然遗迹类。风景名胜区、文物保护区不计在内。

Explanatory Notes on Main Statistical Indicators

Volume of Runoff refers to the total volume of water running through a certain cross section of a river during a certain period of time, reflecting the water resource condition in a country or a region. The formula for calculating volume of runoff is as follows:

Runoff =Precipitation-Evaporation

Drainage Area Each river has its own main stream and branches to form the water system of the river. Each river has its own catchment' s area, which is also called as the drainage area of the river.

Mineral Resources refer to useful minerals, with solid state, liquid state, gaseity, due to the geological process. Minerals are important natural resources, and important material base for social development. At present, there are more than 170 types of minerals discovered in China. They can be categorized into four groups: energy producing minerals (including coal, petroleum, natural gas and terrestrial heat), metallic minerals (including iron, manganese, copper, lead and bauxite), non metallic minerals (including diamond, limestone and clay), and water/gas related minerals (including ground water, mineral water and carbon dioxide). Metallic minerals can be further classified as ferrous, non-ferrous, noble metal, rare metal, rare earth metal and dispersed metals.

Ensured Mineral Reserves refer to the actual mineral reserves, which equal to the proven mineral reserves (including industrial reserves and prospective reserves) minus extracted parts and underground losses.

Average Temperature Temperature refers to the air temperature. China uses centigrade as the unit. The thermometry used for weather observation is put in a breezy shutter, which is 1.5 meters high from the ground. Therefore, the commonly used temperature refers to the temperature in the breezy shutter 1.5 meters away from the ground. The calculation method is as follows:

Monthly average temperature is the summation of average daily temperature of one month divided by the actual days of that particular month.

Annual average temperature is the summation of monthly average of a year divided by 12 months.

Relative Humidity refers to the ratio of actual water vapour pressure to the saturation water vapour pressure under the current temperature. The calculation method is the same as that of temperature.

Volume of Precipitation refers to the deepness of liquid state or solid state (thawed) water falling from the sky to the ground that has not been evaporated, infiltrated or run off. The calculation method is as follows:

Monthly precipitation is the summation of daily precipitation of a month.

Annual precipitation is the summation of 12 months precipitation of a year.

Sunshine Hours refer to the actual hours of sun irradiating the earth. The calculation method is the same as that of the precipitation.

Total Water Resources refers to total volume of surface water and groundwater and is measured as run-off for surface water and replenishment of groundwater with rainfall in local area.

Surface Water Resources refers to total volume of year by year renewable dynamic resources which exist in rivers, lakes, glaciers and other surface water and are the natural run-off of rivers.

Groundwater Resources refers to total volume of year by year renewable dynamic resources which exist in saturation acquifers of groundwater and are measured as replenishment of groundwater with rainfall and surface water.

Duplicated Measurement between Surface Water and Groundwater refers to mutual exchange between surface water and groundwater, i.e. run-off of rivers includes some depletion into groundwater while groundwater includes some replenishment from surface water.

Water Supply refers to gross water of various sources supplied to consumers, including losses during distribution.

Surface Water Supply refers to withdrawals by surface water supply system, broken down with storage, flow, pumping and transfer. Supply from storage projects includes withdrawals from reservoirs; supply from flow includes withdrawals from rivers and lakes with natural flows no matter if there are locks or not; supply from pumping projects includes withdrawals from rivers or lakes with pumping stations; and supply from transfer refers to water supplies transferred from first-level regions of water resources or independent river drainage areas to others, and should not be covered under supplies of storage, flow and pumping.

Groundwater Supply refers to withdrawals from supplying wells, broken down with shallow layer freshwater, deep layer freshwater and slightly brackish water. Groundwater supply for urban areas includes water mining by both waterworks and own wells of enterprises.

Other Water Supply Sources include supplies by waste-water treatment, rain collection, seawater desalinization and other water projects.

Water Use refers to gross water used by various water users, including losses during distribution.

Water Use by Agriculture includes uses of water by irrigation of farming fields and by forestry, animal husbandry and fishing. Water use by forestry, animal husbandry and fishery includes irrigation of forestry and orchards, irrigation of grassland and replenishment of fishing farms.

Water Use by Industry refers to new withdrawals of water, excluding reuse of water within enterprises.

Water Use by Living Consumption includes use of water for living consumption in both urban and rural areas. Urban water use by living consumption is composed of household use and public use (including services, commerce, restaurants, cargo transportation, posts, telecommunications and construction). Rural water use by living consumption includes both households and animals.

Water Use by Ecological and Environmental Protection includes replenishment of rivers and lakes and use for urban environment.

Common Industrial Solid Wastes Produced refers to the industrial solid wastes that are not listed in the 《National Catalogue of Hazardous Wastes》, or not regarded as hazardous according to the national hazardous waste identification standards (GB5085), solid waste-Extraction procedure for leaching toxicity (GB5086) and solid waste-Extraction procedure for leaching toxicity (GB/T 15555). The calculation formula is as followed:

Common Industrial Solid Wastes Produced = (common industrial solid wastes utilized - the proportion of utilized stock of previous years) + common industrial solid waste stock + (common industrial solid wastes disposed - the proportion of disposed stock of previous years) + common industrial solid wastes discharged.

Common Industrial Solid Wastes Comprehensively Utilized refers to volume of solid wastes from which useful materials can be extracted or which can be converted into usable resources, energy or other materials by means of reclamation, processing, recycling and exchange (including utilizing in the year the stocks of industrial solid wastes of the previous year) during the report period, e.g. being used as agricultural fertilizers, building materials or as material for paving road. Examples of such utilizations include fertilizers, building materials and road materials. The information shall be collected by the producing units of the wastes.

Common Industrial Solid Wastes Disposed refers to the quantity of industrial solid wastes which are burnt or specially disposed using other methods to alter the physical, chemical and biological properties and thus to reduce or eliminate the hazard, or placed ultimately in the sites meeting the requirements for environmental protection during the report period.

Stock of Common Industrial Solid Wastes refers to the volume of solid wastes placed in special facilities or special sites by enterprises for purposes of utilization or disposal during the report period. The sites or facilities should take measures against dispersion, loss, seepage, and air and water contamination.

Common Industrial Solid Wastes Discharged refers to the volume of industrial solid wastes dumped or discharged by producing enterprises to disposal facilities or to other sites.

Hazardous Wastes Produced refers to the volume of actual hazardous wastes produced by surveyed samples throughout the year of the survey. Hazardous waste refers to those included in the national hazardous wastes catalogue or specified as any one of the following properties in light of the national hazardous wastes identification standards and methods: explosive, ignitable, oxidizable, toxic, corrosive or liable to cause infectious diseases or lead to other dangers. The report of this indicator should follow the 《National Catalogue of Hazardous Wastes》 (the NO. 1 Ministry Order in 2008 by the Ministry of Environment Protection and National Development and Reform Commission).

Hazardous Wastes Utilized refers to the volume of hazardous wastes that are used to extract materials for raw materials or fuel throughout the year of the survey, including those utilized by the producing enterprise and those provided to other enterprises for utilization.

Hazardous Wastes Disposed refers to the quantity of hazardous wastes which are burnt or specially disposed using other methods to alter the physical, chemical and biological properties and thus to reduce or eliminate the hazard, or placed ultimately in the sites meeting the requirements for environmental protection during the report period.

Stock of Hazardous Wastes refers to the volume of hazardous wastes specially packaged and placed in special facilities or special sites by enterprises. The special stock facilities should meet the requirements set in relevant environment protection laws and regulations such as "Pollution Control Standards for Hazardous Waste Stock" (GB18597-2001) in regard to package of hazardous waste, location, design, safety, monitoring and shutdown, and take measures against dispersion, loss, seepage, and air and water contamination.

Hazardous Wastes Discharged refers to the volume of Hazardous wastes not disposed in accordance with relevant regulations by producing enterprises during the report period.

Consumption Wastes Transported refers to volume of consumption wastes collected and transported to disposal factories or sites during the reference period. Consumption wastes are solid wastes produced from urban households or from service activities for urban households, and solid wastes regarded by laws and regulations as urban consumption wastes, including those from households, commercial activities, markets, cleaning of streets, public sites, offices, schools, factories, mining units and other sources.

Ratio of Consumption Wastes Treated refers to consumption wastes treated over that produced. In practical statistics, as it is difficult to estimate, the volume of consumption wastes produced is replaced with that transported. It is calculated as:

$$\text{Ratio of consumption wastes treated} = \frac{\text{consumption wastes treated}}{\text{consumption wastes produced}} \times 100\%$$

Forest Area refers to the area of trees and bamboo grow with a canopy density above 0.2 degree, the area of shrubby tree according to regulations of the government, the area of forest land inside farm land and the area of trees planted by the side of villages, farm houses and along roads and rivers.

Forest Coverage Rate Taking the administrative jurisdiction as the unit, the percentage of area of afforested land to the area of total land. The formula for calculating forest coverage rate is as follows:

$$\text{Forestry coverage rate} = \frac{\text{Area of Afforested Land}}{\text{Area of Total Land}} \times 100\%$$

Total Standing Stock Volume refers to the total stock volume of trees growing in land, including trees in forest, trees in sparse forest, scattered trees and trees planted by the side of villages, farm houses and along roads and rivers.

Stock Volume of Forest refers to total stock volume of wood growing in forest area, which shows the total size and level of forest resources of a country or a region.

Natural Reserves refer to number of certain areas of land, or waters that have been set aside and put under special protection and management in order to protect natural environment and natural resources, and promote the sustainable development of national economy. They are subject to formal approval from governments of various levels. According to the protected targets, natural reserves can be divided into three categories: reserves of natural ecological system, natural reserves of wildlife species, and natural heritage of historical significance. Scenic spots and cultural preservation zones are not included.

第七篇　能　源

CHAPTER 7 ENERGY

资料整理：胡　萍　苗立辉　张雅楠　王志博

7-1 一次能源生产总量和构成

TOTAL PRODUCTION OF PRIMARY ENERGY AND ITS COMPOSITION

年　份 Year	能源生产总　量 Total Energy Production	原　煤 Coal	原　油 Crude Oil	天然气 Natural Gas	水　电 Hydro-power	风　电 Wind Power
绝对数(万吨标准煤) Aggregate Data (10000 tons of SCE)						
1952	443.1	439.1			4.0	
1957	957.1	946.7			10.4	
1962	1917.6	1367.3	508.0	31.9	10.4	
1965	2748.3	1462.9	1192.2	82.5	10.8	
1970	5116.0	1877.8	3026.6	203.5	8.1	
1975	9009.6	2094.2	6610.6	293.9	10.9	
1978	10286.5	2648.9	7198.6	434.9	4.1	
1980	10855.9	3030.9	7359.3	452.2	13.5	
1985	12708.8	4459.6	7900.9	332.5	15.8	
1990	13615.8	5357.9	7946.2	290.5	21.2	
1995	14014.0	5669.8	8002.6	314.6	27.0	
1996	14163.6	5855.7	8002.6	283.1	22.2	
1997	12803.0	4473.2	8001.0	285.0	43.8	
1998	13389.4	5061.1	7966.7	308.0	53.6	
1999	12572.0	4450.5	7782.1	289.1	50.3	
2000	11494.0	3551.6	7586.0	310.3	46.1	
2001	11374.8	3657.6	7373.1	293.0	51.1	
2002	11716.6	4201.9	7185.0	268.7	61.0	
2003	11991.3	4751.9	6914.4	279.3	45.7	
2004	13625.0	6635.9	6666.6	270.0	52.5	
2005	13755.6	6955.3	6421.6	324.6	54.1	
2006	13922.4	7344.4	6200.8	326.2	51.0	
2007	13542.2	7189.5	5957.0	339.2	56.5	
2008	13058.4	6911.6	5743.6	361.7	41.5	
2009	13139.9	6954.3	5715.4	399.5	70.7	
2010	12959.7	6618.3	5721.4	399.0	87.3	133.7
2011	12640.5	6271.6	5723.0	412.0	60.2	173.7
2012	12640.1	6202.6	5716.5	448.2	69.8	203.0
构成(%) Composition (%)						
1952	100.0	99.1			0.9	
1957	100.0	98.9			1.1	
1962	100.0	71.3	26.5	1.7	0.5	
1965	100.0	53.2	43.4	3.0	0.4	
1970	100.0	36.7	59.2	4.0	0.2	
1975	100.0	23.2	73.4	3.3	0.1	
1978	100.0	25.8	70.0	4.2		
1980	100.0	27.9	67.8	4.2	0.1	
1985	100.0	35.1	62.2	2.6	0.1	
1990	100.0	39.4	58.4	2.1	0.2	
1995	100.0	40.5	57.2	2.2	0.1	
1996	100.0	41.3	56.6	2.0	0.1	
1997	100.0	35.2	62.5	2.0	0.3	
1998	100.0	37.8	59.5	2.3	0.4	
1999	100.0	35.4	61.9	2.3	0.4	
2000	100.0	30.9	66.0	2.7	0.4	
2001	100.0	32.2	64.8	2.6	0.4	
2002	100.0	35.9	61.3	2.3	0.5	
2003	100.0	39.6	57.7	2.3	0.4	
2004	100.0	48.7	48.9	2.0	0.4	
2005	100.0	50.6	46.7	2.3	0.4	
2006	100.0	52.8	44.5	2.3	0.4	
2007	100.0	53.1	44.0	2.5	0.4	
2008	100.0	52.9	44.0	2.8	0.3	
2009	100.0	52.9	43.6	3.0	0.5	
2010	100.0	51.1	44.1	3.1	0.6	1.1
2011	100.0	52.4	42.8	3.1	0.4	1.3
2012	100.0	49.1	45.2	3.5	0.6	1.6

7-2 一次能源消费总量和构成

TOTAL CONSUMPTION OF PRIMARY ENERGY AND ITS COMPOSITION

年份 Year	能源消费总量 Total Energy Consumption	原煤 Coal	原油 Crude Oil	天然气 Natural Gas	水电 Hydro-power	风电 Wind Power
绝对数(万吨标准煤) Aggregate Data (10000 tons of SCE)						
1952	374.9	370.9			4.0	
1957	641.6	631.2			10.4	
1962	1050.8	979.6	28.9	31.9	10.4	
1965	1354.4	1002.8	258.3	82.5	10.8	
1970	2047.0	1102.6	732.8	203.5	8.1	
1975	2611.6	1454.1	852.7	293.9	10.9	
1978	3338.7	1843.1	1056.6	434.9	4.1	
1980	3716.4	2005.8	1244.9	452.2	13.5	
1985	4581.0	2936.6	1296.1	332.5	15.8	
1990	5539.7	3803.5	1424.5	290.5	21.2	
1995	6261.3	4213.4	1706.3	314.6	27.0	
1996	6270.5	4205.2	1729.7	313.4	22.2	
1997	6635.5	4402.9	1931.8	257.0	43.8	
1998	6702.1	4298.4	2062.2	287.9	53.6	
1999	6390.0	3967.1	2079.2	293.4	50.3	
2000	5663.1	3276.1	2097.2	243.7	46.1	
2001	5830.8	3294.1	2219.6	266.0	51.1	
2002	6204.2	3715.8	2180.0	247.4	61.0	
2003	6309.8	3800.0	2230.0	234.1	45.7	
2004	7515.0	4931.5	2294.3	236.7	52.5	
2005	7619.6	4909.7	2340.6	315.2	54.1	
2006	7657.3	4991.9	2297.3	317.1	51.0	
2007	7957.9	5250.5	2340.5	328.5	38.4	
2008	8347.8	5734.3	2234.2	337.8	41.5	
2009	8465.2	5672.2	2357.9	364.4	70.7	
2010	9666.8	6513.7	2533.1	399.0	87.3	133.7
2011	10061.8	6841.3	2574.6	412.0	60.2	173.7
2012	10041.7	6871.7	2534.4	362.8	69.8	203.0
构成(%) Composition (%)						
1952	100.0	98.5			1.5	
1957	100.0	98.4			1.6	
1962	100.0	93.2	2.8	3.0	1.0	
1965	100.0	74.1	19.1	6.1	0.7	
1970	100.0	53.9	35.8	9.9	0.3	
1975	100.0	55.7	32.7	11.3	0.3	
1978	100.0	55.2	31.7	13.0	0.1	
1980	100.0	54.0	33.5	12.2	0.3	
1985	100.0	64.1	28.3	7.3	0.3	
1990	100.0	68.7	25.7	5.2	0.4	
1995	100.0	67.4	27.2	5.0	0.4	
1996	100.0	67.2	27.5	5.0	0.4	
1997	100.0	66.5	29.1	3.8	0.6	
1998	100.0	64.1	30.8	4.3	0.8	
1999	100.0	62.1	32.5	4.6	0.8	
2000	100.0	57.8	37.0	4.3	0.9	
2001	100.0	56.5	38.1	4.6	0.8	
2002	100.0	59.9	35.1	4.0	1.0	
2003	100.0	60.2	35.3	3.7	0.8	
2004	100.0	65.6	30.5	3.1	0.8	
2005	100.0	64.4	30.7	4.2	0.7	
2006	100.0	65.2	30.0	4.1	0.7	
2007	100.0	66.0	29.4	4.1	0.5	
2008	100.0	68.7	26.8	4.0	0.5	
2009	100.0	67.0	27.9	4.3	0.8	
2010	100.0	67.4	26.2	4.1	0.9	1.4
2011	100.0	68.0	25.6	4.1	0.6	1.7
2012	100.0	68.4	25.2	3.6	0.7	2.0

7-3 综合能源平衡表

OVERALL ENERGY BALANCE SHEET

单位：万吨标准煤 (10000 tons of SCE)

指 标	Item	2009	2010	2011	2012
可供消费的能源总量	**Total Energy Available for Consumption**	**8713.3**	**11032.5**	**12118.5**	**12730.6**
一次能源生产量	Primary Energy Output	13126.2	13093.9	13437.2	12838.7
外省(区、市)调入量	Inflow from Other Provinces(Regions,Cities)	1431.7	3911.7	5008.5	5156.3
进口量	Imports	558.2	1078.5	2711.2	3562.9
本省(区、市)调出量(—)	Outflow to Other Provinces(Regions,Cities)(—)	6419.9	7154.3	8811.2	8825.5
出口量(—)	Exports(—)	4.3	0.2	134.7	18.9
年初年末库存差额	Stock Changes in the Year	21.4	102.9	-92.4	17.1
年初库存量	Stocks	911.6	897.5	794.2	846.2
年末库存量(—)	Stock Changes in the Year(—)	890.3	794.6	886.6	829.1
能源消费总量	**Total Energy Consumption**	**10455.2**	**11032.5**	**12118.5**	**12757.8**
在总量中:	Consumption by Sector				
农、林、牧、渔、水利业	Agriculture,Forestry,Animal Husbandry,Fishery and Water Conservancy	290.3	304.2	419.9	539.2
工 业	Industry	8013.2	8168.7	7689.0	7850.5
建筑业	Construction	11.4	16.2	50.9	54.6
交通运输、仓储和邮政业	Transport, Storage and Post	512.9	512.1	922.3	972.7
批发、零售业和住宿、餐饮业	Wholesale and Retail Trade , Hotels and Catering Services	292.4	306.6	606.4	734.7
其他	Others	118.6	132.0	419.3	495.6
生活消费	Household Consumption	1216.5	1592.7	2010.7	2110.5
在总量中:	Consumption by Usage				
终端消费	End-use Consumption	6574.8	6938.7	10038.0	10720.8
#工业	#Industry	4132.8	4074.9	5608.4	5813.5
加工转换损失量	Losses During the Process of Energy Conversion	3767.7	3985.8	1933.8	1759.6
火力发电	Fuel Power Generation	2004.1	2038.7	2221.4	2073.0
供热	Heating	539.0	591.5	587.2	678.4
洗选煤	Coal Washing and Dressing	891.4	1213.9	1108.7	812.1
炼焦	Coking	243.0	182.7	125.4	82.6
炼油	Petroleum Refining	20.7	9.9	32.4	160.3
制气	Gas Production	10.7	3.8	45.4	82.4
损失量	Energy Losses	112.7	108.0	146.6	277.4

注：电力、热力按等价热值折算。
Note: Electric power and heat are converted by the equivalent calorific value.

7-4 能源加工转换效率

EFFICIENCY OF ENERGY CONVERSION

单位：% (%)

年 份 Year	总效率 Total Efficiency	发电及电站供热 Electricity Generation and Heating by Power Stations	炼 焦 Coking	炼 油 Petroleum Refining
2004	66.18	35.62	80.65	98.72
2005	65.88	35.13	70.04	98.73
2006	65.21	35.14	78.89	98.74
2007	67.44	35.70	77.72	98.13
2008	66.26	35.91	74.79	98.17
2009	69.84	38.09	80.06	99.91
2010	71.67	40.35	86.68	98.08
2011	70.63	39.07	90.23	94.87
2012	72.41	40.79	93.10	93.73

7-5 能源平衡表 (2012年)

项　目	Item	煤合计（万吨）Total Coal (10000 tons)	原煤（万吨）Raw Coal (10000 tons)
可供本地区消费的能源量	**Total Energy Available for Consumption**	**13964.92**	**17038.52**
年初库存量	Stock at The Early Year	1093.45	989.47
一次能源生产量	Primary Energy Output	9129.47	9129.47
外省（区、市）调入量	Inflow from Other Provinces (Regions, Cities)	7660.55	7637.32
进口量	Imports	211.00	211.00
本省（区、市）调出量(-)	Outflow to Other Provinces (Regions, Cities) (-)	-3113.43	
出口量(-)	Exports (-)	-0.40	-0.40
年末库存量(-)	Stock at The Year-end (-)	-1015.72	-928.34
加工转换投入(-)产出(+)量	**Input(-) or Output(+) in Processing and Transformation**	**-9918.82**	**-14381.61**
火力发电	Fuel Power Generation	-4365.36	-4259.93
供　热	Heating	-2071.50	-1963.57
煤炭洗选	Coal Washing and Dressing	-1979.49	-7984.63
炼　焦	Coking	-1333.41	-25.70
炼　油	Petroleum Refining		
制　气	Gas Production	-169.06	-147.78
#焦炭再投入量(—)	#Reinputs of Coke(—)		
煤制品加工	Coal Products processing		
损失量	**Losses**		
#运输和输配损失	#Losses for Transport		
终端消费量	**Total End-use Energy Consumption**	**4046.10**	**2656.91**
第一产业	Primary Industry	204.77	204.77
农、林、牧、渔业	Agriculture, Forestry, Animal Husbandry, Fishery and Water Conservancy	204.77	204.77
第二产业	Secondary Industry	2414.92	1111.73
工　业	Industry	2414.92	1111.73
#用作原料、材料	#for Raw and Processed Materials	32.38	
建筑业	Construction		
第三产业	Tertiary Industry	1022.67	1022.67
交通运输、仓储和邮政业	Transport, Storage and Post	277.67	277.67
批发、零售业和住宿、餐饮业	Wholesale and Retail Trade , Hotels and Catering Services	360.00	360.00
其　他	Others	385.00	385.00
生活消费	Household Consumption	403.74	317.74
城　镇	Urban	278.68	192.68
乡　村	Rural	125.06	125.06
消费量合计	**Total Consumption**	**13964.92**	**17038.52**

ENERGY BALANCE SHEET (2012)

无烟煤 (万吨) Anthracite Coal (10000 tons)	烟煤（万吨） Bituminous Coal (10000 tons)		褐煤 (万吨) Brown Coal (10000 tons)	洗精煤 (万吨) Fancy Coal (10000 tons)	其它洗煤 (万吨) Other Washed Coal (10000 tons)	煤制品 (万吨) Coal Products (10000 tons)	煤矸石 (万吨) Gangue (10000 tons)	焦炭 (万吨) Coke (10000 tons)
	炼焦烟煤 Coking	一般烟煤 General						
657.93	**157.89**	**14660.19**	**1562.51**	**-1981.47**	**-1115.68**	**23.55**	**-2.52**	**-618.83**
5.17	0.12	945.70	38.48	84.47	18.75	0.76	-1.95	-17.89
70.60	120.78	8772.98	165.11					
552.65		5752.42	1332.25			23.23		
31.10	42.60	48.80	88.50					
				-1997.82	-1115.61			-588.53
			-0.40					
-1.59	-5.61	-859.71	-61.43	-68.12	-18.82	-0.44	-0.57	-12.41
	-155.02	**-13008.46**	**-1218.13**	**2566.47**	**1907.38**	**-11.06**	**398.98**	**948.75**
		-3539.53	-720.40		-105.43		-406.67	
		-1690.89	-272.68		-96.87	-11.06	-168.65	
	-142.19	-7623.63	-218.81	3889.97	2115.17		974.30	
	-12.83	6.63	-6.24	-1307.71				949.92
		-147.78		-15.79	-5.49			
657.93	**2.87**	**1651.73**	**344.38**	**585.00**	**791.70**	**12.49**	**491.80**	**329.92**
108.00		96.77						
108.00		96.77						
13.58	2.87	750.90	344.38	585.00	705.70	12.49	491.80	329.92
13.58	2.87	750.90	344.38	585.00	705.70	12.49	491.80	329.92
				32.38				
489.52		533.15						
122.97		154.70						
170.55		189.45						
196.00		189.00						
46.83		270.91			86.00			
46.83		145.85			86.00			
		125.06						
657.93	**157.89**	**14660.19**	**1562.51**	**1908.50**	**999.49**	**23.55**	**1067.12**	**331.09**

7-5 续表1

项　目	Item	焦炉煤气（亿立方米） Coking Gas (100 million cu. m)	转炉煤气（亿立方米） Converter Gas (100 million cu. m)
可供本地区消费的能源量	**Total Energy Available for Consumption**		
年初库存量	Stock at The Early Year		
一次能源生产量	Primary Energy Output		
外省（区、市）调入量	Inflow from Other Provinces (Regions, Cities)		
进口量	Imports		
本省（区、市）调出量(-)	Outflow to Other Provinces (Regions, Cities) (-)		
出口量(-)	Exports (-)		
年末库存量(-)	Stock at The Year-end (-)		
加工转换投入(-)产出(+)量	**Input(-) or Output(+) in Processing and Transformation**	**-2.64**	**0.56**
火力发电	Fuel Power Generation	-1.33	-0.15
供　热	Heating		-1.33
煤炭洗选	Coal Washing and Dressing	21.31	
炼　焦	Coking		
炼　油	Petroleum Refining		
制　气	Gas Production		
#焦炭再投入量(—)	#Reinputs of Coke(—)		
煤制品加工	Coal Products processing		
损失量	**Losses**		
#运输和输配损失	#Losses for Transport		
终端消费量	**Total End-use Energy Consumption**	**17.34**	**0.56**
第一产业	Primary Industry		
农、林、牧、渔业	Agriculture, Forestry, Animal Husbandry, Fishery and Water Conservancy		
第二产业	Secondary Industry	17.34	0.56
工　业	Industry	17.34	0.56
#用作原料、材料	#for Raw and Processed Materials		
建筑业	Construction		
第三产业	Tertiary Industry		
交通运输、仓储和邮政业	Transport, Storage and Post		
批发、零售业和住宿、餐饮业	Wholesale and Retail Trade , Hotels and Catering Services		
其　他	Others		
生活消费	Household Consumption		
城　镇	Urban		
乡　村	Rural		
消费量合计	**Total Consumption**	**21.31**	**2.04**

CONTINUED

其它煤气（亿立方米） Others Gas (100 million cu. m)	石油合计（万吨） Total Oil (10000 tons)	原油（万吨） Crude Oil (10000 tons)	汽油（万吨） Gasoline (10000 tons)	煤油（万吨） Kerosene (10000 tons)	柴油（万吨） Diesel Oil (10000 tons)	石脑油（万吨） Naphtha (10000 tons)	润滑油（万吨） Lubricating Oil (10000 tons)	石蜡（万吨） Paraffin (10000 tons)	溶剂油（万吨） Solvent oil (10000 tons)
	2252.23	**2166.48**	**-0.03**	**0.01**	**32.74**				
	65.47	63.59	0.07	0.01	0.85				
	4000.04	4000.04							
	2066.45	1973.70			39.32				
	-3801.65	-3801.65							
	-1.10		-0.10		-0.50				
	-76.98	-69.20			-6.93				
13.65	**-246.57**	**-1676.89**	**466.02**	**65.93**	**571.62**	**4.01**	**25.92**	**32.02**	**0.11**
	-10.64				-0.34				
	-67.42				-0.08				
	-52.72	-1676.89	466.02	65.93	572.04	4.01	25.92	32.02	0.11
13.65									
	48.00	48.00							
13.65	**1957.66**	**441.59**	**465.99**	**65.94**	**604.36**	**4.01**	**25.92**	**32.02**	**0.11**
	154.86		22.09		132.77				
	154.86		22.09		132.77				
13.65	789.05	441.59	12.59	0.33	48.34	4.01	25.92	32.02	0.11
13.65	782.40	441.59	12.59	0.33	41.69	4.01	25.92	32.02	0.11
6.37	119.74	25.45			0.04				
	6.65				6.65				
	699.81		363.48	65.61	270.72				
	460.19		195.98	65.61	198.60				
	183.02		110.90		72.12				
	56.60		56.60						
	313.94		67.83		152.53				
	269.94		49.83		126.53				
	44.00		18.00		26.00				
13.65	**2252.23**	**2166.48**	**465.99**	**65.94**	**604.78**	**4.01**	**25.92**	**32.02**	**0.11**

7-5 续表2

项　　目	Item	石油沥青（万吨）Petroleum Pitch (10000 tons)	石油焦（万吨）Petroleum Coke (10000 tons)
可供本地区消费的能源量	**Total Energy Available for Consumption**		**0.01**
年初库存量	Stock at The Early Year		0.01
一次能源生产量	Primary Energy Output		
外省（区、市）调入量	Inflow from Other Provinces (Regions,Cities)		
进口量	Imports		
本省（区、市）调出量(-)	Outflow to Other Provinces (Regions,Cities) (-)		
出口量(-)	Exports (-)		
年末库存量(-)	Stock at The Year-end (-)		
加工转换投入(-)产出(+)量	**Input(-) or Output(+) in Processing and Transformation**		**17.71**
火力发电	Fuel Power Generation		
供　热	Heating		
煤炭洗选	Coal Washing and Dressing		
炼　焦	Coking		
炼　油	Petroleum Refining		17.71
制　气	Gas Production		
#焦炭再投入量(—)	#Reinputs of Coke(—)		
煤制品加工	Coal Products processing		
损失量	**Losses**		
#运输和输配损失	#Losses for Transport		
终端消费量	**Total End-use Energy Consumption**		**17.72**
第一产业	Primary Industry		
农、林、牧、渔业	Agriculture,Forestry,Animal Husbandry,Fishery and Water Conservancy		
第二产业	Secondary Industry		17.72
工　业	Industry		17.72
#用作原料、材料	#for Raw and Processed Materials		
建筑业	Construction		
第三产业	Tertiary Industry		
交通运输、仓储和邮政业	Transport, Storage and Post		
批发、零售业和住宿、餐饮业	Wholesale and Retail Trade , Hotels and Catering Services		
其　他	Others		
生活消费	Household Consumption		
城　镇	Urban		
乡　村	Rural		
消费量合计	**Total Consumption**		**17.72**

CONTINUED

液化石油气（万吨） Liquefied Petroleum Gas (10000 tons)	炼厂干气（万吨） Net Gas of Plant (10000 tons)	天然气（亿立方米） Natural Gas (100 million cu. m)	其它石油制品（万吨） Other Oil Products (10000 tons)	其它焦化产品（万吨） Other Coked Products (10000 tons)	热力（万百万千焦） Heat Power (10 billion kilo-joule)	电力（亿千瓦时） Electricity (100 million kwh)	其它能源（万吨标煤） Others (10000 tons of SCE)
		33.68				**55.61**	**11.88**
		33.68				69.41	
						0.02	11.88
						120.05	
						-129.50	
						-4.37	
150.09	**32.48**	**-5.96**	**64.45**	**51.65**	**27745.57**	**772.29**	**-11.88**
	-8.96	-1.18				772.29	-10.48
	-49.37	-4.78			27745.57		-8.10
				51.65			
159.12	90.81		143.97				
		1.43				48.50	
150.09	**32.48**	**26.29**	**64.45**	**51.65**	**27745.57**	**779.40**	
						36.67	
						36.67	
56.51	32.48	21.18	64.45	51.65	2859.14	543.78	
56.51	32.48	21.18	64.45	51.65	2783.64	532.95	
44.34		6.27	49.91				
					75.50	10.83	
					5119.78	42.63	
					817.80	11.76	
					2100.98	25.80	
					2201.00	5.07	
93.58		5.11			19766.65	156.32	
93.58		5.11			19766.65	95.92	
						60.40	
159.12	**90.81**	**33.68**	**143.97**	**51.65**	**27745.57**	**827.90**	**18.58**

7-6 石油平衡表

PETROLEUM BALANCE SHEET

单位：万吨 (10000 tons)

指　　标	Item	2008	2009	2010	2011	2012
可供量	**Total Energy Available for Consumption**	**1389.8**	**1744.3**	**1891.9**	**2128.1**	**2252.2**
生产量	Output	4020.0	4000.7	4004.9	4006.0	4000.0
进口量	Imports	201.5	373.8	725.0	1804.1	2066.5
出口量(一)	Exports(一)	54.1	0.9	0.0	80.2	1.1
年初年末库存差额	Stock Changes in the Year	5.6	13.8	-9.6	-14.8	-11.5
消费量	**Total Energy Consumption**	**1394.3**	**1744.3**	**1891.9**	**2128.1**	**2252.2**
在消费量中:	Consumption by Sector					
农、林、牧、渔、水利业	Agriculture, Forestry, Animal Husbandry, Fishery and Water Conservancy	130.7	146.7	171.0	176.0	154.9
工　业	Industry	650.3	875.8	875.5	989.5	1077.0
建筑业	Construction	1.2	1.4	3.6	5.7	6.7
交通运输、仓储和邮政业	Transport, Storage and Post	230.6	286.9	302.2	377.6	460.2
批发、零售业和住宿、餐饮业	Wholesale and Retail Trade , Hotels and Catering Services	168.3	165.3	145.5	181.2	183.0
其　他	Others	42.0	45.0	14.0	56.0	56.6
生活消费	Household Consumption	171.3	223.2	380.2	342.2	313.9
在消费量中:	Consumption by Usage					
终端消费	End-use Consumption	1394.3	1581.0	1683.2	1850.6	1957.7
#工　业	#Industry	650.3	712.5	666.8	712.0	782.4
中间消费(用于加工转换)	Intermediate Consumption (Consumed in Conversion)	137.2	115.3	160.7	229.5	246.6
发　电	Power Generation	5.4	5.0	7.7	10.8	10.6
供　热	Heating	74.5	73.4	70.7	64.7	67.4
制　气	Gas Production					
炼油损失量	Losses in Petroleum Refining	57.3	36.9	82.4	154.1	168.5
损失量	Other Losses	48.2	48.0	48.0	48.0	48.0

注：1. 生产量为原油产量。

2. 进口量包括我国飞机、轮船在国外加油量；出口量包括外国飞机、轮船在我国加油量。

Note: a) Data on output refer to the output of crude oil.

b) The refueling by Chinese ships and airplanes abroad is included in imports. The refueling by foreign ships and airplanes in China is included in exports.

7-7 煤炭平衡表

COAL BALANCE SHEET

单位：万吨 (10000 tons)

指 标	Item	2008	2009	2010	2011	2012
可供量	**Total Energy Available for Consumption**	**8009.4**	**9051.8**	**12202.2**	**13098.6**	**13964.9**
生产量	Output	9676.0	9735.8	9706.6	9820.0	9129.5
进口量	Imports	2.5	18.7	35.3	96.8	211.0
出口量(—)	Exports(—)	13.2	4.3	0.3		0.4
年初年末库存差额	Stock Changes in the Year	151.9	9.6	166.2	-89.7	77.7
消费量	**Total Energy Consumption**	**11203.9**	**11050.1**	**12198.9**	**13098.6**	**13964.9**
在消费量中：	Consumption by Sector					
农、林、牧、渔、水利业	Agriculture, Forestry, Animal Husbandry, Fishery and Water Conservancy	40.9	65.5	25.7	51.6	204.8
工 业	Industry	10896.2	10706.2	11831.5	11970.0	12333.7
建筑业	Construction	5.0	5.0			
交通运输、仓储和邮政业	Transport, Storage and Post	121.3	115.4	78.8	371.6	277.7
批发、零售业和住宿、餐饮业	Wholesale and Retail Trade , Hotels and Catering Services			20.0	225.0	360.0
其 他	Others				94.0	385.0
生活消费	Household Consumption	105.6	120.4	242.9	386.4	403.7
在消费量中：	Consumption by Usage					
终端消费	End-use Consumption	2761.3	2639.8	2668.5	3313.0	4046.1
#工 业	#Industry	2453.7	2295.8	2301.1	2184.3	2414.9
中间消费(用于加工转换)	Intermediate Consumption (Consumed in Conversion)	8442.5	8410.4	9530.4	9785.7	9918.8
发 电	Power Generation	3986.4	3791.9	4117.4	4458.0	4365.4
供 热	Heating	1624.6	1456.0	1697.4	1859.6	2071.5
炼 焦	Coking	1169.7	1366.6	1538.8	1438.8	1333.4
制 气	Gas Production	194.9	193.5	153.4	134.0	169.1

注：生产量为原煤产量。
Note: Data on output refer to the output of raw coal.

7-8 电力平衡表

ELECTRICITY BALANCE SHEET

单位：亿千瓦小时 (100 million kwh)

指 标	Item	2008	2009	2010	2011	2012
可供量	**Total Energy Available for Consumption**	**697.1**	**688.7**	**762.6**	**816.8**	**827.9**
生产量	Output	766.7	731.6	785.7	849.4	841.7
水 电	Hydropower	27.2	46.8	61.1	74.6	69.4
火 电	Thermal Power	739.5	684.7	724.7	774.8	772.3
核 电	Nuclear Power					
进口量	Imports	99.0	8.5	9.8	12.4	120.1
出口量(—)	Exports(—)				-4.2	4.4
消费量	**Total Energy Consumption**	**697.1**	**688.7**	**762.6**	**816.8**	**827.9**
在消费量中：	Consumption by Sector					
农、林、牧、渔、水利业	Agriculture, Forestry, Animal Husbandry, Fishery and Water Conservancy	24.1	24.2	25.0	28.4	36.7
工 业	Industry	465.4	472.8	522.6	548.1	581.4
建筑业	Construction	3.5	4.7	6.9	9.7	10.8
交通运输、仓储和邮政业	Transport, Storage and Post	21.1	8.7	10.0	11.2	11.8
批发、零售业和住宿、餐饮业	Wholesale and Retail Trade , Hotels and Catering Services	16.3	18.2	21.0	23.7	25.8
其 他	Others	41.0	42.6	46.3	50.1	5.1
生活消费	Household Consumption	125.7	117.4	130.8	145.7	156.3
在消费量中：	Consumption by Usage					
终端消费	End-use Consumption	697.1	669.9	747.8	801.9	779.4
#工 业	#Industry	451.7	454.0	507.8	533.2	533.0
输配电损失量	Losses in Transmission	13.7	18.8	14.8	15.0	48.5

7-9 分行业能源终端消费量 (2012年)

行　　业	Sector	煤合计（万吨）Total coal (10000 tons)
消费总计	**Total Consumption**	**4046.10**
农、林、牧、渔业	**Agriculture, Forestry, Animal Husbandry and Fishery**	**204.77**
工业合计	**Industry**	**2414.92**
轻工业	Light Industry	375.10
重工业	Heavy Industry	2039.83
采矿业	**Mining**	**271.71**
煤炭开采和洗选业	Mining and Washing of Coal	260.91
石油和天然气开采业	Extraction of Petroleum and Natural Gas	1.81
黑色金属矿采选业	Mining of Ferrous Metal Ores	2.01
有色金属矿采选业	Mining of Non-ferrous Metal Ores	0.83
非金属矿采选业	Mining and Processing of Nonmetal Ores	6.16
开采辅助活动	Mining of Other Ores	
其他采矿业	Mining of Other Ores	
制造业	**Manufacturing**	**1651.26**
农副食品加工业	Processing of Food from Agricultural Products	90.79
食品制造业	Manufacture of Foods	40.83
酒、饮料和精制茶制造业	Manufacture of Wine, soft drinks and refined tea	30.77
烟草制品业	Manufacture of Tobacco	5.40
纺织业	Manufacture of Textile	11.96
纺织服装、服饰业	Manufacture of Textile、Clothing and Apparel	0.17
皮革毛皮羽毛及其制品和制鞋业	Manufacture of Leather, Fur, feather and Its Products and Footwear	0.11
木材加工和木竹藤棕草制品业	Processing of Timbers, Manufacture of Wood, Bamboo, Rattan, Palm, and Straw Products	19.48
家具制造业	Manufacture of Furniture	2.73
造纸及纸制品业	Manufacture of Paper and Paper Products	40.61
印刷和记录媒介的复制业	Printing, Reproduction of Recording Media	1.00
文教工美体育和娱乐用品制造业	Manufacture of Culture, Art, Sports and Entertainment Goods	0.10
石油加工、炼焦及核燃料加工业	Processing of Petroleum, Coking, Processing of Nuclear Fuel	583.82
化学原料及化学制品制造业	Manufacture of Chemical Raw Material and Chemical Products	140.71
医药制造业	Manufacture of Medicines	144.05
化学纤维制造业	Manufacture of Chemical Fiber	6.59
橡胶和塑料制品业	Manufacture of Rubber and Plastic	21.96
非金属矿物制品业	Manufacture of Non-metallic Mineral Products	2.17
黑色金属冶炼及压延加工业	Manufacture and Processing of Ferrous Metals	175.88

CONSUMPTION OF ENERGY BY SECTOR (2012)

原煤（万吨） Raw coal (10000 tons)	无烟煤（万吨） Anthracite Coal (10000 tons)	烟煤（万吨） Bituminous Coal (10000 tons)		褐煤（万吨） Brown Coal (10000 tons)	洗精煤（万吨） Fancy Coal (10000 tons)	其它洗煤（万吨） Other Washed Coal (10000 tons)	煤制品（万吨） Coal Products (10000 tons)
		炼焦烟煤 Coking	一般烟煤 General				
2656.91	**657.93**	**2.87**	**1651.73**	**344.38**	**585.00**	**791.70**	**12.49**
204.77	**108.00**		**96.77**				
1111.73	**13.58**	**2.87**	**750.90**	**344.38**	**585.00**	**705.70**	**12.49**
296.66	12.14		195.34	89.19	4.75	73.57	0.11
815.07	1.44	2.87	555.56	255.19	580.25	632.13	12.37
113.69			**65.69**	**48.00**	**40.39**	**116.89**	**0.74**
103.63			55.63	48.00	40.39	116.89	
1.81			1.81				
2.01			2.01				
0.83			0.83				
5.42			5.42				0.74
702.60	**13.58**	**2.87**	**541.29**	**144.86**	**534.37**	**402.62**	**11.66**
30.03			30.00	0.03	0.74	60.00	0.02
34.96	2.96		24.00	8.00	4.01	1.86	
30.77	9.18		15.00	6.59			
5.40			5.40				
11.96			8.96	3.00			
0.17			0.17				
0.11			0.11				
19.47	0.02		19.41	0.04	0.01		
2.73			2.73				
40.34			37.00	3.34		0.27	
0.99			0.99				0.02
0.10			0.10				
64.48	0.11		60.10	4.27	356.30	151.98	11.06
60.09			56.00	4.09	11.63	68.99	
132.58			70.88	61.70		11.45	0.02
6.53				6.53			0.06
21.96			21.96				
1.61			1.61			0.56	
66.83	1.31	2.87	42.52	20.13	2.15	106.90	

7-9 续表1

行　业	Sector	焦炭（万吨）Coke (10000 tons)
消费总计	**Total Consumption**	**329.92**
农、林、牧、渔业	**Agriculture, Forestry, Animal Husbandry and Fishery**	
工业合计	**Industry**	**329.92**
轻工业	Light Industry	1.17
重工业	Heavy Industry	328.75
采矿业	**Mining**	**0.75**
煤炭开采和洗选业	Mining and Washing of Coal	
石油和天然气开采业	Extraction of Petroleum and Natural Gas	
黑色金属矿采选业	Mining of Ferrous Metal Ores	
有色金属矿采选业	Mining of Non-ferrous Metal Ores	
非金属矿采选业	Mining and Processing of Nonmetal Ores	0.75
开采辅助活动	Mining of Other Ores	
其他采矿业	Mining of Other Ores	
制造业	**Manufacturing**	**329.17**
农副食品加工业	Processing of Food from Agricultural Products	1.17
食品制造业	Manufacture of Foods	
酒、饮料和精制茶制造业	Manufacture of Wine, soft drinks and refined tea	
烟草制品业	Manufacture of Tobacco	
纺织业	Manufacture of Textile	
纺织服装、服饰业	Manufacture of Textile、Clothing and Apparel	
皮革毛皮羽毛及其制品和制鞋业	Manufacture of Leather, Fur, feather and Its Products and Footwear	
木材加工和木竹藤棕草制品业	Processing of Timbers, Manufacture of Wood, Bamboo, Rattan, Palm, and Straw Products	
家具制造业	Manufacture of Furniture	
造纸及纸制品业	Manufacture of Paper and Paper Products	
印刷和记录媒介的复制业	Printing, Reproduction of Recording Media	
文教工美体育和娱乐用品制造业	Manufacture of Culture, Art, Sports and Entertainment Goods	
石油加工、炼焦及核燃料加工业	Processing of Petroleum, Coking, Processing of Nuclear Fuel	
化学原料及化学制品制造业	Manufacture of Chemical Raw Material and Chemical Products	0.43
医药制造业	Manufacture of Medicines	
化学纤维制造业	Manufacture of Chemical Fiber	
橡胶和塑料制品业	Manufacture of Rubber and Plastic	
非金属矿物制品业	Manufacture of Non-metallic Mineral Products	2.65
黑色金属冶炼及压延加工业	Manufacture and Processing of Ferrous Metals	322.41

CONTINUED

焦炉煤气（亿立方米） Coking Gas (100 million cu. m)	其它煤气（亿立方米） Others Gas (100 million cu. m)	石油合计（万吨） Total Oil (10000 tons)	原油（万吨） Crude Oil (10000 tons)	汽油（万吨） Gasoline (10000 tons)	煤油（万吨） Kerosene (10000 tons)	柴油（万吨） Diesel Oil (10000 tons)
17.34	**13.65**	**1957.66**	**441.59**	**465.99**	**65.94**	**604.36**
		154.86		**22.09**		**132.77**
17.34	**13.65**	**782.40**	**441.59**	**12.59**	**0.33**	**41.69**
		4.95		1.52		2.08
17.34	13.65	777.45	441.59	11.07	0.33	39.61
		89.09	**67.37**	**5.11**	**0.08**	**16.49**
		8.14		1.13	0.04	6.95
		77.55	67.37	3.71		6.46
		0.18		0.01		0.17
		0.12		0.02	0.01	0.09
		0.66		0.02	0.02	0.62
		2.43		0.22		2.21
17.34	**13.65**	**672.84**	**374.22**	**4.49**	**0.24**	**9.95**
		1.55		0.49		0.69
		1.46		0.24		0.25
		0.35		0.17		0.17
		0.50		0.02		0.47
		0.06		0.03		0.03
		0.02		0.01		0.01
		1.74		0.55		1.12
		0.12		0.05		0.08
		0.31		0.15		0.16
		0.08		0.05		0.02
		0.02		0.01		0.01
6.88	5.24	516.82	315.00	0.27	0.01	1.33
6.04		141.83	59.22	0.34	0.06	0.55
		0.47		0.30		0.17
		0.29		0.15		0.15
0.99		2.87		0.31		2.56
3.42	1.12	0.95		0.05	0.01	0.81

7-9 续表2

行　　业	Sector	煤合计（万吨） Total coal (10000 tons)
有色金属冶炼及压延加工业	Manufacture & Processing of Non-ferrous Metals	162.65
金属制品业	Manufacture of Metal Products	53.68
通用设备制造业	Manufacture of General Purpose Machinery	4.51
专用设备制造业	Manufacture of Special Purpose Machinery	16.00
汽车制造业	Manufacture of Automobile	29.07
铁路、船舶、航空航天和其他运输设备制造业	Manufacture of Railroads, Ships, Aerospace and Other Transport Equipment	60.38
电气机械及器材制造业	Manufacture of Electrical Machinery & Equipment	5.23
计算机、通信和其他电子设备制造业	Manufacture of Computer,Communication and Other Electronic Equipment	0.01
仪器仪表制造业	Manufacture of Instrument	0.05
其他制造业	Other Manufacture	0.55
废弃资源综合利用业	Recycling and Disposal of Waste	
金属制品、机械和设备修理业	Metal Products, Machinery and Equipment Repair	
电力、燃气及水的生产和供应业	**Production and Distribution of Electricity,Gas and Water**	**491.95**
电力、热力的生产和供应业	Production and Supply of Electric Power and Heat Power	282.79
燃气生产和供应业	Production and Distribution of Gas	204.92
水的生产和供应业	Production and Distribution of Water	4.24
建筑业	**Construction**	
房屋建筑业	Housing Building Construction	
土木工程建筑业	Civil Engineering Construction	
建筑安装业	Construction Installation	
建筑装饰和其他建筑业	Construction Decoration and Other Construction	
批发、零售业和住宿、餐饮业	**Wholesale, Retail Trades and Hotels ,Catering Services**	**277.67**
交通运输、仓储和邮政业	**Traffic, Transport, Storage and Postt**	**228.27**
铁路运输业	Transport Via Railway	45.00
道路运输业	Transport Via Road	4.40
水上运输业	Water Transport	
航空运输业	Air Transport	
管道运输业	Transport Via Pipeline	
装卸搬运和运输代理业	Loading, Unloading, Portage and Other Transport Services	
仓储业	Storage	
邮政业	Post	360.00
其他行业	**Others**	**385.00**
城乡居民生活	**Household Consumption**	**403.74**

CONTINUED

原煤（万吨）Raw coal (10000 tons)	无烟煤（万吨）Anthracite Coal (10000 tons)	烟煤（万吨）Bituminous Coal (10000 tons)		褐煤（万吨）Brown Coal (10000 tons)	洗精煤（万吨）Fancy Coal (10000 tons)	其它洗煤（万吨）Other Washed Coal (10000 tons)	煤制品（万吨）Coal Products (10000 tons)
		炼焦烟煤 Coking	一般烟煤 General				
67.61			62.29	5.32	95.04		
4.04			4.04		49.60	0.02	0.02
4.37			4.37				0.14
15.41			14.91	0.50		0.47	0.11
14.18			13.97	0.21	14.89		
60.38			39.26	21.12			
4.89			4.89			0.12	0.22
0.01			0.01				
0.05			0.05				
0.55			0.55				
295.44			**143.92**	**151.52**	**10.24**	**186.19**	**0.08**
175.52			80.00	95.52		107.19	0.08
115.68			59.68	56.00	10.24	79.00	
4.24			4.24				
277.67	**122.97**		**154.70**				
228.27	**122.97**		**105.30**				
45.00			45.00				
4.40			4.40				
360.00	170.55		189.45				
385.00	**196.00**		**189.00**				
317.74	**46.83**		**270.91**			**86.00**	

7-9 续表3

行　　业	Sector	焦炭（万吨）Coke (10000 tons)
有色金属冶炼及压延加工业	Manufacture & Processing of Non-ferrous Metals	1.32
金属制品业	Manufacture of Metal Products	0.03
通用设备制造业	Manufacture of General Purpose Machinery	0.43
专用设备制造业	Manufacture of Special Purpose Machinery	0.15
汽车制造业	Manufacture of Automobile	0.13
铁路、船舶、航空航天和其他运输设备制造业	Manufacture of Railroads, Ships, Aerospace and Other Transport Equipment	0.08
电气机械及器材制造业	Manufacture of Electrical Machinery & Equipment	0.21
计算机、通信和其他电子设备制造业	Manufacture of Computer,Communication and Other Electronic Equipment	
仪器仪表制造业	Manufacture of Instrument	
其他制造业	Other Manufacture	
废弃资源综合利用业	Recycling and Disposal of Waste	
金属制品、机械和设备修理业	Metal Products, Machinery and Equipment Repair	0.17
电力、燃气及水的生产和供应业	**Production and Distribution of Electricity,Gas and Water**	
电力、热力的生产和供应业	Production and Supply of Electric Power and Heat Power	
燃气生产和供应业	Production and Distribution of Gas	
水的生产和供应业	Production and Distribution of Water	
建筑业	**Construction**	
房屋建筑业	Housing Building Construction	
土木工程建筑业	Civil Engineering Construction	
建筑安装业	Construction Installation	
建筑装饰和其他建筑业	Construction Decoration and Other Construction	
批发、零售业和住宿、餐饮业	**Wholesale, Retail Trades and Hotels ,Catering Services**	
交通运输、仓储和邮政业	**Traffic, Transport, Storage and Postt**	
铁路运输业	Transport Via Railway	
道路运输业	Transport Via Road	
水上运输业	Water Transport	
航空运输业	Air Transport	
管道运输业	Transport Via Pipeline	
装卸搬运和运输代理业	Loading, Unloading, Portage and Other Transport Services	
仓储业	Storage	
邮政业	Post	
其他行业	**Others**	
城乡居民生活	**Household Consumption**	

CONTINUED

焦炉煤气（亿立方米） Coking Gas (100 million cu. m)	其它煤气（亿立方米） Others Gas (100 million cu. m)	石油合计（万吨） Total Oil (10000 tons)	原油（万吨） Crude Oil (10000 tons)	汽油（万吨） Gasoline (10000 tons)	煤油（万吨） Kerosene (10000 tons)	柴油（万吨） Diesel Oil (10000 tons)
	2.13	0.16		0.02		0.05
	0.51	0.69		0.11		0.57
		0.39		0.23	0.03	0.14
0.01		0.54		0.30		0.23
	4.65	0.27	0.001	0.20		0.06
		0.52	0.001	0.11	0.14	0.08
		0.67		0.21		0.16
		0.04		0.04		0.01
		0.06		0.04		0.02
		0.02		0.01		0.01
		0.01		0.01		
		0.03		0.02		0.01
		20.48		**2.98**	**0.01**	**15.25**
		20.05		2.79	0.01	15.03
		0.23		0.09		0.15
		0.19		0.11		0.08
		6.65				6.65
		6.65				6.65
		460.19		**195.98**	**65.61**	**198.60**
		95.87		**30.00**		**65.87**
		95.70		49.60		46.10
		67.75		30.89		36.86
		108.57		42.96	65.61	
		16.00		16.00		
		23.20		12.60		10.60
		24.95		5.00		19.95
		28.15		8.93		19.22
		183.02		110.90		72.12
		56.60		**56.60**		
		313.94		**67.83**		**152.53**

7-9 续表4

行　业	Sector	燃料油（万吨）Fuel Oil (10000 tons)
消费总计	**Total Consumption**	**52.98**
农、林、牧、渔业	**Agriculture, Forestry, Animal Husbandry and Fishery**	
工业合计	**Industry**	**52.98**
轻工业	Light Industry	1.15
重工业	Heavy Industry	51.83
采矿业	**Mining**	0.01
煤炭开采和洗选业	Mining and Washing of Coal	
石油和天然气开采业	Extraction of Petroleum and Natural Gas	0.01
黑色金属矿采选业	Mining of Ferrous Metal Ores	
有色金属矿采选业	Mining of Non-ferrous Metal Ores	
非金属矿采选业	Mining and Processing of Nonmetal Ores	
开采辅助活动	Mining of Other Ores	
其他采矿业	Mining of Other Ores	
制造业	**Manufacturing**	**50.74**
农副食品加工业	Processing of Food from Agricultural Products	0.22
食品制造业	Manufacture of Foods	0.94
酒、饮料和精制茶制造业	Manufacture of Wine, soft drinks and refined tea	
烟草制品业	Manufacture of Tobacco	
纺织业	Manufacture of Textile	
纺织服装、服饰业	Manufacture of Textile、Clothing and Apparel	
皮革毛皮羽毛及其制品和制鞋业	Manufacture of Leather, Fur, feather and Its Products and Footwear	
木材加工和木竹藤棕草制品业	Processing of Timbers, Manufacture of Wood, Bamboo, Rattan, Palm, and Straw Products	
家具制造业	Manufacture of Furniture	
造纸及纸制品业	Manufacture of Paper and Paper Products	
印刷和记录媒介的复制业	Printing, Reproduction of Recording Media	
文教工美体育和娱乐用品制造业	Manufacture of Culture,Art,Sports and Entertainment Goods	
石油加工、炼焦及核燃料加工业	Processing of Petroleum, Coking, Processing of Nuclear Fuel	22.91
化学原料及化学制品制造业	Manufacture of Chemical Raw Material and Chemical Products	26.54
医药制造业	Manufacture of Medicines	
化学纤维制造业	Manufacture of Chemical Fiber	
橡胶和塑料制品业	Manufacture of Rubber and Plastic	
非金属矿物制品业	Manufacture of Non-metallic Mineral Products	
黑色金属冶炼及压延加工业	Manufacture and Processing of Ferrous Metals	0.05

CONTINUED

液化石油气（万吨） Liquefied Petroleum Gas (10000 tons)	炼厂干气（万吨） Net Gas of Plant (10000 tons)	天然气（亿立方米） Natural Gas (100 million cu. m)	其它石油制品（万吨） Other Oil Products (10000 tons)	其它焦化产品（万吨） Other Coked Products (10000 tons)	热力（万百万千焦） Heat Power (10 billion kilo-joule)	电力（亿千瓦时） Electricity (100 million kwh)	其它能源（万吨标煤） Others (10000 tons of SCE)
150.09	**32.48**	**26.29**	**64.45**	**51.65**	**27745.57**	**779.40**	
						36.67	
56.51	**32.48**	**21.18**	**64.45**	**51.65**	**2783.64**	**532.95**	
0.04		0.38	0.04		886.45	50.17	
56.46	32.48	20.80	64.41	51.65	1897.19	482.77	
		12.04	0.02		27.07	185.15	
		0.22	0.02		27.07	49.00	
		11.63				129.61	
						0.27	
						3.55	
						2.20	
		0.18				0.52	
56.51	**32.48**	**7.52**	**64.43**	**51.65**	**2365.32**	**213.91**	
		0.19	0.04		434.36	9.34	
0.03		0.02			116.14	24.19	
					56.25		
					0.81		
					0.31	3.01	
					0.10	0.49	
						8.73	
					0.81		
		0.01			214.46	4.94	
0.01					4.93	1.21	
					0.29	0.27	
47.16	28.97	3.25	39.28	46.36	435.27	15.89	
9.11	3.51	1.71	24.77	5.29	155.26	30.59	
		0.16			21.60	6.13	
					36.39	0.09	
					0.02	4.35	
		0.29			41.91		
		0.49	0.03		509.68	38.56	

7-9 续表5

行　业	Sector	燃料油（万吨） Fuel Oil (10000 tons)
有色金属冶炼及压延加工业	Manufacture & Processing of Non-ferrous Metals	0.09
金属制品业	Manufacture of Metal Products	
通用设备制造业	Manufacture of General Purpose Machinery	
专用设备制造业	Manufacture of Special Purpose Machinery	
汽车制造业	Manufacture of Automobile	
铁路、船舶、航空航天和其他运输设备制造业	Manufacture of Railroads, Ships, Aerospace and Other Transport Equipment	
电气机械及器材制造业	Manufacture of Electrical Machinery & Equipment	
计算机、通信和其他电子设备制造业	Manufacture of Computer,Communication and Other Electronic Equipment	
仪器仪表制造业	Manufacture of Instrument	
其他制造业	Other Manufacture	
废弃资源综合利用业	Recycling and Disposal of Waste	
金属制品、机械和设备修理业	Metal Products, Machinery and Equipment Repair	
电力、燃气及水的生产和供应业	**Production and Distribution of Electricity,Gas and Water**	**2.23**
电力、热力的生产和供应业	Production and Supply of Electric Power and Heat Power	2.23
燃气生产和供应业	Production and Distribution of Gas	
水的生产和供应业	Production and Distribution of Water	
建筑业	**Construction**	
房屋建筑业	Housing Building Construction	
土木工程建筑业	Civil Engineering Construction	
建筑安装业	Construction Installation	
建筑装饰和其他建筑业	Construction Decoration and Other Construction	
批发、零售业和住宿、餐饮业	**Wholesale, Retail Trades and Hotels ,Catering Services**	
交通运输、仓储和邮政业	**Traffic, Transport, Storage and Postt**	
铁路运输业	Transport Via Railway	
道路运输业	Transport Via Road	
水上运输业	Water Transport	
航空运输业	Air Transport	
管道运输业	Transport Via Pipeline	
装卸搬运和运输代理业	Loading, Unloading, Portage and Other Transport Services	
仓储业	Storage	
邮政业	Post	
其他行业	**Others**	
城乡居民生活	**Household Consumption**	

CONTINUED

液化石油气（万吨） Liquefied Petroleum Gas (10000 tons)	炼厂干气（万吨） Net Gas of Plant (10000 tons)	天然气（亿立方米） Natural Gas (100 million cu. m)	其它石油制品（万吨） Other Oil Products (10000 tons)	其它焦化产品（万吨） Other Coked Products (10000 tons)	热力（万百万千焦） Heat Power (10 billion kilo-joule)	电力（亿千瓦时） Electricity (100 million kwh)	其它能源（万吨标煤） Others (10000 tons of SCE)
		0.04				33.42	
					27.59	3.83	
		0.16			76.18	6.77	
		0.89			83.61	10.44	
		0.10			56.80		
0.19		0.11			42.98	6.36	
		0.08	0.31		29.26	3.97	
					2.03		
		0.03			18.27		
						0.82	
						0.49	
		1.62			**391.24**	**133.90**	
		1.62			388.45	125.10	
						3.08	
					2.79	5.71	
					75.50	**10.83**	
					75.50	10.83	
					817.80	**11.76**	
					417.80	**3.05**	
						2.52	
						1.88	
					200.00	3.47	
					200.00	0.84	
					2100.98	25.80	
					2201.00	**5.07**	
93.58		**5.11**			**19766.65**	**156.32**	

7-10 能源生产和消费弹性系数

ELASTICITY RATIO OF ENERGY PRODUCTION AND CONSUMPTION

年 份 Year	能源生产比上年增长（%） Growth Rate of Energy Production over Preceding Year (%)	能源消费比上年增长（%） Growth Rate of Energy Consumption over Preceding Year (%)	地区生产总值比上年增长（%） Growth Rate of Gross Domestic Product over Preceding Year (%)	能源生产弹性系数 Elasticity Ratio of Energy Production	能源消费弹性系数 Elasticity Ratio of Energy Consumption
1957	20.60	7.30	8.50	2.42	0.86
1962	-1.70	-18.80	-2.00	0.85	9.40
1965	15.80	-6.60	15.40	1.03	-0.43
1970	26.80	28.90	10.10	2.65	2.86
1975	11.60	3.00	7.60	1.53	0.39
1978	4.30	9.30	11.10	0.39	0.83
1980	1.50	4.30	10.00	0.15	0.43
1985	5.10	0.50	6.00	0.85	0.08
1990	2.70	3.10	5.80	0.47	0.53
1995	1.30	8.50	9.20	0.14	0.92
1996	1.10	0.10	10.20	0.11	0.01
1997	-9.60	5.90	10.00	-0.96	0.59
1998	4.50	0.90	8.30	0.54	0.11
1999	-6.10	-4.70	7.50	-0.81	-0.63
2000	-8.60	-11.10	8.20	-1.05	-1.35
2001	-1.00	2.90	9.30	-0.11	0.31
2002	3.00	6.40	10.30	0.29	0.62
2003	2.30	12.40	10.30	0.22	1.20
2004	13.60	11.90	11.70	1.16	1.02
2005	0.90	9.30	11.60	0.08	0.80
2006	1.20	8.60	12.00	0.10	0.72
2007	-2.70	7.50	12.00	-0.23	0.63
2008	-3.60	6.50	11.80	-0.31	0.55
2009	0.62	4.60	11.10	0.05	0.41
2010	0.02	6.98	12.60	0.01	0.55
2011	1.29	8.23	12.20	0.11	0.67
2012	-0.04	5.28	10.00	持平	0.53

7-11 工业企业水消费

WATER CONSUMPTION OF INDUSTRY ENTERPRISE

项 目	Item	取水量（万立方米） Quantity of Water (10000 cu.m)		水费金额（万元） Amount of Water (10000 yuan)	
		2011	2012	2011	2012
总 计	**Total**	**159683**	**154490**	**148441**	**153842**
地表水	Surface Water	91149	87851	19230	25868
地下水	Ground Water	39761	38634	15432	17661
自来水	Tap Water	23863	23756	108615	108180
其他水	Other Water	4910	4250	5164	2132
#雨水收集利用	#Rainwater Harvesting	35	8		
再生水（中水）	Recycled Water	753	1863	664	1042
重复用水量	Duplicated Use	326373	384797		
河湖海冷却水用量	Consumption of Rivers and lakes and Sea Cooling Water	102654	88498		
废水排放量	Volume of Waste Water Discharged	20752	26510		

7-12 规模以上工业企业分品种能源购进、消费及库存(2012年)

PURCHASE, CONSUME, AND STOCK OF ENERGY IN ABOVE DESIGNATED SIZE INDUSTRIAL ENTERPRISES BY CATALOG (2012)

指标	Item	年初库存 Stock of Year Beginning	购进量 Purchase Capacity		消费量 Total Energy Consump-tion			年末库存 Stock of Year End
			实物量 Material Object Capacity	金额(亿元) Amount of Money (10000 yuan)		工业生产消费 Consump-tin of Industry Production	非工业生产消费 Consumptin of Industry Nonindustry Production	
原煤(万吨)	Clean Coal(10000 tons)	985.85	11434.10	483.6	15625.35	15518.76	106.59	928.33
无烟煤	Anthracite Coal	5.57	9.54	0.57	13.58	13.44	0.14	1.58
炼焦烟煤	Coking Bituminous Coal	1.89	159.00	7.41	155.28	155.25	0.03	5.61
一般烟煤	General Bituminous Coal	934.28	10024.15	441.8	14220.97	14118.72	102.25	859.71
褐煤	Brown Coal	44.11	1241.41	33.85	1235.51	1231.35	4.16	61.43
洗精煤(万吨)	Clean Coal(10000 tons)	94.24	1036.99	117.7	1365.34	1359.94	5.40	68.12
其它洗煤(万吨)	Other Clean Coal(10000 tons)	18.75	163.73	4.12	251.61	226.60	25.01	18.82
煤制品(万吨)	Coal Products(10000 tons)	0.76	12.16	1.16	12.49	12.38	0.10	0.44
焦炭(万吨)	Coke(10000 tons)	17.57	274.68	43.5	328.75	326.37	2.38	12.41
其他焦化产品(万吨)	Other Coking Products(10000 tons)	0.30	7.51	1.61	7.52	7.52		0.29
焦炉煤气(亿立方米)	Coking Gas(100 million cu.m)		9.00	5.04	17.49	17.45	0.04	
高炉煤气(亿立方米)	Blast furnace Gas(100 million cu.m)		6.21	1.93	40.34	40.34		
转炉煤气(亿立方米)	Converter Gas(100 million cu.m)				2.04	2.04		
发生炉煤气(亿立方米)	Producer Gas(100 million cu.m)		0.22	0.06	13.15	13.15		
天然气(亿立方米)	Natural Gas(100 million cu.m)		15.60	22.3	27.28	27.22	0.06	
液化天然气(万吨)	Liquefied Gas(10000 tons)	0.002	0.07	0.03	0.08	0.07	0.01	
煤层气(亿立方米)	Coalbed Methane(100 million cu.m)				0.36	0.36		
原油(万吨)	Crude Oil(10000 tons)	20.19	1703.38	868.0	1774.05	1774.05		18.75
汽油(万吨)	Gasoline(10000 tons)	0.09	12.48	10.09	12.59	8.84	3.75	0.09
煤油(万吨)	Kerosene(10000 tons)	0.01	0.38	0.27	0.33	0.31	0.02	0.067
柴油(万吨)	Diesel Fuel Oil(10000 tons)	0.90	41.36	29.32	41.69	37.49	4.20	0.71
燃料油(万吨)	Fuel Oil(10000 tons)	0.96	31.52	19.36	52.93	52.93		0.85
液化石油气(万吨)	Liquefied Petroleum Gas(10000 tons)	0.004	9.34	5.79	56.51	54.18	2.34	
炼厂干气(万吨)	Net Gas of Plant(10000 tons)		0.16	0.03	86.29	86.29		
石脑油(万吨)	Naphtha(10000 tons)		19.66	10.1	19.66	19.66		
润滑油(吨)	Lubricating Oil(ton)	4.1	380.7	478.2	376.9	375.9		0.001
石腊(吨)	Paraffin(ton)	39.4	707.1	637.0	618.2	618.2		0.013
溶剂油(吨)	Solvent Oil(ton)	903.2	2950.3	2341.2	3191.7	3191.7		0.064
石油焦(万吨)	Petroleum Coke(10000 tons)	0.04	0.31	0.05	0.33	0.31	0.026	0.019
石油沥青(万吨)	Petroleum Pitch(10000 tons)	0.35	0.29	0.12	0.24	0.24	0.001	0.401
其他石油制品(万吨)	Other Petroleum Products(10000 tons)	0.01	129.84	73.88	129.84	129.84	0.001	0.009
热力(万百万千焦)	Heat(10 billion kilo-joule)		2323.43	9.71	4313.08	4023.18	289.90	
电力(亿千瓦时)	Power(100 millin kwh)		399.59	259.6	552.84	541.01	11.83	
煤矸石用于燃料(万吨)	Coal Waste for Fuel(10000 tons)	1.95	321.37	3.76	588.32	588.10	0.215	0.57
生物质废料用于燃料(万吨)	Biomass Waste for Fuel(10000 tons)	0.97	175.33	8.01	172.43	172.43		
余热余压(百万千焦)	Residual Heat and Pressure(millin kilo-joule)				72.51	72.51		0.95
其它工业废料用于燃料(万吨)	Other Industrial Wastes for Fuel(10000 tons)		2.58	0.06	4.25	4.25		
其他燃料(万吨标准煤)	Other Fuel(10000 tons of SCE)	2.45	18.64	0.83	18.69	18.69	0.001	2.51
能源合计(万吨标准煤)	Total Energy(10000 tons of SCE)				16299.8	16169.9	129.90	

7-13 全社会用电量
ELECTRICITY CONSUMPTION

单位：亿千瓦时 (100 millin kwh)

行 业	Sector	2010	2011	2012
全社会用电量	**Electricity Consumption**	**747.84**	**801.88**	**827.91**
居民生活用电	**Electricity Consumption for Households**	**130.79**	**145.65**	**156.32**
城镇居民	Urban	84.75	91.61	95.92
乡村居民	Rural	46.04	54.04	60.40
行业用电	**Electricity Consumption for Sector**	**617.05**	**656.23**	**671.59**
第一产业	Primary Industry	25.04	28.35	36.67
第二产业	Secondary Industry	514.74	542.89	543.78
工业	Industry	507.83	533.18	532.95
轻工业	Light Industry	46.74	47.01	46.83
重工业	Heavy Industry	461.09	486.16	486.12
建筑业	Construction	6.91	9.71	10.83
第三产业	Tertiary Industry	77.28	84.98	91.13
批发和零售业	Wholesale and Retail Trade	13.97	15.91	17.15
交通运输、仓储和邮政业	Traffic, Transport, Storage and Post	10.04	11.19	11.76
住宿和餐饮业	Accommodation and Restaurants	7.02	7.82	8.65
信息传输、软件和信息技术服务业	Information Transmission, Software and s IT Service	6.24	6.84	7.85
金融业	Finance	1.89	2.01	2.02
房地产业	Real estate	5.52	5.97	6.44
租赁和商务服务业、居民服务修理和其他服务业	Leasing and Business Services, Services to Households, Repair and Other Services	9.96	10.72	11.57
科学研究和技术服务业	Scientific Research and Technical Service	0.93	1.02	1.07
水利、环境和公共管理业	Management of Water Conservancy, Environment and Public Establishment	3.48	4.00	4.57
教育	Education	4.86	5.56	6.43
卫生和社会工作	Health and Social Work	3.06	3.39	3.72
文化、体育和娱乐业	Culture, Sports and Entertainment	1.87	1.83	1.87
公共管理、社会保障和社会组织	Public Management, Social Securities and Social Organization	8.43	8.72	8.04

7-14 工业用电量

ELECTRICITY CONSUMPTION OF INDUSTRY

单位：亿千瓦时 (100 millin kwh)

行 业	Sector	2010	2011	2012
工业合计	**Total**	**507.83**	**533.18**	**532.95**
采矿业	**Mining**	**171.73**	**181.47**	**185.15**
煤炭开采和洗选业	Mining and Washing of Coal	47.50	50.29	49.00
石油和天然气开采业	Extraction of Petroleum and Natural Gas	118.60	125.17	129.61
黑色金属矿采选业	Mining of Ferrous Metal Ores	0.30	0.25	0.27
有色金属矿采选业	Mining of Non-ferrous Metal Ores	2.89	2.80	3.55
非金属矿采选业	Mining and Processing of Nonmetal Ores	2.06	2.40	2.20
其他采矿业	Mining of Other Ores n. e. c	0.38	0.56	0.52
制造业	**Manufaturing**	**200.46**	**210.64**	**204.56**
食品、饮料和烟草制造业	Manufacture of Foods, Beverage and Tobacco	23.59	23.51	24.19
纺织业	Manufacture of Textile	3.00	3.31	3.01
服装鞋帽、皮革羽绒及其制品业	Manufacture of Textile Wearing Apparel, Footware, Caps and Leather	0.58	0.59	0.49
木材加工及制品和家具制品业	Processing of Timbers, Manufacture of Furniture	8.72	8.95	8.73
造纸及纸制品业	Manufacture of Paper and Paper Products	5.12	5.11	4.94
印刷业和记录媒介的复制	Printing, Reproduction of Recording Media	1.05	1.04	1.21
文体用品制造业	Manufacture of Articles for Culture, Education and Sport Activity	0.18	0.24	0.27
石油加工、炼焦及核燃料加工业	Processing of Petroleum , Coking, Processing of Nucleus Fuel	10.55	11.89	15.89
化学原料及化学制品制造业	Manufacture of Chemical Raw Material and Chemical Products	28.07	30.22	30.59
医药制造业	Manufacture of Medicines	6.84	6.44	6.13
化学纤维制造业	Manufacture of Chemical Fiber	0.05	0.08	0.09
橡胶和塑料制品业	Manufacture of Rubber and Plastic	4.20	4.49	4.35
非金属矿物制品业	Manufacture of Non-metallic Mineral Products	45.37	48.33	38.56
黑色金属冶炼及压延加工业	Manufacture and Processing of Ferrous Metals	28.52	30.41	33.42
有色金属冶炼及压延加工业	Manufacture and Processing of Non-ferrous Metals	3.68	3.39	3.83
金属制品业	Manufacture of Metal Products	6.94	8.16	6.77
通用及专用设备制造业	Manufacture of General Purpose Machinery and Special Purpose Machinery	10.71	11.17	10.44
交通运输、电气、电子设备制造业	Manufacture of Transport Equipment and Electronic Equipment	12.47	12.09	10.33
工艺品及其他制造业	Manufacture of Artwork, Other Manufacture n. e. c	0.60	0.80	0.82
废弃资源和废旧材料回收加工业	Recycling and Disposal of Waste	0.22	0.38	0.49
电力、热力、燃气及水的生产和供应业	**Production and Distribution of Electricity, Heat, Gas and Water**	**135.64**	**141.08**	**143.24**
电力、热力的生产和供应业	Production and Supply of Electric Power and Heat Power	126.43	131.82	134.44
煤气生产和供应业	Production and Distribution of Gas	3.95	3.77	3.08
水的生产和供应业	Production and Distribution of Water	5.26	5.48	5.71

7-15 各地区单位地区生产总值电耗

ELECTRICITY CONSUMPTION PER UNIT OF GDP BY REGION

单位：千瓦时/万元 (kw. h/10000 yuan)

地　区	Region	2006	2007	2008	2009	2010	2011	2012
全　省	**Total**	**965.9**	**908.5**	**865.9**	**801.1**	**772.7**	**689.6**	**646.6**
哈尔滨	Harbin	816.0	769.0	706.3	633.9	614.9	477.9	422.9
齐齐哈尔	Qiqihar	1144.0	1052.4	952.5	945.9	880.5	693.9	670.8
鸡　西	Jixi	1271.8	1172.6	1086.5	1137.9	1050.3	943.9	841.3
鹤　岗	Hegang	889.6	814.9	733.8	691.9	677.9	1313.7	1130.9
双鸭山	Shuangyashan	1362.1	1305.2	1206.8	1011.4	917.3	946.5	873.9
大　庆	Daqing	1626.6	1536.2	1431.7	1323.5	1226.9	690.3	636.6
伊　春	Yichun	1327.7	1259.9	1192.8	1270.9	1154.0	1025.2	935.5
佳木斯	Jiamusi	1105.9	1116.4	1057.6	891.6	823.9	522.0	520.7
七台河	Qitaihe	1282.2	1195.4	1085.4	1103.8	992.5	992.9	888.9
牡丹江	Mudanjiang	1311.4	1200.0	1100.7	894.6	794.5	588.2	497.4
黑　河	Heihe	519.5	548.4	651.4	535.7	613.3	1018.0	973.9
绥　化	Suihua	1226.9	1206.6	1158.4	1219.6	1219.6	450.0	455.0
大兴安岭	Daxinganling	714.8	643.4	585.1	599.9	569.3	375.6	406.4
绥芬河	Suifenhe							342.5
抚　远	Fuyuan							233.5

7-16 各地区规模以上工业企业综合能源消费量

ENERGY CONSUMPTION OF INDUSTRY ENTERPRISE ABOVE DESIGNATED SIZE BY REGION

单位：万吨标准煤 (10000 tons of SCE)

地　区	Region	2006	2007	2008	2009	2010	2011	2012
全　省	**Total**	**5166.5**	**5202.4**	**5444.4**	**5356.7**	**5791.0**	**5815.0**	**5883.2**
哈尔滨	Harbin	868.7	917.7	878.1	752.2	765.8	787.0	850.7
齐齐哈尔	Qiqihar	440.4	506.0	561.6	528.1	556.9	603.9	568.8
鸡　西	Jixi	430.0	439.8	458.5	401.5	456.5	488.1	495.6
鹤　岗	Hegang	269.2	286.2	311.3	338.8	387.8	339.7	339.6
双鸭山	Shuangyashan	245.9	327.4	433.9	416.6	474.0	454.3	461.8
大　庆	Daqing	1287.7	1416.3	1335.0	1353.9	1393.8	1478.1	1536.4
伊　春	Yichun	128.1	134.2	139.9	173.3	177.5	173.4	175.4
佳木斯	Jiamusi	227.6	190.4	175.5	169.1	178.4	182.2	183.0
七台河	Qitaihe	341.0	350.6	486.8	548.5	645.5	529.6	534.5
牡丹江	Mudanjiang	308.8	308.4	299.1	296.6	300.6	308.0	298.7
黑　河	Heihe	48.2	53.1	58.9	62.4	69.5	80.7	86.7
绥　化	Suihua	75.9	94.9	118.6	129.6	141.6	152.2	159.6
大兴安岭	Daxinganling	30.3	16.5	19.9	23.0	24.7	23.4	28.5
农垦总局	ARB	139.1	111.6	111.1	107.9	160.2	155.5	152.4
绥芬河	Suifenhe							8.8
抚　远	Fuyuan							2.5

7-17 各地区单位地区生产总值能耗

UNIT GDP ENERGY CONSUMPTION PER UNIT OF GDP BY REGION

单位：吨标准煤/万元 (ton of SCE/10000 yuan)

地 区	Region	2006	2007	2008	2009	2010	2011	2012
全 省	**Total**	**1.41**	**1.35**	**1.29**	**1.22**	**1.16**	**1.04**	**1.00**
哈尔滨	Harbin	1.45	1.39	1.32	1.24	1.18	1.04	1.01
齐齐哈尔	Qiqihar	1.77	1.70	1.59	1.48	1.39	1.13	1.08
鸡 西	Jixi	2.38	2.27	2.14	1.96	1.84	1.54	1.46
鹤 岗	Hegang	2.63	2.53	2.34	2.14	1.99	1.55	1.48
双鸭山	Shuangyashan	2.00	1.91	1.81	1.70	1.59	1.22	1.16
大 庆	Daqing	1.52	1.46	1.38	1.31	1.26	1.20	1.16
伊 春	Yichun	2.20	2.10	2.00	1.92	1.77	1.57	1.51
佳木斯	Jiamusi	1.42	1.35	1.28	1.21	1.15	1.04	1.03
七台河	Qitaihe	3.36	3.17	2.94	2.73	2.55	1.80	1.72
牡丹江	Mudanjiang	1.48	1.42	1.33	1.26	1.18	0.98	0.97
黑 河	Heihe	1.22	1.18	1.13	1.06	1.02	0.83	0.81
绥 化	Suihua	1.07	1.03	0.99	0.96	0.93	0.81	0.78
大兴安岭	Daxinganling	1.43	1.36	1.28	1.21	1.16	0.91	0.88
绥芬河	Suifenhe							0.61
抚 远	Fuyuan							0.50

7-18 各地区单位地区生产总值能耗下降率

DECLINE RATE OF ENERGY CONSUMPTION PER UNIT OF GDP BY REGION

单位：% (%)

地 区	Region	2006	2007	2008	2009	2010	2011	2012
全 省	**Total**	**-3.04**	**-4.09**	**-4.75**	**-5.61**	**-5.00**	**-3.50**	**-4.25**
哈尔滨	Harbin	-3.52	-4.20	-5.05	-5.72	-5.20	-3.53	-3.69
齐齐哈尔	Qiqihar	-2.00	-4.00	-6.20	-7.20	-5.80	-4.39	-4.17
鸡 西	Jixi	-0.71	-5.00	-5.40	-8.30	-6.30	-4.35	-5.26
鹤 岗	Hegang	-1.10	-4.06	-7.20	-8.50	-7.10	-4.57	-4.56
双鸭山	Shuangyashan	-2.50	-4.40	-5.40	-5.81	-6.60	-5.10	-5.23
大 庆	Daqing	-3.90	-4.20	-5.04	-4.90	-4.50	-4.01	-3.90
伊 春	Yichun	-2.20	-4.26	-4.85	-4.00	-7.70	-3.12	-3.67
佳木斯	Jiamusi	-2.11	-4.60	-5.47	-5.23	-4.80	-3.61	-4.24
七台河	Qitaihe	-2.46	-5.70	-7.30	-7.13	-6.80	-4.21	-4.75
牡丹江	Mudanjiang	-3.20	-4.20	-5.85	-5.82	-6.10	-4.03	-3.82
黑 河	Heihe	-1.29	-4.00	-3.73	-6.04	-4.50	-3.12	-4.35
绥 化	Suihua	-2.50	-4.00	-3.60	-3.17	-3.00	-3.20	-3.23
大兴安岭	Daxinganling	0.50	-4.91	-5.69	-5.09	-4.50	-3.51	-3.31
绥芬河	Suifenhe							-3.60
抚 远	Fuyuan							-3.02

7-19 各地区单位工业增加值能耗下降率

DECLINE RATE OF ENERGY CONSUMPTION PER UNIT OF INDUSTRIAL VALUE-ADDED BY REGION

单位：%　　(%)

地区	Region	2007	2008	2009	2010	2011	2012
全省	**Total**	**-5.90**	**-6.63**	**-9.60**	**-6.35**	**-5.17**	**-8.24**
哈尔滨	Harbin	-6.68	-10.72	-11.00	-7.40	-6.08	-8.18
齐齐哈尔	Qiqihar	-10.01	-11.06	-19.45	-18.26	-4.64	-10.07
鸡西	Jixi	-6.54	-8.33	-25.00	-14.72	-10.42	-16.57
鹤岗	Hegang	-13.54	-11.19	-17.48	-21.63	-14.35	-25.35
双鸭山	Shuangyashan	-5.18	-8.22	-8.39	-17.50	-13.63	-15.51
大庆	Daqing	-7.00	-13.72	-8.90	-6.71	-2.38	-5.10
伊春	Yichun	-8.37	-7.77	4.16	-23.90	-5.89	-11.35
佳木斯	Jiamusi	-11.22	-16.92	-11.85	-19.36	-12.98	-17.17
七台河	Qitaihe	-6.41	-10.20	-9.98	-17.90	-7.96	-7.91
牡丹江	Mudanjiang	-11.81	-19.70	-15.41	-23.20	-15.76	-18.33
黑河	Heihe	-4.76	-21.06	-9.90	-16.10	2.38	-10.22
绥化	Suihua	-7.32	-7.96	-14.15	-10.97	-15.00	-19.80
大兴安岭	Daxinganling	-9.32	-10.79	-18.79	-17.85	-9.06	-5.00
绥芬河	Suifenhe						-11.63
抚远	Fuyuan						-6.44

主要统计指标解释

能源生产总量　指一定时期内，全省一次能源生产量的总和。该指标是观察全省能源生产水平、规模、构成和发展速度的总量指标。一次能源生产量包括原煤、原油、天然气、水电、核能及其他动力能(如风能、地热能等)发电量，不包括低热值燃料生产量、生物质能、太阳能等的利用和由一次能源加工转换而成的二次能源产量。

能源消费总量　指一定时期内，全省各行业和居民生活消费的各种能源的总和。该指标是观察能源消费水平、构成和增长速度的总量指标。能源消费总量包括原煤和原油及其制品、天然气、电力，不包括低热值燃料、生物质能和太阳能等的利用。能源消费总量分为终端能源消费量、能源加工转换损失量和能源损失量三部分。

(1)终端能源消费量：指一定时期内，全省生产和生活消费的各种能源在扣除了用于加工转换二次能源消费量和损失量以后的数量。

(2)能源加工转换损失量：指一定时期内，全省投入加工转换的各种能源数量之和与产出各种能源产品之和的差额。该指标是观察能源在加工转换过程中损失量变化的指标。

(3)能源损失量：指一定时期内，能源在输送、分配、储存过程中发生的损失和由客观原因造成的各种损失量，不包括各种气体能源放空、放散量。

能源生产弹性系数　是研究能源生产增长速度与国民经济增长速度之间关系的指标。计算公式：

$$\text{能源生产弹性系数}=\frac{\text{能源生产总量年平均增长速度}}{\text{国民经济年平均增长速度}}$$

国民经济年平均增长速度，可根据不同的目的或需要，用国民生产总值、地区生产总值等指标来计算，本年鉴是采用地区生产总值指标计算的。

电力生产弹性系数　是研究电力生产增长速度与国民经济增长速度之间关系的指标。一般来说，电力的发展应当快于国民经济的发展，也就是说电力应超前发展。计算公式为：

$$\text{电力生产弹性系数}=\frac{\text{电力生产量年平均增长速度}}{\text{国民经济年平均增长速度}}$$

能源消费弹性系数　反映能源消费增长速度与国民经济增长速度之间比例关系的指标。计算公式为：

$$\text{能源消费弹性系数}=\frac{\text{能源消费量年平均增长速度}}{\text{国民经济年平均增长速度}}$$

电力消费弹性系数　反映电力消费增长速度与国民经济增长速度之间比例关系的指标。计算公式为：

$$\text{电力消费弹性系数}=\frac{\text{电力消费量年平均增长速度}}{\text{国民经济年平均增长速度}}$$

能源加工转换效率　指一定时期内，能源经过加工、转换后，产出的各种能源产品的数量与同期内投入加工转换的各种能源数量的比率。该指标是观察能源加工转换装置和生产工艺先进与落后、管理水平高低等的重要指标。计算公式为：

$$\text{能源加工转换效率}=\frac{\text{能源加工转换产出量}}{\text{能源加工转换投入量}}\times 100\%$$

单位地区生产总值能耗　指一定时期内，一个国家或地区每生产一个单位的地区生产总值所消耗的能源。计算公式为：

$$\text{单位地区生产总值能源}=\frac{\text{能源消费总量}}{\text{地区生产总值}}$$

单位地区生产总值电耗　指一定时期内，一个国家或地区每生产一个单位的地区生产总值所消耗的电力。计算公式为：

$$单位地区生产总值电耗=\frac{全社会用电量}{地区生产总值}$$

单位工业增加值能耗　指一定时期内，一个国家或地区每生产一个单位的工业增加值所消耗的能源。计算公式为：

$$单位工业增加值能耗=\frac{工业能源消费量}{工业增加值}$$

Explanatory Notes on Main Statistical Indicators

Total Energy Production refers to the total production of primary energy by all energy producing enterprises in the country in a given period of time. It is a comprehensive indicator to show the level, scale, composition and pace of development of energy production of the country. The production of primary energy includes that of coal, crude oil, natural gas, hydro-power and electricity generated by nuclear energy and other means such as wind power and geothermal power. However, it does not include the production of fuels of low calorific value, bio-energy, solar energy and secondary energy converted from primary energy.

Total Energy Consumption refers to the total consumption of energy of various kinds by the production sectors and the households in the country in a given period of time. It is a comprehensive indicator to show the scale, composition and pace of increase of energy consumption. Total energy consumption includes that of coal, crude oil and their products, natural gas and electricity. However, it does not include the consumption of fuel of low calorific value, bio-energy and solar energy. Total energy consumption can be divided into three parts: end-use energy consumption; loss during the process of energy conversion; and energy loss.

(1)End-use Energy Consumption: It refers to the total energy consumption by the production sectors and the households in the country (region) in a given period of time. It does not include the consumption during the conversion of primary energy into secondary energy and the loss in the process of energy conversion.

(2)Loss During the Process of Energy Conversion: It refers to the total input of various kinds of energy for conversion, minus the total output of various kinds of energy in the country in a given period of time. It is an indicator to show the loss that occurs during the process of energy conversion.

(3)Energy Loss: It refers to the total of the loss of energy during the course of energy transport, distribution and storage and the loss caused by any objective reason in a given period of time. The loss of various kinds of gas due to gas discharges and stocktaking is not included.

Elasticity Ratio of Energy Production is an indicator to show the relationship between the growth rate of energy production and the growth rate of the national economy. The formula is:

$$\text{Elasticity Ratio of Energy Production} = \frac{\text{Average Annual Growth Rate of Energy Production}}{\text{Average Annual Growth Rate of National Economy}}$$

The average annual growth rate of the national economy can be measured by indicators such as the Gross National Product and the Gross Domestic Product, depending on the purposes or needs. The Gross Domestic Product has been used in the calculation of the ratio in this Yearbook.

Elasticity Ratio of Electricity Production is an indicator to show the relationship between the growth rate of electricity production and the growth rate of the national economy. Generally speaking, the growth rate of electricity production should be higher than that of the national economy.

Its formula is:

$$\text{Elasticity Ratio of Electricity Production} = \frac{\text{Average Annual Growth Rate of Electricity Production}}{\text{Average Annual Growth Rate of National Economy}}$$

Elasticity Ratio of Energy Consumption is an indicator to show the relationship between the growth rate of energy consumption and the growth rate of the national economy. The formula is:

$$\text{Elasticity Ratio of Energy Consumption} = \frac{\text{Average Annual Growth Rate of Energy Consumption}}{\text{Average Annual Growth Rate of National Economy}}$$

Elasticity Ratio of Electricity Consumption is an indicator to show the relationship between the growth rate of electricity consumption and the growth rate of the national economy. The formula is:

$$\text{Elasticity Ratio of Electricity Consumption} = \frac{\text{Average Annual Growth Rate of Electricity Consumption}}{\text{Average Annual Growth Rate of National Economy}}$$

Efficiency of Energy Processing and Conversion refers to the ratio of the total output of energy products of various kinds after processing and conversion to the total input of energy of various kinds for processing and conversion in the same reference period. It is an important indicator to show the current conditions of energy processing and conversion equipment, production technique and management. The formula is:

$$\text{Efficiency of Energy Processing \& Conversion} = \frac{\text{Output of Energy After Processing \& Conversion}}{\text{Input of Energy for Processing \& Conversion}} \times 100\%$$

Energy Consumption per Unit of GDP refers to the energy consumption per unit of Gross Domestic Product in a country or the Gross Regional Product in a region in the same reference period. The formula is:

$$\text{Energy Consumption per Unit of GDP} = \frac{\text{Total Energy Consumption}}{\text{Gross Domestic Product}}$$

Electricity Consumption per Unit of GDP refers to the electricity consumption per unit of Gross Domestic Product in a country or the Gross Regional Product in a region in the same reference period. The formula is:

$$\text{Energy Consumption per Unit of GDP} = \frac{\text{Total Energy Consumption}}{\text{Gross Domestic Product}}$$

Energy Consumption per Unit of Industrial Value-added refers to the energy consumption per unit of industrial value-added in a country or region in the same reference period. The formula is:

$$\text{Energy Consumption per Unit of Industrial Value-added} = \frac{\text{Total Energy Consumption}}{\text{Industrial Value-added.}}$$

第八篇　财政、金融和保险

CHAPTER 8 FINANCE, BANKING AND INSURANCE

资料整理：于占占　安　静

8-1 财政收支及增长

GOVERNMENT REVENUE AND EXPENDITURE AND GROWTH RATE

单位：亿元　　(100 million yuan)

年　份 Year	财政收入 Government Revenue	#地　方 财政收入 Local Financial Revenue	财政支出 Government Expenditure	增长速度　Increase Rate(%) 地　方 财政收入 Local Financial Revenue	财政支出 Government Expenditure
1952		4.7	1.6		
1953		5.7	2.3	19.5	44.5
1954		6.6	2.6	17.2	12.0
1955		6.5	2.5	-2.6	-3.8
1956		7.3	4.6	13.7	84.1
1957		8.2	4.3	12.0	-7.8
1958		18.4	11.9	124.4	177.1
1959		21.5	12.3	16.8	3.3
1960		23.1	16.9	7.2	38.3
1961		9.3	6.7	-59.7	-60.6
1962		7.2	5.3	-23.1	-20.4
1963		8.1	7.2	13.6	34.4
1964		9.7	7.5	19.6	4.5
1965		9.9	8.0	2.1	6.6
1966		12.5	8.6	26.5	7.5
1967		10.9	7.9	12.9	-8.2
1968		10.9	7.6	-0.5	-3.4
1969		12.4	12.8	13.9	68.4
1970		14.4	15.4	16.4	20.1
1971		40.3	14.4	79.7	-5.9
1972		37.5	16.2	-7.0	12.3
1973		37.6	19.7	0.4	21.7
1974		44.3	20.8	17.6	5.4
1975		50.6	20.3	14.2	-2.5
1976		51.0	21.3	1.0	5.1
1977		52.5	21.3	2.8	-0.2
1978		63.3	31.5	20.5	48.3
1979		54.1	28.3	-14.5	-10.3
1980		17.1	25.8	-68.4	-8.9
1981		15.6	25.9	-8.3	0.4
1982		17.3	28.0	10.7	8.3
1983		21.6	30.7	24.6	9.6
1984		26.7	36.1	24.0	17.6
1985		37.4	44.6	39.9	23.6
1986		47.4	61.3	26.6	37.3
1987		53.8	66.0	13.5	7.7
1988		62.6	74.1	16.4	12.2
1989		72.3	85.4	15.6	15.3
1990		76.6	92.7	5.9	8.6
1991		94.7	110.1	23.7	18.7
1992		84.6	102.5	-10.8	-6.9
1993		108.1	124.9	27.9	21.9
1994		84.7	142.4	-21.7	14.0
1995	182.9	101.3	174.6	19.7	22.6
1996	242.6	126.9	208.9	25.2	19.6
1997	276.9	150.6	233.6	18.7	11.8
1998	314.2	179.3	280.8	19.1	20.2
1999	328.8	190.9	359.7	6.5	28.1
2000	372.6	213.9	408.7	12.1	13.6
2001	429.2	248.5	513.4	16.1	25.6
2002	461.6	267.1	565.9	7.5	10.2
2003	531.8	293.4	606.2	9.8	7.1
2004	648.5	349.3	758.5	19.1	25.1
2005	738.3	392.6	861.4	12.4	13.6
2006	881.5	479.8	1064.8	22.2	23.6
2007	1009.7	579.3	1325.6	21.9	25.0
2008	1295.4	767.1	1717.7	32.4	29.6
2009	1439.5	885.5	2094.5	15.5	21.9
2010	1730.7	1223.3	2690.7	38.1	28.5
2011	2373.8	1620.4	3398.0	32.5	26.3

注：1. 本表增长速度按自然口径计算。
　　2. 财政收入从2003年起包括上划中央所得税收入。

Note:a) Data of financial revenue and expenditures of each year are not adjusted.
　　b) The total revenue includes the income tax turned over to central government since 2003.

8-2 各级地方公共财政收入(2012年)

GENAERAL BUDGETARY FINANCIAL REVENUE OF THE LOCAL GOVERNMENT BY RATING (2012)

单位：万元 (10000 yuan)

项　目	Item	合计 Total	省级 Province	地级 City	县级 County	乡镇级 Town & Township
收入合计	**Total Revenue**	**11631708**	**2714009**	**6450831**	**2340259**	**126609**
税收收入	Tax Revenue	8378027	2244947	4620085	1423989	89006
增值税	Value-added Tax	1448683	644600	578001	211840	14242
营业税	Sales Tax	2440455	676130	1350253	392663	21409
企业所得税	Enterprises' Income Tax	978876	103812	638094	225744	11226
企业所得税退税	Drawback of Enterprise Income Tax					
个人所得税	Individual Income Tax	283936	635	222829	54478	5994
资源税	Resources Tax	684703	569060	32397	82727	519
固定资产投资方向调节税	Regulatory taxes on investment in fixed assets					
城市维护建设税	Tax on Urban Maintenance and Construction	589577	73	493866	90743	4895
房产税	Tax on Real Estates	215031	1	183135	29811	2084
印花税	Stamp Tax	108908	74	87441	20141	1252
城镇土地使用税	Tax on the Use of Urban Land	474172	142480	278252	49309	4131
土地增值税	Land Value Added Tax	415255	107636	244586	61055	1978
车船税	Tax on Vehicles and Ships	108096		78360	29697	39
耕地占用税	Tax on The Occupancy of Cultivated Land	179092	291	126771	40090	11940
契税	Contract Tax	424180	155	303088	115879	5058
烟叶税	Tax on Tobacco Leaf	27063		3012	19812	4239
其他税收收入	Others					
非税收入	Non-Tax Revenue	3253681	469062	1830746	916270	37603
专项收入	Expert Project Income	499143	80744	314727	98828	4844
行政事业性收费收入	Income from Adiministrative Fees	941086	249190	509358	179676	2862
罚没收入	Penalty and Confiscator Income	426953	31034	237007	157729	1183
国有资本经营收入	Stated-owned Assets Profit	490969	414	296375	174492	19688
国有资源(资产)有偿使用收入	Revenue from using Stated-owned Assets Profit	724173	82597	371006	261943	8627
其他收入	Other	171357	25083	102273	43602	399

8-3 各级地方公共财政支出(2012年)

GENAERAL BUDGETARY FINANCIAL EXPENDITURE OF THE LOCAL GOVERNMENT BY RATING (2012)

单位：万元 (10000 yuan)

项 目	Item	合计 Total	省级 Province	地级 City	县级 County	乡镇级 Town & Township
支出合计	**Total Expenditure**	**31715236**	**7905670**	**12193680**	**10430692**	**1185194**
一般公共服务	Commonly Public servings	2712624	441632	1276385	676883	317724
外交	Diplomacy	356		19	337	
国防	National Defense	49950	20466	27030	2454	
公共安全	Public security	1684036	265346	929901	488681	108
教育	Education	5447877	918466	2070597	2408468	50346
科学技术	Technology	376423	102038	163683	107957	2745
文化体育与传媒	Culture Sport and Medium	472688	183476	181936	97921	9355
社会保障和就业	Social Security and Obtain employment	4582007	1459239	1800900	1232847	89021
医疗卫生	Medical Treatment and Public Health	1733286	178248	701557	842076	11405
环境保护	Environment Protection	1048634	491777	253710	293879	9268
城乡社区事务	Urban and Rural Area Community Operating	2056038	5138	1506250	489205	55445
农林水事务	Farming Forestry and Water Conservancy Operating	4303941	908321	750813	2096911	547896
交通运输	Traffic and Transport	2265099	1514268	410386	335010	5435
资源勘探电力信息等事务	Exploration and Information of Power and Other Matters	946791	124980	666314	148162	7335
商业服务业等事务	Business Services	284332	26605	132156	116512	9059
金融监管等事务支出	Financial Supervision Services Expenditure	26133	2212	3367	20554	
地震灾后恢复重建支出	Expenses after the Earthquake Reconstruction					
	Debt servicing expenditure					
国土资源气象等事务	Land Resources Meteorological Services	321893	124633	113366	83494	400
住房保障支出	Expenditure on Housing Support	2187777	800106	870379	490492	26800
粮油物资储备管理事务	Oil Material Reserves Management Services	658112	176268	75558	373485	32801
预备费	Reserve Funds					
国债还本付息支出	Debt Service Payments	53631	34583	18826	222	
其他支出	Others	503608	127868	240547	125142	10051

8-4 各地区财政收支(2012年)

GOVERNMENT REVENUE AND EXPENDITURE BY REGION (2012)

单位：万元　　(10000 yuan)

地区 Region	财政收入 Total Revenue	公共财政收入 General Budgetary Financial Revenue	基金收入 Fund Income	财政支出 Expenditure	公共财政支出 General Budgetary Financial Expenditure	政府性基金支出 Government Fund Income
哈尔滨 Harbin	5814206	3547160	1729077	8417764	6435756	1982008
齐齐哈尔 Qiqihar	896871	550140	324527	3086815	2637766	449049
鸡　西 Jixi	749852	432740	110277	1298696	1164598	134098
鹤　岗 Hegang	455351	271448	30982	851063	797483	53580
双鸭山 Shuangyashan	540332	321637	38759	1034629	994067	40562
大　庆 Daqing	2240559	1403267	694352	3082478	2349285	733193
伊　春 Yichun	205743	123764	93447	936280	816993	119287
佳木斯 Jiamusi	642216	379453	73672	1697016	1606535	90481
七台河 Qitaihe	430529	217940	43415	649334	608579	40755
牡丹江 Mudanjiang	1245000	702929	172138	1992704	1828599	164105
黑　河 Heihe	340828	211961	76317	1250417	1151651	98766
绥　化 Suihua	947769	554319	208075	2851102	2545405	305697
大兴安岭 Daxinganling	150577	91886	6666	545856	531019	14837
绥芬河 Suifenhe	130579	90168	81948	283062	196592	86470
抚　远 Fuyuan	29900	18887	5159	159245	145238	14007

注:本表中，财政收入=公共财政收入+三税上划收入+所得税上划收入+基金收入,其中:
三税上划收入=消费税+增值税75%+营业税50%，所得税上划收入=企业所得税60%+个人所得税60%。

Note:In this table,Total Revenue = General Budgetary Financial Revenue + Income Tax on The Three Designated + Income Tax on Plan + Fund Income,Income Tax on The Three Designated =Consumption Tax + VAT*75% + Sales tax*50% , Income Tax on Plan = Corporate Income Tax*60% + Personal Income Tax*60% .

8-5 各地区公共财政收入(2012年)

GENAERAL BUDGETARY FINANCIAL REVENUE OF THE LOCAL GOVERNMENT BY REGION (2012)

单位：万元　　　　(10000 yuan)

地 区	Region	公共财政收入 General Budgetary Financial Revenue	税收收入 Tax Revenue	#增值税 Value-added Tax	#营业税 Operation Tax	#企业所得税 Corporate Income Tax	#个人所得税 Individual Income Tax
哈尔滨	Harbin	3547160	2762280	291153	1102352	386855	111795
齐齐哈尔	Qiqihar	550140	338305	46856	81152	44698	15750
鸡 西	Jixi	432740	247983	62039	47471	30812	15964
鹤 岗	Hegang	271448	141732	30173	30527	25451	10623
双鸭山	Shuangyashan	321637	194481	34289	42181	23419	19441
大 庆	Daqing	1403267	1040951	129771	142589	104056	40939
伊 春	Yichun	123764	79347	10341	24484	10598	3039
佳木斯	Jiamusi	379453	250528	26793	69611	53950	10095
七台河	Qitaihe	217940	149727	47969	20520	21569	6319
牡丹江	Mudanjiang	702929	382363	53600	67189	74950	25444
黑 河	Heihe	211961	121838	12433	35645	24908	7072
绥 化	Suihua	554319	318640	45483	70305	54994	12037
大兴安岭	Daxinganling	91886	49972	7709	16598	7893	2665
绥芬河	Suifenhe	90168	42282	4682	8768	9011	1668
抚 远	Fuyuan	18887	12651	792	4933	1900	450

8-5 续表　CONTINUED

单位：万元　　　　(10000 yuan)

地 区	Region	#城市维护建设税 Tax on Town Maintenance and Construction	#耕地占用税 Tax on Occupation of Cultivated Land	#契 税 Deed Tax	非税收入 Non-Tax Revenue	#专项收入 Expert Project Income	#行政事业性收费收入 Income from Adiministrative Fees
哈尔滨	Harbin	161167	71037	157468	784880	95298	241610
齐齐哈尔	Qiqihar	23665	2673	39626	211835	15578	100477
鸡 西	Jixi	26417	4728	11563	184757	44103	28108
鹤 岗	Hegang	11335	2188	5885	129716	16826	35197
双鸭山	Shuangyashan	17641	10719	10898	127156	17369	28582
大 庆	Daqing	240890	23348	83106	362316	129257	38661
伊 春	Yichun	6537	735	8502	44417	5620	13424
佳木斯	Jiamusi	14491	3899	21355	128925	13158	34873
七台河	Qitaihe	16429	2261	6777	68213	20922	16714
牡丹江	Mudanjiang	33795	40370	25668	320566	22853	65476
黑 河	Heihe	7389	2006	7160	90123	11516	22030
绥 化	Suihua	23876	12695	35495	235679	16533	36825
大兴安岭	Daxinganling	3462	412	1803	41914	7688	24373
绥芬河	Suifenhe	2016	668	7437	47886	1123	3430
抚 远	Fuyuan	394	1062	1282	6236	555	2116

8-6 各地区公共财政支出(2012年)

GENAERAL BUDGETARY FINANCIAL EXPENDITURE OF THE LOCAL GOVERNMENT BY REGION (2012)

单位：万元 (10000 yuan)

地 区	Region	公共财政支出 General Budgetary Finamcial Expenditwre	一般公共服务 Commonly Public servings	公共安全 Public security	教育 Education	科学技术 Technology	文化体育与传媒 Culture Sport and Medium
哈尔滨	Harbin	6435756	582272	432691	1185924	127906	85788
齐齐哈尔	Qiqihar	2637766	220945	157118	537107	13364	29121
鸡 西	Jixi	1164598	108239	62941	236824	9090	12391
鹤 岗	Hegang	797483	81248	45872	146209	4227	9741
双鸭山	Shuangyashan	994067	89517	57852	185916	10315	11423
大 庆	Daqing	2349285	252544	171715	413387	26765	28863
伊 春	Yichun	816993	78438	61966	116705	4350	16928
佳木斯	Jiamusi	1606535	106118	82448	323067	11706	14791
七台河	Qitaihe	608579	63348	35113	110818	2355	5467
牡丹江	Mudanjiang	1828599	260540	96152	348996	24740	24107
黑 河	Heihe	1151651	111895	56945	232559	7283	18868
绥 化	Suihua	2545405	211956	111520	557295	27397	20314
大兴安岭	Daxinganling	531019	56385	30032	67688	2539	6918
绥芬河	Suifenhe	196592	42199	12028	39241	1344	2644
抚 远	Fuyuan	145238	5348	4297	27675	1004	1848

8-6 续表 CONTINUED

单位：万元 (10000 yuan)

地 区	Region	社会保障和就业 Social Security and Obtain employment	医疗卫生 Medical Treatment and Public Health	环境保护 Environment Protection	城乡社区事务 Urban and Rural Area Community Operating	农林水事务 Farming Forestry and Water Conservancy Operating	其他支出 Other Expenditure
哈尔滨	Harbin	875208	425882	103811	896802	633220	1311
齐齐哈尔	Qiqihar	390726	200288	65493	104987	569737	15606
鸡 西	Jixi	170478	65579	26345	70231	156206	15419
鹤 岗	Hegang	97894	47164	30626	32170	90908	22622
双鸭山	Shuangyashan	137050	58581	21586	94492	127860	7448
大 庆	Daqing	220343	155122	48765	240267	249352	183771
伊 春	Yichun	151724	45635	24305	54870	108585	11537
佳木斯	Jiamusi	254109	106974	52438	70203	280176	20401
七台河	Qitaihe	73024	31871	8287	61345	58345	619
牡丹江	Mudanjiang	208651	104439	50982	212685	200615	17581
黑 河	Heihe	161179	70741	32477	32429	253654	13265
绥 化	Suihua	299429	201341	66567	128557	534817	6430
大兴安岭	Daxinganling	60465	28253	16843	35913	81553	12462
绥芬河	Suifenhe	8500	5810	6260	12792	10573	38019
抚 远	Fuyuan	13988	7358	2072	3157	40019	9249

8-7 地方财政专户管理资金收支情况

BALANCE OF THE LOCAL FISCAL ACCOUNTS IN FUNDS UNDER MANAGEMENT

单位：万元　　(10000 yuan)

指　标	Item	2010	2011	2012
地方财政预算外收入	**Local Financial Extra-budgetary Revenue**	**877208**	**666860**	**607333**
行政事业性收费收入	Charges of Administrative and Institutional Units	783919	603239	597897
国有资源(资产)有偿使用收入	State-owned Resources (Assets) Paid Income	38508		
其他收入	Others Revenue	54781	63621	9436
#主管部门集中收入	#Revenue of Governing Departments	6428		
乡镇自筹和统筹收入	Revenue from Fundraising Programs of Township Governments			
彩票发行机构和彩票销售机构的业务费用	Lottery Ticket Sales Agencies and Institutions Operating Expenses	6006	7124	8362
地方财政预算外支出	**Local Financial Extra-budgetary Expenditure**	**906375**	**711898**	**545524**
一般公共服务	Expenditure for General Public Services	24980	629	
外交	Expenditure for Foreign Affairs			
国防	Expenditure for National Defense	45		
公共安全	Expenditure for Public Security	10711	1477	66
教育	Expenditure for Education	598568	677754	536839
科学技术	Expenditure for Science and Technology	10029		20
文化体育与传媒	Expenditure for Culture, Sport and Media	27354	866	
社会保障和就业	Expenditure for Social Safety Net and Employment Effort	24468	1765	
医疗卫生	Expenditure for Medical and Health Care	27586	4622	67
节能环保	Expenditure for Environment Protection	2507		
城乡社区事务	Expenditure for Urban and Rural Community Affairs	36129	1470	
农林水事务	Expenditure for Agriculture, Forestry and Water Conservancy	22346	2447	209
交通运输	Expenditure for Transportation	8521	992	
资源勘探电力信息等事务	Expenditure for Mining the Power of Information and Other Matters		1244	
商业服务业等事务	Expenditure for Commercial Services		97	
金融监管等事务	Expenditure for Financial Regulatory Services			
地震灾后恢复重建支出	Expenditure for Earthquake Recovery and Reconstruction			
国土资源气象等事务	Expenditure for Land and Resources and Meteorological Affairs		513	
住房保障支出	Expenditure for Housing Security Spending		9670	196
粮油物资储备管理等事务	Expenditure for Grain Material Reserve Management Services			
金融监管支出	Expenditure for Financial Regulation			
地震灾后恢复重建支出	Expenditure for Post-earthquake Reconstruction			
国债还本付息支出	Expenditure for Debt Service			
其他支出	Other Expenditure	83518	8352	8127

注：1. 财政专户管理资金即原预算外管理资金.
　　2. 主管部门集中收入、乡镇自筹和统筹收入已纳入预算管理.

Note:1. The fiscal accounts in funds under management is the former extra-budgetary funds under management.
　　2. The competent departments concentrated income, income by township and co-ordination has been included in the budget management.

8-8 金融机构信贷资金平衡表(年底数)

BALANCE SHEET OF CREDIT FUNDS OF FINANCIAL INSTITUTIONS AT YEAR-END

单位：亿元 (100 million yuan)

指 标	Item	2011	2012
资金来源合计	**Funds Sources**	**14068.9**	**14674.9**
各项存款	Total Deposits	14328.4	16326.6
单位存款	Deposits by Units	5718.9	6491.5
#活期存款	#Demand Deposits	3693.7	3890.2
定期存款	Time Deposits	1142.7	1538.0
通知存款	Notice Deposits	51.5	86.5
保证金存款	Margin Deposits	380.8	409.8
个人存款	Individual Deposits	8189.8	9361.1
储蓄存款	Savings Deposits	8147.4	9269.2
#活期存款	#Demand Deposits	3280.6	3647.7
定期存款	Time Deposits	4697.2	5436.1
定活两便存款	Fixed-will Deposits	0.1	0.2
通知存款	Notice Deposits	169.5	185.3
保证金存款	Margin Deposits	6.4	11.5
结构性存款	Structured Deposits	36.0	80.4
财政性存款	Fiscal Deposits	264.1	349.4
临时性存款	Temporary Deposits	37.4	22.9
委托存款	Trust Deposits	41.1	12.7
其他存款	Other Deposits	77.1	89.0
资金运用合计	**Fund Uses**	**14068.9**	**14674.9**
各项贷款	Total Loans	8548.7	9906.7
境内贷款	Domestic loans	8548.5	9906.5
短期贷款	Short-term Loans	3439.0	4057.1
个人贷款及透支	Personal Loans and Overdrafts	893.0	1009.1
#个人消费贷款	#Consumer Loans	44.9	66.7
单位普通贷款及透支	General Loans and Overdrafts of Units	2380.3	2851.8
#经营性贷款	#Business Loans	2345.2	2800.2
固定资产贷款	Fixed Asset Loans	32.9	51.4
普通并购贷款	General M & Loans		
银团贷款	Syndicated Loans	2.7	12.6
贸易融资	Trade Finance	163.0	183.6
境外筹资转贷款	Overseas Financing transferred loans		
中长期贷款	Long-term Loans	4818.3	5441.3
个人贷款	Personal Loans	1649.9	1907.6
#个人消费贷款	#Consumer Loans	1034.5	1193.4
单位普通贷款	General Loans of Units	2818.1	3143.5
#经营性贷款	#Business Loans	407.4	379.6
固定资产贷款	Fixed Asset Loans	2410.7	2763.9
普通并购贷款	General M & Loans	1.7	2.5
银团贷款	Syndicated Loans	300.1	325.2
贸易融资	Trade Finance	48.4	62.5
境外筹资转贷款	Overseas Financing transferred loans		
融资租赁	Finance Lease		
票据融资	Financing Instruments	290.4	403.8
#贴现	#Discount	290.4	268.6
各项垫款	Advances	0.8	4.4
境外贷款	Foreign Loans	0.2	0.2

8-9 各地区金融机构存贷款年底余额(2012年)

DEPOSITS AND LOANS OF FINANCIAL INSTITUTIONS BY REGION (2012)

单位：万元　　(10000 yuan)

地　区	Region	存款余额 Deposits	#单位存款 Deposits of Units	#财政性存款 Treasury Deposits	贷款余额 Loans	短期贷款 Short-term Loans	中长期贷款 Long-term Loans
全 省	Total	**16326.6**	**6491.5**	**349.4**	**9906.7**	**4057.1**	**5441.3**
哈 尔 滨	Harbin	7360.3	3707.7	168.2	5558.0	1663.6	3632.6
齐齐哈尔	Qiqihar	1151.7	338.5	28.0	759.7	453.8	288.0
鸡　西	Jixi	737.4	218.0	15.2	308.2	161.2	134.6
鹤　岗	Hegang	424.1	118.9	4.6	277.3	159.6	100.8
双 鸭 山	Shuangyashan	533.7	163.4	5.9	386.1	208.0	169.0
大　庆	Daqing	1970.6	775.0	20.9	671.8	304.8	348.7
伊　春	Yichun	453.0	134.5	7.7	124.5	49.6	58.8
佳 木 斯	Jiamusi	805.9	241.8	17.8	537.3	353.6	175.1
七 台 河	Qitaihe	338.2	98.9	15.9	175.9	73.8	87.0
牡 丹 江	Mudanjiang	1034.2	259.9	21.1	410.7	216.9	191.4
黑　河	Heihe	500.8	157.1	7.9	233.7	139.3	84.8
绥　化	Suihua	763.9	176.6	27.0	404.6	244.7	139.7
大兴安岭	Daxinganling	252.8	101.2	9.1	59.0	28.1	30.8
绥 芬 河	Suifenhe	103.4	22.8	2.6	49.9	29.1	20.2
抚　远	Fuyuan	28.4	10.4	1.0	38.5	25.9	12.6

8-10 金融机构人员数(2012年)

INSTITUTIONS OF FINANCIAL INSTITUTIONS AND STUFF (2012)

项目	Item	机构总数(个) Number of Institutions (unit)	从业人员数(人) Number of Employees (person)
金融机构合计	**Total**	**6391**	**114162**
大型商业银行	**State-owned Commercial Bank**	**2062**	**55817**
中国工商银行黑龙江省分行	Industrial and Commercial Bank	602	16593
中国农业银行黑龙江省分行	Agriculture Bank	668	17917
中国银行黑龙江省分行	Bank of China	260	7408
中国建设银行黑龙江省分行	Bank of Construction	444	11578
交通银行黑龙江省分行	Bank of Communication	88	2321
政策性银行及国家开发银行	**Policy Bank**	**90**	**2591**
国家开发银行黑龙江省分行	The Bank of State Development	1	154
中国进出口银行黑龙江省分行	Export-Import Bank	1	53
中国农业发展银行黑龙江省分行	The Bank of Agricultural Development	88	2384
股份制商业银行	**Shareholding System Bank**	**91**	**2953**
中国光大银行黑龙江分行	Ever Bright Bank	30	837
招商银行哈尔滨分行	Merchants Bank	15	623
上海浦东发展银行哈尔滨分行	Pudong Development Bank	16	422
兴业银行哈尔滨分行	Industrial Bank	12	505
中信银行哈尔滨分行	China Citic Bank	8	243
广东发展银行大庆支行	Development Bank of Guangdong	10	323
城市商业银行	**City Commercial Bank**	**458**	**11205**
哈尔滨银行	Harbin Bank	236	6066
龙江银行	Longjiang Bank	202	4443
锦州银行哈尔滨分行	Jinzhou Bank Harbin Branch	4	143
昆仑银行大庆分行	Kunlun Bank Daqing Branch	10	287
营口银行	Yingkou Bank Daqing Branch	3	136
内蒙古银行	Inner Mongolia Bank Daqing Branch	3	130
农村中小金融机构	**Rural Small and Medium-sized Financial Institutions**	**2004**	**25849**
农村信用社	Rural Credit Coorpertive	1814	23332
农村商业银行	Rural Commercial Bank	147	1753
村镇银行	Village Bank	37	718
农村资金互助社	Rural Credit Union Funds	6	46
资产管理公司	**Asset Management**	**4**	**219**
中国华融资产管理公司哈尔滨办事处	HuaRong Assets Management Corporation	1	45
中国长城资产管理公司哈尔滨办事处	Great Wall Asset Management Corporation	1	81
中国东方资产管理公司哈尔滨办事处	Orient Asset Management Corporation	1	36
中国信达资产管理公司黑龙江省分公司	Cinda Asset Management Corporation	1	57
非银行金融机构	**Non-bank Financial Institutions**	**4**	**1310**
中融国际信托	International Trust in the Financial	1	1232
东方集团财务公司	Orient Finance Company	1	29
哈尔滨电气集团财务公司	Harbin Electric Group Finance Company	1	37
中油财务公司大庆分公司	Petroleum Finance Company Daqing Branch	1	12
外资银行	**Foreign-funded Banks**	**6**	**107**
国民银行哈尔滨分行	The National Bank Harbin Branch	1	20
韩亚银行哈尔滨分行	Hana Bank Harbin Branch	1	22
东亚银行哈尔滨分行	HSBC Bank Harbin Branch	1	35
汇丰银行哈尔滨分行	East Asia Bank Harbin Branch	1	18
摩根大通银行哈尔滨分行	JPMorgan Chase Bank Harbin branch	1	10
奥地利奥合国际银行股份有限公司哈尔滨代表处	Raiffeisen Bank International AG Harbin Representative Office	1	2
邮政储蓄银行	**Postal Deposit and Remittance**	**1672**	**14111**

8-11 保险业务情况

MAJOR INDICATORS OF INSURANCE BUSINESS

单位：万元　　　　(10000 yuan)

指　标	Item	2007	2008	2009	2010	2011	2012
保费收入	**Premium Income**	**1555230**	**2511965**	**2783743**	**3432220**	**3177867**	**3441498**
企业财产险	Enterprise Property Insurance	29972	30961	33147	42647	49259	45634
家庭财产险	Family Property Insurance	4407	5168	4197	3330	4143	5136
机动车辆险	Motor Vehicle Insurance	248564	277359	363341	488430	572081	628968
船舶险	Ships Insurance	77	53	65	90	98	116
货物运输险	Freight Transport Insurance	5879	5034	5517	7948	9135	8817
及责任保险	Insurance						
责任险	Liability Insurance	11183	12289	14351	16094	18477	22411
保证保险	Guarantee Insurance	1688	2032	2960	4507	14446	18807
农业险	Agriculture Insurance	33362	137497	129176	139893	164073	221590
其他保险	Other Insurance	7045	9109	14468	15635	12690	41059
寿　险	Life Insurance	1108241	1908660	2074353	2544900	2124334	2195987
健康险	Health Insurance	70516	88892	102900	119460	147914	182919
人身意外伤害险	Person Accident Insurance	34296	34911	39266	49287	60703	70054
赔款及给付	**Claim and Payment**	**822025**	**1030382**	**966555**	**775511**	**868100**	**983294**
企业财产险	Enterprise Property Insurance	19224	22258	20032	13472	15473	19394
家庭财产险	Family Property Insurance	1765	2424	2629	1273	1089	1535
机动车辆险	Motor Vehicle Insurance	120135	179391	221861	220272	270499	345638
船舶险	Ships Insurance	9	21	7	9	1	3
货物运输险	Freight Transport Insurance	3853	4671	4070	3142	4242	4534
及责任保险	Insurance						
责任险	Liability Insurance	5599	9795	11783	8034	8235	11570
保证保险	Guarantee Insurance	2287	3033	2572	912	1935	1819
农业险	Agriculture Insurance	354	105514	106393	82376	48571	109937
其他保险	Other Insurance	8183	1635	6813	992	3909	3301
寿　险	Life Insurance	632632	658544	537474	388290	441562	406725
健康险	Health Insurance	22265	30805	41180	43910	53363	62496
人身意外伤害险	Person Accident Insurance	5719	12291	11742	12831	14955	16342

注：其他保险=建筑安装工程保险及责任保险+出口信用险+其他险

Note: Other Insurance = construction and installation insurance and export credit insurance liability insurance + insurance + other

8-12 保险公司机构数(2012年)

NUMBER OF INSTITUTION OF INSURANCE COMPANY (2012)

单位:个 (unit)

机构名称	Organization Name	合计 Total	机构类别 Organization Type 总公司 Company	分公司 Branch	中心支公司 Center Support Company
全省合计	**Total**	**2780**	**1**	**39**	**271**
寿险公司小计	**Life Insurance Companies Subtotal**	**1494**		**22**	**137**
中国人寿保险股份有限公司	China Life Insurance Co., Ltd.	715		1	13
中国太平洋人寿保险股份有限公司	China Pacific Life Insurance Co., Ltd.	131		1	13
中国平安人寿保险股份有限公司	China Ping An Life Insurance Co., Ltd.	119		1	10
新华人寿保险股份有限公司	China Life Insurance Co., Ltd.	67		1	12
泰康人寿保险股份有限公司	Tai Kang Life Insurance Co., Ltd.	141		1	11
太平人寿保险有限公司	Taiping Life Insurance Co., Ltd.	65		1	11
民生人寿保险股份有限公司	Minsheng Life Insurance Co., Ltd.	18		1	6
生命人寿保险股份有限公司	Life Insurance Co., Ltd.	38		1	10
平安养老保险股份有限公司	Ping An Annuity Insurance Company	2		1	1
合众人寿保险股份有限公司	Union Life Insurance Co.	27		1	9
正德人寿保险股份有限公司	Masanori Life Insurance Co., Ltd.	9		1	8
信泰人寿保险股份有限公司	Xintai Life Insurance Co., Ltd.	14		1	4
中国人民人寿保险股份有限公司	Chinese People's Life Insurance Co., Ltd.	75		1	13
阳光人寿保险股份有限公司	Sun Life Insurance Co., Ltd.	43		1	8
百年人寿保险股份有限公司	Century Life Insurance Co., Ltd.	17		1	5
安邦人寿保险股份有限公司	Ampang Life Insurance Co., Ltd.	2		1	1
中意人寿保险有限公司	Generali China Life Insurance Co., Ltd.	1		1	
中英人寿保险有限公司	England Life Insurance Co., Ltd.	4		1	
光大永明人寿保险有限公司	Sun Life Everbright Life Insurance Company Limited	3		1	2
太平养老保险股份有限公司	Taiping Pension Insurance Co., Ltd.	1		1	
中邮人寿保险股份有限公司	China Post Life Insurance Co., Ltd	1		1	
泰康养老保险股份有限公司	**Tai Kang Pension Insurance Co., Ltd.**	**1**		**1**	
财险公司小计	Insurance Company Subtotal	1286	1	17	134
中国人民财产保险股份有限公司	China PICC	670		1	13
中国大地财产保险股份有限公司	China Continent Property & Casualty Insurance Co., Ltd.	60		1	12
中国出口信用保险公司	China Export & Credit Insurance Corporation	1		1	
中国太平洋财产保险股份有限公司	China Pacific Property Insurance Co., Ltd.	55		1	12
中国平安财产保险股份有限公司	China Ping An Insurance Company	54		1	13
天安保险股份有限公司	Tian An Insurance Co., Ltd.	27		1	10
华安财产保险股份有限公司	Hua An Property Insurance Co., Ltd.	33		1	12
太平财产保险有限公司	Pacific Property Insurance Co., Ltd.	4		1	3
永诚财产保险股份有限公司	Yongcheng Property Insurance Co., Ltd.	9		1	6
安邦财产保险股份有限公司	Anbang Property Insurance Co., Ltd.	56		1	12
阳光财产保险股份有限公司	Sunshine Property and Casualty Insurance Co., Ltd.	59		1	12
阳光农业相互保险公司	Sunshine Agriculture Mutual Insurance Company	178	1	1	11
都邦财产保险股份有限公司	Du Bang Property Insurance Company	8		1	5
中国人寿财产保险股份有限公司	China Life Insurance Company	68		1	12
中意财产保险有限公司	China Insurance Co., Ltd.	1		1	
英大泰和财产保险股份有限公司	Yingda Taihe Property Insurance Co., Ltd.	2		1	1
华泰财产保险有限公司	Huatai Insurance Group	1		1	

8-12 续表 CONTINUED

单位:个　　　　(unit)

机构名称	Organization Name	支公司 Support Company	营业部 Sales Department	营销服务部 Marketing Services Division
全省合计	**Total**	**730**	**46**	**1693**
寿险公司小计	**Life Insurance Companies Subtotal**	**378**	**5**	**952**
中国人寿保险股份有限公司	China Life Insurance Co., Ltd.	91	5	605
中国太平洋人寿保险股份有限公司	China Pacific Life Insurance Co., Ltd.	89		28
中国平安人寿保险股份有限公司	China Ping An Life Insurance Co., Ltd.	10		98
新华人寿保险股份有限公司	China Life Insurance Co., Ltd.	13		41
泰康人寿保险股份有限公司	Tai Kang Life Insurance Co., Ltd.	50		79
太平人寿保险有限公司	Taiping Life Insurance Co., Ltd.			53
民生人寿保险股份有限公司	Minsheng Life Insurance Co., Ltd.	7		4
生命人寿保险股份有限公司	Life Insurance Co., Ltd.	13		14
平安养老保险股份有限公司	Ping An Annuity Insurance Company			
合众人寿保险股份有限公司	Union Life Insurance Co.	3		14
正德人寿保险股份有限公司	Masanori Life Insurance Co., Ltd.			
信泰人寿保险股份有限公司	Xintai Life Insurance Co., Ltd.	7		2
中国人民人寿保险股份有限公司	Chinese People's Life Insurance Co., Ltd.	61		
阳光人寿保险股份有限公司	Sun Life Insurance Co., Ltd.	28		6
百年人寿保险股份有限公司	Century Life Insurance Co., Ltd.	6		5
安邦人寿保险股份有限公司	Ampang Life Insurance Co., Ltd.			
中意人寿保险有限公司	Generali China Life Insurance Co., Ltd.			
中英人寿保险有限公司	England Life Insurance Co., Ltd.			3
光大永明人寿保险有限公司	Sun Life Everbright Life Insurance Company Limited			
太平养老保险股份有限公司	Taiping Pension Insurance Co., Ltd.			
中邮人寿保险股份有限公司	China Post Life Insurance Co., Ltd			
泰康养老保险股份有限公司	**Tai Kang Pension Insurance Co., Ltd.**			
财险公司小计	Insurance Company Subtotal	352	41	741
中国人民财产保险股份有限公司	China PICC	145	41	470
中国大地财产保险股份有限公司	China Continent Property & Casualty Insurance Co., Ltd.	33		14
中国出口信用保险公司	China Export & Credit Insurance Corporation			
中国太平洋财产保险股份有限公司	China Pacific Property Insurance Co., Ltd.	42		
中国平安财产保险股份有限公司	China Ping An Insurance Company	13		27
天安保险股份有限公司	Tian An Insurance Co., Ltd.			16
华安财产保险股份有限公司	Hua An Property Insurance Co., Ltd.	4		16
太平财产保险有限公司	Pacific Property Insurance Co., Ltd.			
永诚财产保险股份有限公司	Yongcheng Property Insurance Co., Ltd.	1		1
安邦财产保险股份有限公司	Anbang Property Insurance Co., Ltd.	28		15
阳光财产保险股份有限公司	Sunshine Property and Casualty Insurance Co., Ltd.	40		6
阳光农业相互保险公司	Sunshine Agriculture Mutual Insurance Company	39		126
都邦财产保险股份有限公司	Du Bang Property Insurance Company			2
中国人寿财产保险股份有限公司	China Life Insurance Company	7		48
中意财产保险有限公司	China Insurance Co., Ltd.			
英大泰和财产保险股份有限公司	Yingda Taihe Property Insurance Co., Ltd.			
华泰财产保险有限公司	Huatai Insurance Group			

8-13 黑龙江A股股票发行情况

ISSUANCE OF SHARES

公司名称	Company Name	证券代码 Securities Code	上市时间 Listed Time	募集资金总额(万元) Floated Raised Funds(10000 yuan)				2012年末股本(万股) Stock Capital by 2012(10000 share)	
				首发 Initial Issue	配股 Rationed Shares	增发 Issue Additional	可转债 Transferable Bond	总股本 Total Capital Stock	流通股本 Circulating Capital Stock
金叶珠宝	Goldleaf Jewelry Co., Ltd	000587	1996	3000	18335			55713	25042
天伦置业	Heilongjiang Talent Investment Co., Ltd.	000711	1997	5988	5962			16090	16090
航天科技	Aerospace Hi-Tech Holding GroupCo., Ltd.	000901	1999	18600				25036	22176
佳电股份	Acheng Relay Co., Ltd.	000922	1999	36300				29844	17190
大庆华科	Daqing Huake Co., Ltd.	000985	2000	25020				12964	12964
誉衡药业	Gloria Pharmaceuticals	002437	2010	166853				28000	9520
九洲电气	JZE, Inc	300040	2010	54781				13890	7200
哈飞股份	Harbin Aircraft Industry Group Co., Ltd.	600038	2000	47100	26263			33735	33735
哈高科	Harbin High-Tech Group Co., Ltd.	600095	1997	28900	19843			36126	36126
东安动力	Harbin Dongan Automotive Powertrain Co., Ltd.	600178	1998	57400	28782			46208	46208
黑化股份	Heilongjiang Heihua Holding Co., Ltd.	600179	1998	39100				39000	39000
S佳通	Jiatong Tyre Holding Co., Ltd.	600182	1999	40320				34000	17000
国中水务	Interchina Water Treatment Co., Ltd.	600187	1998	4500	6500			42723	42723
哈 空 调	Harbin Air Conditioning Co., Ltd.	600202	1999	18240				38334	38334
亿阳信通	Bright Oceans Corporation	600289	2000	72960				57724	56738
恒丰纸业	Mudanjiang Hengfeng Paper Co., Ltd	600356	2001	28360		28938	45000	23160	23160
万向德农	Wan Xiang Doneed Co., Ltd.	600371	2002	13880				17050	17050
北 大 荒	Heilongjiang Bei Da Huang Agriculture Co., Ltd	600598	2002	161400			150000	177768	177768
哈药股份	Harbin Pharmaceutical Group Holding Co., Ltd.	600664	1993	6500	150173			191748	105339
工大高新	Harbin Industry University High-tech Industry Development Holding Co., Ltd.	600701	1996	13500	29610			49878	49878
华电能源	Huadian Energy Co., Ltd.	600726	1996	26197		124450	77605	196668	72058
东方集团	Orient Group Co., Ltd.	600811	1994	26760	123777			166681	166681
三精制药	San Chine Pharmaceutical	600829	1994	13000				57989	57989
龙建股份	Long Jian Holding Co., Ltd.	600853	1994	29400				53681	53681
哈投股份	Harbin Investment Co., Ltd.	600864	1994	11500	7992			54638	54638
秋林集团	Qiulin Group	600891	1996	18360	14074			32553	24977
宝泰隆	Bao Tyrone	601011	2011	164147				38700	12461
中国一重	China First Heavy Industries	601106	2010	1120212				653800	229000
龙江交通	Longjiang Traffic	601188	2010					121320	61640
博实股份	Harbin Boshi Automation Co., Ltd.	002698	2012	52480				40100	4100
中航投资	Avic Capital Co., Ltd.	600705	1996	9350	17412			152247	59815

主要统计指标解释

财政收入　指国家财政参与社会产品分配所取得的收入，是实现国家职能的财力保证。主要包括：（1）各项税收：包括国内增值税、国内消费税、进口货物增值税和消费税、出口货物退增值税和消费税、营业税、企业所得税、个人所得税、资源税、城市维护建设税、房产税、印花税、城镇土地使用税、土地增值税、车船税、船舶吨税、车辆购置税、关税、耕地占用税、契税、烟叶税等。（2）非税收入：包括专项收入、行政事业性收费、罚没收入和其他收入。财政收入按现行分税制财政体制划分为中央本级收入和地方本级收入。

财政支出　指国家财政将筹集起来的资金进行分配使用，以满足经济建设和各项事业的需要。主要包括：一般公共服务、外交、国防、公共安全、教育、科学技术、文化体育与传媒、社会保障和就业、医疗卫生、环境保护、城乡社区事务、农林水事务、交通运输、资源勘探电力信息等事务、商业服务等事务、金融监管支出、国土气象等事务、住房保障支出、粮油物资储备管理等事务、国债付息支出等方面的支出。财政支出根据政府在经济和社会活动中的不同职权，划分为中央财政支出和地方财政支出。

金融机构与金融机构部门　金融机构指主要从事金融媒介以及与金融媒介密切相关的辅助金融活动的常住单位，它主要包括中央银行、商业银行和政策性银行、非银行信贷机构和保险公司。所有金融机构归并在一起，就形成金融机构部门。

信贷资金　指金融机构以信用方式积聚和分配的货币资金。金融机构信贷资金的来源有各项存款、金融债券、对国际金融机构负债、流通中现金、其他项目等；信贷资金的运用有各项贷款、有价证券及投资、金银占款、外汇占款、财政借款及在国际金融机构中的资产等。

存款　指企业、机关、团体或居民根据资金必须收回的原则，把货币资金存入银行或其他信贷机构保管并取得一定利息的一种信用活动形式。根据存款对象或性质的不同可划分为单位存款、个人存款、财政性存款、临时性存款、委托存款、其他存款等科目。它是银行信贷资金的主要来源。

贷款　指银行或其他信贷机构根据资金必须归还的原则，按一定利率，为企业、个人等提供资金的一种信用活动形式。我国银行贷款分为短期贷款、中长期贷款、融资租赁、票据融资、各项垫款、境外贷款等。

保险公司　在中国境内的、经过保险监督管理部门批准设立，并依法登记注册的各类商业保险公司。

保险金额　指保险人承担赔偿或者给付保险金责任的最高限额。

保费　指投保人为取得保险人在约定范围内所承担赔偿责任而支付给保险人的费用。

赔款　指保险人根据保险合同的规定，向被保险人支付的赔偿保险责任损失的金额。

给付　包括死伤医疗给付和满期给付。死伤医疗给付是指保险人根据人寿保险及长期健康保险合同的规定，因被保险人在保险期内发生保险责任范围内的保险事故支付给被保险人(或受益人)的金额。满期给付是指被保险人生存期满，保险人按人寿保险合同规定支付给被保险人的满期保险金额。

股票及其他股权　指股票购买者及直接投资者对其投资企业净资产所拥有的权益。股票是股份公司签发的证明股东投资并按其所持股份享有权益和承担义务的权益性证券。其他股权是机构单位以直接投资的方式用除股票、债权性证券以外的土地、房屋及建筑物、机器设备、存货、资源资产等实物资产，商标、专利权、土地使用权、特许使用权、商誉等无形资产及货币资金直接向其他单位进行的投资。通常以股权证、出资证明书、参与证或类似的单据为凭证。

Explanatory Notes on Main Statistical Indicators

Government Revenue refers to income for the government finance through participating in the distribution of social products. It is the financial guarantee to ensure government functioning. The government revenue includes the following main items: (1) Various tax revenues including domestic value added tax (VAT), domestic consumption tax, VAT and consumption tax from imports, VAT and consumption tax rebate for exports, business tax, corporate income tax, individual income tax, resource tax, city maintenance and construction tax, house property tax, stamp tax, urban land use tax, land appreciation tax, tax on vehicles and boat operation, ship tonnage tax, vehicle purchase tax, tariffs, farm land occupation tax, deed tax, and tobacco tax, etc. (2) Non-tax revenue, including special program receipts, charge of administrative and institutional units, penalty receipts and others non-tax receipts.

Government Expenditure refers to the distribution and use of the funds which the government finance has raised, so as to meet the needs of economic construction and various undertakings. It includes the following main items: expenditure for general public services, expenditure for foreign affairs, expenditure for national defence expenditure for public security, expenditure for education, expenditure for science and technology, expenditure for culture, sport and media, expenditure for social safety net and employment effort, expenditure for medical and health care, expenditure for environment protection, expenditure for urban and rural community affairs, expenditure for agriculture, forestry and water conservancy, expenditure for transportation, expenditure for affairs of exploration, power and information, expenditure for affairs of commerce and services, expenditure for affairs of financial supervision, expenditure for affairs of land and weather, expenditure for affairs of housing security, expenditure for affairs of management of grain & oil reserves , interest payment for domestic and foreign debts.. Government expenditure is divided into central government expenditure and local government expenditure according to the different functions of the governments played in economic and social activities,

Financial Institutions and the Sector of Financial Institutions Financial institutions refer to resident institutions that are engaged in the financial intermediary services or auxiliary financial activities that are closely related with financial intermediary services, mainly covering the Central Bank, commercial banks, policy banks, non-banking credit institutions and insurance companies. All financial institutions together make up the sector of financial institutions.

Credit Funds refer to the monetary funds accumulated and distributed in the means of credit by the financial institutions. The sources of credit funds include various deposits, financial bonds, liabilities to international financial institutions, currency in circulation, other items. The uses of credit funds include loans, securities and investment, position for bullion and silver purchase, position for foreign exchange purchase, advances to treasury, and assets with international financial institutions.

Deposit is a form of credit by which enterprises, institutions, organizations or households can put money into banks and other credit institutions for safekeeping and interest earning under the principle of free withdrawal. According to different depositors, deposits are divided into unit deposits, personal deposits, fiscal deposits, temporary deposits, entrusted deposits and other deposits. Deposits are major sources of the credit funds of banks.

Loan is a form of credit by which banks and other credit institutions provide funds at certain interest rate to enterprises and individuals in the light of the principle of unconditional repayment. Loans from Chinese banks include short-term loan, medium-term and long-term loans, financial lease, bill financing, various money advanced, foreign loans.

Insurance Companies refer to commercial insurance companies of various forms registered by law and established in China with the approval of insurance regulatory agencies.

Amount Insured refers to the maximum that the insurant will get for the claim of the case insured.

Premium is the fee paid by the insurant to the insurer to obtain the obligation of compensation from the insurance within the agreed terms.

Settled Claim is the compensation paid by the insurer to the insurant in accordance with the insurance contract.

Payment includes payment for death, injury or medical treatment and payment at maturity. Payment for death, injury or medical treatment refers to the money paid to the insurant (or the beneficiary) in accordance with the life or health insurance contract when the insurant encounters accidents within the insured period covered in the contract. Payment at maturity refers to the payment to the insurant in accordance with the life insurance contract at the end of the insured period.

Shares and Other Holding Rights refer to the rights of stockholders and direct investors on the net assets of corporations they have invested in. Shares refer to negotiable securities on creditor' s rights, issued by share companies certifying the investment by stockholders and their rights and duties in accordance with the amount of stocks that they hold. Other holding rights refer to the direct investment by institutional units in other units with currency capital or with assets, in forms other than shares and negotiable securities on creditor' s rights, including such tangible assets such as land, buildings, machines and equipment, inventory, resources, etc., and such intangible assets as trade marks, patents, monopolies, rights on land use, licenses, commercial reputation, etc.. Documents of proof of holding rights usually include certificates on creditor' s right, certificates on investment or on participation, etc.

第九篇　价格指数

CHAPTER 9 PRICE INDICES

资料整理：代传奎　张红艳　韩晓宇　赵伟志
　　　　　张晨阳　王育政　王　彦　王　楠

9-1 各种物价总指数

PRICE INDICES

年 份 Year	商品零售价格指数 Retail Price Index	居民消费价格指数 Consumer Price Index	城市 Urban Areas	农村 Rural Areas	建筑安装工程价格指数 Construction and Installation	固定资产投资价格指数 Price Index for Investment In Fixed Assets	农业生产资料价格指数 Price Index for Means of Agricultural Production	工业生产者购进价格指数 Purchasing Price Index for Industrial Producers	工业生产者出厂价格指数 Producer Price Index for Industrial Products
上年=100 (preceding year=100)									
1978	100.2		100.5						
1980	105.6		107.3						
1985	111.7	111.8	111.9	110.0					
1986	105.9	106.2	106.0	107.5					
1987	109.6	109.4	109.7	106.6					
1988	117.8	118.0	118.6	116.1			114.9		
1989	114.0	114.6	114.6	114.6			111.9		
1990	104.9	105.7	105.6	106.3	103.4		104.3		
1991	106.5	107.4	108.2	105.3	109.0	107.5	105.4		
1992	108.5	109.2	109.7	105.9	112.0	113.5	109.6	112.9	111.6
1993	114.6	114.8	115.2	113.7	132.9	128.0	124.6	139.6	141.3
1994	120.7	121.9	122.0	121.3	107.2	109.0	125.9	119.3	129.0
1995	114.3	116.1	115.9	116.2	104.8	106.5	123.1	112.7	116.1
1996	105.1	107.1	107.6	105.8	103.3	103.4	110.3	103.4	104.6
1997	102.2	104.4	104.5	103.8	103.8	102.7	100.6	104.4	102.3
1998	98.4	100.4	100.9	99.7	101.6	100.8	96.0	97.7	97.8
1999	96.1	96.8	97.0	96.3	99.7	99.7	96.5	98.2	107.4
2000	97.8	98.3	98.7	97.2	103.1	101.5	98.6	108.6	122.9
2001	100.4	100.8	100.8	100.4	100.6	100.1	98.9	99.5	96.0
2002	98.5	99.3	99.3	99.5	101.1	100.2	99.7	99.3	97.8
2003	99.7	100.9	100.8	101.2	102.7	102.3	101.8	107.6	111.9
2004	102.8	103.8	103.5	105.2	106.1	104.6	112.0	115.2	113.1
2005	100.4	101.2	100.8	102.3	102.2	102.2	108.6	111.8	116.7
2006	101.5	101.9	101.8	102.4	102.2	102.1	101.9	105.6	109.9
2007	105.6	105.4	105.4	105.4	105.5	104.5	109.4	105.0	105.3
2008	105.8	105.6	105.0	107.2	111.9	109.0	122.7	114.1	114.0
2009	98.9	100.2	99.8	101.2	94.8	97.6	94.2	93.4	87.4
2010	103.1	103.9	103.6	104.9	106.7	105.2	105.6	114.5	115.0
2011	104.5	105.8	105.6	106.4	109.9	107.5	110.2	111.1	112.0
2012	102.2	103.2	103.3	102.9	101.0	100.8	107.8	98.8	100.0
1978=100									
1980	107.5		110.0						
1985	134.6	100.0	138.6	100.0					
1986	142.5	106.2	146.9	107.5					
1987	156.2	116.2	161.1	114.6					
1988	184.0	137.1	191.1	133.1					
1989	209.8	157.1	219.0	152.5					
1990	220.1	166.1	231.3	162.1	100.0	100.0	100.0		
1991	234.4	178.4	250.3	170.7	109.0	107.5	105.4		
1992	254.3	194.8	274.6	180.8	122.1	122.0	115.5		
1993	291.5	223.6	316.3	205.6	162.2	156.2	143.9		
1994	351.8	272.6	385.9	249.4	173.9	170.2	181.2		
1995	402.1	316.5	447.3	289.8	182.3	181.3	223.1	100.0	100.0
1996	422.6	339.0	481.3	306.6	188.3	187.5	246.1	103.4	104.6
1997	431.9	353.9	503.0	318.3	195.4	192.5	247.5	107.9	107.0
1998	425.0	355.3	507.5	317.3	198.6	194.1	237.6	105.5	104.7
1999	408.0	343.8	491.8	305.4	198.0	193.5	229.3	103.6	112.4
2000	399.0	337.9	485.4	296.8	204.1	196.4	226.1	112.5	138.1
2001	400.6	340.6	489.3	298.0	205.3	196.6	223.6	111.9	132.6
2002	394.6	338.2	485.9	296.5	207.6	197.0	222.9	111.1	129.7
2003	393.4	341.2	489.8	300.1	213.2	201.5	226.9	119.5	145.1
2004	404.4	354.2	506.9	315.7	226.2	210.8	254.1	137.7	164.1
2005	406.0	358.5	510.9	322.9	231.2	215.4	276.0	153.9	191.5
2006	412.1	365.3	520.1	330.6	236.3	219.9	281.2	162.5	210.5
2007	435.2	385.0	548.2	348.5	249.3	229.8	307.6	170.6	221.7
2008	460.4	406.6	575.6	373.6	279.0	250.5	377.4	194.7	252.7
2009	455.3	407.4	574.4	378.1	264.5	244.5	355.5	181.8	220.9
2010	469.4	423.3	595.1	396.6	282.2	257.2	375.4	208.2	254.0
2011	490.5	447.8	628.4	422.0	310.2	276.5	413.7	231.3	284.5
2012	501.3	462.1	649.1	434.2	313.3	278.7	446.0	228.5	284.5

注：1. 1994年后商品零售价格指数不包括农业生产资料。
2. 居民消费价格总指数及农村居民消费价格指数以1985年为基期，农业生产资料、建筑安装工程价格指数和固定资产投资价格指数以1990年为基期，工业生产者出厂价格指数和工业生产者购进价格指数以1995年为基期。

Note: a)Since 1994, Retail Price Indices Exclude Agricultural Means of Production.
b)The index of year 1985 is defined as 100 in Consumer Price Index and Rural Consumer Price Index, the index of year 1990 is defined as 100 in Price Index for Means of Agricultural Production, Build-in Project Price Index and Price Index of Investment In Fixed Assets, the index of year 1995 is defined as 100 in Purchasing Price Index for Industrial Producers and Producer Price Index forIndustrial Products.

9-2 商品零售价格分类指数(上年=100)

RETAIL PRICE INDICES BY CATEGORY OF COMMODITIES (PRECEDING YEAR=100)

类 别	Category	全 省 Total		城市 Urban		农村 Rural	
		2011	2012	2011	2012	2011	2012
商品零售价格总指数	**Retail Price Index**	**104.5**	**102.2**	**104.2**	**102.2**	**105.8**	**102.3**
食品类	**Food**	**112.4**	**106.1**	**112.4**	**106.6**	**112.3**	**103.8**
粮 食	Grain	112.3	104.4	113.4	104.4	110.2	104.6
淀粉及薯类	Starches and Tubers	132.2	101.4	132.5	103.7	130.8	92.0
干豆类及豆制品	Bean and Its Products	104.0	104.6	103.8	105.4	104.5	101.9
油 脂	Oil or Fat	119.5	103.3	119.3	104.3	120.1	101.0
肉禽及其制品	Meal, Poultry and Their Products	125.3	106.4	125.5	107.1	124.4	102.5
蛋	Eggs	114.6	98.1	114.3	98.4	115.6	97.4
水产品	Aquatic Products	110.3	104.6	109.9	104.6	113.8	104.0
菜	Vegetables	101.6	116.3	101.4	117.6	102.6	110.3
调味品	Flavoring	104.9	102.6	104.5	101.6	106.0	105.8
糖	Sugar	111.9	105.9	112.6	106.3	108.9	104.1
干鲜瓜果	Dried and Fresh Melons and Fruits	116.3	104.3	116.4	105.0	116.1	100.3
糕点饼干面包	Cake, Biscuit and Bread	108.1	106.0	108.0	106.2	108.6	105.0
奶及奶制品	Milk and Its Products	103.3	101.7	103.6	101.6	100.8	102.0
在外用膳食品	Outward Dinner Food	105.1	106.7	105.1	106.5	105.1	107.9
其它食品	Other Foods	101.0	103.6	100.0	103.0	104.3	105.2
饮料、烟酒	**Beverage, Tobacco and Liquor**	**103.6**	**102.6**	**103.7**	**102.8**	**102.7**	**101.7**
茶及饮料	Tea and Beverages	103.8	102.6	104.5	102.6	101.3	102.4
烟 草	Tobacco	101.2	100.9	101.4	100.9	100.2	101.0
酒	Liquor	105.6	104.0	105.6	104.5	105.9	101.7
服装、鞋帽类	**Garments, Shoes and Hats**	**101.9**	**103.2**	**101.8**	**103.5**	**102.5**	**101.9**
服 装	Garments	102.8	104.4	102.7	105.0	103.1	101.1
鞋袜帽	Footgear and Hats	99.7	100.2	99.3	99.3	101.5	103.6
其 它	Others	101.3	103.3	101.5	103.7	100.0	101.3
纺织品类	**Textiles**	**106.3**	**101.6**	**106.0**	**101.8**	**107.6**	**100.6**
衣着材料	Cotton Cloth	113.1	104.7	113.3	106.1	112.4	100.4
床上用品	Blend Cloth	101.9	99.3	101.6	99.0	103.5	100.8

9-2 续表 CONTINUED

类 别	Category	全省 Total 2011	全省 Total 2012	城市 Urban 2011	城市 Urban 2012	农村 Rural 2011	农村 Rural 2012
家用电器及音像器材	**Household Appliances and Music and Video Equipment**	**92.5**	**93.7**	**91.4**	**92.6**	**97.9**	**98.9**
家庭设备	Household Facilities	97.3	98.8	96.8	98.6	99.7	99.8
文娱用耐用消费品	Durable Consumer Goods for Recreational Use	86.0	86.0	84.3	83.5	95.4	97.6
音像器材类	Sound and Video Equipment	97.1	99.0	96.8	98.9	100.0	100.0
文化办公用品	**Cultural and Official Appliances**	**95.1**	**97.9**	**94.2**	**97.4**	**99.5**	**99.8**
日用品	**Articles for Daily Use**	**102.9**	**102.1**	**102.7**	**102.0**	**104.0**	**102.3**
日用百货	General Merchandise for Daily Use	101.3	101.1	101.4	100.9	101.1	102.7
日用杂品	Sundries for Daily Use	103.0	99.3	102.9	99.2	103.3	100.2
洗涤用品	Articles for Washing	107.3	104.9	106.6	105.1	109.8	103.8
其它日用品	Others	98.8	102.1	98.3	102.4	100.3	101.0
体育娱乐用品	**Sports and Recreation Articles**	**99.4**	**103.3**	**99.3**	**103.8**	**100.0**	**100.3**
体育用品	Sports Goods	102.2	107.2	102.8	109.0	100.0	100.5
娱乐用品	Amusement Goods	97.4	100.4	97.1	100.5	100.0	100.0
交通、通信用品	**Transportation and Communication Articles**	**94.9**	**94.3**	**94.2**	**93.6**	**97.8**	**97.5**
交通运输机械	Transportation Facility	98.4	97.3	98.2	97.0	100.0	99.9
通讯器材类	Communication Facility	89.9	89.6	87.4	87.0	96.7	96.2
家 具	**Furniture**	**97.0**	**102.3**	**96.4**	**102.9**	**99.7**	**99.4**
化妆品类	**Cosmetics**	**101.9**	**102.7**	**102.0**	**103.0**	**101.0**	**100.5**
金银珠宝类	**Gold,Silver and Jewelry**	**117.6**	**102.0**	**118.2**	**102.4**	**114.6**	**100.3**
中西药品及医疗保健用品	**Medicines and Health Cares Articles**	**102.8**	**102.8**	**101.9**	**101.5**	**107.2**	**108.5**
医疗器具及用品	Medical Treatment Appliance Articals	100.6	100.1	101.3	99.5	98.3	101.9
中药材及中成药	Chinese Traditional Medicines	111.6	106.7	109.7	102.6	117.8	118.4
西 药	Western Medicine	100.2	101.5	99.8	101.2	103.3	103.6
保健器具及用品	Health Care Appliances and Articles	99.5	102.4	99.0	102.5	100.9	102.4
书报杂志及电子出版物	**Newspapers , Magazines and E-journal**	**100.6**	**99.8**	**100.3**	**99.4**	**102.0**	**101.6**
教材及参考书	Teaching Materials and Reference Books	103.1	102.0	103.0	101.6	103.8	103.3
书报杂志	Newspapers and Magazines	100.4	99.4	100.3	99.3	100.9	100.2
电子音像制品	E-journal	96.8	96.8	96.2	96.2	100.0	100.0
燃料类	**Fuels**	**110.2**	**103.1**	**110.4**	**102.9**	**109.5**	**104.0**
煤炭及制品类	Coal and Their Products	108.9	96.5	109.9	93.4	106.5	103.8
石油及制品类	Oil and Their Products	110.9	106.4	110.7	106.9	112.0	104.1
建筑材料及五金电料类	**Building Materials, Hardware and Electric Materials**	**104.0**	**100.5**	**103.9**	**100.3**	**104.5**	**101.3**
建筑装潢材料	Building Decoration Materials	104.6	99.9	104.4	99.6	105.4	101.5
五金电料类	Hardware and Electric Materials	102.3	102.5	102.4	103.0	101.9	100.7

9-3 居民消费价格分类指数(上年=100)

CONSUMER PRICE INDICES BY CATEGORY (PRECEDING YEAR=100)

类别	Category	全省 Total		城市 Urban		农村 Rural	
		2011	2012	2011	2012	2011	2012
居民消费价格总指数	**General Consumer Price Index**	**105.8**	**103.2**	**105.6**	**103.3**	**106.4**	**102.9**
食品	**Food**	**112.4**	**105.5**	**112.3**	**106.3**	**112.9**	**103.2**
粮食	Grain	111.2	104.6	112.2	104.5	109.5	104.9
淀粉及薯类	Starches and Tubers	131.6	99.9	131.2	102.7	132.9	91.6
干豆类及豆制品	Bean and Its Products	103.8	103.5	104.1	105.1	102.9	98.1
油脂	Oil or Fat	119.1	102.6	119.4	103.5	118.6	101.3
肉禽及其制品	Meal, Poultry and Their Products	125.9	105.4	126.0	106.4	125.5	102.2
蛋	Eggs	114.7	98.3	114.8	98.4	114.5	97.8
水产品	Aquatic Products	111.1	104.8	110.1	105.0	116.0	103.7
菜	Vegetables	101.8	115.3	101.7	116.1	102.5	110.4
调味品	Flavoring	104.9	103.0	104.9	102.2	105.1	105.1
糖	Carbohydrate	112.1	105.7	112.9	105.8	105.9	104.9
茶及饮料	Tea and Beverage	102.7	103.0	103.7	103.5	100.6	101.7
干鲜瓜果	Dried and Fresh Melons and Fruits	116.2	103.2	116.2	105.0	116.3	99.3
糕点饼干面包	Cake, Biscuit and Bread	108.3	105.9	108.3	106.1	108.2	104.6
奶及奶制品	Milk and Its Products	102.9	101.7	103.1	101.7	100.9	101.9
在外用膳食品	Outward Dinner	105.8	107.1	105.9	107.0	105.5	107.6
其它食品及食品加工服务	Other Foods and Manufacturing Services	104.5	104.2	103.9	103.3	104.8	104.5
烟酒及用品	**Tobacco,Liquor and Articles**	**103.6**	**103.0**	**103.7**	**103.0**	**103.5**	**103.0**
烟草	Tobacco	101.0	101.9	101.2	101.2	100.6	103.1
酒	Liquor	106.9	104.2	106.8	105.1	107.0	102.9
吸烟饮酒用品	Articles for Smoking and Drinking						
衣着	**Clothing**	**102.1**	**102.8**	**101.9**	**103.1**	**102.7**	**101.6**
服装	Garments	102.4	103.5	102.2	104.2	103.1	100.8
衣着材料	Clothing Material	113.9	105.1	114.5	106.2	111.7	100.4
鞋袜帽	Footgear, Hats	100.1	100.7	99.7	99.8	101.5	103.3
衣着加工服务	Clothing Manufacturing Services	114.1	108.3	114.5	108.6	106.7	103.1
家庭设备用品及维修服务	**Household Facilities, Articles and Services**	**102.0**	**101.7**	**102.0**	**102.1**	**102.1**	**100.3**
耐用消费品	Durable Consumer Goods	97.8	99.5	97.1	99.6	99.7	99.3
室内装饰品	Interior Decorations	100.6	102.2	100.2	102.6	102.0	100.9
床上用品	Bed Articles	101.8	99.0	101.6	98.7	103.0	100.5
家庭日用杂品	Daily Use Household Articles	105.1	102.4	104.9	102.8	105.6	101.1
家庭服务及加工维修服务	Other Household Service and Maintenance and Renovation	113.7	112.6	115.0	113.3	100.9	105.2
医疗保健和个人用品	**Health Cares & Personal Articles**	**104.5**	**102.5**	**104.7**	**102.3**	**103.8**	**103.2**
医疗保健	Health Care	103.6	102.1	103.7	101.7	103.5	103.2
个人用品及服务	Personal Articles and Services	106.8	103.7	107.2	103.8	105.1	103.1
交通和通信	**Transportation and Communication**	**99.8**	**99.5**	**98.9**	**98.6**	**101.8**	**101.5**
交通	Transportation	102.1	101.7	101.1	100.8	103.9	103.1
通信	Communication	97.5	97.2	97.0	96.6	98.9	99.1
娱乐教育文化用品及服务	**Recreation, Education and Culture Articlesand Services**	**99.8**	**99.9**	**99.2**	**99.6**	**103.0**	**101.2**
文娱用耐用消费品及服务	Durable Consumer Goods for Recreation	89.2	91.2	87.1	89.2	96.5	97.9
教育	Education	102.1	101.8	101.4	101.9	105.6	101.5
文化娱乐用品	Culture and Recreation Articles	101.7	100.0	101.7	100.0	100.2	101.0
旅游及外出	Touring and Outgoing	99.3	100.0	99.1	98.9	102.2	114.3
居住	**Residence**	**106.1**	**103.9**	**106.5**	**103.6**	**105.2**	**104.5**
建房及装修材料	Building and Building Decoration Materials	103.9	100.9	102.8	99.9	105.2	101.9
租房	Rent	108.2	103.3	107.9	103.5	112.2	101.2
自有住房	Private Housing	109.8	104.7	112.0	103.8	105.5	106.4
水、电、燃料	Water, Electricity and Fuels	102.3	104.9	102.1	104.9	103.6	104.4

9-4 建筑安装工程价格指数 (上年=100)

BUILD-IN PROJECT PRICE INDEX (PRECEDING YEAR=100)

年 份 Year	总指数 General Index	人工费 Manpower Cost Price Index	材料费 Material Price Index	钢 材 Steel Products	木 材 Timber
1995	104.8	111.0	103.4	92.7	98.0
1996	103.3	115.0	102.8	98.9	100.0
1997	103.8	107.5	99.5	98.1	102.6
1998	101.6	103.4	101.4	99.0	100.0
1999	99.7	103.3	99.0	97.4	100.7
2000	103.1	104.1	103.0	104.6	101.5
2001	100.6	105.2	99.1	98.9	101.0
2002	101.1	101.5	101.2	99.2	107.9
2003	102.7	103.6	102.8	109.1	100.8
2004	106.1	104.0	107.4	114.7	103.6
2005	102.2	105.6	101.5	101.4	105.8
2006	102.2	108.7	100.6	98.5	103.7
2007	105.5	113.3	103.5	104.2	107.7
2008	111.9	115.5	110.7	116.5	112.7
2009	94.8	111.7	90.8	82.5	104.8
2010	106.7	111.1	105.1	105.0	107.8
2011	109.9	113.7	109.0	111.5	110.6
2012	101.0	107.3	97.6	93.2	102.4

9-4 续表 CONTINUED

年 份 Year	水 泥 Cement	地方材料 Local Materials	化工材料 Chemical Materials	电 料 Electrical Materials	其它材料 Other Material	机械使用费 Machinery Price Index
1995	106.2	111.6				
1996	102.5	104.8				107.6
1997	102.2	102.0	105.7	100.5		131.5
1998	103.4	103.8	100.1	98.0		99.6
1999	99.4	99.6	101.9	99.4		100.5
2000	102.3	103.1	109.6	103.9		102.2
2001	99.6	99.1	98.5	98.7		99.0
2002	101.1	102.8	99.3	100.1		100.1
2003	99.1	99.6	100.2	100.3	101.5	100.8
2004	99.5	103.8	102.8	102.5	103.8	100.5
2005	100.5	101.8	104.5	102.1	101.4	101.5
2006	100.2	104.1	102.0	101.4	99.9	102.6
2007	102.4	102.9	101.8	103.6	103.5	102.9
2008	102.6	106.7	107.1	106.5	105.2	106.5
2009	102.4	103.4	100.8	100.6	93.2	105.3
2010	104.7	105.8	103.5	102.2	104.2	103.7
2011	107.9	108.5	104.3	111.1	103.6	105.3
2012	103.0	100.3	101.2	99.2	102.1	102.4

注：从2003年起建筑安装工程价格指数取消了直接费用价格指数和间接费用价格指数的分组，在材料费中新增加了“其它材料”指标。
Note:Since 2003, the build-in project price index no longger be classified the direct cost price index and indirect cost price index, the other material priceindex is added to material price index.

9-5 固定资产投资价格指数(上年=100)

PRICE INDICES OF INVESTMENT IN FIXED ASSETS (PRECEDING YEAR=100)

年份 Year	总指数 General Index	建筑安装工程 Construction and Installation	设备、工器具购置 Purchase of Equipments and Instruments	其他费用 Other Expenses
1995	106.5	106.7	108.3	101.3
1996	103.4	103.3	105.0	101.3
1997	102.7	103.8	100.2	100.2
1998	100.8	101.6	98.9	100.9
1999	99.7	99.7	99.8	99.4
2000	101.5	103.1	97.3	100.7
2001	100.1	100.6	98.6	100.2
2002	100.2	101.1	96.9	101.5
2003	102.3	102.7	100.8	103.0
2004	104.6	106.1	101.4	102.0
2005	102.2	102.2	101.8	102.9
2006	102.1	102.2	101.3	103.4
2007	104.5	105.5	99.9	109.1
2008	109.0	111.9	100.6	110.9
2009	97.6	94.8	97.8	112.0
2010	105.2	106.7	100.4	107.6
2011	107.5	109.9	101.1	107.2
2012	100.8	101.0	99.3	102.8

9-6 农业生产资料价格分类指数(上年=100)

PRICE INDICES OF MEANS OF AGRICULTURAL PRODUCTION BY CATEGORY (PRECEDING YEAR=100)

指标	Item	2008	2009	2010	2011	2012
总指数	**General Indice**	**122.7**	**94.2**	**105.6**	**110.2**	**107.8**
农用手工工具	Farm Handtools	119.5	100.4	100.9	108.3	102.5
饲料	Forage	125.0	102.2	107.0	105.4	104.8
产品畜	Commodity Animals	130.5	83.6	101.9	135.5	113.6
半机械化农具	Semi-mechanized Farm Tools	123.2	102.4	101.0	103.6	100.9
机械化农具	Mechanized Farm Machinery	117.7	100.8	100.8	108.5	101.9
化学肥料	Chemical Fertilizer	130.5	92.8	97.7	114.8	108.3
农药及农药械	Pesticide & Its Appliances	102.3	100.1	98.5	102.4	100.9
化学农药	Chemical Pesticide	100.6	99.7	98.4	102.4	100.9
农药械	Pesticide Appliances	115.4	102.5	99.5	102.1	101.0
农机用油	Oil for Farm Machinery	111.3	85.8	110.2	110.7	103.0
其他农业生产资料	Others Means of Agricultural Production	112.0	90.7	126.0	103.4	113.6
农业生产服务	Service for Agricultural Production	102.2	106.6	117.4	110.1	111.5

9-7 农产品生产价格指数(上年=100)

PRODUCERS' PRICE INDICES FOR FARM PRODUCTS (PRECEDING YEAR=100)

指　标	Item	2008	2009	2010	2011	2012
总指数	**General Indice**	**117.0**	**98.1**	**110.0**	**116.5**	**105.9**
农业产品	Agricultural Products	114.8	99.5	109.6	114.3	107.0
林业产品	Forestry Products				130.5	93.5
畜牧业产品	Animal Husbandry Products	126.6	92.2	105.7	118.2	100.4
渔业产品	Fishery Products	128.0	75.9	108.6	104.4	100.2

9-8 工业生产者购进价格指数(上年=100)

PURCHASING PRICE INDICES OF INDUSTRIAL PRODUCERS (PRECEDING YEAR=100)

指　标	Item	2008	2009	2010	2011	2012
总指数	**General Indice**	**114.1**	**93.4**	**114.5**	**111.1**	**98.8**
燃料、动力类	Fuels and Motive Power	118.4	94.7	119.0	113.8	99.5
黑色金属材料类	Ferrous Metals Materials	117.0	85.7	103.8	110.4	95.7
#钢　材	#Steel Products	115.7	85.9	102.9	110.5	95.9
其　他	Others	134.8	82.4	109.5	110.1	94.7
有色金属材料和电线类	Nonferrous Metals Materials and Electric Wire	99.8	80.3	108.4	104.4	99.1
化工原料类	Chemical Raw Materials	106.5	86.6	121.5	104.3	93.3
木材及纸浆类	Logging and Paper Pulp	101.7	100.1	106.7	107.3	99.7
建筑材料类及非金属矿类	Building Materials and Nonmetal Minerals	106.6	103.1	105.5	103.9	106.5
其他工业原料及半成品	Others Industry Materials & Semi Finished Articles	114.4	97.5	105.3	105.8	99.4
农副产品类	Farm Products	109.3	95.0	115.1	113.0	101.8
纺织原料类	Textile Raw Materials	100.0	97.4	107.5	122.4	104.6

9-9 按工业部门分工业生产者出厂价格指数(上年=100)

PRODUCER PRICE INDICES OF INDUSTRIAL PRODUCTS BY SECTOR (PRECEDING YEAR=100)

指　标	Item	2008	2009	2010	2011	2012
总指数	**General Index**	**114.0**	**87.4**	**115.0**	**112.0**	**100.0**
轻工业	Light Industry	109.4	97.2	106.4	110.6	102.5
以农产品为原料	Using Farm Products as Raw Materials	111.5	95.7	107.3	110.7	101.6
以非农产品为原料	Using Non-Farm Products as Raw Materials	103.5	101.1	103.8	109.4	110.0
重工业	Heavy Industry	115.3	84.8	117.9	112.4	99.3
采掘工业	Mining & Quarrying Industry	123.8	69.5	130.9	129.1	98.3
原料工业	Raw Materials Industry	111.7	96.2	113.1	107.5	100.2
加工工业	Manufacturing Industry	103.9	96.1	101.3	103.6	98.9
生产资料	Means of Production	114.9	85.6	116.9	112.9	99.5
采　掘	Mining & Quarrying Industry	123.9	70.2	129.7	129.1	98.3
原　料	Raw Materials Industry	111.1	96.2	113.2	108.4	100.7
加　工	Manufacturing Industry	105.2	96.7	102.2	104.5	98.8
生活资料	Consumer Goods	109.4	96.5	106.7	108.4	102.1
食　品	Food	112.2	95.7	107.7	110.6	102.2
衣　着	Clothing	100.8	96.6	108.7	110.6	102.8
一般日用品	Articles for Daily Use	100.5	99.1	100.9	99.5	101.6
耐用消费品	Durable Consumer Goods	93.8	101.7	100.1	96.9	101.0
冶金工业	Metallurgical Industry	120.2	83.2	105.0	112.0	91.9
电力工业	Power Industry	101.6	103.4	103.9	97.4	103.1
煤炭及炼焦工业	Coal and coking Industry	123.0	100.1	109.7	107.1	100.1
石油工业	Petroleum Industry	122.8	74.8	130.8	126.9	99.6
化学工业	Chemical Industry	104.7	90.9	109.9	106.9	98.1
机械工业	Machine Building Industry	100.7	98.6	101.0	100.4	99.2
建筑材料工业	Building Materials Industry	103.2	104.5	107.5	111.6	103.4
森林工业	Timber Industry	105.7	100.7	101.1	105.9	104.8
食品工业	Food Industry	114.7	94.9	108.5	111.1	102.0
纺织工业	Textile Industry	99.5	91.6	102.3	108.9	101.3
缝纫工业	Tailoring Industry	100.6	97.0	101.2	103.7	102.8
皮革工业	Leather Industry	100.5	96.2	123.6	109.8	109.3
造纸工业	Paper Industry	102.5	97.7	101.9	105.5	96.5
文教艺术用品工业	Cultural, Educational & Handicrafts Articles	102.6	100.9	101.4	103.4	104.4
其他工业	Others	105.5	104.4	106.0	103.7	101.8

9-10 按工业行业分工业生产者出厂价格指数(上年=100)

PRODUCER PRICE INDICES OF INDUSTRIAL PRODUCTS BY SECTOR (PRECEDING YEAR=100)

指 标	Item	2008	2009	2010	2011	2012
采矿业	**Mining**					
煤炭开采和洗选业	Mining and Washing of Coal	116.7	102.7	108.2	105.0	101.0
石油和天然气开采业	Extraction of Petroleum and Natural Gas	125.0	65.6	135.1	132.8	97.6
黑色金属矿采选业	Mining of Ferrous Metal Ores	125.7	78.4	111.3	108.8	94.3
有色金属矿采选业	Mining of Non-ferrous Metal Ores	102.4	77.3	124.1	115.2	93.0
非金属矿采选业	Mining and Processing of Nonmetal Ores	104.6	97.6	97.9	107.8	100.5
其他采矿业	Mining of Other Ores n. e. c					
制造业	**Manufacturing**					
农副食品加工业	Processing of Food from Agricultural Products	118.1	90.1	109.7	114.3	101.2
食品制造业	Manufacture of Foods	114.7	101.8	109.9	106.4	100.8
饮料制造业	Manufacture of Beverage	103.3	102.3	103.0	108.0	102.8
烟草制品业	Manufacture of Tobacco	99.8	97.5	98.1	99.6	111.6
纺织业	Manufacture of Textile	99.5	91.6	102.3	109.0	101.3
纺织服装、鞋、帽制造业	Manufacture of Textile Wearing Apparel, Footware, and Caps	99.7	88.8	101.1	103.4	102.7
皮革、毛皮、羽毛（绒）及其制品业	Manufacture of Leather, Fur, feather and Its Products	101.7	104.7	120.8	109.4	109.7
木材加工及木、竹、藤、棕草制品业	Processing of Timbers, Manufacture of Wood, Bamboo, Rattan, Palm, and Straw Products	106.9	100.5	101.6	106.9	105.7
家具制造业	Manufacture of Furniture	101.1	101.5	99.2	101.2	101.1
造纸及纸制品业	Manufacture of Paper and Paper Products	102.5	97.7	101.9	105.5	96.5
印刷业和记录媒介的复制	Printing, Reproduction of Recording Media	102.9	100.7	102.1	99.7	100.9
文教体育用品制造业	Manufacture of Articles for Culture, Education and Sport Activity	101.4	101.8	100.5	110.3	110.2
石油加工、炼焦及核燃料加工业	Processing of Petroleum, Coking, Processing of Nucleus Fuel	119.8	96.5	121.0	114.1	100.5
化学原料及化学制品制造业	Manufacture of Chemical Raw Material and Chemical Products	106.7	85.7	116.8	109.5	96.1
医药制造业	Manufacture of Medicines	100.2	100.0	100.0	98.3	100.9
化学纤维制造业	Manufacture of Chemical Fiber	103.3	96.4	116.6	107.4	76.4
橡胶制品业	Manufacture of Rubber	106.4	97.0	108.3	112.2	93.6
塑料制品业	Manufacture of Plastic	100.4	101.6	100.6	101.2	105.5
非金属矿物制品业	Manufacture of Non-metallic Mineral Products	103.1	105.6	109.0	110.7	102.6
黑色金属冶炼及压延加工业	Manufacture and Processing of Ferrous Metals	129.0	80.1	105.8	114.2	88.0
有色金属冶炼及压延加工业	Manufacture and Processing of Non-ferrous Metals	96.2	84.7	98.8	109.6	101.7
金属制品业	Manufacture of Metal Products	106.2	95.2	100.4	105.2	101.9
通用设备制造业	Manufacture of General Purpose Machinery	100.8	97.5	101.6	101.3	100.4
专用设备制造业	Manufacture of Dpecial Purpose Machinery	105.3	100.5	102.0	100.1	100.8
交通运输设备制造业	Manufacture of Transport Equipment	98.4	100.5	99.2	98.7	97.4
电气机械及器材制造业	Manufacture of Electrical Machinery and Equipment	105.1	92.5	102.7	101.4	97.1
通信设备、计算机及其他电子设备制造业	Manufacture of Communication Equipment, Computer and Other Electronic Equipment	98.3	99.1	94.5	105.2	100.8
仪器仪表及文化、办公用机械制造业	Manufacture of Measuring Instrument and Machinery for Cultural Activity and Office Work	100.7	100.0	99.2	99.6	99.5
工艺品及其他制造业	Manufacture of Artwork and Other Manufacturing	110.4	103.9	113.9	124.1	121.2
废弃资源和废旧材料回收加工业	Recycling and Disposal of Waste			106.4	102.3	100.8
电力、燃气及水的生产和供应业	**Production and Distribution of Electricity, Gas and Water**					
电力、热力的生产和供应业	Recycling and Supply of Electric Power and Heat Power	101.6	103.4	103.9	97.4	103.1
燃气生产和供应业	Production and Distribution of Gas	119.2	97.2	107.8	112.1	108.5
水的生产和供应业	Production and Distribution of Water	105.1	104.4	107.5	99.9	102.0

主要统计指标解释

居民消费价格指数　是反映一定时期内城乡居民所购买的生活消费品和服务项目价格变动趋势和程度的相对数，是对城市居民消费价格指数和农村居民消费价格指数进行综合汇总计算的结果。通过该指数可以观察和分析消费品的零售价格和服务项目价格变动对城乡居民实际生活费支出的影响程度。

城市居民消费价格指数　是反映一定时期内城市居民家庭所购买的生活消费品价格和服务项目价格变动趋势和程度的相对数。通过该指数可以观察和分析消费品的零售价格和服务项目价格变动对城镇居民收入和消费支出的影响。

农村居民消费价格指数　是反映一定时期内农村居民家庭所购买的生活消费品价格和服务项目价格变动趋势和程度的相对数。该指数可以观察农村消费品的零售价格和服务项目价格变动对农村居民收入和生活消费支出的影响。

商品零售价格指数　是反映一定时期内城乡商品零售价格变动趋势和程度的相对数。商品零售价格的变动与国家的财政收入、市场供需的平衡、消费与积累的比例关系有关。因此，该指数可以从一个侧面对上述经济活动进行观察和分析。

农业生产资料价格指数　指反映一定时期内农业生产资料价格变动趋势和程度的相对数。其编制目的是了解农业生产中投入物质资料价格的变动状况，服务于国民经济核算。1994年以前，农业生产资料价格指数仅仅是商品零售价格指数的一个类别，此后，从商品零售价格指数中分离出来，单独编制。

农产品生产价格指数　是反映一定时期内，农产品生产者出售农产品价格水平变动趋势及幅度的相对数。该指数可以客观反映全国农产品生产价格水平和结构变动情况，满足农业与国民经济核算需要。其中某代表品生产价格指数是通过对全部有出售该产品行为的调查单位的个体指数进行几何平均求得的，类价格指数是通过对其所属的类（或代表品）的价格指数进行加权平均求得的。季度累计价格指数的计算方法与分季指数的计算方法相同。

工业生产者出厂价格指数　是反映一定时期内全部工业产品出厂价格总水平的变动趋势和程度的相对数，包括工业企业售给本企业以外所有单位的各种产品和直接售给居民用于生活消费的产品。该指数可以观察出厂价格变动对工业总产值及增加值的影响。

工业生产者购进价格指数　是反映工业企业作为生产投入，而从物资交易市场和能源、原材料生产企业购买原材料、燃料和动力产品时，所支付的价格水平变动趋势和程度的统计指标，是扣除工业企业物质消耗成本中的价格变动影响的重要依据。

目前，我国编制的工业生产者购进价格指数所调查的产品包括燃料动力、黑色金属、有色金属、化工、建材等九大类。

固定资产投资价格指数　是反映一定时期内固定资产投资品及取费项目的价格变动趋势和程度的相对数。固定资产投资额是由建筑安装工程投资完成额、设备工器具购置投资完成额和其他费用投资完成额三部分组成的。编制固定资产投资价格指数应首先分别编制上述三部分投资的价格指数，然后采用加权算术平均法求出固定资产投资价格总指数。

该指数可以准确地反映固定资产投资中涉及的各类投资品和取费项目价格变动趋势和变动幅度，消除按现价计算的固定资产投资指标中的价格变动因素，真实地反映固定资产投资的规模、速度、结构和效益，为国家科学地制定、检查固定资产投资计划并提高宏观调控水平，为完善国民经济核算体系提供科学的、可靠的依据。

Explanatory Notes on Main Statistical Indicators

Consumer Price Indices reflect the trend and degree of changes in prices of consumer goods and services purchased by urban and rural households during a given period. They are obtained by combining Consumer Price Indices of Urban Household and Consumer Price Indices of Rural Household. The Indices enable the observation and analysis of the degree of impact of the changes in the prices of retailed goods and services on the actual living expenses of urban and rural residents.

Consumer Price Indices of Urban Household reflect the trend and degree of changes in prices of consumer goods and services purchased by urban households during a given period. It can be used to observe and analyze the impact of price changes in consumer goods and services on urban household income and consumption expenditure.

Consumer Price Indices of Rural Household reflect the trend and degree of changes in prices of consumer goods and services purchased by rural households during a given period. It can be used to observe the impact of change in retail prices of consumer goods and service prices on rural household income and consumption expenditure on living.

Retail Price Indices reflect the trend and degree of change in retail prices of commodities during a given period. The change in retail prices of commodities is related to government revenue, the equilibrium of market supply and demand, and the ratio of consumption to accumulation. Therefore, the retail price indices are useful from an oblique perspective for observing and analyzing the changes of the above economic activities.

Price Indices for Means of Agricultural Production reflect the trend and degree of changes in the prices of the means of agricultural production during a given period. Compilation of these indices helps to understand the price changes of material input in agricultural production and facilitate the compilation of national accounts. Before 1994, price indices for means of agricultural production were a sub-category in the retail price indices for commodities, and it has been compiled separately since 1994.

Producer Prices Indices for Farm Products reflect the trend and degree of changes in producers' prices received by farmers when they sell farm products during a given period. These indices depict the change in the level and structure of producer prices for farm products of the country and meet the needs of agricultural statistics and national accounts statistics. The producer price index for a given product is calculated as the geometrical mean of individual indices for all surveyed units which sell such product, and the indices for a product category is obtained as the weighted mean of price indices for all products in the category. Method for calculating accumulative quarterly indices is the same as for calculating the individual quarterly indices.

Producer Price Indices for Industrial Products reflect the trend and degree of changes in general ex-factory prices of all manufactured goods during a given period, including sales of manufactured goods by an industrial enterprise to all units outside the enterprise, as well as sales of consumer goods to residents. It can be used to analyze the impact of ex-factory prices on gross output value and value-added of the industrial sector.

Purchasing Price Indices for Industrial Producers reflect changes in the level and degree of prices paid by industrial enterprises when they purchase production input such as raw materials, fuels and power from the market or from other energy or raw materials producing enterprises. These indices provide an important basis for measuring the material consumption of industrial enterprises after removing the influence of price changes.

At present, products in 9 categories, including fuels and power, ferrous metals, non-ferrous metals, chemicals, building materials, are covered in China for the survey to produce indices for purchasing' prices for industrial producers.

Price Indices for Investment in Fixed Assets reflect the trend and degree of changes in prices of investment goods and projects in fixed assets during a given period. The investment in fixed assets consists of three components, namely the investment in construction and installation, the investment in purchases of equipment and instrument, and the investment in other items. Price indices for investment in fixed assets are calculated as the weighted arithmetic mean of the price indices for the three components of investment in fixed assets.

Removing the factor of price change in the aggregates of investment at current prices, this indicator shows the changes in the prices of commodities and fees involved in the investment of fixed assets, and can be used to observe the actual size, growth, structure, and efficiency of investment in fixed assets and provides reliable and scientific data for government planning, management, decision-making, and further improving the current national accounting system.

第十篇　人民生活

CHAPTER 10 PEOPLE'S LIVING CONDITION

资料整理：周雪林　刘丽娜　李　娜

10-1 人民生活基本情况

BASIC STATISTICS ON PEOPLE'S LIVING CONDITIONS

项 目	Item	2009	2010	2011	2012
就 业	**Employment**				
每一农村劳动力负担人数(人)	Number of Dependents per Rural Laborer(person)	1.4	1.4	1.3	1.3
每一城镇就业者负担人数(人)	Number of Dependents per Urban Employee(person)	2.1	2.1	2.1	2.1
城镇登记失业率(%)	Urban Registered Unemployment Rate(%)	4.27	4.27	4.38	4.15
收 入	**Income** of Rural and Urban Residents				
农村居民人均纯收入(元)	Annual Per Capita Net Income of Rural Households(yuan)	5207	6211	7591	8604
指数(1985年=100)	Indices(1985=100)	414.8	471.7	541.5	596.5
城镇居民人均可支配收入(元)	Annual Per Capita Disposable Income of Urban Households(yuan)	12566	13857	15696	17760
指数(1985年=100)	Indices(1985=100)	408.2	434.3	466.0	510.4
城镇非私营单位就业人员平均工资(元)	Average Wages of Employed persons In Urban Non-private Units(yuan)	24805	27735	31302	36406
消 费	**Consumption**				
居民年消费水平(元)	Annual Per Capita Consumption of residents(yuan)	7922	9121	10634	11601
农村居民	Rural Residents	4360	4794	5898	6445
城镇居民	Urban Residents	10784	12578	14347	15538
农村居民家庭人均生活消费支出(元)	Per Capita Annual Living Expenditure of Rural Households(yuan)	4241	4391	5334	5718
农村居民家庭恩格尔系数(%)	Engel's Coefficient of Rural Households(%)	31.4	33.8	35.1	37.9
城镇居民家庭人均消费性支出(元)	Per Capita Annual Living Expenditure of Urban Households(yuan)	9630	10684	12054	12984
城镇居民家庭恩格尔系数(%)	Engel's Coefficient of Urban Households(%)	35.3	35.4	36.1	36.1
储 蓄	**Savings**				
城乡居民年底储蓄存款余额(亿元)	Balance of Savings Deposit of Rural and Urban Residents at Year-end(100 million yuan)	6430	7255	8147	9269
平均每人储蓄存款余额(元)	Per Capita Balance of Saving Deposit(yuan)	16806	18944	21252	24176
住房面积(平方米)	**Floor Space(sq.m)**				
农村平均每人住房面积	Per Capita Gross Floor Space of Rural Residents	22.5	22.8	24.8	24.8
城市平均每人建筑面积	Per Capita Gross Floor Space of Urban Residents	24.6	25.7	26.4	29.0
城市公用事业	**Public Utilities in Urban Areas**				
城市人口用水普及率(%)	Coverage Rate of Urban Population with Access to Tap Water(%)	86.6	89.1	90.8	94.1
城市燃气普及率(%)	Coverage Rate of Urban Population with Access to Tap Gas(%)	83.8	88.8	81.4	83.4
城市每万人拥有公共交通车辆(标台)	Number of Public Transportation Vehicles Per 10000 Population(unit)	10.4	13.1	12.3	14.0
城市人均公园绿地面积(平方米)	Per Capita Public Green Areas(sq.m)	10.5	11.8	11.5	11.8
教育、文化、卫生	**Education,Culture and Public Health**				
学龄儿童入学率(%)	Enrollment Ratio of School-Age Children(%)	99.5	99.1	99.8	99.8
每万人口在校大学生数(人)	Number of University Students per 10000 Persons(person)	253.0	257.1	255.4	258.3
城镇每百户拥有彩色电视机(台)	Number of Color TV Sets per 100 Households in Urban Areas(unit)	108	109	108	108
农村每百户拥有彩色电视机(台)	Number of TV Sets per 100 Households in Rural Areas(unit)	107	109	111	109
每万人拥有卫生机构病床数(张)	Number of Hospital Beds per 10000 Persons(unit)	38.3	41.8	43.1	46.5
每万人拥有卫生技术人员数(人)	Number of Medical Personnel per 10000 Persons(person)	45.0	49.3	49.9	51.4

10-2 城乡居民人均收入和恩格尔系数

PER CAPITA ANNUAL INCOME AND ENGEL 'S COEFFICIENT OF URBAN AND RURAL HOUSEHOLDS

年 份 Year	农村居民人均纯收入 Per Capital Annual Net Income of Rural Households		城镇居民人均可支配收入 Per Capital Annual Disposable Income of Urban Households		农村居民家庭恩格尔系数（%） Engel's Coefficient of Rural Households（%）	城镇居民家庭恩格尔系数（%） Engel's Coefficient of Urban Households（%）
	绝对数（元） Value (yuan)	指数 Index （1985=100）	绝对数（元） Value (yuan)	指数 Index （1985=100）		
1978	172	56.3	455		61.8	42.9
1979	191	59.8	458		57.0	
1980	205	61.7	420		57.7	56.7
1981	224	62.7	424		58.2	57.4
1982	252	67.3	460		57.7	58.6
1983	388	102.4	518		55.0	58.2
1984	432	112.1	580		53.4	56.9
1985	398	100.0	742	100.0	57.7	52.8
1986	476	115.6	830	105.5	56.4	51.7
1987	474	112.3	889	103.0	55.2	52.6
1988	553	128.9	1004	98.1	55.5	50.3
1989	535	112.4	1138	97.0	55.0	51.8
1990	760	144.3	1211	97.7	56.6	51.1
1991	735	135.5	1389	103.6	57.7	50.6
1992	949	160.5	1630	110.9	62.0	49.9
1993	1028	163.8	1960	115.7	61.0	49.2
1994	1394	175.6	2597	125.6	64.4	50.8
1995	1766	199.9	3375	140.9	55.0	48.2
1996	2182	213.1	3768	146.2	55.5	46.2
1997	2308	219.1	4091	151.9	54.8	45.9
1998	2253	217.1	4269	157.1	55.0	43.5
1999	2166	211.9	4595	174.2	52.8	40.5
2000	2148	213.6	4913	188.9	44.3	38.4
2001	2280	226.2	5426	207.0	42.7	37.2
2002	2405	239.3	6101	241.8	41.6	35.5
2003	2509	248.9	6679	255.0	40.7	35.6
2004	3005	287.0	7471	275.7	40.9	35.4
2005	3221	299.9	8273	303.0	36.3	33.5
2006	3552	325.4	9182	330.4	35.3	33.3
2007	4132	357.0	10245	349.8	34.6	35.0
2008	4856	391.3	11581	375.2	33.0	36.3
2009	5207	414.8	12566	408.2	31.4	35.3
2010	6211	471.7	13857	434.3	33.8	35.4
2011	7591	541.5	15696	466.0	35.1	36.1
2012	8604	596.5	17760	510.4	37.9	36.1

10-3 城镇居民家庭基本情况

BASIC CONDITIONS OF URBAN HOUSEHOLDS

单位：元 (yuan)

项 目	Item	2009	2010	2011	2012
调查户数(户)	**Number of Households Surveyed (household)**	**2250**	**2250**	**2250**	**2250**
平均每户家庭人口(人)	Average Household Size(person)	2.7	2.7	2.6	2.7
平均每户就业人口(人)	Average Number of Employed Persons per Household(person)	1.3	1.3	1.3	1.3
平均每户就业面(%)	Percentage of Employment per Household(%)	48.1	48.1	48.1	47.5
平均每一就业者负担人数	Number of Dependents Per Employee	2.1	2.1	2.1	2.1
期初人均手存现金	**Per Capita Cash Available at the Year-beginning**	**767.7**	**1024.3**	**767.8**	**1203.9**
家庭人均总收入	**Per Capita Annual Income**	**13689.9**	**15095.6**	**17118.5**	**19367.8**
#人均可支配收入	#Per Capita Disposable Income	12566.0	13856.5	15696.2	17759.8
工资性收入	Income from Wage and Salaries	8356.7	9087.6	10235.0	11700.5
经营性收入	Net Business Income	1224.3	1266.7	1529.1	1729.3
财产性收入	Income from Properties	88.9	102.1	141.3	186.1
转移性收入	Income from Transfer	4020.0	4639.2	5213.1	5752.0
#养老金或离退休金	#Pension	3406.4	4050.7	4346.4	4877.6
赡养收入	Income from Support	108.5	84.7	176.4	222.3
捐赠收入	Income from Donation and Presentation	296.4	277.2	397.9	211.6
人均出售财物收入	**Income from Sale of Property**	**135.1**	**114.0**	**106.3**	**9.3**
人均借贷收入	**Loan Income**	**2181.7**	**6861.2**	**9298.7**	**10977.9**
#提取储蓄存款	#Saving Withdrawal	1953.5	6683.2	8876.3	10556.2
借入款	Borrowing	151.1	130.3	124.7	98.4
家庭人均总支出	**Per Capita Household Total Expenditure**	**12869.8**	**14172.8**	**15932.6**	**17228.8**
消费支出	Expenditure for Consumption	9629.6	10683.9	12054.2	12984.4
购房与建房支出	Housing Expenditure for Purchasing and Construction	460.9	537.2	406.7	361.3
转移性支出	Transfer Income	1760.7	1841.9	2208.7	2463.4
#赡养支出	#Expenditure for Support	357.6	341.4	480.7	455.1
捐赠支出	Expenditure for Presentation	1298.3	1390.4	1593.8	1852.8
财产性支出	Property Expenditure	25.7	24.1	29.1	36.7
社会保障支出	Social Security Expenditure	993.0	1085.7	1234.0	1383.1
借贷支出	**Expenditure for Debit and Credit**	**2629.3**	**7512.3**	**9859.7**	**12593.7**
#存入储蓄款	#Deposit	2407.3	7235.8	9363.7	12013.8
借出款	Loan	14.6	15.9	85.9	56.8
购买有价证券	Securities Purchasing	13.5	38.2	166.8	225.1
期末人均手存现金	**Per Capita Cash Available at the Year-end**	**1281.3**	**1413.7**	**1482.3**	**1782.8**

10-4 城镇居民家庭基本情况(2012年，按收入等级分组)

单位：元

指　标	Item	总平均 Average
调查户数(户)	**Number of Households Surveyed(household)**	**2250**
平均每户家庭人口(人)	Average Household Size(person)	2.7
平均每户就业人口(人)	Average Number of Employees per Household(person)	1.3
平均每户就业面(%)	Percentage of Employed Persons per Household(%)	47.5
平均每一就业者负担人数 (包括就业者本人)(人)	Number of Dependents Per Employee (including the employee himself or herself)(person)	2.1
期初人均手存现金	**Per Capita Cash Available at the Year-beginning**	**1203.9**
家庭人均总收入	**Per Capita Household Total Income**	**19367.8**
#人均可支配收入	#Per Capita Disposable Income	17759.8
工资性收入	Income from Wage and Salaries	11700.5
经营性收入	Net Business Income	1729.3
财产性收入	Income from Properties	186.1
转移性收入	Income from Transfer	5752.0
#养老金或离退休金	#Pension	4877.6
赡养收入	Income from Support	222.3
捐赠收入	Income from Presentation	211.6
人均出售财物收入	**Income from Sold Property**	**9.3**
人均借贷收入	**Loan Income**	**10977.9**
#提取储蓄存款	#Saving Withdrawal	10556.2
借入款	from Lending	98.4
家庭人均总支出	**Per Capita Household Total Expenditure**	**17228.8**
消费支出	Living Expenditure for Consumption	12984.4
购房与建房支出	Housing Expenditure for Purchasing and Construction	361.3
转移性支出	Transfer Income	2463.4
#赡养支出	#Expenditure for Support	455.1
捐赠支出	Expenditure for Presentation	1852.8
财产性支出	Property Expenditure	36.7
社会保障支出	Social Security Expenditure	1383.1
借贷支出	**Expenditure for Debit and Credit**	**12593.7**
#存入储蓄款	#Deposit	12013.8
借出款	Loan	56.8
购买有价证券	Securities Purchasing	225.1
期末人均手存现金	**Per Capita Cash Available at the Year-end**	**1782.8**

BASIC CONDITIONS OF URBAN HOUSEHOLDS
(2012,BY LEVEL OF INCOME)

(yuan)

最　低 收入户 Lowest Income Households	低收入户 Low Income Households	中等偏下 收 入 户 Lower Middle Income Households	中　等 收入户 Middle Income Households	中等偏上 收 入 户 Upper Middle Income Households	高收入户 High Income Households	最　高 收入户 Highest Income Households
225	**226**	**445**	**455**	**452**	**221**	**224**
3.0	2.9	2.9	2.7	2.5	2.3	2.2
1.0	1.3	1.4	1.3	1.3	1.1	1.3
34.3	45.1	48.1	48.1	52.2	48.7	57.9
2.9	2.2	2.1	2.1	1.9	2.1	1.7
649.0	**772.3**	**935.8**	**1035.5**	**1291.9**	**1815.9**	**3188.8**
6889.0	**10473.9**	**13971.8**	**18110.2**	**23328.0**	**30786.9**	**52015.5**
6092.3	9599.3	12720.6	16629.2	21411.7	28217.4	48251.2
4217.2	7171.4	9276.4	10780.4	14114.7	17907.9	28474.3
257.1	721.4	997.4	1577.6	1514.9	1432.8	9549.3
20.4	58.6	65.3	111.4	199.7	362.5	1041.9
2394.4	2522.5	3632.8	5640.7	7498.8	11083.7	12949.9
1369.5	1837.7	2963.7	5002.1	6605.4	9914.5	11044.7
181.0	186.2	190.5	134.3	242.0	321.6	547.3
159.0	108.4	163.9	179.3	225.4	412.0	458.2
6.9	**8.6**	**1.7**	**3.5**	**18.0**	**0.4**	**40.5**
3731.0	**4504.0**	**6630.9**	**8884.9**	**12771.8**	**22053.9**	**36456.3**
3657.9	4487.2	6494.9	8655.9	12503.2	19601.1	35137.3
72.9	12.7	107.9	70.2	151.5	23.8	276.8
7945.0	**10220.9**	**12757.5**	**15861.7**	**20282.1**	**24254.8**	**46224.7**
6433.0	8291.4	10032.9	12149.7	14710.5	18134.1	32977.6
4.7		29.0	347.4	819.2	36.0	1728.9
889.5	1238.7	1603.7	2050.9	3039.1	3677.1	8107.0
201.5	190.9	299.0	306.6	522.4	823.2	1656.2
639.2	985.3	1216.2	1633.9	2349.9	2666.3	5685.3
0.9	3.0	25.2	29.8	22.4	82.2	199.4
616.9	687.8	1066.8	1283.9	1690.9	2325.5	3211.7
2565.1	**4495.5**	**7575.0**	**10596.6**	**15026.9**	**27210.2**	**41541.3**
2495.5	4418.6	7324.8	10322.4	14578.6	24384.5	39454.1
	2.1	72.2	19.6	83.9	3.4	291.1
				0.5	2346.8	616.5
757.0	**1158.2**	**1222.2**	**1584.9**	**2200.9**	**3230.4**	**4078.5**

10-5 城镇居民人均全年消费性支出(2012年，按收入等级分组)

单位：元

指 标	Item	总平均 Average	最 低 收入户 Lowest Income Households
消费支出总计	**Total Living Expenditures**	**12983.6**	**6433.0**
食 品	**Food**	**4687.2**	**2759.4**
粮 食	Grain	479.6	379.6
淀粉及薯类	Starches and Tubers	71.7	54.3
干豆类及豆制品	Beans and Bean Products	69.0	53.0
油脂类	Oil and Fats	147.3	112.0
肉禽及其制品	Meat,Poultry and Related Product	857.8	536.5
蛋 类	Eggs	112.2	83.6
水产品类	Aquatic Products	213.7	125.9
菜 类	Vegetables	463.2	302.5
调味品	Condiments	74.4	50.5
糖 类	Sugar	48.5	30.4
烟草类	Tobacco	164.6	92.1
酒和饮料	Liquor and Beverages	208.4	110.9
干鲜瓜果类	Dried and Fresh Melons and Fruits	502.8	299.0
糕点类	Cake	89.1	56.4
奶及奶制品	Milk and Dairy Products	179.7	99.7
其他食品	Other Food	62.3	40.4
在外用餐	Dining Out	942.2	332.3
食品加工服务费	Food Processing Service Fees	0.7	0.3
衣 着	**Clothing**	**1806.9**	**639.0**
服 装	Garments	1279.5	423.0
衣着材料	Clothing Materials	6.5	3.0
鞋类及其他衣着	Foot and Other Clothing	506.9	205.7
衣着加工服务费	Tailoring and Laundering Service Fees	14.0	7.3
家庭设备、用品及服务	**Household Facilities,Articles and Service**	**742.2**	**287.3**
耐用消费品	Durable Consumer Goods	269.0	72.4
室内装饰品	Room Decorations	23.2	2.9
床上用品	Bed Articles	73.0	26.5
家庭日用杂品	Household Articles for Daily Use	338.7	176.6
家具材料	Furniture Materials	8.2	1.4
家庭服务	Households Services	30.2	7.5
医疗保健	**Health Care and Medical Services**	**1180.7**	**775.1**
交通和通讯	**Transport and Communication Services**	**1462.6**	**413.4**
交 通	Transport	922.4	188.2
通 讯	Communication Services	540.2	225.1
娱乐、教育文化服务	**Education, Cultural and Recreation Services**	**1216.6**	**567.9**
文化娱乐用品	Recreational Durable Consumer Goods	285.7	87.8
教 育	Education	627.3	411.1
文化娱乐	Recreation	303.5	69.0
居 住	**Residence**	**1336.9**	**844.9**
住 房	Housing	269.7	205.2
水、电、燃料及其他	Water,Electricity,Fuels and Others	996.9	616.1
居住服务费	Living Service charges	70.2	23.7
其它商品和服务	**Other Commodities and Services**	**550.5**	**146.1**
其它商品	Other Commodities	348.8	63.6
服 务	Services	201.8	82.5

COMPOSITION OF PER CAPITA ANNUAL LIVING EXPENDITURE OF URBAN HOUSEHOLDS (2012,BY LEVEL OF INCOME)

(yuan)

低收入户 Low Income Households	中等偏下收入户 Lower Middle Income Households	中等收入户 Middle Income Households	中等偏上收入户 Upper Middle Income Households	高收入户 High Income Households	最高收入户 Highest Income Households
8291.4	**10032.9**	**12149.7**	**14710.5**	**18134.1**	**32966.0**
3500.9	**3963.4**	**4720.0**	**5451.2**	**6423.2**	**8001.3**
424.9	415.1	491.8	523.5	602.3	644.0
59.9	62.8	72.4	79.6	92.7	100.4
60.1	60.7	71.7	75.9	85.2	90.9
131.6	128.2	149.8	158.2	191.7	205.6
645.9	738.0	897.1	988.2	1157.7	1310.8
99.1	98.0	115.2	124.8	138.6	152.8
151.0	177.1	224.1	253.9	301.1	340.2
364.2	397.7	463.8	532.2	642.5	709.0
59.6	63.1	74.5	85.3	104.5	111.0
37.4	40.5	48.4	59.2	70.7	67.6
150.8	150.1	163.7	171.2	204.8	293.4
141.7	173.5	216.6	247.9	300.7	355.5
368.7	422.6	508.6	593.9	732.1	792.7
67.2	78.8	89.7	103.7	117.1	138.5
131.2	154.4	186.1	215.7	239.1	288.7
47.1	52.8	66.5	69.2	86.7	94.4
560.1	719.6	879.3	1167.5	1355.2	2304.1
0.5	0.5	0.6	1.1	0.8	1.8
1020.5	**1347.2**	**1602.0**	**1970.8**	**2620.0**	**5763.8**
675.8	918.5	1095.8	1364.7	1843.3	4534.6
2.9	4.6	7.0	7.0	12.3	15.4
332.0	412.8	487.6	583.9	742.1	1178.3
9.8	11.3	11.5	15.2	22.3	35.5
434.0	**512.9**	**623.6**	**766.1**	**978.5**	**2759.5**
103.7	147.2	178.3	240.4	295.0	1576.3
10.6	4.3	8.1	19.9	34.1	178.9
30.6	53.2	74.8	81.5	111.8	211.5
268.1	293.0	332.5	394.9	453.2	604.8
0.3	1.4	13.2	12.0	12.5	24.2
20.7	13.8	16.8	17.6	71.9	163.8
718.2	**874.5**	**1156.6**	**1519.6**	**1490.5**	**2376.7**
576.8	**797.2**	**1218.4**	**1564.4**	**2830.6**	**5704.2**
237.0	384.5	645.6	901.9	2060.4	4596.7
339.7	412.7	572.8	662.5	770.2	1107.5
792.7	**1071.0**	**1116.5**	**1353.2**	**1512.1**	**3056.2**
166.5	202.4	237.2	392.7	431.1	760.6
538.6	711.5	621.0	624.8	565.6	969.9
87.6	157.1	258.2	335.8	515.4	1325.7
1007.1	**1103.3**	**1282.6**	**1444.9**	**1576.4**	**3035.5**
186.2	225.5	209.5	185.0	238.6	1107.0
794.5	837.8	1012.1	1168.3	1219.1	1698.0
26.4	39.9	61.0	91.6	118.6	230.5
241.2	**363.4**	**430.0**	**640.5**	**702.7**	**2268.8**
138.0	198.6	260.6	396.3	386.8	1735.8
103.3	164.8	169.4	244.2	316.0	533.1

10-6 城镇居民人均全年消费性支出
COMPOSITION OF PER CAPITA ANNUAL LIVING EXPENDITURE OF URBAN HOUSEHOLDS

项　目	Item	2009	2010	2011	2012
消费性支出(元)	**Total Living Expenditure (yuan)**	**9629.6**	**10683.9**	**12054.2**	**12983.6**
食 品	Food	3397.4	3784.7	4348.5	4687.2
#粮 食	#Grain	359.2	429.7	454.9	479.6
肉禽及其制品	Meat, Poultry and Related Products	642.2	693.0	807.4	857.8
蛋 类	Eggs	85.4	94.9	109.6	112.2
水产品	Aquatic Products	159.8	185.6	204.5	213.7
奶及奶制品	Milk and Dairy Products	135.2	137.0	151.5	179.7
衣 着	Clothing	1403.7	1608.4	1681.9	1806.9
#服 装	#Garments	949.0	1106.5	1194.6	1279.5
家庭设备、用品及服务	Household Facilities, Articles and Services	547.9	618.8	723.6	742.2
#耐用消费品	#Durable Consumer Goods	228.7	228.4	295.2	269.0
医疗保健	Health Care and Medical Services	978.8	948.4	1083.0	1180.7
交通和通讯	Transport, Post and Communication Services	922.8	1191.3	1363.6	1462.6
娱乐、教育、文化服务	Education, Cultural and Recreation Services	956.9	1001.5	1190.9	1216.6
#文化娱乐用品	#Durable Consumer Goods for Recreational Use	229.6	229.5	286.9	285.7
居 住	Residence	1026.8	1128.1	1186.0	1336.9
#住 房	#Housing	210.1	264.4	291.9	269.7
杂项商品	Miscellaneous Goods and Services	395.4	402.7	476.9	550.5
消费支出构成(%)	**Composition of Living Expenditure (%)**	**100.0**	**100.0**	**100.0**	**100.0**
食 品	Food	35.3	35.4	36.1	36.1
#粮 食	#Grain	3.7	4.0	3.8	3.7
肉禽及其制品	Meat, Poultry and Related Products	6.7	6.5	6.7	6.6
蛋 类	Eggs	0.9	0.9	0.9	0.9
水产品	Aquatic Products	1.7	1.7	1.7	1.6
奶及奶制品	Milk and Dairy Products	1.4	1.3	1.3	1.4
衣 着	Clothing	14.6	15.1	14.0	13.9
#服 装	#Garments	9.9	10.4	9.9	9.9
家庭设备、用品及服务	Household Facilities, Articles and Services	5.7	5.8	6.0	5.7
#耐用消费品	#Durable Consumer Goods	2.4	2.1	2.4	2.1
医疗保健	Health Care and Medical Services	10.2	8.9	9.0	9.1
交通和通讯	Transport, Post and Communication Services	9.6	11.2	11.3	11.3
娱乐、教育、文化服务	Education, Cultural and Recreation Services	9.9	9.4	9.9	9.4
#文化娱乐用品	#Durable Consumer Goods for Recreational Use	2.4	2.1	2.4	2.2
居 住	Residence	10.7	10.6	9.8	10.3
#住　房	#Housing	2.2	2.5	2.4	2.1
其它商品	Other Commodities	4.1	3.8	4.0	4.2

10-7 城镇居民人均全年购买的主要商品数量

PER CAPITA ANNUAL PURCHASES OF MAJOR COMMODITIES IN URBAN HOUSEHOLDS

项 目	Item	2009	2010	2011	2012
粮食(千克)	Grain(kg)	61.4	95.1	88.5	87.2
鲜菜(千克)	Fresh Vegetables(kg)	116.2	118.4	122.0	111.1
食用植物油(千克)	Edible Vegetable Oil(kg)	11.7	11.0	12.1	12.3
猪肉(千克)	Pork(kg)	14.9	15.3	14.5	15.3
牛羊肉(千克)	Beef and Mutton(kg)	4.6	4.6	4.8	4.2
禽及禽制品(千克)	Poultry and Related Products(kg)	3.2	5.8	5.7	5.7
鲜蛋(千克)	Fresh Eggs(kg)	11.8	11.7	11.4	11.9
鱼虾(千克)	Fish and Shrimps(kg)	9.4	9.7	9.4	9.1
白酒(千克)	Liquor(kg)	2.4	2.6	2.8	2.7
果酒(千克)	Fruit Wine(kg)	0.2	0.2	0.2	0.1
啤酒(千克)	Beer(kg)	11.2	12.6	12.3	12.9
碳酸饮料(千克)	Carbonated Drinks and Coke(kg)	1.8	1.5	1.6	1.7
瓶装饮用水(千克)	Drinkable Water Bottled(kg)	7.3	8.0	8.6	7.8
干鲜瓜果类(千克)	Dried and Fresh Melons and Fruits(kg)	53.4	59.1	59.8	59.6
糕点(千克)	Cake(kg)	4.4	4.7	4.4	4.9
鲜乳品(千克)	Fresh Dairy Products(kg)	12.3	11.5	10.6	11.5
奶粉(千克)	Milk Powder(kg)	0.4	0.4	0.4	0.5
煤炭(千克)	Coal(kg)	99.3	61.5	62.9	77.5

10-8 城镇居民家庭平均每百户年末主要消费品拥有量

NUMBER OF MAIN CONSUMER GOODS PER 100 URBAN HOUSEHOLDS AT YEAR-END

项 目	Item	2009	2010	2011	2012
摩托车(辆)	Motorcycle(unit)	8	8	9	9
家用汽车(辆)	Automobile(unit)	3	4	5	7
洗衣机(台)	Washing Machine(set)	92	94	94	94
家用电冰箱(台)	Refrigerator(set)	84	86	87	89
彩色电视机(台)	Color TV Set(set)	108	109	108	108
家用电脑(台)	Computer(set)	42	47	55	61
组合音响(套)	HI-Fi Stereo Component System(set)	12	13	9	7
摄像机(架)	Pickup Camera(set)	6	6	7	7
照相机(架)	Camera(set)	22	25	25	27
其他中高档乐器(件)	Other Medium and Top Grade Musical Instrument(unit)	2	3	2	3
微波炉(台)	Microwave Oven(set)	33	36	37	38
空调器(台)	Air Conditioner(set)	8	9	9	10
淋浴热水器(台)	Shower(set)	33	36	43	46
消毒碗柜(台)	Disinfectant Cupboard(set)	4	4	3	4
健身器材(套)	Healthy Equipment(set)	2	2	1	2
移动电话(部)	Mobile Telephone(unit)	158	171	186	192

10-9 城镇居民人均全年购买的主要商品数量 (2012年，按收入等级分组)

PER CAPITA ANNUAL PURCHASES OF MAJOR COMMODITIES OF URBAN HOUSEHOLDS (2012, BY LEVEL OF INCOME)

项 目	Item	总平均 Average	最 低 收入户 Lowest Income Households	低收入户 Low Income Households	中等偏下 收入户 Lower Middle Income Households
粮食(千克)	Grain(kg)	87.2	73.6	80.8	75.3
鲜菜(千克)	Fresh Vegetables(kg)	111.1	79.4	90.4	97.5
食用植物油(千克)	Edible Vegetable Oil(kg)	12.3	9.8	11.5	10.9
猪肉(千克)	Pork(kg)	15.3	10.7	12.9	13.4
牛羊肉(千克)	Beef and Mutton(kg)	4.2	2.3	2.8	3.7
禽及禽制品(千克)	Poultry and Poultry Products(kg)	5.7	3.8	4.3	4.8
鲜蛋(千克)	Fresh Eggs(kg)	11.9	9.1	10.6	10.4
鱼虾(千克)	Fish and Shrimps(kg)	9.1	6.3	7.2	7.8
白酒(千克)	Liquor(kg)	2.7	1.9	2.4	2.2
果酒(千克)	Fruit Wine(kg)	0.1	0.1	0.1	0.1
啤酒(千克)	Beer(kg)	12.9	8.6	10.1	12.1
碳酸饮料(千克)	Carbonated Drinks and Coke(kg)	1.7	0.9	1.0	1.4
瓶装饮用水(千克)	Drinkable Water Bottled(kg)	7.8	4.2	6.0	7.3
干鲜瓜果类(千克)	Dried and Fresh Melons and Fruits(kg)	59.6	39.1	47.4	52.1
糕点(千克)	Cake(kg)	4.9	3.3	3.9	4.3
鲜乳品(千克)	Fresh Dairy Products(kg)	11.5	6.4	8.6	10.1
奶粉(千克)	Milk Powder(kg)	0.5	0.2	0.4	0.5
煤炭(千克)	Coal(kg)	77.5	114.6	217.6	90.3

10-9 续表 CONTINUED

项 目	Item	中 等 收入户 Middle Income Households	中等偏上 收入户 Upper Middle Income Households	高收入户 High Income Households	最 高 收入户 Highest Income Households
粮食(千克)	Grain(kg)	89.3	92.9	108.6	111.9
鲜菜(千克)	Fresh Vegetables(kg)	113.4	124.1	148.8	156.6
食用植物油(千克)	Edible Vegetable Oil(kg)	12.5	12.9	15.6	16.2
猪肉(千克)	Pork(kg)	15.9	16.9	19.5	21.3
牛羊肉(千克)	Beef and Mutton(kg)	4.4	5.0	6.1	6.7
禽及禽制品(千克)	Poultry and Poultry Products(kg)	6.1	6.5	7.5	8.4
鲜蛋(千克)	Fresh Eggs(kg)	12.3	13.2	14.8	16.2
鱼虾(千克)	Fish and Shrimps(kg)	9.4	10.5	11.6	12.7
白酒(千克)	Liquor(kg)	2.7	3.1	3.5	3.7
果酒(千克)	Fruit Wine(kg)	0.1	0.1	0.1	0.2
啤酒(千克)	Beer(kg)	13.0	14.8	16.5	17.7
碳酸饮料(千克)	Carbonated Drinks and Coke(kg)	1.9	2.0	2.6	2.9
瓶装饮用水(千克)	Drinkable Water Bottled(kg)	7.6	8.6	13.3	10.4
干鲜瓜果类(千克)	Dried and Fresh Melons and Fruits(kg)	60.7	68.6	83.4	83.5
糕点(千克)	Cake(kg)	4.9	5.7	6.3	7.1
鲜乳品(千克)	Fresh Dairy Products(kg)	12.1	13.6	15.5	17.1
奶粉(千克)	Milk Powder(kg)	0.5	0.7	0.8	1.0
煤炭(千克)	Coal(kg)	54.1	28.4	19.5	8.1

10-10 城镇居民家庭平均每百户年末主要消费品拥有量 (2012年，按收入等级分组)

POSSESSION OF CONSUMER GOODS PER 100 URBAN HOUSEHOLDS AT YEAR-END (2012, BY LEVEL OF INCOME)

项　目	Item	总平均 Average	最低收入户 Lowest Income Households	低收入户 Low Income Households	中等偏下收入户 Lower Middle Income Households
摩托车(辆)	Motorcycle(unit)	8.8	7.5	10.1	10.5
家用汽车(辆)	Automobile(unit)	7.0	1.1	0.7	4.2
洗衣机(台)	Washing Machine(set)	93.7	83.2	89.4	93.2
家用电冰箱(台)	Refrigerator(set)	88.9	66.3	73.2	87.8
彩色电视机(台)	Color TV Set(set)	108.1	101.8	107.0	106.7
家用电脑(台)	Computer(set)	60.5	30.0	40.5	58.8
组合音响(套)	HI-Fi Stereo Component System(set)	7.4	1.7	3.1	6.5
摄像机(架)	Pickup Camera(set)	7.1	0.7	2.5	4.4
照相机(架)	Camera(set)	26.6	5.1	8.6	20.2
其他中高档乐器(件)	Other Medium and Top Grade Musical Instrument(unit)	2.7	0.6	1.9	1.8
微波炉(台)	Microwave Oven(set)	38.3	10.6	17.2	32.7
空调器(台)	Air Conditioner(set)	10.0	1.4	2.8	4.8
淋浴热水器(台)	Shower(unit)	45.6	15.6	19.2	38.6
消毒碗柜(台)	Disinfectant Cupboard(set)	4.0	0.8	1.4	1.8
健身器材(套)	Healthy Equipment(set)	1.7			1.0
移动电话(部)	Mobile Telephone(unit)	192.3	167.4	177.9	204.4
接入互联网移动电话(部)	Mobile Telephone Accessed the Internet(unit)	15.4	9.1	7.2	11.3
接入有线电视网络电视(台)	Network Television Accessed Cable Television(unit)	91.5	75.1	85.1	90.0
接入互联网计算机(台)	Computers Accessed the Internet(unit)	51.1	24.7	33.4	50.2

10-10 续表 CONTINUED

项　目	Item	中等收入户 Middle Income Households	中等偏上收入户 Upper Middle Income Households	高收入户 High Income Households	最高收入户 Highest Income Households
摩托车(辆)	Motorcycle(unit)	11.1	7.5	5.3	6.0
家用汽车(辆)	Automobile(unit)	4.7	6.2	15.3	26.6
洗衣机(台)	Washing Machine(set)	94.9	96.3	97.7	99.7
家用电冰箱(台)	Refrigerator(set)	92.4	97.4	95.6	102.6
彩色电视机(台)	Color TV Set(set)	107.6	107.6	113.5	117.1
家用电脑(台)	Computer(set)	64.6	67.6	72.3	87.5
组合音响(套)	HI-Fi Stereo Component System(set)	9.7	6.9	9.3	15.8
摄像机(架)	Pickup Camera(set)	6.5	7.6	14.3	19.9
照相机(架)	Camera(set)	26.8	33.3	44.6	54.0
其他中高档乐器(件)	Other Medium and Top Grade Musical Instrument(unit)	2.3	3.1	1.6	9.3
微波炉(台)	Microwave Oven(set)	40.7	46.8	53.5	68.8
空调器(台)	Air Conditioner(set)	6.6	12.4	17.9	35.6
淋浴热水器(台)	Shower(unit)	54.0	54.6	64.1	70.5
消毒碗柜(台)	Disinfectant Cupboard(set)	3.8	4.3	6.9	12.9
健身器材(套)	Healthy Equipment(set)	1.2	0.9	4.6	8.1
移动电话(部)	Mobile Telephone(unit)	199.2	192.2	189.5	199.3
接入互联网移动电话(部)	Mobile Telephone Accessed the Internet(unit)	19.6	14.8	20.4	28.8
接入有线电视网络电视(台)	Network Television Accessed Cable Television(unit)	94.7	96.0	94.7	101.3
接入互联网计算机(台)	Computers Accessed the Internet(unit)	54.6	57.0	58.1	77.0

10-11 城镇居民家庭居住情况

LIVING CONDITION OF URBAN HOUSEHOLDS

项　目	Item	2009	2010	2011	2012
居住面积(平方米)	**Per Capita Net Living Space(sq.m)**				
人均现住房建筑面积	Built Space Prensently Per Capita	24.14	24.60	25.42	25.85
居住条件	**Living Condition**				
按房屋产权分(%)	Grouped by Property of Dwelling(%)				
租赁公房	Rent Public Housing	4.94	4.69	4.18	3.78
租赁私房	Rent Private Housing	4.83	5.20	7.12	6.89
自有私房	Self-owned Private Housing	89.65	89.64	87.22	87.40
其　他	Others	0.58	0.47	1.49	1.91
按自来水使用情况分(%)	Grouped by Using of Tap Water(%)				
无自来水	No Tap Water	0.30	0.50	0.60	0.62
独用自来水	Private Tap Water	98.41	98.27	98.86	99.15
公用自来水	Public shared Tap Water	1.28	1.21	0.54	0.24
按卫生设备拥有情况分(%)	Grouped by Sanitary Equipment(%)				
无卫生设备	No Sanitary Equipment	14.65	14.12	13.48	13.37
有浴室厕所	With Shower Room and Toilet	40.20	42.36	43.55	46.59
有厕所无浴室	With Toilet No Shower Room	43.40	41.51	41.76	39.70
公用卫生设备	Public Sanitary Equipment	1.76	2.01	1.20	0.34
按取暖设备拥有情况分(%)	Grouped by Possession of Heating Installation(%)				
无取暖设备	No Heating Installation	0.33	0.93	0.95	0.47
空调设备	Air Conditioner				
暖　气	Flue	83.95	85.35	85.88	87.32
其　他	Others	15.69	13.70	13.13	12.20
按燃料使用情况分(%)	Grouped by Using of Fuel(%)				
煤　炭	Coal	11.17	11.00	13.08	12.68
液化石油气	Liquefied Petroleum Gas	25.06	22.55	16.60	15.30
管道煤气	Pipeline Coal Gas	20.90	11.50	6.24	5.48
管道天然气	Natural Gas Pipeline	24.44	36.92	42.58	45.41
其　他	Others	18.42	18.00	21.49	21.15
按住宅建筑式样分(%)	Grouped by Types of House Constructions(%)				
单栋住宅	Independent House	0.24	0.05	0.08	0.03
四居室	Four Rooms	0.73	0.57	0.98	1.55
三居室	Three Rooms	10.05	9.89	10.68	10.21
二居室	Two Rooms	59.21	59.87	61.23	62.28
一居室	Single Room	9.63	9.32	9.02	9.35
普通楼房	Ordinary Multi Storey Building	2.78	3.37	1.80	1.18
平房及其它	Single Storey Building and Others	17.35	16.93	16.20	15.42

10-12 农村居民家庭基本情况

BASIC CONDITIONS OF RURAL HOUSEHOLDS

项 目	Item	2009	2010	2011	2012
调查户数(户)	**Number of Households Surveyed(household)**	**2240**	**2240**	**2240**	**2240**
调查户人口(人)	**Number of Residents Surveyed(person)**				
常住人口	Number of Permanent Residents in the Households Surveyed	7885	7842	7575	7568
平均每户常住人口	Average Number of Permanent Residents per Household	3.5	3.5	3.4	3.4
平均每户整、半劳动力	Average Number of Full/Semi Labour Force (including the laborer himself or herself)	2.6	2.6	2.5	2.5
平均每个劳动力负担人口	Average Number of Dependents per Laborer Force	1.4	1.4	1.3	1.3
平均每户经营耕地面积(公顷)	Area of Cultivated Land under Management each Household(hectare)	2.8	2.7	2.9	3.1
平均每人全年总收支(元)	**Per Capita Annual Income and Expenditure(yuan)**				
总收入	**Total Income**	**9385.2**	**11526.8**	**14621.8**	**16557.9**
#纯收入	#Net Income	5206.8	6210.7	7590.7	8603.8
工资性收入	Income from Wage and Salaries	1019.6	1241.6	1496.5	1816.8
家庭经营收入	Income from Household Operations	7406.0	9175.4	11737.7	13222.7
#农业收入	#Farming	5943.1	7622.1	9674.5	11386.6
#种植业	#Planting	5778.7	7452.3	9425.6	11136.2
牧业收入	Animal Husbandry	1146.9	1131.1	1491.0	1163.0
财产性收入	Income from Properties	241.0	344.1	545.2	580.3
转移性收入	Income from Transfers	718.5	765.7	842.4	938.0
#家庭非常驻人口	#Sent Back or Taken Back by Non-permanent	8.8	12.7	0.1	0.1
亲友赠送	Presented by Relatives	112.2	118.1	135.0	185.9
总支出	**Total Expenditure**	**9729.2**	**10982.0**	**13073.3**	**14225.4**
家庭经营费用支出	Expenditure for Household Operations	3756.1	4877.0	6363.2	7164.1
#农业生产	#Farming	2810.5	3809.9	5067.5	6014.3
牧业生产	Animal Husbandry	849.4	920.4	1079.2	825.4
购置生产性固定资产支出	Purchase of Productive Fixed Assets	613.6	626.8	716.6	788.9
建造生产性固定资产雇工支出	Employe Expenditure for Constructing Productive Fixed Assets	2.6	3.2	5.7	2.4
税费支出	Taxes and Fees	4.8	7.5	6.6	3.3
#缴纳生产税	#Tax Paid for Production	0.3	0.1	0.6	
生活消费支出	Expenses on Household Consumption	4241.3	4391.2	5333.6	5718.0
财产性支出	Expenses on Properties	453.1	561.7	5.9	3.0
转移性支出	Expenses on Transfers	657.8	514.6	641.7	545.7
#赠送亲友	#Presented to Relatives	537.1	360.9	376.3	248.0

10-13 按农村居民家庭人均纯收入等级分组家庭基本情况 (2012年)

指　标	Item	总平均 Average
调查户数(户)	**Number of Households Surveyed(household)**	**2240**
调查户人口(人)	**Number of Residents Surveyed(person)**	
常住人口	Number of Permanent Residents in the Households Surveyed	7568
平均每户常住人口	Average Number of Permanent Residents per Household	3.4
平均每户整、半劳动力	Average Number of Full/Semi Labour Force (including the laborer himself or herself)	2.5
平均每个劳动力负担人口	Average Number of Dependents per Laborer Force	1.3
平均每户经营耕地面积(公顷)	Area of Cultivated Land under Management each Household(hectare)	3.1
平均每人全年总收支(元)	**Per Capita Annual Income and Expenditure(yuan)**	
总收入	**Total Income**	**16557.9**
#纯收入	#Net Income	8603.8
工资性收入	Income from Wage and Salaries	1816.8
家庭经营收入	Income from Household Operations	13222.7
农业收入	Farming	11386.6
林业收入	Forestry	35.1
牧业收入	Animal Husbandry	1163.0
渔业收入	Fishery	34.2
财产性收入	Income from Properties	580.3
转移性收入	Income from Transfers	938.0
#家庭非常驻人口寄回或带回	#Sent Back or Taken Back by Non-permanent Residents in Households	0.1
亲友赠送	Presented by Relatives	185.9
总支出	**Total Expenditure**	**14225.4**
家庭经营费用支出	Expenditure for Household Operations	7164.1
农业支出	Farming	6014.3
林业支出	Forestry	19.4
牧业支出	Animal Husbandry	825.4
渔业支出	Fishery	16.6
购置生产性固定资产支出	Purchase of Productive Fixed Assets	788.9
建造生产性固定资产雇工支出	Employe Expenditure for Constructing Productive Fixed Assets	2.4
税费支出	Taxes and Fees	3.3
生活消费支出	Expenses on Household Consumption	5718.0
财产性支出	Expenses on Properties	3.0
转移性支出	Expenses on Transfers	545.7
#赠送亲友	#Presented to Relatives	248.0

BASIC CONDITIONS OF RURAL HOUSEHOLDS (2012,BY LEVEL OF NET INCOME)

最 低 收入户 Lowest Income Households	中等偏下 收 入 户 Lower Middle Income Households	中 等 收入户 Middle Income Households	中等偏上 收 入 户 Upper Middle Income Households	最 高 收入户 Highest Income Households
448	**448**	**448**	**448**	**448**
1655	1592	1539	1460	1323
3.7	3.6	3.4	3.3	3.0
2.6	2.6	2.5	2.5	2.4
1.4	1.4	1.4	1.3	1.3
2.2	2.5	3.1	3.2	4.4
8986.0	**11226.2**	**15057.8**	**18639.2**	**31900.4**
2347.2	5519.5	7737.2	10715.0	18825.3
472.2	1059.5	1538.3	2893.2	3547.3
7532.8	9010.1	12008.7	14176.1	25775.0
6399.7	7912.4	10700.1	12260.8	21643.5
15.1	14.6	23.8	32.4	100.9
734.1	771.3	748.0	1374.7	2420.4
3.3	0.2	28.5	9.2	147.9
282.0	416.7	585.5	639.5	1079.4
699.0	739.9	925.3	930.4	1498.6
				0.3
195.5	119.0	158.6	162.8	311.7
11511.7	**11024.0**	**13380.4**	**14991.9**	**21612.1**
5803.3	5078.4	6611.5	7241.5	11935.2
4625.2	4399.0	5718.3	6100.0	9947.2
8.2	8.9	41.9	13.0	27.3
874.8	544.6	527.4	953.8	1306.6
5.1	0.3	24.9	2.7	56.5
677.7	616.7	718.1	754.2	1256.1
		1.5	0.7	11.3
1.8	6.3	2.6	1.6	4.0
4672.4	4888.0	5574.5	6320.9	7527.4
0.3	6.5	3.3	0.8	4.0
356.3	428.1	468.9	672.2	874.0
160.6	185.2	249.2	310.7	362.6

10-14 农村居民家庭人均全年纯收入

PER CAPITA ANNUAL NET INCOME OF RURAL HOUSEHOLDS

单位：元 (yuan)

项　目	Item	2009	2010	2011	2012
纯收入	**Net Income**	**5206.8**	**6210.7**	**7590.7**	**8603.8**
工资性收入	Income from Wage and Salaries	1019.6	1241.6	1496.5	1816.8
家庭经营收入	Income from Household Business	3326.7	3941.6	4784.1	5433.7
农业收入	Farming	2895.6	3545.2	4150.3	4880.5
林业收入	Forestry	21.5	12.0	17.4	15.7
牧业收入	Animal Husbandry	244.8	153.6	342.4	270.4
渔业收入	Fishery	6.1	2.5	16.5	17.5
工业收入	Industry	-4.6	-3.5	3.3	-0.2
建筑业收入	Construction	28.1	31.2	19.9	17.2
运输业收入	Transportation	69.6	109.4	91.8	64.3
批零贸易. 餐饮业	Wholesale and Retail Trades, Hotels and Catering Services	30.6	59.2	98.3	118.3
社会服务业收入	Social Services	2.5	10.0	5.9	10.0
文教卫生收入	Culture, Education and Medicine	10.2	10.7	21.3	24.8
其他收入	Others	22.3	11.4	17.0	15.3
财产性收入	Income from Properties	241.0	344.1	545.2	580.3
#利息收入	#Interest	1.5	2.2	2.5	6.9
租金收入	Rental	7.3	13.9	13.6	12.8
转移性收入	Income from Transfer	619.4	683.4	764.9	773.0
#在外人口寄回和带回	#Sent Back or Taken Back by Outsiders	8.8	12.7	0.1	0.1
城市亲友赠送收入	Presented by Relatives and Friends in City	9.8	12.9	19.5	19.0
按收入性质分	**Grouped by Type of Income**				
生产性收入	Productive Income	4346.3	5183.2	6280.6	7250.5
第一产业收入	Primary Industry	3168.0	3713.3	4526.6	5184.1
第二产业收入	Secondary Industry	23.5	27.7	23.2	16.9
第三产业收入	Tertiary Industry	135.2	200.6	234.3	232.7
工资性收入	Laborer' s Reward	1019.6	1241.6	1496.5	1816.8
非生产性收入	Non-productive Income	860.5	1027.5	1310.1	1353.3
按纯收入分组户数占调查户比重(%)	**Grouped by Net Income Proportion**(%)				
100元以下	Below 100 yuan	1.4	0.8	2.6	1.4
100-200（元）	100-200 yuan	0.4	0.1	0.1	0.0
200-300（元）	200-300 yuan	0.3		0.3	0.3
300-400（元）	300-400 yuan	0.2		0.2	0.3
400-500（元）	400-500 yuan	0.5	0.1	0.0	0.1
500-600（元）	500-600 yuan	0.3	0.2	0.2	0.2
600-800（元）	600-800 yuan	0.4	0.3	0.7	0.4
800-1000（元）	600-800 yuan	1.7	0.8	0.6	0.3
1000-1200（元）	1000-1200 yuan	1.3	0.9	0.6	0.4
1200-1300（元）	1200-1300 yuan	0.7	0.8	0.3	0.1
1300-1500（元）	1300-1500 yuan	2.5	1.5	0.9	0.7
1500-1700（元）	1500-1700 yuan	2.1	1.3	0.9	0.8
1700-2000（元）	1700-2000 yuan	3.2	2.5	1.6	1.0
2000-2500（元）	2000-2500 yuan	5.1	4.3	2.8	2.4
2500-3000（元）	2500-3000 yuan	7.1	5.6	3.0	2.1
3000-3500（元）	3000-3500 yuan	6.4	6.6	5.0	2.8
3500-4000（元）	3500-4000 yuan	6.5	6.6	4.7	3.8
4000-4500（元）	4000-4500 yuan	6.6	5.9	5.0	3.9
4500-5000（元）	4500-5000 yuan	6.3	5.7	4.5	3.7
5000元以上	Above 5000 yuan	47.0	56.1	66.0	75.3

10-15 农村居民家庭人均全年现金收入和支出

PER CAPITA CASH INCOME AND EXPENDITURE OF RURAL HOUSEHOLDS

单位：元　　　　(yuan)

项　目	Item	2009	2010	2011	2012
期内现金收入	**Cash Income**	**8779.9**	**10431.0**	**11716.0**	**13397.3**
工资性收入	Wages Income	1012.7	1237.9	1496.2	1814.2
家庭经营收入	Net Income from Household Business	6903.6	8219.3	9169.0	10362.1
#出售产品收入	#from Sale of Farming Products	6470.6	7651.5	8387.1	9475.9
#农 业	#Farming	5489.6	6706.9	7161.2	8575.3
牧 业	Animal Husbandry	1098.0	1090.2	1435.9	1107.2
财产性收入	Property Income	146.6	216.1	225.6	298.8
转移性收入	Transfer Income	717.0	757.8	825.3	922.3
#亲友赠送	#Presented by Relatives and Friends	110.6	110.2	118.6	170.5
非收入所得	**Got Except Earnings**	**3821.2**	**3561.3**	**5382.1**	**4707.7**
#借入款	#from Lending	986.7	960.8	1349.3	1380.1
收回借出款	from Payback	613.5	506.3	775.8	892.4
期内现金支出	**Cash Expenditure**	**9265.5**	**10535.6**	**12534.7**	**13790.6**
生产费用支出	Expenditure on Production	4174.2	5290.9	6859.3	7789.4
家庭经营费用支出	Expenditure for Household Business	3558.0	4660.8	6137.0	6998.1
#农业生产	#Farming	2758.0	3772.6	5042.7	6004.3
牧业生产	Animal Husbandry	704.3	741.5	877.8	669.4
购置生产性固定资产	Productive Fixed Assets Purchasing	613.6	626.8	716.6	788.9
#农林牧渔业机械	#Farming, Forestry, Animal Husbandry and Fishery Machinery	303.0	434.5	438.5	565.1
运输机械	Transportation Machinery	128.3	33.0	109.7	59.5
役 畜	Livestock	17.3	39.2	53.0	45.0
税费支出	Expenditure for Tax	4.8	7.5	6.6	3.3
#缴纳生产税	#Tax Paid for Production	0.3	0.1	0.6	
#第一产业	#Primary Industry				
生活消费支出	Expenditure for Consumption	3992.8	4161.1	5024.7	5451.8
财产性支出	Property Expenditure	453.1	561.7	5.9	3.0
转移性支出	Transfer Expenditure	640.5	514.4	638.2	543.2
#赠送亲友	#Presented to Relatives	519.8	360.7	374.2	245.6
非消费性现金支出	**Expenditure for Non-Consumption**	**2974.9**	**3635.9**	**4349.7**	**4162.2**
#归还银行信用社贷款	#Return Banks' Loans	514.7	751.8	1106.3	804.8
借出款	Lendings	150.2	156.0	216.5	247.3
归还借款	Payback	650.5	651.2	1229.9	1086.0
存入银行信用社	Savings	1259.0	1535.5	911.6	914.5
期末金融资产金额	**Balance of Financial Assets at Year-end**	**4786.7**	**5244.9**	**5679.4**	**6346.7**
#银行存款	#Deposits	1677.7	2032.7	2774.4	2895.8
手存现金	Cash	3108.3	3209.2	2901.0	3448.2
期末债务余额	**Debt Balance at the Year-end**	**1243.2**	**1349.5**	**2670.6**	**2615.4**
#银行信用社贷款	#Loans to Bank and Credit Union	530.4	531.0	1319.4	1142.8
乡村集体组织、企业借款	Loans to Collective Organization and Enterprises				
个人借(欠)款	Individual Loans	679.4	797.3	1334.2	1452.5

10-16 按农村居民家庭人均纯收入等级分组人均全年纯收入 (2012年)

单位：元

指 标	Item	总平均 Average
纯收入	**Net Income**	**8603.8**
工资性收入	Income from Labour Reward	1816.8
家庭经营收入	Income from Household Business	5433.7
第一产业收入	Primary Industry	5184.1
农业收入	Farming	4880.5
林业收入	Forestry	15.7
牧业收入	Animal Husbandry	270.4
渔业收入	Fishery	17.5
第二产业	Secondary Industry	16.9
工业收入	Industry	-0.2
建筑业收入	Construction	17.2
第三产业收入	Tertiary Industry	232.7
交通运输、邮电业收入	Transport and post	64.3
批零贸易.餐饮业	Wholesale and Retail Trades,Hotels and Catering Services	118.3
社会服务业收入	Social Services	10.0
文教卫生收入	Culture, Education and Medicine	24.8
其他收入	Others	15.3
财产性收入	Property Income	580.3
#利息收入	#Interest	6.9
租金收入	Rental	12.8
转移性收入	Transfer Income	773.0
#在外人口寄回和带回	#Sent Back or Taken Back by Outsiders	0.1
城市亲友赠送收入	Presented by Relatives and Friends in City	19.0
按收入性质分	**Grouped by Type of Income**	
生产性收入	Productive Income	7250.5
非生产性收入	Non-productive Income	1353.3

PER CAPITA ANNUAL NET INCOME OF RURAL HOUSEHOLDS (2012,BY LEVEL OF NET INCOME)

(yuan)

最　低 收入户 Lowest Income Households	中等偏下 收 入 户 Lower Middle Income Households	中　等 收入户 Middle Income Households	中等偏上 收 入 户 Upper Middle Income Households	最　高 收入户 Highest Income Households
2347.2	**5519.5**	**7737.2**	**10715.0**	**18825.3**
472.2	1059.5	1538.3	2893.2	3547.3
1081.3	3407.4	4837.8	6392.1	12955.6
1114.7	3261.6	4657.4	6099.5	12193.6
1311.5	3122.6	4499.9	5706.0	10995.2
6.9	5.7	-18.0	19.4	73.6
-201.8	133.4	172.1	367.5	1033.4
-2.0	-0.2	3.5	6.6	91.4
-17.2	-0.7	11.7	-16.3	123.6
-18.1	-2.5	4.2	2.3	16.8
0.9	1.8	7.4	-18.7	106.8
-16.2	146.5	168.7	308.9	638.4
-0.2	27.6	37.5	46.6	240.1
-6.0	34.3	126.9	181.0	295.9
-3.2	50.5		-7.2	8.2
-1.7	20.6	6.8	48.9	57.0
-5.1	13.4	-2.6	39.6	37.1
282.0	416.7	585.5	639.5	1079.4
1.1	1.5	2.1	1.7	32.0
2.3	8.9	7.4	25.6	23.0
511.7	636.0	775.7	790.1	1242.9
				0.3
8.2	12.9	8.9	20.8	49.8
1553.5	4466.8	6376.1	9285.3	16503.0
793.7	1052.7	1361.1	1429.6	2322.3

10-17 按农村居民家庭人均纯收入等级分组人均全年现金收入和支出（2012年）

单位：元

指　标	Item	总平均 Average
期内现金收入	**Cash Income**	**13397.3**
工资性收入	Wages Income	1814.2
家庭经营收入	Net Income from Household Business	10362.1
#出售产品收入	#from Sale of Farming Products	9475.6
#农　业	#Farming	8575.3
牧　业	Animal Husbandry	1107.2
财产性收入	Property Income	298.8
转移性收入	Transfer Income	922.3
#亲友赠送	#Presented by Relatives and Friends	170.5
非收入所得	**Got Except Earnings**	**4707.7**
#借入款	#from Lending	1380.1
收回借出款	from Payback	892.4
期内现金支出	**Cash Expenditure**	**13790.6**
生产费用支出	Expenditure on Production	7789.4
家庭经营费用支出	Expenditure for Household Business	6998.1
#农业生产	#Farming	6004.3
牧业生产	Animal Husbandry	669.4
购置生产性固定资产	Productive Fixed Assets Purchasing	788.9
#农林牧渔业机械	#Farming, Forestry, Animal Husbandry and Fishery Machinery	565.1
运输机械	Transportation Machinery	59.5
役畜产品畜	Livestock	45.0
税费支出	Expenditure for Tax	3.3
生活消费支出	Expenditure for Consumption	5451.8
财产性支出	Property Expenditure	3.0
转移性支出	Transfer Expenditure	543.2
#赠送亲友	#Presented to Relatives	245.6
非消费性现金支出	**Expenditure for Non-Consumption**	**4162.2**
#归还银行信用社贷款	#Return Banks' Loans	804.8
借出款	Lendings	247.3
归还借款	Payback	1086.0
存入银行信用社	Savings	914.5
期末金融资产金额	**Balance of Financial Assets at the Year-end**	**6346.7**
#银行存款	#Deposits	2895.8
手存现金	Cash	3448.2
期末债务余额	**Debt Balance at the Year-end**	**2615.4**
#银行信用社贷款	#Loans to Bank and Credit Union	1142.8
乡村集体组织、企业借款	Loans to Collective Organization and Enterprises	
个人借(欠)款	Individual Loans	1452.5

PER CAPITA CASH INCOME AND EXPENDITURE OF RURAL HOUSEHOLDS (2012,BY LEVEL OF NET INCOME)

(yuan)

最 低 收入户 Lowest Income Households	中等偏下 收 入 户 Lower Middle Income Households	中 等 收入户 Middle Income Households	中等偏上 收 入 户 Upper Middle Income Households	最 高 收入户 Highest Income Households
7144.1	**8789.6**	**11881.4**	**15035.0**	**26726.1**
472.2	1059.5	1538.3	2893.2	3532.1
5823.9	6755.6	9092.0	10936.3	21227.0
5308.6	6122.7	8328.3	10156.3	19310.2
4743.6	5716.6	7799.7	9058.9	17180.7
681.4	712.5	702.5	1335.5	2334.1
163.3	242.4	343.4	295.4	488.1
684.7	732.1	907.7	910.1	1478.9
181.3	111.4	141.4	143.0	292.2
4785.6	**4065.0**	**4516.9**	**4571.4**	**5756.3**
1379.6	1299.2	1417.8	1248.0	1579.9
1019.2	878.7	814.1	1058.2	658.1
11126.7	**10645.1**	**12969.6**	**14524.4**	**21056.1**
6329.2	5560.4	7175.7	7820.6	12979.7
5651.5	4943.7	6456.1	7065.7	11712.2
4616.5	4396.3	5711.6	6076.9	9937.5
731.7	412.6	378.7	801.1	1093.4
677.7	616.7	718.1	754.2	1256.1
413.4	433.3	571.4	485.6	993.9
42.5	26.6	28.3	122.2	87.3
23.6	54.5	26.3	50.7	75.6
1.8	6.3	2.6	1.6	4.0
4440.7	4644.8	5321.3	6033.9	7198.0
0.3	6.5	3.3	0.8	4.0
354.8	427.1	466.8	667.5	870.3
159.1	184.3	247.1	306.2	359.0
2531.3	**2827.7**	**4066.2**	**4383.8**	**7676.9**
473.7	495.3	689.6	700.7	1840.9
159.8	79.6	146.5	404.7	502.2
697.8	815.5	1136.8	1151.6	1766.0
421.2	473.5	812.5	1076.6	2002.6
3783.9	**4950.5**	**5775.3**	**7832.1**	**10260.0**
1325.5	2257.6	2331.9	3814.2	5271.9
2458.4	2692.9	3443.4	4004.2	4988.2
3359.7	**2131.3**	**3150.8**	**2095.1**	**2218.0**
1647.4	959.8	1554.2	591.8	861.2
1712.3	1171.5	1577.1	1503.4	1264.6

10-18 农村居民家庭人均全年生活消费支出

PER CAPITA ANNUAL PURCHASES OF MAJOR COMMODITIES IN URBAN HOUSEHOLDS

项　目	Item	2009	2010	2011	2012
生活消费支出(元)	**Total Living Expenditures(yuan)**	**4241.3**	**4391.2**	**5333.6**	**5718.0**
食 品	Food	1331.1	1483.9	1873.3	2164.9
衣 着	Clothing	345.7	387.2	473.8	544.6
居 住	Residence	946.8	793.8	824.7	754.7
家庭设备、用品及服务	Household Facilities, Articles and Services	161.0	164.6	209.7	229.7
医疗保健	Medicine and Medical Services	434.3	443.2	573.6	727.0
交通和运输	Communication and Transportation	427.4	455.9	576.3	611.3
文化教育、娱乐用品及服务	Culture, Educational and Recreational Articles and Services	496.4	560.7	663.9	518.0
其他商品和服务	Other Commodities and Services	98.6	101.9	138.4	167.7
生活消费支出构成(%)	**Composition of Living Expenditures**(%)	**100.0**	**100.0**	**100.0**	**100.0**
食 品	Food	31.4	33.8	35.1	37.9
衣 着	Clothing	8.2	8.8	8.9	9.5
居 住	Residence	22.3	18.1	15.5	13.2
家庭设备、用品及服务	Household Facilities, Articles and Services	3.8	3.7	3.9	4.0
医疗保健	Medicine and Medical Services	10.2	10.1	10.8	12.7
交通和运输	Communication and Transportation	10.1	10.4	10.8	10.7
文化教育、娱乐用品及服务	Culture, Educational and Recreational Articles and Services	11.7	12.8	12.4	9.1
其他商品和服务	Other Commodities and Services	2.3	2.3	2.6	2.9

10-19 农村居民家庭人均主要食品消费量

PER CAPITA CONSUMPTION OF MAIN FOOD IN RURAL HOUSEHOLDS

单位：千克　　(kg)

项　目	Item	2009	2010	2011	2012
粮 食	Grain	157.1	143.7	152.6	139.1
豆类及豆制品	Beans and Related Products	8.3	6.8	8.1	7.2
#大 豆	#Soybean	5.6	3.7	4.6	3.7
蔬菜及菜制品	Fresh Vegetable and Related Products	83.7	80.9	82.1	67.6
油脂类	Oil and Fats	10.4	10.6	11.8	12.0
#植物油	#Vegetable Oil	10.3	10.5	11.8	11.9
肉禽及其制品	Meats, Poultry and Related Products	15.1	15.0	16.6	16.6
#猪 肉	#Pork	9.3	9.3	9.5	10.0
家 禽	Poultry	3.4	2.9	3.7	3.4
蛋类及蛋制品	Eggs and Related Products	6.2	6.0	6.2	6.3
奶及奶制品	Milk and Dairy Products	2.9	3.2	4.3	4.1
水产品	Aquatic Products	4.3	4.1	4.5	4.0
#鱼 类	#Fish	4.1	3.8	4.2	3.7
食 糖	Sugar	1.0	0.9	0.8	1.0
酒和饮料	Liquor and Beverages	19.7	19.8	24.6	24.1
#白 酒	#Liquor	5.3	5.2	6.2	5.7
水果及水果制品	Fruits and Related Products	19.7	17.7	20.4	21.4

注：1. 2003年开始酒和饮料中只包括酒，不包括饮料。
2. 2003年开始水果及水果制品中只包括水果，不包括水果制品。

Note:a)The wine only included the wine of the the beverage , did not include beverages since 2003.
b)The fruit and fruit products only included the fruit, did not include the fruit products since 2003.

10-20 按农村居民家庭人均纯收入等级分组人均全年生活消费支出 (2012年)

PER CAPITA ANNUAL LIVING EXPENDITURE OF RURAL HOUSEHOLDS (2012,BY LEVEL OF NET INCOME)

项　目	Item	总平均 Average	最　低收入户 Lowest Income Households	中等偏下收入户 Lower Middle Income Households
生活消费支出(元)	**Total Living Expenditures(yuan)**	**5718.0**	**4672.4**	**4888.0**
食　品	Food	2164.9	1846.0	1957.5
衣　着	Clothing	544.6	420.4	484.6
居　住	Residence	754.7	658.6	648.2
家庭设备、用品及服务	Household Facilities, Articles and Services	229.7	194.4	174.5
医疗保健	Medicine and Medical Services	727.0	538.1	624.7
交通和运输	Communication and Transportation	611.3	464.7	491.2
文化教育、娱乐用品及服务	Culture, Educational and Recreational Articles and Services	518.0	441.2	369.6
其他商品和服务	Other Commodities and Services	167.7	109.1	137.7
生活消费支出构成(%)	**Composition of Living Expenditures**(%)	**100.0**	**100.0**	**100.0**
食　品	Food	37.9	39.5	40.0
衣　着	Clothing	9.5	9.0	9.9
居　住	Residence	13.2	14.1	13.3
家庭设备、用品及服务	Household Facilities, Articles and Services	4.0	4.2	3.6
医疗保健	Medicine and Medical Services	12.7	11.5	12.8
交通和运输	Communication and Transportation	10.7	9.9	10.0
文化教育、娱乐用品及服务	Culture, Educational and Recreational Articles and Services	9.1	9.4	7.6
其他商品和服务	Other Commodities and Services	2.9	2.3	2.8

10-20 续 表　CONTINUED

项　目	Item	中　等收入户 Middle Income Households	中等偏上收入户 Upper Middle Income Households	最　高收入户 Highest Income Households
生活消费支出(元)	**Total Living Expenditures(yuan)**	**5574.5**	**6320.9**	**7527.4**
食　品	Food	2128.3	2320.2	2685.1
衣　着	Clothing	535.1	616.4	704.3
居　住	Residence	721.4	832.0	956.8
家庭设备、用品及服务	Household Facilities, Articles and Services	240.5	242.4	313.5
医疗保健	Medicine and Medical Services	738.7	872.6	912.4
交通和运输	Communication and Transportation	531.5	623.7	1018.8
文化教育、娱乐用品及服务	Culture, Educational and Recreational Articles and Services	507.4	602.8	711.7
其他商品和服务	Other Commodities and Services	171.7	210.8	224.9
生活消费支出构成(%)	**Composition of Living Expenditures**(%)	**100.0**	**100.0**	**100.0**
食　品	Food	38.2	36.7	35.7
衣　着	Clothing	9.6	9.8	9.4
居　住	Residence	12.9	13.2	12.7
家庭设备、用品及服务	Household Facilities, Articles and Services	4.3	3.8	4.2
医疗保健	Medicine and Medical Services	13.3	13.8	12.1
交通和运输	Communication and Transportation	9.5	9.9	13.5
文化教育、娱乐用品及服务	Culture, Educational and Recreational Articles and Services	9.1	9.5	9.5
其他商品和服务	Other Commodities and Services	3.1	3.3	3.0

10-21 按农村居民家庭人均纯收入等级分组人均主要食品消费量(2012年)

PER CAPITA CONSUMPTION OF MAIN FOOD IN RURAL HOUSEHOLDS (2012,BY LEVEL OF NET INCOME)

单位：千克 (kg)

项 目	Item	总平均 Average	最低收入户 Lowest Income Households	中等偏下收入户 Lower Middle Income Households
粮 食	Grain	139.1	127.2	134.4
谷 物	Cereal	133.0	121.5	128.6
薯 类	Tuber	1.6	1.3	1.8
豆 类	Soybean	4.4	4.3	4.0
油 脂	Oil and Fats	12.0	10.6	11.4
烟 叶	Tobacco	0.2	0.1	0.1
豆制品	Bean product	2.8	2.7	2.6
蔬菜及菜制品消费量	Vegetables and Vegetable Product Consumption Quantity	67.6	60.1	64.2
瓜 类	Melon	9.7	7.7	8.7
水果类	Fruits	21.4	18.8	19.6
消费茶叶	Tea Consumption	0.1	0.1	0.1
坚果消费量	Consumption Quantity of Nuts	1.0	0.9	1.0
肉禽及其制品	Meats, Poultry and Processed Products	16.6	14.0	15.6
猪 肉	Pork	10.0	8.0	9.2
牛 肉	Beef	0.5	0.4	0.5
羊 肉	Mutton	0.3	0.2	0.3
家 禽	Poultry	3.4	3.5	3.9
其他肉禽及制品	Others	2.2	2.0	1.8
蛋类及蛋制品	Eggs and Processed Products	6.3	5.7	5.7
奶和奶制品	Milk and Processed Products	4.1	3.5	3.5
水产品	Aquatic Products	4.0	3.5	3.6
食 糖	Sugar	1.0	0.8	0.9
酒	Liquor	24.1	20.8	23.2

10-21 续表 CONTINUED

单位：千克 (kg)

项 目	Item	中等收入户 Middle Income Households	中等偏上收入户 Upper Middle Income Households	最高收入户 Highest Income Households
粮 食	Grain	135.6	142.9	159.5
谷 物	Cereal	131.3	136.9	150.2
薯 类	Tuber	1.4	2.1	1.7
豆 类	Soybean	3.0	3.8	7.5
油 脂	Oil and Fats	11.7	12.8	13.9
烟 叶	Tobacco	0.1	0.2	0.4
豆制品	Bean product	2.6	2.9	3.1
蔬菜及菜制品消费量	Vegetables and Vegetable Product Consumption Quantity	66.9	73.0	76.1
瓜 类	Melon	9.1	10.7	13.3
水果类	Fruits	20.9	23.2	25.3
消费茶叶	Tea Consumption	0.1	0.1	0.1
坚果消费量	Consumption Quantity of Nuts	1.0	1.1	1.2
肉禽及其制品	Meats, Poultry and Processed Products	15.4	17.4	21.4
猪 肉	Pork	9.1	10.9	13.9
牛 肉	Beef	0.5	0.6	0.7
羊 肉	Mutton	0.3	0.6	0.4
家 禽	Poultry	3.2	3.0	3.5
其他肉禽及制品	Others	2.2	2.3	2.9
蛋类及蛋制品	Eggs and Processed Products	6.3	7.0	7.2
奶和奶制品	Milk and Processed Products	3.9	4.4	5.1
水产品	Aquatic Products	4.0	4.2	4.8
食 糖	Sugar	0.9	1.0	1.5
酒	Liquor	23.0	25.6	28.8

10-22 农村居民家庭平均每百户耐用消费品拥有量

NUMBER OF DURABLE CONSUMER GOODS OWNED PER 100 RURAL HOUSEHOLDS

项　目	Item	2009	2010	2011	2012
洗衣机(台)	Washing Machine(unit)	80.8	82.6	81.4	83.2
电冰箱(台)	Refrigerator(unit)	45.8	54.0	72.9	76.2
抽油烟机(台)	Smoke Absorber(unit)	7.4	9.0	9.0	9.8
微波炉(台)	Microwave Oven(unit)	4.6	5.2	3.3	3.9
热水器(台)	Shower(unit)	4.6	5.0	4.1	4.5
摩托车(辆)	Motorcycle(unit)	50.3	52.9	54.4	56.4
电话机(部)	Telephone(unit)	60.8	58.8	36.7	35.8
移动电话(部)	Mobile Telephone(unit)	127.1	140.4	182.1	186.3
彩色电视机(台)	Color TV Set(unit)	107.1	109.4	110.7	108.8
黑白电视机(台)	Black and White TV Set(unit)	2.1	1.3	0.7	0.6
影碟机(台)	Video Disc Player(unit)	48.8	49.2	17.1	16.4
照相机(台)	Camera(unit)	2.4	2.5	2.5	3.3

10-23 农村居民家庭居住情况

HOUSE CONDITION OF RURAL HOUSEHOLDS

项　目	Item	2009	2010	2011	2012
住房情况	**House Conditions**				
住房面积(平方米/人)	Floor Space(sq. m/person)	22.5	22.8	24.8	24.8
#砖瓦平房面积	#Tile Single Storey Building	17.6	18.3	20.7	20.8
#钢筋混凝土结构	#Reinforced Concrete Structure	1.4	1.3	0.8	1.0
砖木结构	Brick and Wood Structure	16.8	17.7	20.4	20.3
住房价值(元/平方米)	Value of House(yuan/sq. m)	466.4	473.3	613.0	831.3
本年新建(购)住房情况	**House Newly Built Within the Year**				
新建(购)住房面积(平方米/人)	Floor Space of Newly Built House(sq. m/person)	0.5	0.3	0.3	0.1
#砖瓦平房面积	#Tile Single Storey Building	0.5	0.3	0.3	0.1
砖木结构面积	Brick and Wood Structure	0.4	0.2	0.3	0.1
新建(购)住房价值(元/平方米)	Value of Newly Built House(yuan/sq. m)	829.4	957.7	1139.4	1251.7

10-25 按农村居民家庭人均纯收入等级分组平均每百户耐用消费品拥有量(2012年)

NUMBER OF DURABLE CONSUMER GOODS OWNED PER 100 RURAL HOUSEHOLDS (2012,BY LEVEL OF NET INCOME)

项　目	Item	总平均 Average	最　低收入户 Lowest Income Households	中等偏下 收 入 户 Lower Middle Income Households
洗衣机(台)	Washing Machine(unit)	83.2	74.8	81.5
空调机(台)	Air Conditioner(unit)	0.4	0.2	0.2
电冰箱(台)	Refrigerator(unit)	76.2	69.6	73.0
抽油烟机(台)	Smoke Absorber(unit)	9.8	7.1	7.4
微波炉(台)	Microwave Oven(unit)	3.9	2.0	3.1
热水器(台)	Shower(unit)	4.5	3.8	5.8
摩托车(辆)	Motorcycle(unit)	56.4	50.9	52.0
电话机(部)	Telephone(unit)	35.8	33.0	34.6
移动电话(部)	Mobile Telephone(unit)	186.3	175.7	182.1
彩色电视机(台)	Color TV Set(unit)	108.8	106.5	109.6
黑白电视机(台)	Black and White TV Set(unit)	0.6	0.9	0.9
影碟机(台)	Video Disc Player(unit)	16.4	14.5	15.8
照相机(台)	Camera(unit)	3.3	2.0	2.5

10-25 续 表 CONTINUED

项　目	Item	中　等 收入户 Middle Income Households	中等偏上 收 入 户 Upper Middle Income Households	最　高 收入户 Highest Income Households
洗衣机(台)	Washing Machine(unit)	84.2	87.5	87.9
空调机(台)	Air Conditioner(unit)	0.2	0.4	0.9
电冰箱(台)	Refrigerator(unit)	78.6	79.5	80.1
抽油烟机(台)	Smoke Absorber(unit)	9.2	12.7	12.5
微波炉(台)	Microwave Oven(unit)	3.6	5.1	5.8
热水器(台)	Shower(unit)	4.0	4.7	4.0
摩托车(辆)	Motorcycle(unit)	57.8	58.5	62.7
电话机(部)	Telephone(unit)	33.7	40.4	37.1
移动电话(部)	Mobile Telephone(unit)	183.0	194.9	195.5
彩色电视机(台)	Color TV Set(unit)	110.3	107.6	109.8
黑白电视机(台)	Black and White TV Set(unit)	0.4	0.7	
影碟机(台)	Video Disc Player(unit)	14.1	18.5	19.0
照相机(台)	Camera(unit)	4.2	4.5	3.6

10-25 按农村居民家庭人均纯收入等级分组家庭居住情况 (2012年)

HOUSE CONDITION OF RURAL HOUSEHOLDS (2012,BY LEVEL OF NET INCOME)

项　目	Item	总平均 Average	最　低 收入户 Lowest Income Households	中等偏下 收 入 户 Lower Middle Income Households
住房情况	**House Conditions**			
住房面积(平方米/人)	Floor Spacesq.m/person)	24.8	21.8	23.2
#砖瓦平房面积	#Tile Single Storey Building	20.8	17.2	19.5
#钢筋混凝土结构	#Reinforced Concrete Structure	1.0	0.4	0.5
砖木结构	Brick and Wood Structure	20.3	17.1	19.2
住房价值(元/平方米)	Value of House(yuan/sq.m)	831.3	798.8	823.2
本年新建(购)住房情况	**House Newly Built Within the Year**			
新建(购)住房面积(平方米/人)	Floor Space of Newly Built House(sq.m/person)	0.1	0.1	0.1
#砖瓦平房面积	#Tile Single Storey Building	0.1	0.1	0.1
#砖木结构	#Brick and Wood Structure	0.1		0.1
新建(购)住房价值(元/平方米)	Value of Newly Built House(yuan/sq.m)	1251.7	1500.0	1311.5

10-25 续 表 CONTINUED

项　目	Item	中　等 收入户 Middle Income Households	中等偏上 收 入 户 Upper Middle Income Households	最　高 收入户 Highest Income Households
住房情况	**House Conditions**			
住房面积(平方米/人)	Floor Space(sq.m/person)	24.6	25.9	29.5
#砖瓦平房面积	#Tile Single Storey Building	20.4	22.7	25.4
#钢筋混凝土结构	#Reinforced Concrete Structure	0.8	1.2	2.4
砖木结构	Brick and Wood Structure	20.1	22.1	23.8
住房价值(元/平方米)	Value of House(yuan/sq.m)	797.7	831.9	901.3
本年新建(购)住房情况	**House Newly Built Within the Year**			
新建(购)住房面积(平方米/人)	Floor Space of Newly Built House(sq.m/person)	0.1	0.1	0.3
#砖瓦平房面积	#Tile Single Storey Building	0.1	0.1	0.2
#砖木结构	#Brick and Wood Structure	0.1	0.1	0.2
新建(购)住房价值(元/平方米)	Value of Newly Built House(yuan/sq.m)	1268.3	1311.5	1122.7

10-26 按农村居民家庭人均纯收入等级分组每百户居住条件 (2012年)

单位:户

项　目	Item	总平均 Average
住房卫生设备使用情况	**Usage of Housing Sanitation**	
使用水冲式厕所的户数	Number of Households Using Flush Toilets	0.3
使用旱厕的户数	Number of Households Using Toilets	99.3
无厕所的户数	Number of Households Without Toilets	0.4
取暖设备使用情况	**Usage of Heating Equipment**	
使用空调的户数	Number of Households Using Air Conditioning	
使用暖气的户数	Number of Households Using Heating	38.2
使用火炕的户数	Number of Households Using the Heated Kang	59.3
使用其他暖设备的户数	Number of Households Using Other Heating Equipment	2.5
炊事使用的主要能源	**Primary Energy Used For Cooking**	
使用沼气的户数	Number of Households Using Biogas	
使用其他燃气的户数	Number of Households Using Other Gas	4.2
使用燃油的户数	Number of Households Using Fuel	
使用电的户数	Number of Households Using Electricity	3.3
使用太阳能的户数	Number of Households Using Solar Energy	
使用煤炭的户数	Number of Households Using Coal	1.7
使用柴草的户数	Number of Households Using Firewood	90.5
饮用水来源情况	**The Situation Of Drinking Water Sources**	
饮用自来水的户数	Number of Households Drinking Running Water	48.8
饮用深井水的户数	Number of Households Drinking Water From Deep Wells	33.3
饮用浅井水的户数	Number of Households Drinking Water From Shallow Wells	17.9
饮用江河湖泊水的户数	Number of Households Drinking Water From Rivers And Lakes	
饮用塘水的户数	Number of Households Drinking Pond Water	
饮用其他水源的户数	Number of Households Drinking Other Water	
住宅外道路路面状况	**Housing Outside The Road Surface Conditions**	
水泥或柏油路面的户数	Number of Households Cement or Asphalt	40.8
沙石或石板等硬质路面的户数	Number of Households Sand or Other Hard Stone Pavement	40.3
其他路面的户数	Number of Households Other Road	18.9

HOUSING CONDITION OF PER 100 RURAL HOUSEHOLDS (2012,BY LEVEL OF NET INCOME)

(household)

最　低 收入户 Lowest Income Households	中等偏下 收 入 户 Lower Middle Income Households	中　等 收入户 Middle Income Households	中等偏上 收 入 户 Upper Middle Income Households	最　高 收入户 Highest Income Households
0.2	0.4		0.2	0.4
99.6	98.0	100.0	99.6	99.3
0.2	1.6		0.2	0.2
34.2	39.5	39.3	39.5	38.4
63.8	57.8	58.5	58.3	58.0
2.0	2.7	2.2	2.2	3.6
2.5	5.1	3.3	6.0	3.8
2.2	3.3	3.3	4.0	3.8
2.9	2.7	1.3	1.1	0.7
92.4	88.8	91.7	88.2	91.5
44.9	47.5	47.5	55.8	48.2
38.6	33.7	35.0	26.6	32.8
16.5	18.8	17.4	17.6	19.0
42.9	38.6	37.7	44.6	40.0
33.0	37.1	42.0	44.6	44.9
24.1	24.3	20.3	10.7	15.2

10-27 农村居民家庭每百户居住条件

HOUSING CONDITION OF PER 100 RURAL HOUSEHOLDS

单位:户 (household)

指　标	Item	2009	2010	2011	2012
住房卫生设备使用情况	**Usage of Housing Sanitation**				
使用水冲式厕所的户数	Number of Households Using Flush Toilets	1.5	1.6	0.3	0.3
使用旱厕的户数	Number of Households Using Toilets	97.5	97.9	99.2	99.3
无厕所的户数	Number of Households Without Toilets	1.0	0.5	0.5	0.4
取暖设备使用情况	**Usage of Heating Equipment**				
使用空调的户数	Number of Households Using Air Conditioning				
使用暖气的户数	Number of Households Using Heating	37.3	40.9	38.7	38.2
使用火炕的户数	Number of Households Using the Heated Kang	61.9	58.5	59.0	59.3
使用其他暖设备的户数	Number of Households Using Other Heating Equipment	0.8	0.5	2.3	2.5
炊事使用的主要能源	**Primary Energy Used For Cooking**				
使用沼气的户数	Number of Households Using Biogas				
使用其他燃气的户数	Number of Households Using Other Gas	6.8	6.1	4.0	4.2
使用燃油的户数	Number of Households Using Fuel		0.4	0.4	
使用电的户数	Number of Households Using Electricity	1.1	1.0	4.6	3.3
使用太阳能的户数	Number of Households Using Solar Energy				
使用煤炭的户数	Number of Households Using Coal	3.8	4.1	1.9	1.7
使用柴草的户数	Number of Households Using Firewood	88.3	88.4	88.8	90.5
饮用水来源情况	**The Situation Of Drinking Water Sources**				
饮用自来水的户数	Number of Households Drinking Running Water	44.3	50.4	49.1	48.8
饮用深井水的户数	Number of Households Drinking Water From Deep Wells	41.2	37.8	32.6	33.3
饮用浅井水的户数	Number of Households Drinking Water From Shallow Wells	14.5	11.9	18.3	17.9
饮用江河湖泊水的户数	Number of Households Drinking Water From Rivers And Lakes				
饮用塘水的户数	Number of Households Drinking Pond Water				
饮用其他水源的户数	Number of Households Drinking Other Water				
住宅外道路路面状况	**Housing Outside The Road Surface Conditions**				
水泥或柏油路面的户数	Number of Households Cement or Asphalt	37.6	41.6	38.8	40.8
沙石或石板等硬质路面的户数	Number of Households Sand or Other Hard Stone Pavement	49.7	45.8	44.1	40.3
其他路面的户数	Number of Households Other Road	12.7	12.6	17.1	18.9

主要统计指标解释

一、城镇住户

城镇家庭人口　指居住在一起，经济上合在一起共同生活的家庭成员。凡计算为家庭人口的成员其全部收支都包括在本家庭中。

城镇就业面　指就业人口占家庭人口的百分比。

城镇就业者负担人数　指家庭人口与就业人口之比。

城镇家庭总收入　指家庭成员得到的工资性收入、经营净收入、财产性收入、转移性收入之和，不包括出售财物收入和借贷收入。

城镇居民家庭可支配收入　指家庭成员得到可用于最终消费支出和其他非义务性支出以及储蓄的总和，即居民家庭可以用来自由支配的收入。它是家庭总收入扣除交纳的个人所得税、个人交纳的社会保障支出以及记账补贴后的收入。计算公式为：

城镇居民家庭可支配收入=家庭总收入-交纳个人所得税-个人交纳的社会保障支出-记账补贴

城镇家庭总支出　指家庭除借贷支出以外的全部实际支出。包括现金消费支出、财产性支出、转移性支出、社会保障支出、购房与建房支出。

城镇家庭现金消费支出　指家庭用于日常生活的全部现金支出，包括食品、衣着、居住、家庭设备及用品、交通通信、文教娱乐、医疗保健、其他等八大类支出。

城镇家庭服务性消费支出　指家庭用于支付社会提供的各种文化和生活方面的非商品性服务费用。

城镇家庭收入分组方法　是将所有调查户按户人均可支配收入由低到高排队，按10%、10%、20%、20%、20%、10%、10%的比例依次分成：最低收入户、较低收入户、中等偏下收入户、中等收入户、中等偏上收入户、较高收入户、最高收入户等七组。总体中最低5%的户为困难户。

恩格尔系数　指食品支出在现金消费支出中所占的比例。计算公式为：

$$恩格尔系数=\frac{食品支出}{现金消费支出}\times100\%$$

二、农村住户

农村住户　指农村常住户。农村常住户指长期(一年以上)居住在乡镇(不包括城关镇)行政管理区域内的住户，以及长期居住在城关镇所辖行政村范围内的农村住户。户口不在本地而在本地居住一年及以上的住户也包括在本地农村常住户范围内；有本地户口，但举家外出谋生一年以上的住户，无论是否保留承包耕地都不包括在本地农村住户范围内。

常住人口　指全年经常在家或在家居住6个月以上，而且经济和生活与本户连成一体的人口。外出从业人员在外居住时间虽然在6个月以上，但收入主要带回家中，经济与本户连为一体，仍视为家庭常住人口；在家居住，生活和本户连成一体的国家职工、退休人员也为家庭常住人口。但是现役军人、中专及以上(走读生除外)的在校学生、以及常年在外(不包括探亲、看病等)且已有稳定的职业与居住场所的外出从业人员，不算家庭常住人口。家庭常住人口主要作为计算农村住户平均每人收入、消费和积累水平及分析家庭人口状况的依据。

整、半劳动力　整劳动力指男子18周岁到50周岁，女子18周岁到45周岁；半劳动力指男子16周岁到17周岁，51周岁到60周岁；女子16周岁到17周岁，46周岁到55周岁，同时具有劳动能力的人。虽然在劳动年龄之内，但已丧失劳动能力的人，不应算为劳动力；超过劳动年龄，但能经常参加劳动，计入半劳动力数内。常住人口中的职工，若这些职工为劳动力，就包括在本户的整半劳动力中。

总收入 指调查期内农村住户和住户成员从各种来源渠道得到的收入总和。按收入的性质划分为工资性收入、家庭经营收入、财产性收入和转移性收入。

工资性收入 指农村住户成员受雇于单位或个人，靠出卖劳动而获得的收入。

家庭经营收入 指农村住户以家庭为生产经营单位进行生产筹划和管理而获得的收入。农村住户家庭经营活动按行业划分为农业、林业、牧业、渔业、工业、建筑业、交通运输业邮电业、批发和零售贸易餐饮业、社会服务业、文教卫生业和其他家庭经营。

财产性收入 指金融资产或有形非生产性资产的所有者向其他机构单位提供资金或将有形非生产性资产供其支配，作为回报而从中获得的收入。

转移性收入 指农村住户和住户成员无须付出任何对应物而获得的货物、服务、资金或资产所有权等，不包括无偿提供的用于固定资本形成的资金。一般情况下，指农村住户在二次分配中的所有收入。

现金收入 指农村住户和住户成员在调查期内得到以现金形态表现的收入。按来源分成工资性收入、家庭经营现金收入、财产性收入、转移性收入。

农村居民家庭纯收入 指农村住户当年从各个来源得到的总收入相应地扣除所发生的费用后的收入总和。计算方法：

农村居民家庭纯收入=总收入-家庭经营费用支出-税费支出-生产性固定资产折旧-赠送农村内部亲友

纯收入主要用于再生产投入和当年生活消费支出，也可用于储蓄和各种非义务性支出。“农民人均纯收入”是按人口平均的纯收入水平，反映的是一个地区农村居民的平均收入水平。

总支出 指农村住户用于生产、生活和再分配的全部支出。包括家庭经营费用支出、购置生产性固定资产支出、税费支出、消费支出、财产性支出和转移性支出。

Explanatory Notes on Main Statistical Indicators

I. Urban Households

Population of Urban Households refer to members of households living and sharing economically together in the urban areas. All the income and expenditure of all the members of such households are included in the income and expenditure of the household.

Proportion of Urban Employment refers to the proportion of employed population to the population of urban households.

Number of Dependents per Urban Employee refers to the ratio between number of persons in an urban household and the number of employed persons.

Total Income of Urban Households refers to the sum of wage income; net business income; income from properties; and income from transfers of members of the households. Income from selling of properties and income from borrowing are not included.

Disposable Income of Urban Households refers to the actual income at the disposal of members of the households which can be used for final consumption, other non-compulsory expenditure and savings. This equals to total income minus income tax, personal contribution to social security and subsidy for keeping diaries in being a sample household. The following formula is used:

Disposable Income of Urban Households= total household income - income tax personal contribution to social security - subsidy for keeping diaries for a sampled household

Total Expenditure of Urban Households refers to all actual expenditure of households except expenditure on lending. It includes cash expenditure; property expenditure, transfer expenditure, social insurance expenditure and expenditure on house purchasing or house building.

Consumption Expenditure of Urban Households in Cash refers to total cash expenditure of households for consumption in daily life, including expenditure on the eight categories of food; clothing; housing; household appliances; transport and communications; education, cultural and recreational activities and medical care.

Consumption Expenditure of Urban Households on Services refers to non-commodity service expenditure of households on various kinds of cultural and living activities provided by society.

Urban Households by Income Group All households in the sample are grouped, by per capita disposable income of the household, into groups of lowest income, low income, lower middle income, middle income, upper middle income, high income and highest income, each group consisting of 10%, 10%, 20%, 20%, 20%, 10% and 10% of all households respectively. The lowest 5% of households are also referred to as poor households.

Engel' s Coefficient refers to the percentage of expenditure on food to the total consumption in cash, using the following formula:

$$\text{Engel's Coefficient} = \frac{\text{expenditure on food}}{\text{total consumption in cash}} \times 100\%$$

II. Rural Household

Rural Households refer to usual resident households in rural areas. Usual resident households in rural areas are households residing on a long term basis(for more than one year) in the areas under the administration of township governments (not including county towns), and in the areas under the administration of villages in county towns. Households residing in the current addresses for over one year with their household registration in other places are still considered as resident households of the locality. For households with their household registration in one place but all members of the households having moved away to make a living in another place for over one year, they will not be included in the rural households of the area where they are registered, irrespective of whether they still keep their contracted land.

Usual Resident Population refers to persons staying at home regularly or for over 6 months during a year and integrated with the household economically and in terms of living. Members of the household staying away from the household for over 6 months but keeping a close economic relation with the household by sending the majority of income to the household are regarded as usual resident of the household. Government staff and workers or retirees living as close members of the household are also considered as usual resident. However, servicemen, students of secondary technical schools or schools of higher education and persons with stable jobs and residence outside the household (excluding those visiting relatives or seeking medical service) are not included as resident population of the household. Resident population is used in calculating income, consumption, accumulation on per capita basis of rural households and in analyzing composition of rural households.

Full/Semi Labour Force Full labour force refers to persons capable of work, aged 18-50 for males and 18-45 for females. Semi labour force refers to persons capable of work, aged 16-17 and 51-60 for males and 16-17 and 46-55 for females. Persons at their working ages but not capable of work are not to be included as labour force. Persons not at working ages but participating regularly in work are included in semi labour force. For staff and workers who are usual residents, are included as full or semi labour force of the household if they are in the labour force.

Total Income refers to the sum of income earned from various sources by the rural households and their members during the reference period, and is classified as income from wages and salaries, income from household operations, income from properties and income from transfers.

Income from Wages and Salaries refers to income from labour earned by the members of rural households employed by other units or individuals.

Income from Household Operations refers to income by the rural households as units of production and operation. Operations by rural households are classified according to their economic activities namely agriculture, forestry, animal husbandry, fishery, manufacturing, construction, transportation, post and telecommunications, wholesale, retail and catering, social service, culture, education, health, and other household operations.

Income from Properties refers to the income received as returns by owners of financial assets or tangible non-productive assets by providing capitals or tangible non-productive assets to other institutional units.

Income from Transfers refers to the receipt by rural households and their members of goods, services, capital or rights of assets without giving or repaying accordingly, excluding capital provided to them for the formation of fixed assets. In general, it refers to all income received by rural households through redistribution.

Cash Income refers to income received by rural households and their members in the form of cash during the reference period. It is classified, by source of income, into income from wages and salaries, cash income from household operations, income from properties and income from transfers.

Net Income of Rural Households refers to the total income of rural households from all sources minus all corresponding expenses. The formula for calculation is as follows:

Net income of rural households = total income - household operation expenses - taxes and fees- depreciation of fixed assets for production - gifts to rural relatives.

Net income is mainly used as input for reinvestment in production and as consumption expenditure of the year, and also used for savings and non-compulsory expenses of various forms. "Per capita net income of farmers" is the level of net income averaged by population, reflecting the average income level of rural population in a given area.

Total Expenditure refers to total expenses of rural households on production, consumption and redistribution, including expenditure on household operations; purchase of productive fixed assets; taxes and fees; consumption expenditure; expenses on properties; and expenses on transfers.

第十一篇　城市概况

CHAPTER 11 GENERAL SURVEY OF CITIES

资料整理：戚　萍　赵秋梅　郭振威

11-1 城市公用事业基本情况

BASIC STATISTICS ON URBAN PUBLIC UTILITIES

指 标	Item	2008	2009	2010	2011	2012
城市建设	**City Areas and Floor Space of Buildings**					
城区面积(平方公里)	Urban Area(sq. km)	3135.6	2589.5	2589.5	2653.2	2718.3
建成区面积(平方公里)	Area of Built Districts(sq. km)	1566.1	1638.0	1638.0	1678.6	1725.5
城市建设用地面积(平方公里)	Area of Land Used for Urban Construction(sq. km)	1682.8	1737.5	1737.5	1722.1	1747.7
城市人口密度(人/平方公里)	Population Density of City Districts(persons/sq. km)	4321	5239	5239	5146	5054
城市供水、燃气及集中供热	**Water Supply, Gas Supply and Heating**					
全年供水总量(亿立方米)	Annual Volume of Tap Water Supply(100 million cu. m)	16.9	16.5	16.4	15.2	15.2
#生活用水	#Water Consumption for Residential Use	4.3	3.9	3.9	4.0	4.1
人均生活用水(升)	Per Capita Water Consumption for Residential Use(liter)	142.1	129.7	123.9	128.0	125.5
城市人口用水普及率(%)	Coverage Rate of Urban Population with Access to Tap Water(%)	84.2	86.6	89.1	90.8	94.1
人工煤气供气量(亿立方米)	Gaswork Gas Supply (100 million cu. m)	4.2	2.6	0.8	0.8	0.8
#家庭用量	#Consumption of Gaswork Gas for Residential Use	2.0	1.2	0.4	0.4	0.4
液化石油气供气量(万吨)	Liquefied Petroleum Gas(10000 tons)	19.9	19.6	22.0	21.1	20.6
#家庭用量	#Consumption of Liquefied Gas for Residential Use	11.7	10.9	11.3	11.6	11.5
供气管道长度(公里)	Length of Gas Pipelines(km)	1780	669	594	647	709
燃气普及率(%)	Coverage Rate of Urban Population with Access to Tap Gas(%)	79.5	83.8	88.8	81.4	83.4
集中供热面积(万平方米)	Area of Centralized Heating(10000 sq. m)	31482	34942	37513	42940	48336
城市市政设施	**Municipal Infra-structure**					
年末实有道路长度(公里)	Length of Paved Roads at Year-end(km)	9728	9866	10090	10629	11128
每万人拥有道路长度(公里)	Length of Paved Roads Per 10000 Persons(km)	7.5	7.6	7.8	6.7	5.1
年末实有道路面积(万平方米)	Area of Paved Roads at Year-end(10000 sq. m)	12453	12720	13569	15296	16252
人均拥有道路面积(平方米)	Per Capita Area of Paved Roads(sq. m)	9.3	9.4	10.5	11.2	11.8
城市排水管道长度(公里)	Length of City Sewage Pipes(km)	6629	7445	7504	8294	9376
平均每万人拥有(公里)	Length of Sewer Pipelines per 10000 Population(km)	5.1	5.7	5.8	4.7	4.3
城市公共交通	**Public Transportation**					
年末公共交通车辆运营数(辆)	Number of Public Vehicles under Operation at Year-end (Buses and Trolley Buses, etc.)(10000 units)	12746	13401	16939	17706	18171
每万人拥有公共交通车辆(标台)	Number of Public Transportation Vehicles Per 10000 Population(unit)	9.7	10.4	13.1	13.7	14.0
出租汽车数(万辆)	Taxis (10000 units)	5.6	6.2	10.3	10.9	11.4
城市绿化和园林	**City Greening**					
园林绿地面积(公顷)	Public Green Areas(hectare)	68024	64234	69581	72166	73820
人均公园绿地面积(平方米)	Per Capita Public Green Areas(sq. m)	9.5	10.5	11.8	11.5	11.8
公园个数(个)	Number of Parks(unit)	216	262	285	296	304
公园面积(公顷)	Area of Parks(hectare)	7402	8009	9066	9339	9372
城市环境卫生	**Environmental Sanitation**					
生活垃圾清运量(万吨)	Volume of Garbage Disposal(10000 tons)	899	912	782	651	710
粪便清运量(万吨)	Volume of Excrement and Urine Disposal(10000 tons)	184	180	167	179	151
每万人拥有公厕(座)	Number of Public Toilets per 10000 Population(unit)	8.1	8.0	6.9	5.8	5.5

11-2 12个省辖城市社会经济主要指标(2011年,不含所辖县及县级市)

项　目	Item	哈尔滨市 Harbin	齐齐哈尔市 Qiqihar
人口、就业	**Population,Employment**		
年末总人口(万人)	Total Population at the Year-end(10000 persons)	471.5	140.7
年平均人口(万人)	Annual Mean Population(10000 persons)	471.7	141.1
年出生人口(人)	Annual Birth Population(person)	35876	8213
年死亡人口(人)	Annual Death Population(person)	29779	10458
年末总户数(万户)	Total Households at the Year-end(10000 households)	183.1	57.3
年末单位从业人员数(万人)	Total Number of Employed Persons at the Year-end(10000 persons)	102.71	23.34
#第一产业	#Primary Industry	1.67	0.06
第二产业	Secondary Industry	38.58	10.76
第三产业	Tertiary Industry	62.46	12.52
城镇私营和个体从业人员(人)	Number of Employed Persons of Private and Individuals(person)	1007094	144841
年末城镇登记失业人员数(人)	Number of Registered Unemployed Persons in Urban Areas at Year-end(person)	56439	25470
土地面积	**Land Areas**		
行政区域土地面积(平方公里)	Total Area of Administration Region(sq.km)	7086	4365
#建成区面积	#Developed Areas	367	140
城市建设用地面积(平方公里)	Urban Construction Land Areas(sq.km)	367	135
#居住用地面积	#Land Areas of Living	110	51
公共设施用地面积(平方公里)	Land Areas of Public Facilities(sq.km)	51	44
工业用地面积(平方公里)	Land Areas of Industry(sq.km)	85	40
综合经济	**Total Economy**		
地区生产总值(当年价格)(万元)	Gross Domestic Product(10000 yuan)	29436374	5178274
第一产业增加值	Primary Industry	641385	203386
第二产业增加值	Secondary Industry	12780470	2550776
#制造业	#Industry	8120205	2260832
第三产业增加值	Tertiary Industry	16014519	2424112
#交通运输仓储及邮政业	#Transport, Storage and Post	1897045	326027
信息传输、计算机服务和软件业	Information Transmission, Computer Services and Software	1025526	118518
金融业	Financial Intermediation	1809603	146539
房地产业	Real Estate	979025	194209
科学研究、综合技术服务和地质勘查业	Scientific Research, Technical Service and Geologic Prospecting	566883	23380
人均地区生产总值(元)	Per Capita GDP(yuan)	62411	38418
地区生产总值增长率(%)	Growth Rate of GDP(%)	11.8	13.5
地方财政一般预算内收入(万元)	Local Budgetary Revenue(10000 yuan)	2602216	540149
#各项税收	#Taxes	2145496	220409
地方财政一般预算内支出(万元)	Local Budgetary Expenditure(10000 yuan)	3891972	741776
年末金融机构存款余额(万元)	Balance of Deposits of National Banking System at the Year-end(10000 yuan)	59007004	5769658
#城乡居民储蓄年末余额	#Balance of Deposits of Urban and Rural Residence	24102811	4299905
年末金融机构各项贷款余额(万元)	Balance of Loans of National Banking System at the Year-end(10000 yuan)	44978050	4030875
规模以上工业	**Industry**		
工业企业数(个)	Number of Industrial Enterprises(unit)	546	144
内资企业	Domestic Funded Enterprises	467	132
#国有企业	#State-Owned Enterprises	43	6
私营企业	Private Enterprises	172	67
港、澳、台商投资企业	Enterprises with Funds from Hong Kong, Macao and Taiwan	22	4
外商投资企业	Foreign Funded Enterprises	57	8
工业总产值(当年价)(万元)	Gross Industrial Output Value(10000 yuan)	20554767	6469900
内资企业	Domestic Funded Enterprises	17078030	5821500
#国有企业	#State-Owned Enterprises	4633365	42560
私营企业	Private Enterprises	1549675	1683371
港、澳、台商投资企业	Enterprises with Funds from Hong Kong, Macao and Taiwan	322491	92100
外商投资企业	Foreign Funded Enterprises	3154246	556300

MAJOR SOCIAL AND ECONOMIC INDICATORS OF 12 PROVINCIAL CAPITALS (2011, NOT INCLUDING THE CITIES AT COUNTY LEVEL AND COUNTIES)

鸡西市 Jixi	鹤岗市 Hegang	双鸭山市 Shuangyashan	大庆市 Daqing	伊春市 Yichun	佳木斯市 Jiamusi	七台河市 Qitaihe	牡丹江市 Mudanjiang	黑河市 Heihe	绥化市 Suihua
87.3	67.3	46.4	134.9	80.3	81.6	57.1	88.6	19.0	89.2
87.3	67.5	50.2	128.6	80.4	81.8	57.2	88.8	19.0	89.6
4791	3921	2882	9588	3498	5818	4699	5241	1320	6954
6023	4073	2960	6529	6664	5436	2258	5555	1015	4581
37.6	33.5	22.8	49.6	34.1	32.7	22.0	33.0	7.6	30.6
13.65	11.78	9.39	48.58	14.61	9.53	12.15	8.81	3.09	2.42
0.07	0.19	0.30	0.07	7.91	0.51	0.33	0.02	0.35	0.07
9.13	8.34	5.97	27.51	3.57	2.70	9.02	3.15	0.55	0.54
4.45	3.25	3.12	21.00	3.13	6.32	2.80	5.64	2.19	1.81
72480	88156	35049	293773	92698	89560	73073	145763	47302	25710
11089	12326	7474	28025	17834	8140	5020	9208	1717	2104
2300	4551	1760	5107	19567	1875	3646	2675	14444	2756
79	46	58	225	165	97	62	81	19	28
97	46	57	299	157	97	62	75	28	27
48	18	30	75	62	26	22	32	7	11
4	4	4	42	16	5	6	7	5	1
10	9	10	70	19	17	13	17	4	4
1880291	1998686	1839630	33728863	1479634	3061276	2443310	2678255	484650	844333
88794	112872	38983	261422	324613	128929	143712	123504	56234	487263
1168475	1371131	1254761	28710308	668750	1203110	1627410	1214096	152629	93257
155996	229740	288964	7464927	521552	827028	325639	950655	53580	80800
623022	514683	545886	4757133	486271	1729237	672188	1340655	275787	263813
118003	45179	88651	244980	56295	386065	100445	176826	39687	45944
96134	26881	30536	228179	25865	66430	34279	62074	12394	489
33270	46131	25091	173257	40378	81880	73981	111106	18543	733
39673	42827	34246	1024318	43910	143800	57109	120699	11926	31885
12765	3282	7957	253674	8749	19651	5224	19065	4383	1963
21465	29698	36621	251492	18533	37421	40261	27791	19450	15594
11.3	13.9	10.1	10.1	6.5	14.0	6.6	8.2	13.1	16.6
273494	186970	173821	1163262	78737	147504	217814	293545	69669	30456
167443	121554	126929	1034730	57699	92316	130879	178527	50251	23738
377097	451991	397419	1433918	603100	434996	425020	680356	259488	106162
3790941	2957075	2316361	15394908	2906247	3810054	2424201	4768583	1312374	1791376
2591855	2198043	1534164	8788697	1970324	2710417	1637727	3256878	854334	1309149
1277252	1749518	1425635	4036265	628465	1629138	1448150	1673998	452806	994989
64	94	80	335	75	95	85	111	25	14
60	93	80	323	69	86	85	100	23	13
9	5	4	12	7	3	3	7	6	1
28	34	56	215	34	60	55	41	7	12
3			3		2		2		1
1	1		9	6	7		9	2	
2176178	2849538	2584266	39030465	1455567	1999159	3413900	1975196	343435	177106
1796071	2839688	2584266	38638023	1401174	1437431	3413900	1626254	331899	168899
1001053	902519	672756	3434689	55013	16750	37800	280656	103698	16445
365683	733566	1452367	2330622	269690	858267	1384500	510892	91531	152454
377906			16954		15718		2915		8207
2201	9850		375488	54393	546010		346027	8271	

11-2 续表1

项　目	Item	哈尔滨市 Harbin	齐齐哈尔市 Qiqihar
从业人员年平均人数(万人)	Annual Average Number of persons Employed(10000 persons)	25.21	9.14
流动资产合计(万元)	Total of Working Capitals(10000 yuan)	18373823	4822626
固定资产合计(万元)	Total of Fixed Assets(10001 yuan)	6724665	3016459
主营业务收入(万元)	Revenue from Principal Business(10000 yuan)	22010940	5732200
主营业务成本(万元)	Cost of Principal Business(10000 yuan)	18373488	4751834
主营业务税金及附加(万元)	Tax and Extra Charges from Principal Business(10000 yuan)	779506	36400
本年应交增值税(万元)	Value-added Tax Payable in the Current Year(10000 yuan)	759317	247093
利润总额(万元)	Total Profits(10000 yuan)	788832	329669
邮电通讯	**Post and Telecommunication**		
年末邮政局(所)数(处)	Number of Post and Telecommunications Offices(unit)	161	45
年末固定电话用户数(万户)	Local Telephone Subscribers at Year-end(10000 subscribers)		43.6
年末移动电话用户数(户)	Mobil Telephone Subscribers at Year-end(subscriber)		133.5
国际互联网用户数(户)	Internet Subscribers(subscriber)		364470
能源消费	**Energy Consumption**		
能源消费量(万吨标准煤)	Total Energy Consumption(10000 tons of SCE)		560
全年用电量(万千瓦时)	Annual Consumption of Electricity(10000 kwh)	1548364	450000
#工业用电	#Industry	748690	340000
居民生活用电	Resident life	284857	52000
贸易、外经	**Domestic and Foreign Trade**		
限额以上批发零售贸易业商品销售总额(万元)	Total Sales of Wholesale and Retail Trade Above Designated Size(10000 yuan)	15765598	2055852
社会消费品零售总额(万元)	Total Retail Sale of Consumer Goods(10000 yuan)	16766697	3499346
限额以上批发零售企业数(法人数)(个)	Number of Corporation Enterprises of of Wholesale and Retail Trade Above Designated Size(unit)	561	52
#零售业	#Retail Trade	288	23
当年新签项目(合同)个数(个)	Number of Newly Signed items(Contracts)(unit)	63	1
当年实际使用外资金额(万美元)	Foreign Capital Actual Used(USD 10000)	69875	952
固定资产投资	**Total Investment in Fixed Assets**		
全社会固定资产投资总额(万元)	Total Investment in Fixed Assets(10000 yuan)	23668562	2805064
#城镇固定资产投资额	#Total Investment in Fixed Assets of Urban Area		
#房地产开发投资额	#Real Estate Development	5350276	476217
#住宅	#Residential Buildings	4018253	
全年新增固定资产(万元)	Newly Increased Fixed Assets (10000 yuan)	11887390	2050780
商品房屋销售面积(万平方米)	Floor Space of Commercialized Buildings Sold(10000 sq.m)	864.9	79.9
#住宅	#Residential Buildings	804.3	66.8
商品房屋销售额(万元)	Total Sale of Commercialized Buildings(10000 yuan)	5019212	332647
#住宅	#Residential Buildings	4507095	287685
教育、科技、文化、卫生	**Education,Science and Technology ,Health**		
普通高等学校数(所)	Number of Regular Institutions of Higher Education(unit)	48	5
中等职业教育学校数(所)	Number of Specialized Secondary Schools(unit)	80	37
普通中学学校数(所)	Number of Regular Secondary Schools(unit)	259	56
小学学校数(所)	Number of Primary Schools(unit)	429	130
普通高等学校教师数(人)	Number of Full-time Teachers of Regular Institutions of Higher Education(person)	30720	2855
中等职业教育学校教师数(人)	Number of Full-time Teachers of Specialized Secondary Schools(person)	5016	398
普通中学教师数(人)	Number of Full-time Teachers of Regular Secondary Schools(person)	21944	5905
小学教师数(人)	Number of Full-time Teachers of Primary Schools(person)	13519	3919
普通高等学校学生数(人)	Student Enrollment of Regular Institutions of Higher Education(person)	471652	44018
高中阶段在校学生数(人)	Student Enrollment of Senior Secondary Education(person)	224197	29063
中等职业教育学校学生数(人)	Student Enrollment of Specialized Secondary Schools(person)	143407	9150
普通中学学生数(万人)	Student Enrollment of Regular Secondary Schools(10000 persons)	23.10	6.66
小学学生数(万人)	Student Enrollment of Primary Schools(10000 persons)	18.90	6.04
初中毕业生升学率(%)	Proportion of Junior Secondary Graduates Entering into Senior Secondary Schools(%)	64	86
成人高等学校在校学生数(人)	Student Enrollment in Adult Education Schools(person)	18740	10042

COUNTINUED

鸡西市 Jixi	鹤岗市 Hegang	双鸭山市 Shuangyashan	大庆市 Daqing	伊春市 Yichun	佳木斯市 Jiamusi	七台河市 Qitaihe	牡丹江市 Mudanjiang	黑河市 Heihe	绥化市 Suihua
7.90	8.22	7.19	26.51	2.57	2.87	9.52	3.52	0.69	0.32
1419787	693666	758012	11330679	1092009	1051502	1473400	976147	141800	78694
1629928	1389563	1635304	22525253	881214	1018102	1672300	1333269	276900	51129
2343184	2508064	2481665	39061501	1358291	2010519	3045600	1992953	348547	157550
1796085	2143931	2080139	21291669	1241372	1670508	2506500	1685893	273800	139878
20941	26054	15812	5970297	5591	10818	29600	48345	5972	163
165051	146109	122409	3029750	25108	42207	230300	66888	16764	1062
86331	82007	108529	10392733	59174	131432	193300	99196	26990	11051
56	34	31	101	64	89	17	54	25	24
18.7	11.9	10.1	41.4	18.9	29.9	10.0	29.9	4.1	16.5
71.8	75.8	45.6	296.8	59.8	117.8	54.0	46.6	32.6	16.3
100600	85334	56864	343484	282823	202730	66927	154568	31655	67000
473		402	3848	285	324	475	433	30	55
308259	256911	208553	1756723	199049	148707	152766	255198	63052	63200
255029	186478	192758	1630295	152810	79753	110254	168542	52230	16000
31688	51230	9043	64595	42208	47934	31262	49370	8475	44230
740627	438153	337716	15881738	346248	580460	285136	850829	93521	137958
913840	708152	434738	6478598	482755	1729786	543869	1613091	50668	471135
35	48	12	261	26	23	10	43	10	10
16	30	9	169	15	20	6	31	4	7
1	4		13	3	23	2	6		1
5700	4438	1139	35170	4809	13374	1337	15951		800
1355551	1151675	1481170	8761468	1097911	786231	923317	1804766	320098	376993
116624	90764	52174	1399931	124421	199527	137982	379694	58405	31967
94716	79114	39175	1148809	118687	164848	120309	306567	41596	31967
741542	577022	891004	7078108	571031	368306	102706	333628	101737	376993
58.2	50.1	11.6	280.3	45.9	108.7	33.7	87.9	31.1	25.1
48.8	48.2	11.3	258.6	44.0	98.5	5.9	77.0	24.9	21.2
209888	156636	42499	1513332	91681	356209	120949	348606	133378	71200
166026	153358	40394	1315783	84576	302720	109156	287587	71094	48000
1	5	1	7	1	3	1	7	1	1
22	13	7	6	12	10	4	19	4	3
49	30	30	85	42	41	35	39	7	42
25	52	38	177	55	57	32	84	11	221
388	523	191	3268	210	2019	120	2699	460	464
939	645	176	553	262	486	258	656	230	142
4632	2570	3650	8585	3291	3652	1363	3147	1081	2316
4001	1917	2759	5059	2786	3366	1448	3005	706	3593
10689	5604	3898	64184	1518	31593	1463	53748	9550	10137
14717	17595	10717	46138	15102	19049	10911	18176	4682	2870
16588	8907	4135	5689	8247	4356	2199	9965	2410	212
4.14	3.47	5.30	10.98	2.97	5.01	3.51	4.13	1.02	2.65
2.63	2.51	2.49	7.93	2.20	5.10	2.10	4.01	1.13	3.64
95	88	100	75	97	66	90	92	91	99
1510	2906	1312	11244	1210	14725	1680	2017	1490	9160

11-2 续表2

项　目	Item	哈尔滨市 Harbin	齐齐哈尔市 Qiqihar
体育场馆数(个)	Number of Public Stadiums and Gymnasiums(unit)	82	8
剧场、影剧院数(个)	Number of Theaters ,Music Halls and Cinemas(unit)	55	8
公共图书馆图书总藏量(千册、件)	Total Collections of Public Libraries(1000 volumes)	7368	1255
医院、卫生院数(个)	Number of Hospitals(unit)	267	387
医院、卫生院床位数(张)	Number of Beds in Health Institutions(unit)	44996	2503
医生数（执业医师+执业助理医师）(人)	Number of Doctors (Certified (assistant)Doctors)(person)	15306	11761
注册护士(人)	Registered Nurses(person)	16591	3728
人民生活	**People's Livelihood**		
在岗职工平均人数(万人)	Number of Staff and Workers(10000 persons)	100.20	22.12
在岗职工工资总额(万元)	Total Wages Bill of Staff and Workers(10000 yuan)	3956033	792875
城镇居民人均可支配收入(元)	Annual Per Capita Disposable Income of Urban Households(yuan)	20031	15200
城镇居民人均消费支出(元)	Annual Per Capita Consumption Expenditure of Urban Households(yuan)	16233	11372
每百户居民家庭拥有家用汽车(辆)	Number of Automobile Per 100 Urban Households(unit)	10	5
每百户居民家庭拥有家用电脑(台)	Number of Computer Per 100 Urban Households(unit)	70	55
人均住房建筑面积(平方米)	Per Capita Gross Floor Space of Urban Residents(sq.m)	34.8	24.3
居民消费价格指数(上年为100)	Consumer Price Indices (preceding year=100)	105.6	105.7
社会保障	**Social Security**		
城镇基本养老保险参保人数(人)	Urban Active Contributors of Basic Endowment Insurance(persons)	803971	350529
基本医疗保险参保人数(人)	Active Contributors of Basic Medical Treatment Insurance(persons)	1455430	664550
失业保险参保人数(人)	Active Contributors of Unempolyment Insurance(persons)	1157734	351595
社会福利院数(个)	Number of Social Welfare Institutions(unit)	70	105
社会福利院床位数(张)	Number of Beds in Social Welfare Institutions(unit)	8892	6089
社区服务设施数(个)	Number of Community Services Facilities(unit)	752	108
城镇居民最低生活保障人数(人)	Number of Minimum Living Guarantee of Urban Residents(person)	100186	87004
社会治安	**Public Order**		
交通事故死亡人数(人)	Number of Deaths of Traffic Accidents(person)	295	100
交通事故损失额(万元)	Amount of Loss of Traffic Accidents(10000 yuan)	1604	163
火灾事故死亡人数(人)	Number of Deaths of Fire Accidents(person)	7	
火灾事故损失额(万元)	Amount of Loss of Fire Accidents(10000 yuan)	601	250
刑事案件立案数(件)	Number of Criminal Cases Registered(unit)	24090	1600
犯罪人数(人)	Number of Criminals(person)	5923	1300
#青少年人数（年龄16-25周岁）	#Young Offenders(Age 16-25 years old)	1885	420
市政公用事业	**Municipal Utilities**		
城市维护建设资金支出(万元)	Fund Expenditures on Urban Maintenance Construction(10000 yuan)		97523
年末实有城市道路面积(万平方米)	Area of Paved Roads at Year-end(10000 sq.m)	4114	877
排水管道长度(公里)	Length of City Sewage Pipes(km)	2122	696
供水综合生产能力(包括自备水源)(万立方米/日)	Production Capacity of Tap Water Supply(10000 cu.m/day)	224.9	39.0
供水总量(万吨)	Total Annual Volume of Water Supply(10000 tons)	40405	8295
#居民家庭用水量	#For Residential Use	14858	3030
用水人口(万人)	Number of Residents with Access to Tap Water(10000 persons)	390.8	107.2
供气总量(人工、天然气)(万立方米)	Volume of Gas Supply (Coal Gas and Natural Gas)(10000 tons)	32585	22960
#家庭用量	#For Residential Use	11512	3194
用气人口(人)	Population with Access to Gas(person)	3472500	1000740
液化石油气供气总量(吨)	Volume of Liquefied Petroleum Gas Supply(ton)	81230	7035
#家庭用量	#For Residential Use	24320	3750
用液化气人口(人)	Population with Access to Liquefied Petroleum Gas(person)	729600	41100
年末实有公共汽(电)车营运车辆数(辆)	Number of Public Vehicles under Operation at Year-end (Buses and Trolley Buses,etc.)(unit)	5395	1027
全年公共汽(电)车客运总量(万人次)	Number of Passengers Carried of Bus,Trolley Bus(10000 person-times)	113044	93
年末实有出租汽车数(辆)	Number of Taxi(unit)	15435	3159
绿地面积(公顷)	Area of Urban Green Areas(hectare)	12929	6097
#公园绿地面积	#Area of Parks Green Areas	4238	1091
建成区绿化覆盖面积(公顷)	Green Covered Area of Completed Area(hectare)	13923	5301

COUNTINUED

鸡西市 Jixi	鹤岗市 Hegang	双鸭山市 Shuangyashan	大庆市 Daqing	伊春市 Yichun	佳木斯市 Jiamusi	七台河市 Qitaihe	牡丹江市 Mudanjiang	黑河市 Heihe	绥化市 Suihua
1	2	4	10	2	7	2	6	7	10
1	1		13	6	4	2	2	1	3
180	266	192	2781	622	440	159	438	109	168
55	38	19	82	42	86	32	40	18	27
6488	4508	2694	9995	5470	8780	2690	7281	822	961
2083	1741	1152	5878	2540	3050	933	3042	1055	675
1878	1858	1448	5064	2099	3120	1099	3380	293	212
12.46	12.12	7.76	44.98	13.43	8.03	12.26	8.27	2.98	2.40
478205	464794	256011	2408895	258750	303164	431122	312787	106104	59244
15263	13930	16166	22500	11681	13924	16427	14515	18251	12806
12014	10915	10858	14000	9366	11506	9788	12005	12846	8632
2	3	9	65	2	3	2	5	8	3
41	34	48	65	56	61	41	55	54	35
24.2	22.8	24.8	28.3	24.0	27.3	26.6	26.9	26.3	18.3
105.5	106.1	106.2	105.1	104.7	105.7	106.0	105.2	105.2	107.5
104635	149377	97999	245432	233895	159604	97665	321875	28336	31260
658000	260366	125790	1146221	414429	234046	165525	477524	50308	38400
158028	90600	77500	167029	115371	133558	79314	142173	17273	38659
1	82	32	78	60	19	23	65	4	4
2040	3192	1729	3456	2885	1769	1137	6248	802	580
72	87	86	940	220	312	82	353	41	32
103494	76497	62736	12858	114739	68168	39373	68796	11080	29259
39	11	17	121	32	65	4	35	3	37
1	14	26	60	52	105	21	19	4	22
			2	1					
170	81	51	156	103	34		64	26	190
515	421	324	2208	550	539	1724	719	3	281
694	734	442	3273	840	613	736	1089	11	431
89	134	170	595	122	107	120	229	6	37
32950	21371	19835	552490	60606	28705	57470	40718	1200	8023
553	380	343	3183	778	511	457	962	156	2295
289	269	258	1328	322	354	145	387	100	168
29.0	15.6	21.4	203.6	27.1	45.9	17.6	130.7	7.5	34.3
7880	5013	2544	29651	4786	7683	3786	22837	591	2426
4590	954	1100	9546	1890	3608	679	1888	230	990
74.6	46.2	37.2	141.0	54.7	75.0	35.0	65.0	10.0	43.3
1155	1513	735	25395		2540	4300	1900		1650
1000	1320	500	10430		910	2489	1400		1390
435000	151000	89000	1035000		302000	191000	510000		182000
5505	4103	4275	14211	8276	14000	2400	20001	1100	1590
4300	3946	3391	5172	7035	5850	1549	14000	650	1400
180000	127000	161000	283000	486600	174200	69500	510000	96000	182000
926	478	385	2389	283	334	402	726	95	230
10820	9979	5145	16062	2582	8489	5000	14034	1030	2277
4658	1773	1100	7913	4608	2559	1000	2619	957	2344
3146	2503	2733	21022	5115	3752	2335	5062	431	790
695	860	690	1800	1423	797	477	580	236	169
3478	1998	2523	10057	4190	3901	2657	2983	619	1109

11-3 各地区城市建设情况 (2012年)

STATISTICS ON CITY CONSTRUCTION BY REGION (2012)

地区	Region	城区面积 (平方公里) Urban Area (sq. km)	建成区面积 (平方公里) Area of Built Districts (sq. km)	城市建设用地面积 (平方公里) Area of Land Used for Urban Construction (sq. km)	征用土地面积 (平方公里) Land Put in Requisition for State Construction Projects (sq. km)	城市人口密度 (人/平方公里) Population Density of Urban Area (persons/sq. km)
总 计	**Total**	**2718.3**	**1725.5**	**1747.7**	**39.6**	**5054**
地级市合计	**Total Number of Cities at Prefectural Level**	**1897.2**	**1405.1**	**1462.9**	**35.3**	**6005**
哈尔滨	Harbin	383.0	383.0	374.3	15.9	11242
齐齐哈尔	Qiqihar	139.6	139.6	139.6	3.6	7796
鸡　西	Jixi	79.2	79.2	78.9	2.5	9127
鹤　岗	Hegang	85.0	50.7	50.7	0.3	6864
双鸭山	Shuangyashan	118.0	58.8	57.4	0.8	3966
大　庆	Daqing	305.4	232.7	305.4	7.8	4387
伊　春	Yichun	174.9	164.8	157.0		4374
佳木斯	Jiamusi	98.1	98.1	98.1		6168
七台河	Qitaihe	307.0	67.8	67.8	1.2	1313
牡丹江	Mudanjiang	86.3	77.4	82.9	3.0	8226
黑　河	Heihe	27.9	20.0	20.0		5143
绥　化	Suihua	92.8	33.0	30.9	0.3	3449
县级市合计	**Total Number of Cities at County Level**	**821.2**	**320.3**	**284.9**	**4.4**	**4522**
双　城	Shuangcheng	53.2	27.7	21.5		3555
尚　志	Shangzhi	152.0	18.3	18.3	0.8	819
五　常	Wuchang	100.6	21.5	14.0	0.3	1401
讷　河	Nehe	20.0	11.1	11.1	0.1	4920
密　山	Mishan	91.0	22.0	13.6	0.7	1019
虎　林	Hulin	128.7	10.8	10.8		561
铁　力	Tieli	21.4	16.5	13.7		6173
同　江	Tongjiang	15.0	10.0	10.0		5867
富　锦	Fujin	16.7	16.2	16.2		7331
绥芬河	Suifenhe	24.5	24.1	18.4	1.4	4167
海　林	Hailin	24.3	13.8	16.5	0.3	4144
宁　安	Ningan	13.5	11.2	11.2		5548
穆　棱	Muling	10.8	10.8	10.3		7276
北　安	Beian	33.3	20.9	19.9	0.8	4240
五大连池	Wudalianchi	10.0	5.6	5.6		4530
安　达	Anda	25.0	25.0	25.1		9280
肇　东	Zhaodong	48.8	34.2	34.2		6506
海　伦	Hailun	32.5	20.6	14.5		4055

11-4 各地区城市供水情况 (2012年)

BASIC STATISTICS ON TAP WATER SUPPLY IN CITIES BY REGION (2012)

地　区	Region	年末供水综合生产能力 (万立方米/日) Production Capacity of Tap Water Supply (year-end) (10000 cu.m/day)	年末供水管道长度 (公里) Length of Water Supply Pipelines (year-end) (km)	全年供水总量 (万立方米) Total Annual Volume of Water Supply (10000 cu.m)	#生活用水 For Residential Use	#生产用水 For Productive Use	用水人口 (万人) Number of Residents with Access to Tap Water (10000 persons)	人均日生活用水量 (升) Per Capita Daily Consumption of Tap Water for Residential Use (liter)
总　计	**Total**	**891.0**	**12847.5**	**152154.3**	**41036.9**	**60561.9**	**1293.4**	**125.5**
地级市合计	**Total Number of Cities at Prefectural Level**	**826.5**	**10308.4**	**140192.1**	**35445.6**	**57712.8**	**1087.7**	**117.4**
哈尔滨	Harbin	221.1	2075.1	38652.8	15115.0	6456.3	430.6	141.4
齐齐哈尔	Qiqihar	39.0	1076.4	9180.5	2789.8	2080.6	107.3	108.8
鸡　西	Jixi	26.0	672.0	7164.5	2680.0	2350.0	71.5	148.7
鹤　岗	Hegang	20.6	552.7	5258.1	966.5	2027.1	47.3	92.0
双鸭山	Shuangyashan	26.5	402.6	2822.1	1088.0	678.0	46.7	101.7
大　庆	Daqing	192.7	1762.8	33223.9	5175.0	19087.4	122.1	191.2
伊　春	Yichun	27.3	1168.4	4852.6	1513.7	2052.3	56.2	98.2
佳木斯	Jiamusi	46.0	638.0	7820.0	1689.0	3086.0	56.8	108.7
七台河	Qitaihe	68.3	734.9	5337.5	883.0	2699.0	37.7	84.5
牡丹江	Mudanjiang	130.3	599.0	22711.0	1931.7	16472.2	67.9	102.7
黑　河	Heihe	7.5	183.5	1083.0	374.0	319.0	13.2	95.7
绥　化	Suihua	21.2	443.0	2086.0	1240.0	405.0	30.5	135.7
县级市合计	**Total Number of Cities at County Level**	**64.6**	**2539.1**	**11962.2**	**5591.4**	**2849.1**	**205.7**	**97.6**
双　城	Shuangcheng	3.9	241.3	846.8	455.8	190.7	18.8	80.8
尚　志	Shangzhi	3.0	162.8	991.1	258.0	325.0	12.3	125.4
五　常	Wuchang	4.0	138.6	660.0	340.0	96.0	13.5	81.6
讷　河	Nehe	1.9	80.7	330.5	197.6	1.0	8.8	71.5
密　山	Mishan	2.5	181.0	504.0	246.0	116.0	9.3	95.5
虎　林	Hulin	1.5	199.0	442.0	193.0	91.0	7.1	92.1
铁　力	Tieli	5.2	216.5	997.0	756.0	71.0	10.7	195.4
同　江	Tongjiang	0.7	136.0	220.0	115.0	24.0	4.2	106.2
富　锦	Fujin	6.5	92.1	781.3	179.0	315.0	12.3	76.0
绥芬河	Suifenhe	2.8	117.9	403.5	121.8	153.2	6.3	73.6
海　林	Hailin	3.1	67.0	607.1	178.0	317.2	10.0	62.9
宁　安	Ningan	3.0	136.6	775.0	305.0	284.0	7.5	129.9
穆　棱	Muling	2.4	133.5	453.9	251.7	42.4	7.9	119.0
北　安	Beian	5.4	121.4	770.0	364.0	130.0	10.8	122.8
五大连池	Wudalianchi	0.6	105.3	182.0	135.0	4.5	4.0	98.3
安　达	Anda	5.7	83.5	911.0	623.0	175.0	19.4	91.8
肇　东	Zhaodong	5.0	149.0	1555.0	666.5	373.0	30.0	81.1
海　伦	Hailun	7.4	176.9	532.0	206.0	140.0	12.8	52.4

11-5 各地区城市燃气情况 (2012年)

BASIC STATISTICS ON SUPPLY OF GAS IN CITIES BY REGION (2012)

地区	Region	人工煤气生产能力(万立方米/日) (万立方米/日) Production Capacity of Gaswork Gas (10000 cu. m/day)	管道长度(公里) Length of Gas Pipelines (km)			全年供气总量(万立方米) Volume of Gas Supply (10000 cu. m)			用气人口(万人) Population with Access to Gas (10000 persons)		
			人工煤气 Coal Gas	液化石油气 Liquefied Petroleum Gas	天然气 Natural Gas	人工煤气 Coal Gas	液化石油气(吨) Liquefied Petroleum Gas (ton)	天然气 Natural Gas	人工煤气 Coal Gas	液化石油气 Liquefied Petroleum Gas	天然气 Natural Gas
总计	**Total**	**121.9**	**709.1**	**25.9**	**6650.6**	**8185**	**206057**	**88191**	**80.9**	**427.2**	**637.6**
地级市合计	**Total Number of Cities at Prefectural Level**	**121.9**	**709.1**	**11.9**	**6533.0**	**8185**	**152207**	**87214**	**80.9**	**265.4**	**629.8**
哈尔滨	Harbin				2887.9		60480	33323		60.7	370.0
齐齐哈尔	Qiqihar				887.6		5100	23937		3.3	101.9
鸡西	Jixi	6.9	256.7	3.5		1100	5573		39.5	20.1	
鹤岗	Hegang				121.6		4179	1370		12.8	15.1
双鸭山	Shuangyashan	13.0	77.2			735	4000		8.9	14.6	
大庆	Daqing			8.4	2145.5		15378	25574		26.5	107.2
伊春	Yichun				6.8		8296			27.2	
佳木斯	Jiamusi				483.5		22090	3010		12.2	35.6
七台河	Qitaihe	90.0	186.5			4410	2580		19.5	7.5	
牡丹江	Mudanjiang	12.0	188.7			1940	19001		13.0	50.9	
黑河	Heihe						1230			11.4	
绥化	Suihua						4300			18.2	
县级市合计	**Total Number of Cities at County Level**			**14.0**	**117.6**		**53850**	**977**		**161.8**	**7.9**
双城	Shuangcheng				35.0		6193			16.2	
尚志	Shangzhi						4500			7.1	
五常	Wuchang			1.0			6650			13.0	
讷河	Nehe				38.3		1540	74		7.1	1.6
密山	Mishan				24.0		395	894		5.9	3.4
虎林	Hulin						1350			6.0	
铁力	Tieli						2680			7.0	
同江	Tongjiang						305			1.1	
富锦	Fujin						4900			12.3	
绥芬河	Suifenhe						1396			5.8	
海林	Hailin						2730			8.8	
宁安	Ningan				12.0		1681			7.4	
穆棱	Muling				8.3		1196	9		4.6	2.9
北安	Beian						2000			5.0	
五大连池	Wudalianchi						135			0.3	
安达	Anda						6500			19.0	
肇东	Zhaodong			13.0			7800			28.0	
海伦	Hailun						1900			7.2	

11-6 各地区城市集中供热情况 (2012年)

BASIC STATISTICS ON HEATING IN CITIES BY REGION (2012)

地　区	Region	供应能力 Heating Capacity		供热总量 Quantity of Heat Supplied		管道长度 Length of Heating Pipelines		供热面积 (万平方米) Area of Centralized Heating (10000 sq. m)
		蒸　汽 (吨/小时) Steam (ton/hour)	热　水 (兆瓦) Hot Water (Mega Watts)	蒸　汽 (万吉焦) Steam (10000 gigajoules)	热　水 (万吉焦) Hot Water (10000 gigajoules)	蒸　汽 (公里) Steam (km)	热　水 (公里) Hot Water (km)	
总　计	**Total**	**4789.0**	**38743.1**	**2453.8**	**27815.5**	**370.5**	**15553.2**	**48336.5**
地级市合计	**Total Number of Cities at Prefectural Level**	**4549.0**	**33245.2**	**2337.8**	**24322.5**	**355.1**	**13629.2**	**41979.9**
哈尔滨	Harbin	2439.0	12994.0	1196.0	11265.0	150.8	2669.4	17555.3
齐齐哈尔	Qiqihar	150.0	3200.5	136.0	2299.0	10.0	924.9	3528.0
鸡　西	Jixi	200.0	1184.8	66.0	867.2	93.0	543.2	1458.5
鹤　岗	Hegang		1346.2		779.4		587.1	1389.5
双鸭山	Shuangyashan		1851.0		498.0		211.2	1264.4
大　庆	Daqing		5500.0		3370.0		6182.5	6900.0
伊　春	Yichun	95.0	1396.9	22.8	1109.1	9.8	737.1	1650.2
佳木斯	Jiamusi		1700.0		1300.0		474.7	2500.0
七台河	Qitaihe		743.8		724.8		294.2	1137.0
牡丹江	Mudanjiang	885.0	2280.0	286.0	1567.0	30.0	632.0	2685.0
黑　河	Heihe		990.0		503.0		339.5	818.0
绥　化	Suihua	780.0	58.0	631.0	40.0	61.5	33.4	1094.0
县级市合计	**Total Number of Cities at County Level**	**240.0**	**5497.9**	**116.0**	**3493.0**	**15.4**	**1924.0**	**6356.6**
双　城	Shuangcheng		222.0		164.0		63.5	329.0
尚　志	Shangzhi		393.4		187.5		146.0	419.0
五　常	Wuchang		608.0		248.0		66.2	469.0
讷　河	Nehe		280.0		168.0		59.0	310.0
密　山	Mishan		145.4		91.0		137.1	334.1
虎　林	Hulin		190.0		182.0		106.0	290.0
铁　力	Tieli	240.0	17.0	116.0	89.0	15.4	90.0	373.0
同　江	Tongjiang		112.0		118.0		58.5	175.0
富　锦	Fujin		287.0		385.0		15.4	569.0
绥芬河	Suifenhe		631.5		341.8		192.3	516.8
海　林	Hailin		377.0		260.0		143.7	425.0
宁　安	Ningan		239.4		160.2		71.0	256.7
穆　棱	Muling		239.5		192.0		125.9	278.2
北　安	Beian		660.0		262.0		284.0	380.0
五大连池	Wudalianchi		216.0		123.0		92.0	179.0
安　达	Anda		45.5		18.0		36.0	30.0
肇　东	Zhaodong		376.2		313.6		103.0	448.8
海　伦	Hailun		458.0		190.0		134.4	574.0

11-7 各地区城市市政设施(2012年)

BASIC STATISTICS ON MUNICIPAL INFRASTRUCTURE IN CITIES BY REGION (2012)

地　区	Region	年末实有道路长度(公里) Length of Paved Roads (year-end) (km)	年末实有道路面积(万平方米) Area of Paved Roads (year-end) (10000 sq. m)	城市桥梁(座) Number of City Bridges (unit)	城市排水管道长度(公里) Length of City Sewage Pipes (km)	城市污水日处理能力(万立方米) Daily Disposal Capacity of City Sewage (10000 cu. m)	城市道路照明灯(千盏) Number of Street Lights (1000 units)
总　计	**Total**	**11127.7**	**16252.0**	**876**	**9375.9**	**283.2**	**559.6**
地级市合计	**Total Number of Cities at Prefectural Level**	**8750.0**	**13238.5**	**751**	**7590.2**	**242.7**	**468.8**
哈尔滨	Harbin	1974.3	4623.9	303	2613.1	127.0	86.9
齐齐哈尔	Qiqihar	533.6	905.9	32	710.8	30.0	36.2
鸡　西	Jixi	368.4	576.5	74	297.5	5.0	32.6
鹤　岗	Hegang	349.8	413.3	29	281.5	5.0	67.2
双鸭山	Shuangyashan	372.7	356.8	25	259.7	5.0	9.2
大　庆	Daqing	2481.7	3194.6	92	1521.5	37.5	78.0
伊　春	Yichun	812.8	796.0	74	367.0	2.2	23.3
佳木斯	Jiamusi	308.0	531.4	27	730.0	6.0	35.9
七台河	Qitaihe	530.5	484.6	14	143.9	5.0	35.7
牡丹江	Mudanjiang	762.0	961.9	77	387.0	10.0	40.6
黑　河	Heihe	82.2	178.0	3	101.2	5.0	13.9
绥　化	Suihua	174.2	215.5	1	177.1	5.0	9.3
县级市合计	**Total Number of Cities at County Level**	**2377.7**	**3013.5**	**125**	**1785.7**	**40.5**	**90.7**
双　城	Shuangcheng	132.6	246.6	7	119.1	3.0	9.9
尚　志	Shangzhi	145.0	203.0	14	82.0	4.0	2.6
五　常	Wuchang	114.6	154.7	5	89.0		3.5
讷　河	Nehe	75.0	123.4	5	78.0	2.0	4.2
密　山	Mishan	199.9	197.0	4	98.7	1.5	2.9
虎　林	Hulin	77.3	105.1		44.5	2.0	5.6
铁　力	Tieli	229.0	187.0	12	81.0	3.0	5.2
同　江	Tongjiang	89.0	122.0		62.0	2.0	2.5
富　锦	Fujin	205.8	190.0		94.0	1.5	3.0
绥芬河	Suifenhe	91.7	137.7	17	84.3	2.0	9.4
海　林	Hailin	179.0	247.0	12	123.0	2.0	7.7
宁　安	Ningan	79.5	87.5	4	102.5	2.0	2.8
穆　棱	Muling	147.0	102.4	19	65.5	2.0	7.7
北　安	Beian	113.8	270.5	12	91.6	3.0	5.7
五大连池	Wudalianchi	40.2	32.2	1	73.4	1.0	1.7
安　达	Anda	173.0	216.0	3	117.8	4.5	1.5
肇　东	Zhaodong	211.0	292.0	9	283.0	5.0	3.6
海　伦	Hailun	74.2	99.5	1	96.5		11.5

11-8 各地区城市公共交通情况 (2012年)

BASIC STATISTICS ON PUBLIC TRANSPORTTATION IN CITIES BY REGION (2012)

地　区	Region	年末公共交通车辆运营数(辆) Number of Public Vehicles under Operation at Year-end (unit)	#公共汽、电车 Bus and Trolley Bus	运营线路总长度(公里) Length under Operation (km)	#公共汽、电车 Bus and Trolley Bus	公共交通客运总量(万人次) Passengers Transported by Public Vehicles (10000 person-times)	#公共汽、电车 Bus and Trolley Bus	出租汽车(辆) Number of Taxi (unit)
总　计	**Total**	**18171**	**18171**	**21994**	**21994**	**267109**	**267109**	**114297**
地级市合计	**Total Number of Cities at Prefectural Level**	**16075**	**16075**	**19453**	**19453**	**239423**	**239423**	**94412**
哈尔滨	Harbin	6726	6726	6420	6420	127938	127938	27011
齐齐哈尔	Qiqihar	1184	1184	3087	3087	11366	11366	12948
鸡　西	Jixi	965	965	1548	1548	10983	10983	4675
鹤　岗	Hegang	519	519	442	442	10256	10256	2323
双鸭山	Shuangyashan	618	618	770	770	8220	8220	2850
大　庆	Daqing	2346	2346	1758	1758	20316	20316	7070
伊　春	Yichun	397	397	362	362	3491	3491	5397
佳木斯	Jiamusi	644	644	613	613	11124	11124	6638
七台河	Qitaihe	438	438	499	499	6206	6206	1712
牡丹江	Mudanjiang	1055	1055	1880	1880	17033	17033	6652
黑　河	Heihe	329	329	594	594	3690	3690	5639
绥　化	Suihua	854	854	1480	1480	8801	8801	11497
县级市合计	**Total Number of Cities at County Level**	**2096**	**2096**	**2541**	**2541**	**27686**	**27686**	**19885**
双　城	Shuangcheng	70	70	102	102	1036	1036	1605
尚　志	Shangzhi	585	585	320	320	4424	4424	1254
五　常	Wuchang	124	124	219	219	1624	1624	908
讷　河	Nehe	52	52	69	69	1007	1007	1301
密　山	Mishan	194	194	49	49	1056	1056	720
虎　林	Hulin	62	62	38	38	518	518	650
铁　力	Tieli	82	82	102	102	1133	1133	1093
同　江	Tongjiang							498
富　锦	Fujin	95	95	160	160	991	991	2300
绥芬河	Suifenhe	40	40	61	61	8801	8801	1021
海　林	Hailin	48	48	70	70	494	494	986
宁　安	Ningan	77	77	186	186	734	734	393
穆　棱	Muling	161	161	241	241	692	692	352
北　安	Beian	99	99	192	192	764	764	1483
五大连池	Wudalianchi	85	85	293	293	1356	1356	1016
安　达	Anda	73	73	144	144	486	486	669
肇　东	Zhaodong	173	173	215	215	1491	1491	1555
海　伦	Hailun	76	76	80	80	1080	1080	2081

11-9 各地区城市绿地和园林(2012年)

BASIC STATISTICS ON PARKS AND GREEN AREAS IN CITIES BY REGION (2012)

地区	Region	城市园林绿地面积(公顷) Area of Parks and Green Land (hectare)	#公园绿地 Park Green Areas	公园(个) Number of Parks (unit)	公园面积(公顷) Area of Parks (hectare)	建成区绿化覆盖率(%) Green Covered Area as % of Completed Area (%)
总计	**Total**	**73820**	**16142**	**304**	**9372**	**36.0**
地级市合计	**Total Number of Cities at Prefectural Level**	**66207**	**13686**	**237**	**8014**	**37.5**
哈尔滨	Harbin	13177	4333	90	1868	37.0
齐齐哈尔	Qiqihar	6097	1091	19	615	38.6
鸡西	Jixi	2872	695	6	522	42.5
鹤岗	Hegang	2824	874	7	652	43.1
双鸭山	Shuangyashan	2302	690	15	284	42.9
大庆	Daqing	21576	1918	13	599	43.2
伊春	Yichun	4549	1561	36	1395	26.9
佳木斯	Jiamusi	3881	840	17	826	41.1
七台河	Qitaihe	2415	480	16	366	40.1
牡丹江	Mudanjiang	5080	749	13	586	38.8
黑河	Heihe	552	210	3	230	30.4
绥化	Suihua	882	245	2	71	25.9
县级市合计	**Total Number of Cities at County Level**	**7613**	**2456**	**67**	**1358**	**27.9**
双城	Shuangcheng	445	230	1	47	15.3
尚志	Shangzhi	272	145	3	112	15.1
五常	Wuchang	393	198	4	184	20.9
讷河	Nehe	351	124	1	60	34.8
密山	Mishan	504	114	3	114	21.5
虎林	Hulin	318	108	6	52	39.7
铁力	Tieli	638	189	6	72	40.4
同江	Tongjiang	229	98	4	93	40.5
富锦	Fujin	181	93			28.4
绥芬河	Suifenhe	749	65	12	65	35.4
海林	Hailin	525	138	13	119	39.6
宁安	Ningan	255	87	2	43	28.8
穆棱	Muling	238	106	3	55	31.3
北安	Beian	446	140	2	53	23.9
五大连池	Wudalianchi	64	45		45	13.5
安达	Anda	329	86	4	23	14.2
肇东	Zhaodong	1300	416	2	200	40.4
海伦	Hailun	376	74	1	21	19.2

11-10 各地区城市市容环境卫生情况 (2012年)

BASIC STATISTICS ON URBAN SANITATION IN CITIES BY REGION (2012)

地 区	Region	清扫保洁面积 (万平方米) Area under Cleaning Program (10000 sq.m)	生活垃圾清运量 (万吨) Volume of Garbage Disposal (10000 tons)	粪便清运量 (万吨) Volume of Excrement and Urine Disposal (10000 tons)	市容环卫专用车辆设备总数 (台) Number of Special Vehicles for Environmental Sanitation (unit)	公共厕所 (座) Number of Public Lavatories (unit)	
							#三类以上 Third Grade and Above
总 计	**Total**	**18320**	**710.0**	**151.1**	**5749**	**7058**	**1695**
地级市合计	**Total Number of Cities at Prefectural Level**	**15289**	**566.7**	**116.5**	**4883**	**5308**	**1205**
哈 尔 滨	Harbin	6689	125.6	20.0	2172	558	393
齐齐哈尔	Qiqihar	1007	58.8	25.6	294	720	8
鸡 西	Jixi	565	40.0	11.1	216	788	171
鹤 岗	Hegang	364	68.7	6.1	188	490	15
双 鸭 山	Shuangyashan	264	20.1	4.6	129	360	162
大 庆	Daqing	2600	42.7		922	268	64
伊 春	Yichun	956	90.6	18.9	317	560	81
佳 木 斯	Jiamusi	531	44.0	10.0	98	518	90
七 台 河	Qitaihe	389	25.5	0.8	246	240	171
牡 丹 江	Mudanjiang	1204	22.4	11.0	186	536	32
黑 河	Heihe	410	9.5	2.9	73	81	10
绥 化	Suihua	310	18.7	5.6	42	189	8
县级市合计	**Total Number of Cities at County Level**	**3031**	**143.4**	**34.6**	**866**	**1750**	**490**
双 城	Shuangcheng	281	6.6		45	179	
尚 志	Shangzhi	216	4.5	1.9	56	42	18
五 常	Wuchang	136	10.5	4.8	36	12	
讷 河	Nehe	178	3.5	1.4	65	78	
密 山	Mishan	110	10.4	1.4	69	97	12
虎 林	Hulin	135	4.5	1.2	62	61	14
铁 力	Tieli	145	5.0		37	47	9
同 江	Tongjiang	45	10.0	1.1	52	36	3
富 锦	Fujin	417	14.0	2.5	45	86	22
绥 芬 河	Suifenhe	226	10.0	0.2	64	18	1
海 林	Hailin	230	10.0	1.3	20	34	5
宁 安	Ningan	120	3.0	0.9	28	60	
穆 棱	Muling	92	3.2	1.3	21	68	14
北 安	Beian	131	12.5	4.2	49	320	
五大连池	Wudalianchi	49	5.0	1.4	38	40	
安 达	Anda	195	9.4	4.0	67	115	14
肇 东	Zhaodong	230	11.7	5.0	100	402	370
海 伦	Hailun	95	9.6	2.0	12	55	8

11-11 各地区城市设施水平(2012年)

LEVEL OF PUBLIC FACILITIES IN CITIES BY REGION (2012)

地　区	Region	城市用水普及率(%) Coverage Rate of Urban Population with Access to Tap Water (%)	城市燃气普及率(%) Coverage Rate of Urban Population with Access to Gas (%)	每万人拥有公共交通车辆(标台) Number of Public Transportation Vehicles Per 10000 Population (unit)	人均城市道路面积(平方米) Per Capita Area of Paved Roads (sq.m)	人均公园绿地面积(平方米) Per Capita Public Green Areas (sq.m)	每万人拥有公共厕所(座) Number of Public Lavatories Per 10000 Population (unit)
总　计	**Total**	**94.1**	**83.4**	**14.0**	**11.8**	**11.8**	**5.5**
地级市合计	**Total Number of Cities at Prefectural Level**	**92.8**	**73.7**	**14.9**	**10.8**	**12.7**	**4.9**
哈尔滨	Harbin	100.0	100.0	16.9	10.7	10.1	1.4
齐齐哈尔	Qiqihar	98.6	96.6	11.0	8.3	10.0	6.7
鸡　西	Jixi	98.9	82.5	13.5	8.0	9.6	11.0
鹤　岗	Hegang	81.0	47.8	9.0	7.1	15.0	8.5
双鸭山	Shuangyashan	99.8	50.2	13.4	7.6	14.7	7.8
大　庆	Daqing	91.1	99.8	21.3	23.8	14.3	2.4
伊　春	Yichun	73.5	35.6	5.2	10.4	20.4	7.4
佳木斯	Jiamusi	93.9	79.0	10.7	8.8	13.9	8.6
七台河	Qitaihe	93.4	67.0	12.0	12.0	11.9	6.6
牡丹江	Mudanjiang	95.7	90.0	15.0	13.6	10.6	7.6
黑　河	Heihe	92.1	79.5	24.1	12.4	14.6	5.9
绥　化	Suihua	95.3	56.9	27.5	6.7	7.7	6.1
县级市合计	**Total Number of Cities at County Level**	**89.6**	**70.9**	**9.7**	**13.7**	**11.0**	**8.1**
双　城	Shuangcheng	99.4	85.6	3.7	13.0	12.2	9.5
尚　志	Shangzhi	98.8	57.4	47.0	16.3	11.7	3.4
五　常	Wuchang	95.8	92.3	8.9	11.0	14.1	0.9
讷　河	Nehe	89.4	88.4	5.4	12.5	12.6	8.1
密　山	Mishan	100.0	100.0	21.2	21.3	12.3	10.6
虎　林	Hulin	98.5	83.1	8.7	14.6	15.0	8.6
铁　力	Tieli	81.3	53.1	6.4	14.2	14.3	3.6
同　江	Tongjiang	48.1	12.5		13.9	11.1	6.7
富　锦	Fujin	100.0	100.0	7.9	15.5	7.6	7.2
绥芬河	Suifenhe	61.5	56.8	7.6	13.5	6.4	3.4
海　林	Hailin	99.6	87.6	4.8	24.6	13.7	3.4
宁　安	Ningan	100.0	98.1	10.7	11.7	11.6	8.3
穆　棱	Muling	100.0	95.2	21.2	13.0	13.5	8.9
北　安	Beian	76.8	35.4	7.1	19.2	9.9	22.9
五大连池	Wudalianchi	88.3	6.6	19.6	7.1	9.9	9.2
安　达	Anda	83.8	81.9	3.2	9.3	3.7	5.0
肇　东	Zhaodong	94.6	88.2	5.6	9.2	13.1	13.0
海　伦	Hailun	96.7	54.6	5.9	7.6	5.6	4.3

主要统计指标解释

供水综合生产能力　指按供水设施取水、净化、送水、出厂输水干管等环节设计能力计算的综合生产能力。包括在原设计能力的基础上，经挖、革、改增加的生产能力。计算时，以四个环节中最薄弱的环节为主确定能力。

年末供水管道长度　指从送水泵至用户水表之间所有管道的长度。不包括新安装尚未使用、水厂内以及用户建筑物内的管道。

城市供水总量　指报告期供水企业(单位)供出的全部水量。包括有效供水量和漏损水量。

生产运营用水　指在城区范围内生产、运营的农、林、牧、渔业、工业、建筑业、交通运输业等单位在生产、运营过程中的用水。

公共服务用水　指为城区社会公共生活服务的用水。包括行政事业单位、部队营区和公共设施服务、批发零售贸易业、旅馆饮食业以及社会服务业等单位的用水。

居民家庭用水　指城市范围内所有居民家庭的日常生活用水。包括城市居民、农民家庭、公共供水站用水。

用水普及率　指报告期末城区用水人口数与城市人口总数的比率。计算公式：

$$用水普及率=\frac{城区用水人口(含暂住人口)}{城区人口+城区暂住人口}\times 100\%$$

人工煤气生产能力　指报告期末人工燃气生产厂制气、净化、输送等环节的综合生产能力，不包括备用设备能力。一般按设计能力计算，如果实际生产能力大于设计能力时，应按实际测定的生产能力计算。测定时应以制气、净化、输送三个环节中最薄弱的环节为主。

供气管道长度　指报告期末从气源厂压缩机的出口或门站出口至各类用户引入管之间的全部已经通气投入使用的管道长度。不包括煤气生产厂、输配站、液化气储存站、灌瓶站、储配站、气化站、混气站、供应站等厂(站)内的管道。

城市供气总量　指全年燃气企业(单位)向用户供应的燃气数量。包括销售量和损失量。

燃气普及率　指报告期末城区用气人口数与城市人口总数的比率。计算公式为：

$$用水普及率=\frac{城区用气人口(含暂住人口)}{城区人口+城区暂住人口}\times 100\%$$

城市供热能力　指供热企业(单位)向城市热用户输送热能的设计能力。

城市供热总量　指在报告期供热企业(单位)向城市热用户输送全部蒸汽和热水的总热量。

城市供热管道长度　指从各类热源到热用户建筑物接入口之间的全部蒸汽和热水的管道长度。不包括各类热源厂内部的管道长度。

道路长度　指年末道路长度和与道路相通的桥梁、隧道的长度，按车行道中心线计算。

城市桥梁　指为跨越天然或人工障碍物而修建的构筑物。包括跨河桥、立交桥、人行天桥以及人行地下通道等。

城市排水管道长度　指所有排水总管、干管、支管、检查井及连接井进出口等长度之和。

城市污水日处理能力　指污水处理厂(或污水处理装置)每昼夜处理污水量的设计能力。

年末运营车数　指年末城市用于公共交通运营业务的全部车辆数。新购、新制和调入的运营车辆，自投入之日起开始计算；调出、报废和调作他用的运营车辆，自上级主管机关批准之日起不再计入。

城市绿地面积　指报告期末用作园林和绿化的各种绿地面积。包括公园绿地、生产绿地、防护绿地、附属绿地和其他绿地的面积。

公园绿地　城市中向公众开放的、以游憩为主要功能，有一定的游憩设施和服务设施，同时兼有健全生态、美化景观、防灾减灾等综合作用的绿化用地。包括综合公园、社区公园、专类公园、带状公园和街旁绿地。其中综合公园、专类公园和带状公园面积之和为公园面积。

道路清扫保洁面积 指报告期末对城市道路和公共场所（主要包括城市行车道、人行道、车行隧道、人行过街地下通道、道路附属绿地、地铁站、高架路、人行过街天桥、立交桥、广场、停车场及其他设施等）进行清扫保洁的面积。一天清扫保洁多次的，按清扫保洁面积最大的一次计算。

市容环卫专用车辆设备 指用于环境卫生作业、监察的专用车辆和设备，包括用于道路清扫、冲洗、洒水、除雪、垃圾粪便清运、市容监察以及与其配套使用的车辆和设备。

每万人拥有公共交通车辆 指按城市人口计算的每万人平均拥有的公共交通车辆标台数。计算公式：

$$\text{每万人拥有公共交通车辆}=\frac{\text{公共交通运营车标台数}}{\text{城区人口+城区暂住人口}}$$

Explanatory Notes on Main Statistical Indicators

Production Capacity of Water Supply refers to the designed overall production capacity of water facilities, covering the four segments of water collection, purification, conveyance, and outflow through trunk pipelines. Increased capacity through transformation and innovation projects is included as well. The capacity is determined mainly on the weakest of the above-mentioned four segments.

Length of Water Supply Pipelines at Year-end refers to the total length of all the pipelines between the water pumps and the user water meters, excluding pipelines newly installed but not used yet, pipeline in the water factory, and pipeline in the user' s buildings.

Total Volume of Urban Water Supply refers to the total volume of water supplied by water-works (units) during the reference period, including both the effective water supply and loss during the water supply.

Consumption of Water for Production and Operation Use refers to water consumption in the process of production and operation by production and operation units of agriculture, forestry, animal husbandry, fisheries, industry, construction industry, and transportation industry, etc. in urban areas.

Consumption of Water for Public Service Use refers to water consumption for public service in the urban areas. It includes water consumption of administrative institutions, army camps, public facilities, wholesale and retail trades, accommodation and catering industry and social service industry, etc.

Consumption of Water for Households Use refers to consumption of water for daily life of all households in cities, including households of urban residents and farmers, and public water supply stations.

Coverage Rate of Urban Population with Access to Tap Water refers to the ratio of the urban population with access to tap water to the total urban population at the end of reference period. The formula is:

$$\frac{\text{Coverage of urban population}}{\text{with access to tap water}} = \frac{\text{Urban population with access to tap water}}{\text{Urban population}} \times 100\%$$

Production Capacity of Gaswork Gas refers to the overall production capacity of the urban gasworks in gas generation, purification and delivery at the end of the reference period, excluding capacity of the reserved facilities. In general, it is determined by the designed capacity, and when actual production capacity is larger than the designed capacity, the capacity is determined by the actual measurement on the weakest segment in the production, purification and delivery.

Length of Gas Pipelines refers to the total length of pipelines in use between the outlet of the compressor of gas-work or outlet of gas stations and the leading pipe of users, excluding pipelines within gasworks, delivery stations, LPG storage stations, refilling stations, gas-mixing stations and supply stations.

Volume of Gas Supply refers to the total volume of gas provided to users by gas-producing enterprises (units) in a year, including the volume sold and the volume lost.

Coverage Rate of Urban Population with Access to Gas refers to the ratio of the urban population with access to gas to the total urban population at the end of the reference period. The formula is:

$$\text{Coverage rate of urban population with access to gas} = \frac{\text{Urban population with access to gas}}{\text{Urban population}} \times 100\%$$

Heating Capacity in Urban Areas refers to the designed capacity of heating enterprises (units) in supplying heating energy to urban users during the reference period.

Quantity of Heat Supplied in Urban Areas refers to the total quantity of heat from steam and hot water supplied to urban users by heating enterprises (units) during the reference period.

Length of Urban Heating Pipelines refers to the total length of steam or hot water pipelines for sources of heat to the leading pipelines of the buildings of the users, excluding internal pipelines in heat generating enterprises.

Length of Paved Roads refers to the length of roads with paved surface including bridges and tunnels connected with roads by the end of the year. Length of the roads is measured by the central lines.

Urban Bridges refer to bridges built to cross over natural or man-made barriers, including bridges over rivers, overpasses for traffic and for pedestrians, underpasses for pedestrians, etc.

Length of Urban Sewage Pipes refers to the total length of general drainage, trunks, branch and inspection wells, connection wells, inlets and outlets, etc.

Daily Disposal Capacity of Urban Sewage refers to the designed 24-hour capacity of sewage disposal by the sewage treatment works or facilities.

Number of Vehicles under Operation at Year-end refers to the total number of vehicles under operation by public transport enterprises (units) at the end of the year, based on the records of operational vehicles by the enterprises (units).

Area of Urban Green Land refers to the total area occupied for green projects at the end of the reference period, including park green land, production green land, protection green land, green land attached to institutions, and other green areas.

Park Green Area refers to green areas open to the public for amusement and rest with the facilities of amusement, rest and services. Its function includes perfecting ecology, beautifying landscape, and preventing and reducing disaster. Park green areas include comprehensive park, community park, theme park, linear park and roadside green space. Total areas of comprehensive park, topic park and belt-shaped is the area of park.

Road Area Cleaned refers to the area which are regularly cleaned, as at the end of the reference period, at urban roads and public places (mainly including urban roadways, pedestrian walkways, vehicular tunnels, pedestrian underpasses, underground railway stations, lifted roads, pedestrians walk bridges, overpasses, plazas, parking lots and other facilities). If there are several times of cleaning in a day at a location, the area of that time of cleaning with the largest area cleaned will be taken.

Vehicles and Facilities Dedicated to Urban Cleanliness and Environmental Sanitation refer to vehicles and facilities dedicated for use in the operation, management and monitoring of environmental hygiene work. They include vehicles for road cleaning, washing, showering, ice removal, disposal of garbage and human wastes, cleanliness monitoring and related activities.

Public Transportation Vehicles per 10000 Population refers to the number of public transportation vehicles, calculated by urban population, per 10000 population in the city district. The formula for calculation is:

$$\text{Public Transportation Vehicles per 10000 Population} = \frac{\text{Number of Public Transportation Vehicles}}{\text{City District Population}}$$

第十二篇 农 业

CHAPTER 12 AGRICULTURE

资料整理：孙崇智　赵秋梅　接广军　燕慧军
吕后中　孙　鹤　王文涛　周雪林

12-1 农业生产条件

CONDITION FOR AGRICULTURAL PRODUCTION

指　标	Item	2008	2009	2010	2011	2012
农村基层单位(个)	Basic Unit in Rural (unit)					
乡镇数	Township and Towns	869	865	866	863	863
#镇数	#Towns	444	442	446	449	460
村民委员会	Villagers Committee	8968	9015	8991	8997	8997
化肥施用量(折纯量，万吨)	Consumption of Chemical Fertilizers(10000 tons)	180.7	198.9	214.9	228.4	240.3
氮　肥	Nitrogenous Fertilizer	66.6	72.2	77.4	81.9	86.0
磷　肥	Phosphate Fertilizer	40.3	43.9	47.4	49.1	51.1
钾　肥	Potash Fertilizer	24.7	27.7	30.8	34.1	35.7
复合肥	Compound Fertilizer	49.1	55.0	59.4	63.3	67.5
农村用电量(亿千瓦时)	Electricity Consumed in Rural Areas(10000 million kwh)	44.3	48.4	52.7	58.2	64.3
乡村办水电站(个)	Hydropower Station in Rural Areas(unit)	14	12	12	12	12
装机容量(万千瓦)	Capacity of Power Generating Sets(10000 kw)	1.4	1.3	1.3	1.3	1.3
发电量(万千瓦时)	Generating Capacity(10000 kwh)	4831	4864	4880	4820	4820
农用塑料簿膜使用量(万吨)	Consumption of Agricultural Films(10000 tons)	6.6	6.5	6.9	7.6	8.5
#地膜使用量	#Consumption of Ground Films	2.7	2.6	2.8	3.0	3.3
地膜覆盖面积(千公顷)	Ground Film Covered Areas(1000 hectares)	317.6	288.5	315.9	324.6	353.1
农用柴油使用量(万吨)	Consumption of Agricultural Diesel Oil(10000 tons)	110.2	118.6	127.9	133.6	139.2
农药使用量(万吨)	Consumption of Pesticide(10000 tons)	6.2	6.7	7.4	7.8	8.1
有效灌溉面积(万公顷)	Effective Irrigated Area(10000 hectares)	312.3	340.6	387.5	434.2	488.9
机电排灌面积(万公顷)	Drainage and Irrigation Areas of Electrical and Mechanical Devices(10000 hectares)	322.8	350.7	397.8	443.0	485.2
666.7公顷(万亩)以上灌区(处)	Number of Irrigated region 666.7 hectares and over(unit)	318	335	335	337	386
666.7公顷以上灌区有效灌溉面积(万公顷)	Irrigated Area of Irrigated Region Region 666.7 hectares and over(10000 hectares)	65.3	66.0	72.4	74.2	93.0
水库(座)	Number of Reservoirs(unit)	694	737	913	922	1140
大型水库(1亿立方米以上)	Large(above 100 million cu.m)	22	26	26	26	28
中型水库(1千万-1亿立方米)	Medium-sized(10 million-100 million cu.m)	78	91	97	97	97
小型水库(10万-1千万立方米)	Small(100000-10 million cu.m)	594	620	790	799	1015
水库库容量(亿立方米)	Capacity of Reservoirs(100 million cu.m)	157.6	175.1	178.7	178.6	268.1
大型水库	Large	117.2	129.5	129.5	129.5	219.5
中型水库	Medium-sized	26.0	30.7	32.5	32.5	31.2
小型水库	Small	14.4	14.9	16.7	16.6	17.4
机电井数(万眼)	Number of Electrical and Mechanical Well(10000 unit)	28.1	29.9	32.2	34.8	24.2
机电井灌溉面积(万公顷)	Irrigated Area of Electrical and Mechanical Well(10000 hectares)	141.0	153.3	181.6	213.5	302.9
易涝面积(万公顷)	Area Liable to Flooding or Water Logging(10000 hectares)	446.4	446.4	446.4	446.4	446.6
除涝面积(万公顷)	Area with Flood Prevention Measures(10000 hectares)	330.5	331.6	333.5	335.0	336.6
占易涝面积比重(%)	Proportion to Flooding or Water Logging(%)	74.0	74.3	74.7	75.0	75.3
水土流失面积（万公顷）	Area of Soil Erosion(10000 hectares)	1378.2	1378.3	1378.3	1378.3	1085.0
治理水土流失面积(万公顷)	Area of Soil Erosion under Control(10000 hectares)	447.1	459.5	469.1	483.9	284.0
占流失面积比重(%)	Proportion to Area of Soil Erosion(%)	32.4	33.3	34.0	35.1	26.0
盐碱耕地面积(万公顷)	Area of Saline-Alkaline Land(10000 hectares)	57.2	57.2	57.2	54.5	57.2
治碱面积(万公顷)	Improved Area of Saline-Alkaline Land(10000 hectares)	19.7	19.7	19.7	19.7	19.7
占盐碱耕地面积比重(%)	Proportion to Area of Saline-Alkaline Land(%)	34.4	34.4	34.4	36.1	36.1
堤防长度(公里)	Total Length of Dikes(km)	12508	12532	12585	12674	12471
堤防保护面积(万公顷)	Area of Land Protected by Dikes(10000 hectares)	293.4	329.1	330.3	305.4	308.2

12-2 农林牧渔业总产值和指数

GROSS OUTPUT VALUE OF FARMING,FORESTRY,ANIMAL HUSBANDRY AND FISHERY AND RELATED INDICES

年 份 Year 地 区 Region	绝对数（亿元、万元） Gross Output Value of Farming, Forestry, Animal Husbandry and Fishery (100 million yuan, 10000 yuan)					指数（上年=100） Indices (preceding year=100)				
	总产值 Total	#农 业 Farming	#林 业 Forestry	#牧 业 Animal Husbandry	#渔 业 Fishery	总产值 Total	#农 业 Farming	#林 业 Forestry	#牧 业 Animal Husbandry	#渔 业 Fishery
1978	60.9	51.0	2.6	7.2	0.1	120.2	126.3	81.3	99.0	90.0
1980	85.6	69.6	3.5	12.2	0.3	108.6	110.5	113.6	94.8	119.0
1985	114.3	84.6	7.0	21.5	1.2	92.7	91.1	89.0	110.4	137.3
1990	245.4	183.7	7.6	49.3	4.7	125.1	127.6	101.2	121.1	106.5
1991	244.3	175.0	8.2	55.9	5.2	99.5	93.6	100.7	122.0	110.9
1992	278.0	204.3	10.3	57.1	6.3	105.6	108.6	107.8	95.2	108.8
1993	318.0	235.4	10.2	64.5	7.9	102.2	100.9	98.0	106.5	103.9
1994	509.6	381.5	12.4	106.0	9.7	112.5	109.7	113.8	121.7	115.2
1995	623.6	462.2	14.7	134.3	12.4	106.3	100.7	118.9	125.0	124.1
1996	740.8	558.7	16.8	151.5	13.8	110.6	111.0	110.0	109.3	115.8
1997	772.3	571.1	17.1	168.7	15.4	107.1	107.9	101.9	105.3	111.6
1998	736.3	517.6	17.7	184.5	16.5	100.1	96.1	97.8	109.9	115.7
1999	660.5	459.9	18.3	165.9	16.4	103.0	102.6	107.0	103.0	106.3
2000	625.1	414.4	18.3	175.7	16.8	99.3	95.3	100.0	108.2	103.2
2001	711.0	450.6	15.7	224.6	20.1	106.5	106.5	97.9	109.9	105.0
2002	776.7	487.5	16.2	252.1	20.9	108.1	107.5	102.2	110.5	104.0
2003	903.3	502.9	59.1	294.2	23.1	103.0	96.5	102.5	115.4	106.0
2004	1136.6	620.2	65.8	400.7	25.0	119.3	122.7	111.4	117.7	103.5
2005	1294.4	718.6	67.3	461.2	27.4	110.2	109.0	100.6	115.8	105.6
2006	1391.1	817.5	68.0	448.7	21.1	106.4	106.5	101.0	106.8	108.8
2007	1700.6	971.9	79.1	585.0	25.1	103.9	103.1	105.9	104.7	106.4
2008	2123.4	1143.3	89.6	813.1	35.0	109.5	107.5	108.0	113.0	115.2
2009	2251.1	1206.8	85.2	870.2	45.2	105.4	103.0	100.7	109.2	115.2
2010	2536.3	1369.2	95.5	965.8	53.7	105.8	107.2	109.3	103.2	106.2
2011	3223.5	1801.8	110.2	1189.9	58.9	106.0	108.3	104.8	101.7	105.0
2012	3952.3	2315.6	134.5	1350.7	77.9	106.7	105.8	106.7	107.9	107.8
哈尔滨 Harbin	9912304	5655703	258268	3659040	161420	109.3	109.2	105.7	109.6	115.0
齐齐哈尔 Qiqihar	5256595	3298074	49460	1811523	80448	109.2	112.2	101.9	105.2	102.7
鸡 西 Jixi	1656068	1094325	100360	389211	60403	113.7	111.6	116.1	116.9	126.7
鹤 岗 Hegang	518393	326827	21440	152825	10936	109.0	110.2	93.4	108.6	121.2
双鸭山 Shuangyashan	1695482	856609	24412	794788	14428	110.4	105.2	113.2	115.6	146.2
大 庆 Daqing	3101025	1535570	21690	1477273	57960	111.0	114.6	105.2	108.5	101.9
伊 春 Yichun	1429210	830345	249315	341331	4983	114.7	115.7	115.9	111.8	101.4
佳木斯 Jiamusi	3429091	2329343	45078	969766	79396	114.3	115.4	110.0	109.1	118.7
七台河 Qitaihe	412350	236068	12715	146447	3640	105.7	101.1	117.5	110.8	107.6
牡丹江 Mudanjiang	3079486	2331515	81238	545396	29440	117.9	117.6	85.0	111.6	101.0
黑 河 Heihe	2133367	1752438	81834	255862	18054	115.9	117.2	116.4	108.2	128.3
绥 化 Suihua	7650248	4123785	60718	3297355	135960	111.4	110.6	107.7	112.4	109.5
大兴安岭 Daxinganling	917183	392134	376688	91210	14489	114.5	112.1	119.4	108.0	114.3
农垦总局 ARB	9057929	6226206	84169	2401020	53728	107.2	104.4	121.4	106.1	125.1
绥芬河 Suifenhe	12386	4718	464	6880	262	106.4	101.5	158.8	108.2	84.1
抚 远 Fuyuan	355636	285676	1750	27470	39800	106.7	105.8	106.7	107.9	107.8

注：a)2003年起执行新的国民经济行业分类标准，农林牧渔业新增加了农林牧渔服务业，林业中新增加了林木采伐（下同）。

b)2006、2007年数据是与第二次农业普查衔接后数据。

Note: a)Since 2003, the new category standard of national economy industry is implemented, the relative service industry is newly added to farming, forestry, annimal husbandry and fishery, forest-cutting is newly added to forestry .

b)Data from 2006 to 2007 on national accounts have been adjusted according to the results of the second national agricultural census.

12-3 农林牧渔业增加值

VALUE-ADDED OF FARMING,FORESTRY,ANIMAL HUSBANDRY AND FISHERY

单位：亿元、万元 (100 million yuan,10000 yuan)

年份 Year 地区 Region	增加值 Value-added	农业 Farming	林业 Forestry	牧业 Animal Husbandry	渔业 Fishery	农林牧渔服务业 Svice Industry of Farming,Forestry, Animal Husbandry and Fishery
1990	160.3	128.1	4.8	23.7	3.7	
1995	371.2	308.7	7.4	49.2	5.9	
1996	444.1	378.9	7.9	50.7	6.6	
1997	460.2	387.1	8.1	57.5	7.5	
1998	429.1	351.9	7.8	62.4	7.0	
1999	377.2	304.8	7.6	57.9	6.9	
2000	353.6	271.6	7.7	67.0	7.3	
2001	409.3	306.8	5.9	88.0	8.6	
2002	447.0	331.0	6.1	101.0	8.9	
2003	512.8	340.2	30.3	120.1	10.2	12.0
2004	600.2	405.1	30.9	140.7	11.0	12.5
2005	684.6	472.4	30.3	160.2	11.7	10.0
2006	750.1	542.1	32.0	148.7	9.1	18.3
2007	915.4	650.7	36.9	194.9	12.7	20.2
2008	1089.1	738.1	41.8	274.4	13.1	21.6
2009	1154.3	772.9	39.8	302.5	16.9	22.3
2010	1302.9	876.3	44.3	335.7	20.2	26.5
2011	1701.5	1150.2	51.1	446.2	22.1	31.9
2012	2113.7	1478.2	62.3	506.5	29.2	37.5
哈尔滨 Harbin	5404759	3179449	153923	1882001	87341	102045
齐齐哈尔 Qiqihar	2545893	1631729	33957	810113	54360	15734
鸡西 Jixi	968898	691778	59964	180212	29911	7033
鹤岗 Hegang	263948	180380	7800	67350	3828	4590
双鸭山 Shuangyashan	881925	463706	13120	392885	8109	4105
大庆 Daqing	1441583	734002	11910	654923	34776	5972
伊春 Yichun	919000	563709	185635	164327	3224	2105
佳木斯 Jiamusi	1740486	1231333	26087	436715	42508	3843
七台河 Qitaihe	232085	132434	7134	82156	2042	8319
牡丹江 Mudanjiang	1824104	1479941	40367	224038	16920	62838
黑河 Heihe	1167744	978833	46420	118344	10913	13234
绥化 Suihua	4124643	2339963	37207	1638554	79919	29000
大兴安岭 Daxinganling	597172	223887	274816	46179	9628	42662
农垦总局 ARB	4915988	3550554	44099	1116443	29381	175511
绥芬河 Suifenhe	6341	2930	283	2938	155	35
抚远 Fuyuan	170860	128475	1398	13584	26666	737

注:2006、2007年数据是与第二次农业普查衔接后数据。
Note:Data from 2006 to 2007 on national accounts have been adjusted according to the results of the second national agricultural census.

12-4 农村居民家庭平均每人经营耕地情况

PER CAPITA AREA OF CULTIVATED LAND UNDER MANAGEMENT OF HOUSEHOLDS

单位：亩 (mu)

指标	Item	2008	2009	2010	2011	2012
经营耕地情况	**Cultivated Land under Management**					
耕地面积	Cultivated Area	11.16	11.73	11.68	12.85	13.56
山地面积	Hilly Area	0.03	0.01	0.01		0.09
园地面积	Area of Garden	0.01	0.01	0.01	0.002	0.009
牧草地面积	Area of Grassland	0.02	0.02	0.02	0.030	0.025
养殖水面面积	Water Area for Breeding Aquatics				0.001	
耕地流转情况	**Transfer of Cultivated Land**					
年初经营耕地面积	Area of Cultivated Land under Management at the Year-beginning	10.14	10.57	10.28	10.53	11.27
年内增加耕地面积	Increases the Cultivated Area in Current Year	1.99	2.22	2.76	3.02	3.72
年内减少耕地面积	Reduces the Cultivated Area in Current Year	0.98	1.06	1.36	0.69	1.43
年末经营耕地面积	Area of Cultivated Land under Management at the Year-end	11.16	11.73	11.68	12.85	13.56

12-5 农业机械和农产品加工机械拥有量

POSSESSION OF AGRICULTURAL MACHINERY AND MACHINERY FOR PROCESSING FARM

年份 Year 地区 Region	农业机械总动力（万千瓦）Total Power of Agriculture Machinery (10000 kw)	农用大中型拖拉机 Large and Medium Agriculture Tractors		小型拖拉机 Mini-Tractors		大中型拖拉机配套农具（万台、台）Number of Large and Medium Tractor Towing Farm Machinery (10000 units ,unit)	小型拖拉机配套农具（万台、台）Number of Mini-Tractor Towing Farm Machinery (10000 units ,unit)
		台 unit	万千瓦 10000 kw	万台、台 10000 units, unit	万千瓦 10000 kw		
1980	709.3	68473	272.1	3.1	28.7	24.6	0.8
1981	760.4	78268	316.5	4.2	38.5	27.2	1.8
1982	814.1	82895	332.6	4.9	43.2	28.6	2.5
1983	861.6	88485	349.9	7.9	70.0	27.7	3.4
1984	901.7	92080	350.7	11.8	104.6	24.5	4.6
1985	949.5	90306	354.0	15.0	134.0	26.9	6.3
1986	935.2	91590	334.0	19.8	185.0	21.2	8.6
1987	1093.5	82159	371.0	27.0	243.0	25.4	14.0
1988	1105.2	90106	366.2	31.7	286.5	19.3	18.2
1989	1162.8	91770	367.8	35.7	320.0	21.8	24.2
1990	1173.4	88942	359.6	36.8	324.4	20.1	26.6
1991	1179.5	88602	357.1	37.7	333.1	19.8	29.4
1992	1172.6	87634	352.3	37.8	334.5	19.7	29.6
1993	1185.3	84816	348.3	38.7	337.0	19.6	31.4
1994	1190.0	82028	341.6	40.5	359.5	17.5	33.9
1995	1226.1	79356	332.6	44.4	395.7	17.1	38.1
1996	1254.8	73000	308.1	44.4	408.1	18.6	40.1
1997	1285.4	71440	303.9	45.0	422.5	19.2	49.3
1998	1454.5	69905	304.7	63.3	583.8	17.2	51.4
1999	1559.7	74801	326.8	65.1	610.5	18.2	58.9
2000	1613.8	75553	322.8	65.2	624.6	19.2	62.8
2001	1648.3	78177	324.9	65.3	627.8	18.9	64.6
2002	1741.8	85266	330.3	68.0	668.9	19.4	69.4
2003	1807.7	99462	351.8	69.5	691.3	20.1	76.3
2004	1952.2	127795	415.5	71.6	734.7	22.2	83.6
2005	2234.0	217275	578.9	74.4	790.6	31.9	87.7
2006	2570.6	323087	797.1	75.5	815.0	40.9	104.5
2007	2785.3	381813	927.3	75.7	820.3	47.2	110.3
2008	3018.4	481795	1145.9	71.4	771.4	59.3	113.2
2009	3401.3	583015	1416.0	71.1	766.1	67.4	117.0
2010	3736.3	654789	1623.3	69.3	740.9	75.9	118.1
2011	4097.8	732577	1903.5	68.8	745.6	92.7	120.2
2012	4549.3	808875	2135.4	66.5	721.2	104.5	119.6
哈尔滨 Harbin	891.1	117089	322.8	207201	219.9	136567	261868
齐齐哈尔 Qiqihar	692.8	167302	364.1	104998	113.9	197394	276586
鸡西 Jixi	189.4	29847	72.9	28367	28.3	47681	71705
鹤岗 Hegang	82.2	16801	42.3	8789	9.8	30812	19774
双鸭山 Shuangyashan	156.3	42790	96.1	14743	16.5	61672	29502
大庆 Daqing	299.3	66110	133.6	67375	71.3	67161	103450
伊春 Yichun	68.5	16162	41.4	8928	9.4	11564	7461
佳木斯 Jiamusi	336.9	87418	199.4	24211	30.3	103762	26895
七台河 Qitaihe	56.0	7779	24.7	8481	10.3	4917	14685
牡丹江 Mudanjiang	204.1	35890	92.6	62528	51.9	47088	88573
黑河 Heihe	241.4	45849	124.1	43969	50.7	53529	129969
绥化 Suihua	444.4	72244	193.3	70976	91.8	99091	114992
大兴安岭 Daxinganling	40.2	6909	24.4	4272	4.8	7227	4935
农垦总局 ARB	797.8	88476	375.7	8130	10.3	167200	43411
绥芬河 Suifenhe	3.6	868	2.3	425	0.6	160	1235
抚远 Fuyuan	45.3	7341	23.1	1114	1.5	8853	1114

12-5 续表1 CONTINUED

年 份 Year 地 区 Region	农用排灌动力机械 Draining Machinery for Agricultural Use					
	柴油机 Diesel Engines		电动机 Electromotors		农用水泵 Pumps	节水灌溉机械 Irrigation Equipment
	台 unit	万千瓦 10000 kw	台 unit	万千瓦 10000 kw	万台、台 10000 units, unit	台（套） unit
1980	30523	37.7	32501	36.9	5.8	
1981	29337	36.8	30317	36.3	6.9	
1982	32011	41.2	31347	37.5	6.2	
1983	31711	44.7	33081	40.2	5.1	
1984	27421	40.4	35165	36.3	4.5	
1985	27067	36.8	28180	32.5	4.2	
1986	41562	47.7	28384	39.8	5.4	
1987	54629	55.9	27234	34.5	6.9	
1988	52232	51.8	33333	38.9	6.8	
1989	81375	71.3	34407	37.8	9.5	
1990	117600	100.3	33700	34.2	12.8	
1991	122000	105.4	33000	34.3	13.0	
1992	122400	94.8	38000	36.1	13.0	
1993	120305	100.0	32371	32.5	14.2	
1994	122805	102.7	31140	31.3	14.5	
1995	123370	103.7	31961	31.8	13.8	
1996	136712	111.2	33984	35.0	16.6	
1997	147558	123.3	43676	38.3	18.6	
1998	139453	116.7	37645	31.9	29.3	
1999	152488	136.3	41924	39.5	29.1	
2000	166961	149.1	44471	41.6	29.7	
2001	171142	156.4	49918	42.4	30.8	
2002	185881	170.5	51443	45.5	31.6	
2003	188788	171.6	51363	44.9	32.3	15307
2004	189953	171.5	53727	45.2	32.0	16733
2005	196996	174.3	57032	46.9	32.9	15722
2006	202461	189.5	62582	54.7	33.7	14871
2007	202567	193.2	70376	61.9	34.7	16082
2008	207032	195.3	77105	68.3	35.6	18010
2009	216162	219.4	84614	75.6	40.8	23818
2010	224920	237.9	97177	84.8	43.3	30065
2011	250990	250.7	114372	100.3	45.1	33272
2012	260349	264.8	122990	108.7	46.5	36221
哈尔滨 Harbin	64066	61.47	24808	21.17	93102	1334
齐齐哈尔 Qiqihar	34293	31.04	17866	14.07	106377	8736
鸡 西 Jixi	9265	8.84	5991	3.58	15136	519
鹤 岗 Hegang	2583	2.19	2634	2.58	11816	2500
双鸭山 Shuangyashan	3994	4.36	1123	1.11	7624	52
大 庆 Daqing	19191	21.11	6255	5.47	37281	3201
伊 春 Yichun	2975	3.28	984	0.72	3828	348
佳木斯 Jiamusi	13806	16.40	7511	6.37	21414	259
七台河 Qitaihe	1253	1.08	981	0.51	1983	85
牡丹江 Mudanjiang	3318	2.78	2780	2.61	11083	1935
黑 河 Heihe	1954	2.32	341	0.30	2752	450
绥 化 Suihua	31814	29.12	17075	12.00	53673	679
大兴安岭 Daxinganling	58	0.08	179	0.03	277	174
农垦总局 ARB	69413	78.96	32342	34.23	93793	15932
绥芬河 Suifenhe	16	0.014	20	0.008	49	16
抚 远 Fuyuan	2350	1.76	2100	3.89	4450	1

12-5 续表2 CONTINUED

年份 Year 地区 Region	联合收割机 Combine Harvester		机动脱粒机（台） Motorized Threshing Machines (unit)	农用运输车 Tracks for Agricultural Use	
	台 unit	万千瓦 10000 kw		台 unit	万千瓦 10000 kw
1980	14081	61.8	3807		
1981	17924	89.9			
1982	19483	99.9	20346		
1983	20740	99.4	22776		
1984	21130	103.2	30257		
1985	20311	105.6	36802		
1986	16970	83.6	53367		
1987	18853	107.4	63057	150	0.5
1988	17442	100.8	60045	455	1.3
1989	16930	103.5	67189	587	1.1
1990	15910	104.0	73581	2874	4.3
1991	15191	106.7	77447	2279	4.1
1992	14818	108.8	76417	2393	3.6
1993	14564	108.1	77440	3735	13.9
1994	13679	105.6	81273	4618	17.1
1995	13366	105.2	82268	11821	13.1
1996	12430	102.0	77604	15625	19.7
1997	11920	97.5	83052	12177	19.4
1998	15005	104.3	112459	29491	45.2
1999	12889	102.5	115579	31612	51.8
2000	13306	107.9	119231	31837	53.8
2001	12615	76.7	125170	137188	154.0
2002	16835	123.2	128232	144299	160.6
2003	17756	128.0	133809	153215	175.7
2004	20171	144.6	140969	165948	197.8
2005	25823	170.9	148068	178318	225.6
2006	31591	207.2	150713	188023	239.8
2007	36968	239.0	149530	190534	247.9
2008	42187	282.1	160221	186672	255.0
2009	48780	336.5	163616	185679	262.3
2010	60276	429.4	164679	184568	263.0
2011	61109	440.7	165082	164246	250.7
2012	76155	596.7	168804	158281	230.8
哈尔滨 Harbin	9111	94.3	43470	57677	72.2
齐齐哈尔 Qiqihar	8468	57.1	25980	20776	44.9
鸡西 Jixi	5693	27.3	7102	12814	19.6
鹤岗 Hegang	1931	14.7	2160	679	1.3
双鸭山 Shuangyashan	2089	17.4	3228	5139	5.9
大庆 Daqing	2071	18.3	17342	21720	27.5
伊春 Yichun	687	3.9	3140	1154	1.8
佳木斯 Jiamusi	7396	53.8	8023	2291	2.6
七台河 Qitaihe	462	4.6	2035	6040	10.1
牡丹江 Mudanjiang	2011	12.6	10553	9436	16.2
黑河 Heihe	2041	25.3	14762	2221	6.3
绥化 Suihua	6435	49.3	27822	18129	21.7
大兴安岭 Daxinganling	530	3.8	140	1441	3.1
农垦总局 ARB	25845	200.4	2907		
绥芬河 Suifenhe	5		102	135	0.33
抚远 Fuyuan	2111	13.80	38	30	0.03

12-6 乡村户数和劳动力

NUMBER OF RURAL HOUSEHOLDS AND LABOR FORCE

单位：万人、人 (10000 persons, person)

年 份 Year 地 区 Region		乡村户数（万户、户）Number of Rural Households (10000 housholds, houshold)	乡 村 劳动力 Number of Rural Laborers	男 Male	女 Female	#农 业 从业人员 Agriculture Employees
2005		493.5	950.1	545.1	405.1	696.7
2006		498.3	944.3	541.3	403.0	689.6
2007		493.9	949.4	543.1	406.3	675.1
2008		504.9	966.3	554.0	412.4	678.0
2009		509.5	978.2	557.7	420.5	684.1
2010		509.1	989.4	564.2	425.3	677.5
2011		512.5	989.2	553.4	435.8	677.7
2012		514.1	988.5	552.1	436.4	667.3
哈尔滨	Harbin	1344102	2465322	1381669	1083653	1455415
齐齐哈尔	Qiqihar	960649	1840858	999184	841674	1327438
鸡 西	Jixi	194171	352170	199445	152725	237368
鹤 岗	Hegang	67586	115373	67157	48216	82546
双鸭山	Shuangyashan	141674	276478	151015	125463	181918
大 庆	Daqing	366313	728379	401940	326439	486299
伊 春	Yichun	49341	89909	51735	38174	62048
佳木斯	Jiamusi	338416	649132	376521	272611	488103
七台河	Qitaihe	94624	141759	79326	62433	97293
牡丹江	Mudanjiang	310508	671806	365987	305819	399201
黑 河	Heihe	223589	366642	202620	164022	268976
绥 化	Suihua	1006938	2104259	1200021	904238	1521988
大兴安岭	Daxinganling	18032	27963	15231	12732	18403
绥芬河	Suifenhe	2905	5609	3041	2568	1316
抚 远	Fuyuan	22274	49281	25656	23625	44896

12-7 各地区农村用电量和农用化肥施用量 (2012年)

ELECTRICITY CONSUMED IN RURAL AREAS AND CONSUMPTION OF CHEMICAL FERTILIZERS IN AGRICULTURE BY REGION (2012)

地 区	Region	农村用电量（万千瓦时）Electricity Consumed in Rural Areas (10000 kwh)	化肥施用量（实物量，吨）Consumption of Chemical Fertilizers (ton)	化肥施用折纯量（吨）Consumption of Chemical Fertilizers (ton Converting the Gross Weight into Weight Containing 100% Efficacious Component)				
				合 计 Total	氮 肥 Nitrogenous Fertilizer	磷 肥 Phosphate Fertilizer	钾 肥 Potash Fertilizer	复合肥 Compound Fertilizer
全 省	**Total**	**643269**	**5601697**	**2402818**	**859790**	**510504**	**357068**	**675456**
哈尔滨	Harbin	172525	1134633	471401	178801	71056	76041	145503
齐齐哈尔	Qiqihar	61246	766089	278801	97554	54185	35116	91946
鸡 西	Jixi	29451	107792	45902	16784	12872	5620	10626
鹤 岗	Hegang	4994	93444	41991	14624	9422	7540	10405
双鸭山	Shuangyashan	21181	134129	62158	20128	10700	8272	23058
大 庆	Daqing	40620	312182	121966	50539	18587	11675	41165
伊 春	Yichun	6457	62119	23880	5838	7625	4001	6416
佳木斯	Jiamusi	53641	415757	202719	78595	50017	23713	50394
七台河	Qitaihe	12106	63685	13683	5605	3314	2035	2729
牡丹江	Mudanjiang	44836	180978	81444	26183	10974	9512	34775
黑 河	Heihe	23589	229217	117604	27747	33052	15636	41169
绥 化	Suihua	105633	883404	343089	115283	79463	44128	104215
大兴安岭	Daxinganling	1734	15967	8274	3312	2145	949	1868
农垦总局	ARB	59816	1175372	579642	216984	145130	110750	106778
绥芬河	Suifenhe	256	662	366	84	27	33	222
抚 远	Fuyuan	5184	26267	9898	1729	1935	2047	4187

12-8 各地区除涝、治碱面积和农田水利情况 (2012年)

FLOOD PREVENTION,IMPROVEMENT OF SALINE-ALKALINE LADN AND WATER CONSERVANCY FACILITIES BY REGION (2012)

地 区	Region	水库数（座）Number of Reservoirs (unit)	水库库容量（万立方米）Capacity of Reservoirs (10000 cu. m)	除涝面积（万公顷）Area with Flood Prevention Measures (10000 hectares)	除涝面积占易涝面积(%) Percentage of Area with Flood Prevention Measures (%)	治碱面积（万公顷）Improved Area of Saline-Alkaline Land (10000 hectares)	治碱面积占盐碱地面积(%) Percentage of Improved Area of Saline-Alkaline Land (%)
全 省	**Total**	**1148**	**2778967**	**336.6**	**75.3**	**19.7**	**36.1**
哈尔滨	Harbin	291	221361	32.3	80.2	2.6	67.1
齐齐哈尔	Qiqihar	144	968028	31.3	69.3	1.7	17.0
鸡 西	Jixi	54	77550	4.1	56.9		
鹤 岗	Hegang	15	15420	9.6	82.2		
双鸭山	Shuangyashan	13	76939	14.5	73.9		
大 庆	Daqing	25	88934	11.7	67.0	4.4	30.6
伊 春	Yichun	16	20860	2.7	77.3		
佳木斯	Jiamusi	33	25454	22.4	50.3		
七台河	Qitaihe	20	69580	2.2	61.8		
牡丹江	Mudanjiang	54	655160	4.2	60.4		
黑 河	Heihe	105	295850	7.1	46.7		
绥 化	Suihua	136	113408	42.0	82.0	10.7	42.4
大兴安岭	Daxinganling	10	16353	1.1	60.9		
农垦总局	ARB	193	112299	143.7	86.1	0.3	75.4
省 直	Directly under Province	37	21186	5.7	75.3		
绥芬河	Suifenhe	2	585				
抚 远	Fuyuan			2.0	41.2		

12-9 农村居民家庭人均期末生产性固定资产原值

ORIGINAL VALUE OF PRODUCTIVE FIXED ASSETS OF RURAL HOUSEHOLDS AT YEAR-END

单位：元 (yuan)

项　目	Item	2009	2010	2011	2012
生产性固定资产原值	**Possession of Major Productive Fixed Assets**	**4776.3**	**5239.2**	**8756.6**	**9325.5**
农　业	Agriculture	3493.4	3905.1	6819.2	7335.1
林　业	Forestry	2.3	2.3		
牧　业	Animal Husbandry	782.9	848.9	1033.2	1004.7
渔　业	Fishery	3.8	3.8	1.1	0.8
采矿业	Mining and Quarrying			1.3	1.3
制造业	Manufacturing	90.2	90.7	37.5	21.5
电力热力煤气与水的生产及供应	Production and Supply of Electric,Heat, Gas and Water				
建筑业	Construction	11.7	12.4	9.4	16.7
交通运输业、仓储和邮政业	Transport, Storage and Post	317.5	300.4	400.7	354.5
批发和零售贸易业	Wholesale and Retail Trade	34.6	55.0	347.8	433.1
住宿和餐饮业	Hotels and Catering Services	16.7	6.6	0.1	3.0
居民服务与其他服务业	Services to Households and Other Services	11.5	11.6	50.4	53.8
教 育	Education			1.5	1.5
卫生和社会工作	Health and Social Work	2.3	2.3	45.9	44.7
文化、体育和娱乐业	Culture, Sports and Entertainment				
其 他	Others	9.4	0.1	8.5	54.9

12-10 农村居民家庭每百户主要生产性固定资产拥有量

POSSESSION OF MAJOR PRODUCTIVE FIXED ASSETS PER 100 RURAL HOUSEHOLDS AT YEAR-END

项　目	Item	2009	2010	2011	2012
房屋及建筑物(平方米)	Housing and Building (sq m)	3005.2	2996.1	3495.9	3575.5
汽　车(辆)	Motor Vehicles (set)	1.5	2.3	2.7	2.9
大中型拖拉机(台)	Large and Medium Tractors (set)	17.9	18.3	3223.0	24.5
小型和手扶拖拉机(台)	Small and Walking Tractor (set)	53.1	51.3	14.0	50.8
动力三轮车辆(台)	Dynamic Three Vehicles (set)	2.9	3.3	3.1	4.2
机动脱粒机(台)	Motorized Threshing Machines (set)	3.8	3.9	2.5	3.3
收割机(台)	Harvester (set)	3.2	3.5	3.5	4.1
农用动力机械(台)	Agricultural Power Machinery (set)	9.8	10.1	13.7	17.1
胶轮大车(架)	Rubber Wheel Cart (rack)	3.8	3.8	1.4	1.6
水　泵(台)	Pumps (unit)	26.9	29.7	23.9	28.2
役　畜(头)	Draught Animals (head)	11.7	10.1	6.6	5.3
产品畜(头)	Commodity Animals (head)	45.1	52.3	77.9	74.0

12-11 按农村居民家庭人均纯收入等级分组期末生产性固定资产原值(2012年)

ORIGINAL VALUE OF PRODUCTIVE FIXED ASSETS OF RURAL HOUSEHOLDS AT YEAR-END (2011,BY LEVEL OF NET INCOME)

单位：元 (yuan)

项目	Item	总平均 Average	最低收入户 Lowest Income Households	中等偏下收入户 Lower Middle Income Households
生产性固定资产原值	**Possession of Major Productive Fixed Assets**	**9325.5**	**9695.9**	**7770.8**
农业	Agriculture	7335.1	6917.4	5784.7
林业	Forestry			
牧业	Animal Husbandry	1004.7	917.5	1388.2
渔业	Fishery	0.8	3.0	
采矿业	Mining and Quarrying	1.3	6.0	
制造业	Manufacturing	21.5	0.6	33.9
电力热力煤气与水的生产及供应	Production and Supply of Electric,Heat, Gas and Water			
建筑业	Construction	16.7		28.1
交通运输业、仓储和邮政业	Transport, Storage and Post	354.5	925.8	74.8
批发和零售贸易业	Wholesale and Retail Trade	433.1	585.5	365.5
住宿和餐饮业	Hotels and Catering Services	3.0		
居民服务与其他服务业	Services to Households and Other Services	53.8	212.9	19.8
教育	Education	1.5		3.1
卫生和社会工作	Health and Social Work	44.7		
文化、体育和娱乐业	Culture, Sports and Entertainment			
其他	Others	54.9	127.2	72.6

12-11 续表 CONTINUED

单位：元 (yuan)

项目	Item	中等收入户 Middle Income Households	中等偏上收入户 Upper Middle Income Households	最高收入户 Highest Income Households
生产性固定资产原值	**Possession of Major Productive Fixed Assets**	**8353.5**	**8113.1**	**13202.6**
农业	Agriculture	7191.0	6803.4	10478.2
林业	Forestry			
牧业	Animal Husbandry	728.7	796.0	1204.0
渔业	Fishery	0.6		
采矿业	Mining and Quarrying			
制造业	Manufacturing	14.9	4.1	59.7
电力热力煤气与水的生产及供应	Production and Supply of Electric,Heat, Gas and Water			
建筑业	Construction	0.3	55.8	
交通运输业、仓储和邮政业	Transport, Storage and Post	103.3	137.3	508.1
批发和零售贸易业	Wholesale and Retail Trade	271.0	232.2	734.1
住宿和餐饮业	Hotels and Catering Services		12.3	3.4
居民服务与其他服务业	Services to Households and Other Services		2.1	15.1
教育	Education		4.1	
卫生和社会工作	Health and Social Work	35.1	14.4	198.9
文化、体育和娱乐业	Culture, Sports and Entertainment			
其他	Others	8.5	51.4	1.1

12-12 按农村居民家庭人均纯收入等级分组每百户主要生产性固定资产拥有量(2012年)

POSSESSION OF MAJOR PRODUCTIVE FIXED ASSETS PER 100 RURAL HOUSEHOLDS (2011,BY LEVEL OF NET INCOME)

单位：元 (yuan)

项 目	Item	总平均 Average	最 低 收入户 Lowest Income Households	中等偏下 收入户 Lower Middle Income Households
房屋及建筑物(平方米)	Housing and Building (sq m)	3575.5	3668.1	3731.9
汽 车(辆)	Motor Vehicles (unit)	2.9	3.6	2.7
大中型拖拉机(台)	Large and Medium Tractors (unit)	24.5	22.3	18.1
小型和手扶拖拉机(台)	Small and Walking Tractor (unit)	50.8	48.0	47.3
动力三轮车辆(台)	Dynamic Three Vehicles (unit)	4.2	1.6	3.3
机动脱粒机(台)	Motorized Thresher (unit)	3.3	2.7	2.9
收割机(台)	Harvester (unit)	4.1	6.5	3.1
农用动力机械(台)	Agricultural Power Machinery (unit)	17.1	20.1	12.3
胶轮大车(架)	Rubber Wheel Cart (rack)	1.6	1.6	0.9
水 泵(台)	Pump(unit)	28.2	26.3	25.4
役 畜(头)	Draft Animals (head)	5.3	4.0	7.4
产品畜(头)	Product Livestock (head)	74.0	70.1	38.8

12-12 续 表 CONTINUED

单位：元 (yuan)

项 目	Item	中 等 收入户 Middle Income Households	中等偏上 收 入 户 Upper Middle Income Households	最 高 收入户 Highest Income Households
房屋及建筑物(平方米)	Housing and Building (sq m)	3524.4	3167.3	3785.7
汽 车(辆)	Motor Vehicles (unit)	2.7	1.8	3.8
大中型拖拉机(台)	Large and Medium Tractors (unit)	22.8	27.2	32.1
小型和手扶拖拉机(台)	Small and Walking Tractor (unit)	55.6	47.3	55.6
动力三轮车辆(台)	Dynamic Three Vehicles (unit)	4.5	4.5	7.1
机动脱粒机(台)	Motorized Thresher (unit)	3.3	3.1	4.2
收割机(台)	Harvester (unit)	3.8	2.5	4.7
农用动力机械(台)	Agricultural Power Machinery (unit)	13.8	19.0	20.5
胶轮大车(架)	Rubber Wheel Cart (rack)	1.6	1.8	2.2
水 泵(台)	Pump(unit)	25.9	26.6	36.8
役 畜(头)	Draft Animals (head)	2.7	6.7	5.8
产品畜(头)	Product Livestock (head)	44.4	58.7	158.0

12-13 主要农作物播种面积

SOWN AREAS OF MAJOR FARM CROPS

单位：万公顷、公顷　　(10000 hectares, hectare)

年份 Year 地区 Region	农作物总播种面积 Total Sown Areas of Farm Crops	粮食作物播种面积 Total Sown Areas of Grain crops	谷物 Cereal	#水稻 Rice	#小麦 Wheat	#玉米 Corn	#谷子 Millet	#高粱 Jowar
1980	872.4	731.8		21.0	210.5	188.4	76.9	27.1
1981	872.7	728.2		22.4	219.0	157.7	76.9	29.5
1982	847.9	708.9		23.9	190.4	136.3	72.3	29.0
1983	860.7	723.5		24.6	209.6	164.2	74.8	31.4
1984	862.2	735.5		27.8	198.0	192.0	63.3	29.3
1985	858.2	721.6		39.0	203.8	157.7	49.3	14.5
1986	846.3	571.5		50.7	196.9	168.9	41.0	17.5
1987	851.5	741.2		58.1	158.7	197.6	30.8	17.3
1988	823.3	688.6		55.3	123.9	182.8	24.5	17.2
1989	845.3	726.2		60.4	168.2	190.4	21.3	17.5
1990	855.9	742.0		67.4	178.1	216.9	17.5	15.9
1991	861.5	742.7	507.0	74.7	173.7	223.0	14.0	13.6
1992	848.0	734.8	491.3	77.8	161.5	216.6	13.2	14.1
1993	864.7	755.8	425.1	73.6	133.7	177.7	12.6	16.6
1994	867.0	750.1	433.1	74.8	119.5	196.4	10.8	16.2
1995	864.7	750.0	467.6	83.5	111.6	241.1	8.8	13.4
1996	888.4	779.6	534.0	110.9	123.7	266.6	7.3	17.1
1997	903.5	799.5	529.9	139.7	107.4	254.5	6.7	13.5
1998	919.4	808.3	526.8	156.3	95.9	248.6	7.0	11.7
1999	926.2	809.9	549.1	161.5	95.3	265.2	7.1	12.4
2000	932.9	785.2	427.9	160.6	59.0	180.1	8.2	11.6
2001	941.2	795.7	434.9	157.7	38.3	211.0	7.0	11.0
2002	940.0	783.3	439.4	157.1	24.5	223.7	7.4	11.6
2003	955.1	786.3	381.4	129.5	21.4	203.5	5.6	9.2
2004	964.7	821.6	423.3	167.5	24.7	214.2	4.1	6.3
2005	1132.2	988.9	503.3	185.0	25.9	273.0	4.2	7.9
2006	1167.8	1052.6	577.2	199.2	24.4	330.5	3.5	7.3
2007	1189.9	1082.1	650.6	225.3	23.3	388.4	2.9	4.9
2008	1208.7	1098.8	649.3	245.2	26.6	364.7	2.5	5.1
2009	1387.1	1313.3	788.4	263.6	33.7	485.4	1.5	3.3
2010	1425.0	1354.9	863.3	297.5	37.8	523.2	1.4	2.9
2011	1448.6	1375.9	980.8	344.8	41.5	590.4	1.2	2.3
2012	1466.0	1394.2	1087.8	382.0	40.2	661.5	0.9	2.6
哈尔滨 Harbin	2024245	1923899	1695097	585137		1105324	1399	1017
齐齐哈尔 Qiqihar	2291548	2188923	1496198	257307	5654	1225866	2114	4984
鸡西 Jixi	484947	472277	395734	171844	48	223751	91	
鹤岗 Hegang	203236	197929	179163	109566		69597		
双鸭山 Shuangyashan	420674	398941	350037	74236	53	275748		
大庆 Daqing	751418	672558	622011	84448	421	513736	4030	19035
伊春 Yichun	243241	230207	99743	37334	346	62063		
佳木斯 Jiamusi	1125854	1076937	873602	421230	17	452047		108
七台河 Qitaihe	177528	162379	126038	18375		107502	73	48
牡丹江 Mudanjiang	632473	532326	338606	46173	1172	291031	70	85
黑河 Heihe	1210305	1158824	492406	13206	311746	165076		100
绥化 Suihua	1902050	1841831	1681387	325156	67	1354744	771	536
大兴安岭 Daxinganling	174944	168322	51793		47325	4462		
农垦总局 ARB	2809227	2715027	2286102	1548497	34901	702400	166	138
绥芬河 Suifenhe	3352	2836	789		6	782	1	
抚远 Fuyuan	178667	178487	134107	127894		6213		

注:2006、2007年数据是与第二次农业普查衔接后数据。

Note: Data from 2006 to 2007 on national accounts have been adjusted according to the results of the second national agricultural census.

12-13 续表1 CONTINUED

单位：万公顷、公顷 (10000 hectares, hectare)

年份 地区	Year Region	豆类 Soybean	#大豆 Soja	薯类 Tuber	油料 Oil-bearing Crops	#油菜籽 Rapeseeds	#葵花籽 Helianthus	#白瓜籽 Pumpkin Seeds	甜菜 Beetsroots
	1980	173.6	163.0	23.7	24.4	0.4	19.2		24.3
	1981	190.4	180.0	21.9	31.5	0.2	26.7		23.4
	1982	224.0	213.6	22.6	26.5	0.7	21.7		24.4
	1983	181.1	169.3	26.1	22.5	0.8	19.0		33.7
	1984	182.1	179.5	23.5	22.4	0.9	20.7		30.5
	1985	226.0	216.7	22.2	39.2	2.0	33.8		29.2
	1986	220.7	219.7	20.9	18.3	3.0	13.8		30.6
	1987	240.9	240.0	21.4	16.9	5.4	10.6		26.3
	1988	244.9	242.9	24.7	16.5	8.1	7.4		42.7
	1989	229.1	226.4	23.3	13.4	5.8	6.2		31.4
	1990	216.2	207.9	21.8	14.2	6.6	6.5		35.8
	1991	215.4	209.4	20.3	13.7	6.5	6.5		41.6
	1992	221.2	216.0	22.3	18.3	9.8	7.4		33.2
	1993	307.2	297.9	23.5	15.5	6.6	7.3		28.4
	1994	294.8	279.6	22.2	17.4	5.5	7.4		34.4
	1995	258.9	251.3	23.5	14.7	4.5	6.8		32.8
	1996	221.9	216.1	23.7	12.8	3.1	7.6		29.1
	1997	245.4	239.4	24.2	14.2	2.1	8.8		25.1
	1998	254.7	246.0	26.8	20.9	3.4	11.2		23.1
	1999	229.2	215.3	31.6	29.3	7.2	13.9		12.4
	2000	317.8	286.8	39.5	36.3	8.0	18.3		14.6
	2001	319.6	287.4	41.2	30.2	1.3	18.0		18.2
	2002	300.6	263.1	43.3	37.4	0.4	23.4	10.7	19.9
	2003	366.1	324.2	38.8	46.3	0.2	25.7	15.1	11.9
	2004	367.4	340.1	30.9	41.1	0.3	17.1	13.0	7.6
	2005	452.4	421.5	33.2	41.0	0.2	20.7	16.0	8.0
	2006	454.8	424.6	20.3	33.9	0.1	20.3	10.0	5.8
	2007	409.9	380.9	21.5	27.7	0.1	14.1	10.0	7.9
	2008	419.8	397.2	29.1	21.9	0.4	10.7	6.9	9.0
	2009	502.9	486.3	22.0	20.3	0.2	8.7	7.9	6.4
	2010	467.5	447.9	24.0	16.7	0.1	5.7	8.6	7.8
	2011	366.5	346.2	28.6	14.9	0.1	4.0	8.4	8.2
	2012	275.0	260.0	31.4	11.7	0.1	3.0	6.1	7.3
哈尔滨	Harbin	208719	204713	20083	5468	411	1475	1642	166
齐齐哈尔	Qiqihar	576338	559182	116387	23192		10673	1717	30310
鸡西	Jixi	74840	72425	1703	4773		781	3984	22
鹤岗	Hegang	18354	17244	412	253		26	215	26
双鸭山	Shuangyashan	47979	46806	925	5954		462	5492	2278
大庆	Daqing	45821	32538	4726	13470		2909		2414
伊春	Yichun	129662	127442	802	603		19	584	200
佳木斯	Jiamusi	183565	178053	19770	3993		508	3479	3242
七台河	Qitaihe	34543	33271	1798	5099		208	4884	41
牡丹江	Mudanjiang	187535	184795	6185	40633		10681	29829	1766
黑河	Heihe	605774	536148	60644	1825		197	1527	6740
绥化	Suihua	119399	118874	41045	1048		1018	30	10407
大兴安岭	Daxinganling	111703	109700	4826	84		84		
农垦总局	ARB	412397	388533	16528	10631		746	7305	15334
绥芬河	Suifenhe	1968	1964	79	408		59	349	
抚远	Fuyuan	44367	44067	13					

12-13 续表2 CONTINUED

单位：万公顷、公顷 (10000 hectares, hectare)

年份 Year 地区 Region	麻类 Fiber Crops	#亚麻 Flax	药材 Herb	烟叶 Tobacco	#烤烟 Flue-cured	蔬菜、食用菌 Vegetables Mushroom	瓜果类 Melon	饲料作物 Feed Crops
1980	13.7	8.9		1.0		33.0	6.6	
1981	11.4	8.0			1.7	29.5	7.8	
1982	7.8	5.3			4.0	31.0	5.8	
1983	6.2	5.3		3.2	2.8	29.6	6.0	
1984	7.1	6.5		3.4	3.1	27.3	5.9	
1985	7.8	7.4		5.0	4.3	24.9	7.7	
1986	8.2	7.9		5.0	4.2	25.1	7.7	
1987	12.3	12.1		5.9	5.1	22.8	7.6	
1988	14.1	13.9		8.3	7.6	24.8	7.1	
1989	8.9	8.8		13.8	13.0	24.5	7.6	
1990	8.2	8.1		12.5	11.6	23.0	3.4	
1991	9.8	9.7		13.2	12.3	21.8	3.1	
1992	7.1	7.0		9.7	9.2	23.4	3.8	
1993	6.5	6.4		8.4	7.8	26.3	5.0	
1994	8.3	8.2		7.1	6.6	26.3	5.0	
1995	10.1	10.0		6.8	6.5	29.3	5.0	
1996	8.5	8.4		10.2	9.8	29.4	5.0	
1997	5.5	5.4		10.8	10.3	29.9	6.0	
1998	3.6	3.5		5.9	5.4	35.4	7.8	
1999	5.0	4.9		6.4	6.1	44.6	8.2	
2000	9.5	8.8		4.9	4.5	44.6	12.6	
2001	12.9	12.4		4.6	4.1	42.7	13.0	
2002	10.3	10.1	2.4	4.5	4.0	43.2	14.1	14.9
2003	11.3	11.1	3.3	3.7	3.3	40.0	13.4	29.7
2004	9.8	8.9	3.5	3.2	2.8	29.2	9.5	29.9
2005	8.5	8.2	4.8	4.2	4.0	33.3	11.0	22.6
2006	5.6	4.8	2.6	1.9	1.7	31.3	12.2	23.4
2007	5.1	4.1	5.5	3.2	2.8	29.1	10.6	18.9
2008	4.1	3.6	5.2	3.3	3.3	28.8	10.1	19.4
2009	1.2	1.1	3.1	3.7	3.2	18.8	7.4	10.3
2010	0.5	0.5	3.7	3.7	3.2	18.4	6.9	8.4
2011	0.3	0.3	5.1	3.5	3.2	22.3	6.2	7.8
2012	0.2	0.2	4.7	3.8	3.4	25.0	5.8	6.5
哈尔滨 Harbin	3	3	4067	4083	3860	61455	12399	1449
齐齐哈尔 Qiqihar			90	298	3	25506	5222	15266
鸡西 Jixi			115	2160	2140	3678	961	137
鹤岗 Hegang			678	988	988	2123	279	70
双鸭山 Shuangyashan			121	2688	2428	6261	3989	79
大庆 Daqing	28	28	7100	2144	2144	28464	9097	14143
伊春 Yichun	133		3887			6691	426	261
佳木斯 Jiamusi			658	5079	5079	29193	3899	2185
七台河 Qitaihe			139	2587	2580	3355	1488	271
牡丹江 Mudanjiang	55	55	2110	12437	10125	34457	4948	1273
黑河 Heihe	605	503	19769	138		11258	3208	4954
绥化 Suihua	310	310	391	4660	4548	28468	7399	787
大兴安岭 Daxinganling	133	133	3290			2594	348	123
农垦总局 ARB	551	551	4931	705	705	3994	4347	24643
绥芬河 Suifenhe						147		
抚远 Fuyuan						84	4	

12-14 主要农产品产量

YIELD OF MAJOR FARM CROPS

单位：万吨、吨 (10000 tons, tons)

年 份 Year 地 区 Region		粮 食 Grain						
			谷物 Cereal					
				#水稻 Rice	#小麦 Wheat	#玉米 Corn	#谷子 Millet	#高粱 Jowar
	1980	1462.4	1085.9	79.6	394.6	520.0	103.6	63.1
	1981	1250.0	969.7	55.7	314.1	455.0	99.7	64.9
	1982	1150.0	819.2	70.9	268.2	352.6	87.6	54.2
	1983	1549.0	1228.8	91.5	451.0	463.5	125.7	76.9
	1984	1757.5	1402.0	124.0	382.5	642.0	115.5	100.5
	1985	1405.0	1035.6	162.9	376.8	386.8	63.2	34.0
	1986	1776.3	1169.5	220.8	355.9	632.0	60.1	55.1
	1987	1737.6	1373.3	225.7	299.8	646.1	40.2	48.0
	1988	1768.0	1282.1	243.5	250.4	700.6	35.5	55.2
	1989	1668.9	1292.2	231.7	367.3	615.2	22.7	43.8
	1990	2312.5	1901.0	314.4	474.8	1008.3	31.3	53.3
	1991	2164.3	1789.6	316.2	381.1	1007.5	23.7	45.8
	1992	2366.3	1936.6	376.6	424.8	1042.8	24.3	51.4
	1993	2390.8	1799.5	388.3	340.0	956.6	27.2	73.3
	1994	2578.7	1971.3	410.4	275.3	1146.4	24.3	86.4
	1995	2592.5	2062.8	469.9	293.4	1219.1	20.9	47.9
	1996	3046.5	2512.4	636.0	329.5	1445.0	21.5	65.5
	1997	3104.5	2434.9	860.9	328.4	1165.9	14.4	48.3
	1998	3008.5	2483.4	925.8	285.2	1199.7	9.0	51.7
	1999	3074.6	2524.8	944.3	284.2	1228.4	13.6	39.6
	2000	2545.5	1974.1	1042.2	95.8	790.8	8.7	26.0
	2001	2651.7	1989.1	1016.3	93.8	819.5	10.3	28.5
	2002	2941.2	2195.5	921.0	89.4	1070.5	16.2	52.3
	2003	2512.3	1792.0	842.8	39.7	830.9	12.9	39.8
	2004	3135.0	2302.5	1120.0	83.0	1050.0	8.6	24.7
	2005	3600.0	2714.0	1172.5	97.0	1379.5	7.4	25.6
	2006	3780.0	2986.7	1360.0	93.0	1453.5	7.3	24.5
	2007	3965.5	3349.3	1658.5	77.0	1568.5	4.9	15.9
	2008	4225.0	3502.0	1518.0	89.5	1822.0	5.0	17.0
	2009	4353.0	3641.7	1574.5	116.3	1920.2	4.5	21.6
	2010	5012.8	4284.8	1843.9	92.5	2324.4	4.1	17.8
	2011	5570.6	4858.2	2062.1	103.8	2675.8	3.5	11.1
	2012	5761.3	5147.9	2171.2	70.0	2887.9	3.0	14.6
哈尔滨	Harbin	17350051	16656926	5508056		11123610	6030	7242
齐齐哈尔	Qiqihar	13445535	11712097	1891622	21946	9756360	7161	34100
鸡 西	Jixi	3251180	3090363	1405980	125	1683842	416	
鹤 岗	Hegang	1136631	1106854	677942		428912		
双鸭山	Shuangyashan	2805970	2701589	559119	217	2142253		
大 庆	Daqing	6500033	6379158	794217	824	5403815	15290	164009
伊 春	Yichun	966909	691636	297166	1265	393205		
佳木斯	Jiamusi	8423231	7892708	3676944	69	4214914		421
七台河	Qitaihe	877252	800612	126596		673291	383	192
牡丹江	Mudanjiang	2982980	2562327	363490	3450	2194510	235	402
黑 河	Heihe	4044477	2591193	89926	1321690	1172469		227
绥 化	Suihua	16654357	16046545	2956416	436	13079353	4776	5025
大兴安岭	Daxinganling	462736	205793		179418	26368		
农垦总局	ARB	21051884	19783276	13704198	212203	5865000	996	879
绥芬河	Suifenhe	9004	4531		13	4516	2	
抚 远	Fuyuan	1055500	985810	940800		45010		

注：因资料来源不同，粮食产量地区汇总数不等于全省数。

Note: The data of grain by region unequal to that by province, for the sources of data are difference.

12-14 续表1 CONTINUED

单位：万吨、吨 (10000 tons, tons)

年份 Year 地区 Region	豆类 Soybean	#大豆 Mung Bean	薯类 Tuber	油料 Oil-bearing Crops	#油菜籽 Rapeseeds	#葵花籽 Helianthus	#白瓜籽 Pumpkin Seeds
1980	325.5	220.5	51.0	23.9		22.6	
1981	235.4	188.3	44.9	37.4		40.0	
1982	330.8	245.5	43.3	34.4		41.3	
1983	258.7	238.5	61.5	32.2		28.9	
1984	293.0	290.5	62.5	26.0		24.6	
1985	325.6	313.7	43.8	28.4		25.2	
1986	306.0	378.0	47.5	19.0		16.4	
1987	397.1	383.5	67.2	12.6		6.5	
1988	285.7	384.4	71.0	13.0		7.0	
1989	303.3	291.8	73.4	13.1		6.5	
1990	337.4	325.8	74.1	17.2	7.0	8.1	
1991	317.4	309.8	57.3	15.2	7.0	6.6	
1992	354.0	349.1	75.7	21.9	9.9	10.3	
1993	505.3	491.5	86.0	16.1	4.3	9.5	
1994	532.8	513.6	74.6	15.6	4.0	9.4	
1995	448.2	438.8	81.5	20.1	5.3	9.0	
1996	435.6	413.5	98.5	16.8	3.3	10.5	
1997	588.7	576.2	80.9	18.2	2.9	11.6	
1998	458.6	444.6	66.5	16.9	3.2	7.6	
1999	474.1	446.6	75.7	39.3	7.7	22.6	
2000	489.6	450.1	81.8	43.8	6.8	26.0	
2001	537.5	496.2	125.1	36.3	1.5	20.8	
2002	610.7	556.3	135.0	52.8	0.5	36.8	10.9
2003	616.1	560.8	104.1	44.7	0.3	21.0	15.2
2004	727.5	675.0	105.0	46.0	0.4	24.2	15.1
2005	800.7	748.0	85.3	60.6	0.3	33.2	20.0
2006	689.3	652.5	104.0	63.1	0.1	32.1	23.6
2007	527.3	491.0	89.0	50.1	0.1	24.4	18.3
2008	667.0	620.5	56.5	28.5	0.1	12.8	9.5
2009	618.5	591.9	92.9	28.2	0.3	11.8	9.8
2010	601.9	585.0	126.2	27.5	0.2	10.5	11.2
2011	577.8	541.3	134.7	23.3	0.1	6.9	10.5
2012	479.6	463.4	134.0	22.5	0.1	6.0	9.2
哈尔滨 Harbin	551246	542082	141879	18485	1056	3910	4446
齐齐哈尔 Qiqihar	1148421	1117970	585017	47259		18896	2232
鸡西 Jixi	154202	149728	6615	6080		1435	4621
鹤岗 Hegang	27625	25699	2152	392		48	330
双鸭山 Shuangyashan	100780	97757	3601	8790		758	8032
大庆 Daqing	95241	70072	25634	36972		7026	
伊春 Yichun	268940	263960	6333	882		17	865
佳木斯 Jiamusi	411117	398334	119406	4691		986	3697
七台河 Qitaihe	66942	64992	9698	7853		469	7373
牡丹江 Mudanjiang	390813	385274	29840	71627		21834	49571
黑河 Heihe	1171200	1034437	282084	2605		484	2119
绥化 Suihua	332799	331388	275013	1847		1811	36
大兴安岭 Daxinganling	234635	230586	22308	135		135	
农垦总局 ARB	1136796	1070000	131812	17202		1894	8680
绥芬河 Suifenhe	4058	4050	415	337		62	275
抚远 Fuyuan	69590	69290	100				

12-14 续表2 CONTINUED

单位：万吨、吨 (10000 tons, tons)

年份 Year 地区 Region	麻类 Fiber Crops	#亚麻 Flax	甜菜 Beetsroots	烟叶 Tobacco	#烤烟 Flue-cured Tobacco	蔬菜、食用菌 Vegetables Mushroom	瓜果类 Melon
1980	19.0	17.5	287.6	2.8	2.2	523.6	
1981	19.2	18.3	312.7	4.4	3.4		
1982	6.5	5.9	274.3	8.0	6.9		
1983	13.5	13.1	515.2	5.7	4.4		
1984	19.0	18.6	422.8	7.1	6.1		
1985	15.0	14.8	315.2	8.9	7.0	485.1	
1986	20.7	20.4	389.8	10.5	8.1	585.0	
1987	31.2	31.1	330.4	10.4	8.8	463.9	
1988	35.4	35.5	555.1	14.0	12.4	526.5	
1989	22.4	22.3	397.5	23.1	12.4	526.1	
1990	22.4	22.3	632.0	21.9	19.3	563.7	76.5
1991	26.8	26.7	620.3	18.5	16.8	484.0	46.5
1992	19.6	19.5	539.8	13.6	12.6	578.1	72.4
1993	17.2	17.0	298.7	13.1	11.6	672.3	94.9
1994	21.7	21.7	322.7	10.0	8.9	679.6	104.0
1995	32.2	32.0	500.8	11.2	10.1	883.6	126.6
1996	23.7	23.6	491.9	18.1	16.9	916.7	129.1
1997	13.3	13.1	447.7	17.5	16.3	990.0	158.7
1998	9.1	9.0	310.2	9.4	8.3	998.5	160.0
1999	14.8	14.6	203.6	11.2	10.3	1187.3	221.9
2000	18.7	18.0	254.8	9.6	8.1	1325.6	319.4
2001	29.8	28.1	329.8	8.4	7.3	1250.2	335.9
2002	36.2	35.7	437.6	7.4	6.3	1324.7	353.2
2003	28.3	26.7	71.4	4.6	4.5	1198.3	316.5
2004	39.3	31.0	96.0	5.6	5.6	1061.6	273.1
2005	36.1	34.5	155.0	7.4	7.4	1153.5	306.4
2006	29.4	20.5	205.0	5.6	5.6	1135.6	366.6
2007	18.0	15.4	237.2	6.9	6.9	1058.5	321.5
2008	16.5	15.0	260.0	7.8	7.8	1057.9	308.2
2009	4.5	4.4	110.0	8.3	7.3	701.2	218.3
2010	2.2	2.2	175.0	9.6	8.5	723.8	233.0
2011	1.2	1.2	275.0	8.5	7.8	789.9	225.6
2012	1.0	0.9	273.0	9.7	8.8	866.4	211.8
哈尔滨 Harbin	8	8	3993	12506	11612	1999214	365552
齐齐哈尔 Qiqihar			1064657	764	16	980632	220382
鸡西 Jixi			576	4169	4139	181048	23400
鹤岗 Hegang			1040	2161	2161	69162	9250
双鸭山 Shuangyashan			77601	6014	5546	252532	125335
大庆 Daqing	130	130	96288	7569	7569	1218328	390904
伊春 Yichun	1000		7500			322223	14491
佳木斯 Jiamusi			121815	10177	10177	830947	131856
七台河 Qitaihe			1114	5881	5866	164888	40585
牡丹江 Mudanjiang	165	165	83397	32791	26627	1579067	168207
黑河 Heihe	4590	3900	202200	141		403354	136174
绥化 Suihua	899	899	411882	12631	12371	1033827	255519
大兴安岭 Daxinganling	534	534				123728	14124
农垦总局 ARB	2840	2840	759113	2085	2085	204204	222457
绥芬河 Suifenhe						4095	129
抚远 Fuyuan						6729	

12-15 主要农产品单位面积产量
YIELD OF MAJOR FARM CROPS PER HECTARE

单位：千克/公顷 (kg/hectare)

年份 地区	Year Region	粮食 Grain	水稻 Rice	小麦 Wheat	玉米 Corn	大豆 Soybean	薯类 Tuber	亚麻 Flax	甜菜 Beetsroots	烤烟 Flue-cured Tobacco
	1980	1998	3803	1868	2768	1350	2160	1980	11813	2678
	1981	1717	2498	1440	2453	1058	2048	2273	13343	2003
	1982	1622	2970	1418	2183	1148	1913		11228	1755
	1983	2141	3713	2138	2835	1418	2363	2475	15278	1598
	1984	2390	4478	1935	2533	1620	2655	1148	13860	2025
	1985	1947	4185	1845	2610	1463	1980	2003	10800	1598
	1986	3108	4343	1823	3758	1733	2273	2565	12713	1913
	1987	2344	3893	1890	3780	1598	3128	2588	12578	1733
	1988	2568	4410	2025	3848	1643	2880	2543	13028	1643
	1989	2298	3825	2183	3218	1283	3150	2543	12668	1643
	1990	3117	4658	2678	4658	1575	3398	2745	17663	1665
	1991	2914	4230	2183	4523	1485	2835	2768	14918	1373
	1992	3220	4838	2631	4815	1616	3690	2790	16268	1373
	1993	3163	5279	2543	5384	1650	3646	2676	10512	1500
	1994	3438	5485	2304	5836	1837	3679	2634	9390	1354
	1995	3457	5626	2628	5056	1746	3468	3205	15246	1567
	1996	3908	5739	2665	5421	1914	4155	3557	16922	1735
	1997	3883	6163	3075	4581	2408	3345	2447	17808	1583
	1998	3722	5909	2967	4823	1808	2479	2558	13450	1550
	1999	3796	5851	2982	4632	2074	2396	3013	16421	1696
	2000	3242	6489	1623	4390	1569	2071	2039	17482	1810
	2001	3333	6444	2450	3884	1726	3039	2262	18112	1769
	2002	3755	5861	3643	4785	2115	3116	3516	21999	1585
	2003	3195	6510	1854	4083	1730	2685	2416	6011	1379
	2004	3816	6687	3360	4902	1985	3398	3478	12710	2019
	2005	3640	6338	3744	5053	1775	2567	4190	19264	1850
	2006	3714	6511	3750	4908	1657	3128	4852	18457	2201
	2007	3790	7020	3244	4508	1390	2555	3734	26359	2429
	2008	3845	6191	3365	4496	1562	1942	4167	28889	2364
	2009	3821	6313	3969	4685	1477	4220	3915	17222	2265
	2010	4376	6659	3303	5321	1649	5163	4138	22476	2622
	2011	4843	7001	3485	5833	1691	5379	4507	33526	2440
	2012	5001	7072	3334	5564	1740	5461	5807	37439	2551
哈尔滨	Harbin	9018	9413		10064	2648	7065	2667	24054	3008
齐齐哈尔	Qiqihar	6143	7352	3881	7959	1999	5026		35126	5333
鸡西	Jixi	6884	8182	2604	7526	2067	3884		26182	1934
鹤岗	Hegang	5743	6188		6163	1490	5223		40000	2187
双鸭山	Shuangyashan	7034	7532	4094	7769	2089	3893		34065	2284
大庆	Daqing	9665	9405	1957	10519	2154	5424	4643	39887	3530
伊春	Yichun	4200	7960	3656	6336	2071	7897		37500	
佳木斯	Jiamusi	7821	8729	4059	9324	2237	6040		37574	2004
七台河	Qitaihe	5402	6890		6263	1953	5394		27171	2274
牡丹江	Mudanjiang	5604	7872	2944	7540	2085	4825	3000	47224	2630
黑河	Heihe	3490	6809	4240	7103	1929	4651	7753	30000	
绥化	Suihua	9042	9092	6507	9654	2788	6700	2900	39577	2720
大兴安岭	Daxinganling	2749		3791	5909	2102	4622	4015		
农垦总局	ARB	7754	8850	6080	8350	2754	7975	5154	49505	2957
绥芬河	Suifenhe	3175		2167	5775	2062	5253			
抚远	Fuyuan	5914	7356		7244	1572	7692			

注:全省粮食、水稻、小麦、玉米和大豆的单位面积产量为国家统计局黑龙江调查总队抽样调查数。

Note:The per hectare yield of grain ,rice ,wheet ,corn and . soybeen come from Survey Organization of Hei Long Jiang of NBS .

12-16 水果生产情况

YIELD OF FRUITS

年 份 Year 地 区 Region	果园面积（公顷） Area of Orchards (hectare)				水果产量（吨） Yield of Fruits (ton)			
	总 计 Total	#苹果 Apples	#梨 Pears	#葡萄 Grapes	总计 Total	#苹果 Apples	#梨 Pears	#葡萄 Grapes
2005	39488	15488	5345	1708	461974	177432	48422	20720
2006	37593	13334	4919	1632	471209	159759	49124	22728
2007	40901	13166	5128	1781	517659	150534	46524	21847
2008	40960	11950	5250	2730	593539	138330	47078	45062
2009	35340	12000	4230	2480	493241	140670	41164	42206
2010	36153	11419	4836	2991	466371	117019	37648	56732
2011	34976	10854	4556	2965	542336	113984	40224	62120
2012	35330	11640	3984	3961	567404	150661	37259	83443
哈尔滨 Harbin	8026	1460	498	862	184336	34073	7154	8320
齐齐哈尔 Qiqihar	3340	508	84	367	26611	12975	1050	5078
鸡 西 Jixi	2743	783	426	132	73501	17694	9954	1141
鹤 岗 Hegang	25	17		3	909	580		135
双鸭山 Shuangyashan	1193	290	84	78	8602	1883	322	1437
大 庆 Daqing	3024	79		1800	87179	3413		50983
伊 春 Yichun	146	1	33	4	2997	118	333	245
佳木斯 Jiamusi	767	102	66	42	6046	1844	1113	729
七台河 Qitaihe	207	20	28	29	2079	92	118	277
牡丹江 Mudanjiang	10545	6273	2718	365	95181	62870	16543	5764
黑 河 Heihe	2			1	66			46
绥 化 Suihua	2414	20		218	48724	285		8704
大兴安岭 Daxinganling	348				14124			
农垦总局 ARB	2540	2087	47	60	16970	14834	672	584
绥芬河 Suifenhe	10				79			
抚 远 Fuyuan								

12-17 蔬菜、食用菌生产情况

YIELD OF VEGETABLE AND MUSHROOM

年 份 Year 地 区 Region	播种面积（公顷） Sown Area (hectare)				产量（吨） Yiold (ton)			
	总 计 Total	#白菜 Chinese Cabbage	#黄瓜 Cucumber	#萝卜 Radish	总计 Total	#白菜 Chinese Cabbage	#黄瓜 Cucumber	#萝卜 Radish
2005	333390	111305	23399	9078	11535465	4961917	777779	501397
2006	331094	113435	21731	14886	11327103	4888475	695098	487233
2007	291100	90206	20486	14041	10187924	3981792	698375	487481
2008	287700	86730	20330	14490	10578998	4094636	714842	492696
2009	187580	57040	15250	10590	7011518	2583124	589175	353666
2010	184480	53888	14407	9531	7238268	2647390	566848	357713
2011	223130	76560	17405	13742	7899314	3113831	618806	496705
2012	249850	68620	19280	13946	8664146	2887730	666798	495756
哈尔滨 Harbin	61455	17125	5655	3726	1999214	804973	165688	110374
齐齐哈尔 Qiqihar	25506	10301	1673	966	980632	470915	58667	39045
鸡 西 Jixi	3678	919	345	283	181048	63810	21093	9602
鹤 岗 Hegang	2123	700	225	177	69162	33040	6661	3251
双鸭山 Shuangyashan	6261	1430	450	420	252532	63748	22943	18046
大 庆 Daqing	28464	8032	2333	1856	1218328	433517	119543	89620
伊 春 Yichun	6691	2174	301	378	322223	110139	15530	19451
佳木斯 Jiamusi	29193	10923	2149	2477	830947	394738	61127	83309
七台河 Qitaihe	3159	1115	320	171	155056	56946	15484	8589
牡丹江 Mudanjiang	34457	3263	2216	947	1579067	149748	109574	39969
黑 河 Heihe	11258	4668	901	725	403354	187951	29203	18721
绥 化 Suihua	28468	15099	2232	1538	1033827	602932	98242	43268
大兴安岭 Daxinganling	2594	1306	123	141	123728	63741	4752	6553
农垦总局 ARB	3994	1253	328	93	204204	68676	17550	4810
绥芬河 Suifenhe	84	46	3	4	4095	2630	143	174
抚 远 Fuyuan	304	117	27	44	6729	2790	598	974

12-18 畜牧业生产情况

NUMBER OF LIVESTOCK

单位：万头、头 (10000 heads, head)

年 份 Year 地 区 Region	大牲畜数量 Large Animals	#农役畜 Dtaught Animals	黄牛及肉牛 Oxes	奶牛 Milk Cow	马 Horses	驴 Donkeys	骡 Mules
1978	286.9	170.9	105.1	6.2	164.5	4.8	6.3
1980	257.8	149.0	95.6	7.8	143.6	4.6	6.2
1985	305.5	195.1	149.9	25.8	117.9	6.4	5.5
1986	314.0	191.9	156.7	31.9	113.3	6.5	5.6
1987	314.6	183.3	155.9	40.3	106.5	6.4	5.5
1988	318.1	183.4	157.7	47.0	101.3	6.6	5.5
1989	324.1	183.8	165.0	49.2	98.0	6.2	5.7
1990	348.2	193.7	182.8	54.0	99.2	6.3	5.9
1991	358.7	191.3	192.4	57.9	95.7	6.4	6.3
1992	365.3	186.8	200.6	61.1	90.1	7.0	6.5
1993	376.4	190.0	221.2	55.1	86.7	7.2	6.3
1994	420.2	193.4	265.9	56.4	83.4	8.2	6.5
1995	485.7	223.6	326.6	61.7	81.9	8.9	6.8
1996	540.6	220.6	376.7	65.8	81.2	9.8	7.1
1997	545.3	201.5	383.1	67.2	78.7	9.3	6.9
1998	549.5	213.5	388.1	68.5	77.8	8.9	6.3
1999	549.0	216.1	389.6	68.6	76.6	8.3	5.9
2000	547.7	209.6	391.5	69.8	72.8	7.9	5.6
2001	558.3	206.5	400.4	77.8	66.6	8.1	5.3
2002	598.3	195.2	432.3	93.3	60.0	7.6	5.1
2003	690.3	177.6	506.8	117.6	53.0	7.7	5.1
2004	773.0	174.2	573.9	141.0	45.5	7.7	4.8
2005	840.2	164.5	622.3	164.3	41.2	7.6	4.8
2006	541.2	77.7	343.1	161.7	26.6	6.4	3.3
2007	587.7	66.5	367.0	181.4	28.5	7.5	3.2
2008	776.5	92.9	378.8	221.5	28.2	8.1	3.7
2009	567.4	94.9	354.2	197.0	26.8	8.3	3.7
2010	573.3	47.7	328.3	205.4	27.6	8.8	3.5
2011	557.7	44.4	326.1	192.7	26.7	8.7	3.4
2012	557.6	33.3	326.3	202.2	25.9	8.7	3.2
哈尔滨 Harbin	2120303	224605	1579532	448672	67005	16275	8819
齐齐哈尔 Qiqihar	1705664	62439	946864	680898	41672	31168	5062
鸡 西 Jixi	151510	13812	116825	28151	4559	1165	810
鹤 岗 Hegang	45461	140	20810	24469	170	12	
双鸭山 Shuangyashan	452515	10117	429062	21712	1295	292	154
大 庆 Daqing	969027	9563	321452	601774	28095	15299	2407
伊 春 Yichun	131572	5158	84951	42385	3242	897	97
佳木斯 Jiamusi	626434	45025	557998	60599	6255	757	825
七台河 Qitaihe	53966	348	51492	1533	649	137	155
牡丹江 Mudanjiang	415672	162655	377448	5912	20894	1761	9657
黑 河 Heihe	482081	1111	377107	92380	12232	282	80
绥 化 Suihua	2177278	217268	1496293	594093	65773	16980	4139
大兴安岭 Daxinganling	34965	3476	27706	2429	4200	628	2
农垦总局 ARB	1008516	447	555812	449480	2068	1121	35
绥芬河 Suifenhe	1433	570	1175	101	81	72	4
抚 远 Fuyuan	57533	56763	101	375	140	154	

注：1. 2006、2007年数据是与第二次农业普查衔接后数据，
2. 2009年起，全省畜牧业数据为国家统计局反馈数据。

Note: a) Data from 2006 to 2007 on national accounts have been adjusted according to the results of the second national agricultural census.
b) In 2009, entire province animal husbandry data was State Statistical Bureau feedback data.

12-18 续表 CONTINUED

年 份 Year 地 区 Region	肉猪出栏数量（万头、头）Slaughtered Fattened Hogs (10000 heads, head)	猪年末数量（万头、头）Hogs (10000 heads, head)	羊年末数量（万只、只）Sheep and Goats (10000 heads, head)	山 羊 Goats	绵 羊 Sheep	家 禽（万只、只）Poultry (10000 heads, head)
1978	403.7	835.0	218.7	11.7	207.0	1899.7
1980	446.0	716.7	303.0	32.6	270.4	2238.7
1985	383.5	592.9	229.6	30.8	198.8	5947.5
1986	392.4	564.8	210.4	25.1	185.3	5081.9
1987	371.6	438.4	218.5	23.5	195.0	5507.4
1988	334.8	486.8	236.7	24.5	212.2	6531.4
1989	350.5	548.7	264.3	28.1	236.2	7027.2
1990	458.6	654.9	283.3	34.2	249.1	7791.1
1991	511.7	683.7	291.0	35.8	255.2	9398.4
1992	524.4	678.6	281.7	35.6	246.1	10280.4
1993	509.4	665.0	279.8	45.0	234.8	11284.4
1994	573.8	719.0	326.0	61.3	264.7	13302.5
1995	672.4	855.9	389.2	94.7	294.5	16530.6
1996	882.4	900.7	431.6	124.0	307.6	18297.3
1997	936.5	932.2	440.5	122.1	318.4	18580.7
1998	1063.1	958.1	462.8	121.5	341.3	12028.6
1999	1123.2	1014.4	481.1	120.2	360.9	12878.2
2000	1206.6	1085.4	507.4	123.8	383.6	13144.5
2001	1300.2	1123.0	567.8	147.3	420.4	13739.4
2002	1395.4	1163.0	749.1	228.7	520.4	14783.4
2003	1599.6	1326.4	1029.5	403.0	626.5	15987.7
2004	1905.4	1532.1	1153.6	448.2	705.4	16691.5
2005	2238.0	1670.4	1180.3	408.9	771.4	16680.8
2006	1670.1	1209.8	777.6	298.8	478.7	11985.9
2007	1868.6	1318.2	820.0	316.2	503.8	12515.5
2008	2350.2	1788.1	1010.8	352.9	657.9	16625.2
2009	1512.6	1356.7	897.7	338.3	559.4	12886.5
2010	1601.8	1360.8	893.4	331.6	561.6	13079.8
2011	1635.9	1367.9	915.7	337.3	578.4	13715.9
2012	1765.2	1381.6	898.3	323.0	575.3	14658.9
哈尔滨 Harbin	5275833	3776075	732599	312384	420215	68007632
齐齐哈尔 Qiqihar	3555774	3017391	2615918	441603	2174315	25038183
鸡 西 Jixi	796234	550909	273864	122811	151053	5062126
鹤 岗 Hegang	547767	411244	73568	27772	45796	1720635
双鸭山 Shuangyashan	1200059	841370	656700	368617	288083	9891054
大 庆 Daqing	1902118	1493431	1217187	103692	1113495	19140804
伊 春 Yichun	565749	359514	177687	147718	29969	6895465
佳木斯 Jiamusi	3451604	2284711	829010	251877	577133	11522301
七台河 Qitaihe	439582	319930	190489	30710	159779	4002600
牡丹江 Mudanjiang	1351232	1092473	444645	163410	281235	7918767
黑 河 Heihe	690252	649957	886510	454864	431646	2338740
绥 化 Suihua	6027871	4763490	1914072	297201	1616871	58337745
大兴安岭 Daxinganling	99878	87235	132873	96665	36208	792400
农垦总局 ARB	5240563	2718515	1707498	892584	814914	16711690
绥芬河 Suifenhe	28910	19100	1360	420	940	98000
抚 远 Fuyuan	87796	79936	56499	32127	24372	327600

12-19 畜产品产量

OUTPUT OF LIVESTOCK PRODUCTS

单位：万吨、吨　　（年末数 ,at the Year-end）　　(10000 tons, ton)

年份 地区	Year Region	肉类产量 Output of Meat	#猪牛羊肉产量 Output of Pork, Beef and Mutton	猪肉 Pork	牛肉 Beef	羊肉 Mutton	#禽肉 Meat of Poultry	奶类 Milk	#牛奶 Cow Milk
	1978		31.9						
	1980		37.1	34.8	1.6	0.7		13.9	12.4
	1985	34.9	31.5	29.7	1.0	0.8	3.4	45.5	43.0
	1986	36.4	33.1	31.1	1.5	0.5	3.3	56.3	53.8
	1987	36.3	32.1	29.1	2.4	0.6	4.2	68.1	66.3
	1988	37.9	32.0	28.6	2.7	0.7	5.9	83.1	81.8
	1989	40.9	33.2	29.5	2.9	0.7	7.4	88.2	87.1
	1990	55.9	46.0	39.5	5.2	1.3	9.7	102.7	101.7
	1991	62.7	50.9	43.4	6.1	1.4	11.3	114.2	112.6
	1992	66.3	53.2	44.4	7.3	1.5	12.4	122.5	120.4
	1993	65.4	52.4	42.6	8.4	1.4	12.3	113.3	111.6
	1994	77.7	61.7	47.5	12.4	1.8	14.9	113.1	110.8
	1995	90.3	70.3	53.4	15.0	1.9	18.8	121.2	121.2
	1996	116.0	93.2	68.9	21.9	2.5	21.4	136.2	133.3
	1997	125.9	100.1	74.1	23.5	2.6	25.9	143.0	140.5
	1998	142.7	112.2	83.5	25.7	3.0	29.0	144.5	142.1
	1999	150.9	119.5	89.0	27.3	3.2	30.0	145.0	142.8
	2000	159.9	125.9	95.4	27.1	3.5	32.4	156.5	154.3
	2001	171.2	134.4	101.4	29.0	3.9	34.5	192.4	189.0
	2002	190.0	147.9	110.9	32.3	4.7	40.0	239.8	235.8
	2003	217.2	167.5	125.0	35.8	6.7	47.7	304.0	300.5
	2004	260.5	203.4	149.5	44.9	9.0	54.7	378.1	374.5
	2005	306.3	242.5	177.1	54.1	11.3	61.4	444.2	440.2
	2006	218.5	172.8	131.1	32.0	9.7	43.0	438.3	432.6
	2007	234.2	188.8	144.5	34.4	9.9	42.8	478.4	473.6
	2008	303.3	242.2	182.7	47.5	12.0	58.7	585.1	580.6
	2009	187.6	156.6	108.2	36.8	11.6	28.9	649.5	528.7
	2010	197.9	165.6	114.5	39.0	12.1	30.1	558.8	552.5
	2011	201.2	168.0	116.9	39.3	11.8	31.0	550.4	543.1
	2012	216.2	180.2	128.4	39.7	12.1	33.7	565.0	559.9
哈尔滨	Harbin	832352	582617	402904	171637	8076	246412	1440548	1415560
齐齐哈尔	Qiqihar	496500	405356	274972	102081	28303	87727	1626988	1623902
鸡西	Jixi	100471	83568	60009	17785	5774	15694	77557	76506
鹤岗	Hegang	50487	45639	41082	3309	1248	4827	61845	61845
双鸭山	Shuangyashan	173120	142936	93027	38871	11038	29677	49526	49186
大庆	Daqing	313894	208744	150062	44396	14286	101856	1735409	1735409
伊春	Yichun	113968	57169	43269	9675	4225	54795	84371	77663
佳木斯	Jiamusi	353518	316798	273442	34281	9075	36453	143388	142953
七台河	Qitaihe	56488	43211	35269	5709	2233	13262	7176	7176
牡丹江	Mudanjiang	160689	135193	102761	27396	5036	23643	16147	15746
黑河	Heihe	93392	87014	51379	27616	8019	6201	198689	196750
绥化	Suihua	859151	652979	465950	162656	24373	203760	1562091	1547659
大兴安岭	Daxinganling	15149	11796	8465	2028	1303	2113	5166	5166
农垦总局	ARB	690756	578009	403991	136317	37701	108728	1482960	1482875
绥芬河	Suifenhe	2611	2317	2168	128	21	210	321	277
抚远	Fuyuan	12929	12415	6585	4847	983	514	355	355

注:2006、2007年数据是与第二次农业普查衔接后数据。

Note:Data from 2006 to 2007 on national accounts have been adjusted according to the results of the second national agricultural census.

12-19 续表 CONTINUED

单位：吨 (ton)

年份 地区	Year Region	绵羊毛 Sheep Wool	#细羊毛 Fine Wool	#半细羊毛 Semi-Fine Wool	山羊毛 Goat Wool	羊绒（吨、公斤） Cashmere (ton, kg)	禽蛋（万吨、吨） Poultry Eggs (10000 tons, ton)	蜂蜜（吨、公斤） Honey (ton, kg)	蚕茧（吨、公斤） Silkworm Cocoons (ton, kg)
	1978							4770	2079
	1980	9635	4409	5043	102	4		5290	2469
	1985	7564	3476	3992	57	5	20.5	5458	1069
	1986	6542	2830	3593	30	11	18.6	3932	1197
	1987	7086	3019	4002	26	19	20.5	4933	683
	1988	7474	3295	4067	68	15	23.8	4529	779
	1989	8503	3390	4942	125	11	24.3	4012	1052
	1990	9614	3672	5852	93	4	30.9	3052	1451
	1991	9737	3980	5757	75	4	36.8	2640	1427
	1992	9330	3503	5827	92	2	37.8	2600	1069
	1993	8329	3192	5137	112	1	36.8	2899	1021
	1994	8817	3399	5418	99	2	40.8	2801	1052
	1995	9751	3114	6637	96	6	48.6	3038	863
	1996	11847	4004	7843	115	12	62.4	2964	879
	1997	13014	3820	9194	91	18	67.5	2934	843
	1998	12921	3956	8965	91	19	71.2	2678	1049
	1999	12793	3548	9245	108	17	74.9	2956	1395
	2000	13550	4365	9185	62	22	75.3	3765	1382
	2001	14540	4423	10117	182	58	80.3	7331	1923
	2002	17505	4576	12212	251	181	84.6	7781	2670
	2003	20606	6107	13154	713	393	90.3	7016	3112
	2004	24391	6297	16817	712	691	98.3	11884	3270
	2005	25734	5296	17769	874	793	102.7	11286	3370
	2006	19691	6022	13224	921	732	90.4	12716	3030
	2007	20862	6064	12632	1044	772	94.8	10751	3365
	2008	23449	4222	17366	1350	688	109.3	12281	3564
	2009	25309	4611	20689	1152	770	101.9	15168	3018
	2010	27058	5574	19399	1724	819	105.3	16402	3062
	2011	29013	5532	21136	1852	687	105.4	20370	5308
	2012	31755	5453	23404	1479	707	108.2	19691	5051
哈尔滨	Harbin	1295	364	931	109	4046	376860	1658130	27180
齐齐哈尔	Qiqihar	8784	3339	5445	24	12798	160367	207032	300000
鸡西	Jixi	808	40	29	150	32795	50206	1332097	265830
鹤岗	Hegang	206		198		4146	14058	105060	
双鸭山	Shuangyashan	1284		1284		119701	28329	4327700	128600
大庆	Daqing	5777	1073	4490	428	2769	102268	1255	
伊春	Yichun	67	6	15	13	33167	47027	3766468	
佳木斯	Jiamusi	2191	18	1409	312	23952	75870	125692	616936
七台河	Qitaihe	583		15	45	3822	19098	3500	
牡丹江	Mudanjiang	1314		1314	137	15848	43374	6000250	3182474
黑河	Heihe	1584		1056		85664	16713	329266	569500
绥化	Suihua	5211	15	5196	120	22	427203	229113	
大兴安岭	Daxinganling	47	1	15	64	24446	5557	267972	60265
农垦总局	ARB	2598	597	2001	77	333119	89456	1321929	
绥芬河	Suifenhe	6		6			782	16000	
抚远	Fuyuan					10978	1326		

12-20 林业生产情况

BASIC STATISTICS ON FORESTRY

指标	Item	2007	2009	2010	2011	2012
营林情况(千公顷)	**Area of Afforestation (1000 hectares)**					
荒山荒沙地造林面积	Area of Afforestation in Current Year	88.3	216.2	235.2	124.2	157.0
#人工造林	#Artifical Afforestation	88.3	190.2	167.9	72.4	103.7
按用途分	Grouped by Use					
用材林	Timber Forest	17.2	22.2	16.1	1.7	13.9
经济林	Economic Forest	0.6	1.9	0.8	2.0	4.0
防护林	Shelter-forest	69.8	187.7	210.7	101.0	137.5
薪炭林	Charcoal Forest				0.3	0.05
特种用途林	Special Use Forest	0.2	4.4	6.8	2.5	1.6
更新面积	Reforestation Areas	36.3	21.9	8.8	8.3	26.4
育苗面积	Grow Seedlings Areas	9.4	12	12.1	12.9	13.2
幼林抚育作业面积（千公顷次）	Working Area of Tending Young Forest (1000 hectare-times)	594.1	714.5	766.2	678.7	587.8
成林抚育面积	Mature Timber Fostering Areas	308.5	344.3	427.7	988.1	880.0
零星植树(万株)	Oddly Tree Planting(10000 roots)	1516.6	2494.8	2246.2	1833.3	1371.0
林木采伐(万立方米)	**Forest Cutting (10000 cu.m)**	**758.4**	**751.4**	**770.0**	**422.4**	**371.7**

12-21 水产品产量

OUTPUT OF AQUATIC PRODUCTS

单位：吨 (ton)

年份 Year 地区 Region	总产量 Total	#鱼类 Fish	#虾蟹类 Shrimps	#贝类 Shell-fish	#淡水捕捞 Fresh Water Fishing	#人工养殖 Artificially Cultured	#鱼类 Fish
1980	20172	20122	31	19		8953	8953
1985	66389	65527	759	103		38205	38205
1990	147869	146916	892	52		99929	99929
1995	252900	251536	1253	108		200688	200676
1996	290209	287973	2164	67		238313	238281
1997	323450	321708	1419	71		274878	274588
1998	357033	351773	5221	37		283922	281916
1999	364998	362808	2151	37		312753	312418
2000	382153	380586	1522	43		324516	324230
2001	401892	399823	2019	47		364882	364586
2002	417786	416256	1121	48		365589	365031
2003	418915	415578	3229	99		371105	368678
2004	430066	425003	4637	397		376498	372885
2005	445970	438486	5936	451		395208	389532
2006	330852	324237	5308	390		292050	286638
2007	342505	335676	5525	372		303769	298143
2008	355800	350628	4784	367	41795	314005	309927
2009	380700	375354	4943	377	43149	337551	333096
2010	399700	394052	5323	284	46885	352815	347952
2011	356720	353781	2927	512	54203	314998	314998
2012	452840	447524	4914	356	51946	400894	396431
哈尔滨 Harbin	94918	94537	329	6	4716	90202	89856
齐齐哈尔 Qiqihar	52487	50978	1509		16568	35919	34558
鸡西 Jixi	32724	32200	524		3000	29724	29260
鹤岗 Hegang	7213	7182	31		390	6823	6792
双鸭山 Shuangyashan	7369	7369			800	6569	6569
大庆 Daqing	86362	84848	1164	350	16778	69584	68680
伊春 Yichun	2869	2869			390	2479	2479
佳木斯 Jiamusi	43018	42792	226		1720	41298	41072
七台河 Qitaihe	3538	3538				3538	3538
牡丹江 Mudanjiang	14173	14133	40		930	13243	13203
黑河 Heihe	8595	8573	22		1338	7257	7235
绥化 Suihua	96398	95335	1063		3996	92402	91339
大兴安岭 Daxinganling	941	941			300	641	641
绥芬河 Suifenhe	222	222				222	222
抚远 Fuyuan	2013	2007	6		1020	993	987

注:2006、2007年数据是与第二次农业普查衔接后数据。

Note:Data from 2006 to 2007 on national accounts have been adjusted according to the results of the second national agricultural census.

12-22 特种作物生产情况

PRODUCTION OF SPECIAL CROPS

指 标	Item	播种面积（公顷） Sown Area(hectare)				产量（吨） Yield(ton)			
		2009	2010	2011	2012	2009	2010	2011	2012
药 材	Herb	31776	36600	50658	47073				
#人 参	#Panax	1629	1350	1345	1487	3178	2836	2326	2495
甘 草	Liquorice	1531	2029	2026	2158	1297	438	972	957
枸 杞	Medlar	129	346	570	482	442	1117	1328	1759
龙胆草	Gentian	86	53	24	1	72	48	19	2
月苋草	Evening Primrose	2369	814	1408	1538	3252	1525	2291	2609
白瓜籽	Pumpkin seeds	78951	89483	78632	61037	97926	110984	101438	89182
万寿菊	Marigold	6637	6844	3445	7518	121034	93076	59532	133862
甜叶菊	Stevia Rebaudiana	2159	5257	1860	1867	6213	17572	5727	5409
甜葫芦	Sweet Calabash	4330	644	5538	496	535	1280	4081	1274
花 卉	Flower	1930	986	1351	2128				

12-22 续表 CONTINUED

指 标	Item	产量（吨） Yield(ton)				
		2008	2009	2010	2011	2012
食用菌(吨)	Edible Mushroom(ton)	236496	323365	491123	505974	640163
黑木耳(干品)	Jew's-ear(dry)	103631	149105	169604	213331	248156
香菇(干品)	Lentinus Eddoes(dry)	2737	3428	13159	11582	10692
蘑菇类(鲜品)	Others(fresh)	130128	170832	308360	281060	381315
鲜切花(万枝)	Fresh Flower and Ikebana(10000 branch)	214	148	270	131	179
盆栽观赏植物(包括盆景)(万盆)	Potted Ornamental(include bonsai)(10000 basin)	231	357	336	393	439

12-23 特色养殖生产情况

PRODUCTION OF CHARACTERISTIC BREEDING

指 标	Item	年末存栏 Stock at Year-end			指 标	Item	出栏数量和产量 Output		
		2010	2011	2012			2010	2011	2012
熊(只)	Beer(head)	2740	3120	3546	熊胆汁(千克)	Beer Bile(kg)	18087	21150	22917
鹿(只)	Deer(head)	84839	81235	77192	鹿茸(千克)	Deer horn(kg)	66967	76807	70355
鸵鸟(只)	Ostrich(head)	246	847	584	出栏山鸡(只)	Wild Chicken(head)	162107	231463	266437
山鸡(只)	Wild Chicken(head)	209995	235287	218251	出栏笨鸡(万只)	Domestic Chicken (10000 heads)	2655	2922	2990
貉子(只)	Racoon Dog(head)	1251003	881244	984651					
鹧鸪(只)	Francolin(head)	24589	12369	13152	出栏肉犬(只)	Slaughtered Dog(head)	273181	353875	345257
狐(只)	Fox(head)	604872	683682	773604	林蛙(千克)	Rana Japonoca Guenlher(kg)	339804	447478	487769
笨鸡(万只)	Domestic Chicken (10000 heads)	2602	2715	2790					
					蚕茧(吨)	Pod(ton)	3062	5308	5151

12-24 绿色食品种植业和山特产品情况(2012年)

BASIC STATISTICS ON GREEN FOOD AND SPECIAL MOUNTAIN-PRODUCTS (2012)

单位：万公顷、万吨 (10000 hectares, 10000 tons)

指　标	Item	A级 Grade A		有机食品 Organic Food	
		面积	产量	面积	产量
种植业合计	**Total Crops**	**442.67**	**2262.7**	**5.33**	**27.3**
水　稻	Rice	135.49	1095.3	2.08	15.9
小　麦	Wheat	13.67	51.1	0.50	1.9
玉　米	Corn	111.18	483.1	0.81	3.1
谷　子	Millet	1.91	6.9	0.05	0.1
大　豆	Soja	118.49	178.9	1.01	1.9
绿　豆	Mung bean	2.14	3.3	0.04	0.1
马铃薯	Tubers	12.00	200.5	0.05	0.2
甜　菜	Beetroots	5.29	143.1	0.01	0.3
蔬　菜	Vegetables	1.69	36.9	0.02	0.3
其　它	Others	40.81	63.6	0.77	3.5
山特产品合计	**Total Special Mountain-Product**		**4.8**		**0.5**
山野菜	Potherb		0.5		
食用菌	Edible Mushroom		3.5		0.2
其　它	Others		0.8		0.3

12-25 绿色食品养殖业情况

BREED AQUATICS OF GREEN FOOD

指　标	Item	2008	2009	2010	2011	2012
牵动农户(户)	Number of Affected Households(household)	148618	131383	144556	145149	146000
生猪存栏(头)	Hogs in Stock(head)	14060	15200	17520	12327	13000
生猪出栏(头)	Slaughtered Fattened Hogs(head)	19300	20030	22450	20861	22000
猪肉产量(吨)	Output of Porks(ton)	1399	1338	1527	1408	1539
肉牛存栏(头)	Oxes in Stock(head)	50800	43200	51200	52300	51000
肉牛出栏(头)	Slaughtered Fattened Beef(head)	80900	85300	87650	74200	72000
牛肉产量(吨)	Output of Beef(ton)	12135	12795	13586	11493	11027
奶牛存栏(头)	Milch Cow in Stock(head)	581187	539200	557600	514000	483000
牛奶产量(吨)	Output of Milk(ton)	1801680	1671520	1728560	1595620	1499000
鹅存栏(只)	Goose in Stock(head)	420000	452100	431800	606000	786000
鹅出栏(只)	Slaughtered Fattened Goose(head)	874540	870230	854300	978060	1073000

12-26 绿色食品加工企业情况

BASIC STATISTICS ON GREEN FOOD PROCESSING

指 标	Item	2008	2009	2010	2011	2012
企业个数(个)	Number of Enterprises(unit)	492	500	521	530	550
职工人数(万人)	Number of Staff and Workers(10000 persons)	13.2	14.9	15.9	17.3	19.1
#技术人员	#Technicians	1.4	1.5	1.4	1.8	2.1
#中级职称以上	#the Secondary Title and Above	0.7	0.7	0.7	0.9	0.9
资产总额(亿元)	Total Assets(100 million yuan)	297.8	304.8	331.2	335.5	338.9
流动资产(亿元)	Circulating Funds(100 million yuan)	155.9	152.1	163.0	161.8	162.5
固定资产(亿元)	Fixed Assets(100 million yuan)	135.7	139.2	135.3	160.4	164.7
投资额度(亿元)	Investment Amount(100 million yuan)	78.0	78.3	91.7	134.9	162.4
国家预算内投资	State Budgetary Approriation	5.1	5.1	3.5	1.7	1.4
国内贷款	Domestic Loans	13.1	10.3	11.0	5.9	6.3
利用外资	Foreign Investment	4.0	2.8	8.4	28.0	32.9
自筹资金	Fundraising	47.8	52.5	62.6	95.9	118.2
其他投资	Others	7.8	7.6	6.1	3.5	3.6
产品产量(万吨)	Yield of Products(10000 tons)	730.0	768.0	800.0	910.0	1040.0
产值(亿元)	Output Value(100 million yuan)	232.6	241.4	300.4	435.0	650.0
利税(亿元)	Profit and Revenue(100 million yuan)	31.4	32.6	35.3	42.9	45.3
定单数量(万吨)	Amount of Orders(10000 tons)	291.0	306.9	310.4	380.7	409.6
#省 内	#Inside the Province	96.5	100.8	100.1	121.7	125.6
省 外	Outside the Province	189.4	202.1	205.7	241.8	263.9
国 外	at Abroad	5.1	4.0	4.6	17.2	20.1

12-27 受灾面积

AREAS COVERED BY NATURAL DISASTER

单位：千公顷 (1000 hectares)

地 区	Region	2006	2007	2008	2009	2010	2011	2012
全 省	**Total**	**5098.2**	**6652.6**	**4933.8**	**6867.6**	**5225.6**	**3488.1**	**4463.5**
哈尔滨	Harbin	613.8	1083.8	723.2	774.7	136.4	284.7	839.8
齐齐哈尔	Qiqihar	1484.5	1903.0	1293.1	1680.9	2266.3	1151.0	1353.1
鸡 西	Jixi	55.7	207.2	137.0	180.4	34.9	60.6	105.5
鹤 岗	Hegang	37.8	159.9	70.5	148.5	81.4	63.0	17.4
双鸭山	Shuangyashan	159.5	393.9	168.8	239.1	107.0	94.9	236.0
大 庆	Daqing	267.8	499.2	284.9	453.0	352.4	377.8	176.0
伊 春	Yichun	153.0	131.6	110.6	164.1	158.3	83.4	154.7
佳木斯	Jiamusi	463.8	870.2	657.6	920.6	428.6	207.8	343.9
七台河	Qitaihe	18.8	122.3	71.0	77.0	80.2	60.9	140.4
牡丹江	Mudanjiang	46.4	236.6	151.0	209.9	66.3	358.6	77.8
黑 河	Heihe	623.3	688.8	289.8	663.3	465.2	187.2	262.6
绥 化	Suihua	1138.0	1333.8	939.7	1317.0	1034.9	533.1	749.9
大兴安岭	Daxinganling	35.9	35.6	36.7	39.2	13.6	25.0	6.2

注：1. 2007年受灾面积为国家认定数据，不等于各地市之和。
2. 牡丹江数据包括绥芬河，佳木斯数据包括抚远。

Note: 1. In 2007 the disaster area recognizes the data for the country, is not equal to sum of the various prefectures.
2. The data of Mudanjiang include Suifenhe, Jia Musi include Fuyuan.

12-28 农垦系统农牧场基本情况

BASIC STATISTICS ON LAND RECLAMATION SYSTEM

指　标	Item	2008	2009	2010	2011	2012
农牧场数(个)	Number of Farms and Pastures(unit)	113	113	113	113	113
职工人数(万人)	Number of Staff and Workers(10000 persons)	44.4	45.1	46.4	46.1	45.1
耕地面积(万公顷)	Cultivated Area(10000 hectares)	253.6	265.0	280.1	285.4	288.0
农业机械总动力(万千瓦)	Total Power of Agricultural Machinery(10000 kw)	564.3	604.5	671.6	745.6	818.6
大中型农用拖拉机(万台)	Large and Medium Agricultural Tractors(10000 units)	4.4	4.8	5.3	5.8	6.2
小型拖拉机(万台)	Mini Tractors(10000 units)	7.3	7.2	7.0	6.8	6.5
联合收割机(台)	Combine Harvesters(unit)	16429	17874	19802	21888	26352
农用载重汽车(辆)	Trucks for Agricultural Use(unit)	965	973	775	872	900
农用化肥施用折纯量(万吨)	Consumption of Chemical Fertilizers(10000 tons, Converting the gross weight into weight containing 100% effective component)	39.5	43.7	48.4	52.8	58.0
农业总产值(亿元)	Gross Agricultural Output Value(100 million yuan)	464.5	555.7	693.0	818.2	905.8
农林牧渔业增加值(亿元)	Value-added of Farming, Forestry, Animal Husbandry and Fishery(100 million yuan)	245.0	292.2	365.6	438.7	491.6
农林牧渔业商品产值(亿元)	Commodity Output Value of Farming, Forestry, Animal Husbandry and Fishery(100 million yuan)	415.7	500.2	626.2	769.1	797.1
商品率(%)	Commodity Ratio(%)	91.5	92.5	93.2	94.0	94.1
粮食交售量(万吨)	Sale Amount of Grain(10000 tons)	1299.5	1528.7	1694.0	1914.8	1981.0
肥猪交售量(万吨)	Sale Amount of Hogs(10000 tons)	29.5	31.0	38.1	42.1	47.1
农作物总播种面积(千公顷)	Sown Area of Farm Crops(1000 hectares)	2502.0	2643.9	2801.2	2842.8	2870.6
#粮　食	#Grain	2296.4	2544.2	2702.9	2744.1	2797.8
甜　菜	Beetroots	21.8	12.7	12.4	17.9	15.3
油　料	Oil-bearing Crops	67.6	21.2	14.5	20.8	10.6
烤烟(公顷)	Flue-cured Tobacco(hectare)	157.0	203.0	239.0	467.0	705.0
亚麻(公顷)	Flax(hectare)	18338	3778	1250	854	551
主要农产品产量	Yield of Major Farm Crops					
粮食(万吨)	Grain(10000 tons)	1420.6	1652.6	1818.0	2037.0	2105.2
#大　豆	#Soja	140.2	171.9	162.2	124.0	107.0
油料(万吨)	Oil-bearing Crops(10000 tons)	10.4	3.3	2.2	2.9	1.7
甜菜(万吨)	Beetroots(10000 tons)	79.1	46.2	53.4	83.4	75.9
亚麻(吨)	Flax(ton)	74010	17798	5258	5135	2840
烤烟(吨)	Flue-cured Tobacco(ton)	496	809	817	1525	2085
畜牧业生产情况	Production of Animal Husbandry					
大牲畜年底头数(万头)	Number of Large Animals at the Year-end(10000 heads)	86.2	89.2	89.2	95.6	100.8
猪年底头数(万头)	Number of Hogs(10000 heads)	218.2	232.6	231.4	243.3	301.8
羊年底只数(万只)	Number of Sheep and Goats(10000 heads)	173.4	171.4	167.4	170.5	170.7
#绵　羊	#Sheep	68.2	70.3	72.0	74.7	81.5
猪牛羊肉产量(万吨)	Pork, Beef and Mutton(10000 tons)	40.3	45.0	45.5	47.9	57.8
#猪肉产量	#Pork	29.5	32.3	31.9	33.1	40.4
牛奶产量(万吨)	Milk(10000 tons)	101.8	115.3	119.2	131.7	148.0
禽蛋产量(万吨)	Poultry Eggs(10000 tons)	5.9	7.1	7.5	8.3	8.9
绵羊毛产量(吨)	Sheep Wool(ton)	2042	2148	2284	2322	2598
水产品产量(吨)	Output of Aquatic Products(ton)	22609	23555	25805	28535	34500

主要统计指标解释

农林牧渔业总产值 指以货币表现的农、林、牧、渔业全部产品和对农林牧渔业生产活动进行的各种支持性服务活动的价值总量，它反映一定时期内农林牧渔业生产总规模和总成果。1957年以前的农林牧渔业总产值中包括了厩肥和农民自给性手工业(如农民自制衣服、鞋、袜，自己从事粮食初步加工等)。1958年及以后，林业中增加了村及村以下竹木采伐产值；牧业中取消了厩肥产值；副业中取消了农民自给性手工业产值，增加了村及村以下办的工业产值； 渔业中增加了海洋捕捞水产品产值。1980年及以后，在副业中增加了农民家庭兼营工业商品部分的产值。从1984年起村及村以下工业产值划归工业。从1993年起取消副业，将野生动物的捕猎划入牧业，野生植物采集和农民家庭兼营商品性工业划归农业。从2003年起，执行新的国民经济行业分类标准，农林牧渔业总产值中包括了农林牧渔服务业产值。林业中增加了森林采运业产值。农业中取消了家庭兼营商品性工业产值，将野生林产品的采集划归林业。第一次农业普查以后，由于畜牧业产品年报数据与普查数据之间存在一定的差距，根据农业普查结果，对畜牧业年报数据和畜牧业产值进行了修正。2010年执行《统计用产品分类目录》，对2009年的农业、林业产值做了相应调整。

农林牧渔业总产值的计算方法通常是按农、林、牧、渔业产品及其副产品的产量分别乘以各自单位产品价格求得；少数生产周期较长，当年没有产品或产品产量不易统计的，则采用间接方法匡算其产值；然后将四业产品产值及农林牧渔服务业产值相加即为农林牧渔业总产值。

粮食产量 指全社会的产量。包括国有经济经营的、集体统一经营的和农民家庭经营的粮食产量，还包括工矿企业办的农场和其他生产单位的产量。粮食除包括稻谷、小麦、玉米、高粱、谷子及其他杂粮外，还包括薯类和豆类。其产量计算方法，豆类按去豆荚后的干豆计算；薯类(包括甘薯和马铃薯，不包括芋头和木薯)1963年以前按每4公斤鲜薯折1公斤粮食计算，从1964年开始改为按5公斤鲜薯折1公斤粮食计算。城市郊区作为蔬菜的薯类(如马铃薯等)按鲜品计算，并且不作粮食统计。其他粮食一律按脱粒后的原粮计算。1989年以前全国粮食产量数据主要靠全面报表取得，1989年开始使用抽样调查数据。

油料产量 指全部油料作物的生产量。包括花生、油菜籽、芝麻、向日葵籽、胡麻籽（亚麻籽）和其他油料。不包括大豆、木本油料和野生油料。花生以带壳干花生计算。

水产品产量 指人工养殖的水产品和天然生长的水产品的捕捞量。包括海水的鱼类、虾蟹类、贝类和藻类以及内陆水域的鱼类、虾蟹类和贝类，不包括淡水生植物。水产品产量是通过各级水产和统计部门逐级上报取得数据。1995年及以前，贝类中牡蛎按鲜肉计算；蚶、蛤、蛏按 5 斤鲜品折 1 斤计算。1996年以后则统一按鲜品计算。

猪、牛、羊肉产量 指当年出栏并已屠宰、除去头蹄下水后带骨肉(即胴体重)的重量。包括全社会范围内的产量。1996年以前为全面统计并逐级上报数据。1996年第一次农业普查以后，根据普查结果，对畜牧业主要年报数据进行了修正。1999年以后，国家统计局在部分地区开展了猪、牛、羊、禽等主要畜禽品种的抽样调查，并用抽样数据作为国家定案数据使用。未开展抽样调查的地区和品种，仍使用各级统计部门逐级上报数据。2007年，根据第二次农业普查结果，对2000—2006年畜牧业主要年报数据进行了修正。2008年，建立了主要畜禽监测调查制度，猪、牛、羊、禽等主要畜禽数据均以抽样调查数为法定数据。

期初(末)畜禽存栏头(只)数 指报告期初(末)农村各种合作经济组织和国营农场、农民个人、机关、团体、学校、工矿企业、部队等单位以及城镇居民饲养的大牲畜、猪、羊、家禽等畜禽的存栏数。数据上报方式及数据调整情况同猪、牛、羊肉产量。

农作物播种面积 指实际播种或移植农作物的面积。凡是实际种植有农作物的面积，不论种植在耕地上还是种植在非耕地上，均包括在农作物播种面积中。在播种季节基本结束后，因遭灾而重新改种和补种的农作物面积，也包括在内。目前，农作物播种面积主要包括粮食、油料、棉花、麻类、糖料、烟叶、药材、蔬菜、瓜类和其他农作物等十大类。

有效灌溉面积　指具有一定的水源，地块比较平整，灌溉工程或设备已经配套，在一般年景下能够进行正常灌溉的耕地面积。在一般情况下，有效灌溉面积应等于灌溉工程或设备已经配备，能够进行正常灌溉的水田和水浇地面积之和。它是反映我国农田水利建设的重要指标。

农用化肥施用量　指本年内实际用于农业生产的化肥数量，包括氮肥、磷肥、钾肥和复合肥。化肥施用量要求按折纯量计算数量。折纯量是指把氮肥、磷肥、钾肥分别按含氮、含五氧化二磷、含氧化钾的百分之百成份进行折算后的数量。复合肥按其所含主要成分折算。公式为：

折纯量=实物量×某种化肥有效成份含量的百分比

农业机械总动力　指全部农业机械动力的额定功率之和。农业机械是指用于种植业、畜牧业、渔业、农产品初加工、农用运输和农田基本建设等活动的机械及设备。农机总动力按使用能源不同分为以下四部分：

柴油发动机动力：指全部柴油发动机额定功率之和；

汽油发动机动力：指全部汽油发动机额定功率之和；

电动机动力：指全部电动机（含潜水电泵的电动机）额定功率之和；

其他机械动力：指采用柴油、汽油、电力之外的其他能源，如水力、风力、煤炭、太阳能等动力机械功率之和。

这个指标的统计数据主要来源于农机部门。

乡村户数　指长期(一年以上)居住在乡镇(不包括城关镇)行政管理区域内的住户，还包括居住在城关镇所辖行政村范围内的农村住户。户口不在本地而在本地居住一年及以上的住户也包括在本地农村住户内；有本地户口，但举家外出谋生一年以上的住户，无论是否保留承包耕地都不包括在本地农村住户范围内。不包括乡村地区内的国有经济的机关、团体、学校、企业、事业单位的集体户。

乡村人口　指乡村地区常住居民户数中的常住人口数，即全年经常在家或在家居住6个月以上，而且经济和生活与本户连成一体的人口。外出从业人员在外居住时间虽然在6个月以上，但收入主要带回家中，经济与本户连为一体，仍视为家庭常住人口；在家居住，生活和本户连成一体的国家职工、退休人员也为家庭常住人口。但是现役军人、中专及以上(走读生除外)的在校学生、以及常年在外(不包括探亲、看病等)且已有稳定的职业与居住场所的外出从业人员，不应当作家庭常住人口。

乡村从业人员　指乡村人口中16周岁以上实际参加生产经营活动并取得实物或货币收入的人员，即包括劳动年龄内经常参加劳动的人员，也包括超过劳动年龄但经常参加劳动的人员，但不包括户口在家的在外学生、现役军人和丧失劳动能力的人，也不包括待业人员和家务劳动者。从业人员按从事主业时间最长（时间相同按收入）分为农林牧渔业从业人员、工业从业人员、建筑业从业人员、交通运输业、仓储及邮电通讯业从业人员、批零贸易及餐饮业从业人员、其他非农行业从业人员。

Explanatory Notes on Main Statistical Indicators

Gross Output Value of Agriculture, Forestry, Animal Husbandry and Fishery refers to the total value of products of agriculture, forestry, animal husbandry and fishery, and total value of services in support of agriculture, forestry, animal husbandry and fishery activities. It reflects the total scale and results of agricultural production during a given period. Prior to 1957, China' s gross agricultural output value included barnyard manure and handicraft products for self-consumption (clothes, shoes, stockings, and initial grain processing undertaken by peasants). Since 1958, cutting and felling of bamboo and trees by villages and other cooperative organizations under villages have been included in forestry; value of barnyard manure has been excluded from animal husbandry; self consumed handicrafts have not been included from sideline occupations, while the output value of industries run by villages and cooperative organizations under village has been included in sideline occupations; and the output value of fish catches by motor fishing boats has been added to fishery. Since 1980, the value of handicraft products made for sale by individuals in households has been added to sideline occupations. Since 1984, industries run by villages and under villages have been included in the sector of industry. Since 1993, the subdivision of sideline occupations has been cancelled, and the hunting of wild animals has been classified into animal husbandry, and the gathering of wild plants and commodity industry run by rural household have been included in farming. A new industrial classification of economic activities was introduced in 2003. Under the new classification, value of services to agriculture, forestry, animal husbandry and fishery is included in the gross output value of agriculture, value of wood felling and transport is included in forestry, value of industrial output by rural households is not included in agriculture. The First Agriculture Census of China revealed some discrepancy between the production of animal products from the annual reports and that from the census. According to the result of the First Agriculture census, efforts were made to adjust the annual reports of animal husbandry output and the output value of animal husbandry to make the figures from the annual reports consistent with the census data. "The Classification of Products for Statistical Purposes" implemented in 2010 made relevant revision on the output value of agriculture and forestry in 2009.

Gross output value of agriculture is obtained by multiplying the output of each product or by-product by its price, resulting in the output value of each single item. For a small number of products, annual output of which is not available or difficult to get due to the long production (growing) process involved, the output value is estimated through an indirect approach. The sum of output values of all products of agriculture, forestry, animal husbandry and fishery and services in support to those industries is then equal to the gross output value of agriculture.

Grain Output refers to the total output in the whole country including grains produced by State farms, collective units, rural households, as well as by farms affiliated to industrial and mining enterprises and other production units. Grain includes rice, wheat, corn, sorghum, millet and other miscellaneous grains as well as tubers and beans. Output of beans refers to dry beans without pods. The output of tubers (sweet potatoes and potatoes, not including taros and cassava) are converted into that of grain at the ratio 4:1, i.e. 4 kilograms of fresh tubers were equivalent to 1 kilogram of grain up to 1963. Since 1964 the ratio for conversion has been 5:1. Tubers supplied as vegetables (such as potatoes) in cities and suburbs are calculated as fresh vegetables and their output is not included in the output of grain. Output of all other grains refers to husked grain. Data on grain production before 1989 were obtained through the Comprehensive Statistical Reporting System. Since 1989, data from sample surveys are used.

Cotton Output refers to cotton production in the whole country including cotton planted in spring and in autumn. Output is measured as the weight of ginned cotton. Ceiba is not included.

Output of Oil-bearing Crops refers to the total production of oil-bearing crops of various kinds, including peanuts (dry, in shell), rapeseeds, sesame, sunflower seeds, flax seeds, and other oil-bearing crops. Soybeans, oil-bearing woody plants, and wild oil-bearing crops are not included.

Output of Aquatic Products refers to catches of both artificially cultured and naturally grown aquatic products, including fish, shrimps, crabs and shellfish in sea and inland water as well as seaweed. Freshwater plants are not included. Data on output of aquatic products are reported by aquatic product and statistical agencies level by level. Before 1995, among the shellfish, oyster was counted as fresh meat; 5 kilograms of ark shell, clams and frogs are equivalent to 1 kilogram of fresh aquatic products; they have all been counted as fresh aquatic products since 1996.

Output of Pork, Beef, and Mutton refers to the meat of slaughtered hogs, cattle, sheep and goats with head, feet, and offal taken away. Data refers to the production of the whole country. Before 1996, it was a comprehensive reporting from the lower level to the upper one. The First Agricultural Census of China in 1996 revealed some discrepancy between the production of animal products from the annual reports and that from the census. Efforts were made to adjust the output value of animal husbandry to make the figures from the annual reports consistent with the census data. Since 1999, the NBS conducted sample surveys for the major animal husbandry products, such as hogs, cattle, sheep and goats and fowls, and the data from sample surveys are used as national finalized data. Those products, which are not covered by the sample survey, are still reported by statistical agencies level by level. In 2007, the data on animal husbandry from 2000 to 2006 were revised according to the results of the Second Agriculture Census of China. In 2008, A Monitoring and Survey Program was set up on main livestock, the data on the main livestock such as hog, cattle, sheep and poultry became the official data based on the sampling survey.

Number of Livestock or Poultry in Stock at Beginning (or End) of Period refers to the total number of large animals, pigs, sheep, fowls, etc. raised by rural cooperative organizations, State farms, rural individuals, government agencies, schools, industrial and mining enterprises, army, and urban residents at the beginning (or end) of the reference period. Data reporting system and data adjustment are the same as that in the output of pork, beef and mutton.

Sown Area of Crops refers to area of land sown or transplanted with crops regardless of being in cultivated area or non-cultivated area. Area of land re-sown due to natural disasters is also included. At present, the sown area of crops mainly include the following 10 categories of crops: grain, oil-bearing crops, cotton, hemp, sugar crops, tobacco, medicinal materials, vegetables, melons and other farm crops.

Effective Irrigated Area refers to area of land that are effectively irrigated, i.e. relatively level land, where there are water sources or complete sets of irrigation facilities to lift and move adequate water for irrigation purpose under normal conditions. Under normal situations, irrigated area is the sum of watered fields and irrigated fields where irrigation systems or equipment have been installed for regular irrigation purpose. It is an important indicator to reflect the farmland water conservancy construction in China.

Consumption of Chemical Fertilizers in Agriculture refers to the quantity of chemical fertilizers applied in agriculture in the year, including nitrogenous fertilizer, phosphate fertilizer, potash fertilizer, and compound fertilizer. The consumption of chemical fertilizers is calculated in terms of volume of effective components by means of converting the gross weight of the respective fertilizers into weight containing effective component (e.g. nitrogen content in nitrogenous fertilizer, phosphorous pentoxide contents in phosphate fertilizer, and potassium oxide contents in potash fertilizer). Compound fertilizer is converted in regard to its major components. The formula is:

Volume of effective component= physical quantity× effective component of certain chemical fertilizer (%)

Total Power of Agricultural Machinery refers to the total rated capacity of all agricultural machinery. Agricultural machinery refers to the machineries and equipments which are used for activities of planting, animal husbandry, fishery, primary processing of agricultural products, agricultural transport and infrastructure construction of farmland. Total power of agricultural machinery is grouped into four parts according to the energy used:

Diesel engine power refers to the total rated capacity of all diesel engines.

Gasoline engine power refers to the total rated capacity of all gasoline engines.

Motor power refers to the total rated capacity of all motors (include submersible pump motors).

Other mechanical powers refer to the total mechanical capacity of the sources of energy besides diesel, gasoline and motor power, such as hydro power, wind power, coal and solar energy.

Data are mainly from agricultural machinery agencies.

Number of Households in Villages refers to households resident on a long term basis (i.e. 1 year or more) in administrative districts in townships (not including urban townships), including rural households resident in areas under the jurisdiction of urban townships. Households whose household registration is not in the locality yet resident for one year or more are included among the rural households. Households having local household registration yet the whole household having left for somewhere else for work for one year or more, whether still retaining contracted farmland, are not included among the local rural households. Also not included are collective households associated with institutions of the State economy, organizations, schools and enterprises.

Number of Residents of Villages refers to the number of usual residents in usual resident households in rural areas. These are persons who are regularly at home or are at home for 6 months or more and economically and socially integrated with the household. For persons who are away from home for employment for more than 6 months yet the main income is brought back home and thus economically integrated with the household, the person is still considered as a usual resident of the household. National employee and retired personnel who reside at home and whose living is integrated with the household are also considered as usual residents. However, serving military personnel, students at secondary technical level or above (

unless commuting between school and home), employed persons who are regularly elsewhere the year round (except visiting relatives or receiving medical attention) and having a stable job and residence should not be considered as usual resident of the household.

Rural Persons Engaged refer to persons in the rural labour force aged over 16 years who are engaged in actual production and management activities and receive payment in kind or wages, including those covered within the labour force age bracket and regularly participating in production activities, and those who are out of the labour force age bracket yet also participating in production activities regularly. Students studying in other places with their permanent residence registered in local areas, servicemen and persons incapable of working are not included. Also not included are those who are waiting for jobs and those engaged in housework. Persons employed are classified as persons engaged in agriculture, forestry, animal husbandry or fishery activities; persons engaged in industrial activities; persons engaged in construction activities; persons engaged in transport, storage and telecommunications activities; persons engaged in wholesale and retail trade and catering activities; and persons engaged in other non-agriculture activities. In case the person is engaged in more than one type of work, classification is according to the industry in which he works most of the time (where time is the same income would be the criterion).

第十三篇　工 业

CHAPTER 13 INDUSTRY

资料整理：高松凡　栾　超　尹　波　李忠魁

13-1 工业企业单位数

NUMBER OF INDUSTRY ENTERPRISES

单位：个 (unit)

类 别	Category	2008	2009	2010	2011	2012
总 计	**Total**	**4392**	**4408**	**4596**	**3377**	**3911**
#亏损企业	#Loss-making Enterprises	851	765	673	459	623
#国有及国有控股企业	#State-owned and State-holding Enterprises	535	505	517	425	457
#农村工业	#County Enterprises	35	46	70	18	35
按登记注册类型分	**Grouped by Status of Registration**					
内资企业	Domestic Funded	4099	4112	4298	3148	3677
国有企业	State-owned Enterprises	280	263	261	215	223
#中央企业	#Central Industry	47	34	38	42	41
集体企业	Collective-owned Enterprises	235	204	154	89	95
股份合作企业	Cooperative Enterprises	106	87	78	40	49
联营企业	Joint Ownership Enterprises	5	4	4	4	3
有限责任公司	Limited Liability Corporations	1136	1111	1207	1025	1247
股份有限公司	Share Holding Enterprises	205	230	228	201	197
私营企业	Private Enterprises	2132	2213	2366	1503	1758
私营独资企业	Private-funded Enterprises	350	337	392	238	290
私营合伙企业	Private Partnership	41	27	28	22	27
私营有限责任公司	Private Limited Liability Corporations	1640	1727	1814	1160	1357
私营股份有限公司	Private Share-holding Enterprises	101	122	132	83	84
其他企业	Other Enterprises				71	105
港、澳、台商投资企业	Enterprises with Funds from Hong Kong, Macao and Taiwan	97	98	95	65	66
外商投资企业	Foreign Funded Enterprises	196	198	203	164	168
按轻重工业分	**Grouped by Light and Heavy Industry**					
轻工业	Light Industry	1647	1628	1729	1367	1620
重工业	Heavy Industry	2745	2780	2867	2010	2291
按企业规模分	**Grouped by Size of Enterprises**					
大 型	Large Enterprises	69	69	64	122	132
中 型	Medium-sized Enterprises	492	459	507	501	503
小 型	Smal Enterprises	3831	3880	4025	2599	3082
微 型	Micro type				155	194
按行业分	**Grouped by Sector**					
采矿业	Mining and Quarrying	404	410	430	330	364
#煤炭开采和洗选业	#Mining and Washing of Coal	317	322	335	244	267
石油和天然气开采业	Extraction of Petroleum and Natural Gas	28	25	22	19	4
制造业	Manufacturing	3715	3715	3860	2795	3280
电力、热力、燃气及水的生产和供应业	Production and Supply of Electric, heat, Gas and Water	273	283	306	252	267

注：2011年起，规模以上工业企业统计范围由年主营业务收入500万元提高到2000万元以上。

Note: Since 2011, industrial enterprises above designated size range from statistics the main business income in 5 increase to 20 million yuan of above.

13-2 工业总产值

GROSS INDUSTRIAL OUTPUT VALUE

单位：亿元 (100 million yuan)

类　　别	Category	2008	2009	2010	2011	2012
总　计	**Total**	**7624.5**	**7301.6**	**9535.1**	**11514.6**	**12565.6**
#亏损企业	#Loss-making Enterprises	1869.1	839.5	887.0	986.7	2288.6
#国有及国有控股企业	#State-owned and State-holding Enterprises	5143.9	4362.4	5517.1	6482.6	6458.7
#农村工业	#County Enterprises	25.6	25.6	66.7	55.3	88.9
按登记注册类型分	**Grouped by Status of Registration**					
内资企业	Domestic Funded	6933.1	6548.0	8690.9	10557.4	11480.0
国有企业	State-owned Enterprises	1183.6	1201.7	1405.4	1344.1	1337.9
#中央企业	#Central Industry	801.5	775.7	947.9	515.1	736.3
集体企业	Collective-owned Enterprises	115.2	126.7	128.3	144.4	141.9
股份合作企业	Cooperative Enterprises	39.8	41.2	60.4	80.2	82.7
联营企业	Joint Ownership Enterprises	3.2	3.0	5.1	11.9	12.9
有限责任公司	Limited Liability Corporations	3751.2	3048.8	3930.4	5016.1	5643.2
股份有限公司	Share Holding Enterprises	918.6	985.7	1356.4	1855.2	1598.4
私营企业	Private Enterprises	921.4	1140.7	1805.1	2038.5	2564.7
私营独资企业	Private-funded Enterprises	137.6	155.6	257.5	318.8	406.8
私营合伙企业	Private Partnership	9.1	6.3	9.3	12.3	32.0
私营有限责任公司	Private Limited Liability Corporations	712.9	893.8	1408.6	1572.0	1969.7
私营股份有限公司	Private Share-holding Enterprises	61.7	85.1	129.7	135.4	156.1
其他企业	Other Enterprises				67.1	98.2
港、澳、台商投资企业	Enterprises with Funds from Hong Kong, Macao and Taiwan	111.6	114.0	159.2	205.9	290.5
外商投资企业	Foreign Funded Enterprises	579.8	639.7	685.1	751.3	795.0
按轻重工业分	**Grouped by Light and Heavy Industry**					
轻工业	Light Industry	1521.1	1798.7	2421.5	3125.8	3787.4
重工业	Heavy Industry	6103.5	5503.0	7113.6	8388.7	8778.2
按企业规模分	**Grouped by Size of Enterprises**					
大　型	Large Enterprises	4711.2	4085.3	4719.2	6246.7	6492.2
中　型	Medium-sized Enterprises	1409.5	1514.6	2165.6	1761.6	1904.5
小　型	Smal Enterprises	1503.9	1701.7	2650.4	3074.0	4065.8
微　型	Micro type				432.2	103.1
按行业分	**Grouped by Sector**					
采矿业	Mining and Quarrying	2537.9	1623.6	2303.9	2960.9	2982.2
#煤炭开采和洗选业	#Mining and Washing of Coal	411.5	418.3	638.4	712.4	732.8
石油和天然气开采业	Extraction of Petroleum and Natural Gas	2094.9	1174.2	1609.5	2174.5	1980.9
制造业	Manufacturing	4449.2	4820.2	6267.1	7468.3	8397.9
电力、热力、燃气及水的生产和供应业	Production and Supply of Electric, heat, Gas and Water	637.4	857.8	964.1	1085.4	1185.4

13-3 各地区工业企业单位数

MUMBER OF INDUSTRIAL ENTERPRISES BY REGION

单位：个 (unit)

年 份 Year 地 区 Region	总 计 Total	#国有及国有控股 State-owned and State	#集 体 Collective -owned	大 型 Large	中 型 Medium	小 型 Small	微 型 Micro type	轻工业 Light Industry	重工业 Heavy Industry
2005	2887	693	212	57	375	2455		1216	1671
2006	2956	661	201	63	391	2502		1247	1709
2007	3172	515	199	65	416	2691		1263	1909
2008	4392	535	235	69	492	3831		1647	2745
2009	4408	505	204	69	459	3880		1628	2780
2010	4596	517	154	64	507	4025		1729	2867
2011	3377	425	89	122	501	2599	155	1367	2010
2012	3911	457	95	132	503	3082	194	1620	2291
哈 尔 滨 Harbin	1142	153	14	44	130	903	65	516	626
齐齐哈尔 Qiqihar	302	44	11	15	58	222	7	130	172
鸡 西 Jixi	122	24	7	5	21	91	5	19	103
鹤 岗 Hegang	143	12	19	3	22	108	10	33	110
双 鸭 山 Shuangyashan	193	12	4	4	23	162	4	70	123
大 庆 Daqing	413	42	23	15	42	301	55	129	284
伊 春 Yichun	112	16		2	22	81	7	54	58
佳 木 斯 Jiamusi	306	31	3	5	23	268	10	133	173
七 台 河 Qitaihe	114	11	1	8	19	78	9	26	88
牡 丹 江 Mudanjiang	441	25	9	9	47	381	4	150	291
黑 河 Heihe	85	16	1		12	70	3	31	54
绥 化 Suihua	267	31	3	13	53	200	1	145	122
大兴安岭 Daxinganling	31	10		1	8	22		9	22
农垦总局 ARB	209	27		7	22	169	11	171	38
绥 芬 河 Suifenhe	24				1	22	1	1	23
抚 远 Fuyuan	6	2				4	2	3	3

注：分地市资料中不含省电力有限公司所属工业企业，所以合计不等于全省数（下同）。
Note: The data by region exclude industrial enterprises belong to Electric Power Ltd. of Heilongjiang Province. Therefore, the total unequal to province. The same as following tables.

13-4 各地区工业总产值

GROSS INDUSTRIAL OUTPUT VALUE BY REGION

单位：亿元 (100 million yuan)

年 份 Year 地 区 Region	总 计 Total	#国有及国有控股 State-owned and State	#集 体 Collective -owned	大 型 Large	中 型 Medium	小 型 Small	微 型 Micro type	轻工业 Light Industry	重工业 Heavy Industry
2005	4714.9	3607.2	76.4	3350.8	700.0	664.1		842.4	3872.5
2006	5440.2	4204.6	83.3	3870.8	814.5	754.8		938.5	4501.7
2007	6143.2	4460.8	95.7	4110.8	1032.2	1000.2		1133.3	5009.9
2008	7624.5	5143.9	115.2	4711.2	1409.4	1503.9		1521.1	6103.4
2009	7301.6	4362.4	126.7	4085.3	1514.6	1701.7		1798.7	5503.0
2010	9535.2	5517.1	128.3	4719.2	2165.6	2650.4		2421.5	7113.6
2011	11514.6	6482.6	144.4	6246.7	1761.6	3074.0	432.2	3125.8	8388.7
2012	12565.6	6458.7	141.9	6492.2	1904.5	4065.8	103.1	3787.4	8778.2
哈 尔 滨 Harbin	2503.7	1126.9	13.7	1103.1	469.6	901.6	29.4	1061.7	1442.1
齐齐哈尔 Qiqihar	891.9	335.4	23.1	335.0	217.1	338.6	1.2	332.6	559.4
鸡 西 Jixi	370.4	149.1	3.8	136.7	94.8	136.0	2.8	72.3	298.1
鹤 岗 Hegang	306.9	98.3	31.3	97.8	79.5	126.8	2.8	71.8	235.2
双 鸭 山 Shuangyashan	632.3	96.2	1.3	155.0	107.0	365.8	4.5	309.5	322.9
大 庆 Daqing	4280.3	3445.3	58.0	3308.3	311.1	625.4	35.5	361.7	3918.7
伊 春 Yichun	178.8	24.0		68.0	32.1	75.4	3.3	49.9	128.9
佳 木 斯 Jiamusi	506.5	78.7	3.2	83.5	81.4	335.3	6.3	228.3	278.2
七 台 河 Qitaihe	368.2	130.5	1.2	181.1	52.9	126.8	7.4	37.3	330.9
牡 丹 江 Mudanjiang	725.1	80.3	5.4	87.9	141.0	494.5	1.6	245.8	479.3
黑 河 Heihe	108.9	28.7	0.2		34.8	73.6	0.5	30.6	78.3
绥 化 Suihua	620.8	103.7	0.7	190.5	204.0	225.4	1.0	383.7	237.1
大兴安岭 Daxinganling	44.1	20.5		9.1	13.1	21.9		10.8	33.3
农垦总局 ARB	637.4	385.7		381.2	63.1	187.9	5.2	587.2	50.1
绥 芬 河 Suifenhe	30.2				2.8	26.9	0.5	0.7	29.5
抚 远 Fuyuan	4.9	0.7				3.9	1.0	3.5	1.4

13-5 工业企业主要经济指标(2012年)

单位：万元

类　别	Category	单位数（个）Number of Enterprises (unit)	#亏损企业 Loss-making Enterprises	工　业 总产值 Gross Industrial Output Value
总　计	**Total**	**3911**	**623**	**125655541**
#亏损企业	#Loss-making Enterprises	623	623	22885684
#国有及国有控股企业	#State-owned and State-holding Enterprises	457	150	64587392
#农村工业	#County Enterprises	35	3	889309
按登记注册类型分	**Grouped by Status of Registration**			
内资企业	Domestic Funded	3677	560	114800435
国有企业	State-owned Enterprises	223	87	13378906
#中央企业	#Central Industry	41	12	7363061
集体企业	Collective-owned Enterprises	95	24	1419432
股份合作企业	Cooperative Enterprises	49	4	827255
联营企业	Joint Ownership Enterprises	3	1	129241
有限责任公司	Limited Liability Corporations	1247	223	56431501
国有独资公司	Sole State-funded Corporations	35	8	6827124
其他有限责任公司	Other Limited Liability Corporations	1212	215	49604377
股份有限公司	Share Holding Enterprises	197	36	15984448
私营企业	Private Enterprises	1758	178	25647351
私营独资企业	Private-funded Enterprises	290	17	4068344
私营合伙企业	Private Partnership	27	5	320363
私营有限责任公司	Private Limited Liability Corporations	1357	150	19697245
私营股份有限公司	Private Share-holding Enterprises	84	6	1561399
其他企业	Other Enterprises	105	7	982301
港、澳、台商投资企业	Proprietorship from Hong Kong, Macao and Taiwan	66	19	2905091
外商投资企业	Foreign Funded Enterprises	168	44	7950015
按经济组织类型分	**Grouped by Medium-sized Enterprises**			
独资企业	Proprietorship	700	155	22849020
国有企业	State-owned Enterprises	223	87	13378906
集体企业	Collective-owned Enterprises	95	24	1419432
私营独资企业	Private-funded Enterprises	290	17	4068344
港澳台商独资经营企业	Proprietorship from Hong Kong, Macao and Taiwan	21	7	483933
外资企业	Foreign Funded Enterprises	71	20	3498406
合作、合伙企业	Cooperative Enterprises and Partnership	196	19	3420444
股份合作企业	Cooperative Enterprises	49	4	827255
国有联营企业	State Joint Ownership Enterprises			
集体联营企业	Collective Joint Ownership Enterprises	1	1	10465
国有与集体联营企业	State and Collective Joint Ownership Enterprises	1		2750
其他联营企业	Other Joint Ownership Enterprises	1		116027
私营合伙企业	Private Partnership	27	5	320363
港或澳、台资合作经营企业	Cooperative Enterprises with Funds from Hong Kong, Macao and Taiwan	5	2	1027952
中外合作经营企业	Sino-foreign Cooperative Enterprises	6		130651
其他企业（内资）	Other Enterprises (Domestic Funded)	105	7	982301
股份有限公司	Share Holding Enterprises	290	44	18255901
股份有限公司（内资）	Share Holding Enterprises (Domestic Funded)	197	36	15984448
私营股份有限公司	Private Share Holding Enterprises	84	6	1561399
港澳台商投资股份有限公司	Share Holding Enterprises with Funds from Hong Kong, Macao and Taiwan	2	1	69536
外商投资股份有限公司	Foreign Funded Share Holding Enterprises	7	1	640518
有限责任公司	Limited Liability Corporations	2725	405	81130176
国有独资公司	Sole State-funded Corporations	35	8	6827124
私营有限责任公司	Private Limited Liability Corporations	1357	150	19697245
港澳台合资经营企业	Joint Venture Enterprises of Hong Kong, Macao and Taiwan	37	9	1320990
中外合资经营企业	Sino-foreign Cooperative joint venture Enterprises	84	23	3680440
其他有限责任公司	Other Limited Liability Corporations	1212	215	49604377

MAJOR INDICATORS OF INDUSTRIAL ENTERPRISES (2012)

(10000 yuan)

工业销售产值 Sale Output Value of Industry	应收帐款 Receivables	产成品 Finished Goods	流动资产合计 Total Working Capitals	固定资产原价 Original Value of Fixed Assets	固定资产合计 Total of Fixed Assets	资产合计 Total Assets	负债合计 Total Liabilities	主营业务收入 Revenue from Principal Business
122533357	**10961107**	**4131580**	**55643420**	**101210010**	**60883972**	**132231419**	**75850807**	**125261436**
22034008	2398826	999839	12492151	24977526	15370625	33119221	26153341	22700966
63482393	5862326	1814187	32137395	78220707	44328075	86597401	49460132	67050869
887311	123521	24163	366380	107584	93141	494476	220211	725165
111803366	9747077	3505161	49009820	91933180	55290814	118498112	67475926	113547208
13103049	1040398	327548	5726454	14769210	9429837	16989959	12592272	13560455
7338860	545371	182588	3079963	6577718	4034624	7812093	5061847	7880818
1389929	317860	48750	836212	496655	261676	1183553	897275	1292245
821573	73107	28130	287494	206420	147240	469059	209000	820324
126096	11635	2231	14172	3366	2635	34212	12860	132680
55302207	4588505	1728512	27480163	59327885	34281301	70799021	38390682	56736123
6804598	537636	124539	2703553	8587112	5068689	10463497	7713513	7186939
48497609	4050869	1603972	24776609	50740773	29212612	60335524	30677169	49549184
15335088	2045492	582548	7435119	10332067	5967283	15237758	7869739	15538903
24770843	1592465	757685	6891454	6483828	4920214	13123985	7193144	24494712
3900841	143006	90185	742833	1156401	822456	1765205	946070	3934791
315836	18157	8625	52397	36032	46352	112408	57163	321299
19035199	1311510	612033	5586253	4776787	3643429	10188756	5717266	18699784
1518968	119792	46843	509971	514607	407977	1057616	472645	1538838
954581	77615	29758	338753	313749	280628	660565	310953	971765
2731127	231972	70536	1503819	2695347	1711369	3751821	2133653	2724477
7998865	982058	555883	5129781	6581482	3881790	9981487	6241228	8989751
22429064	1893405	751602	9510367	18886405	11834040	23953744	16798352	22751891
13103049	1040398	327548	5726454	14769210	9429837	16989959	12592272	13560455
1389929	317860	48750	836212	496655	261676	1183553	897275	1292245
3900841	143006	90185	742833	1156401	822456	1765205	946070	3934791
465488	92318	37422	356769	606271	246978	856928	599568	466647
3569756	299822	247697	1848099	1857868	1073093	3158099	1763166	3497754
3371091	204786	72860	797866	1966915	1348316	2283649	729869	3390900
821573	73107	28130	287494	206420	147240	469059	209000	820324
7326	59	80	368	607	607	975	359	10465
2743	68	52	197	100	95	292	1	2498
116027	11508	2100	13608	2659	1934	32946	12500	119717
315836	18157	8625	52397	36032	46352	112408	57163	321299
1020075	12350	2821	33367	1278621	776477	828602	65090	1019743
130250	11898	1248	71193	127500	93759	177088	72419	122409
954581	77615	29758	338753	313749	280628	660565	310953	971765
17555578	2186815	716200	8240412	12148106	7074304	17364844	9127536	17955323
15335088	2045492	582548	7435119	10332067	5967283	15237758	7869739	15538903
1518968	119792	46843	509971	514607	407977	1057616	472645	1538838
63400	4765	1199	42989	31023	37057	85092	34834	60496
638122	16767	85611	252333	1270410	661988	984379	750318	817086
79177626	6676101	2590918	37094775	68208584	40627313	88629183	49195051	81163321
6804598	537636	124539	2703553	8587112	5068689	10463497	7713513	7186939
19035199	1311510	612033	5586253	4776787	3643429	10188756	5717266	18699784
1179483	122515	29046	1070204	778207	649632	1979485	1431777	1174912
3660737	653571	221328	2958156	3325704	2052951	5661921	3655325	4552502
48497609	4050869	1603972	24776609	50740773	29212612	60335524	30677169	49549184

13-5 续表1

单位：万元

类 别	Category	单位数（个）Number of Enterprises (unit)	#亏损企业 Loss-making Enterprises	工业总产值 Gross Industrial Output Value
按轻重工业分	**Grouped by Light and Heavy Industry**			
轻工业	Light Industry	1620	172	37873633
重工业	Heavy Industry	2291	451	87781908
按行业分	**Grouped by Industry**			
采矿业	Mining and Quarrying	364	70	29822379
煤炭开采和洗选业	Mining and Washing of Coal	267	57	7328253
石油和天然气开采业	Extraction of Petroleum and Natural Gas	4	2	19808765
黑色金属矿采选业	Mining and Processing of Ferrous Metals Ores	18		453142
有色金属矿采选业	Mining and Processing of Non-ferrous Metal Ores	15	2	234386
非金属矿采选业	Mining and Processing of Nonmetal Ores	45	7	444674
开采辅助活动	Mining Auxiliary Activities	15	2	1553159
其他采矿业	Mining of Other Ores			
制造业	Manufacturing	3280	453	83979478
农副食品加工业	Processing of Food from Agricultural Products	849	53	21713782
食品制造业	Manufacture of Foods	154	27	4586801
酒、饮料和精制茶制造业	Manufacture of Wine, soft drinks and refined tea	136	20	2913067
烟草制品业	Manufacture of Tobacco	6	2	1023073
纺织业	Manufacture of Textile	53	10	591732
纺织服装、服饰业	Manufacture of Textile and Apparel	14	1	143585
皮革、毛皮、羽毛及其制品和制鞋业	Manufacture of Leather, Furs, Feather and Related Products and Footwear	9	3	274768
木材加工及木、竹、藤、棕、草制品业	Processing of Timber, Manufacture of Wood, Bamboo, Rattan, Palm and Straw Products	253	28	3433192
家具制造业	Manufacture of Furniture	58	10	636111
造纸及纸制品业	Manufacture of Paper and Paper Products	50	11	700014
印刷和记录媒介复制业	Manufacture of Printing and Record Medium Reproduction	27	2	203515
文教、工美、体育和娱乐用品制造业	Manufacture of Articles for Culture, Education and Sports Activities	35		310580
石油加工、炼焦及核燃料加工业	Processing of Petoleum, Coking, Processing of Nuclear Fuel	56	20	13876303
化学原料及化学制品制造业	Manufacture of Raw Chemical Materials and Chemical Products	193	30	5652735
医药制造业	Manufacture of Medicines	104	12	2951489
化学纤维制造业	Manufacture of Chemical Fibers	3	1	43615
橡胶和塑料制品业	Manufacture of Rubber and Plastics	113	8	1570011
非金属矿物制品业	Manufacture of Non-metallic Mineral Products	368	70	4898289
黑色金属冶炼及压延加工业	Smelting and Pressing of Ferrous Metals	53	10	3470085
有色金属冶炼及压延加工业	Smelting and Pressing of Non-ferrous Metals	15	6	344129
金属制品业	Manufacture of Metal Products	114	21	1247088
通用设备制造业	Manufacture of General Purpose Machinery	184	31	3641754
专用设备制造业	Manufacture of Special Purpose Machinery	191	22	3726862
汽车制造业	Manufacture of Automotive	57	26	1060254
铁路、船舶、航空航天和其他运输设备制造业	Manufacture of Railroad, Marine, Aerospace and Other Transportation Equipment	30	7	2102548
电气机械及器材制造业	Manufacture of Electrical Machinery and Equipment	99	15	2227973
计算机、通信和其他电子设备制造业	Manufacture of Computers, Communication and Other Electronic Equipment	18	1	161022
仪器仪表制造业	Manufacture of Measuring Instruments	18	2	190448
其他制造业	Other Manufacturing	11	4	186041
废弃资源综合利用业	Comprehensive Utilization of Waste Resources Industry	4		52339
金属制品、机械和设备修理业	Metal Products, Machinery and Equipment Repair Industry	5		46273
电力、热力、燃气及水的生产和供应业	Production and Supply of Electric Power, heat, Gas and Water	267	100	11853684
电力、热力的生产和供应业	Production and Supply of Electric Power and Heat Power	240	93	10847286
燃气生产和供应业	Production and Supply of Gas	14	2	867752
水的生产和供应业	Production and Supply of Water	13	5	138645

CONTINUED

(10000 yuan)

工业销售产值 Sale Output Value of Industry	应收帐款 Receivables	产成品 Finished Goods	流动资产合计 Total Working Capitals	固定资产原价 Original Value of Fixed Assets	固定资产合计 Total of Fixed Assets	资产合计 Total Assets	负债合计 Total Liabilities	主营业务收入 Revenue from Principal Business
36946934	2336688	1639120	16213824	13262769	8679038	27657213	16090468	38825947
85586423	8624419	2492460	39429595	87947241	52204934	104574206	59760340	86435489
29302397	819862	482308	9045999	44301478	24447237	37503339	14292786	29352967
6881907	607134	260164	2921096	6219983	4119122	8338219	6150568	6700379
19763779	59395	203581	5430428	35300621	18356472	26223362	7150710	20013961
448884	13952	2615	55955	232681	176783	256209	126201	419194
227679	5394	5894	207180	234086	224416	565346	299776	227290
427054	23742	9491	76791	108501	74348	170629	83945	443145
1553093	110245	562	354549	2205606	1496097	1949574	481587	1549000
81435252	9320656	3574462	41715212	35502811	22879951	73087036	45953951	83477336
21155664	634743	794583	7860034	5337459	3591183	12597943	8487432	22208392
4586766	420526	221395	1775907	1840419	1121948	3179627	1629845	4465916
2814969	104151	121459	990008	1462445	1029420	2238231	1347548	2851198
1020273	53159	19468	452851	294279	140140	759217	110517	1012543
571132	66966	85118	295428	269405	187465	515005	258769	562178
138693	23308	3837	38939	80501	46878	107233	24356	137417
273032	20908	3837	36144	19799	9375	48704	20512	271341
3242130	143633	130571	718127	1178579	694038	1512141	739369	3412754
616867	44704	92081	335110	199273	129401	482702	326550	602427
670854	81773	38348	376534	635360	456279	911568	490557	745555
197426	26952	8768	128067	125921	66267	216620	91671	191391
287891	7301	4617	40425	69813	42680	95899	36808	296567
13572255	253142	403864	2460049	6925577	3608796	6685485	3957619	13728127
5561722	302923	161363	1769650	2200546	1663276	3824499	2253711	5298422
2836380	560401	184126	2487893	1593616	1015199	3921275	1696708	3665933
46874	10452	6605	161137	130635	123313	321461	194484	52391
1551272	173007	70831	593893	530233	333694	976446	548699	1573294
4628705	590270	164345	2457566	2754975	2142348	5400311	3499910	4634947
3178290	410174	227768	2865748	2058178	1613529	5593091	4567100	3210567
323575	36882	10590	272379	218270	122825	778758	506050	363822
1246362	146589	35960	499587	473187	250813	797654	488223	1242885
3524539	1812207	164964	4531494	1373301	917543	6065741	4258530	3504066
3403650	1890082	294564	4706798	1797889	1384272	6753836	3801138	3326881
1029821	260800	93082	1098799	1462341	588498	1962830	1878426	1076675
2141842	385673	77851	1795809	1065535	727650	2892260	2048783	2280016
2185209	647860	106385	2300023	787591	536145	3283444	1960151	2116125
155391	60477	3617	195011	60348	39609	287749	112165	163103
192305	57543	28733	222859	106322	65236	340825	171480	189486
185763	77551	11069	182951	422319	214899	439947	379840	195581
51766	3772	2203	34431	6896	5600	46920	34539	49981
43837	12728	2115	31563	21801	11635	49614	32463	47357
11795709	820589	74810	4882209	21405721	13556783	21641044	15604070	12431133
10789297	786402	72222	4289934	20726470	13172816	20405314	14788953	11404957
867752	18361	2568	158112	320178	207012	385457	263557	886863
138659	15826	21	434163	359073	176956	850272	551561	139313

13-5 续表2

单位：万元

类 别	Category	主营业务成本 Cost of Principal Business	主营业务税金及附加 Taxes and Other Charges on Principal Business	销售费用 Selling Expenses
总 计	**Total**	**95639742**	**6972594**	**2726616**
#亏损企业	#Loss-making Enterprises	21654940	487248	346198
#国有及国有控股企业	#State-owned and State-holding Enterprises	45785237	6513423	1066930
#农村工业	#County Enterprises	615378	4446	12585
按登记注册类型分	**Grouped by Status of Registration**			
内资企业	Domestic Funded	86470553	6858157	1746609
国有企业	State-owned Enterprises	11719093	895672	119603
#中央企业	#Central Industry	6591370	815599	50791
集体企业	Collective-owned Enterprises	1131393	18767	16206
股份合作企业	Cooperative Enterprises	707934	3929	14683
联营企业	Joint Ownership Enterprises	84912	2027	7293
有限责任公司	Limited Liability Corporations	38007184	4673667	852336
国有独资公司	Sole State-funded Corporations	6664380	33366	89482
其他有限责任公司	Other Limited Liability Corporations	31342804	4640302	762854
股份有限公司	Share Holding Enterprises	12707762	1085783	302998
私营企业	Private Enterprises	21257217	173602	414470
私营独资企业	Private-funded Enterprises	3350901	32958	82308
私营合伙企业	Private Partnership	282024	2319	3177
私营有限责任公司	Private Limited Liability Corporations	16297288	126010	307076
私营股份有限公司	Private Share-holding Enterprises	1327004	12316	21908
其他企业	Other Enterprises	855058	4709	19022
港、澳、台商投资企业	Proprietorship from Hong Kong, Macao and Taiwan	2097419	20383	123026
外商投资企业	Foreign Funded Enterprises	7071770	94055	856981
按经济组织类型分	**Grouped by Medium-sized Enterprises**			
独资企业	Proprietorship	19394925	1001701	532446
国有企业	State-owned Enterprises	11719093	895672	119603
集体企业	Collective-owned Enterprises	1131393	18767	16206
私营独资企业	Private-funded Enterprises	3350901	32958	82308
港澳台商独资经营企业	Proprietorship from Hong Kong, Macao and Taiwan	388311	1592	38532
外资企业	Foreign Funded Enterprises	2805228	52712	275797
合作、合伙企业	Cooperative Enterprises and Partnership	2730605	26932	48892
股份合作企业	Cooperative Enterprises	707934	3929	14683
国有联营企业	State Joint Ownership Enterprises			
集体联营企业	Collective Joint Ownership Enterprises	7326	7	3
国有与集体联营企业	State and Collective Joint Ownership Enterprises	2165		21
其他联营企业	Other Joint Ownership Enterprises	75422	2021	7269
私营合伙企业	Private Partnership	282024	2319	3177
港或澳、台资合作经营企业	Cooperative Enterprises with Funds from Hong Kong, Macao and Taiwan	689593	13822	3376
中外合作经营企业	Sino-foreign Cooperative Enterprises	108749	127	1223
其他企业（内资）	Other Enterprises (Domestic Funded)	855058	4709	19022
股份有限公司	Share Holding Enterprises	14793545	1108570	384904
股份有限公司（内资）	Share Holding Enterprises (Domestic Funded)	12707762	1085783	302998
私营股份有限公司	Private Share Holding Enterprises	1327004	12316	21908
港澳台商投资股份有限公司	Share Holding Enterprises with Funds from Hong Kong, Macao and Taiwan	47703	106	2039
外商投资股份有限公司	Foreign Funded Share Holding Enterprises	711076	10366	57959
有限责任公司	Limited Liability Corporations	58720667	4835391	1760375
国有独资公司	Sole State-funded Corporations	6664380	33366	89482
私营有限责任公司	Private Limited Liability Corporations	16297288	126010	307076
港澳台合资经营企业	Joint Venture Enterprises of Hong Kong, Macao and Taiwan	969478	4864	78961
中外合资经营企业	Sino-foreign Cooperative joint venture Enterprises	3446717	30850	522002
其他有限责任公司	Other Limited Liability Corporations	31342804	4640302	762854

CONTINUED

(10000 yuan)

管理费用 Overhead Expenses	财务费用 Financial Expenses	利息支出 Expenditure for Interests	利润总额 Total Profits	亏损企业亏损额 Total Losses Made by Enterprises -in-red	利税总额 Total Profits	应交增值税 Value-added Tax Payable	销项税额 VAT on Sales	从业人员平均人数(人) Average Employed Persons (person)
6099105	**1254569**	**1517969**	**13385582**	**1223349**	**26662910**	**6184241**	**16548757**	**1413497**
1286091	545308	476175	-1223349	1223349	262621	991706	3563532	493733
3897781	697198	1033985	9850133	734569	20827267	4347763	10775001	790140
17181	3521	1542	74813	736	108126	28865	41877	6410
5314479	1083101	1344028	12784971	1075728	25532853	5769394	14830295	1281294
842538	265019	250124	-48187	361786	1696191	842702	1877882	307015
280857	102808	107148	69805	132096	1431369	545635	1173387	67221
93709	7278	5897	43280	12346	118046	55699	144212	34395
23444	3285	3229	65398	184	92932	23605	81836	11304
274	131	175	28929	53	37170	6215	26	1329
2789465	463600	764977	10013639	516735	18438844	3640122	8360738	562028
387060	139088	138301	72842	92893	344143	236454	1046336	137017
2402406	324512	626676	9940797	423841	18094701	3403668	7314403	425011
831144	158419	163434	1043777	83366	2523115	393553	2287053	129778
704379	175842	148496	1589604	100078	2535236	771545	2005343	225001
110117	22541	18034	290987	14839	478373	154378	252611	37247
5378	666	466	33673	725	40489	4498	14819	3332
529301	142604	120698	1136411	81434	1816427	553579	1607964	170099
59584	10031	9298	128533	3080	199947	59091	129949	14323
29525	9527.7	7695	48532	1180	91319	35953.9	73206	10444
316135	54513	35669	175057	30714	268597	73081	355310	31748
468491	116955	138272	425554	116907	861460	341765	1363152	100455
1237402	331273	313488	495904	454284	2666688	1162602	2773753	417594
842538	265019	250124	-48187	361786	1696191	842702	1877882	307015
93709	7278	5897	43280	12346	118046	55699	144212	34395
110117	22541	18034	290987	14839	478373	154378	252611	37247
25967	12651	13948	18637	4994	30427	10123	81763	6599
165071	23785	25485	191188	60318	343652	99701	417286	32338
295905	17698	15744	265005	3123	387975	93913	312395	31349
23444	3285	3229	65398	184	92932	23605	81836	11304
54	31	0	-53	53	-46			55
30	0	0	65		77	13	26	98
191	100	174	28917		37139	6202		1176
5378	666	466	33673	725	40489	4498	14819	3332
232170	2633	2681	81440	981	116631	21369	131115	3391
5029	1454	1498	6886		9285	2272	11378	1449
29525	9528	7695	48532	1180	91319	35954	73206	10444
916145	198622	203624	1183961	100604	2782883	490343	2573961	157234
831144	158419	163434	1043777	83366	2523115	393553	2287053	129778
59584	10031	9298	128533	3080	199947	59091	129949	14323
3231	1467	1568	6172	2299	7141	864	864	317
22186	28705	29323	5479	11860	52680	36835	156095	12816
3649654	706976	985113	11440712	665338	20825364	4437383	10888648	807320
387060	139088	138301	72842	92893	344143	236454	1046336	137017
529301	142604	120698	1136411	81434	1816427	553579	1607964	170099
54682	37760	17472	68660	22440	114249	40725	141553	21341
276205	63011	81965	222001	44729	455844	202957	778392	53852
2402406	324512	626676	9940797	423841	18094701	3403668	7314403	425011

13-5 续表3

单位：万元

类　别	Category	主营业务成　本 Cost of Principal Business	主营业务税金及附加 Taxes and Other Charges on Principal Business	销售费用 Selling Expenses
按轻重工业分	**Grouped by Light and Heavy Industry**			
轻工业	Light Industry	32704409	694365	1604576
重工业	Heavy Industry	62935333	6278229	1122041
按行业分	**Grouped by Industry**			
采矿业	Mining and Quarrying	12768076	4604349	240195
煤炭开采和洗选业	Mining and Washing of Coal	5637364	95802	97994
石油和天然气开采业	Extraction of Petroleum and Natural Gas	5252972	4424571	110899
黑色金属矿采选业	Mining and Processing of Ferrous Metals Ores	343992	3377	13295
有色金属矿采选业	Mining and Processing of Non-ferrous Metal Ores	169103	2227	2705
非金属矿采选业	Mining and Processing of Nonmetal Ores	338097	7738	13539
开采辅助活动	Mining Auxiliary Activities	1026547	70635	1763
其他采矿业	Mining of Other Ores			
制造业	Manufacturing	70955179	2315348	2407133
农副食品加工业	Processing of Food from Agricultural Products	20163890	89264	378456
食品制造业	Manufacture of Foods	3502646	20151	457453
酒、饮料和精制茶制造业	Manufacture of Wine, soft drinks and refined tea	2249683	97159	191003
烟草制品业	Manufacture of Tobacco	363639	441556	15483
纺织业	Manufacture of Textile	497309	1707	11175
纺织服装、服饰业	Manufacture of Textile and Apparel	125955	280	2089
皮革、毛皮、羽毛及其制品和制鞋业	Manufacture of Leather, Furs, Feather and Related Products and Footwear	258621	657	329
木材加工及木、竹、藤、棕、草制品业	Processing of Timber,Manufacture of Wood,Bamboo,Rattan,Palm and Straw Products	3004016	11918	66784
家具制造业	Manufacture of Furniture	520068	2118	21153
造纸及纸制品业	Manufacture of Paper and Paper Products	638233	2340	24266
印刷和记录媒介复制业	Manufacture of Printing and Record Medium Reproduction	150046	3317	2854
文教、工美、体育和娱乐用品制造业	Manufacture of Articles for Culture,Education and Sports Activities	270588	788	3807
石油加工、炼焦及核燃料加工业	Processing of Petoleum,Coking,Processing of Nuclear Fuel	11672046	1406405	68218
化学原料及化学制品制造业	Manufacture of Raw Chemical Materials and Chemical Products	4591901	73292	66012
医药制造业	Manufacture of Medicines	2430771	27295	460051
化学纤维制造业	Manufacture of Chemical Fibers	60048	17	655
橡胶和塑料制品业	Manufacture of Rubber and Plastics	1406174	6306	19297
非金属矿物制品业	Manufacture of Non-metallic Mineral Products	3736881	40316	117037
黑色金属冶炼及压延加工业	Smelting and Pressing of Ferrous Metals	3077208	9767	70081
有色金属冶炼及压延加工业	Smelting and Pressing of Non-ferrous Metals	308233	3183	7349
金属制品业	Manufacture of Metal Products	1132608	4493	14164
通用设备制造业	Manufacture of General Purpose Machinery	2902285	24710	110231
专用设备制造业	Manufacture of Special Purpose Machinery	2701171	16133	95268
汽车制造业	Manufacture of Automotive	1006327	7526	40611
铁路、船舶、航空航天和其他运输设备制造业	Manufacture of Railroad, Marine, Aerospace and Other Transportation Equipment	1958354	4222	57679
电气机械及器材制造业	Manufacture of Electrical Machinery and Equipment	1704286	16208	81265
计算机、通信和其他电子设备制造业	Manufacture of Computers,Communication and Other Electronic Equipment	113532	1872	9011
仪器仪表制造业	Manufacture of Measuring Instruments	145315	926	11413
其他制造业	Other Manufacturing	173783	819	3244
废弃资源综合利用业	Comprehensive Utilization of Waste Resources Industry	47171	362	256
金属制品、机械和设备修理业	Metal Products, Machinery and Equipment Repair Industry	42394	241	439
电力、热力、燃气及水的生产和供应业	Production and Supply of Electric Power,heat,Gas and Water	11916488	52897	79288
电力、热力的生产和供应业	Production and Supply of Electric Power and Heat Power	11011774	49142	34097
燃气生产和供应业	Production and Supply of Gas	816930	2805	38659
水的生产和供应业	Production and Supply of Water	87784	949	6532

CONTINUED

(10000 yuan)

管理费用 Overhead Expenses	财务费用 Financial Expenses	利息支出 Expenditure for Interests	利润总额 Total Profits	亏损企业亏损额 Total Losses Made by Enterprises -in-red	利税总额 Total Profits	应交增值税 Value-added Tax Payable	销项税额 VAT on Sales	从业人员平均人数(人) Average Employed Persons (person)
1291324	279817	373713	2298607	200960	4207722	1106062	4107103	363017
4807781	974751	1144255	11086975	1022389	22455188	5078179	12441654	1050480
2326796	36736	235160	9149256	162080	17011758	3250425	4856880	437260
683637	110297	88446	169918	157600	830059	558412	874150	293383
1318011	-87657	132406	8698681	852	15689636	2564643	3645395	117100
21073	3322	3224	35105		65006	26525	34996	3509
16538	3747	3584	34038	356	50908	14643	17513	4077
21722	1991	1961	43848	1606	73740	22154	37189	6529
265815	5036	5540	167667	1667	302409	64050	247637	12662
3475650	770966	839013	4219855	820057	8977388	2330535	10071816	828199
390703	171957	253110	1044471	75917	1625341	383528	1948179	129769
158537	25968	27975	339743	24452	547127	187110	571730	45065
138134	24771	26359	143932	51455	321233	80094	313259	32470
70442	-1416	596	124864	3789	679075	112655	170214	7355
23735	6158	6133	26536	3245	46362	18119	67479	24265
2966	454	407	6093	42	9684	3303	6880	2007
1083	144	144	14007	318	19611	4946	37201	818
71046	15433	14824	160157	18170	284417	112302	196314	36615
27740	5801	5171	24128	3209	41686	15439	55742	15574
33053	12834	11426	34745	11421	59013	21928	116342	12174
16214	1560	773	19306	2144	30476	7850	25062	4588
5384	747	709	14938		22290	6520	10875	6244
521318	91847	85349	469547	110399	2163206	287138	2191551	69617
169638	56013	57009	290433	42503	477264	113036	616490	41166
315745	12982	21506	402527	4514	643029	213207	586166	54295
4768	1071	433	-14122	14272	-14011	94	8452	857
51922	8262	8834	70677	11558	118327	40981	162952	17683
220740	59982	54737	531227	33431	775813	203715	418214	69496
89994	112171	77167	-39043	117734	44481	73753	595202	33194
34024	10456	9725	3047	10642	14130	7900	60682	9219
56889	6511	6530	32248	13205	61761	24889	105176	17280
267788	12763	18935	144229	103028	339412	169722	518458	53267
271025	62703	67433	191297	17418	282486	74692	493956	48785
114730	24556	31420	-84789	120959	-57124	20130	167317	21994
203791	24818	27837	60392	9415	102210	37159	236768	29832
138548	15706	17383	162228	16366	266007	87537	309909	27587
21874	1481	1656	21572	91	29424	5976	21274	3250
25235	2273	2641	11646	168	18953	6376	27837	6650
22366	1807	1742	7919	192	15819	7068	23307	5525
1894	942	841	4959		8194	2874	4891	450
4325	211	210	944		1696	493	3940	1108
296659	446867	443795	16471	241212	673763	603281	1620060	148038
240664	435590	430349	-20746	233979	617464	587992	1590669	135874
23572	630	1798	30238	2474	42858	9775	23592	5284
32423	10647	11648	6979	4759	13442	5513	5799	6880

13-6 大中型工业企业主要经济指标(2012年)

单位：万元

类别	Category	单位数（个）Number of Enterprises (unit)	#亏损企业 Loss-making Enterprises	工业总产值 Gross Industrial Output Value
总计	**Total**	**635**	**158**	**83966778**
#亏损企业	#Loss-making Enterprises	158	158	19425986
#国有及国有控股企业	#State-owned and State-holding Enterprises	211	80	60922348
#大型	#Large-sized Enterprises	132	39	64922317
按登记注册类型分	**Grouped by Status of Registration**			
内资企业	Domestic Funded	545	137	75180191
国有企业	State-owned Enterprises	98	41	11246772
#中央企业	#Central Industry	23	6	7146807
集体企业	Collective-owned Enterprises	27	6	888113
股份合作企业	Cooperative Enterprises	7	2	443302
联营企业	Joint Ownership Enterprises	1		116027
有限责任公司	Limited Liability Corporations	222	57	43975030
国有独资公司	Sole State-funded Corporations	23	6	6643039
其他有限责任公司	Other Limited Liability Corporations	199	51	37331992
股份有限公司	Share Holding Enterprises	64	15	13723078
私营企业	Private Enterprises	120	15	4636587
私营独资企业	Private-funded Enterprises	15	2	532216
私营合伙企业	Private Partnership	2		98320
私营有限责任公司	Private Limited Liability Corporations	93	12	3604997
私营股份有限公司	Private Share-holding Enterprises	10	1	401054
其他企业	Other Enterprises	6	1	151284
港、澳、台商投资企业	Proprietorship from Hong Kong, Macao and Taiwan	24	6	2445523
外商投资企业	Foreign Funded Enterprises	66	15	6341063
按经济组织类型分	**Grouped by Medium-sized Enterprises**			
独资企业	Proprietorship	174	58	15536669
国有企业	State-owned Enterprises	98	41	11246772
集体企业	Collective-owned Enterprises	27	6	888113
私营独资企业	Private-funded Enterprises	15	2	532216
港澳台商独资经营企业	Proprietorship from Hong Kong, Macao and Taiwan	5	3	308663
外资企业	Foreign Funded Enterprises	29	6	2560906
合作、合伙企业	Cooperative Enterprises and Partnership	20	3	1852677
股份合作企业	Cooperative Enterprises	7	2	443302
国有联营企业	State Joint Ownership Enterprises			
集体联营企业	Collective Joint Ownership Enterprises			
国有与集体联营企业	State and Collective Joint Ownership Enterprises			
其他联营企业	Other Joint Ownership Enterprises	1		116027
私营合伙企业	Private Partnership	2		98320
港或澳、台资合作经营企业	Cooperative Enterprises with Funds from Hong Kong, Macao and Taiwan	2		1004661
中外合作经营企业	Sino-foreign Cooperative Enterprises	2		39083
其他企业（内资）	Other Enterprises (Domestic Funded)	6	1	151284
股份有限公司	Share Holding Enterprises	79	17	14744325
股份有限公司（内资）	Share Holding Enterprises (Domestic Funded)	64	15	13723078
私营股份有限公司	Private Share Holding Enterprises	10	1	401054
港澳台商投资股份有限公司	Share Holding Enterprises with Funds from Hong Kong, Macao and Taiwan			
外商投资股份有限公司	Foreign Funded Share Holding Enterprises	5	1	620194
有限责任公司	Limited Liability Corporations	362	80	51833107
国有独资公司	Sole State-funded Corporations	23	6	6643039
私营有限责任公司	Private Limited Liability Corporations	93	12	3604997
港澳台合资经营企业	Joint Venture Enterprises of Hong Kong, Macao and Taiwan	17	3	1132199
中外合资经营企业	Sino-foreign Cooperative joint venture Enterprises	30	8	3120881
其他有限责任公司	Other Limited Liability Corporations	199	51	37331992

MAJOR INDICATORS OF LARGE AND MEDIUM-SIZED INDUSTRIAL ENTERPRISES (2012)

(10000 yuan)

工业销售产值 Sale Output Value of Industry	应收帐款 Receivables	产成品 Finished Goods	流动资产合计 Total Working Capitals	固定资产原价 Original Value of Fixed Assets	固定资产合计 Total of Fixed Assets	资产合计 Total Assets	负债合计 Total Liabilities	主营业务收入 Revenue from Principal Business
82067804	**7978959**	**2923702**	**42740270**	**85892113**	**49044226**	**104188084**	**60229441**	**85351633**
18779161	1926348	747942	10234244	21634457	12805054	27810566	22435509	19663137
59855812	5407061	1734974	30424625	73686154	40626391	80267069	45642038	63628141
63548031	5795712	1896551	32665976	72998954	39987224	83060143	47220272	66984940
73428057	7008818	2465711	37604907	78165590	44574948	93672676	53674704	75702214
10998449	862174	311332	5035615	12662727	7776395	14420783	10637068	11648524
7121299	500819	175135	2934127	5895640	3442672	7057206	4556419	7667942
884449	241588	33297	631001	379432	167067	836027	681929	808848
442002	14890	17848	141760	98370	77264	239153	102091	447149
116027	11508	2100	13608	2659	1934	32946	12500	119717
43269185	3629502	1306917	23227678	54043023	30008602	61254950	33114056	44921470
6621229	523299	121138	2591701	8448054	4915709	10050884	7414905	7000750
36647956	3106204	1185779	20635977	45594970	25092893	51204067	25699151	37920720
13145180	1882044	517323	6617854	9114472	5158524	13122366	6860143	13409838
4422507	351325	271908	1849010	1810895	1340712	3626658	2222831	4195551
512763	15173	32065	143359	164757	123899	306196	210378	522363
95140	8674	1060	13269	7883	6486	27983	9463	98910
3427364	292991	223734	1532366	1469265	1051187	2920538	1851483	3204958
387240	34488	15050	160016	168991	159141	371942	151507	369320
150260	15786	4986	88382	54012	44450	139793	44086	151115
2272567	167977	47101	1080571	2398203	1441466	2716248	1461205	2279978
6367180	802164	410891	4054792	5328320	3027812	7799159	5093532	7369441
15284281	1404076	556507	7294952	14935014	8862379	18083811	13078512	15790506
10998449	862174	311332	5035615	12662727	7776395	14420783	10637068	11648524
884449	241588	33297	631001	379432	167067	836027	681929	808848
512763	15173	32065	143359	164757	123899	306196	210378	522363
277211	63186	21102	194947	479061	99837	399147	295623	277462
2611409	221955	158712	1290029	1249036	695181	2121658	1253514	2533308
1838553	64654	28681	299976	1481300	941917	1313238	276267	1852016
442002	14890	17848	141760	98370	77264	239153	102091	447149
116027	11508	2100	13608	2659	1934	32946	12500	119717
95140	8674	1060	13269	7883	6486	27983	9463	98910
996443	8303	2596	24926	1257916	764261	807001	53528	996443
38682	5494	92	18033	60461	47523	66362	54600	38682
150260	15786	4986	88382	54012	44450	139793	44086	151115
14155252	1930804	610074	7014345	10543887	5973663	14454271	7755567	14581086
13145180	1882044	517323	6617854	9114472	5158524	13122366	6860143	13409838
387240	34488	15050	160016	168991	159141	371942	151507	369320
622832	14273	77701	236475	1260425	655998	959964	743917	801928
50789718	4579424	1728440	28130996	58931912	33266267	70336764	39119095	53128025
6621229	523299	121138	2591701	8448054	4915709	10050884	7414905	7000750
3427364	292991	223734	1532366	1469265	1051187	2920538	1851483	3204958
998913	96488	23402	860697	661225	577367	1510100	1112055	1006073
3094257	560443	174387	2510255	2758399	1629111	4651175	3041502	3995523
36647956	3106204	1185779	20635977	45594970	25092893	51204067	25699151	37920720

13-6 续表1

单位：万元

类别	Category	单位数（个）Number of Enterprises (unit)	#亏损企业 Loss-making Enterprises	工业总产值 Gross Industrial Output Value
按轻重工业分	**Grouped by Light and Heavy Industry**			
轻工业	Light Industry	258	45	18585820
重工业	Heavy Industry	377	113	65380958
按行业分	**Grouped by Industry**			
采矿业	Mining and Quarrying	70	19	25568967
煤炭开采和洗选业	Mining and Washing of Coal	52	17	4325177
石油和天然气开采业	Extraction of Petroleum and Natural Gas	1		19711346
黑色金属矿采选业	Mining and Processing of Ferrous Metals Ores	2		37503
有色金属矿采选业	Mining and Processing of Non-ferrous Metal Ores	5		94790
非金属矿采选业	Mining and Processing of Nonmetal Ores	2	1	44475
开采辅助活动	Mining Auxiliary Activities	8	1	1355676
其他采矿业	Mining of Other Ores			
制造业	Manufacturing	481	99	48931735
农副食品加工业	Processing of Food from Agricultural Products	83	10	8831068
食品制造业	Manufacture of Foods	37	4	3072562
酒、饮料和精制茶制造业	Manufacture of Wine, soft drinks and refined tea	24	7	1471658
烟草制品业	Manufacture of Tobacco	5	2	997188
纺织业	Manufacture of Textile	30	7	417229
纺织服装、服饰业	Manufacture of Textile and Apparel	1		64871
皮革、毛皮、羽毛及其制品和制鞋业	Manufacture of Leather, Furs, Feather and Related Products and Footwear			
木材加工及木、竹、藤、棕、草制品业	Processing of Timber,Manufacture of Wood,Bamboo,Rattan,Palm and Straw Products	23	2	531520
家具制造业	Manufacture of Furniture	13	2	208492
造纸及纸制品业	Manufacture of Paper and Paper Products	9	4	413301
印刷和记录媒介复制业	Manufacture of Printing and Record Medium Reproduction	5	1	69142
文教、工美、体育和娱乐用品制造业	Manufacture of Articles for Culture,Education and Sports Activities	4		52233
石油加工、炼焦及核燃料加工业	Processing of Petoleum,Coking,Processing of Nuclear Fuel	22	13	13391661
化学原料及化学制品制造业	Manufacture of Raw Chemical Materials and Chemical Products	26	6	2901664
医药制造业	Manufacture of Medicines	28		2225049
化学纤维制造业	Manufacture of Chemical Fibers	1	1	38490
橡胶和塑料制品业	Manufacture of Rubber and Plastics	8	1	581047
非金属矿物制品业	Manufacture of Non-metallic Mineral Products	31	5	1246182
黑色金属冶炼及压延加工业	Smelting and Pressing of Ferrous Metals	11	4	2858498
有色金属冶炼及压延加工业	Smelting and Pressing of Non-ferrous Metals	4	2	230848
金属制品业	Manufacture of Metal Products	7	2	244737
通用设备制造业	Manufacture of General Purpose Machinery	28	6	2343170
专用设备制造业	Manufacture of Special Purpose Machinery	25	5	2158292
汽车制造业	Manufacture of Automotive	14	8	829894
铁路、船舶、航空航天和其他运输设备制造业	Manufacture of Railroad, Marine, Aerospace and Other Transportation Equipment	11	2	1970721
电气机械及器材制造业	Manufacture of Electrical Machinery and Equipment	19	5	1444195
计算机、通信和其他电子设备制造业	Manufacture of Computers,Communication and Other Electronic Equipment	4		79878
仪器仪表制造业	Manufacture of Measuring Instruments	3		89379
其他制造业	Other Manufacturing	2		117566
废弃资源综合利用业	Comprehensive Utilization of Waste Resources Industry	1		14957
金属制品、机械和设备修理业	Metal Products, Machinery and Equipment Repair Industry	2		36245
电力、热力、燃气及水的生产和供应业	Production and Supply of Electric Power,heat,Gas and Water	84	40	9466076
电力、热力的生产和供应业	Production and Supply of Electric Power and Heat Power	76	36	9257768
燃气生产和供应业	Production and Supply of Gas	2		124606
水的生产和供应业	Production and Supply of Water	6	4	83701

CONTINUED

(10000 yuan)

工业销售产值 Sale Output Value of Industry	应收帐款 Receivables	产成品 Finished Goods	流动资产合计 Total Working Capitals	固定资产原价 Original Value of Fixed Assets	固定资产合计 Total of Fixed Assets	资产合计 Total Assets	负债合计 Total Liabilities	主营业务收入 Revenue from Principal Business
18225716	1641675	1127681	11866687	8712505	5320664	18882832	11839430	20177843
63842088	6337283	1796021	30873583	77179608	43723562	85305252	48390011	65173790
25237541	499235	321578	7800053	43294014	23678391	35284150	13081908	25480583
4051372	351903	111124	1901127	5738164	3705885	6813883	5239551	4045180
19666453	59254	203135	5414533	35258407	18322664	26173660	7138500	19916287
36263	5428	547	26641	77052	88990	128799	75107	36657
91731	291	2554	162815	126698	156180	440184	220024	91342
36045	2827	3657	14050	8399	5950	26618	14261	38558
1355676	79532	560	280886	2085293	1398723	1701008	394466	1352559
47404963	6952459	2532837	31446286	26218468	16035819	53765008	35767731	49854042
8643326	332871	513729	5350087	3045238	1768812	7628342	6076695	9640295
3095335	326355	136775	1343542	1147037	711540	2225290	1168739	3105595
1433869	66593	85316	634109	925908	663177	1400071	882092	1502551
995561	52956	19468	452023	291621	138736	756985	110254	990333
401209	54919	77055	245126	229718	161444	433376	220173	390293
62803	16614	290	17261	58369	30894	68095	2218	59495
494750	39982	23915	182258	251500	165254	365964	199464	527972
197729	26824	75485	227040	104003	66385	300240	225171	190771
391491	56132	28926	282884	530800	367936	714696	381967	457370
67835	10512	3060	43309	50438	26531	73085	29016	62515
51315	1379	629	7817	28266	18947	28638	18723	51337
13109338	223849	370399	2253057	6801382	3517104	6365801	3691003	13285486
2828552	161573	80559	962255	1639721	1216663	2352319	1489089	2953068
2129850	485899	151646	2108749	1242151	735092	3166966	1375328	2957604
42078	9981	6248	155506	128937	121454	311874	191973	47715
596984	87036	31239	333984	267355	165507	526786	340731	601884
1130162	234400	61705	1165542	1320798	1035858	2702245	1843577	1162651
2576521	362611	208386	2607241	1899759	1489428	5176079	4335467	2632119
210835	28531	8325	182692	172727	82705	595379	410261	246688
243749	45414	12706	206577	224106	101487	333594	228782	229574
2262368	1540013	130105	3863162	1009606	602745	4989977	3652652	2220863
1850093	1646233	225371	3940118	1526196	1108122	5529340	3094460	1812175
810016	203044	77840	935034	1259359	444372	1621890	1686633	842431
2007212	332925	69479	1626388	933701	656090	2631183	1947321	2146783
1432785	497097	95700	1896990	593992	360140	2654928	1613893	1386677
80227	33644	1168	116675	20470	10925	153559	61253	85327
92855	22620	26187	126364	86828	50273	214859	105617	89854
117743	45552	6852	134631	410954	208999	378555	340903	123461
14383	1317	2177	26114	2131	1885	31571	25042	14383
33990	5585	2098	19751	15399	7317	33324	19235	36774
9425300	527265	69287	3493931	16379631	9330016	15138926	11379802	10017008
9216978	516493	68496	3139662	15852483	9060322	14459274	10986493	9805252
124606	2609	792	83918	205813	118348	206010	125909	124606
83716	8163		270351	321336	151346	473642	267401	87150

13-6 续表2

单位：万元

类　别	Category	主营业务成　本 Cost of Principal Business	主营业务税金及附加 Taxes and Other Charges on Principal Business	销售费用 Selling Expenses
总　计	**Total**	**60880620**	**6698186**	**1975821**
#亏损企业	#Loss-making Enterprises	18759850	471161	243118
#国有及国有控股企业	#State-owned and State-holding Enterprises	42888264	6480993	1005361
#大型	#Large-sized Enterprises	45797822	6512233	1262562
按登记注册类型分	**Grouped by Status of Registration**			
内资企业	Domestic Funded	53507399	6593140	1069112
国有企业	State-owned Enterprises	9978998	890040	94165
#中央企业	#Central Industry	6421485	814444	50362
集体企业	Collective-owned Enterprises	702717	14750	8355
股份合作企业	Cooperative Enterprises	385721	1176	9549
联营企业	Joint Ownership Enterprises	75422	2021	7269
有限责任公司	Limited Liability Corporations	27803172	4572805	605117
国有独资公司	Sole State-funded Corporations	6519504	32674	81556
其他有限责任公司	Other Limited Liability Corporations	21283668	4540132	523562
股份有限公司	Share Holding Enterprises	10939838	1056228	242167
私营企业	Private Enterprises	3483598	56009	100904
私营独资企业	Private-funded Enterprises	409130	5055	24614
私营合伙企业	Private Partnership	82556	93	874
私营有限责任公司	Private Limited Liability Corporations	2677376	46046	64283
私营股份有限公司	Private Share-holding Enterprises	314537	4815	11132
其他企业	Other Enterprises	137933	111	1587
港、澳、台商投资企业	Proprietorship from Hong Kong,Macao and Taiwan	1730020	18373	105057
外商投资企业	Foreign Funded Enterprises	5643201	86673	801652
按经济组织类型分	**Grouped by Medium-sized Enterprises**			
独资企业	Proprietorship	13257280	960400	394828
国有企业	State-owned Enterprises	9978998	890040	94165
集体企业	Collective-owned Enterprises	702717	14750	8355
私营独资企业	Private-funded Enterprises	409130	5055	24614
港澳台商独资经营企业	Proprietorship from Hong Kong,Macao and Taiwan	229715	826	28820
外资企业	Foreign Funded Enterprises	1936720	49729	238875
合作、合伙企业	Cooperative Enterprises and Partnership	1382929	17259	22462
股份合作企业	Cooperative Enterprises	385721	1176	9549
国有联营企业	State Joint Ownership Enterprises			
集体联营企业	Collective Joint Ownership Enterprises			
国有与集体联营企业	State and Collective Joint Ownership Enterprises			
其他联营企业	Other Joint Ownership Enterprises	75422	2021	7269
私营合伙企业	Private Partnership	82556	93	874
港或澳、台资合作经营企业	Cooperative Enterprises with Funds from Hong Kong,Macao and Taiwan	668713	13790	2528
中外合作经营企业	Sino-foreign Cooperative Enterprises	32584	69	654
其他企业（内资）	Other Enterprises (Domestic Funded)	137933	111	1587
股份有限公司	Share Holding Enterprises	11954913	1071351	310462
股份有限公司（内资）	Share Holding Enterprises (Domestic Funded)	10939838	1056228	242167
私营股份有限公司	Private Share Holding Enterprises	314537	4815	11132
港澳台商投资股份有限公司	Share Holding Enterprises with Funds from Hong Kong,Macao and Taiwan			
外商投资股份有限公司	Foreign Funded Share Holding Enterprises	700539	10308	57164
有限责任公司	Limited Liability Corporations	34285498	4649175	1248070
国有独资公司	Sole State-funded Corporations	6519504	32674	81556
私营有限责任公司	Private Limited Liability Corporations	2677376	46046	64283
港澳台合资经营企业	Joint Venture Enterprises of Hong Kong,Macao and Taiwan	831593	3757	73710
中外合资经营企业	Sino-foreign Cooperative joint venture Enterprises	2973358	26566	504960
其他有限责任公司	Other Limited Liability Corporations	21283668	4540132	523562

CONTINUED

(10000 yuan)

管理费用 Overhead Expenses	财务费用 Financial Expenses	利息支出 Expenditure for Interests	利润总额 Total Profits	亏损企业亏损额 Total Losses Made by Enterprises -in-red	利税总额 Total Profits	应交增值税 Value-added Tax Payable	销项税额 VAT on Sales	从业人员平均人数(人) Average Employed Persons (person)
4879226	**875876**	**1187976**	**10969876**	**976178**	**22780464**	**4994651**	**13339623**	**1075637**
1091727	449453	399157	-976178	976178	425779	923893	3220382	439065
3746169	572242	914823	9628168	673788	20467634	4243268	10396641	755416
3772311	609828	920237	9791059	705024	20733972	4315851	11061454	755731
4204667	746836	1057367	10438522	892309	21772877	4623510	11803282	961333
775350	198389	188515	-95773	334168	1606180	806099	1734900	288254
271144	77827	82214	62419	125109	1412548	535421	1146218	64441
71689	5721	4524	18320	8063	67640	34270	109462	26258
12950	1779	2049	39285	97	53413	12952	63204	6423
191	100	174	28917		37139	6202		1176
2415663	345577	664327	9285495	423211	17235372	3267645	7298275	450915
376953	127406	130757	57695	91456	319143	227292	1025862	135765
2038710	218171	533570	9227800	331756	16916230	3040353	6272412	315150
753703	144655	150875	841680	76646	2222479	324571	2108988	113725
171601	48753	45029	312612	49764	536269	167607	465083	72272
35441	8442	7860	40627	6191	75853	30172	40485	10444
1110	145	138	19612		19844	139	1452	803
115731	36380	33915	234695	42738	407257	126478	380946	55136
19320	3787	3117	17677	835	33315	10818	42200	5889
3521	1863	1874	7986	361	14385	4163	23371	2310
286677	38608	18560	149416	21188	231716	63928	303807	26557
387882	90433	112050	381939	62681	775871	307214	1232534	87747
1018191	235825	228004	148727	374663	2077417	962160	2288081	355973
775350	198389	188515	-95773	334168	1606180	806099	1734900	288254
71689	5721	4524	18320	8063	67640	34270	109462	26258
35441	8442	7860	40627	6191	75853	30172	40485	10444
15394	7125	7136	5056	2435	12054	6172	45386	4392
120317	16148	19670	180497	23806	315690	85447	357848	26625
249012	7441	7876	178822	457	243120	44914	219945	14994
12950	1779	2049	39285	97	53413	12952	63204	6423
191	100	174	28917		37139	6202		1176
1110	145	138	19612		19844	139	1452	803
227452	2160	2207	81830		116263	20643	129512	3108
3789	1395	1435	1192		2075	814	2407	1174
3521	1863	1874	7986	361	14385	4163	23371	2310
794223	177249	183315	861906	89341	2305101	371840	2304689	132049
753703	144655	150875	841680	76646	2222479	324571	2108988	113725
19320	3787	3117	17677	835	33315	10818	42200	5889
21200	28807	29323	2548	11860	49307	36451	153501	12435
2817801	455362	768782	9780421	511717	18154827	3615737	8526909	572621
376953	127406	130757	57695	91456	319143	227292	1025862	135765
115731	36380	33915	234695	42738	407257	126478	380946	55136
43830	29323	8918	62530	18753	103399	37112	128909	19057
242577	44083	61623	197701	27015	408799	184502	718779	47513
2038710	218171	533570	9227800	331756	16916230	3040353	6272412	315150

13-6 续表3

单位：万元

类　别	Category	主营业务成　本 Cost of Principal Business	主营业务税金及附加 Taxes and Other Charges on Principal Business	销售费用 Selling Expenses
按轻重工业分	**Grouped by Light and Heavy Industry**			
轻工业	Light Industry	16315265	580111	1216683
重工业	Heavy Industry	44565355	6118075	759138
按行业分	**Grouped by Industry**			
采矿业	Mining and Quarrying	9576984	4538721	161812
煤炭开采和洗选业	Mining and Washing of Coal	3356831	65719	49443
石油和天然气开采业	Extraction of Petroleum and Natural Gas	5174659	4423960	106590
黑色金属矿采选业	Mining and Processing of Ferrous Metals Ores	29145	406	616
有色金属矿采选业	Mining and Processing of Non-ferrous Metal Ores	59945	529	1631
非金属矿采选业	Mining and Processing of Nonmetal Ores	27765	526	2191
开采辅助活动	Mining Auxiliary Activities	928640	47581	1342
其他采矿业	Mining of Other Ores			
制造业	Manufacturing	41558075	2113493	1754705
农副食品加工业	Processing of Food from Agricultural Products	8902607	25672	189388
食品制造业	Manufacture of Foods	2349703	13985	374078
酒、饮料和精制茶制造业	Manufacture of Wine, soft drinks and refined tea	1120687	68878	155369
烟草制品业	Manufacture of Tobacco	344204	441556	15265
纺织业	Manufacture of Textile	342051	1270	9024
纺织服装、服饰业	Manufacture of Textile and Apparel	56450		
皮革、毛皮、羽毛及其制品和制鞋业	Manufacture of Leather, Furs, Feather and Related Products and Footwear			
木材加工及木、竹、藤、棕、草制品业	Processing of Timber, Manufacture of Wood, Bamboo, Rattan, Palm and Straw Products	436627	3773	20971
家具制造业	Manufacture of Furniture	152700	777	10139
造纸及纸制品业	Manufacture of Paper and Paper Products	378997	1457	20662
印刷和记录媒介复制业	Manufacture of Printing and Record Medium Reproduction	47166	1138	1641
文教、工美、体育和娱乐用品制造业	Manufacture of Articles for Culture, Education and Sports Activities	45822	387	1097
石油加工、炼焦及核燃料加工业	Processing of Petoleum, Coking, Processing of Nuclear Fuel	11265611	1403043	62244
化学原料及化学制品制造业	Manufacture of Raw Chemical Materials and Chemical Products	2570721	61748	29102
医药制造业	Manufacture of Medicines	1900229	22750	414324
化学纤维制造业	Manufacture of Chemical Fibers	56222		551
橡胶和塑料制品业	Manufacture of Rubber and Plastics	569142	1284	9660
非金属矿物制品业	Manufacture of Non-metallic Mineral Products	846809	7728	34377
黑色金属冶炼及压延加工业	Smelting and Pressing of Ferrous Metals	2569657	7913	63479
有色金属冶炼及压延加工业	Smelting and Pressing of Non-ferrous Metals	213526	955	5922
金属制品业	Manufacture of Metal Products	204402	1094	3451
通用设备制造业	Manufacture of General Purpose Machinery	1781146	15980	90001
专用设备制造业	Manufacture of Special Purpose Machinery	1389135	11317	66471
汽车制造业	Manufacture of Automotive	799051	6811	33799
铁路、船舶、航空航天和其他运输设备制造业	Manufacture of Railroad, Marine, Aerospace and Other Transportation Equipment	1857857	3326	54538
电气机械及器材制造业	Manufacture of Electrical Machinery and Equipment	1074382	8050	71989
计算机、通信和其他电子设备制造业	Manufacture of Computers, Communication and Other Electronic Equipment	57845	1114	6373
仪器仪表制造业	Manufacture of Measuring Instruments	68200	410	7461
其他制造业	Other Manufacturing	108167	651	2984
废弃资源综合利用业	Comprehensive Utilization of Waste Resources Industry	15032	242	
金属制品、机械和设备修理业	Metal Products, Machinery and Equipment Repair Industry	33931	185	346
电力、热力、燃气及水的生产和供应业	Production and Supply of Electric Power, heat, Gas and Water	9745561	45972	59303
电力、热力的生产和供应业	Production and Supply of Electric Power and Heat Power	9595569	43537	23565
燃气生产和供应业	Production and Supply of Gas	91792	1597	29590
水的生产和供应业	Production and Supply of Water	58201	839	6148

CONTINUED

(10000 yuan)

管理费用 Overhead Expenses	财务费用 Financial Expenses	利息支出 Expenditure for Interests	利润总额 Total Profits	亏损企业亏损额 Total Losses Made by Enterprises -in-red	利税总额 Total Profits	应交增值税 Value-added Tax Payable	销项税额 VAT on Sales	从业人员平均人数(人) Average Employed Persons (person)
830265	175931	285825	1193052	127234	2524062	643000	2774474	226966
4048961	699946	902151	9776825	848944	20256402	4351651	10565149	848671
2184540	7511	210776	8826216	137136	16383318	3010684	4434342	399622
595328	86432	69965	9527	135172	471664	390505	597883	265967
1312529	-88123	131932	8690090		15672270	2556479	3631548	116812
6162	2153	2129	420		4244	3419	6002	1295
8650	2484	2309	19829		32147	11789	13826	2656
4723	159	206	3008	428	6477	2943	5693	1499
257147	4406	4235	103342	1537	196516	45549	179390	11393
2489510	564950	668937	2225951	646150	5892904	1444388	7421871	552454
163757	108286	198920	306380	47357	549723	109801	1178587	63612
99669	16406	19893	264831	2873	415936	137121	396547	31399
92809	14234	18225	73940	37772	187530	44696	216182	19303
70260	-1468	544	123988	3789	677210	111666	169224	7183
17953	5594	5577	17831	2973	33232	14131	50983	20348
16	5	5	3024		3024			500
23937	3055	3508	36633	2359	61366	20921	35185	10933
16128	3152	2710	8643	1103	13697	4277	22444	9988
23237	10342	9679	22613	10541	39472	15403	91593	7720
5168	99	110	8439	1457	10687	1110	8702	2164
1194	272	269	3212		6584	2985	5293	3262
512283	83373	77504	468809	101946	2149954	277988	2113087	66490
96761	43619	44471	124981	32807	261269	74266	434435	28051
268573	6663	15173	340782		547081	183550	518605	43669
4206	1033	394	-14272	14272	-14272		8077	667
18465	2223	4204	1411	10774	13414	10713	88417	7475
96186	33915	34463	243405	7806	331675	80532	148771	35330
70292	99206	72894	-78968	113651	-9371	61682	531771	28805
28200	8317	8322	-5727	9663	-2821	1950	43831	8068
29596	3317	3239	-5433	9143	-1727	2582	21347	9053
207690	6224	13978	72378	94810	206886	118413	369879	36960
197878	53358	58930	111065	8813	166204	43714	322997	33711
98056	22343	29630	-87353	115094	-65207	15327	142654	17414
184941	24370	27058	52266	2117	88264	32236	220340	27116
113538	12859	14700	110087	15031	182248	64111	237330	20713
10074	296	455	14387		19692	4187	11087	2100
15846	1627	1973	2088		5666	3162	13173	4540
19442	1213	1194	3548		9809	5597	16580	4947
406	876	775	2650		4910	2018	2445	178
2950	141	141	315		769	249	2305	755
205176	303415	308264	-82292	192891	504242	539579	1483411	123561
166106	300145	303546	-99498	188367	475646	530625	1463508	113922
13531	694	1253	13539		19098	3962	15425	3447
25540	2576	3465	3667	4525	9498	4992	4477	6192

13-7 国有及国有控股工业企业主要经济指标 (2012年)

单位：万元

类别	Category	单位数(个) Number of Enterprises (unit)	#亏损企业 Loss-making Enterprises	工业总产值 Gross Industrial Output Value
总计	**Total**	**457**	**150**	**64587392**
#亏损企业	#Loss-making Enterprises	150	150	15767297
#大中型企业	#Large and Medium-sized Enterprises	211	80	60922348
按轻重工业分	**Grouped by Light and Heavy Industry**			
轻工业	Light Industry	89	23	7284289
重工业	Heavy Industry	368	127	57303103
按行业分	**Grouped by Industry**			
采矿业	Mining and Quarrying	28	7	23639349
煤炭开采和洗选业	Mining and Washing of Coal	16	7	3399114
石油和天然气开采业	Extraction of Petroleum and Natural Gas	2		19803261
黑色金属矿采选业	Mining and Processing of Ferrous Metals Ores	1		6079
有色金属矿采选业	Mining and Processing of Non-ferrous Metal Ores	3		71462
非金属矿采选业	Mining and Processing of Nonmetal Ores	3		7002
开采辅助活动	Mining Auxiliary Activities	3		352431
其他采矿业	Mining of Other Ores			
制造业	Manufacturing	267	74	30288088
农副食品加工业	Processing of Food from Agricultural Products	24	3	3771591
食品制造业	Manufacture of Foods	13	4	649447
酒、饮料和精制茶制造业	Manufacture of Wine, soft drinks and refined tea	5	3	98945
烟草制品业	Manufacture of Tobacco	4	2	931916
纺织业	Manufacture of Textile	1	1	3219
纺织服装、服饰业	Manufacture of Textile and Apparel			
皮革、毛皮、羽毛及其制品和制鞋业	Manufacture of Leather, Furs, Feather and Related Products and Footwear			
木材加工及木、竹、藤、棕、草制品业	Processing of Timber, Manufacture of Wood, Bamboo, Rattan, Palm and Straw Products	12	4	89770
家具制造业	Manufacture of Furniture	2		34158
造纸及纸制品业	Manufacture of Paper and Paper Products	3	1	165587
印刷和记录媒介复制业	Manufacture of Printing and Record Medium Reproduction	9	1	78490
文教、工美、体育和娱乐用品制造业	Manufacture of Articles for Culture, Education and Sports Activities	1		5064
石油加工、炼焦及核燃料加工业	Processing of Petoleum, Coking, Processing of Nuclear Fuel	8	6	11562388
化学原料及化学制品制造业	Manufacture of Raw Chemical Materials and Chemical Products	23	7	2480067
医药制造业	Manufacture of Medicines	12	1	1314632
化学纤维制造业	Manufacture of Chemical Fibers			
橡胶和塑料制品业	Manufacture of Rubber and Plastics	7		69513
非金属矿物制品业	Manufacture of Non-metallic Mineral Products	40	7	1118380
黑色金属冶炼及压延加工业	Smelting and Pressing of Ferrous Metals	3		386188
有色金属冶炼及压延加工业	Smelting and Pressing of Non-ferrous Metals	4	1	205769
金属制品业	Manufacture of Metal Products	7	4	148353
通用设备制造业	Manufacture of General Purpose Machinery	27	9	1993248
专用设备制造业	Manufacture of Special Purpose Machinery	13	5	1344048
汽车制造业	Manufacture of Automotive	12	7	745151
铁路、船舶、航空航天和其他运输设备制造业	Manufacture of Railroad, Marine, Aerospace and Other Transportation Equipment	16	4	1855511
电气机械及器材制造业	Manufacture of Electrical Machinery and Equipment	13	4	996556
计算机、通信和其他电子设备制造业	Manufacture of Computers, Communication and Other Electronic Equipment	2		24497
仪器仪表制造业	Manufacture of Measuring Instruments	2		74017
其他制造业	Other Manufacturing	3		126625
废弃资源综合利用业	Comprehensive Utilization of Waste Resources Industry	1		14957
金属制品、机械和设备修理业	Metal Products, Machinery and Equipment Repair Industry			
电力、热力、燃气及水的生产和供应业	Production and Supply of Electric Power, heat, Gas and Water	162	69	10659955
电力、热力的生产和供应业	Production and Supply of Electric Power and Heat Power	152	64	9855606
燃气生产和供应业	Production and Supply of Gas	2		721370
水的生产和供应业	Production and Supply of Water	8	5	82979

MAJOR INDICATORS OF STATE-OWNED AND STATE-HOLDING INDUSTRIAL ENTERPRISES (2012)

(10000 yuan)

工业销售产值 Sale Output Value of Industry	应收帐款 Receivables	产成品 Finished Goods	流动资产合计 Total Working Capitals	固定资产原价 Original Value of Fixed Assets	固定资产合计 Total of Fixed Assets	资产合计 Total Assets	负债合计 Total Liabilities	主营业务收入 Revenue from Principal Business
63482393	**5862326**	**1814187**	**32137395**	**78220707**	**44328075**	**86597401**	**49460132**	**67050869**
15477845	1400598	414946	6989831	20187424	11813960	22849971	17723367	16779964
59855812	5407061	1734974	30424625	73686154	40626391	80267069	45642038	63628141
7112462	739201	547109	6697688	4011646	2223961	9607343	6793735	9286160
56369930	5123125	1267078	25439707	74209062	42104114	76990058	42666398	57764709
23384686	290384	254581	6861422	41209490	22297459	32673061	11806412	23681130
3192754	222023	50750	1318606	5168246	3285843	5596938	4501041	3235348
19758368	59254	203135	5426690	35278079	18338189	26201342	7139512	20008202
4915	3864	470	5764	5017	6690	13988	4273	4915
69266	2787		22733	35379	26854	60026	35332	69266
6952	2314	226	4880	2961	1536	7247	4689	6952
352431	141		82749	719809	638347	793522	121566	356447
29487800	4919240	1491117	21381518	17714469	10153476	35340790	24319894	32155010
3641001	150872	257786	3791703	1084585	672832	4654966	4146804	4789995
652303	90205	85779	311081	494700	275943	657254	457001	845213
89738	15163	33268	100486	120693	82746	196654	186494	93913
929762	47325	11075	414512	273337	130424	710316	98919	923431
2494	412		3385			6028	3562	2550
65682	11296	9071	45400	64829	63900	111460	76528	69424
31755	4257	8358	30272	8827	5387	36375	29741	29172
163886	29136	18967	176068	287685	169764	369544	189807	166870
73896	13923	4505	73307	71088	30309	108518	46852	71682
4539	1168	1023	9906	4642	3460	14983	6729	3811
11416171	46646	212764	1179891	6086664	2900806	4198793	2275211	11652860
2442596	63331	67445	758754	1477241	1117772	2014558	1226331	2330397
1291247	314470	112535	1336798	882767	457207	1962708	995991	2116252
68782	9199	9248	43634	29689	13347	58225	25832	67023
1041228	181652	62442	1114058	1314029	1060702	2658323	1907765	1072009
366795	64996	75782	665548	290038	169527	1258244	1094504	490032
201171	27444	8361	165736	148760	57838	552628	371555	236997
144692	29617	12872	159942	150962	88436	270042	177216	156741
1925437	1490754	87949	3569138	705741	412289	4446040	3398269	1916345
1074977	1335002	169990	3184203	1188711	823424	4348732	2435871	1098682
726519	167722	72617	848103	1101055	416890	1497944	1584456	753915
1892901	347177	67378	1638242	985335	677817	2668240	1921508	2030374
1000381	387506	63809	1446578	434181	253633	1877125	1191990	987542
24376	11888	240	23309	12594	10570	40393	9133	24198
74286	13367	26187	107756	82673	47403	187172	85323	73984
126802	63395	9490	157597	411513	209164	403954	351463	137217
14383	1317	2177	26114	2131	1885	31571	25042	14383
10609906	652702	68490	3894455	19296749	11877141	18583550	13333826	11214729
9805557	643835	68486	3551259	18772281	11606482	17963865	12970863	10408704
721370	1614	3	72605	179376	101687	174509	116317	719927
82979	7253		270592	345092	168971	445176	246646	86099

13-7 续表1

单位：万元

类　别	Category	主营业务成本 Cost of Principal Business	主营业务税金及附加 Taxes and Other Charges on Principal Business	销售费用 Selling Expenses
总　计	**Total**	**45785237**	**6513423**	**1066930**
#亏损企业	#Loss-making Enterprises	15869063	445241	142722
#大中型企业	#Large and Medium-sized Enterprises	42888264	6480993	1005361
按轻重工业分	**Grouped by Light and Heavy Industry**			
轻工业	Light Industry	7592153	467449	484433
重工业	Heavy Industry	38193084	6045974	582497
按行业分	**Grouped by Industry**			
采矿业	Mining and Quarrying	8261879	4530280	133208
煤炭开采和洗选业	Mining and Washing of Coal	2744204	55937	21711
石油和天然气开采业	Extraction of Petroleum and Natural Gas	5247830	4424484	110848
黑色金属矿采选业	Mining and Processing of Ferrous Metals Ores	3822	73	373
有色金属矿采选业	Mining and Processing of Non-ferrous Metal Ores	51478	922	168
非金属矿采选业	Mining and Processing of Nonmetal Ores	5355	186	109
开采辅助活动	Mining Auxiliary Activities	209191	48678	
其他采矿业	Mining of Other Ores			
制造业	Manufacturing	26701110	1934101	868761
农副食品加工业	Processing of Food from Agricultural Products	4621670	3157	68294
食品制造业	Manufacture of Foods	739703	2363	70990
酒、饮料和精制茶制造业	Manufacture of Wine, soft drinks and refined tea	83355	2400	6075
烟草制品业	Manufacture of Tobacco	297021	440995	10960
纺织业	Manufacture of Textile	2211	7	23
纺织服装、服饰业	Manufacture of Textile and Apparel			
皮革、毛皮、羽毛及其制品和制鞋业	Manufacture of Leather, Furs, Feather and Related Products and Footwear			
木材加工及木、竹、藤、棕、草制品业	Processing of Timber,Manufacture of Wood,Bamboo,Rattan,Palm and Straw Products	62780	172	1341
家具制造业	Manufacture of Furniture	23915	38	1066
造纸及纸制品业	Manufacture of Paper and Paper Products	120652	643	13554
印刷和记录媒介复制业	Manufacture of Printing and Record Medium Reproduction	49868	1313	860
文教、工美、体育和娱乐用品制造业	Manufacture of Articles for Culture,Education and Sports Activities	3027	28	161
石油加工、炼焦及核燃料加工业	Processing of Petoleum,Coking,Processing of Nuclear Fuel	9708820	1371443	47602
化学原料及化学制品制造业	Manufacture of Raw Chemical Materials and Chemical Products	2103855	50312	22046
医药制造业	Manufacture of Medicines	1460772	14894	302904
化学纤维制造业	Manufacture of Chemical Fibers			
橡胶和塑料制品业	Manufacture of Rubber and Plastics	55255	462	2549
非金属矿物制品业	Manufacture of Non-metallic Mineral Products	726361	7208	36669
黑色金属冶炼及压延加工业	Smelting and Pressing of Ferrous Metals	443931	404	15238
有色金属冶炼及压延加工业	Smelting and Pressing of Non-ferrous Metals	202348	959	6017
金属制品业	Manufacture of Metal Products	139618	813	3231
通用设备制造业	Manufacture of General Purpose Machinery	1552998	12847	75501
专用设备制造业	Manufacture of Special Purpose Machinery	901763	6189	30374
汽车制造业	Manufacture of Automotive	720178	6381	31803
铁路、船舶、航空航天和其他运输设备制造业	Manufacture of Railroad, Marine, Aerospace and Other Transportation Equipment	1737205	3138	54257
电气机械及器材制造业	Manufacture of Electrical Machinery and Equipment	739555	6532	57238
计算机、通信和其他电子设备制造业	Manufacture of Computers,Communication and Other Electronic Equipment	15272	90	916
仪器仪表制造业	Manufacture of Measuring Instruments	54843	329	6106
其他制造业	Other Manufacturing	119104	742	2984
废弃资源综合利用业	Comprehensive Utilization of Waste Resources Industry	15032	242	
金属制品、机械和设备修理业	Metal Products, Machinery and Equipment Repair Industry			
电力、热力、燃气及水的生产和供应业	Production and Supply of Electric Power,heat,Gas and Water	10822248	49043	64962
电力、热力的生产和供应业	Production and Supply of Electric Power and Heat Power	10085197	46523	26890
燃气生产和供应业	Production and Supply of Gas	679961	1807	33035
水的生产和供应业	Production and Supply of Water	57091	713	5037

CONTINUED

(10000 yuan)

管理费用 Overhead Expenses	财务费用 Financial Expenses	利息支出 Expenditure for Interests	利润总额 Total Profits	亏损企业亏损额 Total Losses Made by Enterprises -in-red	利税总额 Total Profits	应交增值税 Value-added Tax Payable	销项税额 VAT on Sales	从业人员平均人数(人) Average Employed Persons (person)
3897781	**697198**	**1033985**	**9850133**	**734569**	**20827267**	**4347763**	**10775001**	**790140**
964558	354875	331072	-734569	734569	558522	840994	2702990	379342
3746169	572242	914823	9628168	673788	20467634	4243268	10396641	755416
430239	74009	173291	281710	69504	1153216	298257	1347073	82991
3467542	623189	860694	9568423	665065	19674051	4049506	9427928	707149
1854905	-17155	190594	8716646	113618	16167354	2912808	4244555	352027
518134	70825	57823	-67915	113618	303031	309130	498730	230984
1317049	-88123	131932	8699534		15689924	2564166	3644416	116877
437	1	1	33		559	453		465
6673	771	788	9024		10121	176		583
925	48	49	292		994	515	729	430
11688	-677		75679		162726	38369	100679	2688
1823035	314697	445152	1153339	407851	4061359	866708	4987732	313041
62993	48691	139793	10620	29630	140002	20481	603351	11889
23754	8686	8531	14687	3053	43404	26354	111684	13271
6957	8646	9371	-17944	18793	-10181	5363	19447	1618
66123	-2016		113800	3789	663575	108780	157700	6799
387	0		-78	78	-50	21		450
4806	424	378	111	2493	1687	1364	5775	2383
1599	330	319	1288		1327		-1	1497
12592	4921	4539	13354	6246	20633	6637	32435	3544
9057	147	75	11224	1457	15027	2490	9705	2791
834	157	166	463		736	202		185
486033	42754	44167	488021	54805	2087569	228051	1936093	53649
78239	41659	43386	49608	30426	143435	43444	346552	18868
196020	2552	7614	126548	1265	257225	115784	385781	29016
5955	330	341	4227		8313	3614	11220	2559
84721	31256	32763	234607	6409	312110	69742	135726	30521
17989	16878	17947	2766		5389	2216	97071	6566
28017	7823	7796	-3531	7523	-606	1966	41723	7785
24800	2945	2833	-7851	9431	-3853	3156	10654	7258
180851	601	8574	47010	95067	161349	101376	323262	27507
132014	48055	53643	4749	7306	26606	15562	220884	21005
92980	21071	28816	-91823	112148	-72693	12743	131394	15303
171824	23836	27056	55548	2468	88434	29334	198595	24031
93320	1293	3179	84037	15464	147017	56447	172517	14859
5525	34	36	2757		3636	789	4361	282
15159	1390	1695	1001		3953	2618	10475	4242
20081	1358	1362	5493		12405	6157	18885	4985
406	876	775	2650		4910	2018	2445	178
219841	399656	398239	-19851	213100	598554	568247	1542715	125072
179071	399917	396123	-38228	208340	567760	558389	1529226	116503
14705	-813	597	17084		24033	5103	8750	2792
26065	552	1520	1293	4759	6761	4755	4739	5777

13-8 集体工业企业主要经济指标(2012年)

单位：万元

类　别	Category	单位数（个）Number of Enterprises (unit)	#亏损企业 Loss-making Enterprises	工业总产值 Gross Industrial Output Value
总　计	**Total**	**95**	**24**	**1419432**
#亏损企业	#Loss-making Enterprises	24	24	233091
#大中型企业	#Large and Medium-sized Enterprises	27	6	888113
按轻重工业分	**Grouped by Light and Heavy Industry**			
轻工业	Light Industry	11	2	99820
重工业	Heavy Industry	84	22	1319612
按行业分	**Grouped by Industry**			
采矿业	Mining and Quarrying	34	7	491719
煤炭开采和洗选业	Mining and Washing of Coal	27	6	350680
石油和天然气开采业	Extraction of Petroleum and Natural Gas			
黑色金属矿采选业	Mining and Processing of Ferrous Metals Ores			
有色金属矿采选业	Mining and Processing of Non-ferrous Metal Ores			
非金属矿采选业	Mining and Processing of Nonmetal Ores	2		5319
开采辅助活动	Mining Auxiliary Activities	5	1	135720
其他采矿业	Mining of Other Ores			
制造业	Manufacturing	59	17	912164
农副食品加工业	Processing of Food from Agricultural Products			
食品制造业	Manufacture of Foods	1		33870
酒、饮料和精制茶制造业	Manufacture of Wine, soft drinks and refined tea			
烟草制品业	Manufacture of Tobacco	1		25885
纺织业	Manufacture of Textile			
纺织服装、服饰业	Manufacture of Textile and Apparel	2		4448
皮革、毛皮、羽毛及其制品和制鞋业	Manufacture of Leather, Furs, Feather and Related Products and Footwear			
木材加工及木、竹、藤、棕、草制品业	Processing of Timber, Manufacture of Wood, Bamboo, Rattan, Palm and Straw Products			
家具制造业	Manufacture of Furniture			
造纸及纸制品业	Manufacture of Paper and Paper Products	6	2	35086
印刷和记录媒介复制业	Manufacture of Printing and Record Medium Reproduction			
文教、工美、体育和娱乐用品制造业	Manufacture of Articles for Culture, Education and Sports Activities			
石油加工、炼焦及核燃料加工业	Processing of Petoleum, Coking, Processing of Nuclear Fuel			
化学原料及化学制品制造业	Manufacture of Raw Chemical Materials and Chemical Products	9	1	316762
医药制造业	Manufacture of Medicines			
化学纤维制造业	Manufacture of Chemical Fibers			
橡胶和塑料制品业	Manufacture of Rubber and Plastics	3		7143
非金属矿物制品业	Manufacture of Non-metallic Mineral Products	6	1	30249
黑色金属冶炼及压延加工业	Smelting and Pressing of Ferrous Metals	2	1	15260
有色金属冶炼及压延加工业	Smelting and Pressing of Non-ferrous Metals	1	1	3454
金属制品业	Manufacture of Metal Products	5	2	80857
通用设备制造业	Manufacture of General Purpose Machinery	10	5	139647
专用设备制造业	Manufacture of Special Purpose Machinery	4	1	25462
汽车制造业	Manufacture of Automotive	2	1	20194
铁路、船舶、航空航天和其他运输设备制造业	Manufacture of Railroad, Marine, Aerospace and Other Transportation Equipment	3	1	141930
电气机械及器材制造业	Manufacture of Electrical Machinery and Equipment	3	1	23031
计算机、通信和其他电子设备制造业	Manufacture of Computers, Communication and Other Electronic Equipment			
仪器仪表制造业	Manufacture of Measuring Instruments			
其他制造业	Other Manufacturing			
废弃资源综合利用业	Comprehensive Utilization of Waste Resources Industry			
金属制品、机械和设备修理业	Metal Products, Machinery and Equipment Repair Industry	1		8884
电力、热力、燃气及水的生产和供应业	Production and Supply of Electric Power, heat, Gas and Water	2		15549
电力、热力的生产和供应业	Production and Supply of Electric Power and Heat Power	2		15549
燃气生产和供应业	Production and Supply of Gas			
水的生产和供应业	Production and Supply of Water			

MAJOR INDICATORS OF COLLECTIVE-OWNED INDUSTRIAL ENTERPRISES (2012)

(10000 yuan)

工业销售产值 Sale Output Value of Industry	应收帐款 Receivables	产成品 Finished Goods	流动资产合计 Total Working Capitals	固定资产原价 Original Value of Fixed Assets	固定资产合计 Total of Fixed Assets	资产合计 Total Assets	负债合计 Total Liabilities	主营业务收入 Revenue from Principal Business
1389929	**317860**	**48750**	**836212**	**496655**	**261676**	**1183553**	**897275**	**1292245**
221458	61200	13623	156555	96799	57933	224062	250868	203238
884449	241588	33297	631001	379432	167067	836027	681929	808848
96023	17144	2382	52383	30428	18747	71523	22380	94916
1293906	300716	46368	783829	466226	242930	1112030	874895	1197329
472629	103092	7283	312615	197441	96347	424944	339345	426781
331616	44531	6674	130172	41108	39037	179044	98116	290422
5293	230	49	844	1545	1367	2210	874	5293
135720	58331	560	181600	154788	55944	243689	240355	131066
901750	213514	41467	520925	285017	158414	747737	548244	850320
33728	12234	533	37170	15222	7377	44546	6805	33728
24713	203		828	2658	1404	2232	263	22210
4378	645	405	2034	5352	4982	7056	4780	4272
32460	4062	1014	11894	6800	4764	16658	9766	32653
317795	98895	5484	192912	105197	49550	279217	206746	306056
7291	1430	830	5176	3717	3373	9152	4981	8086
30226	5334	1053	22202	12063	12371	34584	24796	33330
16526	1270	808	8573	5918	2392	12855	15439	17369
2951	69	202	356	529	325	681	430	2828
80857	20460	294	41089	15535	9870	51176	41270	71160
133027	29796	23638	106012	51129	30722	157931	127932	92363
25028	7744	2019	15786	4468	2297	18350	12812	26712
19413	14488	632	22190	2232	1154	23511	31524	19416
141637	5836	18	12247	21937	6812	19778	15892	146797
22838	7499	4494	30660	20376	16060	51280	31769	20426
8884	3548	44	11796	11882	4961	18728	13041	12914
15549	1254		2671	14198	6915	10873	9686	15144
15549	1254		2671	14198	6915	10873	9686	15144

13-8 续表1

单位：万元

类　别	Category	主营业务成　本 Cost of Principal Business	主营业务税金及附加 Taxes and Other Charges on Principal Business	销售费用 Selling Expenses
总　计	**Total**	**1131393**	**18767**	**16206**
#亏损企业	#Loss-making Enterprises	193044	1113	1843
#大中型企业	#Large and Medium-sized Enterprises	702717	14750	8355
按轻重工业分	**Grouped by Light and Heavy Industry**			
轻工业	Light Industry	83561	272	1091
重工业	Heavy Industry	1047833	18496	15115
按行业分	**Grouped by Industry**			
采矿业	Mining and Quarrying	361896	5506	7285
煤炭开采和洗选业	Mining and Washing of Coal	256506	3706	7008
石油和天然气开采业	Extraction of Petroleum and Natural Gas			
黑色金属矿采选业	Mining and Processing of Ferrous Metals Ores			
有色金属矿采选业	Mining and Processing of Non-ferrous Metal Ores			
非金属矿采选业	Mining and Processing of Nonmetal Ores	3837	31	68
开采辅助活动	Mining Auxiliary Activities	101554	1769	209
其他采矿业	Mining of Other Ores			
制造业	Manufacturing	754914	13211	8921
农副食品加工业	Processing of Food from Agricultural Products			
食品制造业	Manufacture of Foods	30069		253
酒、饮料和精制茶制造业	Manufacture of Wine, soft drinks and refined tea			
烟草制品业	Manufacture of Tobacco	19436		218
纺织业	Manufacture of Textile			
纺织服装、服饰业	Manufacture of Textile and Apparel	3756	114	96
皮革、毛皮、羽毛及其制品和制鞋业	Manufacture of Leather, Furs, Feather and Related Products and Footwear			
木材加工及木、竹、藤、棕、草制品业	Processing of Timber, Manufacture of Wood, Bamboo, Rattan, Palm and Straw Products			
家具制造业	Manufacture of Furniture			
造纸及纸制品业	Manufacture of Paper and Paper Products	29555	154	524
印刷和记录媒介复制业	Manufacture of Printing and Record Medium Reproduction			
文教、工美、体育和娱乐用品制造业	Manufacture of Articles for Culture, Education and Sports Activities			
石油加工、炼焦及核燃料加工业	Processing of Petoleum, Coking, Processing of Nuclear Fuel			
化学原料及化学制品制造业	Manufacture of Raw Chemical Materials and Chemical Products	260539	10655	5160
医药制造业	Manufacture of Medicines			
化学纤维制造业	Manufacture of Chemical Fibers			
橡胶和塑料制品业	Manufacture of Rubber and Plastics	5546	51	61
非金属矿物制品业	Manufacture of Non-metallic Mineral Products	28373	327	835
黑色金属冶炼及压延加工业	Smelting and Pressing of Ferrous Metals	15817	57	0
有色金属冶炼及压延加工业	Smelting and Pressing of Non-ferrous Metals	2895	8	
金属制品业	Manufacture of Metal Products	62778	408	330
通用设备制造业	Manufacture of General Purpose Machinery	83010	431	1091
专用设备制造业	Manufacture of Special Purpose Machinery	24130	162	90
汽车制造业	Manufacture of Automotive	18703	78	153
铁路、船舶、航空航天和其他运输设备制造业	Manufacture of Railroad, Marine, Aerospace and Other Transportation Equipment	139742	519	
电气机械及器材制造业	Manufacture of Electrical Machinery and Equipment	18834	69	109
计算机、通信和其他电子设备制造业	Manufacture of Computers, Communication and Other Electronic Equipment			
仪器仪表制造业	Manufacture of Measuring Instruments			
其他制造业	Other Manufacturing			
废弃资源综合利用业	Comprehensive Utilization of Waste Resources Industry			
金属制品、机械和设备修理业	Metal Products, Machinery and Equipment Repair Industry	11732	178	
电力、热力、燃气及水的生产和供应业	Production and Supply of Electric Power, heat, Gas and Water	14583	51	
电力、热力的生产和供应业	Production and Supply of Electric Power and Heat Power	14583	51	
燃气生产和供应业	Production and Supply of Gas			
水的生产和供应业	Production and Supply of Water			

CONTINUED

(10000 yuan)

管理费用 Overhead Expenses	财务费用 Financial Expenses	利息支出 Expenditure for Interests	利润总额 Total Profits	亏损企业亏损额 Total Losses Made by Enterprises -in-red	利税总额 Total Profits	应交增值税 Value-added Tax Payable	销项税额 VAT on Sales	从业人员平均人数(人) Average Employed Persons (person)
93709	**7278**	**5897**	**43280**	**12346**	**118046**	**55699**	**144212**	**34395**
24187	695	696	-12346	12346	-5021	6189	28003	7014
71689	5721	4524	18320	8063	67640	34270	109462	26258
2266	485	376	5337	369	8216	2608	5779	1846
91443	6792	5521	37943	11978	109829	53092	138433	32549
33970	3182	1937	23237	3316	52052	23265	22700	12955
9181	1100	34	20639	1780	45249	20904	12348	7313
193	18	12	1166		1653	457	900	105
24596	2064	1890	1432	1537	5149	1904	9453	5537
56093	3632	3496	19615	9030	64964	31883	119225	21192
283	254	251	2869		2878	10		392
182	52	52	876		1866	990	990	172
189	87	39	174		357	69	345	386
1514	93	34	1401	369	3058	1503	4300	872
16260	285	439	8458	2595	36301	16976	48549	7495
825	9	8	423		595	120	1178	268
844	479	479	1962	145	3564	1275	1278	390
2696	34	37	-361	582	123	427	2524	1209
37	0		-112	112	59	164	433	70
4651	219	219	3020	117	3725	298	9542	1437
8033	1994	1834	-1671	3853	1367	2606	15638	2954
1871	40	40	599	19	2245	1483	4477	306
488	47	23	82	100	658	496	3327	453
14573	9	10	2021	924	7260	4697	23306	3545
1638	22	23	-193	215	472	596	1914	823
2010	10	10	67		438	174	1425	420
3646	464	464	428		1031	551	2286	248
3646	464	464	428		1031	551	2286	248

13-9 按行业分私营工业企业主要指标(2012年)

单位：万元

行　　业	Sector
总　计	**Total**
采矿业	Mining and Quarrying
煤炭开采和洗选业	Mining and Washing of Coal
石油和天然气开采业	Extraction of Petroleum and Natural Gas
黑色金属矿采选业	Mining and Processing of Ferrous Metals Ores
有色金属矿采选业	Mining and Processing of Non-ferrous Metal Ores
非金属矿采选业	Mining and Processing of Nonmetal Ores
开采辅助活动	Mining Auxiliary Activities
其他采矿业	Mining of Other Ores
制造业	Manufacturing
农副食品加工业	Processing of Food from Agricultural Products
食品制造业	Manufacture of Foods
酒、饮料和精制茶制造业	Manufacture of Wine, soft drinks and refined tea
烟草制品业	Manufacture of Tobacco
纺织业	Manufacture of Textile
纺织服装、服饰业	Manufacture of Textile and Apparel
皮革、毛皮、羽毛及其制品和制鞋业	Manufacture of Leather, Furs, Feather and Related Products and Footwear
木材加工及木、竹、藤、棕、草制品业	Processing of Timber, Manufacture of Wood, Bamboo, Rattan, Palm and Straw Products
家具制造业	Manufacture of Furniture
造纸及纸制品业	Manufacture of Paper and Paper Products
印刷和记录媒介复制业	Manufacture of Printing and Record Medium Reproduction
文教、工美、体育和娱乐用品制造业	Manufacture of Articles for Culture, Education and Sports Activities
石油加工、炼焦及核燃料加工业	Processing of Petoleum, Coking, Processing of Nuclear Fuel
化学原料及化学制品制造业	Manufacture of Raw Chemical Materials and Chemical Products
医药制造业	Manufacture of Medicines
化学纤维制造业	Manufacture of Chemical Fibers
橡胶和塑料制品业	Manufacture of Rubber and Plastics
非金属矿物制品业	Manufacture of Non-metallic Mineral Products
黑色金属冶炼及压延加工业	Smelting and Pressing of Ferrous Metals
有色金属冶炼及压延加工业	Smelting and Pressing of Non-ferrous Metals
金属制品业	Manufacture of Metal Products
通用设备制造业	Manufacture of General Purpose Machinery
专用设备制造业	Manufacture of Special Purpose Machinery
汽车制造业	Manufacture of Automotive
铁路、船舶、航空航天和其他运输设备制造业	Manufacture of Railroad, Marine, Aerospace and Other Transportation Equipment
电气机械及器材制造业	Manufacture of Electrical Machinery and Equipment
计算机、通信和其他电子设备制造业	Manufacture of Computers, Communication and Other Electronic Equipment
仪器仪表制造业	Manufacture of Measuring Instruments
其他制造业	Other Manufacturing
废弃资源综合利用业	Comprehensive Utilization of Waste Resources Industry
金属制品、机械和设备修理业	Metal Products, Machinery and Equipment Repair Industry
电力、热力、燃气及水的生产和供应业	Production and Supply of Electric Power, heat, Gas and Water
电力、热力的生产和供应业	Production and Supply of Electric Power and Heat Power
燃气生产和供应业	Production and Supply of Gas
水的生产和供应业	Production and Supply of Water

MAIN INDICATORS OF PRIVATE ENTERPRISES BY INDUSTRIAL SECTOR (2012)

(10000 yuan)

企业单位数(个) Number of Enterprises (unit)	工业总产值 Gross Industrial Output Value	资产总计 Total Assets	流动资产合计 Total Working Capitals	固定资产原价 Original Value of Fixed Assets	固定资产合计 Total of Fixed Assets	负债合计 Total Liabilities
1758	**25647351**	**13123985**	**6891454**	**6483828**	**4920214**	**7193144**
176	2549944	1513760	904704	676980	482945	918685
133	1984745	1289687	802060	480831	374095	798123
1	2603	11690	2060	11735	9630	2034
11	232359	52082	19541	72515	30404	24057
1	19393	27184	16391	16283	8130	21693
26	252815	73785	30066	66194	40480	33534
4	58029	59332	34586	29422	20206	39244
1550	22845894	11063298	5749679	5445183	4156101	5850329
452	8995817	3226726	1598951	1615414	1294816	1459011
61	707941	457680	205552	232313	199786	208489
49	797960	363048	149059	204569	155056	212192
21	260685	157733	82847	94925	64756	64984
7	42016	23536	18182	5674	3920	14405
3	114109	25137	20073	8072	5064	10070
141	1958156	694269	314760	545402	335179	319095
29	320978	223103	152308	97992	62219	148255
23	265186	142073	68618	64704	59881	78521
8	44343	32196	17375	17522	11432	18217
21	203755	32901	10922	26429	13127	5539
32	962658	913467	510631	298986	283728	745153
85	1668512	801538	442052	297346	237257	452246
30	257643	263563	103122	127453	117003	129472
2	5125	9587	5631	1699	1858	2511
63	580474	240910	136231	146629	93596	110188
166	2010974	1018944	519545	561818	431693	562282
23	220707	152140	90228	58633	49075	86452
6	84242	163452	80117	31420	30786	87013
63	597548	276448	176852	164163	89327	157831
79	759939	493919	241154	239198	219303	259151
104	1156884	608375	367832	214838	177807	323753
12	109265	119935	74388	170307	37248	61474
5	79765	134116	86614	42695	32508	90431
44	492700	344279	180330	146325	128304	162051
5	61775	77801	49680	14842	9217	42569
9	38556	40418	31444	6308	5520	23183
3	7018	6795	3834	3733	2248	4297
3	37382	15349	8318	4765	3716	9497
1	3781	3862	3027	1010	675	1997
32	251513	546927	237071	361665	281168	424130
27	218483	505762	204421	354729	275207	393791
4	20311	20330	12212	6700	5833	12637
1	12719	20835	20439	236	127	17702

13-9 续表1

单位：万元

行　　业	Sector
总　计	**Total**
采矿业	Mining and Quarrying
煤炭开采和洗选业	Mining and Washing of Coal
石油和天然气开采业	Extraction of Petroleum and Natural Gas
黑色金属矿采选业	Mining and Processing of Ferrous Metals Ores
有色金属矿采选业	Mining and Processing of Non-ferrous Metal Ores
非金属矿采选业	Mining and Processing of Nonmetal Ores
开采辅助活动	Mining Auxiliary Activities
其他采矿业	Mining of Other Ores
制造业	Manufacturing
农副食品加工业	Processing of Food from Agricultural Products
食品制造业	Manufacture of Foods
酒、饮料和精制茶制造业	Manufacture of Wine, soft drinks and refined tea
烟草制品业	Manufacture of Tobacco
纺织业	Manufacture of Textile
纺织服装、服饰业	Manufacture of Textile and Apparel
皮革、毛皮、羽毛及其制品和制鞋业	Manufacture of Leather, Furs, Feather and Related Products and Footwear
木材加工及木、竹、藤、棕、草制品业	Processing of Timber,Manufacture of Wood,Bamboo,Rattan,Palm and Straw Products
家具制造业	Manufacture of Furniture
造纸及纸制品业	Manufacture of Paper and Paper Products
印刷和记录媒介复制业	Manufacture of Printing and Record Medium Reproduction
文教、工美、体育和娱乐用品制造业	Manufacture of Articles for Culture,Education and Sports Activities
石油加工、炼焦及核燃料加工业	Processing of Petoleum,Coking,Processing of Nuclear Fuel
化学原料及化学制品制造业	Manufacture of Raw Chemical Materials and Chemical Products
医药制造业	Manufacture of Medicines
化学纤维制造业	Manufacture of Chemical Fibers
橡胶和塑料制品业	Manufacture of Rubber and Plastics
非金属矿物制品业	Manufacture of Non-metallic Mineral Products
黑色金属冶炼及压延加工业	Smelting and Pressing of Ferrous Metals
有色金属冶炼及压延加工业	Smelting and Pressing of Non-ferrous Metals
金属制品业	Manufacture of Metal Products
通用设备制造业	Manufacture of General Purpose Machinery
专用设备制造业	Manufacture of Special Purpose Machinery
汽车制造业	Manufacture of Automotive
铁路、船舶、航空航天和其他运输设备制造业	Manufacture of Railroad, Marine, Aerospace and Other Transportation Equipment
电气机械及器材制造业	Manufacture of Electrical Machinery and Equipment
计算机、通信和其他电子设备制造业	Manufacture of Computers,Communication and Other Electronic Equipment
仪器仪表制造业	Manufacture of Measuring Instruments
其他制造业	Other Manufacturing
废弃资源综合利用业	Comprehensive Utilization of Waste Resources Industry
金属制品、机械和设备修理业	Metal Products, Machinery and Equipment Repair Industry
电力、热力、燃气及水的生产和供应业	Production and Supply of Electric Power,heat,Gas and Water
电力、热力的生产和供应业	Production and Supply of Electric Power and Heat Power
燃气生产和供应业	Production and Supply of Gas
水的生产和供应业	Production and Supply of Water

CONTINUED

(10000 yuan)

流动负债合计 Total Working Liabilities	所有者权益 Owners' Equities	主营业务收入 Revenue from Principal Business	主营业务成本 Cost of Principal Business	主营业务税金及附加 Taxes and Other Charges on Principal Business	利润总额 Total Profits	本年应交增值税 Value Added Tax Payable	从业人员平均人数(人) Average Employed Persons (person)
6155540	**5864683**	**24494712**	**21257217**	**173602**	**1589604**	**771545**	**225001**
791720	590522	2309497	1876076	30017	178206	169264	32682
695172	487151	1748197	1442946	24528	118743	136594	26717
2034	9656	2240	2087	55	-173	211	140
14569	28025	229781	176066	2078	24896	17843	1417
20302	5492	19090	14513	205	403	1995	428
20790	40126	255681	196640	2504	29263	10596	3237
38854	20072	54508	43824	647	5074	2025	743
5087456	5151469	21926333	19146541	142589	1401506	598327	188177
1308994	1747685	8694258	7737032	45408	592712	209986	49935
154977	250080	647394	521742	3624	54555	19850	9496
159605	150855	731037	644529	13084	36781	18870	5546
56866	92748	257459	227646	536	12242	8124	9792
14083	9131	41130	35192	163	1584	1432	720
10070	15067	113197	109612	144	2822	1781	238
267467	358992	1956947	1751514	5491	90415	64812	17290
143494	74745	304905	259045	1224	13509	8079	8113
49466	63552	263124	232885	1110	14164	8637	3105
17492	13940	44298	39707	101	1055	745	757
4594	27208	194364	179871	236	9190	2222	2082
665771	167702	801845	742883	25582	-14130	27638	7174
400826	346396	1490952	1185911	8458	159403	33395	6750
85897	134090	271366	208468	1105	13743	9022	4408
2166	7076	4676	3826	17	150	94	190
103628	130719	577103	512115	1143	34926	15431	6314
479752	450255	1970176	1698751	10834	138386	67183	17949
84186	65524	218955	196382	486	10937	1863	2299
70230	76436	88225	69382	2129	7497	4837	716
148697	118510	606528	555807	1259	21811	10476	5206
209739	231679	738563	626506	7793	56946	31593	8776
309141	275124	1099985	934460	4943	77479	25639	10517
50444	58460	107286	86347	760	10585	3606	2219
86110	43685	77196	60253	466	6594	2363	1649
128793	180132	482613	413630	5345	34582	15031	4216
38027	35232	57997	39277	853	9591	3485	1584
22172	16230	38538	31680	158	1677	1144	734
3534	2498	7018	6604	12	-89	58	107
9239	5852	35597	32139	120	2309	855	272
1997	1864	3601	3347	9	79	77	23
276364	122692	258883	234600	996	9892	3954	4142
264085	111966	223631	207733	511	6646	3232	3788
12279	7693	25334	20227	428	2659	667	329
	3033	9918	6640	57	587	55	25

13-10 按行业分"三资"工业企业主要指标(2012年)

单位：万元

行业	Sector
总　计	**Total**
采矿业	Mining and Quarrying
煤炭开采和洗选业	Mining and Washing of Coal
石油和天然气开采业	Extraction of Petroleum and Natural Gas
黑色金属矿采选业	Mining and Processing of Ferrous Metals Ores
有色金属矿采选业	Mining and Processing of Non-ferrous Metal Ores
非金属矿采选业	Mining and Processing of Nonmetal Ores
开采辅助活动	Mining Auxiliary Activities
其他采矿业	Mining of Other Ores
制造业	Manufacturing
农副食品加工业	Processing of Food from Agricultural Products
食品制造业	Manufacture of Foods
酒、饮料和精制茶制造业	Manufacture of Wine, soft drinks and refined tea
烟草制品业	Manufacture of Tobacco
纺织业	Manufacture of Textile
纺织服装、服饰业	Manufacture of Textile and Apparel
皮革、毛皮、羽毛及其制品和制鞋业	Manufacture of Leather, Furs, Feather and Related Products and Footwear
木材加工及木、竹、藤、棕、草制品业	Processing of Timber, Manufacture of Wood, Bamboo, Rattan, Palm and Straw Products
家具制造业	Manufacture of Furniture
造纸及纸制品业	Manufacture of Paper and Paper Products
印刷和记录媒介复制业	Manufacture of Printing and Record Medium Reproduction
文教、工美、体育和娱乐用品制造业	Manufacture of Articles for Culture, Education and Sports Activities
石油加工、炼焦及核燃料加工业	Processing of Petoleum, Coking, Processing of Nuclear Fuel
化学原料及化学制品制造业	Manufacture of Raw Chemical Materials and Chemical Products
医药制造业	Manufacture of Medicines
化学纤维制造业	Manufacture of Chemical Fibers
橡胶和塑料制品业	Manufacture of Rubber and Plastics
非金属矿物制品业	Manufacture of Non-metallic Mineral Products
黑色金属冶炼及压延加工业	Smelting and Pressing of Ferrous Metals
有色金属冶炼及压延加工业	Smelting and Pressing of Non-ferrous Metals
金属制品业	Manufacture of Metal Products
通用设备制造业	Manufacture of General Purpose Machinery
专用设备制造业	Manufacture of Special Purpose Machinery
汽车制造业	Manufacture of Automotive
铁路、船舶、航空航天和其他运输设备制造业	Manufacture of Railroad, Marine, Aerospace and Other Transportation Equipment
电气机械及器材制造业	Manufacture of Electrical Machinery and Equipment
计算机、通信和其他电子设备制造业	Manufacture of Computers, Communication and Other Electronic Equipment
仪器仪表制造业	Manufacture of Measuring Instruments
其他制造业	Other Manufacturing
废弃资源综合利用业	Comprehensive Utilization of Waste Resources Industry
金属制品、机械和设备修理业	Metal Products, Machinery and Equipment Repair Industry
电力、热力、燃气及水的生产和供应业	Production and Supply of Electric Power, heat, Gas and Water
电力、热力的生产和供应业	Production and Supply of Electric Power and Heat Power
燃气生产和供应业	Production and Supply of Gas
水的生产和供应业	Production and Supply of Water

MAIN INDICATORS OF INDUSTRIAL ENTERPRISES WITH HONGKONG,MACAO,TAIWAN AND FOREIGN FUNDS BY INDUSTRIAL SECTOR (2012)

(10000 yuan)

企业单位数 (个) Number of Enterprises (unit)	工 业 总产值 Gross Industrial Output Value	资 产 总 计 Total Assets	流动资产 合 计 Total Working Capitals	固定资产 原 价 Original Value of Fixed Assets	固定资产 合 计 Total of Fixed Assets	负债合计 Total Liabilities
234	**10855106**	**13733308**	**6633599**	**9276830**	**5593158**	**8374881**
7	1035393	950902	127846	1300488	796492	79886
1	4522	7161	2389	5818	4203	3283
1	2901	10330	1678	10807	8652	9164
1	5961	109738	94189	21496	14891	4761
3	47718	37096	16577	12850	10434	20046
1	974291	786577	13013	1249517	758312	42632
205	8976558	10144476	5992736	5196629	3051106	6198500
44	2032753	1549032	768993	1200013	520834	1254573
27	1745567	1622545	974739	863871	510464	882931
25	1153755	1058099	474651	746036	518320	610769
6	101596	108438	67280	49190	34446	76558
1	64871	68095	17261	58369	30894	2218
1	35065	4608	1025	3316	1566	3
11	221077	128045	80618	89149	46921	40625
6	73013	98480	70651	32578	26947	77428
5	87392	217823	50691	115571	143905	94678
1	5450	16161	11803	5666	3610	4798
5	58553	18760	3944	22526	13893	11397
2	70763	136801	65097	64414	65594	75688
11	475131	230962	125532	116476	94393	82462
11	1171345	1948589	1334918	842041	441581	1034324
2	182734	145439	53911	154527	78665	113341
14	88816	295337	136478	130893	89172	161457
2	450201	640087	486520	159364	140942	588878
1	28261	47602	20636	25970	25970	40408
4	45267	26227	15352	13885	9032	10459
2	21229	28489	19129	12097	8957	9994
11	419380	671275	440866	124194	134347	361543
6	261793	505561	410194	269790	57631	350321
1		55570	50713	9190	4779	14573
3	170779	482334	280502	73569	40105	284142
3	11767	40118	31234	13936	8138	14933
22	843155	2637930	513018	2779713	1745561	2096495
16	666954	2089251	283061	2536513	1611507	1717920
4	153343	237764	95083	231511	128790	130939
2	22858	310915	134873	11689	5265	247637

13-10 续表1

单位：万元

行　业	Sector
总　计	**Total**
采矿业	Mining and Quarrying
煤炭开采和洗选业	Mining and Washing of Coal
石油和天然气开采业	Extraction of Petroleum and Natural Gas
黑色金属矿采选业	Mining and Processing of Ferrous Metals Ores
有色金属矿采选业	Mining and Processing of Non-ferrous Metal Ores
非金属矿采选业	Mining and Processing of Nonmetal Ores
开采辅助活动	Mining Auxiliary Activities
其他采矿业	Mining of Other Ores
制造业	Manufacturing
农副食品加工业	Processing of Food from Agricultural Products
食品制造业	Manufacture of Foods
酒、饮料和精制茶制造业	Manufacture of Wine, soft drinks and refined tea
烟草制品业	Manufacture of Tobacco
纺织业	Manufacture of Textile
纺织服装、服饰业	Manufacture of Textile and Apparel
皮革、毛皮、羽毛及其制品和制鞋业	Manufacture of Leather, Furs, Feather and Related Products and Footwear
木材加工及木、竹、藤、棕、草制品业	Processing of Timber, Manufacture of Wood, Bamboo, Rattan, Palm and Straw Products
家具制造业	Manufacture of Furniture
造纸及纸制品业	Manufacture of Paper and Paper Products
印刷和记录媒介复制业	Manufacture of Printing and Record Medium Reproduction
文教、工美、体育和娱乐用品制造业	Manufacture of Articles for Culture, Education and Sports Activities
石油加工、炼焦及核燃料加工业	Processing of Petoleum, Coking, Processing of Nuclear Fuel
化学原料及化学制品制造业	Manufacture of Raw Chemical Materials and Chemical Products
医药制造业	Manufacture of Medicines
化学纤维制造业	Manufacture of Chemical Fibers
橡胶和塑料制品业	Manufacture of Rubber and Plastics
非金属矿物制品业	Manufacture of Non-metallic Mineral Products
黑色金属冶炼及压延加工业	Smelting and Pressing of Ferrous Metals
有色金属冶炼及压延加工业	Smelting and Pressing of Non-ferrous Metals
金属制品业	Manufacture of Metal Products
通用设备制造业	Manufacture of General Purpose Machinery
专用设备制造业	Manufacture of Special Purpose Machinery
汽车制造业	Manufacture of Automotive
铁路、船舶、航空航天和其他运输设备制造业	Manufacture of Railroad, Marine, Aerospace and Other Transportation Equipment
电气机械及器材制造业	Manufacture of Electrical Machinery and Equipment
计算机、通信和其他电子设备制造业	Manufacture of Computers, Communication and Other Electronic Equipment
仪器仪表制造业	Manufacture of Measuring Instruments
其他制造业	Other Manufacturing
废弃资源综合利用业	Comprehensive Utilization of Waste Resources Industry
金属制品、机械和设备修理业	Metal Products, Machinery and Equipment Repair Industry
电力、热力、燃气及水的生产和供应业	Production and Supply of Electric Power, heat, Gas and Water
电力、热力的生产和供应业	Production and Supply of Electric Power and Heat Power
燃气生产和供应业	Production and Supply of Gas
水的生产和供应业	Production and Supply of Water

CONTINUED

(10000 yuan)

流动负债合计 Total Working Liabilities	所有者权益 Owners' Equities	主营业务收入 Revenue from Principal Business	主营业务成本 Cost of Principal Business	主营业务税金及附加 Taxes and Other Charges on Principal Business	利润总额 Total Profits	本年应交增值税 Value Added Tax Payable	从业人员平均人数(人) Average Employed Persons (person)
6802105	**5358577**	**11714228**	**9169190**	**114438**	**600611**	**414847**	**132203**
41823	871016	1025583	690836	14275	79999	23130	5269
3283	3878	4030	2277	56	-290	566	355
1277	1166	3519	3056	32	-680	265	83
585	104977	3128	1964	163	50	140	508
20046	17050	40615	29220	526	2525	2943	1643
16632	743944	974291	654319	13498	78394	19216	2680
5470477	3946126	9848887	7739103	94963	520541	353800	115407
1119930	293670	2053550	1792606	4183	76776	36828	16676
799921	742067	1854609	1346518	10816	158904	97217	17405
582513	447329	1244512	913756	55086	65753	38331	15840
52270	31880	85653	71395	289	4879	2255	3784
2218	65877	59495	56450		3024		500
	3605	34683	31043	96	4447	1098	60
38446	87420	222417	196667	1204	11562	6792	2759
68128	21052	61984	53084	176	2261	1011	2290
68645	123144	151278	142014	94	2	871	1377
1298	11363	4487	2730	44	78	368	80
10522	7363	58162	50507	395	3915	2979	1680
429	61113	69984	60400		7622	6532	933
61038	148499	445176	408917	2260	29150	5382	1028
953540	914266	1985248	1355004	13836	101386	105940	30038
113341	32097	186947	181342	873	-8727	4629	3762
106160	133880	104080	88986	669	-5056	3499	2260
588878	51209	287551	269069	972	-11182	10468	3108
31434	7194	13059	14131		-2140		393
9895	15315	55415	52281	444	281	1072	380
9994	18495	44065	39963	21	1253	483	305
320793	309732	416699	289222	2082	47372	16161	5451
264763	155240	242887	187381	1063	15361	9377	2381
14573	40997				-6020		214
237516	198132	154033	125156	295	18835	2224	2400
14233	25186	12914	10484	67	805	285	303
1289805	541435	839758	739250	5200	71	37916	11527
1031963	371331	663743	614398	3432	-17854	32042	7513
105143	106826	153137	112658	1750	16961	5725	3827
152699	63278	22879	12194	18	964	149	187

13-11 各地区工业企业主要经济指标(2012年)

MAJOR INDICATORS OF INDUSTRIAL ENTERPRISES BY REGION (2012)

单位：万元 (10000 yuan)

地 区	Region	工业销售产值 Sales Value of Industry	应收帐款 Receivables	产成品 Finished Goods	流动资产合计 Total Working Capitals	固定资产合计 Total of Fixed Assets	资产合计 Total Assets	负债总计 Total Liabilities
	2009	71467761	7195980	3408172	35449228	42173173	88606268	50381093
	2010	92693428	8141713	4035814	44411345	47219365	104711695	57765882
	2011	111917554	8689086	4238772	51808599	55517385	119188305	67035890
	2012	122533357	10961107	4131580	55643420	60883972	132231419	75850807
哈尔滨	Harbin	24442996	4505828	1048633	18694887	9605030	32509699	21119130
齐齐哈尔	Qiqihar	8454921	1989331	483909	6343360	4427216	12060161	7254537
鸡 西	Jixi	3429215	452781	145141	2045381	2098255	4800330	3635083
鹤 岗	Hegang	2891834	201521	112200	1316143	1831925	3288954	2490671
双鸭山	Shuangyashan	6093888	221319	115282	1475436	2406807	4846058	3027695
大 庆	Daqing	42494756	1263411	726407	11278876	24964503	39568287	14472125
伊 春	Yichun	1687474	205470	84346	990359	1014280	2399933	2006653
佳木斯	Jiamusi	4958790	505529	213147	1826647	2083513	4232716	2549126
七台河	Qitaihe	3418541	373084	240617	1863218	2167567	4765420	3377109
牡丹江	Mudanjiang	7044986	414804	184412	1874090	2707415	5247084	3014037
黑 河	Heihe	1034510	107245	25349	625901	766705	1739061	1193596
绥 化	Suihua	6068130	296873	220342	1816589	2385082	4699873	2310484
大兴安岭	Daxinganling	415784	60873	82637	310619	233077	570798	410621
农垦总局	ARB	6228794	279362	422773	4644756	1487698	6441713	5382883
绥芬河	Suifenhe	271537	36876	26256	131670	64180	234141	206995
抚 远	Fuyuan	46842	5018		21624	41379	72107	47387

13-11 续表1 CONTINUED

单位：万元 (10000 yuan)

地 区	Region	主营业务收入 Revenue from Principal Business	主营业务成本 Cost of Principal Business	主营业务税金及附加 Taxes and Other Charges on Principal Business	销售费用 Selling Expenses	管理费用 Overhead Expenses	财务费用 Financial Expenses
	2009	77297446	59596856	2311167	1906219	4232363	685034
	2010	98991383	74121984	4786971	2205749	4959286	802376
	2011	114545985	84988688	7118966	2464447	5484787	954779
	2012	125261436	95639742	6972594	2726616	6099105	1254569
哈尔滨	Harbin	25077758	20297692	978771	1156915	1503983	279839
齐齐哈尔	Qiqihar	8879996	7420247	63922	303799	523400	182184
鸡 西	Jixi	3426714	3004073	34762	69000	223486	88913
鹤 岗	Hegang	2742338	2412457	32195	27666	178898	61500
双鸭山	Shuangyashan	6116672	5278057	40137	69192	234672	87394
大 庆	Daqing	43078882	25283068	5582963	328299	2314021	36899
伊 春	Yichun	1686525	1625478	8484	33891	55402	54820
佳木斯	Jiamusi	5010209	4300701	21897	149376	180008	70739
七台河	Qitaihe	3008871	2745315	29314	38187	201303	89623
牡丹江	Mudanjiang	7370634	6255214	51295	164032	274744	95181
黑 河	Heihe	1004212	834177	6682	16440	58172	21759
绥 化	Suihua	5997531	4885775	81535	159722	166845	51157
大兴安岭	Daxinganling	413734	317834	4264	22293	20681	6441
农垦总局	ARB	7597406	7103082	26495	170506	158374	79119
绥芬河	Suifenhe	252169	238267	794	17004	4483	3219
抚 远	Fuyuan	47427	41849	72	296	635	1316

13-11 续表2 CONTINUED

单位：万元 (10000 yuan)

地 区	Region	利息支出 Expenditure for Interests	利润总额 Total Profits	亏损企业亏损额 Total Losses Made by Enterprises -in-red	利税总额 Total Profits and Taxes	应交增值税 Value-added Tax Payable	销项税额 VAT on Sales	从业人员平均人数(人) Average Employed Persons (person)
	2009	588924	8726234	639389	14762042	3724640	11558340	1444800
	2010	721183	12488224	393294	22370255	5095060	15130736	1475995
	2011	1174441	14466514	736812	27543197	5858532	16787625	1342300
	2012	1517969	13385582	1223349	26662910	6184241	16548757	1413500
哈尔滨	Harbin	295515	1150381	393192	3043668	913006	3311959	305500
齐齐哈尔	Qiqihar	186248	515441	120595	900720	320560	1186536	118100
鸡 西	Jixi	70213	63162	69648	309448	207811	427352	94200
鹤 岗	Hegang	42622	53106	59971	227548	142068	278960	97700
双鸭山	Shuangyashan	71902	424928	31362	800455	331637	565178	85700
大 庆	Daqing	258629	9756263	104846	18556901	3215424	6684014	270800
伊 春	Yichun	56026	-34340	93344	18675	44530	209295	34100
佳木斯	Jiamusi	67790	320620	19605	462760	120219	564339	47900
七台河	Qitaihe	86672	-49851	120980	152084	171610	429918	93400
牡丹江	Mudanjiang	93085	434802	52767	793554	307358	585395	86200
黑 河	Heihe	17087	85324	6920	139104	46491	103948	16100
绥 化	Suihua	47147	559148	34500	806703	165854	670593	72800
大兴安岭	Daxinganling	5393	42687		68834	21883	57926	9500
农垦总局	ARB	170191	95847	75426	304405	75979	878329	51800
绥芬河	Suifenhe	3122	-9556	12510	-4951	3811	20130	2000
抚 远	Fuyuan	1158	5303		7940	2565	5237	400

13-12 各地区大中型工业企业主要经济指标(2012年)

MAJOR INDICATORS OF LARGE AND MEDIUM-SIZED INDUSTRIAL ENTERPRISES BY REGION (2012)

单位：万元 (10000 yuan)

地 区	Region	工业销售产值 Sales Value of Industry	应收帐款 Receivables	产成品 Finished Goods	流动资产合计 Total Working Capitals	固定资产合计 Total of Fixed Assets	资产合计 Total Assets	负债总计 Total Liabilities
	2009	55061920	5057902	2363726	27319717	35622579	71933093	40482433
	2010	67146084	5549119	2889502	34670235	38905405	84086890	46138753
	2011	77847969	6204318	3035023	40501807	42947019	92908613	52212528
	2012	82067804	7978959	2923702	42740270	49044226	104188084	60229441
哈尔滨	Harbin	15371156	3405325	686251	14006352	6491583	23343882	15934278
齐齐哈尔	Qiqihar	5178026	1783887	384112	5443675	2498624	9055725	5854846
鸡 西	Jixi	2110416	299181	65993	1527393	1631694	3754693	2950776
鹤 岗	Hegang	1676486	108795	65542	875934	1530088	2477851	1981009
双鸭山	Shuangyashan	2565700	115500	60395	941862	1905643	3725331	2445036
大 庆	Daqing	35904560	789993	603724	9639835	24041032	36604965	12766402
伊 春	Yichun	943342	135445	63855	713088	688727	1670072	1527541
佳木斯	Jiamusi	1574461	326654	151044	1082258	916396	2185816	1403294
七台河	Qitaihe	2204926	253389	147916	1254525	1848447	3697074	2731177
牡丹江	Mudanjiang	2260377	223703	106949	1078827	1517651	3083572	2124431
黑 河	Heihe	324347	31201	7747	260499	344271	805322	500822
绥 化	Suihua	3850597	197918	157763	1162498	1692989	3077768	1472170
大兴安岭	Daxinganling	206959	47349	40688	139248	93254	250845	211744
农垦总局	ARB	4318437	213560	381596	4216008	1242366	5678078	4956899
绥芬河	Suifenhe	27654	5277		14407	2121	22006	16338
抚 远	Fuyuan							

注：从2003年起，大中型企业划分按新标准执行。
Note: The partition of large and medium-sized industrial enterprises use new cirterion from 2003.

13-12 续表1 CONTINUED

单位：万元 (10000 yuan)

地　区	Region	主营业务收入 Revenue from Principal Business	主营业务成本 Cost of Principal Business	主营业务税金及附加 Taxes and Other Charges on Principal Business	销售费用 Selling Expenses	管理费用 Overhead Expenses	财务费用 Financial Expenses
	2009	60713681	45429603	2180340	1476301	3482317	514354
	2010	73752061	52839048	4634168	1621049	4040420	575880
	2011	80407306	55214187	6968815	1894994	4576730	616620
	2012	85351633	60880620	6698186	1975821	4879226	875876
哈尔滨	Harbin	16184231	12621485	890346	907337	1118333	189634
齐齐哈尔	Qiqihar	5364880	4448261	30581	241135	387818	135319
鸡　西	Jixi	2099182	1840374	21459	36663	193089	74322
鹤　岗	Hegang	1696529	1501125	20640	13474	149224	50475
双鸭山	Shuangyashan	2492061	2181528	18910	29987	158992	72038
大　庆	Daqing	36943494	19751203	5562029	267075	2170964	-1433
伊　春	Yichun	948481	950493	3868	22651	42188	41185
佳木斯	Jiamusi	1686853	1340199	12800	81568	93905	26356
七台河	Qitaihe	2034194	1850694	24982	18179	168664	70519
牡丹江	Mudanjiang	2332112	1866413	35229	92558	157082	60925
黑　河	Heihe	310745	231573	2920	4567	25090	8349
绥　化	Suihua	3844209	3167557	52141	107170	97245	31178
大兴安岭	Daxinganling	204833	138820	2949	17419	12546	2903
农垦总局	ARB	5611362	5352933	10030	130564	103588	69258
绥芬河	Suifenhe	48108	41505	289	5476	498	380
抚　远	Fuyuan						

13-12 续表2 CONTINUED

单位：万元 (10000 yuan)

地　区	Region	利息支出 Expenditure for Interests	利润总额 Total Profits	亏损企业亏损额 Total Losses Made by Enterprises -in-red	利税总额 Total Profits and Taxes	应交增值税 Value-added Tax Payable	销项税额 VAT on Sales	从业人员平均人数(人) Average Employed Persons (person)
	2009	450948	7867573	472422	13206834	3158922	9766742	1078900
	2010	542558	10418953	240686	19332255	4279135	12381473	1083894
	2011	877827	12415263	578870	24336492	4858136	13012048	1050200
	2012	1187976	10969876	976178	22780464	4994651	13339623	1075600
哈尔滨	Harbin	223708	674550	310442	2260299	694865	2613194	213300
齐齐哈尔	Qiqihar	143131	184312	90360	371080	155852	807810	91900
鸡　西	Jixi	56568	4074	60386	164912	135711	226274	82100
鹤　岗	Hegang	35278	-11865	52637	114519	105576	218265	81800
双鸭山	Shuangyashan	61465	76646	26750	227816	128585	347833	69600
大　庆	Daqing	219285	9390233	92448	18079761	3125320	6166657	239500
伊　春	Yichun	40785	-56539	89488	-20491	32180	138199	22600
佳木斯	Jiamusi	31038	156717	10088	227934	58415	313230	22200
七台河	Qitaihe	69765	-53255	92898	113587	141091	336164	84400
牡丹江	Mudanjiang	59765	177579	40113	320548	107641	279406	41000
黑　河	Heihe	7060	41977	3774	71877	26980	43900	7800
绥　化	Suihua	29561	383907	7488	548758	112710	451360	48400
大兴安岭	Daxinganling	2498	30466		52236	18821	33460	5900
农垦总局	ARB	162147	-2459	71623	167788	54194	787452	37400
绥芬河	Suifenhe	753	1216		4780	3275	6772	300
抚　远	Fuyuan							

13-13 各地区国有及国有控股工业企业主要经济指标 (2012年)

MAJOR INDICATORS OF STATE-OWNED AND STATE-HOLDING INDUSTRIAL ENTERPRISES BY REGION(2012)

单位：万元 (10000 yuan)

地 区	Region	工业销售产值 Sales Value of Industry	应收帐款 Receivables	产成品 Finished Goods	流动资产合 计 Total Working Capitals	固定资产合 计 Total of Fixed Assets	资产合计 Total Assets	负债总计 Total Liabilities
	2009	43099663	3837632	1489413	20875202	32797304	60802465	34428463
	2010	54072221	4401363	1966606	27246316	35614923	71144996	38761294
	2011	63396546	4752373	1876994	31873380	42053017	81113775	45531599
	2012	63482393	5862326	1814187	32137395	44328075	86597401	49460132
哈尔滨	Harbin	11148489	2728189	480047	10531915	5026865	18079548	12585881
齐齐哈尔	Qiqihar	3095274	1582173	246905	4404667	2918220	8222650	5165184
鸡 西	Jixi	1409275	151387	31508	761913	1575291	2884727	2221875
鹤 岗	Hegang	872701	81512	32079	576554	1463357	2072806	1791474
双鸭山	Shuangyashan	934114	45446	1860	328465	1205103	1782655	1347751
大 庆	Daqing	34192645	465767	513932	8716906	22881593	34546744	11987678
伊 春	Yichun	228225	52187	10830	189670	379043	731322	591252
佳木斯	Jiamusi	748565	160585	55796	546532	1147752	1769223	1201175
七台河	Qitaihe	1283018	104410	28452	509918	1428254	2121667	1695425
牡丹江	Mudanjiang	787565	112877	23493	505160	1107823	1903005	1454101
黑 河	Heihe	281738	54215	742	188207	264770	547068	394883
绥 化	Suihua	1028674	39852	14908	333500	1023192	1464838	582458
大兴安岭	Daxinganling	182626	49332	21106	120355	127619	270935	209732
农垦总局	ARB	3732124	189707	352400	4027910	1150746	5402941	4847370
绥芬河	Suifenhe							
抚 远	Fuyuan	6999	2906		11859	29109	42187	31214

13-13 续表1 CONTINUED

单位：万元 (10000 yuan)

地 区	Region	主营业务收 入 Revenue from Principal Business	主营业务成 本 Cost of Principal Business	主营业务税金及附加 Taxes and Other Charges on Principal Business	销售费用 Selling Expenses	管理费用 Overhead Expenses	财务费用 Financial Expenses
	2009	48186334	35310214	2070247	654729	2901897	430530
	2010	60290603	42298904	4521996	966488	3467900	454605
	2011	66078279	44156805	6807979	1017888	3627692	490337
	2012	67050869	45785237	6513423	1066930	3897781	697198
哈尔滨	Harbin	12093914	9410386	840308	532671	920578	154105
齐齐哈尔	Qiqihar	3374047	2940410	11753	97739	274837	136059
鸡 西	Jixi	1453599	1295702	17547	14979	156700	49244
鹤 岗	Hegang	971051	829576	13825	4301	135127	43491
双鸭山	Shuangyashan	880956	761852	10131	3401	112796	41893
大 庆	Daqing	35055103	18416837	5521363	202990	1877136	-13039
伊 春	Yichun	229793	187221	1427	5211	18838	16341
佳木斯	Jiamusi	775810	585226	3934	38354	46027	40057
七台河	Qitaihe	1316245	1170983	18493	7213	134885	38288
牡丹江	Mudanjiang	802954	635657	3360	21009	61352	50704
黑 河	Heihe	289679	240039	983	5598	20654	9676
绥 化	Suihua	1019118	730928	53299	12035	38599	12269
大兴安岭	Daxinganling	181544	125839	3088	7068	10015	3707
农垦总局	ARB	5049697	4853269	4859	114362	90238	68886
绥芬河	Suifenhe						
抚 远	Fuyuan	6999	4853	42			1050

13-13 续表2 CONTINUED

单位：万元 (10000 yuan)

地区	Region	利息支出 Expenditure for Interests	利润总额 Total Profits	亏损企业亏损额 Total Losses Made by Enterprises -in-red	利税总额 Total Profits and Taxes	应交增值税 Value-added Tax Payable	销项税额 VAT on Sales	从业人员平均人数(人) Average Employed Persons (person)
	2009	378907	6877167	414912	11516832	2569418	7916070	828000
	2010	441495	8791135	217094	17066374	3753243	10229960	828151
	2011	788267	11092925	465306	22333015	4355768	10896695	759900
	2012	1033985	9850133	734569	20827267	4347763	10775001	790100
哈尔滨	Harbin	181382	400771	258494	1776904	535245	1904185	149600
齐齐哈尔	Qiqihar	143489	-21120	104157	68924	77979	568205	58100
鸡西	Jixi	51183	-15690	36644	104750	99227	123450	71900
鹤岗	Hegang	31875	-24216	43820	82654	92882	164149	69200
双鸭山	Shuangyashan	37159	-16706	20097	62393	67446	145544	51400
大庆	Daqing	209138	9251621	81648	17830936	3056011	5908685	210900
伊春	Yichun	18380	12812	13162	23843	9604	15871	8100
佳木斯	Jiamusi	40023	84003	10042	131532	43593	93172	11700
七台河	Qitaihe	38928	-19072	44612	92446	92256	224546	65700
牡丹江	Mudanjiang	49866	72585	12331	119556	43511	109477	17000
黑河	Heihe	9016	24289	4199	36002	10156	30250	4100
绥化	Suihua	12519	135093	6963	252747	64355	174617	12200
大兴安岭	Daxinganling	3288	32054		50493	15351	27722	5300
农垦总局	ARB	161640	-40819	70714	116027	45966	714242	27400
绥芬河	Suifenhe							
抚远	Fuyuan	927	2213		2999	744	1238	100

13-14 各地区集体工业企业主要经济指标 (2012年)

MAJOR INDICATORS OF COLLECTIVE-OWNED INDUSTRIAL ENTERPRISES BY REGION (2012)

单位：万元 (10000 yuan)

地区	Region	工业销售产值 Sales Value of Industry	应收帐款 Receivables	产成品 Finished Goods	流动资产合计 Total Working Capitals	固定资产合计 Total of Fixed Assets	资产合计 Total Assets	负债总计 Total Liabilities
	2009	1243841	247860	49373	674082	229270	970760	727424
	2010	1246074	261960	59224	654032	305715	1127366	853130
	2011	1422657	201803	46958	668304	250916	989502	723369
	2012	1389929	317860	48750	836212	261676	1183553	897275
哈尔滨	Harbin	132277	33490	27992	128648	39105	193237	148539
齐齐哈尔	Qiqihar	229729	23636	756	69583	20708	93192	50280
鸡西	Jixi	35289	15149	949	28416	5679	34166	21202
鹤岗	Hegang	299106	34894	6762	118037	40111	167935	97572
双鸭山	Shuangyashan	11025	3985	599	7787	3063	11101	7046
大庆	Daqing	580900	200344	8298	460597	120428	625907	539356
伊春	Yichun							
佳木斯	Jiamusi	31921	2902	589	5389	7411	14283	12348
七台河	Qitaihe	9453	192	416	1407	887	2294	1802
牡丹江	Mudanjiang	51709	2558	1984	13685	17654	32104	14163
黑河	Heihe	2140			520	1080	1600	
绥化	Suihua	6381	710	405	2143	5550	7734	4967
大兴安岭	Daxinganling							
农垦总局	ARB							
绥芬河	Suifenhe							
抚远	Fuyuan							

13-14 续表1 CONTINUED

单位：万元 (10000 yuan)

地 区	Region	主营业务收入 Revenue from Principal Business	主营业务成本 Cost of Principal Business	主营业务税金及附加 Taxes and Other Charges on Principal Business	销售费用 Selling Expenses	管理费用 Overhead Expenses	财务费用 Financial Expenses
	2009	1182957	1008257	32670	10711	89724	4624
	2010	1185337	998292	11122	12738	90772	11202
	2011	1210899	1050708	12257	15584	73998	5387
	2012	1292245	1131393	18767	16206	93709	7278
哈尔滨	Harbin	91502	80126	381	937	10150	2077
齐齐哈尔	Qiqihar	236667	220785	881	373	19578	341
鸡 西	Jixi	33413	30317	252	612	1698	77
鹤 岗	Hegang	260541	229820	3216	6779	8043	1465
双鸭山	Shuangyashan	13823	10813	403	708	1052	71
大 庆	Daqing	558358	474182	13073	5677	47775	2560
伊 春	Yichun						
佳木斯	Jiamusi	31516	29951	92	407	3849	390
七台河	Qitaihe	9453	9257	7	69	145	
牡丹江	Mudanjiang	48689	39067	137	492	1107	166
黑 河	Heihe	2010	1422	210	53	88	17
绥 化	Suihua	6275	5653	116	98	224	114
大兴安岭	Daxinganling						
农垦总局	ARB						
绥芬河	Suifenhe						
抚 远	Fuyuan						

13-14 续表2 CONTINUED

单位：万元 (10000 yuan)

地 区	Region	利息支出 Expenditure for Interests	利润总额 Total Profits	亏损企业亏损额 Total Losses Made by Enterprises -in-red	利税总额 Total Profits and Taxes	应交增值税 Value-added Tax Payable	销项税额 VAT on Sales	从业人员平均人数(人) Average Employed Persons (person)
	2009	4240	64592	7940	140313	43051	137565	49719
	2010	7116	100231	3863	157828	46476	139605	52995
	2011	4561	50551	4624	114515	51274	150854	34583
	2012	5897	43280	12346	118046	55699	144212	34395
哈尔滨	Harbin	1903	-2401	5041	670	2690	14713	3378
齐齐哈尔	Qiqihar	336	5910	924	13941	7127	32884	6700
鸡 西	Jixi		519	114	2132	1361	4981	909
鹤 岗	Hegang	455	18727	1874	41113	19170	8458	6319
双鸭山	Shuangyashan	71	741		2234	1090	992	364
大 庆	Daqing	2543	12318	4367	45367	19700	73788	14839
伊 春	Yichun							
佳木斯	Jiamusi	391	938		1778	748	2149	322
七台河	Qitaihe		-27	27	43	63	563	75
牡丹江	Mudanjiang	160	6122		9546	3287	4713	896
黑 河	Heihe		220		780	350	360	162
绥 化	Suihua	39	213		443	114	610	431
大兴安岭	Daxinganling							
农垦总局	ARB							
绥芬河	Suifenhe							
抚 远	Fuyuan							

13-15 工业企业主要经济效益指标(2012年)

MAJOR INDICATORS ON ECONOMIC BENEFIT OF INDUSTRIAL ENTERPRISES (2012)

类　别	Category	总资产贡献率(%) Ratio of Total Assets to Industrial Output Value (%)	资产负债率(%) Assets-Liability Ratio (%)
总　计	**Total**	**21.0**	**57.4**
按轻重工业分	**Grouped by Light and Heavy Industry**		
轻工业	Light Industry	16.1	58.2
重工业	Heavy Industry	22.3	57.2
按行业分	**Grouped by Sector**		
采矿业	Mining and Quarrying	45.4	38.1
煤炭开采和洗选业	Mining and Washing of Coal	11.0	73.8
石油和天然气开采业	Extraction of Petroleum and Natural Gas	59.5	27.3
黑色金属矿采选业	Mining and Processing of Ferrous Metals Ores	26.6	49.3
有色金属矿采选业	Mining and Processing of Non-ferrous Metal Ores	9.6	53.0
非金属矿采选业	Mining and Processing of Nonmetal Ores	44.3	49.2
开采辅助活动	Mining Auxiliary Activities	15.8	24.7
其他采矿业	Mining of Other Ores		
制造业	Manufacturing	13.2	62.9
农副食品加工业	Processing of Food from Agricultural Products	14.0	67.4
食品制造业	Manufacture of Foods	17.9	51.3
酒、饮料和精制茶制造业	Manufacture of Wine, soft drinks and refined tea	15.4	60.2
烟草制品业	Manufacture of Tobacco	89.3	14.6
纺织业	Manufacture of Textile	10.2	50.3
纺织服装、服饰业	Manufacture of Textile and Apparel	9.4	22.7
皮革、毛皮、羽毛及其制品和制鞋业	Manufacture of Leather, Furs, Feather and Related Products and Footwear	40.6	42.1
木材加工及木、竹、藤、棕、草制品业	Processing of Timber, Manufacture of Wood, Bamboo, Rattan, Palm and Straw Products	19.8	48.9
家具制造业	Manufacture of Furniture	9.7	67.7
造纸及纸制品业	Manufacture of Paper and Paper Products	7.7	53.8
印刷和记录媒介复制业	Manufacture of Printing and Record Medium Reproduction	14.4	42.3
文教、工美、体育和娱乐用品制造业	Manufacture of Articles for Culture, Education and Sports Activities	24.0	38.4
石油加工、炼焦及核燃料加工业	Processing of Petoleum, Coking, Processing of Nuclear Fuel	33.6	59.2
化学原料及化学制品制造业	Manufacture of Raw Chemical Materials and Chemical Products	13.9	58.9
医药制造业	Manufacture of Medicines	16.7	43.3
化学纤维制造业	Manufacture of Chemical Fibers	-4.3	60.5
橡胶和塑料制品业	Manufacture of Rubber and Plastics	12.8	56.2
非金属矿物制品业	Manufacture of Non-metallic Mineral Products	15.3	64.8
黑色金属冶炼及压延加工业	Smelting and Pressing of Ferrous Metals	2.0	81.7
有色金属冶炼及压延加工业	Smelting and Pressing of Non-ferrous Metals	3.0	65.0
金属制品业	Manufacture of Metal Products	8.6	61.2
通用设备制造业	Manufacture of General Purpose Machinery	5.7	70.2
专用设备制造业	Manufacture of Special Purpose Machinery	5.0	56.3
汽车制造业	Manufacture of Automotive	-1.7	95.7
铁路、船舶、航空航天和其他运输设备制造业	Manufacture of Railroad, Marine, Aerospace and Other Transportation Equipment	4.3	70.8
电气机械及器材制造业	Manufacture of Electrical Machinery and Equipment	8.5	59.7
计算机、通信和其他电子设备制造业	Manufacture of Computers, Communication and Other Electronic Equipment	10.8	39.0
仪器仪表制造业	Manufacture of Measuring Instruments	6.3	50.3
其他制造业	Other Manufacturing	4.0	86.3
废弃资源综合利用业	Comprehensive Utilization of Waste Resources Industry	19.3	73.6
金属制品、机械和设备修理业	Metal Products, Machinery and Equipment Repair Industry	3.8	65.4
电力、热力、燃气及水的生产和供应业	Production and Supply of Electric Power, heat, Gas and Water	5.1	72.1
电力、热力的生产和供应业	Production and Supply of Electric Power and Heat Power	5.1	72.5
燃气生产和供应业	Production and Supply of Gas	11.2	68.4
水的生产和供应业	Production and Supply of Water	2.8	64.9

13-15 续表 CONTINUED

类 别	Category	成本费用利润率(%) Ratio of Profits to Industrial Cost(%)	产品销售率(%) Proportion of Products (%)
总 计	**Total**	**12.3**	**97.5**
按轻重工业分	**Grouped by Light and Heavy Industry**		
轻工业	Light Industry	6.3	97.6
重工业	Heavy Industry	15.3	97.5
按行业分	**Grouped by Sector**		
采矿业	Mining and Quarrying	56.1	98.3
煤炭开采和洗选业	Mining and Washing of Coal	2.4	93.9
石油和天然气开采业	Extraction of Petroleum and Natural Gas	123.7	99.8
黑色金属矿采选业	Mining and Processing of Ferrous Metals Ores	9.2	99.1
有色金属矿采选业	Mining and Processing of Non-ferrous Metal Ores	17.4	97.1
非金属矿采选业	Mining and Processing of Nonmetal Ores	11.7	96.0
开采辅助活动	Mining Auxiliary Activities	12.9	100.0
其他采矿业	Mining of Other Ores		
制造业	Manufacturing	5.3	97.0
农副食品加工业	Processing of Food from Agricultural Products	4.9	97.4
食品制造业	Manufacture of Foods	8.0	100.0
酒、饮料和精制茶制造业	Manufacture of Wine, soft drinks and refined tea	5.5	96.6
烟草制品业	Manufacture of Tobacco	26.3	99.7
纺织业	Manufacture of Textile	4.8	96.5
纺织服装、服饰业	Manufacture of Textile and Apparel	4.6	96.6
皮革、毛皮、羽毛及其制品和制鞋业	Manufacture of Leather, Furs, Feather and Related Products and Footwear	5.4	99.4
木材加工及木、竹、藤、棕、草制品业	Processing of Timber, Manufacture of Wood, Bamboo, Rattan, Palm and Straw Products	5.07	94.43
家具制造业	Manufacture of Furniture	4.2	97.0
造纸及纸制品业	Manufacture of Paper and Paper Products	4.9	95.8
印刷和记录媒介复制业	Manufacture of Printing and Record Medium Reproduction	11.3	97.0
文教、工美、体育和娱乐用品制造业	Manufacture of Articles for Culture, Education and Sports Activities	5.3	92.7
石油加工、炼焦及核燃料加工业	Processing of Petoleum, Coking, Processing of Nuclear Fuel	3.8	97.8
化学原料及化学制品制造业	Manufacture of Raw Chemical Materials and Chemical Products	5.8	98.4
医药制造业	Manufacture of Medicines	12.4	96.1
化学纤维制造业	Manufacture of Chemical Fibers	-21.2	107.5
橡胶和塑料制品业	Manufacture of Rubber and Plastics	4.7	98.8
非金属矿物制品业	Manufacture of Non-metallic Mineral Products	12.2	94.5
黑色金属冶炼及压延加工业	Smelting and Pressing of Ferrous Metals	-1.0	91.6
有色金属冶炼及压延加工业	Smelting and Pressing of Non-ferrous Metals	0.8	94.0
金属制品业	Manufacture of Metal Products	2.6	99.9
通用设备制造业	Manufacture of General Purpose Machinery	4.3	96.8
专用设备制造业	Manufacture of Special Purpose Machinery	6.1	91.3
汽车制造业	Manufacture of Automotive	-7.0	97.1
铁路、船舶、航空航天和其他运输设备制造业	Manufacture of Railroad, Marine, Aerospace and Other Transportation Equipment	2.4	101.9
电气机械及器材制造业	Manufacture of Electrical Machinery and Equipment	8.2	98.1
计算机、通信和其他电子设备制造业	Manufacture of Computers, Communication and Other Electronic Equipment	14.1	96.5
仪器仪表制造业	Manufacture of Measuring Instruments	6.0	101.0
其他制造业	Other Manufacturing	3.8	99.9
废弃资源综合利用业	Comprehensive Utilization of Waste Resources Industry	9.9	98.9
金属制品、机械和设备修理业	Metal Products, Machinery and Equipment Repair Industry	2.0	94.7
电力、热力、燃气及水的生产和供应业	Production and Supply of Electric Power, heat, Gas and Water	0.1	99.5
电力、热力的生产和供应业	Production and Supply of Electric Power and Heat Power	-0.2	99.5
燃气生产和供应业	Production and Supply of Gas	3.4	100.0
水的生产和供应业	Production and Supply of Water	5.0	100.0

13-16 大中型工业企业主要经济效益指标 (2012年)

MAJOR INDICATORS ON ECONOMIC BENEFIT OF LARGE AND MEDIUM-SIZED INDUSTRIAL ENTERPRISES (2012)

类　别	Category	总资产贡献率 (%) Ratio of Total Assets to Industrial Output Value (%)	资　产负债率 (%) Assets-Liability Ratio (%)
总　计	**Total**	**22.6**	**57.8**
按轻重工业分	**Grouped by Light and Heavy Industry**		
轻工业	Light Industry	14.2	62.7
重工业	Heavy Industry	24.5	56.7
按行业分	**Grouped by Sector**		
采矿业	Mining and Quarrying	46.4	37.1
煤炭开采和洗选业	Mining and Washing of Coal	7.9	76.9
石油和天然气开采业	Extraction of Petroleum and Natural Gas	59.5	27.3
黑色金属矿采选业	Mining and Processing of Ferrous Metals Ores	4.9	58.3
有色金属矿采选业	Mining and Processing of Non-ferrous Metal Ores	7.8	50.0
非金属矿采选业	Mining and Processing of Nonmetal Ores	24.9	53.6
开采辅助活动	Mining Auxiliary Activities	11.8	23.2
其他采矿业	Mining of Other Ores		
制造业	Manufacturing	11.9	66.5
农副食品加工业	Processing of Food from Agricultural Products	8.4	79.7
食品制造业	Manufacture of Foods	19.4	52.5
酒、饮料和精制茶制造业	Manufacture of Wine, soft drinks and refined tea	14.5	63.0
烟草制品业	Manufacture of Tobacco	89.3	14.6
纺织业	Manufacture of Textile	9.0	50.8
纺织服装、服饰业	Manufacture of Textile and Apparel	4.5	3.3
皮革、毛皮、羽毛及其制品和制鞋业	Manufacture of Leather, Furs, Feather and Related Products and Footwear		
木材加工及木、竹、藤、棕、草制品业	Processing of Timber, Manufacture of Wood, Bamboo, Rattan, Palm and Straw Products	17.6	54.5
家具制造业	Manufacture of Furniture	5.5	75.0
造纸及纸制品业	Manufacture of Paper and Paper Products	6.9	53.4
印刷和记录媒介复制业	Manufacture of Printing and Record Medium Reproduction	14.8	39.7
文教、工美、体育和娱乐用品制造业	Manufacture of Articles for Culture, Education and Sports Activities	23.9	65.4
石油加工、炼焦及核燃料加工业	Processing of Petoleum, Coking, Processing of Nuclear Fuel	34.9	58.0
化学原料及化学制品制造业	Manufacture of Raw Chemical Materials and Chemical Products	12.9	63.3
医药制造业	Manufacture of Medicines	17.5	43.4
化学纤维制造业	Manufacture of Chemical Fibers	-4.6	61.6
橡胶和塑料制品业	Manufacture of Rubber and Plastics	2.9	64.7
非金属矿物制品业	Manufacture of Non-metallic Mineral Products	13.5	68.2
黑色金属冶炼及压延加工业	Smelting and Pressing of Ferrous Metals	1.1	83.8
有色金属冶炼及压延加工业	Smelting and Pressing of Non-ferrous Metals	0.9	68.9
金属制品业	Manufacture of Metal Products	0.4	68.6
通用设备制造业	Manufacture of General Purpose Machinery	4.2	73.2
专用设备制造业	Manufacture of Special Purpose Machinery	3.9	56.0
汽车制造业	Manufacture of Automotive	-2.7	104.0
铁路、船舶、航空航天和其他运输设备制造业	Manufacture of Railroad, Marine, Aerospace and Other Transportation Equipment	4.2	74.0
电气机械及器材制造业	Manufacture of Electrical Machinery and Equipment	7.3	60.8
计算机、通信和其他电子设备制造业	Manufacture of Computers, Communication and Other Electronic Equipment	13.1	39.9
仪器仪表制造业	Manufacture of Measuring Instruments	3.5	49.2
其他制造业	Other Manufacturing	2.9	90.1
废弃资源综合利用业	Comprehensive Utilization of Waste Resources Industry	18.0	79.3
金属制品、机械和设备修理业	Metal Products, Machinery and Equipment Repair Industry	2.7	57.7
电力、热力、燃气及水的生产和供应业	Production and Supply of Electric Power, heat, Gas and Water	5.3	75.2
电力、热力的生产和供应业	Production and Supply of Electric Power and Heat Power	5.3	76.0
燃气生产和供应业	Production and Supply of Gas	9.58	61.1
水的生产和供应业	Production and Supply of Water	2.54	56.5

13-16 续表 CONTINUED

类 别	Category	成本费用利润率 (%) Ratio of Profits to Industrial Cost (%)	产品销售率 (%) Proportion of Products (%)
总 计	**Total**	**15.3**	**97.7**
按轻重工业分	**Grouped by Light and Heavy Industry**		
轻工业	Light Industry	6.3	98.1
重工业	Heavy Industry	18.6	97.7
按行业分	**Grouped by Sector**		
采矿业	Mining and Quarrying	68.8	98.7
煤炭开采和洗选业	Mining and Washing of Coal	0.2	93.7
石油和天然气开采业	Extraction of Petroleum and Natural Gas	125.1	99.8
黑色金属矿采选业	Mining and Processing of Ferrous Metals Ores	1.1	96.7
有色金属矿采选业	Mining and Processing of Non-ferrous Metal Ores	27.3	96.8
非金属矿采选业	Mining and Processing of Nonmetal Ores	8.6	81.1
开采辅助活动	Mining Auxiliary Activities	8.7	100.0
其他采矿业	Mining of Other Ores		
制造业	Manufacturing	4.6	96.9
农副食品加工业	Processing of Food from Agricultural Products	3.2	97.9
食品制造业	Manufacture of Foods	9.0	100.7
酒、饮料和精制茶制造业	Manufacture of Wine, soft drinks and refined tea	5.3	97.4
烟草制品业	Manufacture of Tobacco	27.2	99.8
纺织业	Manufacture of Textile	4.7	96.2
纺织服装、服饰业	Manufacture of Textile and Apparel	5.4	96.8
皮革、毛皮、羽毛及其制品和制鞋业	Manufacture of Leather, Furs, Feather and Related Products and Footwear		
木材加工及木、竹、藤、棕、草制品业	Processing of Timber, Manufacture of Wood, Bamboo, Rattan, Palm and Straw Products	7.54	93.08
家具制造业	Manufacture of Furniture	4.7	94.8
造纸及纸制品业	Manufacture of Paper and Paper Products	5.2	94.7
印刷和记录媒介复制业	Manufacture of Printing and Record Medium Reproduction	15.6	98.1
文教、工美、体育和娱乐用品制造业	Manufacture of Articles for Culture, Education and Sports Activities	6.6	98.2
石油加工、炼焦及核燃料加工业	Processing of Petoleum, Coking, Processing of Nuclear Fuel	3.9	97.9
化学原料及化学制品制造业	Manufacture of Raw Chemical Materials and Chemical Products	4.3	97.5
医药制造业	Manufacture of Medicines	13.1	95.7
化学纤维制造业	Manufacture of Chemical Fibers	-23.0	109.3
橡胶和塑料制品业	Manufacture of Rubber and Plastics	0.2	102.7
非金属矿物制品业	Manufacture of Non-metallic Mineral Products	20.2	90.7
黑色金属冶炼及压延加工业	Smelting and Pressing of Ferrous Metals	-2.3	90.1
有色金属冶炼及压延加工业	Smelting and Pressing of Non-ferrous Metals	-2.2	91.3
金属制品业	Manufacture of Metal Products	-2.1	99.6
通用设备制造业	Manufacture of General Purpose Machinery	3.4	96.6
专用设备制造业	Manufacture of Special Purpose Machinery	6.4	85.7
汽车制造业	Manufacture of Automotive	-8.9	97.6
铁路、船舶、航空航天和其他运输设备制造业	Manufacture of Railroad, Marine, Aerospace and Other Transportation Equipment	2.2	101.9
电气机械及器材制造业	Manufacture of Electrical Machinery and Equipment	8.3	99.2
计算机、通信和其他电子设备制造业	Manufacture of Computers, Communication and Other Electronic Equipment	18.3	100.4
仪器仪表制造业	Manufacture of Measuring Instruments	2.0	103.9
其他制造业	Other Manufacturing	2.5	100.2
废弃资源综合利用业	Comprehensive Utilization of Waste Resources Industry	16.2	96.2
金属制品、机械和设备修理业	Metal Products, Machinery and Equipment Repair Industry	0.8	93.8
电力、热力、燃气及水的生产和供应业	Production and Supply of Electric Power, heat, Gas and Water	-0.8	99.6
电力、热力的生产和供应业	Production and Supply of Electric Power and Heat Power	-1.0	99.6
燃气生产和供应业	Production and Supply of Gas	9.0	100.0
水的生产和供应业	Production and Supply of Water	3.9	100.0

13-17 国有及国有控股工业企业主要经济效益指标(2012年)

MAJOR INDICATORS ON ECONOMIC BENEFIT OF STATE-OWNED AND STATE-HOLDING INDUSTRIAL ENTERPRISES (2012)

类别	Category	总资产贡献率(%) Ratio of Total Assets to Industrial Output Value (%)	资产负债率(%) Assets-Liability Ratio (%)
总计	**Total**	**24.8**	**57.1**
按轻重工业分	**Grouped by Light and Heavy Industry**		
轻工业	Light Industry	12.6	70.7
重工业	Heavy Industry	26.3	55.4
按行业分	**Grouped by Sector**		
采矿业	Mining and Quarrying	49.4	36.1
煤炭开采和洗选业	Mining and Washing of Coal	6.4	80.4
石油和天然气开采业	Extraction of Petroleum and Natural Gas	59.6	27.3
黑色金属矿采选业	Mining and Processing of Ferrous Metals Ores	4.0	30.6
有色金属矿采选业	Mining and Processing of Non-ferrous Metal Ores	18.2	58.9
非金属矿采选业	Mining and Processing of Nonmetal Ores	14.4	64.7
开采辅助活动	Mining Auxiliary Activities	20.5	15.3
其他采矿业	Mining of Other Ores		
制造业	Manufacturing	12.3	68.8
农副食品加工业	Processing of Food from Agricultural Products	3.6	89.1
食品制造业	Manufacture of Foods	7.9	69.5
酒、饮料和精制茶制造业	Manufacture of Wine, soft drinks and refined tea	-0.5	94.8
烟草制品业	Manufacture of Tobacco	93.1	13.9
纺织业	Manufacture of Textile	-0.8	59.1
纺织服装、服饰业	Manufacture of Textile and Apparel		
皮革、毛皮、羽毛及其制品和制鞋业	Manufacture of Leather, Furs, Feather and Related Products and Footwear		
木材加工及木、竹、藤、棕、草制品业	Processing of Timber, Manufacture of Wood, Bamboo, Rattan, Palm and Straw Products	1.8	68.7
家具制造业	Manufacture of Furniture	4.5	81.8
造纸及纸制品业	Manufacture of Paper and Paper Products	6.8	51.4
印刷和记录媒介复制业	Manufacture of Printing and Record Medium Reproduction	13.9	43.2
文教、工美、体育和娱乐用品制造业	Manufacture of Articles for Culture, Education and Sports Activities	6.0	44.9
石油加工、炼焦及核燃料加工业	Processing of Petoleum, Coking, Processing of Nuclear Fuel	50.7	54.2
化学原料及化学制品制造业	Manufacture of Raw Chemical Materials and Chemical Products	9.1	60.9
医药制造业	Manufacture of Medicines	13.2	50.8
化学纤维制造业	Manufacture of Chemical Fibers		
橡胶和塑料制品业	Manufacture of Rubber and Plastics	14.8	44.4
非金属矿物制品业	Manufacture of Non-metallic Mineral Products	12.9	71.8
黑色金属冶炼及压延加工业	Smelting and Pressing of Ferrous Metals	1.5	87.0
有色金属冶炼及压延加工业	Smelting and Pressing of Non-ferrous Metals	1.3	67.2
金属制品业	Manufacture of Metal Products	-0.4	65.6
通用设备制造业	Manufacture of General Purpose Machinery	3.6	76.4
专用设备制造业	Manufacture of Special Purpose Machinery	1.6	56.0
汽车制造业	Manufacture of Automotive	-3.5	105.8
铁路、船舶、航空航天和其他运输设备制造业	Manufacture of Railroad, Marine, Aerospace and Other Transportation Equipment	4.1	72.0
电气机械及器材制造业	Manufacture of Electrical Machinery and Equipment	7.9	63.5
计算机、通信和其他电子设备制造业	Manufacture of Computers, Communication and Other Electronic Equipment	9.1	22.6
仪器仪表制造业	Manufacture of Measuring Instruments	3.0	45.6
其他制造业	Other Manufacturing	3.4	87.0
废弃资源综合利用业	Comprehensive Utilization of Waste Resources Industry	18.0	79.3
金属制品、机械和设备修理业	Metal Products, Machinery and Equipment Repair Industry		
电力、热力、燃气及水的生产和供应业	Production and Supply of Electric Power, heat, Gas and Water	5.3	71.8
电力、热力的生产和供应业	Production and Supply of Electric Power and Heat Power	5.3	72.2
燃气生产和供应业	Production and Supply of Gas	13.3	66.7
水的生产和供应业	Production and Supply of Water	1.7	55.4

13-17 续表 CONTINUED

类　别	Category	成本费用利润率（%）Ratio of Profits to Industrial Cost (%)	产品销售率（%）Proportion of Products (%)
总　计	**Total**	**18.3**	**98.3**
按轻重工业分	**Grouped by Light and Heavy Industry**		
轻工业	Light Industry	3.1	97.6
重工业	Heavy Industry	21.3	98.4
按行业分	**Grouped by Sector**		
采矿业	Mining and Quarrying	78.3	98.9
煤炭开采和洗选业	Mining and Washing of Coal	-1.8	93.9
石油和天然气开采业	Extraction of Petroleum and Natural Gas	123.8	99.8
黑色金属矿采选业	Mining and Processing of Ferrous Metals Ores	0.7	80.9
有色金属矿采选业	Mining and Processing of Non-ferrous Metal Ores	14.3	96.9
非金属矿采选业	Mining and Processing of Nonmetal Ores	4.5	99.3
开采辅助活动	Mining Auxiliary Activities	34.4	100.0
其他采矿业	Mining of Other Ores		
制造业	Manufacturing	3.7	97.4
农副食品加工业	Processing of Food from Agricultural Products	0.2	96.5
食品制造业	Manufacture of Foods	1.7	100.4
酒、饮料和精制茶制造业	Manufacture of Wine, soft drinks and refined tea	-16.4	90.7
烟草制品业	Manufacture of Tobacco	29.2	99.8
纺织业	Manufacture of Textile	-3.0	77.5
纺织服装、服饰业	Manufacture of Textile and Apparel		
皮革、毛皮、羽毛及其制品和制鞋业	Manufacture of Leather, Furs, Feather and Related Products and Footwear		
木材加工及木、竹、藤、棕、草制品业	Processing of Timber, Manufacture of Wood, Bamboo, Rattan, Palm and Straw Products	0.2	73.2
家具制造业	Manufacture of Furniture	4.4	93.0
造纸及纸制品业	Manufacture of Paper and Paper Products	8.8	99.0
印刷和记录媒介复制业	Manufacture of Printing and Record Medium Reproduction	18.7	94.2
文教、工美、体育和娱乐用品制造业	Manufacture of Articles for Culture, Education and Sports Activities	10.8	89.6
石油加工、炼焦及核燃料加工业	Processing of Petoleum, Coking, Processing of Nuclear Fuel	4.7	98.7
化学原料及化学制品制造业	Manufacture of Raw Chemical Materials and Chemical Products	2.1	98.5
医药制造业	Manufacture of Medicines	6.4	98.2
化学纤维制造业	Manufacture of Chemical Fibers		
橡胶和塑料制品业	Manufacture of Rubber and Plastics	6.2	99.0
非金属矿物制品业	Manufacture of Non-metallic Mineral Products	21.7	93.1
黑色金属冶炼及压延加工业	Smelting and Pressing of Ferrous Metals	0.4	95.0
有色金属冶炼及压延加工业	Smelting and Pressing of Non-ferrous Metals	-1.4	97.8
金属制品业	Manufacture of Metal Products	-4.2	97.5
通用设备制造业	Manufacture of General Purpose Machinery	2.6	96.6
专用设备制造业	Manufacture of Special Purpose Machinery	0.4	80.0
汽车制造业	Manufacture of Automotive	-10.3	97.5
铁路、船舶、航空航天和其他运输设备制造业	Manufacture of Railroad, Marine, Aerospace and Other Transportation Equipment	2.5	102.0
电气机械及器材制造业	Manufacture of Electrical Machinery and Equipment	9.1	100.4
计算机、通信和其他电子设备制造业	Manufacture of Computers, Communication and Other Electronic Equipment	12.6	99.5
仪器仪表制造业	Manufacture of Measuring Instruments	1.2	100.4
其他制造业	Other Manufacturing	3.6	100.1
废弃资源综合利用业	Comprehensive Utilization of Waste Resources Industry	16.2	96.2
金属制品、机械和设备修理业	Metal Products, Machinery and Equipment Repair Industry		
电力、热力、燃气及水的生产和供应业	Production and Supply of Electric Power, heat, Gas and Water	-0.2	99.5
电力、热力的生产和供应业	Production and Supply of Electric Power and Heat Power	-0.4	99.5
燃气生产和供应业	Production and Supply of Gas	2.3	100.0
水的生产和供应业	Production and Supply of Water	1.4	100.0

13-18 集体工业企业主要经济效益指标(2012年)

MAJOR INDICATORS ON ECONOMIC BENEFIT OF COLLECTIVE-OWNED INDUSTIAL ENTERPRISES (2012)

类　　别	Category	总资产贡献率(%) Ratio of Total Assets to Industrial Output Value (%)	资　产负债率(%) Assets-Liability Ratio (%)
总　计	**Total**	**10.4**	**75.8**
按轻重工业分	**Grouped by Light and Heavy Industry**		
轻工业	Light Industry	12.0	31.3
重工业	Heavy Industry	10.3	78.7
按行业分	**Grouped by Sector**		
采矿业	Mining and Quarrying	12.6	79.9
煤炭开采和洗选业	Mining and Washing of Coal	25.0	54.8
石油和天然气开采业	Extraction of Petroleum and Natural Gas		
黑色金属矿采选业	Mining and Processing of Ferrous Metals Ores		
有色金属矿采选业	Mining and Processing of Non-ferrous Metal Ores		
非金属矿采选业	Mining and Processing of Nonmetal Ores	75.1	39.5
开采辅助活动	Mining Auxiliary Activities	2.9	98.6
其他采矿业	Mining of Other Ores		
制造业	Manufacturing	9.1	73.3
农副食品加工业	Processing of Food from Agricultural Products		
食品制造业	Manufacture of Foods	7.0	15.3
酒、饮料和精制茶制造业	Manufacture of Wine, soft drinks and refined tea		
烟草制品业	Manufacture of Tobacco	85.9	11.8
纺织业	Manufacture of Textile		
纺织服装、服饰业	Manufacture of Textile and Apparel	5.6	67.7
皮革、毛皮、羽毛及其制品和制鞋业	Manufacture of Leather, Furs, Feather and Related Products and Footwear		
木材加工及木、竹、藤、棕、草制品业	Processing of Timber, Manufacture of Wood, Bamboo, Rattan, Palm and Straw Products		
家具制造业	Manufacture of Furniture		
造纸及纸制品业	Manufacture of Paper and Paper Products	18.6	58.6
印刷和记录媒介复制业	Manufacture of Printing and Record Medium Reproduction		
文教、工美、体育和娱乐用品制造业	Manufacture of Articles for Culture, Education and Sports Activities		
石油加工、炼焦及核燃料加工业	Processing of Petoleum, Coking, Processing of Nuclear Fuel		
化学原料及化学制品制造业	Manufacture of Raw Chemical Materials and Chemical Products	13.1	74.0
医药制造业	Manufacture of Medicines		
化学纤维制造业	Manufacture of Chemical Fibers		
橡胶和塑料制品业	Manufacture of Rubber and Plastics	6.6	54.4
非金属矿物制品业	Manufacture of Non-metallic Mineral Products	11.7	71.7
黑色金属冶炼及压延加工业	Smelting and Pressing of Ferrous Metals	1.2	120.1
有色金属冶炼及压延加工业	Smelting and Pressing of Non-ferrous Metals	8.7	63.1
金属制品业	Manufacture of Metal Products	7.7	80.6
通用设备制造业	Manufacture of General Purpose Machinery	1.9	81.0
专用设备制造业	Manufacture of Special Purpose Machinery	12.5	69.8
汽车制造业	Manufacture of Automotive	2.9	134.1
铁路、船舶、航空航天和其他运输设备制造业	Manufacture of Railroad, Marine, Aerospace and Other Transportation Equipment	36.8	80.4
电气机械及器材制造业	Manufacture of Electrical Machinery and Equipment	1.0	62.0
计算机、通信和其他电子设备制造业	Manufacture of Computers, Communication and Other Electronic Equipment		
仪器仪表制造业	Manufacture of Measuring Instruments		
其他制造业	Other Manufacturing		
废弃资源综合利用业	Comprehensive Utilization of Waste Resources Industry		
金属制品、机械和设备修理业	Metal Products, Machinery and Equipment Repair Industry	2.4	69.6
电力、热力、燃气及水的生产和供应业	Production and Supply of Electric Power, heat, Gas and Water	13.8	89.1
电力、热力的生产和供应业	Production and Supply of Electric Power and Heat Power	13.8	89.1
燃气生产和供应业	Production and Supply of Gas		
水的生产和供应业	Production and Supply of Water		

13-18 续表 CONTINUED

类 别	Category	成本费用利润率(%) Ratio of Profits to Industrial Cost (%)	产品销售率(%) Proportion of Products (%)
总 计	**Total**	**3.5**	**97.9**
按轻重工业分	**Grouped by Light and Heavy Industry**		
轻工业	Light Industry	6.1	96.2
重工业	Heavy Industry	3.3	98.1
按行业分	**Grouped by Sector**		
采矿业	Mining and Quarrying	5.7	96.1
煤炭开采和洗选业	Mining and Washing of Coal	7.5	94.6
石油和天然气开采业	Extraction of Petroleum and Natural Gas		
黑色金属矿采选业	Mining and Processing of Ferrous Metals Ores		
有色金属矿采选业	Mining and Processing of Non-ferrous Metal Ores		
非金属矿采选业	Mining and Processing of Nonmetal Ores	28.3	99.5
开采辅助活动	Mining Auxiliary Activities	1.1	100.0
其他采矿业	Mining of Other Ores		
制造业	Manufacturing	2.4	98.9
农副食品加工业	Processing of Food from Agricultural Products		
食品制造业	Manufacture of Foods	9.1	99.6
酒、饮料和精制茶制造业	Manufacture of Wine, soft drinks and refined tea		
烟草制品业	Manufacture of Tobacco	4.4	95.5
纺织业	Manufacture of Textile		
纺织服装、服饰业	Manufacture of Textile and Apparel	4.2	98.4
皮革、毛皮、羽毛及其制品和制鞋业	Manufacture of Leather, Furs, Feather and Related Products and Footwear		
木材加工及木、竹、藤、棕、草制品业	Processing of Timber, Manufacture of Wood, Bamboo, Rattan, Palm and Straw Products		
家具制造业	Manufacture of Furniture		
造纸及纸制品业	Manufacture of Paper and Paper Products	4.4	92.5
印刷和记录媒介复制业	Manufacture of Printing and Record Medium Reproduction		
文教、工美、体育和娱乐用品制造业	Manufacture of Articles for Culture, Education and Sports Activities		
石油加工、炼焦及核燃料加工业	Processing of Petoleum, Coking, Processing of Nuclear Fuel		
化学原料及化学制品制造业	Manufacture of Raw Chemical Materials and Chemical Products	3.0	100.3
医药制造业	Manufacture of Medicines		
化学纤维制造业	Manufacture of Chemical Fibers		
橡胶和塑料制品业	Manufacture of Rubber and Plastics	6.6	102.1
非金属矿物制品业	Manufacture of Non-metallic Mineral Products	6.4	99.9
黑色金属冶炼及压延加工业	Smelting and Pressing of Ferrous Metals	-2.0	108.3
有色金属冶炼及压延加工业	Smelting and Pressing of Non-ferrous Metals	-3.8	85.4
金属制品业	Manufacture of Metal Products	4.4	100.0
通用设备制造业	Manufacture of General Purpose Machinery	-1.8	95.3
专用设备制造业	Manufacture of Special Purpose Machinery	2.3	98.3
汽车制造业	Manufacture of Automotive	0.4	96.1
铁路、船舶、航空航天和其他运输设备制造业	Manufacture of Railroad, Marine, Aerospace and Other Transportation Equipment	1.3	99.8
电气机械及器材制造业	Manufacture of Electrical Machinery and Equipment	-0.9	99.2
计算机、通信和其他电子设备制造业	Manufacture of Computers, Communication and Other Electronic Equipment		
仪器仪表制造业	Manufacture of Measuring Instruments		
其他制造业	Other Manufacturing		
废弃资源综合利用业	Comprehensive Utilization of Waste Resources Industry		
金属制品、机械和设备修理业	Metal Products, Machinery and Equipment Repair Industry	0.5	100.0
电力、热力、燃气及水的生产和供应业	Production and Supply of Electric Power, heat, Gas and Water	2.3	100.0
电力、热力的生产和供应业	Production and Supply of Electric Power and Heat Power	2.3	100.0
燃气生产和供应业	Production and Supply of Gas		
水的生产和供应业	Production and Supply of Water		

13-19 按行业分私营工业企业主要经济效益指标(2012年)

MAIN INDICATORS ON ECONOMIC BENEFIT OF PRIVATE INDUSTRIAL ENYERPRISES BY INDUSTRIAL SECTOR (2012)

类　别	Category	总资产贡献率(%) Ratio of Total Assets to Industrial Output Value (%)	资产负债率(%) Assets-Liability Ratio (%)
总计	**Total**	**20.4**	**54.8**
采矿业	Mining and Quarrying	26.4	60.7
煤炭开采和洗选业	Mining and Washing of Coal	23.2	61.9
石油和天然气开采业	Extraction of Petroleum and Natural Gas	0.7	17.4
黑色金属矿采选业	Mining and Processing of Ferrous Metals Ores	87.3	46.2
有色金属矿采选业	Mining and Processing of Non-ferrous Metal Ores	10.2	79.8
非金属矿采选业	Mining and Processing of Nonmetal Ores	58.6	45.5
开采辅助活动	Mining Auxiliary Activities	15.3	66.1
其他采矿业	Mining of Other Ores		
制造业	Manufacturing	20.4	52.9
农副食品加工业	Processing of Food from Agricultural Products	27.4	45.2
食品制造业	Manufacture of Foods	18.4	45.6
酒、饮料和精制茶制造业	Manufacture of Wine, soft drinks and refined tea	20.5	58.5
烟草制品业	Manufacture of Tobacco		
纺织业	Manufacture of Textile	15.0	41.2
纺织服装、服饰业	Manufacture of Textile and Apparel	14.7	61.2
皮革、毛皮、羽毛及其制品和制鞋业	Manufacture of Leather, Furs, Feather and Related Products and Footwear	19.4	40.1
木材加工及木、竹、藤、棕、草制品业	Processing of Timber, Manufacture of Wood, Bamboo, Rattan, Palm and Straw Products	24.2	46.0
家具制造业	Manufacture of Furniture	11.2	66.5
造纸及纸制品业	Manufacture of Paper and Paper Products	18.2	55.3
印刷和记录媒介复制业	Manufacture of Printing and Record Medium Reproduction	6.8	56.6
文教、工美、体育和娱乐用品制造业	Manufacture of Articles for Culture, Education and Sports Activities	35.9	16.8
石油加工、炼焦及核燃料加工业	Processing of Petoleum, Coking, Processing of Nuclear Fuel	5.7	81.6
化学原料及化学制品制造业	Manufacture of Raw Chemical Materials and Chemical Products	25.9	56.4
医药制造业	Manufacture of Medicines	10.0	49.1
化学纤维制造业	Manufacture of Chemical Fibers	3.1	26.2
橡胶和塑料制品业	Manufacture of Rubber and Plastics	22.8	45.7
非金属矿物制品业	Manufacture of Non-metallic Mineral Products	22.2	55.2
黑色金属冶炼及压延加工业	Smelting and Pressing of Ferrous Metals	9.8	56.8
有色金属冶炼及压延加工业	Smelting and Pressing of Non-ferrous Metals	9.5	53.2
金属制品业	Manufacture of Metal Products	12.8	57.1
通用设备制造业	Manufacture of General Purpose Machinery	20.3	52.5
专用设备制造业	Manufacture of Special Purpose Machinery	18.4	53.2
汽车制造业	Manufacture of Automotive	13.7	51.3
铁路、船舶、航空航天和其他运输设备制造业	Manufacture of Railroad, Marine, Aerospace and Other Transportation Equipment	7.5	67.4
电气机械及器材制造业	Manufacture of Electrical Machinery and Equipment	17.0	47.1
计算机、通信和其他电子设备制造业	Manufacture of Computers, Communication and Other Electronic Equipment	18.3	54.7
仪器仪表制造业	Manufacture of Measuring Instruments	8.4	57.4
其他制造业	Other Manufacturing	0.3	63.2
废弃资源综合利用业	Comprehensive Utilization of Waste Resources Industry	21.8	61.9
金属制品、机械和设备修理业	Metal Products, Machinery and Equipment Repair Industry	4.4	51.7
电力、热力、燃气及水的生产和供应业	Production and Supply of Electric Power, heat, Gas and Water	4.0	77.6
电力、热力的生产和供应业	Production and Supply of Electric Power and Heat Power	3.3	77.9
燃气生产和供应业	Production and Supply of Gas	19.3	62.2
水的生产和供应业	Production and Supply of Water	7.9	85.0

13-19 续表 CONTINUED

类 别	Category	成本费用利润率 (%) Ratio of Profits to Industrial Cost (%)	产品销售率 (%) Proportion of Products (%)
总 计	**Total**	**7.0**	**96.6**
采矿业	Mining and Quarrying	8.5	94.1
煤炭开采和洗选业	Mining and Washing of Coal	7.3	92.6
石油和天然气开采业	Extraction of Petroleum and Natural Gas	-7.3	83.3
黑色金属矿采选业	Mining and Processing of Ferrous Metals Ores	12.4	99.1
有色金属矿采选业	Mining and Processing of Non-ferrous Metal Ores	2.2	100.0
非金属矿采选业	Mining and Processing of Nonmetal Ores	13.5	99.5
开采辅助活动	Mining Auxiliary Activities	10.5	99.9
其他采矿业	Mining of Other Ores		
制造业	Manufacturing	6.9	96.9
农副食品加工业	Processing of Food from Agricultural Products	7.4	97.1
食品制造业	Manufacture of Foods	9.1	98.0
酒、饮料和精制茶制造业	Manufacture of Wine, soft drinks and refined tea	5.4	96.4
烟草制品业	Manufacture of Tobacco		
纺织业	Manufacture of Textile	5.0	97.3
纺织服装、服饰业	Manufacture of Textile and Apparel	4.0	96.0
皮革、毛皮、羽毛及其制品和制鞋业	Manufacture of Leather, Furs, Feather and Related Products and Footwear	2.6	100.0
木材加工及木、竹、藤、棕、草制品业	Processing of Timber, Manufacture of Wood, Bamboo, Rattan, Palm and Straw Products	5.0	94.2
家具制造业	Manufacture of Furniture	4.7	98.5
造纸及纸制品业	Manufacture of Paper and Paper Products	5.8	97.7
印刷和记录媒介复制业	Manufacture of Printing and Record Medium Reproduction	2.4	100.1
文教、工美、体育和娱乐用品制造业	Manufacture of Articles for Culture, Education and Sports Activities	5.0	90.3
石油加工、炼焦及核燃料加工业	Processing of Petoleum, Coking, Processing of Nuclear Fuel	-1.8	90.4
化学原料及化学制品制造业	Manufacture of Raw Chemical Materials and Chemical Products	12.7	96.9
医药制造业	Manufacture of Medicines	5.7	98.9
化学纤维制造业	Manufacture of Chemical Fibers	3.3	93.6
橡胶和塑料制品业	Manufacture of Rubber and Plastics	6.5	99.0
非金属矿物制品业	Manufacture of Non-metallic Mineral Products	7.6	97.0
黑色金属冶炼及压延加工业	Smelting and Pressing of Ferrous Metals	5.0	96.5
有色金属冶炼及压延加工业	Smelting and Pressing of Non-ferrous Metals	9.7	100.2
金属制品业	Manufacture of Metal Products	3.8	100.5
通用设备制造业	Manufacture of General Purpose Machinery	8.5	96.8
专用设备制造业	Manufacture of Special Purpose Machinery	7.7	99.3
汽车制造业	Manufacture of Automotive	10.7	90.2
铁路、船舶、航空航天和其他运输设备制造业	Manufacture of Railroad, Marine, Aerospace and Other Transportation Equipment	9.0	102.8
电气机械及器材制造业	Manufacture of Electrical Machinery and Equipment	7.9	99.4
计算机、通信和其他电子设备制造业	Manufacture of Computers, Communication and Other Electronic Equipment	16.2	95.2
仪器仪表制造业	Manufacture of Measuring Instruments	4.5	100.3
其他制造业	Other Manufacturing	-1.3	100.0
废弃资源综合利用业	Comprehensive Utilization of Waste Resources Industry	6.8	100.0
金属制品、机械和设备修理业	Metal Products, Machinery and Equipment Repair Industry	2.2	95.2
电力、热力、燃气及水的生产和供应业	Production and Supply of Electric Power, heat, Gas and Water	3.7	98.2
电力、热力的生产和供应业	Production and Supply of Electric Power and Heat Power	2.9	97.9
燃气生产和供应业	Production and Supply of Gas	11.9	100.0
水的生产和供应业	Production and Supply of Water	6.3	100.0

13-20 按行业分“三资”工业企业主要经济效益指标(2012年)

MAIN INDICATORS ON ECONOMIC BENEFIT OF INDUSTRIAL ENTERPRISES WITH HONGKONG,MACAO,TAIWAN AND FOREIGN FUNDS BY INDUSTRIAL SECTOR (2012)

类别	Category	总资产贡献率(%) Ratio of Total Assets to Industrial Output Value (%)	资产负债率(%) Assets-Liability Ratio (%)
总计	**Total**	**9.3**	**61.0**
采矿业	Mining and Quarrying	12.7	8.4
煤炭开采和洗选业	Mining and Washing of Coal	6.4	45.8
石油和天然气开采业	Extraction of Petroleum and Natural Gas	0.9	88.7
黑色金属矿采选业	Mining and Processing of Ferrous Metals Ores		
有色金属矿采选业	Mining and Processing of Non-ferrous Metal Ores	0.3	4.3
非金属矿采选业	Mining and Processing of Nonmetal Ores	17.6	54.0
开采辅助活动	Mining Auxiliary Activities	14.4	5.4
其他采矿业	Mining of Other Ores		
制造业	Manufacturing	10.2	61.1
农副食品加工业	Processing of Food from Agricultural Products	9.9	81.0
食品制造业	Manufacture of Foods	17.0	54.4
酒、饮料和精制茶制造业	Manufacture of Wine, soft drinks and refined tea	15.5	57.7
烟草制品业	Manufacture of Tobacco		
纺织业	Manufacture of Textile	7.6	70.6
纺织服装、服饰业	Manufacture of Textile and Apparel	4.5	3.3
皮革、毛皮、羽毛及其制品和制鞋业	Manufacture of Leather, Furs, Feather and Related Products and Footwear	122.5	0.1
木材加工及木、竹、藤、棕、草制品业	Processing of Timber, Manufacture of Wood, Bamboo, Rattan, Palm and Straw Products	16.0	31.7
家具制造业	Manufacture of Furniture	4.2	78.6
造纸及纸制品业	Manufacture of Paper and Paper Products	1.2	43.5
印刷和记录媒介复制业	Manufacture of Printing and Record Medium Reproduction	4.8	29.7
文教、工美、体育和娱乐用品制造业	Manufacture of Articles for Culture, Education and Sports Activities	40.8	60.8
石油加工、炼焦及核燃料加工业	Processing of Petoleum, Coking, Processing of Nuclear Fuel	10.7	55.3
化学原料及化学制品制造业	Manufacture of Raw Chemical Materials and Chemical Products	16.3	35.7
医药制造业	Manufacture of Medicines	11.5	53.1
化学纤维制造业	Manufacture of Chemical Fibers		
橡胶和塑料制品业	Manufacture of Rubber and Plastics	-1.2	77.9
非金属矿物制品业	Manufacture of Non-metallic Mineral Products	0.4	54.7
黑色金属冶炼及压延加工业	Smelting and Pressing of Ferrous Metals	0.6	92.0
有色金属冶炼及压延加工业	Smelting and Pressing of Non-ferrous Metals	-3.4	84.9
金属制品业	Manufacture of Metal Products	7.5	39.9
通用设备制造业	Manufacture of General Purpose Machinery	6.7	35.1
专用设备制造业	Manufacture of Special Purpose Machinery	10.1	53.9
汽车制造业	Manufacture of Automotive	3.9	69.3
铁路、船舶、航空航天和其他运输设备制造业	Manufacture of Railroad, Marine, Aerospace and Other Transportation Equipment	-11.5	26.2
电气机械及器材制造业	Manufacture of Electrical Machinery and Equipment	5.8	58.9
计算机、通信和其他电子设备制造业	Manufacture of Computers, Communication and Other Electronic Equipment	3.8	37.2
仪器仪表制造业	Manufacture of Measuring Instruments		
其他制造业	Other Manufacturing		
废弃资源综合利用业	Comprehensive Utilization of Waste Resources Industry		
金属制品、机械和设备修理业	Metal Products, Machinery and Equipment Repair Industry		
电力、热力、燃气及水的生产和供应业	Production and Supply of Electric Power, heat, Gas and Water	4.5	79.5
电力、热力的生产和供应业	Production and Supply of Electric Power and Heat Power	4.1	82.2
燃气生产和供应业	Production and Supply of Gas	10.6	55.1
水的生产和供应业	Production and Supply of Water	2.5	79.7

13-20 续表 CONTINUED

类 别	Category	成本费用利润率(%) Ratio of Profits to Industrial Cost(%)	产品销售率(%) Proportion of Products (%)
总 计	**Total**	**5.3**	**98.9**
采矿业	Mining and Quarrying	8.6	98.8
煤炭开采和洗选业	Mining and Washing of Coal	-6.7	89.1
石油和天然气开采业	Extraction of Petroleum and Natural Gas	-15.9	111.8
黑色金属矿采选业	Mining and Processing of Ferrous Metals Ores		
有色金属矿采选业	Mining and Processing of Non-ferrous Metal Ores	1.7	54.0
非金属矿采选业	Mining and Processing of Nonmetal Ores	6.7	79.9
开采辅助活动	Mining Auxiliary Activities	8.9	100.0
其他采矿业	Mining of Other Ores		
制造业	Manufacturing	5.5	98.8
农副食品加工业	Processing of Food from Agricultural Products	3.8	101.1
食品制造业	Manufacture of Foods	9.2	100.1
酒、饮料和精制茶制造业	Manufacture of Wine, soft drinks and refined tea	5.6	101.0
烟草制品业	Manufacture of Tobacco		
纺织业	Manufacture of Textile	5.5	98.7
纺织服装、服饰业	Manufacture of Textile and Apparel	5.4	96.8
皮革、毛皮、羽毛及其制品和制鞋业	Manufacture of Leather, Furs, Feather and Related Products and Footwear	14.1	98.9
木材加工及木、竹、藤、棕、草制品业	Processing of Timber, Manufacture of Wood, Bamboo, Rattan, Palm and Straw Products	5.6	93.0
家具制造业	Manufacture of Furniture	3.7	88.3
造纸及纸制品业	Manufacture of Paper and Paper Products		99.4
印刷和记录媒介复制业	Manufacture of Printing and Record Medium Reproduction	1.8	93.6
文教、工美、体育和娱乐用品制造业	Manufacture of Articles for Culture, Education and Sports Activities	7.2	99.3
石油加工、炼焦及核燃料加工业	Processing of Petoleum, Coking, Processing of Nuclear Fuel	12.2	97.6
化学原料及化学制品制造业	Manufacture of Raw Chemical Materials and Chemical Products	6.9	101.6
医药制造业	Manufacture of Medicines	5.5	97.8
化学纤维制造业	Manufacture of Chemical Fibers		
橡胶和塑料制品业	Manufacture of Rubber and Plastics	-4.4	105.9
非金属矿物制品业	Manufacture of Non-metallic Mineral Products	-4.5	103.1
黑色金属冶炼及压延加工业	Smelting and Pressing of Ferrous Metals	-3.6	79.7
有色金属冶炼及压延加工业	Smelting and Pressing of Non-ferrous Metals	-14.1	46.1
金属制品业	Manufacture of Metal Products	0.5	121.2
通用设备制造业	Manufacture of General Purpose Machinery	2.9	100.5
专用设备制造业	Manufacture of Special Purpose Machinery	13.0	102.7
汽车制造业	Manufacture of Automotive	6.7	94.4
铁路、船舶、航空航天和其他运输设备制造业	Manufacture of Railroad, Marine, Aerospace and Other Transportation Equipment	-91.8	
电气机械及器材制造业	Manufacture of Electrical Machinery and Equipment	12.1	92.3
计算机、通信和其他电子设备制造业	Manufacture of Computers, Communication and Other Electronic Equipment	6.7	98.5
仪器仪表制造业	Manufacture of Measuring Instruments		
其他制造业	Other Manufacturing		
废弃资源综合利用业	Comprehensive Utilization of Waste Resources Industry		
金属制品、机械和设备修理业	Metal Products, Machinery and Equipment Repair Industry		
电力、热力、燃气及水的生产和供应业	Production and Supply of Electric Power, heat, Gas and Water	0.01	100.0
电力、热力的生产和供应业	Production and Supply of Electric Power and Heat Power	-2.5	100.0
燃气生产和供应业	Production and Supply of Gas	9.7	100.0
水的生产和供应业	Production and Supply of Water	4.4	100.0

13-21 主要工业产品产量

OUTPUT OF MAJOR INDUSTRIAL PRODUCTS

指　　标	Item	2008	2009	2010	2011	2012
原煤(万吨)	Coal(10000 tons)	8185.4	8748.7	9265.5	8780.1	8683.4
原油(万吨)	Crude Oil(10000 tons)	4020.5	4000.7	4004.9	4006.0	4001.5
天然气(亿立方米)	Natural Gas(100 million cu.m)	27.2	30.0	30.0	31.0	33.7
铁矿石原矿量(万吨)	Original Ironstone Reserves(10000 tons)	37.1	82.6	227.1	226.9	472.5
精制食用植物油(万吨)	Purifier Edible Vegetable Oil(10000 tons)	74.4	146.5	210.0	288.8	304.8
成品糖(万吨)	Finished Product Sugar(10000 tons)	28.3	26.1	18.7	21.2	26.5
乳制品(万吨)	Dairy Products(10000 tons)	168.5	176.8	183.9	178.3	185.7
白酒(万千升)	Liquor(10000 kiloliter)	9.2	10.3	16.5	20.9	38
啤酒(万千升)	Beer(10000 kiloliter)	173.1	175.4	186.8	222.4	209.1
卷烟(亿支)	Cigarettes(100 million pieces)	426.0	426.0	431.0	436.1	437.0
亚麻布(万米)	Linen(10000 m)	3587.7	4091.5	4926.9	4625.2	5784.4
人造板(万立方米)	Man-made Board(10000 cu.m)	121.0	195.9	289.3	253.1	306.5
机制纸及纸板(万吨)	Machine-made Paper and Paperboards(10000 tons)	52.7	54.9	89.4	65.0	61.6
原油加工量(万吨)	Crude Oil Processed(10000 tons)	1467.3	1552.9	1671.1	1707.6	1676.7
汽油(万吨)	Gasolene(10000 tons)	385.9	430.5	462.9	481.7	463.5
柴油(万吨)	Diesel oil(10000 tons)	544.3	589.2	615.5	609.1	573
焦炭(万吨)	Coke(10000 tons)	781.2	967.8	1094.1	1000.2	957.2
硫酸(折100%，万吨)	Sulfuric Acid(convert into 100%, 10000 tons)	10.7	7.2	10.8	7.3	9.3
盐酸(万吨)	Muriatic Acid(10000 tons)	2.3	5.1	4.9	10.7	9.4
烧碱(万吨)	Caustic Soda(10000 tons)	10.5	6.8	4.4	11.3	12.8
电石(万吨)	Calcium Carbide(10000 tons)	11.9	8.3	3.7		
合成氨(万吨)	Synthetic Ammonia(10000 tons)	80.5	86.1	74.5	78.6	85.2
农用化肥(折100%，万吨)	Chemical Fertilizer for Agricultural Use (convert into 100%, 10000 tons)	55.8	62.4	64.9	67.6	71.6
化学农药(折100%，吨)	Chemical Presticide(convert into100%, ton)	4706	6226	5893	3483	3129
乙烯(万吨)	Ethylene(10000 tons)	58.2	58.3	54.4	61.6	67.2
化学原料药(吨)	Chemical Raw Medicine(ton)	7670.3	5408.6	6294.1	5221.9	4896.3
化学纤维(万吨)	Chemical Fiber(10000 tons)	12.1	13.3	8.2	13.3	10.7
轮胎外胎(万条)	Tires(10000 units)	378.3	345.1	447.1	441.0	424.1
塑料制品(万吨)	Plastic Products(10000 tons)	13.9	18.6	46.1	54.8	63.8
水泥(万吨)	Cement(10000 tons)	1968.2	2598.0	3507.2	4213.9	3872.9
平板玻璃(万重量箱)	Plate Glass(10000 weight cases)	596.3	709.7	691.5	557.9	399.9
石墨及碳素制品(吨)	Graphite and Related Products(ton)	11940	22051	35421	16459	92865
生铁(万吨)	Pig Iron(10000 tons)	364.6	494.6	555.7	588.9	674.7
粗钢(万吨)	Crude Steel(10000 tons)	475.1	565.9	652.7	667.5	697.6
成品钢材(万吨)	End Product Steel Products(10000 tons)	426.3	505.0	566.0	596.6	610.2
铝材(万吨)	Aluminous Material(10000 tons)	7.5	5.7	7.2	10.7	6.1
电站锅炉(蒸发量吨)	Power Plant Boiler(vaporing ton)	100694	109503	128955	114022	201471
电站汽轮机(500千瓦以上)(万千瓦)	Power Plant Turbine(≥500 kw, 10000 kw)	3011.0	2083.2	2082.8	2025.7	1404.5
金属切削机床(台)	Metal-cutting Machine Tools(unit)	7584.0	4371.0	5267.0	8109.0	4578.0
发电设备(万千瓦)	Power Generating Equipment(10000 kw)	3516.1	2615.8	2158.3	2186.7	2329.8
矿山设备(吨)	Mining Equipment(ton)	24621	32454	47328	68875	125486
冶炼设备(吨)	Smelting Equipment(ton)	6357	1072	13292	31231	200
金属轧制设备(吨)	Metal-rolling Equipment(ton)	132879	98924	74365	111566	99343
大中型拖拉机(台)	Large and Medium Tractors(unit)	26	32	67	3688	1437
小型拖拉机(台)	Small-sized Tractors(unit)	16558	10865	12054	6373	3464
铁路货车(辆)	Railway Passenger Engines(unit)	11786	9169	11140	15892	14009
汽车(辆)	Motor Vehicles(unit)	212230	283666	247716	181703	97989
改装汽车(辆)	Special Automobile(unit)	1572	2047	2331	2073	1487
发电量(亿千瓦时)	Electricity(100 million kwh)	719.2	718.9	774.5	823.8	843.1
微型电子计算机(万台)	Mini-computers(10000 units)	2.9	2.9	3.0	3.5	3.6

13-22 各地区主要工业产品产量 (2012年)

OUTPUT OF MAJOR INDUSTRIAL PRODUCTS BY REGION (2012)

地 区	Region	原 煤 (万吨) Coal (10000 tons)	原 油 (万吨) Crude Oil (10000 tons)	大 米 (万吨) Rice (10000 tons)	精制食用植物油 (万吨) Purifier Edible Vegetable Oil (10000 tons)	成品糖 (吨) Finished Product Sugar (ton)	乳制品 (吨) Dairy Products (ton)
全 省	**Total**	**8683.4**	**4001.5**	**1503.8**	**304.8**	**264613**	**1857381**
哈尔滨	Harbin	260.1		312.7	26.5		356287
齐齐哈尔	Qiqihar		1.5	41.5	13.9	128038	362346
鸡 西	Jixi	2335.3		65.8			3029
鹤 岗	Hegang	1722.7		129.9	10.8		
双鸭山	Shuangyashan	1750.2		190.6	91.7	35919	
大 庆	Daqing		4000.0	19.9	12.0		275971
伊 春	Yichun			19.1			2594
佳木斯	Jiamusi			277.0	15.9	20923	2915
七台河	Qitaihe	1407.6		19.3	2.1		
牡丹江	Mudanjiang	278.3		37.0	5.1	14049	
黑 河	Heihe	419.9			4.1		31969
绥 化	Suihua			70.2	5.6	49514	526599
大兴安岭	Daxinganling	457.8					
农垦总局	ARB	51.6		314.6	116.8	16170	295671
绥芬河	Suifenhe						
抚 远	Fuyuan			6.3	0.2		

13-22 续表1 CONTINUED

地 区	Region	卷 烟 (万支) Cigarettes (10000 pieces)	白 酒 (千升) Liquor (1000 litre)	啤 酒 (千升) Beer (1000 litre)	亚麻布 (万米) Linen (10000 m)	机制纸及纸板 (吨) Machine-made Paper and Paperboards (ton)	汽 油 (万吨) Gasolene (10000 tons)
全 省	**Total**	**4370000**	**380219**	**2091346**	**5784.4**	**615934**	**464**
哈尔滨	Harbin	4370000	138542	1169306	1402.5	40200	123
齐齐哈尔	Qiqihar		37376	159584	1196.4	48250	
鸡 西	Jixi			42098		21000	
鹤 岗	Hegang		1256	145208		5494	
双鸭山	Shuangyashan		22550				
大 庆	Daqing		70052	102522		155952	334
伊 春	Yichun		3093	43544		22582	
佳木斯	Jiamusi		16235	164238	235.0	79813	
七台河	Qitaihe						
牡丹江	Mudanjiang		38079	226726		219961	7
黑 河	Heihe		606				
绥 化	Suihua		2047	38121	2850.0		
大兴安岭	Daxinganling						
农垦总局	ARB		50383		100.5	22682	
绥芬河	Suifenhe						
抚 远	Fuyuan						

13-22 续表2 CONTINUED

地 区	Region	柴 油（万吨）Diesel Oil (10000 tons)	农用化肥（吨）Chemical Fertilizer for Agricultural Use (10000 tons)	化学农药（吨）Chemical Presticide (ton)	化学原料药（吨）Chemical Raw Medicine (ton)	水 泥（万吨）Cement (10000 tons)	平板玻璃（万重量箱）Plate Glass (10000 weight cases)
全 省	**Total**	**573.0**	**716187**	**3129**	**4896**	**3872.9**	**399.9**
哈尔滨	Harbin	130.7			3933	1008.5	
齐齐哈尔	Qiqihar		131997			613.8	
鸡 西	Jixi					171.4	
鹤 岗	Hegang			1020		90.1	
双鸭山	Shuangyashan					101.5	
大 庆	Daqing	434.1	316890			426.3	
伊 春	Yichun				489	145.2	
佳木斯	Jiamusi			2109		292.0	399.9
七台河	Qitaihe		48827			93.4	
牡丹江	Mudanjiang	8.1	56525		210	264.9	
黑 河	Heihe					213.1	
绥 化	Suihua		13185		234	354.5	
大兴安岭	Daxinganling						
农垦总局	ARB		148763		32	98.2	
绥芬河市	Suifenhe City						
抚远县	Fuyuan County						

13-22 续表3 CONTINUED

地 区	Region	汽 车（辆）Motor Vehicles (unit)	粗 钢（万吨）Crude Steel (10000 tons)	金属切削机床（台）Metal-cutting Machine Tools (unit)	金属轧制设备（吨）Metal-rolling Equipment (ton)	小型拖拉机（台）Small-sized Tractors (unit)	发电量（亿千瓦小时）Electricity (100 million kwh)
全 省	**Total**	**97989**	**698**	**4578**	**99343**	**3464**	**843.1**
哈尔滨	Harbin	97989	111	165	6025	829	160.7
齐齐哈尔	Qiqihar		108	3458	93318		119.8
鸡 西	Jixi		72				49.3
鹤 岗	Hegang						68.4
双鸭山	Shuangyashan		191				88.4
大 庆	Daqing						96.9
伊 春	Yichun		215				9.9
佳木斯	Jiamusi					2635	47.1
七台河	Qitaihe						91.5
牡丹江	Mudanjiang			955			75.9
黑 河	Heihe						15.5
绥 化	Suihua						7.7
大兴安岭	Daxinganling						6.6
农垦总局	ARB						4.2
绥芬河市	Suifenhe City						
抚远县	Fuyuan County						1.2

13-23 哈大齐工业走廊基本情况

BASIC SITUATION OF HADAQI INDUSTRIAL CORRIDOR

地 区 Region	项目区规划总面积（平方公里）Planning Total Area of Project Campus (sq. km)	实际启动面 积（平方公里）Actual Start Area (sq. km)	计 划项目数（个）Number of Projects (item)	已开工项目数（个）Started Number of Projects (item)	计划入区企业数（个）Number of Enterprises Programing Into the Campus (item)	已入区企业数（个）Number of Enterprises Entered the Campus (item)	投 产企业数（个）Number of Production Enterprises (item)
2006	921	62	822	352	789	385	156
2007	921	62	1000	480	1129	570	307
2008	921	62	1391	721	1245	821	489
2009	921	62	1519	805	1501	1047	684
2010	972	161	1492	896	1509	1239	791
2011	897	206	1678	1087	2105	1803	895
2012	1287	246	1933	1413	2838	2169	1023
哈尔滨 Harbin	302	96	593	460	1420	1226	455
齐齐哈尔 Qiqihar	139	40	383	304	387	283	189
大 庆 Daqing	660	60	696	446	595	451	313
肇东和安达 Zhaodong and Anda	186	50	261	203	436	209	66

注：哈大齐工业走廊项目区从2005年8月开始建设。
Note: Harbin ,Daqin and Qiqihar Industrial Corridor project area began to be constructed in August 2005.

13-24 哈大齐工业走廊主要经济指标

MAIN ECONOMIC INDICATORS OF HADAQI INDUSTRIAL CORRIDOR

单位：亿元 (100 million yuan)

地 区 Region	计 划投资额 Planned Investment	完 成投资额 Completed Investment	园区基础设施投资 Campus Infrastructural Investment	企 业项目投资 Enterprise project Investment	工 业总产值 Gross Industrial Output Value	主营业务收入 Main Camp Service Income	利 润总 额 Total Profits	税 金总 额 Total Taxes	项目区生产总值 GDP of Project Area
2006		201.0	34.4	166.6	117.0	119.8	14.7	4.6	47.4
2007		168.3	23.4	144.8	215.4	227.3	14.2	10.0	109.8
2008	369.3	117.8	35.7	82.1	296.4	311.5	13.7	15.0	124.6
2009	411.1	286.4	60.6	225.8	481.0	550.3	34.4	27.8	156.8
2010	491.6	253.4	55.9	197.5	626.7	629.1	42.8	30.4	201.4
2011	455.2	408.9	71.0	328.9	690.1	672.5	47.9	30.1	241.0
2012	563.8	244.0	53.0	191.0	818.7	817.0	56.2	40.7	283.6
哈尔滨 Harbin	262.5	121.4	29.5	91.9	250.2	250.9	12.7	10.3	87.4
齐齐哈尔 Qiqihar	73.7	26.1	10.3	15.8	178.3	163.1	17.1	15.2	65.6
大 庆 Daqing	62.6	65.4	5.9	59.5	243.8	266.2	12.9	12.3	81.6
肇东和安达 Zhaodong and Anda	165.0	31.1	7.3	23.8	146.4	136.8	13.5	2.9	49.0

13-25 四大主导产业主要经济指标 (2012年)

单位：亿元

类　别	Category	工业总产值 Gross Industrial Output Value	资产合计 Total Assets	负债合计 Total Liabilities
总　计	**Total**	**10516.6**	**10956.0**	**6200.6**
装备工业	Equipment Industry	1440.4	2243.4	1475.1
金属制品业	Manufacture of Metal Products	124.7	79.8	48.8
金属制品、机械和设备修理业	Metal Products, Machinery and Equipment Repair Industry	4.63	4.96	3.25
通用设备制造业	Manufacture of General Purpose Machinery	364.2	606.6	425.9
专用设备制造业	Manufacture of Special Purpose Machinery	372.7	675.4	380.1
汽车制造业	Manufacture of Automotive	106.0	196.3	187.8
铁路、船舶、航空航天和其他运输设备制造业	Manufacture of Railroad, Marine, Aerospace and Other Transportation Equipment	210.3	289.2	204.9
电气机械及器材制造业	Manufacture of Electrical Machinery and Equipment	222.8	328.3	196.0
计算机、通信和其他电子设备制造业	Manufacture of Computers,Communication and Other Electronic Equipment	16.1	28.8	11.2
仪器仪表制造业	Manufacture of Measuring Instrument	19.0	34.1	17.2
石化工业	Petrochemical Industry	2114.3	1180.8	695.5
石油加工、炼焦及核燃料加工业	Processing of Petroleum, Coking, Processing of Nuclear Fuel	1387.6	668.6	395.8
化学原料及化学制品制造业	Manufacture of Chemical Raw Material and Chemical Products	565.3	382.5	225.4
化学纤维制造业	Manufacture of Chemical Fiber	4.36	32.15	19.45
橡胶和塑料制品业	Manufacture of Rubber and Plastics	157.0	97.6	54.9
能源工业	Energy Industry	4040.5	5730.2	2883.5
煤炭开采和洗选业	Mining and Washing of Coal	732.8	833.8	615.1
石油和天然气开采业	Extraction of Petroleum and Natural Gas	1980.9	2622.3	715.1
电力、热力的生产和供应业	Production and Supply of Electric Power and Heat Power	1084.7	2040.5	1478.9
燃气生产和供应业	Production and Distribution of Gas	86.8	38.6	26.4
开采辅助活动	Mining Auxiliary Activities	155.3	195.0	48.2
食品工业	Food Industry	2921.4	1801.6	1146.5
农副食品加工业	Processing of Food from Agricultural Products	2171.4	1259.8	848.7
食品制造业	Manufacture of Foods	458.7	318.0	163.0
酒、饮料和精制茶制造业	Manufacture of Beverage	291.3	223.8	134.8

MAIN ECONOMIC INDICATORS OF FOUR LEADING INDUSTRY (2012)

(100 million yuan)

主营业务收入 Main Camp Service Income	主营业务成本 Main Camp Service Cost	主营业务税金及附加 Main Camp Service Tax and Addition	销售费用 Selling Expenses	管理费用 Overhead Expenses	财务费用 Financial Expenses	利润总额 Total Profits	应交增值税 Value-added Tax Payable	从业人员平均人数(人) Average Employed Persons (person)
10468.0	**7909.8**	**641.2**	**188.5**	**507.1**	**99.5**	**1193.0**	**530.4**	**1110683**
1394.7	1170.6	7.6	42.0	110.4	15.1	54.0	42.7	209753
124.3	113.3	0.5	1.4	5.7	0.7	3.2	2.5	17280
4.74	4.24	0.02	0.04	0.43	0.02	0.09	0.05	1108
350.4	290.2	2.5	11.0	26.8	1.3	14.4	17.0	53267
332.7	270.1	1.6	9.5	27.1	6.3	19.1	7.5	48785
107.7	100.6	0.8	4.1	11.5	2.5	-8.5	2.0	21994
228.0	195.8	0.4	5.8	20.4	2.5	6.0	3.7	29832
211.6	170.4	1.6	8.1	13.9	1.6	16.2	8.8	27587
16.3	11.4	0.2	0.9	2.2	0.2	2.2	0.6	3250
19.0	14.5	0.1	1.1	2.5	0.2	1.2	0.6	6650
2065.2	1773.0	148.6	15.4	74.8	15.7	81.7	44.1	129323
1372.8	1167.2	140.6	6.8	52.1	9.2	47.0	28.7	69617
529.8	459.2	7.3	6.6	17.0	5.6	29.0	11.3	41166
5.24	6.00		0.07	0.48	0.11	-1.41	0.01	857
157.3	140.6	0.6	1.9	5.2	0.8	7.1	4.1	17683
4055.5	2374.6	464.3	28.3	253.2	46.4	904.6	378.5	564303
670.0	563.7	9.6	9.8	68.4	11.0	17.0	55.8	293383
2001.4	525.3	442.5	11.1	131.8	-8.8	869.9	256.5	117100
1140.5	1101.2	4.9	3.4	24.1	43.6	-2.1	58.8	135874
88.7	81.7	0.3	3.9	2.4	0.1	3.0	1.0	5284
154.9	102.7	7.1	0.2	26.6	0.5	16.8	6.4	12662
2952.6	2591.6	20.7	102.7	68.7	22.3	152.8	65.1	207304
2220.8	2016.4	8.9	37.9	39.1	17.2	104.5	38.4	129769
446.6	350.3	2.0	45.8	15.9	2.6	34.0	18.7	45065
285.1	225.0	9.7	19.1	13.8	2.5	14.4	8.0	32470

主要统计指标解释

工业 指从事自然资源的开采，对采掘品和农产品进行加工和再加工的物质生产部门。具体包括：(1)对自然资源的开采，如采矿、晒盐等(但不包括禽兽捕猎和水产捕捞)；(2)对农副产品的加工、再加工，如粮油加工、食品加工、缫丝、纺织、制革等；(3)对采掘品的加工、再加工，如炼铁、炼钢、化工生产、石油加工、机器制造、木材加工等，以及电力、自来水、煤气的生产和供应等；(4)对工业品的修理、翻新，如机器设备的修理、交通运输工具(如汽车)的修理等。

工业统计调查单位为独立核算法人工业企业。

独立核算法人工业企业指从事工业生产经营活动的单位。独立核算法人工业企业应同时具备以下条件：①依法成立，有自己的名称、组织机构和场所，能够承担民事责任；②独立拥有和使用资产，承担负债，有权与其他单位签订合同；③独立核算盈亏，并能够编制资产负债表。

国有及国有控股企业 指国有企业加上国有控股企业。国有企业(即原全民所有制工业或国营工业)指企业全部资产归国家所有，并按《中华人民共和国企业法人登记管理条例》规定登记注册的非公司制的经济组织。包括国有企业、国有独资公司和国有联营企业。1957年以前的公私合营和私营工业，后均改造为国营工业，1992年改为国有工业，这部分工业的资料不单独分列时，均包括在国有企业内。国有控股企业是对混合所有制经济的企业进行的“国有控股”分类。它是指这些企业的全部资产中国有资产(股份)相对其他所有者中的任何一个所有者占资(股)最多的企业。该分组反映了国有经济控股情况。

本篇涉及的其他企业登记注册类型的解释详见综合篇。

轻工业 指主要提供生活消费品和制作手工工具的工业。按其所使用的原料不同，可分为两大类：(1)以农产品为原料的轻工业，是指直接或间接以农产品为基本原料的轻工业。主要包括食品制造、饮料制造、烟草加工、纺织、缝纫、皮革和毛皮制作、造纸以及印刷等工业；(2)以非农产品为原料的轻工业，是指以工业品为原料的轻工业。主要包括文教体育用品、化学药品制造、合成纤维制造、日用化学制品、日用玻璃制品、日用金属制品、手工工具制造、医疗器械制造、文化和办公用机械制造等工业。

重工业 指为国民经济各部门提供物质技术基础的主要生产资料的工业。按其生产性质和产品用途，可以分为下列三类：(1)采掘(伐)工业，是指对自然资源的开采，包括石油开采、煤炭开采、金属矿开采、非金属矿开采等工业；(2)原材料工业，指向国民经济各部门提供基本材料、动力和燃料的工业。包括金属冶炼及加工、炼焦及焦炭、化学、化工原料、水泥、人造板以及电力、石油和煤炭加工等工业；(3)加工工业，是指对工业原材料进行再加工制造的工业。包括装备国民经济各部门的机械设备制造工业、金属结构、水泥制品等工业，以及为农业提供的生产资料如化肥、农药等工业。

根据上述划分原则，修理业中以重工业产品为修理作业对象的划为重工业，反之划为轻工业。

工业总产值

(1)定义：

工业总产值是工业企业在一定时期内生产的以货币形式表现的工业最终产品和提供工业性劳务活动的总价值量。它反映一定时间内工业生产的总规模和总水平。

(2)计算原则：

工业生产的原则，即凡是企业在报告期内生产的最终产品和提供的劳务，均应包括在内。其中的最终产品，不管是否在报告期内销售，只要是报告期内生产的，就应包括在内。凡不是工业生产的产品，均不得计入工业总产值。

最终产品的原则，即企业生产的成品价值必须是本企业生产的，经检验合格不需再进行任何加工的最终产品。企业对外销售的半成品也应视为最终产品计入工业总产值。而在本企业内各车间转移的半成品和在制品只能计算其期末期初差额价值。

工厂法原则，即以法人工业企业作为一个整体计算工业总产值，是其报告期内生产的最终产品和提供劳务的总价值量。

(3)内容及计算方法：

1995年全国工业普查对工业总产值(原规定)的内容及计算原则和方法做了某些修订，修订后的工业总产值(新规定)包括三项内容：即本期生产成品价值、对外加工费收入、在制品半成品期末期初差额价值三部分。

本期生产成品价值：指企业本期生产，并在报告期内不再进行加工，经检验、包装入库的全部工业成品(半成品)价值合计，包括企业生产的自制设备及提供给本企业在建工程、其他非工业部门和福利部门等单位使用的成品价值。本期生产成品价值为按自备原材料生产的产品的数量乘以本期不含增值税(销项税额)的产品实际销售平均单价计算；会计核算中按成本价格转帐的自制设备和自产自用的成品，按成本价格计算生产成品价值。生产成品价值中不包括用定货者来料加工的成品(半成品)价值。

对外加工费收入：指企业在报告期内完成的对外承接的工业品加工(包括用定货者来料加工产品)的加工费收入和对外工业修理作业所取得的加工费收入。对外加工费收入按不含增值税(销项税额)的价格计算，可根据会计“产品销售收入”科目的有关资料取得。

对于本企业对内非工业部门提供的加工修理、设备安装的劳务收入，如果企业会计核算基础较好，能取得这部分资料，而且这部分价值所占比重较大，应包括在对外加工费收入中。

自制半成品在制品期末期初差额价值：指企业报告期在制品期末减期初的差额价值，本指标一般可以从会计核算资料中取得。如果会计产品成本核算中不计算半成品、在制品的成本，则总产值中也不包括这部分价值，反之则包括。

(4)工业总产值统计范围变化和计算方法修订情况：

1984年以前工业总产值不包括村办工业，村办工业总产值划归农业。1984年以后工业总产值包括村办工业。

1995年工业普查对工业总产值计算方法做了修订，即从1995年始按新修订(新规定)方法计算工业总产值。新规定与原规定的区别如下：

全价与加工费的计算原则不同：新规定为凡自备原材料，不论其生产繁简程度如何，一律按全价计算工业总产值；凡来料加工，允许按加工费计算工业总产值。原规定则视生产加工的繁简程度不同，规定哪些行业按全价，哪些行业按加工费计算工业总产值。

自制半成品、在产品期末期初差额价值的计算原则不同：新规定要求，凡会计产品成本核算时计算了成本的差额价值，总产值中就应包括，否则可不包括；原规定则按生产周期六个月的界限区分，凡生产周期六个月以上的企业，总产值计算中应包括这部分差额价值，否则可不包括。

计算价格不同：新规定按不含增值税(销项税额)的价格计算；原规定则按含增值税(销项税额)的价格计算。

资产总计　指企业过去的交易或者事项形成的、由企业拥有或者控制的、预期会给企业带来经济利益的资源。资产一般按流动性分为流动资产和非流动资产。其中流动资产可分为货币资金、交易性金融资产、应收票据、应收账款、预付款项、其他应收款、存货等；非流动资产可分为长期股权投资、固定资产、无形资产及其他非流动资产等。根据会计“资产负债表”中“资产总计”项目的期末余额数填报。

流动资产合计　资产满足以下条件之一应归为流动资产：（1）预计在一个正常营业周期中变现、出售或耗用，主要包括存货、应收账款等；（2）主要为交易目的而持有；（3）预计在资产负债表日起一年内（含一年）变现；（4）自资产负债日起一年内，交换其他资产或清偿负债的能力不受限制的现金或现金等价物。包括货币资金、应收票据、应收账款、存货等项目。根据会计“资产负债表”中“流动资产合计”项目的期末余额数填报。

固定资产原价　指固定资产的成本，包括企业在购置、自行建造、安装、改建、扩建、技术改造某项固定资产时所发生的全部支出总额。根据会计“固定资产”科目的期末借方余额填报。

累计折旧 指企业在报告期末提取的历年固定资产折旧累计数。根据会计“累计折旧”科目的期末贷方余额填报。

负债合计 指企业过去的交易或者事项形成的，预期会导致经济利益流出企业的现时义务。负债一般按偿还期长短分为流动负债和非流动负债。根据会计“资产负债表”中“负债合计”项目的期末余额数填报。

流动负债合计 负债满足下列条件之一的应归为流动负债：（1）预计在一个正常营业周期中清偿；（2）主要为交易目的而持有；（3）自资产负债表日起一年内到期应予清偿；（4）企业无权自主地将清偿推迟至资产负债表日后一年以上。包括短期借款、应付票据、应付账款、应付职工薪酬、应交税费等项目。根据会计“资产负债表”中“流动负债合计”项目的期末余额数填报。

所有者权益合计 指企业资产扣除负债后由所有者享有的剩余权益。公司的所有者权益又称股东权益。包括实收资本、资本公积、盈余公积、未分配利润等。根据会计“资产负债表”中“所有者权益合计”项目的期末余额数填报。

主营业务收入 指企业确认的销售商品、提供劳务等主营业务的收入。根据会计“主营业务收入”科目的期末贷方余额填报。

主营业务成本 指企业经营主要业务所发生的成本总额。根据会计“主营业务成本”科目的期末借方余额填报。

主营业务税金及附加 指企业经营主要业务应负担的营业税、消费税、城市维护建设税、教育费附加等。根据会计“主营业务税金及附加”科目的期末借方余额填报。

利润总额 指企业在一定会计期间的经营成果，是生产经营过程中各种收入扣除各种耗费后的盈余，反映企业在报告期内实现的亏盈总额。根据会计“利润表”中“利润总额”项目的本期金额数填报。

应交增值税 指企业按税法规定，从事货物销售或提供加工、修理修配劳务等增加货物价值的活动本期应交纳的税金。计算公式为：

应交增值税=销项税额-（进项税额-进项税额转出）-出口抵减内销产品应纳税额-减免税款+出口退税

进项税额指工业企业在报告期内购入货物或接受应税劳务而支付的、准予从销项税额中抵扣的增值税额。

销项税额指工业企业在报告期内销售货物或提供应税劳务应收取的增值税额。

从业人员平均人数 是指报告期内平均拥有的从业人员人数。其计算公式为：

$$\text{月平均人数}=\frac{\text{报告月内每天实有的全部人数之和}}{\text{报告月日历日数}}$$

$$\text{季平均人数}=\frac{\text{报告季内3个月平均人数之和}}{3}$$

$$\text{年平均人数}=\frac{\text{报告年内12个月平均人数之和}}{12}$$

总资产贡献率 反映企业全部资产的获利能力，是企业经营业绩和管理水平的集中体现，是评价和考核企业盈利能力的核心指标。计算公式为：

$$\text{总资产贡献率(\%)}=\frac{\text{利润总额}+\text{税金总额}+\text{利息支出}}{\text{平均资产总额}}\times 100\%$$

公式中：税金总额为主营业务税金及附加与应交增值税之和；平均资产总额为期初期末资产之和的算术平均值。

资产负债率 该指标既反映企业经营风险的大小，也反映企业利用债权人提供的资金从事经营活动的能力。计算公式为：

$$\text{资产负债率(\%)}=\frac{\text{负债总额}}{\text{资产总额}}\times 100\%$$

资产与负债均为报告期期末数。

流动资产周转次数 指一定时期内流动资产完成的周转次数，反映投入工业企业流动资金的周转速度。计算公式为：

$$\text{流动资产周转次数}=\frac{\text{主营业务收入}}{\text{全部流动资产平均余额}}$$

公式中：全部流动资产平均余额为期初和期末的流动资产之和的算术平均值。

成本费用利润率　反映企业投入的生产成本及费用的经济效益，同时也反映企业降低成本所取得的经济效益。计算公式为：

$$成本费用利润率(\%)=\frac{利润总额}{成本费用总额}\times 100\%$$

公式中：成本费用总额为主营业务成本、销售费用、管理费用、财务费用之和。

产品销售率　该指标反映工业产品已实现销售的程度，是分析工业产销衔接情况，研究工业产品满足社会需求的指标。计算公式为：

$$产品销售率(\%)=\frac{工业销售产值}{工业总产值}\times 100\%$$

Explanatory Notes on Main Statistical Indicators

Industry refers to the material production sector which is engaged in the extraction of natural resources and processing and reprocessing of minerals and agricultural products, including (1) extraction of natural resources, such as mining, salt production (but not including hunting and fishing); (2) processing and reprocessing of farm and sideline produces, such as rice husking, flour milling, wine making, oil pressing, silk reeling, spinning and weaving, and leather making; (3) manufacture of industrial products, such as steel making, iron smelting, chemicals manufacturing, petroleum processing, machine building, timber processing; water and gas production and electricity generation and supply; (4)repairing of industrial products such as the repairing of machinery and means of transport (including cars).

In industrial statistics surveys, the units of enquiry are corporate industrial enterprises with independent accounting systems.

Corporate industrial enterprises with independent accounting systems refer to enterprises engaging in industrial production activities, which meet the following requirements: (1) They are established legally, having their own names, organizations, location and able to take civil liability; (2) They possess and use their assets independently, assume liabilities and are entitled to sign contracts with other units; (3) They are financially independent and compile their own balance sheets.

State-owned and State-holding Enterprises refer to state-owned enterprises plus State-holding enterprises. State-owned enterprises (originally known as State-run enterprises with ownership by the whole society) are non-corporate economic entities registered in accordance with the Regulation of the People' s Republic of China on the Management of Registration of Legal Enterprises, where all assets are owned by the State. Included in this category are State-owned enterprises, State-funded corporations and State-owned joint-operation enterprises. Joint State-private industries and private industries, which existed before 1957, were transformed into state-run industries since 1957, and into State-owned industries after 1992. Statistics on those enterprises are included in the State-owned industries instead of being grouped them separately. State-holding enterprises are a sub-classification of enterprises with mixed ownership, referring to enterprises where the percentage of State assets (or shares by the State) is larger than any other single share holder of the same enterprise. This sub-classification illustrates the control of the State over a particular industry.

For explanation of enterprises of other types of registration covered in this chapter, please refer to General Survey.

Light Industry refers to the industry that produces consumer goods and hand tools. It consists of two categories, depending on the materials used:

(1) Industries using farm products as raw materials. These are the branches of light industry which directly or indirectly use farm products as basic raw materials, including the manufacture of food and beverages, tobacco processing, textile, clothing, fur and leather manufacturing, paper making, printing, etc.

(2) Industries using non-farm products as raw materials. These are the branches of light industry which use manufactured goods as raw materials, including the manufacture of cultural, educational articles and sports goods, chemicals, synthetic fibre, chemical products for daily use, glass products for daily use, metal products for daily use, hand tools, medical apparatus and instruments, and the manufacture of cultural and office machinery.

Heavy Industry refers to the industry which produces capital goods, and provides various sectors of the national economy with necessary material and technical basis for production. It consists of the following three branches according to the purpose of production or the use of products:

(1) Mining, quarrying and logging industry, which refers to the industry that extracts natural resources, including extraction of petroleum, coal, metal and non-metal ores.

(2) Raw materials industry refers to the industry that provides various sectors of the national economy with raw materials, fuels and power. It includes smelting and processing of metals, coking and coke chemistry, chemical materials and building materials such as cement, plywood, and power, petroleum refining and coal dressing.

(3) Manufacturing industry which refers to the industry that processes raw materials. It includes machine-building industries which equip sectors of the national economy; industries producing metal structure and cement products; and industries producing means of agricultural production, such as chemical fertilizers and pesticides.

In accordance with the above principles of classification, the repairing trades, which are engaged primarily in repairing products of heavy industry, are classified as heavy industry while those which are engaged in repairing products of light industry are classified as light industry.

Gross Industrial Output Value

(1) Definition: Gross industrial output value is the total volume of final industrial products produced and industrial services provided during a given period in monetary terms. It reflects the total achievements and overall scale of industrial production during a given period.

(2) Principles for calculation:

Statistics on industrial production follow the principle that all final industrial products produced and industrial services provided during the reference period are to be included. The final industrial products are included as long as being produced during the reference period, no matter whether they are sold or not during the reference period. The gross industrial output value will not cover those products that are not from industrial production.

Determination of final products follows the principle that all products that are included in the calculation of gross industrial output value are the final products of the enterprise which have been accepted through quality check and require no further processing. The intermediate products sold by enterprises are considered as the final products of the enterprise and counted into the gross industrial output value. However, for the intermediate products being transferred among workshops and the work-in-progress products, only the balance value from the beginning to the end of the period is calculated.

Gross industrial output value is calculated following the principle of factory approach, i.e. industrial enterprise with legal entity is used as a whole in calculating the gross industrial output value, which will cover the total value of final industrial products produced and industrial services provided by these enterprises during the reference period.

(3) Content and method of calculation: The old definition of gross industrial output value was modified during the 1995 National Industrial Census. The revised (new) definition of gross industrial output value consists of 3 components: value of the finished products during the reference period, income from processing for external parties, and value of change in semi-finished products between the end and the beginning of the reference period.

Value of finished products during the reference period: refers to the value of all finished (semi-finished) industrial products that are produced during the reference period without the need for further processing, checked for acceptance, packed and put into the warehouse of the enterprise, including the value of own-produced equipment and the value of products provided to the projects under construction of the enterprise, and to other non-industrial or welfare units. Value of finished products during the reference period is calculated by the quantity of products produced using own materials multiplied by the average unit prices at which products are sold (excluding value-added tax). Own-produced equipment and products produced for own use are valued at cost prices as in the case of enterprise accounting. Value of finished products does not include the value of finished products (semi-finished products) that are produced using the materials from the clients who place the orders.

Income from external processing: refers to income from contracted external processing of industrial products (including processing of industrial products using materials from the clients), and the income from industrial repairing work provided to other parties. Income from external processing is calculated using information from the item "products sales income" in the enterprise accounting at the prices with value-added tax excluded.

For income from services such as processing, repairing and installation of equipment provided to non-industrial units within the enterprise, if the accounting work of the enterprise is good enough to separate it from other records, and the share of such services is significant, it should also be included in the income from external processing.

Value of change in semi-finished products between the end and the beginning of the reference period: refers to the value of change in semi-finished products between the end and the beginning of the reference period, which generally can be obtained from accounting records of enterprises. If the enterprise accounting excludes the cost of semi-finished products, then it should not be included in the gross industrial output value, and the reverse if otherwise.

(4) Changes in the scope and method of calculation of the gross industrial output value

Prior to 1984, the value of rural industry run by villages was classified into agriculture instead of industry. Since 1984, it has been included in the gross industrial output value. Method of calculation for the gross industrial output value was modified in the industrial census in 1995. The difference in the new method as compared with the old one is outlined below:

Principle in using full value vs. processing fee: The new method stipulates that all products produced using own materials are to be calculated with full value in reporting the gross industrial output value irrespective of the complexity of production, and for external processing, it allows calculation using processing fee. In the old method, however, the use of full value or processing fee was determined by the degree of complexity of production in different branches of industries.

Principle in determining the value of change in semi-finished products: The new method requires that value of change in semi-finished products should be included in the gross industrial output value if it is included in the accounting record of the enterprise, otherwise it should not be included. In the old method, it is determined by the type of enterprises in terms of production cycle. If the production cycle is over 6 months, the value of change in semi-finished products is included in the gross industrial output value, otherwise it is not.

Difference in prices: The new method uses prices excluding value-added tax in the calculation of gross industrial output value, while the old method used prices including value-added tax.

Total Assets refer to all resources that are owned or controlled by enterprises through previous trades or transactions with expectation of making economic profits. Classified by the degree of liquidity, total assets include current assets, and non-current assets. Current assets can be classified into monetary assets, trading financial assets, notes receivable, accounts receivable, advanced payments, other prepaid money and inventories. Non-current assets can be divided into long-term equity investment, fixed assets, intangible assets and other non-current assets. Data on this indicator can be obtained by the year-end figures of total assets in the Assets and Liability Table of accounting records of enterprises.

Total Current Assets refer to the assets that meet one of the following requirements: (1) expected to be cashed, sold or used in a normal operation cycle, mainly including inventory and accounts receivable; (2) be owned for trading purpose mainly; (3) expected to be cashed in one year (including one year) from the day of the Assets and Liability Table; (4) unlimited cash or cash equivalents that can be exchanged with other assets or being capable of settling debts during one year since the day of Assets and Liability Table. Included are monetary assets, notes receivable, accounts receivable and inventories. Data on this indicator can be obtained by the year-end figures of total current assets in the Assets and Liability Table of the accounting records of enterprises.

Original Value of Fixed Assets refers to the cost of fixed assets, or the total expenditure of an enterprise spent on certain fixed assets, through purchase, construction, installation, transformation, expansion or technical upgrading. It is reported according to the year-end debit balance of fixed assets of accounting records.

Accumulated Depreciation refers to the accumulated figure of fixed assets depreciation over the past years that are extracted by the enterprise at the end of the reference period. It is reported according to the year-end credit balance of accumulated depreciation of accounting records.

Total Liabilities refer to payable liabilities of enterprises that accumulated from previous trades or transactions with expectation of economic profits leaking out. In terms of payment, it can be divided into liquid liabilities and long-term liabilities. Data on this item is obtained from the year-end figures on total liabilities from the Assets and Liability Table of the accounting record of the enterprises.

Total Liquid Liabilities refer to the liabilities that meet one of the following requirements: (1) expected to be repaid in a normal operation cycle; (2) be owned for trading purpose mainly; (3) expected to be repaid in one year from the day of the Assets and Liability Table; (4) enterprise has no right to postpone the settlement of which over a year from the day of the Assets and Liability Table. Included are short-term loans, notes payable, accounts payable, employee compensations, taxes and expenses due. Data on this indicator can be obtained by the year-end figures of total liquid liabilities in the Assets and Liability Table of the accounting records of enterprises.

Total Equity refers to the residual ownership of enterprise investors by deducting total liabilities from the total assets, including the paid-in capital, accumulation of capital, operating surplus and non-distributed profits. Data are obtained from the year-end figures on "total equity" from the Assets and Liability Table of the accounting record of enterprise.

Revenue from Principal Business refers to the income confirmed of an enterprise from the principal business of selling products and providing labor services. Data on this indicator can be obtained from the year-end credit balance of "revenue from principal business" in the accounting record of enterprise.

Cost of Principal Business refers to the total cost occurred from the principal business of the enterprise. Data can be obtained from the year-end debit balance of "cost of principal business" in the accounting record of enterprise.

Tax and Extra Charges from Principal Business refer to the sales tax, consumption tax, urban maintenance and construction tax and education expenses shouldered by the enterprise from its principal business. Data are obtained from the year-end debit balance of "tax and extra charges from principal business" in the accounting record of enterprise.

Total Profits refers to the operation results in a certain accounting period, and it is the balance of various incomes minus various spendings in the course of operation, reflecting the total profits and losses of enterprises in reporting period. Data are obtained from the amount of "total profits" in the "profit table" of the accounting record of enterprise.

Value-added Tax Payable refers to the payable tax of enterprises which engaged in selling of goods or providing services that bring added value to the goods, such as processing, repairing, fitting and other activities should be paid according to Tax Law. The formula is as follows:

Value-added Tax Payable = tax on sales-(tax on purchase-transferred tax on purchase)-exports deduct tax payable on domestic sales-tax relief+the export tax rebate.

Average Annual Number of Employed Persons Employed persons refer to all those who are employed in enterprises and receive remunerations there from, including currently working employees, retirees who are re-employed, teachers of local-run schools, as well as foreigners, staff from Hong Kong, Macao and Taiwan, part-time employees and persons with second job who are employed by the enterprise, and employees of other units temporarily working in the enterprises, but excluding former employees who left the enterprise with their employment records still being kept by the enterprises.

Average number of employed persons refers to the number of employee everyday during the reference period, calculated with the following formula:

$$\begin{array}{c}\text{Monthly average}\\\text{number}\end{array} = \frac{\begin{array}{c}\text{sum of actual employees}\\\text{everyday in reference month}\end{array}}{\begin{array}{c}\text{number of calendar dates}\\\text{in reference month}\end{array}}$$

$$\text{Quarterly average number} = \frac{\text{sum of monthly average number in reference quarter}}{3}$$

$$\text{Annual average number} = \frac{\text{sum of monthly average number in reference year}}{12}$$

Ratio of Profits, Taxes and Interests to Average Assets reflects the profit-making capability of all assets of the enterprise and is a key indicator manifesting the performance and management and evaluating the profit-making potential of the enterprise. It is calculated as follows:

$$\text{Ratio of Profits, Taxes and Interests to Average Assets (\%)} = \frac{\text{total profits + total taxes + interest payment}}{\text{average assets}} \times 100\%$$

In the above formula, total taxes is the sum of tax and extra charges on the principal business and value-added tax payable; and average assets is the arithmetic mean of the sum of beginning assets and ending assets.

Ratio of Debts to Assets reflects both the operation risk and the capability of the enterprise in making use of the capital from the creditors. It is calculated as follows:

$$\text{Ratio of Debts to Assets (\%)} = \frac{\text{total debts}}{\text{total assets}} \times 100\%$$

Both assets and debts are figures at the end of the reference period.

Turnover of Current Assets refers to the number of times of turnover of current assets in a given period of time, which reflects the speed of the turnover of current assets of industrial enterprises, and is calculated as follows:

$$\text{Ratio of Debts to Assets (\%)} = \frac{\text{total debts}}{\text{total assets}} \times 100\%$$

In the above formula, average balance of total current assets refers to the arithmetic mean of the sum of current assets at the beginning and at the end of the reference period.

Ratio of Profits to Total Industrial Costs refers to the ratio of profits realized in a given period to the total costs in the same period, which reflects the economic efficiency of input cost and is calculated as follows:

$$\text{Ratio of Debts to Assets (\%)} = \frac{\text{total debts}}{\text{total assets}} \times 100\%$$

Total costs in the above formula are the sum of cost of principal business, marketing cost, management cost and financial cost.

Sales Ratio of Products is an indicator reflecting the actual sale of industrial products, analyzing the production-selling and supply-demand relations. It is calculated as:

$$\text{Sales Ratio of Products (\%)} = \frac{\text{value of industrial sales}}{\text{gross industrial output value (current prices)}} \times 100\%$$

第十四篇　建筑业

CHAPTER 14 CONSTRUCTION

资料整理：戚　萍

14-1 建筑业企业基本情况

BISIC CONDITIONS OF CONSTRUCTION ENTERPRISES

指 标	Item	2008	2009	2010	2011	2012
施工企业单位数(个)	Number of Construction Enterprises(unit)	1971	1919	1945	2020	2038
年平均人数(万人)	Average Number of Employed Persons(10000 persons)	81.5	91.9	96.5	92.1	87.2
固定资产原价(亿元)	Original Value of Fixed Assets(100 million yuan)	280.0	279.2	301.2	310.1	321.8
固定资产净值(亿元)	Net Value of Fixed Assets(100 million yuan)	177.5	177.3	188.4	193.8	199.5
自有机械设备台数(万台)	Number of Machinery and Equipment Owned(10000 units)	16.1	16.0	14.3	15.6	13.5
自有机械设备净值(亿元)	Net Value of Machinery and Equipment Owned(10000 yuan)	79.8	76.2	75.0	78.4	80.5
自有机械设备总功率(万千瓦)	Total Power of Machinery and Equipment Owned(10000 kw)	372.3	258.9	327.8	364.4	312.5
总产值(亿元)	Gross Output Value of Construction(100 million yuan)	1036.8	1342.4	1769.7	2029.2	2374.0
#建筑工程	#Construction Projects	803.5	1056.9	1435.1	1711.0	1945.5
安装工程	Installation Projects	205.4	230.7	273.1	265.0	345.1
竣工产值(亿元)	Output Value of Buildings Completed(100 million yuan)	630.6	766.3	887.5	1143.7	1226.0
产值竣工率(%)	Ratio of Output Value of Buildings Completed to Gross Output Value(%)	60.8	57.1	50.2	56.4	51.6
签订的合同金额(亿元)	Contracted Fund(100 million yuan)	1265.6	1862.5	2623.8	3191.6	3446.3
#本年新签合同金额	#New singed Contracted Fund at Current year	931.6	1326.4	1880.0	2022.5	2056.0
房屋建筑施工面积(万平方米)	Floor Space of Buildings under Construction(10000 sq.m)	5481	5001	7171	8905	8563
房屋建筑竣工面积(万平方米)	Floor Space of Buildings Completed(10000 sq.m)	2415	3420	3620	4438	4341
房屋建筑面积竣工率(%)	Rate of Floor Space of Buildings Completed(%)	44.1	68.4	50.5	49.8	50.7
利润总额(亿元)	Total Profits(100 million yuan)	45.8	55.8	56.5	58.9	61.8
利税总额(亿元)	Total Tax(100 million yuan)	152.1	133.3	178.1	132.2	133.9
按总产值计算全员劳动生产率(元/人)	Overall Labor ProductivityIn Terms of Gross Output Value(yuan/person)	127267	146124	183394	220377	272229
技术装备率(元/人)	Value of Machines per Laborer(yuan/person)	9797	8303	7771	8514	9228
动力装备率(千瓦/人)	Power of Machines per Laborer(kw/person)	4.6	3.9	3.4	4.0	3.6
产值利润率(%)	Ratio of Profit to Gross Output Value(%)	2.5	4.2	3.2	2.9	2.6
产值利税率(%)	Ratio of Pre-tax Profit to Gross Output Value(%)	14.7	9.9	10.1	6.5	5.6

注：2003年起建筑业企业指标不含劳务分包数据 。

Note: Since 2003, the indicators of construction enterprises don't include labor service data.

14-2 建筑业企业生产情况 (2012年)

类　别	Item	企业单位数（个） Number of Enterprises (unit)	签定的合同额（万元） Value of Newly Signed Contracts (10000 yuan)
总　计	**Total**	**2038**	**34462933**
#国有及国有控股	#State-owned and State-holding Enterprises	265	18723008
按登记注册类型分组	**Grouped by Status of Registration**		
内资企业	Domestic Funded Enterprises	2031	34434247
国有企业	State-owned Enterprises	179	14669582
集体企业	Collective-owned Enterprises	143	1862558
股份合作企业	Cooperative Enterprises	8	45560
联营企业	Joint Ownership Enterprises	4	40967
有限责任公司	Limited Liability Corporations	798	11561250
股份有限公司	Share Holding Enterprises	95	1193066
私营企业	Private Enterprises	792	4974920
港、澳、台商投资企业	Enterprises with Funds from Hong Kong,Macao and Taiwan	2	647
外商投资企业	Foreign Funded Enterprises	5	28040
按经济组织类型分组	**Grouped by Type of Economic Organizations**		
独资企业	Proprietorship	347	16618075
合作、合伙企业	Cooperative Enterprises and Partnership	30	271495
股份有限公司	Share Holding Enterprises	161	1873031
有限责任公司	Limited Liability Corporations	1500	15700332
按国民经济行业分组	**Grouped by Sector**		
房屋建筑业	Housing Building Construction	944	14781806
土木工程建筑业	Civil Engineering Construction	382	9542141
铁路、道路、隧道和桥梁	Railway,Road, Tunnel and Bridge	206	4413892
铁路工程建筑	Railway Engineering	57	617153
公路工程建筑	Highway Engineering	15	2992142
市政道路工程建筑	Municipal Road Engineering	73	1334677
其他道路、隧道和桥梁工程建筑	Other	31	184277
水利和内河港口工程建筑	Water Conservancy and Inland Port Engineering Construction	57	617153
水源及供水设施工程建筑	Water Supply and Water Supply Facilities	30	339496
河湖治理及防洪设施工程建筑	Governance of Lakes and Flood Control Facilities	18	258962
港口及航运设施工程建筑	Port and Shipping Facilities	9	18695
工矿工程	Mining Engineering	15	2992142
架线和管道工程建筑	Line Putting-up and Pipeline Engineering	73	1334677
架线及设备工程建筑	Wiring and Equipment Engineering	47	1262890
管道工程建筑	Pipeline Engineering	26	71788
其他土木工程	Other Civil Engineering	31	184277
建筑安装业	Construction Installation	360	3513652
电气安装	Electrical Installation	97	1143557
管道和设备安装	Piping and Equipment Installation	87	243824
其他建筑安装业	Other	176	2126271
建筑装饰和其他建筑业	Construction Decoration and Other Construction	352	6625334
建筑装饰业	Construction Decoration	215	864416
工程准备活动	Project Preparation Activities	69	133949
提供施工设备服务	Provide Construction Equipment Service	12	4942
其他未列明建筑业	Other Construction Not listed	56	5622027
按隶属关系分组	**Grouped by Administration**		
#中　央	#Central	28	10255052
省	Provincial	123	6563430
地　市	Prefectural	374	5561175
按企业资质等级分组	**Grouped by Quality and Grade**		
施工总承包	Overall Contracted Construction	1314	31040632
特　级	Special Grade	3	3383303
一　级	First Grade	116	11816437
二　级	Second Grade	506	11807502
三　级	Third Grade	689	4033391
专业承包	Specialized Contraction	724	3422300
#一　级	#First Grade	76	598016
二　级	Second Grade	270	1392175
三　级	Third Grade	378	1432110

PRODUCTION OF CONSTRUCTION ENTERPRISES (2012)

#本年新签定 This Year	总产值 (万元) Gross Output Value (10000 yuan)	建筑工程 Construction Projects	安装工程 Installation Projects	其他 Others	在总产值中(万元) in Gross Output Value(10000 yuan) 在外省完成的产值 Completed outside the Province	装修装饰产值 Building Decoration
20560427	**23739606**	**19454598**	**3450528**	**834480**	**1828931**	**732210**
9824387	10232417	8105978	1994913	131526	1253711	28473
20535896	23711892	19427978	3449434	834480	1828721	731237
7379386	6967682	5123872	1739131	104679	889019	20534
1314370	1784146	1404973	215557	163616	1680	17589
41560	46474	41344	2675	2455		1780
22306	24441	24441			200	
7456580	9553787	8441842	896870	215075	637315	320238
781382	982894	802276	164485	16133	154641	21296
3484542	4286603	3528958	427121	330525	145383	348537
647	647	647				507
23885	27068	25974	1094		210	467
8759093	8813492	6587918	1956695	268879	890699	47727
170961	194298	183564	6280	4454	1513	3044
1303451	1548343	1283050	236527	28767	154889	27219
10326922	13183474	11400067	1251026	532381	781829	654220
9358024	12347915	11803376	259592	284947	347251	233532
6808382	6640891	4681384	1731386	228122	1025853	4767
3422334	3596493	3418683	41671	136139	428720	1213
467396	439016	401385	24450	13181	15620	
1979495	1733968	480751	1228988	24228	509258	197
814169	690557	246373	393414	50770	71255	57
124988	180858	134192	42862	3803	1000	3300
467396	439016	401385	24450	13181	15620	
287119	267893	238445	22956	6492		
165008	158199	154291	1494	2414	15445	
15269	12924	8649		4275	175	
1979495	1733968	480751	1228988	24228	509258	197
814169	690557	246373	393414	50770	71255	57
745043	621091	216395	361346	43350	71255	
69126	69466	29978	32068	7421		57
124988	180858	134192	42862	3803	1000	3300
1959451	2991005	1580365	1323945	86695	313148	30205
457293	541521	133337	402171	6013	104927	1124
203950	310916	144804	154866	11245	21662	11889
1298208	2138568	1302225	766907	69437	186559	17192
2434569	1759796	1389473	135606	234717	142679	463706
668320	988536	714650	61386	212500	106603	462322
128329	131447	118058	8000	5389	5270	32
4846	30071	27135	2764	172		226
1633075	609742	529630	63456	16656	30805	1127
4828582	3266421	2141268	1096844	28309	696170	5397
3679361	5311318	4838301	458040	14977	532269	18765
3091788	4439400	3442735	861638	135027	142087	66950
17670734	20389686	17508836	2388627	492223	1540294	248713
1964386	2042819	1280230	762399	190	536632	
6540151	8194737	7036586	1088131	70019	928126	35749
5657276	6208992	5706164	347392	155437	67189	95972
3508921	3943138	3485856	190705	266577	8347	116992
2889693	3349920	1945762	1061901	342257	288637	483498
473244	523561	395553	103163	24846	33867	204060
1156782	1254975	557482	500364	197130	150694	259242
1259667	1571384	992728	458374	120282	104076	20196

14-2 续表1

类 别	Item	竣工产值（万元） Output Value of Buildings Completed (10000 yuan)
总 计	**Total**	**12260364**
#国有及国有控股	#State-owned and State-holding Enterprises	3872063
按登记注册类型分组	**Grouped by Status of Registration**	
内资企业	Domestic Funded Enterprises	12254866
国有企业	State-owned Enterprises	2677866
集体企业	Collective-owned Enterprises	1200644
股份合作企业	Cooperative Enterprises	41990
联营企业	Joint Ownership Enterprises	22569
有限责任公司	Limited Liability Corporations	5152322
股份有限公司	Share Holding Enterprises	609538
私营企业	Private Enterprises	2525596
港、澳、台商投资企业	Enterprises with Funds from Hong Kong,Macao and Taiwan	647
外商投资企业	Foreign Funded Enterprises	4852
按经济组织类型分组	**Grouped by Type of Economic Organizations**	
独资企业	Proprietorship	3936040
合作、合伙企业	Cooperative Enterprises and Partnership	107065
股份有限公司	Share Holding Enterprises	887427
有限责任公司	Limited Liability Corporations	7329832
按国民经济行业分组	**Grouped by Sector**	
房屋建筑业	Housing Building Construction	7053226
土木工程建筑业	Civil Engineering Construction	3645556
铁路、道路、隧道和桥梁	Railway,Road, Tunnel and Bridge	2429348
铁路工程建筑	Railway Engineering	255493
公路工程建筑	Highway Engineering	474639
市政道路工程建筑	Municipal Road Engineering	414563
其他道路、隧道和桥梁工程建筑	Other	71513
水利和内河港口工程建筑	Water Conservancy and Inland Port Engineering Construction	255493
水源及供水设施工程建筑	Water Supply and Water Supply Facilities	194375
河湖治理及防洪设施工程建筑	Governance of Lakes and Flood Control Facilities	51684
港口及航运设施工程建筑	Port and Shipping Facilities	9433
工矿工程	Mining Engineering	474639
架线和管道工程建筑	Line Putting-up and Pipeline Engineering	414563
架线及设备工程建筑	Wiring and Equipment Engineering	376166
管道工程建筑	Pipeline Engineering	38396
其他土木工程	Other Civil Engineering	71513
建筑安装业	Construction Installation	1140932
电气安装	Electrical Installation	217104
管道和设备安装	Piping and Equipment Installation	193911
其他建筑安装业	Other	729917
建筑装饰和其他建筑业	Construction Decoration and Other Construction	420651
建筑装饰业	Construction Decoration	236114
工程准备活动	Project Preparation Activities	115516
提供施工设备服务	Provide Construction Equipment Service	2636
其他未列明建筑业	Other Construction Not listed	66384
按隶属关系分组	**Grouped by Administration**	
#中 央	#Central	1523664
省	Provincial	1341517
地 市	Prefectural	2367127
按企业资质等级分组	**Grouped by Quality and Grade**	
施工总承包	Overall Contracted Construction	10927669
特 级	Special Grade	211811
一 级	First Grade	4379182
二 级	Second Grade	2884760
三 级	Third Grade	3451915
专业承包	Specialized Contraction	1332695
#一 级	#First Grade	188625
二 级	Second Grade	483927
三 级	Third Grade	660143

CONTINUED

产值竣工率（%）Ratio of Output Value of Buildings Completed to Gross Output Value (%)	房屋建筑施工面积（万平方米）Floor Space of Buildings under Construction (10000 sq. m)	#本年新开工 Starting Working at Current Year	#实行招标承包面积 Contract through Dublic Bidding	房屋建筑竣工面积（万平方米）Floor Space of Buildings Completed (10000 sq. m)	#住宅 Residence	房屋建筑面积竣工率（%）Rate of Floor Space of Buildings (%)
51.6	**8563.5**	**4540.4**	**6429.1**	**4340.8**	**3554.9**	**50.7**
37.8	2452.4	962.5	1980.6	712.6	544.2	29.1
51.7	8561.6	4538.6	6427.2	4340.8	3554.9	50.7
38.4	1567.3	629.8	1246.7	442.8	342.2	28.3
67.3	746.3	469.3	464.1	476.9	372.6	63.9
90.4	38.4	38.4	18.5	35.5	35.4	92.4
92.3	25.4	13.5	21.3	12.0	9.8	47.3
53.9	4110.3	2177.0	3368.4	2126.3	1765.6	51.7
62.0	314.7	253.5	228.2	234.1	160.0	74.4
58.9	1720.1	947.2	1070.3	1001.5	857.5	58.2
100.0						
17.9	1.8	1.8	1.8			
44.7	2346.4	1122.0	1731.3	949.4	740.4	40.5
55.1	164.6	79.5	57.3	67.5	62.1	41.0
57.3	530.5	386.1	362.9	337.5	247.9	63.6
55.6	5522.0	2952.8	4277.5	2986.5	2504.5	54.1
57.1	8014.5	4316.5	6137.9	4169.4	3478.2	52.0
54.9	149.3	116.1	122.0	110.5	45.1	74.0
67.5	39.7	26.6	34.3	26.8	22.6	67.7
58.2	17.2	15.2	15.2	17.2	14.7	100.0
27.4	29.5	25.2	27.3	22.6		76.6
60.0	31.5	19.5	31.5	17.9		56.7
39.5	31.3	29.5	13.6	25.9	7.9	82.7
58.2	17.2	15.2	15.2	17.2	14.7	100.0
72.6	5.6	5.6	5.6	5.6	3.1	100.0
32.7	7.1	7.1	7.1	7.1	7.1	100.0
73.0	4.5	2.5	2.5	4.5	4.5	100.0
27.4	29.5	25.2	27.3	22.6		76.6
60.0	31.5	19.5	31.5	17.9		56.7
60.6	30.4	18.5	30.4	16.8		55.1
55.3	1.1	1.1	1.1	1.1		100.0
39.5	31.3	29.5	13.6	25.9	7.9	82.7
38.1	395.7	104.2	169.2	58.4	29.3	14.8
40.1	44.4	35.2	33.2	11.9	8.6	26.7
62.4	11.0	8.9	4.7	8.5	8.4	76.5
34.1	340.2	60.1	131.3	38.1	12.2	11.2
23.9	4.0	3.6		2.5	2.3	62.6
23.9						
87.9						
8.8	0.2			0.2		100.0
10.9	3.8	3.6		2.3	2.3	60.7
46.6	90.4	55.8	73.2	55.4	19.7	61.3
25.3	1754.7	612.3	1380.7	426.6	332.6	24.3
53.3	2097.1	793.5	1754.0	810.6	685.4	38.7
53.6	8485.7	4509.6	6408.4	4304.8	3528.9	50.7
10.4	523.6	229.2	523.6	90.6	60.0	17.3
53.4	3297.3	1108.7	2740.5	1115.0	908.2	33.8
46.5	2602.7	1435.8	1755.6	1354.8	1141.3	52.1
87.5	2062.1	1735.9	1388.8	1744.4	1419.4	84.6
39.8	77.8	30.8	20.6	36.1	26.1	46.3
36.0	8.6	0.1		4.6		53.2
38.6	49.2	22.8	15.1	11.6	10.1	23.5
42.0	20.0	7.9	5.5	19.9	15.9	99.7

14-2 续表2

类别	Item	自有机械设备数量（台）Number of Machinery and Equipment Owned (unit)	自有机械设备功率（万千瓦）Total Power of Machinery and Equipment Owned (10000 kw)
总 计	**Total**	**134579**	**312.5**
#国有及国有控股	#State-owned and State-holding Enterprises	58038	134.3
按登记注册类型分组	**Grouped by Status of Registration**		
内资企业	Domestic Funded Enterprises	134418	311.9
国有企业	State-owned Enterprises	44947	105.1
集体企业	Collective-owned Enterprises	6627	10.8
股份合作企业	Cooperative Enterprises	93	0.5
联营企业	Joint Ownership Enterprises	19	0.1
有限责任公司	Limited Liability Corporations	50109	115.7
股份有限公司	Share Holding Enterprises	7621	16.8
私营企业	Private Enterprises	24660	62.4
港、澳、台商投资企业	Enterprises with Funds from Hong Kong,Macao and Taiwan	10	
外商投资企业	Foreign Funded Enterprises	151	0.6
按经济组织类型分组	**Grouped by Type of Economic Organizations**		
独资企业	Proprietorship	51972	116.3
合作、合伙企业	Cooperative Enterprises and Partnership	841	1.5
股份有限公司	Share Holding Enterprises	10095	21.9
有限责任公司	Limited Liability Corporations	71671	172.8
按国民经济行业分组	**Grouped by Sector**		
房屋建筑业	Housing Building Construction	70335	141.6
土木工程建筑业	Civil Engineering Construction	47465	146.1
铁路、道路、隧道和桥梁	Railway,Road, Tunnel and Bridge	14024	61.7
铁路工程建筑	Railway Engineering	3721	14.9
公路工程建筑	Highway Engineering	22831	56.3
市政道路工程建筑	Municipal Road Engineering	6509	12.1
其他道路、隧道和桥梁工程建筑	Other	380	1.1
水利和内河港口工程建筑	Water Conservancy and Inland Port Engineering Construction	3721	14.9
水源及供水设施工程建筑	Water Supply and Water Supply Facilities	2492	8.8
河湖治理及防洪设施工程建筑	Governance of Lakes and Flood Control Facilities	1017	5.7
港口及航运设施工程建筑	Port and Shipping Facilities	212	0.4
工矿工程	Mining Engineering	22831	56.3
架线和管道工程建筑	Line Putting-up and Pipeline Engineering	6509	12.1
架线及设备工程建筑	Wiring and Equipment Engineering	5849	10.3
管道工程建筑	Pipeline Engineering	660	1.8
其他土木工程	Other Civil Engineering	380	1.1
建筑安装业	Construction Installation	12931	19.0
电气安装	Electrical Installation	2698	4.0
管道和设备安装	Piping and Equipment Installation	1633	2.6
其他建筑安装业	Other	8600	12.4
建筑装饰和其他建筑业	Construction Decoration and Other Construction	3848	5.7
建筑装饰业	Construction Decoration	2703	3.2
工程准备活动	Project Preparation Activities	961	2.0
提供施工设备服务	Provide Construction Equipment Service	17	
其他未列明建筑业	Other Construction Not listed	167	0.6
按隶属关系分组	**Grouped by Administration**		
#中 央	#Central	25517	66.4
省	Provincial	16769	45.5
地 市	Prefectural	28714	56.6
按企业资质等级分组	**Grouped by Quality and Grade**		
施工总承包	Overall Contracted Construction	122749	293.7
特 级	Special Grade	18613	43.1
一 级	First Grade	39015	112.0
二 级	Second Grade	38560	82.3
三 级	Third Grade	26561	56.3
专业承包	Specialized Contraction	11830	18.8
#一 级	#First Grade	5119	8.6
二 级	Second Grade	4143	5.2
三 级	Third Grade	2568	5.0

CONTINUED

自有机械设备净值（万元）Net Value of Machinery and Equipment Owned (10000 yuan)	技术装备率（元/人）Value of Machinery per Laborer (yuan/person)	动力装备率（千瓦/人）Power of Machinery per Laborer (kw/person)	劳动生产率（元/人，按总产值计算）Overall Labor Productivity (yuan/person)	年末从业人员（人）Number of Persons Employed (person)	#工程技术人员 Engineering Technicians
804716	**9228**	**3.6**	**272229**	**490884**	**83252**
292388	9130	4.2	319523	179309	25086
802901	9223	3.6	272368	490407	83044
222479	11210	5.3	351073	111557	16568
36133	5443	1.6	268770	34170	5688
2758	15163	2.6	255493	1632	224
29	167	0.8	140224	568	201
323955	8305	3.0	244929	220032	35177
38308	10000	4.4	256563	24591	5474
178058	10395	3.6	250244	96691	19405
905	258629	1.1	184714	39	31
909	6370	4.0	189681	438	177
262269	9800	4.3	329335	147965	22662
5851	6392	1.7	212254	4011	863
49743	8661	3.8	269605	39773	8182
486853	9052	3.2	245116	299135	51545
356633	7097	2.8	215738	303381	47858
375200	18071	7.0	319855	127206	22114
158597	13803	5.4	313003	51299	12948
44821	18412	6.1	180346	11660	2949
141844	38383	15.2	469211	41804	3032
24907	10462	5.1	290077	18832	2678
5031	6607	1.5	237502	3611	507
44821	18412	6.1	180346	11660	2949
29728	21230	6.3	191311	5989	1919
10416	10773	5.9	163614	5045	863
4677	69700	5.5	192613	626	167
141844	38383	15.2	469211	41804	3032
24907	10462	5.1	290077	18832	2678
22600	11050	5.0	303682	16260	1992
2307	6879	5.3	207115	2572	686
5031	6607	1.5	237502	3611	507
58825	6109	2.0	310628	37956	9185
11278	7293	2.6	350204	9580	2450
9997	7096	1.8	220695	8978	1856
37551	5627	1.9	320442	19398	4879
14057	2141	0.9	268053	22341	4095
7794	2231	0.9	282940	13963	2472
5477	9135	3.3	219224	2441	695
160	1477	0.1	277922	202	59
627	265	0.2	257983	5735	869
144799	17158	7.9	387053	42648	5514
94296	5119	2.5	288323	118183	13331
144205	9108	3.6	280407	76051	19744
754662	10000	3.9	270192	430231	72599
105927	23215	9.5	447702	44382	3612
225197	8411	4.2	306078	148428	23410
268302	10492	3.2	242813	122161	27482
155237	8366	3.0	212495	115260	18095
50054	4263	1.6	285325	60653	10653
17054	11279	5.7	346271	9205	2369
20289	4185	1.1	258854	29211	4536
12711	2362	0.9	292052	22237	3748

14-3 建筑业企业财务状况 (2012年)

单位：万元

类别	Item	资产合计 Total Assets	#流动资产 Circulating Funds	#在建工程 Progress Under Construction
总计	**Total**	**16398329**	**13223460**	**180822**
#国有及国有控股	#State-owned and State-holding Enterprises	7059942	6052714	60736
按登记注册类型分组	**Grouped by Status of Registration**			
内资企业	Domestic Funded Enterprises	16346263	13175788	180822
国有企业	State-owned Enterprises	5097393	4416854	53159
集体企业	Collective-owned Enterprises	904486	707096	4310
股份合作企业	Cooperative Enterprises	25019	14267	
联营企业	Joint Ownership Enterprises	13493	10480	
有限责任公司	Limited Liability Corporations	5714520	4497696	45346
股份有限公司	Share Holding Enterprises	1258865	873626	4195
私营企业	Private Enterprises	3227553	2565323	72854
港、澳、台商投资企业	Enterprises with Funds from Hong Kong, Macao and Taiwan	3524	2235	
外商投资企业	Foreign Funded Enterprises	48542	45436	
按经济组织类型分组	**Grouped by Type of Economic Organizations**			
独资企业	Proprietorship	6067153	5172711	62910
合作、合伙企业	Cooperative Enterprises and Partnership	168487	134555	958
股份有限公司	Share Holding Enterprises	1507869	1071088	8436
有限责任公司	Limited Liability Corporations	8626693	6818855	108518
按国民经济行业分组	**Grouped by Sector**			
房屋建筑业	Housing Building Construction	7554137	6008428	92919
土木工程建筑业	Civil Engineering Construction	5801333	4666658	70111
铁路、道路、隧道和桥梁	Railway, Road, Tunnel and Bridge	2754193	2091554	53961
铁路工程建筑	Railway Engineering	109414	93282	1481
公路工程建筑	Highway Engineering	744738	523780	40618
市政道路工程建筑	Municipal Road Engineering	1087217	895958	11126
其他道路、隧道和桥梁工程建筑	Other	812824	578533	737
水利和内河港口工程建筑	Water Conservancy and Inland Port Engineering Construction	324122	210624	1498
水源及供水设施工程建筑	Water Supply and Water Supply Facilities	179670	110602	1498
河湖治理及防洪设施工程建筑	Governance of Lakes and Flood Control Facilities	129179	91436	
港口及航运设施工程建筑	Port and Shipping Facilities	15273	8586	
工矿工程	Mining Engineering	2057298	1829633	6896
架线和管道工程建筑	Line Putting-up and Pipeline Engineering	606032	496778	7616
架线及设备工程建筑	Wiring and Equipment Engineering	509766	425985	7430
管道工程建筑	Pipeline Engineering	96265	70793	186
其他土木工程	Other Civil Engineering	59688	38070	140
建筑安装业	Construction Installation	1560977	1332160	12137
电气安装	Electrical Installation	457707	399048	1744
管道和设备安装	Piping and Equipment Installation	371967	266229	3028
其他建筑安装业	Other	731303	666884	7365
建筑装饰和其他建筑业	Construction Decoration and Other Construction	1481882	1216213	5656
建筑装饰业	Construction Decoration	452998	347331	2165
工程准备活动	Project Preparation Activities	75544	64007	21
提供施工设备服务	Provide Construction Equipment Service	8898	5364	
其他未列明建筑业	Other Construction Not listed	944442	799512	3470
按隶属关系分组	**Grouped by Administration**			
#中央	#Central	2975729	2673256	10713
省	Provincial	2678485	2248003	6029
地市	Prefectural	3473269	2762482	38269
按企业资质等级分组	**Grouped by Quality and Grade**			
施工总承包	Overall Contracted Construction	14350603	11508586	168524
特级	Special Grade	2147923	1875120	6384
一级	First Grade	4955506	4149745	71975
二级	Second Grade	4927019	3916637	57722
三级	Third Grade	2320156	1567084	32444
专业承包	Specialized Contraction	2047726	1714874	12298
#一级	#First Grade	320508	262688	1925
二级	Second Grade	967111	804212	7615
三级	Third Grade	760108	647975	2758

FINANCIAL STATUS OF CONSTRUCTION ENTERPRISES (2012)

(10000 yuan)

#固定资产 Fixed Assets	#固定资产累计折旧 Accumulated Depreciation of Fixed Assets	负债合计 Total Liabilities	#流动负债 Circulating Liabilities	#非流动负债 Non-current Liabilities	所有者权益 Total Owners Rights and Interests	#实收资本 Actual Received Capital	#国家资本 State Capital
2340515	**1222324**	**11079601**	**10408843**	**238980**	**5293964**	**4010791**	**561597**
733637	557562	5873001	5696354	143783	1186941	1139476	519751
2337865	1219651	11043690	10378035	233882	5277809	3995279	560546
546049	461770	4333402	4191065	119011	763991	766358	377210
163283	70116	658943	635523	4984	245343	170496	7295
10275	2468	12250	12198		12769	9136	1500
3005	1269	7279	7244	35	6214	5560	50
864413	430075	3649429	3421797	85598	2063739	1506778	147165
221255	59019	659641	628418	4291	599223	353359	25725
518696	192290	1644140	1403184	19962	1560200	1160229	1500
905	443	533	530		2991	2260	
1744	2231	35378	30279	5098	13165	13252	1052
724812	533125	5015954	4846551	123995	1050999	966364	384506
26896	7987	112088	112000	35	56399	45233	1650
260831	81064	767024	725976	4380	740845	464524	25725
1327101	599067	5166412	4711291	105471	3435717	2524670	149716
1076189	412603	4868338	4453110	94889	2685393	1939473	200518
908550	628737	4362186	4219289	70505	1439147	1294612	315239
467764	255759	1829371	1728452	49202	924822	733676	183266
15266	14517	85644	85148	495	23770	29380	16914
166009	82923	484257	423664	14973	260481	176449	38805
162959	103712	788636	756033	28602	298581	252351	74757
123530	54608	470835	463607	5131	341990	275496	52790
102129	50177	161405	147396	112	162717	143819	56045
59765	35768	79630	66847	112	100041	83804	23977
35777	12698	80182	79315		48997	46829	25005
6588	1710	1593	1235		13680	13186	7063
219942	249891	1906652	1885968	20559	150647	259531	17129
98632	65221	444337	438677	632	161695	126522	50809
75897	55372	384756	379727	16	125011	93126	34762
22735	9848	59581	58951	616	36684	33397	16048
20083	7689	20422	18796		39267	31065	7989
229280	133647	939269	894645	12865	598497	427421	37551
38512	27487	256507	237649	4716	201201	118869	10854
90721	46343	239259	232967	120	132708	109587	9853
100048	59817	443504	424030	8028	264587	198965	16843
126495	47339	909808	841800	60721	570927	349284	8291
37527	15154	239461	235415	1911	212390	173620	1531
10455	6478	31808	27873		43736	26413	5816
1924	991	4484	4243	22	4414	4905	
76589	24716	634055	574270	58788	310387	144346	944
251059	301491	2723594	2635892	81327	252134	349245	52196
253174	136358	2056921	2010366	32752	621564	495840	178011
471375	272217	2351869	2142173	63212	1121400	808787	245996
2088007	1099504	9994387	9360249	230013	4355811	3395857	508001
150469	189822	1893075	1872187	20888	254848	277114	18597
611910	387560	3621955	3462284	74157	1333551	900726	221652
724299	306251	3248733	2885419	97983	1678081	1370126	140487
601329	215872	1230624	1140359	36985	1089332	847891	127266
252507	122820	1085214	1048594	8967	938153	614934	53597
39250	30050	162180	158714	1227	157181	114147	17715
94381	51976	608272	589050	4984	358839	282740	16462
118876	40794	314762	300831	2756	422133	218046	19420

14-3 续表1

单位：万元

类别	Item	#集体资本 Collective-Owned Capital	#法人资本 Corporation Capital	总收入 Total Income
总计	**Total**	**349684**	**1389648**	**21053609**
#国有及国有控股	#State-owned and State-holding Enterprises	10484	534162	9388963
按登记注册类型分组	**Grouped by Status of Registration**			
内资企业	Domestic Funded Enterprises	349684	1388909	21025482
国有企业	State-owned Enterprises	10380	368336	6627613
集体企业	Collective-owned Enterprises	141775	11228	1541574
股份合作企业	Cooperative Enterprises	4116	2620	45197
联营企业	Joint Ownership Enterprises	3032	2478	24441
有限责任公司	Limited Liability Corporations	90756	490562	8184836
股份有限公司	Share Holding Enterprises	79496	138518	939584
私营企业	Private Enterprises	16908	366373	3617894
港、澳、台商投资企业	Enterprises with Funds from Hong Kong, Macao and Taiwan			647
外商投资企业	Foreign Funded Enterprises		740	27480
按经济组织类型分组	**Grouped by Type of Economic Organizations**			
独资企业	Proprietorship	152155	394084	8227401
合作、合伙企业	Cooperative Enterprises and Partnership	10370	17823	165760
股份有限公司	Share Holding Enterprises	88292	177152	1305301
有限责任公司	Limited Liability Corporations	98868	800590	11353435
按国民经济行业分组	**Grouped by Sector**			
房屋建筑业	Housing Building Construction	213883	521558	10866727
土木工程建筑业	Civil Engineering Construction	41411	548596	6111098
铁路、道路、隧道和桥梁	Railway, Road, Tunnel and Bridge	16945	249379	2474191
铁路工程建筑	Railway Engineering	1832	10213	123473
公路工程建筑	Highway Engineering	6974	53305	876067
市政道路工程建筑	Municipal Road Engineering	3543	83674	909480
其他道路、隧道和桥梁工程建筑	Other	4596	102187	565171
水利和内河港口工程建筑	Water Conservancy and Inland Port Engineering Construction	2606	29547	434129
水源及供水设施工程建筑	Water Supply and Water Supply Facilities	600	24856	263654
河湖治理及防洪设施工程建筑	Governance of Lakes and Flood Control Facilities	2006	3471	157213
港口及航运设施工程建筑	Port and Shipping Facilities		1220	13261
工矿工程	Mining Engineering		239031	2463110
架线和管道工程建筑	Line Putting-up and Pipeline Engineering	21860	24872	600436
架线及设备工程建筑	Wiring and Equipment Engineering	18472	18418	532895
管道工程建筑	Pipeline Engineering	3388	6454	67540
其他土木工程	Other Civil Engineering		5767	139232
建筑安装业	Construction Installation	29955	181579	2553325
电气安装	Electrical Installation	17538	45262	437971
管道和设备安装	Piping and Equipment Installation	10423	54366	374817
其他建筑安装业	Other	1994	81950	1740537
建筑装饰和其他建筑业	Construction Decoration and Other Construction	64436	137916	1522459
建筑装饰业	Construction Decoration	6712	80271	831679
工程准备活动	Project Preparation Activities		8371	118864
提供施工设备服务	Provide Construction Equipment Service		130	31308
其他未列明建筑业	Other Construction Not listed	57724	49144	540609
按隶属关系分组	**Grouped by Administration**			
#中　央	#Central	2222	293027	3591061
省	Provincial	32845	182860	4633011
地　市	Prefectural	113932	199344	3573164
按企业资质等级分组	**Grouped by Quality and Grade**			
施工总承包	Overall Contracted Construction	259832	1192462	18603643
特　级	Special Grade		223433	2770949
一　级	First Grade	55984	334225	7039387
二　级	Second Grade	118237	415976	5233978
三　级	Third Grade	85612	218828	3559330
专业承包	Specialized Contraction	89852	197186	2449966
#一　级	#First Grade	3020	29319	329477
二　级	Second Grade	17808	116490	989979
三　级	Third Grade	69024	51378	1130510

CONTINUED

(10000 yuan)

工程结算收入 Revenue of Project Settlement Accounts	工程结算成本 Costs of Project Settlement Accounts	工程结算税金及附加 Taxes and Extra Charges on Project Settlement Accounts	工程结算利润 Profits of Project Settlement Accounts	其他业务收入 Other Revenue from Business	管理费用 Management Expenses	财务费用 Financial Expenses	利润总额 Total Profits	利税总额 Total Pre-tax Profits
20999386	**18868342**	**673474**	**580017**	**54222**	**763121**	**60361**	**617830**	**1338823**
9342800	8696529	247235	99436	46163	276613	20017	134171	402108
20971260	18844025	672786	580155	54222	761070	59757	617968	1338254
6586186	6143245	162900	62553	41427	211041	6929	97108	277294
1540373	1346716	55630	45615	1201	81627	841	45991	104922
45197	37520	5237	1434		643	57	1188	6633
24441	21748	882	389		1394	23	353	1266
8178662	7318293	286454	256612	6173	273095	24906	256950	557007
936842	762882	35863	66330	2742	54204	10267	68034	106658
3615326	3173587	124357	148410	2568	136779	15204	149424	283617
647	579	23	-7		53		-7	16
27480	23738	666	-131		1999	604	-131	553
8184772	7540546	220752	111035	42628	294482	8166	145964	387437
165507	145671	9499	2870	254	5272	1777	2836	13075
1302482	1075756	47688	80514	2819	78818	11723	82276	133764
11344914	10104907	395442	386282	8521	384025	38382	387437	805129
10862417	9755567	403573	315797	4310	315509	33186	315880	740931
6066049	5515457	158684	110723	45049	262760	14506	145016	324252
2473249	2191574	84040	80081	942	100915	10184	80424	167821
123256	111227	3515	2406	217	5767	283	2593	6319
875830	768473	33047	40768	238	27305	3700	40411	74663
909227	807759	27859	22345	253	47815	1664	22323	51643
564937	504114	19619	14562	235	20028	4538	15097	35196
433931	376148	17108	19214	198	18501	937	19246	37690
263613	223397	10424	15855	41	11329	729	15880	27202
157107	141470	6098	2763	107	6427	208	2720	9245
13212	11281	586	596	50	744	0	646	1243
2423075	2330089	33694	-8578	40035	69737	1904	24273	71467
596685	502370	17859	14426	3750	63166	626	15379	34855
530247	442788	15638	14202	2649	57360	106	14348	31390
66438	59582	2222	224	1102	5806	520	1030	3465
139108	115277	5983	5581	124	10442	855	5695	12419
2551475	2286070	86551	74792	1850	96903	4769	75580	165010
437755	364484	18013	24493	216	28073	1009	24397	43458
374685	318780	16433	15916	132	21347	1081	15872	32737
1739035	1602806	52105	34384	1502	47483	2679	35312	88815
1519445	1311248	24667	78705	3015	87950	7901	81354	108631
831057	744375	17159	27231	622	37201	2185	27604	45930
118858	103522	2279	8485	6	3358	59	8484	10894
31308	24896	439	-5108		10872	43	-5112	-4553
538222	438456	4791	48096	2387	36520	5614	50378	56360
3551542	3343609	59823	31000	39519	119775	5317	63997	137695
4630563	4297601	148325	50286	2447	120171	12498	51499	204103
3566979	3264244	109298	46018	6185	139487	4448	46747	164897
18554551	16801049	609587	469346	49092	579205	55719	503177	1156646
2735168	2633552	50750	-786	35781	52425	2979	31622	94997
7031343	6493584	222989	97302	8044	199827	15511	98106	332042
5230134	4696542	157659	143064	3843	202484	22358	144852	312176
3557906	2977371	178188	229766	1424	124470	14872	228596	417431
2444835	2067293	63888	110671	5131	183916	4642	114653	182177
328037	286772	10313	10859	1439	16423	1015	12001	22958
989737	844592	27594	33008	241	83377	471	33205	62287
1127060	935929	25981	66804	3450	84115	3156	69447	96932

14-4 各地区建筑业企业基本情况

BASIC CONDITIONS OF CONSTRUCTION ENTERPRISES BY REGION

年份 地区	Year Region	企业单位数（个） Number of Enterprises (unit)	年末从业人员（人） Number of Persons Employed (person)	自有机械设备数量（台） Number of Machinery and Equipment Owned (unit)	自有机械设备功率（万千瓦） Total Power of Machinery and Equipment Owned (10000 kw)	自有机械设备净值（万元） Net Value of Machinery and Equipment Owned (10000 yuan)
	2005	1948	430971	165903	341.9	679666
	2006	1781	432016	157684	334.1	711059
	2007	1733	471335	157949	366.3	748550
	2008	1971	479114	161174	372.3	798106
	2009	1919	674884	159810	358.9	762805
	2010	1945	561857	143340	327.8	749900
	2011	2020	490761	156112	364.4	783975
	2012	2038	490884	134579	312.5	804716
哈尔滨	Harbin	910	232627	53634	112.4	273468
齐齐哈尔	Qiqihar	126	24227	9212	12.6	39108
鸡西	Jixi	93	19558	4242	9.5	35579
鹤岗	Hegang	75	15019	4176	10.1	18728
双鸭山	Shuangyashan	59	14677	3450	3.5	10879
大庆	Daqing	236	59697	32300	85.9	196038
伊春	Yichun	53	11424	2415	6.4	21743
佳木斯	Jiamusi	72	35282	7095	15.1	40188
七台河	Qitaihe	40	6394	1440	7.5	12824
牡丹江	Mudanjiang	151	28079	3556	10.5	29741
黑河	Heihe	61	13329	3061	5.2	14887
绥化	Suihua	123	25480	6570	19.0	89874
大兴安岭	Daxinganling	27	4358	3123	13.7	16529
绥芬河	Suifenhe	9	552	215	1.0	5095
抚远	Fuyuan	3	181	90		38

14-4 续表1 CONTINUED

年份 地区	Year Region	劳动生产率（元/人,按总产值计算） Overall Labor Productivity (yuan/person)	产值竣工率（%） Ratio of Output Value of Buildings Completed to Gross Output Value (%)	房屋建筑面积竣工率（%） Rate of Floor Space of Buildings Completed (%)	技术装备率（元/人） Value of Machinery per Laborer (yuan/person)	动力装备率（千瓦/人） Power of Machinery per Laborer (kw/person)
	2005	91345	78.1	50.4	10837	5.5
	2006	109543	70.7	49.1	11130	5.2
	2007	139136	58.2	54.7	11891	5.8
	2008	127267	60.8	44.1	9797	4.6
	2009	146124	57.1	68.4	8303	3.9
	2010	183395	50.2	50.5	7771	3.4
	2011	220377	56.4	49.8	8514	4.0
	2012	272229	51.6	50.7	9228	3.6
哈尔滨	Harbin	293842	41.4	36.5	5361	2.2
齐齐哈尔	Qiqihar	174485	73.0	73.3	8759	2.8
鸡西	Jixi	269299	49.6	57.0	18058	4.8
鹤岗	Hegang	198973	77.1	41.7	11541	6.3
双鸭山	Shuangyashan	179472	64.6	66.5	7501	2.4
大庆	Daqing	389842	47.7	63.7	29914	13.1
伊春	Yichun	201152	89.2	85.2	19120	5.6
佳木斯	Jiamusi	217493	75.8	78.7	9168	3.5
七台河	Qitaihe	165213	59.1	52.3	12741	7.4
牡丹江	Mudanjiang	239088	80.0	56.7	5007	1.8
黑河	Heihe	223417	90.4	86.7	6289	2.2
绥化	Suihua	180693	99.5	97.6	21438	4.5
大兴安岭	Daxinganling	213390	83.2	71.5	18315	15.2
绥芬河	Suifenhe	283094	53.8	26.8	29229	5.7
抚远	Fuyuan	196275	100.0	100.0	1486	1.0

14-4 续表2 CONTINUED

年 份 地 区	Year Region	资产合计（万元）Total Assets (10000 yuan)	负债合计（万元）Total Liabilities (10000 yuan)	所有者权益（万元）owner's equity (10000 yuan)	#实收资本 #Paid-up capital	总收入（万元）Total Income (10000 yuan)	利润总额（万元）Total Profits (10000 yuan)	利税总额（万元）Total Pre-tax Profits (10000 yuan)
	2005	7038066	4261973	2776123	2585760	5664967	52342	245187
	2006	8203440	5278702	2924738	2700632	6840358	76641	305123
	2007	9142571	6054731	3087840	2699169	8508795	98029	343990
	2008	10397027	6964890	3432138	3132750	10913499	457660	1520636
	2009	10829222	7133558	3695664	3232330	13078488	558203	1332707
	2010	11951907	8195121	3756786	3289940	16082766	564931	1781420
	2011	14595943	10040174	4555769	3587785	19446063	589187	1321917
	2012	16398329	11079601	5293964	4010791	21053609	617830	1338823
哈尔滨	Harbin	8536170	5967766	2544045	1895755	11915439	244794	615294
齐齐哈尔	Qiqihar	600076	347358	252718	203489	736231	22825	53077
鸡　西	Jixi	414823	257403	157420	131035	502702	12743	32542
鹤　岗	Hegang	336263	206687	129576	107370	323360	3170	16373
双鸭山	Shuangyashan	298964	190132	108832	101029	244801	8228	18633
大　庆	Daqing	3340573	2522795	817373	618489	3199963	42595	128025
伊　春	Yichun	245400	163505	81894	64201	218180	12731	23623
佳木斯	Jiamusi	748616	443984	304633	166634	956067	57272	103136
七台河	Qitaihe	227843	144438	83405	56067	175866	13498	21944
牡丹江	Mudanjiang	799351	513343	286008	245179	1295730	103085	157193
黑　河	Heihe	159383	80193	79191	64873	516719	40790	70617
绥　化	Suihua	466698	104821	361877	300062	738647	45912	78538
大兴安岭	Daxinganling	187699	118889	68810	45645	179056	8160	15430
绥芬河	Suifenhe	33086	17674	15412	9803	45842	1848	3852
抚　远	Fuyuan	3385	613	2771	1160	5005	180	547

14-4 续表3 CONTINUED

年 份 地 区	Year Region	产值利润率（%）Profit Rate Value (%)	产值利税率（%）Gross Output Value (%)	资本利润率（%）profit ratio of capital (%)	资本利税率（%）Profits to Assets (%)	人均利润（元/人）per capita profit (yuan/person)	人均利税（元/人）Per capita taxes (yuan/person)	资产负债率（%）Assets-Liability Ratio (%)
	2005	0.9	4.3	2.0	10.5	835	3909	60.6
	2006	1.1	4.4	2.0	8.9	1200	4776	64.3
	2007	1.1	3.9	3.6	7.8	1557	5464	66.2
	2008	2.5	14.7	14.6	2.1	5618	18667	67.0
	2009	4.2	9.9	17.3	2.4	6076	14507	65.9
	2010	3.2	10.1	17.2	1.8	5854	18461	68.6
	2011	2.9	6.5	16.4	2.7	6399	14357	68.8
	2012	2.6	5.6	15.4	3.0	7085	15353	67.6
哈尔滨	Harbin	1.6	4.1	12.9	3.1	4798	12061	69.9
齐齐哈尔	Qiqihar	2.9	6.8	11.2	3.8	5112	11887	57.9
鸡　西	Jixi	2.4	6.1	9.7	4.0	6468	16517	62.1
鹤　岗	Hegang	1.0	5.1	3.0	6.6	1954	10090	61.5
双鸭山	Shuangyashan	3.2	7.2	8.1	5.4	5673	12848	63.6
大　庆	Daqing	1.7	5.0	6.9	4.8	6500	19536	75.5
伊　春	Yichun	5.6	10.3	19.8	2.7	11195	20773	66.6
佳木斯	Jiamusi	6.0	10.8	34.4	1.6	13066	23529	59.3
七台河	Qitaihe	8.1	13.2	24.1	2.6	13411	21802	63.4
牡丹江	Mudanjiang	7.3	11.1	42.0	1.6	17356	26467	64.2
黑　河	Heihe	7.7	13.4	62.9	0.9	17233	29834	50.3
绥　化	Suihua	6.1	10.4	15.3	3.8	10952	18734	22.5
大兴安岭	Daxinganling	4.2	8.0	17.9	3.0	9041	17097	63.3
绥芬河	Suifenhe	3.7	7.8	18.8	2.5	10601	22101	53.4
抚　远	Fuyuan	3.6	10.9	15.5	2.1	7051	21447	18.1

主要统计指标解释

建筑业统计单位　指从事房屋、构筑物建造和设备安装活动的法人企业。建筑业法人企业应具有建筑业资质并能够独立核算，同时还应具备以下条件：①依法成立，有自己的名称、组织机构和场所，能够承担民事责任；②独立拥有和使用资产，承担负债，有权与其他单位签订合同；③独立核算盈亏，能够编制资产负债表。

建筑业总产值　是以货币形式表现的建筑业企业在一定时期内生产的建筑业产品和提供服务的总和。建筑业总产值包括：

⑴建筑工程产值：指列入建筑工程预算内的各种工程价值。

⑵安装工程产值：指设备安装工程价值，不包括被安装设备本身的价值。

⑶其他产值：建筑业总产值中除建筑工程、安装工程以外的产值。包括房屋构筑物修理产值、非标准设备制造产值、总包企业向分包企业收取的管理费以及不能明确划分的施工活动所完成的产值。

a.房屋构筑物修理产值：指房屋和构筑物修理所完成的产值，但不包括被修理房屋、构筑物本身价值和生产设备的修理价值。

b.非标准设备制造产值：指加工制造没有定型的非标准生产设备的加工费和原材料价值(如化工厂、炼油厂用的各种罐、槽，矿井生产统一使用的各种漏斗、三角槽、阀门等)以及附属加工厂为本企业承建工程制作的非标准设备的价值。

建筑业增加值　指建筑业企业在报告期内以货币形式表现的建筑业生产经营活动的最终成果。

从2004年第一次全国经济普查开始，建筑业现价增加值按生产法和分配法(收入法)两种方法计算，以收入法的计算结果为准，即从收入的角度出发，根据生产要素在生产过程中应得的收入份额计算。具体计算方法：经济普查年度建筑业增加值按照《经济普查年度GDP核算方案》计算，非经济普查年度建筑业增加值按照《非经济普查年度GDP核算方案》计算。

房屋施工面积　指报告期内施工的全部房屋建筑面积，包括本期新开工的面积、上期跨入本期继续施工的房屋面积、上期停缓建在本期恢复施工的房屋面积、本期竣工的房屋面积及本期施工后又停缓建的房屋面积。

房屋竣工面积　指报告期内房屋建筑按照设计要求已全部完工，达到住人和使用条件，经验收鉴定合格或达到竣工验收标准，可正式移交使用的各栋房屋建筑面积的总和。

Explanatory Notes on Main Statistical Indicators

Statistical Unit in the Construction Industry refers to a corporate enterprise engaged in the construction of buildings and structures and in the installation of equipment. A corporate construction enterprise should have qualification certificates with independent accounting system, and should meet the following 3 requirements: a) being set up in line with relevant legal basis, having its full name, organization and location, and capable of taking civil liabilities; b) independently possessing and using its assets and assuming its liabilities, and entitled to sign contracts with other institutions; and c) making independent accounts of its profits and losses, and capable of compiling its own balance sheet.

Gross Output Value of Construction refers to total of construction products and services, expressed in money terms, produced or rendered by construction and installation enterprises during a given period of time. It includes:

(1) Output value of construction projects: the value of projects covered by the project budgets;

(2) Output value of installation projects: the value of the installation of equipment, (excluding the value of the equipment to be installed);

(3) Other output values: the output value of construction industry apart from that of construction projects and installation projects. It includes: output value of repair of buildings and structures; output value of non-standard equipment manufacturing; overhead expenses received by contracted enterprises from the sub-contracted enterprises and the completed output value of construction activities for which there is no clear definition.

a. Output value of repair of buildings and structures: the value created through the repairs of buildings or structures. It does not include the value of buildings or structures being repaired and the value of the repair of production equipment;

b. Output value of manufactured non-standard equipment: the value of non-standard production equipment, including raw materials and manufacturing cost, made for the construction project (i.e., chemical plant; kettles or tanks used by refineries; various fillers, triangle tanks, valves used by mines). It also includes the output value of equipment manufactured by subsidiary workshops.

Value-added of Construction refers to the final result of the activities of production and operation of enterprises of the construction industry in monetary terms during the reference period.

Starting from the 2004 economic census, value-added of construction is calculated by both production approach and income approach, with the figures from the income approach as the final figures. Under the income approach, calculation starts from the perspective of income and is based on the share of income derived from the production process by the relevant factors of production. Specifically, value-added of construction for the Census years is calculated in accordance with the Programme of Compilation of GDP and National Accounts for the Year of Economic Census, and value-added of construction for other years is calculated in accordance with the Programme of Compilation of GDP and National Accounts for the Non Economic Census Years.

Floor Space of Buildings refers to floor space of buildings under construction in the reference period, including the space of buildings for which construction has newly started; buildings for which construction has started earlier and is continuing during the reference period; and buildings for which construction has been suspended earlier but has restarted during the reference period; buildings completed during the reference period; and buildings under construction but construction has subsequently been during the reference period.

Floor Space of Buildings Completed refers to the total floor space of each building that has been completed in the reference period in accordance with the requirements of the design, up to the standard for being resided in and put into use, or has been checked and accepted by departments concerned as qualified ones or up to the standard of buildings completed and can be handed over for putting into use.

第十五篇 运输和邮电

CHAPTER 15 TRANSPORT, POSTAL AND TELECOMMUNICATION SERVICES

资料整理：郭振威

15-1 交通运输业基本情况

BASIC CONDITIONS OF TRANSPORT

类 别	Category	2008	2009	2010	2011	2012
运输线路长度(公里)	Length of Transport Routes(km)					
铁路营业里程	Railways in Operation	5563	5644	5673	5832	6022
#地方铁路	#Local Railways	723	724	752	751	751
铁路正线延展里程	Extension Length of the Trunk Lines	7422	7501	7535	7652	7881
公路线路里程	Length of Highways	150846	151470	151945	155592	159063
内河通航里程	Length of Navigable Inland Waterways	5528	5528	5495	5495	5495
民航航线里程	Length of Civil Aviation Routes	159587	182243	203249	236674	267537
输油、气管道	Petroleum and Gas Pipelines	985	6143	6938	7313	7675
货运量(万吨)	Total Freight Traffic(10000 tons)	56805	57046	61950	66449	68450
铁 路	Railways	17511	16558	17463	17378	16170
公 路	Highways	35424	36486	40582	44420	47465
水 运	Waterways	757	978	1015	1118	1175
民用航空	Civil Aviation	6.0	6.8	7.6	8.2	9.2
管道输油、气量	Petroleum and Gas Pipelines	3107	3017	2883	3525	3631
货物周转量(亿吨公里)	Total Freight Ton-kilometers(100 million ton-km)	1704.3	1655.8	1852.1	1984.7	2020.8
铁 路	Railways	1006.5	956.6	1032.9	1092.3	1041.1
公 路	Highways	653.2	657.1	762.4	843.5	929.0
水 运	Waterways	8.5	6.8	7.0	7.4	7.6
民用航空	Civil Aviation	1.2	1.3	1.4	1.6	1.8
管道输油、气量	Petroleum and Gas Pipelines	34.9	34.0	48.4	40.0	41.3
客运量(万人)	Total Passenger Traffic(10000 persons)	41969	43971	47612	51262	53353
铁 路	Railways	9872	10000	10468	10604	10380
公 路	Highways	31379	32947	36001	39424	41551
水 运	Waterways	176	285	292	312	329
民用航空	Civil Aviation	542	739	851	923	1093
旅客周转量(亿人公里)	Total Passenger-Kilometers(100 million passenger-km)	524.1	577.1	627.8	678.3	733.9
铁 路	Railways	220.7	232.3	252.3	259.7	254.7
公 路	Highways	213.6	226.9	243.2	273.9	296.8
水 运	Waterways	0.3	0.3	0.3	0.4	0.4
民用航空	Civil Aviation	89.5	117.6	132.0	144.3	182.0
民用汽车拥有量(万辆)	Number of Civil Motor Vehicles(10000 units)	141.5	174.5	207.8	242.3	269.3
#载客汽车	#Number of Buses and Cars	91.1	117.0	143.7	173.4	201.4
载货汽车	Number of Trucks	30.8	41.3	49.0	55.3	55.9
#普通载货汽车	#Ordinary Trucks	21.7	25.5	28.8	31.4	31.4
#私人汽车	#Number of Private-owned Motor Vehicles	92.5	121.8	152.0	182.7	210.2
民用运输船舶拥有量(艘)	Number of Civil Transport Vessels(unit)	1535	1534	1564	1592	1592
机动船	Motor Vessels	1182	1176	1205	1233	1238
驳 船	Barges	353	358	359	359	354
私人运输船舶拥有量(艘)	Number of Private-owned Transport Vessels(unit)	946	966	1001	1023	1026
机动船	Motor Vessels	830	823	848	861	864
驳 船	Barges	116	143	153	162	162

注：1. 2006年全省农村公路普查核实后，公路线路里程统计口径调整，增加了“农村公路里程”(下同)。
2. 2008年，交通运输部组织开展了全国公路水路运输量专项调查。统计口径发生较大变化，公路、水运数据不宜进行历史对比（下同）。
3. 2009年输油（气）管道里程包括液化气、天然气、人工煤气和输油管道里程(下同)。

Note: a) After the general survey of countryside road in April 2006, the item of length of highways add" length of countryside road". (the same as following tabales)
b) In 2008, the Department of Transportation organized special investigation on national highway and waterway traffic. Changes in statistical large-caliber, highways, waterways historical data should not be compared (the same below).
c) In 2009, Length of Petroleum and Gas Pipelines included length of liquefied gas, natural gas, artificial gas and oil pipeline mileage(the same below).

15-2 运输线路长度

LENGTH OF TRANSPORTATION ROUTES

单位：公里 (km)

年 份 Year	铁 路 营业里程 Length of Railways in Operation	#地方铁路 Local Railways	铁路正线延展里程 Extension Length of the Trunk Lines	公路线路里 程 Length of Highways	内河通航里 程 Length of Navigable Inland Waterways	民航航线 Length of Civil Aviation Routes	输油、气管道里程 Petroleum and Gas Pipelines
1952	3669		4099	8919	3871		
1957	3740		4153	16892	4095		
1965	3750		4644	26256	5912		20.9
1975	4595		5506	40117	6810		148.2
1978	4594		5538	44797	6595	1261	182.2
1979	4796		5693	42191	5137	1261	182.2
1980	4796		5707	44590	5137	1261	240.2
1981	4819		5771	44749	4776	1261	240.2
1982	4818		5701	44965	4776	6693	240.2
1983	4861		5825	45295	4776	6693	240.2
1984	4917		6026	45396	4776	6705	240.2
1985	4681		6096	45487	4776	6705	302.2
1986	4956		6096	45659	4776	6705	302.2
1987	5020		6096	46090	4776	6705	302.2
1988	5121		6506	46617	4696	14274	302.2
1989	5124	187	6363	47045	4696	14274	302.2
1990	5316	428	6363	47203	4696	14274	422.5
1991	5316	428	6396	47188	4696	14274	474.2
1992	5307	428	6419	47882	4696	14274	737.4
1993	5262	428	6398	48023	4696	14274	746.6
1994	5262	428	6447	48356	5057	14274	746.6
1995	5262	428	6474	48819	5057	14274	749.4
1996	5295	428	6481	48986	5057	72000	749.4
1997	5336	428	6974	49631	5057	69000	802.4
1998	5336	428	7046	49766	5057	90000	802.4
1999	5464	490	7047	49928	5057	114000	985.4
2000	5465	491	7130	50284	5057	112000	985.4
2001	5464	490	7125	62979	5057	123416	985.4
2002	5464	490	7123	63046	5057	117406	985.4
2003	5373	490	7088	65123	5528	108716	985.4
2004	5432	650	7095	66821	5528	127486	985.4
2005	5499	718	7260	67077	5528	116624	985.4
2006	5503	723	7250	139335	5528	138845	985.4
2007	5563	723	7340	140909	5528	208119	985.4
2008	5563	723	7422	150846	5528	159587	985.4
2009	5644	724	7501	151470	5528	182243	6143.1
2010	5673	752	7535	151945	5495	203249	6938.0
2011	5832	751	7652	155592	5495	236674	7313.2
2012	6022	751	7881	159063	5495	267537	7674.6

15-3 公路里程

LENGTH OF HIGHWAYS

单位：公里 (km)

年 份 Year	总 计 Total	等级公路 Expressway and Class I to Ⅳ Highway	高 速 Expressway	一 级 First Class	二 级 Second Class	三 级 Third Class	四 级 Fourth Class	等外公路 Highway Below Class Ⅳ
1979	42191	39966		14	490	8027	31435	2225
1980	44590	42567		18	597	8494	33458	2023
1981	44749	42762		18	623	8606	33515	1987
1982	44965	42989		18	623	8746	33602	1976
1983	45295	43361		18	652	9384	33307	1934
1984	45396	43558		18	697	9859	32984	1838
1985	45487	43649		18	716	9776	33139	1838
1986	45659	43821		32	758	9964	33067	1838
1987	46090	44343		162	780	10361	33040	1747
1988	46617	44715		160	573	12485	31497	1902
1989	47045	45186		189	806	13276	30915	1859
1990	47203	45495		191	891	14158	30255	1708
1991	47188	45568		192	939	14880	29557	1620
1992	47880	46264		213	1124	15662	29265	1616
1993	48023	46527		213	1302	16953	28059	1496
1994	48356	46919		214	1466	17979	27260	1437
1995	48819	47626	36	230	1977	18574	26809	1193
1996	48986	47787	36	271	2503	18547	26430	1199
1997	49631	48956	147	345	3135	22811	22518	675
1998	49766	49098	176	356	3616	22572	22378	668
1999	49928	49263	176	356	4113	22630	21988	665
2000	50284	49623	285	387	4643	22757	21551	661
2001	62979	57762	414	548	5638	33320	17842	5217
2002	63046	57882	413	707	5821	33132	17809	5164
2003	65123	59599	413	925	6623	33083	18555	5524
2004	66821	61303	722	1040	7034	33169	19339	5518
2005	67077	61691	958	1118	7140	32806	19669	5386
2006	139335	83546	958	1325	7279	33611	40373	55789
2007	140909	93850	1044	1453	7443	33027	50883	47059
2008	150846	104102	1044	1534	7743	32621	61160	46744
2009	151470	114511	1219	1576	8599	32186	70931	36960
2010	151945	118918	1358	1451	9063	32128	74918	33028
2011	155592	124132	3708	1289	8849	32298	77989	31460
2012	159063	129260	4084	1521	9623	32182	81850	29803

15-4 主要交通运输工具拥有量

NUMBER OF MAJOR MEANS OF TRANSPORTATION

指 标	Item	2008	2009	2010	2011	2012
铁路机车(台)	**Railway Locomotives(unit)**	**1102**	**1251**	**1188**	**1172**	**1196**
#内燃机车	#Diesel Locomotives	1062	1249	1186	1170	1194
电力机车	Electric Locomotives	40	2	2	2	2
铁路客车(辆)	**Railway Passenger Coaches(coach)**	**3366**	**3401**	**3631**	**3959**	**4195**
#软卧车	#Soft Berth Coaches	282	313	329	334	336
硬卧车	Hard Berth Coaches	1077	1131	1240	1328	1365
软座车	Soft Seat Coaches	29	43	106	108	324
硬座车	Hard Seat Coaches	1653	1622	1652	1520	1524
载货汽车(辆)	**Trucks(coach)**	**307693**	**412662**	**489801**	**552744**	**558566**
普通载货汽车	Ordinary Trucks	216663	255125	288346	314313	313937
专用载货汽车	Special Trucks	91030	157537	201455	238431	244629
#集装箱	#Containers	44	48	42	41	30
#私 人	#Private-owned	155364	225317	290158	341965	363553
特种汽车(辆)	**Special Motor Vehicles(unit)**	**16852**	**18724**	**19383**	**22059**	**23398**
载客汽车(辆)	**Passenger Vehicles(coach)**	**910924**	**1169978**	**1436592**	**1733658**	**2014178**
#私 人	#Private-owned	616914	854246	1102441	1372949	1644174
民用轮驳船(艘)	**Civil Transport Vessels(unit)**	**353**	**358**	**359**	**359**	**354**
民用飞机(架)	**Civil Aircrafts(unit)**	**114**	**129**	**138**	**153**	**152**

15-5 民用车辆拥有量(2012年)

NUMBER OF CIVIL MOTOR VEHICLES OWNED (2012)

单位：辆 (coach)

指标名称	Item	总计 Total	#个人 Individual	营运 Working	非营运 non-Working	#特种 Special
合 计	**Total**	**4944801**	**2823392**	**777002**	**2694417**	**23398**
汽 车	**Automobile**	**2692999**	**2102497**	**656404**	**2036595**	**23053**
载客汽车	Passenger Vehicles	2014178	1644174	150196	1863982	19132
大 型	Large-sized	44234	7850	29344	14890	294
中 型	Medium-sized	29745	12826	5563	24182	851
小 型	Small-sized	1848090	1546819	109212	1738878	17149
微 型	Mini-sized	92109	76679	6077	86032	838
#轿 车	#Car	1242798	1065075	97232	1145566	10610
载货汽车	Trucks	558566	363553	419741	138825	2048
重 型	Heavy-sized	179003	78544	173062	5941	246
中 型	Medium-sized	66834	44974	61118	5716	348
轻 型	Light-sized	307637	236317	183626	124011	1448
微 型	Mini-sized	5092	3718	1935	3157	6
#普通载货	#Accommodation Trucks	313937	233370	199801	114136	1790
其它汽车	Others	120255	94770	86467	33788	1873
电 车	**Electric Car**					
无 轨	No Rail					
有 轨	Rail					
摩托车	**Motorcycle**	**704682**	**701955**	**48673**	**656009**	**313**
普 通	Ordinary	688826	686143	48635	640191	307
轻 便	Light	15856	15812	38	15818	6
拖拉机	**Tractor**	**1473382**				
大 型	Large-sized	808875				
小 型	Small-sized	664507				
挂 车	**Trailer**	**72585**	**18499**	**71579**	**1006**	**3**
其它类型车	**Others**	**1153**	**441**	**346**	**807**	**29**

注：2012年民用车合计统计口径做了调整，与往年不可比。

Note:In 2012, Total civilian vehicles statistical adjustments have been made, uncomparable with previous years.

15-6 民用运输船舶拥有量

NUMBER OF TRANSPORT VESSELS OWNED

指　　标	Item	总　计 Total			#私人 Private		
		2010	2011	2012	2010	2011	2012
合　计	**Total**	**1564**	**1592**	**1592**	**1001**	**1023**	**1026**
机动船(艘)	**Motor Vessels(unit)**	**1205**	**1233**	**1238**	**848**	**861**	**864**
载客量(客位)	Passenger Capacity(seat)	22819	23247	22578	10692	10938	9669
净载重量(吨位)	Dead Weight Tonnage(ton)	25167	25412	25776	13662	15588	16079
总功率(千瓦)	Total Power(kw)	117762	121174	121952	51867	57753	57876
客船(艘)	Passenger Vessels(unit)	607	635	632	444	451	451
载客量(客位)	Passenger Capacity(seat)	20334	20684	20015	8207	8375	7106
净载重量(吨位)	Dead Weight Tonnage(ton)	5999	6250	6114	3022	3069	3068
功率(千瓦)	Power(kw)	48296	51606	52454	19483	20343	20480
客货船(艘)	Passenger- Cargo Vessels(unit)	62	64	64	62	64	64
载客量(客位)	Passenger Capacity(seat)	2485	2563	2563	2485	2563	2563
净载重量(吨位)	Dead Weight Tonnage(ton)	1785	1886	1886	1785	1886	1886
功率(千瓦)	Power(kw)	7235	7298	7298	7235	7298	7298
货船(艘)	Cargo Vessels(unit)	353	351	362	247	245	250
净载重量(吨位)	Dead Weight Tonnage(ton)	17383	17276	17776	8855	10633	11125
功率(千瓦)	Power(kw)	19365	19404	20159	6556	10297	10979
拖船(艘)	Towages(unit)	183	183	180	95	101	99
功率(千瓦)	Power(kw)	42866	42866	42041	18593	19815	19119
驳船(艘)	**Barges(unit)**	**359**	**359**	**354**	**153**	**162**	**162**
净载重量(吨位)	Dead Weight Tonnage(ton)	215206	215206	212343	37806	41236	41236

15-7 运输线路质量

QUALITY OF TRANSPORT ROUTES

指　　标	Item	2008	2009	2010	2011	2012
铁路营业里程(公里)	Length of Railways in Operation(km)	4840	4920	4921	5081	5158
#复线里程(公里)	#Double-Tracking Length(km)	1632	1632	1632	1632	1639
复线里程比重(%)	Proportion(%)	33.7	33.2	33.2	32.1	31.8
#自动闭塞里程(公里)	#Automatic Blocking Length(km)	2109	2109	2108	2108	2206
自动闭塞里程比重(%)	Proportion(%)	43.6	43.6	42.8	41.5	42.8
公路线路里程(公里)	Length of Highways(km)	150846	151470	151945	155592	159063
#有路面里程(公里)	#Paved Highways(km)	106180	116142	120317	125455	129260
有路面里程比重(%)	Proportion(%)	70.4	76.7	79.2	80.6	81.3
内河航道里程(公里)	Length of Navigable Inland Waterways(km)	5595	5595	5562	5562	5562
#水深一米以上(公里)	#Upwards of one meter(km)	3380	3380	3347	3347	3347
水深一米以上比重(%)	Proportion(%)	60.4	60.4	60.1	60.1	60.1

注：铁路里程为哈尔滨铁路局在黑龙江省境内数据。
Note:Length of Railways in Operation is data of Harbin Railway Bureau in churchyard of Heilongjiang Province.

15-8 铁路运输技术经济主要指标

PRINCIPLE ECONOMIC AND TECHNICAL INDICATORS OF RAILWAY TRANSPORT

指　标	Item	2008	2009	2010	2011	2012
货运机车日产量(万吨公里)	Average Daily Ton-kilometers of Freight Locomotives(10000 ton-km)	132.8	131.5	135.0	142.3	146.5
内燃机车	Diesel Locomotives	123.5	123.2	127.9	135.7	140.8
电力机车	Electric Locomotives	263.7	250.7	240.9	240.7	237.5
货运机车平均牵引总重(吨)	Average Total Tonnage of Freight Locomotives(ton)	2925	2945	2965	3029	3056
内燃机车	Diesel Locomotives	2822	2444	2875	2943	2985
电力机车	Electric Locomotives	3861	4021	3972	4061	3969
货运机车日车公里(公里)	Daily Distance per Freight Locomotive(km)	585	560	530	535	548
客运机车日车公里(公里)	Daily Distance per Passenger Locomotive(km)	765	822	802	820	815
内燃机车每万吨公里耗油(公斤)	Oil Consumption of Diesel Locomotives(kg/10000 ton-km)	24.6	24.3	24.5	23.9	24.0
电力机车每万吨公里耗电(千瓦小时)	Electricity Consumption of Electric Locomotives (kwh/10000 ton-km)	74.0	77.5	84.2	87.5	92.6
货物列车出发正点率(%)	Punctuality Rate of Freight Trains at Departure(%)	99.6	99.7	99.7	99.5	99.5
货物列车运行正点率(%)	Punctuality Rate of Freight Trains in Running(%)	99.5	99.6	99.6	99.5	99.5
旅客列车出发正点率(%)	Punctuality Rate of Passenger Trains at Departure(%)	100.0	100.0	100.0	100.0	100.0
旅客列车运行正点率(%)	Punctuality Rate of Passenger Trains in Running(%)	100.0	99.8	98.9	99.9	99.9
货物列车技术速度(公里/小时)	Technical Speed of Freight Trains(km/hour)	50.3	49.2	49.4	49.6	48.8
货物列车运行速度(公里/小时)	Running Speed of Freight Trains(km/hour)	38.4	37.8	39.1	39.0	38.5
货物列车密度(列/日)	Density of Freight Train(list/day)	794	847	28	32	31
货运密度(万吨/公里)	Density of Freight Transport(10000s ton/km)	1894	1865	1934	1992	1972
旅客列车技术速度(公里/小时)	Technical Speed of Passenger Trains(km/hour)	66.4	68.9	67.0	68.5	68.9
旅客列车运行速度(公里/小时)	Running Speed of Passenger Trains(km/hour)	58.0	60.6	59.5	61.4	61.3
客运列车密度(列/日)	Density of Passenger Train(list/day)	257.0	288.0	17.8	18.2	18.7
客运密度(万人/公里)	Density of Passenger Transport(10000 passengers/km)	372.7	382.5	405.0	409.6	398.4
每万吨货运量拥有货车数(辆)	Number of Freight Cars per 10000 Tons(coach)	511.9	521.2	442.8	539.5	709.8
每百万货物吨公里拥有货车数(辆)	Number of Freight Cars per million Ton-km(unit)	90.2	91.2	90.4	108.8	123.1
货车周转时间(天)	Turning Around Time of Freight Cars(day)	2.6	2.6	2.7	2.6	2.9
一次货物作业时间(小时)	Handling Time of Freight(hour)	17.5	15.7	15.4	14.9	18.2
每车中转停留时间(小时)	Transfer Waiting Time per Car(hour)	4.7	4.6	5.0	4.9	5.8
货车净载重(准轨)(吨)	Static Load of Freight Cars(Standard Gauge)(ton)	61.2	61.1	61.2	61.7	62.2

注：本表为哈尔滨铁路局数据。

Note:Figures in this table are the data of Harbin Railway Bureau.

15-9 货运量
FREIGHT TRAFFIC

单位：万吨 (10000 tons)

年 份 Year	合 计 Total	铁 路 Railways	公 路 Highways	水 运 Waterways	民 航 Civil Aviation	管 道 Pipelines
1978	20659	8592	7888	314	0.1	3865
1979	20882	9101	7562	296	0.1	3923
1980	20600	9387	6897	287	0.1	4029
1981	20025	9321	6329	288	0.1	4087
1982	20096	9952	5720	314	0.1	4110
1983	19780	10436	4825	358	0.1	4161
1984	19185	10731	3752	383	0.2	4319
1985	22999	11341	6735	415	0.3	4508
1986	29926	11627	13386	442	0.3	4471
1987	33254	11722	16552	509	0.4	4471
1988	35899	11709	19180	539	0.5	4471
1989	37268	12389	20009	524	0.6	4345
1990	40062	12920	22239	516	1.0	4386
1991	38148	13108	20164	505	0.6	4371
1992	38392	13069	20416	556	0.5	4350
1993	37429	12947	19518	628	1.0	4335
1994	37221	13248	18857	699	1.0	4416
1995	37739	13607	19281	626	1.0	4224
1996	55568	13659	37000	650	1.0	4258
1997	59250	14290	40023	753	1.0	4183
1998	55336	12248	38291	651	1.1	4145
1999	56565	12877	38685	825	1.2	4177
2000	57213	12959	39685	788	1.7	3779
2001	58050	13671	39900	750	1.3	3728
2002	58006	13258	40317	708	4.1	3719
2003	57491	14118	39031	1052	4.7	3285
2004	59968	14975	40712	1156	5.5	3119
2005	64612	15959	44376	1301	4.2	2972
2006	68880	15859	48389	1389	4.6	3238
2007	73122	16599	51996	1250	5.4	3272
2008	56805	17511	35424	757	6.0	3107
2009	57046	16558	36486	978	6.8	3017
2010	61950	17463	40582	1015	7.6	2883
2011	66449	17378	44420	1118	8.2	3525
2012	68450	16170	47465	1175	9.2	3631

15-10 货物周转量

FREIGHT TON-KILOMETERS

单位：亿吨公里 (100 million ton-km)

年 份 Year	合 计 Total	铁 路 Railways	公 路 Highways	水 运 Waterways	民 航 Civil Aviation	管 道 Pipelines
1978	441.1	376.9	11.1	7.8		45.3
1979	461.9	398.4	10.1	7.5		46.0
1980	486.3	419.2	12.2	7.6		47.3
1981	504.4	420.7	27.5	8.3		47.9
1982	524.3	455.2	12.4	8.5		48.2
1983	564.2	494.4	10.3	10.7		48.8
1984	581.4	509.4	9.7	11.6		50.7
1985	633.9	559.9	18.2	13.9		41.9
1986	697.7	598.1	34.3	13.8		51.5
1987	739.8	629.1	44.1	15.1		51.5
1988	758.3	639.4	51.1	15.8		52.0
1989	810.8	689.6	54.9	16.0		50.3
1990	832.5	706.5	59.6	16.4		50.0
1991	836.5	713.0	57.7	16.2		49.6
1992	842.3	717.0	59.8	16.1		49.3
1993	846.1	724.9	55.9	16.1		49.1
1994	856.6	731.3	57.0	18.5		49.8
1995	867.9	748.3	55.9	16.1		47.6
1996	950.6	754.3	129.0	19.5	0.1	47.7
1997	1005.5	801.3	136.0	21.4	0.1	46.7
1998	889.5	684.7	140.4	18.5	0.1	45.8
1999	937.1	715.2	156.7	20.5	0.2	44.5
2000	943.0	718.5	161.9	19.5	0.3	42.8
2001	975.0	747.2	166.0	17.5	0.3	44.0
2002	976.2	748.3	167.5	16.2	0.3	43.9
2003	1015.1	788.6	163.1	19.3	1.0	43.1
2004	1122.0	856.9	203.8	18.9	1.1	41.3
2005	1180.6	898.7	227.6	20.0	0.8	33.5
2006	1228.6	917.8	252.1	21.2	1.0	36.5
2007	1297.7	956.1	289.9	13.6	1.1	37.0
2008	1704.3	1006.5	653.2	8.5	1.2	34.9
2009	1655.8	956.6	657.1	6.8	1.3	34.0
2010	1852.1	1032.9	762.4	7.0	1.4	48.4
2011	1984.7	1092.3	843.5	7.4	1.6	40.0
2012	2020.8	1041.1	929.0	7.6	1.8	41.3

15-11 客运量

PASSENGER TRAFFIC

单位：万人 (10000 persons)

年 份 Year	合 计 Total	铁 路 Railways	公 路 Highways	水 运 Waterways	民 航 Civil Aviation
1978	13369	7707	5560	99	3
1979	14236	8329	5756	84	4
1980	14946	8963	5896	84	3
1981	15997	9806	6076	111	4
1982	17503	10566	6843	89	5
1983	18826	11281	7411	130	4
1984	20605	12111	8362	126	6
1985	20338	11625	8562	142	9
1986	21118	11413	9566	124	15
1987	26247	11697	14404	130	16
1988	26109	12689	13268	133	19
1989	25144	11999	13021	103	21
1990	22799	9855	12840	81	23
1991	23791	9938	13754	66	33
1992	23726	10573	13058	58	37
1993	22810	11658	11026	51	75
1994	23143	12231	10819	34	59
1995	23499	11881	11506	37	75
1996	38631	9515	29000	41	75
1997	45731	9604	36008	45	74
1998	47628	10070	37439	45	74
1999	48516	9847	38562	41	66
2000	49806	9819	39864	45	78
2001	50712	9692	40900	39	81
2002	51026	9188	41490	137	211
2003	47961	8207	39347	176	231
2004	51425	8724	42170	233	298
2005	55619	8251	46808	240	320
2006	60470	8801	51023	253	393
2007	64820	9495	54592	257	476
2008	41969	9872	31379	176	542
2009	43971	10000	32947	285	739
2010	47612	10468	36001	292	851
2011	51262	10604	39424	312	923
2012	53353	10380	41551	329	1093

15-12 旅客周转量

PASSENGER-KILOMETERS

单位：亿人公里 (100 million passenger-km)

年 份 Year	合 计 Total	铁 路 Railways	公 路 Highways	水 运 Waterways	民 航 Civil Aviation
1978	90.8	72.2	17.5	0.7	0.3
1979	97.5	78.7	17.9	0.6	0.2
1980	102.6	83.5	18.4	0.6	0.2
1981	110.7	90.8	18.9	0.9	0.1
1982	119.7	97.2	21.8	0.6	0.2
1983	130.8	106.1	23.8	0.9	0.1
1984	146.4	118.2	27.2	0.8	0.2
1985	162.6	132.0	29.5	0.9	0.2
1986	176.5	140.1	35.4	0.7	0.2
1987	209.2	151.8	56.3	0.7	0.4
1988	227.9	174.0	52.9	0.7	0.4
1989	215.5	162.4	52.1	0.5	0.5
1990	183.6	131.6	50.3	0.4	1.3
1991	195.4	138.5	54.7	0.4	1.9
1992	212.1	155.7	50.9	0.3	5.2
1993	225.5	169.3	43.0	0.3	13.0
1994	225.3	171.8	42.9	0.2	10.4
1995	228.8	169.2	47.8	0.2	11.6
1996	280.3	141.9	126.8	0.2	11.4
1997	336.7	151.9	173.0	0.2	11.6
1998	355.5	156.0	186.9	0.1	12.5
1999	376.6	158.5	206.7	0.1	11.0
2000	388.8	160.9	214.5	0.1	13.3
2001	396.2	163.3	219.0	0.1	13.8
2002	400.3	163.2	221.8	0.1	15.2
2003	389.9	149.2	203.3	0.3	36.9
2004	444.7	171.0	225.8	0.3	47.6
2005	478.6	175.2	254.3	0.3	48.8
2006	536.5	192.5	280.6	0.3	63.1
2007	603.8	210.6	313.9	0.3	79.0
2008	524.1	220.7	213.6	0.3	89.5
2009	577.1	232.3	226.9	0.3	117.6
2010	627.8	252.3	243.2	0.3	132.0
2011	678.3	259.7	273.9	0.4	144.3
2012	733.9	254.7	296.8	0.4	182.0

15-13 铁路按货物种类分的货运量和货物周转量

RAILWAY FREIGHT TRAFFIC AND FREIGHT TON-KILOMETERS BY CATEGORY OF CARGO

指标	Item	货运量（万吨）Freight Traffic (10000 tons)		货物周转量（百万吨公里）Freight Ton-km (million ton-km)		平均运距（公里）Average Transport Distance (km)	
		2011	2012	2011	2012	2011	2012
总 计	**Total**	**28526**	**27994**	**141507**	**140009**	**496**	**500**
煤	Coal	12094	12181	77107	78447	638	644
焦 炭	Coke	815	754	4805	4414	590	585
石 油	Petroleum	1311	1260	4265	4015	325	319
钢 铁	Steel and Iron	947	924	3113	3216	329	348
金属矿石	Metal Ores	1018	1066	8816	8548	866	802
非金属矿石	Nonmetal Ores	874	736	2273	1846	260	251
矿建材料	Mineral Building Materials	3810	3550	8780	7862	230	221
水 泥	Cement	1003	912	2592	2230	259	245
木 材	Timber	1820	1593	5590	4827	307	303
化肥和农药	Chemical Fertilizers and Pesticides	749	952	3813	4752	509	499
粮 食	Grain	2318	2531	12035	12900	519	510
其 他	Others	1767	1535	8318	6952	471	453

注：本表为哈尔滨铁路局数据。
Note:Figures in this table are the data of Harbin Railway Bureau.

15-14 公路按货物种类分的货运量和货物周转量

HIGHWAY FREIGHT TRAFFIC AND FREIGHT TON-KILOMETERS BY CATEGORY OF CARGO

指标	Item	货运量（万吨）Freight Traffic (10000 tons)		货物周转量（百万吨公里）Freight Ton-km (million ton-km)		平均运距（公里）Average Transport Distance (km)	
		2011	2012	2011	2012	2011	2012
总 计	**Total**	**44420**	**47465**	**84345**	**92904**	**189.9**	**195.7**
煤炭及制品	Coal and Products	7040	8442	8462	9846	120.2	116.6
石油、天然气及制品	Petroleum, Natural Gas and Products	2024	1965	3320	3769	164.0	191.8
金属矿石	Metal Ores	538	647	822	868	152.8	134.2
有色金属	Non-ferrous metal	97	103	193	203	198.7	197.1
钢 铁	Steel and Iron	1994	1944	5360	5490	268.8	282.4
矿建材料	Mineral Building Materials	3962	3815	2550	2470	64.4	64.7
水 泥	Cement	2742	2792	3830	4680	139.7	167.6
木 材	Timber	2133	2121	4889	4949	229.2	233.3
非金属矿石	Nonmetal Ores	675	682	847	1075	125.6	157.6
化肥和农药	Chemical Fertilizers and Pesticides	1357	1281	2747	2515	202.4	196.3
盐	Salt	782	774	2320	2318	296.7	299.5
粮 食	Grain	6915	7443	11727	13020	169.6	174.9
机械、设备、电器	Machinery, Equipment and Household Appliances	1592	1591	5904	6141	370.9	386.0
化工原料及制品	Raw Chemical Material and products	1197	1199	4096	4285	342.2	357.4
轻工、医药产品	Light Industry, Medical and Pharmaceutical Products	1635	1885	4271	4550	261.2	241.4
农林牧渔业产品	Faming, Forestry, Animal Husbandry and Fishery Products	2205	2385	6078	6261	275.6	262.5
#棉 花	#Cotton	171	178	275	295	160.6	165.7
其 他	Others	7532	8396	16928	20464	224.7	243.7

15-15 民用航空航线和飞机数量

NUMBER OF MAJOR MEANS OF TRANSPORTATION

指 标	Item	2008	2009	2010	2011	2012
民用航空航线数量(条)	**Number of Civil Aviation Routes(unit)**	**73**	**84**	**93**	**104**	**117**
国际航线	International Routes	8	8	9	10	15
国内航线	Domestic Routes	64	74	82	92	100
地区航线	Regional Routes	1	2	2	2	2
民用航空航线里程(公里)	**Length of Civil Aviation Routes(km)**	**159587**	**182243**	**203249**	**236674**	**267537**
国际航线	International Routes	8919	8919	9325	11948	23218
国内航线	Domestic Routes	147817	168114	188714	219516	239109
地区航线	Regional Routes	2851	5210	5210	5210	5210
民用飞机数量(架)	**Number of Civil Aircrafts(unit)**	**114**	**129**	**138**	**153**	**152**
运输飞机	Aerotransport	11	13	15	25	29
通用飞机	General Aircraft	103	116	123	128	123
通用飞行时间(小时)	**Flying Time of General Aviation(hour)**	**20733**	**19072**	**22025**	**24466**	**23411**
农林业航空作业	Flight for Agriculture and Forestry	6211	6853	8281	7647	8033
航空护林	Forest Protection Service	3555	2684	1280	3135	2117
其 他	Others	10967	10165	12464	13684	13261

15-16 邮政和信息传输基本情况

BASIC CONDITIONS OF POST AND INFORMATION TRANSFER

指 标	Item	2009	2010	2011	2012
邮 政	**Post**				
邮政业务总量(亿元)	Business Volume of Post(100 million yuan)	39.7	34.6	25.5	28.2
函件(万件)	Number of Letters(10000 pieces)	8668	9305	7772	7058
特快专递(万件)	Pieces of Express Mail Services(10000 pieces)	866	903	456	496
报刊期发数(万份)	Number of Newspapers and Magazines Circulation(10000 copies)	377	368	446	607
集邮业务(万枚)	Philately(10000 units)	3637	3478	4090	3838
邮路及农村投递线路长度(万公里)	Length of Post Routes and Rural Delivery Routes (10000 km)	26.9	16.9	16.4	17.2
邮政局所数(处)	Number of Post and Telecommunications Offices(unit)	1513	1552	1963	1963
#设在农村	#in Rural	979	925	976	976
信息传输	**Information Transfer**				
电信业务总量(亿元)	Business Volume of Telecommunications Service(100 million yuan)	657.6	776.4	277.6	296.8
本地电话用户(万户)	Local Telephone Subscribers(10000 subscribers)	870.2	813.5	793.5	776.1
城市电话用户(万户)	Urban Telephones Subscribers(10000 subscribers)	659.1	620.4	608.0	594.3
#住宅电话用户	#Residential Telephones Subscribers	498.4	464.2	448.3	442.3
农村电话用户(万户)	Rural Telephones Subscribers(10000 subscribers)	211.1	193.1	185.4	181.7
#住宅电话用户	#Residence Telephone Subscribers	194.4	177.0	170.1	167.1
长途电话(万次)	Number of Long-distance Calls(10000 times)	206058			
移动电话用户(万户)	Number of Mobile Telephones Subscribers(10000 subscribers)	1990.1	2243.0	2566	2663.9
移动电话通话量(亿次)	Quantity of Mobile Telephones Conversation(100 million times)	487.4			
移动电话通话时长(亿分钟)	Time of Mobile Telephones Conversation(100 million minutes)	1020.3	1197.0	1370.1	1487.3
移动短信业务量(亿条)	Business Volume of Shot Message(100 million messages)	171.1	177.6	179.7	164.4
固定互联网络用户(万户)	Number of Subscribers of Internet Service(10000 subscribers)	318.3	346.6	398.4	453.7
拨号用户(户)	The Digit Dialing Subscribers of Internet Service(subscribers)	410801	199911	117456	178443
专线用户(户)	The Special line Subscribers of Internet Service(subscribers)	585			
宽带接入用户(户)	ADSL Subscribers of Internet Service(subscribers)	2771822	3266289	3866770	4358319
IP电话通话时间(亿分钟)	Time of IP Telephones(100 million minutes)	15.9	11.9	7.4	7.1
长途光缆线路长度(公里)	Length of Long-distance Optical Cable Lines(km)	42722	39872	40070	40496

注：1.2011年邮电业务总量是按照2010年的不变单价计算，与往年数据不可比。
　　2.2009年起，移动电话用户统计口径重新调整修订。

Note: 1.Business Volume of Postal and Telecommunication Services of 2011 based on the 2010 re-calculated the average unit price of the same calculation, not comparable with previous years.
　　2.Since 2009, Number of Mobile Telephones Subscribers readjusted statistics caliber.

主要统计指标解释

铁路营业里程　又称营业长度(包括正式营业和临时营业里程)，指办理客货运输业务的铁路正线总长度。凡是全线或部分建成双线及以上的线路，以第一线的实际长度计算；复线、站线、段管线、岔线和特殊用途线以及不计算运费的联络线都不计算营业里程。该指标可以反映铁路运输业基础设施的发展水平，也是计算客货周转量、运输密度和机车车辆运用效率等指标的基础资料。

公路里程　指在一定时期内实际达到《公路工程[WTBZ]技术标准JTJ01-88》规定的等级公路，并经公路主管部门正式验收交付使用的公路里程数。包括大中城市的郊区公路以及通过小城镇街道部分的公路里程和桥梁、渡口的长度，不包括大中城市的街道、厂矿、林区生产用道和农业生产用道的里程。两条或多条公路共同经由同一路段，只计算一次，不得重复计算里程长度。该指标可以反映公路建设的发展规模，也是计算运输网密度等指标的基础资料。

内河航道里程　也称内河通航里程，指在一定时期内，能通航运输船舶及排筏的天然河流、湖泊水库、运河及通航渠道的长度。包括全年季节性通航累计三个月以上的航道，不包括仅供零散流放竹、木排的河道。该指标可以反映内河水运网的规模、水平和发展情况。

民用航空航线里程　指统计期间内全部民用航空航线的航线总长度。航线长度指民用航空航线的计费距离。计算航线里程可按重复和不重复两种方法，前者是指各航线长度相加的总和；后者则要扣除各航线之间相同航段重复计算的部分。

输油(气)管道长度　也称输油(气)里程，指油品(或天然气)的实际输送距离，一般按输油(气)管道的单线长度计算。若包括复线和备用线长度则称为输油(气)管道延展长度，是指管道铺设的实际长度。我们通常使用的是不包括复线的“输油(气)管道里程”，该指标可以反映管道运输的发展规模和水平。

货(客)运量　指在一定时期内，各种运输工具实际运送的货物(旅客)数量。该指标是反映运输业为国民经济和人民生活服务的数量指标，也是制定和检查运输生产计划、研究运输发展规模和速度的重要指标。货运按吨计算，客运按人计算。货物不论运输距离长短、货物类别，均按实际重量统计。旅客不论行程远近或票价多少，均按一人一次客运量统计；半价票、小孩票也按一人统计。

货(客)运密度　指在一定时期内某种运输方式在营运线路的某一区段平均每公里线路通过的货物(旅客)运输周转量。计算公式为：

$$货(客)运密度=\frac{货物(旅客)周转量}{营业线路长度}$$

该指标可以反映交通运输线路上的货物(旅客)运输量运输繁忙程度，是平衡运输线路运输能力和通过能力，规划线路建设及改造、配备技术设备，研究运输网布局的重要依据。

货物(旅客)周转量　指在一定时期内，由各种运输工具运送的货物(旅客)数量与其相应运输距离的乘积之总和。该指标可以反映运输业生产的总成果，也是编制和检查运输生产计划，计算运输效率、劳动生产率以及核算运输单位成本的主要基础资料。计算货物周转量通常按发出站与到达站之间的最短距离，也就是计费距离计算。计算公式为：

货物（旅客）周转量=Σ（货物（旅客）运输量×运输距离）

铁路货车平均静载重　指铁路货车在始发站静止状态下平均每车装载的货物重量，用以分析货车完成装车时车辆载重力的利用情况。计算公式为：

$$货车平均静载量=\frac{货物发送吨数}{装车数}$$

静载重的多少取决于运送货物的性质、种类、车辆的类型和装载技术的高低。根据货车的平均标记载重与静载重进行对比，可以反映货车载重能力的利用程度。计算公式为：

$$货车载重力利用率(\%)=\frac{货车平均静载重}{货车平均标记载重}\times 100\%$$

铁路货运机车日产量 指在一定时期内，平均每台货运机车在一昼夜内所完成的总重吨公里数，包括载运货物的重量和车辆本身的自重。该指标从时间和牵引能力两方面反映了机车运用效率。计算公式为：

$$货运机车平均日产量=\frac{货运总重吨公里数}{货运机车台日数}$$

民用汽车拥有量 指报告期末，在公安交通管理部门按照《机动车注册登记工作规范》，已注册登记领有民用车辆牌照的全部汽车数量。汽车拥有量统计的主要分类：根据汽车结构分为载客汽车、载货汽车及其他汽车；根据汽车所有者不同分为个人(私人)汽车、单位汽车；根据汽车的使用性质分为营运汽车、非营运汽车；根据汽车大小规格不同载客汽车分为大型、中型、小型和微型，载货汽车分为重型、中型、轻型和微型。

邮电业务总量 指以价值量形式表现的邮电通信企业为社会提供各类邮电通信服务的总数量。邮电业务量按专业分类包括函件、包件、汇票、报刊发行、邮政快件、特快专递、邮政储蓄、集邮、传真、长途电话、出租电路、移动电话、分组交换数据通信、出租代维等。计算方法为各类产品乘以相应的平均单价(不变价)之和，再加上出租电路和设备、代用户维护电话交换机和线路等的服务收入。该指标综合反映了一定时期邮电业务发展的总成果，是研究邮电业务量构成和发展趋势的重要指标。计算公式为：

邮电业务总量=Σ（各类邮电业务量×不变单价）

+出租代维及其他业务收入

=邮政业务总量+电信业务总量

移动电话用户 指在电信运营企业营业网点办理开户登记手续，通过移动电话交换机进入移动电话网，占用移动电话号码的各类电话用户。包括GSM数字移动电话用户、CDMA数字移动电话用户和电信运营企业发行的报告期末已激活充值的能异地漫游的各种智能卡用户。

固定电话用户 指在电信运营企业营业网点办理开户登记手续并已接入固定电话网上的全部电话用户。包括普通电话用户、公用电话用户、窄带综合业务数字网（N—ISDN）用户、智能网专用接入终端用户等。按行政区划分为城市电话用户和农村电话用户。1997年以前，“市内电话用户”是指接入县城及县以上城市的电话网上的电话用户；“农村电话用户”是指接入县邮电局农话台及县以下农村电话交换点，以县城为中心(除市话用户外)联通县、乡(镇)、行政村、村民小组的用户。从1997年起，电话用户数分组调整为以用户所在区域划分为“城市电话用户”和“乡村电话用户”，与过去的按市内电话和农村电话划分方法不同。而电话用户总数、电话机总部数统计范围不变。

城市电话用户 指按行政区划属于中央直辖市、省辖市、地级市、县级市的市区、市郊区及县城区范围内的电话用户。包括分布在农村地区县团级以上建制的独立工矿区、林区、驻军等电话用户。

农村电话用户 指按行政区划属于城市范围以外的乡(镇)、村的电话用户。

住宅电话用户 指私人付费或安装在居民住宅并按照私人或住宅电话用户登记注册和收费的各类电话用户。包括私人付费、单位付费和按规定免费安装的住宅电话用户。

互联网宽带接入端口 指用于接入互联网用户的各类实际安装运行的宽带接入端口的数量，包括xDSL用户接入端口、LAN接入端口以及其他类型宽带用户接入端口等，不包括窄带拨号接入端口

Explanatory Notes on Main Statistical Indicators

Length of Railways in Operation refers to the total length of the trunk line for passenger and freight transportation (including both full operation and temporary operation). The calculation is based on the actual length of the first line if this line has a full or partial double (or more). Not included are double tracks, station sidings, tracks under the charge of stations, branch lines, special-purpose lines and non-payable connecting lines. The length of railways in operation is an important indicator to show the development of the infrastructure of railway transport. It is also essential data to calculate volume of passenger freight transport, traffic density and utilization efficiency of locomotives and carriages.

Length of Highways refers to the length of highways which are built in conformity with the grades specified by the highway engineering standard [Highways WTBZ-Technical Standard JTJ01-88]formulated by the Ministry of Communications, and have been formally checked and accepted by the departments of highways and put into use. The length of highways includes that of the suburb highways at large and medium-sized cities, highways passing through streets at small cities and towns, and also the length of bridges and ferry piers. It does not include the length of streets in big and medium-sized cities and highways built for the production purpose at factories, mines, forest areas and agricultural areas. If two or more highways go the same section of the way, the length of the section is only calculated for once and no duplication is allowed. The length of highways is an indicator to show the development of the scale of highway construction and to provide essential information to calculate the transport network density.

Length of Navigable Inland Waterways is an indicator reflecting the size and development of inland water network. It refers to the length of the natural rivers, lakes, reservoirs, canals, and ditches open to navigation during a given period, which enables transportation by ships and rafts. It includes the channels open to navigation for over an accumulated period of 3 months in a year, yet this does not include the river courses which are only used to float odd logs and bamboo rafts. This indicator can reflect the scale, level and development situation of the inland waterway network.

Length of Civil Aviation Routes refers to the length of all routes for civil aviation flights, which is used to account the freight, during the period of statistics.. There are usually two ways to calculate the route length: duplicated calculation and non-duplicated calculateion, the former is the sum of length of all civil aviation routes, and the latter should deduct the duplication length of same route among all routes.

Length of Oil (Gas) Pipelines is used as an indicator to show the development, scale and level of the pipeline transportation. It refers to the actual transport distance of oil (or gas) products, and is in general calculated according to the length of single pipeline. If the length of the double pipelines and alternate pipeline are included, it is called the extension length of the oil (gas) pipelines, which indicates the actual length of the pipelines built. The commonly used indicator, the "length of "oil (gas)" pipelines, does not include the double pipelines. It can reflect the extent and level of development of pipeline transport.

Freight (Passenger) Traffic refers to the volume of freight (passenger) transported with various means within a specific period of time. This indicator reflects the service of the transport industry towards the national economy and people' s living conditions, as well as an important indicator used in formulating and monitoring transport production plans and research into the scale and pace of transport development. Freight transport is calculated in tons and passenger traffic is calculated in terms of number of persons. Freight transport is calculated in terms of the actual weight of the goods and takes no account of the type of freight and distance of travel. Passenger traffic is calculated by the principle that one person can be counted only once in one trip and takes no account of the travelling distance and ticket price. The passengers who travel with a half price ticket or a child' s ticket is also calculated as one person.

Freight (Passenger) Traffic Density refers to the freight (passenger) traffic volume carried by a particular means of transportation during a given period through one kilometre of a specific section of transportation route. The formula is as follows:

$$\begin{matrix}\text{Freight (Passenger)}\\ \text{traffic density}\end{matrix} = \frac{\begin{matrix}\text{freight ton - kilometres}\\ \text{(passenger - kilometres)}\end{matrix}}{\begin{matrix}\text{length of route}\\ \text{in operation}\end{matrix}}$$

Freight (passenger) traffic density reflects how busy freight (passenger) traffic is on transportation routes. It provides an important basis for balancing transport capability and throughput capability, planning construction and upgrading of transport routes, installing technical facilities and studying the distribution of transport networks.

Freight Ton-kilometres (Passenger-kilometres) refers to the sum of the product of the volume of transported cargo (passengers) multiplied by the transport distance. It is an important indicator to reflect the achievement of the transportation industry. This is an important indicator to show the total results of the transport industry; to prepare and examine the transport plan; and to serve as the main basic data for calculating the efficiency, labour productivity and unit cost of transport. Normally, the shortest distance between the departure station and the destination station (i.e., the payable distance) is the basis in calculating the freight ton-kilometres. The formula is as follows:

$$\begin{matrix}\text{Freight ton - kilometres}\\ \text{(passenger - kilometres)}\end{matrix} = \sum \begin{matrix}\text{freight}\\ \text{(passenger)traffic}\end{matrix} \times \begin{matrix}\text{distance of}\\ \text{transportation}\end{matrix}$$

Average Static Load of Freight Cars refers to the average cargo weight as loaded by each freight car under the static condition at the departure station. It is used to show the utilization extent of the loading capacity of the freight cars. The formula is:

$$\begin{matrix}\text{Static load (ton)}\\ \text{of freight car}\end{matrix} = \frac{\text{tonnage of goods dispatched}}{\text{number of freight cars loaded}}$$

The static load of freight cars is determined by the nature and type of goods loaded the type of vehicles, and the technique of loading. Comparison of the average marked load with the static load of freight cars provides indication on the degree of utilization of loading capacity of freight cars. For its calculation the following formula is applied:

$$\begin{matrix}\text{Utilization rate of}\\ \text{capacity of freight cars (\%)}\end{matrix} = \frac{\text{Average static load}}{\text{Average marked load}} \times 100\%$$

Average Daily Haul of Freight Locomotives refers to the average total ton-kilometres accomplished by each freight transport locomotive over one day and night during a given period of time. It includes both the weight of the goods carried and the dead weight of the train itself. It is a comprehensive indicator reflecting the locomotive efficiency in terms of both time and the pulling force.

$$\begin{array}{c}\text{Average daily haul of}\\ \text{freight transport locomotive}\\ \text{(ton - kilometre)}\end{array}=\frac{\begin{array}{c}\text{Total ton - kilometres}\\ \text{of freight}\end{array}}{\begin{array}{c}\text{Daily number of freight}\\ \text{transport locomotive}\end{array}}$$

Possession of Civil Motor Vehicles refer to the total numbers of vehicles that are registered and received vehicles license tags according to the Work Standard for Motor Vehicles Registration formulated by the Transport Management Office under the department of public security at the end of the reference period. They are divided into categories.According to the structure of motor vehicles, they are divided into passenger vehicles, trucks and others; according to ownership into private vehicles and vehicles for the unit' s use; according to kind of usage into working vehicles and non-working vehicles; and according to size of vehicles into large passenger vehicles, medium-sized passenger vehicles, small passenger vehicles and mini passenger vehicles, heavy trucks, light-heavy trucks, light trucks and mini-trucks.

Business Volume of Post and Telecommunications refers to the total amount of postal and telecommunication services, expressed in value terms, provided by the post and telecommunications departments for society. Postal and telecommunication services can be classified as letters, parcels, remittance, issue of newspapers and magazines, fast mail service, express mail service, savings deposits, stamps for collection, facsimiles, long-distance telephone service, leasing of telephone lines, mobile telephone service, data transmission, income from leasing, maintenance, etc. The accounting approach is to multiply the service products of all types with their average unit price (constant price) to get the total business value, and to add to it income from other services such as leasing of telephone lines and equipment and maintenance of telephone switchboards and lines on behalf of customers. This indicator reflects the overall results of postal and telecommunication services during a given period, and is important for studying the composition of business service and the trend of development of postal and telecommunication services.

The formula is as follows:

Business volume of post and telecommunications

=Σ(Transaction of post and telecommunication services

×price[constant price])

+Income from leasing, maintenance and other services

= business volume of postal service

+ business volume of telecommunications service

Mobile Telephone Subscribers refer to persons who have gone through registration procedures in the operation points of enterprises engaged in telecommunications and are hence connected with the mobile telephone communication network through the mobile telephone switchboards and occupy mobile phone numbers. Included are GSM digital mobile phone subscribers, CDMA digital mobile phone subscribers and subscribers to intelligent phone cards with roaming facility issued by telecommunications enterprises and which have been subscribed to and activated at the end of the reference period.

Local Telephone Subscribers refer to all subscribers who have gone through registration procedures in the operation points of enterprises engaged in telecommunications and are hence connected to the local telecommunications service provider through fixed line network. Included are household subscribers, institutional subscribers, public telephones, N-ISDN subscribers and intelligent network terminal subscribers. They are also classified in terms of administrative districts as city subscribers and rural subscribers according to location. Before 1997, city subscribers referred to those connected to city telephone networks in county towns and cities, while village subscribers referred to those connected to village telephone stations at and below counties. Since 1997, the classification of telephone subscribers was modified on the basis of physical location of the subscribers as urban telephone subscribers and rural telephone subscribers, which is different from the previous classification of categorizing city telephones and rural telephones, while the statistical coverage of total subscribers and total number of telephones remains unchanged.

Urban Telephone Subscribers refer to the number of telephone subscribers, located at the different administrative districts of municipalities directly under the Central Government, cities under the jurisdiction of province, cities at prefecture level, downtown and suburb of city at county level town and county towns (including country towns where county government located, and towns of county level according to the administrative organizational system), that are connected to the public line telephone network, including rural mineral area, forest area, military area.

Rural Telephone Subscribers refer to telephone subscribers, located at counties (towns) and villages outside the range of cities according to administrative jurisdiction.

Household Telephone Subscribers refer to telephone sets installed in the dwelling units of urban or rural residents, and registered as residence subscribers for payment, including 3 types of payment for the service: private payment, public payment and free service in accordance with relevant regulations.

Broadband Connection Terminals refer to the connection terminals to internet users actually installed and put into operation, including connection terminals for xDSL, connection terminals for LAN, and other connection terminals for xDSL. N-ISDN connection terminals are not included.

第十六篇　国内贸易和旅游业

CHAPTER 16 DOMESTIC TRADE AND TOURISM

资料整理：王占先　李明武　张莹娣

16-1 国内贸易和旅游基本情况

BASIC CONDITIONS OF DOMESTIC TRADE AND TOURISM

单位：亿元　　　　(100 million yuan)

指　标	Item	2008	2009	2010	2011	2012
社会消费品零售总额	**Total Retail Sales of Consumer Goods**	**2928.3**	**3401.8**	**4039.2**	**4750.1**	**5491.0**
按地区分	By Region					
城　镇	City			3585.9	4218.8	4815.5
#城　区	#County			2866.3	3382.0	3844.9
乡　村	Under County Level			453.3	531.3	675.5
按行业分	By Sector					
批发零售贸易业	Wholesale and Retail Trade	2445.7	2927.0	3542.6	4162.2	4801.3
住宿和餐饮业	Hotels and Catering Services	351.4	429.4	496.6	587.9	689.7
其　它	Others	41.5	45.4			
按商品类别分	By category					
食品类	Food	1119.9	1309.7	1567.4	1873.9	2120.8
衣着类	Clothing	567.3	677.3	788.6	929.1	1047.9
用品类	Articles	975.5	1187.9	1443.5	1672.3	1994.7
燃料类	Fuel	175.9	226.9	239.7	274.8	327.6
限上批发零售业企业情况	**Indicators of Enterprise above Designated Size in Wholesale and Retail Trade**					
企业数(个)	Number of Enterprises(unit)	1283	1276	1547	1638	1929
从业人数(万人)	Employee(10000 persons)	13.6	13.2	15.5	13.2	14.8
商品销售总额	Total Sales	2276.4	2802.2	3034.2	4454.2	4965.4
个体工商业情况	**Indicators of Private Industry and Commerce**					
户数(万户)	Family Households(10000 households)	82.5	92.4	101.4	109.2	119.4
从业人员(万人)	Employee(10000 persons)	171.2	182.5	203.4	249.7	287.1
营业收入	Operating Revenue	854.5	974.3			
限上连锁店情况	**Indicators of Branch Chain Store above Designated Size**					
连锁门店数(个)	Number of Branch Chain Store(unit)	1065	1000	1163	1598	1866
营业面积(万平方米)	Business Areas(sq. m)	44.9	50.1	62.9	64.6	70.0
从业人员(人)	Number of Person Employed(person)	20991	19334	21369	23963	22966
销售总额	Total Sales	139.8	134.7	174.3	248.0	232.4
旅　游	**Tourism**					
国际旅游人数(万人)	Number of International Tourists(10000 person)	200.6	142.5	172.4	206.5	207.6
外国人	Foreigners	193.3	135.0	164.8	197.8	194.7
港、澳、台合计	Tourists from Hong Kong, Macao and Taiwan	7.3	7.5	7.6	8.7	12.9
香港同胞	Chinese Compatriots From Hong Kong	3.2	3.4	3.3	3.3	4.5
澳门同胞	Chinese Compatriots From Macao	0.2	0.8	0.7	0.8	0.5
台湾同胞	Chinese Compatriots FromTaiwan Province	3.9	3.3	3.6	4.6	7.9
旅游外汇收入总额(亿美元)	Total of Foreign Exchange Earnings(USD 100 million)	8.7	6.4	7.6	9.2	8.4
国内旅游人数(亿人次)	Number of Domestic Tourists (10000 million person-times)	0.8	1.1	1.6	2.0	2.5
国内旅游收入(亿元)	Receipts of Domestic Tourism (100 million yuan)	502	606	832	1032	1248

16-2 社会消费品零售总额(1978-2009年)

TOTAL RETAIL SALE OF CONSUMER GOODS (1978-2009)

单位：亿元 (100 million yuan)

年 份 Year	社会消费品零售总额 Total Retail Sale of Consumer Goods	按地区分 By Region 市 City	县 County	县以下 Under County Level	按行业分 By Sector 批发零售贸易业 Wholesale and Retail Trade	餐饮业 Catering Trade	制造业 Manufacturing	农业生产者 Farm Producers	其他 Others
1978	61.8	23.3	23.8	14.7	53.2	2.4	2.9		3.3
1980	81.0	37.1	23.9	20.0	68.6	3.7	4.4		4.3
1985	156.7	86.2	46.7	23.8	119.8	9.0	11.3		16.6
1990	341.0	199.5	74.6	66.9	271.4	17.9	19.6	19.1	13.0
1991	352.2	231.7	82.9	37.6	276.2	19.1	21.7		35.2
1992	403.0	269.9	84.3	48.8	313.9	20.8	24.0		44.3
1993	459.5	323.2	83.4	52.9	363.1	24.2	24.8	31.2	16.2
1994	551.7	388.3	96.7	66.7	420.5	35.6	30.7	47.8	17.1
1995	682.7	476.7	116.0	90.0	524.3	41.8	29.7	61.5	25.4
1996	782.2	554.2	124.1	103.9	600.9	54.3	37.6	73.0	16.4
1997	880.2	623.2	139.6	117.4	683.5	63.4	37.9	80.9	14.5
1998	949.7	679.9	138.0	131.8	734.1	77.2	36.9	87.2	14.3
1999	1016.2	725.8	150.5	139.8	778.4	86.9	41.6	91.1	18.3
2000	1094.0	785.2	160.6	148.3	848.7	98.5	39.7	88.2	19.0
2001	1198.9	867.4	171.5	159.7	929.1	115.9	46.0	85.3	22.7
2002	1320.0	959.6	186.6	173.8	1030.0	135.7	44.0	86.4	23.9
2003	1376.4	1019.4	186.6	170.4	1191.9	152.3	32.2		
2004	1557.3	1160.7	206.1	190.5	1343.0	178.3	35.9		
2005	1773.8	1323.0	226.3	210.7	1518.0	204.1	37.9		
2006	2029.0	1524.7	237.8	235.2	1718.6	241.2	37.9		
2007	2386.2	1799.9	273.0	258.2	2008.5	284.4	38.2		
2008	2928.3	2201.5	325.2	311.9	2445.7	351.4	41.5		
2009	3401.8	2640.0	386.1	375.7	2927.0	429.4	45.4		

注：1. 2000及以后商品购进、销售和库存总额为限额以上企业统计口径。
2. 2003年起社会消费品零售总额不再包括“制造业”企业的科、室对居民及社会集团的零售额和“农业生产者”对非农业居民的零售额。
3. 2005年及以前社会消费品零售总额不包括住宿业统计，所以住宿和餐饮业数据中不含住宿业(下同)。
4. 2005年-2008年全省社会消费品零售总额为普查衔接后的数据，其他分项数据未做衔接，因此加总后不等于总额（下同）。

Note:a) The total purchases, sales and inventory only include enterprises above designated size from 2000.
b) The total retail sales of consumer goods do not include the retail sales of residents and social groups sold by unit of manufacturing and the retail sales sold by farmers to non-agricultural residents.
c) The total retail sales of consumer goods before 2005 do not include the statistics of hotel, so the number of hotel and food services do not include hotel (the same as next table).
d) Total Retail Sales of Consumer Goods from 2005 to 2008 are adjusted according to the Second National Economic Census in 2008, the other sub-data unadjusted (the same as next table).

16-3 社会消费品零售总额

TOTAL RETAIL SALE OF CONSUMER GOODS

单位：亿元 (100 million yuan)

年 份 地 区	Year Region	社会消费品零售总额 Total Retail Sale of Consumer Goods	按地区分 By Region 城镇 City	#城区 County	乡村 Under County Level	按行业分 By Sector 批发零售贸易业 Wholesale and Retail Trade	住宿和餐饮业 Hotels and Catering Services
2010		4039.2	3585.9	2866.3	453.3	3542.6	496.6
2011		4750.1	4218.8	3382.0	531.3	4162.2	587.9
2012		5491.0	4815.5	3844.9	675.5	4801.3	689.7
哈尔滨	Harbin	2394.6	2168.3	1752.9	226.3	2080.0	314.6
齐齐哈尔	Qiqihar	480.2	406.2	338.2	73.9	445.4	34.8
鸡 西	Jixi	162.3	135.5	115.2	26.8	135.3	26.9
鹤 岗	Hegang	97.1	90.6	81.9	6.5	82.4	14.8
双鸭山	Shuangyashan	88.5	81.2	49.3	7.4	76.8	11.3
大 庆	Daqing	803.1	747.1	682.2	56.0	738.5	64.7
伊 春	Yichun	76.5	72.9	57.7	3.6	55.5	20.9
佳木斯	Jiamusi	277.4	244.1	207.8	33.3	244.5	32.9
七台河	Qitaihe	74.2	61.0	50.7	13.2	65.6	11.9
牡丹江	Mudanjiang	346.2	290.5	214.0	55.7	295.4	51.0
黑 河	Heihe	73.5	55.1	29.3	18.3	57.2	19.2
绥 化	Suihua	353.1	302.8	133.5	50.3	315.0	39.2
大兴安岭	Daxinganling	45.9	42.6	38.7	3.4	34.4	11.5
农垦总局	ARB	158.5	128.2	105.2	30.3	142.1	16.4
绥芬河	Suifenhe	17.2	14.3	13.2	2.9	16.3	0.9
抚 远	Fuyuan	7.0	5.1	4.6	1.9	5.9	1.1

16-4 按商品类别分社会消费品零售总额

TOTAL RETAIL SALE OF CONSUMER GOODS BY CATEGORY

单位：亿元 (100 million yuan)

年份 Year / 地区 Region	社会消费品零售总额 Total Retail Sale of Consumer Goods	食品类 Food	#主食 Staple Food	#副食 Non-Staple Food	#烟、酒、茶、饮料 Tobacco, Liquor, tea and Beverages	衣着类 Clothing	#针、纺织品 Knitwear and Textiles	#服装鞋帽类 Clothing, Shoes and Hats	用品类 Articles	#日用品 Articles for Daily Use	#家用电器及音像器材 Household and Video Appliances
2005	1773.8	720.8	164.2	406.2	147.9	364.6	91.6	271.5	568.0	149.9	114.2
2006	2029.0	797.7	177.5	440.0	161.7	398.2	97.5	283.8	685.9	179.8	127.6
2007	2386.2	930.3	202.0	510.9	175.6	467.8	105.2	322.0	794.3	204.0	146.7
2008	2928.3	1119.9	242.2	627.2	201.5	567.3	126.9	388.0	975.5	249.8	181.3
2009	3401.8	1309.7	281.6	746.0	242.7	677.2	151.3	491.9	1187.9	296.8	226.6
2010	4039.2	1567.4	316.7	923.9	281.4	788.6	164.4	585.5	1443.5	367.0	273.5
2011	4750.1	1873.9	362.0	1053.8	316.9	929.1	183.4	658.4	1672.3	440.2	335.5
2012	5491.0	2120.8	607.0	1145.4	368.4	1047.8	301.2	746.6	1994.8	441.9	284.3
哈尔滨 Harbin	2394.6	780.1	296.8	336.2	108.5	776.9	398.7	243.8	397.8	23.2	38.6
齐齐哈尔 Qiqihar	480.2	261.1	58.0	101.6	44.6	57.2	3.7	47.8	137.1	18.0	15.8
鸡西 Jixi	162.3	61.5	16.1	31.1	14.2	51.2	16.4	34.8	44.6	6.7	5.8
鹤岗 Hegang	97.1	33.0	13.5	9.6	9.7	33.8	4.9	14.6	23.4	4.4	3.6
双鸭山 Shuangyashan	88.5	30.1	14.3	10.4	5.5	30.8	4.4	13.2	21.3	4.0	3.3
大庆 Daqing	803.1	143.8	4.3	12.0	12.1	140.3	9.1	17.8	409.8	25.8	43.0
伊春 Yichun	76.5	32.7	11.9	14.8	6.0	19.1	4.8	14.3	19.5	3.4	3.2
佳木斯 Jiamusi	277.4	102.9	24.2	65.0	13.7	57.4	6.1	51.3	102.1	9.0	38.7
七台河 Qitaihe	74.2	25.2	10.3	7.4	7.4	25.9	3.7	11.1	17.9	3.4	2.8
牡丹江 Mudanjiang	346.2	128.7	23.4	77.7	27.6	74.7	14.2	60.4	128.6	39.9	27.4
黑河 Heihe	73.5	25.0	11.8	8.6	4.6	25.6	3.7	11.0	17.7	3.3	2.7
绥化 Suihua	353.1	131.3	30.9	82.9	17.6	73.1	7.7	65.3	129.9	11.4	49.2
大兴安岭 Daxinganling	45.9	24.0	8.6	10.7	4.7	8.4	4.0	4.3	9.5	0.8	1.0
农垦总局 ARB	158.5	54.5	21.0	17.5	15.9	32.9	14.7	18.1	58.4	13.4	8.9
绥芬河 Suifenhe	17.2	9.9	5.7	2.5	1.7	3.8	1.9	1.9	3.0	0.6	0.4
抚远 Fuyuan	7.0	2.7	0.8	1.5	0.5	1.3	0.4	1.0	2.5	0.6	0.4

16-4 续表 CONTINUED

单位：亿元 (100 million yuan)

年份 Year / 地区 Region	#文化体育用品 Culture and Sports Articles	#化妆品 Cosmetics	#金银珠宝 Gold, Silver and Jewelry	#中西药品 Transitional Chinese and Western Medicines	#书报杂志 Newspaper and Magazines	#建筑材料 Structural Material	#汽车类 Automobiles	#家具类 Furniture	#电子出版物及音像制品类 E-jourial and Video Products	燃料类 Fuel
2005	29.8	30.4	23.4	65.6	27.8	118.6				106.6
2006	35.7	37.1	26.9	75.1	31.3	133.5				115.9
2007	42.9	45.0	32.6	88.5	36.5	140.7				138.7
2008	51.2	52.6	38.6	107.0	42.9	173.1				175.9
2009	64.3	64.5	47.3	126.7	51.6	202.2				226.9
2010	84.6	80.7	59.8	152.4	59.1	240.0				239.7
2011	98.1	104.1	78.8	186.8	73.2	252.1				274.8
2012	68.0	115.8	84.4	196.0	71.7	247.7	374.9	65.6	40.9	327.6
哈尔滨 Harbin	9.2	14.7	12.9	23.5	8.5	74.3	243.9	19.5	9.2	439.8
齐齐哈尔 Qiqihar	8.0	5.5	4.8	5.1	1.3	1.1	23.6	3.6	0.5	24.8
鸡西 Jixi	2.2	4.0	4.9	5.4	4.9	3.1	1.9	2.7	1.8	5.0
鹤岗 Hegang	1.1	1.2	1.1	2.2	1.1	3.2	1.5	0.7	0.4	6.9
双鸭山 Shuangyashan	1.0	1.1	1.0	2.0	1.0	2.9	0.1	0.6	0.3	6.3
大庆 Daqing	10.2	16.4	14.3	26.2	9.4	82.8	81.9	21.7	10.2	109.2
伊春 Yichun	1.1	1.2	1.1	2.2	1.1	2.3		0.6	0.4	5.2
佳木斯 Jiamusi	5.1	6.1	9.2	11.6	4.3	4.9	7.5	3.7	1.8	15.0
七台河 Qitaihe	0.8	0.9	0.8	1.7	0.8	2.5	1.7	0.5	0.3	5.3
牡丹江 Mudanjiang	5.5	5.3	5.0	12.1	13.1	3.9	12.5	1.9	0.8	14.2
黑河 Heihe	0.8	0.9	0.8	1.7	0.8	2.4	1.3	0.5	0.3	5.2
绥化 Suihua	6.5	7.8	11.6	14.7	5.6	6.4		4.8	2.3	18.7
大兴安岭 Daxinganling	0.8	0.8	1.0	1.0	1.1	2.2				4.1
农垦总局 ARB	3.1	3.3	2.3	5.0	1.1	9.0		1.5	0.3	12.6
绥芬河 Suifenhe	0.7	0.0	0.1	0.2	0.3	0.1		0.4	0.1	0.5
抚远 Fuyuan	0.1	0.1	0.1	0.2	0.1	0.3		0.1	0.1	0.4

16-5 限额以上批发零售业企业商品销售情况 (2012年)

单位：万元

类　别	Category	企业数（个）Number of Enterprises (unit)
总　计	**Total**	**1929**
批发业	**Wholesale Trade**	**806**
按登记注册类型分组	**Grouped by Status of Registration**	
内资企业	Domestic Funded Enterprises	803
国有企业	State-owned Enterprises	114
集体企业	Collective-owned Enterprises	17
股份合作企业	Cooperative Enterprises	5
联营企业	Joint Ownership Enterprises	
有限责任公司	Limited Liability Corporations	283
国有独资企业	Sole State-funded Corporations	11
其他有限责任公司	Others Limited Liability Corporations	272
股份有限公司	Share-holding Corporations Ltd.	39
私营企业	Private Enterprises	312
私营独资企业	Private-funded Enterprises	27
私营合伙企业	Private Partnership Enterprises	2
私营有限责任公司	Private Limited Liability Corporations	268
私营股份有限公司	Private Share-holding Corporations Ltd.	15
其他企业	Other Enterprises	33
港、澳、台商投资企业	Enterprises with Funds from Hong Kong, Macao and Taiwan	2
外商投资企业	Foreign Funded Enterprises	1
按国民经济行业分组	**Grouped by Sector**	
农、林、牧产品批发业	Wholesale of Agriculture, Forestry and Animal Products	121
食品、饮料及烟草制品批发业	Wholesale of Foods, Beverage and Tobaccos	77
#米、面制品及食用油批发	#Wholesale of Rice and Flour Products and Edible Oils	18
烟草制品批发	Wholesale of Tobacco	19
纺织、服装及家庭用品批发业	Wholesale of Textile, Clothes and Household Products	47
#服装批发	#Wholesale of Clothes	14
文化、体育用品及器材批发业	Wholesale of Cultural and Sports Goods and Equipment	12
医药及医疗器材批发业	Wholesale of Medicine and Medical Devices	88
矿产品、建材及化工产品批发业	Wholesale of Minerals Products, Building Materials and Chemical Products	317
#煤炭及制品批发	#Wholesale of Coal and Its Products	35
石油及制品批发	Wholesale of Petroleum and Its Products	33
金属及金属矿批发	Wholesale of Metals and Metal Mineral	62
建材批发	Wholesale of Building Materials	62
化肥批发	Wholesale of Fertilizers	37
机械设备五金交电及电子产品批发	Wholesale of Mechanical Equipment, Hardware and Electronic Products	118
#汽车摩托车及零配件批发	#Wholesale of Automobiles, Motorcycles and Their Accessories	31
五金产品批发	Wholesale of Hardware Products	4
计算机软件及辅助设备批发	Wholesale of Computers, Software and Their Supporting Equipment	21
贸易经纪与代理	Trade Broker and Agent	9
其他批发业	Other Wholesales	17

SALES STATISTICS OF ENTERPRISE ABOVE DESIGNATED SIZE IN WHOLESALE AND RETAIL TRADE (2012)

(10000 yuan)

产业活动单位数（个）Number of Establishments (unit)	从业人数（人）Employment (person)	商品销售总额 Total Sales		
		合计 Total	批发 Wholesale Trade	零售 Retail Trade
5136	**148312**	**49654140**	**34225911**	**15428229**
1996	**48226**	**37388250**	**33063003**	**4325247**
1993	47617	37173553	32863481	4310072
622	16951	9849110	8345698	1503412
59	593	79717	76862	2855
147	1708	937671	226776	710896
353	14750	17231161	17004810	226351
18	1346	1965424	1964187	1237
335	13404	15265737	15040623	225114
459	5460	2735964	1711922	1024042
319	7541	6001718	5195432	806286
31	824	226358	210580	15778
2	15	8127	8127	
271	6118	5583113	4800239	782874
15	584	184120	176486	7634
34	614	338212	301982	36230
2	555	68367	53192	15175
1	54	146330	146330	
126	7458	2115242	1711735	403506
169	11524	5384287	5155145	229142
39	1252	1511352	1502346	9006
87	7430	2440882	2404830	36053
47	2455	1404173	1318713	85460
14	486	214873	178017	36856
12	568	97925	91378	6547
92	5304	1416127	1389315	26812
1403	16337	24914955	21520633	3394322
35	1564	510422	492520	17902
1042	10203	18207869	14926932	3280938
62	951	1346618	1284267	62351
62	814	1010597	1004434	6163
111	1800	2884134	2881291	2843
121	3801	1505290	1332619	172671
32	758	584773	455053	129720
4	119	23727	23727	0.1
21	349	127757	121342	6414
9	106	40174	39669	506
17	673	510077	503796	6281

16-5 续表

单位：万元

类　别	Category	企业数（个） Number of Enterprises (unit)
零售业	**Retail Trade**	**1123**
按登记注册类型分组	**Grouped by Status of Registration**	
内资企业	Domestic Funded Enterprises	1104
国有企业	State-owned Enterprises	91
集体企业	Collective-owned Enterprises	40
股份合作企业	Cooperative Enterprises	21
联营企业	Joint Ownership Enterprises	5
有限责任公司	Limited Liability Corporations	362
国有独资企业	Sole State-funded Corporations	2
其他有限责任公司	Others Limited Liability Corporations	360
股份有限公司	Share-holding Corporations Ltd.	59
私营企业	Private Enterprises	445
私营独资企业	Private-funded Enterprises	102
私营合伙企业	Private Partnership Enterprises	7
私营有限责任公司	Private Limited Liability Corporations	317
私营股份有限公司	Private Share-holding Corporations Ltd.	19
其他企业	Other Enterprises	81
港、澳、台商投资企业	Enterprises with Funds from Hong Kong, Macao and Taiwan	11
外商投资企业	Foreign Funded Enterprises	8
按国民经济行业分组	**Grouped by Sector**	
综合零售业	Integrated Retail	238
#百货零售	#General Merchandise Retail	166
超级市场零售	Supermarket Retail	47
食品、饮料及烟草制品专门零售业	Special Retails of Foods, Beverage and Tobaccos	39
纺织、服装及日用品专门零售业	Special Retail of Textile, Clothing and Domestic Commodities	72
#服装零售	#Clothing Retail	51
文化、体育用品及器材专门零售业	Special Retail of Cultural and Sports Goods and Equipment	73
#体育用品及器材零售	#Sports Goods and Equipment Retail	7
图书、报刊零售	Books Newspapers and Magazines Retail	51
医药及医疗器材专门零售业	Special Retail of Medicine and Medical Devices	109
#药品零售	#Medicine Retail	104
汽车、摩托车、燃料及零配件专门零售业	Special Retail of Automobiles, Motorcycles, Fuels and Their Accessories	346
#汽车零售	#Automobile Retail	245
机动车燃料零售	Automobile Fuel Retail	67
家用电器及电子产品专门零售业	Special Retail of Household Electrical Appliances and Electronic Products	139
#家用电器零售	#Retail of Household Electrical Appliances	77
计算机、软件及辅助设备零售	Retail of Computers, Software and Their Supporting Equipment	41
通讯设备零售	Retail of Communication Equipment	15
五金、家具及室内装修材料专门零售业	Special Retail of Hardware, Furniture and Indoor Decoration Materials	41
货摊、无店铺及其他零售业	Retail shopboard, without Shops and Other Retail	
#邮购及电视、电话零售	#Mail Order, Television and Telephone Selling	1

CONTINUED

(10000 yuan)

产业活动单位数（个） Number of Establishments (unit)	从业人数（人） Employment (person)	商品销售总额 Total Sales		
		合 计 Total	批 发 Wholesale Trade	零 售 Retail Trade
3140	**100086**	**12265890**	**1162908**	**11102982**
3092	93064	11494580	1161665	10332914
113	5695	553790	39701	514089
148	2063	124266	11273	112992
21	1066	55881	2057	53824
23	210	110313	41237	69077
990	35009	4106767	387633	3719134
2	30	13551	5382	8169
988	34979	4093216	382251	3710964
849	12840	2635838	481115	2154722
812	30458	3167154	183028	2984126
130	5963	263236	8328	254908
7	393	21891		21891
617	21973	2616455	170813	2445642
58	2129	265573	3887	261686
136	5723	740572	15621	724951
27	3494	429539	1242	428297
21	3528	341771		341771
481	44606	4597254	89251	4508004
237	31320	3765775	79472	3686303
119	12341	777619	2339	775280
39	1608	137417	64749	72668
80	7349	405105	10499	394606
52	6268	275220	3909	271311
95	6460	272407	13356	259052
7	3301	125641		125641
70	2801	98438	7253	91185
1676	13172	1323941	457435	866506
1671	13070	1303558	454155	849403
403	14074	3968521	346076	3622445
247	11507	3300457	291549	3008908
122	2096	583861	32706	551154
208	9457	1142051	88898	1053154
113	5332	734178	28245	705934
41	3342	250507	16272	234234
48	664	150653	41239	109413
41	1551	101010	19701	81309
1	249	10458		10458

16-6 限额以上批发零售贸易业商品分类销售额 (2012年)

TOTAL SALES OF ENTERPRISE ABOVE DESIGNATED SIZE IN WHOLESALE AND RETAIL TRADE BY CATEGORY OF COMMODITIES (2012)

单位：万元 (10000 yuan)

类　别	Category	销售合计 Total	批 发 Wholesale Trade	零 售 Retail Trade
合 计	**Total**	**53897171**	**35724600**	**18172571**
食品、饮料、烟酒类	Food, Beverages, Tobacco and Liquor	9273844	7101586	2172258
#食品类	#Food	6056045	4301495	1754550
#粮油类	#Grain and Oil	3900232	3227978	672254
肉禽蛋类	Meat, Poultry and Eggs	210221	1916	208305
饮料类	Beverages	229533	92789	136744
烟酒类	Tobacco and Liquor	2988266	2707301	280964
服装鞋帽、针、纺织品类	Clothing, Shoes, Hats and Textiles	4086420	914357	3172063
服装类	Clothing	2679464	322510	2356955
鞋帽类	Shoes and Hats	1141484	532053	609431
针、纺织品类	Knitwear and Textiles	265471	59794	205677
化妆品类	Cosmetics	267740	24401	243338
金银珠宝类	Gold, Silver and Jewelry	415105	6999	408106
日用品类	Articles for Daily Use	998685	427128	571558
#洗涤用品类	#Washing Articles	140846	14148	126698
五金、电料类	Hardware and Electrical Materials	161458	17611	143846
体育、娱乐用品类	Sports and Recreation Articles	70043	58	69985
书报、杂志类	Newspapers and Magazines	159915	62988	96928
电子出版物及音像制品类	E-journal and Video Products	9803	177	9625
家用电器及音像器材类	Household Appliances and Video Appliances	1329002	185767	1143234
中西药品类	Traditional Chinese and Western Medicines	2888139	1854201	1033938
文化办公用品类	Cultural and Official Goods	694159	250036	444123
家俱类	Furniture	360603	20567	340035
通讯器材类	Communication Appliances	405311	90926	314385
煤炭及制品类	Coal and Related Product	779780	641719	138061
木材及制品类	Wood and Wooden Product	396343	396343	
石油及制品类	Petroleum Related Product	18273870	14808638	3465233
化工材料类	Raw Chemical Materials	3693751	3693751	
#化肥类	#Fertilizer	2862646	2862646	
金属材料类	Metal Materials	3057905	3057905	
建筑及装潢材料类	Building and Decoration Materials	908054	359982	548073
机电产品及设备类	Mechanical and Electrical Products	581095	526595	54499
汽车类	Automobiles	3881035	396300	3484735
种子饲料类	Seed and Feedstuff	99119	99119	
棉麻类	Cotton and Hemp	1493	778	715
其他类	Others	1104500	786669	317832

16-7 各地区限额以上批零贸易业商品销售情况 (2012年)

SALES STATISTICS OF ENTERPRISE ABOVE DESIGNATED SIZE IN WHOLESALE AND RETAIL TRADE BY REGION (2012)

地 区	Region	企业数（个） Number of Enterprises (unit)	产业活动单位数（个） Number of Establishments (unit)	从业人数（人） Employment (person)
全 省	**Total**	**1929**	**5136**	**148312**
哈尔滨	Harbin	799	2083	54716
齐齐哈尔	Qiqihar	96	266	5167
鸡 西	Jixi	81	268	5285
鹤 岗	Hegang	80	211	8943
双鸭山	Shuangyashan	51	206	5410
大 庆	Daqing	297	476	21745
伊 春	Yichun	28	96	1439
佳木斯	Jiamusi	50	206	10448
七台河	Qitaihe	18	53	1357
牡丹江	Mudanjiang	187	336	13797
黑 河	Heihe	41	113	2396
绥 化	Suihua	88	482	10903
大兴安岭	Daxinganling	21	86	1580
农垦总局	ARB	26	188	3959
绥芬河	Suifenhe	62	62	905
抚 远	Fuyuan	4	4	262

16-7 续表 CONTINUED

地 区	Region	商品销售总额(万元) Total Sales (10000 yuan)		
		合 计 Total	批 发 Wholesale Trade	零 售 Retail Trade
全 省	**Total**	**49654140**	**34225911**	**15428229**
哈尔滨	Harbin	17701767	11034418	6667349
齐齐哈尔	Qiqihar	1840540	908427	932113
鸡 西	Jixi	1206720	683710	523011
鹤 岗	Hegang	522536	350283	172253
双鸭山	Shuangyashan	496495	322637	173858
大 庆	Daqing	15121611	12319629	2801982
伊 春	Yichun	375642	288140	87502
佳木斯	Jiamusi	1056002	277876	778125
七台河	Qitaihe	406632	113746	292887
牡丹江	Mudanjiang	2910630	2040737	869893
黑 河	Heihe	550721	229332	321390
绥 化	Suihua	1468854	518927	949927
大兴安岭	Daxinganling	1331499	1220091	111408
农垦总局	ARB	2679986	1962165	717822
绥芬河	Suifenhe	1976688	1950400	26288
抚 远	Fuyuan	7817	5396	2421

16-8 限额以上住宿和餐饮业企业经营状况 (2012年)

SALES STATISTICS OF ACCOMADATION AND RESTAURANTS ABOVE DESIGNATED SIZE (2012)

项目	Item	企业数（个）Number of Enterprises (unit)	从业人数（人）Employment (person)	营业额（万元）Business Revenue (10000 yuan)	#客房收入 Guest Room Revenue	#餐费收入 Food Revenue
总计	**Total**	**488**	**44570**	**669533**	**216893**	**373142**
住宿业	**Accommodation**	**242**	**25243**	**351159**	**190851**	**129333**
按登记注册类型分组	**Grouped by Status of Registration**					
内资企业	Domestic Funded Enterprises	226	22926	290996	156986	109254
国有企业	State-owned Enterprises	68	8873	104258	45608	48851
集体企业	Collective-owned Enterprises	3	235	2339	1844	463
股份合作企业	Cooperative Enterprises	2	376	7204	1647	2377
联营企业	Joint Ownership Enterprises	2	36	797	483	251
有限责任公司	Limited Liability Corporations	64	6805	87053	51632	29363
国有独资企业	Sole State-funded Corporations	1	80	914	180	539
其他有限责任公司	Others Limited Liability Corporations	63	6725	86139	51453	28824
股份有限公司	Share-holding Corporations Ltd.	11	1196	21350	16575	3451
私营企业	Private Enterprises	67	4996	62319	36163	22171
私营独资企业	Private-funded Enterprises	19	1156	20357	10131	8860
私营合伙企业	Private Partnership Enterprises	2	193	3774	3714	53
私营有限责任公司	Private Limited Liability Corporations	42	3306	34110	20056	11478
私营股份有限公司	Private Share-holding Corporations Ltd.	4	341	4079	2262	1781
其他企业	Other Enterprises	9	409	5677	3033	2327
港、澳、台商投资企业	Enterprises with Funds from Hong Kong, Macao and Taiwan	11	1221	25723	13539	8740
合资经营企业	Joint-venture Enterprises	5	511	11492	6955	3585
合作经营企业	Cooperative Enterprises					
独资经营企业	Enterprises with Sole Investment	4	540	6730	3811	2525
投资股份有限公司	Share-holding Corporations Ltd. With Investment	2	170	7500	2773	2629
其他港澳台投资企业	Other Enterprisess					
外商投资企业	Foreign Funded Enterprises	5	1096	34440	20326	11340
中外合资经营企业	Joint-venture Enterprises	1	130	4854	4054	800
中外合作经营企业	Cooperative Enterprises	1	66	1746	1646	75
外资企业	Enterprises with Sole Foreign Investment	2	795	26773	14002	10088
外商投资股份有限公司	Share-holding Corporations Ltd. With Foreign Investment	1	105	1066.4	623.9	377.5
其他外商投资企业	Other foreign investment enterprise					
按国民经济行业分组	**Grouped by Sector**					
旅游饭店	Tourist Hotel	173	20677	280435	143266	108734
一般旅馆	General Hotel	62	4169	66384	45576	18452
其他住宿服务	Others	7	397	4340	2008	2148
按星级分组	**Grouped by Star**					
五星	Five-star hotel	8	2112	52464	29087	19458
四星	Four-star hotel	44	7314	87890	40632	36635
三星	Three-star hotel	62	5670	57649	31651	20594
二星	Two-star hotel	25	1102	13865	6903	6079
一星	One-star hotel	4	112	1402	802	370
其他	Others	99	8933	137890	81775	46197

16-8 续表 CONTINUED

项 目	Item	企业数（个）Number of Enterprises (unit)	从业人数（人）Employment (person)	营业额（万元）Business Revenue (10000 yuan)	#客房收入 Guest Room Revenue	#餐费收入 Food Revenue
餐饮业	**Restaurants**	**246**	**19327**	**318374**	**26042**	**243809**
按登记注册类型分组	**Grouped by Status of Registration**					
内资企业	Domestic Funded Enterprises	203	14604	229524	26008	166181
国有企业	State-owned Enterprises	17	1268	37932	9739	15971
集体企业	Collective-owned Enterprises	3	161	1072		959
股份合作企业	Cooperative Enterprises	2	75	590		290
联营企业	Joint Ownership Enterprises					
有限责任公司	Limited Liability Corporations	45	5723	63235	9540	43273
国有独资企业	Sole State-funded Corporations					
其他有限责任公司	Others Limited Liability Corporations	45	5723	63235	9540	43273
股份有限公司	Share-holding Corporations Ltd.	6	395	5253	86	4785
私营企业	Private Enterprises	106	5648	100986	5077	85746
私营独资企业	Private-funded Enterprises	33	1575	26918	2025	21888
私营合伙企业	Private Partnership Enterprises	6	276	3341	495	2313
私营有限责任公司	Private Limited Liability Corporations	62	3556	67221	2557	58093
私营股份有限公司	Private Share-holding Corporations Ltd.	5	241	3507		3452
其他企业	Other Enterprises	24	1334	20456	1567	15157
港、澳、台商投资企业	Enterprises with Funds from Hong Kong, Macao and Taiwan	19	1778	35932		31129
合资经营企业	Joint-venture Enterprises	10	896	19224		16602
合作经营企业	Cooperative Enterprises					
独资经营企业	Enterprises with Sole Investment	8	829	14768		13378
投资股份有限公司	Share-holding Corporations Ltd. With Investment	1	53	1940		1149
其他港澳台投资企业	Other Enterprisess					
外商投资企业	Foreign Funded Enterprises	24	2945	52918	34	46498
中外合资经营企业	Joint-venture Enterprises	9	1840	24822	34	21657
中外合作经营企业	Cooperative Enterprises	1	305	12902		12902
外资企业	Enterprises with Sole Foreign Investment	13	728	14117		11125
外商投资股份有限公司	Share-holding Corporations Ltd. With Foreign Investment	1	72	1078		815
其他外商投资企业	Other foreign investment enterprise					
按国民经济行业分组	**Grouped by Sector**					
正餐服务业	Dinner Service	236	18623	297515	25849	223286
快餐服务业	Snack Service	8	649	19514		19385
饮料及冷饮服务业	Beverage and Cold Drink Service	1	35	794		779
其他餐饮服务业	Other Food and Beverage Services	1	20	551	193	358

16-9 各地区限额以上住宿和餐饮业经营状况 (2012年)

SALES STATISTICS OF ACCOMADATION AND RESTAURANTS ABOVE DESIGNATED SIZE BY REGION (2012)

地区	Region	住宿业 Accommodation				
		企业数（个）Number of Enterprises(unit)	从业人数（人）Employment (person)	营业额（万元）Business Revenue (10000 yuan)	#客房收入 Guest Room Revenue	#餐费收入 Food Revenue
全省	**Total**	**242**	**25243**	**351159**	**190851**	**129333**
哈尔滨	Harbin	111	12675	212265	121527	71859
齐齐哈尔	Qiqihar	16	1145	16282	11636	3974
鸡西	Jixi	8	380	1922	955	272
鹤岗	Hegang	10	854	8005	3658	3538
双鸭山	Shuangyashan	5	354	3797	1649	1598
大庆	Daqing	12	1493	14137	7672	3667
伊春	Yichun	17	1400	15186	5746	8205
佳木斯	Jiamusi	9	691	8721	4130	3857
七台河	Qitaihe	2	145	1495	965	508
牡丹江	Mudanjiang	25	3235	36635	18331	15668
黑河	Heihe	5	484	6142	2922	3027
绥化	Suihua	7	434	4578	2266	1739
大兴安岭	Daxinganling	7	858	8382	3144	5094
农垦总局	ARB	6	953	12188	5306	5929
绥芬河	Suifenhe	2	142	1425	943	400
抚远	Fuyuan					

16-9 续表 CONTINUED

地区	Region	餐饮业 Restaurants				
		企业数（个）Number of Enterprises(unit)	从业人数（人）Employment (person)	营业额（万元）Business Revenue (10000 yuan)	#客房收入 Guest Room Revenue	#餐费收入 Food Revenue
全省	**Total**	**246**	**19327**	**318374**	**26042**	**243809**
哈尔滨	Harbin	136	9056	187216	3273	158365
齐齐哈尔	Qiqihar	17	901	11141	917	8299
鸡西	Jixi	6	219	3899	994	2499
鹤岗	Hegang	2	76	835	31	789
双鸭山	Shuangyashan	8	540	4112	898	3008
大庆	Daqing	22	1713	33372	7522	21647
伊春	Yichun	9	306	6364	1480	4345
佳木斯	Jiamusi	11	1061	12498	1273	9734
七台河	Qitaihe	6	194	5118		4513
牡丹江	Mudanjiang	17	3708	20196	3684	15136
黑河	Heihe	5	784	7511	902	2362
绥化	Suihua	2	217	2006	1020	755
大兴安岭	Daxinganling					
农垦总局	ARB	3	468	23560	4048	11813
绥芬河	Suifenhe	1	34	344		344
抚远	Fuyuan	1	50	201		201

16-10 限额以上批发零售贸易业商品销售数量(2012年)

TOTAL SALES NUMBER OF ENTERPRISE ABOVE DESIGNATED SIZE IN WHOLESALE AND RETAIL TRADE BY COMMODITIES (2012)

品　　名	Item	购进量 Total Purchases volume	销售量 Total Sales volume
大米(稻米)(万吨)	Rice(rice)(10000 tons)	346	236
面粉(小麦面)(万吨)	Flour(wheat flour)(10000 tons)	3	4
杂粮(万吨)	Grains(10000 tons)	337	335
食用植物油(吨)	Edible Vegetable Oil(ton)	34563	38015
猪肉(吨)	Pork(ton)	18083	20758
牛肉(吨)	Beef(ton)	4523	5182
羊肉(吨)	Lamb(ton)	859	1494
禽肉(吨)	Meat of Poultry(ton)	2092	3443
鲜蛋(吨)	Fresh Eggs(ton)	11630	13067
彩色电视机(台)	Color TV(unit)	1609633	1577248
家用电冰箱(台)	Household Refrigerator(unit)	525771	531768
房间空调器(台)	Household Air Conditioner(unit)	144242	143771
电脑(微型计算机)(台)	Computer (microcomputer)(unit)	294925	291880
煤炭(万吨)	Coal(10000 tons)	1456	1481
汽油(吨)	Gasoline(ton)	3995377	3741729
柴油(吨)	Diesel Oil(ton)	5919869	5807566
钢材(吨)	Steel Products(ton)	4414402	3943855
铝(吨)	Aluminum(ton)	7860	8287
水泥(吨)	Cement(ton)	36731	35812
化学肥料(吨)	Chemical Fertilizers(ton)	11238623	11019611
化学农药(吨)	Chemical Pesticide(ton)	29246	28835
汽车(辆)	Motor Vehicles(unit)	346219	373142
#轿车(辆)	#Car	205296	205321

16-11 限额以上批发零售贸易企业财务状况 (2012年)

单位：万元

项　　目	Item	企业数(个) Numbers of Enterprises (unit)	流动资产小计 Circulating Funds
总　计	**Total**	**1932**	**16665621**
批发企业	**Wholesale Trade**	**809**	**13143454**
按登记注册类型分组	**Grouped by Status of Registration**		
内资企业	Domestic Funded Enterprises	806	13120313
国有企业	State-owned Enterprises	117	2475410
集体企业	Collective-owned Enterprises	17	25745
股份合作企业	Cooperative Enterprises	5	100791
联营企业	Joint Ownership Enterprises		
有限责任公司	Limited Liability Corporations	283	5115709
国有独资企业	Sole State-funded Corporations	11	606323
其他有限责任公司	Others Limited Liability Corporations	272	4509386
股份有限公司	Share-holding Corporations Ltd.	39	3276575
私营企业	Private Enterprises	312	2006036
其他企业	Other Enterprises	33	120047
港、澳、台商投资企业	Enterprises with Funds from Hong Kong, Macao and Taiwan	2	10777
外商投资企业	Foreign Funded Enterprises	1	12364
按国民经济行业分组	**Grouped by Sector**		
农、林、牧产品批发业	Wholesale of Agriculture, Forestry and Animal Products	122	1469160
食品、饮料及烟草制品批发业	Wholesale of Foods, Beverage and Tobaccos	79	2177688
#米、面制品及食用油批发	#Wholesale of Rice and Flour Products and Edible Oils	20	994765
烟草制品批发	Wholesale of Tobacco	19	796215
纺织、服装及家庭用品批发业	Wholesale of Textile, Clothes and Household Products	47	279936
#服装批发	#Wholesale of Clothes	14	94136
文化、体育用品及器材批发业	Wholesale of Cultural and Sports Goods and Equipment	12	35810
医药及医疗器材批发业	Wholesale of Medicine and Medical Devices	88	421277
矿产品、建材及化工产品批发业	Wholesale of Minerals Products, Building Materials and Chemical Products	317	7684104
#煤炭及制品批发	#Wholesale of Coal and Its Products	35	272914
石油及制品批发	Wholesale of Petroleum and Its Products	33	4110269
金属及金属矿批发	Wholesale of Metals and Metal Mineral	62	454839
建材批发	Wholesale of Building Materials	62	360168
化肥批发	Wholesale of Fertilizers	37	2190602
机械设备五金交电及电子产品批发	Wholesale of Mechanical Equipment, Hardware and Electronic Products	118	897467
#汽车摩托车及零配件批发	#Wholesale of Automobiles, Motorcycles and Their Accessories	31	116260
五金产品批发	Wholesale of Hardware Products	4	10057
计算机软件及辅助设备批发	Wholesale of Computers, Software and Their Supporting Equipment	21	22873
贸易经纪与代理	Trade Broker and Agent	9	18631
其他批发业	Other Wholesales	17	159382

注：本表中数据按照批发零售住宿餐饮业财务报表填报，企业个数是指有财务活动的企业个数。
Note: Data in this table according to wholesale and retail hotels and catering provided financial statements, enterprise number refers to the number of enterprise financial activities.

FINANCIAL INDICATORS OF ENTERPRISE ABOVE DESIGNATED SIZE IN WHOLESALE AND RETAIL TRADE (2012)

(10000 yuan)

资产合计 Total Assets	负债合计 Total Liabilities	实收资本 Paicl-up Capital	固定资产原价 Original Value of Fixed Assets	累计折旧 Total Depreciation	主营业务收入 Revenue in Major Business	主营业务成本 Cost in Major Business	主营业务税金及附加 Tax and Extra Changes in Major Business
20358201	**16454234**	**2024310**	**2925559**	**964025**	**45940000**	**42347023**	**290349**
15218111	**12551152**	**1153908**	**1398599**	**502682**	**35624724**	**33403380**	**217316**
15194002	12520524	1153352	1397780	502274	35466044	33254873	217189
3067913	1987319	235056	625293	266852	9179151	8387023	127516
41919	26547	13048	14182	3214	61664	53279	429
147686	62366	44800	40069	12950	842014	794545	915
5937542	5164653	409905	320574	82073	16558039	15868385	24901
669739	609589	32674	36702	14035	1616133	1569815	6960
5267803	4555065	377231	283872	68038	14941906	14298570	17940
3499521	3307197	144137	153226	68851	2658541	2511562	2514
2358417	1863614	281355	227791	62995	5862784	5360775	58544
141006	108827	25051	16645	5339	303852	279304	2371
11612	10952	556	543	265	33612	30972	64
12497	19676		276	143	125069	117535	63
1746726	1464089	140066	267540	73143	1912704	1802422	6283
2615563	1442164	227249	330140	130409	5279535	4443364	179519
1118718	965395	149195	41011	14019	1612673	1556583	870
911066	146299	27810	172800	80540	2271949	1726656	129191
376853	236370	43000	36432	7128	1252233	1118633	3892
141979	75012	10500	12033	2019	213921	159109	1344
46059	32535	7649	9685	3818	79808	71884	91
462992	390783	51903	21268	7559	1290898	1165087	2917
8703149	7873738	561031	662136	258085	23844388	23108949	19270
493723	442128	63350	52972	12985	507916	476205	3121
4561710	4245782	209001	403873	183904	17294169	16972300	5408
524364	421820	87254	43183	21885	1301215	1247005	895
458487	320643	104389	46480	10505	919473	793873	2251
2348612	2151490	61167	101397	23133	2886694	2704929	6570
1072990	942979	89489	62621	19919	1427562	1186614	4633
174023	140608	26188	26500	7995	566731	419998	3218
10579	9187	890	482	283	21855	21244	49
54367	41839	12540	4069	1169	116212	109633	61
20335	15994	3460	2038	551	54302	42726	6
173445	152500	30061	6740	2069	483295	463700	707

16-11 续表1

单位：万元

项　目	Item	企业数(个) Numbers of Enterprises (unit)	流动资产小计 Circulating Funds
零售企业	**Retail Trade**	**1123**	**3522167**
按登记注册类型分组	**Grouped by Status of Registration**		
内资企业	Domestic Funded Enterprises	1104	3348379
国有企业	State-owned Enterprises	91	113076
集体企业	Collective-owned Enterprises	40	32224
股份合作企业	Cooperative Enterprises	21	12787
联营企业	Joint Ownership Enterprises	5	5394
有限责任公司	Limited Liability Corporations	363	1248577
国有独资企业	Sole State-funded Corporations	2	2482
其他有限责任公司	Others Limited Liability Corporations	361	1246095
股份有限公司	Share-holding Corporations Ltd.	59	616435
私营企业	Private Enterprises	445	1172907
其他企业	Other Enterprises	80	146981
港、澳、台商投资企业	Enterprises with Funds from Hong Kong, Macao and Taiwan	11	97618
外商投资企业	Foreign Funded Enterprises	8	76170
按国民经济行业分组	**Grouped by Sector**		
综合零售业	Integrated Retail	238	1117375
#百货零售	#General Merchandise Retail	166	909856
超级市场零售	Supermarket Retail	47	198642
食品、饮料及烟草制品专门零售业	Special Retails of Foods, Beverage and Tobaccos	39	28052
纺织、服装及日用品专门零售业	Special Retail of Textile, Clothing and Domestic Commodities	72	82902
#服装零售	#Clothing Retail	51	64465
文化、体育用品及器材专门零售业	Special Retail of Cultural and Sports Goods and Equipment	73	187051
#体育用品及器材零售	#Sports Goods and Equipment Retail	7	120157
图书、报刊零售	Books Newspapers and Magazines Retail	51	47787
医药及医疗器材专门零售业	Special Retail of Medicine and Medical Devices	109	401531
#药品零售	#Medicine Retail	104	397656
汽车、摩托车、燃料及零配件专门零售业	Special Retail of Automobiles, Motorcycles, Fuels and Their Accessories	346	1272454
#汽车零售	#Automobile Retail	245	1166421
机动车燃料零售	Automobile Fuel Retail	67	62837
家用电器及电子产品专门零售业	Special Retail of Household Electrical Appliances and Electronic Products	139	345585
#家用电器零售	#Retail of Household Electrical Appliances	78	275394
计算机、软件及辅助设备零售	Retail of Computers, Software and Their Supporting Equipment	40	46940
通讯设备零售	Retail of Communication Equipment	15	20565
五金、家具及室内装修材料专们零售业	Special Retail of Hardware, Furniture and Indoor Decoration Materials	41	31025
货摊、无店铺及其他零售业	Retail shopboard, without Shops and Other Retail	66	56193
#邮购及电视、电话零售	#Mail Order, Television and Telephone Selling	1	3961

CONTINUED

(10000 yuan)

资产合计 Total Assets	负债合计 Total Liabilities	实收资本 Paicl-up Capital	固定资产原价 Original Value of Fixed Assets	累计折旧 Total Depreciation	主营业务收入 Revenue in Major Business	主营业务成本 Cost in Major Business	主营业务税金及附加 Tax and Extra Changes in Major Business
5140089	**3903083**	**870402**	**1526960**	**461343**	**10315275**	**8943643**	**73033**
4731080	3485542	804538	1287185	400134	9644683	8365623	70292
206811	103587	45837	79827	35038	477322	370324	4532
58619	30699	8283	28994	3892	115677	95043	2389
25562	19320	5506	16278	5031	52675	44193	760
12469	5223	1917	8355	1744	110313	97697	561
1821529	1455737	328380	497892	123165	3455017	3050219	15343
5896	1320	2071	2947	666	12364	11388	13
1815633	1454417	326310	494945	122499	3442653	3038832	15331
925495	625426	112166	299237	113374	1951782	1679241	14737
1460550	1091769	255139	286993	90936	2945946	2554402	27990
220045	153782	47308	69610	26955	535951	474504	3982
261098	224272	46826	144883	23448	407427	335716	1702
147911	193268	19038	94892	37761	263166	242304	1039
1986623	1461647	306605	849509	269135	3413892	2861937	34721
1651760	1186042	231041	704943	209356	2684598	2228889	31158
322029	265168	70840	140658	58737	683284	593660	3234
40673	24803	6848	13388	3608	135239	110694	1937
191777	143472	31608	142610	44143	366479	313200	5921
138817	92186	26764	89310	24219	244370	204161	4283
216967	119400	22128	39059	14952	259558	200727	1266
125352	62997	7297	2231	223	123910	96754	441
70811	45019	7156	34803	13749	91869	64691	345
473850	371249	60921	78434	21056	1010731	892385	5843
467758	366404	59871	78049	20843	991369	874311	5780
1587095	1302755	338970	248381	77760	3687230	3332356	14510
1431804	1186556	302249	207949	60283	3127402	2841892	11956
105529	77272	28200	33862	16071	480725	420673	1909
483191	379500	66518	93884	20320	1030601	909302	6273
385469	307964	42060	65146	14692	659704	573129	4399
70116	54545	14180	24237	4068	216007	188700	1500
22208	13680	8273	2383	1238	148176	141268	371
64024	42931	18268	21626	3263	98072	54606	946
95890	57326	18536	40068	7107	313473	268438	1617
4674	3533	1000	1061	353	8980	5832	78

16-11 续表2

单位：万元

项　目	Item	主营业务利润 Profit in Major Business	营业费用 Business Expenses
总　计	**Total**	**1066544**	**1173721**
批发企业	**Wholesale Trade**	**791820**	**698158**
按登记注册类型分组	**Grouped by Status of Registration**		
内资企业	Domestic Funded Enterprises	794731	685340
国有企业	State-owned Enterprises	358983	191021
集体企业	Collective-owned Enterprises	4158	1440
股份合作企业	Cooperative Enterprises	22647	16579
联营企业	Joint Ownership Enterprises		
有限责任公司	Limited Liability Corporations	157582	257875
国有独资企业	Sole State-funded Corporations	-8959	17123
其他有限责任公司	Others Limited Liability Corporations	166542	240753
股份有限公司	Share-holding Corporations Ltd.	55152	72029
私营企业	Private Enterprises	193869	139330
其他企业	Other Enterprises	2340	7066
港、澳、台商投资企业	Enterprises with Funds from Hong Kong, Macao and Taiwan	-1354	3909
外商投资企业	Foreign Funded Enterprises	-1557	8910
按国民经济行业分组	**Grouped by Sector**		
农、林、牧产品批发业	Wholesale of Agriculture, Forestry and Animal Products	-6165	44470
食品、饮料及烟草制品批发业	Wholesale of Foods, Beverage and Tobaccos	395337	142925
#米、面制品及食用油批发	#Wholesale of Rice and Flour Products and Edible Oils	-5563	21492
烟草制品批发	Wholesale of Tobacco	311911	58852
纺织、服装及家庭用品批发业	Wholesale of Textile, Clothes and Household Products	84127	40417
#服装批发	#Wholesale of Clothes	13040	10019
文化、体育用品及器材批发业	Wholesale of Cultural and Sports Goods and Equipment	12	3844
医药及医疗器材批发业	Wholesale of Medicine and Medical Devices	39408	65065
矿产品、建材及化工产品批发业	Wholesale of Minerals Products, Building Materials and Chemical Products	135662	343602
#煤炭及制品批发	#Wholesale of Coal and Its Products	-292	9654
石油及制品批发	Wholesale of Petroleum and Its Products	119360	179258
金属及金属矿批发	Wholesale of Metals and Metal Mineral	-7611	40036
建材批发	Wholesale of Building Materials	10574	31119
化肥批发	Wholesale of Fertilizers	28738	67251
机械设备五金交电及电子产品批发	Wholesale of Mechanical Equipment, Hardware and Electronic Products	146613	40584
#汽车摩托车及零配件批发	#Wholesale of Automobiles, Motorcycles and Their Accessories	121428	8660
五金产品批发	Wholesale of Hardware Products	-870	491
计算机软件及辅助设备批发	Wholesale of Computers, Software and Their Supporting Equipment	2706	945
贸易经纪与代理	Trade Broker and Agent	-534	2613
其他批发业	Other Wholesales	-2639	14638

CONTINUED

(10000 yuan)

管理费用 Management Expenses	财务费用 Financial Expenses	营业利润 Business Profits	利润总额 Total Profits	应交所得税 Payable Income Tax	应付工资 Total Wage Payable	本年应交增值税 Value-added Tax Payable
790892	**206766**	**1242498**	**1202047**	**203160**	**654739**	**717583**
371395	**129721**	**822278**	**647400**	**148835**	**300652**	**527283**
371279	129704	825183	650257	148835	299684	526735
169694	4851	363877	370887	92129	158652	318288
2380	590	5218	1343	16	1423	437
6395	1049	22568	21357	5682	10395	9286
121334	80505	163761	129642	37651	71889	72941
12823	17287	-8858	-1511	3592	12714	4247
108511	63219	172619	131152	34059	59175	68693
13418	6050	65963	63255	4635	32440	89775
53565	35279	201035	63946	8346	20142	33763
4494	1380	2760	-172	377	4745	2247
	16	-1349	-1345		699	20
115	2	-1557	-1512		270	528
29999	33461	-3434	14756	5822	20853	12719
159744	14377	399432	396567	91428	115504	102502
12390	26707	-2688	402	1255	5331	-2523
119607	-19442	312059	309266	80096	82673	93269
15375	3764	87378	56675	9079	7488	32493
7728	915	13148	10053	2278	2641	4702
3671	165	281	356	41	1543	587
22843	1823	41642	13883	3107	15395	17381
92937	73381	150470	141148	35147	123025	346409
13800	6474	-700	-1046	1184	7706	5249
25452	-13474	130668	126234	24459	94163	316608
10037	10788	-6366	-21100	932	2813	5942
9280	6747	12192	8698	1167	3074	8597
24581	58858	29215	40545	6978	12085	1904
42849	-976	149273	25062	4036	13543	10479
10395	1222	122352	4473	159	2111	5575
877	63	-870	-866	27	280	84
1729	85	3105	162	67	870	444
937	-51	-232	137	62	598	126
3040	3777	-2531	-1184	113	2703	4587

16-11 续表3

单位：万元

项　目	Item	主营业务利润 Profit in Major Business	营业费用 Business Expenses
零售企业	**Retail Trade**	**274724**	**475563**
按登记注册类型分组	**Grouped by Status of Registration**		
内资企业	Domestic Funded Enterprises	296492	400925
国有企业	State-owned Enterprises	18894	24623
集体企业	Collective-owned Enterprises	5370	8210
股份合作企业	Cooperative Enterprises	3078	1488
联营企业	Joint Ownership Enterprises	8775	1516
有限责任公司	Limited Liability Corporations	70144	156288
国有独资企业	Sole State-funded Corporations	569	258
其他有限责任公司	Others Limited Liability Corporations	69575	156030
股份有限公司	Share-holding Corporations Ltd.	74086	84312
私营企业	Private Enterprises	86199	103526
其他企业	Other Enterprises	29946	20961
港、澳、台商投资企业	Enterprises with Funds from Hong Kong, Macao and Taiwan	-11858	26435
外商投资企业	Foreign Funded Enterprises	-9911	48204
按国民经济行业分组	**Grouped by Sector**		
综合零售业	Integrated Retail	83627	201417
#百货零售	#General Merchandise Retail	96272	119246
超级市场零售	Supermarket Retail	-11929	79632
食品、饮料及烟草制品专门零售业	Special Retails of Foods, Beverage and Tobaccos	9149	7868
纺织、服装及日用品专门零售业	Special Retail of Textile, Clothing and Domestic Commodities	6218	14631
#服装零售	#Clothing Retail	4652	9044
文化、体育用品及器材专门零售业	Special Retail of Cultural and Sports Goods and Equipment	18915	21472
#体育用品及器材零售	#Sports Goods and Equipment Retail	10271	13172
图书、报刊零售	Books Newspapers and Magazines Retail	7584	7439
医药及医疗器材专门零售业	Special Retail of Medicine and Medical Devices	37284	35373
#药品零售	#Medicine Retail	37037	34825
汽车、摩托车、燃料及零配件专门零售业	Special Retail of Automobiles, Motorcycles, Fuels and Their Accessories	61354	118188
#汽车零售	#Automobile Retail	33407	102917
机动车燃料零售	Automobile Fuel Retail	23088	14002
家用电器及电子产品专门零售业	Special Retail of Household Electrical Appliances and Electronic Products	20710	52932
#家用电器零售	#Retail of Household Electrical Appliances	14909	40480
计算机、软件及辅助设备零售	Retail of Computers, Software and Their Supporting Equipment	11044	7256
通讯设备零售	Retail of Communication Equipment	-5523	5149
五金、家具及室内装修材料专门零售业	Special Retail of Hardware, Furniture and Indoor Decoration Materials	23283	2753
货摊、无店铺及其他零售业	Retail shopboard, without Shops and Other Retail	14182	20930
#邮购及电视、电话零售	#Mail Order, Television and Telephone Selling	102	1094

CONTINUED

(10000 yuan)

管理费用 Management Expenses	财务费用 Financial Expenses	营业利润 Business Profits	利润总额 Total Profits	应交所得税 Payable Income Tax	应付工资 Total Wage Payable	本年应交增值税 Value-added Tax Payable
419498	**77045**	**420220**	**554648**	**54325**	**354086**	**190300**
372982	69418	421663	561900	54014	331532	170288
24662	2459	42342	19215	1816	11801	4971
3724	922	5549	1147	293	3512	1832
2959	197	3769	286	10	2065	570
1572	185	8775	8775	6	399	4897
131831	24840	109403	72670	18093	167049	47040
115	22	569	566	10	156	411
131716	24818	108834	72104	18083	166893	46629
100007	5701	110177	111567	19672	58867	27466
94367	32890	107069	335642	10800	74746	74145
13861	2223	34579	12600	3324	13094	9367
30766	5089	-4172	-4222	-514	12201	7182
15749	2539	2730	-3031	826	10354	12830
193581	26721	183722	159823	36221	125182	96439
162421	25088	180280	152999	33930	94767	77206
27100	1540	3204	6243	1677	28633	18664
4913	673	9228	4141	881	3806	1221
24284	2718	15634	13643	1537	17685	4501
20939	2270	13904	13151	1134	14882	3486
14978	1663	22237	13396	1671	17568	5478
3291	1325	10359	10218	1426	7277	3100
9958	-29	10720	1859	113	6129	2015
52324	4935	40324	27191	5398	38021	15527
51955	4930	40077	27089	5361	37793	15155
89292	34216	69520	290336	4159	119732	36219
82392	33369	41453	274956	3821	37955	32414
4423	429	23150	11181	228	80515	3178
26848	4505	41619	29372	4030	24328	15748
18700	2642	29136	21539	3391	13894	7449
3824	1517	12588	6683	394	8216	7289
4146	346	-384	1149	232	1630	943
4646	972	23458	3305	240	2807	848
8631	643	14478	13440	188	4957	14320
1881	-8	102	97	62	1125	512

16-12 限额以上住宿业财务指标 (2012年)

单位：万元

项　目	Item	企业数(个) Numbers of Enterprises (unit)	流动资产小计 Circulating Funds
总　计	**Total**	**241**	**221532**
按登记注册类型分组	**Grouped by Status of Registration**		
内资企业	Domestic Funded Enterprises	225	185903
国有企业	State-owned Enterprises	68	55357
集体企业	Collective-owned Enterprises	3	1635
股份合作企业	Cooperative Enterprises	2	13805
联营企业	Joint Ownership Enterprises	2	620
有限责任公司	Limited Liability Corporations	63	65223
国有独资企业	Sole State-funded Corporations	1	1751
其他有限责任公司	Others Limited Liability Corporations	62	63471
股份有限公司	Share-holding Corporations Ltd.	11	7344
私营企业	Private Enterprises	67	41266
私营独资企业	Private-funded Enterprises	19	10530
私营合伙企业	Private Partnership Enterprises	2	158
私营有限责任公司	Private Limited Liability Corporations	42	25842
私营股份有限公司	Private Share-holding Corporations Ltd.	4	4737
其他企业	Other Enterprises	9	654
港、澳、台商投资企业	Enterprises with Funds from Hong Kong, Macao and Taiwan	11	23532
合资经营企业	Joint-venture Enterprises	5	5995
合作经营企业	Cooperative Enterprises		
独资经营企业	Enterprises with Sole Investment	4	2924
投资股份有限公司	Share-holding Corporations Ltd. With Investment	2	14614
其他港澳台投资企业	Other Enterprisess		
外商投资企业	Foreign Funded Enterprises	5	12096
中外合资经营企业	Joint-venture Enterprises	1	496
中外合作经营企业	Cooperative Enterprises	1	1575
外资企业	Enterprises with Sole Foreign Investment	2	9748
外商投资股份有限公司	Share-holding Corporations Ltd. With Foreign Investment	1	278
其他外商投资企业	Other foreign investment enterprise		
按国民经济行业分组	**Grouped by Sector**		
旅游饭店	Restaurant for Tourism	172	191793
一般旅馆	Ordinary Hotels	62	26246
其他住宿服务	Others	7	3493

注：本表中数据按照批发零售住宿餐饮业财务报表填报，企业个数是指有财务活动的企业个数。
Note: Data in this table according to wholesale and retail hotels and catering provided financial statements, enterprise number refers to the number of enterprise financial activities.

FINANCIAL INDICATORS OF ENTERPRISE ABOVE DESIGNATED SIZE IN HOTELS SERVICES (2012)

（10000 yuan）

资产合计 Total Assets	负债合计 Total Liabilities	实收资本 Paicl-up Capital	固定资产原价 Original Value of Fixed Assets	累计折旧 Total Depreciation	主营业务收入 Revenue in Major Business	主营业务成本 Cost in Major Business	主营业务税金及附加 Tax and Extra Changes in Major Business
891452	**544778**	**446368**	**804328**	**261878**	**339135**	**113420**	**19322**
656122	395240	286343	536212	168530	281286	103905	16074
246297	104645	171272	243457	85426	98548	45878	5040
5373	5951	2008	6746	3008	2339	1142	142
26247	25151	4493	13695	4773	7204	2504	275
1772	498	1470	707	335	797	563	31
174086	104638	58876	122079	38260	83057	21571	4969
1808	575	800	136	79	914	296	53
172277	104062	58076	121943	38181	82144	21275	4916
54174	51694	3020	53238	15657	21802	3319	1469
145624	101964	44243	93821	19889	61871	26164	3944
23525	9312	12222	14234	2310	20249	10580	1536
250	122	128	130	53	3619	998	250
110498	82148	29291	71894	15012	33981	13471	1950
11351	10382	2603	7563	2515	4023	1115	208
2550	699	961	2469	1182	5667	2764	205
162769	110737	129168	186077	62211	23415	5440	1276
52302	56872	25483	87694	43272	10725	2221	615
22169	11832	13553	15670	2881	6730	2265	349
88299	42034	90133	82713	16059	5960	954	312
72561	38801	30857	82039	31137	34434	4075	1972
4683	5286	800	7846	3660	4974	362	402
2742	972	1440	1618	639	1657	91	93
64859	30856	28466	72575	26839	26773	3498	1418
278	1687	152			1030	125	60
799424	500356	408246	743811	248493	271390	88878	14823
83903	40938	34627	57183	12566	63206	22809	4251
8124	3484	3495	3334	820	4539	1733	248

16-12 续表

单位：万元

项　　目	Item	营业费用 Business Expenses	主营业务利润 Profit in Major Business
总 计	**Total**	**102875**	**-18760**
按登记注册类型分组	**Grouped by Status of Registration**		
内资企业	Domestic Funded Enterprises	84302	-13366
国有企业	State-owned Enterprises	28127	-14864
集体企业	Collective-owned Enterprises	1120	-1879
股份合作企业	Cooperative Enterprises	1645	-879
联营企业	Joint Ownership Enterprises		52
有限责任公司	Limited Liability Corporations	28083	2675
国有独资企业	Sole State-funded Corporations	204	18
其他有限责任公司	Others Limited Liability Corporations	27879	2656
股份有限公司	Share-holding Corporations Ltd.	10007	1085
私营企业	Private Enterprises	15110	-680
私营独资企业	Private-funded Enterprises	4098	2143
私营合伙企业	Private Partnership Enterprises	768	723
私营有限责任公司	Private Limited Liability Corporations	8919	-3202
私营股份有限公司	Private Share-holding Corporations Ltd.	1324	-344
其他企业	Other Enterprises	210	1125
港、澳、台商投资企业	Enterprises with Funds from Hong Kong, Macao and Taiwan	7789	-6360
合资经营企业	Joint-venture Enterprises	2966	-2109
合作经营企业	Cooperative Enterprises		
独资经营企业	Enterprises with Sole Investment	1068	233
投资股份有限公司	Share-holding Corporations Ltd. With Investment	3755	-4484
其他港澳台投资企业	Other Enterprisess		
外商投资企业	Foreign Funded Enterprises	10784	966
中外合资经营企业	Joint-venture Enterprises	2819	-4226
中外合作经营企业	Cooperative Enterprises	1053	89
外资企业	Enterprises with Sole Foreign Investment	6645	5339
外商投资股份有限公司	Share-holding Corporations Ltd. With Foreign Investment	267	-237
其他外商投资企业	Other foreign investment enterprise		
按国民经济行业分组	**Grouped by Sector**		
旅游饭店	Restaurant for Tourism	82277	-19929
一般旅馆	Ordinary Hotels	19044	1072
其他住宿服务	Others	1554	97

CONTINUED

(10000 yuan)

其他业务利润 Other Business Profit	管理费用 Management Expenses	财务费用 Financial Expenses	营业利润 Business Profits	利润总额 Total Profits	应交所得税 Payable Income Tax	应付工资 Total Wage Payable
16966	**104903**	**9902**	**-1794**	**-6338**	**3898**	**61465**
12718	78273	7189	-648	-695	2210	55190
7071	32056	1020	-7793	-6906	267	23231
246	1561	7	-1633	-1631	56	545
874	2194	592	-6	827		1590
	139	12	52	52		89
2626	22335	2064	5300	5162	787	15508
	339	4	18	21		260
2626	21997	2060	5282	5141	787	15248
11	5742	171	1095	470	266	3413
1892	13109	3149	1212	400	833	10044
606	1051	368	2749	2782	614	2242
	859	21	723	688	35	460
1286	9814	2426	-1916	-2629	154	6666
	1385	335	-344	-441	31	677
	1137	174	1125	932		769
	14177	2739	-6360	-10796	56	3211
	7319	308	-2109	-2949	38	1180
	2239	576	233	199	18	1485
	4619	1855	-4484	-8047		545
4248	12454	-27	5214	5152	1632	3064
4210	1257	150	-15	-14		87
1	329	2	90	90	14	190
	10053	-179	5339	5276	1617	2533
37	815		-201	-201		254
13668	89630	9088	-6261	-9211	2792	52476
3056	14682	714	4127	2965	1041	8193
243	591	99	340	-92	65	796

16-13 限额以上餐饮业财务指标 (2012年)

单位：万元

项目	Item	企业数(个) Numbers of Enterprises (unit)	流动资产小计 Circulating Funds
总 计	**Total**	**245**	**95922**
按登记注册类型分组	**Grouped by Status of Registration**		
内资企业	Domestic Funded Enterprises	202	71927
国有企业	State-owned Enterprises	17	1754
集体企业	Collective-owned Enterprises	3	628
股份合作企业	Cooperative Enterprises	2	335
联营企业	Joint Ownership Enterprises		
有限责任公司	Limited Liability Corporations	45	25313
国有独资企业	Sole State-funded Corporations		
其他有限责任公司	Others Limited Liability Corporations	45	25313
股份有限公司	Share-holding Corporations Ltd.	6	948
私营企业	Private Enterprises	106	31554
私营独资企业	Private-funded Enterprises	33	10973
私营合伙企业	Private Partnership Enterprises	6	387
私营有限责任公司	Private Limited Liability Corporations	62	18334
私营股份有限公司	Private Share-holding Corporations Ltd.	5	1860
其他企业	Other Enterprises	23	11394
港、澳、台商投资企业	Enterprises with Funds from Hong Kong, Macao and Taiwan	19	10302
合资经营企业	Joint-venture Enterprises	10	7872
合作经营企业	Cooperative Enterprises		
独资经营企业	Enterprises with Sole Investment	8	1864
投资股份有限公司	Share-holding Corporations Ltd. With Investment	1	566
其他港澳台投资企业	Other Enterprisess		
外商投资企业	Foreign Funded Enterprises	24	13694
中外合资经营企业	Joint-venture Enterprises	9	8741
中外合作经营企业	Cooperative Enterprises	1	1591
外资企业	Enterprises with Sole Foreign Investment	13	2699
外商投资股份有限公司	Share-holding Corporations Ltd. With Foreign Investment	1	662
其他外商投资企业	Other foreign investment enterprise		
按国民经济行业分组	**Grouped by Sector**		
正餐服务业	Dinner Service	235	91256
快餐服务业	Snack Service	8	4488
饮料及冷饮服务业	Beverage and Cold Drink Service	1	159
其他餐饮服务业	Other Food and Beverage Services	1	19

FINANCIAL INDICATORS OF ENTERPRISE ABOVE DESIGNATED SIZE IN CATERING SERVICES (2012)

(10000 yuan)

资产合计 Total Assets	负债合计 Total Liabilities	实收资本 Paicl-up Capital	固定资产原价 Original Value of Fixed Assets	累计折旧 Total Depreciation	主营业务收入 Revenue in Major Business	主营业务成本 Cost in Major Business	主营业务税金及附加 Tax and Extra Changes in Major Business
231415	**117255**	**78809**	**125570**	**31744**	**305119**	**150034**	**19264**
184067	98088	55561	106372	21296	216067	102522	13756
22266	17261	2730	23568	4283	35898	10639	1163
794	160	574	84	17	1071	652	117
1393	195	1180	128	50	427	155	20
53026	27405	18448	18875	4105	56055	27333	3140
53026	27405	18448	18875	4105	56055	27333	3140
4680	2146	594	2574	386	2365	1847	340
79807	37974	24602	48808	7963	99881	51885	7002
31457	18164	6886	20560	1901	25744	15409	1273
877	127	427	546	77	3310	2157	153
45261	18887	16029	26991	5626	67321	32570	5232
2212	796	1260	712	359	3507	1747	344
22102	12948	7433	12335	4493	20370	10012	1975
17910	6473	10041	7332	4162	36016	20928	2174
9916	4503	4674	4149	2488	19287	11470	1267
7254	1551	5309	2628	1176	14789	8394	848
740	419	57	555	498	1940	1064	59
29439	12694	13207	11867	6286	53036	26585	3334
18053	4580	8794	5562	2997	25113	12720	1659
7382	6217	2482	4699	2180	12902	4843	710
3221	1208	1832	1365	989	13944	8467	888
783	689	100	240	120	1078	555	77
216559	107568	73499	119293	28783	284268	141441	18067
12845	8236	4732	5810	2837	19522	7831	1144
1023	651	390	370	119	779	338	53
988	801	188	97	6	551	425	

16-13 续表

单位：万元

项　　目	Item	营业费用 Business Expenses	主营业务利润 Profit in Major Business
总 计	**Total**	**56625**	**24455**
按登记注册类型分组	**Grouped by Status of Registration**		
内资企业	Domestic Funded Enterprises	32432	21380
国有企业	State-owned Enterprises	4343	-605
集体企业	Collective-owned Enterprises		35
股份合作企业	Cooperative Enterprises	50	106
联营企业	Joint Ownership Enterprises		
有限责任公司	Limited Liability Corporations	11808	6362
国有独资企业	Sole State-funded Corporations		
其他有限责任公司	Others Limited Liability Corporations	11808	6362
股份有限公司	Share-holding Corporations Ltd.	1226	284
私营企业	Private Enterprises	10696	14399
私营独资企业	Private-funded Enterprises	1247	4772
私营合伙企业	Private Partnership Enterprises	321	503
私营有限责任公司	Private Limited Liability Corporations	8241	9007
私营股份有限公司	Private Share-holding Corporations Ltd.	888	117
其他企业	Other Enterprises	4308	798
港、澳、台商投资企业	Enterprises with Funds from Hong Kong, Macao and Taiwan	7410	1932
合资经营企业	Joint-venture Enterprises	4262	721
合作经营企业	Cooperative Enterprises		
独资经营企业	Enterprises with Sole Investment	3020	642
投资股份有限公司	Share-holding Corporations Ltd. With Investment	129	570
其他港澳台投资企业	Other Enterprisess		
外商投资企业	Foreign Funded Enterprises	16783	1143
中外合资经营企业	Joint-venture Enterprises	7169	355
中外合作经营企业	Cooperative Enterprises	6225	605
外资企业	Enterprises with Sole Foreign Investment	3009	140
外商投资股份有限公司	Share-holding Corporations Ltd. With Foreign Investment	380	44
其他外商投资企业	Other foreign investment enterprise		
按国民经济行业分组	**Grouped by Sector**		
正餐服务业	Dinner Service	48580	23753
快餐服务业	Snack Service	7803	670
饮料及冷饮服务业	Beverage and Cold Drink Service	243	-62
其他餐饮服务业	Other Food and Beverage Services		95

CONTINUED

(10000 yuan)

其他业务利润 Other Business Profit	管理费用 Management Expenses	财务费用 Financial Expenses	营业利润 Business Profits	利润总额 Total Profits	应交所得税 Payable Income Tax	应付工资 Total Wage Payable
4105	**32779**	**2257**	**28560**	**18424**	**4140**	**44413**
2903	25864	1802	24283	14275	2215	32507
616	3474	18	11	160	100	5963
	267		35	-1		355
	2	88	106	171		123
1430	6590	326	7793	3238	362	11197
1430	6590	326	7793	3238	362	11197
	360	26	284	268	119	299
378	12573	1096	14776	9228	1451	12005
	3385	467	4772	3557	61	3057
	155	2	503	501	89	575
378	8648	603	9385	5037	1251	7885
	386	25	117	132	50	488
479	2598	249	1277	1212	183	2567
	3198	120	1932	1794	914	4615
	1519	49	721	885	608	2510
	1563	70	642	909	306	1841
	117	2	570			265
1202	3717	334	2345	2354	1011	7291
484	2609	146	839	995	621	3968
	363	157	605	555		1729
718	726	28	858	759	345	1451
	19	3	44	45	44	143
3368	31392	2065	27121	17831	4076	41760
723	1185	167	1392	545	64	2488
15	194	14	-47	-47		108
	8	10	95	95		58

16-14 个体工商业发展情况(2012年)

DEVELOPMENT OF INDIVIDUAL INDUSTRY AND COMMERCE (2012)

项　　目	Item	总 计 Total	#城 镇 Urban Areas
户数(户)	**Family Households (household)**	**1194371**	**882068**
农、林、牧、渔业	Farming, Forestry, Animal Husbandry and Fishery	28213	12939
采矿业	Mining	1245	483
制造业	Manufacturing	65374	44228
电力、热力、燃气及水的生产和供应业	Production and Distribution of Electricity, Gas and Water	216	178
建筑业	Construction	1868	1405
批发和零售业	Wholesale and Retail Trade	631525	470082
交通运输、仓储及邮政业	Traffic, Transport, Storage and Post	89464	62572
住宿和餐饮业	Accommodation and Restaurants	149905	121012
信息传输、软件和信息技术服务业	Information Transfer, Computer Services and Software	8914	7276
房地产业	Real Estate	1087	963
租赁和商务服务业	Tenancy and Business Services	19203	15532
居民服务、修理和其他服务业	Resident Services and Other Services	171376	126097
卫生和社会工作	Sanitation, Social Security and Social Welfare	2380	1963
文化、体育和娱乐业	Culture, Sports and Entertainment	8235	6614
其他行业	Others	13467	9260
从业人员(人)	**Employed Persons(person)**	**2870587**	**2146800**
农、林、牧、渔业	Farming, Forestry, Animal Husbandry and Fishery	73477	36587
采矿业	Mining	6259	2057
制造业	Manufacturing	196550	128020
电力、热力、燃气及水的生产和供应业	Production and Distribution of Electricity, Gas and Water	816	626
建筑业	Construction	10798	5619
批发和零售业	Wholesale and Retail Trade	1452898	1158452
交通运输、仓储及邮政业	Traffic, Transport, Storage and Post	180555	144638
住宿和餐饮业	Accommodation and Restaurants	375708	274688
信息传输、软件和信息技术服务业	Information Transfer, Computer Services and Software	23814	18679
房地产业	Real Estate	3705	3487
租赁和商务服务业	Tenancy and Business Services	47765	36246
居民服务、修理和其他服务业	Resident Services and Other Services	440451	295564
卫生和社会工作	Sanitation, Social Security and Social Welfare	5832	4738
文化、体育和娱乐业	Culture, Sports and Entertainment	22825	16607
其他行业	Others	24944	17452

16-15 限额以上批发和零售连锁经营情况 (2012年)

CONDITIONS OF CHAIN WHOLESALE AND RETAIL ENTERPRISES ABOVE DESIGNATED SIZE (2012)

指 标	Item	合 计 Totul	直营店 Manufacturer Outlet Store	加盟店 Leagued Store
门店总数(个)	Number of Stores(unit)	1761	1761	
年末从业人员数(人)	Employed Persons at Year_end(person)	22966	22966	
年末零售营业面积(平方米)	Operating Area of Retail Enterprises at Year_end(sq.m)	657350	657350	
连锁门店商品购进额(万元)	Total Purchases Value(10000yuan)	2335235	2335235	
#统一配送商品购进额	#Centralized Purchase and Delivery	2190453	2190453	
连锁门店商品销售额(万元)	Total Sales of Commodities(10000yuan)	2275900	2275900	
#零售额	#Retail Sales	1960299	1960299	

16-16 限额以上住宿和餐饮业连锁经营情况 (2012年)

CONDITIONS OF CHAIN HOTELS AND CATERING ENTERPRISES ABOVE DESIGNATED SIZE (2012)

指 标	Item	合 计 Totul	直营店 Manufacturer Outlet Store	加盟店 Leagued Store
门店总数(个)	Number of Stores(unit)	105	101	4
年末从业人员数(人)	Employed Persons at Year_end(person)	3239	3140	99
年末餐饮营业面积(平方米)	Operating Area of Catering Enterprises at Year_end(sq.m)	43094	42897	197
客房数(间)	Number of Room(room)	2439	2045	394
床位数(个)	Number of Beds(bed)	3216	2696	520
餐位数(位)	Number of Dining-seats(unit)	15607	15513	94
连锁门店商品购进(采购)额(万元)	Total Purchases Value(10000 yuan)	16463	16444	19
#统一配送商品购进(采购)额	#Ceubralized Purchase and Delivery	15368	15349	19
连锁门店营业额(万元)	Business Revenue(10000 yuan)	47758	46244	1515
#餐费收入	#From Meals	34444	34369	75
商品销售额	Sales	2430	2406	23

16-17 亿元以上商品交易市场情况(2012年)

STATISTICS ON COMMODITY EXCHANGE MARKET OF TURNOVER ABOVE 100 MILLION YUAN (2012)

类　别	Type	摊位数量(个) Numberof Booths (Unit)	总成交额(亿元) Total Turnover (100 million yuan)
总 计	**Total**	**67693**	**1077.6**
食品、饮料、烟酒类	Food, Beverages and Tobacco	14841	565.5
食品类	Food	13632	503.1
#粮油类	#Grain, Edible Oil	1181	61.0
肉禽蛋类	Meat, Poultry and Eggs	2527	67.2
水产品类	Aquatic Products	1738	66.4
蔬菜类	Vegetables	4744	185.5
干鲜果品类	Dried and Fresh Melons and Fruits	2805	120.1
饮料类	Beverages	636	29.2
烟酒类	Tobacco and Liquor	573	33.2
服装、鞋帽、针纺织品类	Garments, Footwears, Hats, Kintwear and Textiles	32694	152.2
服装类	Clothing	17757	105.3
鞋帽类	Shoes and Hats	5875	11.5
针、纺织品类	Knitwear and Textiles	9062	35.4
化妆品类	Cosmetics	1305	6.2
金银珠宝类	Gold, Silver and Fewelry	138	3.9
日用品类	Articles for Daily Use	3627	17.0
#洗涤用品类	#Washing Articles	2509	9.3
儿童玩具类	Childern toys	618	3.5
五金、电料类	Hardware and Electrical Materials	607	6.0
体育、娱乐用品类	Sports & Recreation Articles	140	1.4
书报杂志类	Newspapers and Magazines	40	0.0
电子出版物及音像制品类	E-journals and Video Products	572	14.0
家用电器和音像器材类	Household Appliances and Video Appliances	648	17.4
中西药品类	Traditional Chinese and Western Medicines	18	0.8
#西药类	#Western Medicines	9	0.3
中草药及中成药类	Traditional Chinese 1 Medicines	6	0.3
文化办公用品类	Cultural and Official Appliances	2608	36.6
家具类	Furniture	1301	17.2
通讯器材类	Communication Appliances	107	3.7
煤炭及制品类	Coal and Related Products		
木材及制品类	Wood and Wooden Products	145	3.4
石油及制品类	Petroleum and Related Products		
化工材料及制品类	Chemical Materials and Related Products	72	1.9
#化肥类	#Fertilizers	69	1.9
金属材料类	Metals Materials	1030	168.6
建筑及装潢材料类	Building and Decoration Materials	5355	42.2
机电产品及设备类	Mechanical & Electrical Products	39	0.1
#农机类	#Agricultural Machineries		
汽车类	Automobiles	1264	5.2
种子饲料类	Seeds and Feedstuff	90	2.8
棉麻类	Cotton and Hemp	24	0.2
其他类	Others	1028	11.1

16-18 旅游人数和收入

NUMBER OF TOURISTS AND EARNINGS

指　标	Item	2008	2009	2010	2011	2012
国际旅游人数总计(人次)	International Tourists(person-times)	2006116	1425122	1724238	2065195	2076165
外国人	Foreigners	1933370	1350307	1648303	1978434	1947335
港、澳、台合计	Tourists form Hong Kong, Macao and Taiwan	72746	74815	75935	86761	128830
香港同胞	Chinese Compatriots From Hong Kong	31663	33639	32604	33110	44747
澳门同胞	Chinese Compatriots FromMacao	1593	7702	7326	7831	5428
台湾同胞	Chinese Compatriots FromTaiwan Province	39490	33474	36005	45820	78655
国际旅游外汇收入总额(万美元)	Foreign Exchange Earnings from International Tourism (USD 10000)	86995	63868	76250	91762	83548
国内旅游人数(万人次)	Number of Domestic Visitors (10000 person-times)	8353	10844	15702	20237	25174
国内旅游收入(亿元)	Earnings from Domestic Tourism (100 million yuan)	502	606	832	1032	1248

16-19 接待外国旅游人数

NUMBER OF OVERSEAS VISITOR ARRIVALS

单位：人次　　(person-times)

国　家	Countries	2004	2005	2006	2007	2008	2009	2010	2011	2012
总　计	**Total**	**692773**	**761203**	**991816**	**1313778**	**1933370**	**1350307**	**1648303**	**1978434**	**1947335**
#日　本	#Japan	40083	40859	44963	51405	49208	45731	59237	116956	47969
菲律宾	Philippines	120	252	669	646	1057	2051	1384	7904	1475
新加坡	Singapore	3207	2611	3718	5117	8881	10544	9027	3261	9516
泰　国	Thailand	500	538	1759	2280	3983	4351	5932	11387	2052
印度尼西亚	Indonesia	355	506	930	1192	1596	2229	1424	161	1272
马来西亚	Malaysia	1439	1588	3693	4695	5447	4448	3643	2511	5987
韩　国	Republic of Korea	19870	22253	25583	34203	76944	117248	146172	210803	194201
蒙　古	Mongolia	59	354	282	391	445	818	625	15857	657
印　度	India	390	781	683	902	1252	1784	1701	4558	2517
越　南	Vietnam								3032	
朝　鲜	Korea DPR			3	5				48	
巴基斯坦	Pakistan			2	9					
美　国	United States	3410	6488	8338	10622	16350	23200	22900	38673	43369
加拿大	Canada	1091	1884	2829	3093	4936	4735	4958	10263	9638
英　国	United Kingdom	1937	2237	2122	2792	4306	4436	4538	5966	9178
法　国	France	1283	1462	1838	3479	12212	19792	20461	17477	13639
德　国	Germany	1705	2304	2212	2909	6820	5852	5729	8035	6719
意大利	Italy	611	1454	766	823	1764	2180	2304	4832	8973
瑞　士	Switzerland	2019	699	364	354	597	637	522	758	1315
瑞　典	Sweden	146	269	373	479	751	601	797	2080	549
荷　兰	Netherlands	136	230	27	149	125	144	2	150	81
俄罗斯	Russia	569737	648036	866465	1194966	1713821	1070994	1317308	1463368	1527864
西班牙	Spain	29	115	215	400	944	2929	2261	12072	6321
澳大利亚	Australia	1157	1619	1651	3056	4034	5440	5525	7568	8524
新西兰	New Zealand	240	325	221	480	739	780	632	1295	1525

主要统计指标解释

社会消费品零售总额 指企业（单位、个体户）通过交易直接售给个人、社会集团非生产、非经营用的实物商品金额，以及提供餐饮服务所取得的收入金额。个人包括城乡居民和入境人员，社会集团包括机关、社会团体、部队、学校、企事业单位、居委会或村委会等。

批发业 指批发商向批发、零售单位及其他企事业、机关单位批量销售生活用品和生产资料的活动，以及从事进出口贸易和贸易经纪与代理的活动。批发商可以对所批发的货物拥有所有权，并以本单位、公司的名义进行交易活动；也可以不拥有货物的所有权，而以中介身份做代理销售商。还包括各类商品批发市场中固定摊位的批发活动。

零售业 指百货商店、超级市场、专门零售商店、品牌专卖店、售货摊等主要面向最终消费者（如居民等）的销售活动。包括以互联网、邮政、电话、售货机等方式的销售活动，还包括在同一地点，后面加工生产，前面销售的店铺（如前店后厂的面包房）。不包括：谷物、种子、饲料、牲畜、矿产品、生产用原料、化工原料、农用化工产品、机械设备（乘用车、计算机及通信设备等除外）等生产资料的销售（列入批发业）；非零售单位附带的零售活动，如汽车修理单位销售汽车零件（列入单位主业所对应的行业类别中）；商业零售单位所在商厦的物业管理（列入物业管理）；商业零售单位所在的商品市场、商业大厦的市场管理活动（列入市场管理）。

批发和零售业商品购进、销售、库存额 指各种登记注册类型的批发和零售业企业(单位)以本企业(单位)为总体的，从国内、国外市场购进的商品总量，销售和出口的商品总量，库存的商品总量等情况。该指标可以反映商品流转过程中商品的购进、销售、库存之间的比例关系和存在的问题。

商品购进额 指从本企业以外的单位和个人购进（包括从国外直接进口）作为转卖或加工后转卖的商品金额（含增值税）。商品购进包括：（1）从工农业生产者、批发和零售业企业、住宿和餐饮业企业、出版社或报社的出版发行部门和其他服务业企业购进的商品；（2）从机关团体、事业单位购进的商品；（3）从海关、市场管理部门购进的缉私和没收的商品；（4）从居民收购的废旧商品等。不包括：（1）企业为本单位自身经营用，不是作为转卖而购进的商品，如材料物资、包装物、低值易耗品、办公用品等；（2）未通过买卖行为而收入的商品，如接受其他部门移交的商品、借入的商品、收入代其他单位保管的商品、其他单位赠送的样品、加工回收的成品等；（3）经本单位介绍，由买卖双方直接结算，本单位只收取手续费的业务；（4）销售退回和买方拒付货款的商品；（5）商品溢余。

商品销售额 指对本单位以外的单位和个人出售的商品金额（包括售给本单位消费用的商品，含增值税）。商品销售包括（1）售给城乡居民和社会集团消费用的商品；（2）售给农业、工业、建筑业、运输邮电业、服务业、公用事业等国民经济各行业用于生产、经营用的商品，包括售予批发和零售业作为转卖或加工后转卖的商品；（3）对国（境）外直接出口的商品。不包括：（1）未通过买卖行为付出的商品，如随机构变动移交给其他企业单位的商品、借出的商品、归还受其他单位委托代保管的商品、付出的加工原料和赠送给其他单位的样品等；（2）经本单位介绍，由买卖双方直接结算，本单位只收取手续费的业务；（3）购货退回的商品；（4）商品损耗和损失；（5）出售本单位自用的废旧物资。

商品库存额 指报告期末各种登记注册类型的批发和零售业企业(单位)已取得所有权的商品。它反映批发和零售业企业(单位)的商品库存情况和对市场商品供应的保证程度。商品库存包括：(1)存放在批发和零售业经营单位(如门市部、批发站、采购站、经营处)的仓库、货场、货柜和货架中的商品；(2)挑选、整理、包装中的商品；(3)已记入购进而尚未运到本单位的商品，即发货单或银行承兑凭证已到而货未到的商品；(4)寄放他处的商品，如因购货方拒绝付款而暂时存在购货方的商品；(5)委托其他单位代销(未作销售或调出)尚未售出的商品；(6)代其他单位购进尚未交付的商品。不包括：所有权不属于本单位的商品；委托外单位加工的商品；外贸企业代理其他单位从国外进口尚未付给订货单位的商品；代国家物资储备部门保管的商品等。

连锁总店（总部）　指负责连锁企业资源（商号、商誉、经营模式、服务标准、管理模式等等）的开发、配置、控制或使用等功能的企业核心管理机构。连锁经营是指经营同类商品或服务，使用统一商号的若干店铺，在同一总店（总部）的管理下，采取统一采购或特许经营等方式，实现规模效益的组织形式，包括直营连锁、特许连锁和自愿连锁三种形式。其中，直营连锁是指连锁店铺由连锁公司全资或控股开设，在总部的直接控制下，开展统一经营的连锁经营形式；特许连锁是指拥有注册商标、企业标志、专利、专有技术等经营资源的企业（特许人），以合同形式将其拥有的经营资源许可其他经营者（被特许人）使用，被特许人按合同约定在统一的经营模式下开展经营，并向特许人支付特许经营费用的连锁经营形式；自愿连锁是指若干个店铺或企业自愿组合起来，在不改变各自资产所有权关系的情况下，以同一个品牌形象面对消费者，以共同进货为纽带开展的连锁经营形式。

亿元以上商品交易市场　指年成交额在亿元及以上的商品交易市场。商品交易市场是指经有关部门和组织批准设立，有固定场所、设施，有经营管理部门和监管人员，若干市场经营者入内，常年或实际开业三个月以上，集中、公开、独立地进行生活消费品、生产资料等现货商品交易以及提供相关服务的交易场所，包括各类消费品市场、生产资料市场等。

住宿业　指有偿为顾客提供临时住宿的服务活动。不包括提供长期住宿场所的活动，如出租房屋、公寓等（列入房地产开发经营）。

餐饮业　指在一定场所，对食物进行现场烹饪、调制，并出售给顾客主要供现场消费的服务活动。

营业额　指住宿和餐饮业单位在经营活动中因提供服务或销售商品等取得的收入。包括：客房收入、餐费收入、商品销售额和其他收入。其中，客房收入指住宿和餐饮业单位在经营活动中因提供住宿服务取得的收入。餐费收入指住宿和餐饮业单位因为顾客提供就餐服务取得的收入，包括经烹饪、调制加工后出售的各种食品，如主食、炒菜、凉拌菜等的收入。

旅游人数

(1)入境游客　指报告期内来中国（大陆）观光、度假、探亲访友、就医疗养、购物、参加会议或从事经济、文化、体育、宗教活动的外国人、港澳台同胞等游客人数。

(2)出境人数　指中国（大陆）居民因公或因私出境前往其他国家、中国香港特别行政区、澳门特别行政区和台湾省观光、度假、探亲访友、就医疗养、购物、参加会议或从事经济、文化、体育、宗教活动的人数，即出境游客。统计时，按每出境一次统计1人次。

(3)国内游客　指在报告期内在中国（大陆）观光游览、度假、探亲访友、就医疗养、购物、参加会议或从事经济、文化、体育、宗教活动的中国（大陆）居民人数，其出游的目的不是通过所从事的活动谋取报酬。统计时，国内游客按每出游一次统计1人次。

国际旅游(外汇)收入　指入境游客在中国（大陆）境内旅行、游览过程中用于交通、参观游览、住宿、餐饮、购物、娱乐等全部花费。

国内旅游收入　又称旅游总花费。指国内游客在国内旅行、游览过程中用于交通、参观游览、住宿、餐饮、购物、娱乐等全部花费。

星级饭店　指设备、设施、服务符合《旅游饭店星级的划分与评定》（GB/T14308-2003），通过相关旅游管理部门评定，并取得星级饭店称号的饭店（含预备星级饭店）。

Explanatory Notes on Main Statistical Indicators

Total Retail Sales of Consumer Goods refer to the amount obtained by enterprises (units, self-employed individuals) through direct sales of non-production and non-business physical commodity to individuals, social institutions, and revenue from providing catering services. Individuals include rural and urban households, population from abroad, social institutions include government agencies, social organizations, military units, schools, institutions, neighbourhood (village) committees.

Wholesale Trade refers to the activities of wholesaler selling at wholesale commodities for daily use and capital goods to enterprises of wholesale and retail trades and other enterprises, institutions and government offices, including the activities of wholesaler engaged in import and export and acting as a trade agent. The wholesaler may have the right of ownership over the commodities of wholesale and trade in the name of its own' s or a company, the wholesaler may not have the right of ownership, only acts an agent. The wholesale trade also include the activities of wholesaler at the fixed stalls of the wholesale market of different commodities.

Retail Trade refers to the activities of department store, supermarket, franchised store, brand store, retail stall and on-the-spot-making-selling store selling commodities to the final consumers (citizens) by any means including internet, post, telephone, sales machine. Retail trade excludes the activities of sales of capital goods such a grain, seed, feed, livestock, mineral products, raw material for production, industrial chemicals, chemical products for farm, machine and equipment (vehicle, computer and communication equipment), and the activities of supplementary sales of non-retailer such as the sales of spare parts of car repair business (listed as branch in correspondence with principle business), property management of buildings of retail units (listed as property management); market management of commercial markets and buildings of retail units (listed as market management) .

Purchase, Sales and Stock of Commodities by Wholesale and Retail Trades refer to the total volume of commodities purchased, total volume of sales and exports, and the stock of commodities by wholesale and retail enterprises (establishments) of different status of registration from domestic and overseas markets. This indicator reflects the relationship among purchase, sales and stock of commodities in the circulation of goods and reveals the existing problems.

Total Purchases of Commodities refer to the total value of purchases of commodities by enterprises (establishments) from other establishments or individuals (including direct import from abroad) for the purpose of re-selling, either with or without further processing of the commodities purchased. The commodities include: (1) commodities purchased from agricultural and industrial producer, wholesaler, retailer, publishing house and other service business; (2) commodities purchased from institutions and government departments; (3) confiscated goods purchased from the customs authorities or market management agencies; (4) second-hand goods and wastes purchased from residents; The commodities exclude 1. commodities purchased by enterprises (establishments) for use in their own business operation, commodities obtained without buying or selling procedures such as materials, consumable goods of low value, office appliance, etc. 2. received goods without trading, such as goods handed over from others, borrowed goods, preserved goods for others, donated goods from others, processed and retrieved goods, etc. 3. goods of direct settlement between buyer and seller with handling fees introduced by others, 4. goods returned or refused to pay by the buyer, 5. excessive goods.

Total Sales of Commodities refer to value of commodities sold by the establishments to other establishments and individuals (including goods sold for self consumption, including the value-added tax). The commodities include: (1) commodities sold to urban and rural residents and social groups for their consumption; (2) commodities sold to establishments in all industries for their production and operation, including agriculture, industry, construction, transportation, post and telecommunications, catering services, and public utility including commodities sold to wholesale and retail establishments for re-selling, with or without further processing; and (3) commodities for direct export to abroad. Excluded are (1) extended commodities without trading, such as goods handed over to other enterprises and institutions because of the change of organizations, lent goods, returned goods preserved for others, extended processing materials and samples donated to others, (2) goods of direct settlement between buyer and seller with handling fees introduced by others, 3. goods returned after purchase, (4) damaged and spoiled goods, (5) waste and used goods of self use,

Total Stock of Commodities refers to total commodities possessed by wholesaler and retailer of various types of registration status at the end of the reference period, reflecting the commodity stock level of various wholesaler and retailer and the potential for market supply. It includes: (1) commodities located in storage, garages, counters, and shelves of operating places of wholesale and retail trades (such as sale stores, wholesale centres, procurement stations and operating offices); (2) commodities in the process of being selected, sorted, and packed; (3) commodities not arrived but recorded as purchase in the account, i.e. commodities not arrived but payment receipts for the commodities from the sellers or the banks arrived; (4) commodities deposited in other places rather than places mentioned above, for instance: commodities in the hold of purchasers temporarily due to the refusal of payment; (5) commodities entrusted to other units to sell but not sold yet; (6) commodities purchased for other units but not delivered yet. Commodities not included as stock are those not owned by the enterprises (units), commodities on commission for processing, imported commodities of agency of foreign trade enterprise but not yet delivered to ordering units and finally those put in stock on behalf of the state material reserves units.

Chain Head Stores (headquarter) refer to the core leading stores responsible for development, allocation, administration and utilization of resources (name of stores, brand of stores, operation model, service standard, management way, etc.) of chain stores. Chain stores refers to the stores engaged in providing homogeneous commodities or services, with the central leadership of head store (headquarters) and guided by common policies, conduct centralized purchase and distributed selling of commodities, in order to gain better efficiency through standardized operation. The chain stores include regular chain stores, franchise chain stores and voluntary chain stores.

Regular Chain store refers to chain stores that are invested or controlled by the headquarters. They operate under direct and unified management from the headquarters.

Franchise chain store refers to the chain stores (franchisees) which are franchised with operation resources such as trade marks, names, patent and operation know-how by the franchisors in form of contract and pay the operation fees to the franchisors.

Voluntary chain store refers to the stores operate jointly on the voluntary bases while maintaining their status of independent legal entities with full ownership of their assets. They sell goods of same brand from same channel of resource to the consumers.

Large Commodity Markets with Transaction Value over 100 Million Yuan refers to the commodity markets with an annual transaction at and above 100 million. The commodity market refers to the markets approved and managed by related departments, where there are fixed sites, facilities, managers and administration offices, where there are a certain number of traders to operate for three month and above or all the year, where the commodities including the articles for daily consumption and capital goods and services are traded in a centralized, independent and open way. Such market includes markets of daily goods and market of capital goods, etc.

Hotel Services refer to the charged accommodation services provided to customers, excluding the long term accommodation service activities such as rental housing and apartments(it is under real estate development and management).

Catering Services refer to the activities of enterprises providing on-the-spot services of selling food cooked and prepared to the customer in certain sites

Business Revenue refers to revenue of hotels and catering services received from providing services or selling commodities through business activities, including income from hotels, from catering services, from selling of commodities and from other services. Income from hotels refers to income of hotels and catering services by providing lodging services through business activities. Income from catering services refers to income of hotels and catering services by providing catering services, including selling of cooked or prepared foods, such as staple food, cooked dishes, or cold dishes.

Number of Tourists

(1) Visitor arrivals refer to the number of tourists of foreigners, Chinese compatriots from Hong Kong, Macao and Taiwan who come to China (mainland) within the reference period for sight-seeing, vacation, visiting relatives, medical treatment, shopping, attending conference, or to engage in economic, cultural, sports and religious activities.

(2) Number of Chinese residents going abroad refer to the number of Chinese (mainland) residents going to other countries, Hong Kong Special Administrative region, Macao Special Administrative region and Taiwan for on official or private purposes, for sight-seeing, vacation, visiting relatives, medical treatment, shopping, attending conference, or to engage in economic, cultural, sports and religious activities. In compiling statistics, each time of leaving is counted as one person-time.

(3) Number of domestic tourists refers to the number of Chinese (mainland) residents who travel within China (mainland) for sight-seeing, vacation, visiting relatives, medical treatment, shopping, attending conference, or to engage in economic, cultural, sports and religious activities. In compiling statistics, each time of travelling is counted as one person-time.

Foreign Exchange Earnings from International Tourism refer to the total expenditure of foreigners, overseas Chinese, Chinese compatriots from Hong Kong, Macao and Taiwan during their stay in the mainland of

China on transportation, sighting, accommodation, food, shopping and entertainment.

Income from Domestic Tourism refer to expenditure of domestic tourists on transportation, sighting, accommodation, food, shopping and entertainment while they travel.

Star-rated Hotels refer to hotels rated with stars as assessed by the relevant tourism authorities according to GB/T14308-2003 standard with reference to their infrastructure, facilities and service levels.

第十七篇　教育与科技

CHAPTER 17 EDUCATION，SCIENCE AND TECHNOIOGY

资料整理：孙　冰　杨　卓

17-1 教育事业基本情况

BASIC STATISTICS ON EDUCATION

项　　目	Item	2008	2009	2010	2011	2012
学校数(所)	**Number of Schools (unit)**					
普通高等学校	Regular Institutions of Higher Education	70	78	79	78	79
成人高等学校	Adult Institutions of Higher Education	25	19	19	19	26
中等专业学校	Specialized Secondary Schools	66	70	72	75	73
成人中等专业学校	Adult Specialized Secondary Schools	139	163	162	163	163
普通中学	Regular Secondary Schools	2355	2248	2174	2092	2043
#高　中	#Senior Secondary Schools	445	430	416	411	398
职业中学	Vocational Secondary Schools	196	186	180	161	154
技工学校	Technical Schools	130	130	133	133	134
小　学	Primary Schools	8142	7202	6490	5620	4834
专任教师数(万人)	**Number of Full-time Teachers(10000 persons)**					
普通高等学校	Regular Institutions of Higher Education	4.2	4.3	4.4	4.5	4.5
成人高等学校	Adult Institutions of Higher Education	0.2	0.2	0.2	0.2	0.2
中等专业学校	Specialized Secondary Schools	0.4	0.4	0.4	0.4	0.4
成人中等专业学校	Adult Specialized Secondary Schools	0.4	0.6	0.5	0.5	0.5
普通中学	Regular Secondary Schools	14.3	14.3	14.2	15.5	15.8
#高　中	#Senior Secondary Schools	3.9	4.0	4.1	5.0	5.0
职业中学	Vocational Secondary Schools	0.9	0.9	0.9	0.8	0.8
技工学校	Technical Schools	0.7	0.8	0.8	0.8	0.9
小　学	Primary Schools	15.7	15.5	15.1	13.4	12.9
招生数(万人)	**New Student Enrollment(10000 persons)**					
普通高等学校	Regular Institutions of Higher Education	21.6	21.0	19.5	19.9	20.3
成人高等学校	Adult Institutions of Higher Education	1.0	1.1	1.0	1.1	1.1
中等专业学校	Specialized Secondary Schools	4.2	4.3	4.0	4.3	4.2
成人中等专业学校	Secondary Schools for Adults	5.0	5.9	3.7	2.7	2.5
技工学校	Vestibule Schools	4.0	4.5	8.3	10.1	9.5
普通中学	Regular Secondary Schools	59.9	59.8	57.1	54.3	54.7
#高　中	#Senior Secondary Schools	20.9	20.8	20.7	20.8	20.2
职业中学	Vocational Secondary Schools	5.0	6.5	3.9	3.9	3.3
小　学	Primary Schools	33.7	31.2	34.1	33.4	32.9
在校学生数(万人)	**Student Enrollment(10000 persons)**					
普通高等学校	Regular Institutions of Higher Education	67.8	70.9	71.9	71.1	70.5
成人高等学校	Adult Institutions of Higher Education	2.8	2.7	2.5	2.4	2.5
中等专业学校	Specialized Secondary Schools	11.6	11.6	11.9	11.9	12.1
成人中等专业学校	Adult Specialized Secondary Schools	7.9	11.9	10.9	8.1	6.4
普通中学	Regular Secondary Schools	200.5	194.7	190.8	184.5	181.7
#高　中	#Senior Secondary Schools	61.1	60.8	61.7	62.2	61.3
职业中学	Vocational Secondary Schools	14.3	15.7	13.3	12.3	10.9
技工学校	Technical Schools	9.1	10.1	14.2	19.5	22.6
小　学	Primary Schools	198.3	190.4	188.0	187.5	186.8
毕业生数(万人)	**Graduates(10000 persons)**					
普通高等学校	Regular Institutions of Higher Education	17.0	17.4	18.1	19.6	20.4
成人高等学校	Adult Institutions of Higher Education	1.1	1.1	1.0	1.0	0.9
中等专业学校	Specialized Secondary Schools	2.0	3.4	3.1	3.5	3.7
成人中等专业学校	Adult Specialized Secondary Schools	2.0	2.0	4.5	4.6	4.2
普通中学	Regular Secondary Schools	65.1	64.3	60.1	60.2	60.0
#高　中	#Senior Secondary Schools	20.4	20.7	19.6	20.4	20.6
职业中学	Vocational Secondary Schools	3.7	3.9	4.7	4.2	4.5
技工学校	Technical Schools	2.1	2.5	4.0	3.1	5.5
小　学	Primary Schools	39.1	39.0	36.4	33.6	34.7
每一教师负担学生(人)	**Student-teacher Ratio(person)**					
普通高等学校	Regular Institutions of Higher Education	16.3	16.5	16.3	15.9	15.5
中等学校	Secondary Schools	14.5	14.2	13.9	12.4	12.0
小　学	Primary Schools	12.6	12.3	12.4	13.9	14.5

17-2 各级各类学校数

NUMBER OF SCHOOLS BY LEVEL AND TYPE OF SCHOOL

单位：所 (unit)

年 份 Year	普 通 高等学校 Regular Institutions of Higher Education	中等学校 Secondary Schools	中等专业学校 Specialized Secondary Schools	中等技术学校 Technical Secondary Schools	中等师范学校 Teacher Secondary Schools	职业中学 Vocational Secondary Schools
1978	24	4140	75	55	20	
1980	28	3522	93	68	25	89
1985	40	3403	99	71	28	400
1990	42	3338	107	77	30	413
1995	38	3190	111	81	30	398
1996	38	3199	113	83	30	361
1997	37	3202	114	84	30	336
1998	38	3123	114	84	30	297
1999	39	3080	112	83	29	269
2000	36	3023	109	83	26	240
2001	41	3034	96	74	22	163
2002	48	3003	75	58	17	182
2003	55	2937	51	40	11	167
2004	59	2907	44	35	9	166
2005	62	2799	56	47	9	156
2006	65	2758	63	55	8	179
2007	68	2677	66	60	6	197
2008	70	2617	66	62	4	196
2009	78	2504	70	66	4	186
2010	79	2426	72	68	4	180
2011	78	2328	75	71	4	161
2012	79	2270	73	69	4	154

17-2 续表 CONTINUED

年 份 Year	普通中学 Regular Secondary Schools	高 中 Senior Secondary Schools	初 中 Junior Secondary Schools	小 学 Primary Schools	幼儿园 Kindergartens	盲聋哑学校 Blind, Deaf, Deaf-mute Schools
1978	4065	2119	1946	26425	1654	62
1980	3340	1480	1860	25879	2594	58
1985	2904	828	2076	18157	3216	61
1990	2818	600	2218	17092	1826	64
1995	2681	475	2206	16163	3918	68
1996	2725	470	2255	15902	3993	67
1997	2752	474	2278	15377	4168	67
1998	2712	461	2251	15193	4506	66
1999	2699	467	2232	14754	4830	70
2000	2674	463	2211	13995	4503	65
2001	2775	462	2313	12636	2089	72
2002	2746	447	2299	11990	2100	71
2003	2719	481	2238	11400	2181	71
2004	2697	479	2218	10791	3179	73
2005	2587	475	2112	9995	4156	72
2006	2516	475	2041	9288	4287	71
2007	2414	463	1951	8738	4135	71
2008	2355	445	1910	8142	4466	71
2009	2248	430	1818	7202	4092	72
2010	2174	416	1758	6490	3942	74
2011	2092	411	1681	5620	4504	73
2012	2043	398	1645	4834	4796	74

17-3 各级各类学校教职工数

NUMBER OF TEACHERS AND STAFF BY LEVEL AND TYPE OF SCHOOL

单位：人 (person)

年份 Year	普通高等学校 Regular Institutions of Higher Education	中等学校 Secondary Schools	中等专业学校 Specialized Secondary Schools	中等技术学校 Technical Secondary Schools	中等师范学校 Teacher Secondary Schools
1978	23867	188718	12062	9445	2617
1980	29070	192575	13057	10013	3044
1985	36949	194053	15991	13067	2924
1990	42418	214098	17483	13843	3640
1995	43324	208562	18075	14087	3988
1996	43204	208805	18387	14486	3901
1997	41212	209992	18282	14321	3961
1998	40564	211976	18013	14117	3896
1999	42608	213841	17440	13686	3754
2000	43120	210698	16443	12971	3472
2001	46163	210046	13433	10352	3081
2002	52140	207103	10221	7890	2331
2003	60609	203403	6592	4970	1622
2004	64831	201713	6055	4602	1453
2005	65640	193714	6648	5322	1326
2006	68252	193053	6969	5714	1255
2007	72316	192299	7519	6609	910
2008	74480	192253	7519	7002	517
2009	75062	192092	7880	7378	502
2010	75741	189957	7418	6810	608
2011	76205	204497	7462	6873	589
2012	77510	207351	7302	6935	367

17-3 续表 CONTINUED

年份 Year	普通中学 Regular Secondary Schools	职业中学 Vocational Secondary Schools	小学 Primary Schools	幼儿园 Kindergartens	盲聋哑学校 Blind, Deaf, Deaf-mute Schools
1978	176656		217179	13176	1064
1980	176247	3271	219967	23478	1197
1985	163216	14846	239660	32172	1562
1990	176687	19928	250064	40631	2164
1995	173311	17176	247894	42219	2779
1996	174556	15862	246032	40868	2577
1997	176878	14832	246444	39793	2524
1998	180066	13897	242001	37391	2598
1999	183112	13289	236864	34884	2550
2000	182246	12009	221859	32840	2466
2001	185718	10895	209888	19975	2598
2002	186394	10488	207924	19586	2628
2003	186384	10427	204820	20298	2546
2004	185184	10474	201911	24145	2484
2005	176524	10542	188256	25668	2290
2006	174745	11339	184214	27872	2295
2007	172633	12147	181778	27812	2281
2008	172718	12016	179467	29623	2295
2009	172299	11913	176830	28883	2285
2010	171212	11327	172707	29803	2312
2011	185966	11069	152915	39417	2308
2012	188935	11114	145978	44708	2312

17-4 各级各类学校教师数

NUMBER OF TEACHERS BY LEVEL AND TYPE OF SCHOOL

单位：人 (person)

年份 Year	普通高等学校 Regular Institutions of Higher Education	中等学校 Secondary Schools	中等专业学校 Specialized Secondary Schools	中等技术学校 Technical Secondary Schools	中等师范学校 Teacher Secondary Schools	职业中学 Vocational Secondary Schools
1978	8380	142761	4193	3094	1099	
1980	10365	144291	4946	3477	1469	2589
1985	13448	135366	5953	4610	1343	9306
1990	15915	149499	7253	5435	1818	12198
1995	16542	148057	7757	5726	2031	11028
1996	16403	149560	7917	5904	2013	10316
1997	15736	152402	7999	5938	2061	9883
1998	15505	156257	7958	5918	2040	9331
1999	15804	159855	7787	5762	2025	9032
2000	16169	160153	7358	5464	1894	8396
2001	18042	161133	6193	4389	1804	7617
2002	23179	161352	4925	3505	1420	7373
2003	28525	160108	3302	2267	1035	7177
2004	32119	159719	3039	2089	950	7208
2005	35105	153952	3247	2348	899	7517
2006	36866	154299	3647	2741	906	8124
2007	39792	154769	4017	3338	679	8830
2008	41727	156018	4069	3723	346	8932
2009	43057	156205	4353	4011	342	9020
2010	44198	155048	4198	3773	425	8694
2011	44821	168152	4349	3972	377	8371
2012	45448	170671	4211	3964	247	8441

17-4 续表 CONTINUED

年份 Year	普通中学 Regular Secondary Schools	高中 Senior Secondary Schools	初中 Junior Secondary Schools	小学 Primary Schools	幼儿园 Kindergartens	盲聋哑学校 Blind, Deaf, Deaf-mute Schools
1978	138568	28151	110417	187061	9306	642
1980	136756	27606	109150	193787	13317	694
1985	120107	23099	97008	207256	21255	974
1990	130048	22785	107263	215735	24429	1367
1995	129272	21536	107736	214944	28890	1936
1996	131327	21722	109605	213124	27659	1741
1997	134520	22294	112226	214807	27717	1724
1998	138968	22845	116123	210954	26273	1869
1999	143036	23582	119454	206807	25962	1793
2000	144399	24172	120227	193113	24221	1751
2001	147323	25502	121821	182929	11733	1899
2002	149054	26695	122359	180900	11145	1931
2003	149629	29728	119901	178122	11779	1926
2004	149472	32648	116824	175274	13956	1910
2005	143188	34093	109095	163204	14534	1782
2006	142528	35788	106740	160511	15955	1799
2007	141922	37373	104549	158918	16313	1801
2008	143017	39386	103631	157436	17233	1843
2009	142832	40113	102719	155025	16768	1868
2010	142156	40726	101430	151344	17559	1873
2011	155432	49559	105873	134479	22696	1872
2012	158019	50245	107774	128792	25427	1879

17-5 各级各类学校在校学生数

NUMBER OF STUDENTS ENROLLMENT BY LEVEL AND TYPE OF SCHOOL

单位：人 (person)

年 份 Year	普通高等学校 Regular Institutions of Higher Education	中等学校 Secondary Schools	中等专业学校 Specialized Secondary Schools	#中等技术学校 Technical Secondary Schools	#中等师范学校 Teacher Secondary Schools	职业中学 Vocational Secondary Schools
1978	33248	2622047	36051	19339	16712	
1980	43627	2509164	41177	23483	17694	47822
1985	65940	2218705	59686	34629	25057	141245
1990	79908	2003199	66235	45337	20898	135486
1995	113523	2012719	100003	71239	28764	121520
1996	116379	2114982	111502	81527	29975	117839
1997	115767	2213940	118429	89123	29306	114606
1998	125140	2395561	123854	95414	28440	120185
1999	157063	2601909	128485	103235	25250	116937
2000	200386	2707986	115489	94596	20893	105060
2001	271435	2717522	116315	99280	17035	80619
2002	334627	2767789	121718	106897	14821	84884
2003	392246	2674379	111540	43778	6263	88916
2004	465703	2613122	107997	41862	5134	94725
2005	540867	2480041	97559	44002	5847	103092
2006	584112	2378916	94547	55101	5088	116684
2007	634902	2313072	105562	72217	2856	137601
2008	678139	2263200	115559	91325	1791	143016
2009	708935	2219578	115624	96818	1612	156894
2010	719117	2159652	119002	94312	1751	132873
2011	711198	2088030	119458	95753	3699	123127
2012	704538	2046550	120694	88286	4340	109139

17-5 续表 CONTINUED

年 份 Year	普通中学 Regular Secondary Schools	高中 Senior Secondary Schools	初中 Junior Secondary Schools	小学 Primary Schools	幼儿园 Kindergartens	盲聋哑学校 Blind, Deaf, Deaf-mute Schools
1978	2585996	493965	2092031	4958068	139791	4277
1980	2420165	455716	1964449	5002632	298740	4515
1985	2017774	335914	1681860	4677937	496132	5416
1990	1801478	267169	1534309	3977121	577053	5522
1995	1791196	252376	1538820	3729337	651655	5607
1996	1885641	260071	1625570	3713483	645365	4845
1997	1980905	270276	1710629	3705059	589276	4595
1998	2151522	292464	1859058	3448558	555898	4793
1999	2356487	309567	2046920	3101578	510631	4548
2000	2487437	328765	2158672	2830578	470317	4311
2001	2520588	362410	2158178	2587506	369821	7518
2002	2561187	413251	2147936	2437336	371120	7002
2003	2473923	486096	1987827	2401918	345116	6404
2004	2410400	546793	1863607	2315394	422998	6475
2005	2279390	583567	1695823	2204055	377242	6679
2006	2167685	607896	1559789	2103073	414227	6591
2007	2069909	607254	1462655	2040767	426913	6358
2008	2004625	611287	1393338	1982828	437284	8332
2009	1947060	608221	1338839	1903733	424717	9706
2010	1907777	616885	1290892	1879609	491647	8326
2011	1845445	622251	1223194	1874996	561714	6731
2012	1816717	612579	1204138	1867729	578793	6933

17-6 各级各类学校招生数

NUMBER OF NEW STUDENTS ENROLLMENT BY LEVEL AND TYPE OF SCHOOL

单位：人 (person)

年 份 Year	普 通 高等学校 Regular Institutions of Higher Education	中等学校 Secondary Schools	中等专业学校 Specialized Secondary Schools	#中等技术学校 Technical Secondary Schools	#中等师范学校 Teacher Secondary Schools
1978	13192	988741	19051	9907	9144
1980	11440	964834	19383	10304	9079
1985	24701	774608	24699	14729	9970
1990	24289	697999	19069	14176	4893
1995	35270	764356	35879	26806	9073
1996	36448	736548	39720	30156	9564
1997	36288	739193	41747	31605	10142
1998	39881	913767	44557	34779	9778
1999	62480	934441	46585	40237	6348
2000	76450	847161	35473	29187	6286
2001	98162	810737	31566	26573	4993
2002	115702	789643	40743	36057	4686
2003	125402	686475	36258	15540	2085
2004	149924	725222	33267	13253	1248
2005	172054	710305	31954	16629	1529
2006	180386	714447	35078	24506	1883
2007	195766	693270	40903	33282	999
2008	216022	690791	42038	35868	571
2009	210372	705121	42954	36594	418
2010	195365	650019	40329	32271	781
2011	199414	625026	42931	32830	1595
2012	203066	622583	42296	29130	2170

17-6 续表 CONTINUED

年 份 Year	普通中学 Regular Secondary Schools	高 中 Senior Secondary Schools	初 中 Junior Secondary Schools	小 学 Primary Schools	幼儿园 Kindergartens	盲聋哑学校 Blind, Deaf, Deaf-mute Schools
1978	969690	244752	724938		1189813	730
1980	901537	216203	685334	43914	1078553	792
1985	676789	116124	560665	73120	736004	1059
1990	619527	95016	524511	59403	636998	820
1995	678617	93860	584757	49860	639529	831
1996	652427	90282	562145	44401	633284	672
1997	655077	98005	557072	42369	599270	703
1998	816060	113234	702826	53150	510911	796
1999	852360	110095	742265	35496	464113	580
2000	780271	118418	661853	31417	442988	618
2001	751164	141132	610032	28007	414318	884
2002	716662	159228	557434	32238	406494	1024
2003	618877	187643	431234	31340	405337	830
2004	661363	203315	458048	30592	383832	760
2005	641065	205541	435524	37286	240241	778
2006	630939	208852	422087	48430	333206	800
2007	595430	198023	397407	56937	340170	783
2008	598813	209254	389559	49940	336919	1126
2009	597601	207927	389674	64566	312389	1511
2010	570688	207452	363236	39002	341438	1233
2011	542744	207742	335002	39351	333945	664
2012	547433	202090	345343	32854	328950	700

17-7 各级各类学校毕业生数

NUMBER OF GRADUATES BY LEVEL AND TYPE OF SCHOOL

单位：人　　(person)

年 份 Year	普通高等学校 Regular Institutions of Higher Education	中等学校 Secondary Schools	中等专业学校 Specialized Secondary Schools	#中等技术学校 Technical Secondary Schools	#中等师范学校 Teacher Secondary Schools
1980	7828	704698	19911	11708	8203
1985	11772	583165	17347	10620	6727
1990	22972	584486	15986	10607	5379
1995	30622	576053	23369	16177	7192
1996	33439	569253	28852	19881	8971
1997	30589	594398	33861	22956	10905
1998	30055	669351	37397	26665	10732
1999	30218	655719	39353	29862	9491
2000	31737	661074	38157	27606	10551
2001	37359	710566	30327	23054	7273
2002	46401	684420	32431	27214	5217
2003	69050	729371	45279	18758	2636
2004	84964	751291	34596	12241	2150
2005	100791	792618	32449	12201	752
2006	129465	778185	24699	13062	
2007	148883	721246	19317	9399	
2008	169988	708092	20032	12344	56
2009	174380	716578	34407	26216	61
2010	180982	678382	30569	24070	13
2011	196075	679656	35264	31111	581
2012	203792	682859	37357	30082	392

17-7 续表 CONTINUED

年 份 Year	普通中学 Regular Secondary Schools	高中 Senior Secondary Schools	初中 Junior Secondary Schools	职业中学 Vocational Secondary Schools	小学 Primary Schools	盲聋哑学校 Blind, Deaf, Deaf-mute Schools
1980	684422	169152	515270	365	760548	441
1985	527026	102731	424295	38792	654517	432
1990	522845	89285	433560	45655	635770	554
1995	507909	73306	434603	44775	638456	585
1996	497697	74005	423692	42704	606170	569
1997	515521	79682	435839	45016	591032	476
1998	586482	86053	500429	45472	749160	549
1999	575538	82932	492606	40828	785711	508
2000	578390	91419	486971	44527	698124	632
2001	630624	102784	527840	49615	638339	950
2002	621709	105634	516075	30280	570422	670
2003	658977	115778	543199	25115	438218	536
2004	688863	139441	549422	27832	462923	566
2005	726516	161301	565215	33653	443962	669
2006	718229	181583	536646	35257	427035	724
2007	669849	193767	476082	32080	398638	639
2008	650950	203680	447270	37110	390554	879
2009	642951	206616	436335	39220	389841	1629
2010	600743	195518	405225	47070	363943	931
2011	602472	204287	398185	41920	336006	642
2012	600231	206310	393921	45271	346553	576

17-8 普通高等学校本专科分学科学生数(2012年)

NUMBER OF STUDENTS ENROLLMENT IN INSTITUTIONS OF HIGHER EDUCATION BY FIELD OF STUDY (2012)

单位：人 (person)

学科	Subject	本科毕业生数 Graduates of Regular College Course	本科招生数 New Student Enrollment of Regular College Course	本科在校生数 Student Enrollment of Regular College Course
总计	**Total**	**117948**	**132423**	**500806**
#女性	#Female	62086	66081	261791
哲学	Philosophy	72	83	301
经济学	Economics	6457	6615	25702
法学	Law	2959	2885	11294
教育学	Education	3928	5238	18384
文学	Literature	25596	23760	91638
历史学	History	623	561	2312
理学	Science	9462	9310	36688
工学	Engineering	40758	46324	174731
农学	Agriculture	2021	2505	9099
医学	Medicine	6984	9322	40231
管理学	Manage	19088	25820	90426

17-8 续表 CONTINUED

单位：人 (person)

学科	Subject	专科毕业生数 Graduates of Regular Specialized Subject	专科招生数 New Student Enrollment of Regular Specialized Subject	专科在校学生数 Student Enrollment of Regular Specialized Subject
总计	**Total**	**85844**	**70643**	**203732**
#女性	#Female	43598	35214	101935
农林牧渔大类	Agriculture, Forestry, Animal Husbandry & Fishery	3733	1885	6493
交通运输大类	Traffic and Transport	5607	5998	15805
生化与药品大类	Biochemistry and Pharmaceuticals	2732	2187	6613
资源开发与测绘大类	Resource Development and Mapping	2708	1462	5729
材料与能源大类	Materials and Energy	1527	1136	4137
土建大类	Civil Engineering	9950	10296	31893
水利大类	Water Conservancy	86	137	271
制造大类	Manufacturing	11264	9198	25799
电子信息大类	Electronic Information	7033	4741	13919
环保、气象与安全大类	Environmental Protection, Meteorology and Security	380	232	978
轻纺食品大类	Textile Food	3167	1946	5898
财经大类	Finance	13625	11581	31206
医药卫生大类	Medical and Health	6341	7380	20811
旅游大类	Tourism	3235	1891	5495
公共事业大类	Public Career	662	475	1109
文化教育大类	Culture and Education	9464	6754	19199
艺术设计传媒大类	Art and Design Media	2453	2098	5348
公安大类	Public Security	362	231	318
法律大类	Law	1515	1015	2711

17-9 普通高等学校分科专任教师数 (2012年)

NUMBER OF FULL-TIME TEACHERS BY FIELD OF STUDY IN REGULAR HIGHER EDUCATION INSTITUTIONS (2012)

单位：人　　(person)

学 科	Subject	合 计 Total	教 授 Professors	副教授 Asso. Prof	讲 师 Lecturers	助 教 Assistants	教 员 Instructors
总 计	**Total**	**45448**	**6928**	**13843**	**18304**	**5046**	**1327**
#女 性	#Female	23768	2772	6882	10340	3019	755
哲 学	Philosophy	913	169	286	360	65	33
经济学	Economics	2071	311	718	754	222	66
法 学	Law	2019	250	586	914	207	62
教育学	Education	3583	398	1155	1444	463	123
文 学	Literature	9220	872	2352	4388	1316	292
历史学	History	347	58	136	107	37	9
理 学	Science	4920	743	1630	1917	482	148
工 学	Engineering	14027	2622	4570	5293	1212	330
农 学	Agriculture	1749	415	528	657	118	31
医 学	Medicine	3262	583	836	1209	513	121
管理学	Manage	3337	507	1046	1261	411	112

17-10 平均每万人口在校学生数和大中小学学生构成

NUMBER OF STUDENTS ENROLLMENT PER 10000 POPULATION AND COMPOSITION OF STUDENTS ENROLLED

年 份 Year	大中小学校在校学生占全省人口(%) Students as Percentage of Total Population(%)	平均每万人口学生数(人) Number of Students per 10000 Population(person)			大中小学学生构成(%) Student Structure of Different Level(%)		
		大学生 University and College Students	中学生 Secondary School Students	小学生 Primary School Students	大学生 University and College Students	中学生 Secondary School Students	小学生 Primary School Students
1978	24.3	10.6	837.8	1584.2	0.4	34.4	65.1
1980	23.6	13.6	783.2	1561.5	0.6	33.2	66.2
1985	20.7	19.6	660.9	1393.5	0.9	31.9	67.2
1990	17.1	22.6	565.4	1122.5	1.3	33.1	65.6
1995	15.8	30.7	543.8	1007.7	1.9	34.4	63.7
1996	15.9	31.2	567.3	996.1	2.0	35.6	62.5
1997	16.1	30.9	590.2	987.8	1.9	36.7	61.4
1998	15.8	33.2	634.9	914.0	2.1	40.1	57.8
1999	15.5	41.4	686.2	817.9	2.7	44.4	52.9
2000	15.1	52.6	711.3	743.5	3.5	47.2	49.3
2001	14.6	71.2	713.1	679.0	4.9	48.7	46.4
2002	14.5	87.8	725.9	639.2	6.0	50.0	44.0
2003	14.3	102.8	698.0	629.8	7.2	48.9	43.9
2004	14.7	157.8	704.2	606.8	10.7	47.9	41.3
2005	14.4	192.3	673.0	577.0	13.3	46.7	40.0
2006	14.2	213.3	655.0	550.0	15.0	46.2	38.8
2007	14.0	226.5	641.9	533.7	15.8	46.0	38.2
2008	14.0	242.7	636.1	518.5	17.4	45.5	37.1
2009	13.9	253.0	637.7	497.6	18.2	45.9	35.9
2010	13.8	257.1	629.8	491.0	18.7	45.7	35.6
2011	13.6	255.4	616.6	489.1	18.8	45.3	35.9
2012	13.5	258.3	609.3	487.1	19.1	45.0	36.0

17-11 中等专业学校分科学生数 (2012年)

NUMBER OF STUDENTS IN SPECIALIZED SECONDARY SCHOOLS BY FIELD OF STUDY (2012)

单位：人 (person)

学 科	Subject	毕业生数 Graduates	招生数 New Student Enrollment	在校学生数 Student Enrollment
总 计	**Total**	**37357**	**42296**	**120694**
农林牧渔类	Agriculture, Forestry, Animal Husbandry & Fishery	1919	7054	16610
资源环境类	Resource and Environment	64	151	460
能源与新能源类	Energy and New Energy	2	11	126
土木水利类	Civil Engineering class	2169	2637	9367
加工制造类	Machining and Manufacture	2993	3130	9426
石油化工类	Petroleum Chemical	23		42
轻纺食品类	Textile Food	480	1041	1891
交通运输类	Traffic and Transport	3179	3196	8058
信息技术类	Information Technology	7288	4803	14624
医药卫生类	Medicine and Sanitation	11506	9410	30756
休闲保健类	Leisure-care	192	272	1496
财经商贸类	Financial Business	2908	2225	6569
旅游服务类	Tourism Services	608	1062	2128
文化艺术类	Culture and Art	2073	2010	6640
体育与健身	Sports and Fitness	832	718	2318
教育类	Educational	450	3694	8702
司法服务类	Judicial Service	201	214	331
公共管理与服务类	Public management and service	470	635	1117
其他	Others		33	33

17-12 中等专业学校专任教师数 (2012年)

NUMBER OF FULL-TIME TEACHERS IN SPECIALIZED SECONDARY SCHOOLS (2012)

单位：人 (person)

项 目	Item	合 计 Total	#高级讲师 Senior Lecturers	#讲 师 Lecturers
总 计	**Total**	**4211**	**1400**	**1249**
文化基础课	Culture Basic Course	1358	444	436
专业课	Professionnal Course	2667	920	765
农林牧渔类	Agriculture, Forestry, Animal Husbandry & Fishery	175	70	39
资源环境类	Resource and Environment	17	3	6
能源与新能源类	Energy and New Energy	29		
土木水利类	Civil Engineering class	168	51	49
加工制造类	Machining and Manufacture	260	91	81
石油化工类	Petroleum Chemical			
轻纺食品类	Textile Food	34	23	3
交通运输类	Traffic and Transport	205	71	56
信息技术类	Information Technology	331	96	95
医药卫生类	Medicine and Sanitation	620	224	201
休闲保健类	Leisure-care	8	1	4
财经商贸类	Financial Business	170	101	35
旅游服务类	Tourism Services	125	13	36
文化艺术类	Culture and art	159	37	39
体育与健身	Sports and Fitness	132	51	58
教育类	Educational	130	52	40
司法服务类	Judicial Service	7	2	1
公共管理与服务类	Public management and service	39	13	7
其他	Others	58	21	15
实习指导课	Practise and Direction Course	186	36	48

17-13 研究生数

NUMBER OF POSTGRADUATES

单位：人 (person)

年 份 Year	在校学生数 Student Enrollment	招生数 New Student Enrollment	毕业生数 Graduates	每十万人拥有研究生数 Number of Postgraduates per 100000 Population		
				在校学生数 Student Enrollment	招生数 New Student Enrollment	毕业生数 Graduates
1978	350	350		1.1	1.1	
1980	437	115	202	1.4	0.4	0.6
1985	3572	1926	588	10.7	5.8	1.8
1990	4011	1285	1572	11.4	3.6	4.5
1995	5643	1914	1344	15.3	5.2	3.6
1996	6269	2249	1606	16.8	6.0	4.3
1997	6662	2326	1667	17.8	6.2	4.4
1998	7195	2345	1774	19.1	6.2	4.7
1999	8465	3116	1903	22.4	8.2	5.0
2000	10647	4494	2293	28.0	11.8	6.0
2001	13861	5741	2455	36.4	15.1	6.4
2002	17586	7091	2999	46.1	18.6	7.9
2003	23630	9906	3862	62.0	26.0	10.1
2004	30268	12023	5345	79.3	31.5	14.0
2005	37075	13653	6608	97.1	35.8	17.3
2006	42683	14863	9064	111.7	38.9	23.7
2007	46109	15125	11679	120.6	39.6	30.5
2008	48890	15533	12903	127.8	40.6	33.7
2009	51915	17580	14667	135.7	46.0	38.3
2010	54467	18369	15468	142.3	48.0	40.4
2011	57829	19432	15247	150.8	50.7	39.8
2012	60819	20286	16824	158.6	52.9	43.9

17-14 分学科研究生数(2012年)

NUMBER OF POSTGRADUATES BY SUBJECT (2012)

单位：人 (person)

学 科	Subject	毕业生数 Graduates		招生数 New Student Enrollment		在校生数 Student Enrollment	
		博士 doctor	硕士 master	博士 doctor	硕士 master	博士 doctor	硕士 master
总 计	**Total**	**1653**	**15171**	**2375**	**17911**	**10259**	**50560**
#女 性	#Female	645	7783	858	9179	3798	25623
哲 学	Philosophy	13	135	21	144	103	426
经济学	Economics	8	265	8	348	35	844
法 学	Law	30	848	52	999	182	2694
教育学	Education	6	334	9	534	21	1644
文 学	Literature	27	731	33	900	119	2442
历史学	History		89		79		280
理 学	Science	135	1397	160	1369	680	4083
工 学	Engineering	964	6743	1483	8107	6632	22795
农 学	Agriculture	88	655	137	874	597	2365
医 学	Medicine	252	2310	278	2406	955	6791
军事学	Military				14		14
管理学	Manage	125	1348	184	1665	916	4883
艺术学	Art	5	316	10	472	19	1299
学术型学位	Academic Degree	1653	12652	2334	11817	10163	36678
专业学位	Professional Degree		2519	41	6094	96	13882

17-15 各级各类学校女学生数和女教师数

NUMBER OF FEMALE STUDENTS AND TEACHERS BY LEVEL AND TYPE OF SCHOOL

项　目	Item	2008	2009	2010	2011	2012
女学生数(万人)	**Number of Female Students(10000 persons)**	**242.4**	**237.7**	**234.2**	**229.9**	**227.4**
普通高等学校	Institutions of Higher Education	34.6	36.4	37.2	36.8	36.4
中等专业学校	Specialized Secondary Schools	6.2	6.2	6.4	6.4	6.4
普通中学	Regular Secondary Schools	99.5	96.4	94.4	91.3	90.0
职业中学	Vocational Secondary Schools	7.1	7.5	6.2	5.7	5.1
小　学	Primary Schools	95.1	91.1	90.0	89.8	89.6
女学生占学生总数(%)	**Percentage of Female Students to Total Students (%)**	**50.4**	**49.2**	**49.2**	**49.2**	**49.2**
普通高等学校	Institutions of Higher Education	51.0	51.4	51.8	51.7	51.6
中等专业学校	Specialized Secondary Schools	53.5	53.6	53.4	53.7	52.9
普通中学	Regular Secondary Schools	49.6	49.5	49.5	49.5	49.6
职业中学	Vocational Secondary Schools	49.7	48.1	46.5	46.3	46.3
小　学	Primary Schools	48.0	47.9	47.9	47.9	48.0
女教师数(万人)	**Number of Female Teachers (10000 persons)**	**21.5**	**21.5**	**21.4**	**21.3**	**21.3**
普通高等学校	Institutions of Higher Education	2.1	2.2	2.3	2.3	2.4
中等专业学校	Specialized Secondary Schools	0.2	0.3	0.2	0.3	0.2
普通中学	Regular Secondary Schools	8.8	8.8	8.8	8.8	10.0
职业中学	Vocational Secondary Schools	0.5	0.5	0.5	0.5	0.5
小　学	Primary Schools	9.9	9.8	9.6	9.5	8.2
女教师占教师总数(%)	**Percentage of Female Teachers to Total Teachers (%)**	**58.3**	**60.8**	**61.1**	**61.4**	**61.7**
普通高等学校	Institutions of Higher Education	50.4	50.8	51.5	51.8	52.3
中等专业学校	Specialized Secondary Schools	57.7	58.3	58.6	58.9	58.4
普通中学	Regular Secondary Schools	61.2	61.4	61.6	61.9	63.0
职业中学	Vocational Secondary Schools	59.2	58.7	58.4	58.9	58.5
小　学	Primary Schools	62.8	63.2	63.5	64.0	63.7

17-16 各级学校教师负担学生数

STUDENT-TEACHER RATIO BY LEVEL OF SCHOOL

单位：人　　　　(person)

年 份 Year	普通高等学校 Institutions of Higher Education		中等学校 Secondary Schools		小　学 Primary Schools	
	教师数 Number of Teachers	平均每个教师负担学生 Student-teacher Ratio	教师数 Number of Teachers	平均每个教师负担学生 Student-teacher Ratio	教师数 Number of Teachers	平均每个教师负担学生 Student-teacher Ratio
1978	8380	4.0	142761	18.4	187061	26.5
1980	10365	4.2	144291	17.4	193787	25.8
1985	13448	4.9	135366	16.4	207256	22.6
1990	15915	5.0	149499	13.4	215735	18.4
1991	15823	5.0	149950	13.3	216342	17.9
1992	15641	5.4	149918	13.2	216377	17.5
1993	15604	6.2	147621	12.7	213823	17.5
1994	16097	6.8	147699	12.8	215222	17.5
1995	16542	6.9	148057	13.6	214944	17.4
1996	16403	7.1	149560	14.1	213124	17.4
1997	15736	7.4	152402	14.5	214807	17.2
1998	15505	8.1	156257	15.3	210954	16.3
1999	15804	9.9	159855	16.3	206807	15.0
2000	16169	12.4	160153	16.9	193113	14.7
2001	18042	15.0	161133	16.9	182929	14.1
2002	23179	14.6	160153	17.2	180900	13.5
2003	28525	13.5	160108	16.6	178122	13.5
2004	32119	14.6	159719	16.4	175274	13.2
2005	35105	15.4	153952	16.1	163204	13.5
2006	36866	16.7	154299	15.1	160511	13.1
2007	39792	16.0	154769	14.9	158918	12.8
2008	41727	16.3	156018	14.5	157436	12.6
2009	43057	16.5	156205	14.2	155025	12.3
2010	44198	16.3	155048	13.9	151344	12.4
2011	44821	15.9	168152	12.4	134479	13.9
2012	45448	15.5	170671	12.0	128792	14.5

17-17 中小学升学及学龄儿童入学情况

STATISTICS OF JUNIOR SECONDARY SCHOOLS AND PRIMARY SCHOOLS ENTERING HIGHER LEVEL SCHOOLS, STATISTICS OF SCHOOL-AGE CHILDREN ENROLLED

单位：万人,%　　(10000 persons,%)

年 份 Year	初中毕业生数 Graduates of Junior Secondary Schools	高级中等学校招生数 Students Entering Senior Secondary Schools	小学毕业生数 Graduates of Primary Schools	初级中等学校招生数 Students Entering Junior Secondary Schools	小学升学率 Percentage of Graduates of Primary Schools Entering Junior Secondary Schools	学龄儿童数 School-age Children	已入学学龄儿童数 School-age Children Enrolled in Schools	学龄儿童入学率 Percentage of School-age Children Enrolled
1978	46.9	24.5	77.4	72.5	93.7	406.7	386.9	95.1
1980	51.5	26.0	76.1	68.5	90.1	417.9	395.1	94.5
1985	42.5	21.7	65.5	56.2	85.8	341.5	333.8	97.7
1990	43.5	20.0	63.6	52.7	82.8	313.1	310.0	99.0
1995	43.5	19.3	63.8	59.4	93.1	347.9	343.9	98.9
1996	42.4	18.4	60.6	57.3	94.6	346.9	345.8	99.7
1997	43.6	20.5	59.1	55.7	94.2	355.9	351.2	98.8
1998	50.0	20.8	74.9	70.3	94.0	334.0	327.7	98.1
1999	49.3	20.3	78.6	74.2	94.4	296.6	292.0	98.4
2000	48.7	18.9	69.8	66.2	95.9	275.1	271.7	98.8
2001	52.8	20.6	63.8	61.0	96.1	248.4	240.6	96.9
2002	52.3	26.3	57.0	56.1	98.4	232.0	226.5	97.6
2003	55.1	28.3	43.8	43.3	98.9	247.2	225.1	91.1
2004	55.6	28.5	46.3	45.9	99.2	232.1	217.8	93.8
2005	57.3	32.6	44.4	43.6	98.2	211.2	207.9	98.4
2006	54.2	36.2	42.7	42.2	98.9	201.2	198.9	98.9
2007	47.7	36.7	40.0	39.8	99.5	196.3	193.7	98.7
2008	44.8	39.2	39.1	39.0	99.7	189.7	188.5	99.4
2009	43.7	41.9	39.0	39.0	99.9	183.1	182.2	99.5
2010	40.5	40.6	36.4	36.4	99.9	181.6	180.0	99.1
2011	39.9	41.8	33.6	33.5	99.8	182.1	181.7	99.8
2012	39.4	39.7	34.7	34.6	99.7	181.7	181.3	99.8

注：2002起年高级中等学校招生数中新增了成人中专招生数，使相关数据明显增大。
Note:From 2002, the data of senior secondary schools include the data of specialized secondary schools for adults.

17-18 各类技工学校基本情况 (2012年)

STATISTICS ON VARIOUS TECHNICAL SCHOOLS (2012)

单位：人　　(person)

指 标	Item	合 计 Total	地方劳动保障部门办 Local Labor Safeguard Ministries	地方国有经济单位办 Launched by Local State-owned Economic Institution			其 他 Others
					行业办 Launched by Sector	企业办 Launched by Enterprise	
学校数(所)	Number of Schools(unit)	134	74	29	11	18	31
在校学生数	Number of Students	225762	155965	46304	33791	12513	23493
招生数	New Student Enrollment	94975	70072	16584	11719	4865	8319
毕业生数	Graduates	55013	40422	8842	5830	3012	5749
在职教职工数	Teachers and Staff	12338	8166	2153	845	1308	2019
#文化技术理论课教师	#Classroom Teachers	6187	4455	997	460	537	735
生产实习课指导教师	Practical Training Teachers	2508	1777	351	146	205	380

17-19 技工学校数、学生数和教职工数

NUMBER OF TECHNICAL SCHOOLS, STUDENTS, STAFF AND TEACHERS

单位：人 (person)

年 份 Year	学校数（所） Schools (unit)	在 校 学生数 Student Enrollment	毕业生数 Graduates	招生数 New Student Enrollment	教职工数 Staff and Teachers	#教师数 Teachers
1978	128	25200	4523	19969	4887	1855
1980	217	50731	19969	25529	8941	3670
1985	202	50257	18949	25048	12902	5192
1990	220	95665	32103	33409	18271	7745
1995	220	85809	49100	29608	16179	8002
1996	195	64105	30884	20261	15245	7993
1997	192	62580	30898	22788	14990	7578
1998	168	44107	27155	13903	12595	6667
1999	170	35795	21884	10969	11962	7040
2000	172	28979	13126	9886	9375	5392
2001	166	24939	13379	9769	10429	7966
2002	150	28008	11567	13458	8892	5903
2003	147	31789	11135	17104	9454	7099
2004	135	41411	12318	21591	10833	7620
2005	128	60407	16429	28264	9417	6064
2006	124	68658	17167	32860	9256	6170
2007	121	88076	21775	46796	10457	7465
2008	130	91059	21063	40428	10261	7474
2009	130	101307	25158	44570	11101	8417
2010	133	142109	39697	82949	12316	7982
2011	133	194501	31131	100878	11539	8211
2012	134	225762	55013	94975	12338	8695

17-20 各地区普通高等学校基本情况（2012年）

BASIC STATISTICS ON INSTITUTIONS OF HIGHER EDUCATION BY REGION (2012)

单位：人 (person)

地 区	Region	学校数（所） Schools (unit)	教职工数 Staff and Teachers	#专任教师 Full-time Teachers	#教授 Professors	#副教授 Asso. Prof	招生数 New Student Enrollment	在校生数 Student Enrollment	毕业生数 Graduates
全 省	**Total**	**79**	**77510**	**45448**	**6928**	**13843**	**201587**	**700328**	**201808**
哈尔滨	harbin	49	53664	31509	5223	9853	138192	482211	132929
齐齐哈尔	Qiqihar	6	4901	3262	353	1007	15003	49363	14231
鸡 西	Jixi	1	1011	525	89	109	2775	9141	3606
鹤 岗	Hegang	1	456	221	21	110	515	1375	968
双鸭山	Shuangyashan	1	342	158	5	75	421	1382	698
大 庆	Daqing	5	5864	3102	466	862	14664	51906	15816
伊 春	Yichun	1	375	216	19	73	359	1104	719
佳木斯	Jiamusi	4	4185	2141	278	673	8674	30199	9134
七台河	Qitaihe	1	191	120	17	41	134	541	631
牡丹江	Mudanjiang	7	4607	2976	341	772	14722	51321	17013
黑 河	Heihe	1	771	485	55	101	2426	8822	2293
绥 化	Suihua	1	775	483	42	92	2941	10469	2561
大兴安岭	Daxinganling	1	368	250	19	75	761	2494	1209

注：本章中牡丹江数据包括绥芬河，佳木斯数据包括抚远（下同）。
Note:The data of Mudanjiang include Suifenhe, Jia Musi include Fuyuan(the same below).

17-21 各地区中等专业学校基本情况 (2012年)

BASIC STATISTICS ON SPECIALIZED SECONDARY SCHOOLS BY REGION (2012)

单位：人 (person)

地 区	Region	学校数（所） Schools (unit)	教职工数 Staff and Teachers	#专任教师 Full-time Teachers	#副高级以上 Deputy High Above	毕业生数 Graduates	招生数 New Student Enrollment	#初中毕业 Graduate from Senior Secondary Schools	在校生数 Student Enrollment
全 省	**Total**	**73**	**7302**	**4211**	**1488**	**37357**	**42296**	**31080**	**120694**
哈尔滨	harbin	28	2481	1490	496	14878	15664	11861	43679
齐齐哈尔	Qiqihar	7	969	492	176	5925	5600	3823	17739
鸡 西	Jixi	2	131	84	28	162	1034	966	1843
鹤 岗	Hegang	3	386	228	105	1293	1433	918	4032
双鸭山	Shuangyashan	2	226	165	58	56	296	261	1065
大 庆	Daqing	2	209	85	36	124	201	95	484
伊 春	Yichun	3	578	234	96	2754	2310	700	6061
佳木斯	Jiamusi	6	471	310	104	4177	4542	4096	13434
七台河	Qitaihe					18	444	444	798
牡丹江	Mudanjiang	10	446	300	57	2552	4167	3344	10705
黑 河	Heihe	4	514	302	129	1086	1119	1079	3934
绥 化	Suihua	6	891	521	203	4129	5049	3188	15512
大兴安岭	Daxinganling					203	437	305	1408

17-22 各地区普通中学学校数 (2012年)

NUMBER OF REGULAR SECONDARY SCHOOLS BY REGION (2012)

单位：所 (unit)

地 区	Region	合 计 Total	#高 中 Senior Secondary Schools	城 区 Urban Areas	#高 中 Senior Secondary Schools	镇 区 Counties and Towns	#高 中 Senior Secondary Schools	乡 村 Rural Areas	#高 中 Senior Secondary Schools
全 省	**Total**	**2046**	**398**	**685**	**230**	**783**	**161**	**578**	**7**
哈尔滨	harbin	541	122	226	83	166	38	149	1
齐齐哈尔	Qiqihar	264	41	64	23	100	18	100	
鸡 西	Jixi	118	25	39	15	46	7	33	3
鹤 岗	Hegang	62	15	31	7	28	8	3	
双鸭山	Shuangyashan	98	16	28	6	50	10	20	
大 庆	Daqing	154	30	73	21	45	9	36	
伊 春	Yichun	61	20	45	15	15	5	1	
佳木斯	Jiamusi	142	24	39	10	68	11	35	3
七台河	Qitaihe	51	9	23	6	15	3	13	
牡丹江	Mudanjiang	135	37	46	17	63	20	26	
黑 河	Heihe	101	21	16	6	63	15	22	
绥 化	Suihua	283	29	39	15	107	14	137	
大兴安岭	Daxinganling	36	9	16	6	17	3	3	

17-23 各地区普通中学在校学生数(2012年)

NUMBER OF STUDENTS OF REGULAR SECONDARY SCHOOLS BY REGION (2012)

单位：人 (person)

地 区	Region	合 计 Total	#高 中 Senior Secondary Schools	城 区 Urban Areas	#高 中 Senior Secondary Schools	镇 区 Counties and Towns	#高 中 Senior Secondary Schools	乡 村 Rural Areas	#高 中 Senior Secondary Schools
全 省	**Total**	**1817365**	**612579**	**845691**	**353941**	**747422**	**250528**	**224252**	**8110**
哈尔滨	harbin	423730	138754	251540	99801	124265	38268	47925	685
齐齐哈尔	Qiqihar	207458	74293	69667	33168	105239	41125	32552	
鸡 西	Jixi	106555	33050	51136	21834	37929	8843	17490	2373
鹤 岗	Hegang	60786	26205	32980	16690	27145	9515	661	
双鸭山	Shuangyashan	79641	28643	24652	10445	49513	18198	5476	
大 庆	Daqing	176033	63184	100222	40226	60131	22958	15680	
伊 春	Yichun	54000	23271	41952	20336	11605	2935	443	
佳木斯	Jiamusi	141649	46914	58154	24164	65955	17698	17540	5052
七台河	Qitaihe	46329	15778	30213	11192	11933	4586	4183	
牡丹江	Mudanjiang	119771	49610	53614	18271	60368	31339	5789	
黑 河	Heihe	94004	26352	24794	8815	63489	17537	5721	
绥 化	Suihua	286107	76816	94807	42925	121057	33891	70243	
大兴安岭	Daxinganling	21302	9709	11960	6074	8793	3635	549	

17-24 各地区普通中学招生数(2012年)

NUMBER OF NEW ENROLLMENT STUDENTS OF REGULAR SECONDARY SCHOOLS BY REGION (2012)

单位：人 (person)

地 区	Region	合 计 Total	#高 中 Senior Secondary Schools	城 区 Urban Areas	#高 中 Senior Secondary Schools	镇 区 Counties and Towns	#高 中 Senior Secondary Schools	乡 村 Rural Areas	#高 中 Senior Secondary Schools
全 省	**Total**	**547645**	**202090**	**252353**	**115860**	**232595**	**83831**	**62697**	**2399**
哈尔滨	harbin	130485	46648	74451	33674	41122	12721	14912	253
齐齐哈尔	Qiqihar	66531	25025	22148	10890	34656	14135	9727	
鸡 西	Jixi	29465	11176	14300	7361	10915	2909	4250	906
鹤 岗	Hegang	18116	8040	10161	4960	7736	3080	219	
双鸭山	Shuangyashan	25127	9584	8136	3443	15342	6141	1649	
大 庆	Daqing	49535	20972	27786	13257	17582	7715	4167	
伊 春	Yichun	16710	7463	13235	6492	3345	971	130	
佳木斯	Jiamusi	46583	15555	18614	7869	22240	6446	5729	1240
七台河	Qitaihe	13147	5054	8441	3560	3487	1494	1219	
牡丹江	Mudanjiang	40497	16389	18203	6180	19880	10209	2414	
黑 河	Heihe	28906	8739	7736	3021	19573	5718	1597	
绥 化	Suihua	75815	24316	25438	13224	33885	11092	16492	
大兴安岭	Daxinganling	6728	3129	3704	1929	2832	1200	192	

17-25 各地区普通中学毕业生数(2012年)

NUMBER OF GRADUATES OF REGULAR SECONDARY SCHOOLS BY REGION (2012)

单位：人 (person)

地区	Region	合计 Total	#高中 Senior Secondary Schools	城区 Urban Areas	#高中 Senior Secondary Schools	镇区 Counties and Towns	#高中 Senior Secondary Schools	乡村 Rural Areas	#高中 Senior Secondary Schools
全省	**Total**	**600580**	**206310**	**277493**	**121303**	**243342**	**81878**	**79745**	**3129**
哈尔滨	harbin	135952	46582	77221	33806	40976	12531	17755	245
齐齐哈尔	Qiqihar	75852	24507	25903	11707	36232	12800	13717	
鸡西	Jixi	33424	11539	16710	7663	11300	3051	5414	825
鹤岗	Hegang	21038	9050	12404	5954	8408	3096	226	
双鸭山	Shuangyashan	26462	9785	8441	3463	15841	6322	2180	
大庆	Daqing	52427	20418	29325	13402	17408	7016	5694	
伊春	Yichun	19485	8447	15429	7251	3908	1196	148	
佳木斯	Jiamusi	58175	15662	23860	7949	27452	5654	6863	2059
七台河	Qitaihe	14066	5396	8996	3848	3807	1548	1263	
牡丹江	Mudanjiang	41153	17335	18838	6731	20577	10604	1738	
黑河	Heihe	30772	8277	8980	2551	19474	5726	2318	
绥化	Suihua	83351	25623	26652	14643	34469	10980	22230	
大兴安岭	Daxinganling	8423	3689	4734	2335	3490	1354	199	

17-26 各地区普通中学教职工数(2012年)

NUMBER OF TEACHERS AND STAFF OF REGULAR SECONDARY SCHOOLS BY REGION (2012)

单位：人 (person)

地区	Region	合计 Total	按城乡分 By Urban and Rural Areas			按主管部门分 By Department			
			城区 Urban Areas	镇区 Counties and Towns	乡村 Rural Areas	教育部门办 Run by Educational Department	其他部门办 Schools Run by Other Department	地方企业办 Run by Local Businesses	民办 Run by Private and Other Social Sources
全省	**Total**	**188989**	**81316**	**78030**	**29643**	**156637**	**25297**	**564**	**6491**
哈尔滨	harbin	46152	25668	13338	7146	40529	1678	157	3788
齐齐哈尔	Qiqihar	22338	7162	9885	5291	21243	801	54	240
鸡西	Jixi	11781	4280	5242	2259	7974	3425		382
鹤岗	Hegang	7366	3497	3742	127	3978	2684		704
双鸭山	Shuangyashan	8475	2453	5274	748	6097	2213		165
大庆	Daqing	17659	10330	5005	2324	17195	405		59
伊春	Yichun	6946	5224	1616	106	3169	3556	221	
佳木斯	Jiamusi	14759	5328	7503	1928	10854	3349	62	494
七台河	Qitaihe	4392	2442	1201	749	4198	149		45
牡丹江	Mudanjiang	11741	4913	5760	1068	9536	1787	70	348
黑河	Heihe	10743	2049	7665	1029	6381	4268		94
绥化	Suihua	23361	6321	10281	6759	22207	982		172
大兴安岭	Daxinganling	3276	1649	1518	109	3276			

17-27 各地区普通中学教师数 (2012年)

NUMBER OF TEACHERS OF REGULAR SECONDARY SCHOOLS BY REGION (2012)

单位：人　　(person)

地　区	Region	合　计 Total	按城乡分 By Urban and Rural Areas			按主管部门分 By Department			
			城　区 Urban Areas	镇　区 Counties and Towns	乡　村 Rural Areas	教育部门办 Run by Educational Department	其他部门办 Schools Run by Other Department	地方企业办 Run by Local Businesses	民　办 Run by Private and Other Social Sources
全　省	**Total**	**158066**	**68254**	**64212**	**25600**	**133786**	**19063**	**411**	**4806**
哈尔滨	harbin	39630	22218	11240	6172	35303	1391	124	2812
齐齐哈尔	Qiqihar	18242	5911	8018	4313	17406	640	23	173
鸡　西	Jixi	9846	3693	4158	1995	6969	2562		315
鹤　岗	Hegang	5409	2607	2722	80	3058	1859		492
双鸭山	Shuangyashan	6877	1944	4296	637	5114	1646		117
大　庆	Daqing	14512	8166	4345	2001	14117	340		55
伊　春	Yichun	5568	4216	1276	76	2515	2875	178	
佳木斯	Jiamusi	11758	4328	5908	1522	8914	2418	37	389
七台河	Qitaihe	4085	2251	1108	726	3932	116		37
牡丹江	Mudanjiang	10034	4162	4947	925	8418	1309	49	258
黑　河	Heihe	8492	1766	5816	910	5362	3079		51
绥　化	Suihua	21015	5713	9154	6148	20080	828		107
大兴安岭	Daxinganling	2598	1279	1224	95	2598			

17-28 各地区小学学校数和在校学生数 (2012年)

BASIC STATISTICS ON PRIMARY SCHOOLS AND STUDENTS ENROLLMENT BY REGION (2012)

地　区	Region	学校数（所） Number of Schools (unit)	按城乡分 By Urban and Rural Areas			在校学生数（人） Student Enrollment (person)	按城乡分 By Urban and Rural Areas		
			城　区 Urban Areas	镇　区 Counties and Towns	乡　村 Rural Areas		城　区 Urban Areas	镇　区 Counties and Towns	乡　村 Rural Areas
全　省	**Total**	**4834**	**723**	**792**	**3319**	**1867729**	**650536**	**716089**	**501104**
哈尔滨	harbin	1246	218	186	842	456189	191683	143893	120613
齐齐哈尔	Qiqihar	928	67	114	747	248672	60904	98609	89159
鸡　西	Jixi	83	26	24	33	83596	32371	31689	19536
鹤　岗	Hegang	93	52	16	25	48290	25470	18179	4641
双鸭山	Shuangyashan	130	33	42	55	79879	21970	46648	11261
大　庆	Daqing	436	73	65	298	150178	63366	45485	41327
伊　春	Yichun	69	45	17	7	46281	30708	13120	2453
佳木斯	Jiamusi	273	48	54	171	187079	56852	79298	50929
七台河	Qitaihe	60	30	13	17	39357	20842	10926	7589
牡丹江	Mudanjiang	286	55	68	163	134736	57945	53942	22849
黑　河	Heihe	134	19	49	66	108167	24243	65899	18025
绥　化	Suihua	1040	43	120	877	266493	56082	99745	110666
大兴安岭	Daxinganling	56	14	24	18	18812	8100	8656	2056

17-29 各地区小学招生数和毕业生数(2012年)

NUMBER OF NEW STUDENTS ENROLLMENT AND GRADUATES OF PRIMARY SCHOOLS BY REGION (2012)

单位：人 (person)

地区	Region	招生数 Number of New Students Enrollment	按城乡分 By Urban and Rural Areas 城区 Urban Areas	镇区 Counties and Towns	乡村 Rural Areas	毕业生数 Number of Graduates	按城乡分 By Urban and Rural Areas 城区 Urban Areas	镇区 Counties and Towns	乡村 Rural Areas
全省	**Total**	**328950**	**119519**	**126629**	**82802**	**346553**	**121238**	**131302**	**94013**
哈尔滨	harbin	80405	36735	25917	17753	84439	37034	23922	23483
齐齐哈尔	Qiqihar	42093	9744	17427	14922	41563	10628	16375	14560
鸡西	Jixi	14806	5782	5587	3437	18850	6922	7969	3959
鹤岗	Hegang	8519	4586	3178	755	9116	4522	3710	884
双鸭山	Shuangyashan	13237	3909	7644	1684	14852	3773	9005	2074
大庆	Daqing	30020	13261	9290	7469	28535	12781	8271	7483
伊春	Yichun	7022	4543	2173	306	9098	6280	2472	346
佳木斯	Jiamusi	28863	9407	12484	6972	31153	8282	14501	8370
七台河	Qitaihe	8071	4556	1963	1552	8574	4769	2242	1563
牡丹江	Mudanjiang	22049	9520	8705	3824	24041	10458	9343	4240
黑河	Heihe	19240	4939	11319	2982	20183	3700	13267	3216
绥化	Suihua	51923	11416	19711	20796	52444	10481	18419	23544
大兴安岭	Daxinganling	2702	1121	1231	350	3705	1608	1806	291

17-30 各地区小学教职工数(2012年)

NUMBER OF TEACHERS AND STAFF OF PRIMARY SCHOOLS BY REGION (2012)

单位：人 (person)

地区	Region	合计 Total	按城乡分 By Urban and Rural Areas 城区 Urban Areas	镇区 Counties and Towns	乡村 Rural Areas	按主管部门分 By Department 教育部门办 Run by Educational Department	其他部门办 Schools Run by Other Department	地方企业办 Run by Local Businesses	民办 Run by Private and Other Social Sources
全省	**Total**	**145978**	**45118**	**47873**	**52987**	**136000**	**8987**	**622**	**369**
哈尔滨	harbin	37557	12543	10946	14068	36130	1106	223	98
齐齐哈尔	Qiqihar	17645	3925	5485	8235	16993	652		
鸡西	Jixi	5586	1899	1595	2092	5320	239		27
鹤岗	Hegang	4376	2585	1128	663	4006	340		30
双鸭山	Shuangyashan	5731	1688	3024	1019	4672	1018		41
大庆	Daqing	12016	4139	3384	4493	12016			
伊春	Yichun	5473	3857	1272	344	2613	2591	269	
佳木斯	Jiamusi	12745	3557	4728	4460	12224	341	81	99
七台河	Qitaihe	2671	1632	562	477	2589	82		
牡丹江	Mudanjiang	10613	3844	4248	2521	9171	1412		30
黑河	Heihe	6659	1380	3585	1694	5756	891	12	
绥化	Suihua	22555	3190	6781	12584	22159	315	37	44
大兴安岭	Daxinganling	2351	879	1135	337	2351			

17-31 各地区小学专任教师数 (2012年)

NUMBER OF FULL-TIME TEACHERS OF PRIMARY SCHOOLS BY REGION (2012)

单位：人 (person)

地 区	Region	合 计 Total	按城乡分 By Urban and Rural Areas 城 区 Urban Areas	镇 区 Counties and Towns	乡 村 Rural Areas	按主管部门分 By Department 教育部门办 Run by Educational Department	其他部门办 Schools Run by Other Department	地方企业办 Run by Local Businesses	民 办 Run by Private and Other Social Sources
全 省	**Total**	**128792**	**38742**	**41723**	**48327**	**120883**	**7151**	**488**	**270**
哈尔滨	harbin	33753	11059	9785	12909	32540	944	194	75
齐齐哈尔	Qiqihar	15331	3388	4662	7281	14803	528		
鸡 西	Jixi	4828	1716	1365	1747	4610	193		25
鹤 岗	Hegang	3314	1861	940	513	2979	305		30
双鸭山	Shuangyashan	4857	1376	2564	917	4051	784		22
大 庆	Daqing	10557	3441	2896	4220	10557			
伊 春	Yichun	4270	2940	1072	258	2023	2047	200	
佳木斯	Jiamusi	11251	3240	4022	3989	10848	259	59	85
七台河	Qitaihe	2450	1474	520	456	2393	57		
牡丹江	Mudanjiang	9541	3452	3702	2387	8421	1099		21
黑 河	Heihe	5926	1250	3112	1564	5251	666	9	
绥 化	Suihua	20852	2887	6170	11795	20545	269	26	12
大兴安岭	Daxinganling	1862	658	913	291	1862			

17-32 各地区幼儿园基本情况 (2012年)

BASIC STATISTICS ON KINDERGARTENS BY REGION (2012)

地 区	Region	园 数 (个) Number of Kindergartens (unit)	班 数 (个) Number of Classes (unit)	幼儿数 (人) Student Enrollment (person)	教职工数 (人) Staff and Teachers (person)	#专任教师 Full-time Teachers
全 省	**Total**	**4796**	**24383**	**578793**	**44708**	**25427**
哈尔滨	harbin	1284	6453	156700	14706	8311
齐齐哈尔	Qiqihar	801	4072	101318	4548	2675
鸡 西	Jixi	221	1186	26008	2090	1106
鹤 岗	Hegang	151	648	14708	1380	778
双鸭山	Shuangyashan	150	828	22759	1490	827
大 庆	Daqing	352	2009	46200	5378	2738
伊 春	Yichun	105	548	11748	1030	659
佳木斯	Jiamusi	256	1724	46974	3056	1770
七台河	Qitaihe	133	626	15106	1048	595
牡丹江	Mudanjiang	379	1714	33385	3115	1986
黑 河	Heihe	293	1408	26946	2010	1224
绥 化	Suihua	601	2893	70771	3956	2271
大兴安岭	Daxinganling	70	274	6170	901	487

17-33 各级各类成人学校基本情况 (2012年)

BASIC STATISTICS ON ADULT SCHOOLS BY LEVEL AND TYPE (2012)

单位：人 (person)

学校类别	Category	学校数（所）Schools (unit)	毕业生数 Graduates	招生数 New Student Enrollment	在校生数 Student Enrollment	教职工数 Staff and Teachers	#专任教师 Full-time Teachers
总 计	**Total**	**2883**	**681211**	**36032**	**585125**	**27643**	**19104**
成人高等学校	Adult Education Schools	26	9394	10758	25007	3363	2046
广播电视大学	Radio and TV Universities	2	1601	904	3051	451	222
职工高等学校	Schools of Higher Education for Staff and Workers	16	3335	3052	8852	1504	906
管理干部学院	College for Management Cadres	3	2399	3033	5764	734	429
教育学院	Pedagogical Colleges	5	2059	3769	7340	674	489
成人中等学校	Secondary Schools for Adults	2593	655667	25274	543466	23799	16665
中等专业学校	Specialized Secondary Schools for Adults	163	41854	25274	63802	6800	5233
成人中学	Secondary Schools for Adults	157	20671		22313	745	538
职工中学	Secondary Schools for Staff and Workers	33	3862		9253	332	264
农民中学	Secondary Schools for Peasants	124	16809		13060	413	274
成人技术培训学校	Technical Training Schools for Adults	2273	593142		457351	16254	10894
职工技术培训学校（机构）	Worker's Technical Training School	58	22689		33647	1747	1302
农村成人文化技术培训学校（机构）	Rural Culture & Technology Training School(Institution)	1101	314261		241820	4765	3160
其他培训机构（含社会培训机构）	Other Training School	1114	256192		181884	9742	6432
成人初等学校	Primary Schools for Adults	264	16150		16652	481	393
职工小学	Primary School for Employee	1			25	1	
民办小学	Primary Schools for Peasants	263	16150		16627	480	393
#扫盲班	#Literacy Courses	30	2595		1816	132	99

17-34 各级各类成人学校在校学生数

STUDENT ENROLLMENT IN ADULT SCHOOLS BY LEVEL AND TYPE

单位：万人 (10000 persons)

学校类别	Category	2008	2009	2010	2011	2012
成人高等学校	**Adult Education Schools**	**2.8**	**2.7**	**2.5**	**2.4**	**2.5**
广播电视大学	Radio and TV Universities	0.4	0.4	0.4	0.4	0.3
职工高等学校	Schools of Higher Education for Staff and Workers	1.2	1.0	1.0	0.9	0.9
管理干部学院	College for Management Cadres	0.6	0.5	0.6	0.5	0.6
教育学院	Pedagogical Colleges	0.6	0.6	0.6	0.6	0.7
成人中等学校	**Secondary Schools for Adults**	**90.1**	**64.5**	**62.9**	**68.9**	**54.3**
中等专业学校	Specialized Secondary Schools for Adults	7.9	11.9	10.9	8.1	6.4
成人中学	Secondary Schools for Adults	3.3	1.2	2.9	3.1	2.2
成人技术培训学校	Technical Training Schools for Adults	78.9	51.4	49.1	57.6	45.7
成人初等学校	**Primary Schools for Adults**	**3.8**	**4.9**	**0.5**	**3.2**	**1.7**
职工小学	Primary School for Employee					
民办小学	Primary Schools for Peasants	3.8	4.9	0.5	3.2	1.7
#扫盲班	#Literacy Courses	0.2	0.2	0.1	0.1	0.2

17-35 科技活动基本情况

BASIC STATISTICS ON SCIENTIFIC AND TECHNOLOGICAL ACTIVITIES

指 标	Item	2008	2009	2010	2011	2012
单位基本情况	**Basic Statistics on Unit**					
单位数(个)	Number of Unit(unit)	860	843	893	945	997
有R&D活动单位数(个)	Number of Unit With R&D Activities(unit)	346	311	347	372	373
研究与试验发展(R&D)投入情况	**Statistics on R&D Input**					
R&D人员全时当量(人年)	Full-time Equivalent of R&D Personnel(man-year)	46681	45927	54430	56410	57206
#基础研究	#Basic Research	6907	6933	7352	8011	9427
应用研究	Applied Research	7390	6792	7689	6870	8180
试验发展	Experimental Development	31421	30091	37188	41528	39589
R&D经费内部支出(万元)	Expenditure on R&D(10000 yuan)	753745	880938	1079458	1164377	1296006
#基础研究	#Basic Research	85909	97235	68190	119461	128558
应用研究	Applied Research	81503	93689	163656	181618	226403
试验发展	Experimental Development	566493	662758	825786	863297	941045
#政府资金	#Government Appropriation Funds	254312	282358	326038	344210	491042
企业资金	Self-raised Funds by Enterprises	478616	608962	710139	789494	770716
R&D经费内部支出相当于地区生产总值比例(%)	Proportion of R&D Expenditure to GDP(%)	0.91	1.03	1.05	0.93	0.95
R&D项目(课题)情况	**Statistics on R&D Topics**					
R&D项目(课题)数(项)	Projects of R&D(item)	18407	18167	20785	20546	22672
R&D项目(课题)人员全时当量(人年)	Participants(man-year)	41468	35533	45938	49691	51313
R&D项目(课题)经费内部支出(万元)	Intramural Expenditure(10000 yuan)	609556	662547	803224	828370	979215
科技产出及成果情况	**Statistics on S&T Outputs and Results**					
发表科技论文(篇)	Scientific Papers Issued(piece)	28081	36239	40212	45933	41954
出版科技著作(种)	Publication on Science and Technology(kind)	875	860	903	1595	1511
科技成果登记数(项)	Number of Major Achievements(item)	1319	1289	1453	1376	1461
国家技术发明奖(项)	State Technological Invention Award(item)	2	4	2	4	5
国家科学技术进步奖(项)	National Science and Technology Progress Award(item)	15	13	20	8	12

17-36 科学研究与开发机构基本情况

BASIC STATISTICS ON RESEARCH AND DEVELOPMENT INSTITUTIONS

指　标	Item	2008	2009	2010	2011	2012
机构基本情况	**Basic Statistics on Institutions**					
机构数(个)	Number of R&D Institutions(unit)	229	228	228	228	226
#中央属	#Subordinated to Central Level	18	18	18	18	16
地方属	Subordinated to Local Level	211	210	210	210	210
研究与试验发展(R&D)投入情况	**Statistics on R&D Input**					
R&D人员(人)	R&D Personnel(person)	6816	6838	7440	7618	7677
R&D人员全时当量(人年)	Full-time Equivalent of R&D Personnel(man-year)	6102	6348	6897	7169	7099
#基础研究	#Basic Research	551	620	809	904	1076
应用研究	Applied Research	1464	1263	1996	1424	2192
试验发展	Experimental Development	4087	4465	4092	4841	3831
R&D经费内部支出(万元)	Expenditure on R&D(10000 yuan)	87854	95644	105627	119871	144408
#基础研究	#Basic Research	9054	10395	10164	17463	24407
应用研究	Applied Research	20068	27809	28631	29869	40316
试验发展	Experimental Development	58732	57440	66831	72538	79686
#政府资金	#Government Appropriation Funds	73803	71514	87231	96823	116722
企业资金	Self-raised Funds by Enterprises	5881	9134	5143	5590	9851
R&D项目(课题)情况	**Statistics on R&D Topics**					
R&D项目(课题)数(项)	Projects of R&D(item)	1737	1884	2040	2001	1901
R&D项目(课题)人员全时当量(人年)	Participants(man-years)	4777	5250	5648	5953	6829
R&D项目(课题)经费内部支出(万元)	Intramural Expenditure(10000 yuan)	30104	29563	43886	50620	58427
科技产出及成果情况	**Statistics on S&T Outputs and Results**					
发表科技论文(篇)	Scientific Papers Issued(piece)	3468	3736	3759	4626	3781
#国外发表	#Published in Foreign Periodicals	85	154	154	353	275
出版科技著作(种)	Publication on Science and Technology(kind)	90	99	79	132	129

17-37 高等学校科技活动情况

BASIC STATISTICS ON HIGHER EDUCATION FOR SCIENTIFIC AND TECHNOLOGICAL ACTIVITIES

指 标	Item	2008	2009	2010	2011	2012
机构基本情况	**Basic Statistics on Institutions**					
学校数(个)	Number of Schools(unit)	70	87	94	94	90
#理工农医	#Science, Agricultural, Medicine	32	52	53	54	54
#人文社科	#Humanities and Social Sciences	38	35	41	40	36
R&D机构(个)	R & D Institutions(unit)	224	271	274	278	304
研究与试验发展(R&D)投入情况	**Statistics on R&D Input**					
R&D人员全时当量(人年)	Full-time Equivalent of R&D Personnel(man-year)	13937	14677	15066	12939	15175
#基础研究	#Basic Research	6356	6313	6543	7107	8493
应用研究	Applied Research	5926	5529	5693	5446	6260
试验发展	Experimental Development	692	724	629	385	422
R&D经费内部支出(万元)	Expenditure on R&D(10000 yuan)	185091	198871	245380	270335	312084
#基础研究	#Basic Research	76855	86840	58026	101998	105341
应用研究	Applied Research	61435	65880	135025	151749	190116
试验发展	Experimental Development	26961	18895	30504	16588	16627
#政府资金	#Government Appropriation Funds	124933	135000	153294	159855	200274
企业资金	Self-raised Funds by Enterprises	53857	53258	91694	106034	106822
R&D项目(课题)情况	**Statistics on R&D Topics**					
R&D项目(课题)数(项)	Projects of R&D(item)	13287	12787	14632	14631	16988
R&D项目(课题)人员全时当量(人年)	Participants(man-year)	13117	12566	12865	12937	14925
R&D项目(课题)经费内部支出(万元)	Intramural Expenditure(10000 yuan)	165252	171615	219950	220256	287615
科技产出及成果情况	**Statistics on S&T Outputs and Results**					
发表科技论文(篇)	Scientific Papers Issued(piece)	24613	32503	36453	37564	37450
#国外发表	#Published in Foreign Periodicals	8451	9697	11042	12673	11071
出版科技著作(种)	Publication on Science and Technology(kind)	785	761	824	1463	1419

17-38 大中型工业企业科技活动基本情况

BASIC STATISTICS ON SCIENCE AND TECHNOLOGY ACTIVITIES OF LARGE AND MEDIUM-SIZED INDUSTRIAL ENTERPRISES

指　标	Item	2008	2009	2010	2011	2012
企业基本情况	**Basic Statistics on Enterprises**					
企业数(个)	Number of Enterprises(unit)	561	528	571	623	635
有R&D活动企业数(个)	Number of Enterprises With R&D Activities(unit)	124	131	118	135	144
R&D活动情况	**R&D Activities**					
R&D人员全时当量(人年)	R&D Personnel Full-time Equivalent(man-year)	26642	24899	32467	36302	33592
R&D经费内部支出(万元)	Intramural Expenditure(10000 yuan)	480800	586423	728451	774171	856410
R&D经费内部支出与主营业务收入之比(%)	Ratio of R&D Internal Expenditure and Main Business Income(%)	0.72	0.97	0.99	0.96	1.00
R&D项目数(项)	Projects(item)	2882	3496	4113	3914	3853
R&D项目经费内部支出(万元)	Internal Expenditure of R&D Project Funds(10000 yuan)	399220	461369	539388	557493.5	642154
企业办R&D机构情况	**Basic Statistics on Companies Organized R&D institutions**					
机构数(个)	Number of Institutions(unit)	169	149	155	152	154
机构人员数(人)	Personnel(person)	19712	19583	22496	20584	16224
机构经费支出(万元)	Expenditures(10000 yuan)	271028	296571	326658	307326	373370
新产品开发及生产情况	**Statistics onNew Product Development and Production**					
新产品开发项目数(个)	Number of New Product Development Projects(unit)	2306	3044	3280	3109	2865
新产品开发经费支出(万元)	New Product Development Expenditure(10000 yuan)	438340	654933	702387	664119	704050
新产品销售收入(万元)	New Product Sales(10000 yuan)	4307003	4911381	5519335	5311872	5190962
#新产品出口	#Exports	382068	220125	284742	306910	526974
技术获取和技术改造情况	**Statistics on Technology Acquisition and Transformation**					
引进国外技术经费支出(万元)	Introduction of Foreign Technology Expenditure(10000 yuan)	38411	67388	59939	45408	42154
引进技术消化吸收经费支出(万元)	Digestion and Absorption of Imported Technology Expenditure(10000 yuan)	6613	32159	38560	19138	12447
购买国内技术经费支出(万元)	Purchase of Technology Expenditure(10000 yuan)	8399	19460	9351	7436	6244
技术改造经费支出(万元)	Technological Innovation Expenditure(10000 yuan)	824793	576844	737803	678131	649875

17-39 三项专利受理和授权情况

THREE TYPES OF PATENT APPLICATIONS EXAMINED AND GRANTED

单位：件 (item)

项　目	Item	2008	2009	2010	2011	2012
受理专利数	**Number of Patent Applications Examined**	**8351**	**9014**	**10296**	**23432**	**30610**
发　明	Inventions	3352	3384	4072	5063	7068
实用新型	Utility Models	3905	4357	4813	9704	13359
外观设计	Designs	1094	1273	1384	8665	10183
授权专利数	**Number of Patent Applications Certified**	**4574**	**5079**	**6803**	**12236**	**20261**
发　明	Inventions	740	1142	1518	1953	2427
实用新型	Utility Models	3335	3212	4402	5855	9680
外观设计	Designs	499	725	883	4428	8154
在受理专利中	**In Patent Applications Examined**					
个　人	Individual	4422	4651	3938	14014	14198
大专院校	Universities and Colleges	2167	1979	2920	4217	7054
科研单位	Research Institutions	302	322	356	522	688
企　业	Enterprises	1327	2018	3011	4582	8509
机关团体	Government Agencies and Organizations	133	44	44	97	161
在授权专利中	**In Patent Applications Certified**					
个　人	Individual	2842	2793	3287	7176	12049
大专院校	Universities and Colleges	536	867	1400	2324	4084
科研单位	Research Institutions	118	172	200	249	448
企　业	Enterprises	1062	1214	1883	2441	3581
机关团体	Government Agencies and Organizations	16	33	33	46	99

17-40 科学技术协会机构和人员数

NUMBER OF INSTITUTIONS AND EMPLOYED PERSONS OF ASSOCIATIONS FOR SCIENCE AND TECHNOLOGY

项　目	Item	2008	2009	2010	2011	2012
机构数(个)	**Number of Associations or Learned Societies (unit)**					
科协合计	Total Number of Associations for Science and Technology	80	80	80	80	80
省　级	Provincial Level	1	1	1	1	1
市地级	City Level	13	13	13	13	13
县　级	County Level					
学会合计	Total Number of Learned Societies	141	141	141	142	140
省　级	Provincial Level	141	141	141	142	140
地市级	City Level					
人员数(人)	**Personnel (person)**					
科协合计	Total Number of Associations for Science and Technology	609	621	631	600	817
#科学家和工程师	#Scientists and Engineers					
省　级	Provincial Level	35	34	35	36	254
市地级	City Level	266	278	181	143	146
县　级	County Level	308	309	415	421	417
学会理事	Members of Boards of Directors	6041	4893	3874	5469	5259
#高级职称	#Members with Senior Titles					
省　级	Provincial Level	6041	4893	3874	5469	5259
市地级	City Level					

17-41 科协系统科技活动情况

BASIC STATISTICS ON SCIENTIFIC AND TECHNOLOGICAL ACTIVITIES OF ASSOCIATIONS FOR SCIENCE AND TECHNOLOGY

项目	Item	2008	2009	2010	2011	2012
学术活动	**Academic Activities**					
国内学术会议次数(次)	Domestic Academic Meeting(times)	157	151	101	251	599
参加人数(人次)	Number of Participants(person-times)	28155	11375	11782	17574	38240
交流学术论文(篇)	Number of Papers Presented(piece)	4074	4921	4449	9736	8637
科技培训	**Training Program**					
一般培训班培训人数(万人次)	Number of Persons Trained in Training Classes (10000 person-times)		87	75	128	270
科普活动	**Activities for Popular Science**					
科普讲座次数(次)	Number of Lectures(times)	3080	3167	3486	5255	15326
听讲人数(万人次)	Number of Participants(10000 person-times)	129	147	181	209	474
科普展览次数(次)	Number of Exhibitions(times)	1506	1302	1676	2178	
参观人数(万人次)	Number of Participants(10000 person-times)	168	144	206	274	
青少年科技竞赛次数(次)	Number of Teenagers Participating in Science and Technology Competitions(times)	205	207	219	256	416
科技出版	**Publications**					
科技报纸(种)	Number of Newspapers(kind)	1	2	2	3	
发行量(万份)	Number of Issue(10000 shares)	31	32	334	295	
科技期刊(种)	Number of Academic Journals(kind)	19	15	9	26	26
发行量(万册)	Number of Issue(10000 copies)	193	145	96	49	121
论文集(种)	Number of Copies Distributed(kind)	20	7	5	17	
发行量(万册)	Number of Issue(10000 copies)	1	1	0.3	0.5	

17-42 技术市场交易情况

BASIC STATISTICS ON TECHNICAL MARKET

项目	Item	2008	2009	2010	2011	2012
成交技术合同(件)	Number of Technical Contracts Completed(piece)	1709	2071	1985	1918	2772
成交额(亿元)	Transaction Value(100 million yuan)	41.75	50.05	53.38	62.07	100.50

17-43 地方国有企事业单位五大类专业技术人员数

NUMBER OF SCIENTIFIC AND TECHNICAL PERSONNEL IN LOCAL STATE-DWNED ENTERPRISES AND INSTITUTIONS

单位：人　(person)

年份 Year	合计 Total	工程技术人员 Engineering	农业技术人员 Agriculture	卫生技术人员 Health Care	科学研究人员 Scientific Research	教学人员 Teaching
1990	394936	173781	31010	112878	4873	72394
1995	660685	176636	28672	119136	4885	331356
1996	674304	173885	29181	123875	4889	342474
1997	687448	174120	29795	126429	5107	351997
1998	704590	176209	31968	127156	5808	363449
1999	733932	183370	30466	133307	5398	381391
2000	737890	182346	31134	135295	5252	383863
2001	737459	175644	29905	132167	5069	394674
2002	716539	158157	29564	130269	5047	393502
2003	716404	155432	30731	132671	5694	391876
2004	640340	127635	28149	123452	3251	357853
2005	652998	118318	28008	132515	6244	367913
2006	659834	115626	28653	130183	7043	378329
2007	678115	116311	32285	137244	7448	384827
2008	683084	111820	34084	140072	6955	390153
2009	688324	116152	35310	141749	5898	389215
2010	676844	114200	36220	137487	5027	383910
2011	692097	117109	36121	154820	6638	377409
2012	637316	99522	38198	132778	6911	359907

17-44 公有经济企业专业技术人才基本情况(年底数)

NUMBER OF SCIENTIFIC AND TECHNICAL PERSONNEL IN STATE-OWNED AND COLLECTIVE-OWNED ENTERPRISES AT YEAR-END

单位：人　(person)

类别	Category	合计 Total		#高级职称 Members with Senior Titles		#中级职称 Members with Secondary Titles	
		2011	2012	2011	2012	2011	2012
总计	**Total**	**182031**	**133558**	**17595**	**17636**	**55759**	**45538**
工程技术人员	Engineering	65871	48500	8101	7385	21685	16209
农业技术人员	Agriculture	11576	9776	633	501	2859	2438
科学技术人员	Scientific Research	207	191	52	66	84	88
卫生技术人员	Health Care	17461	13527	2365	2524	6304	4766
教学人员	Teaching	20994	10926	2953	1295	10667	5356
其它	Economy	65922	50638	3491	5865	14160	16681

17-45 事业单位专业技术人才基本情况(2012年)

BASIC STATISTICS ON PROFESSIONAL AND TECHNICAL PERSONNEL IN INSTITUTIONS (2012)

单位：人　(person)

类别	Category	学历 Academic				
		研究生 Graduate	大学本科 Undergraduate	大学专科 College	中专 Secondary	高中及以下 High school and below
总计	**Total**	**28143**	**299390**	**192816**	**71459**	**7000**
工程技术人员	Engineering	1580	23102	18975	6247	1118
农业技术人员	Agriculture	418	10811	11640	5076	477
科学技术人员	Scientific Research	2099	3759	703	127	32
卫生技术人员	Health Care	6861	48907	36207	25465	1811
教学人员	Teaching	15894	190383	111066	29593	2045
其它	Economy	1291	22428	14225	4951	1517

主要统计指标解释

普通高等学校 指按国家规定的设置标准和审批程序批准举办的，通过全国普通高等学校统一招生考试，招收高中毕业生为主要培养对象，实施高等学历教育的全日制大学、独立设置的学院和高等专科学校、高等职业学校及其他机构（独立学院和分校、大专班）。

大学、独立设置的学院主要实施本科层次以上教育。高等专科学校、高等职业学校实施专科层次教育。其他机构是承担国家普通招生计划任务不计校数的机构，包括独立学院、普通高等学校分校、大专班和批准筹建的普通高等学校等。独立学院指由普通本科高校按新机制、新模式举办的本科层次的二级学院，一些普通本科高校按公办机制和模式建立的二级学院，“分校”或其他类似的二级办学机构不属此范畴。

成人高等学校 指按照国家规定的设置标准和审批程序批准举办的，通过全国成人高等教育统一招生考试，招收具有高中毕业或同等学历的人员为主要培养对象，利用函授、业余、脱产等多种形式对其实施高等学历教育的学校。包括职工高等学校、农民高等学校、管理干部学院、教育学院、独立函授学院、广播电视大学、其他机构等。其他机构是承担国家成人招生计划任务不计校数的机构。

小学学龄儿童净入学率 指调查范围内已入小学学习的学龄儿童占校内外学龄儿童总数(包括弱智儿童，不包括盲聋哑儿童)的比重。计算公式为：

$$\text{小学学龄儿童净入学率}=\frac{\text{已入学的小学学龄儿童数}}{\text{校内外小学学龄儿童总数}}\times 100\%$$

研究与试验发展(R&D) 指在科学技术领域，为增加知识总量，以及运用这些知识去创造新的应用进行的系统的创造性的活动，包括基础研究、应用研究、试验发展三类活动。国际上通常采用R&D活动的规模和强度指标反映一国的科技实力和核心竞争力。

基础研究 指为了获得关于现象和可观察事实的基本原理的新知识(揭示客观事物的本质、运动规律，获得新发现、新学说)而进行的实验性或理论性研究，它不以任何专门或特定的应用或使用为目的。其成果以科学论文和科学著作为主要形式。用来反映知识的原始创新能力。

应用研究 指为获得新知识而进行的创造性研究，主要针对某一特定的目的或目标。应用研究是为了确定基础研究成果可能的用途，或是为达到预定的目标探索应采取的新方法(原理性)或新途径。其成果形式以科学论文、专著、原理性模型或发明专利为主。用来反映对基础研究成果应用途径的探索。

试验发展 指利用从基础研究、应用研究和实际经验所获得的现有知识，为产生新的产品、材料和装置，建立新的工艺、系统和服务，以及对已产生和建立的上述各项作实质性的改进而进行的系统性工作。其成果形式主要是专利、专有技术、具有新产品基本特征的产品原型或具有新装置基本特征的原始样机等。在社会科学领域，试验发展是指把通过基础研究、应用研究获得的知识转变成可以实施的计划(包括为进行检验和评估实施示范项目)的过程。人文科学领域没有对应的试验发展活动。主要反映将科研成果转化为技术和产品的能力，是科技推动经济社会发展的物化成果。

R&D人员 指参与研究与试验发展项目研究、管理和辅助工作的人员，包括项目(课题)组人员，企业科技行政管理人员和直接为项目(课题)活动提供服务的辅助人员。反映投入从事拥有自主知识产权的研究开发活动的人力规模。

R&D人员全时当量 指全时人员数加非全时人员按工作量折算为全时人员数的总和。例如：有两个全时人员和三个非全时人员(工作时间分别为20%、30%和70%)，则全时当量为2+0.2+0.3+0.7=3.2人年。为国际上比较科技人力投入而制定的可比指标。

R&D经费内部支出合计 指调查单位用于内部开展R&D活动（基础研究、应用研究和试验发展）的实际支出。包括用于

R&D项目（课题）活动的直接支出，以及间接用于R&D活动的管理费、服务费、与R&D有关的基本建设支出以及外协加工费等。不包括生产性活动支出、归还贷款支出以及与外单位合作或委托外单位进行R&D活动而转拨给对方的经费支出。

R&D经费内部支出中政府资金　指R&D经费内部支出中来自各级政府部门的各类资金，包括财政科学技术拨款、科学基金、教育等部门事业费以及政府部门预算外资金的实际支出。

R&D经费内部支出中企业资金　指R&D经费内部支出中来自本企业的自有资金和接受其他企业委托而获得的经费，以及科研院所、高校等事业单位从企业获得的资金的实际支出。

R&D项目（课题）数　指在当年立项并开展研究工作、以前年份立项仍继续进行研究的研发项目（课题）数，包括当年完成和年内研究工作已告失败的研发项目（课题），但不包括委托外单位进行的研发项目（课题）数。

R&D项目（课题）人员全时当量　指实际参加研发项目（课题）活动人员折合的全时当量。

R&D项目（课题）经费内部支出　指调查单位内部在报告年度进行研发项目（课题）研究和试制等的实际支出。包括劳务费、其他日常支出、固定资产购建费、外协加工费等，不包括委托或与外单位合作进行项目（课题）研究而拨付给对方使用的经费。

新产品产值　指报告期企业生产的新产品的产值。新产品是指采用新技术原理、新设计构思研制、生产的全新产品，或在结构、材质、工艺等某一方面比原有产品有明显改进，从而显著提高了产品性能或扩大了使用功能的产品。新产品产值、新产品销售收入既包括经政府有关部门认定并在有效期内的新产品，也包括企业自行研制开发，未经政府有关部门认定，从投产之日起一年之内的新产品。

新产品销售收入　指报告期企业销售新产品实现的销售收入。

专利　是专利权的简称，是对发明人的发明创造经审查合格后，由专利局依据专利法授予发明人和设计人对该项发明创造享有的专有权。包括发明、实用新型和外观设计。反映拥有自主知识产权的科技和设计成果情况。

发明（专利）　指对产品、方法或者其改进所提出的新的技术方案。是国际通行的反映拥有自主知识产权技术的核心指标。

实用新型（专利）　指对产品的形状、构造或者其结合所提出的适于实用的新的技术方案。反映具有一定技术含量的技术成果情况。

外观设计（专利）　指对产品的形状、图案、色彩或者其结合所作出的富有美感并适于工业上应用的新设计。反映拥有自主知识产权的外观设计成果情况。

科技活动　指在自然科学、农业科学、医药科学、工程与技术科学、人文与社会科学领域(简称科学技术领域)中，与科技知识的产生、发展、传播和应用密切相关的有组织的活动。可分为研究与试验发展(R&D)、研究与试验发展成果应用及相关的科技服务三类活动。该定义是联合国教科文组织考虑成员国特别是发展中国家开展科技统计工作的需要，而对科技活动所作的统计界定。

科技活动人员　指直接从事科技活动、以及专门从事科技活动管理和为科技活动提供直接服务，累计的实际工作时间占全年制度工作时间10%及以上的人员。(1)直接从事科技活动的人员包括：在独立核算的科学研究与技术开发机构、高等学校、各类企业及其他事业单位内设的研究室、实验室、技术开发中心及中试车间(基地)等机构中从事科技活动的研究人员、工程技术人员、技术工人及其它人员；虽不在上述机构工作，但编入科技活动项目(课题)组的人员；科技信息与文献机构中的专业技术人员；从事论文设计的研究生等。(2)专门从事科技活动管理和为科技活动提供直接服务的人员，包括：独立核算的科学研究与技术开发机构、科技信息与文献机构、高等学校、各类企业及其他事业单位主管科技工作的负责人，专门从事科技活动的计划、行政、人事、财务、物资供应、设备维护、图书资料管理等工作的各类人员，但不包括保卫、医疗保健人员、司机、食堂人员、茶炉工、水暖工、清洁工等为科技活动提供间接服务的人员。该指标用来反映投入科技活动人力的规模。

科学家与工程师　指科技活动人员中具有高、中级技术职称(职务)的人员和不具有高、中级技术职称(职务)的大学本科及以上学历人员。该指标用来反映投入科技活动人力的素质。

专业技术人员　指从事专业技术工作和专业技术管理工作的人员，即企事业单位中已经聘任专业技术职务从事专业技术工作和专业技术管理工作的人员，以及未聘任专业技术职务，现在专业技术岗位上工作的人员。包括工程技术人员，农业技术人员，科学研究人员，卫生技术人员，教学人员，经济人员，会计人员，统计人员，翻译人员，图书资料、档案、文博人员，新闻出版人员，律师、公证人员，广播电视播音人员，工艺美术人员，体育人员，艺术人员及企业政治思想工作人员，共十七个专业技术职务类别。用来反映科技人力资源情况。

Explanatory Notes on Main Statistical Indicators

Regular Institutions of Higher Education refer to educational establishments set up according to the government evaluation and approval procedures, recruiting graduates from senior secondary schools as the main target by National Matriculation TEST. They include full-time universities, colleges, institutions of higher professional education, institutions of higher vocational education, institutions of higher vocational education and others (non-university tertiary, branch schools and undergraduate classes).

Universities and colleges primarily provide undergraduate courses; institutions of higher professional education and institutions of higher vocational education primarily provide professional trainings; and others refer to educational establishments, which are responsible for enrolling higher education students under the State Plan but not enumerated in the total number of schools, including: branch schools of universities and colleges, and universities and colleges that have been approved and under plan for construction. Non-university tertiary refers to the regular undergraduate branch college which is running in new mechanism and mode, excluding the branch schools and other similar branches of educational institutions.

Institutions of Higher Education for Adults refer to educational establishments, set up in line with relevant rules approved by the government, enrolling staff and workers with senior secondary school or equivalent education, and providing higher education courses in many forms of correspondence, spare time, or full time for adults. Professionals thus trained receive a qualification equivalent to graduates studying regular courses at regular universities, colleges and professional colleges. Institutions of higher learning for adults include schools of higher education for staff and workers, schools of higher education for peasants, colleges for management cadres, pedagogical colleges, independent correspondence colleges, Radio and TV universities and other educational establishments. Other educational establishments have undertakings to enrol adult students but not enumerated in the schools under the State Plan.

Net Enrolment Ratio of Primary Schools refers to the proportion of school age children enrolled at schools to the total number of school age children both in and outside schools (including retarded children, but excluding blind, deaf and mute children). The formula is:

$$\text{Net Enrolment Ratio of Primary Schools} = \frac{\text{Total Primary School-age Children at Schools}}{\text{Total Primary School-age Children Whether or Not Attending School}} \times 100\%$$

Research and Development (R&D) refers to systematic and creative activities in the field of science and technology aiming at increasing the knowledge and using the knowledge for new application. R&D includes 3 categories of activities: basic research, applied research and experimentation for development. The scale and intensity of R&D are widely used internationally to reflect the strength of S&T and the core competitiveness of a country in the world.

Basic Research refers to empirical or theoretical research aiming at obtaining new knowledge on the fundamental principles regarding phenomena or observable facts to reveal the intrinsic nature and underlying laws and to acquire new discoveries or new theories. Basic research takes no specific or designated application as the aim of the research. Results of basic research are mainly released or disseminated in the form of scientific papers or monographs. This indicator reflects the innovation capacity for original knowledge.

Applied Research refers to creative research aiming at obtaining new knowledge on a specific objective or target. Purpose of the applied research is to identify the possible uses of results from basic research, or to explore new (fundamental) methods or new approaches. Results of applied research are expressed in the form of scientific papers, monographs, fundamental models or invention patents. This indicator reflects the exploration of ways to apply the results of basic research.

Experiments and Development refer to systematic activities aiming at using the knowledge from basic and applied researches or from practical experience to develop new products, materials and equipment, to establish new production process, systems and services, or to make substantial improvement on the existing products, process or services. Results of experiment and development activities are embodied in patents, exclusive technology, and monotype of new products or equipment. In social sciences, experiment and development activities refer to the process of converting the knowledge from basic or applied researches into feasible programmes (including conduct of demonstration projects for assessment and evaluation). There are no experiment and development activities in the science of humanities. This indicator reflects the capability of transferring the results of S&T into technique and products, and measures the realization of S&T in spearheading the economic and social development.

R & D Personnel refer to persons engaged in research, management and supporting activities of R & D, including persons in the project teams, persons engaged in the management of S&T activities of enterprises and supporting staff providing direct service to the research projects. This indicator reflects the size of personnel engaged in R&D activities with independent intellectual property.

Full-time Equivalent of R&D Personnel refers to the sum of the full-time persons and the full-time equivalent of part-time persons converted by workload. For instance, if there are 2 full-time persons and 3 part-time workers (20%, 30% and 70% of working hours respectively on R&D activities), the full-time equivalent are 2+0.2+0.3+0.7=3.2 person-years. This is an internationally comparable indicator of S&T manpower input.

Total Internal Expenditure of Funds on R&D refers to the real expenditure of surveyed units on their own R&D activities (basic research, application study, test and development) including direct expenditure on R&D activities, indirect expenditure of management and services on R&D activities, expenditure on capital construction and material processing by others. Excluding the expenditure on production activities, return of loan, and fees transferred to cooperated and entrusted agencies on R&D activities.

Internal Expenditure of Government Funds refersto the expenditure of funds on R&D activities from government agencies at different levels, including appropriate funds on science and technology from financial departments, scientific funds, operating expenses from education departments and the real expenditure of extra budgetary funds from government agencies.

Internal Expenditure of Funds of Enterprises refers to the expenditure of funds on R&D activities from self-raised funds of enterprises and funds from other enterprises through entrustment, and the expenditure of funds of institutions, such as institution of scientific research and universities, from enterprises.

Number of R&D Projects (subjects) refers to the number of R&D projects (subjects) set up and implemented at the reference year, and the number of R&D projects (subjects) set up in former years and under implementation, including the projects (subjects) finished and failed at the reference year, excluding the projects (subjects) implemented by others through entrustment.

Full-time Equivalent of R&D Personnel refers to the full-time equivalent of persons actually engaged in R&D projects.(subjects)

Internal Expenditure of Funds on R&D Projects (subjects) refers to the real expenditure of internal funds of the surveyed units on research and test of R&D projects (subjects) at the reference year, including service fee, other daily expenditure, cost for capital goods, cost of external process; excluding expenditure of funds transferred to other cooperated and entrusted units of the projects.

Output Value of New Products refers to the output value of new products during the reporting period. The new products refer to brand new products produced with new technology and new design, or product that represent noticeable improvement in terms of structure, material, or production process for improving significantly the character of function of the older versions. The output value and sales income of the new products include those of new products certified by relevant government agencies within the period of certification, as well as new products designed and produced by enterprises within a year without certification by government agencies.

Sales Income of New Products refers to the real sales income of new products of the enterprises at the reporting period.

Patent is an abbreviation for the patent right and refers to the exclusive right of ownership by the inventors or designers for the creation or inventions, given from the patent offices after due process of assessment and approval in accordance with the Patent Law. Patents are granted for inventions, utility models and designs. This indicator reflects the achievements of S&T and design with independent intellectual property.

Patented Inventions refer to new technical proposals to the products or methods or their modifications. This is universal core indicator reflecting the technologies with independent intellectual property.

Patented Utility Models refer to the practical and new technical proposals on the shape and structure of the product or the combination of both. This indicator reflects the condition of technological results with certain technical content.

Designs refer to the aesthetics and industrially applicable new designs for the shape, pattern and colour of the product, or their combinations. This indicator reflects the appearance design achievements with independent intellectual property.

Intensity of Input into R&D of Industrial Enterprises refers to the percentage of main operation income spent on R&D activities by industrial enterprises.

Scientific and Technological Activities (S&T Activities) refer to organized activities which are closely related with the creation, development, dissemination and application of the scientific and technical knowledge in the fields of natural sciences, agricultural science, medical science, engineering and technological science, humanities and social sciences (referred to as scientific and technological fields). S&T activities can be classified into 3 categories: research and development (R&D) activities, application of R&D results, and related S&T services. This statistical definition is made by UNICHIEF for scientific and technological activities to meet the need of carrying out statistical work in this field for its member countries particularly the developing countries.

Personnel Engaged in S&T Activities refer to personnel directly engaged in S&T activities, in the management of S&T activities, and in providing direct service to S&T activities, with over 10% of the total working hours in a year spent on S&T activities. (1) Personnel directly engaged in S&T activities include researchers, engineers, technicians and other related personnel engaged in S&T activities in independent-accounting R&D institutions, institutions of higher learning, and in research institutes, laboratories, technology development centres and central experiment workshops under enterprises and institutions. Also included are people working in S&T research project teams, professional and technical personnel working in S&T information archiving institutes, and graduate students working on the design of their thesis. (2) Personnel engaged in the management of S&T activities and in providing direct service to S&T activities include senior management people responsible for S&T activities in independent-accounting R&D institutions, S&T information archiving institutes, institutions of higher learning and in enterprises and institutions where S&T activities are undertaken. Also included are people responsible for the planning, administration, personnel management, financial management, logistics supply, equipment maintenance, information and library management that are related with S&T activities. People providing indirect services are excluded, such as security, medical service, drivers, plumbers, cleaners and those providing catering and related service. This indicator reflects the size of personnel engaged in S&T activities.

Scientists and Engineers refer to persons engaged in S&T activities either having obtained titles of senior and middle level professional positions, or those without such positions but have completed university or higher education. This indicator reflects the quality of personnel engaged in S&T activities.

Professional and Technical Personnel refer to persons engaged in professional and technical work or in the management of professional and technical activities, i.e., people with professional or technical positions who are engaged in professional and technical work or in the management of professional and technical activities, and people without professional or technical positions but are working on professional or technical posts. They include professionals and technicians working in 17 categories of technical occupations including engineering, agriculture, scientific researches, medical service, teaching, economic research and application, accounting, statistics, translation, libraries, archives, cultural and museum service, journalism and publication, lawyers, notarization service, radio and television broadcasting, handicraft and fine arts, sports, performing art, and political workers in enterprises. This indicator reflects the condition of human resources in S&T.

第十八篇　文化、体育、卫生和社会服务

CHAPTER 18 CULTURE, SPORTS, PUBLIC HEALTH AND SOCIAL SERVICES

资料整理：孙 冰　曹夏茵

18-1 文化事业机构数、从业人员数

NUMBER OF INSTITUTIONS AND PERSONNEL IN CULTURE

项　目	Year	总　计 Total	艺术业 Art Institutions	图书馆业 Public Libraries	群众文化服务业 Mass Culture	艺　术教育业 Culture and Education	其他文化事　业 Other Culture Units
机构数(个)	**Number of Institutions(unit)**						
	1980	1519	222	83	1201	3	10
	1985	1639	197	90	1338	5	9
	1990	1686	172	96	1391	4	23
	1995	1711	141	96	1417	7	50
	2000	1496	158	97	1201	10	30
	2001	1361	153	97	946	9	156
	2002	1458	157	97	1037	9	158
	2003	1491	153	97	1081	9	151
	2004	1419	146	96	1018	9	150
	2005	1408	141	96	1015	8	148
	2006	1401	142	96	1000	8	155
	2007	1521	138	98	1033	8	244
	2008	1630	142	101	1141	8	238
	2009	1804	139	100	1227	7	331
	2010	2338	138	107	1654	7	432
	2011	2372	140	107	1652	6	467
	2012	2373	136	106	1641	6	484
从业人员数(人)	**Number of Personnel(person)**						
	1980	15089	10348	894	3425	240	182
	1985	14090	8664	1335	3550	328	213
	1990	13825	7255	1819	3811	354	586
	1995	13370	6547	2014	3561	314	934
	2000	12344	6522	1846	3167	338	471
	2001	11423	5683	1565	2621	365	1189
	2002	12768	6200	1751	3070	378	1369
	2003	12700	6196	1706	3068	347	1383
	2004	12304	6147	1664	2767	360	1366
	2005	12574	6129	1669	2947	342	1487
	2006	12704	6067	1803	2978	362	1494
	2007	14297	5997	1800	2538	354	3608
	2008	14022	5829	1819	2754	359	3261
	2009	14517	5602	1806	3387	339	3383
	2010	16245	5571	1846	4324	330	4174
	2011	17416	5506	1772	4530	324	5284
	2012	18056	5308	1796	4633	323	5996

18-2 艺术表演团体演出场次

NUMBER OF PERFORMANCE OF ART TROUPES

项　目	Item	国内演出场次（千场）Number of Performance (1000 shows)		#到农村演出 Shows in Rural Areas		国内演出观众人次(千人次) Audience of Domestic Performance (1000 person-times)	
		2011	2012	2011	2012	2011	2012
总　计	**Total**	**8**	**7**	**3**	**3**	**8008**	**6994**
#国有剧团	#Troupes Sponsored by State-owned Units	8	7	3	3	8008	6994
按剧种分	**Grouped by Art Troupes**						
话剧、儿童剧、滑稽剧	Drama, Plays for Children and Comedy Troupes	1	1			673	566
歌剧、舞剧、歌舞剧团	Song and Dance Drama Troupes					297	205
歌舞团、轻音乐团	Song and Dance, Light Music Troupes	1	1			657	646
文工团、宣传队、乌兰牧骑	Cultural and Performance Troupes and Ulanmuchi (equestrian art troupes)	1	1	1	1	1291	1333
戏曲剧团	Local Opera Troupes	3	2	1	1	2744	2118
#京　剧	#Local Beijing Opera Troupes	1	1			704	348
曲艺、杂技、木偶、皮影剧团	Recitation and Ballad Troupes, Acrobatics and Circus Troupes, Puppet Show Troupes, and Shadow Play Troupes					282	305
综合性艺术表演团体	General Art Performing Troupes	2	1	1	1	2064	1821

18-3 群众艺术馆、文化馆(站)综合情况

BASIC STATISTICS ON NATIONAL MASS ART CENTERS AND CULTURAL CENTERS (STATIONS)

指　标	Item	2007	2008	2009	2010	2011	2012
机构数(个)	Number of Institutions(unit)	1033	1141	1227	1654	1652	1641
从业人员(人)	Number of Staff and Works(person)	2538	2754	3387	4324	4530	4633
组织各类理论研讨和讲座次数(次)	Number of Theoretical Lectures(times)	729	203	280	233	554	597
举办展览(个)	Number of Exhibitions(unit)	1788	1989	2408	2988	2581	2718
组织文艺活动(次)	Art Performances and Story-Telling Sessions(times)	10825	10486	14454	17351	17507	18834
举办业余文艺训练班(次)	Number of TrainingCourses(times)	5487	5524	6586	6129	6419	5736
藏书(千册)	Books Collected(1000 copies)	1900	2190	2350	3027	3899	4539
本年收入合计(万元)	Revenue this Year(10000 yuan)	11416	11009	15394	18876	21722	24104
本年支出合计(万元)	Expenditure this Year(10000 yuan)	11680	10860	15076	17356	21100	23534
#基本支出	#Basic Expenditures	8064	9753	12071	14105	17635	19931
群众艺术馆、文化馆负责指导的单位(个)	Units Responsible for Guiding Mass Art Centers and Culture Centers(unit)						
馆办文艺团体	Art Performance Troupes Run by Centers	304	351	331	257	344	388
馆办老年大学	Aging College Run by Centers	28	16	31	25	29	28
农村集镇文化中心	Rural Township Cultural Centers	650	689				
文化户	Households Specializing in Cultural Activities	8585	9958				
群众业余演出团(队)	Part-time Art Groups	1194	1292	5016	5695	5140	5665

18-4 博物馆、文物机构业务活动

FACILITIES AND SERVICES OF MUSEUMS AND CULTURAL RELIC AGENCIES

项 目	Item	博物馆 Museums		文物机构 Cultural Relic Agencies		#文物保护管理机构 Protection and Management Agencies	
		2011	2012	2011	2012	2011	2012
机构数(个)	Number of Institutions(unit)	103	104	102	103	92	93
职工人数(人)	Number of Staff and Works(person)	1636	1788	442	456	364	380
藏品(件)	Number of Collections(piece)	279922	337400	26508	27460	18975	23089
#一级品	#Grade One	427	480	48	50	37	39
参观人次(万人次)	Number of Visitors(10000 person-times)	1217	1310	61	109	61	109
经费支出(万元)	Total Expenditures(10000 yuan)	18537	22531	4041	3830	2826	3058
增加值(万元)	Value Added(10000 yuan)	11216	12364	2343	2641	1657	1940

18-5 公共图书馆情况

STATISTICS ON PUBLIC LIBRARY

项 目	Item	总 计 Total		#省 级 Province Level		#县 级 County Level	
		2011	2012	2011	2012	2011	2012
机构数(个)	Number of Institutions(unit)	107	106	1	1	95	94
从业人员(人)	Number of Staff and Works(person)	1772	1796	209	204	974	968
总藏量(千册)	Total Collections(1000 copies)	17704	18231	3876	3994	5377	5677
#图书	#Books	13568	14147	2534	2605	4750	5041
#本年新购藏量	#Purchased the Year	548	667	146	125	122	235
书架单层总长度(千米)	Total Length of Bookshelves(km)	209	238	40	40	80	83
累计发放有效借书证数(千个)	Number of Library Cards Distributed(1000 units)	712	773	161	172	112	132
总流通人次(千人次)	Total Number of Circulation(1000 person-times)	6939	8357	2237	2856	2811	3223
#书刊外借人次	#Number of Personnel Borrowed by the Readers	2514	3694	327	743	1473	1582
为读者举办各种活动	Service Activities Provided for Readers						
次数(次)	Number of Activities(times)	1490	1588	336	212	823	947
参加人次(万人次)	Number of Readers Involved(10000 person-times)	61	82	20	24	21	36
总支出(万元)	Total Expenditures(10000 yuan)	14719	16986	3320	4203	5898	6597
公用房屋建筑面积(万平方米)	Floor Space of Public Buildings(10000 sq.m)	25.9	27.0	3.4	3.4	11.9	13.1
#书 库	#Stack Rooms	5.0	5.1	0.3	0.3	2.3	2.4
阅览室	Reading Rooms	7.1	7.3	1.0	0.9	3.7	3.9
阅览室座位数(万个)	Seating Capacity of Reading Rooms(10000 seats)	2.0	2.1	0.2	0.2	1.2	1.3
增加值(万元)	Value Added(10000 yuan)	11348	11850	2570	2704	4452	4464

18-6 广播电视事业发展情况

BASIC STATISTICS ON RADIO AND TELEVISION STATIONS

指　标	Item	2009	2010	2011	2012
广播	**Radio**				
广播电台(座)	Number of Broadcasting Stations(set)	14	14	14	14
广播节目综合人口覆盖率(%)	Radio Coverage of Population(%)	98.6	98.6	98.6	98.6
公共广播节目套数(套)	Number of Public Radio Programs(set)	93	94	94	102
全年制作广播节目时间(小时)	Length of Radio Programs Produced(hour)	161925	170420	243608	232625
全年公共广播节目播出时间(小时)	Length of Public Radio Programs Broadcasted(hour)	407750	419096	438118	416169
电视	**Television**				
电视台(座)	Number of Television Stations(set)	14	15	15	15
电视节目综合人口覆盖率(%)	TV Coverage of Population(%)	98.8	98.8	98.8	98.8
全省有线广播电视用户数(万户)	Number of Users of Cable Radio and TV(10000 households)	498.4	509.9	550.8	613.2
#农村	#Rural	196.4	202.7	183.4	198.5
数字电视用户数	Number of Users of Digital TV	139.2	219.5	309.7	372.2
有线广播电视入户率(%)	Popularization Rate of Cable Radio and TV(%)	39.8	41.9	43.8	48.4
#农村	#Rural	34.2	36.4	31.8	34.4
公共电视节目套数(套)	Number of Public TV Programs(set)	124	124	121	118
全年制作电视节目时间(小时)	Length of TV Programs Produced(hour)	72778	81482	97669	108144
全年公共电视节目播出时间(小时)	Length of Public TV Programs Broadcasted(hour)	643399	661129	677427	619993
全年电视剧播出数(部)	Number of TV Plays Broadcasted(set)	4094	4303	4097	3912
全年电视剧播出数(集)	Number of TV Plays Broadcasted(part)	109239	112131	107373	104848
#进口电视剧播出数(部)	#Imported TV Plays(set)	213	70	92	53
进口电视剧播出数(集)	Imported TV Plays(part)	4970	2384	3275	1921
广播电视技术及其他	**TV Technology and Others**				
广播电视总收入(亿元)	Revenue of Radio and TV(100 million yuan)	35.2	39.0	48.7	52.2
广播电视从业人员数(人)	Staff and Workers of Radio and TV(person)	24185	25777	18559	18333
中、短波转播发射台(座)	Transmission and Relaying Stations of Medium and Short Wave Broadcast(unit)	42	42	40	41
发射功率(千瓦)	Power of Transmitters(kw)	1583	1733	1733	1718
调频转播发射台(座)	Relaying Stations of Frequency Modulation Broadcasting(unit)	150	145	146	143
发射功率(千瓦)	Power of Transmitters(kw)	331.5	417.9	400.0	417.1
电视转播发射台(座)	TV Transmission and Relaying Stations(unit)	254	240	240	233
发射功率(千瓦)	Power of Transmitters(kw)	509.0	539.8	560.2	603.7
有线广播电视传输干线网络总长(万公里)	Length of Transmission Trunk for Cable Radio and TV(10000 km)	14.9	15.9	17.0	17.6

18-7 广播电视节目制作情况 (2012年)

BASIC STATISTICS ON RADIO AND TELEVISION PROGRAMS PRODUCED (2012)

单位：小时　　(hour)

项　目	Item	总计 Total	省级 Province Level	地市级 City Level	县、区级 County Level
广播节目制作	**Production of Radio Programs**	**232625**	**43772**	**154468**	**34385**
新　闻	News Programs	38977	5627	24498	8852
专　题	Special Subject Programs	78967	14695	54713	9559
综　艺	General Entertainment Programs	46644	8414	28594	9636
广播剧	Radio Play Programs	2920	286	2254	380
广　告	Advertising Programs	45699	13290	31429	980
其　他	Others	19418	1460	12980	4978
电视节目制作	**Production of TV Programs**	**108144**	**14338**	**60150**	**33656**
新　闻	News Programs	26169	5360	11763	9046
专　题	Special Subject Programs	18316	3640	9489	5187
综　艺	General Entertainment Programs	16307	5000	5513	5794
影视剧	TV Play Programs	2312		2312	
广　告	Advertising Programs	17960		12781	5179
其　他	Others	27080	338	18292	8450

18-8 广播、电视节目播出情况 (2012年)

BASIC STATISTICS ON RADIO AND TELEVISION PROGRAMS BROADCASTING (2012)

单位：小时　　(hour)

项　目	Item	总计 Total	省级 Province Level	地市级 City Level	县、区级 County Level
广　播	**Radio Broadcasting**				
公共节目套数(套)	Number of Public Programs(set)	102	26	27	49
平均每日播出时间	Broadcasting Hours per Day	1140	148	488	505
新闻资讯	News Programs	215	17	68	131
专题服务	Special Subject Programs	273	49	142	81
综艺益智	General Entertainment Programs	243	24	102	117
广播剧	Radio Play Programs	46	2	24	20
广　告	Advertising Programs	132	50	76	6
其　他	Others	230	5	76	149
电　视	**Television Broadcasting**				
公共节目套数(套)	Number of Public Programs(set)	118	7	39	72
平均每周播出时间	Broadcasting Hours per Day	11923	1153	4384	6386
新闻资讯	News Programs	1527	161	608	758
专题服务	Special Subject Programs	962	170	433	359
综艺益智	General Entertainment Programs	1143	237	518	387
影视剧	TV Play Programs	4037	342	1680	2015
广　告	Advertising Programs	1059	131	662	266
其　他	Others	3195	112	483	2600

18-9 出版、发行事业机构和人员数

NUMBER OF INSTITUTIONS AND PERSONNEL ENGAGED IN NEWS AND PUBLISHING UNDERTAKINGS

指　标	Item	2007	2008	2009	2010	2011	2012
机构数(个)	**Number of Institutions (unit)**	**656**	**647**	**667**	**667**	**694**	**696**
出版单位	Publishing Units	422	422	423	422	422	420
书刊印刷厂	Printing Houses	141	132	146	146	173	177
新华书店	Book Stores	93	93	98	99	99	99
人员数(人)	**Number of Personnel (person)**	**26222**	**30362**	**23558**	**23759**	**26744**	**26800**
出版单位	Publishing Units	12664	18248	12565	12369	14670	14686
书刊印刷厂	Printing Houses	9249	8035	6941	7314	8252	8169
新华书店	Book Stores	4309	4079	4052	4076	3822	3945

18-10 图书、期刊和报纸出版情况

NUMBER OF BOOKS, MAGAZINES AND NEWSPAPER PUBLISHED

年　份 Year	出版数量(种) Number of Publications (kind)			印刷数量(万册、万份) Printed Copies (10000 copies)			总印张数(万印张) Printed Sheets (10000 sheets)		
	图　书 Books	期 刊 Magazines	报　纸 Newspaper	图　书 Books	期 刊 Magazines	报　纸 Newspaper	图　书 Books	期 刊 Magazines	报　纸 Newspaper
1978	269	24	3	10512	1361	13797	33915	3325	12789
1980	246	59	9	11108	2151	15324	50301	6161	13463
1985	855	88	28	16513	2795	49649	62240	8143	31764
1990	1176	184	58	12342	5302	56480	46750	14390	37577
1995	1868	311	86	11342	6718	69115	53136	19103	72446
2000	2070	319	75	9944	7919	73571	49187	24908	119448
2001	2281	322	76	9779	7391	69783	58022	24030	114053
2002	2258	323	76	8747	6459	74244	56561	23116	141986
2003	2098	323	76	7865	5615	73639	50934	21291	143870
2004	2828	312	76	7704	4331	74339	50388	21703	159947
2005	2930	315	76	5938	3503	71410	45850	14985	261470
2006	2667	307	95	5520	3870	89458	48814	18045	267697
2007	3099	309	95	5285	4996	78166	39911	23662	290481
2008	3182	313	91	5167	5092	72667	43260	25191	238501
2009	3408	314	90	6114	5210	75726	44384	26235	229434
2010	3515	314	70	7420	5253	78219	55880	26568	256544
2011	4430	315	89	8284	5502	79234	61349	28559	299480
2012	4218	315	89	6353	5640	78997	52721	29575	311360

18-11 体育系统从业人员情况 (2012年)

STATISTICS ON STAFF AND WORKERS IN PHYSICAL EDUCATION SYSTEM (2012)

单位：人　　(person)

项　目	Item	总　计 Total	公务员 Civil Servants	教练员 Coaches	运动员 Athletes	科研人员 Scientific and Technical Personnel
总　计	**Total**	**3086**	**559**	**969**	**1480**	**78**
体育行政机关	Administrative Agencies of Physical Culture and Sports	863	503	286	71	3
运动项目管理部门	Sports Events Management	1444	6	318	1089	31
本科院校	Colleges					
职业、运动技术学院	Sports Technical Institutes					
体育运动学校	Physical Education and Sports Schools	90		86		4
竞技体校	Competitive Sports School					
少儿体育运动学校	Spare-time Sports School	610	27	269	314	
单项运动学校	Physical Education and Sports Schools					
训练基地	Training Bases					
体育场馆	Stadium and Gymnasium					
科研所	Science and Technology Institute	42	2			40
其他事业单位	Other Institutions	33	21	6	6	
其他	Others	4		4		

18-11 续表　CONTINUED

单位：人　　(person)

项　目	Item	医务人员 Medical Personnel	文化教师 Teachers	管理人员 Administrative Personnel	工勤人员 Logistics Workers	其他 Others
总　计	**Total**	**53**	**394**	**808**	**696**	**695**
体育行政机关	Administrative Agencies of Physical Culture and Sports	2	195	177	101	179
运动项目管理部门	Sports Events Management	32	11	169	139	345
本科院校	Colleges					
职业、运动技术学院	Sports Technical Institutes					
体育运动学校	Physical Education and Sports Schools	7	90	70	49	60
竞技体校	Competitive Sports School					
少儿体育运动学校	Spare-time Sports School	2	40	99	75	56
单项运动学校	Physical Education and Sports Schools					
训练基地	Training Bases			4	107	
体育场馆	Stadium and Gymnasium		9	120	142	4
科研所	Science and Technology Institute	10	11	16	18	14
其他事业单位	Other Institutions		38	151	65	37
其他	Others			2		

18-12 体育事业发展情况

DEVELOPMENT OF SPORTS

指　标	Item	2008	2009	2010	2011	2012
举办运动竞赛会(次)	Number of Sports Meets (times)	102	112	112	120	
参加运动会人数(万人)	Number of Participants (10000 persons)	7.0	8.2	8.2	9.7	
运动员教练员裁判员人数(人)	**Number of Coaches and Referees (person)**					
等级运动员	Number of Athletes in Grades	1662	1125	1548	1008	1051
等级教练员	Number of Coaches in Grades	202	62	30	37	20
等级裁判员	Number of Referees in Grades	1324	1153	425	1509	896
优秀运动员	Excellent Athletes	955	1031	482	861	828

18-13 卫生机构基本情况

BASIC CONDITIONS OF HEALTH INSTITUTIONS

年 份 Year	卫生机构数（个）Number of Health Institutions (unit)	床位数（张）Number of Beds (unit)	人员数（人）Number of Personnel (person)	#卫生技术人员 Medical Technical Personnel	万人拥有卫生机构床位（张）Number of Health Institutions Beds per 10000 Persons (unit)	万人拥有卫生技术人员（人）Number of Medical Technical Personnel per 10000 Persons (person)
1980	8685	104022	175286	133527	32.5	41.7
1985	8794	107527	201065	151337	32.0	45.1
1990	8945	122328	227003	172821	34.5	48.8
1991	8878	124949	232614	178220	35.0	49.9
1992	8853	127164	237985	182368	35.2	50.5
1993	7702	127896	236793	179536	35.1	49.3
1994	7714	128390	235334	179362	35.0	48.8
1995	7637	126466	234074	178842	34.2	48.3
1996	7065	121441	230843	177663	32.6	47.7
1997	7676	121263	231589	178483	32.3	47.6
1998	7620	120470	226719	174980	31.9	46.4
1999	7653	120211	226532	176100	31.7	46.4
2000	8038	120454	222746	171252	31.6	45.0
2001	7944	118037	219624	169865	31.0	44.6
2002	8755	119547	198462	154660	31.4	40.6
2003	8469	115930	192858	149964	30.4	39.3
2004	8230	119645	190563	149274	31.4	39.1
2005	8326	119833	191172	150657	31.4	39.5
2006	8181	123308	191945	151916	32.3	39.8
2007	8464	126058	200346	158726	33.0	41.6
2008	7928	136315	203502	161927	35.6	42.3
2009	8678	146568	215412	172118	38.3	45.0
2010	8938	159957	233900	188612	41.8	49.3
2011	8656	165402	236101	191396	43.1	49.9
2012	8836	178342	241266	197168	46.5	51.4

18-14 卫生机构各类人员 (2012年)

EMPLOYED PERSONS IN HEALTH CARE INSTITUTIONS BY TYPE OF OCCUPATION (2012)

单位：人 (person)

类 别	Category	总计 Total	医院 Hospitals	卫生院 Health Centers	疾病预防控制中心 Diseases Prevent and control Centers	其他卫生机构 Other Institutes
总 计	**Total**	**241266**	**164564**	**23305**	**6796**	**46601**
卫生技术人员	**Medical Technical Personnel**	**197168**	**133149**	**19440**	**4849**	**39730**
执业医师	Doctors on Certified Doctors	64947	43654	5072	1762	14459
执业助理医师	Assistant Doctors on Guard	9935	3840	3118	428	2549
注册护士	Registered Nurses	69847	55253	3632	295	10667
药剂人员	Pharmacists of Chinese Medicine Personnel	11135	7636	1409	84	2006
检验人员	Laboratory Technicians Personnel	8204	5246	617	904	1437
其 他	Others	33100	17520	5592	1376	8612
其他人员	**Other Personnel**	**44098**	**31415**	**3865**	**1947**	**6871**
其他技术人员	Other Technical Personnel	8857	5808	954	698	1397
管理人员	Managerial Personnel	14765	10812	1218	634	2101
工勤人员	Logistics Works	20476	14795	1693	615	3373
平均每万人拥有卫生技术人员	**Number of Medical Technical Personnel per 10000 Population**	**51.4**	**34.7**	**5.1**	**1.3**	**10.4**

18-15 卫生机构、床位、人员数(2012年)

NUMBERS OF HEALTH INSTITUTIONS, BEDS AND EMPLOYED PERSONS (2012)

机构名称	Name of Institutions	机构数（个）Number of Institutions (unit)	床位数（张）Number of Beds (unit)	人员数（人）Number of Personnel (person)	#卫生技术人员 Medical Technical Personnel
总 计	**Total**	**8836**	**178342**	**241266**	**197168**
医 院	Hospitals	994	141116	164564	133149
综合医院	General Hospitals	683	104406	125226	102278
中医院	Hospitals Specialized in Traditional	127	15544	20826	16955
中西医结合医院	Hospitals Combining Chinese and Western Medicine	8	459	371	316
民族医院	National Hospitals	6	267	292	221
专科医院	Specialized Hospitals	169	20340	17844	13374
口腔医院	Hospitals of Mouth Cavity Diseases Care	18	194	599	475
眼科医院	Hospitals for Eye Care	6	399	493	308
耳鼻喉科医院	Hospitals for Ear, Nose and Throat Care	3	383	473	360
肿瘤医院	Tumor Hospitals	4	3380	3292	2464
心血管医院	Hospitals for Vas of Heart	5	592	770	638
胸科医院	Hospitals for Chest	1	650	534	441
妇产(科)医院	Hospitals of Maternity	19	1071	1658	1254
儿童医院	Hospitals of Children	3	759	965	836
精神病医院	Mental hospitals	23	6780	3868	2667
传染病医院	Hospitals for Infectious Diseases	12	2359	2198	1603
结核病医院	Hospitals for Tuberculosis	1	496	259	174
骨科医院	Orthopedics Hospitals	8	537	325	273
康复医院	Rehabilitation Hospitals	10	910	597	494
其他专科医院	Other Specialized Hospitals	56	1830	1813	1387
护理院	Nursing Home	1	100	5	5
疗养院	Sanatoriums	3	1610	569	371
县（区）社区卫生服务站	Sanitation and Service Agencies of Community of County	776	7234	15435	13100
卫生院	Health Cares	1000	20511	23305	19440
县（区）卫生所、医务室	Institutions of Sanitation of County	1464		3289	3170
门诊部	Clinics	298	940	2623	2296
县（区）诊所	Cliniques of County	3613		7367	7098
急救中心	First-aid Centers	14		818	349
采供血机构	Institutions of Pick and Supply Blood	27		954	674
妇幼保健院(所、站)	Maternity and Child Care Centers	146	3541	6947	5706
专科疾病防治院(所、站)	Specialized Disease Prevention and Treatment Institutes	112	3390	4057	3116
疾病预防控制中心	Center for Diseases control and Prevention	174		6796	4849
卫生监督所	Medical Supervise Institutions	153		3499	3347
卫生监督检验所(站)	Medical Supervise and Test Institutions				
医学科学研究机构	Research Institutes of Medical Sciences	10		292	187
医学在职培训机构	Medical Institutions of In-service Education	10		271	72
健康教育所(站、中心)	Health Education Centers				
其他卫生机构	Other Medical Institutions	42		480	244

18-16 各地区卫生事业基本情况(2012年)

BASIC STATISTICS ON PUBLIC HEALTH BY CITY(2012)

地区	Region	卫生机构数（个） Number of Health Institutions (unit)	#医院、卫生院 Hospital & Health Centers	#疗养院、所 Sanatoriums	#门诊部 Clinics	#疾病控制中心 Sanitation and Antiepidemic Agencies	#妇幼保健院(所、站) Maternity and Child Care Centers	#医学科学研究机构 Research Institutes of Medical Sciences
全省	**Total**	**8836**	**1994**	**3**	**298**	**174**	**146**	**10**
哈尔滨	harbin	1556	438		78	22	22	5
齐齐哈尔	Qiqihar	892	252	1	53	18	17	
鸡西	Jixi	539	128		5	10	10	
鹤岗	Hegang	537	72		18	9	11	
双鸭山	Shuangyashan	603	98		6	16	11	
大庆	Daqing	832	162		16	13	8	
伊春	Yichun	714	55		23	24	18	
佳木斯	Jiamusi	731	168		19	14	13	3
七台河	Qitaihe	257	50		5	5	4	
牡丹江	Mudanjiang	819	144	1	35	13	8	2
黑河	Heihe	450	140		7	8	7	
绥化	Suihua	640	225	1	13	11	10	
大兴安岭	Daxinganling	266	62		20	11	7	

注：本章中牡丹江数据包括绥芬河，佳木斯数据包括抚远(下同）。

Note:The data of Mudanjiang include Suifenhe, Jia Musi include Fuyuan(the same below).

18-16 续表 CONTINUED

地区	Region	卫生机构床位数（张） Number of Beds in Health Institutions (unit)	卫生机构人员数（人） Number of Persons in Health Institutions (person)	卫生技术人员数（人） Medical Technical Personnel (person)	#执业（助理）医师 Assistant Doctors on Guard	#注册护士 Registered Nurses
全省	**Total**	**178342**	**241266**	**197168**	**74882**	**69847**
哈尔滨	harbin	56298	71100	57695	20860	22103
齐齐哈尔	Qiqihar	22360	27339	22097	8718	7874
鸡西	Jixi	10302	12736	10746	3723	4156
鹤岗	Hegang	7089	9351	7364	2746	2818
双鸭山	Shuangyashan	7856	10193	8431	2976	3225
大庆	Daqing	14567	23160	18841	8536	6269
伊春	Yichun	6043	8700	7078	2671	2363
佳木斯	Jiamusi	12355	17707	14140	5307	5002
七台河	Qitaihe	3915	5020	4099	1559	1516
牡丹江	Mudanjiang	14185	21741	18689	6369	6349
黑河	Heihe	7292	10345	8532	3450	2914
绥化	Suihua	13551	19619	15987	6638	4000
大兴安岭	Daxinganling	2529	4255	3469	1329	1258

18-17 医疗机构运营情况 (2012年)

OPERATION OF MEDICAL INSTITUTIONS (2012)

指　标	Item	合计 Total	医院 Hospitals	卫生院 Health Centers	门诊部 Clinics	妇　幼 保健院 Maternity and Child Care Centers	专科疾病 防 治 院 Specialized Disease Prevention &Treatment Institutes
门诊服务	**Service of Clinics**						
诊疗人次(万人次)	Total Number of Patients Treated (10000 person-times)	11807.3	5344.6	1072.2	110.0	216.3	69.8
#门　诊	#Clinics Patients	10177.7	4869.6	985.0	86.7	201.2	68.2
急　诊	Emergency Patients	440.2	368.5	27.6		9.9	0.3
住院服务	**Service of Clinics**						
入院人数(万人)	Hospital Admissions(10000 patients)	422.1	344.2	56.4	4.0	10.2	3.1
住院病人手术人次(万人)	Number of Operation of Patients(10000 patients)	103.8	98.4			5.2	0.2
每百门、急诊的入院人数(人)	Hospital Admissions per 100 Out-patient and Emergency Patient(person)	5.9	6.6	5.6		4.8	4.5
床位利用	**Utilization of Hospital Beds**						
平均床位周转率(次)	Average Turnover of Beds(times)	25.2	25.5	30.3		30.6	9.6
平均床位工作日(日)	Number of Days per Bed in Use in a Year(days)	284.9	304.2	193.1		190.4	301.0
床位使用率(%)	Utilization Rate of Beds(%)	77.8	83.1	52.8		52.0	82.2
出院者平均住院日(日)	Average Hospitalization Period(days)	10.6	11.5	5.4		5.7	26.6

18-18 享受补助、救济人员情况

PERSONS RECEIVING SUBSIDIES OR RELIEF FUNDS

单位：万人　　(10000 persons)

项　目	Item	2008	2009	2010	2011	2012
城乡居民最低生活保障人数	**Number of Persons Receiving Minimum Living Allowance in Urban Area and Rural Area**	**246.0**	**258.4**	**263.9**	**277.0**	**271.9**
城镇居民最低生活保障人数	Number of Persons Receiving Minimum Living Allowance in Urban Area	152.5	154.5	151.2	155.6	152.5
农村居民最低生活保障人数	Number of Persons Receiving Minimum Living Allowance in Rural Area	93.5	103.9	112.7	121.4	119.4
传统救济情况	**Traditional Relief**					
农村五保供养人数	Number of Persons in Rural Aears Receiving Livelihood Guaranteed in Five Aspects	10.5	10.5	14.4	14.5	14.6

18-19 社会福利事业、企业单位和工作人员数

NUMBER OF SOCIAL WELFARE INSTITUTIONS AND ENTERPRISES AND PERSONS ENGAGED

项　目	Item	机构数（个）Number of Institutions or Enterprises (unit)			工作人员（人）Number of Persons Engaged (person)		
		2010	2011	2012	2010	2011	2012
总　计	**Total**	**1551**	**1529**	**1586**	**34032**	**29798**	**33607**
社会福利事业单位	Social Welfare Institutions	755	731	712	7518	7525	8674
社会福利企业单位	Social Welfare Enterprises	609	569	639	23260	18412	20929
收容遣送站	Collecting and Repatriation Units	84	82	82	725	717	778
殡葬事业单位	Funeral and Interment Institutions	103	147	153	2529	3144	3226

18-20 社会福利事业单位基本情况 (2012年)

BASIC STATISTICS ON SOCIAL WELFARE INSTITUTIONS (2012)

项　目	Item	单位数（个）Number of Institutions or Enterprises(unit)	工作人员（人）Number of Persons Engaged (person)	床位数（张）Number of Beds (unit)	年末收养人数（人）Number of Persons Housed (year-end) (person)
总　计	**Total**	**712**	**8674**	**106894**	
优抚安置单位	Institutions for Aftercare and Martyrs	92	724	1259	129034
收养性单位	Adopting Institutions	620	7950	105635	89738
#光荣院	#Homes for Disabled Veterans	26	286	1992	1389
社会福利院	Social Welfare Homes	29	1286	9380	7974

注：优抚安置单位的年末收养人数为全年接待人次数。
Note:The number of persons housed in the table of Institutions for Aftercare and Martyrs is the

18-21 社会福利企业基本情况

BASIC STATISTICS ON SOCIAL WELFARE ENTERPRISES

年　份 Year	民政部门办 Managed by Civil Affairs Departments			社会办 Managed by Society		
	单位（个）Number of Units (unit)	职工（人）Number of Staff and Workers (person)	#残疾职工 Disabled Persons	单位（个）Number of Units (unit)	职工（人）Number of Staff and Workers (person)	#残疾职工 Disabled Persons
1990	286	12681	5323	1075	25464	11558
1995	463	16320	6749	1263	30492	13876
2000	1000	27631	13023	87	1105	706
2001	1049	23623	10486	40	705	355
2002	1159	25454	11546	72	1593	749
2003	959	22609	10851	142	3014	1480
2004	1038	25603	12276	159	3420	1656
2005	873	30994	10591	133	3945	1931
2006	791	18142	9725	159	3918	1826
2007	654	22780	9200	136	3518	1824
2008	612	18262	9214	110	3952	1699
2009	568	17837	8433	122	4065	2438
2010	517	18652	8169	92	4608	1986
2011	495	15355	7149	74	3057	1836
2012	565	17872	8795	74	3057	1832

18-22 劳动争议案件受理和处理情况
THE DISPOSAL OF LABOR DISPUTES

单位：件　　(case)

项　目	Item	2008	2009	2010	2011	2012
案件受理情况	**Cases Accepted**					
当期案件受理数	Number of Cases	11203	10878	9122	7181	7577
#集体劳动争议案件数	#Collective Labour Disputes	783	226	80	79	47
劳动者申诉案件数	Cases Appealed by Laborers	10083	9983	8996	6731	7526
劳动者当事人数(人)	Number of Laborers Involved(person)	15254	15334	13167	2192	8624
#集体劳动争议劳动者当事人数	#Laborers Involved in Collective Labour Disputes	5426	3626	2020		899
争议原因	Cause of the Disputes					
劳动报酬	Labour Remuneration	7686	2985	2109	1520	2186
社会保险	Social Insurances	543	4414	5055	3837	3970
变更劳动合同	Change the Labour Contract	1379	4	12		
解除、终止劳动合同	Relieve and End the Labour Contract	111	991	222	486	351
其　他	Others	1484	2484	381	565	499
案件处理情况	**Cases Disposed**					
结案数	Number of Cases Settled	11109	9818	9033	6955	7626
处理方式	by Manners of Settlment					
仲裁调解	by Mediation	4980	3049	3799	3568	3718
仲裁裁决	by Arbitrition Lawsuit	4877	3519	4197	3038	3479
其　他	Other	1252	766	326	349	429
处理结果	by Result of Settlment					
用人单位胜诉	Lawsuit Won by Units	2597	933	1177	564	592
劳动者胜诉	Lawsuit Won by Laborers	5223	5017	5994	4955	5179
双方部分胜诉	Lawsuit Partly Won by Both Parties	3289	1384	1862	1087	1331
本期未结案件数	**Number of Cases Dissettled**	**521**	**1422**	**263**	**489**	**440**
其他方式调解案件数	**Number of the Arbitrated Cases through Other Forms**	**392**	**2484**	**2742**	**3857**	**2791**

18-23 律师、公证、调解工作基本情况
BASIC STATISTICS ON LAWYERS, NOTARIZATION AND MEDIATION

项　目	Item	2008	2009	2010	2011	2012
律师工作	**Lawyers**					
律师事务所(个)	Number of Law Offices(unit)	615	630	652	710	724
律师(人)	Number of Lawyers(person)	3443	3626	3725	4342	4353
#专职律师	#Full-time Lawyers	3298	3501	3544	4026	4066
兼职律师	Part-time Lawyers	145	125	126	163	172
聘请担任常年法律顾问的单位(处)	Number of Units with Permanent Legal Advisors(unit)	10695	12245	4866	5310	6748
民事诉讼代理(件)	Agent of Civil Cases(case)	32116	30602	9654	22684	28559
行政诉讼代理(件)	Agent of Administrative Action(case)	3817	3922	761	1079	1090
刑事辩护(件)	Defender of Criminal Cases(case)	20946	17954	7686	14474	16188
非诉讼法律事务(件)	Agent of Non-Litigious Legal Affairs(case)	6964	7102	4177	7225	8829
解答法律询问(件)	Agent of Legal Advisory Services(case)	144746	141012	109203	123709	125655
代写法律事务文书(件)	Agent of Legal Documents Written on Behalf of Clients(case)	23589	23485	11701	17552	21150
公证工作	**Notarization**					
公证处(个)	Number of Notary Offices(unit)	148	148	148	134	149
#办理涉外的	#Related to Foreign	70	71	72	57	70
公证人员(人)	Notarial Personnel(person)	789	815	765	937	937
#公证员	#Notaries	433	408	402	446	459
公证员助理	Assistant Notaries	200	242	287	304	348
办理公证件数(件)	Number of Transacted Notarization(case)	357637	373346	390864	394544	402587
#国内经济合同公证	#Notarization of Domestic Economic	40008	52803	48705	57090	
人民调解工作	**Number of People's Mediation**					
专职司法助理员(人)	Number of Full-time Judicial Assistants(person)	2733	2173	2773	2871	2871
人民调解委员会(个)	Number of People's Mediation Committees(unit)	15693	15953	16089	14389	15771
调解人员(人)	Number of Mediators(person)	68491	65331	69013	43296	74156
调解民间纠纷(件)	Number of Civil Disputes Mediated(case)	98767	170886	248322	277101	281625

18-24 国内公证文书分类
DOMESTIC NOTARIAL DOCUMENTS BY TYPE

单位：件 (piece)

分 类	Item	2012	
		办理公证 Number of Notarial Documents Issued	比重 (%) Percentage (%)
总计	**Total**	**253060**	**100.00**
合同（协议）	Contract (Agreement)	55645	21.99
买卖合同	Contract of Sale	3199	1.26
赠与合同	Gift Contract		
借款合同	Loan Contract	10242	4.05
租赁合同	Lease Contract	630	0.25
承揽合同	The Contract		
建设工程合同	Construction Project Contract	333	0.13
委托合同	Agency Contract		
担保合同	Guarantee Contract	2387	0.94
土地使用权合同	Land Use Rights Contract	1647	0.65
知识产权合同	Intellectual Property Rights Contract		
承包合同	Contract	11707	4.63
企业经营合同	Business Contracts	20	0.01
劳动（劳务）合同	Labor Contract (Services)	664	0.26
其他合同	Other Contracts	7864	3.11
合伙协议	Partnership Agreement	3293	1.30
财产分割协议	Property Division Agreement		
财产约定协议	Property Contract Agreement	3631	1.43
扶养协议	Support Agreement	44	0.02
出国留学协议	Studying Abroad Agreement	761	0.30
拆迁安置协议	Resettlement Agreement	1037	0.41
赔偿协议	Compensation Agreement		
还款协议	Payment Agreement	515	0.20
其他	Other	7671	3.03
继承	Inheritance	24513	9.69
单方法律行为	Unilateral Legal Acts	79368	31.36
委托	Proxy	46073	18.21
声明	Announcement	22951	9.07
赠与	Gift	7028	2.78
遗嘱	Testaments	3316	1.31
其他	Other		
现场监督	Site Supervision	4663	1.84
招标投标	Bidding		1.37
拍卖	Auction		0.24
其他	Other	604	0.24
保全证据	Evidence Preservation	1874	0.74
公司章程	Articles of Association	140	0.06
组织资格	Qualification of Organization	113	0.04
财产权	Property Rights	1068	0.42
身份	Identity		
收养关系	Adoptive Relationship	76	0.03
婚姻状况	Marital Status		
亲属关系	Kinship	5600	2.21
有无违法犯罪记录	Any Illegal and Criminal Record		
其他有法律意义事实	Other Legal Facts	794	0.31
出生	Birth		
死亡	Death	794	0.31
其他	Other		
证书（执照）	Certificate (License)		
签名（印鉴）	Signature (Seal)	4563	1.80
文本相符	Text Matches	2226	0.88
赋予执行效力	Confer Enforceable		
执行证书	Executive Certificate	15	0.01
抵押登记	Mortgage Registration	2352	0.93
提存	Drawing	197	0.08
保管	Custody		
其他	Others	69853	27.60

18-25 涉外公证文书分类

FOREIGN-RELATED NOTARIAL DOCUMENTS BY TYPE

单位：件 (piece)

分 类	Item	2012	
		办证件数 Number of Notarial Documents Issued	比重 (%) Percentage (%)
总 计	**Total**	**148338**	**100.00**
合同(协议)	Contract(Agreement)	17	0.01
继承	Inheritance	19910	13.42
委托	Proxy	2197	1.48
声明	Announcement	11200	7.55
遗嘱	Testaments		
其他单方法律行为	Other Unilateral Legal Acts	2	0.01
公司章程	Corporation Constitutions	321	0.22
组织资格	Qualification of Organization	662	0.45
收养关系	Adoptive Relationship	25	0.02
婚姻状况	Marital Status	12811	8.64
亲属关系	Kinship Confirmation	17481	11.78
出生	Births	4269	2.88
死亡	Deaths	10644	7.18
生存、居住	Survival and Residence	1464	0.99
学历(学位)	Schooling(Degrees)	4397	2.96
经历	Personal Histories	9596	6.47
职务(职称)	Professional Certificates	1052	0.71
身份	Identity	10204	6.88
有无违法犯罪记录	AnyIllegal and Criminal Record	2835	1.91
其他有法律意义事实	Other Facts of Legal Significance		
证书(执照)	Certificate(License)	832	0.56
签名(印鉴)	Signature(Seal)	2837	1.91
文本相符	Text Matches	18673	12.59
其他	Other	16909	11.40

18-26 调解民间纠纷分类

NUMBER OF CIVIL DISPUTES MEDIATED BY TYPE

分 类	Item	调解纠纷(件) Civil Disputes (cases)			各种纠纷所占比重(%) Percentage (%)		
		2010	2011	2012	2010	2011	2012
总 计	**Total**	**248322**	**277101**	**281625**	**100.0**	**100.0**	**100.0**
婚姻家庭	Family Disputes	51478	70257	33589	20.7	25.4	11.9
房屋、宅基地	Housing and Housing Sites	19944	18122	11195	8.0	6.5	4.0
邻 里	Neighbor Disputes	42536	60536	33668	17.1	21.8	12.0
损害赔偿	Compensation for Damages		10852	17360		3.9	6.2
其 他	Others	134364	117334	185813	54.1	42.3	66.0

18-27 婚姻登记和离婚情况

BASIC STATISTICS ON MARRIAGES AND DIVORCES

年 份 Year	居民登记结婚(对) Registered Marriages (couple)	初 婚 (人) First Marriages (person)	再 婚 (人) Remarriages (person)	涉外及华侨、港澳台同胞准予登记结婚的国内居民 Registered Marriages Related to Foreign, Oversea Chinese, Hong Kong, Macao & Taiwan 合 计(人) Total (person)	#女 性 Female	准予登记离 婚(对) Registered Divorces (couple)	法院协议判决离婚(对) Agreement and Adjudged Divorces (couple)	离婚率(‰) Divorce Rate (‰)
1985	284282	547585	20979	56	39	9155	30018	2.3
1990	284720	529796	39644	173	128	17104	37224	3.1
1995	267300	490744	43856	4312	4271	19237	54733	4.0
1996	260229	473216	47242	4002	3771	20571	58705	4.3
1997	270653	498139	43167	3173	3154	20737	61855	4.4
1998	234488	416018	52958	2745	2700	19792	56600	4.0
1999	224610	403756	45464	2168	2060	22654	52976	4.0
2000	217750	384399	51101	2560	2385	23739	51137	3.9
2001	222294	392712	51876	3889	3675	24940	50925	4.0
2002	193072	335930	50214	3770	3592	26698	45552	3.8
2003	201202	348460	53944	4208	3920	35186	42388	4.1
2004	235120	410058	60182	2844	2558	49278	43733	4.9
2005	228311	395978	60644	2448	2055	53932	42065	5.0
2006	231917	409739	54095	2942	2034	55506	43026	5.2
2007	252041	438465	65617	1982	1738	66779	40340	5.6
2008	283017	486996	79038	2879	2470	79403	40044	6.2
2009	303854	519276	88432	2929	2460	91355	36961	6.7
2010	308886	529835	87937	3093	2286	104406	35272	7.3
2011	332683	555952	109414	2390	1459	116019	35272	7.9
2012	345617	591433	99801	2348	1199	124138	32616	8.2

18-28 社会保险基本情况

BASIC STATISTICS OF SOCIAL INSURANCE

项　目	Item	2008	2009	2010	2011	2012
年末参加城镇基本养老保险人数(万人)	Number of Basic Pension Insurance Contributors at Year-end(10000 persons)	857.8	920.4	952.2	981.0	1013.0
#职工	#Staff and Workers	581.8	586.7	529.2	540.7	554.2
离退休人员	Retirees	276.0	333.7	344.2	359.4	380.0
基金收入(亿元)	Revenue(100 million yuan)	377.0	614.4	729.9	653.2	870.7
基金支出(亿元)	Expenses(100 million yuan)	307.8	527.5	705.9	677.5	867.8
累计结余(亿元)	Balance at Year-end(100 million yuan)	363.4	419.9	479.0	416.4	469.9
年末参加城镇职工基本医疗保险人数(万人)	Number of Basic Medical Care Insurance Contributors at Year-end(10000 persons)	788.3	851.3	873.7	881.0	867.8
#职工	#Staff and Workers	572.3	594.8	595.3	587.4	558.3
离退休人员	Retirees	216.0	256.5	278.4	293.6	309.5
基金收入(亿元)	Revenue(100 million yuan)	93.2	129.2	113.3	107.2	163.5
基金支出(亿元)	Expenses(100 million yuan)	61.3	81.4	95.4	82.4	145.2
累计结余(亿元)	Balance at Year-end(100 million yuan)	105.4	157.0	174.9	155.7	221.8
年末参加失业保险人数(万人)	Number of Unemployment Insurance Contributors at Year-end(10000 persons)	467.6	471.3	472.9	474.5	476.2
#领取失业保险金	#Beneficiaries of Unemployment Insurance Fund	10.3	18.3	14.3	12.0	12.1
基金收入(亿元)	Revenue(100 million yuan)	16.1	14.7	13.8	22.4	32.3
基金支出(亿元)	Expenses(100 million yuan)	5.4	8.2	16.3	5.7	7.4
累计结余(亿元)	Balance at Year-end(100 million yuan)	50.6	57.0	54.5	71.2	96.1
年末参加工伤保险人数(万人)	Number of Work Injury Insurance Contributors at Year-end(10000 persons)	390.9	401.8	415.1	450.0	470.6
#享受工伤待遇	#Beneficiaries	4.5	5.6	6.2	8.2	6.8
基金收入(亿元)	Revenue(100 million yuan)	8.6	9.4	11.6	15.6	18.7
基金支出(亿元)	Expenses(100 million yuan)	6.1	6.9	9.2	6.2	16.6
累计结余(亿元)	Balance at Year-end(100 million yuan)	8.2	10.7	13.1	17.9	27.7
年末参加生育保险人数(万人)	Number of Maternity Insurance Contributors at Year-end(10000 persons)	241.9	270.0	290.1	350.0	353.1
#享受待遇	#Beneficiaries	3.2	3.3	3.4	3.6	4.2
基金收入(亿元)	Revenue(100 million yuan)	2.5	2.6	3.0	2.5	5.1
基金支出(亿元)	Expenses(100 million yuan)	1.3	1.6	1.9	1.4	3.5
累计结余(亿元)	Balance at Year-end(100 million yuan)	4.3	5.4	6.4	4.9	9.6
年末参加农村社会养老保险人数(万人)	Number of Rural Basic Pension Insurance Contributors at Year-end(10000 persons)	189.5	150.0	254.6	309.3	871.4
#领取养老金	#Farmer Beneficiaries	7.8	28.1	54.6	82.9	173.5

主要统计指标解释

文化及相关产业　指为社会公众提供文化、娱乐产品和服务的活动以及与这些活动有关联的活动的集合。根据提供文化、娱乐产品和服务活动的属性特点，划分为公益性文化活动和经营性文化活动两大类。

文化及相关产业是第三产业的重要组成部分。是在我国《国民经济行业分类》基础上的派生分类，有文化服务和相关文化服务两大类：

文化服务　主要指新闻服务，出版发行和版权服务，广播、电视、电影服务，文化艺术服务，网络文化服务，文化休闲娱乐服务，其他文化服务。

相关文化服务　主要有文化用品、设备及相关文化产品的生产，文化用品、设备及相关文化产品的销售。

非文化及相关产业　指由文化部门主办的不属于文化及相关产业的其他各类行业活动。

艺术表演团体　指由文化部门主办或实行行业管理（经文化市场行政部门审批或已申报登记并领取相关许可证），专门从事表演艺术等活动的各类专业艺术表演团体，含民间职业剧团。不包括群众业余文艺表演团体。

艺术表演场馆　指由文化部门主办或实行行业管理（经文化市场行政部门审批或已申报登记并领取相关许可证），有观众席、舞台、灯光设备，公开售票、专供文艺团体演出的文化活动场所。

文化市场经营机构　指经文化市场行政部门审批或已申报登记并领取相关许可证的、从事文化经营和文化服务活动的机构。

广播节目综合人口覆盖率　指根据国家广电总局制定的《广播电视人口覆盖率统计技术标准和方法》进行统计调查的，在对象区内能接收到由中央、省、地市或县通过无线、有线或卫星等各种技术方式转播的各级广播节目的人口数占全国总人口数的百分比。

电视节目综合人口覆盖率　指根据国家广电总局制定的《广播电视人口覆盖率统计技术标准和方法》进行统计调查的，在对象区内能接收到由中央、省、地市或县通过无线、有线或卫星等各种技术方式转播的各级电视节目的人口数占全国总人口数的百分比。

有线广播电视入户率　通过广播电视有线传输网收看电视节目的用户数占全国总户数的百分比。

国家综合档案馆　归口中央或地方各级档案行政管理部门直接管理的，按行政区划或历史时期设置的，收集和管理所辖范围内多种门类档案的档案馆。

等级运动员　是指经考核正式批准授予运动员称号的运动员，等级称号由高到低依次为国际级运动健将、运动健将、一级运动员、二级运动员、三级运动员。

等级教练员　是指经考核正式批准授予等级教练员职称的教练员，等级职称由高到低依次为国家级教练员、高级教练员、中级教练员、初级教练员。

医疗卫生机构　指从卫生行政部门取得《医疗机构执业许可证》，或从民政、工商行政、机构编制管理部门取得法人单位登记证书，为社会提供医疗保健、疾病控制、卫生监督服务或从事医学科研和医学在职培训等工作的单位。医疗卫生机构包括医院、基层医疗卫生机构、专业公共卫生机构、其他医疗卫生机构。

医院　包括综合医院、中医医院、中西医结合医院、民族医院、各类专科医院和护理院。

基层医疗卫生机构　包括社区卫生服务中心(站)、街道卫生院、乡镇卫生院、村卫生室、门诊部、诊所(医务室)。

专业公共卫生机构　包括疾病预防控制中心、专科疾病防治机构、妇幼保健机构、健康教育机构、急救中心(站)、采供血机构、卫生监督机构、卫生部门主管的计划生育技术服务中心。

其他医疗卫生机构　包括疗养院、临床检验中心、医学科研机构、医学在职教育机构、医学考试中心、农村改水中心、人才交流中心、统计信息中心等卫生事业单位。

卫生人员 指在医院、基层医疗卫生机构、专业公共卫生机构及其他医疗卫生机构工作的职工，包括卫生技术人员、乡村医生和卫生员、其他技术人员、管理人员和工勤人员。

卫生技术人员 包括执业医师、执业助理医师、注册护士、药师（士）、检验技师（士）、影像技师、卫生监督员和见习医（药、护、技）师（士）等卫生专业人员。不包括从事管理工作的卫生技术人员。

执业医师 指《医师执业证》“级别”为“执业医师”且实际从事医疗、预防保健工作的人员，不包括实际从事管理工作的执业医师。执业医师类别分为临床、中医、口腔和公共卫生四类。

执业助理医师 指《医师执业证》“级别”为“执业助理医师”且实际从事医疗、预防保健工作的人员，不包括实际从事管理工作的执业助理医师。执业助理医师类别分为临床、中医、口腔和公共卫生四类。

每万人口执业(助理)医师 每万人口执业(助理)医师=（执业医师数+执业助理医师数）/人口数×10000。人口数系公安部户籍人口。

每万人口卫生技术人员 每万人口卫生技术人员=卫生技术人员数/人口数×10000。人口数系公安部户籍人口。

每万人口医疗卫生机构床位 每万人口医疗卫生机构床位=医疗卫生机构床位/人口数×10000。人口数系公安部户籍人口。

社会福利企业 指以集中安置有一定劳动能力的残疾人员就业为目的（残疾职工占生产人员10%以上）、带有社会福利性质的企业总称。主要包括福利工厂、假肢厂和其他福利企业。

城市居民最低生活保障人数 指在报告期末家庭平均收入在当地规定的最低生活保障线以下的城镇居民数。包括“三无”对象，失业人员和在职、下岗、退休人员等。

农村居民最低生活保障人数 指报告期末在建立农村最低生活保障制度的地区，得到当地政府或集体给予最低生活保障的农业人口家庭人数。

五保户 指无法定抚养义务人，或者虽有法定抚养义务人，但是抚养人无抚养能力的；无劳动能力的；无生活来源的老年人、残疾人和未成年人。

农村传统救济人数 指未开展最低生活保障制度的农村地区，仍沿用传统救济制度救济的贫困人口数。

粗离婚率 指当年离婚对数占年平均人口的比重，计算公式为：

$$\text{粗离婚率} = \frac{\text{当年离婚对数}}{\text{年平均人口数}} \times 1000‰$$

公证人员 指在公证处工作的人员总称，包括公证处主任、副主任、公证员、公证员助理(助理公证员)和其他从事辅助性工作的人员。

公证文书 指公证处根据当事人申请，依照事实和法律，按照法定程序制作的，具有法律效力的司法证明文书。

人民检察院直接立案侦查案件 指按照管辖的规定，由人民检察院直接立案侦查的贪污贿赂犯罪、渎职犯罪、国家机关工作人员利用职权实施的侵犯公民人身权利和民主权利的犯罪以及经省级人民检察院决定立案侦查的国家机关工作人员利用职权实施的其他重大犯罪案件。

要案 指县、处级以上干部的犯罪案件。该指标主要反映职务犯罪案件中县、处级以上干部被人民检察院依法立案侦查的情况。

批准逮捕 指人民检察院对公安机关、国家安全机关、监狱管理机关提出逮捕的犯罪嫌疑人进行审查，根据事实，依法做出逮捕决定。该指标主要反映人民检察院对提请逮捕犯罪嫌疑人进行审查后依法做出批准逮捕决定的情况。

决定逮捕 指人民检察院对直接立案侦查的案件，认为需要逮捕犯罪嫌疑人时，依据法律做出的逮捕决定。该指标主要反映人民检察院对直接受理的案件行使决定逮捕权的情况。

提起公诉 指人民检察院对公安机关、国家安全机关、监狱管理机关和检察机关侦查部门等移送起诉的案件进行审查，根据事实，做出提起公诉的案件。该指标主要反映人民检察院对各种刑事案件向人民法院提起公诉的情况。

适用简易程序　指人民法院对依法可能判处三年以下有期徒刑、拘役、管制、单处罚金的公诉案件，事实清楚，证据充分，人民检察院建议或者同意适用简易程序的案件；告诉才处理的案件；被害人起诉的有证据证明的轻微刑事案件。

提出抗诉　指人民检察院对人民法院的判决、裁定认为确有错误，向人民法院提出对案件重新进行审理的诉讼活动。包括按照第二审程序提出的抗诉和按照审判监督程序（再审程序）提出的抗诉。

撤回抗诉　指上级人民检察院对下级人民检察院按照第二审程序提出的抗诉，经审查，认为抗诉不当时向同级人民法院撤回抗诉，同时通知提出抗诉的下级人民检察院。

立案监督　指人民检察院对侦查机关刑事立案活动的监督。包括对应当立案而不立案的监督和不应立案而立案的监督。

监督立案　包括侦查机关接到要求说明不立案理由后主动立案和执行通知立案两个内容。

监管活动　指人民检察院对监狱等监管改造场所的管理活动进行的监督。

青少年罪犯　指人民法院在报告期内判决发生法律效力的有罪判决中14周岁以上不满25周岁的罪犯。其中14周岁以上不满18周岁的罪犯为未成年罪犯。

行政案件　指公民、法人和其他组织不服行政机关作出的具体行政行为，向人民法院提起行政诉讼，人民法院依法审理的案件。

单独赔偿　指单独提起行政赔偿的案件。当事人对行政行为的合法性没有争议，就行政侵权造成的损害赔偿单独提起赔偿诉讼。

受理劳动争议案件数　指劳动争议仲裁委员会根据国家有关规定，对劳动争议当事人的申请予以审查，符合受理条件而正式立案、准备处理的劳动争议案件数。

城镇职工基本养老保险

1.（参保）职工人数　指报告期末按照国家法律、法规和有关政策规定参加基本养老保险并在社保经办机构已建立缴费记录档案的职工人数，包括中断缴费但未终止养老保险关系的职工人数，不包括只登记未建立缴费记录档案的人数。

2.（参保）离退休人员人数　指报告期末参加基本养老保险的离休、退休和退职人员的人数。

3. 基金收入　指根据国家有关规定，由纳入基本养老保险范围的缴费单位和个人按国家规定的缴费基数和缴费比例缴纳的养老保险基金，以及通过其他方式取得的形成基金来源的收入。包括单位和职工个人缴纳的基本养老保险费、基本养老保险基金利息收入、上级补助收入、下级上解收入、转移收入、财政补贴和其他收入。

4. 基金支出　指按照国家政策规定的开支范围和开支标准从养老保险基金中支付给参加基本养老保险的个人的养老金、丧葬抚恤补助，以及由于保险关系转移、上下级之间调剂资金等原因而发生的支出。包括离休金、退休金、退职金、各种补贴、医疗费、死亡丧葬补助费、抚恤救济费、社会保险经办机构管理费、补助下级支出、上解上级支出、转移支出、其他支出等。

5. 基金累计结余　指截止报告期末基本养老保险基金收支相抵后的累计余额。

基本医疗保险

1. 参保人数　指报告期末按国家有关规定参加相应基本医疗保险的人数。

2. 基金收入　指由用人单位和个人按照国家规定的缴费基数、缴费比例或缴费标准缴纳的基本医疗保险基金，财政补助资金以及通过其他方式取得的形成基金来源的款项，包括：单位缴纳收入、个人缴纳收入、财政补助收入（含医疗救助补助个人收入）、财政补贴收入、利息收入和其他收入。

3. 基金支出　指按照国家政策规定的开支范围和开支标准，从基本医疗保险基金中支付给参保人员的医疗保险待遇支出，以及其他支出。包括住院医疗费用支出、门急诊医疗费用支出、个人账户基金支出、其他支出。

4. 基金累计结余　指截止报告期末基本医疗保险基金累计结余金额。

失业保险

1.参保人数　指报告期末按照国家法律、法规和有关政策规定参加了失业保险的城镇企业、事业单位的职工及地方政府规定参加失业保险的其他人员的人数。

2.基金收入　指报告期内筹集的失业保险基金的总额，包括失业保险费收入、利息收入、财政补贴收入、其他收入、转移收入、上级补助收入、下级上解收入。

3.基金支出　指报告期内为保障失业人员基本生活、促进其再就业等支出的基金总额，包括失业保险金支出、医疗补助金支出、丧葬补助金和抚恤金支出、职业培训和职业介绍补贴支出、农民合同制工人一次性生活补助支出、其他支出、转移支出、上级补助支出、下级上解支出。

4.基金累计结余　指截止报告期末失业保险基金收支相抵后的累计余额。

工伤保险

1.参加保险人数　指报告期末依据国家有关规定参加工伤保险的职工人数和有雇工的个体工商户的雇工数。

2.享受保险待遇人数　指年初至报告期末因工伤或职业病而享受工伤保险待遇的人数。为享受工伤医疗待遇中未评定等级的人数、享受伤残待遇人数以及享受因工死亡待遇人数之和。

3.基金收入　指根据国家有关规定，由参加工伤保险的单位按国家规定的缴费基数和缴费比例缴纳的工伤保险基金，以及通过其他形式取得的形成基金来源的款项。包括：单位缴纳的社会统筹基金收入、财政补贴收入、利息收入、其他收入。

4.基金支出　指按照国家政策规定的开支范围和开支标准从工伤保险基金中支付给参加工伤保险的人员及供养直系亲属工伤保险待遇支出及其他支出。包括工伤医疗费、伤残补助金、工亡补助金、护理费、丧葬补助费、工伤预防费用、职业康复费用和其他支出。

5.基金累计结余　指截止报告期末工伤保险基金累计结余金额。

生育保险

1.参保人数　指报告期末依据有关规定参加生育保险的人数。

2.基金收入　指根据国家有关规定，由参加生育保险的单位按照国家规定的缴费基数和缴费比例缴纳的生育保险基金，以及通过其他方式取得的形成基金来源的款项，包括：单位缴纳的基金收入、利息收入和其他收入。

3.基金支出　指按照国家政策规定的开支范围和开支标准，从生育保险基金中支付给参加生育保险的职工，因妊娠、分娩和计划生育手术而享受的待遇及其他支出。包括：生育津贴、医疗费用支出及其他支出。

4.基金累计结余　指截止报告期末生育保险基金累计结余金额。

Explanatory Notes on Main Statistical Indicators

Culture and Related Industries refer to the aggregate of activities, providing the mass with culture goods, amusement goods and services. According to the characteristics of culture goods, amusement goods and services, they can be classified into two categories: non-profit cultural activities and profit cultural activities.

Culture and related industries is the important component of the tertiary industry. These are the derivative sector from the Industrial Classification of the National Economy and are composed of two categories of culture services and related cultural services.

Culture Services refer to the news service, publishing and copyright services, radio, television, film services, arts and cultural services, Internet culture services, culture and leisure entertainment services, and other cultural services.

Related Cultural Services mainly include production of cultural stationery, equipment and related cultural products, and the sales of cultural stationery, equipment and related cultural products.

Non-culture and Related Industries refer to the other activities sponsored by the cultural sectors, which do not belong to the culture and related industries.

Arts Performance Troupes refer to the various professional performing arts groups, which sponsored by the cultural sectors or guided by the cultural society (approved by the cultural market administration, or registered and permitted with the relative certificate), including non-governmental troupes. The mass amateur arts performance troupes are not included.

Arts Performance Places refer to the various sites for cultural activities, which sponsored by the cultural sectors or guided by the cultural society (approved by the cultural market administration, or registered and permitted with the relative certificate), with the facility of auditorium, stage and lighting, and selling tickets in public.

Cultural Market Operating Units refer to the units dealing in culture and cultural services, which registered and permitted with the relative certificate by cultural market administration.

Radio Coverage of Population refers to the percentage of population, which can receive central, provincial, city, prefecture, and county radio programs relayed by wireless, cable, satellite and other technical means, in the surveying area, to national total population, according to Statistical Standard and Method on Television and Radio Coverage of Population established by the State Administration of Broadcasting, Film and Television.

Television Coverage of Population refers to the percentage of population, which can receive central, provincial, city, prefecture, and county television programs relayed by wireless, cable, satellite and other technical means, in the surveying area, to national total population, according to Statistical Standard and Method on Television and Radio Coverage of Population established by the State Administration of Broadcasting, Film and Television.

Cable Radio and Television Coverage of Households refers to the percentage of households, which can watch television by cable of radio and television network, to national total households.

National Comprehensive Archives refer to all archives institutions, which are directly conducted by the central and local levels archives administration, collecting and keeping various documents and materials by administrative regions or historical periods.

Certified Grade Athletes refer to those who are awarded the title of athletes through assessment. The titles rank from high to low as: international level athletes, national level athletes, first grade athletes, second grade athletes and third grade athletes.

Certified Grade Coaches refer to those who are awarded the title of grade coaches through assessment. The titles rank from high to low as: national level coaches, senior grade coaches, medium grade coaches and junior grade coaches.

Medical and Health Care Institutions refer to the units which have been qualified the Certification of Health Care Institution by the administration of public health, or qualified the Certification of Corporate Unit by the civil affairs, administration for industry and commerce, commission office for public sector reform, and engaging in medical care, disease prevention and control, health supervision and inspection, medicine research and on-job training, etc., including: hospitals, health care institutions at grass-root level, specialized public health institutions, and other medical and health care institutions.

Hospitals include general hospitals, hospitals specialized in traditional Chinese medicine, hospitals of integrated traditional Chinese and western medicine, nationalities hospitals, specialized hospitals and nursing hospitals.

Health Care Institutions at Grass-root Level include community health service centers, urban health centers, township health centers, village clinics, outpatient departments and clinics (health centers).

Specialized Public Health Institutions include centers for disease control and prevention, specialized disease prevention and treatment institutions, women and children care agencies, health education institutions, first aid centers, blood gathering and supplying institutions, health supervision and inspection agencies, and family planning technical service centers supervised by health institutions.

Other Medical and Health Care Institutions include sanatoriums, clinical laboratory centers, medicinal scientific research institutions, on-job training institutions, medical examination centers, rural water improvement centers, talent exchange centers, and statistical information centers, etc.

Health Care Employees refer to all employees engaged in the health care institutions, such as hospitals, health care institutions at grass-root level, specialized public health institutions, and other medical and health care institutions, including medical technical personnel, village doctors and assistants, other technical personnel, managerial and service staff.

Medical Technical Personnel refer to the professional staff engaged in health care, including licensed doctors, licensed assistant doctors, registered nurses, pharmacists, laboratory technicians, imaging staff, health care supervisors and intern doctors, pharmacists, nurses, and technical personnel, excluding the medical technical personnel engaged in managerial job.

Licensed Doctors refer to the medical workers who have obtained the licenses of qualified doctors and are employed in medical treatment, disease prevention or healthcare institutions, excluding the licensed doctors engaged in management job. The licensed doctors are divided into 4 categories: clinician, Chinese medicine physicians, dentist and public health physicians.

Licensed Assistant Doctors refer to the medical workers who have obtained the licenses of qualified assistant doctors and are employed in medical treatment, disease prevention or healthcare institutions, excluding the licensed assistant doctors engaged in management job. The classification of licensed assistant doctors is clinician, Chinese medicine, dentist and public health.

Number of Licensed (Assistant) Doctors per 10000 Population The formula is:

Number of Licensed Doctors per 10000 Population = (Number of Licensed Doctors + Number of Licensed Assistant Doctors) / Population *10000

The population is the figure of household registration from the Ministry of Public Security.

Number of Medical Technical Personnel per 10000 Population The formula is:

Number of Medical Technical Personnel per 10000 Population = Number of Medical Technical Personnel / Population *10000

The population is the figure of household registration from the Ministry of Public Security.

Number of Beds of Medical and Health Care Institutions per 10000 Population the formula is:

Number of Beds of Medical and Health Care Institutions per 10000 Population = Number of Beds of Medical and Health Care Institutions / Population *10000

The population is the figure of household registration from the Ministry of Public Security.

Social Welfare Enterprises refers to those welfare-oriented enterprises employing a significant number of handicapped people with certain labour ability (handicapped employees shall exceed 10% of the production staff), including welfare factories, artificial limb plants as well as other welfare enterprises.

Number of Urban Residents Entitled to Minimum Living Allowances refers to the number of those whose average family income is below a minimum local standard by the end of the reporting period, including both the employed and unemployed, laid off and retired, and those jobless people without stable residence or valid IDs.

Number of Rural Residents Entitled to Minimum Living Allowances refers to the number of those receiving the minimum living allowances from the local government or community in the rural areas where this allowances system is in place as of the end of the reference period.

Households Enjoying Five Guarantees refers to those senior citizens, handicapped or under-aged who, without labour ability, can not make a living by themselves and whose statutory providers are unable to support them or who have no statutory providers at all.

Number of Rural Recipients of Traditional Relief refers to the poor people entitled to traditional relief in rural areas where the minimum living allowances system is not in place.

Crude Divorce Rate refers to ratio of divorced couples to the annual average population for the reference year, the formula is:

$$\text{Crude Divorce Rate} = \frac{\begin{array}{c}\text{number of couples divorced}\\ \text{for the reference year}\end{array}}{\text{annual average population}} \times 1000 \ ‰$$

Notary Personnel refers to people working for notary offices including: directors, deputy directors, notaries, assistant notaries and other people providing assistance.

Notary Documents refer to the judicial notary documents drawn up at the request of the interested party and are in accordance with facts and the law and following certain legal proceedings.

Cases Registered and Handled Directly by People' s Procuratorate Offices refer to those serious criminal cases that, according to the functional jurisdiction, are registered and handled by the People' s Procuratorate Offices, including the ones on bribery and corruption, the ones on abuse and dereliction of duty, offences against citizens' personal and democratic rights by government officials abusing their powers; and that are registered and handled by the provincial Procuratorate offices in relation to other major crimes committed by government officials by abusing their powers.

Key Cases refer to crimes committed by county and director-level officials. This indicator reflects the situation of those county and director-level officials involved in criminal cases registered and handled by People' s Procuratorate offices.

Approval for Arrest refers to the decision made by people' s procuratorate office, in accordance with the law and relevant facts, to approve the arrest of the suspect(s) as proposed by the public security departments, state security departments or prisons authority. This indicator reflects approved arrests made by people' s procuratorate offices that are proposed by related departments.

Decision on Arrest refers to decision made by the people' s procuratorate office, in accordance with laws, to arrest the suspect(s) in the cases that are accepted and to be investigated by procurators office. This indicator mainly reflects the implementation of the decision on arrest by people' s procuratorate office.

Cases by Public Prosecution refer to those ones that are instituted by People' s Procuratorate offices after their examination of such cases transferred by public security organs, national security organs, jail management organs and prosecutorial organs on the bases of the facts found. This indicator reflects the situation of public prosecutions instituted to the people' s courts by People' s Procuratorate Offices.

Application of Summary Procedure refers to those cases of public prosecution where the suspects might be, according to law, sentenced to fixed-term imprisonment of not more than three years, criminal detention, public surveillance or punishment with fines exclusively by People' s Court ;, those cases where the facts are clear and the evidence is sufficient, and for which the People's Procuratorate suggests or agrees to the application of summary procedure; those cases to be handled only upon complaints; and those minor criminal cases prosecuted by the victims with evidence.

Protests Presented refers to those protests presented by local People's Procuratorate at any level who considers that there exists some definite error in a judgment or order of first instance made by a People's Court at the same level to the People's Court at the next higher level, including the protests raised in accordance with the second instance and protests raised in accordance with procedure for trial supervision.

Withdrawal of Protests refers to the actions made by the People's Procuratorate at the next higher level when it considers the protests inappropriate by withdrawing the protests from the People's Court at the same level and notifying the People's Procuratorate at the next lower level.

Case Registration Supervision refers to the actions made by the People's Procuratorate to supervise the registration of criminal cases initiated by investigative authorities, including supervision of the cases which have wrongly not been registered and have wrongly been registered.

Supervision of Case Registration includes both the supervision of those registrations initiated by investigatory authorities and the supervision of those registrations according to notifications after hearing declined reasons for registration.

Supervisory Activities refers to the supervision of the People' s Procuratorate over the management of prisons as well as other places of criminal reformation under supervision.

Juvenile Criminals refers to the offenders within the age range of 14 to 25 convicted guilty by the court during the reporting period while those between 14 and 18 are defined as minor offenders.

Administrative Cases refers to the cases filed by citizens, corporations and other organizations against the specific administrative conducts of administrative authorities and handled by the court.

Separate Compensation refers to cases that are separately filed for administrative compensation by the party who has no dispute on the legality of administrative conducts but brings proceedings separately to claim for damages caused by administrative tort.

Number of Labour Disputes Cases Accepted refers to the number of cases of labour disputes submitted that, after being reviewed by the labour dispute arbitration committees in line with the relevant national regulations, are accepted and registered for treatment.

Basic Pension Insurance

1. Number of staff and workers covered refer to staff and workers participating in the basic pension insurance programme according to national laws, regulations and related policies at the end of the reference period, who have already had payment records in social security management agencies, including those who have interrupt payment without terminating the insurance programme. Those who have registered in the programme but with no payment records are not included.

2. Number of retirees participating in the basic pension insurance programme refer to the number of retirees participating in basic pension insurance programmes by the end of the reference period.

3. Revenue of the basic pension insurance programme refers to payments made by employers and individuals participating in the pension insurance programme in accordance with the basis and proportion stipulated in State regulations, and income from other sources that become source of pension insurance fund, including the premium paid by employers and staff and workers, interest income, subsidies from higher level agencies, income as transfer from subordinate agencies, transferred income, government financial subsidies and other income.

4. Expenditure of basic pension insurance programme refer to payment made on pensions and funeral subsidies to those retired and resigned people covered in pension insurance programmes according to related national policies on scope and standard of expenditure. Also included are expenditure which arises due to shift of the insurance relationship or adjustment of funds among agencies. More specifically, included are pensions for resigned people, pensions for retired people, pension for people quitting jobs, various subsidies, medical fees, funeral subsidies, compensation payments, management fees for social security agencies, expenses on subsidies to lower subordinates, expenses as transfer to agencies at higher level, transferred expenditure and other expenditure.

5. Balance of basic pension insurance programme refers to the balance of basic pension insurance funds at the end of the reference period after deducting expenses from revenue.

Basic Medical Care Insurance

1. Number of people participating in the insurance programme refers to people participating in the basic medical care insurance programme according to related regulations at the end of the reference period.

2. Revenue of the insurance programme refers to payments made by employers and individuals participating in the medical care insurance programme in accordance with the basis and proportion stipulated in State regulations, and income from other sources that become source of medical insurance fund, including income paid by units, individual paid income, financial assistance' s income (including individual income from medicaid), financial subsidies' income, interest income and other income.

3. Expenditure of the insurance programme refers to payment made to people covered in basic medical care insurance programme within the scope and standards of expenditure according to related national policies, and medical care payment and other expenses, including medical expenses of hospital inpatients, medical expenses for outpatients and emergency patients, payment from individual accounts and other expenditure.

4. Balance of the basic medical care insurance programme refers to the balance of medical care insurance funds at the end of the reference period.

Unemployment Insurance

1. Number of people covered refers to staff and workers in urban enterprises or institutions who have participated in the unemployment insurance programme according to relevant policies and regulations, and other people who have participated according to local government regulations at the end of the reference period.

2. Revenue of the unemployment insurance programme refers to the total unemployment insurance funds raised in the reference period, including unemployment insurance premium, interest income, financial subsidies, other income, transferred income, subsidies from higher level agencies and income as transfer from subordinate agencies.

3. Expenditure of the unemployment insurance programme refers to total expenses during the reference period to guarantee the basic livelihood of unemployed people, and to encourage their re-employment. Included are unemployment relief, medical fees, funeral subsidies, compensation payments, training expenses, management fees for unemployment insurance agencies, subsidies to lower level agencies, expenses as transfer to higher level agencies, transferred expenditure and other expenditure.

4. Balance of the unemployment insurance programme refers to the balance of revenue of the programme after deducting expenses at the end of the reference period.

Work Injury Insurance

1. Number of people covered refers to staff and workers who have participated in the work injury insurance programme and number of employees in private business according to relevant national regulations at the end of the reference period.

2. Number of beneficiaries refers to number of people benefited from work injury insurance, as a result of work injury or occupational disease. It is the sum of beneficiaries from the work injury medical treatment without rating, disabilities and deaths at work places.

3. Revenue of the work injury insurance programme refers to payments made by employers participating

in the work injury insurance programme in accordance with the basis and proportion stipulated in State regulations, and income from other sources that become source of work injury insurance fund, including income of social comprehensive funds paid by employers, government financial subsidies, interest income and other income.

4. Expenditure of the work injury insurance programme refers to payments made from work injury insurance funds to those who participated in the work injury insurance programme and their direct dependents within the scope and standards of expenditure according to related national policies, and other expenditure, including medical fees for work injury, injury and disability subsidies, death subsidies, nursing fees, funeral subsidies, injury prevention fees, occupational rehabilitation fees and other expenditure.

5. Balance of the work injury insurance programme refers to the balance of the work injury funds at the end of the reference period.

Maternity Insurance

1. Number of people covered refers to people who have participated in the maternity insurance programme according to relevant regulation at the end of the reference period.

2. Revenue of maternity insurance refers to payments made by employers participating in the maternity insurance programme in accordance with the basis and proportion stipulated in State regulations, and income from other sources that become source of maternity insurance fund, including income of funds paid by employers, interest income and other income.

3. Expenditure of the maternity insurance programme refers to payments made from maternity insurance funds to staff and workers who participate in the maternity insurance programme within the scope and standards of expenditure in accordance with related national policies, expenses paid for pregnancy, child delivery or surgeries related to family planning, and other expenditure, including allowance for child bearing, medical fees and other expenditure.

4. Balance of the maternity programme refers to the balance of the maternity insurance funds at the end of the reference period.

附录Ⅰ 各县、市主要指标

APPENDIX Ⅰ MAIN INDICATORS OF COUNTIES

资料整理：安 静 魏 瑨 孙崇智 赵秋梅
陆 阳 曹夏茵 赵春贵 张莹娣
高松凡 于占占 郭振威 孙 冰
刘 妍

附录Ⅰ 各县、市主要指标(2012年)

MAIN INDICATORS OF COUNTIES (2012)

县、市名称	Name	行政区域土地面积(平方公里) Total Land Area (sq. km)	年底总人口(万人) Total Population (year-end) (10000 persons)	#非农业人口 Non-agricultural	乡镇(个) Township and Towns (unit)	#建制镇 Organic Town	村民委员会(个) Villagers Committee (unit)
阿城区	Acheng	2814	57.7	23.6	10	10	108
呼兰区	Hulan	2197	62.2	17.0	11	8	168
宾县	Bin County	3845	62.8	11.1	17	12	143
依兰县	Yilan County	4616	40.7	12.9	9	6	132
方正县	Fangzheng County	2969	23.1	11.0	8	3	67
双城市	Shuangcheng City	3112	82.3	17.2	24	10	246
尚志市	Shangzhi City	8825	62.0	24.6	17	10	163
五常市	Wuchang City	7512	100.7	22.9	24	11	260
巴彦县	Bayan County	3138	70.7	12.0	18	10	116
木兰县	Mulan County	3600	27.4	6.7	8	6	86
通河县	Tonghe County	5675	25.5	12.5	8	6	82
延寿县	Yanshou County	3150	27.0	7.7	9	5	106
龙江县	Longjiang County	6200	60.2	10.6	14	5	158
依安县	Yian County	3678	49.4	8.5	15	6	148
泰来县	Tailai County	3922	31.9	7.9	10	8	83
甘南县	Gannan County	4792	39.1	13.0	10	5	95
富裕县	Fuyu County	4060	29.2	12.0	10	6	90
克山县	Keshan County	3320	49.1	11.0	15	6	122
克东县	Kedong County	2083	29.6	6.0	7	4	98
拜泉县	Baiquan County	3599	58.3	7.8	16	7	186
梅里斯区	Meilisi Daur District	2078	16.8	3.0	6	4	49
讷河市	Nehe City	6648	73.0	13.0	15	11	171
鸡东县	Jidong County	3243	29.2	9.9	11	8	123
虎林市	Hulin City	9334	28.8	19.3	11	7	85
密山市	Mishan City	7843	42.4	18.0	16	8	154
萝北县	Luobei County	2167	22.4	17.6	8	6	63
绥滨县	Suibin County	3335	18.9	9.5	9	3	109
集贤县	Jixian County	2258	31.8	12.1	8	5	153
友谊县	Youyi County	1647	12.4	10.8			
宝清县	Baoqing County	10001	42.1	19.9	10	6	145
饶河县	Raohe County	6765	14.4	8.5	9	4	79
肇州县	Zhaozhou County	2445	46.6	9.1	12	6	104
肇源县	Zhaoyuan County	4120	47.6	10.2	16	8	135
林甸县	Lindian County	3493	26.9	6.0	8	4	83
杜蒙自治县	Durbote Mongolia Autonomous County	6054	25.2	7.3	11	5	79
大同区	Datong	2372	24.3	7.6	8	4	58

注：阿城区、呼兰区、梅里斯区、大同区、阳明区、爱辉区、北林区、加格达奇区、佳木斯郊区和五大连池风景区的主要指标数据来自当地统计局(下同)。

Note:The main indicators data of Acheng,Hulan,Meilisi Daur,Datong,Yangming,Aihui,Beilin and Jiagedaqi District, Jiamusi Suburb,Wudalianchi Scenic Spot come from local Statistics (the same as following tables).

附录Ⅰ 续表1 CONTINUED

县、市名称	Name	行政区域土地面积（平方公里）Total Land Area (sq. km)	年底总人口（万人）Total Population (year-end) (10000 persons)	#非农业人口 Non-agricultural	乡镇（个）Township and Towns (unit)	#建制镇 Organic Town	村民委员会（个）Villagers Committee (unit)
嘉荫县	Jiayin County	6739	7.4	3.4	9	3	73
铁力市	Tieli City	6730	37.2	27.4	7	4	76
桦南县	Huanan County	4415	44.9	14.0	10	6	192
桦川县	Huachuan County	2268	22.0	5.5	9	4	105
汤原县	Tangyuan County	3416	26.5	10.5	10	4	137
抚远县	Fuyuan County	6263	8.7	5.3	9	4	69
同江市	Tongjiang City	6300	18.0	10.6	10	4	85
富锦市	Fujin City	8227	47.3	18.5	10	10	266
佳木斯郊区	Jiamusi Suburb	1748	27.9	12.5	13	5	126
勃利县	Boli County	4455	35.3	13.6	10	5	133
穆棱市	Muling City	6673	29.1	14.4	8	6	127
东宁县	Dongning County	7139	21.0	10.1	6	6	102
林口县	Linkou County	7185	37.1	11.9	11	9	176
绥芬河市	Suifenhe City	422	6.8	5.7	2	2	11
海林市	Hailin City	8814	40.2	24.4	8	8	112
宁安市	Ningan City	7924	43.5	14.5	12	7	240
阳明区	Yangming	1345	23.0	12.1	4	4	59
北安市	Beian City	7194	46.4	29.2	9	5	62
五大连池市	Wudalianchi City	9846	36.3	20.0	11	5	108
五大连池风景区	Wudalianchi scenic spot	748	2.3	1.6	1	1	3
爱辉区	Aihui	14443	18.9	13.3	11	3	89
嫩江县	Nenjiang County	15109	50.4	26.7	14	8	147
逊克县	Xunke County	17344	10.3	4.7	9	2	78
孙吴县	Sunwu County	4319	10.5	5.0	11	2	94
安达市	Anda City	3586	48.9	19.2	14	10	117
肇东市	Zhaodong City	3905	94.1	28.3	21	11	186
海伦市	Hailun City	4667	84.0	17.3	23	7	243
北林区	Beilin	2756	88.6	28.8	20	12	148
望奎县	Wangkui County	2314	47.3	8.6	15	7	109
兰西县	Lanxi County	2499	53.8	9.5	15	4	105
青冈县	Qinggang County	2685	50.0	12.7	15	6	165
庆安县	Qingan County	5469	40.4	9.1	14	6	93
明水县	Mingshui County	2308	36.8	7.4	12	5	99
绥棱县	Suiling County	4238	33.1	13.0	11	4	76
呼玛县	Huma County	14335	5.3	2.8	8	2	54
塔河县	Tahe County	14059	9.3	8.2	3		11
漠河县	Mohe County	18432	8.6	7.7	3	3	7
加格达奇区	Jiagedaqi District	1359	15.4	13.4	2		8

附录Ⅰ 续表2 CONTINUED

县、市名称	Name	地区生产总值（万元）Gross Domestic Product (10000 yuan)	第一产业 Primary Industry	第二产业 Secondary Industry	第三产业 Tertiary Industry	地区生产总值指数（上年=100）Indices of Gross Domestic Product (preceding year=100)	人均地区生产总值（元）Per Capita GDP (yuan)
阿城区	Acheng	2434543	294409	816900	1323234	109.0	14989
呼兰区	Hulan	2690509	505002	1157583	1027924	110.2	38265
宾县	Bin County	2144469	386417	881961	876091	115.3	34121
依兰县	Yilan County	1200740	354850	353960	491930	112.3	29937
方正县	Fangzheng County	487178	155574	146707	184897	115.0	21059
双城市	Shuangcheng City	3769275	1095297	1021036	1652942	114.9	45719
尚志市	Shangzhi City	2198431	441740	837486	919205	110.0	35479
五常市	Wuchang City	2784264	803007	813221	1168036	116.8	27660
巴彦县	Bayan County	1245442	629857	231842	383743	115.1	17613
木兰县	Mulan County	600431	189209	113672	297550	114.0	21787
通河县	Tonghe County	520854	171484	119788	229582	112.3	20443
延寿县	Yanshou County	497818	157147	135127	205544	116.7	18463
龙江县	Longjiang County	837572	429903	206003	201666	108.8	13676
依安县	Yian County	584452	279212	154496	150744	103.0	11829
泰来县	Tailai County	407722	173991	109647	124084	114.4	12570
甘南县	Gannan County	509856	281904	65928	162024	91.8	13027
富裕县	Fuyu County	546710	229876	195273	121561	115.2	18528
克山县	Keshan County	594341	254240	149544	190557	114.0	12013
克东县	Kedong County	296722	117918	111519	67285	113.1	9982
拜泉县	Baiquan County	719491	310982	187483	221026	115.1	12209
梅里斯区	Meilisi Daur District	262985	114985	86280	61720	112.1	16815
讷河市	Nehe City	1081379	371690	339597	370092	114.1	14745
鸡东县	Jidong County	1110118	262807	500460	346851	116.0	37954
虎林市	Hulin City	1362542	760287	261120	341135	115.1	46975
密山市	Mishan City	1326161	508612	400327	417222	115.2	31170
萝北县	Luobei County	851528	553827	121644	176057	115.8	38084
绥滨县	Suibin County	542601	409547	33346	99708	113.1	28623
集贤县	Jixian County	1199895	393538	606008	200349	119.0	37645
友谊县	Youyi County	425637	142283	184393	98961	115.0	34316
宝清县	Baoqing County	1792056	945239	592695	254122	118.5	42519
饶河县	Raohe County	447410	326319	56601	64490	118.5	31075
肇州县	Zhaozhou County	1550916	353433	1035409	162074	129.6	33268
肇源县	Zhaoyuan County	1400881	393484	709958	297439	114.5	29463
林甸县	Lindian County	555988	171040	282198	102750	112.0	20506
杜蒙自治县	Durbote Mongolia Autonomous County	966376	232855	576178	157343	133.8	38326
大同区	Datong	1062544	210058	632156	220330	123.3	45799

附录Ⅰ 续表3 CONTINUED

县、市名称	Name	地区生产总值（万元）Gross Domestic Product (10000 yuan)	第一产业 Primary Industry	第二产业 Secondary Industry	第三产业 Tertiary Industry	地区生产总值指数（上年=100）Indices of Gross Domestic Product (preceding year=100)	人均地区生产总值（元）Per Capita GDP (yuan)
嘉荫县	Jiayin County	247103	143796	48801	54506	113.5	33129
铁力市	Tieli City	694216	333962	170391	189863	114.3	18118
桦南县	Huanan County	836887	334151	261841	240895	115.7	18443
桦川县	Huachuan County	400230	191724	134518	73988	115.5	17528
汤原县	Tangyuan County	664313	299984	210205	154124	115.5	25026
抚远县	Fuyuan County	472378	347272	33575	91531	112.7	40030
同江市	Tongjiang City	879336	607944	90953	180439	115.5	43647
富锦市	Fujin City	1704011	965000	391098	347913	115.5	35898
佳木斯郊区	Jiamusi Suburb	447518	167697	141895	137926	115.0	16050
勃利县	Boli County	676104	138787	325072	212245	115.3	21031
穆棱市	Muling City	1472078	260690	844412	366976	117.0	50715
东宁县	Dongning County	1349155	329438	386898	632819	115.6	67387
林口县	Linkou County	844528	321986	246467	276075	114.2	23241
绥芬河市	Suifenhe City	1116832	6341	152522	957969	119.2	96158
海林市	Hailin City	1539998	346778	753132	440087	113.1	38817
宁安市	Ningan City	1560074	480725	573747	505602	115.4	35773
阳明区	Yangming	610249	75885	351364	183000	116.0	31298
北安市	Beian City	834060	317093	177535	339432	114.6	17975
五大连池市	Wudalianchi City	645224	424365	61454	159405	114.8	17312
五大连池风景区	Wudalianchi scenic spot	46315	16100	6545	23670	113.2	20118
爱辉区	Aihui	185200	67003	67793	50404	113.1	20627
嫩江县	Nenjiang County	1557638	812456	270236	474946	115.7	30370
逊克县	Xunke County	209997	131304	29472	49221	113.5	20325
孙吴县	Sunwu County	117464	60986	15291	41187	114.5	11226
安达市	Anda City	3350706	607279	1672403	1071024	118.5	67167
肇东市	Zhaodong City	4455958	918414	1927378	1610166	116.1	47376
海伦市	Hailun City	977340	521192	233295	222853	116.3	11565
北林区	Beilin	995698	577705	117660	300333	117.0	
望奎县	Wangkui County	639013	365869	156589	116555	116.8	13242
兰西县	Lanxi County	410229	228891	81894	99444	116.5	8282
青冈县	Qinggang County	419495	202958	147730	68807	116.9	8054
庆安县	Qingan County	581463	257444	168671	155348	116.3	12949
明水县	Mingshui County	408226	180354	165547	62325	116.4	11079
绥棱县	Suiling County	541025	309323	133251	98451	115.9	16218
呼玛县	Huma County	161927	91836	38497	31594	111.0	28623
塔河县	Tahe County	234215	117948	43616	72651	114.0	25071
漠河县	Mohe County	403956	123367	115574	165015	115.1	49551
加格达奇区	Jiagedaqi District	416109	66438	72919	276752	114.4	26952

附录Ⅰ 续表4 CONTINUED

单位：人 (person)

县、市名称	Name	城镇单位就业人数 Number of Employment In Urban Units	国有单位 State-owned Units	集体单位 Collective-owned Units	私营单位 Private units	其他单位 Other	就业人员平均工资（元，不含私营） Average wage of Employed Persons (yuan, Excluding Private)
阿城区	Acheng	63732	24844	1524	25725	11639	33140
呼兰区	Hulan	72565	28938	1664	27368	14595	35828
宾　县	Bin County	44609	21230	375	14952	8052	35043
依兰县	Yilan County	36860	28102	1192	4746	2820	28898
方正县	Fangzheng County	30331	19709	1516	7493	1613	24199
双城市	Shuangcheng City	57099	21538	621	31423	3517	30567
尚志市	Shangzhi City	57185	33713	455	21927	1090	27512
五常市	Wuchang City	63604	37782	708	19593	5521	26309
巴彦县	Bayan County	33201	25920	2630	3155	1496	24291
木兰县	Mulan County	22501	13416	469	4814	3802	27810
通河县	Tonghe County	26883	18458	1058	5883	1484	28777
延寿县	Yanshou County	27285	9647	301	16086	1251	30914
龙江县	Longjiang County	18192	13262	363		4567	24655
依安县	Yian County	15115	10774	602	2093	1646	27909
泰来县	Tailai County	14072	10832	357	1897	986	27334
甘南县	Gannan County	12745	8197	708	2348	1492	25723
富裕县	Fuyu County	16391	9437	231	2118	4605	29102
克山县	Keshan County	16520	10961	315	2594	2650	27224
克东县	Kedong County	13692	7629	261	3170	2632	27963
拜泉县	Baiquan County	13604	9873	410	1588	1733	26117
梅里斯区	Meilisi Daur District	4975	2919	39	656	1361	30521
讷河市	Nehe City	25441	16019	905	4813	3704	25623
鸡东县	Jidong County	21845	14825	1510	5051	459	32021
虎林市	Hulin City	23610	19534	494	975	2607	27018
密山市	Mishan City	25733	13829	513	7635	3756	29812
萝北县	Luobei County	20364	13920	435	5169	840	26770
绥滨县	Suibin County	8983	7604	323	1019	37	26544
集贤县	Jixian County	33977	15682	1446	14570	2279	24608
友谊县	Youyi County	8613	5873	252	967	1521	26853
宝清县	Baoqing County	33532	19365	947	13076	144	29789
饶河县	Raohe County	9357	6976	398	1460	523	27938
肇州县	Zhaozhou County	33787	18628	2264	4545	8350	22158
肇源县	Zhaoyuan County	22803	11981	818	6024	3980	27663
林甸县	Lindian County	14889	8007	376	2241	4265	27944
杜蒙自治县	Durbote Mongolia Autonomous County	13392	8194	500	1669	3029	26728
大同区	Datong	8463	4880	355	325	2903	44894

附录Ⅰ 续表5 CONTINUED

单位：人 (person)

县、市名称	Name	城镇单位就业人数 Number of Employment In Urban Units	国有单位 State-owned Units	集体单位 Collective-owned Units	私营单位 Private units	其他单位 Other	就业人员平均工资（元，不含私营） Average wage of Employed Persons (yuan, Excluding Private)
嘉荫县	Jiayin County	8914	6348	212	1322	1032	30532
铁力市	Tieli City	52370	35389	500	13100	3381	15880
桦南县	Huanan County	39163	23695	2876	7414	5178	28362
桦川县	Huachuan County	13892	8035	233	5521	103	26601
汤原县	Tangyuan County	21917	14584	781	6474	78	20487
抚远县	Fuyuan County	7721	6525	166	883	147	32977
同江市	Tongjiang City	11799	7030	218	3550	1001	29852
富锦市	Fujin City	25350	16347	1409	4345	3249	26688
佳木斯郊区	Jiamusi Suburb	29732	9890		12785	7057	39050
勃利县	Boli County	31154	11548	592	11810	7204	27464
穆棱市	Muling City	43800	20810	283	17927	4780	32588
东宁县	Dongning County	44630	13355	1355	24449	5471	35491
林口县	Linkou County	46901	13388	644	27764	5105	29635
绥芬河市	Suifenhe City	20496	11346	226	4429	4495	38965
海林市	Hailin City	64901	24231	500	29335	10835	24303
宁安市	Ningan City	56082	22210	651	25591	7630	27289
阳明区	Yangming	12258	1275	276	9806	901	38460
北安市	Beian City	36218	23597	842	10593	1186	24948
五大连池市	Wudalianchi City	28304	17597	398	5430	4879	25120
五大连池风景区	Wudalianchi scenic spot	3287	2991	20	105	171	29923
爱辉区	Aihui	30857	8096	492	21834	435	31803
嫩江县	Nenjiang County	23809	15219	393	2868	5329	26062
逊克县	Xunke County	8030	5679	370	1913	68	28435
孙吴县	Sunwu County	10533	6310	550	3143	530	30258
安达市	Anda City	29710	14301	1275	6594	7540	30317
肇东市	Zhaodong City	50379	26883	1227	5252	17017	32186
海伦市	Hailun City	33537	19736	663	1928	11210	28140
北林区	Beilin	28968	16580	1079	2321	8988	27241
望奎县	Wangkui County	21448	16177	309	997	3965	18110
兰西县	Lanxi County	20433	11787	1122	4067	3457	21710
青冈县	Qinggang County	17917	11217	1473	702	4525	20556
庆安县	Qingan County	19559	12688	316	2029	4526	23249
明水县	Mingshui County	26173	13585	1836	5423	5329	23473
绥棱县	Suiling County	20484	17485	324	1685	990	18667
呼玛县	Huma County	8894	7129	540	531	694	30822
塔河县	Tahe County	18612	12757	86	4605	1164	26050
漠河县	Mohe County	22320	19009	98	1508	1705	24377
加格达奇区	Jiagedaqi District	27729	20114	187	3152	4276	39914

附录Ⅰ 续表6 CONTINUED

单位：万元 (10000 yuan)

县、市名称	Name	固定资产投资总额 Total Investment in Fixed	按类型分 Group by Ownership			按构成分 By Use of Funds			
			国有单位 State-owned Units	城镇集体单位 Collective-owned Units	其他单位 Other	建筑工程 Construction Engineering	安装工程 Installation Engineering	设备工器具购置 Purchase of Equipment and Instrument	其他费用 Others
阿城区	Acheng	2555444	576665	75442	1903337	1000927	48032	891990	614495
呼兰区	Hulan	1561229	485613	5640	1069976	1194143	64866	134240	167980
宾县	Bin County	1242890	247245		995645	805391	302697	73974	60828
依兰县	Yilan County	907858	396853		511005	515407	17871	374580	
方正县	Fangzheng County	430816	188251		242565	292397	2220	113176	23023
双城市	Shuangcheng City	1589983	370571		1219412	1077367	354850	139559	18207
尚志市	Shangzhi City	1270666	346278	15900	908488	1173216	28698	65162	3590
五常市	Wuchang City	1000865	321607	138601	540657	544590	102616	294345	59314
巴彦县	Bayan County	900266	349934	20070	530262	642754	19543	186169	51800
木兰县	Mulan County	336191	161327		174864	260824	42910	32457	
通河县	Tonghe County	473493	63716	10771	399006	338414	76335	20693	38051
延寿县	Yanshou County	336161	177461		158700	176324	35649	98576	25612
龙江县	Longjiang County	323569	92165	2000	229404	187635	1279	86494	48161
依安县	Yian County	339400	84519		254881	235585		85125	18690
泰来县	Tailai County	407943	19891		388052	323027	12466	59043	13407
甘南县	Gannan County	346765	42896	33280	179589	148636	2381	89917	14831
富裕县	Fuyu County	366452	81535	43250	241667	217236	4750	138152	6314
克山县	Keshan County	324100	44160	4600	275340	295400	13300	14900	500
克东县	Kedong County	349201	94946	16840	237415	242637	9436	89544	7584
拜泉县	Baiquan County	340859	43062		197797	187005	2420	39050	12384
梅里斯区	Meilisi Daur District	112318	22140		90178	111108	150	1060	
讷河市	Nehe City	445510	114075		331435	273961	12759	135828	22962
鸡东县	Jidong County	290050	35850		254200	224620	2814	53979	8637
虎林市	Hulin City	295491	146093	5000	144398	240618	6694	41475	6704
密山市	Mishan City	426010	153215	2226	270569	184537	21817	171655	48001
萝北县	Luobei County	217399	93366	13160	110873	142493	16141	50858	7907
绥滨县	Suibin County	156276	114602	1160	40514	49676	79465	24085	3050
集贤县	Jixian County	826129	91281	728965	5883	621884	23712	176633	3900
友谊县	Youyi County	438168	75230	181262	161723	232306	105514	100348	
宝清县	Baoqing County	971574	311524	470305	143345	564792	305378	78006	23398
饶河县	Raohe County	370395	67356	294544	8495	364391		6004	
肇州县	Zhaozhou County	720187	102611		617576	676539	2798	5700	35150
肇源县	Zhaoyuan County	920135	414009		506126	729487	3470	178110	9068
林甸县	Lindian County	472386	188027		284359	451307	1521	12309	7249
杜蒙自治县	Durbote Mongolia Autonomous County	645380	340183		305197	641380			4000
大同区	Datong	954497	491167	4500	458830	438012	65586	448919	1980

附录Ⅰ 续表7 CONTINUED

单位：万元 (10000 yuan)

县、市名称	Name	固定资产投资总额 Total Investment in Fixed	按类型分 Group by Ownership			按构成分 By Use of Funds			
			国有单位 State-owned Units	城镇集体单位 Collective-owned Units	其他单位 Other	建筑工程 Construction Engineering	安装工程 Installation Engineering	设备工器具购置 Purchase of Equipment and Instrument	其他费用 Others
嘉荫县	Jiayin County	179797	108632		71165	150630	9128	19494	545
铁力市	Tieli City	578040	167794		410246	445911	3946	115984	12199
桦南县	Huanan County	705794	34477		671317	480807	43052	180235	1700
桦川县	Huachuan County	297730	39750	5400	252580	149625	17369	92341	38395
汤原县	Tangyuan County	397647	99045	3841	294761	181091	10892	192589	13075
抚远县	Fuyuan County	153024	138527		14497	120861	1001	7990	23172
同江市	Tongjiang City	487433							
富锦市	Fujin City	668096	119337	3000	545759	421760	48168	146015	52153
佳木斯郊区	Jiamusi Suburb	251735			251735	148187	31975	61802	
勃利县	Boli County	348632	56084	264378	28170	213766	19670	80292	34904
穆棱市	Muling City	1040372	181517		858855	672681	75925	212940	78826
东宁县	Dongning County	670687	206696	22717	441274	518848	27052	87081	37706
林口县	Linkou County	360241	99782	7908	252551	284000	4284	58501	13456
绥芬河市	Suifenhe City	853294	122708	722786	7800	599726	16766	191625	45177
海林市	Hailin City	1281480	287620		993860	1010755	9115	219932	41678
宁安市	Ningan City	1150851	252767	29110	868974	645662	78812	357039	69338
阳明区	Yangming	313021	59657		253364	200222	22364	81950	8485
北安市	Beian City	440724	143322		297402	368030	63062	5870	3762
五大连池市	Wudalianchi City	225665	105648		120017	203413	1490	4271	16491
五大连池风景区	Wudalianchi scenic spot	64682	44111		20571	52077	1218	7506	3881
爱辉区	Aihui	239166	46830	2310	190026	190310		48856	
嫩江县	Nenjiang County	810784	431486		379298	565740	31377	118595	95072
逊克县	Xunke County	93683	47686		45997	57870	4267	23449	8097
孙吴县	Sunwu County	66018	7729	2100	56189	57572	15	8002	429
安达市	Anda City	1300549	81036	115	1122205	833969	123338	339886	3352
肇东市	Zhaodong City	1358972	150682		1000358	895615	5334	457162	861
海伦市	Hailun City	406960	90		258590	313869	590	92501	
北林区	Beilin	503252	7900		412622	279954	1040	219758	2500
望奎县	Wangkui County	576339	131257		317632	476763	16960	82616	
兰西县	Lanxi County	335467	36124		249617	251141	2324	28422	53580
青冈县	Qinggang County	306497	43726		209116	69345	11394	75027	9521
庆安县	Qingan County	370748	18474		260304	204586	4635	136086	25441
明水县	Mingshui County	167798	85672		65226	134119	17829	14650	1200
绥棱县	Suiling County	180861	441		167775	104385	5074	71328	74
呼玛县	Huma County	123878	76475	2179	45224	95566	1934	23332	3046
塔河县	Tahe County	92275	70164	1040	21071	70207	4236	13442	4390
漠河县	Mohe County	237345	187417	12000	37928	221711	3202	8037	4395
加格达奇区	Jiagedaqi District	215089	122443	3500	89146	189544	8812	10399	6334

附录Ⅰ 续表8 CONTINUED

单位：万元 (10000 yuan)

县、市名称	Name	农林牧渔业总产值 Gross Output Value of Farming, Forestry, Animal Husbandry and Fishery				
		合 计 Total	#农 业 Farming	#林 业 Forestry	#牧 业 Animal Husbandry	#渔 业 Fishery
阿 城 区	Acheng	534436	303177	10500	195695	10304
呼 兰 区	Hulan	1026648	399117	9008	581434	26532
宾 县	Bin County	668091	258283	19996	382166	3446
依 兰 县	Yilan County	593009	439403	15100	119761	5720
方 正 县	Fangzheng County	301013	216813	23873	44931	12984
双 城 市	Shuangcheng City	1772793	920637	6377	793997	12477
尚 志 市	Shangzhi City	842694	591119	45849	182876	14300
五 常 市	Wuchang City	1462688	996154	54655	350113	29202
巴 彦 县	Bayan County	1085645	580065	37449	448999	10862
木 兰 县	Mulan County	332025	225530	6100	82043	8331
通 河 县	Tonghe County	359306	266789	16902	60985	8958
延 寿 县	Yanshou County	256649	184044	6405	56316	4182
龙 江 县	Longjiang County	887980	587774	3061	287604	8753
依 安 县	Yian County	558567	302297	13710	237654	4510
泰 来 县	Tailai County	365668	215292	2907	136039	10450
甘 南 县	Gannan County	418917	265114	3214	143620	6369
富 裕 县	Fuyu County	385379	194799	1957	177213	11200
克 山 县	Keshan County	400147	271249	1484	110667	9747
克 东 县	Kedong County	226834	127201	3644	92259	3370
拜 泉 县	Baiquan County	590528	389669	11078	181146	5185
梅里斯区	Meilisi Daur District	209425	135790	1094	71230	797
讷 河 市	Nehe City	992842	706103	5680	267148	12251
鸡 东 县	Jidong County	408393	256087	23540	108533	18833
虎 林 市	Hulin City	480578	377293	47388	44763	10183
密 山 市	Mishan City	558276	364572	5292	152767	29127
萝 北 县	Luobei County	180446	106636	11980	56302	1071
绥 滨 县	Suibin County	214687	162253	2032	45584	4308
集 贤 县	Jixian County	607652	283196	3656	314415	3416
友 谊 县	Youyi County	19563	14181		5382	
宝 清 县	Baoqing County	739384	355770	13229	362859	6626
饶 河 县	Raohe County	242042	164167	2945	70434	3600
肇 州 县	Zhaozhou County	771387	376352	2037	388678	3575
肇 源 县	Zhaoyuan County	818938	451210	7010	336480	23560
林 甸 县	Lindian County	387723	184034	2234	195361	5453
杜蒙自治县	Durbote Mongolia Autonomous County	516888	206630	2738	290178	16922
大 同 区	Datong	373615	250324	4200	115241	2570

附录Ⅰ 续表9 CONTINUED

单位：万元 (10000 yuan)

县、市名称	Name	农林牧渔业总产值 Gross Output Value of Farming, Forestry, Animal Husbandry and Fishery				
		合 计 Total	#农 业 Farming	#林 业 Forestry	#牧 业 Animal Husbandry	#渔 业 Fishery
嘉 荫 县	Jiayin County	199762	145220	21352	30540	1685
铁 力 市	Tieli City	492550	269823	52513	167173	1325
桦 南 县	Huanan County	717184	386945	16337	289510	21702
桦 川 县	Huachuan County	348828	272170	1325	66443	8815
汤 原 县	Tangyuan County	527328	301983	7056	208437	9402
抚 远 县	Fuyuan County	355636	285676	1750	27470	39800
同 江 市	Tongjiang City	334348	298754	2516	25974	6354
富 锦 市	Fujin City	1118059	849330	2130	244332	21102
佳木斯郊区	Jiamusi Suburb	383344	220161	15714	135070	12021
勃 利 县	Boli County	239754	147375	7899	75460	1960
穆 棱 市	Muling City	465424	337152	12031	98391	2734
东 宁 县	Dongning County	498792	427340	7673	28266	4227
林 口 县	Linkou County	543255	444999	11379	78475	2783
绥芬河市	Suifenhe City	12386	4718	464	6880	262
海 林 市	Hailin City	530282	446659	26154	52559	4140
宁 安 市	Ningan City	779236	513546	22875	194868	13120
阳 明 区	Yangming	132019	84609	424	42057	759
北 安 市	Beian City	292694	228554	10054	48516	3507
五大连池市	Wudalianchi City	437410	332455	52199	43652	7541
五大连池风景区	Wudalianchi scenic spot	12769	9880	199	1459	1051
爱 辉 区	Aihui	142119	107606	9952	20591	2140
嫩 江 县	Nenjiang County	936546	798530	4898	115531	2051
逊 克 县	Xunke County	196025	172936	2136	15820	2251
孙 吴 县	Sunwu County	126109	110968	2150	11251	435
安 达 市	Anda City	966140	365331	5355	573362	15304
肇 东 市	Zhaodong City	1538316	624822	2669	870908	38393
海 伦 市	Hailun City	975178	710008	7374	251252	4512
北 林 区	Beilin	1189404	566825	4781	576547	35250
望 奎 县	Wangkui County	627581	258231	1580	365890	1230
兰 西 县	Lanxi County	453398	298325	3252	143875	7001
青 冈 县	Qinggang County	560822	307662	2572	238809	8365
庆 安 县	Qingan County	578121	467852	8166	85125	9426
明 水 县	Mingshui County	358367	257101	2812	92490	4542
绥 棱 县	Suiling County	402921	267628	22157	99097	11937
呼 玛 县	Huma County	152492	104010	28273	15063	1418
塔 河 县	Tahe County	177489	30055	129695	11641	2522
漠 河 县	Mohe County	189971	49244	98037	29457	495
加格达奇区	Jiagedaqi District	47279	35760	804	8930	829

附录Ⅰ 续表10 CONTINUED

县、市名称	Name	化肥施用折纯量（吨）Consumption of Chemical Fertilizers (ton, Converting the gross weight into weight containing 100% effective component)	农村用电量（万千瓦时）Electricity Consumed in Rural Areas (10000 kwh)	农用机械总动力（万千瓦）Total Agricultural Machinery Power (10000 kw)	进出口总额（万美元）Total Value of Imports and Exports (USD 10000)
阿城区	Acheng	14344	8265	44.4	4966
呼兰区	Hulan	42292	18494	53.5	5143
宾　县	Bin County	55985	8678	60.4	4308
依兰县	Yilan County	22170	14392	61.8	2183
方正县	Fangzheng County	11985	5586	60.2	1003
双城市	Shuangcheng City	74657	23168	80.0	9831
尚志市	Shangzhi City	27574	13246	59.6	4622
五常市	Wuchang City	75725	20350	113.9	4288
巴彦县	Bayan County	48838	6318	129.2	182
木兰县	Mulan County	17727	5591	63.0	837
通河县	Tonghe County	18266	8294	79.2	1046
延寿县	Yanshou County	27640	6162	36.0	4784
龙江县	Longjiang County	54895	10137	138.4	177
依安县	Yian County	21335	6953	58.3	1651
泰来县	Tailai County	36315	5815	70.5	108
甘南县	Gannan County	21642	4520	62.8	8
富裕县	Fuyu County	17925	6977	45.9	325
克山县	Keshan County	19009	4484	57.2	1423
克东县	Kedong County	9662	3156	52.8	1201
拜泉县	Baiquan County	28806		43.8	172
梅里斯区	Meilisi Daur District	14824	2490	49.5	60
讷河市	Nehe City	43807	11925	93.1	356
鸡东县	Jidong County	8249	7983	44.1	234
虎林市	Hulin City	15205	5283	64.0	30664
密山市	Mishan City	18129	10030	61.7	57226
萝北县	Luobei County	17241	1589	23.4	9674
绥滨县	Suibin County	19964	2669	37.8	389
集贤县	Jixian County	24498	9551	54.8	10080
友谊县	Youyi County	980	185	2.1	7630
宝清县	Baoqing County	21468	7097	66.6	10793
饶河县	Raohe County	13007	1717	27.6	78647
肇州县	Zhaozhou County	33701	4240	60.0	413
肇源县	Zhaoyuan County	22164	9939	44.4	1192
林甸县	Lindian County	18600	5975	78.6	
杜蒙自治县	Durbote Mongolia Autonomous County	23564	5615	68.3	505
大同区	Datong	11808	4931	31.0	48

附录Ⅰ 续表11 CONTINUED

县、市名称	Name	化肥施用折纯量（吨）Consumption of Chemical Fertilizers (ton, Converting the gross weight into weight containing 100% effective component)	农村用电量（万千瓦时）Electricity Consumed in Rural Areas (10000 kwh)	农用机械总动力（万千瓦）Total Agricultural Machinery Power (10000 kw)	进出口总额（万美元）Total Value of Imports and Exports (USD 10000)
嘉荫县	Jiayin County	8588	654	16.1	6071
铁力市	Tieli City	10808	2376	35.1	942
桦南县	Huanan County	31675	7120	73.0	6243
桦川县	Huachuan County	30674	8259	56.3	359
汤原县	Tangyuan County	18757	6931	39.1	2098
抚远县	Fuyuan County	9898	5184	45.3	61918
同江市	Tongjiang City	35842	4155	42.0	215761
富锦市	Fujin City	68282	12960	95.5	17725
佳木斯郊区	Jiamusi Suburb	17489	14216	26.6	
勃利县	Boli County	9446	6129	32.6	762
穆棱市	Muling City	9265	3486	23.6	20778
东宁县	Dongning County	9623	7561	31.1	313450
林口县	Linkou County	17087	6721	40.0	3426
绥芬河市	Suifenhe City	366	256	3.6	852189
海林市	Hailin City	11434	7026	30.0	18851
宁安市	Ningan City	23336	11446	61.3	16623
阳明区	Yangming	4979	4104	11.0	
北安市	Beian City	24120	3920	37.2	70622
五大连池市	Wudalianchi City	23351	9782	29.9	18526
五大连池风景区	Wudalianchi scenic spot	1695	168	2.9	
爱辉区	Aihui	10210	1514	23.5	
嫩江县	Nenjiang County	37289	5801	73.4	45237
逊克县	Xunke County	14124	1471	40.6	18892
孙吴县	Sunwu County	8400	1101	33.9	46506
安达市	Anda City	21460	9876	39.6	1259
肇东市	Zhaodong City	68406	20492	48.6	6076
海伦市	Hailun City	67727	11334	41.6	113
北林区	Beilin	43108	18314	57.7	
望奎县	Wangkui County	27963	5150	31.6	
兰西县	Lanxi County	35603	9270	42.1	746
青冈县	Qinggang County	38420	6626	51.6	1482
庆安县	Qingan County	17491	10999	44.3	78
明水县	Mingshui County	10570	7500	46.2	
绥棱县	Suiling County	12341	6072	41.2	317
呼玛县	Huma County	3319	576	15.5	269
塔河县	Tahe County	268	323	2.9	
漠河县	Mohe County	168	730	2.2	178441
加格达奇区	Jiagedaqi District	1147	105	6.2	645

附录Ⅰ 续表12 CONTINUED

单位：公顷 (hectare)

县、市名称	Name	农作物总播种面积 Total Sown Areas of Farm Crops	主要农作物播种面积 Sown Areas of Main Farm Crops				
			粮食 Grain Crops	#谷物 Cereal	#大豆 Soja	油料 Oil-bearing Crops	甜菜 Beetroots
阿城区	Acheng	77129	69197	66184	2012	37	
呼兰区	Hulan	143387	137119	129041	1747		
宾县	Bin County	172355	164693	140413	20055	444	
依兰县	Yilan County	222059	215270	180472	32329	128	156
方正县	Fangzheng County	73619	72598	64911	7465	619	
双城市	Shuangcheng City	233736	219603	210894	5866	1941	10
尚志市	Shangzhi City	159122	144808	96136	46548	2017	
五常市	Wuchang City	272535	258420	256080	2120		
巴彦县	Bayan County	229645	226280	193686	30020		
木兰县	Mulan County	102379	99552	81183	17397	189	
通河县	Tonghe County	120375	117158	96034	21057		
延寿县	Yanshou County	109174	107830	92381	15363	80	
龙江县	Longjiang County	326519	317008	313565	627	766	416
依安县	Yian County	267416	254133	170208	60220	1444	11205
泰来县	Tailai County	174620	162764	157461	3526	11030	
甘南县	Gannan County	234186	228371	189688	31842	4927	6
富裕县	Fuyu County	156313	142020	133774	6246	226	1805
克山县	Keshan County	201803	198702	71222	91169	987	447
克东县	Kedong County	125682	121753	42564	75504	773	
拜泉县	Baiquan County	243218	235005	117588	108323	104	8015
梅里斯区	Meilisi Daur District	97294	87029	83216	3588	263	385
讷河市	Nehe City	404667	389096	165772	176430	2637	8031
鸡东县	Jidong County	103334	100733	80639	19442	185	22
虎林市	Hulin City	165804	164527	140332	23487	324	
密山市	Mishan City	179601	174600	149342	22626	2367	
萝北县	Luobei County	75130	74286	64404	9007		
绥滨县	Suibin County	91334	88069	85426	2060	250	26
集贤县	Jixian County	127316	116584	112320	3864	1832	1236
友谊县	Youyi County	9492	8960	7560	1400		133
宝清县	Baoqing County	162225	155374	136483	17525	1658	909
饶河县	Raohe County	91023	89922	74037	15609	943	
肇州县	Zhaozhou County	148533	136049	131790	2449	1453	418
肇源县	Zhaoyuan County	176400	161600	152947	5715	8529	116
林甸县	Lindian County	152357	145555	138449	3359		
杜蒙自治县	Durbote Mongolia Autonomous County	153133	147116	129157	10184	932	
大同区	Datong	80023	56470	51415	3527	2444	1846

附录Ⅰ 续表13 CONTINUED

单位：公顷 (hectare)

县、市名称	Name	农作物总播种面积 Total Sown Areas of Farm Crops	主要农作物播种面积 Sown Areas of Main Farm Crops				
			粮食 Grain Crops	#谷物 Cereal	#大豆 Soja	油料 Oil-bearing Crops	甜菜 Beetroots
嘉荫县	Jiayin County	81551	79114	33322	43128		
铁力市	Tieli City	99972	97837	56442	41197	100	
桦南县	Huanan County	228327	221793	153739	66661	20	247
桦川县	Huachuan County	140113	134667	126667	6667	200	133
汤原县	Tangyuan County	118366	111233	107406	3078	37	
抚远县	Fuyuan County	178667	178487	134107	44067		
同江市	Tongjiang City	149998	145137	110667	28936	13	
富锦市	Fujin City	379072	358737	280229	62419	3723	2522
佳木斯郊区	Jiamusi Suburb	109978	105370	94894	10292		340
勃利县	Boli County	114433	105667	81467	22491	536	41
穆棱市	Muling City	120136	94910	43367	49856	15821	
东宁县	Dongning County	66774	51683	22855	28207	8721	
林口县	Linkou County	148054	124600	65453	54664	10929	30
绥芬河市	Suifenhe City	3352	2836	789	1964	408	
海林市	Hailin City	78159	70590	46700	23188	2810	70
宁安市	Ningan City	160130	140469	123089	16126	846	1459
阳明区	Yangming	31485	27932	18198	9582	853	4
北安市	Beian City	187338	177191	80239	89243	268	80
五大连池市	Wudalianchi City	205270	196391	58457	95603	2	
五大连池风景区	Wudalianchi scenic spot	12160	11982	2713	9269		
爱辉区	Aihui	113430	106813	33253	54756	76	
嫩江县	Nenjiang County	431776	416548	246640	141664		6660
逊克县	Xunke County	154130	150345	29888	100887	44	
孙吴县	Sunwu County	117362	110537	43623	53302	1435	
安达市	Anda City	135610	130534	128925	106	40	
肇东市	Zhaodong City	273587	268899	265106	1514	28	
海伦市	Hailun City	307534	296734	237800	43010	50	5706
北林区	Beilin	216102	208729	203955	3431		135
望奎县	Wangkui County	167534	160891	141344	8670	290	4553
兰西县	Lanxi County	166214	155963	152415	2416		13
青冈县	Qinggang County	167495	162630	158209	3124	415	
庆安县	Qingan County	190467	187600	158477	28999		
明水县	Mingshui County	139500	136535	133879	1989	225	
绥棱县	Suiling County	138007	133316	101277	25615		
呼玛县	Huma County	75248	71212	19977	48862	78	
塔河县	Tahe County	7555	7145	417	6507		
漠河县	Mohe County	3179	2403	447	1533		
加格达奇区	Jiagedaqi District	86743	86012	30404	52330	6	

附录Ⅰ 续表14 CONTINUED

县、市名称	Name	主要农作物产量(吨) Yield of Main Farm Crops (ton)					猪牛羊肉产量(吨) Yield of Pork Beef and Mutton (ton)	水产品产量(吨) Aquatic Products (ton)
		粮 食 Grain Crops	#谷物 Cereal	#大豆 Soja	油 料 Oil-bearing Crops	甜 菜 Beetroots		
阿 城 区	Acheng	600870	588919	4497	113		44690	7141
呼 兰 区	Hulan	1215652	1175794	4851			59301	6098
宾 县	Bin County	1042856	986030	40166	1206		78827	6267
依 兰 县	Yilan County	1817796	1724331	82407	152	3744	26320	4445
方 正 县	Fangzheng County	622275	603654	17916	1530		8437	5667
双 城 市	Shuangcheng City	2581500	2541589	17500	9073	249	73820	9261
尚 志 市	Shangzhi City	1182359	1021061	148023	5924		34838	6361
五 常 市	Wuchang City	3086415	3078153	6678			64189	11714
巴 彦 县	Bayan County	2355067	2219131	105820			97220	13532
木 兰 县	Mulan County	573465	536447	31750	361		21178	4061
通 河 县	Tonghe County	815695	771266	44228			14667	5943
延 寿 县	Yanshou County	771948	739928	31217	108		6769	2816
龙 江 县	Longjiang County	3504505	3492169	1280	1521	7434	61265	6109
依 安 县	Yian County	1445285	1256300	90000	2490	420188	54998	2465
泰 来 县	Tailai County	649130	640484	5975	26238		26452	7649
甘 南 县	Gannan County	1218605	1150874	56335	7660	150	43995	4960
富 裕 县	Fuyu County	905390	890690	8810	339	45125	21279	5758
克 山 县	Keshan County	798245	409670	204695	2443	13075	27927	2203
克 东 县	Kedong County	362255	197520	149600	1465		6712	2255
拜 泉 县	Baiquan County	1401325	1161050	206815	359	264495	65241	3353
梅里斯区	Meilisi Daur District	500860	493761	6629	635	13028	15204	1150
讷 河 市	Nehe City	2351020	1714767	384253	4039	301162	58764	7725
鸡 东 县	Jidong County	689800	647875	40455	356	576	20661	4479
虎 林 市	Hulin City	1191060	1138975	49850	287		8514	7345
密 山 市	Mishan City	1186105	1131520	47470	2688		33960	19542
萝 北 县	Luobei County	415252	399242	14022			17754	957
绥 滨 县	Suibin County	546180	541810	2600	384	1040	10877	3183
集 贤 县	Jixian County	1030463	1022273	6955	2565	38316	54021	1391
友 谊 县	Youyi County	47246	44502	2744		3456	1524	
宝 清 县	Baoqing County	1135003	1084602	45818	2630	35829	68523	4003
饶 河 县	Raohe County	480589	455453	24584	1402		3254	1415
肇 州 县	Zhaozhou County	1500770	1486091	9000	4653	14434	55203	7172
肇 源 县	Zhaoyuan County	1676718	1647057	18899	23296	6510	52389	18781
林 甸 县	Lindian County	1575128	1549995	7606			44050	13861
杜蒙自治县	Durbote Mongolia Autonomous County	1034445	992160	27796	2913		17515	26705
大 同 区	Datong	600127	548155	4862	5750	74222	25891	1800

附录Ⅰ 续表15 CONTINUED

县、市名称	Name	主要农作物产量(吨) Yield of Main Farm Crops (ton)					猪牛羊肉产量(吨) Yield of Pork Beef and Mutton (ton)	水产品产量(吨) Aquatic Products (ton)
		粮食 Grain Crops	#谷物 Cereal	#大豆 Soja	油料 Oil-bearing Crops	甜菜 Beetroots		
嘉荫县	Jiayin County	290865	196745	84500			5093	652
铁力市	Tieli City	533804	439146	93310	128		27107	650
桦南县	Huanan County	1500560	1341365	150000	154	6916	64959	5416
桦川县	Huachuan County	1004300	984300	12000	200	4200	39901	5413
汤原县	Tangyuan County	1017980	1006987	6464	95		61641	5418
抚远县	Fuyuan County	1055500	985810	69290			12415	2013
同江市	Tongjiang City	1105766	1030774	59950	26		9001	9483
富锦市	Fujin City	2852286	2614521	142627	4216	99974	83347	8760
佳木斯郊区	Jiamusi Suburb	942339	914761	27293		10725	55536	10620
勃利县	Boli County	564875	513129	46018	1008	1114	21862	1314
穆棱市	Muling City	425820	309788	110451	32468		26356	1349
东宁县	Dongning County	216690	160350	53970	12764		8245	1585
林口县	Linkou County	616270	478369	119171	19121	1250	16328	1506
绥芬河市	Suifenhe City	9004	4531	4050	337		2317	222
海林市	Hailin City	388400	341220	44655	3627	2190	14705	2137
宁安市	Ningan City	1080850	1040075	34979	1109	72683	42053	5698
阳明区	Yangming	125616	109243	16047	1368	240	10962	456
北安市	Beian City	840090	639898	174158	451	2400	5824	1642
五大连池市	Wudalianchi City	549215	274916	161724	5		13560	2330
五大连池风景区	Wudalianchi scenic spot	29595	11521	18074			321	560
爱辉区	Aihui	274555	129693	103184	142		8301	946
嫩江县	Nenjiang County	1653738	1214934	307400		199800	49157	1552
逊克县	Xunke County	418127	144218	205701	66		5270	1195
孙吴县	Sunwu County	304020	184672	80400	1941		4770	370
安达市	Anda City	1310020	1301521	227	66		58726	11074
肇东市	Zhaodong City	3101107	3084140	4078	77		136170	26811
海伦市	Hailun City	2256400	2048200	110200	131	200127	98191	7113
北林区	Beilin	2051170	2032070	9500		6480	76577	20219
望奎县	Wangkui County	1552825	1435810	26660	253	204885	105547	5128
兰西县	Lanxi County	1301555	1293299	5068		390	44597	5179
青冈县	Qinggang County	1558225	1543290	8075	781		59640	5059
庆安县	Qingan County	1508045	1432525	74820			29316	7212
明水县	Mingshui County	1053375	1044060	6115	539		24680	2493
绥棱县	Suiling County	961635	831630	86645			19535	6110
呼玛县	Huma County	201768	84164	109942	124		1618	274
塔河县	Tahe County	15842	725	13859			1866	239
漠河县	Mohe County	7143	1148	3977			2680	167
加格达奇区	Jiagedaqi District	232687	117686	101854	11		2139	

附录Ⅰ 续表16 CONTINUED

县、市名称	Name	猪年底数量（头）Number of Hogs (year-end) (head)	羊年底数量（只）Number of Sheep and Goats (year-end) (head)	牛奶产量（吨）Cow Milk (ton)	大牲畜年底数量（头）Number of Large Animals (head)	#牛 Cattle and Buffaloes	#奶牛 Milch Cows
阿城区	Acheng	246378	29990	50902	147598	144455	13527
呼兰区	Hulan	415397	53694	53986	89614	87119	22319
宾县	Bin County	451874	25704	759	431643	420845	273
依兰县	Yilan County	178587	161087	4380	86273	80688	2036
方正县	Fangzheng County	55782	9138	116	14680	13996	75
双城市	Shuangcheng City	369700	64728	947703	581523	561898	293769
尚志市	Shangzhi City	145758	57002	51101	206472	189516	22400
五常市	Wuchang City	556760	65365	58860	151820	141390	25210
巴彦县	Bayan County	705800	74200	4100	137086	122830	1760
木兰县	Mulan County	97451	44816	64	67546	65626	10
通河县	Tonghe County	123589	36068	578	35864	34632	285
延寿县	Yanshou County	81175	32546	442	60156	57041	237
龙江县	Longjiang County	367300	618109	200100	372505	353478	76021
依安县	Yian County	328000	381876	65378	188805	178858	32028
泰来县	Tailai County	232947	102290	125598	105297	87938	50389
甘南县	Gannan County	355905	410663	270881	160947	158105	117000
富裕县	Fuyu County	302777	176554	401954	195218	189283	170125
克山县	Keshan County	154925	133830	34113	81054	76568	16492
克东县	Kedong County	59985	33990	140000	81982	81193	60428
拜泉县	Baiquan County	495807	134898	4257	162691	158955	3570
梅里斯区	Meilisi Daur District	144386	98766	145011	80093	79202	64979
讷河市	Nehe City	399000	442906	37180	182225	175155	18066
鸡东县	Jidong County	167957	66356	3100	26342	23771	1118
虎林市	Hulin City	34125	17809	20973	20694	20566	11488
密山市	Mishan City	201942	148671	46050	63782	63567	12575
萝北县	Luobei County	159441	15576	43796	24250	24142	17990
绥滨县	Suibin County	76519	44765	9612	13946	13908	3756
集贤县	Jixian County	301700	105726	15972	191666	191113	9975
友谊县	Youyi County	22447	8055		4574	4574	131
宝清县	Baoqing County	389000	468638	27200	220455	220455	10500
饶河县	Raohe County	31366	52660	504	17040	16552	104
肇州县	Zhaozhou County	335900	291027	177744	159119	150448	65102
肇源县	Zhaoyuan County	426213	322147	132752	154303	135715	48410
林甸县	Lindian County	340989	209145	472019	222640	218930	160922
杜蒙自治县	Durbote Mongolia Autonomous County	108656	178446	531422	277283	265630	211618
大同区	Datong	158700	149080	112643	62598	60630	36400

附录Ⅰ 续表17 CONTINUED

县、市名称	Name	猪年底数量（头）Number of Hogs (year-end) (head)	羊年底数量（只）Number of Sheep and Goats(year-end) (head)	牛奶产量（吨）Cow Milk (ton)	大牲畜年底数量（头）Number of Large Animals (head)	#牛 Cattle and Buffaloes	#奶牛 Milch Cows
嘉荫县	Jiayin County	15403	57908	2280	21883	21155	1721
铁力市	Tieli City	152987	41851	55700	67571	66059	31860
桦南县	Huanan County	378520	376720	5991	254761	248256	3656
桦川县	Huachuan County	377465	51215	2474	52372	52093	1089
汤原县	Tangyuan County	438146	108172	89601	83528	83091	30105
抚远县	Fuyuan County	79936	56499	355	57533	56864	101
同江市	Tongjiang City	49563	57062	264	40846	40825	282
富锦市	Fujin City	544517	170855	20549	140098	139626	15017
佳木斯郊区	Jiamusi Suburb	942339	914761	27293		10725	55536
勃利县	Boli County	133481	128086		30650	30485	
穆棱市	Muling City	142629	78945	1850	138810	133459	598
东宁县	Dongning County	61085	26438	964	24146	22950	400
林口县	Linkou County	115761	144874	796	100472	84635	90
绥芬河市	Suifenhe City	19100	1360	277	1433	1276	101
海林市	Hailin City	88106	52134	4620	57505	54533	2403
宁安市	Ningan City	456711	110315	665	58255	55680	162
阳明区	Yangming	80922	19054	2425	23496	20531	956
北安市	Beian City	52030	39014	104311	64968	64713	46710
五大连池市	Wudalianchi City	38128	196394	28179	59413	58533	13545
五大连池风景区	Wudalianchi scenic spot	1400	1600	124	589	542	159
爱辉区	Aihui	16920	58565	9597	45837	43674	8751
嫩江县	Nenjiang County	382127	234585	52967	226843	220824	22002
逊克县	Xunke County	30555	136098	264	30981	28547	290
孙吴县	Sunwu County	29469	221262	1412	53734	52913	1070
安达市	Anda City	354000	244599	699027	338257	327234	211638
肇东市	Zhaodong City	736100	278071	517632	495082	470879	168378
海伦市	Hailun City	730000	225360	131500	344931	338589	58611
北林区	Beilin	604300	164486	36004	181840	180666	16896
望奎县	Wangkui County	858300	88928	12133	120270	110400	5200
兰西县	Lanxi County	375500	121456	15931	85641	80556	6879
青冈县	Qinggang County	416000	202925	110786	296754	289719	94911
庆安县	Qingan County	304912	53428	708	69010	61210	402
明水县	Mingshui County	159583	515526	20279	208939	194955	28153
绥棱县	Suiling County	224795	19293	3659	36554	36178	3025
呼玛县	Huma County	8188	31253	778	7257	6750	317
塔河县	Tahe County	22169	7651	496	9584	7975	256
漠河县	Mohe County	23266	4620	717	3264	2285	269
加格达奇区	Jiagedaqi District	13389	27856	2454	5449	5350	925

附录Ⅰ 续表18 CONTINUED

单位：万元 (10000 yuan)

县、市名称	Name	全年主营业务收入2000万元及以上的工业企业 Industrial Enterprises With Annual Revenue From Principal Business Over 20 Million Yuan					
		企业单位数（个） Number of Enterprises (unit)	#亏损企业 Losses	工业总产值 Gross Industrial Output Value	工业销售产值 Sales Industrial Output Value	资产合计 Total Assets	流动资产合计 Total Working Capitals
阿城区	Acheng	68	26	1000137	857084	2537119	1445833
呼兰区	Hulan	51	16	945550	924430	1309544	758643
宾县	Bin County	51	7	1561858	1522595	1062660	413776
依兰县	Yilan County	35	11	450825	425600	1092960	298234
方正县	Fangzheng County	39	1	226876	226689	148780	66746
双城市	Shuangcheng City	70	19	1328817	1295402	951255	584325
尚志市	Shangzhi City	105	4	1425191	1358647	387299	223983
五常市	Wuchang City	102	5	1727444	1665988	1119487	431902
巴彦县	Bayan County	29	2	456958	437231	219170	89372
木兰县	Mulan County	20	1	163253	161517	111190	43281
通河县	Tonghe County	31	5	201119	198297	99790	42296
延寿县	Yanshou County	30	4	207409	183216	273385	136674
龙江县	Longjiang County	11		396407	350662	447522	144229
依安县	Yian County	13		408213	392029	214549	114776
泰来县	Tailai County	14	3	194537	192564	131067	63252
甘南县	Gannan County	19		266859	264828	225939	136491
富裕县	Fuyu County	21	3	331020	313548	350172	145394
克山县	Keshan County	12	1	312119	292637	240701	91496
克东县	Kedong County	13	2	338337	338276	299544	230865
拜泉县	Baiquan County	17	1	310273	307914	125809	62147
梅里斯区	Meilisi Daur District	5		221418	221464	52326	22271
讷河市	Nehe City	30	2	503748	501436	299370	137631
鸡东县	Jidong County	28	6	495642	427228	320787	150663
虎林市	Hulin City	36	3	887726	874400	519839	290221
密山市	Mishan City	36	7	594795	569990	460844	188856
萝北县	Luobei County	32	5	363874	350601	259372	109536
绥滨县	Suibin County	14	3	133997	133016	88898	28458
集贤县	Jixian County	47	3	1852777	1793158	679753	286255
友谊县	Youyi County	16	3	364033	358316	269018	133353
宝清县	Baoqing County	48	1	1754919	1669837	422385	219453
饶河县	Raohe County	15	2	161066	161424	87276	26593
肇州县	Zhaozhou County	39	5	1652693	1649078	1039614	100440
肇源县	Zhaoyuan County	27	3	1167216	1154930	320315	139110
林甸县	Lindian County	10	2	392229	399817	263037	120401
杜蒙自治县	Durbote Mongolia Autonomous County	20	1	992222	978623	341723	129666
大同区	Datong	20	3	933984	917838	798867	367137

附录Ⅰ 续表19 CONTINUED

单位：万元 (10000 yuan)

县、市名称	Name	全年主营业务收入2000万元及以上的工业企业 Industrial Enterprises With Annual Revenue From Principal Business Over 20 Million Yuan					
		企业单位数（个） Number of Enterprises (unit)	#亏损企业 Losses	工业总产值 Gross Industrial Output Value	工业销售产值 Sales Industrial Output Value	资产合计 Total Assets	流动资产合计 Total Working Capitals
嘉荫县	Jiayin County	5		55120	55120	93171	51587
铁力市	Tieli City	31		365390	355307	160019	93765
桦南县	Huanan County	40	2	743004	701269	796029	272744
桦川县	Huachuan County	41		641123	636615	407004	111138
汤原县	Tangyuan County	33	3	530944	530495	240187	114066
抚远县	Fuyuan County	8		59333	57081	77295	22677
同江市	Tongjiang City	29	1	310663	305917	268852	101066
富锦市	Fujin City	106	7	1180598	1182791	672933	309595
佳木斯郊区	Jiamusi Suburb	40	9	693182	687638	444870	226496
勃利县	Boli County	32	16	778051	673774	695233	388635
穆棱市	Muling City	85	3	1846673	1690096	568169	232452
东宁县	Dongning County	28	1	254451	251792	236857	95824
林口县	Linkou County	44	2	513465	508564	224275	81178
绥芬河市	Suifenhe City	24	16	302376	271537	234141	131670
海林市	Hailin City	90	5	1549378	1537540	780986	188279
宁安市	Ningan City	88	5	1135764	1137433	469448	144285
阳明区	Yangming	46	14	1028097	1003647	1462755	534834
北安市	Beian City	23	3	282097	269381	403488	184714
五大连池市	Wudalianchi City	11		81764	75138	90927	40207
五大连池风景区	Wudalianchi scenic spot	2		4326	4425	6801	3821
爱辉区	Aihui	29	7	380738	360260	564680	206529
嫩江县	Nenjiang County	26	4	326164	303679	632939	208787
逊克县	Xunke County	6	3	52457	52724	108178	31075
孙吴县	Sunwu County	5	1	62190	60929	55807	17126
安达市	Anda City	49	7	1508032	1478644	744353	345427
肇东市	Zhaodong City	52	6	1782742	1750950	1506973	471200
海伦市	Hailun City	28	6	542251	531322	547700	171275
北林区	Beilin	45	6	606321	582326	624928	258752
望奎县	Wangkui County	18	1	394759	375271	185248	74651
兰西县	Lanxi County	20	1	227263	218508	110653	51149
青冈县	Qinggang County	11	2	344206	344763	302180	164998
庆安县	Qingan County	19	3	298113	293222	237216	120787
明水县	Mingshui County	11	1	429276	423107	357657	149054
绥棱县	Suiling County	18	3	148203	141489	105767	17185
呼玛县	Huma County	4		63891	63699	113471	85184
塔河县	Tahe County	5		52422	47160	41208	24295
漠河县	Mohe County	10		172572	155260	221789	101436
加格达奇区	Jiagedaqi District	5		75168	73109	100885	53713

附录Ⅰ 续表20 CONTINUED

单位：万元 (10000 yuan)

县、市名称	Name	全年主营业务收入2000万元及以上的工业企业 Industrial Enterprises With Annual Revenue From Principal Business Over 20 Million Yuan						
		固定资产合计 Total of Fixed Assets	负债合计 Total Liabilities	所有者权益 Creditors' Equity	主营业务收入 Sales Revenue	利润总额 Total Profit	利税总额 Total Profit and Tax	从业人员平均人数(人) Average Employed Persons (person)
阿城区	Acheng	939807	1746052	790592	848824	-23678	-1080	17452
呼兰区	Hulan	416802	643042	661277	925039	73851	125468	15601
宾县	Bin County	597293	735044	322821	1493793	121217	226590	10447
依兰县	Yilan County	753259	762012	330447	452595	9908	38294	11873
方正县	Fangzheng County	49831	82573	61931	226098	8782	11023	2579
双城市	Shuangcheng City	295747	580841	369187	1153628	67921	121702	11158
尚志市	Shangzhi City	153775	167906	218570	1192890	58497	93167	10032
五常市	Wuchang City	499044	555001	560084	1705878	173666	262055	14392
巴彦县	Bayan County	110244	122844	90295	426386	21371	30642	3763
木兰县	Mulan County	62753	51340	59743	159368	7353	11847	3973
通河县	Tonghe County	52493	67528	31620	197530	2987	5720	2662
延寿县	Yanshou County	64595	151986	121232	187216	7818	15033	3860
龙江县	Longjiang County	183452	301772	145750	349067	27093	35375	3624
依安县	Yian County	82040	145574	68975	417416	37501	59337	2049
泰来县	Tailai County	66702	55639	75428	190258	13274	23927	1499
甘南县	Gannan County	82246	78656	147054	272754	22104	29663	2725
富裕县	Fuyu County	174529	214301	135719	311704	12929	25567	4466
克山县	Keshan County	138261	112597	128070	283512	26626	40174	4357
克东县	Kedong County	66947	212803	86642	339626	29606	43902	3428
拜泉县	Baiquan County	53744	88117	37692	300133	9642	18639	2977
梅里斯区	Meilisi Daur District	28424	17068	35258	211424	25436	41267	3592
讷河市	Nehe City	130485	156808	142563	503856	48725	69061	5308
鸡东县	Jidong County	145378	188861	131923	425089	32786	65108	5994
虎林市	Hulin City	169687	252279	267200	892843	70471	84415	8641
密山市	Mishan City	241408	290698	170146	558818	17329	38619	6682
萝北县	Luobei County	134467	175428	83844	351292	34020	54568	4790
绥滨县	Suibin County	50804	61277	27621	133248	3877	4635	1278
集贤县	Jixian County	294017	356541	323213	1814744	181990	294593	9196
友谊县	Youyi County	110827	214849	53882	365396	-416	15172	3146
宝清县	Baoqing County	158385	200623	218496	1653900	170268	257768	8539
饶河县	Raohe County	58216	64296	22955	165452	4895	6694	992
肇州县	Zhaozhou County	909812	136743	902871	1658274	162404	209478	9081
肇源县	Zhaoyuan County	146696	133859	185403	1097518	50121	62711	5136
林甸县	Lindian County	113587	99486	163551	396316	37221	51564	3367
杜蒙自治县	Durbote Mongolia Autonomous County	191538	190191	150532	1004338	70438	116170	2779
大同区	Datong	233507	607852	190479	902913	15021	45528	5911

附录Ⅰ 续表21 CONTINUED

单位：万元 (10000 yuan)

县、市名称	Name	全年主营业务收入2000万元及以上的工业企业 Industrial Enterprises With Annual Revenue From Principal Business Over 20 Million Yuan						
		固定资产合计 Total of Fixed Assets	负债合计 Total Liabilities	所有者权益 Creditors' Equity	主营业务收入 Sales Revenue	利润总额 Total Profit	利税总额 Total Profit and Tax	从业人员平均人数(人) Average Employed Persons (person)
嘉荫县	Jiayin County	40291	45206	47964	55163	3903	4516	2785
铁力市	Tieli City	53429	94484	65264	352077	12537	20337	5234
桦南县	Huanan County	457364	511979	284005	686278	88942	126594	6122
桦川县	Huachuan County	285808	123552	281295	662280	27763	30249	3020
汤原县	Tangyuan County	98843	165888	74199	537749	28291	45325	5584
抚远县	Fuyuan County	45514	49180	21384	58325	6100	8780	485
同江市	Tongjiang City	152482	156539	112178	352755	16824	20420	1998
富锦市	Fujin City	326758	400224	269279	1193216	68156	91790	7423
佳木斯郊区	Jiamusi Suburb	185255	337796	106358	639053	25318	43411	6418
勃利县	Boli County	175100	424595	267540	577262	-4919	12401	6329
穆棱市	Muling City	335717	173101	395068	1891172	89569	180078	12181
东宁县	Dongning County	126655	137863	98994	245405	27747	49882	5657
林口县	Linkou County	113857	125470	98805	521914	75618	108889	6747
绥芬河市	Suifenhe City	64180	206995	18200	252169	-9556	-4951	1973
海林市	Hailin City	488294	314657	466329	1609185	101732	174236	15801
宁安市	Ningan City	291194	222286	247162	1137624	31242	65414	13127
阳明区	Yangming	798948	1022929	439825	1025399	9108	39135	16990
北安市	Beian City	123635	297884	105604	234913	5756	16117	3401
五大连池市	Wudalianchi City	20806	61462	28706	74443	3634	3974	955
五大连池风景区	Wudalianchi scenic spot	2507	1768	4274	4424	111	303	147
爱辉区	Aihui	285439	364151	200529	356939	41204	61346	6854
嫩江县	Nenjiang County	283706	432254	200640	307022	33856	55879	6118
逊克县	Xunke County	63748	97731	9091	53322	498	2245	732
孙吴县	Sunwu County	34254	33846	21961	64329	1303	1727	584
安达市	Anda City	246613	353165	390659	1408823	187665	247195	8106
肇东市	Zhaodong City	928465	502086	1004731	1791743	174561	285264	18027
海伦市	Hailun City	346031	367964	176127	534899	17900	22959	9192
北林区	Beilin	287366	388845	221710	568882	40944	52499	8797
望奎县	Wangkui County	91858	114024	62465	376589	30709	40870	3573
兰西县	Lanxi County	57936	64501	46052	218570	9574	17944	10338
青冈县	Qinggang County	97679	191840	110338	334134	18728	30169	4502
庆安县	Qingan County	95426	113285	120426	282341	11396	17558	3552
明水县	Mingshui County	201816	154377	203280	412781	68594	93673	4780
呼玛县	Huma County	27715	90335	23136	63699	2714	6302	1272
塔河县	Tahe County	16913	21514	19694	46270	1628	3045	1052
漠河县	Mohe County	95337	170784	51004	152809	31113	49429	3029
加格达奇区	Jiagedaqi District	46950	79231	21654	73109	2033	4272	3061

附录Ⅰ 续表22 CONTINUED

单位：万元 (10000 yuan)

县、市名称	Name	全年主营业务收入2000万元及以上的国有控股工业企业 State-holding Industrial Enterprises With Annual Revenue From Principal Business Over 20 Million Yuan					
		企业单位数（个） Number of Enterprises (unit)	#亏损企业 Losses	工业总产值 Gross Industrial Output Value	工业销售产值 Sales Industrial Output Value	资产合计 Total Assets	流动资产合计 Total Working Capitals
阿城区	Acheng	13	6	134660	128545	322035	130205
呼兰区	Hulan	3	1	28479	27772	91860	32572
宾县	Bin County	2	1	177844	160141	184791	84761
依兰县	Yilan County	7	3	222879	218933	895587	226542
方正县	Fangzheng County	2		7348	7348	19539	2359
双城市	Shuangcheng City	4	1	38009	36543	27333	8821
尚志市	Shangzhi City	6	1	88038	80271	55145	22765
五常市	Wuchang City	4	2	35395	34162	45396	16817
巴彦县	Bayan County	1		19109	19109	22298	4479
木兰县	Mulan County	1	1	6250	6250	15342	1278
通河县	Tonghe County	2	1	25068	24656	21312	4364
延寿县	Yanshou County	2	2	13087	13015	81799	18498
龙江县	Longjiang County	2		30347	26659	60378	13541
依安县	Yian County	2		20050	19327	23853	6684
泰来县	Tailai County	3	2	105304	105304	50884	16086
甘南县	Gannan County	2		16950	15062	26824	3456
富裕县	Fuyu County	5	1	120691	116134	191791	73943
克山县	Keshan County	3	1	45329	45329	65150	9845
克东县	Kedong County	1	1	7581	7581	11398	2103
拜泉县	Baiquan County	1	1	7549	7549	15848	3439
梅里斯区	Meilisi Daur District						
讷河市	Nehe City	2	1	29930	27963	34452	8279
鸡东县	Jidong County	2	1	21109	18355	53118	19608
虎林市	Hulin City	3	1	218719	207215	126025	36686
密山市	Mishan City	9	3	176695	162547	224636	52398
萝北县	Luobei County	3	1	32735	32735	94203	15601
绥滨县	Suibin County	2	2	7577	7196	17547	1710
集贤县	Jixian County						
友谊县	Youyi County	3	1	60442	54087	91106	35341
宝清县	Baoqing County	3	1	33695	34187	59228	21720
饶河县	Raohe County	2	1	8013	8013	36543	3959
肇州县	Zhaozhou County	1	1	9244	9244	18766	2255
肇源县	Zhaoyuan County	2		41675	41675	20163	4995
林甸县	Lindian County	1		9668	9668	13294	1709
杜蒙自治县	Durbote Mongolia Autonomous County	5	1	140443	136867	110243	59490
大同区	Datong	3		247052	248380	336020	85844

附录Ⅰ 续表23 CONTINUED

单位：万元 (10000 yuan)

		全年主营业务收入2000万元及以上的国有控股工业企业 State-holding Industrial Enterprises With Annual Revenue From Principal Business Over 20 Million Yuan					
		企业单位数（个） Number of Enterprises (unit)	#亏损企业 Losses	工业总产值 Gross Industrial Output Value	工业销售产值 Sales Industrial Output Value	资产合计 Total Assets	流动资产合计 Total Working Capitals
嘉荫县	Jiayin County	1		28574	28574	30016	16671
铁力市	Tieli City	1		13334	13334	4860	102
桦南县	Huanan County	5	2	180769	153386	491056	147995
桦川县	Huachuan County	4		27412	27412	233305	6964
汤原县	Tangyuan County	3	2	16613	16528	54318	12837
抚远县	Fuyuan County	2		6999	6999	42187	11859
同江市	Tongjiang City	4		30215	28789	123896	16211
富锦市	Fujin City	8	3	121078	119832	245798	76015
佳木斯郊区	Jiamusi Suburb	2	1	17361	17361	54387	15044
勃利县	Boli County	2	2	11081	10882	24727	6511
穆棱市	Muling City	1		5178	5178	9879	2000
东宁县	Dongning County	3		29860	29860	72953	9786
林口县	Linkou County	4		125408	124668	79972	15107
绥芬河市	Suifenhe City						
海林市	Hailin City	2		32173	31049	52542	2629
宁安市	Ningan City	4	1	36866	36303	71340	19022
阳明区	Yangming	6	2	440013	429774	988254	292186
北安市	Beian City	6	2	87566	87566	205738	62743
五大连池市	Wudalianchi City						
五大连池风景区	Wudalianchi scenic spot						
爱辉区	Aihui	7	1	152981	152542	242927	97163
嫩江县	Nenjiang County	5	3	61388	57444	110530	31749
逊克县	Xunke County	1	1	4898	4898	14545	2440
孙吴县	Sunwu County	2	1	5103	4011	14978	4886
安达市	Anda City	6	1	264179	261338	275550	78501
肇东市	Zhaodong City	6		416486	415666	714723	69693
海伦市	Hailun City	2	1	35905	35751	42658	14461
北林区	Beilin	9	4	94604	95516	222273	87614
望奎县	Wangkui County	1	1	11667	11667	15976	2935
兰西县	Lanxi County	1	1	10031	10031	20149	5732
青冈县	Qinggang County	1	1	12989	12989	14155	2662
庆安县	Qingan County	2	1	23958	22958	39103	14627
明水县	Mingshui County	3	1	161304	157861	108226	53243
绥棱县	Suiling County	1	1	8087	8087	14780	5356
呼玛县	Huma County	1		16197	16399	14211	12239
塔河县	Tahe County	2		19590	17445	16301	8786
漠河县	Mohe County	4		127280	107793	167646	70338
加格达奇区	Jiagedaqi District	3		41896	40990	72778	28993

附录Ⅰ 续表24 CONTINUED

单位：万元 (10000 yuan)

县、市名称	Name	全年主营业务收入2000万元及以上的国有控股工业企业 State-holding Industrial Enterprises With Annual Revenue From Principal Business Over 20 Million Yuan						
		固定资产合计 Total of Fixed Assets	负债合计 Total Liabilities	所有者权益 Creditors' Equity	主营业务收入 Sales Revenue	利润总额 Total Profit	利税总额 Total Profit and Tax	从业人员平均人数(人) Average Employed Persons (person)
阿城区	Acheng	134958	184667	137321	120254	3881	9957	4067
呼兰区	Hulan	12777	20834	71022	30080	58	525	1130
宾县	Bin County	85196	122046	62745	156910	57216	70659	1031
依兰县	Yilan County	648258	647986	247600	257489	3505	21632	8868
方正县	Fangzheng County	14909	17554	1685	10139	3	475	357
双城市	Shuangcheng City	16445	23519	3814	36102	118	889	576
尚志市	Shangzhi City	28743	42858	12287	63122	1096	5968	1325
五常市	Wuchang City	28579	38145	7251	35162	-385	758	1217
巴彦县	Bayan County	17819	19796	2502	17674	354	793	474
木兰县	Mulan County	13342	15513	-171	6250	-491	-481	413
通河县	Tonghe County	13915	19310	2003	23278	108	543	361
延寿县	Yanshou County	23932	71218	10581	23083	-1318	-987	246
龙江县	Longjiang County	46838	53399	6979	26616	1087	1275	455
依安县	Yian County	13846	20970	2883	18352	666	1386	402
泰来县	Tailai County	34798	23266	27618	104841	8721	17436	730
甘南县	Gannan County	19405	26315	509	16118	177	449	348
富裕县	Fuyu County	101995	111422	80369	119003	7461	11797	1961
克山县	Keshan County	55304	42549	22601	45099	2853	4862	485
克东县	Kedong County	7979	9350	2048	7106	-250	8	262
拜泉县	Baiquan County	12408	15688	160	7549	-383	-197	280
梅里斯区	Meilisi Daur District							
讷河市	Nehe City	25162	29873	4580	28772	1093	1920	782
鸡东县	Jidong County	30617	36897	16221	19479	1084	1968	592
虎林市	Hulin City	68718	71124	54901	216946	52	823	766
密山市	Mishan City	169855	143700	80936	178553	1814	5565	2718
萝北县	Luobei County	76311	71275	22928	37496	-21	1698	693
绥滨县	Suibin County	15837	21801	-4253	8053	-1109	-788	429
集贤县	Jixian County							
友谊县	Youyi County	54322	92529	-1422	73946	-3482	-2755	1119
宝清县	Baoqing County	37180	54332	4649	31546	469	2163	1251
饶河县	Raohe County	31138	24821	11722	8385	846	1076	263
肇州县	Zhaozhou County	16510	17305	1461	11191	-231	-67	332
肇源县	Zhaoyuan County	15164	17308	2855	38246	1350	2422	481
林甸县	Lindian County	11585	11994	1299	8758	388	580	246
杜蒙自治县	Durbote Mongolia Autonomous County	41158	55124	55119	155784	7336	13136	1299
大同区	Datong	93652	238429	97591	248380	8506	19603	2085

附录Ⅰ 续表25 CONTINUED

单位：万元 (10000 yuan)

县、市名称	Name	全年主营业务收入2000万元及以上的国有控股工业企业 State-holding Industrial Enterprises With Annual Revenue From Principal Business Over 20 Million Yuan						
		固定资产合计 Total of Fixed Assets	负债合计 Total Liabilities	所有者权益 Creditors' Equity	主营业务收入 Sales Revenue	利润总额 Total Profit	利税总额 Total Profit and Tax	从业人员平均人数(人) Average Employed Persons (person)
嘉荫县	Jiayin County	13345	6902	23113	28574	3602	3799	1313
铁力市	Tieli City	2236	4189	671	13334	789	1743	299
桦南县	Huanan County	327706	366774	124282	170957	57234	78060	1871
桦川县	Huachuan County	224791	37655	195649	24566	2861	3099	358
汤原县	Tangyuan County	39102	59694	-5376	16482	-3294	-2642	246
抚远县	Fuyuan County	29109	31214	10972	6999	2213	2999	112
同江市	Tongjiang City	106838	95217	28679	29200	2467	3104	483
富锦市	Fujin City	158585	206495	39301	126706	3764	7661	2075
佳木斯郊区	Jiamusi Suburb	39253	61092	-6705	16911	65	65	419
勃利县	Boli County	15977	14758	9969	11381	-1613	-632	872
穆棱市	Muling City	7879	9871	8	6274	65	315	200
东宁县	Dongning County	62715	52036	20917	29860	1640	2284	465
林口县	Linkou County	41066	46186	33786	132523	22399	35631	2644
绥芬河市	Suifenhe City							
海林市	Hailin City	49914	9237	43305	33663	1171	1986	343
宁安市	Ningan City	50582	60477	10863	36448	658	1360	942
阳明区	Yangming	624894	732980	255273	433830	12376	27571	8668
北安市	Beian City	79296	138870	66868	92833	-1973	1578	1540
五大连池市	Wudalianchi City							
五大连池风景区	Wudalianchi scenic spot							
爱辉区	Aihui	126190	174258	68669	152743	24249	30184	1923
嫩江县	Nenjiang County	65906	86349	24175	58787	1755	4485	1529
逊克县	Xunke County	9367	14187	357	5497	-104	24	132
孙吴县	Sunwu County	10066	12031	2947	7411	634	984	216
安达市	Anda City	115471	111830	163474	261701	55252	89109	1940
肇东市	Zhaodong City	636396	143295	571428	413965	45483	110543	4463
海伦市	Hailun City	27946	33499	9159	35751	121	1196	601
北林区	Beilin	126057	161342	60930	96401	2181	6653	2514
望奎县	Wangkui County	11420	15635	341	11237	-725	-504	153
兰西县	Lanxi County	12849	19768	281	10031	-257	-232	306
青冈县	Qinggang County	10436	13514	641	14776	-47	455	437
庆安县	Qingan County	23170	31262	7841	23528	-88	200	595
明水县	Mingshui County	50886	40147	68079	146335	33719	45854	1076
呼玛县	Huma County	1401	8066	6146	16399	1356	3799	551
塔河县	Tahe County	7515	4811	11490	17445	571	898	377
漠河县	Mohe County	75139	141768	25878	106710	28819	42953	1898
加格达奇区	Jiagedaqi District	43565	55087	17690	40990	1308	2842	2458

附录Ⅰ 续表26 CONTINUED

县、市名称	Name	公共财政收入（万元）General Budgetary Financial Revenue (10000 yuan)	政府性基金收入（万元）Governmental Fund Income (10000 yuan)	公共财政支出（万元）General Budgetary Financial Expenditure (10000 yuan)	政府性基金支出（万元）Governmental Fund Expenditure (10000 yuan)	公路线路里程（公里）Length of Highways (km)	普通中学在校学生（人）Students in Regular Secondary Schools (person)	小学在校学生（人）Students in Primary Schools (person)
阿城区	Acheng	52883	68512	212818	76047	1754	22361	26116
呼兰区	Hulan	61333	2931	229471	144905	1272	21926	28603
宾县	Bin County	76983	68782	250119	79283	2237	20193	28492
依兰县	Yilan County	64419	15947	202748	24089	1755	16942	24592
方正县	Fangzheng County	29195	13163	122942	26089	1155	10914	14928
双城市	Shuangcheng City	100369	39179	287938	55284	2157	29911	44625
尚志市	Shangzhi City	55968	26287	211378	42102	2531	28751	29752
五常市	Wuchang City	68998	32230	298476	49441	3564	32469	46627
巴彦县	Bayan County	38233	11411	232856	23600	2178	25891	37037
木兰县	Mulan County	30593	6223	147164	28116	1191	11852	13787
通河县	Tonghe County	28995	10585	153989	33804	1397	8756	12126
延寿县	Yanshou County	31288	14919	146884	18492	1091	10426	15737
龙江县	Longjiang County	29925	15057	222083	29317	2509	22269	32495
依安县	Yian County	19869	8308	197569	27564	2604	15870	19390
泰来县	Tailai County	17200	8212	137696	25697	2246	13241	13066
甘南县	Gannan County	18799	2224	173447	11752	2502	15186	22654
富裕县	Fuyu County	31621	4996	189253	42708	1989	11518	15290
克山县	Keshan County	11282	11530	170967	18892	2296	16998	20322
克东县	Kedong County	14381	1820	142254	6976	1619	11188	15334
拜泉县	Baiquan County	16453	6289	188556	11218	2070	14785	19330
梅里斯区	Meilisi Daur District	5672	591	73055	1573	784	5829	8294
讷河市	Nehe City	26951	12493	246257	23931	2712	24381	31426
鸡东县	Jidong County	35366	8989	151199	10754	1704	15348	12286
虎林市	Hulin City	29492	19659	180077	27072	3270	17205	14525
密山市	Mishan City	34279	10654	195577	18443	2844	30963	28552
萝北县	Luobei County	35375	5043	115183	6378	2571	16686	9677
绥滨县	Suibin County	11173	4987	112228	17837	1860	9587	11114
集贤县	Jixian County	38500	5749	147286	6007	1201	15308	18022
友谊县	Youyi County	14802	4147	61032	3481	486	9924	4464
宝清县	Baoqing County	51158	4380	194882	5788	4046	19117	22773
饶河县	Raohe County	11559	2514	106949	7705	2485	8869	10301
肇州县	Zhaozhou County	71968	14377	200516	22070	1327	22260	19328
肇源县	Zhaoyuan County	62305	18190	191890	37167	1657	22929	22312
林甸县	Lindian County	35710	2985	160054	6781	1487	10815	15455
杜蒙自治县	Durbote Mongolia Autonomous County	42100	5260	179592	17611	1844	12917	15224
大同区	Datong	53172	3648	88313	3648	1164	12547	11105

附录Ⅰ 续表27 CONTINUED

县、市名称	Name	公共财政收入（万元） General Budgetary Financial Revenue (10000 yuan)	政府性基金收入（万元） Governmental Fund Income (10000 yuan)	公共财政支出（万元） General Budgetary Financial Expenditure (10000 yuan)	政府性基金支出（万元） Governmental Fund Expenditure (10000 yuan)	公路线路里程（公里） Length of Highways (km)	普通中学在校学生（人） Students in Regular Secondary Schools (person)	小学在校学生（人） Students in Primary Schools (person)
嘉荫县	Jiayin County	8886	3301	87429	10569	1373	4420	5935
铁力市	Tieli City	17120	8990	150967	16942	1753	19052	18554
桦南县	Huanan County	30334	4342	203059	6841	1705	22879	34714
桦川县	Huachuan County	16629	4347	149733	8518	1394	9588	13172
汤原县	Tangyuan County	16466	2653	147362	6328	1646	13494	19063
抚远县	Fuyuan County	18887	5159	145238	14007	1933	7522	14025
同江市	Tongjiang City	21856	3400	170879	8870	2453	10488	15185
富锦市	Fujin City	47989	10214	262391	21621	4966	30769	41790
佳木斯郊区	Jiamusi Suburb	18118	19	90231	1333	1157	9800	17917
勃利县	Boli County	28698	9152	157148	8901	1552	11337	13632
穆棱市	Muling City	75577	7417	209971	8444	2043	10249	15714
东宁县	Dongning County	75007	6800	197981	9544	1742	10705	13490
林口县	Linkou County	47317	14110	167311	20832	2445	12262	16587
绥芬河市	Suifenhe City	90168	81948	196592	86470	183	6405	7290
海林市	Hailin City	72277	2905	201709	5813	2481	16671	17057
宁安市	Ningan City	62828	7666	217913	10232	2630	23629	25589
阳明区	Yangming	39061		52378	1127	635	14788	9327
北安市	Beian City	40080	14292	239706	17860	3134	24122	23942
五大连池市	Wudalianchi City	14279	3100	145794	8406	2940	17122	22092
五大连池风景区	Wudalianchi scenic spot	3493		41979		131	1487	1580
爱辉区	Aihui	15027	959	120156	3604	1800	10679	11184
嫩江县	Nenjiang County	64035	25668	235283	28716	3686	30568	35253
逊克县	Xunke County	12300	2073	102140	2796	2362	5403	7413
孙吴县	Sunwu County	6110	6601	91699	10274	1394	6110	8283
安达市	Anda City	147730	45486	327189	45429	1926	18540	23727
肇东市	Zhaodong City	165005	40512	415176	46566	2115	55598	38797
海伦市	Hailun City	25288	11656	265052	18237	3419	46601	41837
北林区	Beilin	39100	6350	247865	4995	2399	43175	38645
望奎县	Wangkui County	29609	11158	220477	19873	1535	20534	21674
兰西县	Lanxi County	13859	9621	197230	26157	1795	23554	22179
青冈县	Qinggang County	10026	10783	187690	13808	1935	21614	18613
庆安县	Qingan County	23125	8224	184734	32742	2256	19013	24133
明水县	Mingshui County	15588	5997	170263	10581	1425	14547	16232
绥棱县	Suiling County	13596	9780	149672	27433	2073	22931	20656
呼玛县	Huma County	8496	193	84214	2473	1634	2651	3217
塔河县	Tahe County	10296	684	57467	803	1327	3287	3064
漠河县	Mohe County	30095	496	86928	773	1434	3170	3414
加格达奇区	Jiagedaqi District	22003	3495	70448	4037	283	8277	5860

附录Ⅰ 续表28 CONTINUED

县、市名称	Name	社会消费品零售总额（万元）Total Retail Sales of Consumer Goods (10000 yuan)	城镇居民人均可支配收入（元）Per Capita Disposable Income(yuan)	农民人均纯收入（元）Per Capita Annual Net Income of Rural (yuan)	实际利用域外资金（万元）Total Amount of Ecdemic Capital Actually Used (10000 yuan)
阿城区	Acheng	606000	17627	9817	657000
呼兰区	Hulan	520000	17464	9817	10096
宾县	Bin County	551080	15349	9429	681178
依兰县	Yilan County	384395	16489	10923	477614
方正县	Fangzheng County	216024	12368	8596	149385
双城市	Shuangcheng City	771330	14162	9478	525051
尚志市	Shangzhi City	771050	16443	11289	529808
五常市	Wuchang City	784566	14428	10286	365169
巴彦县	Bayan County	574474	13312	8325	140977
木兰县	Mulan County	162956	11475	7669	114832
通河县	Tonghe County	194585	11544	9521	211952
延寿县	Yanshou County	197266	11018	3579	207183
龙江县	Longjiang County	207052	11430	8596	521330
依安县	Yian County	176338	12954	7156	399458
泰来县	Tailai County	88498	10788	4135	420676
甘南县	Gannan County	71269	9927	3966	334350
富裕县	Fuyu County	132718	14228	8574	431420
克山县	Keshan County	196769	12998	7949	411020
克东县	Kedong County	75490	10300	6556	401399
拜泉县	Baiquan County	149733	11201	4242	182386
梅里斯区	Meilisi Daur District	43700	16100	9397	11
讷河市	Nehe City	418230	15199	8583	384128
鸡东县	Jidong County	136784	16307	10533	232089
虎林市	Hulin City	185752	15730	11981	321554
密山市	Mishan City	251856	16431	10797	408995
萝北县	Luobei County	95012	15626	11482	49000
绥滨县	Suibin County	67235	13078	4837	62477
集贤县	Jixian County	164591	16503	9780	234318
友谊县	Youyi County	27080	15686	9292	133174
宝清县	Baoqing County	165746	16531	11360	520008
饶河县	Raohe County	34337	14946	3520	129756
肇州县	Zhaozhou County	132278	16427	8652	792767
肇源县	Zhaoyuan County	158463	15451	8681	627613
林甸县	Lindian County	123878	11214	5479	93462
杜蒙自治县	Durbote Mongolia Autonomous County	117629	13292	8735	369633
大同区	Datong	252901	25223	12600	559603

附录I 续表29 CONTINUED

县、市名称	Name	社会消费品零售总额（万元）Total Retail Sales of Consumer Goods (10000 yuan)	城镇居民人均可支配收入（元）Per Capita Disposable Income(yuan)	农民人均纯收入（元）Per Capita Annual Net Income of Rural (yuan)	实际利用域外资金（万元）Total Amount of Ecdemic Capital Actually Used (10000 yuan)
嘉荫县	Jiayin County	44606	13135	9856	74189
铁力市	Tieli City	160832	11087	8222	441392
桦南县	Huanan County	424868	14465	2760	571085
桦川县	Huachuan County	101682	11743	3184	280100
汤原县	Tangyuan County	170170	14054	2667	321200
抚远县	Fuyuan County	70169	15670	8034	131600
同江市	Tongjiang City	131959	14792	4866	349300
富锦市	Fujin City	439260	15720	12022	589789
佳木斯郊区	Jiamusi Suburb	196000	15713	11286	220421
勃利县	Boli County	156891	14671	7780	218000
穆棱市	Muling City	335814	16587	11423	724335
东宁县	Dongning County	255254	18266	15136	624128
林口县	Linkou County	280658	14807	9536	422901
绥芬河市	Suifenhe City	171852	21471	13381	723727
海林市	Hailin City	346465	16653	11656	791128
宁安市	Ningan City	373830	16576	11656	656746
阳明区	Yangming	316194		10565	353168
北安市	Beian City	233218	16262	8465	263808
五大连池市	Wudalianchi City	111836	14378	8745	186873
五大连池风景区	Wudalianchi scenic spot	11205		7130	69618
爱辉区	Aihui	46361	18076	9326	101000
嫩江县	Nenjiang County	241711	16482	8952	282653
逊克县	Xunke County	42751	14720	9178	99810
孙吴县	Sunwu County	47692	11189	5943	47303
安达市	Anda City	800158	16497	9688	466617
肇东市	Zhaodong City	922473	16563	9698	505999
海伦市	Hailun City	323377	11179	6058	459426
北林区	Beilin	570554	15300	7897	
望奎县	Wangkui County	145061	10597	6803	349206
兰西县	Lanxi County	147209	8323	5766	229006
青冈县	Qinggang County	133495	9108	6294	285575
庆安县	Qingan County	207296	14868	9206	307050
明水县	Mingshui County	108743	7613	5064	150000
绥棱县	Suiling County	147661	9661	8558	334933
呼玛县	Huma County	28673	15583	8872	143129
塔河县	Tahe County	50010	13400	7560	131030
漠河县	Mohe County	101734	16253	11876	207108
加格达奇区	Jiagedaqi District	207835	16421	5841	1761

附录Ⅱ　各类开发区情况

APPENDIX Ⅱ GENERAL SURVEY OF ALL DEVELOPMENT AREAS

资料整理：张莹娣

附录2-1 各类开发区基本情况 (2012年)

GENERAL SURVEY OF ALL DEVELOPMENT AREAS (2012)

单位：个 (unit)

项　目	Item	已批准项目数 Authorized Item	#外商投资企业 Foreign-funded Enterprises
合　计	**Total**	**1749**	**64**
国务院批准	**State Department Sanctioning**		
哈尔滨经济技术开发区	Economic and Technologic Development Zone of Harbin	789	39
哈尔滨高新技术产业开发区	High and New Technology Industrial Development Zone of Harbin	272	5
哈尔滨利民经济技术开发区	Limin Economic and Technological Development Zone of Harbin	31	
大庆高新技术产业开发区	High and New Technology Industrial Development Zone of Daqing	234	10
黑河市边境经济合作区	Economic Cooperation Zone on Frontier of Heihe	8	1
绥芬河边境经济合作区	Economic Development Zone on Frontier of Suifenhe	5	
国家有关部门批准	**The National Related Departments Sanctioning**		
黑龙江哈尔滨国家农业科技园区	National Agricultural Science and Technology Zone in Harbin of Heilongjiang		
哈尔滨东北亚经贸科技合作区	Economic and Trade Scien-tech Cooperation Area of Northeast Asia of Harbin		
大庆龙凤现代农业示范区	Longfeng Modern Agricultural Demonstration Zone of Daqing		
哈尔滨工程大学科技园	Scicn tech Garden of Harbin Engineer University		
省政府批准	**The Provincial Government Sanctioning**		
齐齐哈尔高新技术产业开发区	High and New Technology Industrial Development Zone of Qiqihar	6	
齐齐哈尔市龙南开发区	Longnan Development Zone of Qiqihar		
齐齐哈尔郊区铁锋乡镇小区	Tiefeng Villages and Towns in the Suburb of Qiqihar		
齐齐哈尔郊区建华乡镇小区	Jianhua Villages and Towns in the Suburb of Qiqihar		
黑龙江省富拉尔基民营科技企业示范区	Fulaerji Demonstration Area of Scien-tech Enterprise of Tractor to the Public in Heilongjiang Province	4	1
讷河工业示范基地	Nehe Industry Model Base of Heilongjiang	4	
富裕工业示范基地	Fuyu Industry Model Base of Heilongjiang	6	
泰来工业示范基地	Tailai Industry Model Base of Heilongjiang	6	
黑龙江省阳明工业示范基地	Yang Ming Industry Model Base of Heilongjiang	2	
佳木斯高新技术产业开发区	High and New Technology Industrial Development Zone of Jiamusi	20	
佳木斯市经济技术开发区	Economic and Technological Development Zone of Jiamusi		
大庆经济技术开发区	Economic and Technologic Development Zone of Daqing		
双鸭山市经济技术开发区	Economic and Technological Development Zone of Shuangyashan	6	
双城经济技术开发区	Economic and Technologic Development Zone of Shuangcheng		
尚志经济开发区	Economic and Technologic Development Zone of Shangzhi		
绥化经济开发区	Economic Development Zone of Suihua	23	1
鸡西市金三角经济开发区	Jinsanjiao Economic Development Zone of Jixi		
哈尔滨达连河经济开发区	Dalianhe Economic Development Zone of Harbin		
哈尔滨阿城经济开发区	Acheng Economic Development Zone of Harbin		
宾西经济技术开发区	Binxi Economic Development Zone of Harbin	142	7

附录2-1 续表1 CONTINUED

单位：个 (unit)

项　　目	Item	已批准项目数 Authorized Item	#外商投资企业 Foreign-funded Enterprises
黑龙江东宁经济开发区	Dongning Economic Development Zone of Heilongjiang	7	
同江经济开发区	Tongjiang Economic Development Zone		
逊克边境经济合作区	Economic Development Zone on Frontier of Xunke		
密山边境经济合作区	Economic Development Zone on Frontier of Mishan		
五大连池旅游度假区	Tour Vacation Zone on Frontier of Wudalianchi	5	
亚布力滑雪旅游度假区	Tour Vacation Zone on Frontier of Yabuli		
镜泊湖旅游度假区	Tour Vacation Zone on Frontier of Jingpo Lake	13	
黑龙江省农垦当壁镇兴凯湖旅游度假区	Tour Vacation Zone of Xingkai Lake in Dangbi Town in ARB. of Heilongjiang Province		
虎林边境旅游经济开发区	Frontier Travel Economic Development Zone on Frontier of Hulin		
建三江绿色产业经济技术开发区	Economic & Technological Development Zone of Pollution-free Industry of Jiansanjiang		
九三绿色产业经济技术开发区	Economic and Technological Development Zone of Jiusan Pollution-free Industries		
哈尔滨生态农业开发区	Ecological Agriculture Development Zone of Harbin		
黑龙江海林经济开发区	Hailin Ecological Development Zone of Heilongjiang	24	
黑河中俄边民互市贸易区	Trade Zone of the City Each other of Sino-Russia Inhabitant of a Border Area of Heihe		
同江中俄边民互市贸易区	Trade Zone of the City Each other of Sino-Russia Inhabitant of a Border Area of Tongjiang		
黑龙江宝泉岭经济开发区	Economic and Technologic Development Zone of Baoquanling	4	
省直有关部门批准	**The Provincial Related Departments Sanctioning**		
哈尔滨软件园	Software Centre of Harbin		
黑龙江省肇东经济技术开发区	Economic and Technological Development Zone of Zhaodong	120	
穆棱经济开发区	Muling Economic Development Zone	18	
林口朱家镇乡镇工业小区	Industrial District of Villages and Towns in Zhujia Town of Linkou		
大庆万宝工业园区	Wanbao Industrial Zone of Daqing		
大庆市让胡路区经济开发小区	Economic Development Zone in Ranghulu District of Daqing		

附录2-1 续表2 CONTINUED

项　　目	Item	内资企业投资总额（万元） Total Investment of Domestic-funded Enterprises (10000 yuan)	外资企业实际投资额（万美元） Total Investment of Foreign-funded Enterprises (USD 10000)
合　计	**Total**	**13459574**	**176403**
国务院批准	**State Department Sanctioning**		
哈尔滨经济技术开发区	Economic and Technologic Development Zone of Harbin	3991257	85667
哈尔滨高新技术产业开发区	High and New Technology Industrial Development Zone of Harbin	593000	35168
哈尔滨利民经济技术开发区	Limin Economic and Technological Development Zone of Harbin	666276	6480
大庆高新技术产业开发区	High and New Technology Industrial Development Zone of Daqing	551750	23114
黑河市边境经济合作区	Economic Cooperation Zone on Frontier of Heihe	90684	1203
绥芬河边境经济合作区	Economic Development Zone on Frontier of Suifenhe	12000	
国家有关部门批准	**The National Related Departments Sanctioning**		
黑龙江哈尔滨国家农业科技园区	National Agricultural Science and Technology Zone in Harbin of Heilongjiang		
哈尔滨东北亚经贸科技合作区	Economic and Trade Scien-tech Cooperation Area of Northeast Asia of Harbin		
大庆龙凤现代农业示范区	Longfeng Modern Agricultural Demonstration Zone of Daqing		
哈尔滨工程大学科技园	Scien-toch Garden of Harbin Engineer University		
省政府批准	**The Provincial Government Sanctioning**		
齐齐哈尔高新技术产业开发区	High and New Technology Industrial Development Zone of Qiqihar	35000	
齐齐哈尔市龙南开发区	Longnan Development Zone of Qiqihar		
齐齐哈尔郊区铁锋乡镇小区	Tiefeng Villages and Towns in the Suburb of Qiqihar		
齐齐哈尔郊区建华乡镇小区	Jianhua Villages and Towns in the Suburb of Qiqihar		
黑龙江省富拉尔基民营科技企业示范区	Fulaerji Demonstration Area of Scien-tech Enterprise of Tractor to the Public in Heilongjiang Province	638200	1000
讷河工业示范基地	Nehe Industry Model Base of Heilongjiang	68187	
富裕工业示范基地	Fuyu Industry Model Base of Heilongjiang	37933	
泰来工业示范基地	Tailai Industry Model Base of Heilongjiang	49000	
黑龙江省阳明工业示范基地	Yang Ming Industry Model Base of Heilongjiang	7000	
佳木斯高新技术产业开发区	High and New Technology Industrial Development Zone of Jiamusi	240000	
佳木斯市经济技术开发区	Economic and Technological Development Zone of Jiamusi	6600	
大庆经济技术开发区	Economic and Technologic Development Zone of Daqing		
双鸭山市经济技术开发区	Economic and Technological Development Zone of Shuangyashan	167700	
双城经济技术开发区	Economic and Technologic Development Zone of Shuangcheng	2864600	
尚志经济开发区	Economic and Technologic Development Zone of Shangzhi	2098	6851
绥化经济开发区	Economic Development Zone of Suihua	1445000	4920
鸡西市金三角经济开发区	Jinsanjiao Economic Development Zone of Jixi		
哈尔滨达连河经济开发区	Dalianhe Economic Development Zone of Harbin		
哈尔滨阿城经济开发区	Acheng Economic Development Zone of Harbin		
宾西经济技术开发区	Binxi Economic Development Zone of Harbin	859479	12000

附录2-1 续表3 CONTINUED

项　目	Item	内资企业投资总额（万元）Total Investment of Domestic-funded Enterprises (10000 yuan)	外资企业实际投资额（万美元）Total Investment of Foreign-funded Enterprises (USD 10000)
黑龙江东宁经济开发区	Dongning Economic Development Zone of Heilongjiang	23000	
同江经济开发区	Tongjiang Economic Development Zone	35000	
逊克边境经济合作区	Economic Development Zone on Frontier of Xunke		
密山边境经济合作区	Economic Development Zone on Frontier of Mishan		
五大连池旅游度假区	Tour Vacation Zone on Frontier of Wudalianchi	17382	
亚布力滑雪旅游度假区	Tour Vacation Zone on Frontier of Yabuli		
镜泊湖旅游度假区	Tour Vacation Zone on Frontier of Jingpo Lake	12230	
黑龙江省农垦当壁镇兴凯湖旅游度假区	Tour Vacation Zone of Xingkai Lake in Dangbi Town in ARB.of Heilongjiang Province	152	
虎林边境旅游经济开发区	Frontier Travel Economic Development Zone on Frontier of Hulin		
建三江绿色产业经济技术开发区	Economic & Technological Development Zone of Pollution-free Industry of Jiansanjiang		
九三绿色产业经济技术开发区	Economic and Technological Development Zone of Jiusan Pollution-free Industries		
哈尔滨生态农业开发区	Ecological Agriculture Development Zone of Harbin		
黑龙江海林经济开发区	Hailin Ecological Development Zone of Heilongjiang	199647	
黑河中俄边民互市贸易区	Trade Zone of the City Each other of Sino-Russia Inhabitant of a Border Area of Heihe		
同江中俄边民互市贸易区	Trade Zone of the City Each other of Sino-Russia Inhabitant of a Border Area of Tongjiang		
黑龙江农垦哈尔滨经济开发区	ARB. Economic Development Zone of Harbin of Heilongjiang		
黑龙江宝泉岭经济开发区	Economic and Technologic Development Zone of Baoquanling	24715	
省直有关部门批准	**The Provincial Related Departments Sanctioning**		
哈尔滨软件园	Software Centre of Harbin		
黑龙江省肇东经济技术开发区	Economic and Technological Development Zone of Zhaodong	631684	
穆棱经济开发区	Muling Economic Development Zone	190000	
林口朱家镇乡镇工业小区	Industrial District of Villages and Towns in Zhujia Town of Linkou		
大庆万宝工业园区	Wanbao Industrial Zone of Daqing		
大庆市让胡路区经济开发小区	Economic Development Zone in Ranghulu District of Daqing		

附录2-2 经济技术开发区基本情况

BASIC CONDITIONS OF ECONOMIC AND TECHNOLOGIC DEVELOPMENT AREAS

开发区名称	Name	企业数（个） Number of Enterprises(unit)		从业人员（人） Number of Employed Persons (person)	
		2011	2012	2011	2012
合 计	**Total**	**9366**	**7983**	**264669**	**332906**
哈尔滨经济技术开发区	Economic and Technologic Development Zone of Harbin	6819	5609	158386	171101
哈尔滨利民经济技术开发区	Limin Economic and Technological Development Zone of Harbin	376	407		
富拉尔基民营科技企业示范区	Fularji Demonstration Area of Scien-tech Enterprise	92	108	5800	7600
讷河工业示范基地	Nehe Industry Model Base of Heilongjiang		1		1350
富裕工业示范基地	Fuyu Industry Model Base of Heilongjiang		49		4200
泰来工业示范基地	Tailai Industry Model Base of Heilongjiang		6		800
黑龙江省阳明工业示范基地	Yang Ming Industry Model Base of Heilongjiang		19		891
佳木斯市经济技术开发区	Economic and Technological Development Zone of Jiamusi	13	13	800	750
大庆万宝工业园区	Wanbao Industrial Zone of Daqing				
大庆经济技术开发区	Economic and Technologic Development Zone of Daqing	13		2400	
双鸭山市经济技术开发区	Economic and Technological Development Zone of Shuangyashan	43	45	14700	15500
双城经济技术开发区	Economic and Technologic Development Zone of Shuangcheng	143	139	1884	45823
尚志经济开发区	Economic and Technologic Development Zone of Shangzhi	36	36	2578	4169
宾西经济技术开发区	Binxi Economic Development Zone of Harbin	495	495	15500	15570
绥化经济开发区	Economic Development Zone of Suihua	102	128	15530	17500
鸡西市金三角经济开发区	Jinsanjiao Economic Development Zone of Jixi	428	426	8750	8700
同江经济开发区	Tongjiang Economic Development Zone	34	37	2560	2860
黑龙江海林经济开发区	Hailin Ecological Development Zone of Heilongjiang	143	167	16012	17813
穆棱经济开发区	Muling Economic Development Zone	102	140	2900	3500
黑龙江宝泉岭经济开发区	Economic and Technologic Development Zone of Baoquanling	60	64	3669	3779
黑龙江肇东经济开发区	Economic and Technologic Development Zone of Zhaodong	67	94	9200	11000

附录2-2 续表1 CONTINUED

开发区名称	Name	总产值(万元) Gross Output Value (10000 yuan)		利润总额(万元) Total Profits (10000 yuan)	
		2011	2012	2011	2012
合 计	**Total**	**26710394**	**35955371**	**2191902**	**3326823**
哈尔滨经济技术开发区	Economic and Technologic Development Zone of Harbin	17520000	22470000	1500000	2000000
哈尔滨利民经济技术开发区	Limin Economic and Technological Development Zone of Harbin	2600000	3100000		
富拉尔基民营科技企业示范区	Fularji Demonstration Area of Scien-tech Enterprise	440000	670100	68000	76000
讷河工业示范基地	Nehe Industry Model Base of Heilongjiang		282832		39239
富裕工业示范基地	Fuyu Industry Model Base of Heilongjiang		243170		12664
泰来工业示范基地	Tailai Industry Model Base of Heilongjiang		60000		20000
黑龙江省阳明工业示范基地	Yang Ming Industry Model Base of Heilongjiang		50354		2769
佳木斯市经济技术开发区	Economic and Technological Development Zone of Jiamusi	14000	51300	1460	1200
大庆万宝工业园区	Wanbao Industrial Zone of Daqing				
大庆经济技术开发区	Economic and Technologic Development Zone of Daqing	657043		281108	
双鸭山市经济技术开发区	Economic and Technological Development Zone of Shuangyashan	1197213	1328906	33382	37054
双城经济技术开发区	Economic and Technologic Development Zone of Shuangcheng	124049	2364560	14939	829371
尚志经济开发区	Economic and Technologic Development Zone of Shangzhi	546442	710240	37734	26739
宾西经济技术开发区	Binxi Economic Development Zone of Harbin	1030000	1506002	70000	110427
绥化经济开发区	Economic Development Zone of Suihua	114748	400156	3963	10982
鸡西市金三角经济开发区	Jinsanjiao Economic Development Zone of Jixi	51000	59000	4080	5000
同江经济开发区	Tongjiang Economic Development Zone	38000	43320	3200	3648
黑龙江海林经济开发区	Hailin Ecological Development Zone of Heilongjiang	873885	1111273	26411	35974
穆棱经济开发区	Muling Economic Development Zone	75240	45000	11270	25530
黑龙江宝泉岭经济开发区	Economic and Technologic Development Zone of Baoquanling	224414	399134	12300	18671
黑龙江肇东经济开发区	Economic and Technologic Development Zone of Zhaodong	671739	1060024	62780	71555

附录2-2 续表2 CONTINUED

开发区名称	Name	税收总额（万元）Total Profits and Taxes(10000 yuan)		出口总额（万美元）Total Exports (USD 10000)	
		2011	2012	2011	2012
合 计	**Total**	**1384118**	**1711204**	**219543**	**206319**
哈尔滨经济技术开发区	Economic and Technologic Development Zone of Harbin	968000	1210000	189580	166454
哈尔滨利民经济技术开发区	Limin Economic and Technological Development Zone of Harbin	103638	112263	8087	5359
富拉尔基民营科技企业示范区	Fularji Demonstration Area of Scien-tech Enterprise	24000	34100		
讷河工业示范基地	Nehe Industry Model Base of Heilongjiang		10531		
富裕工业示范基地	Fuyu Industry Model Base of Heilongjiang		17978		603
泰来工业示范基地	Tailai Industry Model Base of Heilongjiang		5000		
黑龙江省阳明工业示范基地	Yang Ming Industry Model Base of Heilongjiang	11280	1811		980
佳木斯市经济技术开发区	Economic and Technological Development Zone of Jiamusi	1100	1130		
大庆万宝工业园区	Wanbao Industrial Zone of Daqing				
大庆经济技术开发区	Economic and Technologic Development Zone of Daqing	11160		1000	
双鸭山市经济技术开发区	Economic and Technological Development Zone of Shuangyashan	11787	14821		2500
双城经济技术开发区	Economic and Technologic Development Zone of Shuangcheng	90205	75629		
尚志经济开发区	Economic and Technologic Development Zone of Shangzhi	6625	4533	222	
宾西经济技术开发区	Binxi Economic Development Zone of Harbin	41000	53200	5310	5120
绥化经济开发区	Economic Development Zone of Suihua	5680	29327		6515
鸡西市金三角经济开发区	Jinsanjiao Economic Development Zone of Jixi	2736	3700		
同江经济开发区	Tongjiang Economic Development Zone	2300	2622	1000	1000
黑龙江海林经济开发区	Hailin Ecological Development Zone of Heilongjiang	65474	78988	11952	13353
穆棱经济开发区	Muling Economic Development Zone	1396	20000	2050	3575
黑龙江宝泉岭经济开发区	Economic and Technologic Development Zone of Baoquanling	9009	2009	342	860
黑龙江肇东经济开发区	Economic and Technologic Development Zone of Zhaodong	28728	33562		

附录2-3 高新技术产业开发区基本情况

BASIC CONDITIONS OF HIGH-TECH DEVELOPMENT AREAS

开发区名称	Name	企业数（个）Number of Enterprises(unit)		从业人员（人）Number of Employed Persons(person)	
		2011	2012	2011	2012
合 计	**Total**	**3689**	**3866**	**269093**	**277660**
哈尔滨高新技术产业开发区	High and New Technology Industrial Development Zone of Harbin	720	850	142000	145000
齐齐哈尔高新技术产业开发区	High & New Technology Industrial Development Zone of Qiqihar	88	78	11553	18560
佳木斯高新技术产业开发区	High and New Technology Industrial Development Zone of Jiamusi	45	46	11540	8100
大庆高新技术产业开发区	High-Tech Development Areas of Daqing	2836	2892	104000	106000

附录2-3 续表 CONTINUED

开发区名称	Name	总产值(亿元) Gross Output Value (100 million)		利税总额（亿元）Total Profits and Taxes (100 million yuan)	
		2011	2012	2011	2012
合 计	**Total**	**2453.9**	**2892.1**	**252.3**	**425.7**
哈尔滨高新技术产业开发区	High and New Technology Industrial Development Zone of Harbin	1325.6	1525.8	180.8	221.7
齐齐哈尔高新技术产业开发区	High & New Technology Industrial Development Zone of Qiqihar	54.7	74.5	6.4	15.5
佳木斯高新技术产业开发区	High and New Technology Industrial Development Zone of Jiamusi	73.1	91.8	2.5	3.9
大庆高新技术产业开发区	High-Tech Development Areas of Daqing	1000.5	1200.0	62.6	184.6

附录2-4 边境经济合作区基本情况

BASIC CONDITIONS OF ECONOMIC DEVELOPMENT AREAS ON FRONTIER

开发区名称	Name	企业数（个）Number of Enterprises(unit)		从业人员（人）Number of Employed Persons(person)	
		2011	2012	2011	2012
合 计	**Total**	**559**	**812**	**11888**	**13059**
黑河边境经济合作区	Economic Cooperation Zone on Frontier of Heihe	450	712	6868	7656
绥芬河边境经济合作区	Economic Development Areas on Frontier of Suifenhe	16	5	520	823
黑龙江东宁经济开发区	Dongning Economic Development Zone of Heilongjiang	93	95	4500	4580
逊克边境经济合作区	Economic Development Areas on Frontier of Xunke				
密山边境经济合作区	Economic Development Areas on Frontier of Mishan				
黑河中俄边民互市贸易区	Trade Zone of the City Each other of Sino-Russia of Heihe				
同江中俄边民互市贸易区	Trade Zone of the City Each other of Sino-Russia of Tongjiang				

附录2-4 续表 CONTINUED

开发区名称	Name	出口总额（万美元）Total Exports (USD 10000)		进口总额（万美元）Total Imports (USD 10000)	
		2011	2012	2011	2012
合 计	**Total**	**242260**	**220372**	**35959**	**36263**
黑河边境经济合作区	Economic Cooperation Zone on Frontier of Heihe	30560	32512	7791	12945
绥芬河边境经济合作区	Economic Development Areas on Frontier of Suifenhe			4868	16854
黑龙江东宁经济开发区	Dongning Economic Development Zone of Heilongjiang	211700	184779	23300	6459
逊克边境经济合作区	Economic Development Areas on Frontier of Xunke		3081		5
密山边境经济合作区	Economic Development Areas on Frontier of Mishan				
黑河中俄边民互市贸易区	Trade Zone of the City Each other of Sino-Russia of Heihe				
同江中俄边民互市贸易区	Trade Zone of the City Each other of Sino-Russia of Tongjiang				

附录2-5 旅游度假区基本情况
BASIC CONDITIONS OF TOUR VACATION AREAS

开发区名称	Name	从业人员（人） Number of Employed Persons(person)		宾馆（饭店）（个） Number of Hotels (unit)	
		2011	2012	2011	2012
合 计	**Total**	**12171**	**8878**	**171**	**245**
亚布力滑雪旅游度假区	Tour Vacation Areas on Frontier of Yabuli				
镜泊湖旅游度假区	Tour Vacation Areas on Frontier of Jingpo Lake	6000	2600	80	120
五大连池旅游度假区	Tour Vacation Areas on Frontier of Wudalianchi	6100	6200	40	40
黑龙江省农垦当壁镇兴凯湖旅游度假区	Tour Vacation Zone of Xingkai Lake in Dangbi Town in ARB. of Heilongjiang Province	71	78	51	85
虎林边境旅游经济开发区	Frontier Travel Economic Development Zone of Hulin				

附录2-5 续表1 CONTINUED

开发区名称	Name	接待人数（万人） Number of Tourist (10000 persons)		营业收入（万元） Takings (10000 yuan)	
		2011	2012	2011	2012
合 计	**Total**	**178**	**198**	**52050**	**43417**
亚布力滑雪旅游度假区	Tour Vacation Areas on Frontier of Yabuli				
镜泊湖旅游度假区	Tour Vacation Areas on Frontier of Jingpo Lake	8	30	17020	5622
五大连池旅游度假区	Tour Vacation Areas on Frontier of Wudalianchi	125	125	23000	26300
黑龙江省农垦当壁镇兴凯湖旅游度假区	Tour Vacation Zone of Xingkai Lake in Dangbi Town in ARB. of Heilongjiang Province	45	43	12030	11495
虎林边境旅游经济开发区	Frontier Travel Economic Development Zone of Hulin				

附录2-5 续表2 CONTINUED

开发区名称	Name	外汇收入（万美元） Foreign Exchange Earnings(USD 10000)		利税总额（万元） Total Profits and Taxes(10000 yuan)	
		2011	2012	2011	2012
合 计	**Total**			**5898**	**6065**
亚布力滑雪旅游度假区	Tour Vacation Areas on Frontier of Yabuli				
镜泊湖旅游度假区	Tour Vacation Areas on Frontier of Jingpo Lake			1047	449
五大连池旅游度假区	Tour Vacation Areas on Frontier of Wudalianchi			1736	2640
黑龙江省农垦当壁镇兴凯湖旅游度假区	Tour Vacation Zone of Xingkai Lake in Dangbi Town in ARB. of Heilongjiang Province			3115	2976
虎林边境旅游经济开发区	Frontier Travel Economic Development Zone of Hulin				

主要统计指标解释

边境经济合作区 经省政府或国务院批准设立的，在边境地区一定范围内集中建设并享有一定优惠政策和配套设施的开发区。边境经济合作区以与毗邻国家对外贸易、经济技术合作为主。经省政府批准的即为省级开发区，经国务院批准设立的为国家级开发区。

经济技术开发区 经省政府或国务院批准设立的，设在内陆地区依托中心城市集中在一定地域建设，享有一定优惠政策和配套设施的开发区。经济技术开发区以招商引资、建立出口加工基地为主，成为本地招商引资，扩大开放的窗口和基地。

高新技术产业开发区 经省政府或国务院批准设立的，依托具有一定经济实力和科技力量的中心城市，享有一定优惠政策和配套设施，通过招商引资，扩大开放，发展高新技术产业开发区。

Explanatory Notes on Main Statistical Indicators

Border Economic Cooperation Zone Border economic cooperation zone is authorized by provincial government or the State Council, being concentrating constructed on the border, enjoying some preferential policies and corresponding establishment. Abutted countries are major foreign trade, economic and technology cooperation partners of the Border Economic Cooperation Zone . A border economic cooperation zone authorized by provincial government is a province-level development zone, authorized by the State Council is a state-level development zone. New high technology industry development district.

Economic and Technology Cooperation Development Zone Economic and technology cooperation development zone is authorized by provincial government or the State Council, locating in inland central city and being concentrating constructed, enjoying some preferential policies and corresponding establishment. The economic and technology cooperation development zone becomes local window and base of investment promotion & extended opening through promoting investment and establishing export-processing bases.

New High Technology Industry Development Zone New high technology industry development zone is authorized by provincial government or the State Council, locating in central city possessing stronger economic and technological capability, enjoying some preferential policies and corresponding establishment. New high technology industry development zone develop new high technology industry through investment promotion & extended opening.

附录 Ⅲ 东北三省一区国民经济主要指标

APPENDIX Ⅲ MAIN INDICATORS OF LIAONING, JILIN, INNER MONGOLIA AND HEILONGJIANG PROVINCE

资料整理：安 静

附录 Ⅲ 东北三省一区国民经济主要指标(2012年)

MAIN NATIONAL ECONOMIC AND SOCIAL DEVELOPMENT INDICATORS OF LIAONING, JILIN ,INNER MONGOLIA AND HEILONGJIANG PROVINCE (2012)

指 标	Item	合 计 Total	内蒙古 Inner Mongolia	辽 宁 Liaoning
国民经济核算	**National Accounting**			
地区生产总值(亿元)	Gross Domestic Product(100 million yuan)	66357.8	15880.6	24846.4
第一产业	Primary Industry	7130.2	1448.6	2155.8
第二产业	Secondary Industry	34446.4	8801.5	13230.5
第三产业	Tertiary Industry	24781.3	5630.5	9460.1
人均地区生产总值(元)	Per Capita GDP(yuan)		63886	56649
地区生产总值指数(上年=100)	Indices of Gross Domestic Product(preceding year=100)		111.5	109.5
第一产业	Primary Industry		105.6	105.1
第二产业	Secondary Industry		113.3	109.8
第三产业	Tertiary Industry		110.0	110.1
人均地区生产总值	Per Capita GDP		111.1	109.4
人 口	**Population**			
年底总人口(万人)	Population at the Year-end(10000 persons)	13319.1	2489.9	4244.8
城镇人口	Urban		1437.6	
乡村人口	Rural		1052.2	
自然增长率(‰)	Natural Growth Rate(‰)		3.65	-1.30
就 业	**Employment**			
就业人员合计(万人)	Total Number of Employed Persons(10000 persons)	7112.4	1304.9	2423.8
城镇就业人员	Urban Employed Persons	3412.4	562.6	1206.0
乡村就业人员	Rural Employed Persons	3700.0	742.3	1217.8
城镇非私营单位就业人员平均工资(元)	Average Wage of Employed Persons In Urban Non-private Units(yuan)		46557	41858
城镇登记失业人数(万人)	Registered Unemployed in Urban Areas(10000 persons)	136.7	23.1	38.1
城镇登记失业率(%)	Registered Unemployment Rate in Urban Areas(%)		3.73	3.60
固定资产投资	**Investment in Fixed Assets**			
全社会固定资产投资总额(亿元)	Total Investment in Fixed Assets(100 million yuan)	54240.1	13112.0	21836.3
#房地产开发	#Real Estate Development	9593.0	1291.4	5455.8
#国有经济	#State-Owned Units	14265.2	4459.8	4492.9
集体经济	Collective-Owned Units	909.4	244.0	505.3
个体经济	Self-employed Individuals	9325.7	182.8	8402.8
财 政	**Government Finance**			
公共财政收入(亿元)	General Budgetary Financial Revenue(100 million yuan)	6862.6	1552.7	3105.4
公共财政支出(亿元)	General Budgetary Financial Expenditure(100 million yuan)	13627.3	3426.0	4558.6
物价总指数(上年=100)	**Price Indices (preceding year=100)**			
商品零售价格指数	Retail Price Index		102.5	102.2
居民消费价格指数	Consumer Price Index		103.1	102.8
人民生活	**People's Living Conditions**			
城镇居民人均可支配收入(元)	Per Capita Annual Disposable Income of Urban Households(yuan)		23150	23223
农村居民人均纯收入(元)	Per Capita Net Income of Rural Residents(yuan)		7611	9384
城市人均住宅建筑面积(平方米)	Per Capita Gross Living Space in Cities(sq.m)		29.9	27.3
农村人均住房面积(平方米)	Per Capita Net Floor Space of Rural Residents(sq.m)		24.9	29.5
城市居民的恩格尔系数(%)	Engle Coefficient of Urban Households(%)		30.8	35.0
农村居民的恩格尔系数(%)	Engle Coefficient of Rural Households(%)		37.3	38.4

注：辽宁数据为年快报数。
Note:Liaoning data are preliminary statistics.

附录Ⅲ 续表1 CONTINUED

指　标	Item	吉　林 Jilin	黑龙江 Heilong-jiang	黑龙江相当于四省合计% Proportion of Heilongjiang to Total (%)
国民经济核算	**National Accounting**			
地区生产总值(亿元)	Gross Domestic Product(100 million yuan)	11939.2	13691.6	20.6
第一产业	Primary Industry	1412.1	2113.7	29.6
第二产业	Secondary Industry	6376.8	6037.6	17.5
第三产业	Tertiary Industry	4150.4	5540.3	22.4
人均地区生产总值(元)	Per Capita GDP(yuan)	43415	35711	
地区生产总值指数(上年=100)	Indices of Gross Domestic Product(preceding year=100)	112.0	110.0	
第一产业	Primary Industry	105.3	106.5	
第二产业	Secondary Industry	114.0	110.3	
第三产业	Tertiary Industry	111.3	110.8	
人均地区生产总值	Per Capita GDP	111.9	110.1	
人　口	**Population**			
年底总人口(万人)	Population at the Year-end(10000 persons)	2750.4	3834.0	28.8
城镇人口	Urban	1477.0	2181.5	
乡村人口	Rural	1273.4	1652.5	
自然增长率(‰)	Natural Growth Rate(‰)	0.36	1.27	
就　业	**Employment**			
就业人员合计(万人)	Total Number of Employed Persons(10000 persons)	1355.9	2027.8	28.5
城镇就业人员	Urban Employed Persons	604.5	1039.3	30.5
乡村就业人员	Rural Employed Persons	751.4	988.5	26.7
城镇非私营单位就业人员平均工资(元)	Average Wage of Employed Persons In Urban Non-private Units(yuan)	38407	36406	
城镇登记失业人数(万人)	Registered Unemployed in Urban Areas(10000 persons)	34.2	41.3	30.2
城镇登记失业率(%)	Registered Unemployment Rate in Urban Areas(%)	3.70	4.15	
固定资产投资	**Investment in Fixed Assets**			
全社会固定资产投资总额(亿元)	Total Investment in Fixed Assets(100 million yuan)	9511.6	9780.2	18.0
#房地产开发	#Real Estate Development	1310.0	1535.8	16.0
#国有经济	#State-Owned Units	2191.0	3121.5	21.9
集体经济	Collective-Owned Units	82.2	77.9	8.6
个体经济	Self-employed Individuals	367.0	373.1	4.0
财　政	**Government Finance**			
公共财政收入(亿元)	General Budgetary Financial Revenue(100 million yuan)	1041.3	1163.2	16.9
公共财政支出(亿元)	General Budgetary Financial Expenditure(100 million yuan)	2471.2	3171.5	23.3
物价总指数(上年＝100)	**Price Indices (preceding year=100)**			
商品零售价格指数	Retail Price Index	101.7	102.2	
居民消费价格指数	Consumer Price Index	102.5	103.2	
人民生活	**People's Living Conditions**			
城镇居民人均可支配收入(元)	Per Capita Annual Disposable Income of Urban Households(yuan)	20208	17760	
农村居民人均纯收入(元)	Per Capita Net Income of Rural Residents(yuan)	8598	8604	
城市人均住宅建筑面积(平方米)	Per Capita Gross Living Space in Cities(sq.m)	29.1	29.0	
农村人均住房面积(平方米)	Per Capita Net Floor Space of Rural Residents(sq.m)	24.7	24.8	
城市居民的恩格尔系数(%)	Engle Coefficient of Urban Households(%)	31.7	36.1	
农村居民的恩格尔系数(%)	Engle Coefficient of Rural Households(%)	36.7	37.9	

附录Ⅲ 续表2 CONTINUED

指 标	Item	合 计 Total	内蒙古 Inner Mongolia	辽 宁 Liaoning
农 业	**Agriculture**			
农林牧渔业总产值(亿元)	Gross Output Value of Farming, Forestry, Animal Husbandry and Fishery (100 million yuan)	12966.1	2449.3	4062.4
播种面积(万公顷)	Sown Areas (10000 hectares)	3149.0	715.4	436.1
粮食产量(万吨)	Output of Grain (10000 tons)	13703.3	2528.5	2070.5
规模以上工业企业主要指标	**Industrial Enterprises of bove Designated Size**			
工业总产值(亿元)	Gross Industrial Output Value (100 million yuan)	99761.1	18192.0	49031.5
#国有及国有控股	#State-owned and State-holding	32969.8	6102.9	12889.8
利润总额(亿元)	Total Profits (100 million yuan)	6845.0	1855.7	2435.7
#国有及国有控股	#State-owned and State-holding	2148.8	640.5	10.8
税金总额(亿元)	Total Tax (100 million yuan)	8213.5	1269.6	4612.3
#国有及国有控股	#State-owned and State-holding	3301.8	549.4	1046.4
产品销售率(%)	Proportion of Products Sold (%)	390.8	97.2	97.8
#国有及国有控股	#State-owned and State-holding	394.1	97.4	99.3
原油产量(万吨)	Crude Oil (10000 tons)	6009.7	197.8	1000.0
天然气(亿立方米)	Natural Gas (100 million cu. m)	322.3	259.2	7.2
发电量(亿千瓦小时)	Electricity (100 million kwh)	6097.5	3116.9	1453.1
成品钢材(万吨)	End Product Steel Products (10000 tons)	9425.7	1661.8	5924.2
水泥产量(万吨)	Cement (10000 tons)	19711.9	5872.1	5809.0
汽车产量(万辆)	Motor Vehicles (10000 units)	296.8	2.1	87.3
交通运输业	**Transportation**			
货运量(万吨)	Total Freight Traffic (10000 tons)	509297	168122	212957
货物周转量(亿吨公里)	Total Freight Ton-kilometers (100 million ton-km)	20950	5582	11616
客运量(万人)	Total Passenger Traffic (10000 persons)	258331	28188	104113
旅客周转量(亿人公里)	Total Passenger-Kilometers (100 million passenger-km)	2841	435	1099
邮电通信业	**Post and Telecommunication**			
邮电业务总量(亿元)	Business Volume of Postal and Telecommunication Services (100 million yuan)	1371.6	270.3	514.1
本地固定电话用户数(万户)	Number of Fixed Telephone Subscribers at Year-end (10000 subscribers)	3010.4	368.2	1285.1
移动电话用户数(万户)	Number of Mobile Telephone Subscribers at Year-end (10000 subscribers)	11762.3	2550.1	4291.3
互联网用户数(万户)	Subscribers of Internet Service (10000 subscribers)	3352.4	1826.1	707.9
国内商业	**Domestic Trade**			
社会消费品零售总额(亿元)	Total Retail Sales of ConsumerGoods (100 million yuan)	24093.0	4572.5	9256.6
对外贸易	**Foreign Trade**			
进出口总额(亿美元)	Total Exports and Imports (USD 100 million)	1776.4	112.6	1039.9
出口总额	Total Exports	823.4	39.7	579.5
进口总额	Total Imports	953.0	72.9	460.4
利用外资	**Utilization of Foreign Capital**			
实际利用外商直接投资(亿美元)	Foreign Direct Investments Actually Utilized (USD 100 million)	362.8	39.4	267.9
旅 游	**Tourism**			
国际旅游人数(万人次)	Number of International Tourists (10000 person-times)	958.2	159.2	473.1
#外国人	#Foreigners	835.7	151.5	388.6
国际旅游收入(亿美元)	Foreign Exchange Earnings from International Tourism (100 million USD)	52.81	7.72	31.83
金 融	**Finance**			
金融机构人民币各项存款余额(亿元)	Deposits of National Banking System (100 million yuan)	77212.8	13612.7	34567.3
#储蓄存款余额	#Saving Deposit	40708.9	6597.2	17967.4
金融机构各项人民币贷款余额(亿元)	Loans of National Banking System (100 million yuan)	55076.7	11284.2	24730.2

附录Ⅲ 续表3 CONTINUED

指标	Item	吉林 Jilin	黑龙江 Heilong-jiang	黑龙江相当于四省合计% Proportion of Heilongjiang to Total (%)
农业	**Agriculture**			
农林牧渔业总产值(亿元)	Gross Output Value of Farming, Forestry, Animal Husbandry and Fishery(100 million yuan)	2502.0	3952.3	30.5
播种面积(万公顷)	Sown Areas(10000 hectares)	531.5	1466.0	46.6
粮食产量(万吨)	Output of Grain(10000 tons)	3343.0	5761.3	42.0
规模以上工业企业主要指标	**Industrial Enterprises of bove Designated Size**			
工业总产值(亿元)	Gross Industrial Output Value(100 million yuan)	19972.0	12565.6	12.6
#国有及国有控股	#State-owned and State-holding	7518.3	6458.7	19.6
利润总额(亿元)	Total Profits(100 million yuan)	1215.0	1338.6	19.6
#国有及国有控股	#State-owned and State-holding	512.6	985.0	45.8
税金总额(亿元)	Total Tax(100 million yuan)	1003.9	1327.7	16.2
#国有及国有控股	#State-owned and State-holding	608.3	1097.7	33.2
产品销售率(%)	Proportion of Products Sold(%)	98.3	97.5	25.0
#国有及国有控股	#State-owned and State-holding	99.1	98.3	24.9
原油产量(万吨)	Crude Oil(10000 tons)	810.4	4001.5	66.6
天然气(亿立方米)	Natural Gas(100 million cu.m)	22.2	33.7	10.5
发电量(亿千瓦小时)	Electricity(100 million kwh)	684.4	843.1	13.8
成品钢材(万吨)	End Product Steel Products(10000 tons)	1229.5	610.2	6.5
水泥产量(万吨)	Cement(10000 tons)	4158.0	3872.9	19.6
汽车产量(万辆)	Motor Vehicles(10000 units)	197.6	9.8	3.3
交通运输业	**Transportation**			
货运量(万吨)	Total Freight Traffic(10000 tons)	59768	68450	13.4
货物周转量(亿吨公里)	Total Freight Ton-kilometers(100 million ton-km)	1731	2021	9.6
客运量(万人)	Total Passenger Traffic(10000 persons)	72677	53353	20.7
旅客周转量(亿人公里)	Total Passenger-Kilometers(100 million passenger-km)	572	734	25.8
邮电通信业	**Post and Telecommunication**			
邮电业务总量(亿元)	Business Volume of Postal and Telecommunication Services(100 million yuan)	262.2	325.0	23.7
本地固定电话用户数(万户)	Number of Fixed Telephone Subscribers at Year-end(10000 subscribers)	581.0	776.1	25.8
移动电话用户数(万户)	Number of Mobile Telephone Subscribers at Year-end(10000 subscribers)	2257.0	2663.9	22.6
互联网用户数(万户)	Subscribers of Internet Service(10000 subscribers)	364.7	453.7	13.5
国内商业	**Domestic Trade**			
社会消费品零售总额(亿元)	Total Retail Sales of ConsumerGoods (100 million yuan)	4772.9	5491.0	22.8
对外贸易	**Foreign Trade**			
进出口总额(亿美元)	Total Exports and Imports(USD 100 million)	245.7	378.2	21.3
出口总额	Total Exports	59.8	144.4	17.5
进口总额	Total Imports	185.9	233.9	24.5
利用外资	**Utilization of Foreign Capital**			
实际利用外商直接投资(亿美元)	Foreign Direct Investments Actually Utilized(USD 100 million)	16.5	39.0	10.7
旅游	**Tourism**			
国际旅游人数(万人次)	Number of International Tourists(10000 person-times)	118.3	207.6	21.7
#外国人	#Foreigners	100.9	194.7	23.3
国际旅游收入(亿美元)	Foreign Exchange Earnings from International Tourism(100 million USD)	4.90	8.4	15.8
金融	**Finance**			
金融机构人民币各项存款余额(亿元)	Deposits of National Banking System(100 million yuan)	12706.1	16326.6	21.1
#储蓄存款余额	#Saving Deposit	6875.1	9269.2	22.8
金融机构各项人民币贷款余额(亿元)	Loans of National Banking System(100 million yuan)	9155.6	9906.7	18.0

附录 Ⅳ 新旧行业分类对照表

APPENDIX ⅣINDUSTRAL CLASSIFICATION OF THE NATIONAL ECONOMY OLD AND NEW COMPARISON TABLE

资料整理：何　飙

附录4-1 国民经济行业分类新旧结构对照表

INDUSTRIAL CLASSIFICATION OF THE NATIONAL ECONOMY OLD AND NEW STRUCTURE COMPARISON TABLE

GB/T 4754—2011				GB/T 4754—2002			
门 类 Major Divisions	大 类 Divisions	中 类 Major Groups	小 类 Groups	门 类 Major Divisions	大 类 Divisions	中 类 Major Groups	小 类 Groups
A 农、林、牧、渔业 Agriculture, Forestry, Animal Husbandry and Fishery	5	23	60	A 农、林、牧、渔业 Agriculture, Forestry, Animal Husbandry and Fishery	5	18	38
B 采矿业 Mining	7	19	37	B 采矿业 Mining	6	15	33
C 制造业 Manufacturing	31	175	523	C 制造业 Manufacturing	30	169	482
D 电力、热力、燃气及水生产和供应业 Production and Supply of Electric, Heat, Gas and Water	3	7	12	D 电力、燃气及水的生产和供应业 Production and Supply of Electricity, Gas and Water	3	7	10
E 建筑业 Construction	4	14	21	E 建筑业 Construction	4	7	11
F 批发和零售业 Wholesale and Retail Trade	2	18	113	F 交通运输、仓储和邮政业 Transport, Storage and Post	9	24	37
G 交通运输、仓储和邮政业 Transport, Storage and Post	8	20	40	G 信息传输、计算机服务和软件业 Information Transmission, Computer Services and Software	3	10	14
H 住宿和餐饮业 Hotels and Catering Services	2	7	12	H 批发和零售业 Wholesale and Retail Trade	2	18	93
I 信息传输、软件和信息技术服务业 Information Transmission, Software and IT Services	3	12	17	I 住宿和餐饮业 Hotels and Catering Services	2	7	7
J 金融业 Financial Intermediation	4	21	29	J 金融业 Financial Intermediation	4	16	16
K 房地产业 Real Estate	1	5	5	K 房地产业 Real Estate	1	4	4
L 租赁和商务服务业 Leasing and Business Services	2	11	39	L 租赁和商务服务业 Leasing and Business Services	2	11	27
M 科学研究和技术服务业 Scientific Research and Technical Services	3	17	31	M 科学研究、技术服务和地质勘查业 Scientific Research, Technical Service and Geologic Prospecting	4	19	23
N 水利、环境和公共设施管理业 Management of Water Conservancy, Environment and Public Facilities	3	12	21	N 水利、环境和公共设施管理业 Management of Water Conservancy, Environment and Public Facilities	3	8	18
O 居民服务、修理和其他服务业 Services to Households, Repair and Other Services	3	15	23	O 居民服务和其他服务业 Services to Households and Other Services	2	12	16
P 教育 Education	1	6	17	P 教育 Education	1	5	13
Q 卫生和社会工作 Health and Social Work	2	10	23	Q 卫生、社会保障和社会福利业 Health, Social Security and Social Welfare	3	11	17
R 文化、体育和娱乐业 Culture, Sports and Entertainment	5	25	36	R 文化、体育和娱乐业 Culture, Sports and Entertainment	5	22	29
S 公共管理、社会保障和社会组织 Public Management, Social Securities and Social Organization	6	14	25	S 公共管理和社会组织 Public Management and Social Organization	5	12	24
T 国际组织 International Organizations	1	1	1	T 国际组织 International Organizations	1	1	1
(合计) Total 20	96	432	1094	(合计) Total 20	95	396	913

附录4-2 国民经济行业分类新旧类目对照表

INDUSTRIAL CLASSIFICATION OF THE NATIONAL ECONOMY OLD AND NEW CATEGORY COMPARISON TABLE

GB/T 4754—2011		GB/T 4754—2002		说　明
A	**农、林、牧、渔业**			
01	**农业**			
011	谷物种植			
0111	稻谷种植	0111	谷物的种植	新增，将原0111分解
0112	小麦种植	0111	谷物的种植	新增，将原0111分解
0113	玉米种植	0111	谷物的种植	新增，将原0111分解
0119	其他谷物种植	0111	谷物的种植	新增，将原0111分解
012	豆类、油料和薯类种植			
0121	豆类种植	0114	豆类的种植	
0122	油料种植	0113	油料的种植	
0123	薯类种植	0112	薯类的种植	
013	棉、麻、糖、烟草种植			
0131	棉花种植	0115	棉花的种植	
0132	麻类种植	0116	麻类的种植	
0133	糖料种植	0117	糖料的种植	
0134	烟草种植	0118	烟草的种植	
014	蔬菜、食用菌及园艺作物种植			
0141	蔬菜种植	0121	蔬菜的种植	内容变更，原0121部分内容调出
0142	食用菌种植	0121	蔬菜的种植	新增，原0121部分内容调到此类
0143	花卉种植	0122	花卉的种植	
0149	其他园艺作物种植	0123	其他园艺作物的种植	
015	水果种植			
0151	仁果类和核果类水果种植	0131	水果、坚果的种植	新增，将原0131分解
0152	葡萄种植	0131	水果、坚果的种植	新增，将原0131分解
0153	柑橘类种植	0131	水果、坚果的种植	新增，将原0131分解
0154	香蕉等亚热带水果种植	0131	水果、坚果的种植	新增，将原0131分解
0159	其他水果种植	0131	水果、坚果的种植	新增，将原0131分解
016	坚果、含油果、香料和饮料作物种植			
0161	坚果种植	0131	水果、坚果的种植	新增，将原0131分解
0162	含油果种植	0131	水果、坚果的种植	新增，将原0131分解
0163	香料作物种植	0133	香料作物的种植	
0169	茶及其他饮料作物种植	0132	茶及其他饮料作物的种植	
0170	中药材种植	0140	中药材的种植	
0190	其他农业	0119	其他作物的种植	更名
02	**林业**			
021	林木育种和育苗			
0211	林木育种	0211	育种和育苗	新增，将原0211分解
0212	林木育苗	0211	育种和育苗	新增，将原0211分解
0220	造林和更新	0212	造林	更名
0230	森林经营和管护	0213	林木的抚育和管理	更名
024	木材和竹材采运			

附录4-2 续表1 CONTINUED

GB/T 4754—2011		GB/T 4754—2002		说　明
0241	木材采运	0221	木材的采运	
0242	竹材采运	0222	竹材的采运	
025	林产品采集			
0251	木竹材林产品采集	0230	林产品的采集	新增，将原0230分解
0252	非木竹材林产品采集	0230	林产品的采集	新增，将原0230分解
03	**畜牧业**			
031	牲畜饲养			
0311	牛的饲养	0310	牲畜的饲养	新增，将原0310分解
0312	马的饲养	0310	牲畜的饲养	新增，将原0310分解
0313	猪的饲养	0320	猪的饲养	
0314	羊的饲养	0310	牲畜的饲养	新增，将原0310分解
0315	骆驼饲养	0310	牲畜的饲养	新增，将原0310分解
0319	其他牲畜饲养	0310	牲畜的饲养	新增，将原0310分解
032	家禽饲养			
0321	鸡的饲养	0330	家禽的饲养	新增，将原0330分解
0322	鸭的饲养	0330	家禽的饲养	新增，将原0330分解
0323	鹅的饲养	0330	家禽的饲养	新增，将原0330分解
0329	其他家禽饲养	0330	家禽的饲养	新增，将原0330分解
0330	狩猎和捕捉动物	0340	狩猎和捕捉动物	
0390	其他畜牧业	0390	其他畜牧业	
04	**渔业**			
041	水产养殖			
0411	海水养殖	0411	海水养殖	
0412	内陆养殖	0421	内陆养殖	
042	水产捕捞			
0421	海水捕捞	0412	海洋捕捞	
0422	内陆捕捞	0422	内陆捕捞	
05	**农、林、牧、渔服务业**			
051	农业服务业			
0511	农业机械服务	0519	其他农业服务	新增，原0519部分内容调到此类
0512	灌溉服务	0511	灌溉服务	
0513	农产品初加工服务	0512	农产品初加工服务	
0519	其他农业服务	0519	其他农业服务	内容变更，原0519部分内容调出
052	林业服务业			
0521	林业有害生物防治服务	0520	林业服务业	新增，将原0520分解
0522	森林防火服务	0520	林业服务业	新增，将原0520分解
0523	林产品初级加工服务	0520	林业服务业	新增，将原0520分解
0529	其他林业服务	0520	林业服务业	新增，将原0520分解
0530	畜牧服务业	0539	其他畜牧服务	更名
0540	渔业服务业	0540	渔业服务业	
B	**采矿业**			
06	**煤炭开采和洗选业**			
0610	烟煤和无烟煤开采洗选	0610	烟煤和无烟煤的开采洗选	
0620	褐煤开采洗选	0620	褐煤的开采洗选	
0690	其他煤炭采选	0690	其他煤炭采选	内容变更，原0690部分内容调出
07	**石油和天然气开采业**			
0710	石油开采	0710	天然原油和天然气开采	新增，将原0710分解

附录4-2 续表2 CONTINUED

GB/T 4754—2011		GB/T 4754—2002		说　明
0720	天然气开采	0710	天然原油和天然气开采	新增，将原0710分解
08	**黑色金属矿采选业**			
0810	铁矿采选	0810	铁矿采选	
0820	锰矿、铬矿采选	0890	其他黑色金属矿采选	新增，原0890部分内容调到此类
0890	其他黑色金属矿采选	0890	其他黑色金属矿采选	内容变更，原0890部分内容调出
09	**有色金属矿采选业**			
091	常用有色金属矿采选			
0911	铜矿采选	0911	铜矿采选	
0912	铅锌矿采选	0912	铅锌矿采选	
0913	镍钴矿采选	0913	镍钴矿采选	
0914	锡矿采选	0914	锡矿采选	
0915	锑矿采选	0915	锑矿采选	
0916	铝矿采选	0916	铝矿采选	
0917	镁矿采选	0917	镁矿采选	
0919	其他常用有色金属矿采选	0919	其他常用有色金属矿采选	
092	贵金属矿采选			
0921	金矿采选	0921	金矿采选	
0922	银矿采选	0922	银矿采选	
0929	其他贵金属矿采选	0929	其他贵金属矿采选	
093	稀有稀土金属矿采选			
0931	钨钼矿采选	0931	钨钼矿采选	
0932	稀土金属矿采选	0932	稀土金属矿采选	
0933	放射性金属矿采选	0933	放射性金属矿采选	
0939	其他稀有金属矿采选	0939	其他稀有金属矿采选	
10	**非金属矿采选业**			
101	土砂石开采			
1011	石灰石、石膏开采	1011	石灰石、石膏开采	
1012	建筑装饰用石开采	1012	建筑装饰用石开采	
1013	耐火土石开采	1013	耐火土石开采	
1019	粘土及其他土砂石开采	1019	粘土及其他土砂石开采	
1020	化学矿开采	1020	化学矿采选	
1030	采盐	1030	采盐	
109	石棉及其他非金属矿采选			
1091	石棉、云母矿采选	1091	石棉、云母矿采选	
1092	石墨、滑石采选	1092	石墨、滑石采选	
1093	宝石、玉石采选	1093	宝石、玉石开采	
1099	其他未列明非金属矿采选	1099	其他非金属矿采选	更名
11	**开采辅助活动**			
1110	煤炭开采和洗选辅助活动	0690	其他煤炭采选	新增，原0690部分内容调到此类
1120	石油和天然气开采辅助活动	0790	与石油和天然气开采有关的服务活动	更名
1190	其他开采辅助活动	1100	其他采矿业	新增，原1100部分内容调到此类
12	其他采矿业			
1200	其他采矿业	1100	其他采矿业	内容变更，原1100部分内容调出
C	**制造业**			
13	**农副食品加工业**			
1310	谷物磨制	1310	谷物磨制	

附录4-2 续表3 CONTINUED

GB/T 4754—2011		GB/T 4754—2002		说　明
1320	饲料加工	1320	饲料加工	内容变更，原1320对应此类，原1352部分内容到此类
		1352	肉制品及副产品加工	
133	植物油加工			
1331	食用植物油加工	1331	食用植物油加工	
1332	非食用植物油加工	1332	非食用植物油加工	
1340	制糖业	1340	制糖	
135	屠宰及肉类加工			
1351	牲畜屠宰	1351	畜禽屠宰	新增，将原1351分解
1352	禽类屠宰	1351	畜禽屠宰	新增，将原1351分解
1353	肉制品及副产品加工	1352	肉制品及副产品加工	内容变更，原1352部分内容调出
136	水产品加工			
1361	水产品冷冻加工	1361	水产品冷冻加工	
1362	鱼糜制品及水产品干腌制加工	1362	鱼糜制品及水产品干腌制加工	
1363	水产饲料制造	1363	水产饲料制造	
1364	鱼油提取及制品制造	1364	鱼油提取及制品的制造	
1369	其他水产品加工	1369	其他水产品加工	
137	蔬菜、水果和坚果加工			
1371	蔬菜加工	1370	蔬菜、水果和坚果加工	新增，将原1370分解
1372	水果和坚果加工	1370	蔬菜、水果和坚果加工	新增，将原1370分解
139	其他农副食品加工			
1391	淀粉及淀粉制品制造	1391	淀粉及淀粉制品的制造	
1392	豆制品制造	1392	豆制品制造	
1393	蛋品加工	1393	蛋品加工	
1399	其他未列明农副食品加工	1399	其他未列明的农副食品加工	
14	**食品制造业**			
141	焙烤食品制造			
1411	糕点、面包制造	1411	糕点、面包制造	
1419	饼干及其他焙烤食品制造	1419	饼干及其他焙烤食品制造	
142	糖果、巧克力及蜜饯制造			
1421	糖果、巧克力制造	1421	糖果、巧克力制造	
1422	蜜饯制作	1422	蜜饯制作	
143	方便食品制造			
1431	米、面制品制造	1431	米、面制品制造	
1432	速冻食品制造	1432	速冻食品制造	
1439	方便面及其他方便食品制造	1439	方便面及其他方便食品制造	
1440	乳制品制造	1440	液体乳及乳制品制造	更名
145	罐头食品制造			
1451	肉、禽类罐头制造	1451	肉、禽类罐头制造	
1452	水产品罐头制造	1452	水产品罐头制造	
1453	蔬菜、水果罐头制造	1453	蔬菜、水果罐头制造	
1459	其他罐头食品制造	1459	其他罐头食品制造	
146	调味品、发酵制品制造			
1461	味精制造	1461	味精制造	
1462	酱油、食醋及类似制品制造	1462	酱油、食醋及类似制品的制造	
1469	其他调味品、发酵制品制造	1469	其他调味品、发酵制品制造	
149	其他食品制造			

附录4-2 续表4 CONTINUED

GB/T 4754—2011		GB/T 4754—2002		说 明
1491	营养食品制造	1491	营养、保健食品制造	新增，将原1491分解
1492	保健食品制造	1491	营养、保健食品制造	新增，将原1491分解
1493	冷冻饮品及食用冰制造	1492	冷冻饮品及食用冰制造	
1494	盐加工	1493	盐加工	
1495	食品及饲料添加剂制造	1494	食品及饲料添加剂制造	
1499	其他未列明食品制造	1499	其他未列明的食品制造	
15	**酒、饮料和精制茶制造业**			
151	酒的制造			
1511	酒精制造	1510	酒精制造	
1512	白酒制造	1521	白酒制造	
1513	啤酒制造	1522	啤酒制造	
1514	黄酒制造	1523	黄酒制造	
1515	葡萄酒制造	1524	葡萄酒制造	
1519	其他酒制造	1529	其他酒制造	
152	饮料制造			
1521	碳酸饮料制造	1531	碳酸饮料制造	
1522	瓶（罐）装饮用水制造	1532	瓶（罐）装饮用水制造	
1523	果菜汁及果菜汁饮料制造	1533	果菜汁及果菜汁饮料制造	
1524	含乳饮料和植物蛋白饮料制造	1534	含乳饮料和植物蛋白饮料制造	
1525	固体饮料制造	1535	固体饮料制造	
1529	茶饮料及其他饮料制造	1539	茶饮料及其他软饮料制造	
1530	精制茶加工	1540	精制茶加工	
16	**烟草制品业**			
1610	烟叶复烤	1610	烟叶复烤	
1620	卷烟制造	1620	卷烟制造	
1690	其他烟草制品制造	1690	其他烟草制品加工	
17	**纺织业**			
171	棉纺织及印染精加工			
1711	棉纺纱加工	1711	棉、化纤纺织加工	新增，将原1711分解
1712	棉织造加工	1711	棉、化纤纺织加工	新增，将原1711分解
1713	棉印染精加工	1712	棉、化纤印染精加工	更名
172	毛纺织及染整精加工			
1721	毛条和毛纱线加工	1721	毛条加工	更名，内容变更，原1721归入此类，原1722部分内容调到此类
		1722	毛纺织	
1722	毛织造加工	1722	毛纺织	更名，内容变更，原1722部分内容调出
1723	毛染整精加工	1723	毛染整精加工	
173	麻纺织及染整精加工			
1731	麻纤维纺前加工和纺纱	1730	麻纺织	新增，将原1730分解
1732	麻织造加工	1730	麻纺织	新增，将原1730分解
1733	麻染整精加工	1730	麻纺织	新增，将原1730分解
174	丝绢纺织及印染精加工			
1741	缫丝加工	1741	缫丝加工	
1742	绢纺和丝织加工	1742	绢纺和丝织加工	调整，将原1742部分内容调出
1743	丝印染精加工	1743	丝印染精加工	调整，将原1743部分内容调出

附录4-2 续表5 CONTINUED

GB/T 4754—2011		GB/T 4754—2002		说　　明
175	化纤织造及印染精加工			
1751	化纤织造加工	1742	绢纺和丝织加工	新增，将原1742部分内容调到此类
1752	化纤织物染整精加工	1743	丝印染精加工	新增，将原1743部分内容调到此类
176	针织或钩针编织物及其制品制造			
1761	针织或钩针编织物织造	1761	棉、化纤针织品及编织品制造	新增，原1761、1762、1763、1769部分内容调到此类
		1762	毛针织品及编织品制造	
		1763	丝针织品及编织品制造	
		1769	其他针织品及编织品制造	
1762	针织或钩针编织物印染精加工	1761	棉、化纤针织品及编织品制造	新增，原1761、1762、1763、1763、1769部分内容调到此类
		1762	毛针织品及编织品制造	
		1763	丝针织品及编织品制造	
		1769	其他针织品及编织品制造	
1763	针织或钩针编织品制造	1761	棉、化纤针织品及编织品制造	新增，原1761、1762、1763、1763、1769部分内容调到此类
		1762	毛针织品及编织品制造	
		1763	丝针织品及编织品制造	
		1769	其他针织品及编织品制造	
177	家用纺织制成品制造			
1771	床上用品制造	1751	棉及化纤制品制造	新增，原1751、1752、1753、1754、1759部分内容调到此类
		1752	毛制品制造	
		1753	麻制品制造	
		1754	丝制品制造	
		1759	其他纺织制成品制造	
1772	毛巾类制品制造	1751	棉及化纤制品制造	新增，原1751、1752、1753、1754、1759部分内容调到此类
		1752	毛制品制造	
		1753	麻制品制造	
		1754	丝制品制造	
		1759	其他纺织制成品制造	
1773	窗帘、布艺类产品制造	1751	棉及化纤制品制造	新增，原1751、1752、1753、1754、1759部分内容调到此类
		1752	毛制品制造	
		1753	麻制品制造	
		1754	丝制品制造	
		1759	其他纺织制成品制造	
1779	其他家用纺织制成品制造	1751	棉及化纤制品制造	新增，原1751、1752、1753、1754、1759部分内容调到此类
		1752	毛制品制造	
		1753	麻制品制造	
		1754	丝制品制造	
		1759	其他纺织制成品制造	
178	非家用纺织制成品制造			

附录4-2 续表6 CONTINUED

GB/T 4754—2011		GB/T 4754—2002		说　明
1781	非织造布制造	1757	无纺布制造	更名
1782	绳、索、缆制造	1755	绳、索、缆的制造	
1783	纺织带和帘子布制造	1756	纺织带和帘子布制造	
1784	篷、帆布制造	1751	棉及化纤制品制造	新增，原1751、1759部分内容调到此类
		1759	其他纺织制成品制造	
1789	其他非家用纺织制成品制造	1759	其他纺织制成品制造	新增，原1759部分内容调到此类
18	**纺织服装、服饰业**			
1810	机织服装制造	1810	纺织服装制造	
1820	针织或钩针编织服装制造	1761	棉、化纤针织品及编织品制造	新增，原1761、1762、1763、1769部分内容调到此类
		1762	毛针织品及编织品制造	
		1763	丝针织品及编织品制造	
		1769	其他针织品及编织品制造	
1830	服饰制造	1751	棉及化纤制品制造	新增，原1751、1761、1762、1763部分内容调到此类，原1830 调到此类
		1761	棉、化纤针织品及编织品制造	
		1762	毛针织品及编织品制造	
		1763	丝针织品及编织品制造	
		1830	制帽	
19	**皮革、毛皮、羽毛及其制品和制鞋业**			
1910	皮革鞣制加工	1910	皮革鞣制加工	
192	皮革制品制造			
1921	皮革服装制造	1922	皮革服装制造	
1922	皮箱、包(袋)制造	1923	皮箱、包(袋)制造	
1923	皮手套及皮装饰制品制造	1924	皮手套及皮装饰制品制造	
1929	其他皮革制品制造	1929	其他皮革制品制造	
193	毛皮鞣制及制品加工			
1931	毛皮鞣制加工	1931	毛皮鞣制加工	
1932	毛皮服装加工	1932	毛皮服装加工	
1939	其他毛皮制品加工	1939	其他毛皮制品加工	
194	羽毛(绒)加工及制品制造			
1941	羽毛(绒)加工	1941	羽毛(绒)加工	
1942	羽毛(绒)制品加工	1942	羽毛(绒)制品加工	
195	制鞋业			
1951	纺织面料鞋制造	1820	纺织面料鞋的制造	调整，从原“18 纺织服装、鞋、帽制造业”调到此类
1952	皮鞋制造	1921	皮鞋制造	内容变更，原1921部分内容调出
1953	塑料鞋制造	3081	塑料鞋制造	调整，从原“30 塑料制品业”调到此类
1954	橡胶鞋制造	2960	橡胶靴鞋制造	调整，从原“29 橡胶制品业”调到此类
1959	其他制鞋业	1921	皮鞋制造	新增，原1921部分内容调到此类

附录4-2 续表7 CONTINUED

GB/T 4754—2011		GB/T 4754—2002		说 明
20	**木材加工和木、竹、藤、棕、草制品业**			
201	木材加工			
2011	锯材加工	2011	锯材加工	
2012	木片加工	2012	木片加工	
2013	单板加工	2029	其他人造板、材制造	新增,原2029部分内容调到此处
2019	其他木材加工	2029	其他人造板、材制造	新增,原2029部分内容调到此处
202	人造板制造			
2021	胶合板制造	2021	胶合板制造	
2022	纤维板制造	2022	纤维板制造	
2023	刨花板制造	2023	刨花板制造	
2029	其他人造板制造	2029	其他人造板、材制造	内容变更,原2029部分内容调出
203	木制品制造			
2031	建筑用木料及木材组件加工	2031	建筑用木料及木材组件加工	内容变更,原2031部分内容调出
2032	木门窗、楼梯制造	2031	建筑用木料及木材组件加工	新增,原2031部分内容调到此处
2033	地板制造	2031	建筑用木料及木材组件加工	新增,原2031部分内容调到此处
2034	木制容器制造	2032	木容器制造	
2039	软木制品及其他木制品制造	2039	软木制品及其他木制品制造	
204	竹、藤、棕、草等制品制造			
2041	竹制品制造	2040	竹、藤、棕、草制品制造	新增，将原2040分解
2042	藤制品制造	2040	竹、藤、棕、草制品制造	新增，将原2040分解
2043	棕制品制造	2040	竹、藤、棕、草制品制造	新增，将原2040分解
2049	草及其他制品制造	2040	竹、藤、棕、草制品制造	新增，将原2040分解
21	**家具制造业**			
2110	木质家具制造	2110	木质家具制造	
2120	竹、藤家具制造	2120	竹、藤家具制造	
2130	金属家具制造	2130	金属家具制造	
2140	塑料家具制造	2140	塑料家具制造	
2190	其他家具制造	2190	其他家具制造	
22	**造纸和纸制品业**			
221	纸浆制造			
2211	木竹浆制造	2210	纸浆制造	新增，将原2210分解
2212	非木竹浆制造	2210	纸浆制造	新增，将原2210分解
222	造纸			
2221	机制纸及纸板制造	2221	机制纸及纸板制造	
2222	手工纸制造	2222	手工纸制造	
2223	加工纸制造	2223	加工纸制造	
223	纸制品制造			
2231	纸和纸板容器制造	2231	纸和纸板容器的制造	
2239	其他纸制品制造	2239	其他纸制品制造	
23	**印刷和记录媒介复制业**			
231	印刷			
2311	书、报刊印刷	2311	书、报、刊印刷	
2312	本册印制	2312	本册印制	
2319	包装装潢及其他印刷	2319	包装装潢及其他印刷	
2320	装订及印刷相关服务	2320	装订及其他印刷服务活动	
2330	记录媒介复制	2330	记录媒介的复制	

附录4-2 续表8 CONTINUED

GB/T 4754—2011		GB/T 4754—2002		说　明
24	**文教、工美、体育和娱乐用品制造业**			
241	文教办公用品制造			
2411	文具制造	2411	文具制造	
2412	笔的制造	2412	笔的制造	
2413	教学用模型及教具制造	2413	教学用模型及教具制造	
2414	墨水、墨汁制造	2414	墨水、墨汁制造	
2419	其他文教办公用品制造	2419	其他文化用品制造	更名
242	乐器制造			
2421	中乐器制造	2431	中乐器制造	
2422	西乐器制造	2432	西乐器制造	
2423	电子乐器制造	2433	电子乐器制造	
2429	其他乐器及零件制造	2439	其他乐器及零件制造	
243	工艺美术品制造			
2431	雕塑工艺品制造	4211	雕塑工艺品制造	调整，从原42工艺品及其他制造业调到此类
2432	金属工艺品制造	4212	金属工艺品制造	同上
2433	漆器工艺品制造	4213	漆器工艺品制造	同上
2434	花画工艺品制造	4214	花画工艺品制造	同上
2435	天然植物纤维编织工艺品制造	4215	天然植物纤维编织工艺品制造	同上
2436	抽纱刺绣工艺品制造	4216	抽纱刺绣工艺品制造	同上
2437	地毯、挂毯制造	4217	地毯、挂毯制造	同上
2438	珠宝首饰及有关物品制造	4218	珠宝首饰及有关物品的制造	同上
2439	其他工艺美术品制造	4219	其他工艺美术品制造	同上
244	体育用品制造			
2441	球类制造	2421	球类制造	
2442	体育器材及配件制造	2422	体育器材及配件制造	
2443	训练健身器材制造	2423	训练健身器材制造	
2444	运动防护用具制造	2424	运动防护用具制造	
2449	其他体育用品制造	2429	其他体育用品制造	
2450	玩具制造	2440	玩具制造	
246	游艺器材及娱乐用品制造			
2461	露天游乐场所游乐设备制造	2451	露天游乐场所游乐设备制造	
2462	游艺用品及室内游艺器材制造	2452	游艺用品及室内游艺器材制造	内容变更，原2452部分内容调出
2469	其他娱乐用品制造	2452	游艺用品及室内游艺器材制造	新增，原2452部分内容调到此类
25	**石油加工、炼焦和核燃料加工业**			
251	精炼石油产品制造			
2511	原油加工及石油制品制造	2511	原油加工及石油制品制造	
2512	人造原油制造	2512	人造原油生产	
2520	炼焦	2520	炼焦	
2530	核燃料加工	2530	核燃料加工	
26	**化学原料和化学制品制造业**			
261	基础化学原料制造			
2611	无机酸制造	2611	无机酸制造	
2612	无机碱制造	2612	无机碱制造	
2613	无机盐制造	2613	无机盐制造	
2614	有机化学原料制造	2614	有机化学原料制造	
2619	其他基础化学原料制造	2619	其他基础化学原料制造	
262	肥料制造			

附录4-2 续表9 CONTINUED

GB/T 4754—2011		GB/T 4754—2002		说　　明
2621	氮肥制造	2621	氮肥制造	
2622	磷肥制造	2622	磷肥制造	
2623	钾肥制造	2623	钾肥制造	
2624	复混肥料制造	2624	复混肥料制造	
2625	有机肥料及微生物肥料制造	2625	有机肥料及微生物肥料制造	
2629	其他肥料制造	2629	其他肥料制造	
263	农药制造			
2631	化学农药制造	2631	化学农药制造	
2632	生物化学农药及微生物农药制造	2632	生物化学农药及微生物农药制造	
264	涂料、油墨、颜料及类似产品制造			
2641	涂料制造	2641	涂料制造	
2642	油墨及类似产品制造	2642	油墨及类似产品制造	
2643	颜料制造	2643	颜料制造	
2644	染料制造	2644	染料制造	
2645	密封用填料及类似品制造	2645	密封用填料及类似品制造	
265	合成材料制造			
2651	初级形态塑料及合成树脂制造	2651	初级形态的塑料及合成树脂制造	
2652	合成橡胶制造	2652	合成橡胶制造	
2653	合成纤维单(聚合)体制造	2653	合成纤维单(聚合)体的制造	
2659	其他合成材料制造	2659	其他合成材料制造	内容变更，原2659归入此类，原2662、2669部分内容调到此类
		2662	专项化学用品制造	
		2669	其他专用化学产品制造	
266	专用化学产品制造			
2661	化学试剂和助剂制造	2661	化学试剂和助剂制造	
2662	专项化学用品制造	2662	专项化学用品制造	内容变更，原2662部分内容调出
2663	林产化学产品制造	2663	林产化学产品制造	
2664	信息化学品制造	2665	信息化学品制造	
2665	环境污染处理专用药剂材料制造	2666	环境污染处理专用药剂材料制造	
2666	动物胶制造	2667	动物胶制造	
2669	其他专用化学产品制造	2662	专项化学用品制造	内容变更，原2662部分内容调到此类，原2669部分内容调出
		2669	其他专用化学产品制造	
267	炸药、火工及焰火产品制造			
2671	炸药及火工产品制造	2664	炸药及火工产品制造	内容变更，原2664部分内容调出
2672	焰火、鞭炮产品制造	2664	炸药及火工产品制造	新增，原2664部分内容调到此类
268	日用化学产品制造			
2681	肥皂及合成洗涤剂制造	2662	专项化学用品制造	内容变更，原2662部分内容调到此类，原2671归入此类
		2671	肥皂及合成洗涤剂制造	
2682	化妆品制造	2672	化妆品制造	
2683	口腔清洁用品制造	2673	口腔清洁用品制造	
2684	香料、香精制造	2674	香料、香精制造	
2689	其他日用化学产品制造	2679	其他日用化学产品制造	
27	**医药制造业**			
2710	化学药品原料药制造	2710	化学药品原药制造	
2720	化学药品制剂制造	2720	化学药品制剂制造	

附录4-2 续表10 CONTINUED

GB/T 4754—2011		GB/T 4754—2002		说　明
2730	中药饮片加工	2730	中药饮片加工	
2740	中成药生产	2740	中成药制造	
2750	兽用药品制造	2750	兽用药品制造	
2760	生物药品制造	2760	生物、生化制品的制造	更名
2770	卫生材料及医药用品制造	2770	卫生材料及医药用品制造	
28	**化学纤维制造业**			
281	纤维素纤维原料及纤维制造			
2811	化纤浆粕制造	2811	化纤浆粕制造	
2812	人造纤维（纤维素纤维）制造	2812	人造纤维（纤维素纤维）制造	
282	合成纤维制造			
2821	锦纶纤维制造	2821	锦纶纤维制造	
2822	涤纶纤维制造	2822	涤纶纤维制造	
2823	腈纶纤维制造	2823	腈纶纤维制造	
2824	维纶纤维制造	2824	维纶纤维制造	
2825	丙纶纤维制造	2829	其他合成纤维制造	新增，原2829部分内容调到此类
2826	氨纶纤维制造	2829	其他合成纤维制造	新增，原2829部分内容调到此类
2829	其他合成纤维制造	2829	其他合成纤维制造	内容变更，原2829部分内容调出
29	**橡胶和塑料制品业**			
291	橡胶制品业			
2911	轮胎制造	2911	车辆、飞机及工程机械轮胎制造	调整，原中类调整为小类，原2911、2912、2913小类合并
		2912	力车胎制造	
		2913	轮胎翻新加工	
2912	橡胶板、管、带制造	2920	橡胶板、管、带的制造	
2913	橡胶零件制造	2930	橡胶零件制造	
2914	再生橡胶制造	2940	再生橡胶制造	
2915	日用及医用橡胶制品制造	2950	日用及医用橡胶制品制造	
2919	其他橡胶制品制造	2990	其他橡胶制品制造	
292	塑料制品业			
2921	塑料薄膜制造	3010	塑料薄膜制造	
2922	塑料板、管、型材制造	3020	塑料板、管、型材的制造	
2923	塑料丝、绳及编织品制造	3030	塑料丝、绳及编织品的制造	
2924	泡沫塑料制造	3040	泡沫塑料制造	
2925	塑料人造革、合成革制造	3050	塑料人造革、合成革制造	
2926	塑料包装箱及容器制造	3060	塑料包装箱及容器制造	
2927	日用塑料制品制造	3082	日用塑料杂品制造	
2928	塑料零件制造	3070	塑料零件制造	
2929	其他塑料制品制造	3090	其他塑料制品制造	
30	**非金属矿物制品业**			
301	水泥、石灰和石膏制造			
3011	水泥制造	3111	水泥制造	
3012	石灰和石膏制造	3112	石灰和石膏制造	
302	石膏、水泥制品及类似制品制造			更名
3021	水泥制品制造	3121	水泥制品制造	
3022	砼结构构件制造	3122	砼结构构件制造	
3023	石棉水泥制品制造	3123	石棉水泥制品制造	
3024	轻质建筑材料制造	3124	轻质建筑材料制造	

附录4-2 续表11 CONTINUED

GB/T 4754—2011		GB/T 4754—2002		说 明
3029	其他水泥类似制品制造	3129	其他水泥制品制造	
303	砖瓦、石材等建筑材料制造			
3031	粘土砖瓦及建筑砌块制造	3131	粘土砖瓦及建筑砌块制造	
3032	建筑陶瓷制品制造	3132	建筑陶瓷制品制造	
3033	建筑用石加工	3133	建筑用石加工	
3034	防水建筑材料制造	3134	防水建筑材料制造	
3035	隔热和隔音材料制造	3135	隔热和隔音材料制造	
3039	其他建筑材料制造	3139	其他建筑材料制造	
304	玻璃制造			
3041	平板玻璃制造	3141	平板玻璃制造	内容变更，原3141部分内容调出
3049	其他玻璃制造	3141	平板玻璃制造	新增，原3141、3142部分内容调到此类
		3142	技术玻璃制品制造	
305	玻璃制品制造			
3051	技术玻璃制品制造	3142	技术玻璃制品制造	内容变更，原3142部分内容调出
3052	光学玻璃制造	3143	光学玻璃制造	
3053	玻璃仪器制造	3144	玻璃仪器制造	
3054	日用玻璃制品制造	3145	日用玻璃制品及玻璃包装容器制造	新增，将原3145分解
3055	玻璃包装容器制造	3145	日用玻璃制品及玻璃包装容器制造	新增，将原3145分解
3056	玻璃保温容器制造	3146	玻璃保温容器制造	
3057	制镜及类似品加工	4221	制镜及类似品加工	
3059	其他玻璃制品制造	3149	其他玻璃制品制造	
306	玻璃纤维和玻璃纤维增强塑料制品制造			
3061	玻璃纤维及制品制造	3147	玻璃纤维及制品制造	
3062	玻璃纤维增强塑料制品制造	3148	玻璃纤维增强塑料制品制造	
307	陶瓷制品制造			
3071	卫生陶瓷制品制造	3151	卫生陶瓷制品制造	
3072	特种陶瓷制品制造	3152	特种陶瓷制品制造	
3073	日用陶瓷制品制造	3153	日用陶瓷制品制造	
3079	园林、陈设艺术及其他陶瓷制品制造	3159	园林、陈设艺术及其他陶瓷制品制造	
308	耐火材料制品制造			
3081	石棉制品制造	3161	石棉制品制造	
3082	云母制品制造	3162	云母制品制造	
3089	耐火陶瓷制品及其他耐火材料制造	3169	耐火陶瓷制品及其他耐火材料制造	
309	石墨及其他非金属矿物制品制造			
3091	石墨及碳素制品制造	3191	石墨及碳素制品制造	
3099	其他非金属矿物制品制造	3199	其他非金属矿物制品制造	
31	**黑色金属冶炼和压延加工业**			
3110	炼铁	3210	炼铁	
3120	炼钢	3220	炼钢	
3130	黑色金属铸造	3591	钢铁铸件制造	更名，调整，从原“35 通用设备制造业”调到此类

附录4-2 续表12 CONTINUED

GB/T 4754—2011		GB/T 4754—2002		说　明
3140	钢压延加工	3230	钢压延加工	
3150	铁合金冶炼	3240	铁合金冶炼	
32	**有色金属冶炼和压延加工业**			
321	常用有色金属冶炼			
3211	铜冶炼	3311	铜冶炼	
3212	铅锌冶炼	3312	铅锌冶炼	
3213	镍钴冶炼	3313	镍钴冶炼	
3214	锡冶炼	3314	锡冶炼	
3215	锑冶炼	3315	锑冶炼	
3216	铝冶炼	3316	铝冶炼	
3217	镁冶炼	3317	镁冶炼	
3219	其他常用有色金属冶炼	3319	其他常用有色金属冶炼	内容变更，原3319部分内容调出
322	贵金属冶炼			
3221	金冶炼	3321	金冶炼	
3222	银冶炼	3322	银冶炼	
3229	其他贵金属冶炼	3329	其他贵金属冶炼	内容变更，原3329部分内容调出
323	稀有稀土金属冶炼			
3231	钨钼冶炼	3331	钨钼冶炼	
3232	稀土金属冶炼	3332	稀土金属冶炼	内容变更，原3332部分内容调出
3239	其他稀有金属冶炼	3339	其他稀有金属冶炼	内容变更，原3339部分内容调出
3240	有色金属合金制造	3340	有色金属合金制造	
3250	有色金属铸造	3319	其他常用有色金属冶炼	新增，原3319、3329、3332、3339部分内容调到此类
		3329	其他贵金属冶炼	
		3332	稀土金属冶炼	
		3339	其他稀有金属冶炼	
326	有色金属压延加工			
3261	铜压延加工	3351	常用有色金属压延加工	新增，将原3351分解
3262	铝压延加工	3351	常用有色金属压延加工	新增，将原3351分解
3263	贵金属压延加工	3352	贵金属压延加工	
3264	稀有稀土金属压延加工	3353	稀有稀土金属压延加工	
3269	其他有色金属压延加工	3351	常用有色金属压延加工	新增，将原3351分解
33	**金属制品业**			
331	结构性金属制品制造			
3311	金属结构制造	3411	金属结构制造	
3312	金属门窗制造	3412	金属门窗制造	
332	金属工具制造			
3321	切削工具制造	3421	切削工具制造	
3322	手工具制造	3422	手工具制造	
3323	农用及园林用金属工具制造	3423	农用及园林用金属工具制造	
3324	刀剪及类似日用金属工具制造	3424	刀剪及类似日用金属工具制造	
3329	其他金属工具制造	3429	其他金属工具制造	
333	集装箱及金属包装容器制造			
3331	集装箱制造	3431	集装箱制造	
3332	金属压力容器制造	3432	金属压力容器制造	
3333	金属包装容器制造	3433	金属包装容器制造	
3340	金属丝绳及其制品制造	3440	金属丝绳及其制品的制造	

附录4-2 续表13 CONTINUED

GB/T 4754—2011		GB/T 4754—2002		说　明
335	建筑、安全用金属制品制造			
3351	建筑、家具用金属配件制造	3451	建筑、家具用金属配件制造	
3352	建筑装饰及水暖管道零件制造	3452	建筑装饰及水暖管道零件制造	内容变更，原3452部分内容调出
3353	安全、消防用金属制品制造	3453	安全、消防用金属制品制造	
3359	其他建筑、安全用金属制品制造	3459	其他建筑、安全用金属制品制造	
3360	金属表面处理及热处理加工	3460	金属表面处理及热处理加工	
337	搪瓷制品制造			
3371	生产专用搪瓷制品制造	3471	工业生产配套用搪瓷制品制造	更名
3372	建筑装饰搪瓷制品制造	3452	建筑装饰及水暖管道零件制造	新增，原3452部分内容调到此类
3373	搪瓷卫生洁具制造	3472	搪瓷卫生洁具制造	
3379	搪瓷日用品及其他搪瓷制品制造	3479	搪瓷日用品及其他搪瓷制品制造	
338	金属制日用品制造			
3381	金属制厨房用器具制造	3481	金属制厨房调理及卫生器具制造	新增，将原3481分解
3382	金属制餐具和器皿制造	3482	金属制厨用器皿及餐具制造	更名
3383	金属制卫生器具制造	3481	金属制厨房调理及卫生器具制造	新增，将原3481分解
3389	其他金属制日用品制造	3489	其他日用金属制品制造	
339	其他金属制品制造			
3391	锻件及粉末冶金制品制造	3592	锻件及粉末冶金制品制造	调整，从原“35 通用设备制造业”调到此类
3392	交通及公共管理用金属标牌制造	3792	交通管理用金属标志及设施制造	更名，调整，从原“37 交通运输设备制造业”调到此类
3399	其他未列明金属制品制造	3491	铸币及贵金属制实验室用品制造	内容变更，原3491、3499、3663归入此类
		3499	其他未列明的金属制品制造	
		3663	武器弹药制造	
34	**通用设备制造业**			
341	锅炉及原动设备制造			
3411	锅炉及辅助设备制造	3511	锅炉及辅助设备制造	
3412	内燃机及配件制造	3512	内燃机及配件制造	
3413	汽轮机及辅机制造	3513	汽轮机及辅机制造	
3414	水轮机及辅机制造	3514	水轮机及辅机制造	
3415	风能原动设备制造	3519	其他原动机制造	新增，原3519部分内容调到此类
3419	其他原动设备制造	3519	其他原动机制造	内容变更，原3519部分内容调出
342	金属加工机械制造			
3421	金属切削机床制造	3521	金属切削机床制造	
3422	金属成形机床制造	3522	金属成形机床制造	
3423	铸造机械制造	3523	铸造机械制造	
3424	金属切割及焊接设备制造	3524	金属切割及焊接设备制造	
3425	机床附件制造	3525	机床附件制造	
3429	其他金属加工机械制造	3529	其他金属加工机械制造	
343	物料搬运设备制造			更名
3431	轻小型起重设备制造	3530	起重运输设备制造	新增，将原3530分解
3432	起重机制造	3530	起重运输设备制造	新增，将原3530分解
3433	生产专用车辆制造	3530	起重运输设备制造	新增，将原3530分解
3434	连续搬运设备制造	3530	起重运输设备制造	新增，将原3530分解
3435	电梯、自动扶梯及升降机制造	3530	起重运输设备制造	新增，将原3530分解

附录4-2 续表14 CONTINUED

GB/T 4754—2011		GB/T 4754—2002		说 明
3439	其他物料搬运设备制造	3530	起重运输设备制造	新增，将原3530分解
344	泵、阀门、压缩机及类似机械制造			
3441	泵及真空设备制造	3541	泵及真空设备制造	
3442	气体压缩机械制造	3542	气体压缩机械制造	
3443	阀门和旋塞制造	3543	阀门和旋塞的制造	
3444	液压和气压动力机械及元件制造	3544	液压和气压动力机械及元件制造	
345	轴承、齿轮和传动部件制造			
3451	轴承制造	3551	轴承制造	
3452	齿轮及齿轮减、变速箱制造	3552	齿轮、传动和驱动部件制造	新增，将原3552分解
3459	其他传动部件制造	3552	齿轮、传动和驱动部件制造	新增，将原3552分解
346	烘炉、风机、衡器、包装等设备制造			
3461	烘炉、熔炉及电炉制造	3560	烘炉、熔炉及电炉制造	
3462	风机、风扇制造	3571	风机、风扇制造	
3463	气体、液体分离及纯净设备制造	3572	气体、液体分离及纯净设备制造	
3464	制冷、空调设备制造	3573	制冷、空调设备制造	
3465	风动和电动工具制造	3574	风动和电动工具制造	
3466	喷枪及类似器具制造	3575	喷枪及类似器具制造	
3467	衡器制造	3577	衡器制造	
3468	包装专用设备制造	3576	包装专用设备制造	
347	文化、办公用机械制造			
3471	电影机械制造	4151	电影机械制造	
3472	幻灯及投影设备制造	4152	幻灯及投影设备制造	
3473	照相机及器材制造	4153	照相机及器材制造	
3474	复印和胶印设备制造	4154	复印和胶印设备制造	
3475	计算器及货币专用设备制造	4155	计算器及货币专用设备制造	
3479	其他文化、办公用机械制造	4159	其他文化、办公用机械制造	
348	通用零部件制造			
3481	金属密封件制造	3581	金属密封件制造	
3482	紧固件制造	3582	紧固件、弹簧制造	新增，将原3582分解
3483	弹簧制造	3582	紧固件、弹簧制造	新增，将原3582分解
3484	机械零部件加工	3583	机械零部件加工及设备修理	更名，内容变更，原3583部分内容调出
3489	其他通用零部件制造	3589	其他通用零部件制造	
3490	其他通用设备制造业	3579	其他通用设备制造	
35	**专用设备制造业**			
351	采矿、冶金、建筑专用设备制造			
3511	矿山机械制造	3611	采矿、采石设备制造	
3512	石油钻采专用设备制造	3612	石油钻采专用设备制造	内容变更，原3612部分内容调出
3513	建筑工程用机械制造	3613	建筑工程用机械制造	内容变更，原3613部分内容调出
3514	海洋工程专用设备制造	3612	石油钻采专用设备制造	新增，原3612、3613、3759部分内容调到此类
		3613	建筑工程用机械制造	
		3759	航标器材及其他浮动装置的制造	
3515	建筑材料生产专用机械制造	3614	建筑材料生产专用机械制造	
3516	冶金专用设备制造	3615	冶金专用设备制造	
352	化工、木材、非金属加工专用设备制造			

附录4-2 续表15 CONTINUED

GB/T 4754—2011		GB/T 4754—2002		说明
3521	炼油、化工生产专用设备制造	3621	炼油、化工生产专用设备制造	
3522	橡胶加工专用设备制造	3622	橡胶加工专用设备制造	
3523	塑料加工专用设备制造	3623	塑料加工专用设备制造	
3524	木材加工机械制造	3624	木材加工机械制造	
3525	模具制造	3625	模具制造	
3529	其他非金属加工专用设备制造	3629	其他非金属加工专用设备制造	
353	食品、饮料、烟草及饲料生产专用设备制造			
3531	食品、酒、饮料及茶生产专用设备制造	3631	食品、饮料、烟草工业专用设备制造	更名，内容变更，原3631部分内容调出
3532	农副食品加工专用设备制造	3632	农副食品加工专用设备制造	
3533	烟草生产专用设备制造	3631	食品、饮料、烟草工业专用设备制造	新增，原3631部分内容调到此类
3534	饲料生产专用设备制造	3633	饲料生产专用设备制造	
354	印刷、制药、日化及日用品生产专用设备制造			
3541	制浆和造纸专用设备制造	3641	制浆和造纸专用设备制造	
3542	印刷专用设备制造	3642	印刷专用设备制造	
3543	日用化工专用设备制造	3643	日用化工专用设备制造	
3544	制药专用设备制造	3644	制药专用设备制造	
3545	照明器具生产专用设备制造	3645	照明器具生产专用设备制造	
3546	玻璃、陶瓷和搪瓷制品生产专用设备制造	3646	玻璃、陶瓷和搪瓷制品生产专用设备制造	
3549	其他日用品生产专用设备制造	3649	其他日用品生产专用设备制造	
355	纺织、服装和皮革加工专用设备制造			
3551	纺织专用设备制造	3651	纺织专用设备制造	
3552	皮革、毛皮及其制品加工专用设备制造	3652	皮革、毛皮及其制品加工专用设备制造	
3553	缝制机械制造	3653	缝纫机械制造	内容变更，原3653归入此类，原3659被分解，部分内容调到此类
		3659	其他服装加工专用设备制造	
3554	洗涤机械制造	3659	其他服装加工专用设备制造	新增，原3659部分内容调到此类
356	电子和电工机械专用设备制造			
3561	电工机械专用设备制造	3661	电工机械专用设备制造	
3562	电子工业专用设备制造	3662	电子工业专用设备制造	
357	农、林、牧、渔专用机械制造			
3571	拖拉机制造	3671	拖拉机制造	
3572	机械化农业及园艺机具制造	3672	机械化农业及园艺机具制造	
3573	营林及木竹采伐机械制造	3673	营林及木竹采伐机械制造	
3574	畜牧机械制造	3674	畜牧机械制造	
3575	渔业机械制造	3675	渔业机械制造	
3576	农林牧渔机械配件制造	3676	农林牧渔机械配件制造	
3577	棉花加工机械制造	3679	其他农林牧渔业机械制造及机械修理	新增，原3679部分内容调到此类

附录4-2 续表16 CONTINUED

GB/T 4754—2011		GB/T 4754—2002		说明
3579	其他农、林、牧、渔业机械制造	3679	其他农林牧渔业机械制造及机械修理	内容变更，原3679部分内容调出
358	医疗仪器设备及器械制造			
3581	医疗诊断、监护及治疗设备制造	3681	医疗诊断、监护及治疗设备制造	
3582	口腔科用设备及器具制造	3682	口腔科用设备及器具制造	
3583	医疗实验室及医用消毒设备和器具制造	3683	实验室及医用消毒设备和器具的制造	
3584	医疗、外科及兽医用器械制造	3684	医疗、外科及兽医用器械制造	
3585	机械治疗及病房护理设备制造	3685	机械治疗及病房护理设备制造	
3586	假肢、人工器官及植（介）入器械制造	3686	假肢、人工器官及植（介）入器械制造	
3589	其他医疗设备及器械制造	3689	其他医疗设备及器械制造	
359	环保、社会公共服务及其他专用设备制造			
3591	环境保护专用设备制造	3691	环境污染防治专用设备制造	
3592	地质勘查专用设备制造	3692	地质勘查专用设备制造	
3593	邮政专用机械及器材制造	3693	邮政专用机械及器材制造	
3594	商业、饮食、服务专用设备制造	3694	商业、饮食、服务业专用设备制造	
3595	社会公共安全设备及器材制造	3695	社会公共安全设备及器材制造	
3596	交通安全、管制及类似专用设备制造	3696	交通安全及管制专用设备制造	内容变更，原3696部分内容调出
3597	水资源专用机械制造	3697	水资源专用机械制造	
3599	其他专用设备制造	3699	其他专用设备制造	内容变更，原3699部分内容调出
36	**汽车制造业**			
3610	汽车整车制造	3721	汽车整车制造	内容变更，原3721部分内容调出
3620	改装汽车制造	3722	改装汽车制造	
3630	低速载货汽车制造	3721	汽车整车制造	新增，原3721部分内容调到此类
3640	电车制造	3723	电车制造	
3650	汽车车身、挂车制造	3724	汽车车身、挂车的制造	
3660	汽车零部件及配件制造	3725	汽车零部件及配件制造	
37	**铁路、船舶、航空航天和其他运输设备制造业**			
371	铁路运输设备制造			
3711	铁路机车车辆及动车组制造	3711	铁路机车车辆及动车组制造	内容变更，原3711部分内容调出
3712	窄轨机车车辆制造	3712	工矿有轨专用车辆制造	更名
3713	铁路机车车辆配件制造	3713	铁路机车车辆配件制造	
3714	铁路专用设备及器材、配件制造	3714	铁路专用设备及器材、配件制造	内容变更，原3714部分内容调出
3719	其他铁路运输设备制造	3719	其他铁路设备制造及设备修理	更名，内容变更，原3719部分内容调出
3720	城市轨道交通设备制造	3711	铁路机车车辆及动车组制造	新增，原3711部分内容调到此类
373	船舶及相关装置制造			
3731	金属船舶制造	3751	金属船舶制造	
3732	非金属船舶制造	3752	非金属船舶制造	
3733	娱乐船和运动船制造	3753	娱乐船和运动船的建造和修理	内容变更，原3753部分内容调出

附录4-2 续表17 CONTINUED

GB/T 4754—2011		GB/T 4754—2002		说　明
3734	船用配套设备制造	3754	船用配套设备制造	
3735	船舶改装与拆除	3755	船舶修理及拆船	内容变更，原3755部分内容调出
3739	航标器材及其他相关装置制造	3759	航标器材及其他浮动装置的制造	更名，内容变更，原3759部分内容调出
374	航空、航天器及设备制造			
3741	飞机制造	3761	飞机制造及修理	内容变更，原3761部分内容调出
3742	航天器制造	3762	航天器制造	
3743	航空、航天相关设备制造	3669	航空、航天及其他专用设备制造	调整，从原“36 专用设备制造业”调到此类
3749	其他航空航天器制造	3769	其他飞行器制造	
375	摩托车制造			
3751	摩托车整车制造	3731	摩托车整车制造	
3752	摩托车零部件及配件制造	3732	摩托车零部件及配件制造	
376	自行车制造			
3761	脚踏自行车及残疾人座车制造	3741	脚踏自行车及残疾人座车制造	
3762	助动自行车制造	3742	助动自行车制造	
3770	非公路休闲车及零配件制造	3741	脚踏自行车及残疾人座车制造	新增，原3741、3742、3799部分内容调到此类
		3742	助动自行车制造	
		3799	其他交通运输设备制造	
379	潜水救捞及其他未列明运输设备制造			
3791	潜水及水下救捞装备制造	3791	潜水及水下救捞装备制造	
3799	其他未列明运输设备制造	3799	其他交通运输设备制造	内容变更，原3799部分内容调出
38	**电气机械和器材制造业**			
381	电机制造			
3811	发电机及发电机组制造	3911	发电机及发电机组制造	
3812	电动机制造	3912	电动机制造	
3819	微电机及其他电机制造	3919	微电机及其他电机制造	
382	输配电及控制设备制造			
3821	变压器、整流器和电感器制造	3921	变压器、整流器和电感器制造	
3822	电容器及其配套设备制造	3922	电容器及其配套设备制造	
3823	配电开关控制设备制造	3923	配电开关控制设备制造	
3824	电力电子元器件制造	3924	电力电子元器件制造	
3825	光伏设备及元器件制造	3929	其他输配电及控制设备制造	新增，原3929部分内容调到此类
3829	其他输配电及控制设备制造	3929	其他输配电及控制设备制造	内容变更，原3929部分内容调出
383	电线、电缆、光缆及电工器材制造			
3831	电线、电缆制造	3931	电线电缆制造	
3832	光纤、光缆制造	3932	光纤、光缆制造	
3833	绝缘制品制造	3933	绝缘制品制造	
3839	其他电工器材制造	3939	其他电工器材制造	
384	电池制造			
3841	锂离子电池制造	3940	电池制造	新增，将原3940分解
3842	镍氢电池制造	3940	电池制造	新增，将原3940分解
3849	其他电池制造	3940	电池制造	新增，将原3940分解
385	家用电力器具制造			

附录4-2 续表18 CONTINUED

GB/T 4754—2011		GB/T 4754—2002		说明
3851	家用制冷电器具制造	3951	家用制冷电器具制造	
3852	家用空气调节器制造	3952	家用空气调节器制造	
3853	家用通风电器具制造	3953	家用通风电器具制造	
3854	家用厨房电器具制造	3954	家用厨房电器具制造	
3855	家用清洁卫生电器具制造	3955	家用清洁卫生电器具制造	
3856	家用美容、保健电器具制造	3956	家用美容、保健电器具制造	
3857	家用电力器具专用配件制造	3957	家用电力器具专用配件制造	
3859	其他家用电力器具制造	3959	其他家用电力器具制造	
386	非电力家用器具制造			
3861	燃气、太阳能及类似能源家用器具制造	3961	燃气、太阳能及类似能源的器具制造	
3869	其他非电力家用器具制造	3969	其他非电力家用器具制造	
387	照明器具制造			
3871	电光源制造	3971	电光源制造	
3872	照明灯具制造	3972	照明灯具制造	内容变更，原3972归入此类，原3991部分内容调到此类
		3991	车辆专用照明及电气信号设备装置制造	
3879	灯用电器附件及其他照明器具制造	3979	灯用电器附件及其他照明器具制造	
389	其他电气机械及器材制造			
3891	电气信号设备装置制造	3696	交通安全及管制专用设备制造	内容变更，原3991部分内容调出，原3696、3714、3999部分内容调到此类
		3714	铁路专用设备及器材、配件制造	
		3991	车辆专用照明及电气信号设备装置制造	
		3999	其他未列明的电气机械制造	
3899	其他未列明电气机械及器材制造	3999	其他未列明的电气机械制造	内容变更，原3999部分内容调出
39	**计算机、通信和其他电子设备制造业**			
391	计算机制造			
3911	计算机整机制造	4041	电子计算机整机制造	
3912	计算机零部件制造	4043	电子计算机外部设备制造	新增，将原4043分解
3913	计算机外围设备制造	4043	电子计算机外部设备制造	新增，将原4043分解
3919	其他计算机制造	4042	计算机网络设备制造	新增，原4042对应此类，原4043部分内容调到此类
		4043	电子计算机外部设备制造	
392	通信设备制造			
3921	通信系统设备制造	4011	通信传输设备制造	新增，原4011、4012、4019合并为此类
		4012	通信交换设备制造	
		4019	其他通信设备制造	
3922	通信终端设备制造	4013	通信终端设备制造	新增，原4013、4014合并为此类
		4014	移动通信及终端设备制造	

附录4-2 续表19 CONTINUED

GB/T 4754—2011		GB/T 4754—2002		说　明
393	广播电视设备制造			
3931	广播电视节目制作及发射设备制造	4031	广播电视节目制作及发射设备制造	
3932	广播电视接收设备及器材制造	4032	广播电视接收设备及器材制造	
3939	应用电视设备及其他广播电视设备制造	4039	应用电视设备及其他广播电视设备制造	
3940	雷达及配套设备制造	4020	雷达及配套设备制造	
395	视听设备制造			
3951	电视机制造	4071	家用影视设备制造	新增，将原4071分解
3952	音响设备制造	4072	家用音响设备制造	更名
3953	影视录放设备制造	4071	家用影视设备制造	新增，将原4071分解
396	电子器件制造			
3961	电子真空器件制造	4051	电子真空器件制造	
3962	半导体分立器件制造	4052	半导体分立器件制造	
3963	集成电路制造	4053	集成电路制造	
3969	光电子器件及其他电子器件制造	4059	光电子器件及其他电子器件制造	
397	电子元件制造			
3971	电子元件及组件制造	4061	电子元件及组件制造	
3972	印制电路板制造	4062	印制电路板制造	
3990	其他电子设备制造	4090	其他电子设备制造	
40	**仪器仪表制造业**			
401	通用仪器仪表制造			
4011	工业自动控制系统装置制造	4111	工业自动控制系统装置制造	
4012	电工仪器仪表制造	4112	电工仪器仪表制造	
4013	绘图、计算及测量仪器制造	4113	绘图、计算及测量仪器制造	
4014	实验分析仪器制造	4114	实验分析仪器制造	
4015	试验机制造	4115	试验机制造	
4019	供应用仪表及其他通用仪器制造	4119	供应用仪表及其他通用仪器制造	
402	专用仪器仪表制造			
4021	环境监测专用仪器仪表制造	4121	环境监测专用仪器仪表制造	
4022	运输设备及生产用计数仪表制造	4122	汽车及其他用计数仪表制造	
4023	导航、气象及海洋专用仪器制造	4123	导航、气象及海洋专用仪器制造	
4024	农林牧渔专用仪器仪表制造	4124	农林牧渔专用仪器仪表制造	
4025	地质勘探和地震专用仪器制造	4125	地质勘探和地震专用仪器制造	
4026	教学专用仪器制造	4126	教学专用仪器制造	
4027	核子及核辐射测量仪器制造	4127	核子及核辐射测量仪器制造	
4028	电子测量仪器制造	4128	电子测量仪器制造	
4029	其他专用仪器制造	4129	其他专用仪器制造	
4030	钟表与计时仪器制造	4130	钟表与计时仪器制造	
404	光学仪器及眼镜制造			
4041	光学仪器制造	4141	光学仪器制造	
4042	眼镜制造	4142	眼镜制造	
4090	其他仪器仪表制造业	4190	其他仪器仪表的制造及修理	内容变更，原4190部分内容调出
41	**其他制造业**			
411	日用杂品制造			
4111	鬃毛加工、制刷及清扫工具制造	4222	鬃毛加工、制刷及清扫工具的制造	

附录4-2 续表20 CONTINUED

GB/T 4754—2011		GB/T 4754—2002		说　明
4119	其他日用杂品制造	4229	其他日用杂品制造	
4120	煤制品制造	4230	煤制品制造	
4130	核辐射加工	4240	核辐射加工	
4190	其他未列明制造业	4290	其他未列明的制造业	
42	**废弃资源综合利用业**			
4210	金属废料和碎屑加工处理	4310	金属废料和碎屑的加工处理	
4220	非金属废料和碎屑加工处理	4320	非金属废料和碎屑的加工处理	
43	**金属制品、机械和设备修理业**			
4310	金属制品修理	3411	金属结构制造	新增，原3411、3431、3432部分内容调到此类
		3431	集装箱制造	
		3432	金属压力容器制造	
4320	通用设备修理	3583	机械零部件加工及设备修理	新增，原3583部分内容调到此类
4330	专用设备修理	3679	其他农林牧渔业机械制造及机械修理	新增，原3679、3681、3682、3683、3684、3685、3689、3699部分内容调到此类
		3681	医疗诊断、监护及治疗设备制造	
		3682	口腔科用设备及器具制造	
		3683	实验室及医用消毒设备和器具的制造	
		3684	医疗、外科及兽医用器械制造	
		3685	机械治疗及病房护理设备制造	
		3689	其他医疗设备及器械制造	
		3699	其他专用设备制造	
434	铁路、船舶、航空航天等运输设备修理			
4341	铁路运输设备修理	3719	其他铁路设备制造及设备修理	新增，原3719部分内容调到此类
4342	船舶修理	3753	娱乐船和运动船的建造和修理	新增，原3753、3755部分内容调到此类
		3755	船舶修理及拆船	
4343	航空航天器修理	3761	飞机制造及修理	新增，原3761部分内容调到此类
4349	其他运输设备修理	3799	其他交通运输设备制造	新增，原3799部分内容调到此类
4350	电气设备修理	3999	其他未列明的电气机械制造	新增，原3999部分内容调到此类
4360	仪器仪表修理	4190	其他仪器仪表的制造及修理	新增，原4190部分内容调到此类
4390	其他机械和设备修理业	3583	机械零部件加工及设备修理	新增，原3583部分内容调到此类
D	**电力、热力、燃气及水生产和供应业**			
44	**电力、热力生产和供应业**			
441	电力生产			
4411	火力发电	4411	火力发电	
4412	水力发电	4412	水力发电	
4413	核力发电	4413	核力发电	
4414	风力发电	4419	其他能源发电	新增，原4419部分内容调到此类
4415	太阳能发电	4419	其他能源发电	新增，原4419部分内容调到此类
4419	其他电力生产	4419	其他能源发电	内容变更，原4419部分内容调出
4420	电力供应	4420	电力供应	

附录4-2 续表21 CONTINUED

GB/T 4754—2011		GB/T 4754—2002		说　明
4430	热力生产和供应	4430	热力生产和供应	
45	**燃气生产和供应业**			
4500	燃气生产和供应业	4500	燃气生产和供应业	
46	**水的生产和供应业**			
4610	自来水生产和供应	4610	自来水的生产和供应	
4620	污水处理及其再生利用	4620	污水处理及其再生利用	
4690	其他水的处理、利用与分配	4690	其他水的处理、利用与分配	
E	**建筑业**			
47	**房屋建筑业**			
4700	房屋建筑业	4710	房屋工程建筑	
48	**土木工程建筑业**			
481	铁路、道路、隧道和桥梁工程建筑			
4811	铁路工程建筑	4721	铁路、道路、隧道和桥梁工程建筑	新增，将原4721分解
4812	公路工程建筑	4721	铁路、道路、隧道和桥梁工程建筑	新增，将原4721分解
4813	市政道路工程建筑	4721	铁路、道路、隧道和桥梁工程建筑	新增，将原4721分解
4819	其他道路、隧道和桥梁工程建筑	4721	铁路、道路、隧道和桥梁工程建筑	新增，将原4721分解
482	水利和内河港口工程建筑			
4821	水源及供水设施工程建筑	4722	水利和港口工程建筑	新增，将原4722分解
4822	河湖治理及防洪设施工程建筑	4722	水利和港口工程建筑	新增，将原4722分解
4823	港口及航运设施工程建筑	4722	水利和港口工程建筑	新增，将原4722分解
4830	海洋工程建筑	4722	水利和港口工程建筑	新增，将原4722分解
4840	工矿工程建筑	4723	工矿工程建筑	
485	架线和管道工程建筑			
4851	架线及设备工程建筑	4724	架线和管道工程建筑	新增，将原4724分解
4852	管道工程建筑	4724	架线和管道工程建筑	新增，将原4724分解
4890	其他土木工程建筑	4729	其他土木工程建筑	
49	**建筑安装业**			
4910	电气安装	4800	建筑安装业	新增，将原4800分解
4920	管道和设备安装	4800	建筑安装业	新增，将原4800分解
4990	其他建筑安装业	4800	建筑安装业	新增，将原4800分解
50	**建筑装饰和其他建筑业**			
5010	建筑装饰业	4900	建筑装饰业	
502	工程准备活动			
5021	建筑物拆除活动	5010	工程准备	新增，将原5010分解
5029	其他工程准备活动	5010	工程准备	新增，将原5010分解
5030	提供施工设备服务	5020	提供施工设备服务	
5090	其他未列明建筑业	5090	其他未列明的建筑活动	
F	**批发和零售业**			
51	**批发业**			
511	农、林、牧产品批发			
5111	谷物、豆及薯类批发	6311	谷物、豆及薯类批发	
5112	种子批发	6312	种子、饲料批发	新增，将原6312分解
5113	饲料批发	6312	种子、饲料批发	新增，将原6312分解
5114	棉、麻批发	6313	棉、麻批发	
5115	林业产品批发	6319	其他农畜产品批发	新增，原6319部分内容调到此类
5116	牲畜批发	6314	牲畜批发	
5119	其他农牧产品批发	6319	其他农畜产品批发	内容变更，原6319部分内容调出

附录4-2 续表22 CONTINUED

GB/T 4754—2011		GB/T 4754—2002		说　明
512	食品、饮料及烟草制品批发			
5121	米、面制品及食用油批发	6321	米、面制品及食用油批发	
5122	糕点、糖果及糖批发	6322	糕点、糖果及糖批发	
5123	果品、蔬菜批发	6323	果品、蔬菜批发	
5124	肉、禽、蛋、奶及水产品批发	6324	肉、禽、蛋及水产品批发	内容变更，原6324归入此类，原6326部分内容调到此类
		6326	饮料及茶叶批发	
5125	盐及调味品批发	6325	盐及调味品批发	
5126	营养和保健品批发	6329	其他食品批发	新增，原6329部分内容调到此类
5127	酒、饮料及茶叶批发	6326	饮料及茶叶批发	更名，内容变更，原6326部分内容调出
5128	烟草制品批发	6327	烟草制品批发	
5129	其他食品批发	6329	其他食品批发	内容变更，原6329部分内容调出
513	纺织、服装及家庭用品批发			
5131	纺织品、针织品及原料批发	6331	纺织品、针织品及原料批发	
5132	服装批发	6332	服装批发	
5133	鞋帽批发	6333	鞋帽批发	
5134	化妆品及卫生用品批发	6335	化妆品及卫生用品批发	
5135	厨房、卫生间用具及日用杂货批发	6334	厨房、卫生间用具及日用杂货批发	
5136	灯具、装饰物品批发	6339	其他日用品批发	新增，原6339部分内容调到此类
5137	家用电器批发	6374	家用电器批发	
5139	其他家庭用品批发	6339	其他日用品批发	内容变更，原6339部分内容调出
514	文化、体育用品及器材批发			
5141	文具用品批发	6341	文具用品批发	
5142	体育用品及器材批发	6342	体育用品批发	
5143	图书批发	6343	图书批发	
5144	报刊批发	6344	报刊批发	
5145	音像制品及电子出版物批发	6345	音像制品及电子出版物批发	
5146	首饰、工艺品及收藏品批发	6346	首饰、工艺品及收藏品批发	
5149	其他文化用品批发	6349	其他文化用品批发	
515	医药及医疗器材批发			
5151	西药批发	6351	西药批发	
5152	中药批发	6352	中药材及中成药批发	更名
5153	医疗用品及器材批发	6353	医疗用品及器材批发	
516	矿产品、建材及化工产品批发			
5161	煤炭及制品批发	6361	煤炭及制品批发	
5162	石油及制品批发	6362	石油及制品批发	
5163	非金属矿及制品批发	6363	非金属矿及制品批发	
5164	金属及金属矿批发	6364	金属及金属矿批发	
5165	建材批发	6365	建材批发	
5166	化肥批发	6366	化肥批发	
5167	农药批发	6367	农药批发	
5168	农用薄膜批发	6368	农用薄膜批发	
5169	其他化工产品批发	6369	其他化工产品批发	

附录4-2 续表23 CONTINUED

GB/T 4754—2011		GB/T 4754—2002		说　　明
517	机械设备、五金产品及电子产品批发			
5171	农业机械批发	6371	农业机械批发	
5172	汽车批发	6372	汽车、摩托车及零配件批发	新增，将原6372分解
5173	汽车零配件批发	6372	汽车、摩托车及零配件批发	新增，将原6372分解
5174	摩托车及零配件批发	6372	汽车、摩托车及零配件批发	新增，将原6372分解
5175	五金产品批发	6373	五金、交电批发	内容变更，原6373部分内容调出
5176	电气设备批发	6373	五金、交电批发	新增，原6373、6379部分内容调到此类
		6379	其他机械设备及电子产品批发	
5177	计算机、软件及辅助设备批发	6375	计算机、软件及辅助设备批发	
5178	通讯及广播电视设备批发	6376	通讯及广播电视设备批发	
5179	其他机械设备及电子产品批发	6379	其他机械设备及电子产品批发	内容变更，原6379部分内容调出
518	贸易经纪与代理			
5181	贸易代理	6380	贸易经纪与代理	新增，将原6380分解
5182	拍卖	6380	贸易经纪与代理	新增，将原6380分解
5189	其他贸易经纪与代理	6380	贸易经纪与代理	新增，将原6380分解
519	其他批发业			
5191	再生物资回收与批发	6391	再生物资回收与批发	
5199	其他未列明批发业	6399	其他未列明的批发	
52	**零售业**			
521	综合零售			
5211	百货零售	6511	百货零售	
5212	超级市场零售	6512	超级市场零售	
5219	其他综合零售	6519	其他综合零售	
522	食品、饮料及烟草制品专门零售			
5221	粮油零售	6521	粮油零售	
5222	糕点、面包零售	6522	糕点、面包零售	
5223	果品、蔬菜零售	6523	果品、蔬菜零售	
5224	肉、禽、蛋、奶及水产品零售	6524	肉、禽、蛋及水产品零售	内容变更，原6524归入此类，原6525部分内容调到此类
		6525	饮料及茶叶零售	
5225	营养和保健品零售	6529	其他食品零售	新增，原6529部分内容调到此类
5226	酒、饮料及茶叶零售	6525	饮料及茶叶零售	更名，内容变更，原6525部分内容调出
5227	烟草制品零售	6526	烟草制品零售	
5229	其他食品零售	6529	其他食品零售	内容变更，原6529部分内容调出
523	纺织、服装及日用品专门零售			
5231	纺织品及针织品零售	6531	纺织品及针织品零售	
5232	服装零售	6532	服装零售	
5233	鞋帽零售	6533	鞋帽零售	
5234	化妆品及卫生用品零售	6535	化妆品及卫生用品零售	
5235	钟表、眼镜零售	6534	钟表、眼镜零售	
5236	箱、包零售	6539	其他日用品零售	新增，原6539部分内容调到此类
5237	厨房用具及日用杂品零售	6539	其他日用品零售	新增，原6539部分内容调到此类
5238	自行车零售	6539	其他日用品零售	新增，原6539部分内容调到此类

附录4-2 续表24 CONTINUED

GB/T 4754—2011		GB/T 4754—2002		说明
5239	其他日用品零售	6539	其他日用品零售	内容变更，原6539部分内容调出，原6594归入此类
		6594	花卉零售	
524	文化、体育用品及器材专门零售			
5241	文具用品零售	6541	文具用品零售	
5242	体育用品及器材零售	6542	体育用品及器材零售	
5243	图书、报刊零售	6543	图书零售	新增，原6543、6544合并为此类
		6544	报刊零售	
5244	音像制品及电子出版物零售	6545	音像制品及电子出版物零售	
5245	珠宝首饰零售	6546	珠宝首饰零售	
5246	工艺美术品及收藏品零售	6547	工艺美术品及收藏品零售	
5247	乐器零售	6549	其他文化用品零售	新增，原6549部分内容调到此处
5248	照相器材零售	6548	照相器材零售	
5249	其他文化用品零售	6549	其他文化用品零售	内容变更，原6549部分内容调出
525	医药及医疗器材专门零售			
5251	药品零售	6551	药品零售	
5252	医疗用品及器材零售	6552	医疗用品及器材零售	
526	汽车、摩托车、燃料及零配件专门零售			
5261	汽车零售	6561	汽车零售	
5262	汽车零配件零售	6562	汽车零配件零售	
5263	摩托车及零配件零售	6563	摩托车及零配件零售	
5264	机动车燃料零售	6564	机动车燃料零售	
527	家用电器及电子产品专门零售			
5271	家用视听设备零售	6571	家用电器零售	新增，将原6571分解
5272	日用家电设备零售	6571	家用电器零售	新增，将原6571分解
5273	计算机、软件及辅助设备零售	6572	计算机、软件及辅助设备零售	
5274	通信设备零售	6573	通信设备零售	
5279	其他电子产品零售	6579	其他电子产品零售	
528	五金、家具及室内装饰材料专门零售			
5281	五金零售	6581	五金零售	
5282	灯具零售	6539	其他日用品零售	新增，原6539部分内容调到此类
5283	家具零售	6582	家具零售	
5284	涂料零售	6583	涂料零售	
5285	卫生洁具零售	6589	其他室内装修材料零售	新增，原6589部分内容调到此类
5286	木质装饰材料零售	6589	其他室内装修材料零售	新增，原6589部分内容调到此类
5287	陶瓷、石材装饰材料零售	6589	其他室内装修材料零售	新增，原6589部分内容调到此类
5289	其他室内装饰材料零售	6589	其他室内装修材料零售	内容变更，原6589部分内容调出
529	货摊、无店铺及其他零售业			
5291	货摊食品零售	6591	流动货摊零售	新增，将原6591分解
5292	货摊纺织、服装及鞋零售	6591	流动货摊零售	新增，将原6591分解
5293	货摊日用品零售	6591	流动货摊零售	新增，将原6591分解
5294	互联网零售	6592	邮购及电子销售	新增，原6592部分内容调到此类
5295	邮购及电视、电话零售	6592	邮购及电子销售	内容变更，原6592部分内容调出
5296	旧货零售	6595	旧货零售	
5297	生活用燃料零售	6593	生活用燃料零售	

附录4-2 续表25 CONTINUED

GB/T 4754—2011		GB/T 4754—2002		说 明
5299	其他未列明零售业	6599	其他未列明的零售	
G	**交通运输、仓储和邮政业**			
53	**铁路运输业**			
5310	铁路旅客运输	5110	铁路旅客运输	
5320	铁路货物运输	5120	铁路货物运输	
533	铁路运输辅助活动			
5331	客运火车站	5131	客运火车站	
5332	货运火车站	5132	货运火车站	
5339	其他铁路运输辅助活动	5139	其他铁路运输辅助活动	
54	**道路运输业**			
541	城市公共交通运输			
5411	公共电汽车客运	5310	公共电汽车客运	
5412	城市轨道交通	5320	轨道交通	更名
5413	出租车客运	5330	出租车客运	
5419	其他城市公共交通运输	5390	其他城市公共交通	
5420	公路旅客运输	5210	公路旅客运输	
5430	道路货物运输	5220	道路货物运输	
544	道路运输辅助活动			
5441	客运汽车站	5231	客运汽车站	
5442	公路管理与养护	5232	公路管理与养护	
5449	其他道路运输辅助活动	5239	其他道路运输辅助活动	
55	**水上运输业**			
551	水上旅客运输			
5511	海洋旅客运输	5411	远洋旅客运输	新增，原5411、5412合并为此类
		5412	沿海旅客运输	
5512	内河旅客运输	5413	内河旅客运输	内容变更，原5413部分内容调出
5513	客运轮渡运输	5340	城市轮渡	新增，原5340归入此类，原5413部分内容调到此类
		5413	内河旅客运输	
552	水上货物运输			
5521	远洋货物运输	5421	远洋货物运输	
5522	沿海货物运输	5422	沿海货物运输	
5523	内河货物运输	5423	内河货物运输	
553	水上运输辅助活动			
5531	客运港口	5431	客运港口	
5532	货运港口	5432	货运港口	
5539	其他水上运输辅助活动	5439	其他水上运输辅助活动	
56	**航空运输业**			
561	航空客货运输			
5611	航空旅客运输	5511	航空旅客运输	
5612	航空货物运输	5512	航空货物运输	
5620	通用航空服务	5520	通用航空服务	
563	航空运输辅助活动			
5631	机场	5531	机场	
5632	空中交通管理	5532	空中交通管理	
5639	其他航空运输辅助活动	5539	其他航空运输辅助活动	

附录4-2 续表26 CONTINUED

GB/T 4754—2011		GB/T 4754—2002		说　明
57	**管道运输业**			
5700	管道运输业	5600	管道运输业	
58	**装卸搬运和运输代理业**			
5810	装卸搬运	5710	装卸搬运	
582	运输代理业			
5821	货物运输代理	5720	运输代理服务	新增，将原5720分解
5822	旅客票务代理	5720	运输代理服务	新增，将原5720分解
5829	其他运输代理业	5720	运输代理服务	新增，将原5720分解
59	**仓储业**			
591	谷物、棉花等农产品仓储			
5911	谷物仓储	5810	谷物、棉花等农产品仓储	新增，将原5810分解
5912	棉花仓储	5810	谷物、棉花等农产品仓储	新增，将原5810分解
5919	其他农产品仓储	5810	谷物、棉花等农产品仓储	新增，将原5810分解
5990	其他仓储业	5890	其他仓储	
60	**邮政业**			
6010	邮政基本服务	5910	国家邮政	更名，内容变更，原5910部分内容调出
6020	快递服务	5910	国家邮政	更名，内容变更，原5990归入此类，原5910部分内容调到此类
		5990	其他寄递服务	
H	**住宿和餐饮业**			
61	**住宿业**			
6110	旅游饭店	6610	旅游饭店	
6120	一般旅馆	6620	一般旅馆	
6190	其他住宿业	6690	其他住宿服务	
62	**餐饮业**			
6210	正餐服务	6710	正餐服务	
6220	快餐服务	6720	快餐服务	
623	饮料及冷饮服务			
6231	茶馆服务	6730	饮料及冷饮服务	新增，将原6730分解
6232	咖啡馆服务	6730	饮料及冷饮服务	新增，将原6730分解
6233	酒吧服务	6730	饮料及冷饮服务	新增，将原6730分解
6239	其他饮料及冷饮服务	6730	饮料及冷饮服务	新增，将原6730分解
629	其他餐饮业			
6291	小吃服务	6790	其他餐饮服务	新增，将原6790分解
6292	餐饮配送服务	6790	其他餐饮服务	新增，将原6790分解
6299	其他未列明餐饮业	6790	其他餐饮服务	新增，将原6790分解
I	**信息传输、软件和信息技术服务业**			
63	**电信、广播电视和卫星传输服务**			
631	电信			
6311	固定电信服务	6011	固定电信服务	
6312	移动电信服务	6012	移动电信服务	
6319	其他电信服务	6019	其他电信服务	内容变更，原6019部分内容调出
632	广播电视传输服务			
6321	有线广播电视传输服务	6031	有线广播电视传输服务	
6322	无线广播电视传输服务	6032	无线广播电视传输服务	

附录4-2 续表27 CONTINUED

GB/T 4754—2011		GB/T 4754—2002		说　　明
6330	卫星传输服务	6040	卫星传输服务	
64	**互联网和相关服务**			
6410	互联网接入及相关服务	6019	其他电信服务	新增，原6019部分内容调到此类
6420	互联网信息服务	6020	互联网信息服务	
6490	其他互联网服务	6019	其他电信服务	新增，原6019部分内容调到此类
65	**软件和信息技术服务业**			
6510	软件开发	6211	基础软件服务	新增，原6211、6290归入此类，原6212部分内容归入此类
		6212	应用软件服务	
		6290	其他软件服务	
6520	信息系统集成服务	6110	计算机系统服务	更名，内容变更，原6110部分内容调出
6530	信息技术咨询服务	6110	计算机系统服务	新增，原6110、6190部分内容调到此类
		6190	其他计算机服务	
6540	数据处理和存储服务	6120	数据处理	更名
6550	集成电路设计	6212	应用软件服务	新增，原6212部分内容调到此类
659	其他信息技术服务业			
6591	数字内容服务	6212	应用软件服务	新增，原6212部分内容调到此类
6592	呼叫中心	7499	其他未列明的商务服务	新增，原7499部分内容调到此类
6599	其他未列明信息技术服务业	6190	其他计算机服务	新增，原6190部分内容调到此类
J	**金融业**			
66	**货币金融服务**			
6610	中央银行服务	6810	中央银行	内容变更，原6810部分内容调出
6620	货币银行服务	6820	商业银行	新增，原6820、6890、7140归入此类
		6890	其他银行	
		7140	邮政储蓄	
663	非货币银行服务			
6631	金融租赁服务	7120	金融租赁	
6632	财务公司	7130	财务公司	
6633	典当	7150	典当	
6639	其他非货币银行服务	7190	其他未列明的金融活动	新增，原7190部分内容调到此类
6640	银行监管服务	6810	中央银行	新增，原6810部分内容调到此类
67	**资本市场服务**			
671	证券市场服务			
6711	证券市场管理服务	6910	证券市场管理	新增，将原6910分解
6712	证券经纪交易服务	6920	证券经纪与交易	新增，将原6920分解
6713	基金管理服务	6920	证券经纪与交易	新增，将原6920分解
672	期货市场服务			
6721	期货市场管理服务	6910	证券市场管理	新增，将原6910分解
6729	其他期货市场服务	6920	证券经纪与交易	新增，将原6920分解
6730	证券期货监管服务	6910	证券市场管理	新增，将原6910分解
6740	资本投资服务	6930	证券投资	新增，原6930调到此类，原7412部分内容调到此类

附录4-2 续表28 CONTINUED

GB/T 4754—2011		GB/T 4754—2002		说　　明
		7412	投资与资产管理	
6790	其他资本市场服务	6940	证券分析与咨询	更名
68	**保险业**			
681	人身保险			
6811	人寿保险	7010	人寿保险	内容变更，原7010部分内容调出
6812	健康和意外保险	7020	非人寿保险	新增，原7020部分内容调到此类
6820	财产保险	7020	非人寿保险	更名，内容变更，原7020部分内容调出
6830	再保险	7010	人寿保险	新增，原7010、7020部分内容调到此类
		7020	非人寿保险	
6840	养老金	7010	人寿保险	新增，原7010部分内容调到此类
6850	保险经纪与代理服务	7030	保险辅助服务	新增，将原7030分解
6860	保险监管服务	7030	保险辅助服务	新增，将原7030分解
689	其他保险活动			
6891	风险和损失评估	7030	保险辅助服务	新增，将原7030分解
6899	其他未列明保险活动	7030	保险辅助服务	新增，将原7030分解
69	**其他金融业**			
6910	金融信托与管理服务	7110	金融信托与管理	
6920	控股公司服务	7412	投资与资产管理	新增，原7412部分内容调到此类
6930	非金融机构支付服务	7190	其他未列明的金融活动	新增，原7190部分内容调到此类
6940	金融信息服务	7190	其他未列明的金融活动	新增，原7190部分内容调到此类
6990	其他未列明金融业	7190	其他未列明的金融活动	内容变更，原7190部分内容调出
K	**房地产业**			
70	**房地产业**			
7010	房地产开发经营	7210	房地产开发经营	内容变更，原7210部分内容调出
7020	物业管理	7220	物业管理	
7030	房地产中介服务	7230	房地产中介服务	
7040	自有房地产经营活动	7210	房地产开发经营	新增，原7210部分内容调到此类
7090	其他房地产业	7290	其他房地产活动	
L	**租赁和商务服务业**			
71	**租赁业**			
711	机械设备租赁			
7111	汽车租赁	7311	汽车租赁	
7112	农业机械租赁	7312	农业机械租赁	
7113	建筑工程机械与设备租赁	7313	建筑工程机械与设备租赁	
7114	计算机及通讯设备租赁	7314	计算机及通讯设备租赁	
7119	其他机械与设备租赁	7319	其他机械与设备租赁	
712	文化及日用品出租			
7121	娱乐及体育设备出租	7329	其他文化及日用品出租	新增，原7329部分内容调到此类
7122	图书出租	7321	图书及音像制品出租	新增，将原7321分解
7123	音像制品出租	7321	图书及音像制品出租	新增，将原7321分解
7129	其他文化及日用品出租	7329	其他文化及日用品出租	内容变更，原7329部分内容调出
72	**商务服务业**			
721	企业管理服务			
7211	企业总部管理	7411	企业管理机构	更名

附录4-2 续表29 CONTINUED

GB/T 4754—2011		GB/T 4754—2002		说　明
7212	投资与资产管理	7412	投资与资产管理	内容变更，原7412部分内容调出
7213	单位后勤管理服务	7419	其他企业管理服务	新增，原7419部分内容调到此类
7219	其他企业管理服务	7419	其他企业管理服务	内容变更，原7419部分内容调出
722	法律服务			
7221	律师及相关法律服务	7421	律师及相关的法律服务	
7222	公证服务	7422	公证服务	
7229	其他法律服务	7429	其他法律服务	
723	咨询与调查			
7231	会计、审计及税务服务	7431	会计、审计及税务服务	
7232	市场调查	7432	市场调查	
7233	社会经济咨询	7433	社会经济咨询	
7239	其他专业咨询	7439	其他专业咨询	
7240	广告业	7440	广告业	
7250	知识产权服务	7450	知识产权服务	
726	人力资源服务			
7261	公共就业服务	7460	职业中介服务	新增，将原7460分解
7262	职业中介服务	7460	职业中介服务	新增，将原7460分解
7263	劳务派遣服务	7460	职业中介服务	新增，将原7460分解
7269	其他人力资源服务	7460	职业中介服务	新增，将原7460分解
727	旅行社及相关服务			
7271	旅行社服务	7480	旅行社	新增，将原7480分解
7272	旅游管理服务	7480	旅行社	新增，将原7480分解
7279	其他旅行社相关服务	7480	旅行社	新增，将原7480分解
728	安全保护服务			
7281	安全服务	7493	保安服务	新增，将原7493分解
7282	安全系统监控服务	7493	保安服务	新增，将原7493分解
7289	其他安全保护服务	7493	保安服务	新增，将原7493分解
729	其他商务服务业			
7291	市场管理	7470	市场管理	
7292	会议及展览服务	7491	会议及展览服务	
7293	包装服务	7492	包装服务	
7294	办公服务	7494	办公服务	
7295	信用服务	7499	其他未列明的商务服务	新增，原7499部分内容调到此类
7296	担保服务	7499	其他未列明的商务服务	新增，原7499部分内容调到此类
7299	其他未列明商务服务业	7499	其他未列明的商务服务	内容变更，原7499部分内容调出
M	**科学研究和技术服务业**			
73	**研究和试验发展**			
7310	自然科学研究和试验发展	7510	自然科学研究与试验发展	
7320	工程和技术研究和试验发展	7520	工程和技术研究与试验发展	
7330	农业科学研究和试验发展	7530	农业科学研究与试验发展	
7340	医学研究和试验发展	7540	医学研究与试验发展	
7350	社会人文科学研究	7550	社会人文科学研究与试验发展	
74	**专业技术服务业**			
7410	气象服务	7610	气象服务	
7420	地震服务	7620	地震服务	
7430	海洋服务	7630	海洋服务	

附录4-2 续表30 CONTINUED

GB/T 4754—2011		GB/T 4754—2002		说　明
7440	测绘服务	7640	测绘服务	
7450	质检技术服务	7650	技术检测	更名
746	环境与生态监测			
7461	环境保护监测	7660	环境监测	新增，将原7660分解
7462	生态监测	7660	环境监测	新增，将原7660分解
747	地质勘查			
7471	能源矿产地质勘查	7811	能源矿产地质勘查	
7472	固体矿产地质勘查	7812	固体矿产地质勘查	
7473	水、二氧化碳等矿产地质勘查	7819	其他矿产地质勘查	更名
7474	基础地质勘查	7820	基础地质勘查	
7475	地质勘查技术服务	7830	地质勘查技术服务	
748	工程技术			
7481	工程管理服务	7671	工程管理服务	
7482	工程勘察设计	7672	工程勘察设计	
7483	规划管理	7673	规划管理	
749	其他专业技术服务业			
7491	专业化设计服务	7690	其他专业技术服务	新增，原7690部分内容调到此类
7492	摄影扩印服务	8280	摄影扩印服务	调整，从原“82 居民服务业”调到此类
7493	兽医服务	0531	兽医服务	调整，从原“05 农、林、牧、渔服务业”调到此类
7499	其他未列明专业技术服务业	7690	其他专业技术服务	内容变更，原7690部分内容调出
75	**科技推广和应用服务业**			
751	技术推广服务			
7511	农业技术推广服务	7710	技术推广服务	新增，将原7710分解
7512	生物技术推广服务	7710	技术推广服务	新增，将原7710分解
7513	新材料技术推广服务	7710	技术推广服务	新增，将原7710分解
7514	节能技术推广服务	7710	技术推广服务	新增，将原7710分解
7519	其他技术推广服务	7710	技术推广服务	新增，将原7710分解
7520	科技中介服务	7720	科技中介服务	
7590	其他科技推广和应用服务业	7790	其他科技服务	
N	**水利、环境和公共设施管理业**			
76	**水利管理业**			
7610	防洪除涝设施管理	7910	防洪管理	更名
7620	水资源管理	7929	其他水资源管理	更名
7630	天然水收集与分配	7921	水库管理	新增，原7921、7922合并为此类
		7922	调水、引水管理	
7640	水文服务	7990	其他水利管理	新增，原7990部分内容调到此类
7690	其他水利管理业	7990	其他水利管理	内容变更，原7990部分内容调出
77	**生态保护和环境治理业**			
771	生态保护			
7711	自然保护区管理	8011	自然保护区管理	
7712	野生动物保护	8012	野生动植物保护	新增，将原8012分解
7713	野生植物保护	8012	野生动植物保护	新增，将原8012分解
7719	其他自然保护	8019	其他自然保护	
772	环境治理业			

附录4-2 续表31 CONTINUED

GB/T 4754—2011		GB/T 4754—2002		说　明
7721	水污染治理	8023	水污染治理	
7722	大气污染治理	8029	其他环境治理	新增，原8029部分内容调到此类
7723	固体废物治理	8024	危险废物治理	新增，将原8024分解
7724	危险废物治理	8024	危险废物治理	新增，将原8024分解
7725	放射性废物治理	8029	其他环境治理	新增，原8029部分内容调到此类
7729	其他污染治理	8029	其他环境治理	内容变更，原8029部分内容调出
78	**公共设施管理业**			
7810	市政设施管理	8110	市政公共设施管理	更名
7820	环境卫生管理	8022	城市环境卫生管理	更名，调整，从原“80 环境管理业”调到此类
7830	城乡市容管理	8021	城市市容管理	
7840	绿化管理	8120	城市绿化管理	更名
785	公园和游览景区管理			
7851	公园管理	8132	公园管理	
7852	游览景区管理	8131	风景名胜区管理	新增，原8131、8139合并为此类
		8139	其他游览景区管理	
O	**居民服务、修理和其他服务业**			
79	**居民服务业**			
7910	家庭服务	8210	家庭服务	
7920	托儿所服务	8220	托儿所	
7930	洗染服务	8230	洗染服务	
7940	理发及美容服务	8240	理发及美容保健服务	更名，内容变更，原8240部分内容调出
7950	洗浴服务	8250	洗浴服务	
7960	保健服务	8240	理发及美容保健服务	新增，原8240部分内容调到此类
7970	婚姻服务	8260	婚姻服务	
7980	殡葬服务	8270	殡葬服务	
7990	其他居民服务业	8290	其他居民服务	
80	**机动车、电子产品和日用产品修理业**			
801	汽车、摩托车修理与维护			
8011	汽车修理与维护	3726	汽车修理	更名、调整、内容变更，原“3726汽车修理”调到此处，原8311部分内容归入此处
		8311	汽车、摩托车维护与保养	
8012	摩托车修理与维护	8311	汽车、摩托车维护与保养	新增，原8311被分解，部分内容调到此类
802	计算机和办公设备维修			
8021	计算机和辅助设备修理	6130	计算机维修	更名、调整，从原“61计算机服务业”调到此类
8022	通讯设备修理	8312	办公设备维修	新增，将原8312分解
8029	其他办公设备维修	8312	办公设备维修	新增，将原8312分解
803	家用电器修理			
8031	家用电子产品修理	8313	家用电器修理	新增，将原8313分解
8032	日用电器修理	8313	家用电器修理	新增，将原8313分解
809	其他日用产品修理业			

附录4-2 续表32 CONTINUED

GB/T 4754—2011		GB/T 4754—2002		说　明
8091	自行车修理	8319	其他日用品修理	新增，将原8319分解
8092	鞋和皮革修理	8319	其他日用品修理	新增，将原8319分解
8093	家具和相关物品修理	8319	其他日用品修理	新增，将原8319分解
8099	其他未列明日用产品修理业	8319	其他日用品修理	新增，将原8319分解
81	**其他服务业**			
811	清洁服务			
8111	建筑物清洁服务	8321	建筑物清洁服务	
8119	其他清洁服务	8329	其他清洁服务	
8190	其他未列明服务业	8390	其他未列明的服务	
P	**教育**			
82	**教育**			
8210	学前教育	8410	学前教育	
822	初等教育			
8221	普通小学教育	8420	初等教育	新增，将原8420分解
8222	成人小学教育	8420	初等教育	新增，将原8420分解
823	中等教育			
8231	普通初中教育	8431	初中教育	更名
8232	职业初中教育	8434	职业中学教育	新增，将原8434分解，部分内容调到此类
8233	成人初中教育	8439	其他中等教育	新增，将原8439分解
8234	普通高中教育	8432	高中教育	
8235	成人高中教育	8439	其他中等教育	新增，将原8439分解
8236	中等职业学校教育	8433	中等专业教育	新增，原8433、8435归入此类，原8434部分内容调到此类
		8434	职业中学教育	
		8435	技工学校教育	
824	高等教育			
8241	普通高等教育	8441	普通高等教育	
8242	成人高等教育	8442	成人高等教育	
8250	特殊教育	8492	特殊教育	
829	技能培训、教育辅助及其他教育			
8291	职业技能培训	8491	职业技能培训	内容更新，原8491部分内容调出
8292	体校及体育培训	9190	其他体育	新增，原9190部分内容调到此类
8293	文化艺术培训	8491	职业技能培训	新增，原8491部分内容调到此类
8294	教育辅助服务	8499	其他未列明的教育	新增，原8499部分内容调到此类
8299	其他未列明教育	8499	其他未列明的教育	内容变更，原8499部分内容调出
Q	**卫生和社会工作**			
83	**卫生**			
831	医院			
8311	综合医院	8511	综合医院	
8312	中医医院	8512	中医医院	
8313	中西医结合医院	8513	中西医结合医院	
8314	民族医院	8514	民族医院	
8315	专科医院	8515	专科医院	
8316	疗养院	8516	疗养院	
832	社区医疗与卫生院			

附录4-2 续表33 CONTINUED

GB/T 4754—2011		GB/T 4754—2002		说　　明
8321	社区卫生服务中心（站）	8520	卫生院及社区医疗活动	新增，将原8520分解
8322	街道卫生院	8520	卫生院及社区医疗活动	新增，将原8520分解
8323	乡镇卫生院	8520	卫生院及社区医疗活动	新增，将原8520分解
8330	门诊部（所）	8530	门诊部医疗活动	更名
8340	计划生育技术服务活动	8540	计划生育技术服务活动	
8350	妇幼保健院（所、站）	8550	妇幼保健活动	更名
8360	专科疾病防治院（所、站）	8560	专科疾病防治活动	更名
8370	疾病预防控制中心	8570	疾病预防控制及防疫活动	更名
8390	其他卫生活动	8590	其他卫生活动	
84	**社会工作**			
841	提供住宿社会工作			
8411	干部休养所	8711	干部休养所	
8412	护理机构服务	8712	收养收容服务	新增，将原8712分解
8413	精神康复服务	8712	收养收容服务	新增，将原8712分解
8414	老年人、残疾人养护服务	8712	收养收容服务	新增，将原8712分解
8415	孤残儿童收养和庇护服务	8712	收养收容服务	新增，将原8712分解
8419	其他提供住宿社会救助	8712	收养收容服务	新增，将原8712分解
842	不提供住宿社会工作			
8421	社会看护与帮助服务	8720	不提供住宿的社会福利	新增，将原8720分解
8429	其他不提供住宿社会工作	8720	不提供住宿的社会福利	新增，将原8720分解
R	**文化、体育和娱乐业**			
85	**新闻和出版业**			
8510	新闻业	8810	新闻业	
852	出版业			
8521	图书出版	8821	图书出版	
8522	报纸出版	8822	报纸出版	
8523	期刊出版	8823	期刊出版	
8524	音像制品出版	8824	音像制品出版	
8525	电子出版物出版	8825	电子出版物出版	
8529	其他出版业	8829	其他出版	
86	**广播、电视、电影和影视录音制作业**			
8610	广播	8910	广播	内容变更，原8910部分内容调出
8620	电视	8920	电视	内容变更，原8920部分内容调出
8630	电影和影视节目制作	8920	电视	新增，原8920、8931、8940的部分内容调到此类
		8931	电影制作与发行	
		8940	音像制作	
8640	电影和影视节目发行	8920	电视	新增，原8920、8931的部分内容调到此类
		8931	电影制作与发行	
8650	电影放映	8932	电影放映	
8660	录音制作	8910	广播	新增，原8910、8940的部分内容调到此类
		8940	音像制作	新增，原8910、8940的部分内容调到此类

附录4-2 续表34 CONTINUED

GB/T 4754—2011		GB/T 4754—2002		说　明
87	**文化艺术业**			
8710	文艺创作与表演	9010	文艺创作与表演	
8720	艺术表演场馆	9020	艺术表演场馆	
873	图书馆与档案馆			
8731	图书馆	9031	图书馆	
8732	档案馆	9032	档案馆	
8740	文物及非物质文化遗产保护	9040	文物及文化保护	更名
8750	博物馆	9050	博物馆	
8760	烈士陵园、纪念馆	9060	烈士陵园、纪念馆	
8770	群众文化活动	9070	群众文化活动	
8790	其他文化艺术业	9090	其他文化艺术	
88	**体育**			
8810	体育组织	9110	体育组织	
8820	体育场馆	9120	体育场馆	
8830	休闲健身活动	9230	休闲健身娱乐活动	调整，从原“90 娱乐业”调到此类
8890	其他体育	9190	其他体育	内容变更，原9190部分内容调出
89	**娱乐业**			
891	室内娱乐活动			
8911	歌舞厅娱乐活动	9210	室内娱乐活动	新增，将原9210分解
8912	电子游艺厅娱乐活动	9210	室内娱乐活动	新增，将原9210分解
8913	网吧活动	6190	其他计算机服务	新增，原6190部分内容调到此类
8919	其他室内娱乐活动	9210	室内娱乐活动	新增，将原9210分解
8920	游乐园	9220	游乐园	
8930	彩票活动	9290	其他娱乐活动	新增，原9290部分内容调到此类
894	文化、娱乐、体育经纪代理			
8941	文化娱乐经纪人	7499	其他未列明的商务服务	新增，原7499部分内容调到此类，原9080被分解，部分内容归入此类
		9080	文化艺术经纪代理	
8942	体育经纪人	7499	其他未列明的商务服务	新增，原7499部分内容调到此类，原9190部分内容归入此类
		9190	其他体育	
8949	其他文化艺术经纪代理	7499	其他未列明的商务服务	新增，原7499部分内容调到此类，原9080部分内容归入此类
		9080	文化艺术经纪代理	
8990	其他娱乐业	9290	其他娱乐活动	内容变更，原9290部分内容调出
S	**公共管理、社会保障和社会组织**			
90	**中国共产党机关**			
9000	中国共产党机关	9300	中国共产党机关	
91	**国家机构**			
9110	国家权力机构	9410	国家权力机构	
912	国家行政机构			
9121	综合事务管理机构	9421	综合事务管理机构	内容变更，原9421与9426合并
		9426	政府事务管理机构	
9122	对外事务管理机构	9422	对外事务管理机构	
9123	公共安全管理机构	9423	公共安全管理机构	

附录4-2 续表35 CONTINUED

GB/T 4754—2011		GB/T 4754—2002		说 明
9124	社会事务管理机构	9424	社会事务管理机构	
9125	经济事务管理机构	9425	经济事务管理机构	
9126	行政监督检查机构	9427	行政监督检查机构	
913	人民法院和人民检察院			
9131	人民法院	9431	人民法院	
9132	人民检察院	9432	人民检察院	
9190	其他国家机构	9490	其他国家机构	
92	**人民政协、民主党派**			
9210	人民政协	9510	人民政协	
9220	民主党派	9520	民主党派	
93	**社会保障**			
9300	社会保障	8600	社会保障业	
94	**群众团体、社会团体和其他成员组织**			
941	群众团体			
9411	工会	9611	工会	
9412	妇联	9612	妇联	
9413	共青团	9613	共青团	
9419	其他群众团体	9619	其他群众团体	
942	社会团体			
9421	专业性团体	9621	专业性团体	
9422	行业性团体	9622	行业性团体	
9429	其他社会团体	9629	其他社会团体	内容变更，原9629部分内容调出
9430	基金会	9629	其他社会团体	新增，原9629部分内容调到此类
9440	宗教组织	9630	宗教组织	
95	**基层群众自治组织**			
9510	社区自治组织	9710	社区自治组织	
9520	村民自治组织	9720	村民自治组织	
T	**国际组织**			
96	**国际组织**			
9600	国际组织	9800	国际组织	

中国统计出版社最新图书简目

(仅供参考,以最后出书为准)

统计资料

中国统计年鉴-2013
2013中国发展报告
中国劳动统计年鉴-2013
中国建筑业统计年鉴-2013
中国商品交易市场统计年鉴-2013
中国民政统计年鉴-2013
中国科技统计年鉴-2013
中国高技术产业统计年鉴-2013
全国农产品成本收益资料汇编-2013
大中型批发零售和住宿餐饮企业统计年鉴-2013
第二次全国R&D资源清查资料汇编－工业企业卷
第二次全国R&D资源清查资料汇编－综合卷

中国统计摘要-2013
中国第三产业统计年鉴-2013
中国社会统计年鉴-2013
中国人口和就业统计年鉴-2013
中国房地产统计年鉴-2013
中国贸易外经统计年鉴-2013
中国农村统计年鉴-2013
中国教育经费统计年鉴-2013
中国科学技术协会统计年鉴-2013
中国住户调查年鉴-2013
中国县域统计年鉴-2013
中国人才资源统计报告-2011
中国民族统计年鉴-2013

国际统计年鉴-2013
中国区域经济统计年鉴-2013
中国城市统计年鉴-2013
中国工业经济统计年鉴-2013
中国能源统计年鉴-2013
2013中国地区经济监测报告
中国农产品价格调查年鉴-2013
中国农村贫困监测报告-2013
工业企业科技活动资料-2013
中国价格统计年鉴-2013
中国农村全面建设小康监测报告-2013
中国零售和餐饮连锁企业统计年鉴-2013
2010年中国第六次人口普查公报

2013年省级综合统计年鉴系列

北京　天津　河北　山西　内蒙古
河南　湖北　湖南　广东　广西
新疆　新疆生产建设兵团

辽宁　吉林　黑龙江　上海　江苏
海南　重庆　四川　贵州　云南

浙江　安徽　福建　江西　山东
西藏　陕西　甘肃　青海　宁夏

2013年市(县)级综合统计年鉴系列

天津滨海新区
运城　忻州　临汾　呼和浩特
上海浦东新区　南京
杭州　宁波　绍兴　台州　温州
厦门经济特区　南昌　上饶
十堰　荆州　咸宁　长沙　广州

石家庄　唐山　邯郸　太原　大同
包头　沈阳　大连　长春　吉林市
苏州　无锡　常州　徐州　南通
金华　嘉兴　衢州
济南　青岛　潍坊　郑州
东莞　惠州　深圳　桂林　南宁
贵阳　昆明　庆阳　西安

长治　阳泉　晋城　朔州　晋中
四平　哈尔滨　黑龙江垦区
盐城　镇江　江阴　丹阳
福州　福州经济技术开发区
洛阳　三门峡　南阳　武汉　宜昌
柳州　来宾　河池　海口　成都　绵阳
兰州　银川　乌鲁木齐

2010年人口普查资料系列

中国2010年人口普查资料
浙江　安徽　福建　江西　山东
西藏　陕西　甘肃　青海　宁夏
中国分县2010年人口普查资料

北京　天津　河北　山西　内蒙古
河南　湖北　湖南　广东　广西
新疆　新疆生产建设兵团
中国分乡镇、街道2010年人口普查资料

辽宁　吉林　黑龙江　上海　江苏
海南　重庆　四川　贵州　云南
河南省各市2010年人口普查资料丛书
中国分民族2010年人口普查资料

“十一五”规划教材

统计学（“十二五”规划，黄良文）　抽样调查理论与实践（“十二五”规划，冯士雍）
统计学（“十二五”规划，单微）　试验设计（“十二五”规划，茆诗松）　贝叶斯统计（“十二五”规划，茆诗松）
统计学：从数据到结论（十二五规划，吴喜之）

非参数统计（吴喜之）
多元统计分析（任雪松）
经济计量学教程（贺铿）
社会统计学（蒋萍）
国民经济核算教程(杨灿)

概率论与数理统计（茆诗松）
应用时间序列分析（王振龙）
质量管理统计方法　（茆诗松）
市场调查与预测（蒋志华）
概率论与数理统计(经济、管理类专业使用，朱胜)

医学统计学（陆守曾）
现代金融投资统计分析（李腊生）
统计指数理论及应用（徐国祥）
统计实验系列教材（许涤龙）
统计学原理（非统计专业用，朱胜）

重点图书

挑大学选专业2013—高考志愿填报指南

挑大学选专业2013—考研择校指南